Das Bayerische Schulbedarfgesetz

vom 14. August 1919

Mit Erläuterungen und einem Anhang

Von

Ludwig Braun

Oberregierungsrat an der Regierung von Schwaben und Neuburg,
Kammer des Innern, in Augsburg

1931

München, Berlin und Leipzig

J. Schweitzer Verlag (Arthur Sellier)

Universitäts-Buchdruckerei von Junge & Sohn, Erlangen.

Vorwort.

Im Herbst 1929 ersuchte mich der Verlag um die Uebernahme einer Ausgabe des neuen Schulbedarfgesetzes nach Art des von mir erläuterten Schulaufsichtsgesetzes. Ich sagte zu, weil mir bekannt war, daß eine solche Handausgabe des Schulbedarfgesetzes dem Bedürfnis entsprach. In der Praxis hatte man sich bis dahin meist mit der systematischen Darstellung des Volksschulrechtes von Meinzolt und mit dem Kommentar von Seiler zum Schulbedarfgesetz von 1902 beholfen, soweit dieser Kommentar noch sachdienlich war. Die beiden Werke dienten denn auch neben den einschlägigen Landtagsdrucksachen, Ministerialerlassen und den Erfahrungen aus der eigenen Praxis meiner Arbeit zur Unterlage. In der Ausführlichkeit konnte ich freilich Seiler nicht folgen, da mir hierzu nicht die nötige Zeit zur Verfügung stand.

Als die Arbeit schon ziemlich vorgeschritten war, erschien die Handausgabe des Schulbedarfgesetzes von Osthelder. Dadurch war der Hauptgrund, weshalb ich meinerseits die Erläuterung des Gesetzes übernommen hatte, weggefallen. Durch den Vertrag gebunden, mußte ich aber meine Arbeit fortsetzen. Schließlich konnte es dem Ganzen auch nur von Nutzen sein, wenn die Auslegung und Erläuterung des Gesetzes von verschiedenen Standpunkten aus geschah. In der Folge durfte ich aber Osthelders Werk bei meiner Arbeit nicht außer acht lassen, wenn er auch naturgemäß in der Hauptsache aus den gleichen Quellen geschöpft hatte wie ich. Wo ich glaubte, Ostheldersche Gedankengänge wiedergeben zu sollen, sei es, daß ich seine Anschauung teile, sei es, daß ich anderer Meinung bin, habe ich dies wie auch sonst meine Belegstellen entsprechend vermerkt.

Bei der Zusammenstellung des Anhangs war ich zwar bestrebt, das ganze bayerische Volksschulrecht sachdienlich zu umfassen, aber doch auch darauf bedacht, Wiederholungen aus dem

Anhang zu meinem „Schulaufsichtsgesetze" zu vermeiden, da dieses in der Praxis wohl vielfach schon zur Hand sein dürfte. Um aber meine Ausgabe des Schulbedarfgesetzes auch zum selbständigen Gebrauch tauglich zu machen, mußte ich ohne Rücksicht auf Wiederholungen wenigstens jene Gesetzesauszüge, Verordnungen und Ministerialerlasse bringen, die mit dem Schulbedarfgesetze in unmittelbarem Zusammenhange stehen. Darüber hinaus habe ich solche Vorschriften allgemeinerer Art, wenn sie nur das Volksschulrecht überhaupt betreffen, angefügt, die seit der Herausgabe meines Schulaufsichtsgesetzes Veränderungen erfahren haben oder neu erschienen sind. Im übrigen hielt ich es der Vollständigkeit halber für zweckdienlich, in dem zeitlich geordneten Anhange zum Schulbedarfgesetze auf jene Vorschriften, die nur in dem Anhange zu meinem Schulaufsichtsgesetze abgedruckt sind, in der gegebenen Reihenfolge ausdrücklich hinzuweisen.

Augsburg, im Dezember 1930.

Der Verfasser.

Inhaltsübersicht.

Abkürzungen und Quellen.

A. a. O.	= am angegebenen Orte.
AG. z. BGB.	= Ausführungsgesetz zum Bürgerlichen Gesetzbuche vom 9. Juni 1899 (GVBl. Nr. 28, Beilage zum Landtagsabschied S. 1 ff.).
A. M.	= anderer Meinung.
Anschütz	= Die Verfassung des Deutschen Reiches vom 11. August 1919, Kommentar von Dr. Gerhard Anschütz, Stilke, Berlin 1928.
Bay. GemVZ.	= Bayerische Gemeinde- und Verwaltungszeitung, herausgegeben von Dr. Georg Ziegler, J. Schweitzer Verlag, München-Berlin-Leipzig.
Bay. ObstLG.	= Sammlung von Entscheidungen des Bayerischen Obersten Landesgerichts.
Bay. Verf.	= Verfassungsurkunde des Freistaates Bayern vom 14. August 1919 (GVBl. S. 531).
BBesG.	= Beamtenbesoldungsgesetz.
Bd.	= Band.
BGB.	= Bürgerliches Gesetzbuch.
Begr.	= Begründung.
Bek.	= Bekanntmachung des Staatministeriums für Unterricht und Kultus.
Bl. f. admin. Praxis	= Blätter für administrative Praxis (nunmehr Bayerische Verwaltungsblätter).
BVBl.	= Bayerische Verwaltungsblätter (Blätter für administrative Praxis), herausgegeben von Dr. Ottmar Kollmann (C. Beck'sche Verlagsbuchhandlung München).
Braun SchAG.	= Das Bayerische Schulaufsichtsgesetz vom 1. August 1922 mit Erläuterungen und einem Anhang von Ludwig Braun, J. Schweitzer Verlag, München, Berlin, Leipzig 1925.

EK.	= Erkenntnis des Gerichtshofes für Kompetenz-Konflikte, angeführt bei Seiler.
KME.	= Kultusministerialentschließung (bei Seiler).
Denkschrift	= Denkschrift über die Neuregelung der Dienst- und Gehaltsverhältnisse des Volksschullehrerpersonals in Bayern vom 12. Juni 1914 (Verh. d. K. d. Abg. d. bayer. Landtags, XXXVI. Landtagsversammlung, II. Session i. J. 1913/14, Beil. Bd. VI, Beilage 939, S. 728 ff.).
Dyroff	= Bayerisches Verwaltungsgerichtsgesetz, erläutert von Dr. Anton Dyroff, 7. Aufl. C. Brügel & Sohn, A.-G., Ansbach 1928.
E.	= „Entschließung“ oder „Entscheidung“.
E. I	= Erster Entwurf eines Schulbedarfgesetzes vom 2. August 1918 (Verh. d. K. d. Abg. d. bay. Landtags, XXXVI. Landtagsversammlung, IV. Session im Jahre 1917/18, Beil.-Band XIX, Beilage 2621, S. 273 ff.).
E. II	= Zweiter (neuer) Entwurf eines Schulbedarfgesetzes („Endgültige Fassung“) vom 1. Juni 1919 (Verh. des Bayer. Landtags, Tagung 1919, Beil.-Bd. I, Beil. 136, S. 151 ff.).
Englmann-Stingl	= Dr. Joh. Ant. Englmann Handbuch des Bayerischen Volksschulrechts von Dr. Eduard Stingl, 5. Aufl., Lindauer-München 1905.
FMBl.	= Finanzministerialamtsblatt.
GBl.	= Gesetz-Blatt.
GemO.	= Gemeindeordnung vom 17. Oktober 1927 (GVBl. S. 293).
GVBl.	= Gesetz- und Verordnungsblatt.
Helmreich-Rock	= Handausgabe der Bayer. Gemeindeordnung von 1927 mit Erläuterungen von Dr. Karl Helmreich und Dr. Kurt Rock, 6. Aufl., C. Brügel & Sohn, A.-G., Ansbach 1928.
Hofmann	= Das Recht der Religionsgemeinschaften in Bayern von Dr. August Hofmann, Nachtrag zum Handbuch der inneren Verwaltung für Bayern von Dr. v. Henle, Abschnitt V (Religionsangelegenheiten), C. H. Beck'sche Verlagsbuchhandlung München 1928.
JugGG.	= Jugendgerichtsgesetz vom 16. Februar 1923 (RGBl. I, S. 135).

KGO.	=	Kirchengemeindeordnung vom 24. September 1912 (GVBl. S. 911).
Klee-Hechtel	=	Ergänzungsband zu Dyroffs erläuterter Ausgabe des Bayerischen Verwaltungsgerichtsgesetzes, bearbeitet von Heinrich Klee und Otto Hechtel, C. Brügel & Sohn, A.G., Ansbach 1918.
KMBl.	=	Amtsblatt des Bayerischen Staatsministeriums für Unterricht und Kultus.
KME.	=	Kultusministerial-Entschließung.
Kratzer	=	Die Verfassungsurkunde des Freistaates Bayern vom 14. August 1919, erläutert von Dr. Jakob Kratzer, J. Schweitzer Verlag, München, Berlin und Leipzig 1925.
Legat	=	Bayerisches Beamtenbesoldungsgesetz (BBesG.) vom 20. April 1928, erläutert von August Legat, J. Schweitzer Verlag, München, Berlin und Leipzig, 2. Aufl. 1928.
MABl.	=	Ministerialamtsblatt der bayerischen inneren Verwaltung, herausgegeben vom Staatsministerium des Innern.
ME.	=	Entschließung des Staatsministeriums für Unterricht und Kultus.
Meinzolt	=	Bayerisches Volksschulrecht von Dr. Hans Meinzolt, Bayer. Kommunalschr.-Verlag, G. m. b. H., München 1926.
Osthelder	=	Das bayerische Schulbedarfsgesetz vom 14. August 1919 nebst den sonstigen schulrechtlichen Bestimmungen, erläutert von Ludwig Osthelder, C. H. Beck'sche Verlagsbuchhandlung München 1930.
PEG.	=	Gesetz vom 23. März 1921 über die Versorgungsbezüge der Staatsbeamten und ihrer Hinterbliebenen (Pensionsergänzungsgesetz) (GVBl. S. 117).
PolStGB.	=	Polizeistrafgesetzbuch.
RBl.	=	Regierungsblatt.
Relig. Steuerges.	=	Religionsgesellschaftliches Steuergesetz vom 1. August 1923 (GVBl. S. 351) in der Fassung d. Ges. vom 27. Juni 1927 (GVBl. S. 223).
Reindl	=	Kommentar zum Bayerischen Beamtengesetz vom 16. August 1908 mit den Vollzugs- und Ausführungsvorschriften, dem Richter-Disziplinargesetz und der Verordnung über die Gehaltsverhältnisse der etatsmäßigen Staatsbeamten nebst der Gehaltsordnung

		von Dr. Max Reindl, J. Schweitzer Verlag, München, Berlin und Leipzig 1914.
RGBl. I	=	Reichsgesetzblatt Teil I.
RGewO.	=	Reichsgewerbeordnung.
RGRK.	=	Das Bürgerliche Gesetzbuch mit besonderer Berücksichtigung der Rechtsprechung des Reichsgerichts, erläutert von Dr. Busch, Erler, Dr. Lobe, Michaelis, Oegg, Sayn, Schliewen und Seyffarth, Reichsgerichtsräten und Senatspräsidenten am Reichsgericht, 6. Aufl., Walter de Gryter & Co., Berlin und Leipzig 1928.
Roesch	=	Bayerische Gemeindeordnung für die Landesteile rechts des Rheins (vom 29. April 1869), Selbstverwaltungsgesetz (vom 22. Mai 1919) und Wahlgesetz (vom 19. April 1919) mit Erläuterungen von M. Roesch, J. Schweitzer Verlag, München, Berlin und Leipzig 1923.
RRV.	=	Verhandlungen der Kammer der Reichsräte.
RStGB.	=	Reichsstrafgesetzbuch.
RV.	=	Reichsverfassung vom 11. August 1919 (RGBl. S. 1383).
S.	=	„Siehe" oder „Seite".
Samml.	=	Sammlung.
SchAG.	=	Gesetz über Schulpflege, Schulleitung und Schulaufsicht (Schulaufsichtsgesetz) vom 1. August 1922 (GVBl. S. 385).
SchBG.	=	Schulbedarfgesetz vom 14. August 1919 (GVBl. S. 489).
SchBG. 1902	=	Schulbedarfgesetz vom 28. Juli 1902 (GVBl. S. 265).
Seiler	=	Schulbedarfgesetz vom 28. Juli 1902 mit Einleitung, Erläuterungen und den Vollzugsvorschriften, herausgegeben von Gustav Seiler, C. H. Beck'sche Verlagsbuchhandlung München 1903.
Seydel	=	Max v. Seydels Bayerisches Staatsrecht, 2. Aufl., 1896, angeführt bei Seiler.
Stenogr. Ber.	=	Stenographische Berichte über die Verhandlungen des bayerischen Landtags.
V. (VO.)	=	Verordnung.
Verh. d. Bayer. Landt.	=	Verhandlungen des Bayerischen Landtags (ab 1919).
Verh. d. K. d. Abg.	=	Verhandlungen der Kammer der Abgeordneten des bayerischen Landtags (bis 1918).
VGG.	=	Verwaltungsgerichtsgesetz (Gesetz vom 8. August 1878, betreffend die Einrichtung eines Verwaltungsgerichts-

		hofes und das Verfahren in Verwaltungsrechtssachen — GVBl. S. 369).
VGH.	=	Verwaltungsgerichtshof.
VLG.	=	Volksschullehrergesetz vom 14. August 1919 (GVBl. S. 437).
VV.	=	Vollzugsvorschriften.
Weber	=	Neue Gesetz- und Verordnungen-Sammlung für das Königreich Bayern von K. Weber.

Berichtigungen von Druckfehlern.

S. 54, Anm. 7 zu Art. 5, Zeile 2 von oben:
„Oberaufsichtsbeschwerde" (statt „Oberaufsichtsbehörde").

S. 342, Art. 145, Zeile 12 von unten;
„Lernmittel" (statt „Lehrmittel").

Einleitung.

I. Ueberblick über das derzeit geltende Volksschulrecht in Bayern.

Das bayerische Volksschulrecht ist wie das Volksschulrecht der anderen Länder des Deutschen Reiches in der Reichsverfassung vom 11. August 1919 (RGBl. S. 1383) verankert. Aber nicht alle Bestimmungen der Reichsverfassung über die Volksschulen — sie sind im 4. Abschnitt des 2. Hauptteiles („Bildung und Schule" — Art. 142 mit 150) niedergelegt — enthalten unmittelbar geltendes Recht. Ein Teil der Bestimmungen stellt nur Grundsätze dar, die erst in eigenen Reichsgesetzen, vor allem in einem besonderen Reichsschulgesetz, aufgestellt werden und dadurch bindende Kraft erhalten sollen (s. Art. 10 Ziff. 2, Art. 12; 13; 15 der RV.). Bis jetzt ist abgesehen von dem auf Art. 146 Abs. 1 fußenden Gesetz, betreffend die Grundschulen und Aufhebung der Vorschulen vom 28. April 1820 (RGBl. I S. 851), geändert durch Gesetz vom 26. Februar 1927 (RGBl. I S. 67) ein solches Reichsgesetz noch nicht ergangen.

Solange und soweit aber unmittelbar verpflichtendes Reichsrecht noch nicht geschaffen ist, gilt auf dem Gebiete des Volksschulwesens das Landesrecht, wobei wiederum zu unterscheiden ist zwischen solchem, das zufolge Art. 174 RV. nicht mehr geändert werden darf („Bis zum Erlaß des in Art. 146 Abs. 2 vorgesehenen Reichsgesetzes bleibt es bei der bestehenden Rechtslage") und deshalb in der Form maßgebend bleibt, in der es sich beim Inkrafttreten der Reichsverfassung, die am 14. August 1919 als dem Tage ihrer Verkündigung (Art. 181) befand, und zwischen dem Landesrecht, das sich die Länder nach ihren Bedürfnissen auch neu gestalten dürfen.

In Bayern enthält die Verfassungsurkunde vom 14. August 1919 (GVBl. S. 531) nur einen Paragraphen, der sich auf das Volksschulwesen bezieht (§ 21). Er erklärt die Regelung und Forderung des öffentlichen Erziehungs-, Unterrichts- und Bildungswesens sowie die Genehmigung und Beaufsichtigung der privaten Unterrichts- und Erziehungsanstalten als Angelegenheit des Staates, die öffentlichen Volksschulen als Staatsanstalten und verpflichtet die Erziehungsberechtigten die schulpflichtigen Kinder zum Schulbesuche anzuhalten.

Drei Hauptgesetze sind es, in denen außer der Verfassungsurkunde das derzeit geltende bayerische Volksschulrecht zusammengefaßt ist:

1. Das Volksschullehrergesetz vom 14. August 1919 (GVBl. S. 437),
2. das Schulbedarfgesetz vom 14. August 1919 (GVBl. S. 489), beide schon vielfach geändert,
3. das Gesetz über Schulpflege, Schulleitung und Schulaufsicht an den Volksschulen (Schulaufsichtsgesetz) vom 1. August 1922 (GVBl. S. 385) mit den Vollzugsvorschriften vom 16. August 1923 (KMBl. S. 91).

Eine Reihe von Ministerial-Bekanntmachungen und Entschließungen dient dem Vollzuge dieser Hauptgesetze.

Wichtige Bestimmungen für die Volksschulen enthalten aber auch die Formationsverordnung vom 17. Dezember 1825 (RBl. S. 1049, Weber Bd. 2, S. 279), das Verwaltungsgerichtsgesetz vom 8. August 1878 (GVBl. S. 1878), die Kirchenverträge, denen das Gesetz vom 15. Januar 1925 (GVBl. S. 53) Gesetzeskraft verlieh und § 33 des Judenedikts vom 10. Januar 1813 (RBl. S. 921, Weber Bd. 1, S. 417).

Von den Verordnungen und Ministerialerlassen, die weiter für das Volksschulwesen von Belang sind, seien besonders genannt:

Die V., die Errichtung der Volksschulen und die Bildung der Schulsprengel betr., vom 26. August 1883 (GVBl. S. 407), mit der teilweise noch geltenden KME. vom 18. September 1867 (KMBl. S. 187), die V., die Gründung, Leitung und Beaufsichtigung von Erziehungsanstalten und Unterrichtsanstalten betr. vom 10. März 1905 (GVBl. S. 471), die V., über die Schulpflicht vom 22. Dezember 1923 (GVBl. S. 957), die mit der bindenden Vorschrift in Art. 145 Satz 1 der RV. übereinstimmt, nicht so mit Art. 145 Satz 2, der aber wie Satz 3 nur einen erst die Verwirklichung fassenden Rechtsgrundsatz darstellt (§ 3 Abs. II wurde durch V. vom 10. April 1927 (GVBl. S. 116) abgeändert, § 19 abgeändert und § 21 aufgehoben durch V. vom 16. August 1926 — GVBl. S. 419 — KMBl. S. 101), die V., über die Berufsschulen vom 22. Dezember 1913 (GVBl. S. 966) in der Fassung vom 26. August 1930 (Staatsanz. Nr. 201 vom 1./2. September 1930, GVBl. S. 303) mit §§ 120, 139 i und 150 Abs. I Ziff. 4 und Abs. II der Reichsgewerbeordnung, die im Vollzuge des Art. 149 Abs. II RV. ergangenen Verordnungen über den Besuch des Religionsunterrichtes und die Teilnahme der Schüler und Schülerinnen an religiösen Uebungen vom 25. Januar 1919 (GVBl. S. 25) und vom 6. März 1920 (GVBl. S. 260) mit ME. vom 23. März 1925 (MABl. S. 55) (s. auch d. Gesetz über die religiöse Kindererziehung vom 15. Juli 1921, RGBl. S. 939), ferner die Ministerialbekanntmachungen über die Erteilung des Religionsunterrichtes an den Volksschulen vom 5. Oktober 1922 (KMBl. S. 160), vom 24. Februar 1923 (KMBl. S. 21) und vom 6. Mai 1923 (KMBl. S. 66), die V., betr. die Aufsicht über das Volksschulwesen an den Kreisregierungen vom 29. Juli 1920 (GVBl. S. 397), die V., die Schuljahrsordnung betr. vom 24. Februar 1921 (KMBl. S. 97) und die zum Vollzuge des Art. 58 des Polizeistrafgesetzbuches (s. auch Ges. vom 8. April 1930 zur Aenderung und Ergänzung einiger Bestimmungen des Polizeistrafgesetzbuches — GVBl. S. 109) ergangene V. über die Behandlung der Schulversäumnisse vom 30. September 1922 (GVBl. S. 618) und die Min.Bekanntmachungen vom 23. Juni 1923 (KMBl. S. 75, MABl. S. 56) und vom 20. Juni 1930 (KMBl. S. 135), sowie die Bek. vom 2. Juli 1930 und die ME. vom gleichen Tage zum Vollzuge des Art. 58 a des Polizeistrafgesetzbuches (KMBl. S. 141), endlich die Lehrordnung für die Volksfortbildungsschulen vom 7. Februar 1921 (KMBl. S. 49), und für die Volksschulen vom 15. Dezember 1926 (KMBl. S. 127).

Ein Dreifaches unterscheidet vornehmlich die Rechtslage auf dem Gebiete des Volksschulwesens in Bayern vor und nach dem Umsturze: Die weltliche Schulaufsicht durch Fachbeamte (Bezirksschulräte), die im Schulaufsichtsgesetze vom Jahre 1922 und in den Vollzugsvorschriften hierzu von 1923 geordnet ist, nachdem schon durch die V. vom 16. Dezember 1918 (GVBl. S. 1275) die geistliche Schulaufsicht (durch geistliche Lokal- und Distriktsschulinspektoren) aufgehoben worden war, die Verstaatlichung des Volksschullehrerpersonals durch ihre Erklärung zu Staatsbeamten im Volksschullehrergesetz (Art. 1 Abs. III, s. auch Art. 143

Abs. III RV.) und durch die Uebernahme des wesentlichen persönlichen Schulbedarfs (Besoldung, Ruhegehalt und Hinterbliebenenversorgung des Volksschullehrerpersonals) auf den Staat im Schulbedarfgesetze (Art. 11), endlich die Trennung des Schuldienstes vom weltlichen Kirchendienste, soweit die Verbindung organisch war (Art. 181 Abs. II VLG.; Art. 39 ff. SchVG. Als freiwilliges Nebenamt darf Organisten- und Chordienst — nicht aber Mesnerdienst — vom Volksschullehrer noch übernommen werden: Art. 15 mit 13 VLG.).

Die Verstaatlichung des Volksschullehrerpersonals hatte zur Folge, daß auf dieses auch die sonstigen die Staatsbeamten betreffenden Gesetze im allgemeinen Anwendung finden, so besonders das Beamtengesetz vom 16. August 1908 (GVBl. S. 581), das Pensionsergänzungsgesetz vom 23. März 1921 (GVBl. S. 117), das Ges. über die Aenderung beamtenrechtlicher Vorschriften vom 10. Juli 1927 (GVBl. S. 227), das Beamtenbesoldungsgesetz vom 20. April 1928 (GVBl. S. 205).

Andererseits bewirkte die Verstaatlichung des Volksschullehrerpersonals und die Trennung des Schul- und weltlichen Kirchendienstes, daß dem Schulbedarfgesetze abgesehen von den Dienstwohnungen und von Uebergangsvorschriften in der Hauptsache nur mehr die Regelung des sächlichen Schulbedarfes — nach wie vor zu Lasten der Gemeinden — verblieb.

II. Geschichtliche Entwicklung des Schulbedarfgesetzes.

Noch sind es wenig über 100 Jahre, daß in Bayern der Staat begonnen hat, das Volksschulwesen allgemein in die Hand zu nehmen und die Kirche und sonstige Unternehmer in der schulischen Betreuung des heranwachsenden Geschlechtes abzulösen. Dadurch erwuchs ihm auch die Pflicht außer der kulturellen Zielsetzung und außer der Arbeitsweise für die Unterrichtung und Erziehung der Kinder für die Geldmittel zu sorgen, die für die Lehrkräfte und für die Unterbringung der Kinder in geeigneten Räumen, endlich auch für bestimmte Lehrmittel — den Schulbedarf — nötig sind.

Die erste gesetzliche Regelung des Schulbedarfes erfolgte durch das Gesetz vom 10. November 1861, die Aufbringung des Bedarfes für die deutschen Schulen betreffend (GBl. 1861/62, S. 297, Weber Art. 5 S. 390). Durch Artikel 1 dieses Gesetzes wurden die deutschen Schulen als Gemeindeanstalten erklärt und bestimmt, daß vorbehaltlich der Zuschußpflicht der Kreise und des Staates die Verpflichtung zur Bestreitung des gesamten Aufwandes für die Errichtung und für den Unterhalt derselben den politischen Gemeinden insoweit obliege, als nicht dieser Aufwand von Dritten vermöge privatrechtlicher Verpflichtung geleistet werden müsse oder aus den für Schulzwecke bestehenden örtlichen Stiftungen, dann aus den für diese Zwecke bestimmten besonderen Einnahmen gedeckt sei. Eine Unterscheidung zwischen Personalbedarf (Besoldung der Lehrkräfte) und Sachbedarf (Schulhäuser usw.) erfolgte hierbei nicht. Nur der Unterhalt für unverschuldet dienstuntauglich gewordene Schullehrer (Ruhegehalt) war aus dem sonstigen Schulbedarf herausgehoben. Nach Artikel 8 waren diese Unterhaltsbeiträge aus Unterstützungsvereinen zu schöpfen, die in jedem Kreis als Kreisanstalten zu errichten waren. Sämtliche Schullehrer waren zum Beitritt verpflichtet. An den in manchen Orten bestehenden besonderen Pensions- oder Unterstützungskassen, sowie an den in einzelnen Kreisen bestehenden Unterstützungsvereinen sollte durch das Gesetz nichts geändert werden. Im übrigen war der wesentliche Inhalt des Gesetzes folgender: Art. 2 regelte die Lehrstellen nach der Zahl der Schüler und ihre Besetzung mit Schullehrern und Schulverwesern. Art. 3 setzte den geringsten Gehalt für Schullehrer und Schulverweser und die geringsten Bezüge für Schulgehilfen fest. Außerdem verpflichtete Art. 3 die Gemeinden mit weniger als 2500 Einwohnern zur Beschaffung von Wohnungen für die Lehrkräfte. Art. 4 bestimmte, daß die mit dem Schuldienste verbundenen Bezüge, insbesondere als Kirchendiener, Mesner, Kantoren, Chorregenten und Organisten, ferner regelmäßig das Schulgeld, nicht aber etwaige Bezüge als Gemeindeschreiber oder aus ähnlichen Verhältnissen in den Gehalt einzurechnen seien. Art. 5 regelte das Schulgeld. Art. 6 besagte in Abs. 1, daß die Gemeinden, soweit nicht andere Deckung vorhanden sei, den Schulbedarf durch Umlagen aufzubringen hätten. Den Gemeinden, die ohne Ueberbürdung den vollen Bedarf nicht aufzubringen vermöchten, sollten Unterstützungen aus der mit Staatsmitteln gespeisten Kreisschuldotation gewährt werden (Abs. 2). Bei Unzureichendheit der Kreisschuldotation sollte der Landrat entsprechende weitere Zuschüsse aus Kreisfonds bewilligen. Art. 7 regelte die Fälle, bei denen der Schulsprengel mit dem Umfange der politischen Gemeinde nicht zusammenfiel. Der Aufwand, der sonst von den politischen Gemeinden durch Umlagen aufzubringen war, sollte hier auf die einzelnen Bestandteile der Schulsprengel nach dem Verhältnisse der von den Beteiligten in der Gemeinde zu entrichtenden Grund-, Haus- und Gewerbesteuer verteilt werden. Mit diesen Bestimmungen war das erste Schulbedarfgesetz vom Jahre 1861 erschöpft. Art. 9, der Schlußartikel, ordnete das Inkrafttreten des Gesetzes vom 1. Oktober 1862 an.

Das 23 Artikel umfassende Schulbedarfgesetz vom 28. Juli 1902, dem die am 7. April 1900 vom Kultusministerium der Kammer der Abgeordneten mitgeteilte „Denkschrift zur Frage der Revision der gesetzlichen Bestimmungen über die Gehalte und Pensionen der Volksschullehrer", Beil. 218 zu den Verh. d. K. d. A. Bd. II S. 625—793, zugrunde lag, trug die gleichen Grundzüge wie das Gesetz vom 10. November 1861. Vor allem war der Grundsatz der Bedarfsdeckung durch die Gemeinden geblieben. Der Fortschritt bestand in einer erheblichen Aufbesserung der geringst dotierten Schulstellen unter möglichster Schonung der finanziellen Leistungsfähigkeit der Gemeinden. Erstmals erhielten auch die Verhältnisse des weiblichen Lehrpersonals eine gesetzliche Regelung. „Den Hauptvorteil aus der im Gesetze statuierten Lastenverteilung genießt das weniger steuerkräftige und daher weniger leistungsfähige flache Land, dem der größte Teil der Zuschüsse des Staates und der Kreise zugute kommt, während die steuerkräftigeren Städte zur Deckung des betreffenden Staats- und Kreisaufwandes nach ihrem Steuersoll gleichmäßig beizutragen haben" (Seiler S. 42).

Trotz der Verbesserung der Verhältnisse in ihrer Gesamtheit, trotz der Aufbesserung der Bezüge der Lehrkräfte und trotz der besseren Lastenverteilung konnte der geschaffene Zustand nicht völlig befriedigen. Die Verschiedenheit in den Bezügen der Lehrkräfte, deren Höhe sich im wesentlichen immer noch nach der Leistungsfähigkeit der Gemeinden richtete, und die Zahl der leistungsschwachen Gemeinden war zu groß. Die Wünsche der aufstrebenden Lehrerschaft fanden Widerhall. Am 12. Juni 1914 leitete das Staatsministerium des Innern für Kirchen- und Schulangelegenheiten dem Präsidium der Kammer der Abgeordneten eine Denkschrift über die Neuregelung der Dienst- und Gehaltsverhältnisse des

Volksschullehrpersonals in Bayern zu. (Verhandlungen der Kammer der Abgeordneten d. bayer. Landtags, Beilagen-Bd. VI, Beilage 939 S. 728—984.) Der Krieg verhinderte die Beratung der Denkschrift in der Kammer. Als sich aber das große Ringen in die Länge zog, erschien es nötig, trotz der widrigen Zeitumstände die mit der Denkschrift begonnene Arbeit wieder aufzunehmen. Einem Antrage der Kammer der Abgeordneten vom 7. November 1917 folgend, dem die Kammer der Reichsräte am 17. Dezember 1917 zugestimmt hatte, brachten die Staatsministerien des Innern, des Innern für Kirchen- und Schulangelegenheiten und der Finanzen am 27. Juli 1918 gemeinsame Entwürfe 1. eines Volksschullehrergesetzes mit Begründung, 2. eines Schulbedarfgesetzes an den Landtag (Verhandl. d. Kammer der Abgeordneten 1917/18, Beilagenband XIX, Beilagen 2581 und 2582). Die Begründung zum Schulbedarfgesetze wurde am 2. August 1918 nachgebracht (Beil. 2621).

Zum ersten Male war in diesen Entwürfen der Denkschrift vom Jahre 1914 folgend durch die Bestimmung in Art. 1 Abs. 2 des Volksschullehrergesetzes: „die Volksschullehrer stehen im Dienste des Staates" die Eigenschaft der Volksschullehrer als Staatsbeamte herausgestellt. Der Streitfrage, ob der im öffentlichen Volksschuldienste stehende Lehrer als Staats- oder Gemeindebeamter anzusehen wäre, sollte ein Ende gemacht werden. Die Folgerung, daß der Staat deshalb auch für den Gehalt des Volksschullehrers aufzukommen hat, wurde aber noch nicht in vollem Umfange gezogen. Nach der Denkschrift wollte man auch die Volksschullehrer zu Staatsbeamten im engeren Sinne gar nicht erklären, weil man auch die Volksschule als solche nicht als eine Staatsanstalt betrachtete (s. aber jetzt § 21 Abs. 1, Schlußsatz der Verfassungsurkunde des Freistaates Bayern vom 14. August 1919 (GVBl. S. 531): „die öffentlichen Volksschulen sind grundsätzlich Staatsanstalten"). „Demgemäß werden die Lehrer, wie bisher, so auch künftig eine besondere Gruppe von öffentlichen Dienern bleiben müssen" (Denkschrift von 1914, VerhBeil. Bd. VI, Beil. 939, S. 795). Art. 11 des Entwurfes zum Schulbedarfgesetze lautete: „Der gesamte persönliche und sächliche Bedarf für die öffentlichen Volksschulen wird von den Gemeinden aufgebracht, soweit nicht dieses Gesetz etwas anderes bestimmt." Art. 17 mit 21 sahen dann vor, daß und in welchem Umfange sich der Staat an der Aufbringung der Gehalte der Volksschullehrer beteiligen sollte.

Die Staatsumwälzung im November 1918 schnitt die Behandlung auch dieser Gesetzesvorlagen ab. Gleichwohl blieb die Schulfrage an der Oberfläche. Zu den ersten Gesetzesvorschlägen im neuen Staate gehörten neue Entwürfe eines Volksschullehrergesetzes und eines Schulbedarfgesetzes, die dem Landtag unterm 1. Juni 1919 zugeleitet wurden (Verhandlungen des Landtages 1919, Beilagen-Band I, Beil. 136, S. 125 mit 210). Sie wurden gleichzeitig mit der Verfassungsurkunde des Freistaates Bayern am 14. August 1919 Gesetz, s. Landtagsbeschluß vom 14. August 1919 (Verh. d. Bay. Landt. 1919, Beil.-Bd. II, Beil. 384, S. 513) und im Gesetz- und Verordnungsblatt vom 2. September 1919 Nr. 55 auf Seite 437 mit 488 und S. 489 mit 513 veröffentlicht.

Wenn in diesem geschichtlichen Ueberblick über den Werdegang des Schulbedarfgesetzes auch das Volksschullehrergesetz hereingezogen wurde, so geschah es nicht allein wegen der Gleichzeitigkeit der Behandlung, sondern vor allem wegen des sachlichen Zusammenhanges. Enthielt das „Volksschullehrergesetz" in seiner Fassung vom 14. August 1919 doch einen wesentlichen Teil aus dem Gesetzesstoffe der alten Schulbedarfgesetze vom Jahre 1861 und 1902: Die hauptsächliche Regelung des Gehalts und Ruhegehaltes des Lehrpersonals. Da durch Art. 1, Abs. III d. VolksschLG. im Einklang mit Art. 143 Abs. 3 der Reichsverfassung vom 11. August 1919 (RGBl. S. 1383) aber die Volksschullehrer ausdrücklich als „Beamte des Staates" erklärt wurden und Art. 37 a. a. O. bestimmte, daß die Gehalte der Volksschullehrer jeweils mit den Gehalten der Staatsbeamten entsprechend neu geregelt werden, ist freilich die Regelung eines wesentlichen Teiles des Schulbedarfes den Schulgesetzen überhaupt entrückt und hat ihren Platz im „Beamtenbesoldungsgesetz", zunächst in der Fassung vom 2. Juni 1920 (GVBl. S. 275), und im Pensionsergänzungsgesetze vom 23. März 1921 (GVBl. S. 117) gefunden. Auch die weiteren Aenderungen in der Beamtengesetzgebung wirkten sich in der Folge entsprechend auf die finanzrechtlichen Bestimmungen der Schulgesetze aus.

Das eigentliche „Schulbedarfgesetz" erstreckt sich nunmehr nur zum geringsten Teil auf den „persönlichen" Bedarf. In der Hauptsache ist es nunmehr der Schul **sach**bedarf, den es behandelt. Es spricht freilich in Art. 11 den gewichtigen Grundsatz aus, daß entgegen der Regelung in den alten Schulbedarfgesetzen von 1861 und 1902 der **sächliche** Bedarf von den **Gemeinden**, der **persönliche** aber vom **Staate** aufzubringen ist, diesem Grundsatze ist aber infolge der Einreihung der Volksschullehrer in die Staatsbeamten in der Hauptsache außerhalb des „Schulbedarfgesetzes" Rechnung getragen, so daß nachmals sogar durch Art. 2 Abs. III des Gesetzes vom 1. August 1923 zur Aenderung von Vorschriften über das Volksschulwesen (GVBl. S. 337) die Ueberschriftsworte „Abschnitt IV. Besondere Vorschriften über den persönlichen Schulbedarf" völlig gestrichen wurden. Auf dem Gebiete des Schulbedarfes, der dem Schulbedarfgesetze zur Regelung verblieb, ist der Unterschied zwischen persönlichem und sächlichem Schulbedarf jedenfalls nicht mehr von Bedeutung.

Trotz der Einschränkung auf den **sächlichen** Schulbedarf ist das neue Schulbedarfgesetz im Vergleich zu den früheren an Umfang gewachsen und zählt 82 Art. gegen 9 des Gesetzes vom Jahre 1861 und 23 vom Jahre 1902. Diese Ausdehnung hat ihren Grund in der Umgestaltung unseres ganzen Staatswesens und des Volksschulwesens im besonderen. Im übrigen kann der Inhalt des Schulbedarfgesetzes vom 14. August 1919 mit den Ueberschriften der einzelnen Abschnitte kurz folgendermaßen skizziert werden:

Abschnitt I. Die vermögensrechtliche Verwaltung der öffentlichen Volksschulen.

Abschnitt II. Die Errichtung von Schulen und Lehrstellen.

Abschnitt III. Allgemeine Vorschriften über die Aufbringung des Schulbedarfs.

Abschnitt IV. Besondere Vorschriften über den persönlichen Schulbedarf.

Abschnitt V. Besondere Mittel zur Deckung des Schulbedarfs.

Abschnitt VI. Die Aufbringung des Bedarfes für die Religionslehrer an öffentlichen Volksschulen.

Abschnitt VII. Der Bedarf für die Volksschulfachlehrer.

Abschnitt VIII. Der Bedarf für die Volksschullehrer an christlichen Bekenntnissonderschulen und an Schulen von Stiftungen und gemeinnützigen Unternehmungen.

Abschnitt IX. Der Bedarf für die israelitischen Volksschullehrer.

Abschnitt X. Uebergangsvorschriften. A. Vorschriften über die Trennung des weltlichen Kirchendienstes vom Schuldienste. — B. Sonstige Uebergangsvorschriften.

Abschnitt XI. Aufhebung und Aenderung bestehender Vorschriften und Rechtsverhältnisse.

Abschnitt XII. Inkrafttreten und Vollzug.

Als besonders einschneidend sind außer der Uebernahme der Gehälter und Ruhegehälter für das Lehrpersonal auf den Staat hervorzuheben: Die Umwandlung und Ablösung der besonderen Leistungen und Reichnisse zum Einkommen der Schulstellen, die Trennung des weltlichen Kirchendienstes vom Schuldienste, die Aufhebung aller Präsentations- und Vorschlagsrechte in bezug auf die Besetzung der Schulstellen und das Verbot, für die Benützung der öffentlichen Volksschule Schulgeld zu erheben.

Seit dem Erlasse des Gesetzes ist wenig mehr als ein Jahrzehnt verflossen und schon ist an den einzelnen Bestimmungen eine ganze Reihe von Veränderungen vorgenommen worden.

1. Die erste Abänderung wurde bereits am 23. Dezember 1919 dadurch in die Wege geleitet, daß das Staatsministerium für Unterricht und Kultus dem Landtage den Entwurf eines Gesetzes über die Aenderung des Volksschullehrergesetzes und des Schulbedarfgesetzes vom 14. August 1919 übermittelte (Verhandl. d. Landtags 1919/20, Beil.-Bd. III, Beil. 781, S. 171 bis 178). Durch die vorgeschlagenen Gesetzesänderungen sollten die Schulgesetze in zweifacher Hinsicht den grundsätzlichen Bestimmungen der Reichsverfassung angeglichen werden. Es sollte erstens die Bestimmung aufgehoben werden, daß Volksschullehrerinnen aus dem Dienste auszuscheiden haben, wenn sie sich verheiraten. Zweitens sollte der weltliche Kirchendienst kraft G e s e t z e s vom Schuldienste getrennt werden. Nach der Fassung der Schulgesetze vom 14. August 1919 war zwar diese Trennung auch bereits vorgesehen, doch sollte sie nur binnen spätestens zwei Jahren von Fall zu Fall durch die Anstellungsbehörde verfügt werden. Der erste Teil des Gesetzentwurfes (Lehrerinnen-Ehe) wurde vom Landtag abgelehnt, der zweite Teil (Trennung von Schul- und Kirchendienst kraft Gesetzes) angenommen. Im Schulbedarfgesetze wirkten sich die Verhandlungen des Landtags auf beiden Gebieten aus. Einige weitere Aenderungen fügte der Landtag in einem dritten Abschnitt hinzu (Verhandl. d. Landtags 1919/20, Beil.Bd. III, Beil. 1176, S. 561—636, u. Beil. 1189, S. 641—649, Beil. 1235, S. 704, stenogr. Berichte, II. Bd., Nr. 53, S. 635—654). Das so zustande gekommene Abänderungsgesetz wurde mit Datum vom 24. März 1920 im GVBl. S. 103 ff. veröffentlicht und trat am 1. Mai 1920 in Kraft. Durch das Gesetz wurden die Art. 42 und 47 des SchBG. aufgehoben, Art. 10, 24, 26, 39, 40, 43, 48, 49, 50, 51, 57, 63, 69, 70, 78 und 80 abgeändert und Art. 50 a, 50 b und 75 a eingeschaltet.

2. Von noch stärkerer Einwirkung auf die Schulgesetze war das „Beamtenbesoldungsgesetz", von dem das Staatsministerium der Finanzen auf Grund Beschlusses des Gesamtministeriums am 22. Mai 1920 dem Landtage einen Entwurf übersandte (Verh. d. Landtags 1919/20, Beil.Bd. IV, Beil. 1497, S. 521 ff.). Die Begründung zu diesem Gesetzentwurfe folgte am 31. Mai 1920 nach (Verh. d. Landtags 1919/20, Beil.Bd. IV, Beil. 1530, S. 581 ff.). Da gemäß Art. 1 Abs. III des Volksschullehrergesetzes die Volksschullehrer Staatsbeamte sind, mußte auch für sie das Gesetz, das die Besoldung der Staatsbeamten regeln sollte, ohne weiteres gelten. In diesem

Gesetze war aber den Staatsbeamten außer dem Gehalte freie Dienstwohnung oder an deren Stelle eine Wohnungsentschädigung wie sie Art. 25 d. VSchLG. für die Volksschullehrer vorgesehen hatte, nicht mehr eingeräumt. Deshalb mußten auch die Bestimmungen über die Dienstwohnungen nicht nur im Volksschullehrergesetze, sondern auch im Schulbedarfgesetze geändert werden. Das Beamtenbesoldungsgesetz trat in der Fassung in Kraft, die ihm der Landtag in seinem Beschlusse vom 2. Juni 1920 mit Wirkung vom 1. April 1920 gab (Verh. d. Landtags 1919/20, BeilBd. IV, Beil. 1562, S. 743 ff. GVBl. S. 275 ff.). Durch die neuen Bestimmungen wurde eine sehr wesentliche Entlastung der Gemeinden herbeigeführt. Es blieb ihnen zwar fast im gleichen Umfange wie bisher die Verpflichtung Dienstwohnungen für die Volksschullehrer bereitzustellen, aber diese Wohnungen mußten nicht mehr unentgeltlich zur Verfügung gestellt werden, sondern nur mehr gegen angemessene Mietentschädigung.

Durch Art. 63 wurde das SchBG. in folgender Weise geändert:

1. Aufgehoben wurden die Art. 13 Abs. II, 16, 21 und 56.

2. Eine andere Fassung erhielten die Art. 14, 15, 17, 19, 22, 24, 31, 33, 35, 59 und 68.

3. Eine kleine Aenderung für das SchBG. brachte das Gesetz über die Versorgungsbezüge der Staatsbeamten und ihrer Hinterbliebenen (Pensionsergänzungsgesetz) vom 23. März 1921 (GVBl. S. 117) — Entwurf und Begründung vom 13. März 1921, Verh. d. Landtags I. Tagung 1920/21, Beil.Bd. IV, Beil. 1098, S. 107 ff., Beschluß d. Landtags, Beil. 1158, S. 174 ff.).

In den Art. 65 Abs. II und 66 Abs. II d. SchBG. wurden die Worte „zur Verbesserung der Bezüge nach Art. 63 Abs. I" (d. h. der Bezüge für Volksschullehrer, die vor oder mit dem Inkrafttreten des Volksschullehrergesetzes (1. Januar 1920) in den Ruhestand versetzt wurden, und von Hinterbliebenen von Volksschullehrern, die vor dem 1. Januar 1920 gestorben waren oder sich an diesem Tage im Ruhestande befanden) infolge der anderweitigen Regelung der Versorgungsbezüge für die Altruhestandsbeamten und Althinterbliebenen durch die Worte ersetzt: „zur Gewährung von Unterstützungen an bedürftige Volksschullehrer und Hinterbliebene von Volksschullehrern".

4. Die ungeheueren Kriegslasten, die dem Deutschen Reiche auferlegt sind, führten zu einer grundsätzlichen Umstellung auf dem Gebiete des Steuerrechts im Reich, in den Ländern und in den Gemeinden. Das Verhältnis des Reiches zu den Ländern und Gemeinden regelte in großen Zügen das Landessteuergesetz vom 30. März 1920 (RGBl. S. 402). In einem „Gesetze zum Vollzuge des Landessteuergesetzes vom 30. März 1920 (RGBl. S. 402)" sollte entsprechend das Verhältnis des Landes zu den Gemeinden und Gemeindeverbänden geregelt werden. Die Umänderungen mußten auch das Schulbedarfgesetz ergreifen, wo dieses, wie z. B. bei der Sprengelschule, auf dem alten Gemeinde-Umlagen-Gesetze fußte (Entwurf des Gesetzes und Begründung vom 1. April 1921 s. Verh. d. Landtags, I. Tagung 1920/21, Beil.Bd. IV, Beil. 1173, S. 193 ff., Beschluß des Landtages vom 23. Juni 1921, Beil. 1472, S. 536/37; veröffentlicht wurde das Gesetz unterm 30. Juni 1921 im GVBl. S. 361).

Durch Art. 45 wurden im SchBG. die Art. 12, 37 und 58 abgeändert und Art. 25 und 34 gestrichen.

5. Die in Art. 71 Abs. I des BeamtenbesoldGes. vom 2. Juni 1920 (GVBl. S. 304) vorbehaltene Nachprüfung der Besoldungsordnung führte zum Gesetz vom 25. November 1921 zur Aenderung des Beamtenbesoldungsgesetzes vom 2. Juni 1920 (GVBl. 1921 S. 551), das in Ziff. XII eine Aenderung des Art. 63 Ziff. 7 des BBesGes. und damit eine solche des Art. 24 d. Schulbedarfgesetzes brachte (s. Entwurf d. Ges. „zur Aenderung des BeamtenbesGes. vom 2. Juni 1920" samt Begründung vom 3. Mai 1921 (Landtags-Verh. 1920/21, Beil.Bd. IV, Beil. 1302 u. 1520, S. 572, 1575, S. 658).

6. Eine weitere Aenderung des Art. 24 des SchBG. in der Fassung des Art. 63 Ziff. 7 des Beamtenbesoldungsgesetzes vom 2. Juni 1920 und des Art. 1 Ziff. XII d. Ges. vom 25. November 1921 wurde durch Art. 4 des Gesetzes zur Abänderung des Beamtenbesoldungsgesetzes vom 16. Dezember 1921 (GVBl. 1923, S. 1) herbeigeführt. S. auch den Entwurf des Ges. vom 28. November 1921 (Verh. d. Landt. II. Tagung 1921/22, Beil.Bd. VI, Beil. 2013, 2056 u. 2092, S. 275, 318 u. 355).

7. Auf Grund des Art. 13 des Gesetzes vom 9. Januar 1923 zur siebenten Abänderung des Beamtenbesoldungsgesetzes (GVBl. S. 7) wurde das Beamtenbesoldungsgesetz vom 2. Juni 1920 (GVBl. S. 275) durch eine Bekanntmachung des Gesamtministeriums vom 24. März 1923 (GVBl. S. 109) in der vom 1. Oktober 1922 ab gültigen Fassung mit neuer Artikelfolge bekannt gegeben.

In Art. 63 waren die bis dahin durch das Beamtenbesoldungsgesetz und seine Nachträge veranlaßten Abänderungen des Schulbedarfgesetzes zusammengefaßt.

8. Wiederholte Beschlüsse des Landtags (vom 28. Februar 1921 Beil. 875) und vom 1. August 1922 (Beil. 2834) veranlaßten das Staatsministerium für Unterricht und Kultus in einem neuerlichen Entwurf eines Gesetzes zur Aenderung von Vorschriften über das Volksschulwesen die Verhältnisse der Volksschulfachlehrer und die Vergütungen für den Religionsunterricht an den öffentlichen Volksschulen neu zu regeln. In dem Entwurf wurden außerdem noch einige weitere Aenderungen der gesetzlichen Bestimmungen aufgenommen, die insbesondere durch die Entwicklung der Besoldungsgesetzgebung notwendig geworden waren.

Der Gesetzentwurf mit Begründung ging an den Landtag am 9. Juli 1923 (Verh. d. Landt. III. Tagung 1922/23, Beil.Bd. XI, Beil. 3663, S. 905 bis 919). Der Landtag stimmte am 1. August 1923 dem Gesetzentwurf in unveränderter Fassung zu (Beil. 3792, S. 1036). Im SchBG. wurden durch das Gesetz (GVBl. S. 337) geändert: Die Art. 1, 23, 29, 33, 35 und 63; neu eingefügt die Art. 10a, 24a und 62a; gestrichen Art. 13 und die Ueberschriftsworte vor Art. 13 „Abschnitt IV. Besondere Vorschriften über den persönlichen Schulbedarf", ferner die Art. 22, 30—32 sowie die Ueberschriftsworte „Abschnitt VII. Der Bedarf für die Volksschulfachlehrer".

9. Die letzte Umformung des SchBG. brachte das „Gesetz zur Aenderung des Art. 12 des Schulbedarfgesetzes in der Fassung nach Art. 45 Ziff. 1 des Gesetzes vom 30. Juni 1921" (GVBl. S. 361), Entwurf und Begründung vom 21. März 1928 (Verh. d. Landtags, V. Tagung 1927/28, Beil.Bd. VIII, Beil. 3732, S. 459 bis 461), Landtagsbeschluß vom 24. April 1928 (Beil. 3833, S. 531), veröffentlicht im GVBl. S. 323. Die Entwicklung der Einkommensteuergesetzgebung zwang zu einem neuen Verteilungsmaßstab für den ungedeckten Bedarf der Sprengelschule auf die am Schulsprengel beteiligten Gemeinden.

Die nähere Regelung erfolgte durch die Bekanntmachung des Staatsministeriums für Unterricht und Kultus Nr. IV 43614 vom 10. Dezember 1928 zum Vollzuge des Art. 12 des Schulbedarfgesetzes vom 14. August 1919 in der Fassung des Gesetzes vom 24. April 1928 (GVBl. S. 323), GVBl. 1928 S. 429.

Vielleicht behält das SchBG. seine Fassung in der nunmehrigen Gestalt für längere Zeit bei. So sehr es seit der Entstehung im Jahre 1919 auch schon abgeändert worden ist, ist doch der Kern des Gesetzes erhalten geblieben, wonach die Aufbringung des Schulbedarfes in dem im Gesetze umschriebenen Sinne in der Hauptsache den Gemeinden obliegt und — wenn eine Gemeinde die Mittel für den notwendigen Bedarf nicht zu erschwingen vermag — der Kreis einzuspringen hat (Art. 27 d. SchBG.). Mit dieser Regelung erscheint Vorsorge für alle Möglichkeiten um so mehr getroffen, als der Kreis durch Art. 28 a. a. O. am Staate eine Rückendeckung hat. Sieht man näher zu, so bemerkt man freilich, daß die Verpflichtung des Kreises den Gemeinden gegenüber und die Hilfe des Staates gegenüber den Kreisen sich nicht völlig decken. Während der Kreis nach dem Gesetze die bedürftigen Gemeinden ohne Einschränkung, nur nach dem Maße der Notwendigkeit des Bedarfes und nach dem Grade der Bedürftigkeit der Gemeinden, zu unterstützen hat, braucht der Staat den Kreisen nur Zuschüsse zu geben nach Maßgabe der ihm zur Verfügung stehenden Mittel. In wirtschaftlich günstigen Zeiten reicht die so getroffene Regelung aus. Nicht so in wirtschaftlich ungünstigen Zeiten, wie sie leider jetzt und wohl noch lange auf dem Deutschen Reiche und seinen Ländern lasten. Sie zwingen mehr als wünschenswert ist, auch auf dem Gebiete des Schulwesens zum Sparen.

Schulbedarfgesetz*)
vom 14. August 1919

(GVBl. 1919 S. 489)

Der Landtag des Freistaates Bayern hat folgendes Gesetz beschlossen:

Abschnitt I.

Die vermögensrechtliche Verwaltung der öffentlichen Volksschulen.

Art. 1. I Die vermögensrechtliche Verwaltung und Vertretung der öffentlichen Volksschulen obliegt den Gemeinden.

II Die Verwendung der den Zwecken der öffentlichen Volksschule gewidmeten Gebäude und Grundstücke zu Veranstaltungen und Einrichtungen, die mit den bestimmungsmäßigen Aufgaben der öffentlichen Volksschule nicht unmittelbar im Zusammenhange stehen, bedarf der Genehmigung der zuständigen Schulaufsichtsbehörde.

Art. 2. I Greift der Sprengel einer öffentlichen Volksschule über die Gemeindemarkung hinaus (zusammengesetzter Schulsprengel), so obliegt die vermögensrechtliche Verwaltung und Vertretung der Schule (Sprengelschule) der verstärkten Gemeindeverwaltung der Schulsitzgemeinde.

II Die Gemeindeverwaltung der Schulsitzgemeinde wird dadurch verstärkt, daß zu ihren Beratungen und Beschlußfassungen aus jeder der übrigen am Schulsprengel beteiligten Gemeinden der erste Bürgermeister oder sein Stellvertreter und ein besonders gewählter Abgeordneter oder ein Stellvertreter beigezogen werden. Die Gemeindeverwaltungen der einzelnen Gemeinden wählen den Abgeordneten und seinen Stellvertreter aus ihrer Mitte auf die Dauer ihrer Wahlzeiten.

III Die am Schulsprengel beteiligten Gemeinden können aus besonderen Gründen mit Genehmigung der vorgesetzten Behörde (Art. 7) vereinbaren, daß an Stelle der Verwaltung der Schulsitzgemeinde die Verwaltung einer anderen beteiligten Gemeinde

*) In der Fassung, die sich aus den seitherigen Abänderungen ergibt. (Die Abänderungsgesetze selbst sind bei den Erläuterungen — Teil II — jeweils angeführt.)

nach den Vorschriften des Abs. II verstärkt und mit der vermögensrechtlichen Verwaltung und Vertretung der Sprengelschule betraut wird.

Art. 3. I Die Gemeindeverwaltung der Schulsitzgemeinde, im Falle des Art. 2 Abs. III die besonders bestimmte Gemeindeverwaltung kann von den Vertretern der übrigen am Schulsprengel beteiligten Gemeinden durch übereinstimmende schriftliche Erklärung allgemein oder in einzelnen Fällen ermächtigt werden, die verstärkte Gemeindeverwaltung vor Behörden zu vertreten oder an ihrer Stelle Verwaltungsgeschäfte zu erledigen, insbesondere die Beschlüsse zum jährlichen Voranschlage zu vollziehen und außerordentliche Unternehmungen auszuführen.

II Der verstärkten Gemeindeverwaltung bleibt jedoch vorbehalten die Beschlußfassung über

1. die Höhe des jährlichen oder eines außerordentlichen Aufwands für die Sprengelschule,
2. die Verteilung des Aufwands auf die am Schulsprengel beteiligten Gemeinden (Art. 12 Abs. II),
3. die Uebernahme einer dauernden Haftung für Schuleinrichtungen,
4. die Aufnahme eines gemeinschaftlichen Darlehens.

Art. 4. I Die Staatsaufsicht über die vermögensrechtliche Verwaltung der Sprengelschule wird von der Verwaltungsbehörde ausgeübt, der die Staatsaufsicht über die Schulsitzgemeinde zukommt. Im Falle des Art. 2 Abs. III ist die Verwaltungsbehörde zuständig, der die Staatsaufsicht über die besonders bestimmte Gemeinde zukommt.

II Die bestehenden Vorschriften über die Staatsaufsicht, insbesondere über die Beschwerde gegen staatsaufsichtliche Verfügungen gelten entsprechend. Staatsaufsichtliche Aufforderungen in bezug auf die vermögensrechtliche Verwaltung der Sprengelschule werden an die verstärkte Gemeindeverwaltung gerichtet. Der verstärkten Gemeindeverwaltung gegenüber wird die gesetzliche Verpflichtung endgültig festgestellt. An ihrer Stelle wird auch das für den Vollzug Erforderliche verfügt und der Bedarf verteilt.

Art. 5. I Gegen Beschlüsse der verstärkten Gemeindeverwaltung in den Angelegenheiten nach Art. 3 Abs. II kann jede am Schulsprengel beteiligte Gemeinde binnen vierzehn Tagen nach der Beschlußfassung Beschwerde erheben, wenn die Notwendigkeit oder die Zweckmäßigkeit beschlossener Unternehmungen und Einrichtungen bestritten oder die Festsetzung des Aufwands nach Art und Höhe, seine Verteilung auf die einzelnen Gemeinden oder seine Deckung durch ein gemeinschaftliches Darlehen angefochten wird.

II Ueber die Beschwerde entscheidet die zunächst zuständige Staatsaufsichtsbehörde. Erstreckt sich ein Schulsprengel auf die Bezirke mehrerer Verwaltungsbehörden, so werden die beteiligten Behörden vorher gehört.

III Gegen die Entscheidung steht der verstärkten Gemeindeverwaltung und den Verwaltungen der übrigen am Schulsprengel beteiligten Gemeinden die Beschwerde an die nächsthöhere Behörde zu, die hierüber endgültig entscheidet. Die Vorschriften des Verwaltungsgerichtsgesetzes bleiben vorbehalten.

Art. 6. I Wenn keine Beschwerde nach Art. 5 erhoben oder auf eine Beschwerde rechtskräftig entschieden worden ist, werden die Beschlüsse der verstärkten Gemeindeverwaltung vollzogen, ohne daß in den einzelnen am Schulsprengel beteiligten Gemeinden neue Beschlüsse über die Unternehmungen und Einrichtungen und über die Bewilligung des Aufwands erforderlich sind. Die einzelnen Gemeinden beschließen nur noch, wie sie ihren Anteil am Gesamtaufwande nach den Vorschriften der Gemeindeordnungen aufbringen.

II Für den Vollzug der Beschlüsse der nach Art. 3 Abs. I bevollmächtigten Gemeindeverwaltung gelten diese Vorschriften entsprechend.

Art. 7. Vorgesetzte Behörde im Sinne dieses Gesetzes ist die Verwaltungsbehörde, die der Gemeinde oder der Schulsitzgemeinde unmittelbar vorgesetzt ist. Art. 4 Abs. I Satz 2 gilt entsprechend.

Abschnitt II.

Die Errichtung von Schulen und Lehrstellen.

Art. 8. I Wenn eine Volksschule, die alle Jahrgänge umfaßt und an der nur eine Lehrstelle besteht, nach dem Durchschnitte der letzten fünf Jahre von mehr als fünfzig hauptschulpflichtigen Kindern besucht wird, sind die Mittel zur Errichtung einer neuen Lehrstelle bereitzustellen.

II Das gleiche gilt, wenn an einer Volksschule mit zwei oder mehr Schulklassen eine Klasse nach dem Durchschnitte der letzten fünf Jahre von mehr als sechzig hauptschulpflichtigen Kindern besucht wird.

III Wenn durch die Schulsatzung oder durch Gemeindebeschluß eine geringere Höchstzahl von Schülern für die einzelne Klasse festgesetzt ist, darf diese Zahl nicht mehr erhöht werden.

IV Die Regierung, Kammer des Innern, kann aus besonderen Gründen Ausnahmen von den vorstehenden Vorschriften zulassen.

Art. 9. I Wenn sich in einer Gemeinde oder Ortschaft oder in mehreren im Umkreise von dreieinhalb Kilometer Halbmesser gelegenen Gemeinden, Ortschaften, Weilern oder Einzelhöfen nach dem Durchschnitte der letzten fünf Jahre fünfundzwanzig oder mehr hauptschulpflichtige Kinder befinden, die mehr als dreieinhalb Kilometer zur Schule zurückzulegen haben, so kann die Bereitstellung der Mittel zur Errichtung einer neuen Volksschule angeordnet werden.

II Das gleiche gilt, wenn sich im Umkreise von dreieinhalb Kilometer Halbmesser nach dem Durchschnitte der letzten fünf Jahre achtzig oder mehr hauptschulpflichtige Kinder befinden, die in der Mehrzahl zwei Kilometer oder mehr zur Schule zurückzulegen haben.

Art. 10. Wenn in einer Gemeinde oder Ortschaft oder in mehreren im Umkreise von dreieinhalb Kilometer Halbmesser gelegenen Gemeinden, Ortschaften, Weilern oder Einzelhöfen nach dem Durchschnitte der letzten fünf Jahre fünfzig oder mehr hauptschulpflichtige Kinder des Bekenntnisses der Minderheit vorhanden sind, denen nicht eine Schule ihres Bekenntnisses in einer Entfernung von höchstens dreieinhalb Kilometer von ihrer Wohnung zur Verfügung steht oder durch zweckmäßige Umschulung zugänglich gemacht werden kann, so kann die Bereitstellung der Mittel zur Errichtung einer Volksschule des Bekenntnisses der Minderheit angeordnet werden.

Art. 10 a. Abgesehen von den Fällen der Art. 8 bis 10 kann die Bereitstellung der Mittel zur Errichtung einer neuen Volksschule oder Lehrstelle angeordnet werden, wenn hierfür nach dem Ermessen der zuständigen Schulaufsichtsbehörde aus besonderen Gründen ein dringendes Bedürfnis besteht.

Abschnitt III.

Allgemeine Vorschriften über die Aufbringung des Schulbedarfs.

Art. 11. Der sächliche Bedarf für die öffentlichen Volksschulen wird von den Gemeinden, der persönliche Bedarf vom Staate aufgebracht, soweit nicht dieses Gesetz etwas anderes bestimmt.

Art. 12. I Bei zusammengesetztem Schulsprengel obliegen die Verpflichtungen, die dieses Gesetz den Gemeinden auferlegt, den ganz oder mit Teilen zum Schulsprengel gehörenden Gemeinden.

II Soweit der Bedarf für die Sprengelschule nicht durch ihre eigenen Einnahmen, durch die Renten und Nutzungen eines besonderen Schul- oder Stiftungsvermögens oder durch Leistungen des Staates, der Kreise oder Dritter gedeckt ist, wird er auf die zum Schulsprengel gehörenden Gemeinden (Abs. I) je zur Hälfte nach der Kopfzahl der Schulkinder im Schulsprengel und nach dem Verhältnisse der Steuerbeträge verteilt, mit denen die Beteiligten im Schulsprengel zur Einkommen- und zur Körperschaftssteuer, Grundsteuer, Haussteuer, Gewerbsteuer und Steuer vom Gewerbebetrieb im Umherziehen veranlagt sind. Durch übereinstimmende Beschlüsse der Verwaltungen der zum Schulsprengel gehörenden Gemeinden und der verstärkten Gemeindeverwaltung kann vereinbart werden, daß der ungedeckte Bedarf für die Sprengelschule nach einem anderen als dem in Satz 1 bestimmten Verteilungsmaßstab auf die Gemeinden verteilt wird.

Abschnitt IV.

Besondere Vorschriften über den persönlichen Schulbedarf.

Gestrichen.

Art. 13. Gestrichen.

Art. 14. I Die Gemeinden unter 2500 Einwohnern haben für die Volksschullehrer Dienstwohnungen zur Verfügung zu stellen. Bei zusammengesetztem Schulsprengel ist die Einwohnerzahl der Schulsitzgemeinde maßgebend.

II Die Regierung, Kammer des Innern, kann aus besonderen Gründen eine Gemeinde unter 2500 Einwohnern von der Verpflichtung nach Absatz I befreien oder eine Gemeinde mit 2500 oder mehr Einwohnern zur Bereitstellung von Dienstwohnungen verpflichten.

III Der Volksschullehrer hat keinen Anspruch auf Bereitstellung einer Dienstwohnung.

IV Das zuständige Ministerium kann die Rechte und Pflichten des Volksschullehrers als Inhabers einer Dienstwohnung durch nähere Vorschriften regeln.

Art. 15. I Die Dienstwohnung hat zu bestehen entweder

1. in einer Familienwohnung mit den erforderlichen Wirtschaftsräumen (Dienstwohnung erster Ordnung), oder
2. in einer Wohnung für Unverheiratete mit eigenem Haushalte (Dienstwohnung zweiter Ordnung), oder
3. in einem heizbaren Wohnzimmer (Dienstwohnung dritter Ordnung).

II Das zuständige Staatsministerium erläßt die näheren Vorschriften über den Umfang und die Beschaffenheit der Wohnungen, Wohnzimmer und Wirtschaftsräume.

III Ob die Dienstwohnung den Vorschriften entspricht, entscheidet im Streitfalle die Regierung, Kammer des Innern. Gegen ihre Entscheidung kann Beschwerde zum zuständigen Staatsministerium erhoben werden. Beschwerde zum Verwaltungsgerichtshof ist nicht zulässig.

Art. 16. Aufgehoben.

Art. 17. Welche Dienstwohnungen die im Art. 14 Abs. I und II bezeichneten Gemeinden bereitzustellen haben, bemißt sich nach folgenden Grundsätzen:

1. Für Volksschulen, an denen nur eine Lehrstelle besteht, ist eine Dienstwohnung erster Ordnung bereitzustellen.
2. Für Volksschulen, an denen zwei Lehrstellen bestehen, braucht nur eine Dienstwohnung erster Ordnung bereitgestellt zu werden.
3. Für Volksschulen, an denen drei oder mehr Lehrstellen bestehen, müssen für zwei Drittel der Stellen Dienstwohnungen erster Ordnung bereitgestellt werden. Bruchteile werden nicht angerechnet.
4. Für Mädchenschulen, an denen nur Volksschullehrerinnen verwendet werden, gelten die vorstehenden Vorschriften sinngemäß. An die Stelle der Dienstwohnungen erster Ordnung treten dabei Dienstwohnungen zweiter Ordnung.
5. Im übrigen bestimmt die Regierung, Kammer des Innern, ob für die vorhandenen Lehrstellen Dienstwohnungen zweiter oder dritter Ordnung bereitzustellen sind. Sie kann aus besonderen Gründen Ausnahmen von den Vorschriften der Nr. 1 bis 4 zulassen.
6. Bestehen an einer Volksschule, an der Knaben und Mädchen gemeinsam unterrichtet werden, drei oder mehr Stellen, so kann die Regierung, Kammer des Innern, anordnen oder zulassen, daß ein Teil der Dienstwohnungen erster Ordnung durch Dienstwohnungen zweiter Ordnung ersetzt wird. Das zuständige Ministerium kann hierüber nähere Vorschriften erlassen.

Art. 18. I Die Gemeinden sind verpflichtet, die Dienstwohnungen dritter Ordnung mit der notwendigen Zimmereinrichtung auszustatten. Das zuständige Staatsministerium erläßt die näheren Vorschriften.

II Der Volksschullehrer hat für die Benützung der Zimmereinrichtung an die Gemeinde eine angemessene Entschädigung zu zahlen, die von der vorgesetzten Behörde festgesetzt wird.

III Der Volksschullehrer hat keinen Rechtsanspruch auf Bereitstellung der Zimmereinrichtung.

Art. 19. I Die Regierung, Kammer des Innern, kann anordnen, daß die Gemeinden für die Volksschullehrer, mit deren Lehrstelle eine Dienstwohnung erster oder zweiter Ordnung verbunden ist, einen Hausgarten zur Nutzung bereitzustellen haben, wenn es die örtlichen Verhältnisse zulassen.

II Die Anordnung gibt dem Volksschullehrer keinen Rechtsanspruch gegenüber der Gemeinde.

III Der Volksschullehrer hat für die Benützung des Gartens an die Gemeinde eine angemessene Entschädigung zu zahlen, die von der vorgesetzten Behörde festgesetzt wird.

IV Das zuständige Staatsministerium kann nähere Vorschriften erlassen. Es kann die Gemeinden verpflichten, dem

Volksschullehrer bei der Beendigung seines Dienstverhältnisses in der Gemeinde die Kosten für Anlagen und Anpflanzungen auf dem Grundstücke ganz oder teilweise zu erstatten.

Art. 20. I Die Bezüge der Volksschullehrer und ihrer Hinterbliebenen werden vom Rentamt ausbezahlt, soweit nicht dieses Gesetz etwas anderes bestimmt.

II Bezüge, die nach den Vorschriften des Gesetzes von der Gemeinde auszuzahlen sind, werden bei zusammengesetztem Schulsprengel von der Schulsitzgemeinde, im Falle des Art. 2 Abs. III von der besonders bestimmten Gemeinde ausbezahlt.

Art. 21. Aufgehoben.

Art. 22. Gestrichen.

Art. 23. I Für Schulamtsbewerber und sonstige Personen, die mit der Stellvertretung oder Beihilfeleistung für erkrankte, beurlaubte oder aus anderen Gründen verhinderte Volksschullehrer oder mit der vorübergehenden Führung einer erledigten Lehrstelle beauftragt werden (Aushilfslehrer), ist nach Anordnung der Regierung, Kammer des Innern, von der Gemeinde ein eingerichtetes Wohnzimmer mit Beheizung und Beleuchtung zur Verfügung zu stellen. Der Aushilfslehrer hat hierfür an die Gemeinde eine angemessene Entschädigung zu zahlen, die von der vorgesetzten Behörde festgesetzt wird.

II Diese Vorschriften gelten entsprechend, wenn mit der Stellvertretung oder Beihilfeleistung ein Volksschullehrer beauftragt ist.

III Das zuständige Staatsministerium kann nähere Vorschriften zum Vollzuge der Abs. I und II erlassen.

Art. 24. I Geistlichen Gesellschaften oder religiösen Vereinen kann der Volksschulunterricht nur mit Zustimmung der Gemeindeverwaltung oder der verstärkten Gemeindeverwaltung übertragen werden. Dem Beschlusse der verstärkten Gemeindeverwaltung müssen außerdem drei Viertel der am Schulsprengel beteiligten Gemeinden, darunter die Schulsitzgemeinde, zustimmen.

II Geistlichen Gesellschaften oder religiösen Vereinen, denen beim Inkrafttreten des Gesetzes der Volksschulunterricht übertragen war, kann die Genehmigung nur entzogen werden, wenn dies von der Mehrheit der beteiligten Eltern oder deren Stellvertretern beantragt wird.

III Die Gesellschaften oder Vereine erhalten eine Vergütung, die für jede von der Regierung, Kammer des Innern, als ständig erklärte Lehrkraft dem Anfangsgrundgehalte der ständigen Volksschullehrerinnen (Lehrerinnen, Hauptlehrerinnen, Oberlehrerinnen) samt der Hälfte des Ortszuschlags und des Teuerungszuschlags entspricht; der Teuerungszuschlag kann aus besonderen Gründen in der vollen Höhe gewährt werden. Die

Vergütung für andere Lehrkräfte wird von der Regierung festgesetzt. Die Vergütungen werden vom Rentamt ausbezahlt. Art. 14 und Art. 15 Abs. II und III dieses Gesetzes sowie die Art. 19 und 55 des Beamtenbesoldungsgesetzes finden sinngemäße Anwendung.

IV Im Falle der Erkrankung einer Lehrkraft gelten Art. 23 dieses Gesetzes und Art. 31 Abs. II des Volksschullehrergesetzes entsprechend.

Art. 24 a. Die Vorschriften dieses Abschnittes gelten für die Volksschulfachlehrer entsprechend.

Abschnitt V.

Besondere Mittel zur Deckung des Schulbedarfs.

Art. 25. Gestrichen.

Art. 26. I Grundstücke, deren Nutzungen bis zum Inkrafttreten dieses Gesetzes zum Einkommen einer Schulstelle gehört haben, sind zugunsten der Gemeinde oder der am Schulsprengel beteiligten Gemeinden zu verpachten. Die vorgesetzte Behörde kann Ausnahmen zulassen.

II Auf Antrag des Volksschullehrers kann die vorgesetzte Behörde die Gemeinde verpflichten, die Grundstücke ganz oder zum Teil an den Volksschullehrer längstens auf die Dauer seiner Dienstleistung in der Gemeinde zur eigenen Bewirtschaftung zu verpachten. Art. 19 Abs. IV gilt entsprechend.

III Im Falle des Absatzes II kann das Pachtverhältnis vor dem Ablaufe der Pachtzeit gegenüber dem Volksschullehrer nur mit Zustimmung der vorgesetzten Behörde gekündigt werden. Der Pachtzins, den der Volksschullehrer zu entrichten hat, wird im Streitfalle von der vorgesetzten Behörde unter Ausschluß des Rechtsweges festgesetzt.

IV Art. 75 a bleibt vorbehalten.

Art. 27. I Die Kreise sind verpflichtet, bedürftigen Gemeinden zur Aufbringung des Schulbedarfs die notwendigen Zuschüsse zu gewähren.

II Als bedürftig gelten Gemeinden, die ihre gesetzlichen Verpflichtungen zur Aufbringung des Bedarfs für die öffentlichen Volksschulen ohne Ueberbürdung auch durch Erhebung von Umlagen nicht zu erfüllen vermögen.

III Die beteiligten Staatsministerien können nähere Vorschriften über die Beurteilung der Leistungsfähigkeit der Gemeinden und über das Verfahren bei der Gewährung von Zuschüssen erlassen.

Art. 28. Die Kreise erhalten zur Unterstützung der Gemeinden in der Aufbringung des Bedarfs für die öffentlichen Volksschulen Zuschüsse vom Staate nach Maßgabe der im Staatshaushalte hierfür bereitgestellten Mittel.

Abschnitt VI.

Die Aufbringung des Bedarfs für die Religionslehrer an öffentlichen Volksschulen.

Art. 29. I Die von den Religionsgesellschaften besonders aufgestellten, zur Erteilung des lehrplanmäßigen Religionsunterrichts an den öffentlichen Volksschulen erforderlichen Lehrkräfte erhalten Bezüge aus Staatsmitteln nach Maßgabe des Abs. II.

II Die Bezüge der dem geistlichen Stande angehörigen, mit der Erteilung des Religionsunterrichts an der Volksschule vollbeschäftigten Lehrkräfte werden nach dem für die Ergänzung des Einkommens der Seelsorgegeistlichen geltenden Bestimmungen und zwar nach den Sätzen für die Hilfsgeistlichen bemessen. Der Ortszuschlag kann nach den für die Staatsbeamten geltenden Sätzen in vollem Betrage gewährt werden. Die Bezüge für andere Religionslehrer werden von den beteiligten Staatsministerien festgesetzt.

III Diese Vorschriften gelten für die von einer Vereinigung im Sinne des Art. 137 Abs. VII der Verfassung des Deutschen Reiches aufgestellten Lehrkräfte entsprechend, wenn der Vereinigung die Rechte einer Körperschaft des öffentlichen Rechtes zukommen.

Abschnitt VII.

Der Bedarf für die Volksschulfachlehrer.

Gestrichen.

Art. 30—32. Gestrichen.

Abschnitt VIII.

Der Bedarf für die Volksschullehrer an christlichen Bekenntnissonderschulen und an Schulen von Stiftungen und gemeinnützigen Unternehmungen.

Art. 33. I Zur Aufbringung des Diensteinkommens der Volksschullehrer an Schulen, die von Angehörigen eines christlichen Bekenntnisses aus eigenen Mitteln freiwillig unterhalten werden und die öffentliche Volksschule ersetzen (christliche Bekenntnissonderschulen), leisten die Unternehmer der Schule jährlich einen festen Betrag für jede Lehrstelle in Höhe von zwanzig vom Hundert des jeweiligen Diensteinkommens des Stelleninhabers und des Teuerungszuschlags hieraus. Die beteiligten Staatsministerien können in einzelnen Fällen aus besonderen Gründen Ausnahmen zulassen.

II Der Betrag ist vierteljährlich im voraus an das Rentamt zu zahlen. Dies gilt auch, solange eine Lehrstelle vorübergehend erledigt oder das Diensteinkommen des Volksschullehrers nach Art. 18 Abs. III oder Art. 31 Abs. I Satz 2 oder Abs. II

Satz 2 des Volksschullehrergesetzes ganz oder teilweise eingezogen ist.

III Im übrigen gelten für die christlichen Bekenntnisschulen und für die Bezüge der Volksschullehrer an diesen Schulen und ihrer Hinterbliebenen die Art. 11, 14 Abs. I Satz 1 und Abs. II bis IV, 15, 17 bis 19, 20 Abs. I und 23 entsprechend. An die Stelle der Gemeinde oder Gemeindeverwaltung treten dabei die Unternehmer der Schule.

IV Für die Anwendung der Vorschriften des Art. 14 Abs. I Satz 1 und Abs. II bis IV ist die Einwohnerzahl der Gemeinde des Schulsitzes maßgebend.

Art. 34. Gestrichen.

Art. 35. Für die Bezüge der ständigen Volksschullehrer an Schulen von Stiftungen und gemeinnützigen Unternehmungen (Art. 148 des Volksschullehrergesetzes) und für die Bezüge ihrer Hinterbliebenen gelten die Artikel 11, 14 Abs. I Satz 1 und Abs. II bis IV, 15, 18, 19, 20 Abs. I, 23 und 33 Abs. I, II, III Satz 2 und IV entsprechend.

Abschnitt IX.

Der Bedarf für die israelitischen Volksschullehrer.

Art. 36. An Schulen, die von israelitischen Glaubensgemeinden aus eigenen Mitteln freiwillig unterhalten werden und die öffentliche Volksschule ersetzen (israelitische Volksschulen), können Volksschullehrer (israelitische Volksschullehrer) angestellt werden, wenn die Leistungen für den Schulbedarf, die der Glaubensgemeinde obliegen, sichergestellt sind, die Zahl der hauptschulpflichtigen Schüler nach dem Durchschnitte der letzten fünf Jahre nicht weniger als zehn beträgt und die Einrichtung und Verwaltung der Schule den billigen Anforderungen an eine öffentliche Volksschule entspricht.

Art. 37. Für die israelitischen Volksschulen und für die Bezüge der israelitischen Volksschullehrer und ihrer Hinterbliebenen gilt Art. 33 entsprechend.

Art. 38. I Den israelitischen Glaubensgemeinden können zur Aufbringung des Bedarfs für das Diensteinkommen der israelitischen Volksschullehrer Zuschüsse aus Mitteln der Kreise gewährt werden, solange die im Art. 36 bezeichneten Voraussetzungen gegeben sind.

II Wenn nach dem Ermessen der Regierung, Kammer des Innern, besondere Gründe vorliegen, können die Zuschüsse ausnahmsweise auch nach dem Wegfalle dieser Voraussetzungen, jedoch für die einzelne Lehrstelle nicht über den Zeitpunkt ihrer nächsten Erledigung hinaus, fortgewährt werden. Das gleiche gilt für die gesetzlichen Leistungen des Staates zum Diensteinkommen der israelitischen Volksschullehrer.

Abschnitt X.

Uebergangsvorschriften.

A. Vorschriften über die Trennung des weltlichen Kirchendienstes vom Schuldienste.

Art. 39. I Wenn bei Schulstellen, mit denen beim Inkrafttreten dieses Gesetzes der weltliche Kirchendienst notwendig verbunden war, Zweifel bestehen, ob einzelne Bestandteile des Schulstelleneinkommens zum Einkommen aus dem Schuldienst oder zum Einkommen aus dem Kirchendienst gehören, ist die Angelegenheit zum Zwecke der Vermittlung an die vorgesetzte Behörde zu bringen, soferne sich die Beteiligten nicht gütlich zu einigen vermögen.

II Die vorgesetzte Behörde hat nach Ermittlung des Sachverhalts durch unmittelbare Verhandlung mit den Beteiligten auf eine gütliche Vereinbarung hinzuwirken. Vor Abschluß der Vereinbarung sind die Verhandlungen der kirchlichen Oberbehörde zur Einsichtnahme und Aeußerung vorzulegen. Das zuständige Staatsministerium kann nähere Vorschriften über das Vermittlungsverfahren erlassen.

III Bei Gefahr auf Verzug kann die vorgesetzte Behörde vor dem Abschluß einer Vereinbarung vorläufige Anordnungen erlassen. Beschwerden hiergegen haben keine aufschiebende Wirkung.

Art. 40. I Kann eine gütliche Vereinbarung nicht erreicht werden, so unterliegen die im Art. 39 Abs. I bezeichneten Angelegenheiten der schiedsrichterlichen Entscheidung.

II Die schiedsrichterliche Entscheidung steht im ersten Rechtszuge der vorgesetzten Behörde, im zweiten und letzten Rechtszuge dem Verwaltungsgerichtshofe zu. Die Vorschriften im Art. 45 Abs. I bis III des Verwaltungsgerichtsgesetzes sind entsprechend anzuwenden. Vor dem Erlaß einer Entscheidung wird die kirchliche Oberbehörde gehört.

Art. 41. Die Art. 39 und 40 gelten entsprechend, wenn über die Ausscheidung der mit dem Schulstelleneinkommen verbundenen Lasten Zweifel bestehen.

Art. 42. Aufgehoben.

Art. 43. Ist bei einer Schulstelle, mit der beim Inkrafttreten dieses Gesetzes der weltliche Kirchendienst notwendig verbunden war, die Dienstwohnung des Kirchendieners mit der des Volksschullehrers vereinigt, so ist auf die Auseinandersetzung dieses Verhältnisses hinzuwirken. Hierfür gelten die Vorschriften der Art. 44—54.

Art. 44. Steht der Kirchenstiftung an dem Gebäude, das die Dienstwohnung des Volksschullehrers und Kirchendieners enthält, das Eigentum oder Miteigentum zu, so ist die Gemeinde verpflichtet, binnen fünf Jahren nach dem Inkrafttreten dieses Gesetzes das Eigentum oder den Eigentumsanteil der Kirchenstiftung an dem Gebäude zu erwerben, wenn die Kirchenstiftung einwilligt und der von ihr geforderte Kaufpreis angemessen ist.

Art. 45. I Ist die Kirchenstiftung berechtigt, die für den Volksschullehrer bestimmte Dienstwohnung als Wohnung für den weltlichen Kirchendiener zu benützen, ohne daß ihr das Eigentum oder Miteigentum an dem Gebäude zusteht, so hat die Gemeinde dieses Recht binnen fünf Jahren nach dem Inkrafttreten dieses Gesetzes abzulösen, wenn die Kirchenstiftung einwilligt und der von ihr geforderte Ablösungsbetrag angemessen ist.

II Das gleiche gilt, wenn die Kirchenstiftung berechtigt ist, das Gebäude, das die Dienstwohnung des Volksschullehrers und Kirchendieners enthält, oder seine Zugehörigungen noch in anderer Weise zu benützen.

Art. 46. Die vorgesetzte Behörde kann die Gemeinde dauernd oder vorübergehend von der Verpflichtung nach Art. 44 oder 45 befreien, wenn die Auseinandersetzung zweckmäßiger auf andere Weise vollzogen werden kann und die Erfüllung der im Art. 14 festgesetzten Verpflichtung der Gemeinde gesichert ist.

Art. 47. Aufgehoben.

Art. 48. I Wenn sich die Beteiligten über die Regelung der Eigentumsverhältnisse, den Kaufpreis, die Ablösung oder die Höhe des Ablösungsantrages nicht gütlich zu einigen vermögen, ist die Angelegenheit zum Zwecke der Vermittlung an die vorgesetzte Behörde zu bringen.

II Das gleiche gilt, wenn über das Eigentum an dem Gebäude, das die Dienstwohnung des Volksschullehrers und Kirchendieners enthält, über besondere Rechte der Kirchenstiftung oder der Gemeinde auf Mitbenützung des Gebäudes oder über die Baupflicht Zweifel bestehen und die Beteiligten sich nicht gütlich zu einigen vermögen.

III Art. 39 Abs. II ist anzuwenden. Für die Regelung der Baupflicht gilt auch Art. 39 Abs. III.

IV In den Fällen des Abs. II gelten auch die Vorschriften des Art. 40 entsprechend, soweit die Entscheidung nicht den bürgerlichen Gerichten zusteht.

Art. 49. I Wenn in den Fällen der Art. 44 und 45 nach der Beendigung des Vermittlungsverfahrens unter den Beteiligten nur noch darüber Streit besteht, ob der von der Kirchenstiftung geforderte Kaufpreis oder Ablösungsbetrag angemessen ist, entscheidet hierüber die vorgesetzte Behörde nach billigem Ermessen. Vor der Entscheidung wird die kirchliche Oberbehörde gehört.

II Gegen die Entscheidung kann binnen 14 Tagen Beschwerde zur nächsthöheren Verwaltungsbehörde erhoben werden, die endgültig entscheidet.

Art. 50. I Wenn vor der Auseinandersetzung eine vorläufige Regelung des Verhältnisses notwendig wird, kann die vorgesetzte Behörde mit Zustimmung der kirchlichen Oberbehörde die Kirchenstiftung verpflichten, der Gemeinde die Dienstwohnung bis zur Auseinandersetzung gegen angemessene Entschädigung zum alleinigen Gebrauche zu überlassen. Beschwerde ist nicht zulässig.

II Die vorgesetzte Behörde kann ferner die Gemeinde verpflichten, die Dienstwohnung bis zur Auseinandersetzung zum Alleingebrauch zu übernehmen und eine angemessene Entschädigung zu zahlen. Beschwerden hiergegen haben keine aufschiebende Wirkung.

Art. 50 a. I Verweigert die kirchliche Oberbehörde im Falle des Art. 50 Abs. I die Zustimmung, so entscheidet über die dort bezeichnete Verpflichtung der Kirchenstiftung auf Anrufen der vorgesetzten Behörde ein Schiedsgericht.

II Das Schiedsgericht besteht aus dem Präsidenten der zuständigen Regierung oder einem von ihm bestimmten Beamten der Regierung als Vorsitzenden, einem Vertreter der beteiligten Gemeinde und einem Vertreter der Kirche. Der Vertreter der Gemeinde wird vom Stadt- oder Gemeinderat, der Vertreter der Kirche von der kirchlichen Oberbehörde für den einzelnen Fall ernannt.

III Die Vertreter haben Anspruch auf Ersatz ihrer baren Auslagen aus der Staatskasse. Im Verfahren vor dem Schiedsgerichte werden Gebühren und Auslagen nicht erhoben.

IV Der Schiedsspruch wird den Beteiligten vom Vorsitzenden schriftlich eröffnet. Beschwerde gegen den Schiedsspruch ist nicht zulässig.

V Das zuständige Staatsministerium kann nähere Vorschriften über das Verfahren vor dem Schiedsgericht erlassen.

VI Die vorgesetzte Behörde kann bis zum Eintritt der Rechtskraft des Schiedsspruches das Verhältnis durch vorläufige Anordnungen regeln. Beschwerden hiergegen haben keine aufschiebende Wirkung.

Art. 50 b. I Wenn sich in den Fällen des Art. 50 die Beteiligten über die Höhe der Entschädigung nicht gütlich zu einigen vermögen, wird diese von der vorgesetzten Behörde mit Zustimmung der kirchlichen Oberbehörde festgesetzt. Beschwerde ist nicht zulässig.

II Verweigert die kirchliche Oberbehörde die Zustimmung, so wird die Entschädigung durch Schiedsspruch festgesetzt. Hierfür gelten die Vorschriften des Art. 50 a Abs. II bis V.

Art. 51. I Die Baulast der Kirchenstiftung an dem Gebäude, das die Dienstwohnung des Volksschullehrers und Kirchendieners enthält, ruht, solange die Kirchenstiftung verpflichtet ist, die Dienstwohnung der Gemeinde zum alleinigen Gebrauche zu überlassen. Sie ruht ferner, wenn sich die Kirchenstiftung durch Vertrag mit der Gemeinde verpflichtet, in die Auseinandersetzung nach Art. 44 oder 45 einzuwilligen.

II Abs. I gilt nicht, wenn die Baupflicht auch nach der Auseinandersetzung fortbestehen würde.

III Im übrigen bleiben die Vorschriften über die Kirchen- und Schulbaulast unberührt.

Art. 52. Soweit beim Vollzuge der vorstehenden Vorschriften eine vertragsmäßige Verfügung über Rechte oder Vermögensgegenstände oder die freiwillige Uebernahme von Lasten in Betracht kommt, bleiben die Vorschriften über die Zuständigkeit der ortskirchlichen Vertretungskörper, über die staatsaufsichtliche Genehmigung und über die Einvernahme oder Zustimmung der kirchlichen Oberbehörden vorbehalten.

Art. 53. Was in den Art. 44 bis 52 mit Bezug auf die Kirchenstiftung bestimmt ist, gilt auch für sonstige ortskirchliche Stiftungen und Vermögensbestände sowie für die Kirchengemeinde.

Art. 54. Gemeinden sowie Kirchenstiftungen und Kirchengemeinden können im Falle der Bedürftigkeit oder aus anderen wichtigen Gründen zur Durchführung der Auseinandersetzung Zuschüsse vom Staate nach Maßgabe der im Staatshaushalte hierfür bereitgestellten Mittel erhalten.

B. Sonstige Uebergangsvorschriften.

Art. 55. An Stelle der im Art. 8 Abs. I und II festgesetzten Schülerhöchstzahlen fünfzig und sechzig gelten für die ersten fünf Jahre nach dem Inkrafttreten dieses Gesetzes die Höchstzahlen achtzig und hundert, für die folgenden fünf Jahre die Höchstzahlen sechzig und fünfundsiebzig.

Art. 56. Aufgehoben.

Art. 57. Für die besonderen rechtlichen Verpflichtungen zur Bestreitung des Bedarfs für die öffentlichen Volksschulen gelten die Vorschriften der Art. 58 bis 60, Art. 75 a bleibt vorbehalten.

Art. 58. I Besondere Leistungen und Nutzungen, die bis zum Inkrafttreten dieses Gesetzes zum Einkommen einer Schulstelle gehört haben und dem Volksschullehrer als Bestandteile des Schuldiensteinkommens unmittelbar zugeflossen sind, werden der Gemeinde, bei zusammengesetztem Schulsprengel den am Schulsprengel beteiligten Gemeinden überwiesen.

II Die Vorschriften im Art. 85 Abs. II und III der Kirchengemeindeordnung gelten entsprechend. Angehörige eines fremden Bekenntnisses sind außer den Fällen des Art. 85 Abs. II Satz 1 und Abs. III der Kirchengemeindeordnung unter den sonstigen Voraussetzungen auch dann reichnispflichtig, wenn sie bei fortdauernder Gültigkeit der bisherigen Vorschriften im gegebenen Falle Umlagen für die Schule zu entrichten hätten.

III Die Gemeinde hat die Erträgnisse aus den besonderen Leistungen und Nutzungen, die bisher zum Einkommen der Schulstelle gehört haben, zur Erfüllung der Verpflichtungen zu verwenden, die ihr nach den Vorschriften dieses Gesetzes obliegen. Das zuständige Staatsministerium kann hierüber sowie über die Verwendung von Ueberschüssen nähere Vorschriften erlassen.

IV Die mit dem Einkommen der Schulstelle verbundenen Lasten, die bisher der Volksschullehrer zu tragen hatte, gehen auf die Gemeinde oder die am Schulsprengel beteiligten Gemeinden über.

Art. 59. I Besondere Verbindlichkeiten zu Sachleistungen, Dienstleistungen, oder veränderlichen Geldleistungen sind innerhalb eines Jahres nach dem Inkrafttreten dieses Gesetzes in feste jährliche Geldverbindlichkeiten in der Höhe des Jahreswertes der bisherigen Leistung umzuwandeln. Als Jahreswert der bisherigen Leistung gilt dabei der Durchschnitt der letzten zehn Jahre vor dem Inkrafttreten dieses Gesetzes.

II Wenn über den Jahreswert unter den Beteiligten Streit besteht, entscheidet hierüber die vorgesetzte Behörde nach billigem Ermessen. Gegen die Entscheidung kann binnen vierzehn Tagen Beschwerde zur nächsthöheren Verwaltungsbehörde erhoben werden, die endgültig entscheidet.

III Ist innerhalb der im Abs. I Satz 1 bezeichneten Frist unter den Beteiligten keine Vereinbarung über die Umwandlung zustande gekommen, so wird die Umwandlung von der vorgesetzten Behörde verfügt. Abs. II, Satz 2 ist anwendbar.

IV Die Art. 51 Abs. III und 76 Abs. II bleiben vorbehalten.

Art. 60. I Die in den Art. 57 bis 59 bezeichneten Verbindlichkeiten sind binnen fünf Jahren nach dem Inkrafttreten dieses Gesetzes durch Zahlung des fünfundzwanzigfachen Betrages des reinen Jahreswertes abzulösen. Die Vorschriften im Art. 59 Abs. II und IV gelten entsprechend.

II Abs. I gilt nicht für die Erträgnisse eines besonderen Stiftungsvermögens.

Art. 61. Soweit der Volksschullehrer Grundstücke, deren Nutzungen ihm bisher als Bestandteile des Schuldiensteinkommens zugewiesen waren, beim Inkrafttreten dieses Gesetzes selbst bewirtschaftet, gelten sie vom Inkrafttreten des Gesetzes an als an ihn auf die Dauer seiner Dienstleistung in der Gemeinde verpachtet. Im übrigen gilt Art. 26 entsprechend.

Art. 62. I Die persönliche Gehaltszulage nach den Art. 162 und 163 des Volksschullehrergesetzes wird von der Gemeinde aufgebracht und ausbezahlt. Dies gilt auch, soweit die Gehaltszulage als Teil des Sterbegehalts zu zahlen ist.

II Wird der Gehalt nach Art. 18 Abs. III oder Art. 31 Abs. I Satz 2 oder Abs. II, Satz 2 des Volksschullehrergesetzes eingezogen, so ist die persönliche Gehaltszulage mit dem übrigen Gehalt im gleichen Verhältnisse zu kürzen.

Art. 62 a. I Werden in einer Gemeinde Volksschulfachlehrer (Art. 144 des Volksschullehrergesetzes) verwendet, die nicht zu den in der Besoldungsordnung für die bayerischen Staatsbeamten aufgeführten Gruppen gehören, so ist der persönliche Bedarf für diese Volksschulfachlehrer und für ihre Hinterbliebenen von der Gemeinde aufzubringen und auszuzahlen.

II Die Besoldung dieser Volksschulfachlehrer ist durch eine Satzung zu regeln. Die Satzung wird von der Gemeindeverwaltung, bei zusammengesetztem Schulsprengel von der verstärkten Gemeindeverwaltung erlassen. Sie bedarf der Genehmigung der Regierung, Kammer des Innern. Das zuständige Staatsministerium kann nähere Anordnungen erlassen. Die gleichen Vorschriften gelten auch für die Aenderung der Satzung.

III Die Gemeinden können die Versorgungsbezüge, die sie nach Abs. I aufzubringen haben, beim bayerischen Versorgungsverbande versichern. Die beteiligten Staatsministerien können hierüber nähere Vorschriften erlassen.

Art. 63. I Die Bezüge der in den Art. 165 und 171 des Volksschullehrergesetzes bezeichneten Volksschullehrer und Hinterbliebenen von Volksschullehrern sind vom Inkrafttreten dieses Gesetzes an von den Kreisen zu leisten, soweit sie bisher von den Kreisanstalten zur Unterstützung dienstunfähiger Lehrpersonen und den Kreisvereinen zur Unterstützung der Hinterbliebenen der Volksschullehrer ausbezahlt worden sind. Im übrigen sind sie von den Gemeinden nach den bisherigen Grundsätzen zu leisten.

II Soweit die in den Art. 166 und 172 des Volksschullehrergesetzes bezeichneten Volksschullehrer und Hinterbliebenen von Volksschullehrern unter Anwendung der neuen Vorschriften höhere Versorgungsbezüge erhalten als nach den bisherigen Vorschriften, ist auch der Mehrbetrag vom Kreise zu leisten. Richteten sich Versorgungsansprüche der Hinterbliebenen nach den bisherigen Vorschriften gegen einen anderen Kreisverein als den nach dem letzten Dienstorte des Volksschullehrers zuständigen, so ist der Mehrbetrag von dem Kreise aufzubringen, in dem der Volksschullehrer vor dem Ausscheiden aus dem Dienste zuletzt angestellt war.

III Die Sterbegehalte und Unterhaltsbeiträge nach Art. 171 Abs. I Satz 2 des Volksschullehrergesetzes werden von der Gemeinde aufgebracht und ausbezahlt, soweit der Ruhegehalt des verstorbenen Volksschullehrers oder die Versorgungsbezüge der Witwe von der Gemeinde geleistet wurden. Im übrigen sind auch diese Sterbegehalte und Unterhaltsbeiträge vom Kreise zu leisten.

IV Die Abfindungen nach Art. 180 Abs. I des Volksschullehrergesetzes werden von der Gemeinde aufgebracht und ausbezahlt, soweit der Ruhegehalt der Volksschullehrerin von der Gemeinde geleistet wurde oder geleistet worden wäre, wenn die Volksschullehrerin im Zeitpunkte des Ausscheidens aus dem Dienste in den Ruhestand versetzt worden wäre. Im übrigen werden diese Abfindungen vom Kreise geleistet. Ist die Gemeinde auf Grund einer Satzung zur Rückerstattung von Beiträgen verpflichtet, die die Volksschullehrerin zu einer gemeindlichen Versorgungseinrichtung bezahlt hat, so kann sie den Betrag der zu vergütenden Beiträge auf die Leistungen nach Satz 1 anrechnen.

V Die Abfindungen nach Art. 180 Abs. II des Volksschullehrergesetzes werden von der Gemeinde aufgebracht. Abs. IV Satz 3 gilt entsprechend.

Art. 64. I Die Kreisanstalten zur Unterstützung dienstunfähiger Lehrpersonen und die Kreisvereine zur Unterstützung der Hinterbliebenen der Volksschullehrer werden aufgelöst. Ihre Vermögen werden den Kreisen übertragen.

II Die Volksschullehrer im Ruhestande haben Beiträge und Abgaben zur Aufbringung des Bedarfs für ihre Ruhegehalte und die Versorgung ihrer Hinterbliebenen nicht mehr zu entrichten.

Art. 65. I Die Kreise können zur Erfüllung ihrer Verpflichtungen nach Art. 63 die Vermögen der Kreisanstalten und der Kreisvereine verwenden.

II Ein Teil der Vermögen ist zur Gewährung von Unterstützungen an bedürftige Volksschullehrer und Hinterbliebene von Volksschullehrern zu verwenden.

III Die beteiligten Staatsministerien erlassen die näheren Vorschriften.

Art. 66. I Die fortlaufenden Leistungen aus staatlichen Mitteln, die bisher auf Grund gesetzlicher Vorschrift zur Ergänzung der Versorgungsbezüge aus den Kreisanstalten und Kreisvereinen gewährt worden sind, werden bis auf weiteres den Kreisen zur Erfüllung ihrer Verpflichtungen nach Art. 63 überwiesen.

II Die Erträgnisse des Vermögens der nach Art. 20 Abs. I Buchst. b des Schulbedarfgesetzes vom 28. Juli 1902 errichteten Zuschußkasse werden bis auf weiteres zur Gewährung von Unterstützung an bedürftige Volksschullehrer und Hinterbliebenen von Volksschullehrern verwendet. Die beteiligten Staatsministerien erlassen die näheren Vorschriften.

Art. 67. I Die Vorschrift des Art. 63 Abs. I gilt nicht, soweit die Bezüge der Hinterbliebenen von Volksschullehrern bisher vom Witwen- und Waisenunterstützungsvereine der Volksschullehrer in München geleistet worden sind.

II Der Verein erhält einen Zuschuß vom Staate im Betrage seiner jährlichen Einnahmen an Unterstützungsfondabgaben nach dem Durchschnitte der Jahre 1905 mit 1914. Dieser Zuschuß mindert sich jährlich in dem Verhältnis, in dem die Leistungen abnehmen, die dem Vereine nach Abs. I obliegen. Er entfällt, wenn diese Leistungen aufhören.

III Die satzungsmäßigen Beiträge und Abgaben der Vereinsmitglieder, die sich beim Inkrafttreten dieses Gesetzes im Ruhestande befinden, und nicht zugleich dem Kreisvereine für den Regierungsbezirk Oberbayern angehören, werden aus Staatsmitteln geleistet, soweit sie den Betrag der Mitgliederbeiträge und Verehelichungsgebühren nicht übersteigen, die vor dem Inkrafttreten des Gesetzes an den Kreisverein für den Regierungsbezirk Oberbayern zu entrichten waren.

Art. 68. I Die Verpflichtungen der Kreisanstalten und Kreisvereinen gegenüber Personen, die nicht zu den Volksschullehrern oder den israelitischen Volksschullehrern im Sinne des Volksschullehrergesetzes gehören, und gegenüber den Hinterbliebenen dieser Personen sind von den Kreisen im gleichen Umfange zu erfüllen, in dem sie bei fortdauernder Gültigkeit der bisherigen Vorschriften von den Kreisanstalten und Kreisvereinen zu erfüllen gewesen wären.

II Die im Abs. I bezeichneten Personen haben an die Kreise die Beiträge und Abgaben weiter zu leisten, die sie bei fortdauernder Gültigkeit der bisherigen Vorschriften an die Kreisanstalten und Kreisvereine zu entrichten gehabt hätten. Sie können jedoch binnen sechs Monaten nach dem Inkrafttreten dieses Gesetzes unter Verzicht auf die Ansprüche nach Abs. I verlangen, daß ihnen der Kreis sämtliche Beiträge und Abgaben zurückerstattet, die sie bis dahin entrichtet haben.

III Aus Mehrungen des Diensteinkommens, die infolge einer allgemeinen Besoldungsneuregelung eintreten, dürfen Abgaben nach Abs. II Satz 1 nicht erhoben werden.

IV Bestrittene Ansprüche und Verbindlichkeiten nach Abs. I bis III sind Verwaltungsrechtssachen im Sinne des Art. 8 des Verwaltungsgerichtsgesetzes. Im ersten Rechtszug entscheidet die zuständige Regierung, Kammer des Innern. Gegen ihre Entscheidung ist Beschwerde zum Verwaltungsgerichtshofe zulässig. Für das Verfahren gelten die Vorschriften des Verwaltungsgerichtsgesetzes über das Verfahren in Verwaltungsrechtssachen.

Art. 69. I Die Ruhegehaltszulage nach Art. 168 und die Witwen- und Waisengeldzulage nach Art. 173 des Volksschullehrergesetzes werden vom Staate aufgebracht und vom Rentamt ausbezahlt, soweit der Ruhegehalt oder das Witwen- und Waisengeld nach den bisherigen Vorschriften ohne gemeindliche Leistungen höher ist als nach den Vorschriften des Volksschullehrergesetzes.

II Im übrigen werden diese Zulagen von der Gemeinde aufgebracht und ausbezahlt.

III Diese Vorschriften gelten auch, soweit sich aus den Zulagen der Sterbegehalt, eine Abfindung oder ein Unterhaltsbeitrag nach Art. 77 Abs. II des Volksschullehrergesetzes berechnet.

IV Beiträge, die der Volksschullehrer zu einer gemeindlichen Versorgungseinrichtung gezahlt hat, sind ihm von der Gemeinde bei der Ruhestandsversetzung mindestens nach dem Verhältnis des Betrages zurückzuerstatten, um den der gemeindliche Anteil an der Ruhegehaltszulage (Abs. II), hinter dem Ruhegehalte zurückbleibt, den die Gemeinde dem Volksschullehrer bei fortdauernder Gültigkeit der bisherigen Gemeindesatzung hätte gewähren müssen. Stirbt der Volksschullehrer im Dienste, so sind die Beiträge den Hinterbliebenen mindestens nach dem Verhältnis des Betrages zurückzuerstatten, um den der gemeindliche Anteil an den Witwen- und Waisengeldzulagen (Abs. II) hinter den Hinterbliebenenbezügen zurückbleibt, die die Gemeinde bei fortdauernder Gültigkeit der bisherigen Gemeindesatzung hätte gewähren müssen. Hat die Gemeinde eine Ruhegehaltszulage oder, wenn der Volksschullehrer im Dienste stirbt, eine Witwen- oder Waisengeldzulage nach Abs. II nicht zu gewähren, so werden die vollen Beiträge zurückerstattet; die Rückerstattung kann in dem Zeitpunkte verlangt werden, in dem die Voraussetzungen der Art. 168 Satz 2 und 173 Abs. I Satz 2 des Volksschullehrergesetzes weggefallen sind. Die einfachen Zinsen sind mit vier vom Hundert zu vergüten.

Art. 70. I Die Ruhegehalte widerruflicher Volksschullehrer nach Art. 169 Abs. I und die Versorgungsbezüge der Hinterbliebenen eines Hilfslehrers nach Art. 174 des Volksschullehrergesetzes werden von der Gemeinde aufgebracht und ausbezahlt, soweit sie nach den bisherigen Vorschriften von der Gemeinde zu leisten waren.

II Im übrigen werden sie vom Staate geleistet und vom Rentamt ausbezahlt.

III Wird der Ruhegehalt eines widerruflichen ständigen Volksschullehrers nach Art. 169 Abs. II des Volksschullehrergesetzes erhöht, so wird der Mehrbetrag vom Staate aufgebracht und vom Rentamt ausbezahlt, soweit der Ruhegehalt nach den Vorschriften des Volksschullehrergesetzes höher ist, als er nach den bisherigen Vorschriften ohne gemeindliche Leistungen war. Im übrigen wird der Mehrbetrag von der Gemeinde aufgebracht und ausbezahlt.

IV Diese Vorschriften gelten auch, soweit die im Abs. I bezeichneten Bezüge als Sterbegehalt, als Abfindung oder als Unterhaltsbeitrag nach Art. 77 Abs. II des Volksschullehrergesetzes gewährt werden.

Art. 71. I Die Gemeinden dürfen zur Aufbringung der Leistungen, die ihnen nach den Art. 69 und 70 obliegen, keine Beiträge von den Volksschullehrern erheben.

II Sie können diese Leistungen beim bayerischen Versorgungsverbande versichern. Die beteiligten Staatsministerien können hierüber nähere Vorschriften erlassen.

Art. 72. Sind aus persönlichen Gehaltszulagen nach den Art. 162 und 163 des Volksschullehrergesetzes Versorgungsbezüge nach den Vorschriften über die Unfallfürsorge zu gewähren, so werden sie vom Staate geleistet und vom Rentamt ausbezahlt.

Art. 73. Für die Bezüge, die den Volksschullehrern an christlichen Bekenntnisschulen und den israelitischen Volksschullehrern sowie ihren Hinterbliebenen nach Art. 179 des Volksschullehrergesetzes während der Uebergangszeit zu gewähren sind, gelten die Art. 62, 63, 64 Abs. II und 69 bis 72 entsprechend. An die Stelle der Gemeinde treten dabei die Unternehmer der Schule oder die israelitische Glaubensgemeinde.

Art. 74. I Die Kreise sind verpflichtet bedürftigen israelitischen Glaubensgemeinden zur Aufbringung des Bedarfs für das Diensteinkommen der israelitischen Volksschullehrer, die vor dem Inkrafttreten des Volksschullehrergesetzes angestellt worden sind und beim Inkrafttreten im Dienste stehen, die notwendigen Zuschüsse zu gewähren.

II Ob und wieweit hierfür ein Bedürfnis besteht, entscheidet im Zweifel das zuständige Staatsministerium.

III Art. 28 ist entsprechend anwendbar.

Abschnitt XI.

Aufhebung und Aenderung bestehender Vorschriften und Rechtsverhältnisse.

Art. 75. I Alle Gesetze, Verordnungen und sonstigen Vorschriften, die den Vorschriften dieses Gesetzes entgegenstehen oder durch sie ersetzt werden, treten außer Kraft.

II Aufgehoben wird insbesondere das Schulbedarfgesetz vom 28. Juli 1902, soweit nicht im Abschnitt XVI des Volksschullehrergesetzes etwas anderes bestimmt ist.

Art. 75 a. Die besonderen rechtlichen Verpflichtungen des Staates und der kirchlichen Vermögensträger zu Leistungen für den persönlichen Schulbedarf werden aufgehoben.

Art. 76. I Alle Präsentations- und Vorschlagsrechte in bezug auf die Besetzung von Schulstellen werden aufgehoben.

II Aufgehoben werden ferner die mit Präsentationsrechten zusammenhängenden besonderen Verpflichtungen der Präsentationsberechtigten zu Leistungen für den Schulbedarf.

III Ist in den Fällen der Abs. I und II der Präsentationsberechtigte Eigentümer des Schulgebäudes, so ist er auf Antrag der Gemeinde verpflichtet, das Gebäude mit den Zugehörungen der Gemeinde gegen angemessene Entschädigung zur Benützung für Schulzwecke zu überlassen oder das Eigentum an dem Gebäude und den Zugehörungen gegen angemessene Entschädigung auf die Gemeinde zu übertragen, wenn dies im öffentlichen Interesse erforderlich ist. Die Vorschriften des Zwangsenteignungsgesetzes gelten entsprechend.

IV Wird eine Gemeinde dadurch erheblich belastet, daß auf Grund der Vorschrift des Abs. II die Baupflicht des Präsentationsberechtigten gegenüber dem Schulgebäude erlischt, so ist hierauf beim Vollzuge der Art. 27 und 28 besonders Rücksicht zu nehmen.

Art. 77. Für die Benützung der öffentlichen Volksschule darf Schulgeld nicht mehr erhoben werden.

Art. 78. Art. 8 des Verwaltungsgerichtsgesetzes (Gesetz vom 8. August 1878, betreffend die Errichtung eines Verwaltungsgerichtshofes und das Verfahren in Verwaltungsrechtssachen) wird geändert wie folgt:

1. In Nr. 11 werden die Worte „an Geistliche, weltliche Kirchendiener und Volksschullehrer" ersetzt durch die Worte: „an Geistliche, an weltliche Kirchendiener und zum Einkommen der Schulstellen."
2. Nr. 39 erhält die Fassung: „Ansprüche hinsichtlich der Besetzung von weltlichen Kirchendiensten."

II Art. 10 des gleichen Gesetzes wird geändert wie folgt:

1. Die Nr. 21 bis 25 werden aufgehoben.
2. In Nr. 18 werden die Worte „des Art. 5 des Schulbedarfgesetzes vom 28. Juli 1902" ersetzt durch die Worte: „der Art. 8 bis 10 des Schulbedarfgesetzes."
3. Nr. 19 erhält die Fassung: „Verbindlichkeiten zu Leistungen für den persönlichen und sächlichen Schulbedarf, insbesondere für die Bau- und Unterhaltungskosten der Schulhäuser und der Gebäude, die zugleich Schul- und Mesnerhäuser sind, sowie für die Einrichtung und Beheizung der Schulräume."

Art. 79. Art. 88 der Kirchengemeindeordnung wird aufgehoben.

Abschnitt XII.

Inkrafttreten und Vollzug.

Art. 80. I Dieses Gesetz tritt am 1. Januar 1920 in Kraft. II Maßnahmen, die zur Durchführung erforderlich sind, können nach den Vorschriften des Gesetzes schon vorher getroffen werden.

Art. 81. Das zuständige Staatsministerium erläßt die Vorschriften zum Vollzuge dieses Gesetzes.

Art. 82. Die Staatsregierung ist ermächtigt, die Abschnitte und Artikel dieses Gesetzes und des Volksschullehrergesetzes mit fortlaufenden Nummern zu versehen und, soweit es hiernach erforderlich ist, die Fassung der Gesetze endgültig festzustellen.

Bamberg, am 14. August 1919.

Hoffmann. Dr. Ernst Müller. Endres. Speck.
Frauendorfer. Segitz. Freyberg. Hamm. Schneppenhorst.

Schulbedarfgesetz

vom 14. August 1919

(GVBl. S. 489)

in der durch die nachträglichen Aenderungen herbeigeführten Fassung.

Vorbemerkung:

Unter dem im Schulbedarfgesetze behandelten „Schulbedarf" versteht man die Geldmittel und sonstigen Gegenstände, die zur Errichtung, zur Unterhaltung und zum Betriebe einer öffentlichen Volksschule notwendig sind. Es handelt sich also um die finanziellen Unterlagen zum Schulbetriebe im Gegensatz zu seinen geistigen und ideellen Erfordernissen, es handelt sich um das Gebiet der öffentlichen Volksschule im Gegensatz zu anderen wenn auch noch so gleich gearteten Schulen (z. B. den Seminarübungsschulen der Lehrerbildungsanstalten), endlich findet das Gesetz seine Beschränkung in dem unmittelbaren Zusammenhang mit dem Schulbetriebe. Deshalb fallen auch nicht in den „Schulbedarf" die Aufwendungen, die dem Staate aus der Leitung des Volksschulwesens und aus der Aufsicht über die Volksschulen, für die Bezirksschulbehörden usw., erwachsen, desgleichen nicht die Kosten der Aus- und Fortbildung des Lehrpersonals.

Die gesamten Aufwendungen für das Volksschulwesen, die Kosten für die Schulaufsicht usw. inbegriffen, stellen den „Schulbedarf" im weiteren Sinne, der im Schulbedarfgesetz behandelte unmittelbare Aufwand für die Volksschulen den „Schulbedarf" im engeren Sinne dar.

Der Landtag des Freistaates Bayern hat folgendes Gesetz beschlossen:

Abschnitt I.

Die vermögensrechtliche Verwaltung der öffentlichen Volksschulen.

Vorbemerkung:

Die sieben Artikel des Abschnittes I sind im wesentlichen bis jetzt unverändert geblieben. Nur Art. 1 erhielt durch das Gesetz vom 1. August 1923 zur Aenderung von Vorschriften über das Volksschulwesen (GVBl. S. 337) einen zweiten Absatz. Auch im Vergleiche zu den Bestimmungen des Schulbedarfgesetzes vom Jahre 1902 enthält dieser Abschnitt keine Neuerungen von Belang. Mit Ausnahme der Bestimmungen über die Aufbringung des Schulbedarfs, die nunmehr gesondert im Abschnitt III des Gesetzes zusammengefaßt sind, deckt sich Abschnitt I des nunmehrigen Gesetzes im großen und ganzen mit dem Inhalt von Art. 1 und 2 des früheren Schulbedarfgesetzes (Begr. E. I, S. 274).

„Vermögensrechtliche Verwaltung" umgreift hier alle Handlungen und Anordnungen, die rechtlich für ein Vermögen von Bedeutung sind, nicht nur die Tätigkeit eines allenfalls eigens für das Schulwesen einer Gemeinde aufgestellten Beamten, ist sonach im weiteren Sinne zu verstehen.

Der Begriff der öffentlichen Volksschule im Schulbedarfgesetze ist der gleiche wie im Volksschullehrergesetze (Begr. E. I Art. 1 S. 274). In der Begründung zum Volksschullehrergesetz ist hiezu folgendes ausgeführt.

„Einen Teil der öffentlichen Volksschule bildet auch die Volksfortbildungsschule: § 2 der Verordnung vom 22. Dezember 1913 über die Schulpflicht (GVBl. S. 957). Dagegen zählen die auf Grund der Verordnung über die Berufsfortbildungsschulen (nunmehr: Berufsschulen) (GVBl. S. 966) errichteten gemeindlichen oder sonstigen Berufsfortbildungsschulen (Berufsschulen) nicht zu den öffentlichen Volksschulen im Sinne des gegenwärtigen Gesetzentwurfes und des Schulbedarfgesetzes. Ebenso nicht die Bekenntnissonderschulen im Sinne des § 11 der Verordnung vom 26. August 1883, die Errichtung der Volksschulen und die Bildung der Schulsprengel betr. (GVBl. S. 407), und die israelitischen Volksschulen nach § 33 des Judenedikts vom 10. Juni 1813. (Doch sind die Lehrkräfte an den christlichen Bekenntnissonderschulen als Volksschullehrer im Sinne des Gesetzes erklärt und die Lehrkräfte an den israelitischen Volksschulen durch besondere Bestimmung den Vorschriften des Gesetzentwurfes unterstellt, s. die Art. 169 Abs. I und 171 Abs. II.) Auch die Landes- und Kreisanstalten zur Erziehung blinder, taubstummer oder krüppelhafter Kinder gehören nicht zu den öffentlichen Volksschulen. Einen Gegensatz zu den Volksschulen bilden weiter die höheren Lehranstalten. Selbstverständlich scheiden auch private Unterrichtsanstalten aller Art aus" (Verh. d. Kamm. d. Abg., XXXVI. Landtagsvers., IV. Sess. i. J. 1917/18, BeilBd. XIX, Beil. 2581, S. 65 u. 66).

Je nach dem Verhältnisse, in dem sie zum Schulbedarfgesetze stehen, sind hernach drei Gruppen von **Volksschulen** zu unterscheiden:

a) die öffentlichen **staatlichen** Volksschulen, die vollständig unter die Bestimmungen des Schulbedarfgesetzes fallen,

b) die christlichen Bekenntnissonderschulen im Sinne des Art. 33 SchBG., die Schulen von Stiftungen und gemeinnützigen Unternehmungen im Sinne des Art. 35 SchBG. und die israelitischen Volksschulen im Sinne des Art. 36 SchBG., auf die die Bestimmungen des Schulbedarfgesetzes nur **teilweise** — soweit im Gesetze ausdrücklich angeordnet — anzuwenden sind, und

c) die privaten Volksschulen im Sinne des Art. 59 des PolStGB. und der V. vom 10. Mai 1905 (GVBl. S. 471 — Art. 147 d. Reichsverf. ist gem. Art. 174 nicht einschlägig, solange ein Reichsschulgesetz im Sinne des Art. 146 Abs. II noch nicht erlassen ist), die privaten und staatlichen Seminarübungsschulen, die gemeindlichen Berufsschulen und die Landes- und Kreisanstalten für taubstumme, blinde und krüppelhafte Kinder, die vom Schulbedarfgesetze **überhaupt nicht** berührt werden.

Art. 1. I Die vermögensrechtliche Verwaltung[1]) und Vertretung[2]) der öffentlichen Volksschulen[1]) obliegt den Gemeinden[3]) [4]) [5]) [6]) [7]) [8]) [9]) [10]).

II Die Verwendung der den Zwecken der öffentlichen Volksschule gewidmeten Gebäude und Grundstücke zu Veranstaltungen und Einrichtungen, die mit den bestimmungsmäßigen Aufgaben der öffentlichen Volksschule nicht unmittelbar im Zusammenhange stehen, bedarf der Genehmigung der zuständigen Schulaufsichtsbehörde [11]).

1. S. Vorbemerk. zu Abschn. I.

2. Die Beifügung „vermögensrechtliche" bezieht sich auch auf „Vertretung". Es ist hierunter die rechtliche Vertretung der Schule nach außen in finanziellen Angelegenheiten, insbesondere die Abgabe von Willenserklärungen bei Vertragsschlüssen und die Führung von Rechtsstreitigkeiten zu verstehen, die an sich zur vermögensrechtlichen Verwaltung im weiteren Sinne gehört und deshalb im Schulbedarfgesetz von 1902 gar nicht besonders erwähnt war (vgl. Seiler, Anm. 2 zu Art. 1 u. Meinzolt S. 144).

3. Die öffentlichen Volksschulen sind grundsätzlich Staatsanstalten (Verfassungsurk. d. Freistaates Bayern: § 21, Abs. I, Satz 2). Gleichwohl obliegt die vermögensrechtliche Verwaltung und Vertretung derselben den Gemeinden. Dies entspricht der Billigkeit, da gemäß Art. 11 d. SchBG., abgesehen von dem Bedarf für das Lehrpersonal, den der Staat aufzubringen hat, nach wie vor grundsätzlich die Gemeinde die Trägerin des Schulaufwandes ist.

4. Unter „Gemeinden" sind im SchBG. die Gemeinden im Sinne des Art. 1 der Gemeindeordnung vom 17. Oktober 1927 (GVBl. S. 293), also die sog. politischen Gemeinden zu verstehen. Von den pol. Gemeinden sind zu unterscheiden die Ortsgemeinden, richtig Ortschaften (Art. 62 d. GemO.), die Kirchengemeinden (Art. 1 der Kirchengemeindeordnung vom 24. Sept. 1912, GVBl. S. 911), und die sog. Steuergemeinden (Steuerdistrikte. Vgl. Helmreich-Rock, Bay. GemO., 6. Aufl., Anm. 1, Abs. 1 zu Art. 1). Im Schulbedarfgesetz von 1902 hieß es noch ausdrücklich „politische Gemeinden" (Art. 1), ebenso im Schulbedarfsgesetz vom 10. Nov. 1861 (Weber Bd. 5 S. 390), Art. 1. Ortschaften (Ortsgemeinden) können auch nicht freiwillig an Stelle von polit. Gemeinden den gesetzlich diesen obliegenden Schulbedarf übernehmen (VGHE. vom 20. Mai 1889, Bd. 11, S. 239). Das schließt nicht aus, daß ein im Eigentum einer Ortschaft mit gesondertem Vermögen stehendes Gebäude vertragsmäßig einer polit. Gemeinde zu Schulzwecken überlassen werden könnte (vgl. Helmreich-Rock, Anm. 5 zu Art. 28).

Besondere Schulgemeinden als selbständige Rechtssubjekte des öffentlichen und privaten Rechtes gab und gibt es nicht (s. Seiler, Anm. 8 zu Art. 1). Bezüglich „Schulsprengel" = „Schulverband" s. Anm. 2 zu Art. 2.

5. Die den Gemeinden obliegende vermögensrechtliche Verwaltung und Vertretung der öffentlichen Volksschulen richtet sich sowohl hinsichtlich der hierzu berufenen Organe wie hinsichtlich des Geschäftsganges nach den Bestimmungen der Gemeindeordnung über die eigentlichen oder eigenen Gemeindeangelegenheiten im Gegensatze zu den den Gemeinden vom Staate übertragenen Angelegenheiten (s. VerfassUrk. vom 14. August 1919, § 22 Abs. I, GVBl. S. 531 und Art. 50 der GemO., vgl. Helmreich-Rock, Anm. 1 zu Art. 50 u. Meinzolt S. 79).

Das Organ der Gemeinde ist der Gemeinderat (Art. 13 Abs. I und 16 d. GemO.), der in Städten Stadtrat, in Märkten Marktgemeinderat heißt (Art. 13 Abs. V).

Vom Geschäftsgang ist hervorzuheben, daß der Gemeinderat in Sitzungen beschließt (Art. 19 Abs. I d. GemO.) und der erste

Bürgermeister oder sein Stellvertreter die Sitzungen vorzubereiten und zu leiten und die Beschlüsse zu vollziehen hat.

6. a) Zu dem Vermögen, über das auf dem Gebiete des SchBG. eine Gemeinde zu befinden hat, gehören erstens alle Einrichtungen und Gegenstände, die dem Schulbetriebe unmittelbar dienen, wie vor allem die Schulhäuser und ihre Innenausstattung mit Schulbänken, Schultafeln, Landkarten, Bildern und Bildwerken, Sammlungen für den Anschauungsunterricht usw., dann Wohnhäuser für das Lehrpersonal, Schulgärten, Turn- und Spielplätze und andere Liegenschaften (Verwaltungsvermögen), zweitens aber auch gesondertes rentierendes Vermögen, dessen Wert oder Ertrag zur Bestreitung des Schulaufwandes dient, Kapitalien und Forderungen, Mieterträgnisse, Reichnisse usf. (Finanzvermögen).

Das Eigentum an den Gegenständen des Schulvermögens muß nicht notwendig der Gemeinde zustehen. Diese Gegenstände können sich auch im Eigentum von Stiftungen, des Staates und dritter Personen, auch im Eigentum von Kirchenstiftungen, Kirchengemeinden und Ortschaften befinden. In diesen Fällen handelt es sich um ein Nutzungsrecht der Gemeinde für Zwecke ihrer Schulen auf Grund stiftungsmäßiger oder vertraglicher Befugnisse (vgl. Helmreich-Rock, Anm. 5 zu Art. 28). Im Zweifel ist aber anzunehmen, daß die Gemeinde Eigentümerin ist (vgl. Seiler, Anm. 2 b zu Art. 1).

Wegen der besonderen Eigentumsverhältnisse bei Sprengelschulen s. Anm. 2 zu Art. 2 unten.

b) Für grundbuchmäßige Behandlung der dem Schulzwecke gewidmeten Grundstücke der politischen Gemeinden, Kirchengemeinden und öffentlichen Stiftungen sind maßgebend § 90 der Grundbuchordnung vom 24. März 1897, RGBl. S. 139, mit Art. 2 des bayer. Gesetzes vom 18. Juni 1898, GVBl. S. 367 und V. vom 1. Juli 1898, GVBl. S. 377; Buchungszwang besteht zwar nicht; Antrag auf Buchung soll indessen nach KME. vom 3. Juli 1899 Nr. 10 959 — „... regelmäßig gestellt werden, wenn nicht besondere Gründe entgegenstehen; insbesondere bei illiquiden Rechtsverhältnissen soll der Buchungsantrag zur Vermeidung von Rechtsstreitigkeiten unterbleiben" (Seiler S. 74).

7. Vollzugsvorschriften für die vermögensrechtliche Verwaltung der öffentlichen Volksschulen enthält die Ministerialentschließung vom 30. November 1919 (KMBl. S. 265, s. Anhang Nr. 23), die noch maßgebend ist, soweit nicht die nachträglichen Aenderungen des SchBG. auch hier eingreifen, und die ihrerseits auf Ziff. 5 der ME. vom 10. Oktober 1869, das Etats- und Rechnungswesen der Gemeinden und örtlichen Stiftungen in den Gemeinden der Landesteile diesseits des Rheins betr., fußt (Weber Bd. 8 S. 345). Hiernach soll die Uebung besonderer Schulkassenrechnungen über die Einnahmen und Ausgaben für Zwecke der Volksschulen grundsätzlich beibehalten werden. Auf alle Fälle ist für Sprengelschulen (s. Art. 2 d. SchBG.) und für andere Schulen dann eine besondere Schulkassenrechnung zu führen,

a) wenn ein besonderes Schulvermögen vorhanden ist und

b) wenn und so lange der Gemeinde besondere Leistungen und Nutzungen für den Schulbedarf zufließen.

Im übrigen gelten die formellen und die sachlichen Vorschriften, die für das gemeindliche Rechnungswesen überhaupt gelten (s. insbes. Art. 46 d. GemO. wegen der jährlichen Voranschläge), auch für das Schulvermögen und die Schulkassenrechnungen. Einnahmen zur Schulkasse sind Einkünfte der Gemeinde wie sonstige Gemeindeeinnahmen und Rückstände zur Schulkasse beizutreiben wie solche zur Gemeindekasse (Seiler Anm. 2a zu Art. 1, Meinzolt S. 144).

Zu beachten ist Ziff. 6 Abs. III der VollzB. zum Schulaufsichtsgesetz vom 16. August 1923 (KMBl. S. 91), wonach den Schulpflegschaften, soweit veranlaßt, Gelegenheit zu geben ist, zu den Voranschlägen für den Schulbedarf, dann zu den Plänen und Kostenvoranschlägen über bauliche Maßnahmen für Schulzwecke vor der endgültigen Feststellung durch die Gemeindevertretung Stellung zu nehmen.

Die Führung einer besonderen Schulkasse hat auch nicht etwa zur Folge, daß die Pflicht zur Deckung des Schulbedarfs mit den Beständen der Schulkasse ihre Grenzen hätte. Wenn die Bestände der Schulkasse zur Deckung des nötigen Schulbedarfs nicht ausreichen, dann hat diese aus der allgemeinen Gemeindekasse zu erfolgen, weil der Schulbedarf seinem Wesen nach „eigene Gemeindeangelegenheit" ist wie alle anderen.

8. Nur in vermögensrechtlicher Beziehung wird die einzelne Schule von dem einschlägigen Gemeinderate (Stadtrate, Marktgemeinderate) vertreten. In sonstiger Beziehung, gegenüber den Schulbehörden, den Eltern und der Oeffentlichkeit, vertritt die Schule gemäß Ziff. 33, Abs. III, Buchst. a Vollzugsvorschriften vom 16. August 1923 zum Schulaufsichtsgesetz (KMBl. S. 91) der Schulleiter. Eine unmittelbare Zwangsgewalt gegen Lehrpersonen steht aber einer Gemeinde auch im Bereiche ihrer Befugnis, die Schule vermögensrechtlich zu vertreten, so wenig wie dem Schulleiter zu (s. Strafurt. d. Bayer. Oberst. Landesger. vom 12. März 1926. — Bayer. VerwBl. 74. Jahrg. S. 153; vgl. dazu das Zivilurt. d. gl. Ger. vom 19. Juni 1929 — BayVerwBl. 77. Jahrg. S. 333 und BayGemVZ. 39. Jahrgang S. 612).

9. Da den Gemeinden nach Art. 1 GemO. grundsätzlich das Recht der Selbstverwaltung zusteht (allerdings beschränkt durch die Bestimmung „nach Maßgabe der Gesetze"), steht auch auf dem Schulgebiete der Gemeinde grundsätzlich das Selbstverwaltungsrecht zu, doch ist dieses Recht hier in zweifacher Hinsicht eingeengt. Die eine Ausnahme besteht in der staatlichen Schulaufsicht. Dieses Schulaufsichtsrecht wirkt sich dahin aus, daß nicht die Gemeinden, sondern die staatlichen Schulaufsichtsbehörden, teils nach pflichtgemäßem Ermessen, teils nach allgemeinen Anordnungen (z. B. für Schulhausbauten) bestimmen, was als notwendiger Schulbedarf bereitzustellen ist und wie er beschaffen sein muß, um seinen Zwecken zu genügen.

Die zweite Ausnahme besteht in der Vorschrift des Art. 1 Abs. II des SchBG., wonach die Gemeinde auch über gemeindliche Schulräume nicht frei verfügen darf, sondern außer der Bereitwilligkeit der Gemeinde auch noch schulaufsichtliche Genehmigung erforderlich ist, wenn die Schulräume zu bestimmungsfremden Zwecken verwendet werden sollen.

Von diesen Einengungen abgesehen betätigen die Gemeinden die vermögensrechtliche Verwaltung und Vertretung auf dem Gebiete des Volksschulwesens nach dem Rechte der Selbstverwaltung wie bei anderen eigenen Gemeindeangelegenheiten. Selbstverständlich sind auch im Schulwesen noch die allgemeinen Grenzen maßgebend. So steht es z. B. einer Gemeinde frei, zwischen zwei Bauplätzen zu wählen, wenn jeder Platz den von der Regierung schulaufsichtlich gestellten Anforderungen entspricht. Andererseits genügt schulaufsichtliche Genehmigung eines Schulhausbauplanes durch die Regierung noch nicht. Der Plan muß auch durch die Baupolizeibehörde baupolizeilich gewürdigt und genehmigt werden.

10 a. Das Recht der Schulaufsicht des Staates ist nunmehr in der Reichsverfassung vom 11. August 1919 verankert, wo es in Art. 144, Satz 1 heißt: „Das gesamte Schulwesen steht unter der Aufsicht des Staates, er kann die Gemeinden daran beteiligen." Die Bayer. Verfassungsurkunde vom 14. August 1919 stimmt hierin in § 21 mit dem Satze überein: „Die öffentlichen Volksschulen sind grundsätzlich Staatsanstalten." Der Grundgedanke der staatlichen Schulaufsicht bestand aber schon im alten Staate. Deshalb geht die Bestimmung des Staatsministeriums für Unterricht und Kultus als oberste Stelle der staatlichen Schulaufsicht auf die Allerh. V. vom 27. Februar 1847, die oberste Leitung der Kirchen- und Schulangelegenheiten betr. (Weber, Bd. 3, S. 659) zurück (§ 5. Der Wirkungskreis des Ministeriums des Innern für Kirchen- und Schulangelegenheiten umfaßt: ... II. alle Gegenstände der Erziehung, des Unterrichts, der sittlichen, geistigen und künstlerischen Bildung und die dafür bestehenden Anstalten, namentlich: ... g) Das deutsche Schulwesen und die Schullehrer-Seminarien).

Zufolge Bek. d. Staatsm. für Unt. u. Kultus vom 11. November 1918 Nr. 32 076 (KMBl. S. 322) führt das seitherige „K. Staatsministerium des Innern für Kirchen- und Schulangelegenheiten" von nun an die Bezeichnung „Staatsministerium für Unterricht und Kultus".

Der V. vom 27. Februar 1847 war das Organische Edikt vom 15. September 1808 über die Sektion des Ministeriums des Innern für die öffentlichen Unterrichts- und Erziehungsanstalten (Weber, Bd. 1 S. 219) vorausgegangen. Die noch immer maßgebende Ausscheidung der Zuständigkeiten der Kreisregierungen einerseits und der Außenbehörden andererseits auf dem Gebiete der Schulaufsicht enthielt die V. vom 17. Dezember 1825, die Formation, den Wirkungskreis und den Geschäftsgang der obersten Verwaltungsstellen in den Kreisen betr. (Weber, Bd. 2 S. 279). Einschlägig ist hier Titel IV „Erziehung, Bildung, Unterricht und öffentliche Sitten, §§ 38 mit 50. Hervorzuheben ist als in den Wirkungskreis der Regierungen fallend: „§ 43: Die Ausmittlung zweckmäßiger Schulgebäude unter genauer Beobachtung der deswegen bestehenden Verordnungen", § 44 Abs. 2: „Errichtung neuer, Aufhebung oder Zusammenschmelzung bestehender Volksschulen, Bildung und Berichtigung der Schulsprengel", und § 46: „Anstellung aller Lehrer an den Volks- und Bürgerschulen, an den Feiertags-, Arbeits- und Industrieschulen usw.", dann § 50: „In zweiter Instanz die Entscheidung der Streitigkeiten zwischen Schullehrern und Pflegern oder Gemeinden in bezug auf die Verhältnisse der Schule und der Schulordnung; ... ferner über Anstände wegen der Schulgebäude und ihrer Baulast, über Schulgründe, über die wechselseitigen Schulsprengel und über verordnungsmäßige oder hergebrachte Reichnisse, insoferne diese nicht auf Privatrechtstiteln ruhen, in welchem Falle bei Ermanglung einer gütlichen Ausgleichung die Streitigkeiten vor das Forum der ordentlichen Gerichte sich eignen" (s. aber nunmehr auch die Zuständigkeitsbestimmungen des Verwaltungsgerichtsgesetzes vom 8. August 1878, GVBl. S. 369, Art. 8 Ziff. 11, 35 u. 38, Art. 10, Ziff. 17, 18, 19 u. 20, Art. 11 u. Art. 12).

Dagegen

„§ 42: Die Erhaltung und Ergänzung der zum Unterrichte dienenden Requisiten und Vervollkommnung der Attribute steht in der Regel den Unterbehörden zu." Näher hat hier die Jetztzeit die Zuständigkeiten der äußeren Schulaufsichtsbehörden im Gesetz über Schulpflege, Schulleitung und Schulaufsicht an den Volksschulen (Schulaufsichtsgesetz) vom 1. August 1922 (GVBl.

S. 385), insbes. im IV. Abschnitt „Schulaufsicht" und in den Vollzugsvorschriften hierzu vom 16. August 1923 (KMBl. S. 91) geregelt. Neuere Zuständigkeitsbestimmungen für die Regierungen enthält die Verordnung vom 29. Juli 1920, betreffend die Aufsicht über das Volksschulwesen an den Kreisregierungen (GVBl. S. 397).

10 b. Von der Schulaufsicht zu unterscheiden ist die Staatsaufsicht (Art. 59 ff. GemO.), auf Grund deren Gemeinden zwangsweise genötigt werden können, den schulaufsichtlich für erforderlich erklärten Schulbedarf zu beschaffen, wenn sie sich freiwillig hierzu nicht entschließen sollten. Verfahren und Beschwerderecht richten sich gegebenenfalls auch auf dem Gebiete des Volksschulwesens nach den Bestimmungen des Art. 60 der GemO. über die Handhabung der Staatsaufsicht. Die Beschwerden gegen schulaufsichtliche Verfügungen gehen — in der Regel ohne Beschwerdefrist — an die Regierung, wenn eine Bezirks- oder Stadtschulbehörde die beschwerende Verfügung erlassen hat, und an das Staatsministerium für Unterricht und Kultus gegen Entscheidungen der Regierungen. Das staatsaufsichtliche Verfahren gegen eine Gemeinde hat erst dann einzusetzen, wenn sie der schulaufsichtlichen Weisung nicht nachkommt. Glaubt eine Gemeinde, daß durch die staatsaufsichtliche Verfügung das den Gemeinden auf dem Gebiete des Volksschulwesens noch zustehende Selbstverwaltungsrecht verletzt wird, dann kann sie gemäß Art. 60 Abs. VI Satz 1 der GemO. Beschwerde zum Verwaltungsgerichtshofe erheben und zwar unmittelbar.

Durch die Bestimmung in Art. 60 Abs. VI Satz 1 d. GemO. ist für Gemeinden die gleichlautende Bestimmung in Art. 10 Ziff. 2 des Bayer. Verwaltungsgerichtsgesetzes vom 8. August 1878 (GemOBl. S. 369) gegenstandslos geworden. Wegen des Gleichlautes der Bestimmungen sind aber die bisher in Gemeindeangelegenheiten zu Art. 10 Ziff. 2 d. VGG. ergangenen Entscheidungen des VGH. auch jetzt noch von Wert.

Außer den staatsaufsichtlichen Angelegenheiten ist eine Zuständigkeit des Verwaltungsgerichtshofes auch in streitigen Verwaltungssachen nach Art. 143 d. GemO. in Verbindung mit Art. 10 Ziff. 19 d. VGH. gegeben.

„Nach § 50 der Formationsverordnung" vom 17. Dezember 1825 (Weber, Ges.- u. V. Samml. Bd. 2, S. 279 ff.) und Art. 10 Ziff. 19 d. VGG. fallen die Streitigkeiten über den gesamten Schulbedarf — sie mögen zwischen mehreren Parteien oder nur gegenüber der Aufsichtsbehörde geführt werden — in die Zuständigkeit der Verwaltungsbehörden und des Verwaltungsgerichtshofes" (VGHE. vom 18. Juli 1894, Samml. Bd. 16, S. 15 und VGHE. vom 14. April 1916, Samml. Bd. 37, S. 163).

„Je nach der Streitlage können auch die Ziff. 2 (jetzt: Art. 60 Abs. VI Satz 1 der GemO.) und 19 des Art. 10 d. VGG. nebeneinander zutreffen (Samml. Bd. II, S. 494; Bd. 32, S. 173; Bd. 37, S. 163; Dyroff S. 463, Anm. 4 zu Art. 10 Ziff. 19, Abs. 1)."

Art. 10 Ziff. 19 d. VGG. lautet: „Verbindlichkeiten zu Leistungen für den persönlichen und sächlichen Schulbedarf, insbesondere für die Bau- und Unterhaltungskosten der Schulhäuser und derjenigen Gebäude, die zugleich Schul- und Mesnerhäuser sind, sowie für Einrichtung und Beheizung der Schulräume" (neue Fassung ab 1. Januar 1920 nach Art. 78 Abs. 2, Ziff. 3 d. SchBG. vom 14. August 1919).

Eine Zuständigkeit des Verwaltungsgerichtshofes in schulischen Angelegenheiten kommt auch noch in Frage nach Art. 8 Ziff. 11, 35 und 38, und Art. 10 Ziff. 17, 18 und 20, Art. 11 und 12 des VGG.

Ueber die Frage, wie beim Ineinandergreifen von Streitigkeiten, die unter verschiedene Ziffern des VGHG. fallen, zu verfahren ist — ob ein Streitpunkt als Präjudizialfrage (Vorfrage) zunächst durch einen Feststellungsbescheid zu klären oder als Inzidentpunkt (Zwischenpunkt) zu behandeln ist, s. Dyroff, Anm. 4 zu Art. 8 Ziff. 38 und Anm. 3 zu Art. 10 Ziff. 17 des VGHG. und die dort angeführten Verwaltungsgerichtshof-Entscheidungen.

10 c. Wie sich die Schulaufsicht einerseits von der Staatsaufsicht im engeren Sinne unterscheidet — im weiteren Sinne ist auch die Schulaufsicht eine Staatsaufsicht —, so unterscheidet sie sich auch von der sog. Sachaufsicht nach Art. 50 Abs. I der GemO. Auch diese ist Staatsaufsicht im weiteren Sinne. Die Schulaufsicht des Staates im ganzen ist aber ein umfassenderer Begriff als die Sachaufsicht nach Art. 50 Abs. I der GemO. auf dem Gebiete der Schule. Soweit den Gemeinden auf diesem Gebiete ein Wirkungskreis übertragen ist — z. B. hinsichtlich Bereitstellung des sächlichen Schulbedarfes — decken sich „Sachaufsicht" und „Schulaufsicht"; die Sachaufsicht auf dem Gebiete der Schule wird von den Schulbehörden ausgeübt. (Ueber den Unterschied zwischen „Sachaufsicht" und „Staatsaufsicht" s. Helmreich-Rock Anm. 7, 8 u. 9 zu Art. 50.)

Unter die Bestimmung des Art. 50 Abs. IV d. GemO. fallen die öffentlichen Volksschulen nicht, da sie nicht „Unterrichts- und Erziehungsanstalten der Gemeinden", sondern des Staates sind. Dagegen sind gemeindliche Unterrichts- und Erziehungsanstalten im Sinne des Art. 50 Abs. IV d. GemO. die Berufsschulen, die gem. d. V. vom 13. Dezember 1913 (GVBl. S. 966) gebildet sind, ferner gemeindliche Anstalten, die gem. der V. vom 10. Mai 1905 (GVBl. S. 471) errichtet wurden.

10 d. Zur Schulaufsicht gehört auch die Dienstaufsicht über die im Dienste der Schule angestellten Personen. Bezüglich der Dienstaufsicht über die Volksschullehrer s. Art. 101 ff. VLG. und § 22 ff. des Schulaufsichtsgesetzes mit Ziff. 40 ff. der Vollzugsvorschriften hierzu, bezügl. der Dienstaufsicht über die sonstigen Staatsbeamten Art. 102 ff. d. Beamtenges. vom 16. August 1908 (GVBl. S. 581), bezüglich der Dienstaufsicht über die Gemeindebeamten s. Art. 101 der Gemeindeordnung vom 17. Oktober 1927 (GVBl. S. 293), bezüglich der Religionslehrer s. Ziff. 41 Abs. II d. VollzV. zum SchAG. und Braun Anm. 3 zu § 17, Anm. 10 zu § 28 d. SchAG. Für den „Schulbedarf" ist diese „Dienstaufsicht" nur mittelbar von Bedeutung.

In Betracht kommt hier vor allem die Verpflichtung eines Volksschullehrers nach § 18 des Schulaufsichtsgesetzes vom 1. August 1922 (GVBl. S. 385) mit Ziff. 32 Abs. I, II u. IV der VollzV. hierzu (KMBl. 1923 S. 91) als Schulleiter für ein gedeihliches Zusammenwirken der Lehrerschaft einer Schule im äußeren Schulbetriebe zu sorgen (s. ferner auch § 21 des SchAG. und Ziff. 39 der VollzV. hierzu).

Veranlaßten Falles gutachtliche Anträge und Erinnerungen bei der Verwaltung der zur Bereitstellung des sächlichen Schulbedarfs nach Art. 11 des SchBG. verpflichteten Gemeinde vorzubringen haben nach § 2 des SchAG. und Ziff. 6 Abs. I bis III der VollzV. hierzu auch die Schulpflegschaften. Ueber die Zusammensetzung der Schulpflegschaften s. § 4 ff. des SchAG. und hinsichtlich der Dienstaufsicht über die Mitglieder § 17 a. a. O.

11 a. Art. 1 des SchBG. erhielt den Abs. II durch Art. 2 Ziff. I des Gesetzes zur Aenderung von Vorschriften über das Volksschulwesen vom 1. August 1923 (GVBl. S. 337).

Die Begründung zum Entwurf dieses Gesetzes führt in BeilBd. XI der Landtagsverh., Beil. 3663, S. 913 folgendes aus:

Die Belange des Unterrichts und der Erziehung erfordern es, daß die Schulgebäude und die dem Schulzwecke gewidmeten Grundstücke (Schulhöfe usw.) grundsätzlich nur für die Zwecke der Volksschule verwendet werden. Es ist seither als ein Ausfluß der staatlichen Schulhoheit und daher als etwas selbstverständliches erachtet worden, daß in dieser Hinsicht den staatlichen Schulaufsichtsbehörden ein bestimmender Einfluß zusteht und diese daher berechtigt und verpflichtet sind Abhilfe zu schaffen, wenn durch die Verwendung von Schulräumen zu bestimmungsfremden Zwecken die Belange der Schule beeinträchtigt werden.

Da dieser Grundsatz bisher nicht gesetzlich festgelegt war, sind in jüngster Zeit im Vollzuge und in der Verwaltungsrechtsprechung hinsichtlich seiner Anwendung Zweifel entstanden. Wahrnehmungen über Mißstände, die namentlich in der letzten Zeit zutage getreten sind, lassen es als unabweisbare Notwendigkeit erscheinen, in dieser Hinsicht jeden Zweifel zu beseitigen ...

Durch die Vollzugsvorschriften wird näher zu bestimmen sein, wieweit die Genehmigung der Verwendung von Schulräumen zu bestimmungsfremden Zwecken den Bezirks- oder Stadtschulbehörden oder aber den höheren Schulaufsichtsstellen vorbehalten werden soll."

Diese Vollzugsvorschriften enthält die Entschließung d. Staatsm. für Unt. u. K. Nr. 45 066 vom 19. Oktober 1923 über die Verwendung von Schulräumen zu bestimmungsfremden Zwecken (MABl. S. 73, KMBl. S. 131, Anhang Nr. 58). Hiernach sind zu der Erteilung der Genehmigung im allgemeinen die Bezirks- und Stadtschulbehörden und nur dann, wenn es sich um politische Veranstaltungen und Einrichtungen handelt, die Regierungen, Kammern des Innern, zuständig, denen es vorbehalten ist, in besonderen Fällen die Entscheidung des Staatsministeriums für Unterricht und Kultus einzuholen. Dieses hat sich weiter vorbehalten veranlaßten Falles die Zuständigkeit an sich zu ziehen. Ausdrückliche Richtlinien, wann die Genehmigung zu erteilen oder zu versagen ist, enthält die MinE. nicht, doch läßt sich schon aus der Zuständigkeitsverteilung ersehen, daß bei der Erteilung der Genehmigung für die Verwendung von Schulräumen zu politischen Veranstaltungen und Einrichtungen besondere Vorsicht am Platze ist. Andererseits ergibt sich aus den angeführten Beispielen von Fällen, in denen die Genehmigung allgemein erteilt werden kann, nämlich zur Abhaltung von Gemeinderatssitzungen und zur Vornahme öffentlicher Wahlen, daß bei solchen Zwecken Bedenken in der Regel nicht bestehen werden. Aehnlich wird es zu halten sein, wenn die Schulräume zu Zwecken erbeten werden, die sich an sich dem Schulbetriebe angleichen, z. B. zu Kursen in Fremdsprachen u. dgl. Ueberhaupt wird das Augenmerk darauf zu richten sein, ob die Belange der Schule, Schulbetrieb und Erhaltung der Schulräume, die erbetene Erlaubnis ohne Schädigung ertragen. Aber auch auf die allenfallsigen Inhaber einer Dienstwohnung in einem Schulgebäude wird entsprechende Rücksicht zu nehmen sein. Im übrigen ist durch die Bestimmung im Art. 1 Abs. II, mit der lediglich verhindert werden sollte, daß Volksschulräume entgegen den Belangen der Schule zu schulfremden Zwecken verwendet würden, das Verfügungsrecht der Gemeinde über die Schulgebäude, das ihr nach Art. 1 Abs. I d. SchBG. zusteht, nicht ausgeschaltet.

Eine Entschl. d. Staatsm. für Unt. u. Kultus vom 8. März 1930 Nr. IV 5844 sagt hierzu:

„Die Rechtslage ist hiernach, daß zu einem Antrag auf Ueberlassung von Schulräumen zu bestimmungsfremden Zwecken zunächst der Gemeinderat auf Grund des Art. 1 Abs. I SchBG. Stellung zu nehmen hat, ob er dieser Ueberlassung zustimmen will. Lehnt der Gemeinderat ab, so ist eine weitere Tätigkeit der Schulaufsichtsbehörde höchstens in der Form des Versuches einer gütlichen Einwirkung auf die Gemeindeverwaltung möglich, um in Fällen, die ihr besonders berücksichtigenswert erschienen und in denen eine Beeinträchtigung der Belange der Schule nicht zu befürchten ist, eine veränderte Stellungnahme des Gemeinderates herbeizuführen. Es wäre jedoch nicht angängig, daß in solchen Fällen die Schulaufsichtsbehörde an Stelle des Gemeinderates die Genehmigung zur Ueberlassung der Schulräume erteilte. Stimmt dagegen der Gemeinderat der Ueberlassung zu, so kommt die Entscheidung darüber, ob die Genehmigung zur Ueberlassung der Schulräume für schulfremde Zwecke zu erteilen sei, gemäß Art. 1 Abs. II SchBG. der Schulaufsichtsbehörde, also im Regelfalle der Bezirks- oder Stadtschulbehörde zu."

So ist auch eine etwaige **Vergütung** für die Beanspruchung der Schulräume unabhängig von der Genehmigung durch die Schulaufsichtsbehörden und Sache der Vereinbarung mit der Gemeinde. Naturgemäß wäre die Vergütung in der **Schulkasse** zu vereinnahmen (vgl. Meinzolt S. 145).

Eine Genehmigung der zuständigen Schulaufsichtsbehörde nach Art. 1 Abs. II kommt **nicht** in Frage, wenn als Abfindung für ein Wohnungsrecht zugunsten einer Kirchenstiftung im Grundbuch **eine Grunddienstbarkeit** eingetragen werden soll, wonach die Kirchenstiftung berechtigt ist, in einem ordnungsgemäß bereitgestellten Schulzimmer jederzeit **den kirchlichen Unterricht**, einschl. des Beicht-, Kommunion- und Firmunterrichts und der Christenlehre erteilen zu lassen.

Die Eintragung einer solchen Grunddienstbarkeit ist schulaufsichtlich nicht zu beanstanden und kann im Vollzuge des Art. 43 ff. SchBG. gebilligt werden (vgl. ME. vom 8. Januar 1926 Nr. IV 49 719).

11 b. Sollen Räume einer Lehrerdienstwohnung, sei es, daß diese in einem Schulhause oder in einem eigenen Lehrerwohngebäude liegen, zu Zwecken verwendet werden, die mit dem Schulbetrieb in keinem Zusammenhange stehen, so sind nicht die Bestimmungen des Art. 1, sondern die besonderen Bestimmungen über Dienstwohnungen in Art. 14 ff. und in den Vollzugsvorschriften hierzu einschlägig (vgl. Anm. 9 zu Art. 14 oben).

11 c. S. auch Ziff. 2 der E. vom 22. Juli 1930 über die Benützung von Schulräumen für Werbe- und Verkaufszwecke (KMBl. S. 149 und Anhang Nr. 92).

Art. 2 [1]. I Greift der Sprengel[2]) einer öffentlichen Volksschule[3]) über die Gemeindemarkung hinaus (zusammengesetzter Schulsprengel), so obliegt die vermögensrechtliche Verwaltung und Vertretung der Schule (Sprengelschule)[4]) der verstärkten Gemeindeverwaltung[5]) der Schulsitzgemeinde[6]).

II Die Gemeindeverwaltung der Schulsitzgemeinde[6]) wird dadurch verstärkt, daß zu ihren Beratungen und Beschlußfassungen[7]) aus jeder der übrigen am Schulsprengel beteiligten Gemeinden[8]) der erste Bürgermeister [9]) oder sein Stellvertreter [9]) und ein besonders gewählter Abgeordneter [10]) oder ein Stellvertreter [10]) beigezogen werden. Die Gemeindeverwaltungen der einzelnen Gemeinden wählen den Abgeordneten und seinen Stellvertreter aus ihrer Mitte [10]) auf die Dauer der Wahlzeiten [11]).

III Die am Schulsprengel beteiligten Gemeinden können aus besonderen Gründen [12]) mit Genehmigung der vorgesetzten Behörde (Art. 7) vereinbaren [13]), daß an Stelle der Verwaltung der Schulsitzgemeinde [6]) die Verwaltung einer anderen beteiligten Gemeinde nach den Vorschriften des Abs. II verstärkt und mit der vermögensrechtlichen Verwaltung und Vertretung der Sprengelschule betraut wird [14]).

1. Art. 2 enthält die weiteren Bestimmungen des Art. 1 des Schulbedarfsgesetzes vom Jahre 1902 (vgl. Vorbem. zu Abschn. I). „Hierbei entspricht Abs. 1 dem Art. 1 Abs. II Satz 2, Abs. II dem Art. 1 Abs. III, Abs. III dem Art. 1 Abs. II Satz 3 und 4." (Begründ. E. I S. 274.)

2. Der Sprengel einer Schule, d. h. das Gebiet, für das eine bestimmte Schule eingerichtet ist, soll sich als Regelfall mit der Markung einer pol. Gemeinde decken (s. § 1 der V. vom 26. August 1883, die Errichtung der Volksschulen und die Bildung der Schulsprengel betr., GVBl. S. 407, KMBl. S. 247). Die Gemeindemarkung kann nun aber, wie in den größeren Städten, zu groß sein als daß die Kinder in einer Schule zusammengefaßt werden könnten, und dann muß eine räumliche Teilung des Schulsprengels in Schulbezirke erfolgen, entsprechend der Anzahl der nötigen Schulen (§ 4 a. a. O.). Dieser Fall — man spricht hier von „Gemeindebezirksschulen" im Gegensatz zu den „Gemeindeschulen" des Regelfalles — erfordert für die vermögensrechtliche Verwaltung und Vertretung der öffentlichen Volksschule keine besondere Regelung, weil auch hier der Machtbereich der Gemeinde mit den Grenzen des nur innen abgeteilten Schulsprengels zusammenfällt. Anders in den Fällen, in denen sich ein Schulsprengel über die Grenzen einer Gemeindemarkung hinaus erstreckt und mehrere Gemeinden oder Teile von verschiedenen Gemeinden oder eine oder mehrere Gemeinden und Teile von Nachbargemeinden umfaßt (§ 3 a. a. O.). Hier ist eine besondere Regelung der Verwaltungs- und Vertretungsverhältnisse nötig. Im neuen Gesetze ist hierfür das sog. Gemeindeprinzip des Schulbedarfgesetzes vom Jahre 1902 im Gegensatz zum Sprengelprinzip, welch letzteres den Schulsprengel zu einer besonderen öffentlich-rechtlichen Körperschaft neben den politischen Gemeinden gestaltet hätte, aufrecht erhalten worden (vgl. Seiler, Anm. 12 b zu Art. 1).

Der zusammengesetzte Schulsprengel ist keine juristische Persönlichkeit, aber er begründet eine Rechtsgemeinschaft mehrerer juristischer Personen, d. i. der zum Schulsprengel gehörigen politischen Gemeinden ... Es ist eine Rechtsgemeinschaft nach Art der Gesellschaft des bürgerlichen Rechts, zwar nicht durch Vertrag aber durch Gesetz begründet. Das mit Vertretungsmacht gesetzlich ausgestattete Organ dieser Rechtsgemeinschaft ist die verstärkte Gemeindeverwaltung.

„In zusammengesetzten Schulsprengeln obliegt also die Aufbringung des Schulbedarfs den zum Schulsprengel gehörigen Gemeinden und zwar wiederum als eigentliche Gemeindeangelegenheit. Träger der mit der Sprengelschule verbundenen vermögensrechtlichen Beziehungen sind die vereinigten politischen Gemeinden; die vermögensrechtliche Verwaltung steht der verstärkten Gemeindeverwaltung zu. Die verstärkte Gemeindeverwaltung besitzt das gesetzliche Vertretungsrecht für die zum Schulsprengel vereinigten Gemeinden und ist befugt, innerhalb ihres Wirkungskreises für diese Rechte zu erwerben und Verbindlichkeiten einzugehen. Sie ist das unentbehrliche Organ, mittels dessen die zum Schulsprengel vereinigten politischen Gemeinden imstande sind, in den allgemeinen Rechtsverkehr einzutreten, zu kaufen, zu mieten und zu vermieten, Grund und Boden zu erwerben, Werkverträge mit Bauunternehmungen abzuschließen und dergleichen. Die Sonderaufgabe, die Sondertätigkeit der einzelnen zum Schulsprengel gehörigen Gemeinden und ihrer Organe beginnt erst mit dem Augenblick, in dem die verstärkte Gemeindeverwaltung den Schulbedarf auf die einzelnen Gemeinden verteilt hat" (Reichsrat v. Kahr, RRB. 1902, Bd. II, S. 201, angeführt bei Seiler, Anm. 12 b zu Art. 1).

Hiernach sind die Bestimmungen des Bürgerlichen Gesetzbuches über die „Gesellschaft" (§§ 705 ff.) und nachstehende Grundsätze für die „Gesellschaft" nach dem BGB. sinngemäß auf die beteiligten Gemeinden und die Verpflichtungen eines zusammengesetzten Schulsprengels anzuwenden.

„Träger der im Gesellschaftsvermögen vereinigten Rechte und Verbindlichkeiten sind ... die Gesellschafter nicht als Einzelpersonen, sondern in ihrer Vereinigung. Das Gesellschaftsvermögen wird bei dieser Gebundenheit an die Gesamtheit der Gesellschafter zu einer von dem freien Privatvermögen der einzelnen Gesellschafter gesonderten rechtlichen Einheit: Gemeinschaft zur gesamten Hand (Reichsgerichtsräte-Kommentar zum BGB., 6. Aufl. 1928 II. Bd. Anm. 1 zu § 718, S. 380).

Ferner: „Belastet wird das Gesellschaftsvermögen durch die Gesellschaftsschulden. Sie entstehen in der Regel aus Verträgen der Geschäftsführer (§ 714). Die Gesellschafter haften hierfür mit dem Gesellschaftsvermögen und zugleich mit ihrem Privatvermögen als Gesamtschuldner (§ 427), falls nicht bloß eine anteilige Haftung (§ 420) oder eine auf das Gesellschaftsvermögen beschränkte Haftung vereinbart ist" (a. a. O., Anm. 5, S. 381).

Statt „Gesellschafter" ist in den Fällen des zusammengesetzten Schulsprengels zu setzen: „Gemeinden", statt „Gesellschaftsvermögen" — „Schulvermögen des Sprengels", statt „Privatvermögen" — „Vermögen der einzelnen Gemeinden".

„Geschäftsführer" ist die „verstärkte Gemeindeverwaltung" im Sinne des Art. 2 d. SchBG. (= der verstärkte Gemeinderat) oder die nach Art. 3 ermächtigte Gemeindeverwaltung (Gemeinderat), an Stelle des „Vertrages" tritt gegebenen Falles das „Gesetz" (Schulbedarfgesetz). Zu den Bestimmungen über „Gesellschaft" treten die allgemeinen Bestimmungen des Bürgerlichen Gesetzbuches über „Mehrheit von Schuldnern und Gläubigern" (§ 420 ff.) hinzu. So kann auch § 421 BGB. zur Anwendung kommen, d. h. wenn mangels anderer Vereinbarungen der zus. Schulsprengel „Gesamtschuldner" ist, kann der Gläubiger die Leistung nach seinem Belieben von jeder der Gemeinden ganz oder zu einem Teile fordern. Gemäß § 426 BGB. geht die Forderung des Gläubigers in diesem Falle auf die erfüllende Gemeinde über, soweit diese von den übrigen Gemeinden Ausgleichung verlangen kann (vgl. auch Meinzolt S. 81).

Wie ein Gesellschafter am Gesellschaftsvermögen (vom Zeitpunkt der Entstehung der Gesellschaft oder vom Tage seines Eintritts in die Gesellschaft an teilhat, so auch an den gemeinschaftlichen Schulden der Gesellschaft. In der gleichen Weise ist eine Gemeinde Teilhaberin an dem Vermögen und der Schuldenlast eines Schulsprengels von dem Augenblicke an, in dem sie rechtsförmlich Beteiligte dieses Schulsprengels wird.

Die Bildung und Abänderung der Schulsprengel und Schulbezirke kann gem. § 14 a. a. O. nur durch die Kreisregierung, nicht auch durch Gemeindebeschlüsse oder Herkommen erfolgen.

Gegen die Entscheidung der Regierung ist den Beteiligten die Beschwerdeführung an das Staatsministerium für Unterricht und Kultus gestattet (§ 14 Satz 2 a. a. O.). Von diesem Beschwerderecht zu unterscheiden ist das in Art. 10 Ziff. 17 des Verwaltungsgerichtsgesetzes vorvorgesehene. Im letzteren Falle handelt es sich um Streitfälle über die persönliche (erster Teil) oder räumliche (zweiter Teil) Zugehörigkeit zu einem bereits bestehenden Schulverbande oder Schulsprengel. „Beschwerden gegen Beschlüsse der Kreisregierung über die Bildung und Umbildung der Schulsprengel können weder auf Grund des Art. 10 Ziff. 17 noch des Art. 10 Ziff. 2 (jetzt Art. 60 Abs. VI der GemO.) an den VGH. gebracht werden (VGHE. v. 16. Nov. 1923 Nr. 105 II 23, angeführt bei Klee-Hechtel, ErgänzBd. z. VGG. von Dyroff, 1928 S. 209).

Man spricht auch von einer sachlichen Zugehörigkeit zu einem Schulsprengel zum Unterschiede von der persönlichen Zugehörigkeit. Die sachliche Zugehörigkeit begreift die Beteiligung der Gemeinden eines Sprengels an der Aufbringung des Aufwandes für die einschlägige Schule in sich, die persönliche Zugehörigkeit besagt, daß die schulpflichtigen Kinder der Familien des Sprengels die Schule zu besuchen haben.

Nach § 5 a. a. O. erstreckt sich der Sprengel (oder Bezirk) einer Schule grundsätzlich auf alle innerhalb der Grenzen dieses Gebietes vorhandenen Familien ohne Unterschied des Glaubensbekenntnisses. Wenn in einem konfessionell gemischten Sprengel jedoch für die einzelnen Bekenntnisse Sonderschulen bestehen, gehören zum Sprengel (Bezirk) dieser Schulen nur die Familien der einschlägigen Kirchengesellschaft (§ 6 a. a. O.). Demgemäß ist bei konfessionell gemischter Bevölkerung zu unterscheiden zwischen Schulen (Bekenntnis- oder Simultanschulen) mit konfessionell gemischtem Schulsprengel (§ 5 a. a. O.) und Schulen (Bekenntnisschulen) mit konfessionell getrenntem Schulsprengel (§ 6 a. a. O.). Beide Schularten können in einfachen wie zusammengesetzten Schulsprengeln vorkommen, d. h. die Bestimmungen der §§ 5 u. 6 der V. sind sowohl bei Gemeinde- wie bei Sprengel-Schulen anwendbar. Bei zusammengesetzten Schulsprengeln kann es sich aber auch ergeben, daß die Anordnung für die einzelnen Gemeinden eine verschiedene ist. So können z. B. drei Nachbargemeinden mit konfessionell-gemischter Bevölkerung in folgender Weise zwei zusammengesetzte Schulsprengel bilden:

Die Gemeinde A mit überwiegend katholischer Bevölkerung habe eine katholische Bekenntnisschule. Innerhalb des Gemeindebezirkes A kann sich dann der Bereich dieser Schule nach § 5 der V. auf Katholiken und Protestanten von A erstrecken. Die Gemeinde B mit überwiegend protestantischer Bevölkerung habe eine protestantische Bekenntnisschule. Auch hier kann der Bereich der Schule nach Maßgabe des § 5 der V. Katholiken wie Protestanten von B umfassen. Wenn nun in der Gemeinde C (ohne

Schule) die Bevölkerung gleichfalls konfessionell gemischt sein sollte, stünde nichts im Wege den Gemeindebezirk C gemäß § 6 der V. nach Bekenntnissen zu trennen und die Katholiken von C nach A, die Protestanten von C aber nach B einzuschulen. Gehört eine der Familien keiner der Glaubensgemeinschaften ihres Sprengels an, dann hat sie unter allenfalls mehreren Bekenntnis- und Simultanschulen freie Wahl (vgl. Meinzolt S. 137/138).

Die Notwendigkeit, Schulsprengelgrenzen oder die Zugehörigkeit zu einem Schulsprengel festzustellen, kann sich auch gelegentlich eines Streites nach Art. 8 Ziff. 38 d. VGG. („Verbindlichkeit zur Teilnahme an den Gemeindelasten, Diensten und anderen Leistungen für Schulzwecke") ergeben. Nach der Rechtsprechung des VGH. soll die strittige Frage der rechtlichen Zugehörigkeit eines Grundstücks, Anwesens usw. zu einem Schulsprengel als Präjudizialfrage (Vorfrage) zunächst in einem Verfahren nach Art. 10 Ziff. 17, also durch Feststellungsbescheid zur Entscheidung gebracht werden, während die persönliche Zugehörigkeit zu einem Schulverband — namentlich auch die Frage, ob die konfessionelle Minderheit einer Gemeinde als ein- oder ausgeschult zu betrachten sei usw. — auch als Inzidentpunkt (Zwischenpunkt) ein Streit nach Art. 8 Ziff. 38 entschieden werden könnte.

Hierüber und über die Frage der Rechtskraft von Inzidentbeurteilungen s. Dyroff (1928) Anm. 4 zu Art. 8 Ziff. 38 und Anm. 4 zu Art. 26 d. VGG. und die dort ausgeführten Entscheidungen des VGH.

Auch die Auflösung zusammengesetzter Schulsprengel kann nur durch die Kreisregierung betätigt werden. Für den Fall, daß sich bei Aenderungen im Bestande von Schulverbänden (= zusammengesetzten Schulsprengeln) die Beteiligten über die Teilung oder Auseinandersetzung des Schulvermögens oder über die Rechte und Pflichten in bezug auf bestehende Anstalten nicht gütlich zu einigen vermögen, ist in Art. 11 des Verwaltungsgerichtshofgesetzes ein schiedsrichterliches Verfahren vorgesehen.

3. Begriff: S. Vorbem. zu Abschn. I.

4. Zu beachten ist, daß im Gesetze nur die Schule eines zusammengesetzten Schulsprengels „Sprengelschule" heißt. Keine Sprengelschulen sind Gemeindeschulen, die von Kindern einer Nachbargemeinde nur gastweise gemäß § 11 a. a. O. besucht werden.

5. Unter Gemeindeverwaltung ist hier wie sonst im Schulbedarfgesetze (der Ausdruck ist von den alten Gemeindeordnungen vom J. 1869 her stehengeblieben) der Gemeinderat (Stadtrat, Marktgemeinderat) zu verstehen (s. Art. 13 u. 16 der nunmehr geltenden Gemeindeordnung vom 17. Okt. 1927 — GVBl. S. 293 —). Die verstärkte Gemeindeverwaltung ist deshalb als verstärkter Gemeinderat (verstärkter Stadtrat, verstärkter Marktgemeinderat) zu bezeichnen. Die Verstärkung erfolgt nach Maßgabe des nachstehenden Art. 2 Abs. II.

6. Schulsitzgemeinde ist jene Gemeinde des zusammengesetzten Schulsprengels, auf deren Boden das Schulhaus — nicht das etwa vom Schulhause getrennte Lehrerwohngebäude — steht. Sollte — was möglich ist — das Schulhaus überhaupt nicht innerhalb des zusammengesetzten Schulsprengels liegen, dann müßte die verstärkte Gemeindeverwaltung gem. Art. 2 Abs. III SchBG. gebildet werden. Die eigentliche Schulsitzgemeinde ist in diesem Falle am zusammengesetzten Schulsprengel und deshalb auch an der Verwaltung und Vertretung der Sprengelschule nicht beteiligt.

7. Beratungen und Beschlußfassungen, Formvorschriften und Geschäftsgang der Sitzungen der verstärkten Gemeindeverwaltungen richten sich nach den allgemeinen Bestimmungen der Gemeindeordnung (Art. 16—25, s. auch Bek. d. Staatsm. f. Unt. u. K. v. 10. Dez. 1928 zum Vollzuge des Art. 12 des Schulbedarfsgesetzes vom 14. Aug. 1919 in der Fassung des Gesetzes vom 24. April 1928 GVBl. S. 323 — GVBl. 1928 S. 429 und Anhang Nr. 85 — Ziff. I, 1 Abs. 2). Mangels anderer Vorschriften ist für das Zustandekommen bindender Beschlüsse die einfache Mehrheit erforderlich. Auch das Beschwerderecht richtet sich nach den allgemeinen Regeln, soweit nicht in Art. 5 des SchBG. eine Sonderregelung getroffen ist. Findet sich demzufolge ein einzelner Gemeindeangehöriger durch einen Beschluß der verstärkten Gemeindeverwaltung beschwert, so steht ihm hiegegen ein Beschwerderecht nach Art. 8 Ziff. 38 des Verwaltungsgerichtsgesetzes zu. Nach diesem Art. gehören zu den Verwaltungsrechtsachen im Sinne des VGG. alle bestrittenen Rechtsansprüche und Verbindlichkeiten in nachbenannten Angelegenheiten:

„38. Verbindlichkeiten zur Teilnahme an den Gemeindelasten, Diensten und anderen Leistungen für Schulzwecke" (vgl. auch Meinzolt S. 151).

Dagegen fallen Streitigkeiten über Verpflichtungen der Gemeinden oder des Schulsprengels selbst unter Art. 10 Ziff. 19 (s. Dyroff (1928) Anm. 3 zu Art. 8 Ziff. 38 und die dort angef. VGHE.).

8. Am Schulsprengel beteiligte Gemeinden:

Die Beteiligung ist gegeben sowohl wenn eine Gemeinde mit ihrem ganzen Bezirk als auch wenn sie nur mit einem Teil ihres Bezirkes zum Schulsprengel gehört.

9. Ueber den ersten Bürgermeister und seine Stellvertreter s. Art. 17 u. 18 d. GemO.

10. Der Abgeordnete sowohl wie sein Vertreter ist von der betreffenden Gemeindeverwaltung zu Beginn jeder Wahlzeit aus der Mitte der Gemeindeverwaltung zu wählen. Daß nur Gemeindeverwaltungsmitglieder gewählt werden dürften, die im Schulsprengel wohnen, ist im Gesetze nicht vorgeschrieben. Die Wahl vollzieht sich in den Formen eines regelmäßigen Gemeindeverwaltungsbeschlusses. Die MinEntschl. vom 12. Okt. 1902, den Vollzug des Schulbedarfgesetzes vom 28. Juli 1902 betr. (KMBl. S. 431) ist durch die MinBek. vom 10. Dez. 1928 (s. oben Anm. 7) aufgehoben.

Wenn der erste Bürgermeister sowohl wie sein nächster Stellvertreter an der Teilnahme an einer Sitzung des verst. Gem.-Rates verhindert sein sollten, z. B. weil ihnen der Beschluß einen unmittelbaren Vorteil oder Nachteil bringen könnte (Art. 20 d. GemO.), ist der nächste nichtbehinderte Stellvertreter des ersten Bürgermeisters zur Teilnahme an der Sitzung berufen. Nicht so, wenn der gewählte Abgeordnete an der Teilnahme verhindert ist. Ihn kann nur der gewählte Stellvertreter, und wenn auch dieser verhindert ist, nicht etwa ein anderes Mitglied der Gemeindeverwaltung vertreten.

11. Die Wahlzeit beträgt fünf Jahre (Art. 67 d. GemO.).

12. Aus besonderen Gründen, z. B. wenn die Schulsitzgemeinde am Schulsprengel nach der Zahl der Sprengelangehörigen und den finanziellen

Verpflichtungen verhältnismäßig wenig oder überhaupt nicht (s. oben Anm. 6) beteiligt ist. Da von der Schulsitzgemeinde im Regelfalle der gesamte Verwaltungsrat zum verstärkten Gemeinderat gehört, ist er im Vergleiche zu den anderen beteiligten Gemeinden, die nur je zwei Vertreter abstellen dürfen, bevorzugt. Es wäre unbillig, wenn die Schulsitzgemeinde diesen Vorzug auch dann hätte, wenn die Beteiligung einer anderen Gemeinde am Schulsprengel eine wesentlich größere wäre.

13. „Vereinbaren" bedeutet, daß sämtliche beteiligten Gemeinden sich dafür einigen müssen, daß eine bestimmte Gemeinde an die Stelle der Schulsitzgemeinde treten soll. Die Genehmigung der vorgesetzten Behörde muß zu dieser Vereinbarung hinzutreten und kann die mangelnde Einigung nicht etwa ersetzen. Dieselben Voraussetzungen werden für die Aufhebung einer solchen Vereinbarung zu fordern und einseitige Kündigungen nicht als zulässig anzuerkennen sein (s. v. Lex in BayGemVZ. 39 S. 415 ff. u. Osthelder Anm. 5 c zu Art. 2 S. 59).

14. „Ueber die Stellung der Gemeinden im zusammengesetzten Schulsprengel" s. auch Sauer in d. BayGemVZ. Jahrg. 39 S. 701.

Art. 3 [1]. I Die Gemeindeverwaltung der Schulsitzgemeinde [2]), im Falle des Art. 2 Abs. III die besonders bestimmte Gemeindeverwaltung kann von den Vertretern [3]) der übrigen am Schulsprengel beteiligten Gemeinden durch übereinstimmende [4]) schriftliche Erklärung allgemein oder in einzelnen Fällen ermächtigt werden, die verstärkte Gemeindeverwaltung [3]) vor Behörden zu vertreten oder an ihrer Stelle Verwaltungsgeschäfte zu erledigen, insbesondere die Beschlüsse zum jährlichen Voranschlage [5]) zu vollziehen und außerordentliche Unternehmungen auszuführen [6]).

II Der verstärkten Gemeindeverwaltung bleibt jedoch vorbehalten die Beschlußfassung über:

1. Die Höhe des jährlichen oder eines außerordentlichen Aufwandes [7]) für die Sprengelschule,
2. die Verteilung des Aufwandes auf die am Schulsprengel beteiligten Gemeinden (Art. 12 Abs. II [8])),
3. die Uebernahme einer dauernden Haftung für Schuleinrichtungen [9]),
4. die Aufnahme eines gemeinschaftlichen Darlehens [10]).

1. „Art. 3 übernimmt im allgemeinen die Vorschriften, die bisher im Art. 2 Abs. I und II enthalten waren. Durch die Umstellung der beiden Absätze soll die rechtliche Bedeutung klargestellt werden" (BegrE. I S. 274).

Die Bestimmungen darüber, nach welchen Grundsätzen der Aufwand zu verteilen ist, sind entsprechend der Stoffgliederung des Gesetzentwurfes dem Abschnitt III (Art. 12 Abs. II) überwiesen.

Nicht übernommen ist die Bestimmung im bisherigen Art. 2 Abs. I Buchst. d („die Regelung des Schulgeldes"), weil Schulgeld nicht mehr erhoben werden darf (s. Art. 77).

Dagegen ist als Nr. 4 neu eingefügt die Vorschrift, daß auch die Aufnahme eines gemeinschaftlichen Darlehens zu den Gegenständen gehören soll, über die stets der verstärkte Gemeinderat zu beschließen hat (Begr. S. 274). Ueber die Bezeichnung „Gemeinderat" statt „Gemeindeverwaltung" s. Anm. 5 zu Art. 2 oben.

2. s. Anm. 6 zu Art. 2.

3. s. Art. 2 Abs. II.

4. Die Vertreter der beteiligten Gemeinde außer der Schulsitzgemeinde oder nach Art. 2 Abs. III besonders bestimmten Gemeinde müssen ausnahmslos für die Regelung sein. Die ermächtigte Gemeindeverwaltung kann ihrerseits nicht ablehnen. Anderseits wird naturgemäß die Ermächtigung in dem Augenblicke wieder kraftlos, indem auch nur einer der Vertreter seine Zustimmungserklärung schriftlich zurückzieht und diese Erklärung bei der ermächtigten Gemeindeverwaltung einreicht.

5. Nach Maßgabe der Bestimmungen in der Gemeindeordnung (s. insbes. Art. 46 u. 48).

6. Die Regelung empfiehlt sich z. B. bei schwierigen Verkehrsverhältnissen und untergeordneten Anlässen. Es kommen aber nur Fälle in Betracht, bei denen an sich der verstärkte Gemeinderat zusammenzutreten hätte. Der erste Bürgermeister der Schulsitzgemeinde oder der nach Art. 2 Abs. III besonders bestimmten Gemeinde steht als solcher auch dem verstärkten Gemeinderate vor und hat in dieser Eigenschaft die Rechte und Pflichten, wie sie ihm gemäß Art. 17 u. 18 der GemO. seiner eigenen Gemeinde gegenüber zustehen. Soweit kraft dieser Vorschriften der erste Bürgermeister schon zur Vertretung des verstärkten Gemeinderates berufen ist, bedarf es einer Ermächtigung nach Art. 3 Abs. I SchBG. nicht.

7. Die Beschlußfassung über die Höhe des jährlichen Aufwandes entspricht der Aufstellung eines Voranschlages über die voraussehbaren Einnahmen und Ausgaben eines Jahres nach Art. 46 GemO., dessen Vorschriften entsprechend einzuhalten sind.

Zum außerordentlichen Aufwand gehören Unternehmungen und Ausgaben, die im Jahresvoranschlag nicht vorgesehen sind oder die außerhalb des Voranschlages mit außerordentlichen Hilfsmitteln ausgeführt werden sollen. Um einem allzu häufigen Zusammentreten des verstärkten Gemeinderates zur Beschlußfassung über außerordentlichen Bedarf vorzubeugen, empfiehlt es sich, schon im jährlichen Voranschlag entsprechende Ansätze für Instandhaltung und Ergänzung von Geräten und Lehrmitteln, sowie für Instandhaltung der Schulgebäude zu machen und für Ueberschreitungen der Ansätze des Voranschlages eine entsprechende Rücklage vorzusehen.

Vor der endgültigen Feststellung durch den verstärkten Gemeinderat ist der jährliche Voranschlag gemäß Ziff. 6 Abs. III der VollzVorschr. zum SchAG. vom 16. August 1923 (KMBl. S. 91) der Schulpflegschaft zur Stellungnahme zuzuleiten. Das Gleiche hat veranlaßten Falles, d. h. wenn es sich um Maßnahmen von Bedeutung handelt, mit Plänen und Kostenvoranschlägen über bauliche Maßnahmen für Schulzwecke zu geschehen.

8. Der Verteilungsmaßstab des Art. 12 Abs. II Satz 1 SchBG. ist ein zwingender. Abgesehen von Vereinbarungen durch übereinstimmende Beschlüsse der beteiligten Gemeinden nach Art. 12 Abs. II Satz 2 kann weder durch Verträge und Vergleiche noch durch Herkommen an dem Verteilungsmaßstab etwas geändert werden. Vgl. VGHE. Bd. XII S. 353 und **Bd. XXII** S. 133. Zur Entscheidung ist in solchen Streitigkeiten der Verwaltungsgerichtshof zuständig nach Art. 10 Ziff. 20: „Verteilung und Aufbringung des Schulbedarfs in Schulsprengeln, die aus mehreren Gemeinden oder Bestandteilen von solchen bestehen."

9. Entsprechend der Bestimmung in Art. 2 Abs. 1 Buchst. c des SchBG. von 1902. Die Begründung zum Entwurfe lautete:

„Die vermögensrechtlichen Interessen des zusammengesetzten Schulsprengels werden von Schulorganisationen wohl zumeist, wenn auch nicht immer unmittelbar berührt. So wird eine Einschulung und Ausschulung einen Schulsprengel regelmäßig erst belasten, wenn sie verfügt und durchgeführt ist, es ist aber der Fall recht wohl denkbar, daß solche Folgen erst kürzere oder längere Zeit nach stattgehabter Umschulung in die Erscheinung treten. Aehnlich ist es mit der Errichtung neuer Schulklassen. Mit Rücksicht auf die spätere Haftung der zum Schulsprengel vereinigten Gemeinden zur Tragung der Mehrkosten derartiger Schulorganisationen wird es als geboten erachtet, daß sich über dieselben stets die verstärkte Gemeindeverwaltung wegen der Uebernahme finanzieller Garantien für Schuleinrichtungen schlüssig macht" (Verh. d. Kammer d. Abgeordn. 1901/02, BeilBd. VII, Beil. 444, S. 348).

10 a. Hier ist eine schon im Entwurf des SchBG. vom Jahre 1902 vorgesehene, damals aber bei der Gesetzesberatung gestrichene Bestimmung wieder aufgegriffen. In der Begründung zum Entwurf des jetzigen Gesetzes (E. I S. 274/275) ist hierzu im wesentlichen folgendes bemerkt:

„Wenn auch der Schulsprengel als solcher ebenso wie die Gesellschaft des bürgerlichen Rechts nicht als selbständige Rechtspersönlichkeit (juristische Person) erscheint, so können doch die am Schulsprengel beteiligten Gemeinden, die im Rechtsverkehr durch die verstärkte Gemeindeverwaltung vertreten werden, nicht nur ein von dem Vermögen der Einzelgemeinden verschiedenes gemeinschaftliches Vermögen (Gesellschaftsvermögen; § 718 des Bürgerlichen Gesetzbuches) besitzen, sondern auch gemeinschaftliche Verpflichtungen eingehen."

Dem nach der Streichung im Entwurfe des Gesetzes vom Jahre 1902 entstandenen Mangel wurde im Vollzuge des Gesetzes vielfach dadurch abgeholfen, daß die Schulsitzgemeinde nach vorgängiger Vereinbarung mit den übrigen am Schulsprengel beteiligten Gemeinden das Darlehen für sich aufnahm und die Aufwendungen für die Verzinsung und Tilgung als gemeinschaftlicher Aufwand auf sämtliche beteiligte Gemeinden ausgeschlagen wurden.

„Dieser Weg soll auch künftig nicht mehr verschlossen sein. Daneben soll aber auch die Möglichkeit der Aufnahme eines gemeinschaftlichen Darlehens, wo dies zweckmäßig erscheint, bestehen."

b) Genehmigung der Staatsaufsichtsbehörde ist außerdem nach Maßgabe des Art. 42 d. GemO. erforderlich. Bestimmend ist hierbei die Einwohnerzahl des S c h u l s p r e n g e l s. (Auch bei der Ladungsvorschrift des Art. 19 Abs. III der GemO. ist die Einwohnerzahl des S c h u l s p r e n g e l s, d. h. die Gesamtzahl der zum Schulsprengel gehörigen Personen ausschlaggebend.)

Art. 4. I Die Staatsaufsicht[1]) über die vermögensrechtliche Verwaltung der Sprengelschule[1]) wird von der Verwaltungsbehörde ausgeübt, der die Staatsaufsicht über die Schulsitzgemeinde[2]) zukommt[3]). Im Falle des Art. 2 Abs. III ist die Verwaltungsbehörde zuständig, der die Staatsaufsicht über die besonders bestimmte Gemeinde zukommt[4]).

II Die bestehenden Vorschriften über die Staatsaufsicht [5]), insbesondere über die Beschwerde gegen staatsaufsichtliche Verfügungen [6]) gelten entsprechend. Staatsaufsichtliche Aufforderungen in bezug auf die vermögensrechtliche Verwaltung der Sprengelschule werden an die verstärkte Gemeindeverwaltung [7]) gerichtet. Der verstärkten Gemeindeverwaltung gegenüber wird die gesetzliche Verpflichtung endgültig festgestellt. An ihrer Stelle [8]) wird auch das für den Vollzug Erforderliche verfügt und der Bedarf verteilt.

1. Art. 4 handelt zunächst von der Staatsaufsicht im engeren Sinne, also zum Unterschiede von der Schulaufsicht (s. Anm. 10b zu Art. 1) und zwar von der Staatsaufsicht über die Sprengelschule, d. h. über die Schule eines zusammengesetzten Schulsprengels (s. oben Art. 2 Abs. I). Die Staatsaufsicht über die Schulen solcher Gemeinden im Schulbedarfgesetze ausdrücklich zu regeln, bei denen sich Schulsprengel und Gemeindemarkung deckt (s. oben Anm. 2 zu Art. 2 [1]), war nicht erforderlich, da sich aus der Bestimmung des Art. 1 Abs. I des SchBG. die Anwendbarkeit der Bestimmungen der Gemeindeordnung über die Staatsaufsicht (Art. 59 mit 61) ohne weiteres in zweifelsfreier Weise ergibt. Auch bei den zusammengesetzten Schulsprengeln sind die Art. 59 mit 61 der GemO. anzuwenden, doch war die örtliche Zuständigkeit der die Staatsaufsicht ausübenden Verwaltungsbehörden zu klären und die Körperschaft zu bestimmen, gegen die sich hier die staatsaufsichtliche Verfügung zu richten hat.

Die sich hiernach ergebenden Zuständigkeiten sind aber schon aus Zweckmäßigkeiten auch bei der Handhabung der Staatsaufsicht im weiteren Sinne bei schulaufsichtlichen Verfügungen anzunehmen.

2. S. Anm. 6 zu Art. 2 oben.

3. Also unter Umständen ein Bezirksamt auch dann, wenn eine unmittelbare Stadt am Schulsprengel beteiligt ist. Bei allenfallsigen staatsaufsichtlichen Verfügungen gegen die einzelnen beteiligten Gemeinden nach Art. 6 treten jedoch wieder die regelmäßigen Zuständigkeitvorschriften in Wirksamkeit. Für eine beteiligte unmittelbare Stadt wäre hier die Regierung die zuständige Staatsaufsichtsbehörde.

4. Durch diese ausdrückliche Bestimmung ist ein Zweifel beseitigt, der nach der Fassung des im wesentlichen mit der jetzigen Regelung übereinstimmenden Art. 2 des SchBG. von 1902 bestand.

5. Art. 59 mit 61 d. GemO.; s. aber auch Anm. 1, Schlußabsatz oben.

6. Art. 60 Abs. VI d. GemO.; s. aber auch Anm. 1, Schlußabsatz oben.

7. Die staatsaufsichtliche Aufforderung muß sich in jedem Falle an den verstärkten Gemeinderat richten, auch im Falle des Art. 3 Abs. I, wenn der Gemeinderat der Schulsitzgemeinde oder der nach Art. 2 Abs. III besonders bestimmte Gemeinderat ermächtigt war und den zu beanstandenden Beschluß erlassen hatte (vgl. Seiler, Anm. 35 zu Art. 2).

8. D. h. an Stelle des verstärkten Gemeinderates.

Art. 5 [1]). I Gegen Beschlüsse der verstärkten Gemeindeverwaltung in den Angelegenheiten nach Art. 3 Abs. II kann jede am Schulsprengel beteiligte Gemeinde binnen vierzehn Tagen nach der Beschlußfassung [2]) Beschwerde erheben, wenn die Notwendigkeit oder die Zweckmäßigkeit[3]) beschlossener Unternehmungen und Einrichtungen bestritten oder die Festsetzung des Aufwands nach Art und Höhe, seine Verteilung auf die einzelnen Gemeinden oder seine Deckung durch ein gemeinschaftliches Darlehen angefochten wird[4]).

II Ueber die Beschwerde entscheidet die zunächst zuständige[5]) Staatsaufsichtsbehörde. Erstreckt sich ein Schulsprengel auf die Bezirke mehrerer Verwaltungsbehörden, so werden die beteiligten Behörden vorher gehört.

III Gegen die Entscheidung steht der verstärkten Gemeindeverwaltung und den Verwaltungen der übrigen am Schulsprengel beteiligten Gemeinden die Beschwerde an die nächsthöhere Behörde zu[6]), die hierüber endgültig[7]) entscheidet[8]). Die Vorschriften des Verwaltungsgerichtsgesetzes bleiben vorbehalten[9])[10]).

1. Art. 5 enthält im wesentlichen die gleichen Vorschriften wie Art. 2 Abs. III des SchBG. vom Jahre 1902.

Die am zusammengesetzten Schulsprengel beteiligten Gemeinden sind mit diesen Vorschriften im Hinblick auf die besondere Tragweite der Beschlüsse des verstärkten Gemeinderates (s. Art. 6 d. SchBG.) durch ein besonderes Beschwerderecht gegen unbillige und unzweckmäßige Beschlüsse geschützt. An die Stellungnahme ihrer Vertreter bei der Beschlußfassung des verstärkten Gemeinderates sind die Gemeinden, wenn sie nach Art. 5 Beschwerde führen wollen, nicht gebunden.

2. Vierzehn Tage nach der Beschlußfassung (nicht „binnen vierzehn Tagen vom Tage der Beschlußfassung an", wie es in Art. 2 Abs. III d. Ges. von 1902 heißt): Die Frist ist unerstrecklich und beginnt mit dem Tage nach der Beschlußfassung (§ 187 Abs. I BGB.). Da eine Zustellung der Beschlüsse des verstärkten Gemeinderates an die einzelnen Gemeinden des zusammengesetzten Schulsprengels nicht vorgeschrieben ist, ist es von besonderer Bedeutung, daß die Vertreter der einzelnen Gemeinden an den Beschlußfassungen des verstärkten Gemeinderates teilnehmen und die Beschlüsse ihren Gemeinden ohne Verzug mitteilen.

Für die Fristberechnung und Wiedereinsetzung in den vorigen Stand bei Fristversäumung ist die Bestimmung in Art. 22 Abs. VI d. VGG. entsprechend anzuwenden (Seiler Anm. 19 zu Art. 2, Abs. 2, S. 121, Dyroff Anm. 20 ff. zu Art. 22, Klee-Hechtel Anm. 1 ff. zu Art. 22).

Die in Art. 5 Abs. I bestimmte Beschwerdefrist bezieht sich aber nur auf die hier vorgesehenen besonderen Beschwerdefälle. Auch nach dem Ablaufe der Frist besteht noch eine Möglichkeit zur Anfechtung und Nachprüfung der betreffenden Beschlüsse des verstärkten Gemeinderates im Rahmen der allgemeinen Bestimmungen der Gemeindeordnung, des Verwaltungsgerichtsgesetzes und der sonstigen einschlägigen Gesetze, so durch staatsaufsichtliches Einschreiten auf dem Wege des Art. 60 der GemO. Die Handhabung der allgemeinen Staatsaufsicht ist zeitlich nicht begrenzt. Jederzeit kann eine solche staatsaufsichtliche Würdigung von Amtswegen oder auf Grund einer Anregung oder Beschwerde einer Sprengelgemeinde oder eines Dritten erfolgen.

Die Nachprüfung der Beschlüsse der verstärkten GV. ist ferner auch nach Ablauf der Frist des Art. 5 noch möglich und nötig in den Fällen, in denen staatsaufsichtliche Genehmigung nach Art. 61 d. GemO. erforderlich ist. Ebensowenig wird durch den Ablauf der Frist des Art. 5 die Pflicht und Befugnis der Schulaufsichtsbehörden eingeengt, gegebenen Falles die Beschlüsse der verstärkten GV. nachzuprüfen. So bei der Errichtung neuer Volksschulen oder Lehrstellen nach Art. 10a d. SchBG. oder beim Bau oder Umbau von Schulhäusern.

Endlich kann eine Sprengelgemeinde, wenn sie fristgerecht gemäß Art. 5 d. SchAG. in einer Angelegenheit des Art. 3 Abs. II Beschwerde erhebt, eine rein staatsaufsichtliche Verfügung in dem durch Art. 5 Abs. I erweiterten Rahmen der Handhabung der Staatsaufsicht erreichen.

Gegebenenfalls kann sie dann gegen eine Entscheidung der Regierung nach Art. 60 Abs. VI Satz 1 d. GemO. Beschwerde zum Verwaltungsgerichtshof ergreifen. Es kann aber auch ein Streitgegenstand vorliegen, für den durch die Bestimmungen in Art. 10 Ziff. 17 bis 20 das Verwaltungsstreitverfahren eröffnet ist. Dann kann die betreffende beschwerdeführende Gemeinde statt einer staatsaufsichtlichen Verfügung auch sofort eine Rechtsentscheidung nach dem VGHG. herbeiführen (S. Vischer in der BayGemVZ., Jahrg. 36, S. 905).

3. „Die Notwendigkeit o d e r die Zweckmäßigkeit": Es genügt sohin im Gegensatz zur Fassung des Gesetzes vom Jahre 1902 („Die Notwendigkeit u n d Zweckmäßigkeit") das Vorhandensein e i n e r der beiden Voraussetzungen.

4. Beschwerden wegen mangelnder N o t w e n d i g k e i t o d e r Z w e c k m ä ß i g k e i t b e s c h l o s s e n e r U n t e r n e h m u n g e n u n d E i n r i c h t u n g e n und Beschwerden gegen die F e s t s e t z u n g d e s A u f w a n d e s n a c h A r t u n d H ö h e richten sich gegen Beschlüsse des verst. Gemeinderates nach Art. 3 Abs. II Ziff. 1 und 3, Beschwerden gegen die V e r t e i l u n g a u f d i e e i n z e l n e n G e m e i n d e n richten sich gegen Beschlüsse nach Art. 3 Abs. II Ziff. 2, Beschwerden gegen die D e c k u n g d u r c h e i n g e m e i n s c h a f t l i c h e s D a r l e h e n gegen Beschlüsse nach Art. 3 Abs. II Ziff. 4.

5. Die Fassung „z u n ä c h s t z u s t ä n d i g e" Staatsaufsichtsbehörde anstatt „unmittelbar vorgesetzte", wie es in Art. 2 Abs. III Satz 2 des SchBG. vom Jahre 1902 hieß, wurde gewählt, „um klarzustellen, daß die Vorschriften über die s a c h l i c h e Zuständigkeit nicht berührt werden, daß also durch die gegenwärtige Bestimmung in den Fällen, in denen nach den sonstigen Vorschriften die Kreisregierung, Kammer des Innern, unmittelbar zur Entscheidung berufen ist, nicht eine Zuständigkeit der Distriktsverwaltungsbehörde begründet werden soll" (Begr. E. I, S. 275).

Steht z. B. bei einer Beschwerde nach Art. 5 Abs. I die Notwendigkeit oder die Zweckmäßigkeit eines Schulhausbaues in Frage, so entscheidet gem. § 43 der FormV. die Kreisregierung, nicht das Bezirksamt, wenn auch die einschlägige Schulsitzgemeinde oder besonders bestimmte Gemeinde eine Landgemeinde ist (vgl. Seiler, Anm. 22 b, Abs. 2, S. 125 oben). In anderen nicht unter Abs. I fallenden Beschwerdefällen richtet sich die Zuständigkeit nach Art. 7 des Ges.

6. Gleichgültig, ob sie sich an der erstinstanziellen Beschwerde beteiligt hatten oder nicht (vgl. Meinzolt, S. 153).

7. Vorbehaltlich der Bestimmungen des Verwaltungsgerichtsgesetzes und einer allenfallsigen Oberaufsichtsbeschwerde, zu der das einschlägige Ministerium auch dann zuständig ist, wenn der ordentliche Instanzenzug durch eine Kreisregierung erschöpft ist. Eine Frist ist für diese Beschwerde, falls es sich nicht um verwaltungsrechtliche Angelegenheiten handelt, nicht vorgesehen (vgl. Meinzolt S. 153).

8. „Die Kosten der Beschwerde fallen den unterliegenden Gemeinden oder dem unterliegenden Schulsprengel zur Last" (Meinzolt S. 153).

9. In Betracht kommen kann die Einleitung eines verwaltungsrechtlichen Verfahrens nach Art. 60 Abs. VI Satz 1 d. GemO. (an Stelle des Art. 10 Ziff. 2 d. VGG.) und Art. 10 Ziff. 17 bis 20 einschließlich des VGG., s. auch Anm. 2 oben.

10. Je nach dem Gegenstande der Beschwerde — ob die Herbeiführung einer staatsaufsichtlichen Verfügung oder einer verwaltungsrechtlichen Entscheidung das Ziel der Beschwerde ist, richtet sich auch die Form der Entscheidung und der Instanzenzug. Die nach Art. 10 VGG. zulässigen Beschwerden müssen gem. Art. 45 Abs. II VGG. innerhalb einer unerstrecklichen Frist von vierzehn Tagen von Eröffnung der betreffenden Verfügung an gerechnet (der Tag der Eröffnung oder Zustellung wird in die Frist n i c h t miteingerechnet — § 222 ZPO., § 187 I, 188 u. 193 BGB., Dyroff Anmerkung 8 Abs. II zu Art. 45 und Anm. 20 zu Art. 22), bei derjenigen Behörde eingelegt werden, die den beschwerenden Beschluß erlassen hat, soweit nicht ausdrückliche Ausnahmen bestehen, wie sie die Vierwochenfrist des Art. 60 Abs. VI d. GemO., darstellt.

Wegen einer allenfallsigen D o p p e l b e s c h w e r d e s. Art. 49 d. VGG.

Art. 6 [1]). [I] Wenn keine Beschwerde nach Art. 5 erhoben [2]) oder auf eine Beschwerde rechtskräftig entschieden worden ist, werden die Beschlüsse der verstärkten Gemeindeverwaltung vollzogen, ohne daß in den einzelnen am Schulsprengel beteiligten Gemeinden neue Beschlüsse über die Unternehmungen und Einrichtungen und über die Bewilligung des Aufwands erforderlich sind [3]). Die einzelnen Gemeinden beschließen nur noch, wie sie ihren Anteil am Gesamtaufwande nach den Vorschriften der Gemeindeordnungen [4]) aufbringen [5]) [6]).

[II] Für den Vollzug der Beschlüsse der nach Art. 3 Abs. I bevollmächtigten Gemeindeverwaltung gelten diese Vorschriften entsprechend.

1. Art. 6 entspricht inhaltlich dem Art. 2 Abs. IV des Schulbedarfgesetzes von 1902 (Begr. E. I, S. 275).

2. Bei Angelegenheiten des Art. 3 II muß die 14 tägige Frist des Art. 5 I verstrichen sein, bevor an den Vollzug der Beschlüsse des verstärkten Gemeinderates herangetreten werden kann (s. aber auch Anm. 2 zu Art. 5 oben).

3. Eine Ausnahme enthält Art. 24 Abs. I d. SchBG. insofern, als bei der Uebertragung des Volksschulunterrichtes an geistliche Gesellschaften oder religiöse Vereine zu der Zustimmung des verstärkten Gemeinderates noch die Zustimmung von drei Vierteln der am Schulsprengel beteiligten Gemeinden, darunter der Schulsitzgemeinde, hinzutreten muß.

4. Seit 1. April 1928 ist die Gemeindeordnung vom 17. Oktober 1927 (GVBl. S. 293) an Stelle der beiden Gemeindeordnungen für Bayern rechts des Rheins und für die Pfalz vom 29. April 1869 getreten (s. Art. 164 Ziff. 1 u. Art. 165 GemO.). Die Beschlußfassung hat sich nach Art. 17 ff. d. GemO. zu gestalten.

5. Der Anteil an dem Gesamtaufwande ist ohne weiteres in den Haushaltplan der beteiligten Gemeinden einzusetzen, nur über die Art und Weise, wie der Anteil nach Maßgabe der Gemeindeordnung aufgebracht werden soll, haben die einzelnen Gemeinderäte noch zu beschließen. Nötigenfalls wäre gegen eine sich weigernde Gemeinde mit staatsaufsichtlichem Zwange nach Art. 60 Abs. V d. GemO. vorzugehen.

Ueber den Verteilungsmaßstab s. Art. 12 SchBG.

6. Der verstärkte Gemeinderat selbst ist an seine Beschlüsse nicht weiter gebunden als ein sonstiger Gemeinderat im Rahmen seiner Befugnisse, kann sie also nach Bedarf — auch wenn sie staatsaufsichtlich bestätigt wurden — wieder abändern. Nur durch die Rechtskraft instanzieller Entscheidungen der Verwaltungsbehörden auf Grund erhobener Beschwerden sind jener Befugnis Schranken gesetzt (vgl. Seiler, Anm. 31 a zu Art. 2 und Meinzolt S. 153).

Ueber die Zuständigkeit zu staatsaufsichtlichen Verfügungen s. die Anm. 1 u. 3 zu Art. 4 oben.

Art. 7. Vorgesetzte Behörde im Sinne dieses Gesetzes ist die Verwaltungsbehörde, die der Gemeinde oder der Schulsitzgemeinde [1]) unmittelbar vorgesetzt ist [2]). Art. 4 Abs. I Satz 2 gilt entsprechend.

1. S. Anm. 6 zu Art. 2.

2. Für die Frage, welche Verwaltungsbehörde im einzelnen Falle der betreffenden Gemeinde unmittelbar vorgesetzt ist, sind die Bestimmungen der Gemeindeordnung entscheidend. Nach Art. 54 Abs. I mit 59 u. 143 Abs. I der GemO. sind den kreisunmittelbaren Gemeinden die Kreisregierungen, Kammern des Innern, unmittelbar vorgesetzt, den übrigen Gemeinden die Bezirksämter. Letztinstanzielle Behörde bei Beschwerden und Oberaufsichtsbeschwerden im Bereiche des Schulbedarfgesetzes ist das Staatsministerium für Unterricht und Kultus.

Abschnitt II.

Die Errichtung von Schulen und Lehrstellen.

Vorbemerkung:

Abschnitt II des Schulbedarfgesetzes von 1919 hat bis jetzt nur insoferne eine Aenderung erfahren, als durch Art. VIII Ziff. 1 des Gesetzes „über die Aenderung des Volksschullehrergesetzes und des Schulbedarfgesetzes vom 14. August 1919" vom 24. März 1920, GVBl. S. 103, Art. 10 Abs. II des Schulbedarfgesetzes aufgehoben und durch Art. 2, II des Gesetzes vom 1. August 1923, GVBl. S. 337, den drei Artikeln 8, 9 u. 10 ein vierter Artikel 10 a angefügt worden ist. Abgesehen von den Schülerhöchstzahlen des Art. 8 ist in die Artikel des Abschnittes II im wesentlichen nur der Inhalt des Art. 5 des Schulbedarfgesetzes vom Jahre 1902 aufgenommen worden. Artikel 8 handelt von der Errichtung neuer Lehrstellen, die Artikel 9 und 10 handeln von der Errichtung neuer Schulen. Art. 10a berührt sowohl die Frage der Errichtung neuer Lehrstellen wie neuer Schulen. Eine allgemeine und erschöpfende Regelung der Befugnis der zuständigen Verwaltungsbehörde zur Errichtung von Schulen und Lehrstellen wollte mit diesen Bestimmungen im neuen Schulbedarfgesetze so wenig getroffen werden, wie sie im bisherigen Gesetze enthalten war. Nur eine grundsätzliche Regelung ist geschaffen (vgl. Begr. E. I, S. 275).

Das Recht des Staates auf die Errichtung neuer Lehrstellen und Schulen leitet sich aus seinen Verfassungsgrundsätzen ab (Art. 144 d. Reichs-Verf.: „Das gesamte Schulwesen steht unter der Aufsicht des Staates" und § 21 Abs. I, Schlußsatz der Verfass.-Urkunde d. Freistaates Bayern: „Die öffentlichen Volksschulen sind grundsätzlich Staatsanstalten"). Auf Seite der Gemeinden besteht weder ein Rechtsanspruch auf Errichtung neuer Lehrstellen und Schulen, noch ein Ablehnungsrecht gegen solche. Gemeinden können sohin die Errichtung neuer Lehrstellen und Schulen rechtlich auch dann nicht beanspruchen, wenn sie sich freiwillig zur Tragung des gesamten dadurch nötig werdenden Schulbedarfs erbieten würden. Anderseits steht es dem Staate frei, auf Grund solchen Erbietens einer Gemeinde eine neue Lehrstelle oder Schule zu errichten, wenn eine gesetzliche Verpflichtung der Gemeinde nicht in Frage käme. Im Gesetze ist ferner nur die Neuerrichtung von Lehrstellen und Schulen durch die Bestimmungen der Art. 8, 9 und 10 eingeschränkt, nicht aber der Fortbestand der Lehrstellen und Schulen behandelt. Die Gemeinden haben folglich kein Recht auf Einziehung von Lehrstellen und Aufhebung von Schulen, wenn etwa die Voraussetzungen zu ihrer Errichtung später fallen sollten. Dagegen könnte kraft seines Organisationsrechtes der Staat Lehrstellen und Schulen selbst dann aufheben, wenn die Voraussetzungen zu ihrer seinerzeitigen Errichtung noch bestehen sollten.

Derzeit ist für die nähere Regelung der Neuerrichtung von Lehrstellen und Schulen noch immer die Verordnung vom 26. August 1883, die Errichtung der Volksschulen und die Bildung der Schulsprengel betr., maßgebend (GVBl. S. 407, KMBl. S. 247). Hiernach sind (s. § 14 a. a. O. und § 44 Abs. II d. FormV. vom 17. Dezember 1825) zur Beschlußfassung über die Errichtung neuer, die Aufhebung bestehender Volksschulen, die Bildung und Abänderung der Schulsprengel und Schulbezirke und zur Ordnung aller einschlägigen Verhältnisse die Kreisregierungen, Kammern des Innern, zuständig. Gegen die Entscheidung steht binnen einer unerstrecklichen Frist von 14 Tagen (den Tag der Beschlußeröffnung nicht mit eingerechnet — § 187 [1] BGB.) Beschwerde zum Staatsministerium für Unterricht und Kultus offen. Außerdem genießen die Beteiligten verwaltungsrechtlichen Schutz im Rahmen des Art. 10 Ziff. 18 des VGG., d. h. es kann der Verwaltungsgerichtshof zur Entscheidung angerufen werden, wenn es sich handelt um eine „Verbindlichkeit zur Errichtung neuer Schulen und Lehrstellen" auf Grund der Art. 8—10 des Schulbedarfgesetzes. „Die Zuständigkeit des VGH. nach Art. 10 Ziff. 18 beschränkt sich auf die Prüfung der rechtlichen Zulässigkeit der angeordneten Schulerrichtung und ist nur gegeben, wenn die aus der Errichtung einer neuen Schule oder Schulstelle sich ergebende Verbindlichkeit sich auf die Bestimmung der Art. 8—10 SchBG. vom 14. August 1919 stützt" (VGHE. vom 30. Januar 1920 Nr. 79

II 19, angeführt bei Klee-Hechtel, ErgBd. zu Dyroff, VGHG., Anm. 1 zu Art. 10, Z. 18). Auf die Fälle des Art. 10a des SchBG. erstreckt sich die Zuständigkeit des Verwaltungsgerichtshofes nicht. Die Entscheidung in der Frage, ob ein dringendes Bedürfnis zur Errichtung einer neuen Volksschule oder Lehrstelle im Sinne des Art. 10a besteht, ist rein in das pflichtgemäße Ermessen der zuständigen Verwaltungsbehörde, der Regierung, Kammer des Innern, gelegt (s. auch Art. 13, Abs. I Ziff. 3 d. VGHG.).

Wenn sich eine Gemeinde trotz endgültiger schulaufsichtlicher Verfügung weigert, die nötigen Mittel zur Errichtung einer neuen Schule oder Lehrstelle bereitzustellen, kann gegen sie nach Maßgabe der Art. 59 und 60 der GemO. mit staatsaufsichtlichem Zwange vorgegangen werden. Bestreitet die Gemeinde ihre Verbindlichkeit nach Art. 8—10 des SchBG., so ist zunächst diese im Verwaltungsstreitverfahren nach Art. 10 Ziff. 18 d. VGG. festzustellen. Das staatsaufsichtliche Verfahren darf erst nach rechtskräftiger Beendigung jenes Verwaltungsstreitverfahrens eingeleitet werden. Eine Zuständigkeit des Verwaltungsgerichtshofes kann auch in den Fällen des Art. 10a gegeben sein, weil auch hier staatsaufsichtlicher Zwang ausgeübt werden kann. Der VGH. hätte aber hier lediglich im Rahmen des Art. 60 d. GemO. zu prüfen, ob das Vorgehen der Schulaufsichtsbehörden gesetzlich gedeckt ist. Dies trifft ohne weiteres zu, wenn sich die Schulaufsichtsbehörden bei ihren Anordnungen ausdrücklich auf Art. 10a des SchBG. stützen, und ausführen, aus welchen besonderen Gründen nach ihrem Ermessen ein dringendes Bedürfnis besteht. Eine Nachprüfung, ob die Schulaufsichtsbehörden das Bestehen eines dringenden Bedürfnisses aus besonderen Gründen im Sinne des Art. 10a mit Recht ermessen haben, steht auch im staatsaufsichtlichen Verfahren dem VGH. nicht zu.

Zu beachten ist der verschiedene Instanzenzug im Verwaltungsstreitverfahren nach Art. 10 Ziff. 18 VGG. und im staatsaufsichtlichen Verfahren. Im ersteren ist stets die Regierung erste, der VGH. zweite Rechtsstufe; im staatsaufsichtlichen Verfahren ist bei mittelbaren Gemeinden das Bezirksamt und nur bei unmittelbaren Städten die Regierung erste, der VGH. zweite Rechtsstufe.

Die schulorganisatorische Entschließung einer Regierung kann zugleich die erstinstanzielle Entscheidung im Sinne des Art. 10 Ziff. 18 d. VGG., nicht aber eine staatsaufsichtliche Verfügung gem. Art. 60 d. GemO. umfassen (s. VGHE. Bd. 32 S. 54).

Da zu jeder Schule ein (einfacher oder zusammengesetzter) Schulsprengel (s. Anm. 2 zu Anl. 2 oben) gehört, d. h. das Gebiet bestimmt sein muß, innerhalb dessen Grenzen die Kinder im schulpflichtigen Alter regelmäßig die betreffende Schule zu besuchen haben, ist gleichzeitig mit jeder Neuerrichtung einer Schule der für sie bestimmte Sprengel zu bilden. Auch die Errichtung einer neuen Lehrstelle kann Anlaß zu einer Schulsprengeländerung geben.

Das Verfahren bei der Neuerrichtung von Schulen und Umbildung von Schulsprengeln richtet sich nach der V. vom 26. August 1883 (GVBl. S. 407, KMBl. S. 247, Anhang Nr. 6), außerdem aber auch nach den Bestimmungen der ME. vom 18. September 1867 (KMBl. S. 187, Weber 7 S. 88, Anhang Nr. 2), soweit diese nicht durch die neue Gesetzgebung überholt sind. Die nach Ziff. 1 vorgeschriebenen Gutachten und Durchschnittsberechnungen der Schülerzahlen (s. auch Bl. f. admin. Praxis, Bd. 38, S. 357) sind an Stelle der Lokalschulinspektionen von den Schulleitungen zu fordern (§ 19 SchAG., Ziff. 33 Abs. III Buchst. a der VB. hierzu), nach

Ziff. 2 ist eine Planskizze zu den Akten zu nehmen, nach Ziff. 3 sind die beteiligten Ortseinwohner, ferner die beteiligten Gemeinderäte oder verstärkten Gemeinderäte einzuvernehmen, außerdem aber auch gem. § 2 SchAG., Ziff. 6, Abs. II d. VV. zum SchAG. die Schulpflegschaften, denen nach Ziff. 5 Abs. V Satz 2 VV. aber kein förmliches Beschwerderecht zusteht.

Wegen des Religionsunterrichts und Schulgottesdienstes werden trotz der Mitgliedschaft der Pfarrvorstände bei den Schulpflegschaften (§ 4 Abs. II SchAG.) auch noch die einschlägigen Pfarrämter zu hören sein. In der ME. vom 18. September 1867 erübrigte sich eine solche Vorschrift wegen der Einbeziehung der geistlichen Lokal- und Distriktsschulinspektionen in das Verfahren. Der Vorschrift der Ziff. 4 wird in der Regel durch Einholung eines Gutachtens des Bezirksbaumeisters und des Bezirksarztes (s. auch § 26 der Bek. über den bezirksärztlichen Dienst vom 23. Januar 1912 — MABl. S. 153, KMBl. S. 128, Anhang Nr. 12) neben allenfallsiger Augenscheinnahme durch das Bezirksamt Genüge geleistet sein. Die in Ziff. 5 vorgeschriebene gutachtliche Aeußerung ist an Stelle der Distriktsschulinspektion gem. § 26 SchAG. Ziff. 48 Abschn. VI Abs. I Buchst. a von der Bezirksschulbehörde oder Stadtschulbehörde abzugeben.

Die Vorbehandlung der Angelegenheit steht nach Abs. II ebenda dem Bezirksamtsvorstande (ersten Bürgermeister) zu. Als „Beteiligte" mit förmlichem Beschwerderecht nach § 14 der V. vom 26. August 1883 (an Stelle von Ziff. 5 Abs. 3 der ME. vom 18. September 1867) haben nur die beteiligten Ortseinwohner, Gemeinden und Pfarrämter zu gelten.

Schulsprengel können nur durch ausdrückliche Regierungsverfügungen, nicht durch Zeitablauf (Verjährung) entstehen. Dies trifft auch für die Zeit zu, in der die erste Schulsprengelverordnung vom 22. Januar 1815 (Weber Bd. 1 S. 465) galt (s. VGHE. vom 13. Januar 1882, Samml. Bd. 3 S. 517). Doch kann beim Fehlen des Nachweises einer ausdrücklichen Regierungsverfügung der tatsächliche andauernde Besuch einer Schule die Vermutung einer rechtsförmlichen Entstehung dieses Schulverbandes begründen (s. VGHE. vom 4. Januar 1905, Samml. Bd. 26, S. 161).

Entstehen Streitigkeiten über die Zugehörigkeit zu einem Schulverbande oder über Schulsprengelgrenzen, so fallen sie als Verwaltungsstreitsachen unter Art. 10 Ziff. 17 des VGHG. Zuständig zur Entscheidung ist im ersten Rechtszuge die Bezirksverwaltungsbehörde, d. h. bei mittelbaren Gemeinden das Bezirksamt (V. vom 21. Dezember 1908, § 2 Abs. III, GVBl. S. 1121, bei unmittelbaren Städten der Stadtrat (s. Dyroff, Anm. 3, II zu Art. 9 VGG.), im zweiten die Regierung, Kammer des Innern (FormV. vom 17. Dezember 1825 § 50), im letzten der Verwaltungsgerichtshof. Zu beachten ist jedoch, daß diese Streitfälle bestehende Organisationen voraussetzen. Zu Beschwerden gegen Organisationsverfügungen der Regierungen selbst ist der Verwaltungsgerichtshof nicht zuständig (vgl. hierzu auch Anm. 2 zu Art. 2 oben).

Jede Neuerrichtung von Schulen und Lehrstellen bedingt auch eine Besichtigung der Schulstellenbeschreibungen, die an die Stelle der früheren Schulfassionen getreten sind (s. hierüber die ME. vom 8. Februar 1921 — KMBl. S. 45, Anhang Nr. 36, und die ME. vom 1. Februar 1927 Nr. IV 3806).

Art. 8[1]. I Wenn eine Volksschule[2]), die alle Jahrgänge umfaßt und an der nur eine Lehrstelle besteht[3]) nach dem Durchschnitte der letzten fünf Jahre[4]) von mehr als fünfzig[5]) hauptschulpflichtigen [6]) Kindern besucht wird, sind die Mittel zur Errichtung einer neuen Lehrstelle bereitzustellen [7]).

II Das gleiche gilt, wenn an einer Volksschule mit zwei oder mehr Schulklassen [8]) eine Klasse [9]) nach dem Durchschnitte der letzten fünf Jahre [4]) von mehr als sechzig [5]) hauptschulpflichtigen [6]) Kindern besucht wird.

III Wenn durch die Schulsatzung oder durch Gemeindebeschluß eine geringere Höchstzahl von Schülern für die einzelne Klasse festgesetzt ist, darf diese Zahl nicht mehr erhöht werden [10]).

IV Die Regierung, Kammer des Innern, kann aus besonderen Gründen Ausnahme von den vorstehenden Vorschriften zulassen [11]) [12]) [13]) [14]).

1. Art. 8 handelt von der Errichtung neuer Lehrstellen.

2. S. Vorbemerkung zu Abschn. I.

Zu den „Volksschulen" im Sinne der Art. 8 bis 10a zählen ohne weiteres auch diejenigen, an denen gem. Art. 24 d. SchBG. der Volksschulunterricht geistlichen Gesellschaften oder religiösen Vereinen übertragen ist, nicht dagegen die christlichen Bekenntnissonderschulen im Sinne des Art. 33, die Schulen von Stiftungen und gemeinnützigen Unternehmungen im Sinne des Art. 35 und die israelitischen Volksschulen im Sinne des Art. 36 ff. Die Art. 8—10a sind in den maßgebenden Artikeln 33 Abs. III, 35 und 37 nicht angezogen. Bei der Errichtung neuer Lehrstellen an solchen Schulen werden jedoch naturgemäß auch die Schülerhöchstzahlen des Art. 8 zur Bemessung des Bedürfnisses herangezogen werden.

3. D. h. wenn für die ganze ungeteilte Schule (im Gegensatze zu der im Sinne der Lehrordnung teilweise oder völlig ausgebauten Schule, von der Abs. II handelt) nur eine einzige Lehrkraft aufgestellt ist, sei es, daß es sich um eine Knabenschule oder eine Mädchenschule oder um eine Schule handelt, die sowohl Knaben wie Mädchen umfaßt.

4. Gemeint sind die letzten fünf Jahre vor Errichtung der neuen Lehrstelle. Wenn berechnet werden soll, ob im kommenden Schuljahre die Errichtung einer neuen Lehrstelle nötig wird, ist sohin das laufende Schuljahr bei der Berechnung des fünfjährigen Durchschnittes der Schülerzahl mit einzubeziehen.

In der Nachkriegszeit sind die Geburtsziffern sehr schwankend geworden. Zweckmäßig werden deshalb, um das Bedürfnis einer neuen Lehrstelle ersehen zu können, jeweils auch die voraussichtlichen Schülerzahlen für die kommenden fünf Schuljahre festgestellt.

5. a) Die Zahlen „fünfzig" und „sechzig" sind erst in den Entwurf des Gesetzes vom 1. Juni 1919 (E. II, BeilBd. I, Beil. 136, S. 151 ff.) eingesetzt worden. Noch der Entwurf vom 27. Juli 1918 (E. I) trug im Einklang mit dem Schulbedarfgesetz von 1902 die Zahlen „achtzig" und „hundert". In der Begründung zum E. I war ausgeführt: „Es ist keine Frage, daß eine Herabsetzung dieser Höchstzahlen von 80 und 100 Schülern sowohl im Interesse eines gedeihlichen Unterrichtsbetriebes als auch mit Rücksicht auf die Inanspruchnahme der Arbeitskraft des Volksschullehrers außerordentlich erwünscht wäre. Der gegenwärtige Zeitpunkt erscheint jedoch für die Durchführung einer solchen Maßnahme kaum als geeignet."

Den gegebenen Schwierigkeiten glaubte man im Jahre 1919 durch eine Uebergangsvorschrift (Art. 55) genügsam Rechnung getragen zu haben. An Stelle der Schülerhöchstzahlen des Art. 8 sollten für die ersten fünf Jahre nach dem Inkrafttreten des Gesetzes (also für die Jahre 1920 bis 1924 einschließlich) die Höchstzahlen achtzig und hundert, für die folgenden fünf Jahre (1925 bis 1929 einschließlich) die Höchstzahlen sechzig und fünfundsiebzig treten. Seit 1. Januar 1930 ist die Gesetzesvorschrift des Art. 8 vollwirksam. Abs. IV gestattet jedoch aus besonderen Gründen Ueberschreitungen dieser Höchstzahlen auch jetzt noch zuzulassen und die Not der Zeit zwingt zu solchen Ausnahmen.

b) Die Zahlen wie überhaupt die Bestimmungen des Art. 8 beziehen sich nur auf Normalschulen. Hilfsschulen und Hilfsschulklassen sollten nach den „Richtlinien für die Durchführung der Personalverminderung auf dem Gebiete des Volksschulwesens" (ME. vom 6. April 1924 Nr. IV 10 899) nicht über 20 und nicht unter 12 Schüler umfassen, bei Abschlußklassen, d. h. Klassen, in denen Schüler, die im Vorrücken zurückblieben, im letzten Schuljahre zusammengefaßt werden, und bei achten Klassen sollte eine Durchschnittszahl von 24 zugrunde gelegt werden.

6. Nur die hauptschulpflichtigen Kinder werden gezählt, nicht auch die Schüler der betreffenden Volksfortbildungsschule. Die Hauptschulpflicht umfaßt die ersten sieben ausnahmsweise acht, die Fortbildungsschulpflicht die weiteren drei oder zwei Schuljahre der zehnjährigen Gesamtschulzeit (s. VO. vom 22. Dezember 1913 über die Schulpflicht, GVBl. S. 957, AMBl. S. 351, Anhang Nr. 16).

7. Die Fassung „sind die Mittel zur Errichtung von Lehrstellen bereitzustellen" (auf Seite der Gemeinden handelt es sich hierbei vor allem um den nötigen Schulsaal und die Lehrerdienstwohnung) hat der Landtag dem Gesetze gegeben entgegen der Fassung „kann die Bereitstellung der Mittel ... usw. angeordnet werden", wie es im SchBG. von 1902 hieß und auch noch in den Entwürfen zum neuen SchBG. vorgesehen war. Die Formung kleinerer Schulklassen wollte damit sichergestellt werden. Um aber besonderen Verhältnissen (z. B. einer nur vorübergehenden Mehrung der Schülerzahl) Rechnung tragen zu können, wurde der Abs. IV angefügt und die Regierung ermächtigt, aus besonderen Gründen Ausnahmen zuzulassen (Landtagsverh. 1919, BeilBd. I, Beil. 294, S. 513 ff. u. Beil. 320 S. 789/790).

Ueber staatsaufsichtlichen Zwang gegen Gemeinden, die sich weigern ihrer gesetzlichen Verpflichtung nachzukommen, s. Vorbem. zu Abschn. II.

8. Schulklassen im Sinne des § 1 des SchAG. vom 1. August 1922. Eine Schulklasse kann einen oder mehrere Jahrgänge umfassen (s. Braun, SchAG., Anm. 1 zu § 1 und die Lehrordnung für die bayerischen Volksschulen vom 15. Dezember 1926 — KMBl. S. 127).

9. Der Durchschnitt muß aus den Schülerzahlen der letzten fünf Jahre einer bestimmten Klasse (z. B. der Oberklasse der Schule) gezogen werden und ist nicht etwa aus der Gesamtsumme aller Klassen dieser Schule zu errechnen. Doch ist es selbstverständlich, daß zunächst versucht werden muß, durch eine andere Klassengliederung wie sie die Lehrordnung gestattet, Abhilfe zu schaffen, wenn in der gleichen Schule auch besonders kleine Klassen bestünden.

10. Maßgebend war der Stand beim Inkrafttreten des Gesetzes (1. Januar 1920, s. Art. 80 I). Nachträglich konnten und können Gemeinden durch Aenderungen ihres Statuts unter die festgesetzte Zahl nicht heruntergehen (s. die Landtagsverh. 1919, BeilBd. I, Beil. 320 S. 787 ff.). Die Regierung ihrerseits ist, wie sich schon aus Abs. IV ergibt, auch an die am 1. Januar 1920 geltenden Schulsatzungen und Gemeindebeschlüsse nicht gebunden.

11. a) Durch Absatz IV werden die Bestimmungen in den vorausgehenden drei Absätzen des Art. 8 ihrer Starrheit entkleidet. Je nach den Bedürfnissen können der Neuerrichtung von Lehrstellen als Maßstab höhere oder niedrigere Schülerzahlen zugrunde gelegt werden.

b) Zuständig zur Errichtung neuer Lehrstellen ist die Kreisregierung (§ 14 d. V. vom 26. August 1883, GVBl. S. 407, KMBl. S. 247 und Art. 8 Abs. IV SchBG.). Diese steht aber unter der Oberaufsicht des Staatsministeriums für Unterricht und Kultus, das seinerseits der Regierung im allgemeinen oder von Fall zu Fall Weisungen geben kann. Derzeit hat zufolge ME. vom 2. Dezember 1927 Nr. IV 44 063 die Kreisregierung beim Ministerium in jedem einzelnen Falle um die Genehmigung nachzusuchen, wenn sie eine neue Lehrstelle errichten will. Das Ministerium seinerseits ist von den Willigungen des Landtages zum Staatshaushaltsplan abhängig, da zur Errichtung einer neuen Lehrstelle nicht nur die Gemeinden insoferne die Mittel bereitzustellen haben, als sie für die nötigen Schulräume mit Inneneinrichtung und die entsprechenden Dienstwohnungen aufkommen müssen, sondern auch der persönliche Schulaufwand (Gehalt usw. des Lehrers) vom Staate zur Verfügung gestellt sein muß. Die Kreisregierung kann uneingeengt an die Schaffung neuer Lehrstellen nur herantreten, wenn sie gleichzeitig im Regierungsbezirke eine andere Lehrstelle abbaut, so daß eine Mehrung der bewilligten Lehrstellen nicht eintritt. Dies gilt nicht nur für die Neuerrichtung von Lehrstellen mit neuem entsprechenden Lehrsaal, sondern auch für Lehrkräfte, die mangels des nötigen Schulraumes Wechsel-Unterricht zu erteilen hätten. Von Wechsel-Unterricht spricht man, wenn eine Schulklasse wegen Unzureichenheit des Schulraumes oder zu großer Zahl der Kinder geteilt werden muß und der Unterricht für die beiden Abteilungen in dem einen vorhandenen Schulzimmer halbtägig von zwei Lehrkräften erteilt wird. Erteilt den halbtägigen Unterricht für beide Abteilungen ein und dieselbe Lehrkraft, dann spricht man von Abteilungs-Unterricht.

Da beim „Wechselunterricht" eine Lehrkraft nicht genügend ausgenützt werden kann, und gemäß ME. vom 3. Februar 1928 Nr. IV 1848 solche Lehrstellen möglichst aufzuheben. Wenn die Schülerzahl zu groß ist, um auf einmal in dem vorhandenen Schulsaal oder auf einmal von einer Lehrkraft unterrichtet zu werden, erübrigt sich deshalb bei Unzureichenheit der Gemeindemittel zur Herstellung eines weiteren Schulsaales oder der Staatsmittel zur Aufstellung einer weiteren Lehrkraft nur noch der Abteilungsunterricht als Hilfsmaßregel. Er ist ein möglichst zu vermeidender Notbehelf, da er (nicht nur wie auch der Wechselunterricht) eine Verkürzung der Unterrichtszeit, sondern bei längerer Dauer auch eine Ueberlastung der Lehrkraft bedeutet. Die sog. „Winter-Wechselschulen", d. h. der Uebergang von der Winterschulzeit zur Sommerschulzeit bei Schulen auf dem Lande, hat mit „Wechselunterricht" im obigen Sinne nichts zu tun.

12. Zur Einziehung von Lehrstellen haben die Schulaufsichtsbehörden zufolge der verfassungsmäßigen Befugnisse des Staates ebenso das Recht, wie zur Errichtung von solchen. Auch hierin sind die Schülerzahlen des

Art. 8 richtungsgebend und insoferne auch Schülermindestzahlen, nicht nur Schülerhöchstzahlen, d. h. der Staat wird dort, wo die Schülerzahlen des Art. 8 nicht oder nicht mehr vorhanden sind und die Belange der Schule es gestatten, die Aufhebung von Lehrstellen verfügen, z. B. aus einer zweigeteilten Schule, wenn die Schülerzahl dauernd unter 50 herabsinkt, eine einklassige Schule formen (vgl. Meinzolt S. 143).

13. Die Besetzung einer neuerrichteten Lehrstelle hat sich nach der Eigenschaft der Schule (Bekenntnisschule oder Simultanschule) zu richten. Derzeit sind hierfür die Bestimmungen der V. vom 26. August 1883, § 12 Abs. I u. III (GVBl. S. 407, KMBl. S. 247) maßgebend.

14. Ueber Beschwerderecht und -Verfahren s. Vorbem. zu Abschnitt II.

Art. 9[1]. I Wenn sich in einer Gemeinde oder Ortschaft[2]) oder in mehreren im Umkreise von dreieinhalb Kilometer Halbmesser gelegenen Gemeinden, Ortschaften[2]), Weilern[2]) oder Einzelhöfen[2]) nach dem Durchschnitte der letzten fünf Jahre[3]) fünfundzwanzig oder mehr hauptschulpflichtige[4]) Kinder befinden, die mehr als dreieinhalb Kilometer zur Schule zurückzulegen haben, so kann[5]) die Bereitstellung der Mittel zur Errichtung einer neuen Volksschule[6]) angeordnet werden.

II Das gleiche gilt, wenn sich im Umkreise von dreieinhalb Kilometer Halbmesser nach dem Durchschnitte der letzten fünf Jahre achtzig oder mehr hauptschulpflichtige Kinder befinden, die in der Mehrzahl zwei Kilometer oder mehr zur Schule zurückzulegen haben[7]) [8]) [9]) [10]).

1. Art. 9 regelt die Errichtung neuer Schulen wegen weiten Schulweges einer erheblichen Anzahl von Schulkindern. Die Regelung entspricht den Bestimmungen in Art. 5 Abs. II des SchBG. von 1902. Bei den Verhandlungen zu diesem Gesetze im Landtage gab die Staatsregierung die Erklärung ab, daß von den Bestimmungen des Art. 5 Abs. II kein zu weitgehender Gebrauch gemacht und auf Religionsunterricht und Schulgottesdienst möglichst Rücksicht genommen werden soll.

2. Ortschaften, Weiler und Einödhöfe sind räumlich getrennte Teile von Gemeinden, also Siedlungen innerhalb eines Gemeindebezirks. Wegen des Begriffes „Ortschaften" s. auch Art. 62 Abs. I der GemO.

3. S. Anm. 4 zu Art. 8.

4. S. Anm. 6 zu Art. 8.

5. „Kann": Die Fassung des Gesetzes, die hier derjenigen des Gesetzes von 1902 angepaßt ist, gewährt den Schulaufsichtsbehörden zur Errichtung neuer Schulen den nötigen Spielraum. Die Leistungsfähigkeit der Gemeinden, die gegebenen Falles ein ganz neues Schulhaus herzustellen haben, ist hier meist von noch größerer Bedeutung als bei der Errichtung neuer Lehrstellen an einer bereits bestehenden Schule. Zuständig zur Errichtung neuer wie zur Aufhebung bestehender Schulen, ferner zur Bildung und Abänderung der Schulsprengel und Schulbezirke sind gem. § 14 der V. vom 26. August 1883, GVBl. S. 407, KMBl. S. 247 (Anhang Nr. 6), die Kreisregierungen. Da aber mit der Errichtung einer neuen Schule in jedem Falle die Neuerrichtung von Lehrstellen verbunden ist, sind die oben (Anm. 11 b zu Art. 8) angegebenen Grundsätze über die Einengung der Zuständigkeit der Kreisregierungen auch hier einschlägig.

6. Je nach Lage des Falles kann die Errichtung einer Gemeindeschule im Sinne des § 1 der V. vom 26. August 1883 oder einer Sprengelschule im Sinne des § 2 a. a. O., oder einer Gemeindebezirksschule im Sinne des § 4 a. a. O. in Betracht kommen (s. auch Anm. 2 zu Art. 10 a unten).

7. Sowohl im Falle des Abs. I wie des Abs. II müssen sich die Kinder innerhalb eines Kreises von 3½ km Halbmesser mit beliebig gewähltem Mittelpunkt befinden. Der Mittelpunkt braucht nicht der Standort des künftigen Schulhauses zu sein. Der Unterschied zwischen Abs. I und II ist der, daß in ersterem Falle mindestens 25, im zweiten mindestens 80 Kinder einschlägig sein müssen und daß im ersteren sämtliche 25 oder mehr Kinder einen Schulweg von mehr als 3½ km haben müssen, während im letzteren nur die Mehrheit der 80 oder mehr Kinder, also mindestens 41, einen Schulweg von zwei oder mehr Kilometer zu haben braucht (vgl. Seiler, Anm. 8, Abs. 4 zu Art. 5).

8. Die Fälle des Art. 9 (nicht 10) können auch dann gegeben sein, wenn in einem Gebiet mit konfessionell gemischter Bevölkerung bereits gesonderte Bekenntnisschulen der in Betracht kommenden Kirchengesellschaften bestehen. Da sich in solchen Gebieten gem. § 6 der V. vom 26. August 1883 die Bezirke der einzelnen Schulen nur auf die innerhalb derselben wohnenden Familien des einschlägigen Bekenntnisses erstrecken, sind Kinder eines anderen Bekenntnisses zum Besuch der etwa näher gelegenen bekenntnisfremden Schule weder verpflichtet noch berechtigt (vgl. Seiler, Anm. 8 Abs. V zu Art. 5 und Meinzolt S. 130).

9. Zufolge Art. 75 Abs. I des SchBG. sind durch Art. 9 des SchBG. die Bestimmungen des § 3 Abs. III der V. vom 26. August 1883 ersetzt und außer Kraft getreten.

10. Ueber Beschwerderecht und -Verfahren s. Vorbemerkung zu Abschnitt II.

Art. 10 [1]. **Wenn in einer Gemeinde oder Ortschaft [2]) oder in mehreren im Umkreise von dreieinhalb Kilometer Halbmesser [3]) gelegenen Gemeinden, Ortschaften [2]), Weilern [2]), oder Einzelhöfen [2]) [4]) nach dem Durchschnitte der letzten fünf Jahre [5]) fünfzig oder mehr hauptschulpflichtige [6]) Kinder des Bekenntnisses [7]) der Minderheit vorhanden sind, denen nicht eine Schule ihres Bekenntnisses [8]) in einer Entfernung von höchstens dreieinhalb Kilometer von ihrer Wohnung zur Verfügung steht oder durch zweckmäßige Umschulung [9]) [10]) zugänglich gemacht werden kann, so kann [11]) die Bereitstellung der Mittel zur Errichtung einer Volksschule des Bekenntnisses der Minderheit [12]) angeordnet werden [13]) [14]) [15]).**

1. Art. 10 handelt von der Errichtung neuer Schulen auf Grund konfessioneller Verhältnisse. Die Regelung entspricht im wesentlichen der bisherigen in Art. 5 Abs. III Satz 1 des Ges. von 1902.

2. S. Anm. 2 zu Art. 9.

3. Bezüglich des „Umkreises" s. Anm. 7 Satz 1 und 2 zu Art. 9.

4. In Art. 5 Abs. III d. Ges. von 1902 war nach „Einzelhöfen" eingeschaltet: „für welche lediglich Konfessionsschulen errichtet sind". Durch die Weglassung dieser Einschränkung im neuen SchBG. ist zum Ausdruck gebracht, daß nicht mehr nur die Gebiete von Bekenntnisschulen mit konfessionell gemischtem Schulsprengel in Betracht kommen, sondern auch die Sprengel von Simultanschulen. Nach der V. vom 26. August 1883, die Errichtung der Volksschulen und die Bildung der Schulsprengel betr. (GVBl. S. 407), hat man einerseits Schulen mit nach Bekenntnissen getrenntem Schulsprengel und Schulen mit nach Bekenntnissen gemischtem Schulsprengel und anderseits Bekenntnisschulen und nach Bekenntnissen gemischte Schulen (Simultanschulen) zu unterscheiden. Im ersteren Falle liegt das Unterscheidungsmerkmal beim Bekenntnisse der Schulkinder, im letzteren Falle beim Bekenntnisse der Lehrpersonen. In einer Bekenntnisschule können sich wie in einer Simultanschule Kinder verschiedener Bekenntnisse pflichtmäßig oder als Gastschüler befinden. Das Merkmal einer Bekenntnisschule, durch das sie sich von einer Simultanschule vor allem unterscheidet, besteht darin, daß nach § 12 Abs. I a. a. O. an Volksschulen für eine bestimmte Konfession nur Lehrer dieser Konfession angestellt werden dürfen.

„Gastschüler" sind Schulkinder, die mit Genehmigung der Bezirks- oder Stadtschulbehörde nach §§ 22 und 26 des SchAG., und Ziff. 48 Abs. I Buchst. c und Abs. II der VollzB. hierzu eine andere Volksschule besuchen, als sie nach §§ 5, 6 und 7 der V. vom 26. August 1883 (GVBl. S. 407, KMBl. S. 247, Anhang Nr. 6) besuchen müßten. Grund zu einer solchen Genehmigung kann in Bekenntnisverhältnissen (§ 11 Satz 2 d. V. vom 26. August 1883) oder auch in anderen Umständen (z. B. in großer Entfernung von der Schule oder in der Beschwerlichkeit des Schulweges) liegen. Voraussetzung für die Genehmigung ist, daß „die gesetzliche Vertretung dieser benachbarten Volksschule — Gemeinderat oder verstärkter Gemeinderat — zustimmt (s. § 11 Satz 2 d. V. vom 26. August 1883), der in allen Fällen, in denen gastweiser Schulbesuch in Frage steht, sinngemäß anzuwenden ist. Es liegt auch in der Natur der Sache, daß ohne ausdrückliche Gesetzesvorschrift eine Gemeinde nicht gezwungen werden kann, auch für die Beschulung von Kindern zu sorgen, die nicht ihrem Gemeindeverband angehören (vgl. Art. 15 Abs. IV des SchBG. von 1902). Dagegen steht nichts im Wege, daß eine Gemeinde mit einer Nachbargemeinde eine Vereinbarung trifft, wonach sie Gastschüler aus dieser Gemeinde gegen eine bestimmte Entschädigung aufnimmt, die die Nachbargemeinde zu tragen hätte. Ein Rückgriff auf die Erziehungsberechtigten wäre dabei unstatthaft, weil dies einer Schulgelderhebung gleichkäme, die nach Art. 77 des SchBG. untersagt ist. Als zulässig anderseits könnten auch Vereinbarungen der Erziehungsberechtigten mit der Gemeinde der Gastschule über Entschädigungen für den Schulbesuch gelten (s. Anm. 4 zu Art. 77 unten). Ein Rechtsanspruch auf gastweise Zulassung in einer örtlich nicht zuständigen Schule besteht nicht.

Art. 9, nicht 10, ist einschlägig, wenn für das fragliche Gebiet bereits Bekenntnisschulen mit konfessionell getrenntem Schulsprengel (im Sinne des § 6 der V. vom 26. August 1883) vorhanden sind (s. Seiler Anm. II zu Art. 5 III, Meinzolt S. 131 und Anm. 8 zu Art. 9 oben).

Die Bestimmungen der V. vom 26. August 1883 und nicht die des Art. 146 Abs. II der Reichsverfassung sind für die Einrichtung der Bekenntnis- und Simultanschulen maßgebend, da es nach Art. 174 d. RV. bis zum

Erlasse des im Art. 146 Abs. 2 vorgesehenen Reichsgesetzes („Reichsschulgesetz") bei der bestehenden Rechtslage verbleibt.

Bis zu dieser Zeit bleibt auch Art. 5 Abs. III des SchBG. von 1902 noch in Geltung, soweit Art. 10 des neuen Schulbedarfgesetzes nicht mit ihm in Einklang steht.

5. S. Anm. 4 zu Art. 8.

6. S. Anm. 6 zu Art. 8.

7. Es kommt nur das katholische und evangelische (protestantische) „Bekenntnis" in Betracht. Bei den evangelischen Kindern wird hier zwischen evangelisch-lutherischem, reformiertem und uniertem Bekenntnis nicht unterschieden.

Für andere christliche Bekenntnisse bestehen öffentliche Volksschulen nicht. Volksschulen für nichtchristliche Bekenntnisse oder Weltanschauungen zu errichten ist nach der derzeitigen Rechtslage (s. Anm. 4 oben) nicht möglich. Wenn für Schüler, die gem. Art. 149 Abs. II der RV. am Religionsunterrichte nicht teilnehmen, ein sog. „Sittenunterricht" eingeführt wird, z. B. seitens freireligiöser Gemeinden, so ist dies ein privates Unternehmen und nach d. V. vom 10. Mai 1905 (GVBl. S. 471, Anhang Nr. 7) genehmigungspflichtig.

Die Sonderstellung der oben genannten kath. und protest. Bekenntnisse ergibt sich auch aus dem Gesetze vom 15. Januar 1925 zu dem Konkordate mit dem heiligen Stuhle und den Verträgen mit den evangelischen Kirchen (GVBl. S. 53, Auszug im Anhang Nr. 66). Nicht unter die Bestimmungen des Art. 10 fallen infolge besonderer Rechtsregelung die Israeliten. Für diese bestehen auf Grund des § 33 des Judenedikts vom 10. Juni 1813 (Weber, Bd. 1 S. 417) regelmäßig betriebene israelitische Volksschulen, die aus eigenen Mitteln von israelitischen Glaubensgemeinden freiwillig unterhalten werden (Art. 36 SchBG.). Soweit sie nicht der Verfassung und anderen Gesetzen widerstreiten, haben die Bestimmungen des Judenedikts noch Geltung (vgl. Seiler Anm. 12 u. 9, a, bb zu Art. 5 und Meinzolt S. 132).

8. Bekenntnisschule, nicht auch Simultanschule, s. jedoch Anm. 10 unten!

9. Der Versuch einer Lösung durch zweckmäßige Umschulung muß der Anordnung, Mittel zu einer entsprechenden neuen Bekenntnisschule bereitzustellen, vorausgehen. Verbindet die Kreisregierung die Verneinung der Möglichkeit einer zweckmäßigen Umschulung und die Anordnung auf Mittelbereitstellung für eine neue Schule in einer Entschließung, so können die beteiligten Gemeinden nach Art. 49 VGG. Doppelbeschwerde zum Staatsministerium für Unterricht und Kultus und zum Verwaltungsgerichtshofe einlegen. Der Natur der Sache nach hätte die Entscheidung des Ministeriums der des VGH. nach Art. 10 Ziff. 18 VGG. vorauszugehen.

10. Das Gesetz schreibt nur die Prüfung vor, ob durch eine Umschulung in den Bereich einer entsprechenden Bekenntnisschule den bestehenden Mißständen abgeholfen werden kann. Zweckmäßig wird aber erwogen werden, ob nicht auch durch Umschulung zu einer bereits bestehenden Simultanschule den Wünschen der Beteiligten Rechnung getragen werden kann (vgl. Seiler, Anm. 14 Abs. 2 zu Art. 5).

11. **Kann:** s. Anm. 5 zu Art. 9.

12. Bekenntnisschule, nicht auch Simultanschule, aber Sprengel- wie Gemeinde- und Gemeindebezirksschule (vgl. Anm. 6 zu Art. 9).

13. Dem Art. 10 war in der Fassung des Ges. vom **14.** August 1919 folgender Absatz II angefügt:

„Bis zum Erlaß eines Reichsgesetzes auf Grund des Art. 146 der Reichsverfassung bleiben die Bestimmungen der Verordnung vom 1. August 1919 in Kraft."

Durch Art. VIII, Ziff. 1 des Ges. vom 24. März 1920 über die Aenderung des Volksschullehrergesetzes und des Schulbedarfgesetzes vom 14. August 1919 (GVBl. 1920 S. 103) wurde Art. 10 Abs. II des Schulbedarfgesetzes aufgehoben.

Dieser Gesetzesänderung liegt folgendes zugrunde:

In der für Errichtung der Volksschulen und die Bildung der Schulsprengel maßgebenden V. vom 26. August 1883 (GVBl. S. 407, KMBl. S. 247) war bestimmt worden (s. § 7), daß die Volksschulen regelmäßig konfessionelle Schulen (Bekenntnisschulen) sein sollten und nur ausnahmsweise die Umwandlung konfessionell getrennter christlicher Volksschulen in konfessionell gemischte Schulen (Simultanschulen *) möglich sein sollte. Durch die V. des Staatsmin. f. Unt. u. Kultus vom 1. August 1919 über die Errichtung der Volksschulen und die Bildung der Schulsprengel (GVBl. S. 391, KMBl. S. 112) waren die Bestimmungen der §§ 7 mit 11 Abs. I, Satz 1 mit 3 der V. vom 26. August 1883 wesentlich geändert worden. Zwar sollten auch nach der neuen Fassung der V. die Volksschulen in der Regel Bekenntnisschulen sein, die Umwandlung von Bekenntnisschulen in konfessionell gemischte Schulen sollte jedoch außerordentlich erleichtert werden und im wesentlichen nur vom Willen der einfachen Mehrheit der Erziehungsberechtigten abhängen.

Auch nach Art. 146 Abs. II der RV. vom 11. August 1919 (RGBl. S. 1383) sollte für die Wesensart der einzelnen Volksschulen der Wille der Erziehungsberechtigten möglichst zu berücksichtigen sein und das Nähere die Landesgesetzgebung nach den Grundsätzen eines Reichsgesetzes bestimmen. Nach Art. 174 Satz 1 der RV. aber sollte es bis zum Erlaß des in Art. 140 Abs. 2 vorgesehenen Reichsgesetzes bei der bestehenden Rechtslage bleiben. Mit dieser Bestimmung wurde die des Art. 10 Abs. II d. SchBG. für unvereinbar erachtet und deshalb durch das Ges. vom 24. März 1920 gestrichen. Durch die Streichung wurde die V. vom 1. August 1919 ihres gesetzlichen Haltes wieder entkleidet. Durch die V. des Gesamtministeriums vom 22. Juni 1920 über die Errichtung der Volksschulen und die Bildung der Schulsprengel (Simultanschulverordnung) — GVBl. S. 347, KMBl. S. 281 — wurde die V. vom 1. August 1919 auch als solche bis auf weiteres außer Wirksamkeit gesetzt. Lediglich bei Städten über 15 000 Einwohner, in denen die V. vom 1. August 1919 schon durchgeführt worden war, sollte es zufolge der Entschl. des hierzu ermächtigten Staatsmin. f. Unt. u. Kultus vom 23. Juni 1920 Nr. 25 178 im großen und ganzen auch fernerhin bei den Anordnungen der V. vom 1. August 1919 sein Bewenden haben. Von dieser Ausnahme (die getroffen werden konnte, weil sie der Rechtslage entsprach, die beim Inkrafttreten der Reichsverfassung bestand) abgesehen, sind sohin — da es bis jetzt immer noch zu keinem Reichsschulgesetz gekommen ist — auch für die Umwandlung von Bekenntnis- in Simultan-

---

* Auch die Simultanschulen sind demnach „christliche" Schulen. Auch bei ihnen kommen nur d i e Bekenntnisse in Betracht, für die „Bekenntnisschulen" errichtet werden können, sohin nur katholisches und evangelisches Bekenntnis (s. oben Anmerk. 7 zu Art. 10).

schulen die Bestimmungen der V. vom 26. August 1883 maßgebend (s. auch Anm. 4 oben). Wegen der inzwischen erfolgten Abänderung der Gemeindeordnung lassen sich allerdings die Bestimmungen des § 7 a. a. O. hinsichtlich der erforderlichen Zustimmung des Kollegiums der Gemeindebevollmächtigten bezw. der Gemeindeversammlung mit einer Mehrheit von zwei Dritteln, unter Umständen sogar drei Vierteilen, der abgegebenen Stimmen, nicht mehr wortwörtlich durchführen.

Nach Meinzolt (S. 135) würde jetzt, da Kollegium der Gemeindebevollmächtigten und Gemeindeversammlung als gemeindliche Vertretungsorgane weggefallen sind, für den Umwandlungsantrag ein ordnungsmäßiger Beschluß des Stadt- oder Gemeinderates mit einfacher Stimmenmehrheit genügen. Da aber Stadt- und Gemeinderat im allgemeinen an die Stelle von Stadtmagistrat u n d Gemeindekollegium, bezw. Gemeindeausschuß u n d Gemeindeversammlung getreten sind — vgl. Vollzugsanweisung vom 14. Januar 1919 § 6 zu Art. 6 des Gesetzes über die Selbstverwaltung vom 22. Mai 1919 (GVBl. S. 239 u. S. 303), woran sachlich die neue Gemeindeordnung von 1927 nichts geändert hat —, ist auch die Forderung vertretbar, daß eine Mehrheit von zwei Dritteilen bezw. drei Vierteilen der im Gemeinderat abgegebenen Stimmen für die Umwandlung in eine Simultanschule vorhanden sein muß, wenn die Voraussetzungen des § 7 gegeben sein sollen. Diese strengere Auffassung entspricht jedenfalls mehr dem Geiste der V. vom Jahre 1883 als die leichtere. So auch Osthelder (Vorbem. Buchst. c zu Art. 10). Im übrigen strebt auch Meinzolt ein gleiches Endergebnis dadurch an, daß er seinen Ausführungen die Aeußerung hinzufügt: „Nach Sinn und Wortlaut der Bestimmung im § 7 der V. wird die Regierung tatsächlich nur in seltenen Fällen von der Umwandlung Gebrauch machen.“

Die gleichen Voraussetzungen — sohin auch ein qualifizierter Mehrheitsbeschluß des Gemeinderates — müssen vorliegen, wenn die Regierung befugt sein soll, eine gemischte Schule in eine konfessionelle umzuwandeln. Bei dem klaren Wortlaut des § 8 der V. („Unter denselben Voraussetzungen, unter welchen die Umwandlung von konfessionellen Volksschulen in konfessionell gemischte Schulen zulässig ist, kann auch die Umwandlung von gemischten Schulen in konfessionelle Schulen gestattet werden“) erscheint eine andere Auslegung nicht angängig. Inhaltlich der von Osthelder in der Vorbem. zu Art. 10 Buchst. e angeführten ME. vom 13. März 1915 Nr. 28 095 würde allerdings nach der ratio legis, d. h. nach der aus der V. sprechenden Bevorzugung der konfessionellen Schulen und aus der Entstehung der V. vom Jahre 1883 unveränderte Herübernahme des § 8 aus der früheren V. vom 29. August 1873 — ein mit e i n f a c h e r Mehrheit beschlossener Antrag des Gemeinderates neben den sonstigen Voraussetzungen des § 7 zur Umwandlung einer Simultanschule in eine Bekenntnisschule genügen.

Wie sich Art. 9, 10 u. 10a d. SchBG. sowohl auf Gemeinde- wie Sprengelschulen beziehen, so wären auch die Bestimmungen der §§ 7 u. 8 d. V. von 1883 vorkommenden Falles nicht nur bei Gemeindeschulen, sondern sinngemäß auch bei Sprengelschulen anzuwenden.

14. Durch das Uebereinkommen mit den Kirchen (s. Art. 6 des Konkordates, Art. 9 d. Vertrages mit der Ev.-luth. Kirche in Bayern r. d. Rheins, Art. 8 d. Vertrages mit der Pfälz. Landeskirche; GVBl. S. 1925 S. 53, Anhang Nr. 66) hat sich zwar der Staat verpflichtet, auf Antrag der Erziehungsberechtigten nach Möglichkeit Bekenntnisschulen zu errichten, doch ist dadurch die grundsätzliche Anwendung der Bestimmungen des Art. 10 — vorläufig des Art. 5 Abs. III des SchBG. vom Jahre 1902 (s. Anm. 4 oben) — nicht ausgeschlossen. Besondere Verhältnisse können nach Art. 10 a berücksichtigt werden.

Ein Antrag der Erziehungsberechtigten ist zur Anwendung des Art. 10 (z. Z. des Art. 5 Abs. III d. SchBG. von 1902) nicht erforderlich (a. M. Meinzolt S. 131 unten), wohl aber künftig, wenn Art. 146 Abs. II der RV. durch das Reichsschulgesetz in Kraft gesetzt sein wird (s. Art. 174 d. RV.). Voraussetzung ist hier wie nach den Kirchenverträgen, daß dadurch ein „geordneter Schulbetrieb" nicht beeinträchtigt wird. Ein „geordneter Schulbetrieb" ist aber — wie in den Kirchenverträgen ausdrücklich bemerkt ist (Art. 6 d. Konkordates, Art. 9 des Vertrages mit der Ev.-luth. Kirche) — auch in der Form einer ungeteilten Schule, also auch dann gegeben, wenn eine Verschlechterung der Schulgliederung eintritt. Eine solche Verschlechterung der Schulgliederung war aber auch bisher schon kein Hinderungsgrund gegen die Anwendung des Art. 5 Abs. III des SchBG. vom Jahre 1902 und wird es ebenso gegen die künftige Anwendung des Art. 10 d. SchBG. von 1919 nicht sein.

Die Umwandlung einer Bekenntnisschule in eine Simultanschule ist der Natur der Sache nach auch in den Formen des § 7 der V. vom 26. August 1883 dann nicht statthaft, wenn es sich um eine mit kirchlichen Stiftungsmitteln gegründete und erhaltene Bekenntnisschule handelt, weil hier zwischen der Bekenntniseigenschaft und dem Träger der Lasten der Schule ein innerer Zusammenhang besteht (vgl. Meinzolt S. 135).

Art. 10 a[1]. Abgesehen von den Fällen der Art. 8 bis 10 kann die Bereitstellung der Mittel zur Errichtung einer neuen Volksschule[2]) oder Lehrstelle angeordnet werden, wenn hierfür nach dem Ermessen der zuständigen Schulaufsichtsbehörde[3]) aus besonderen Gründen ein dringendes Bedürfnis besteht[4])[5]).

1. Art. 10 a wurde durch Art. 2 Ziff. II des Gesetzes vom 1. August 1923 zur Aenderung von Vorschriften über das Volksschulwesen eingefügt (GVBl. S. 337).

2. Jede Art öffentlicher Volksschulen kommt in Betracht, Bekenntnis-, Simultan-, Gemeinde-, Gemeindebezirks- oder Sprengelschule, je nach Sachlage. Die Voraussetzungen der §§ 7 u. 8 der V. vom 26. August 1883 brauchen bei Simultanschulen nicht gegeben zu sein, da es sich hier um Neuerrichtung, nicht um Umwandlung handelt.

3. Zuständige Schulaufsichtsbehörde: Kreisregierung erste, Staatsmin. für Unterricht u. Kultus zweite Instanz.

Um ein gleichmäßiges Vorgehen der Regierungen sicherzustellen, wurde durch ME. vom 2. November 1923 Nr. 45 449 angeordnet, bis auf weiteres jeden Fall des Art. 10 a vor der Bescheidung mit gutachtlichen Berichten dem Min. vorzulegen (vgl. außerdem Anm. 11 zu Art. 8).

4. Die Einfügung des Art. 10 a erfolgte, um jeden Zweifel über die Befugnisse der Schulaufsichtsbehörden beim Vorhandensein besonderer Gründe auszuschließen.

„Als Fälle, in denen die Errichtung von Schulen oder Schulklassen notwendig sein kann, auch wenn die Voraussetzungen der Art. 8 bis 10 des SchBG. (Ueberschreitung der gesetzlichen Schülerhöchstzahl, weiter Schulweg, Mangel einer Bekenntnisschule) nicht gegeben sind, kommen beispielsweise in Betracht: Unzulänglichkeit der vorhandenen Schulräume, besonders beschwerliche Schulwege (z. B. im Gebirge), Notwendigkeit der Bildung kleinerer Schulklassen, um einen bestimmten Kreis von Schulpflichtigen unterrichtlich besonders zu fördern" (Begründung, Landtagsverh. 1922/23; BeilBd. XI, Beil. 3663, S. 913).

Dort („Begr.") ist ferner bemerkt:

„Es ist selbstverständlich, daß wie schon bisher, so auch beim Vollzuge der neuen Vorschriften nur unter sorgfältiger Abwägung einerseits der Belange der Schule und anderseits der Leistungsfähigkeit der beteiligten Gemeinden vorgegangen werden soll. Auf der anderen Seite werden aber den Schulaufsichtsbehörden die erforderlichen Vollmachten nicht vorenthalten werden dürfen, um wirksam eingreifen zu können, wenn beispielsweise — wie es wiederholt vorkommt — die beteiligten Ortschaften selbst um der Erziehung ihrer Kinder willen die größten Opfer für die Errichtung einer Schule zu bringen bereit sind, die Ausführung der Absicht aber an der mangelnden Einsicht der Verwaltung des bestehenden Schulsprengels scheitern würde."

5. Zuständig zur Verbescheidung von Beschwerden gegen Beschlüsse der Kreisregierungen nach Art. 10 a ist ausschließlich das Staatsministerium für Unterricht und Kultus, nicht auch der Verwaltungsgerichtshof. S. aber Vorbem. zu Abschnitt II, Ausführungen zu Art. 10 a.

Abschnitt III.

Allgemeine Vorschriften über die Aufbringung des Schulbedarfes.

Vorbemerkung.

Die Ueberschrift „Abschnitt IV. Besondere Vorschriften über den persönlichen Schulbedarf" vor Art. 13 ist durch das Gesetz vom 1. Oktober 1923 zur Aenderung von Vorschriften über das Volksschulwesen Art. 2, Ziff. III (GVBl. S. 337) gestrichen worden. Dadurch werden die Art. 13 mit 24 des Schulbedarfgesetzes Bestandteil des Abschnittes III („Allgemeine Vorschriften über die Aufbringung des Schulbedarfs") — s. Begr. Landtagsverf. 1922/23, BeilBd. XI, Beil. 3663 S. 913. Trotzdem dürfte es sich empfehlen, nach wie vor die Art. 11 und 12 des Abschnittes III gesondert zusammenzufassen. Während Art. 11 noch die Fassung vom 14. August 1919 bewahrt hat, ist Art. 12 schon zweimal — durch Art. 45 Ziff. 1 des Ges. vom 30. Juni 1921 zum Vollzuge des Landessteuergesetzes vom 30. März 1920 (RGBl. S. 402 — GVBl. 1920 S. 361 — und durch das Gesetz vom 24. April 1928 zur Aenderung des Art. 12 des Schulbedarfgesetzes in der Fassung nach Art. 45 Ziff. 1 des Gesetzes vom 30. Juni 1921 (GVBl. S. 361) — GVBl. 1928 S. 323 — abgeändert worden.

Art. 11[1]. Der sächliche[2]) Bedarf für die öffentlichen Volksschulen[3]) wird von den Gemeinden[4]), der persönliche[5]) Bedarf vom Staate aufgebracht, soweit nicht dieses Gesetz etwas anderes bestimmt[6])[7])[8]).

1. Art. 11 regelt die Aufbringung des Schulbedarfes, während Art. 1 Abs. I des Ges. die vermögensrechtliche Verwaltung und Vertretung der öffentlichen Volksschulen behandelt. Im SchBG.

von 1902 waren diese grundlegenden Bestimmungen über die Schulvermögensverwaltung und über die Aufbringung des Schulbedarfes in Art. 1 Abs. I zusammengefaßt. Während die Schulvermögensverwaltung den Gemeinden verblieben ist, haben sich die Vorschriften über die Aufbringung des Schulbedarfes von Grund aus geändert. Die Gemeinden haben nun nicht mehr den gesamten persönlichen und sächlichen Bedarf, sondern im wesentlichen nur mehr den *sächlichen* allein aufzubringen, die Aufbringung des *persönlichen* Schulbedarfes obliegt dem Staat. Ueber den Begriff des „Schulbedarfs" s. die Vorbemerkung vor Art. 1 oben.

2. A. Unter *sächlichem* Bedarf oder Schulsachbedarf versteht man den *gesamten* zur Einrichtung und Unterhaltung einer Volksschule erforderlichen Aufwand mit Ausnahme des ausschließlich für das Lehrpersonal benötigten, sog. persönlichen Bedarfs, also vor allem die Kosten der Herstellung und Erhaltung eines Gebäudes für den Schulunterricht, den Aufwand für die Innenausstattung der Schulräume mit den nötigen Einrichtungsgegenständen und Lehrmitteln, z. B. den Schulbänken, Schultafeln usw., den Aufwand für die Beheizung, Beleuchtung und Reinigung der Schulräume, für die Gesundheitspflege in der Schule, Schulgärten, Turn- und Spielplätze, ferner die Kosten für das Halten von amtlichen Blättern, die zum Schulbetriebe nötig sind, und die Kosten für den Schreib- und sonstigen Unterrichtsbedarf des Lehrers, den Aufwand für die Freimarken bei dienstlichen Postsendungen der Schulleitungen. Auch die freiwilligen gemeindlichen Versicherungsbeiträge der Schülerunfallversicherung an die Versicherungskammer Abt. f. Haftpflichtversicherung (s. Anhang Nr. 75) gehören hierher.

Richtlinien und Anordnungen für die Art und den Umfang des aufzubringenden Schulsachbedarfs enthalten nachstehende Verordnungen und Ministerialerlasse:

a) Die Bauordnung für die Stadt München vom 29. Juli 1895 (GVBl. S. 333) und die Bauordnung für Bayern rechts des Rheins mit Ausnahme von München und für die Pfalz vom 17. Februar 1901 (GVBl. S. 87) in der Fassung vom 1. Dezember 1902 (GVBl. S. 729), vom 3. August 1910 (GVBl. S. 403) und vom 10. Juli 1918 (GVBl. S. 359) insoferne, als Schulhausbauten in erster Linie den allgemeinen Bauvorschriften unterliegen. Auch die *bauaufsichtliche* Zuständigkeit der Behörden (Bezirksamt oder Stadtrat einer unmittelb. Stadt, Regierung, Ministerium des Innern) richtet sich nach den Bestimmungen der Bauordnungen. Die baupolizeiliche Würdigung von Schulhausbauplänen wird nicht etwa durch deren *schulaufsichtliche* Würdigung an der Kreisregierung (Beschwerdeinstanz: Staatsmin. f. Unt. u. Kultus; FormV. vom 17. Dezember 1925 §§ 38, 43; V. vom 27. Februar 1847 § 5 Ziff. II Buchst. g, Weber Bd. 3 S. 659) ersetzt. Des Zusammenhanges mit der BO. halber sei auch das Gesetz vom 4. Juli 1923 über die Erschließung von Baugelände (GVBl. S. 273) mit V. über das Inkrafttreten des Ges. vom 14. August 1923 (GVBl. S. 280) und den Vollzugsvorschriften vom 14. September 1923 (GVBl. S. 317) erwähnt.

b) MinBek. über den bezirksärztlichen Dienst vom 23. Januar 1912 (MABl. S. 153, KMBl. S. 128, Anh. Nr. 12): Dienstanweisung B. IV. Unterrichts- und Erziehungsanstalten. §§ 26 u. 27.

c) MinBek. vom 15. April 1913, bauliche Anlage und Einrichtung der Schulhäuser und Gesundheitspflege in den Volksschulen betr. (KMBl.

S. 115, mit ME. vom gleichen Tage (KMBl. S. 139, Anh. Nr. 13); Belichtung und Beleuchtung der Schulzimmer (a. a. O. § 6; s. auch ME. vom 20. April 1914 Nr. 6336), Heizung (a. a. O. §§ 8 u. 20); wenn die Beheizung der Schulzimmer von der Gemeinde dem Volksschullehrer übertragen wird, so ist dies ein bürgerlich-rechtlicher Vertrag. Streitigkeiten hieraus sind vor den bürgerlichen Gerichten auszutragen, s. ME. vom 31. Dezember 1919 (KMBl. 1920 S. 29, Anh. Nr. 25, und d. VGHE. in den BVBl. Jahrg. 73 S. 13); Reinhaltung des Schulhauses (a. a. O. § 19 mit ME. vom 10. Jan. 1922 Nr. 47 167), Desinfektion bei übertragbaren Krankheiten (a. a. O. § 27); die Aufstellung von Schulärzten (a. a. O. § 30 u. ME. vom 7. Juni 1918, KMBl. S. 53) und die Schulzahnpflege (ME. vom 2. Mai 1925, MABl. S. 67) gehören zu den freiwilligen gemeindlichen Wohlfahrtseinrichtungen, die aber schulaufsichtlicher Genehmigung bedürfen; Wasserversorgung (a. a. O. § 13), Waschgelegenheit, Bäder (a. a. O. § 14 Abs. II). Die Anlage von Schulgärten regt die ME. vom 14. April 1916 Nr. 7883 an.

Zu beachten ist ferner, daß zugunsten der Erbauung oder Erweiterung von öffentlichen Schulhäusern nach dem Zwangsenteignungsgesetze vom 17. November 1837 Art. 1 Buchst. A Ziff. 2 (Weber Bd. 3 S. 210) ein Zwangsenteignungsrecht besteht, das sich auch auf den erforderlichen Weganschluß bezieht (VGHE. vom 4. Dezember 1908, Samml. Bd. 30 S. 5).

Nach Art. 3 und 73 des Brandversicherungsgesetzes vom 3. April 1875 (GVBl. S. 269, Weber Bd. 10 S. 672) müssen die Schulgebäude der Brandversicherungsanstalt einverleibt werden. Nach § 1 d. V. vom 22. Januar 1924 über Aenderungen im öffentlichen Versicherungswesen (GVBl. S. 10) ruht dieser Zwang zur Versicherung. Dagegen sollten gem. ME. vom 31. August 1912 (KMBl. S. 579) Unterrichtsanstalten nach wie vor mit Blitzschutzvorrichtungen versehen sein.

Die Nähe von geräuschvollen Anlagen und Wirtshäusern ist bei Schulhäusern zu meiden (RGewO. §§ 27, 33; ME. vom 1. Juni 1868, Weber Bd. 7 S. 308).

Ueber Schlußbesichtigung durch die Landbauämter s. die ME. vom 4. März 1874 und 10. März 1884, Weber Bd. 10 S. 213 und Bd. 16 S. 472).

Haussteuer braucht für Schulhäuser nicht entrichtet zu werden (Haussteuerges. vom 17. August 1918 § 2 Abs. I Nr. 6, GVBl. S. 858); Steuerfreiheit besteht auch für das gemeindliche Schulvermögen überhaupt nach §§ 4, 9 des Körperschaftssteuerges. vom 10. August 1925 (RGBl. I S. 208).

Erleichterungen s. Buchst. g unten.

d) E. d. Staatsmin. f. Unt. u. K. vom 16. Mai 1923 über den Sachbedarf für die Volksschulen (Schreib- und sonst. Unterrichtsbedarf der Volksschullehrer und Handbüchereien, KMBl. S. 67, MABl. S. 44, Anh. Nr. 53).

e) Bek. d. Staatsmin. f. Unt. u. K. vom 16. Juli 1923 über den Einbau von Schulküchen in Schulhäusern (KMBl. S. 88, MABl. S. 67, Anh. Nr. 55).

f) Bek. d. Staatsmin. f. Unt. u. K. vom 16. August 1923 (KMBl. S. 91), Vollzugsvorschriften zum Schulaufsichtsgesetz vom 1. August 1922 (GVBl. S. 385), Ziff. 6, II u. III (Forderung der äußeren Schulverhältnisse als Aufgabe der Schulpflegschaften) und Ziff. 48, VI b (die Verhandlungen über Schulhausbauten gehören zu den gemeinsamen Angelegenheiten der Bezirksschulbehörde und der Stadtschulbehörde), wobei nach Ziff. 48 VI Abs. 2 die Vorbehandlung dem Bezirksamtsvorstand (ersten Bürgermeister) obliegt).

g) E. d. Staatsmin. f. Unt. u. K. vom 19. August 1924 über die bauliche Anlage und Einrichtung der Schulhäuser und der Dienstwohnungen der Volksschullehrer (MABl. S. 125, Anh. Nr. 64) Abschn. B.

h) ME. vom 28. Juli (MABl. S. 137, Anh. Nr. 73) mit ME. vom 19. Mai 1913 (KMBl. S. 174) über Schülerbüchereien an Volksschulen. Ergänzungen: ME. vom 15. Dezember 1928 (KMBl. S. 324) und ME. vom 16. Januar 1930 (KMBl. S. 17).

i) Bek. d. Staatsmin. f. Unt. u. K. u. d. Inn. vom 13. November 1925 Nr. I 37 258 über das Amtsblatt des Bayer. Staatsmin. f. Unt. u. K. (MABl. S. 182) u. Bek. d. Staatsmin. f. Unt. u. K. vom 9. Januar 1926 Nr. 1129 über das Amtsblatt des Bayer. Staatsmin. f. Unt. u. K. (Bayer. Staatsanzeiger Nr. 7 vom 11. Januar 1926). Durch die ME. vom 10. März 1923 Nr. 53 268 und vom 16. Juli 1923 Nr. 30 688 wurden die Regierungen ermächtigt die Gemeinden zur Haltung des Schulanzeigers für die einzelnen Schulen zu verpflichten.

k) E. d. Staatsmin. f. Unt. u. K. vom 7. Juli 1927 Nr. VII 5270 über Turn- und Spielplätze für die Volksschulen (KMBl. S. 211, Anh. Nr. 75 a).

l) Bek. d. Staatsmin. f. Unt. u. K. vom 4. September 1928 Nr. I 20 707 über die Errichtung von Funkanlagen in den Schulhäusern (KMBl. S. 291, Anh. Nr. 81).

m) E. d. Staatsmin. f. Unt. u. K. vom 22. Oktober 1928 Nr. VII 37 794 über die Förderung des Unterrichtes durch Lichtbilder (KMBl. S. 321) mit ME. vom 12. September 1929 (KMBl. S. 150, Anh. Nr. 88), über die Behandlung von Lichtbildvorführungen in Schulen, vom 6. November 1928 (KMBl. S. 322, Anh. Nr. 83 a) über die deutsche Lichtbildnachweisstelle in München und vom 19. Juli 1930 (KMBl. S. 147, Anh. Nr. 92) über Lichtbildvorführungen in Schulen.

n) Bek. d. Staatsmin. f. Unt. u. K. vom 28. März 1930 Nr. IV 11 659 über eine Aenderung der Vollzugsvorschriften zum Schulaufsichtsgesetz vom 16. August 1923 (dienstliche Postsendungen der Schulleitungen) — KMBl. 1930 S. 108 —.

o) ME. vom 24. Oktober 1930 Nr. IV 40 189 betr. Anleihen und Finanzwirtschaft der Gemeinden, hier Genehmigung von Schulhausbauten („Im Einverständnisse mit dem Staatsministerium des Innern werden die Regierungen, Kammern des Innern, angewiesen, die schulaufsichtliche Genehmigung zur Ausführung von Schulhausbauten (Neu-, Erweiterungs- und Umbauten) nur zu erteilen, wenn die Finanzierung vollständig nachgewiesen und für Schuldaufnahme die Leistung des Schuldendienstes einwandfrei sichergestellt ist").

B. „Der Unterricht und die Lernmittel in den Volksschulen und Fortbildungsschulen sind unentgeltlich" (RV. Art. 145 S. 3).

Dieser Satz enthält nur eine Forderung und ist bezüglich der Lernmittel noch nicht durchgeführt und durchführbar, so lange nicht ein besonderes Reichs- oder Landesgesetz die weiteren Unterlagen gibt. Mit staatsaufsichtlichem Zwang kann sohin hier nicht gegen die Gemeinden vorgegangen werden, denen sonst die Beschaffung als Schulsachbedarf obläge. Derzeit ist diese Beschaffung Pflicht der unterhaltungspflichtigen Eltern usw. Die Uebernahme der Kosten auf die Gemeinde als freiwillige Leistung ist jedoch nicht ausgeschlossen (s. auch Ziff. 6 II, Buchst. e der VollzB. zum SchAG.).

Als Lehr- und Lernmittel, d. h. Mittel, die den Unterrichtsstoff übermitteln (Bücher, Karten usw.) dürfen nur solche verwendet werden, die vom Staatsmin. f. Unt. u. K. genehmigt sind. Die Auswahl unter den zugelassenen Lehrmitteln für die Schulen in den einzelnen Regierungsbezirken treffen die Regierungen, K. d. J. Anträge auf Zulassung von Lehrmitteln können von den Schulleitungen wie auch von den Verlagen gestellt werden und sind bei der betreffenden Regierung einzureichen (vgl. die MinBek. vom 14. August 1908, Lehrmittelverzeichnis für Volks- und Fortbildungsschulen betr. — KMBl. S. 393 —). Die Lehrmittel für den Religionsunterricht bestimmen die kirchlichen Oberbehörden (s. Meinzolt S. 14).

3. Zu den öffentlichen Volksschulen gehören Volkshauptschule und Volksfortbildungsschule (§§ 2 mit 1 Abs. II d. SchulpflichtV. vom 22. Dez. 1913, GVBl. S. 957, Anh. Nr. 16), ferner die nach § 5 a. a. O. auf Antrag der Gemeinde errichteten achten Klassen, gleichviel ob die Hauptschulpflicht auf sie ausgedehnt wurde oder nicht (s. §§ 5 und 6 a. a. O.), dann auf die mit schulaufsichtlicher Genehmigung (oder nach Art. 10 a) errichteten Sonderklassen (Hilfsschulen und Hilfsschulklassen für Kinder mit erheblichen geistigen oder körperlichen Behinderungen, Förderklassen für Schwachbegabte, Abschlußklassen für Zurückgebliebene, Hörklassen für Schwerhörige, Klassen für mit Sprachfehlern Behaftete (vgl. auch Ziff. 21 Abs. I der VollzV. zum SchAG., KMBl. S. 91 und Braun, SchAG. S. 36). Desgleichen haben die Gemeinden die sächlichen Kosten für den lehrplanmäßigen Religionsunterricht auch in der Volksfortbildungsschule zu tragen, gleichviel in welchen Räumen er stattfindet (§ 12 a. a. O.).

Nicht hierher gehört die Berufsschule (V. vom 22. Dezember 1913, GVBl. S. 966 in der Fassung vom 26. August 1930 — Staatsanz. Nr. 201 vom 1./2. Sept. 1930, Anh. Nr. 17), für deren sächlichen und persönlichen Bedarf die Gemeinde aufzukommen hat, weil sie Gemeindeanstalt ist, ferner die christlichen Bekenntnisschulen nach Art. 33 oben, die Schulen von Stiftungen und gemeinnützigen Unternehmungen nach Art. 35 und die israelitischen Volksschulen nach Art. 36. Für sie ist die Deckung des Schulbedarfs besonders geregelt. Die Kosten für die Schulaufsicht und den sonstigen Schulbedarf, soweit er nicht zum Schulbedarf im engeren Sinne (s. Vorbemerkung vor Abschnitt I) gehört, fallen gleichfalls nicht unter Art. 11 (vgl. auch Anm. 5 zu Art. 8 und Anm. 4 zu Art. 10 a oben).

4. Im Sinne der GemO. Art. 1 (s. Art. 1 Anm. 3 und 4 oben).

5. Unter persönlichem Schulbedarf ist der Aufwand für das haupt- und nebenamtliche Lehrpersonal zu verstehen, soweit es sich nicht um Anschaffungen handelt, die auch dem Schulbetriebe unmittelbar dienen und deshalb zum sächlichen Schulbedarf (oder Schulsachbedarf) gehören, wie z. B. der Schreib- und sonstige Unterrichtsbedarf der Volksschullehrer, die Freimarken bei dienstlichen Postsendungen der Schulleitungen (s. oben Anm. 2 d und 2 i).

Zum persönlichen Schulbedarf gehören vor allem Gehalt und Ruhegehalt der Volksschullehrer und Hinterbliebenenbezüge, aber auch Aufwandsentschädigungen bei Dienstreisen, Umzügen und bei getrennter Haushaltführung, Aushilfekosten, Unterstützungen in Notfällen, Dienstwohnungen, Dienstzimmer und Ausstattung der letzteren.

Nur zum geringen Teil ist der persönliche Schulbedarf im Schulbedarfgesetz geregelt. In der Hauptsache ist die Regelung im Volksschullehrergesetz vom 14. August 1919 (GVBl. S. 437, Anh. Nr. 22) und im Beamtenbesoldungsgesetz vom 2. Juni 1920 (GVBl. S. 275) je in der jüngsten Fassung (hinsichtlich des BeamtenbesGes. s. die Fassung vom 20. April 1928, GVBl. S. 205, Anh. Nr. 80) getroffen.

6. Abweichungen finden sich im Gesetze mehrere: So haben für sächlichen Schulbedarf statt der Gemeinden aufzukommen: Bei Bedürftigkeit der Gemeinden die Kreise nach Maßgabe der Bedürftigkeit der Gemeinden (Art. 27); mittelbar ist auch der Staat (Art. 28) an der Tragung der Lasten für den Schulbedarf beteiligt. Ferner können der Staat, Kirchengemeinden, Kirchenstiftungen, Patrone und Private nach Maßgabe der Art. 57 ff. d. SchBG. durch besondere rechtliche Verpflichtungen an der Aufbringung des sächlichen Schulbedarfs beteiligt sein (vgl. Meinzolt S. 86).

Anderseits haben an Stelle des Staates für persönlichen Schulbedarf vor allem die Gemeinden dadurch aufzukommen, daß sie nach Maßgabe der Art. 14 ff. Dienstwohnungen und eingerichtete Dienstzimmer bereitzustellen haben. Dann kommen hinsichtlich des sächlichen und persönlichen Schulbedarfs bei den den öffentlichen Volksschulen gleichgestellten christlichen Bekenntnissonderschulen, den Schulen von Stiftungen und gemeinnützigen Unternehmungen und bei den israelitischen Volksschulen die Besonderheiten der Art. 33, 35 und 36 in Betracht.

7. Wo die Träger des Schulbedarfs nicht ausdrücklich gesetzlich bestimmt sind, greift im Schulbedarfsgesetze und außerhalb desselben der Grundsatz des Art. 11 durch, wonach den sächlichen Bedarf die polit. Gemeinden und den persönlichen der Staat aufzubringen hat.

8. A. Nicht nur die vermögensrechtliche Verwaltung der öffentlichen Volksschulen und die Feststellung des Schulbedarfs (s. Anm. 5 zu Art. 1 oben!), sondern auch seine Aufbringung war im SchBG. vom Jahre 1902 als „eigentliche Gemeindeangelegenheit" bezeichnet. Wenn eine ähnliche Erklärung im Art. 11 des neuen SchBG. auch fehlt, so hat sich doch am Wesen dieser gemeindlichen Aufgabe nichts geändert. Die „Aufbringung" des Schulbedarfes ist nicht etwa eine vom Staat übertragene Angelegenheit nach Art. 50 GemO. Darnach richtet sich auch die Staatsaufsicht im Sinne des Art. 59 ff. d. GemO. (s. Anm. 10 b zu Art. 1 oben!).

Soweit die Gemeinde den Schulbedarf aufzubringen hat, bestimmt sich die Deckung dieser Auslagen nach den Grundsätzen, die für die Deckung von Gemeindebedürfnissen überhaupt bestehen. In erster Linie sind die allenfalls vorhandenen Sondereinkünfte für Schulzwecke heranzuziehen, im Falle ihrer Unzureichenheit oder wenn solche Sondereinkünfte überhaupt nicht vorhanden sind, die allgemeinen Einkünfte, die der Gemeinde zu Gebote stehen; erforderlichen Falles sind Gemeindeumlagen zu erheben (s. Meinzolt S. 79). Der Schulbedarf ist jeweils von der gesamten Gemeinde aufzubringen. Wenn zu diesem Zwecke Umlagen erhoben werden müssen, so haben die steuerpflichtigen Bewohner aller zu der betreffenden Gemeinde gehörigen Ortschaften, auch wenn diese oder ein Teil von ihnen in verschiedene zusammengesetzte Schulsprengel eingeschult sind, die Umlagen nach dem gleichen Maßstab zu entrichten, wie die Bewohner der Gemeindeteile, für welche die Schule bestimmt ist (vgl. VGHE. vom 28. November 1924, Samml. Bd. 45 S. 90).

B. Als Sondereinkünfte der Gemeinden für Schulzwecke sind möglich:

a) Gebühren für Schluß-, Uebertritts- und Entlassungszeugnisse der öffentlichen Volksschulen (Art. 180 mit 170 Ziff. 20 des Kostenges. vom 16. Februar 1921 (GVBl. S. 134) — s. auch Ges. vom 24. Juni 1930 über die Erhebung eines Zuschlags (GVBl. S. 203) und VollzBek. vom 28. Juni 1930 (GVBl. S. 203) und Bek. d. Staatsmin. f. Unt. u. K. vom 19. Juli 1924, MABl. S. 113, Anh. Nr. 62).

b) Von den Schulpflegschaften im Verwaltungsstrafverfahren wegen Schulversäumnisse verhängte Geldstrafen (V. vom 30. September 1922, § 5 Abs. II, GVBl. S. 618; MinBek. vom 23. Juni 1923 Ziff. 18 u. 27, AMBl. S. 75, MABl. S. 56, in der Fass. d. Bek. vom 20. Juni 1930, KMBl. S. 135, Anh. Nr. 47). Diese im Verwaltungsstrafverfahren verhängten Geldstrafen sind im Gegensatze zu den im gerichtlichen Strafverfahren gem. Ziff. 29 ff. a. a. O. ausgesprochene Geldstrafen, die an die Gerichtskasse einzuzahlen sind, der Schul- oder Gemeindekasse zuzuführen.

c) Geldstrafen, die im Ordnungsstrafverfahren nach § 17 des SchAG. (mit Art. 25 d. GemO. und Art. 107 und 117 des BeamtGes.) über Mitglieder der Schulpflegschaften und der Stadtschulpflegschaften mit Ausnahme der darin kraft ihres Amtes tätigen Staatsbeamten und Geistlichen verhängt werden. Während diese Geldstrafen in der Schul- oder Gemeindekasse zu vereinnahmen sind, fließen Zwangs- und Geldstrafen, die zufolge Art. 103, 106, 107 und 123 des Volksschullehrerges. ausgesprochen werden, gem. Bek. d. Staatsmin. f. Unt. u. K. vom 20. November 1930 über die Dienstaufsicht und das Dienststrafrecht für die Volksschullehrer (KMBl. S. 182) im Hinblick auf die Bek. sämtl. Staatsmin. vom 3. Okt. 1930 (GVBl. S. 357) in die Krankenkasse für Staatsbeamte.

d) Lokalschulfonds, d. h. für Schulzwecke ausgeschiedenes, rentierendes Gemeindevermögen (Grundstockvermögen im Sinne des Art. 30 d. GemO.). Diese Lokalschulfonds können aus Kapitalien, Rechten und Grundbesitz („Schulgrundstücken" im Gegensatz zu den „Schulgärten" und „Hausgärten" — s. Anm. 7 zu Art. 19 unten) bestehen oder unterscheiden sich vom Schulstiftungsvermögen dadurch, daß ihnen keine besondere Rechtsfähigkeit zukommt. Nach den früheren GemOrdnungen (Art. 27 Abs. V und VI d. rechtsrh., Art. 20 Abs. V d. pfälz.) mußte bei jeder Gemeindegrundteilung ein besonderer Anteil für den Volksschulfond ausgeschieden werden. Eine solche Bestimmung ist in die neue GemO. nicht mehr aufgenommen worden. Die aus solchen Gemeindegrundverteilungen herrührenden und sonstige gemeindliche Schulgründe gehören aber auch jetzt noch zu den Lokalschulfonds, ebenso Grundstücke im Sinne des Art. 26 Abs. I d. SchBG. und die Ablösungsbeträge des Art. 60 Abs. I.

e) Schulstiftungsvermögen, d. h. Vermögen, das für Schulzwecke bestimmt und zum Unterschiede vom Lokalschulfond mit besonderer Rechtsfähigkeit ausgestattet ist. Die Verwaltung obliegt der Gem. nach Art. 127 a. a. O., die oberste Kuratel nach § 5 III der V. vom 27. Februar 1847 (Weber Bd. 3, S. 659) dem Staatsmin. f. Unt. u. Kultus. Streitigkeiten über Rechtsansprüche aus solchen Schulstiftungen fallen unter Art. 8 Ziff. 35 des VGG. Ueber das Verhältnis von Art. 8 Ziff. 35 zu Art. 10 Ziff. 19 d. VGG. s. die VGHE. vom 28. Juli 1882, Samml. Bd. 4, S. 148. — Stiftungsvermögen unterliegt nicht der Ablösungspflicht des Art. 60 Abs. I (s. Art. 60 Abs. II).

f) Zuschüsse und Leistungen Dritter, freiwillige und Pflichtleistungen, Pflichtleistungen Dritter aber nur, soweit sie nicht unter Art. 75 a und 76 Abs. II fielen, und trotz der Vorschriften in Art. 59 und 60 noch nicht abgelöst wurden oder nach dem 1. Januar 1920 — aber auf dem Vertragswege — neu entstanden sind. Von den zur Zeit des Inkrafttretens des Ges. (1. Januar 1920) bestehenden Pflichtleistungen sind abgesehen von den Stiftungsleistungen nur die Baulastverpflichtungen (s. Art. 59 Abs. IV mit 51 Abs. III) noch in Geltung. Ob in strittigen Fällen die Baupflicht im Verwaltungsstreitverfahren oder von den bürgerlichen Gerichten festzustellen ist, richtet sich nach der Natur des behaupteten Rechtsgrundes (s. hierüber Dyroff, Anm. 5 zu Art. 10 Ziff. 19 des VGG. und Klee-Hechtel, Anm. 4 zu Art. 10 Ziff. 19 des VGG. und die dort angegebenen Entscheidungen des Verwaltungsgerichtshofes). Hierher gehören auch die Zuschüsse zum Volksschulwesen, die nach §§ 8 mit 9 und 10 des Ges. über die gegenseitigen Besteuerungsrechte des Reichs, der Länder und der Gemeinden vom 10. August 1925 (RGBl. I, S. 252) Reichsbetriebe auf Anforderung den Wohngemeinden ihrer Arbeitnehmer zu leisten haben.

Ueber die einzelnen Arten besonderer Verpflichtungen Dritter zur Deckung des Schulbedarfs s. Anm. 4 zu Art. 57 unten.

g) Gemeindedienste (Hand- und Spanndienste) nach Art. 41 d. GemO. Bei Streitigkeiten entscheidet die unmittelbar vorgesetzte Staatsaufsichtsbehörde endgültig. Oberaufsichtsbeschwerde zum Staatsmin. d. Innern oder zum Staatsmin. f. Unt. u. Kultus (je nach dem Beschwerdegrunde) ist auch gegen die endgültige Entscheidung möglich. Der Verwaltungsgerichtshof ist nicht zuständig, insbes. kann hier nicht etwa Art. 8 Ziff. 38 d. VGG. angewendet werden (Helmreich-Rock, Anm. 27 zu Art. 41 Abs. VII; s. auch Osthelder S. 117 unten).

h) Ueber staatl. Baudarlehen und Arbeitgeberdarlehen zu Schulhausbauten mit Lehrerdienstwohnungen und zu Lehrerwohngebäuden s. Anm. 2 zu Art. 28 unten.

i) Ueber Kreiszuschüsse an bedürftige Gemeinden s. Art. 27 d. SchBG.

k) Die Mietentschädigungen, die die Volksschullehrer für die Dienstwohnungen (s. Anm. 6 c zu Art. 14), und die Entschädigungen, die sie gem. Art. 19 Abs. III d. SchBG. für die Benützung von Hausgärten an die Gemeinden zu entrichten haben.

Zu beachten: Als Sondereinnahmen für die Volksschulen kommen nicht mehr in Betracht: „Schulumlagen" d. h. Sonderumlagen für Schulzwecke (s. Fußnote zu dem aufgehobenen Art. 25 d. SchBG.) und „Schulgeld", das nach Art. 77 d. SchBG. nicht mehr erhoben werden darf.

C. Was an Schulbedarf nötig ist, bestimmen die Schulaufsichtsbehörden (s. Anm. 10 zu Art. 1 oben). In welcher Weise sie den nötigen Schulbedarf bereitstellen wollen, ist kraft ihres Selbstverwaltungsrechtes den Gemeinden überlassen (s. Anm. 9 zu Art. 1 oben). Den Schulaufsichtsbehörden gegenüber ist in jedem Falle gem. Art. 11 zunächst die Gemeinde verpflichtet. Besteht dieser gegenüber eine Verpflichtung Dritter zur Deckung des betreffenden Schulbedarfs, so kann sie nicht die Schulaufsichtsbehörden auf diesen Dritten verweisen. Kommt der Dritte seiner Verbindlichkeit nicht ohne weiteres nach, so ist es Sache der Gemeinde, sich je nach dem Rechtsgrunde der Verbindlichkeit im Verwaltungsstreitverfahren oder vor den bürgerlichen Gerichten ihr Recht zu suchen (s. Anm. 8 B, f oben).

D. Streitigkeiten über „Verbindlichkeiten zu Leistungen für den persönlichen und sächlichen Schulbedarf, insbesondere für die Bau- und Unterhaltungskosten der Schulhäuser und derjenigen Gebäude, die zugleich Schul- und Mesnerhäuser sind, sowie für die Einrichtung und Beheizung der Schulräume" sind Verwaltungsstreitsachen nach Art. 10 des VGG. Hierunter fallen nicht nur Streitigkeiten über die Verbindlichkeiten der Gemeinden nach Art. 11 d. SchBG., sondern es kommen hier alle Verbindlichkeiten in bezug auf den persönlichen und sächlichen Bedarf der Volksschule, auch von Dritten (Staat, Stiftungen, Privaten) in Betracht, wenn nur die Verbindlichkeiten öffentlich-rechtlicher Natur sind. Gleichgültig ist es auch, ob der Streit nur der Aufsichtsbehörde gegenüber geführt wird, oder ob mehrere Parteien vorhanden sind (s. Dyroff S. 461 ff. und Klee-Hechtel S. 210/211 und die in den dortigen Anmerkungen zu Art. 10 Ziff. 19 des VGG. angegebenen VGHE., insbes. Samml. Bd. 37 S. 165. Hier ist auch bemerkt: „Sofern aber die Verpflichtung der Gemeinden zu derartigen Leistungen staatsaufsichtlich festzustellen ist, bildet für Beschwerden gegen die bezüglichen staatsaufsichtlichen Verfügungen Ziff. 10 eine Sonderbestimmung gegenüber Ziff. 2 des Art. 10 (nunmehr Art. 60 Abs. VI Satz 1 der GemO.)." Gleichwohl ist die Anwendung des Art. 60 Abs. VI Satz 1 d. GemO. nicht ausgeschlossen, wenn eine Gemeinde behauptet, daß ihr Selbstverwaltungsrecht verletzt oder ihr eine gesetzlich nicht begründete Leistung auferlegt worden sei.

Zuständig ist gem. Art. 17 Abs. 5 des VGG. im ersten Rechtszuge bei mittelbaren Gemeinden in der Regel (Ausnahmen s. nächster Absatz) die Bezirksverwaltungsbehörde (FormV. vom 17. Dezember 1825 §§ 42, 43, 50, V. über die Bezirksämter vom 21. Dezember 1908 § 2 Abs. III; Verfügungen der Bezirksschulbehörde nach Ziff. 48, VI der VollzVorschr. z. SchAG. und des Bezirksschulrates nach Ziff. 48, VIII a. a. O. sind keine instanziellen Entscheidungen im Verwaltungsstreitverfahren, sondern nur als Anregungen zu werten. Im zweiten Rechtszuge entscheiden gem. § 50 d. FormV. vom 17. Dezember 1825 mit Art. 10 (Eingang) des VGG. die Regierungen, K. d. J.

Im ersten Rechtszuge zuständig sind die Regierungen, K. d. J., bei unmittelbaren Städten in Anwendung der allgemeinen Grundsätze über den Gerichtsstand der Staatsaufsichtsgewalt nach Art. 59 u. 60 d. GemO. (s. Dyroff S. 462, Anm. 4 d zu Art. 10 Ziff. 19 d. VGG.).

Bei Streitigkeiten über die öffentlich-rechtliche Baupflicht der Kirchenstiftung oder der Kirchengemeinde an einem Schul- und Mesnerhaus entscheidet in erster Instanz die Staatsaufsichtsbehörde, also Bezirksamt oder die Regierung, je nachdem es sich um mittelbare oder unmittelbare Gemeinden handelt. Die Zuständigkeit ergibt sich aus Art. 81 Abs. I Satz 2 und Art. 73 d. KirchengemO. (s. Dyroff S. 462, Anm. 4 c und S. 464 ff. Anm. 5 zu Art. 10 Ziff. 19). Der Instanzenweg ist nach Art. 80 Abs. III d. KirchengemO.: Bezirksamt, Regierung, VGH. oder Regierung, VGH.

Erstinstanziell zuständig ist die Regierung, K. d. J., nach der Sondervorschrift des § 43 der FormV. vom 17. Dezember 1825 zur Ausmittelung zweckmäßiger Schulgebäude in allen Fragen, die sich auf Neubauten und Erweiterungsbauten von Schulhäusern beziehen. Doch ist bei mittelbaren Gemeinden die erstinstanzielle Zuständigkeit die Regierung nur im schulaufsichtlichen Verfahren über die Neuerrichtung oder den Erweiterungsbau eines Schulhauses, nicht aber bei einem Streit über die Bereitstellung der Mittel hiefür gegeben. In einem Verwaltungsstreitverfahren über die Tragung der Kosten für einen Schulhausneubau nach Art. 10 Ziff. 19 d. VGG. wäre die Regierung zufolge § 50 der FormV. vom 17. Dezember 1925 zweite Instanz (s. VGHE. Samml. Bd. 16, S. 15). In einem staatsaufsichtlichen Verfahren gegen eine mittelbare Gemeinde nach Art. 60 d. GemO. wäre die Regierung als Instanz überhaupt ausgeschaltet, da gem. Abs. VI a. a. O. die Beschwerde gegen den bezirksamtlichen Beschluß ohne weiteres an den Verwaltungsgerichtshof geht.

Wegen der Zuständigkeit in dem besonderen Beschwerdeverfahren nach Art. 5 bei zusammengesetzten Schulsprengeln s. Anm. 2, 5 u. 9 zu Art. 5 oben.

Der Verwaltungsgerichtshof ist — im zweiten oder dritten Rechtswege — nur soweit zuständig, als es sich um bestrittene öffentlich-rechtliche Verbindlichkeiten handelt. Ueber Ermessensfragen, wozu vor allem die Festsetzung der Notwendigkeit, Art und Größe des Schulbedarfs gehört (s. Anm. 10 zu Art. 1 oben), hat er gem. Art. 13 Abs. I Ziff. 3 d. VGG. nicht zu befinden.

Wenn Grund und Höhe der Verpflichtungen einer Gemeinde in einem Verfahren nach Art. 10 Ziff. 19 d. VGG. oder nach Art. 60 Abs. VI Satz 1 der GemO. rechtskräftig entschieden ist und die Gemeinde sich trotzdem weiterhin weigert, nach Art. 11 d. SchBG. die für die Deckung des Schulbedarfs erforderlichen Mittel bereitzustellen, kann gem. Art. 60 Abs. VI Satz 2 d. GemO. eine Verfügung zum Vollzuge der rechtskräftig festgestellten Verpflichtung erlassen, z. B. der nötige Aufwand in den gemeindlichen Haushaltungsvoranschlag eingestellt werden. Hier handelt es sich um ein neues Verwaltungsverfahren, bei dem eine Zuständigkeit des VGH. ausgeschlossen ist.

E. Bestreiten einzelne Gemeindeangehörige den Gemeinden gegenüber ihre Verpflichtung zur Aufbringung des Schulbedarfes durch Gemeindeumlagen beizutragen, so fallen diese Streitigkeiten unter Art. 8 Ziff. 38 d. VGG. Hier ist im ersten Rechtszuge die der Gemeinde unmittelbar vorgesetzte Verwaltungsbehörde, im zweiten gem. Art. 9 Abs. I d. VGG. in der Fass. des Ges. vom 7. März 1924, Art. 2 (GVBl. S. 65) d. VGH. zuständig.

Darüber wie beim Ineinandergreifen von Streitigkeiten, die unter verschiedene Ziffern des VGG. (z. B. Art. 10 Ziff. 17 — Zugehörigkeit zum Schulverband und Schulsprengel —) fallen, zu verfahren ist, s. Anm. 10 b zu Art. 1 und Anm. 2 zu Art. 2 oben.

Art. 12[1]. I Bei zusammengesetztem Schulsprengel[2]) obliegen die Verpflichtungen, die dieses Gesetz den Gemeinden[3]) auferlegt, den ganz oder mit Teilen zum Schulsprengel gehörenden Gemeinden[4]).

II Soweit der Bedarf für die Sprengelschule nicht durch ihre eigenen Einnahmen, durch die Renten und Nutzungen eines besonderen Schul- oder Stiftungsvermögens[5]) oder durch Leistungen des Staates, der Kreise oder Dritter[6]) gedeckt ist, wird er auf die zum Schulsprengel gehörenden Gemeinden (Abs. I) je zur Hälfte nach der Kopfzahl der Schulkinder im Schulsprengel[7]) und nach dem Verhältnisse der Steuerbeträge verteilt, mit denen die Beteiligten[8]) im Schulsprengel zur Einkommen-[9]) und zur Körperschaftssteuer[10]), Grundsteuer[11]), Haussteuer[12]), Gewerbsteuer[13]) und Steuer vom Gewerbebetrieb im Umherziehen[14]) veranlagt sind [15]). Durch übereinstimmende Beschlüsse der Verwaltungen der zum Schulsprengel gehörenden Gemeinden und der verstärkten Gemeindeverwaltung [16]) kann vereinbart werden, daß der ungedeckte Bedarf für die Sprengelschule nach einem anderen als dem im Satz 1 bestimmten Verteilungsmaßstab auf die Gemeinden verteilt wird [17]) [18]).

1. Die Fassung des Art. 12 hat seit dem Inkrafttreten des Gesetzes schon zweimal eine Abänderung erfahren. Die ursprüngliche Fassung vom 14. August 1919 lautete:

Art. 12.

I. Bei zusammengesetztem Schulsprengel obliegen die Verpflichtungen, die dieses Gesetz den Gemeinden auferlegt, den am Schulsprengel beteiligten Gemeinden.

II. Soweit der Bedarf für die Sprengelschule nicht durch ihre eigenen Einnahmen, durch die Renten und Nutzungen eines besonderen Schul- oder Stiftungsvermögens oder durch Leistungen des Staates, der Kreise oder Dritter gedeckt ist, wird er auf die am Schulsprengel beteiligten Gemeinden nach dem Verhältnisse der Steuerbeträge verteilt, die sich im Schulsprengel für die Gemeindeumlagen der Beteiligten nach den Art. 24 und 25 des Umlagengesetzes ergeben."

Art. 45 des Ges vom 30. Juni 1921 zum Vollzuge des Landessteuergesetzes vom 30. März 1920 (RGBl. S 402) — GVBl. 1921 S. 361 — besagte:

„Das Schulbedarfgesetz vom 14. August 1919 wird geändert wie folgt:

1. Im Art. 12 Abs. II werden die Worte „die sich im Schulsprengel für die Gemeindeumlagen der Beteiligten nach den Art. 24 und 25 des Umlagengesetzes ergeben" ersetzt durch die Worte: „mit denen die Beteiligten am Schulsprengel zur Einkommensteuer veranlagt sind".

Die nunmehrige Fassung hat Art. 12 durch das Gesetz vom 24. April 1928 zur Aenderung des Art. 12 des Schulbedarfgesetzes in der Fassung nach Art. 45 Ziff. 1 des Gesetzes vom 30. Juni 1921 (GVBl. S. 361) — GVBl. 1928 S. 323 — erhalten.

In dem einschlägigen Art. 2 des SchBG. von 1902 hieß es unter Abs. I, Buchst. b:

„Die Verteilung des ... nicht gedeckten Bedarfs auf die einzelnen ganz oder mit Teilen zum Schulsprengel gehörenden politischen Gemeinden nach dem Verhältnisse der im Schulsprengel von den Beteiligten zu erhebenden oder zu berechnenden direkten Steuern"; — Ueber die Veranlassung zu diesen Aenderungen s. Anm. 15 unten.

2. S. Art. 2 Abs. I d. Ges.

3. Den polit. Gemeinden im Sinne des Art. 1 d. GemO. (s. auch Anm. 4 zu Art. 1 d. SchBG. oben).

4. Mit dieser Regelung ist, wie schon im Ges. von 1902, so auch im neuen SchBG. für die zusammengesetzten „Schulsprengel das sog. Gemeindeprinzip" im Gegensatz zum sog. „Sprengelprinzip" aufrecht erhalten (s. Anm. 2 zu Art. 2 oben).

Die Verpflichtungen treffen stets die beteiligten Gemeinden und nicht etwa nur die beteiligten Teile (Ortschaften, Einzelpersonen; s. die Bek. vom 16. Dezember 1928 (GVBl. S. 429, Anhang Nr. 85) Ziff. I und Anm. 15 unten. Gemeindebeschlüsse, die dagegen verstoßen, können staatsaufsichtlich nur dadurch beseitigt werden, daß die **Gemeinden** aufgefordert werden ihre gesetzliche Verpflichtung zu erfüllen (vgl. VGHE. vom 22. Juni 1904 Samml. Bd. 25 S. 382). Eine Gemeinde, die infolge Weigerung der übrigen am Schulsprengel beteiligten Gemeinden einen Schulhausneubau allein aufführt, hat einen Ersatzanspruch gegen diese (VGHE. vom 22. Februar 1905, Samml. Bd. 26 S. 217).

5. Eigene Einnahmen und ein Sondergut des Schulsprengels nach Art eines Gesellschaftsvermögens im Sinne des § 718 BGB. sind möglich (s. Anm. 10 zu Art. 3 oben). Aber auch die einzelnen Gemeinden, die am Schulsprengel beteiligt sind, können ein besonderes Vermögen zu Schulzwecken besitzen (s. „Lokalschulfonds" und „Schulstiftungsvermögen" in Anmerk. 8 B, d zu Art. 11 oben). Seiler bemerkt hierzu:

„Der „**Schulfond** oder Teile desselben können im ausschließlichen Eigentum der Schulsitzgemeinde oder einer anderen beteiligten Gemeinde oder im Eigentum mehrerer beteiligter Gemeinden stehen; diese Verschiedenheit der Eigentumsverhältnisse kann ohne Schaden für die Schule bestehen, da ja die Einheitlichkeit der Nutzung durch den Zweck des Schulvermögens gegeben ist — Seydel III S. 673. Im Zweifel — soweit nicht besondere Rechtsverhältnisse nachweisbar sind — ist indessen Miteigentum der am Schulsprengel beteiligten Gemeinden anzunehmen ... Ebenso kommt die Verwaltung des Schulvermögens in zusammengesetzten Schulsprengeln regelmäßig der verstärkten Gemeindeverwaltung zu; bei Finanzvermögen im ausgeschiedenen Eigentum der einzelnen Gemeinde wird aber meist die Verwaltung der betreffenden Einzelgemeindeverwaltung zukommen, so daß nur der Ertrag der Sprengelschulgemeinschaft zufließt — Seydel a. a. O., vgl. auch Bl. f. a. P. Bd. 36, S. 33.

Ein unter Herrschaft der älteren Gemeindegesetzgebung bei Gemeindegrundteilungen für die Schule ausgeschiedener Anteil verbleibt im Eigentum der verteilenden Gemeinde, wogegen die Nutzung desselben jener Schule zufließt, welche jeweils von den Kindern dieser Gemeinde besucht werden muß; VGE. XII S. 373. Dasselbe gilt für neuere Gemeindegrundteilungen nach Art. 27/20 der GemO. (v. J. 1869); Kahr, GemO. Art. 27 Note 16; bezüglich des älteren Rechts vgl. auch noch BlfaP. Bd. 14 S. 253. Zur Frage der Zuständigkeit für Entscheidung derartiger Eigentumsstreitigkeiten vgl. CC. 6. Dezember 1869 RBl. 1870 S. 33.

... Das **Schulstiftungsvermögen**, dessen Renten für die Sprengelschule bestimmt sind, wird regelmäßig gleichfalls von der verstärkten Gemeindeverwaltung verwaltet werden vorbehaltlich besonderer Rechtsverhältnisse. Möglich sind indessen auch Stiftungen, deren Renten nicht zum besten der Sprengelschule als solcher, sondern nur zur Entlastung einer der am Schulsprengel beteiligten Gemeinden bei Aufbringung des sie treffenden Bedarfsanteils bestimmt sind; derartige Stiftungen hat naturgemäß nicht die verstärkte Gemeindeverwaltung, sondern die Verwaltung der betreffenden stiftungsberechtigten Gemeinde selbst zu verwalten (Seiler S. 110/111, Anmerk. 6 u. 7 zu Art. 2).

6. Vgl. Anm. 8 B zu Art. 11 oben.

7. **Schulkinder**: d. h. die nach der V. vom 22. Dezember 1913 (GVBl. S. 957, KMBl. S. 351) § 1 schulpflichtigen Kinder, die in dem Schulsprengel wohnen und zu der betreffenden Sprengelschule als Volkshaupt- oder Volksfortbildungsschüler zuständig sind. Eine Einschränkung auf die volkshauptschulpflichtigen Kinder wie in den Art. 8, 9 und 10 ist in Art. 12 nicht vorgesehen.

Gastschüler, die nur ausnahmsweise, ohne förmlich ausgeschult zu sein, eine Nachbarschule besuchen, sind in die Kopfzahl der Schulkinder des Schulsprengels einzurechnen, in dem sie wohnen, nicht in die Kopfzahl der Schulkinder des Schulsprengels, dessen Schule sie besuchen. Nicht mitzuzählen sind Kinder, die vom Besuch der Volksschule nach §§ 17 u. 18 der SchulpflV. vom 22. Dezember 1913 vom Besuch der Volksschule befreit sind. Maßgebend ist die Schülerzahl am 1. Oktober des Haushaltsjahres, für das die Verteilung des Schulbedarfes erfolgt (Bek. vom 10. Dezember 1928 Ziff. II, 3).

8. „Unter den Beteiligten sind dabei die einzelnen natürlichen und juristischen Personen zu verstehen, die in der betreffenden Gemeinde oder dem betreffenden Gemeindeteil mit den in Art. 12 Abs. II des Schulbedarfgesetzes aufgeführten Steuern veranlagt sind. Maßgebend ist sohin das Steuersoll (s. Bek. vom 10. Dezember 1928 Ziff. II, 5).

Bei Bekenntnisschulen mit nach Bekenntnissen getrennten Schulsprengeln kommen als Beteiligte gemäß § 6 der Verordnung vom 26. August 1883, die Errichtung der Volksschulen und die Bildung der Schulsprengel betreffend, von den natürlichen Personen nur die Bekenntnisgenossen in Betracht" (Begründung, Verh. d. Bay. Landtags 1927/28, BeilBd. VIII, Beil. 3732 S. 46 und Bek. vom 10. Dezember 1928 Ziff. II, 4). Bei Mischehen ist das Bekenntnis der Eltern, nicht das allenfallsiger Kinder maßgebend. Wenn z. B. der Ehemann katholisch und die Ehefrau evangelisch ist, so sind für eine katholische Bekenntnisschule mit nach Bekenntnissen getrenntem Schulsprengel die Steuerbeträge des Ehemannes zur Hälfte heranzuziehen. Juristische Personen sind in solchen Fällen mit dem Bruchteil des Steuersolls heranzuziehen, der dem Anteile der betreffenden Bekenntnisangehörigen an der Gesamteinwohnerzahl der in Betracht kommenden Gemeinde oder des Gemeindeteils entspricht (s. Bek. vom 10. Dezember 1928 Ziff. II, 11 und Art. 9 Ziff. 4 u. 5 des relig. Steuerges. vom 1. August 1923 (GVBl. S. 351) in der Fass. vom 27. Juni 1927 (GVBl. S. 223). Um endlich in Sprengeln mit verschiedenen Bekenntnisschulen auch im Sprengelgebiete veranlagte natürliche Personen einbeziehen zu können, die keinem der betreffenden Bekenntnisse angehören (darauf, ob und wo Kinder der Beteiligten die Schule besuchen, kommt es bei der „Beteiligung im Schulsprengel" nicht an), ist nach Art. 12 Abs. II, Schlußsatz, zu verfahren.

Nicht als „Beteiligte" zu zählen sind die Personen, die eine christl. Bekenntnissonderschule nach Art. 33 oder als Mitglieder einer israelitischen Glaubensgemeinschaft eine israelitische Volksschule nach Art. 36 d. SchBG. unterhalten (vgl. Seiler S. 112 unten und S. 113, Abs. 2 von oben; s. aber v. Lex in s. Aufsatz „die Verteilung des Schulbedarfes im zusammengesetzten Schulsprengel", BayGemVZ. 39. Jahrg. S. 151).

9. Einkommensteuergesetz vom 10. August 1925 mit den Aenderungen vom 19. Dezember 1925, 26. Februar 1926, 31. März 1926, 22. Dezember 1927 und 23. Juli 1928 (RGBl. I 1925 S. 189, 469; 1926 S. 107, 185; 1927 S. 485; 1928 S. 290) in Verbindung mit dem Finanzausgleichgesetz i. d. Fass. vom 27. April 1926 (RGBl. I S. 203) und vom 9. April 1927 §§ 25—32 (RGBl. I S. 91) — s. Bek. vom 10. Dezember 1928 Ziff. II, 6.

10. Körperschaftssteuergesetz vom 10. August 1925 (RGBl. I S. 208). So auch Bek. vom 10. Dezember 1928 Ziff. II, 6.

11. Grundsteuergesetz in der Fass. vom 4. November 1910 (GVBl. S. 1029) mit den Aenderungen vom 27. Juli 1921 (GVBl. S. 411) und vom 18. Juli 1923 (GVBl. S. 237) — vgl. auch V. vom 5. Mai 1924 (GVBl. S. 153) — Bek. vom 10. Dezember 1928 Ziff. II, 7.

12. Haussteuergesetz in der Fass. vom 4. November 1910 (GVBl. S. 1029) mit den Aenderungen vom 17. August 1918, 16. August 1919, 27. Juli 1921 und 18. Juli 1923 (GVBl. 1918 S. 423, 858; 1919 S. 564; 1921 S. 412 und 1923 S. 237), V. vom 27. Dezember 1923 (GVBl. S. 414), vgl. d. V. vom 31. März 1924 (GVBl. S. 133) — Bek. vom 10. Dezember 1928 Ziff. II, 8.

13. Gewerbsteuergesetz vom 9. Juli 1926 in der Fass. d. MinBek. vom 10. August 1926 (GVBl. S. 388), Art. 13 Abs. II mit Art. 14—16 des Vollzugsges. zum Finanzausgleichsges. in der Fass. vom 29. Juli 1927 (GVBl. S. 283), vgl. auch Bek. vom 9. Oktober 1926 (GVBl. S. 501) — Bek. vom 10. Dezember 1928 Ziff. II, 9.

14. Gesetz über die Besteuerung des Gewerbebetriebs im Umherziehen vom 10. März 1879/20. Dezember 1897 in der Fass. der Bek. vom 6. August 1921 (GVBl. S. 439 ff.) und d. Verordn. d. Gesamtmin. vom 31. Dezember 1923 Nr. 73 970[1] Ziff. II (GVBl. 1924 S. 1 ff.) mit der Aenderung vom 19. Dezember 1924 (GVBl. S. 240) — Bek. vom 10. Dezember 1928, Ziff. II, 10.

15. Im Gegensatz zu den bisherigen Regelungen kommen nunmehr zwei Verteilungsmaßstäbe, Zahl der Schulkinder und steuerliche Leistungsfähigkeit, je zur Hälfte zur Anwendung.

Der Verteilungsmaßstab der direkten Steuern des Ges. von 1902 (Art. 2b) — die zu berücksichtigenden direkten Steuern waren die Grundsteuer, Haussteuer, Gewerbesteuer, Steuer vom Gewerbebetrieb im Umherziehen, Kapitalrentensteuer und Einkommensteuer, s. Seiler Anm. 11b zu Art. 2, S. 113 — wurde im Ges. vom 14. August 1919 nicht aufgegeben, sondern nur durch die auf jenen Steuern fußenden Gemeindeumlagen nach Maßgabe des Umlagengesetzes vom 14. August 1910 (GVBl. S. 581) in der Fass. vom 17. August 1918 (GVBl. S. 425) ersetzt. Die grundstürzende Aenderung des Steuerrechts in Reich und Ländern durch das Landessteuergesetz vom 30. März 1920 (RGBl. S. 402) zwang zur Aufhebung des Umlagengesetzes und damit auch zur Einführung eines anderen Verteilungsmaßstabes für die zusammengesetzten Schulsprengel. Es wurde als solcher die Einkommensteuer gewählt (Ges. vom 30. Juni 1921, Art. 45 Ziff. 1 und Art. 48 Abs. II, GVBl. S. 361). Aber auch bei dieser Regelung konnte es nicht auf längere Dauer sein Bewenden haben, da infolge der Entwicklung der Einkommensteuergesetzgebung bald ein nicht geringer Teil der Bevölkerung, insbesondere der landwirtschaftlichen, nicht mehr einkommensteuerpflichtig war. Dies führte bei der Verteilung des Schulbedarfes in zusammengesetzten Schulsprengeln namentlich dann zu großen Härten, wenn Gemeinden mit verschiedener steuerlicher Leistungsfähigkeit oder mit überwiegend landwirtschaftlicher Bevölkerung einerseits und überwiegend industriell oder gewerblich beschäftigten Bewohnern anderseits zusammentrafen (vgl. Begründung, Verh. d. Landt. 1927/28, BeilBd. VIII, Beil. 3732, S. 459).

Es schien gerecht, vor allem die wirkliche Inanspruchnahme einer Schule in Betracht zu ziehen und deshalb die Kopfzahl der Schulkinder mitsprechen zu lassen, anderseits sollte daneben aber auch die Leistungsfähigkeit und Steuerkraft der beteiligten Gemeinden berücksichtigt werden und zwar um alle Verhältnisse zu treffen, als Schlüssel nicht nur die Veranlagung zur Reichs-Einkommen- und Reichs-Körperschaftssteuer, sondern auch zu den bayerischen Ertragsteuern genommen werden. So kam es zur Fassung des Ges. vom 24. April 1928 (GVBl. S. 323), das mit Rückwirkung vom 1. April 1927 an in Kraft trat.

Zu beachten ist, daß der ungedeckte Bedarf auf die am Schulsprengel beteiligten Gemeinden zu verteilen ist und nicht etwa den einzelnen am Schulsprengel beteiligten natürlichen und juristischen Personen oder einzelnen Gemeindeteilen (Ortschaften, Weilern usw.) zur unmittelbaren Bestreitung überbürdet werden darf. Es handelt sich ausschließlich darum, beim zusammengesetzten Schulsprengel einen Maßstab zu haben, nach welchem sich der Lastenanteil der beteiligten Gemeinden errechnet. Ist der Anteil hiernach festgestellt, dann ist er von der einzelnen Gemeinde bezw. von den Gemeindeangehörigen ohne Unterschied des Bekenntnisses genau so zu tragen, wie in einer Gemeinde, deren Markung sich mit dem Schulsprengel deckt, für den ungedeckten Bedarf ihrer Gemeindeschule aufzukommen hat.

Richtlinien zur Handhabung der Bestimmungen des Art. 12 in der neuen Fassung enthält die „Begründung" (a. a. O. S. 460/461), in der es heißt:

„In den nach Art. 81 des Schulbedarfgesetzes vom Staatsministerium für Unterricht und Kultus zu erlassenden Vollzugsbestimmungen (s. nunmehr die Bekanntmachung des Staatsministeriums für Unterricht und Kultus vom 10. Dezember 1928 zum Vollzuge des Art. 12 des Schulbedarfgesetzes vom 14. August 1919 in der Fassung des Gesetzes vom 24. April 1928 (GVBl. S. 323 — GVBl. 1928 S. 429, Anhang Nr. 85) werden folgende Fragen zu regeln sein:

a) Der vom Gesetze gewählte Verteilungsmaßstab berücksichtigt die tatsächliche Ausnützung der Schule durch die Gemeinden und Gemeindeteile und deren Leistungsfähigkeit. Hieraus ergibt sich, daß nicht die Schülerzahl und das Steuersoll eines vorhergehenden, sondern des laufenden Schul- und Haushaltjahres der endgültigen Verteilung des Schulbedarfes zugrunde zu legen sind.

b) Das Verhältnis der Steuerbeträge, mit denen die Beteiligten im Schulsprengel zur Einkommen- und Körperschaftsteuer veranlagt sind, ergibt sich aus dem für das in Betracht kommende Haushaltjahr bei den Finanzämtern zu erholenden Rechnungsanteil der Gemeinden und Gemeindeteile an der Einkommensteuer und Körperschaftsteuer (vgl. § 24 ff. des Finanzausgleichgesetzes in der Fassung vom 9. April 1927, RGBl. Teil I S. 91). Es empfiehlt sich nicht den sogenannten reinen Rechnungsanteil zugrunde zu legen, der sich gemäß Art. 1 des Vollzugsgesetzes zum Finanzausgleichgesetz vom 28. April 1924 (GVBl. S. 157) für die Gemeinden ergibt. Hierdurch könnte die Möglichkeit eintreten, daß gerade wohlhabende Gemeinden deshalb, weil sie in den Jahren 1912 bis 1919 keine oder nur geringe Umlagen erhoben haben, zu den Lasten der Sprengelschule wesentlich weniger beitragen müßten als die übrigen Sprengelgemeinden, in denen hierfür hohe Umlagen erhoben worden sind und infolgedessen jetzt auch ein höherer reiner Gemeinderechnungsanteil besteht.

Den Finanzämtern ist nur der Rechnungsanteil für die Gemeinden, nicht aber für die einzelnen Gemeindeteile (Ortschaften usw.) bekannt; der vom Rechnungsanteil einer Gemeinde auf eine Ortschaft usw. entfallende Teil muß demnach erst berechnet werden. Zu diesem Zwecke ist das Steuersoll an Einkommensteuer und Körperschaftssteuer der ganzen

Gemeinde mit dem Steuersoll der betreffenden Ortschaft usw. zu vergleichen und hierauf der auf die Ortschaft usw. treffende Teil des Rechnungsanteiles der Gemeinde festzusetzen.

c) Bei den bayerischen Ertragssteuern sind die auf die Gemeinden und die eingeschulten Gemeindeteile treffenden Steuersummen bei den Finanzämtern zu erholen.

d) Bei Bekenntnisschulen mit nach Bekenntnissen getrennten Schulsprengeln ist nur der auf die Bekenntnisgenossen treffende Teil der Rechnungsanteile und der Steuersummen zugrunde zu legen. Es ist hier ähnlich zu verfahren, wie in Ziff. b am Schlusse angeführt. Das Steuersoll juristischer Personen ist hierbei nur mit dem Bruchteil anzusetzen, der sich aus dem Anteile des betreffenden Bekenntnisses an der Gesamteinwohnerzahl der politischen Gemeinde ergibt (vgl. die entsprechende Regelung in Art. 9 Ziff. 5 des religionsgesellschaftlichen Steuergesetzes vom 1. August 1923, GVBl. S. 351; neue Fass. vom 27. Juni 1927, GVBl. S. 223).

e) Folgendes Beispiel soll die praktische Auswirkung der neuen Regelung zeigen:

Die katholische Sprengelschule A mit nach Bekenntnissen gemischtem Schulsprengel umfaßt die politische Gemeinde A und die Ortschaft C der politischen Gemeinde B. Der ungedeckte Bedarf der Sprengelschule für das Haushaltjahr 1927 beträgt 2000 *RM*.

Die Gemeinde A hat (am 1. Oktober 1927) 80, die der Ortschaft C 20 Schulkinder (aufzuweisen). Die eine Hälfte des Schulbedarfes (1000 *RM*) ist daher zu $^4/_5$ — oder 80 v. H. — von der politischen Gemeinde A und zu $^1/_5$ — oder 20 v. H. — von der politischen Gemeinde B zu bestreiten.

Für die Gemeinde A beträgt (das für die Verteilung des Schulbedarfes maßgebende) der Rechnungsanteil der

Einkommensteuer (Einkommensteuersoll)	8000
Der Rechnungsanteil an der Körperschaftsteuer (Körperschaftsteuersoll)	100
Die Steuersumme der Grundsteuer (Grundsteuersoll)	200
Die Steuersumme der Haussteuer (Haussteuersoll)	300
Die Steuersumme der Gewerbsteuer (Gewerbsteuersoll)	400
Die Steuersumme der Steuer vom Gewerbebetrieb im Umherziehen (diese kann wegen ihrer Geringfügigkeit in der Regel außer Betracht bleiben) — Hausiersteuersoll —	—
Gesamtsumme	9000

Für die Ortschaft C der Gemeinde B beträgt (das für die Verteilung des Schulbedarfes maßgebende)

der Rechnungsanteil an der Einkommensteuer (Einkommensteuersoll)	1000
der Rechnungsanteil an der Körperschaftsteuer (Körperschaftsteuersoll)	—
die Steuersumme der Grundsteuer (Grundsteuersoll)	100
die Steuersumme der Haussteuer (Haussteuersoll)	200
die Steuersumme der Gewerbsteuer (Gewerbsteuersoll)	200
die Steuersumme der Steuer vom Gewerbebetrieb im Umherziehen (Hausiersteuersoll)	—
Gesamtsumme	1500

Das Verhältnis der Steuerbeträge, mit denen die Beteiligten im Schulsprengel zur Einkommensteuer (und zur) Körperschaftsteuer, Grundsteuer, Haussteuer, Gewerbsteuer und Steuer vom Gewerbebetrieb im Umherziehen veranlagt sind, beträgt sonach 9000 : 1500. Die zweite Hälfte des Schulbedarfs (1000 *RM*) ist daher zu $^6/_7$ (86 v. H.) von der politischen Gemeinde A, zu $^1/_7$ (14 v. H.) von der politischen Gemeinde B zu bestreiten. (Gleichlautend bis auf die in Klammern angedeuteten Aenderungen das Beispiel in der Bek. vom 10. Dezember 1928, Ziff. II, 12).

Ein während des Jahres auftretender außerordentlicher Bedarf ist in gleichem Maßstab auszuteilen (a. a. O. Ziff. II, 13).

f) Würde es sich bei dem in e behandelten Beispiel um eine katholische Bekenntnisschule mit nach Bekenntnissen getrenntem Schulsprengel handeln, würde der Schulsprengel also lediglich die Katholiken der politischen Gemeinde A und der Ortschaft C umfassen, so wäre beim Finanzamte der für die katholischen Steuerpflichtigen der Gemeinde A und der Ortschaft C je sich ergebende Anteil an den Rechnungsanteilen der Einkommensteuer zu erholen und der Berechnung zugrunde zu legen *.

g) Der so berechnete Verteilungsschlüssel wird jeweils für das folgende Haushaltjahr der Verteilung des ungedeckten Schulbedarfes als vorläufiger Maßstab zugrunde zu legen sein. Die endgültige Austeilung des Schulbedarfes kann erst am Schlusse des Rechnungsjahres nach Vorliegen der genauen Ziffern erfolgen. Die Praxis wird übrigens vielfach von nachträglicher Ausgleichung absehen, da das Interesse an der Ausgleichung mit der aufzuwendenden Mühe meist nicht in Einklang stehen wird (s. nun Bek. vom 10. Dezember 1928 Ziff. II, 14).

16. Sollte heißen: „des verstärkten Gemeinderates", s. Anm. 5 zu Art. 2 oben.

17. Der Schlußsatz wurde angefügt, um den beteiligten Gemeinden gesetzlich die Möglichkeit zu geben, in den Fällen, in denen etwa, wie namentlich bei Bekennntnisschulen mit nach Bekenntnissen getrenntem Schulsprengel, die Beschaffung der Unterlagen für die Verteilung des Schulbedarfes größeren Schwierigkeiten begegnen oder umgekehrt auch schon die Anwendung eines einfachen Maßstabes eine befriedigende Verteilung des Schulbedarfes herbeiführen könnte, einen solchen zu benützen. Den beteiligten Gemeinden soll dabei in der Wahl des Verteilungsmaßstabes, der anstatt der gesetzlichen Regel eintritt, freie Hand gelassen werden. In Betracht kommen wird dabei in erster Linie die Verteilung des ungedeckten Bedarfes für die Sprengelschule entweder nach der Zahl der Schulkinder im Schulsprengel oder nach der Veranlagung zu den bayerischen Ertragsteuern oder je zur Hälfte nach diesen beiden Maßstäben oder auch nach

* Es kann aber auch vorkommen, daß beispielsweise zu einer Bekenntnisschule mit nach Bekenntnissen gemischter Bevölkerung innerhalb der Schulsitzgemeinde lediglich die Bekenntnisangehörigen der Nachbargemeinde eingeschult werden. Angenommen, es würden in die katholische Bekenntnisschule der überwiegend katholischen Gemeinde A die Katholiken der konfessionell stark gemischten Ortschaft C der politischen Gemeinde B eingeschult, so daß ein zusammengesetzter nach Bekenntnissen gemischter Schulsprengel entstünde, so wäre der Anteil an der Tragung des ungedeckten Schulbedarfs der Gemeinde A nach dem obigen Beispiel unter e, der der Gemeinde B nach dem Beispiel unter f festzustellen.

einem frei vereinbarten Verhältnisse der von den beteiligten Gemeinden zu tragenden Hundertanteile. Die Anwendung dieser einfacheren Verteilungsmaßstäbe soll jedoch nur zulässig sein, wenn sämtliche am Schulsprengel beteiligten Gemeinden hiermit einverstanden sind. Außerdem ist die Zustimmung des verstärkten Gemeinderates erforderlich, dem nach Art. 3 Abs. II Ziff. 2 des Schulbedarfgesetzes die Verteilung des Bedarfes für die Sprengelschule obliegt" („Begründung" S. 461 u. Bek. vom 10. Dezember 1928 Ziff. III, 15).

Vereinbart muß die Abänderung des gesetzlichen Verteilungsmaßstabes sein. Durch bloßes Herkommen kann weder der gesetzliche, noch ein vereinbarter Verteilungsmaßstab abgeändert werden (s. auch Bek. vom 10. Dezember 1928 Ziff. 16); dagegen sind Vorausleistungen einzelner Gemeinden auf Grund besonderen Rechtstitels nach wie vor statthaft (s. VGHE. vom 22. Februar 1905, Samml. Bd. 26 S. 217).

Ueber die Rechtsnatur dieser Vereinbarung — ob sie einen öffentlich-rechtlichen Vertrag oder eine rechtssetzende Vereinbarung darstellt — s. von Lex in d. BayGemVZ., 39. Jahrg. S. 414 ff. Es dürfte, da ein allzu häufiger störender Wechsel nicht erwünscht sein kann, naheliegen, zu verlangen, daß auch bei Wiederaufhebung des vereinbarten Verteilungsmaßstabes die gleichen übereinstimmenden Beschlüsse vorliegen müssen wie bei der Einführung. Dies wäre aber nur bei einer rechtssetzenden Vereinbarung der Fall, nicht bei einem öffentlich-rechtlichen Vertrag, der wie jeder Vertrag grundsätzlich einseitig kündbar ist.

18. Streitigkeiten über die „Verteilung und Aufbringung des Schulbedarfs in Schulsprengeln, die aus mehreren Gemeinden oder Bestandteilen von solchen bestehen", sind gem. Art. 10 Ziff. 20 d. VGG. zu entscheiden (auch bei vereinbartem Verteilungsmaßstab — s. Bek. vom 10. Dezember 1928 Ziff. III, 16).

Zuständig ist in erster Instanz die zunächst zuständige Staatsaufsichtsbehörde (Art. 3 Abs. II, Ziff. 2 u. Art. 5 Abs. II d. SchBG.), also meist ein Bezirksamt, wenn aber die Schulsitzgemeinde eine unmittelbare Stadt ist, die Regierung, K. d. J. Zweite Instanz ist in den ersteren Fällen gem. Art. 5 Abs. III d. SchBG. die Regierung, dritte gem. Art. 10 Ziff. 20 der VGH. In den Fällen, in denen die Regierung in erster Instanz entscheidet, ist der VGH. zweite Instanz (s. Dyroff S. 472 ff. u. Klee-Hechtel S. 211 und die dort angeführten VGHE.).

Besteht der Streit nicht über die Verteilung, sondern darüber, ob eine Gemeinde ihren Anteil schon entrichtet hat, so ist ein staatsaufsichtliches Verfahren nach Art. 60 der GemO. herbei- und durchzuführen (s. Osthelder S. 134 Anm. 5 c zu Art. 12).

Streitigkeiten, die sich bei Aenderungen im Bestande von Schulverbänden (d. i. zusammengesetzten Schulsprengeln, s. VGHE. 12 S. 501) über die Teilung oder Auseinandersetzung des Schulvermögens ergeben, sind gem. Art. 11 Abs. I d. VGHG. durch schiedsrichterliche Entscheidung zu schlichten.

Erste Instanz ist bei Beteiligung einer unmittelbaren Gemeinde eine vom Staatsministerium des Innern bestimmte Regierung, K. d. J., sonst ein von der vorgesetzten Regierung bestimmtes Bezirksamt (Art. 11 Abs. II a. a. O.). In zweiter Instanz entscheidet in allen Fällen der VGH. (Art. 11 Abs. III a. a. O.), s. Dyroff S. 485 Anm. 3 u. 6 u. S. 788 (zu S. 486 a) und Klee-Hechtel S. 216 Anm. 5 zu Art. 11 d. VGH. und die dort angegebenen VGHE.

(Abschnitt IV.)

Vorbemerkung.

Die Worte „Abschnitt IV" und die Ueberschrift in der Fassung des Gesetzes vom 14. August 1919 „Besondere Vorschriften über den persönlichen Schulbedarf" wurden durch das Gesetz vom 1. August 1923 zur Aenderung von Vorschriften über das Volksschulwesen (GVBl. S. 337), Art. 2, III gestrichen. In der Begründung des Entwurfes zu diesem Gesetze ist in BeilBd. XI der Verh. d. Bay. Landtags, Beil. 3663, S. 913 unter Ziff. III ausgeführt:

„Die Vorschriften der Art. 13 u. ff. des Schulbedarfgesetzes über die Dienstwohnungen der Volksschullehrer sind durch Art. 63 des Beamtenbesoldungsgesetzes geändert worden. Anlaß hierzu gab der Umstand, daß der frühere Anspruch der Volksschullehrer auf freie Dienstwohnung oder Wohnungsentschädigung (als Gehaltsbestandteil) durch das Beamtenbesoldungsgesetz beseitigt wurde. Bei der nunmehrigen Rechtslage ist die Bereitstellung von Dienstwohnungen durch die Gemeinde nicht mehr eine Angelegenheit des persönlichen, sondern des sächlichen Schulbedarfs. Es besteht daher Veranlassung, vor Art. 13 die bisherige Ueberschrift „Abschnitt IV. Besondere Vorschriften über den persönlichen Schulbedarf" zu streichen, um irrige Auslegungen zu vermeiden. Die Art. 13 mit 24 des Schulbedarfgesetzes werden damit Bestandteil des Abschnittes III („Allgemeine Vorschriften über die Aufbringung des Schulbedarfs")."

Dieser Auffassung wird man nicht ohne weiteres folgen können, wenigstens dann nicht, wenn man, wie oben — Anm. 5 zu Art. 11 — ausgeführt, unter persönlichem Schulbedarf die Aufwendungen versteht, die ausschließlich für die Lehrpersonen aufgebracht werden müssen im Gegensatz zu jenen, die der eigentliche Schulbetrieb außerdem noch erfordert. Es ist nicht abzusehen, warum nur Gehalt, Ruhegehalt, Hinterbliebenenbezüge und sonstige Baraufwendungen für das Lehrpersonal als persönlicher Schulbedarf gelten sollen, ganz abgesehen davon, daß auch jetzt noch die Dienstwohnung, wenn auch der Volksschullehrer keinen Rechtsanspruch auf eine solche mehr hat, eine Ergänzung seiner Bezüge insoferne bedeuten kann, als gemäß Art. 19 des BeamtenbesoldGes. in der Fassung vom 20. April 1928 (GVBl. S. 205) im Zusammenhang mit der FinMinBek. vom 8. April 1924 Ziff. 2 (Staatsanz. Nr. 83) und vom 16. Februar 1925 (Staatsanz. Nr. 38) die vom Beamten zu zahlende Mietentschädigung die Höhe seines Wohnungsgeldzuschusses nicht übersteigen darf, auch wenn ein höherer Mietzins nach der Beschaffenheit der Dienstwohnung an sich berechtigt wäre (auch Meinzolt — S. 77 — zählt den Aufwand für die Dienstwohnungen des Lehrpersonals zum persönlichen Schulbedarf).

In der Praxis ist es aber ohne Belang, ob die Dienstwohnungen der Volksschullehrer zum persönlichen oder sächlichen Schulbedarf zu zählen haben, da Art. 11 des SchBG. die Aufbringung des persönlichen Bedarfs nur soweit dem Staate zuweist, als das Gesetz nichts anderes bestimmt und das Gesetz durch die Bestimmungen in Art. 14 ff. ausdrücklich die Gemeinden verpflichtet, die Dienstwohnungen für die Volksschullehrer zur Verfügung zu stellen, wie es schon nach der Regelvorschrift des Art. 11 der Fall wäre, wenn die Dienstwohnungen zum sächlichen Schulbedarf gehören würden.

Die Art. 14 mit 19 handeln von den Dienstwohnungen einschließlich Hausgärten und enthielten in der ursprünglichen Fassung vom 14. August

1919 auch in Art. 13 und 21 Bestimmungen über Wohnungsentschädigungen. Art. 20 (ursprünglich auch Art. 22) trifft eine Regelung der Auszahlung der den Volksschullehrern und ihren Hinterbliebenen zustehenden Bezüge. Art. 23 handelt von den Aufwendungen für die Aushilfslehrkräfte, Art. 24 von der Uebertragung des Volksschulunterrichts an geistliche Gesellschaften oder religiöse Vereine.

Durch das Beamtenbesoldungsgesetz vom 2. Juni 1920 (GVBl. S. 275) wurden Art. 13 Abs. II, 16 und 21 aufgehoben und Art. 14, 15, 17, 19, 22 und 24 abgeändert. Durch das Gesetz vom 1. August 1923 zur Aenderung von Vorschriften über das Volksschulwesen (GVBl. S. 337) wurden Art. 13 u. 22 gestrichen, Art. 23 abgeändert und nach Art. 24 ein Art. 24 a eingefügt, der von den Volksschulfachlehrern handelt.

Alle diese Regelungen weichen von den Bestimmungen des Schulbedarfgesetzes von 1902 (Dienstwohnungen: Art. 8; Aushilfebezüge: Art. 11 I; Uebertragung des Volksschulunterrichtes an Mitglieder geistlicher Gesellschaften oder religiöser Vereine: Art. 6 u. Art. 11 II) in recht wesentlichen Punkten ab.

Art. 13. (Gestrichen.)*

Art. 14[1]. I Die Gemeinden[2] unter 2500 Einwohnern[3] haben für die Volksschullehrer[4] Dienstwohnungen[5] zur Verfügung zu stellen[6]. Bei zusammengesetzten Schulsprengel[7] ist die Einwohnerzahl der Schulsitzgemeinde[8] maßgebend.

II Die Regierung, Kammer des Innern, kann aus besonderen Gründen[9] eine Gemeinde unter 2500 Einwohnern von der Verpflichtung nach Abs. I befreien oder eine Gemeinde mit 2500 oder mehr Einwohner zur Bereitstellung von Dienstwohnungen verpflichten[10].

III Der Volksschullehrer hat keinen Anspruch auf Bereitstellung einer Dienstwohnung[11].

---

* Art. 13 lautete in der Fassung des Ges. vom 14. August 1919:

I An den öffentlichen Volksschulen bestehen Stellen für Lehrer und für Lehrerinnen.

II Mit den Lehrerstellen sind Dienstwohnungen oder Wohnungsentschädigungen erster oder dritter Ordnung (Art. 15 Abs. I), mit den Lehrerinnenstellen Dienstwohnungen oder Wohnungsentschädigungen zweiter oder dritter Ordnung verbunden.

Durch Art. 63 Ziff. 1 des BeamtenbesGes. vom 2. Juni 1920 (GVBl. S. 275) wurde zunächst Art. 13 Abs. II des SchBG. wie alle weiteren Bestimmungen aufgehoben, die im SchBG. von der mit dem Gehalte verbundenen freien Dienstwohnung oder der an ihre Stelle tretenden Wohnungsentschädigung handelten. In der „Begründung" zum Entwurfe des BBesG. Art. 62 mit 54 (Landtagsv. 1919/20, BeilBd. IV, Beil. 1530 S. 593) heißt es:

„Wenn die Volksschullehrer nunmehr in die Beamtenbesoldungsordnung eingereiht werden sollen, können sie keine anderen als die im Art. 1 des neuen Gesetzes genannten Bezüge erhalten. Für die Genehmigung freier Dienstwohnung oder einer Wohnungsentschädigung neben dem Ge-

IV Das zuständige Ministerium[12]) kann die Rechte und Pflichten des Volksschullehrers als Inhaber einer Dienstwohnung durch nähere Vorschriften regeln[13])[14]).

1. Art. 14 in der Fassung des Ges. vom 14. August 1919 lautete:

I Die Gemeinden unter 2500 Einwohnern haben den Volksschullehrern freie Dienstwohnungen zur Verfügung zu stellen.

II Die übrigen Gemeinden haben an Stelle der freien Dienstwohnungen Wohnungsentschädigungen zu gewähren.

III Bei zusammengesetztem Schulsprengel ist die Einwohnerzahl der Schulsitzgemeinde maßgebend.

IV Ausnahmsweise kann die Regierung, Kammer des Innern, anordnen oder zulassen, daß in einer Gemeinde mit 2500 oder mehr Einwohnern freie Dienstwohnung gewährt wird."

Die nunmehrige Fassung erhielt Art. 14 durch Art. 63 Ziff. 2 des BBesG. vom 2. Juni 1920 (GVBl. S. 275). Wegen des Wegfalles der „freien" Dienstwohnung und der Wohnungsentschädigung" s. Fußnote zu dem gestrichenen Art. 13.

2. S. Anm. 4 zu Art. 1.

3. Unter 2500 Einwohnern: Maßgebend ist die letzte amtliche Volkszählung. Die Grenzzahl „2500" bedeutet nur, daß Gemeinden mit weniger als 2500 Einwohnern ohne weiteres gesetzlich verpflichtet sind, auf Anforderung der Regierung als Schulaufsichtsbehörde Dienstwohnungen für Volksschullehrer bereitzustellen. Sie bedeutet nicht, daß die Verpflichtung, eine Dienstwohnung als solche aufrecht zu erhalten, in dem Augenblicke in Wegfall käme, in dem in der Gemeinde die Zahl von 2500 Einwohnern überschritten würde. Eine einmal als Dienstwohnung erklärte Wohnung behält diese Eigenschaft bei, bis sie durch die Regierung dieser Eigenschaft entkleidet wird. Die Grenze von 2500 Einwohnern kannte auch schon das Schulbedarfgesetz vom 10. November 1861 (Art. 3) und das SchBG. von 1902 (Art. 8) — s. auch Anm. 10 unten.

---

halt ist kein Raum mehr. Ist mit der Schulstelle eine Dienstwohnung verbunden, so gelten auch für den Volksschullehrer die Vorschriften des Art. 19; er hat demnach für den Genuß der Wohnung eine Mietentschädigung zu entrichten. Ein Rechtsanspruch auf die Gewährung einer Dienstwohnung steht ihm ebensowenig mehr zu wie dem Beamten."

Art. 13 Abs. I fiel durch Art. 2 Abs. IV des Ges. vom 1. August 1923 zur Aenderung von Vorschriften über das Volksschulwesen (GVBl. S. 337) mit folgender „Begründung" Landtagsv. 1922/23, BeilBd. XI, Beil. 3663, S. 913):

„IV. Art. 13 Abs. I des Schulbedarfgesetzes lautet:

„An den öffentlichen Volksschulen bestehen Stellen für Lehrer und für Lehrerinnen." Diese Fassung kann zu Mißverständnissen Anlaß geben, weil die Bezeichnung „Lehrer" und „Lehrerin" seit der Einführung des Beamtenbesoldungsgesetzes nur noch die Lehrkräfte der Besoldungsgruppe VII umfaßt. Die Bestimmung ist zudem entbehrlich; denn die Zahl und Art der an den Volksschulen bestehenden oder zu errichtenden Stellen wird, da es sich um Beamtenstellen handelt, grundsätzlich durch den Staatshaushalt bestimmt."

4. S. Art. 1 Abs. I des Volksschullehrerges. vom 14. August 1819 (GVBl. S. 437). Die Lehrkräfte geistlicher Gesellschaften oder religiöser Vereine würden nicht ohne weiteres hier einzubeziehen sein. Nach Art. 24 Abs. III des SchBG. ist aber Art. 14 bei ihnen sinngemäß anzuwenden. Im übrigen s. wegen der Volksschulfachlehrer usw. Anm. 6 c unten am Ende.

5. Dienstwohnungen sind Wohnungen (Wohnräume mit den üblichen Nebenräumen), die einem diensttuenden Beamten, hier Volksschullehrer, „im Interesse des Dienstes" zugewiesen werden, „d. h. zur Ermöglichung und Förderung der Erfüllung der dem Inhaber obliegenden Dienstesaufgaben, sei es, daß die Wohnungen dazu dienen, die Ueberwachung von Amts- oder Geschäftsräumen oder die rasche und leichte Erreichbarkeit des Beamten auch außerhalb der gewöhnlichen Geschäftsstunden zu sichern, sei es, daß die Einräumung der Wohnung dazu bestimmt ist, dem Beamten gewisse durch sein Amt bedingte Repräsentationspflichten zu erleichtern" (MinBek. vom 25. September 1923, GVBl. S. 342, Anhang Nr. 57). Die Lehrerdienstwohnungen können in den Schulhäusern oder eigenen gemeindlichen Lehrer-Wohnhäusern oder in sonstigen den Gemeinden gehörigen Gebäuden, z. B. Rathäusern, aber auch in Stiftungsgebäuden hergestellt werden. Nur ausnahmsweise können Dienstwohnungen in Privathäusern und weder den Gemeinden gehörigen noch stiftungsmäßig zu Lehrerwohnzwecken bestimmten Gebäuden eingerichtet werden. In diesem Falle müssen die Räume vertraglich der Gemeinde in einem Maße zugesichert sein, daß sie die Lehrkräfte ungestört als Dienstwohnungen benützen können (vgl. Seiler, Anmerk. 2, Abs. 3 zu Art. 8).

6 a. Die Gemeinde stellt eine Dienstwohnung dadurch „zur Verfügung" oder „bereit" (s. Abs. II), daß sie mit Gemeinderatsbeschluß eine Wohnung zur Dienstwohnung bestimmt. Die Eigenschaft einer Dienstwohnung erhält diese Wohnung aber erst durch die schulaufsichtliche Erklärung der Regierung, K. d. J., die hierzu nach § 43 der FormV. vom 17. Dezember 1825 (Weber, Bd. 2 S. 279 — „Ausmittlung zweckmäßiger Schulgebäude unter genauer Beobachtung der deswegen bestehenden Verordnungen", Anhang Nr. 1) und nach Ziff. V, 20 b mit III, 9 der Bek. über die Mietentschädigungen für Dienstwohnungen und Dienstzimmer vom 25. September 1923 (GVBl. S. 342) zuständig ist. Dies gilt sowohl für eine Dienstwohnung, die bisher schon als Wohnung bestanden hat, wie auch für eine Dienstwohnung, die erst neu hergestellt wird. Im letzteren Falle liegt die Bereitstellung der Dienstwohnung in der beschlußmäßigen Genehmigung und Vorlage der Baupläne an die Regierung durch den Gemeinderat (bei mittelbaren Gemeinden auf dem Wege über das Bezirksamt) und die Erklärung zur Dienstwohnung in der schulaufsichtlichen Genehmigung der Baumaßnahmen durch die Regierung.

Welche Dienstwohnungen (erster, zweiter oder dritter Ordnung) bereitzustellen sind, bemißt sich nach Art. 17.

Einer rechtsförmlich zur Dienstwohnung erklärten Wohnung kann eine Gemeinde diese Eigenschaft willkürlich nicht mehr entziehen. Nur durch eine entsprechende schulaufsichtliche Erklärung der Regierung kann eine Dienstwohnung als solche wieder aufgehoben werden (s. Bek. vom 25. September 1923 Ziff. V, 20 b mit Ziff. III, 9 Satz 3).

Verpflichtungen Dritter zur Bereitstellung von Dienstwohnungen werden durch das SchBG. nicht berührt, ausgenommen durch die Bestimmungen der Art. 43 ff., 75 a und 76 Abs. II. Eine Gemeinde kann sich aber auf solche

Verpflichtungen Dritter zu ihrer Entlastung der Regierung gegenüber mit Erfolg nur berufen, wenn der Dritte seiner Verpflichtung auch nachkommt.

6 b. Ein etwaiger Verzicht des Volksschullehrers wäre bedeutungslos, wie er anderseits keinen Rechtsanspruch auf eine Dienstwohnung hat (s. Abs. III unten). Nur die Kreisregierung, Kammer des Innern, kann im schulaufsichtlichen Verfahren die Bereitstellung der Dienstwohnung verlangen (Beschwerdeinstanz: Staatsmin. für Unt. u. Kultus). Gegen den staatsaufsichtlichen Zwang zur Bereitstellung einer Dienstwohnung kann sich die Gemeinde auf dem im Art. 60 Abs. VI der GemO. angegebenen Wege beschweren (s. auch Meinzolt S. 87/88).

6 c. Die Gemeinden haben die Dienstwohnungen nicht mehr unentgeltlich zu stellen, sondern nur mehr gegen Mietentschädigung.

Hier sind die Bestimmungen des Art. 49 des BBesG. in der Fassung vom 20. April 1928 (GVBl. S. 205, Auszug s. Anhang Nr. 81) — bisher in der Fassung vom 24. März 1923 (GVBl. S. 109) Art. 55 Abs. I u. II — in Verbindung mit Art. 19 a. a. O. und die gem. Art. 53 a. a. O. zum Vollzug dieser Bestimmungen erlassenen folgenden Vorschriften einschlägig:

1. Bek. d. Staatsmin. f. Unt. u. K. vom 13. Juli 1920 über die Neuregelung der Besoldung der Volksschullehrer nach dem Beamtenbesoldungsgesetz (KMBl. S. 286) § 19 ff., in der Fass. der MinBek. vom 25. September 1923 über die Mietentschädigungen für Dienstwohnungen und Dienstzimmer (GVBl. S. 342, Anhang Nr. 31).

2. Bek. d. Staatsmin. f. Unt. u. K. vom 24. Mai 1921, Mietentschädigungen für Dienstwohnungen der Volksschullehrer betr., KMBl. S. 131, Anhang Nr. 38.

3. Bek. sämtl. Staatsmin. vom 25. September 1923 über die Mietentschädigungen für Dienstwohnungen und Dienstzimmer (GVBl. S. 342, Anhang Nr. 57, Ziff. V, 20: „Besondere Bestimmungen für die Volksschullehrer") Ziff. 6 dieser Bek. ist durch Ziff. 2 d. FinMinBek. vom 2. Januar 1924 Nr. 74 490 (StAnz. Nr. 1) aufgehoben. Die Ziff. 6 ist nunmehr durch Ziff. 2 der FinMinBek. vom 8. April 1924 Nr. 16 996 (StAnz. Nr. 83) mit FinMinBek. vom 16. Februar 1925 Nr. 3954 (StAnz. Nr. 38) ersetzt.

4. E. d. Staatsmin. f. Unt. u. K. vom 2. März 1928 Nr. IV 5909 über die Mietentschädigungen für die Dienstwohnungen der Volksschullehrer (KMBl. S. 181) mit FinMinBek. vom 4. Juni 1924 Nr. 25 722 (StAnz. Nr. 131), Ziff. 1.

Die E. d. Staatsmin. f. Unt. u. K. vom 26. Oktober 1923 über die Mietentschädigungen für die den Volksschullehrern eingeräumten Dienstwohnungen (KMBl. S. 133) ist durch die E. vom 2. März 1928 aufgehoben.

Hervorzuheben ist folgendes:

Die Festsetzungen der Mietentschädigungen erfolgen nach Anhörung des Gemeinderates oder verstärkten Gemeinderates durch die Bezirksverwaltungsbehörde (Beschwerde zur Regierung seitens der Beteiligten — Volksschullehrer einerseits, Gemeinde anderseits — innerhalb 4 Wochen (Bek. vom 25. September 1923 Ziff. 20 c in Verbindung mit § 20, Abs. II, V der Bek. vom 13. Juli 1920).

Die Regierung entscheidet endgültig. Hierher gehören auch die Kosten der Wasserbeischaffung für eine Dienstwohnung. Der VGH. ist nicht zuständig (s. VGHE., mitgeteilt in den bayer. Verwaltungsblättern 1929 S. 59). Abänderung möglich nach Bek. vom 25. September 1923 Ziff. 12. Ob solche veranlaßt, ist von der Bezirksverwaltungsbehörde jeweils beim Wechsel in der Person des Dienstwohnungsinhabers, bei baulichen Veränderungen (Erweiterung, Verbesserung, Verkleinerung usw.), bei Ueberlassung von Dienstwohnungen und Dienstwohnungsteilen an Dritte zu prüfen (Ziff. 12 mit 20 c a. a. O.).

Zu bemessen ist die Mietentschädigung nach dem allgemeinen Wert, d. h. wirklichen Wert der Dienstwohnung nach ihrer Größe und Beschaffenheit, und dem persönlichen Wert, d. h. dem Wert, den die Dienstwohnung für den Volksschullehrer hat (Ziff. 2 bis 5 der Bek. vom 25. September 1923).

Der allgemeine Wert ist in Höhe der ortsüblichen Miete für vergleichbare Wohnungen am gleichen Orte (über die Beiziehung der Finanzämter s. § 20 Abs. IV der Bek. vom 13. Juli 1920) durch sinngemäße Anwendung der Vorschriften des Reichsmietengesetzes in der Fassung vom 20. Februar 1928 (RGBl. I S. 38) zu ermitteln. Als Mietentschädigung ist daher die gesetzliche Miete des Reichsmietengef. anzusetzen. Die Grundlage für die gesetzliche Miete bildet die Friedensmiete, aus der die Grundmiete zu berechnen ist, die um die Zuschläge nach § 3 und § 7 Abs. 1 u. 3 des Reichsmietengef. zu erhöhen ist.

Die E. d. Staatsmin. f. Unt. u. K. vom 29. Oktober 1928 Nr. IV 42 512 betr. Mietentschädigungen für die Dienstwohnungen der Volksschullehrer, führt nach Benehmen mit den Staatsministerien für Landwirtschaft und Arbeit (Abteilung Arbeit) sowie der Finanzen folgendes aus:

„Nach den Bestimmungen über die Gewährung staatlicher Baudarlehen zur Erstellung von Wohngebäuden können die Mieten mit Zustimmung der Bezirksverwaltungsbehörde über 120 v. H. der Friedensmiete hinaus erhöht werden, soweit dies zur Deckung der Zins- und Tilgungsverpflichtungen des Bauherrn notwendig ist. Diese Möglichkeit besteht auch für neu erstellte Lehrerdienstwohngebäude. Es kann den Volksschullehrern zumal im Hinblick auf die nunmehrige Angleichung ihrer Besoldung an die übrigen Staatsbeamten billigerweise wohl zugemutet werden, daß sie als Inhaber von Dienstwohnungen in Neubauten verhältnismäßig dieselben Lasten tragen wie die übrige Bevölkerung oder ihren Wohnbedarf entsprechend einschränken. Eine Ausnahmebehandlung der Volksschullehrer in dieser Hinsicht würde nicht nur in den zur Bereitstellung von Lehrerdienstwohnungen verpflichteten Gemeinden begreifliche Erregung hervorrufen. Höhere Mieteinnahmen werden sich hiernach für die Gemeinden allerdings nur insoweit ergeben, als die Dienstentschädigungen die den Volksschullehrern zustehenden Wohnungsgeldzuschüsse nicht übersteigen (vgl. Ziff. 2 der MinBek. vom 8. April 1924 Nr. 16 996, Staatsanz. Nr. 83 und MinBek. vom 16. Februar 1925 Nr. 3954, Staatsanz. Nr. 38).

Bei anderer Sachbehandlung könnten gemäß der Bestimmung, daß Baudarlehen nur bei völlig gesicherter Finanzierung gewährt werden dürfen, solche Darlehen zum Bau von Lehrerdienstwohnungen in leistungsschwachen Gemeinden nur dann bewilligt werden, wenn die Aufbringung der Zins- und Tilgungsbeträge, soweit sie nicht durch die Mieteinnahmen aus diesen Wohnungen gedeckt sind, durch freiwillige Zuschüsse der Gemeinden einwandfrei nachgewiesen ist. Die Leistung solcher Zuschüsse kann aber den Gemeinden auch mit Rücksicht auf ihre derzeitige bedrängte wirtschaftliche Lage nicht angesonnen werden."

Diese Bestimmungen sind durch die ME. vom 20. Juni 1930 Nr. IV 20 789 unter Bezugnahme auf Ziff. 14 der E. der Staatsministerien für

Landw. u. Arbeit (Abt. Arbeit) sowie der Finanzen vom 26. Februar 1930 über die Gewährung staatlicher Baudarlehen für Wohnungsbauten im Rechnungsjahr 1930 insoferne ergänzt, als dort angeordnet ist, daß bei der Ermittlung der Höhe der Mietentschädigungen nicht nur die Zins- und Tilgungsverpflichtungen der zur Bereitstellung von Lehrerdienstwohnungen verpflichteten Gemeinden zu berücksichtigen sind, sondern in Höhe von 20 v. H. der Friedensmiete für gleichwertige Altwohnungen auch die Betriebs- und Instandsetzungskosten. „Der Grundsatz, daß der Betrag der Mietentschädigung, die der Beamte für den Genuß einer Dienstwohnung zu zahlen hat, den ihm zustehenden Wohnungsgeldzuschuß nicht übersteigen darf, wird dadurch nicht berührt."

Der persönliche Wert der Dienstwohnung deckt sich in der Regel mit dem allgemeinen Werte. Wo das nicht der Fall ist — wenn z. B. einem ledigen Volksschullehrer eine Familiendienstwohnung erster Ordnung zugewiesen wird, von der er nicht alle Räume benötigt und benützt —, ist bei der Festsetzung der Mietentschädigung die Friedensmiete um einen angemessenen Hundertsatz zu kürzen.

Höchstbetrag der Mietentschädigung ist der dem Volksschullehrer zustehende Wohnungsgeldzuschuß zuzüglich eines etwa hierauf entfallenden Anteils eines Teuerungs- oder örtlichen Sonderzuschlages, welchen Betrag die Mietentschädigung nicht übersteigen darf (Bek. vom 2. Januar 1924, Ziff. 2; Bek. vom 8. April 1924; Bek. vom 16. Februar 1925, s. oben unter Ziff. 3, ferner die vorerwähnten ME. vom 29. Oktober 1928 und 20. Juni 1930 Nr. IV 42 512 u. 20 789.

Beginn und Erlöschen der Verpflichtung zur Entrichtung der Mietentschädigung ist in Ziff. 17 der Bek. vom 25. September 1923 geregelt.

Die Verpflichtung des Volksschullehrers auf Grund des Art. 19 BBesGes. eine Mietentschädigung zu entrichten, besteht gegenüber dem Staate, nicht gegenüber der Gemeinde.

Die Mietentschädigung wird deshalb gem. Art. 49 Abs. I BBesGes. von der staatlichen Zahlstelle bei der Auszahlung des Diensteinkommens abgezogen und gem. Art. 49 Abs. II an die Gemeinde (bei einem zusammengesetzten Schulsprengel an die Schulsitzgemeinde (Art. 2 Abs. I des SchBG.) oder an die nach Art. 2 Abs. III besonders bestimmte Gemeinde ausgezahlt. Eine unmittelbare Auszahlung durch den Volksschullehrer an die Gemeinde scheidet aus (vgl. auch Anm. 3 zu Art. 51 unten).

Nach Art. 49 Abs. II hätte die Ueberweisung an die Gemeinde jeweils am Schlusse des Rechnungsjahres zu erfolgen. Auf Antrag der Gemeinde geschieht die Ueberweisung viertel- oder halbjährig (Bek. vom 24. Mai 1921 und vom 2. März 1928, s. Ziff. 2 und 4 oben).

Wenn sich das Dienstwohngebäude nicht im Eigentum der Gemeinde, sondern in dem des Staates oder eines Dritten, z. B. einer Kirchenstiftung, befindet oder wenigstens die Baulast an dem Gebäude dem Staate oder einem Dritten obliegt, kann gem. Art. 49 Abs. II BBesG. mit § 26 der Bek. vom 13. Juli 1920 (s. oben Ziff. 1) von der Ueberweisung der Mietentschädigung an die Gemeinde ganz oder zum Teil abgesehen und die Mietentschädigung dementsprechend ganz oder zum Teil für die Staatskasse vereinnahmt werden.

Auf die Baulast (Baupflicht) ist in Art. 49 Abs. II BBesG. und in der Bek. vom 13. Juli 1920 (§ 26) das entscheidende Gewicht gelegt. Die

Gemeinde kann deshalb die Mietentschädigung nicht für sich beanspruchen, wenn sie andere Auslagen für die Dienstwohnung hat, z. B. ihrerseits Miete für das betreffende, im Eigentum einer Kirchenstiftung stehende Gebäude zu zahlen hat.

Bei Dienstwohnungen für Volksschullehrer an christlichen Bekenntnissonderschulen (Art. 147 VLG., Art. 33 SchBG.) an Schulen von Stiftungen oder gemeinnützigen Unternehmungen (Art. 148 VLG., Art. 35 SchBG.) ist gem. § 69 Abs. III u. § 70 der Bek. vom 13. Juli 1920 die Mietentschädigung statt an die Gemeinde an die Unternehmer dieser Schulen zu überweisen, ebenso gemäß § 71 a. a. O. bei Dienstwohnungen israelitischer Volksschullehrer an die israelitischen Glaubensgemeinden als Unternehmer der israelitischen Volksschulen (Art. 149 VLG., Art. 37 SchBG.).

Für die hauptamtlichen Volksschulfachlehrer (Art. 144 VLG.) müßten nach dem Wortlaut des Art. 52 des BBesG. und des Art. 24 a SchBG. gegebenen Falles auch in bezug auf die Dienstwohnungen die gleichen Vorschriften gelten wie für die Volksschullehrer. Abgesehen aber davon, daß Volksschulfachlehrer doch nur an größeren Orten vorkommen, die regelmäßig zur Bereitstellung von Dienstwohnungen nicht verpflichtet sind, können die Bestimmungen über die Dienstwohnungen auf sie nicht angewendet werden, weil in Art. 17 unter „Lehrstellen" nur solche von Volksschullehrern, nicht auch von „Volksschulfachlehrern" verstanden werden können (s. auch Anm. 3 zu Art. 24 a unten). Nicht zu den Volksschulfachlehrern im Sinne des Art. 144 VLG. zählen die von den Religionsgesellschaften (nicht vom Staate oder von der Gemeinde) aufgestellten Religionslehrer (Art. 29 SchBG.). Auf sie ist deshalb Art. 52 BBesG. und Art. 24 a des SchBG. schon aus diesem Grunde nicht anwendbar.

d) Gemeinden können auch ohne verpflichtet zu sein oder über ihre Verpflichtung hinaus freiwillig Dienstwohnungen bereitstellen. Die rechtliche Eigenschaft einer Dienstwohnung erhält eine solche Wohnung aber erst durch die Erklärung der Regierung. Ist eine solche Erklärung zur Dienstwohnung seitens der Regierung erfolgt, dann kann aber auch die Gemeinde die Wohnung nicht nach ihrem Belieben als Dienstwohnung wieder auflassen. Dies könnte wiederum nur durch die Regierung geschehen (s. auch Anm. 10 unten).

7. S. Art. 2 Abs. I oben.

8. S. Anm. 6 zu Art. 2 oben. Die Verpflichtung die Dienstwohnung bereitzustellen trifft aber nicht etwa die Schulsitzgemeinde, sondern die am zusammengesetzten Schulsprengel beteiligten Gemeinden in ihrer Gesamtheit.

9. Aus besonderen Gründen: Solche können z. B. darin liegen, daß an einem Orte mit mehr als 2500 Einwohnern infolge der herrschenden Wohnungsnot auf andere Weise dem diensttuenden Volksschullehrer die benötigte Familienwohnung nicht beschafft werden kann. Die „besonderen Gründe" müssen von der Regierung in ihrer schulaufsichtlichen Verfügung ausdrücklich angegeben sein, sonst könnte sich in einem allenfallsigen staatsaufsichtlichen Verfahren nach Art. 60 Abs. VI der GemO. die Gemeinde wohl mit Erfolg wegen Auferlegung einer gesetzlich nicht begründeten Leistung an den Verwaltungsgerichtshof beschweren. Eine Nachprüfung, ob solche „besondere Gründe" mit Recht angenommen worden sind, steht hierbei dem VGH. allerdings nicht zu, weil dies eine Ermessensfrage ist (s. Art. 13 Abs. I Ziff. 3 des VGG. und in der Vorbemerkung zu Abschnitt II oben, die Ausführungen zu Art. 10 a des SchBG.). Im übrigen steht den Gemeinden gegen schulaufsichtliche Verfügungen der Regierungen nach Art. 14 Abs. II nur die Oberaufsichtsbeschwerde zum Staatsministerium für Unt. u. K. zu. Einen Rechtsanspruch auf Befreiung von der Verpflichtung Dienstwohnungen bereitzustellen haben die Gemeinden ihrerseits auch beim Vorliegen „besonderer Gründe" nicht.

Die durch die allgemeine Wohnungsnot hervorgerufene Wohnungszwangswirtschaft erstreckt sich zwar auch auf Dienstwohnungen, ergreift sie aber nicht weiter als mit ihren Zwecken vereinbar ist. Nach § 7 des Wohnungsmangelgesetzes vom 26. Juli 1923 (RGBl. I S. 754) ist die Inanspruchnahme von Volksschullehrer-Dienstwohnungen nur zulässig, wenn von der Schulaufsichtsbehörde kein Einspruch erhoben wird. Gemäß Ziff. 8 der ME. betr. Dienstwohnungen der Volksschullehrer vom 8. Februar 1921 (KMBl. S. 40, Anhang Nr. 35) ist gegebenen Falles von der Gemeindebehörde auf dem Dienstwege um die Zustimmung des Staatsministeriums für Unterricht und Kultus nachzusuchen. S. auch § 22 der V. über Maßnahmen gegen Wohnungsmangel in Bayern (WMVO. vom 29. März 1928 GVBl. S. 161).

Auch eine freie Vermietung von Lehrerdienstwohnungen an Dritte kann, wenn es sich um die ganze Wohnung oder um einen so umfassenden Teil derselben handeln würde, daß sich die Eigenschaft der Dienstwohnung ändern würde, z. B. für den Lehrer statt den Räumen einer Dienstwohnung I. Ordnung, nur mehr ein Dienstzimmer III. Ordnung zur Verfügung stünde, gemäß Art. 14 Abs. II SchBG. nicht ohne vorausgehende Freigabe durch die Regierung — gem. Ziff. 9 mit 20 Buchst. a u. b der MinBek. vom 25. September 1923 (GVBl. S. 342, Anh. Nr. 57); wenn lediglich einzelne Räume einer Dienstwohnung in Frage kämen, nur nach Freigabe dieser Räume durch die Bezirksverwaltungsbehörde (Bezirksamt oder Stadtrat einer unmittelbaren Stadt) gem. Ziff. 3 der KMBek. vom 8. Februar 1921 — stattfinden (entstünde Streit, ob der übrigbleibende Teil der Dienstwohnung noch den bestehenden Vorschriften über die Dienstwohnungen entspräche, käme Art. 15 Abs. III zur Anwendung).

Da naturgemäß die Gemeinde das Verfügungsrecht über ihre Wohnungen behalten muß, um sie im Bedarfsfalle wieder als Dienstwohnungen bereitstellen zu können, das Gesetz über Mieterschutz und Mieteinigungsämter vom 1. Juni 1923 (RGBl. I S. 353) aber die beliebige Lösung von Mietverhältnissen ausschließt, ist die freie Vermietung von Dienstwohnräumen nicht ratsam. Einen Ausweg böte die Bestellung eines Wohnungsrechtes als beschränkte persönliche Dienstbarkeit nach § 1093 BGB. (BayVerwBl. 1925 und Meinzolt S. 90).

Auch der Volksschullehrer als Inhaber einer Dienstwohnung hat Teil am Schutz des Mieterschutzgesetzes, allerdings nur insoferne als gem. § 32 Abs. II a. a. O. trotz Art. 19 Abs. II des BBesG. die Zwangsvollstreckung aus einem Räumungsurteile nur durchgeführt werden kann, wenn ein ausreichender Ersatzmann gesichert ist.

„Ueber Einwendungen gegen den Ersatzraum entscheidet die Behörde, welche der über den Raum verfügungsberechtigten Behörde vorgesetzt ist." Die hier entscheidende Behörde ist die Regierung oder das Staatsministerium f. Unt. u. Kultus, je nachdem es sich um den Teil einer Dienstwohnung oder — was der Regelfall bilden wird — um eine Dienstwohnung im ganzen handelt (vgl. auch E. d. Staatsmin. f. Unt. u. Kultus vom 6. September 1927, Nr. IV 37 470).

Diese Bestimmungen greifen auch bei den Hinterbliebenen von Dienstwohnungsinhabern Platz, wenn diese zu der Familie gehören, der mit dem verstorbenen Dienstwohnungsinhaber die Wohnung eingeräumt war.

10. In Art. 8 Abs. II des SchBG. von 1902 war hier der Satz eingefügt „Dienstwohnungen, die in solchen Gemeinden (d. h. Gemeinden, die wegen einer Einwohnerzahl von mehr als 2500 oder aus einem anderen Grunde an sich Mietentschädigung statt einer Dienstwohnung zu gewähren gehabt hätten) am 1. September 1901 dem Lehrpersonal eingeräumt waren, sind demselben auch ferner zu belassen und dürfen ihrem Zwecke nur mit Genehmigung der Kreisregierung entzogen werden." Wenn auch eine entsprechende Bestimmung im Ges. vom 14. August 1919 nicht ausgesprochen wurde, so enthält anderseits das Gesetz auch keine Bestimmung, aus der zu ersehen wäre, daß durch das Inkrafttreten des Gesetzes die Dienstwohnung an Orten mit mehr als 2500 Einwohnern ihrer bisherigen Eigenschaft verlustig gegangen wäre. In der „Begründung" zu Art. 54 des BBesG. vom 2. Juni 1920 (GVBl. S. 275), nunmehr in der Fass. vom 20. April 1928 (GVBl. S. 205) Art. 49, ist ausgeführt:

„Während die Gemeinden künftig von der Verpflichtung zur Aufbringung der Wohnungsentschädigungen für die Volksschullehrer befreit werden, müssen jene Gemeinden, die bisher Dienstwohnungen bereitzustellen hatten, hierzu nach wie vor schon deswegen verpflichtet bleiben, weil die Dienstwohnungen sich in der Mehrzahl der Fälle in den im gemeindlichen Eigentum stehenden Schulhäusern befinden" (Landtagsv. 1919/20, BeilBd. IV, Beil. 1530, S. 593).

Noch deutlicher besagt eine Entschließung des Staatsministeriums für Unterricht u. Kultus vom 21. September 1925 Nr. IV 34 520 folgendes:

„Die Auffassung des Stadtrates, daß die Stadt nach den gesetzlichen Bestimmungen mit Rücksicht auf die mehr als 2500 betragende Einwohnerzahl zur Bereitstellung von Volksschullehrerdienstwohnungen nicht verpflichtet sei, beruht auf einem Rechtsirrtum. Denn es handelt sich hier nicht darum, ob der Stadt auf Grund des Art. 14 des Schulbedarfgesetzes erst die Verpflichtung aufzuerlegen wäre, solche Dienstwohnungen bereit zu stellen, sondern darum, ob sie verpflichtet ist, die schon bisher vorhandenen Dienstwohnungen b e i z u b e h a l t e n. Zu dieser Frage hat das Staatsministerium für Unterricht und Kultus in ähnlichen Streitfällen wiederholt darauf hingewiesen, daß die in Gemeinden mit mehr als 2500 Einwohnern vorhandenen, auf Grund früherer Vorschriften bereitgestellten Dienstwohnungen für Volksschullehrer dieser Eigenschaft durch das Schulbedarfgesetz vom 14. August 1919 nicht entkleidet wurden, daß vielmehr die Aufhebung der bisherigen Zweckbestimmung dieser Wohnungen in jedem Falle der Genehmigung der Schulaufsichtsbehörde bedarf. Denn die Vorschrift des Art. 14 Abs. I a. a. O. war nicht etwa eine Neuerung im Volksschulrechte, sondern ist im wesentlichen unverändert aus Art. 8 des Schulbedarfgesetzes vom Jahre 1902 übernommen worden, der wiederum in entsprechenden Bestimmungen des Gesetzes vom Jahre 1861 sein Vorbild hatte. Die auf Grund des früheren Rechtszustandes vorhandenen Dienstwohnungen sind demnach durch das Schulbedarfgesetz vom Jahre 1919 neuerdings als solche festgelegt worden" (so auch Meinzolt S. 87; vgl. ferner Anm. 3 oben und Anm. 5 zu Art. 44 unten). Dabei besteht auch kein Unterschied zwischen Dienstwohnungen, die von den Gemeinden seinerzeit infolge gesetzlicher Verpflichtung und solchen, die freiwillig, aber mit schulaufsichtlicher Genehmigung bereitgestellt wurden.

11. D. h. der Volksschullehrer hat, wenn eine Gemeinde sich weigert, eine Dienstwohnung bereitzustellen, keinen Rechtsanspruch gegen die Gemeinde, den er bei den Gerichten oder Verwaltungsbehörden verfolgen könnte; er kann gegebenen Falles höchstens die Schulaufsichtsbehörden (Regierung) ersuchen, ihrerseits von der Gemeinde die Bereitstellung einer Dienstwohnung zu fordern, bei Ablehnung seines Gesuches sich auch an das Staatsministerium f. Unt. u. K. wenden (s. auch Fußnote zu Art. 13 und Anm. 6 oben).

12. Das Staatsministerium für Unterricht und Kultus.

13. I. Umfassende Vorschriften dieser Art für Volksschullehrerdienstwohnungen sind noch nicht erlassen. Eine teilweise Regelung ist durch die MinBek. vom 6. Juni 1921 über die Dienstwohnungen der Volksschullehrer (KMBl. S. 147, Anh. Nr. 39) getroffen. Im übrigen sind die Bestimmungen der noch geltenden V. vom 28. Februar 1851, die Benützung und Unterhaltung der Staatsgebäude betr. (Weber Bd. 4 S. 218) entsprechend anzuwenden (Meinzolt S. 88; vgl. auch Legat, BBesG. 1928, Anm. 13 zu Art. 19).

II. Zwischen dem Volksschullehrer einerseits und Staat und Gemeinde anderseits entsteht in bezug auf die Dienstwohnung ein Rechtsverhältnis, sobald ihm eine Dienstwohnung rechtsförmlich zugewiesen ist. Dieses Rechtsverhältnis, das vor allem im Beamtenbesoldungsgesetz vom 2. Juni 1920 (GVBl. S. 275, nunmehr in der Fass. vom 20. April 1928, GVBl. S. 205) geregelt ist, ist gegenüber dem Staate und der Gemeinde rein öffentlich-rechtlich (vgl. Reindl, Beamtenges. S. 241). Für vermögensrechtliche Ansprüche stünde aus diesem Verhältnisse dem Volksschullehrer gem. Reichsverf. Art. 129 Abs. I Satz 3 und BayVerfUrk. § 67 Abs. II Satz 3 gleichwohl der Rechtsweg bei den bürgerlichen Gerichten offen.

A. Aus der Dienstwohnungszuweisung erwächst dem Volksschullehrer an Rechten

a) ein Anspruch darauf, daß ihm die Gemeinde die zugewiesene Dienstwohnung übergibt und überläßt. Der Anspruch ist im Verwaltungswege verfolgbar.

b) Wenn auch kein Anspruch des Volksschullehrers auf Bereitstellung einer Dienstwohnung, sondern nur darauf besteht, daß ihm die zugewiesene Wohnung zur Verfügung gestellt wird, so kann im Hinblick auf Art. 17 d. SchBG. doch noch davon gesprochen werden, daß die Dienstwohnungen mit bestimmten Lehrstellen verbunden sind (vgl. Art. 19 Abs. I d. SchBG.). Lehrstellen, mit denen Dienstwohnungen erster oder zweiter Ordnung verbunden sind, sollen beim Freiwerden regelmäßig in den amtlichen Schulanzeigern zur Bewerbung ausgeschrieben werden — s. ME. Nr. 43 139 vom 16. November 1920, betr. Besetzung der Lehrstellen an den öffentlichen Volksschulen, Ziff. III. (Bei Versetzung des Inhabers einer Dienstwohnung erster oder zweiter Ordnung in den zeitlichen Ruhestand kann von einer Ausschreibung Umgang genommen werden. — ME. vom 20. Juli 1922 Nr. 30 989.) Das schulorganisatorische Verfügungsrecht der Regierung wird aber auch durch die Ausschreibung nicht eingeengt. Dem Volksschullehrer erwächst sohin auch aus der Ausschreibung noch kein Rechtsanspruch auf die Dienstwohnung, sondern erst aus der Zuweisung.

Nur der Gemeinde gegenüber hat der Volksschullehrer Anspruch darauf, daß ihm die zugewiesene Dienstwohnung überlassen wird. Die Schulaufsichtsbehörde kann auch nach der Zuweisung die Dienstwohnung jederzeit durch eine andere ersetzen oder mit angemessener Kündigungsfrist kündigen (Art. 19 Abs. III, Satz 2 d. BBesG.).

Scheidet der Volksschullehrer durch Versetzung, Ruhestandsversetzung oder Tod aus der Lehrstelle aus, mit der die von ihm innegehabte Dienstwohnung verbunden war, so haben er oder seine Hinterbliebenen diese innerhalb einer angemessenen Frist zu räumen (Art. 19 Abs. III, Satz 3 a. a. O.). Wird Teilung oder Zwangsräumung nötig, um die Dienstwohnung für den Amtsnachfolger freizubekommen, so hat die Regierung nach § 32 des Mieterschutzgesetzes (RGBl. 1928 I S. 25) zu verfahren; zur Entscheidung, ob der angebotene Ersatzraum als entsprechend anzusehen ist, ist das Staatsmin. f. Unt. u. K. zuständig. Werden Privatwohnungen dadurch frei, daß einem Volksschullehrer eine Dienstwohnung zugewiesen wird, so steht das Verfügungsrecht über diese Privatwohnungen innerhalb spätestens sechs Wochen nach dem Freiwerden dem Staatsmin. f. Landwirtschaft u. Arbeit, Abt. Arbeit, zu (V. vom 29. März 1928 in der Fass. vom 12. Oktober 1928, § 27 Abs. V mit I — GVBl. S. 161, 407; VollzBek. vom 12. Oktober 1928 (GVBl. S. 408) und 9. Juli 1929 (GVBl. S. 100); ME. vom 24. November 1918 Nr. 45 650).

c) Durch die Dienstwohnungszuweisung entsteht für den Volksschullehrer ein Anspruch darauf, daß die Gemeinde die Dienstwohnung instand setzt und in einem Zustande unterhält, der den allgemeinen Rechtsgrundsätzen und den besonderen Vorschriften des zuständigen Ministeriums entspricht. Auch dieser Anspruch ist auf dem Verwaltungswege durchsetzbar, soweit es sich nicht um einen vermögensrechtlichen Anspruch handelt, der vor den bürgerlichen Gerichten geltend zu machen wäre (s. oben).

Die Gemeinden haben die Instandsetzung und Unterhaltung der Dienstwohnungen soweit auf ihre Kosten zu besorgen, als sie nicht dem Dienstwohnungsinhaber als sog. „Mietmannspflichten" treffen. Anweisungen hierüber enthält die MinBek. vom 6. Juni 1921 (KMBl. S. 147, Anhang Nr. 39) in Verbindung mit der V. vom 28. Februar 1851 (Weber Bd. 4 S. 218) — s. oben.

Die Kosten des Anstrichs der Decken, Wände, Fußböden usw. und den Wasserzins einschl. der Wassermessermiete für die Wohnräume hat nach Ziff. 1 Abs. I und Ziff. 2 Abs. I der Bek. vom 6. Juni 1921 die Gemeinde zu tragen, nicht jedoch die Kosten des Leitungswassers für den Hausgarten (Ziff. 2 Abs. II a. a. O.). Streitigkeiten entscheidet die Bezirksverwaltungsbehörde in erster, die Regierung, K. d. J., in zweiter und letzter Instanz (Bek. vom 6. Juni 1921, Ziff. 1 Abs. III und Ziff. 2 Abs. III). Kaminkehrerlöhne hat der Gebäudeeigentümer zu zahlen, für das Reinigen der Oefen und Herde hat der Dienstwohnungsinhaber aufzukommen (ME. vom 23. November 1923 Nr. 25 190).

B. An Pflichten erwachsen dem Volksschullehrer aus der Zuweisung einer Dienstwohnung im wesentlichen folgende:

a) Er darf die Annahme und Benützung der Dienstwohnung nicht verweigern (VBesG. Art. 19 Abs. III Satz 1); der Volksschullehrer darf die Annahme und Benützung der zugewiesenen Dienstwohnung auch dann nicht verweigern, wenn er bereit wäre, der Gemeinde den ausfallenden Mietzins zu begleichen. Nur mit Genehmigung der Regierung darf er eine andere Wohnung beziehen. Bezieht er eigenmächtig die zugewiesene Dienstwohnung nicht, dann haftet er der Gemeinde für den Mietzinsausfall.

b) Für die Benützung der Dienstwohnung hat der Volksschullehrer eine Mietentschädigung zu entrichten (s. Art. 19 Abs. I, II u. IV mit Art. 49 a. a. O.) — s. Anm. 60 oben.

c) Der Volksschullehrer hat die sog. „Mietmannspflichten" zu erfüllen, die ihm nach den allgemeinen Rechtsgrundsätzen und ministeriellen Anordnungen obliegen.

Die allgemeinen Rechtsgrundsätze ergeben sich vor allem aus den §§ 535 ff. des BGB. über die Miete, ferner aus der entsprechend anzuwendenden V. vom 28. Februar 1851, die Benützung und Unterhaltung der Staatsgebäude betr. (Weber Bd. 4 S. 218). Von ministeriellen Anordnungen s. die Bek. vom 6. Juni 1921 über die Dienstwohnungen der Volksschullehrer (KMBl. S. 147, Anh. Nr. 39).

So hat der Volksschullehrer als Dienstwohnungsinhaber das Reinigen der Freitreppen, Freimauern, Höfe, Pflaster und Wege (§ 7 c der V. vom 28. Februar 1851), im Winter das Bestreuen der Gehwege, im Sommer das Begießen der Straßen und das Reinigen der Wege und Straßen von Schnee, Eis und Unrat zu besorgen (§ 46 a. a. O.).

Leitungswasser für den Hausgarten hat der Volksschullehrer gem. Ziff. 2 Abs. 2 der Bek. vom 6. Juni 1921 zu bezahlen. (Die auf besonderen Rechtsverhältnissen beruhenden Verpflichtungen Dritter zu Leistungen für den Schulbedarf (Baulastenverbindlichkeiten) werden durch die Bestimmungen der Bek. vom 6. Juni 1921 nicht berührt (s. Ziff. 3 a. a. O.).

An Dritte darf der Volksschullehrer Räume der Dienstwohnung nur mit Erlaubnis der Bezirksverwaltungsbehörde, sohin des Bezirksamts oder in unmittelbaren Städten des Stadtrates und nur gegen angemessene Vergütung überlassen oder vermieten. Die Vergütung ist bei der Erlaubniserteilung von der Behörde festzusetzen (Ziff. 8 mit 20 c der Bek. über die Mietentschädigungen für Dienstwohnungen und Dienstzimmer vom 25. September 1923 (GVBl. S. 342, Anhang Nr. 57). S. auch ME. vom 7. Juli 1924 Nr. IV 23 786 und Wösch über „Vermietung verwaltungsbehördlich freigegebener Lehrerwohnungsteile" in den BayVerwBl. (Jahrg. 73 S. 186).

Der Volksschullehrer unterliegt als Dienstwohnungsinhaber auch sonstigen allgemeinen Verpflichtungen der Inhaber von Wohnungen. So ist er auch „von der Verpflichtung zur Entrichtung der gemeindlichen Feuerschutzabgabe, die für die bewegliche Habe nach Maßgabe der Zahl der Räume erhoben wird, nicht befreit" (VGHE. vom 7. Oktober 1927, Samml. Bd. 49 S. 12).

Ueber die Kostentragungspflicht beim Bezuge von Gas, elektrischem Licht und Warmwasser und für Mitbenützung von Sammelheizungen seitens eines Volksschullehrers als Dienstwohnungsinhabers s. Anm. 9 zu Art. 15 unten.

14. Für christliche Bekenntnisschulen, Schulen von Stiftungen und gemeinnützigen Unternehmungen und für die israelitischen Volksschulen gelten gem. Art. 33 Abs. III, 35 und 37 die Bestimmungen in Art. 14 Abs. I Satz 1 und Abs. II bis IV entsprechend. An die Stelle der Gemeinde oder der Gemeindeverwaltung (des Gemeinderates) treten dabei die Unternehmer der Schulen.

Art. 15 [1]. I Die Dienstwohnung hat zu bestehen entweder

1. in einer Familienwohnung [2]) mit den erforderlichen Wirtschaftsräumen [3]) (Dienstwohnung erster Ordnung [4])), oder
2. in einer Wohnung für Unverheiratete [5]) mit eigenem Haushalte (Dienstwohnung zweiter Ordnung [4]) [6])), oder
3. in einem heizbaren Wohnzimmer (Dienstwohnung dritter Ordnung [4]) [7]).

II Das zuständige Staatsministerium [8]) erläßt die näheren Vorschriften über den Umfang und die Beschaffenheit der Wohnungen, Wohnzimmer und Wirtschaftsräume [9]).

III Ob die Dienstwohnung den Vorschriften entspricht, entscheidet im Streitfalle die Regierung, Kammer des Innern. Gegen ihre Entscheidung kann Beschwerde zum zuständigen Staatsministerium [10]) erhoben werden. Beschwerde zum Verwaltungsgerichtshof ist nicht zulässig [11]) [12]).

1. Art. 15 in Abs. I Ziff. 3 abgeändert durch das BBesG. vom 18. Juni 1920 (GVBl. S. 275) Art. 63 Ziff. 3) regelt den Umfang und die Beschaffenheit der Dienstwohnungen; bisherige Regelung in Art. 8 des SchBG. von 1902.

2. Familienwohnung, d. h. eine für den Bedarf einer Familie ausreichende Wohnung. Sie soll in der Regel vier heizbare Zimmer mit Nebenräumen umfassen. Näheres s. KMBek. vom 25. Mai 1906 (KMBl. S. 313, Anhang Nr. 8), Ziff. I und Anm. 9 unten. S. auch ME. vom 16. Dezember 1919, die Neuregelung des Diensteinkommens der Volksschullehrer betr. (KMBl. S. 279) Ziff. II, 2 Abs. 2.

3. Wirtschaftsräume, d. h. die für die Hauswirtschaft erforderlichen Räume: Küche, Speicher, Keller, Waschküche, Holzlage usw.; Nebenräume, die für einen landwirtschaftlichen Betrieb erforderlich wären (Stall, Stadel usw.) kommen infolge Wegfalles der Dienstgründe als Bestandteil eines Schulstelleneinkommens (Art. 26 SchBG.) für eine Volksschullehrerdienstwohnung nicht mehr in Betracht.

4. In welchen Fällen eine Gemeinde eine Dienstwohnung erster oder zweiter oder dritter Ordnung bereitzustellen hat, regelt Art. 17. — Eine Dienstwohnung erster Ordnung hat wenigstens vier Zimmer zu umfassen, von denen drei heizbar sind (s. Bek. vom 25. Mai 1906; KMBl. S. 313, Anhang Nr. 8; Ziff. I und ME. vom 19. August 1924, MABl. S. 125, Anhang Nr. 64). Ueber Nebengebäude s. ME. vom 8. Februar 1921 Ziff. 4, 5 (KMBl. S. 40, Anhang Nr. 35).

5. Unverheiratete: Gedacht ist in erster Linie an weibliche Lehrkräfte.

6. Die Dienstwohnung zweiter Ordnung für Volksschullehrerinnen umfaßt in der Regel zwei heizbare Zimmer mit einer Küche und weiteren Nebenräumen (näheres s. Bek. vom 25. Mai 1906 (KMBl. S. 313, Anh. Nr. 8) Ziff. II und Anm. 9 unten).

7. a) Ziff. 3 erhielt seine derzeitige Fassung durch Art. 63 Ziff. 3 des BBesG. in der Fass. vom 2. Juni 1920 (GVBl. S. 275).

In der Fassung vom 14. August 1919 lautete Ziff. 3 des Art. 15 folgendermaßen:

„3. aus zwei Zimmern, wovon eines heizbar ist (Dienstwohnung dritter Ordnung)."

Die Aenderung war ein Gebot der Zeit. In der „Begründung" zum BBesG. vom 2. Juni 1920 heißt es diesbezüglich (s. Landtagsverh. 1919/20, BeilBd. IV, Beil. 1530, S. 594).

„Art. 15 Abs. I Nr. 3 des Schulbedarfgesetzes, wonach die Dienstwohnung dritter Ordnung, also die für die Hilfslehrer und Hilfslehrerinnen sowie für die jungen Lehrer und Lehrerinnen bestimmte Dienstwohnung aus zwei Zimmern zu bestehen hat, soll durch Ziff. 3 des gegenwärtigen Art. 62 (Art. 62 des Entwurfes wurde im Gesetz Art. 63) dahin geändert werden, daß grundsätzlich nur ein Zimmer bereitzustellen ist. Diese Regelung entspricht dem bisherigen Rechte; sie war auch in den Gesetzentwürfen vom 27. Juli 1918 und vom 1. Juni 1919 vorgesehen. Die Staatsregierung ist in Uebereinstimmung mit dem früheren Ministerium der Auffassung, daß es den gegenwärtigen Zeitverhältnissen, die ausnahmslos allen Schichten der Bevölkerung erhebliche Einschränkungen hinsichtlich des Wohnungsbedürfnisses auferlegen, nicht entsprechen würde, wenn die Wohnungsansprüche für die jungen Lehrkräfte gegenüber bisher erhöht würden. Abgesehen davon wäre die derzeitige Vorschrift wohl auch auf absehbare Zeit undurchführbar."

b) Näheres s. Ziff. III der Bek. vom 25. Mai 1906 (KMBl. S. 313, Anh. Nr. 8) und Anm. 9 unten.

8. Das Staatsministerium für Unt. u. Kultus.

9. Solche Vorschriften sind durch Art. 15 Abs. II auch dann gedeckt, wenn sie vor dem neuen SchBG. von 1919 ergangen sind. Es sind deshalb auch noch immer die Vorschriften der Bek. des Staatsmin. d. Innern f. Kirchen- u. Schulangel. vom 25. Mai 1906, Vollzug des Art. 8 des SchBG. (vom Jahre 1902) betr., Abs. I mit V (KMBl. 1906 S. 313, Anhang Nr. 8) und § 16 der Bek. vom 15. April 1913, Bauliche Anlage und Einrichtung der Schulhäuser und Gesundheitspflege in den Volksschulen betr. (KMBl. S. 115, Anhang Nr. 13) zu beachten.

Bei Neu- und Umbauten von Schulhäusern können von den Regierungen gemäß E. d. Staatsmin. f. Unt. u. K. vom 19. August 1924 über die bauliche Anlage und Einrichtung der Schulhäuser und der Dienstwohnungen der Volksschullehrer (MABl. S. 125, Anhang Nr. 64 — A. zur MinBek. vom 25. Mai 1906, und B. zur MinBek. vom 15. April 1913 § 3 Abs. II) auf Antrag der Gemeinderäte Erleichterungen auch hinsichtlich der Dienstwohnungen gewährt werden.

Allenfalls angestrebte noch weitergehende Erleichterungen in den Mindestanforderungen können auf Grund eingehender Darlegung der Verhältnisse nach Maßgabe des Vorbehalts in Ziff. I Satz 2 der ME. vom 15. April 1913 (MABl. S. 139) vom Staatsministerium für Unterricht und Kultus zugelassen werden.

Die Dienstwohnungen der Volksschullehrer befinden sich meist in den Schulhäusern, bei denen die Regierung gem. § 43 der FormV. vom 17. Dezember 1825 und § 1 der V. vom 29. Juli 1920 (GVBl. S. 397) Neu- und Umbauten schulaufsichtlich zu würdigen hat. Dabei ist besonders darauf zu achten, daß die Dienstwohnungen von den Schulräumen abgesondert werden und einen vom Zugang für die Schüler getrennten Zugang erhalten (Bek. vom 15. April 1913, KMBl. S. 115 § 16[1]).

Gemeindliche Geschäftszimmer in Schulhäusern müssen gem. E. vom 8. Februar 1921 (KMBl. S. 40, Anhang Nr. 35) Ziff. 6 mit § 16 Abs. II der Bek. vom 15. April 1913 (KMBl. S. 115) außerhalb der Lehrerwohnungen liegen.

Pläne und Verhandlungen über Neu- und Umbauten von Dienstwohnungen sind der Regierung auch dann zur schulaufsichtlichen Prüfung zu unterbreiten, wenn es sich ausnahmsweise um eigene, vom Schulhause abgetrennte Wohngebäude handelt, da die Erklärung einer Wohnung als Volksschullehrerdienstwohnung gem. MinBek. vom 25. September 1923

(GVBl. S. 342), Ziff. 9 mit 20b der Regierung, Kammer des Innern, obliegt.

Willkürlichen Aenderungen an dem Bestande der Lehrerdienstwohnungen und der dazu gehörigen Nebenräume wurde durch die ME. vom 8. Februar 1921, Dienstwohnungen der Volksschullehrer betr. (KMBl. S. 40, Anh. Nr. 35) und die im Zusammenhang damit stehende ME. vom 8. Febr. 1921, Schulstellenbeschreibungen (Schulfassionen) betr. (KMBl. S. 45, Anh. Nr. 36) vorgebeugt. Hierbei kommt auch jetzt noch der „Statistischen Nachweisung zur Fassion der Schulstelle", die nach der ME. vom 11. April 1899 (KMBl. S. 123) aufzustellen war, Bedeutung zu. Die Beschreibungen der Dienstwohnungen sind neben den statistischen Nachweisungen für die Lehrstellen der Schulen auch jetzt noch auf dem laufenden zu erhalten und für neuerrichtete Dienstwohnungen jeweils neu herzustellen (ME. vom 8. Februar 1921, KMBl. S. 45 Ziff. 2 mit ME. vom 1. Februar 1927 Nr. IV 3806 [Formblatt 1]).

Bestehen Zweifel über die Zugehörigkeit von Räumen zu einer Dienstwohnung, so entscheidet darüber nach Anhörung des Gemeinderates und des Schulstelleninhabers im ersten Rechtszuge die Bezirksverwaltungsbehörde, deren Genehmigung auch jede Aenderung an dem Bestand der Dienstwohnungen einschließlich der Nebenräume bedarf; die Regierung entscheidet in beiden Fällen endgültig (ME. vom 8. Februar 1921, KMBl. S. 40 Ziff. 2 u. 3). Ebenso entscheidet die Bezirksverwaltungsbehörde, auf Beschwerde die Regierung, K. d. J., in Streitfällen bei Zweifel über die Benützung von Nebengebäuden, z. B. Schulstädeln (ME. vom 8. Februar 1921, KMBl. S. 40 Ziff. 4 u. 5). Die gleichen Zuständigkeitsbestimmungen sind für den Fall gegeben, daß sich die Dienstwohnung in einem sog. „Schul- und Mesnerhaus" befindet (s. Art. 39 ff. d. SchBG. und Meinzolt S. 89). Diese Zuständigkeitsbestimmungen konnten getroffen werden, weil es sich hier nicht um eine eigentliche Verwaltungstätigkeit, sondern um eine ergänzende gesetzgeberische Tätigkeit des Staatsministeriums handelt (vgl. Seiler S. 242 Abs. 2 von oben).

Die Entscheidungen, die hiernach ergehen, sind schulaufsichtlicher Natur und fallen nicht unter Art. 60 Abs. VI d. GemO. (vgl. E. des VGH. vom 28. Juni 1911, Samml. Bd. 32, S. 173).

Weitere Vollzugsvorschriften zu Art. 15 Abs. II SchBG. hinsichtlich Instandhaltung von Dienstwohnungen und Wasserverbrauch in denselben enthält die MinBek. vom 6. Juni 1921 über die Dienstwohnungen der Volksschullehrer (KMBl. S. 147, Anhang Nr. 39).

Hier einschlägig sind auch die Bestimmungen über Beheizung (allenfalls durch Sammelheizung) und Beleuchtung (mit Gas oder elektrischem Strom) von Dienstwohnungen. Zufolge Art. 34 BLG. hat grundsätzlich auch der Volksschullehrer als Inhaber einer Dienstwohnung für Beheizung und Beleuchtung derselben selbst aufzukommen, jedoch sind Vereinbarungen mit den Gemeinden, wonach der Volksschullehrer Brennstoff gegen Vergütung oder als Entschädigung dafür bezieht, daß er für die Beheizung der Schulräume sorgt (also für ein Nebenamt, zu dessen Uebernahme Erlaubnis der Anstellungsbehörde nach Art. 13 Abs. III Ziff. 2 des BLG. erforderlich ist) gem. ME. vom 31. Dezember 1919, Beheizung der Dienstwohnungen der Volksschullehrer betr. (KMBl. S. 29, Anhang Nr. 25) nicht unzulässig.

Den Kostenanteil bei Sammelheizungen und Bezug von Gas, elektr. Strom und Warmwasser hat für den Volksschullehrer in sinngemäßer Anwendung der Bek. vom 14. März 1924 über die Neufestsetzungen der Vergütungen für Beheizung und Beleuchtung von Dienstwohnungen und für Mitbenützung der in Amtsgebäuden eingerichteten Sammelheizungen und Warmwasserbereitungsanlagen (GVBl. S. 78) mit Abänderung vom 23. November 1924 (GVBl. S. 248) und vom 4. November 1925 (GVBl. S. 266) die Bezirksverwaltungsbehörde nach Anhörung des Gemeinderates (verstärkten Gemeinderats) festzusetzen (s. auch Meinzolt S. 91).

10. Staatsministerium für Unterricht und Kultus.

11. In der „Begründung" ist zu Abs. III des Art. 23 des E. I (Art. 15 des Gesetzes) S. 286 ausgeführt:

„In Abs. III des Art. 23 ist zum Ausdruck gebracht, daß die Frage, ob eine bestimmte Dienstwohnung den bestehenden Vorschriften entspricht, im Streitfalle von der zuständigen Kreisregierung, Kammer des Innern, nach freiem Ermessen entschieden wird, selbstverständlich im Rahmen der gesetzlichen Vorschriften und der ministeriellen Vollzugsbestimmungen. Die Entscheidung der Kreisregierung kann demnach als Ermessensentscheidung nicht durch Beschwerde zum Verwaltungsgerichtshofe, sondern nur durch Oberaufsichtsbeschwerde zum zuständigen Staatsministerium angefochten werden (s. auch Art. 13 Abs. I Nr. 3 des Verwaltungsgerichtsgesetzes und Art. 161 des Entwurfes eines Volksschullehrergesetzes). Diese Bestimmungen stehen im Einklange mit der bisherigen Rechtsübung; vgl. die Entscheidungen des Verwaltungsgerichtshofes Bd. 11 S. 220, Bd. 14 S. 352, dann Bd. 32 S. 173. Die Entscheidung der Kreisregierung wirkt nicht nur gegenüber dem Volksschullehrer, sondern auch gegenüber der Gemeinde." Entscheidungen der Regierung nach Art. 15 Abs. III darüber, ob eine Dienstwohnung den Vorschriften entspricht, unterscheiden sich begrifflich von Entscheidungen nach der ME. vom 8. Februar 1921 bei Zweifeln, welche Räumlichkeiten zur Dienstwohnung gehören, und bei Streitigkeiten wegen Aenderungen an dem Bestande der Dienstwohnungen (a. a. O. Ziff. 2 u. 3 — vgl. Anm. 9 oben).

12. Art. 15 Abs. II und III ist sinngemäß auch bei Lehrstellen von geistlichen Gesellschaften und religiösen Vereinen anzuwenden; Art. 15 im ganzen gilt entsprechend auch bei Stellen an christlichen Bekenntnisschulen (Art. 33 Abs. III SchBG.), Schulen von Stiftungen und gemeinnützigen Unternehmungen (Art. 35) und an israelitischen Volksschulen (Art. 37).

Art. 16. (Aufgehoben.)*

---

* Art. 16 des SchBG. in der Fass. vom 14. August 1919 wurde durch Art. 63 Ziff. 1 des BBesG. in der Fass. vom 2. Juni 1920 (GVBl. S. 275) aufgehoben.

Der aufgehobene Artikel lautete:

„Art. 16. I Die Wohnungsentschädigungen werden nach den örtlichen Mietpreisen für Wohnungen der im Art. 15 bezeichneten Art bemessen. Jedoch hat die Wohnungsentschädigung erster Ordnung mindestens 200 Mk., die Wohnungsentschädigung zweiter Ordnung mindestens 120 Mk. und die Wohnungsentschädigung dritter Ordnung mindestens 60 Mk. zu betragen.

II Der Betrag der Wohnungsentschädigungen ist durch eine Satzung festzustellen.

III Die Satzung wird von der Gemeindeverwaltung, bei zusammengesetztem Schulsprengel von der verstärkten Gemeindeverwaltung nach Ein-

Art. 17 [1]). Welche Dienstwohnungen die im Art. 14 Abs. I und II bezeichneten Gemeinden bereitzustellen haben, bemißt sich nach folgenden Grundsätzen:

1. Für Volksschulen, an denen nur eine Lehrstelle besteht, ist eine Dienstwohnung erster Ordnung bereitzustellen.
2. Für Volksschulen, an denen zwei Lehrstellen bestehen, braucht nur eine Dienstwohnung erster Ordnung bereitgestellt zu werden.
3. Für Volksschulen, an denen drei oder mehr Lehrstellen bestehen, müssen für zwei Drittel der Stellen Dienstwohnungen erster Ordnung bereitgestellt werden. Bruchteile werden nicht angerechnet.
4. Für Mädchenschulen [2]), an denen nur Volksschullehrerinnen verwendet werden, gelten die vorstehenden Vorschriften sinngemäß. An die Stelle der Dienstwohnungen erster Ordnung treten dabei Dienstwohnungen zweiter Ordnung.
5. Im übrigen bestimmt die Regierung, Kammer des Innern, ob für die vorhandenen Lehrstellen Dienstwohnungen zweiter oder dritter Ordnung bereitzustellen sind. Sie kann aus besonderen Gründen Ausnahmen von den Vorschriften der Nr. 1 bis 4 zulassen [3]).
6. Bestehen an einer Volksschule, an der Knaben und Mädchen gemeinsam unterrichtet werden, drei oder mehr Stellen, so kann die Regierung, Kammer des Innern, anordnen oder zulassen, daß ein Teil der Dienstwohnungen erster Ordnung durch Dienstwohnungen zweiter Ordnung ersetzt wird [3]) [4]). Das zuständige Ministerium kann hierüber nähere Vorschriften erlassen [5]) [6]).

1. Art. 17 wurde durch Art. 63 Ziff. 4 des BBesG. in der Fass. vom 2. Juni 1920 (GVBl. S. 275) abgeändert.

Die ursprüngliche Fassung des Art. 17 vom 14. August 1919 lautete:
„I Wenn an einer Volksschule nur eine Lehrstelle besteht, so ist diese mit Dienstwohnung oder Wohnungsentschädigung erster Ordnung auszustatten.
II Bestehen an einer Volksschule zwei Lehrstellen, so braucht nur eine davon mit Dienstwohnung oder Wohnungsentschädigung erster Ordnung ausgestattet zu werden.

---

vernahme der beteiligten Volksschullehrer erlassen. Sie bedarf der Genehmigung der Regierung, Kammer des Innern. Die beteiligten Staatsministerien können nähere Anordnungen erlassen.
IV Abs. III gilt „auch für die Aenderung der Satzung".

Dadurch, daß es freie Dienstwohnungen und Wohnungsentschädigungen für den Staatsbeamten und damit auch für den Volksschullehrer nicht mehr gibt, war der die Wohnungsentschädigungen regelnde Art. 16 des SchBG. gegenstandslos geworden. Vgl. auch Fußnote zu Art. 13 oben.

III Bestehen an einer Volksschule drei oder mehr Lehrstellen, so müssen zwei Drittel mit Dienstwohnung oder Wohnungsentschädigung erster Ordnung ausgestattet werden. Bruchteile werden nicht angerechnet.

IV Werden an Mädchenschulen nur Volksschullehrerinnen verwendet, so gelten die Vorschriften der Abs. I bis III sinngemäß. An die Stelle der Dienstwohnung oder Wohnungsentschädigung erster Ordnung tritt dabei eine Dienstwohnung oder Wohnungsentschädigung zweiter Ordnung.

V Die Regierung, Kammer des Innern, kann aus besonderen Gründen Ausnahmen von den Vorschriften der Abs. I bis IV zulassen.

VI Bestehen an einer Volksschule, an der Knaben und Mädchen gemeinsam unterrichtet werden, drei oder mehr Stellen, so kann die Regierung, Kammer des Innern anordnen oder zulassen, daß ein Teil der Lehrstellen mit Dienstwohnung oder Wohnungsentschädigung erster Ordnung durch Lehrerinnenstellen mit Dienstwohnung oder Wohnungsentschädigung zweiter Ordnung ersetzt wird. Das zuständige Staatsministerium kann hierüber nähere Vorschriften erlassen."

Diese Bestimmungen — im E. I in den Artikeln 14, 15 und 16 untergebracht — entsprachen im wesentlichen dem Art. 4 des SchBG. vom 28. Juli 1902. Die Fassung des Art. 4 war nur insofern geändert, als es nicht mehr Hilfslehrer-, Schulverweser- und Volksschullehrerstellen, sondern nur noch Stellen für Lehrer und Lehrerinnen geben sollte. Diese Stellen sollten sich unter sich aber noch durch die Art der Dienstwohnung oder Wohnungsentschädigung, die damit verbunden war, unterscheiden. Wie in Art. 4 des SchBG. von 1902 sollten auch im neuen Gesetze die Grundsätze dafür aufgestellt werden, welche Arten von Stellen jeweils an der Volksschule zu bestehen haben. Die Art. 14 bis 16 sollten indessen ebensowenig wie der frühere Art. 4 das Recht der Errichtung und Besetzung von Schulstellen erschöpfend regeln. Die Grundlage hierfür sollten vielmehr nach wie vor die Vorschriften der §§ 44 und 46 der FormV. vom 17. Dezember 1825 (RBl. S. 1049) bilden.

„Die Fassung des Art. 4 des geltenden Schulbedarfgesetzes bedarf hierbei namentlich auch insoferne der Aenderung, als in zweifelsfreier Form zum Ausdrucke zu bringen sein wird, daß durch die in Frage stehenden Vorschriften zwar das Stellenerrichtungsrecht der Kreisregierung (§ 44 Abs. II der FormV.), nicht aber auch ihr Stellenbesetzungsrecht (§ 46 der FormV.) eingeschränkt sein soll. Dem aufsichtlichen Ermessen der Regierung soll eine Grenze gezogen sein. Durch die gesetzliche Umschreibung der Voraussetzungen, unter denen sie die Gemeinde verpflichten kann, eine Stelle als Lehrerstelle mit Dienstwohnung oder Wohnungsentschädigung erster Ordnung auszustatten, also die Mittel für eine vollwertige Stelle bereitzustellen. Hingegen muß die Kreisregierung als Anstellungsbehörde aus schuldienstlichen Rücksichten der Gemeinde gegenüber darin frei sein, mit welcher Lehrkraft sie die Schulstelle — im Rahmen der dafür verfügbaren Mittel — jeweils besetzen will" (Begr. zu E. I S. 279).

Zufolge Wegfalls der freien Dienstwohnung oder Wohnungsentschädigung als Gehaltsteil des Volksschullehrers (s. Fußnote zu Art. 13) durch das Beamtenbesoldungsgesetz vom 2. Juni 1920 (GVBl. S. 275) mußte auch Art. 17 eine andere Fassung bekommen. Wenn Art. 17 jetzt auch nur mehr die Einteilung der Dienstwohnungen enthält und nicht mehr von Stellen spricht, die mit Dienstwohnungen oder Wohnungsentschädigungen auszustatten sind, so ist es doch hinsichtlich des Stellenerrichtungs- und Stellenbesetzungsrechtes der Regierung bei den oben angeführten Grundsätzen verblieben.

Die Dienstwohnung, in die der einzelne Volksschullehrer eingewiesen wird, ist unabhängig von der Besoldungsgruppe, der er angehört. In der Regel werden immer Lehrer, Hauptlehrer und Oberlehrer als Familienväter Inhaber der Dienstwohnungen erster Ordnung ihres Dienstsitzes sein und den unverheirateten Hilfslehrern Dienstwohnungen dritter Ordnung zugewiesen werden. Je nach Sachlage kann aber die Regierung beispielsweise ebenso einem Hauptlehrer eine Dienstwohnung dritter Ordnung zuweisen wie einem Hilfslehrer eine solche erster Ordnung.

Die gleiche Bewegungsfreiheit hat die Regierung, abgesehen von der Bestimmung, daß an Knabenschulen grundsätzlich nur männliche, an Mädchenschulen nur weibliche Lehrpersonen aufgestellt werden sollen (ME. vom 7. Juli 1920 Nr. 28 110) in der Wahl, ob sie eine Lehrstelle mit einem Volksschullehrer oder mit einer Volksschullehrerin besetzen will. Die Regierung ist auch nicht in der Wahl behindert, ob sie weibliche weltliche oder weibliche klösterliche Lehrkräfte anstellen will. Es ist nur ministeriell gebilligte Uebung, daß weibliche weltliche Lehrstellen nicht in klösterliche umgewandelt werden sollen. Dadurch ist die Anstellung weiblicher klösterlicher Lehrkräfte in der Praxis auf die Fälle der bereits bestehenden klösterlichen Lehrstellen und der Neuerrichtung von Schulen und Lehrstellen beschränkt.

Die ME. vom 16. November 1920 Nr. 48 139 führt unter Ziff. I aus:

„Die grundsätzliche Besetzungsfreiheit der Regierung findet lediglich eine Schranke einerseits in der Zahl der jeweils zur Verfügung stehenden Stellen, anderseits in der Rücksicht auf die Bedürfnisse der Schule ... Es liegt selbstverständlich im Sinne der gesetzlichen Bestimmungen, daß bei der Besetzung der mit Dienstwohnungen verbundenen Lehrstellen im allgemeinen das Dienstalter und der Familienstand der Lehrpersonen Maß zu geben hat; ebenso ist es selbstverständlich, daß Stellen mit Dienstwohnungen erster Ordnung im allgemeinen nicht weiblichen Lehrkräften, sondern verheirateten Lehrern übertragen und Stellen mit Dienstwohnungen zweiter Ordnung grundsätzlich den dienstälteren Lehrerinnen vorbehalten werden... Es werden Lehrstellen schlechthin errichtet. Nur wo auf Grund der Art. 14 Abs. I u. II mit einer Schulstelle eine Dienstwohnung verbunden sein muß, ist in der Entschließung über die Errichtung noch besonders auszusprechen, daß die Gemeinde verpflichtet ist, für den Inhaber der Stelle eine Dienstwohnung bestimmter Art (s. Art. 17) bereitzustellen."

Die Dienstwohnungen sind nicht unlöslich mit einer bestimmten Lehrstelle verbunden. Die Regierung kann jederzeit, wenn sich Unzuträglichkeiten ergeben, oder gelegentlich eines Lehrerwechsels die Zuweisungen ändern (s. auch Anm. 13 zu Art. 14 oben).

2. Ob in einer Gemeinde eigene Mädchenschulen errichtet werden sollen, liegt in der schulorganisatorischen Befugnis der Regierungen. Nach Möglichkeit wären hierbei gemeindliche Anträge zu berücksichtigen.

3. Gegen die Entscheidung der Regierung ist seitens der beteiligten Gemeinde fristlose Oberaufsichtsbeschwerde zum Staatsministerium für Unterricht und Kultus möglich. Wenn mit staatsaufsichtlichem Zwang gegen die Gemeinde vorgegangen wird, kann nach Maßgabe der einschlägigen Bestimmungen (Art. 60 Abs. VI der GemO.) Beschwerde zum Verwaltungsgerichtshof in Betracht kommen. Die Würdigung der Bedürfnisfrage ist hierbei gemäß Art. 13 Abs. I Ziff. 3 VGG. (s. auch Meinzolt S. 93) der Zuständigkeit des Verwaltungsgerichtshofes entrückt.

In den Fällen der Ziff. 1 mit 4 (nicht 5 und 6) des Art. 17 kann sich aber auch ein Verwaltungsstreitverfahren nach Art. 10 Ziff. 19 der VGG. entwickeln, wenn die Gemeinde behauptet, durch die Regierungsentschließung entgegen den gesetzlichen Bestimmungen belastet worden zu sein.

4. Die Regierung wird die Bedürfnisse der Lehrpersonen auf der einen Seite und die Leistungsfähigkeit und die allgemeinen Wohnungsverhältnisse der Gemeinde auf der anderen Seite abzuwägen haben (s. auch Meinzolt S. 93).

5. Solche Vorschriften sind bis jetzt noch nicht ergangen.

6. Art. 17 gilt entsprechend auch für christliche Bekenntnissonderschulen (Art. 33 Abs. III) und israelitische Volksschulen (Art. 37), nicht jedoch für Schulen von Stiftungen und gemeinnützigen Unternehmungen (s. Art. 35).

Art. 18 [1]. **I Die Gemeinden [2]) sind verpflichtet, die Dienstwohnungen dritter Ordnung mit der notwendigen Zimmereinrichtung [3]) auszustatten. Das zuständige Staatsministerium erläßt die näheren Vorschriften [3]).**

II Der Volksschullehrer hat für die Benützung der Zimmereinrichtung an die Gemeinde eine angemessene Entschädigung [4]) zu zahlen, die von der vorgesetzten Behörde [5]) festgesetzt wird.

III Der Volksschullehrer hat keinen Rechtsanspruch auf Bereitstellung der Zimmereinrichtung [6]).

1. Art. 18 des Ges. entspricht dem Art. 27 des Entwurfes vom 27. Juli 1918 (E. I). In der „Begr." hierzu ist u. a. (S. 288) ausgeführt:

„Um den Unzuträglichkeiten zu begegnen, die sich für das jüngere Lehrpersonal da ergeben, wo lediglich uneingerichtete Zimmer zur Verfügung stehen, verpflichtet Art. 27 Abs. I des Gesetzentwurfes (nun Art. 18) die Gemeinden allgemein, die Dienstwohnungen dritter Ordnung mit der notwendigen Zimmereinrichtung auszustatten. Nach Abs. II soll der Volksschullehrer für die Benützung der Einrichtung an die Gemeinde eine angemessene Entschädigung zahlen, die von der vorgesetzten Behörde (Art. 7 — s. Anm. 5 unten) allgemein oder von Fall zu Fall festgesetzt wird. Die einmalige Aufwendung, die der Gemeinde durch die Beschaffung der Zimmereinrichtung erwächst, wird daher jeweils in nicht zu langer Zeit abbezahlt. Bei zusammengesetztem Schulsprengel sind für die Aufbringung der Kosten der Einrichtung die Bestimmungen des Art. 12 Abs. I und II maßgebend ... Durch Abs. III des Art. 27 (nun 18) ist ein Rechtsanspruch des Volksschullehrers gegenüber der Gemeinde auf Bereitstellung der Zimmereinrichtung und damit eine verwaltungsrechtliche Klage nach Art. 157 des Entwurfes eines Volksschullehrergesetzes ausgeschlossen. Mit dieser Regelung sollen namentlich Streitigkeiten zwischen Volksschullehrer und Gemeinde hintangehalten werden. Die Vorschrift des Art. 27 (nun 18) Abs. I begründet demnach lediglich eine öffentlich-rechtliche Verpflichtung der Gemeinde gegenüber der Staatsaufsichtsbehörde. Ueber diese Verpflichtung ist gegebenenfalls ein Verfahren nach Art. 10 Nr. 19 des Verwaltungsgerichtsgesetzes bezw. im staatsaufsichtlichen Verfahren zu entscheiden."

2. S. Anm. 4 zu Art. 1. Bei den christlichen Bekenntnissonderschulen, Schulen von Stiftungen oder gemeinnützigen Unternehmungen und israelitischen Volksschulen, auf die zufolge Art. 33 Abs. III, Art. 35 und Art. 37 die Bestimmungen des Art. 18 entsprechend anzuwenden sind, treten an die Stelle der Gemeinden die Unternehmer der Schulen, bezw. die israelitischen Glaubensgemeinden.

3. a) Was als notwendige Zimmereinrichtung anzusehen ist, ergibt sich aus der Bek. d. Staatsmin. f. Unterricht u. Kultus vom 11. November 1922 (KMBl. S. 186, Anhang Nr. 49), Vollzug des Art. 18 des Schulbedarfgesetzes betr.

b) Nur die notwendige Zimmereinrichtung muß bei Dienstwohnungen dritter Ordnung im Gegensatz zu denen erster und zweiter Ordnung von der Gemeinde gestellt werden. Für die Beheizung und Beleuchtung muß der Inhaber einer Dienstwohnung dritter Ordnung ebenso aufkommen, wie der einer Dienstwohnung erster oder zweiter Ordnung. (Anders beim Aushilfslehrer, dem nach Art. 23, allerdings auch gegen eine angemessene Entschädigung, ein eingerichtetes Wohnzimmer mit Beheizung und Beleuchtung zur Verfügung zu stellen ist.) In gleicher Weise treffen ihn die Kosten für Reinigung der Dienstwohnung (des Dienstzimmers) und sonstige Bedienung.

4. Hier ist nur von der Entschädigung für die Benützung der Zimmereinrichtung die Rede; die Mietentschädigung für die Dienstwohnung (Dienstzimmer) dritter Ordnung ist nach den allgemeinen Bestimmungen des Art. 49 des BBesG. zu entrichten (s. Anm. 6c zu Art. 14 oben). Näheres s. die MinBek. vom 11. November 1922 (KMBl. S. 186).

Die Regierungen haben darauf hinzuwirken, daß von den Bezirksverwaltungsbehörden in den einzelnen Bezirken möglichst gleichmäßige Entschädigungsbeträge angesetzt werden (ME. vom 22. September 1924 Nr. IV 31 629).

5. Bezirksverwaltungsbehörde (Bezirksamt, Stadtrat einer unmittelbaren Stadt) — MinBek. vom 11. November 1922 (KMBl. S. 186), Ziff. 4 — s. auch Anm. 6 unten.

6. Die Verpflichtung der Gemeinde besteht nur gegenüber den Schulaufsichtsbehörden; der Vollzug kann nötigenfalls im Staatsaufsichtsverfahren (Art. 60 GemO.) zwangsweise durchgesetzt werden (s. Anm. 1 oben).

Streitigkeiten, die sich aus dem Vollzuge der Bek. vom 11. November 1922 (KMBl. S. 186, Anhang Nr. 49) ergeben, werden gemäß Ziff. 5 dieser Bek. unbeschadet der Bestimmungen in Art. 10 Ziff. 19 des Verwaltungsgerichtsgesetzes und Art. 60 Abs. VI der GemO. von der Bezirksverwaltungsbehörde im ersten Rechtszuge entschieden. Daraus ergibt sich, daß auch zur Befreiung von der Verpflichtung, die in Ziff. 1 der Bek. aufgeführten Einrichtungsgegenstände zu stellen oder zur teilweisen Befreiung von dieser Verpflichtung zunächst die Bezirksverwaltungsbehörde, nicht die Kreisregierung, zuständig ist, trotz der Bestimmung in Ziff. 2, die nur von der Bettwäsche spricht. Die Zuständigkeitsbestimmung in Art. 18 Abs. II, wonach die Entschädigung von der „vorgesetzten Behörde" festzusetzen wäre, ist — getragen von der Ermächtigung des Abs. I Satz 2 — durch die Bek. vom 11. November 1922, Ziff. 4 Abs. I insoferne abgeändert, als nach Art. 7 bei unmittelbaren Städten die Regierung zuständig wäre, während nach Ziff. 4 Abs. I der Bek. vom 11. November 1922 der Stadtrat die Entschädigung festzusetzen hat (vgl. Anm. 9 zu Art. 15 oben).

Eine solche Befreiung kann namentlich dann am Platze sein, wenn der Inhaber der Dienstwohnung dritter Ordnung eine eigene Zimmereinrichtung besitzt und diese, nicht die gemeindliche, benützen will.

Das Verhältnis zwischen Volksschullehrer und Gemeinde wegen der Zimmereinrichtung ist nicht vom Beamtenbesoldungsgesetz erfaßt. Soweit keine Regelung darüber im Schulbedarfgesetze selber (Art. 18) oder in den Vollzugsvorschriften hierzu (Bek. vom 11. November 1922) erfolgt ist, richtet sich das Verhältnis nach den Bestimmungen des Bürgerlichen Gesetzbuches über Sachmiete (§ 535 ff.).

Der Schulstelleninhaber kann daher im Gegensatze zu der Bestimmung bezüglich der Dienstwohnung in Art. 19 Abs. III Satz 1 des BBesG. die Benützung der gemeindlichen Zimmereinrichtung ablehnen. Die Gemeinde kann in einem solchen Falle vom Dienstzimmerinhaber nicht Ersatz für den Ausfall an Entschädigung für die Benützung der Einrichtung, sondern höchstens für die allenfallsigen Auslagen verlangen, die der Gemeinde durch die Entfernung der Einrichtungsgegenstände aus der Dienstwohnung und durch ihre Aufbewahrung entstehen (vgl. ME. vom 4. August 1925 Nr. IV 28 792).

Für hauptamtliche Volksschulfachlehrer gelten gegebenen Falles gemäß Art. 24 a d. SchBG. auch die Bestimmungen über die Zimmereinrichtung von Dienstwohnungen dritter Ordnung entsprechend. Vgl. aber Anm. 6 c zu Art. 14 oben (am Ende).

Art. 19[1][2]. I Die Regierung, Kammer des Innern[3], kann anordnen, daß die Gemeinden[4] für die Volksschullehrer[5] mit deren Lehrstelle eine Dienstwohnung erster oder zweiter Ordnung[6] verbunden ist, einen Hausgarten[7] zur Nutzung bereitzustellen haben, wenn es die örtlichen Verhältnisse zulassen[1].

II Die Anordnung gibt dem Volksschullehrer keinen Rechtsanspruch gegenüber der Gemeinde[8].

III Der Volksschullehrer hat für die Benützung des Gartens an die Gemeinde eine angemessene Entschädigung zu zahlen, die von der vorgesetzten Behörde[9] festgesetzt wird[10].

IV Das zuständige Staatsministerium[11] kann nähere Vorschriften erlassen[12]. Es kann die Gemeinden verpflichten, dem Volksschullehrer bei der Beendigung seines Dienstverhältnisses in der Gemeinde die Kosten für Anlagen und Anpflanzungen auf dem Grundstück ganz oder teilweise zu erstatten[13].

1. Abs. I des Art. 19 wurde durch Art. 63 Ziff. 5 des BBesG. in der Fass. vom 2. Juni 1920 (GVBl. S. 275) abgeändert. Die Fassung des Ges. vom 14. August 1919 lautete:

„Die Regierung, Kammer des Innern, kann anordnen, daß die Gemeinden den Volksschullehrern, denen eine Dienstwohnung erster oder zweiter Ordnung zusteht, einen Hausgarten zur Nutzung bereitzustellen haben, wenn es die örtlichen Verhältnisse zulassen."

Die Aenderung des Wortlautes war dadurch veranlaßt, daß den Volksschullehrern keine Dienstwohnung mehr „zusteht" (s. Fußnote zu Art. 13 und Anm. 11 zu Art. 14 oben). Im übrigen ist der Inhalt des Art. 19 der gleiche geblieben.

2. Art. 19 des Gesetzes entspricht im wesentlichen dem Art. 28 des E. I vom 27. Juli 1918. Hierzu ist in der „Begründung" (a. a. O. Beil. 2631 S. 289) bemerkt:

„Die Vorschrift des Art. 28 wird den Gemeinden im allgemeinen keine neue Belastung bringen. Schon jetzt ist den Volksschullehrern fast überall, wo es die örtlichen Verhältnisse zulassen, beim Schulhaus ein Gartenanteil zur Verfügung gestellt. Die Gartennutzung ermöglicht dem Volksschullehrer, einen Teil des auf dem Lande oft schwer erhältlichen Lebensbedarfes selbst zu gewinnen, außerdem soll aber dem Volksschullehrer auch Gelegenheit gegeben sein, auf dem Gebiete des Obst- und Gartenbaues, der Bienenzucht usw. vorbildlich zu wirken."

3. Zur Anordnung, einen Hausgarten bereitzustellen, ist in jedem Falle nur die Regierung zuständig, während die Festsetzung der Entschädigung der vorgesetzten Behörde im Sinne des Art. 7 SchBG. obliegt (s. Art. 19 Abs. III); „die Anordnung kann allgemein oder von Fall zu Fall ergehen" (Begr. zu E. I S. 289), sie liegt im Ermessen der Regierung (s. auch die ME. vom 3. April 1925 Nr. IV 46 225 und vom 11. Mai 1925 Nr. IV 18 165).

4. S. auch Art. 33 Abs. III, 35 und 37 SchBG. und die Anm. 2 zu Art. 18 mit der Anm. 4 zu Art. 1.

5. Nach Art. 24 a SchBG. auch für die hauptamtlichen Volksschulfachlehrer im Sinne des Art. 144 BLG., wozu nicht die nach Maßgabe des Art. 29 SchBG. von den Religionsgesellschaften besonders aufgestellten Religionslehrer gehören. S. aber Anm. 6 c zu Artikel 14 oben.

6. S. Art. 15 Abs. I Ziff. 1 u. 2 zu Art. 17 des SchBG. Wie von der Gemeinde nach Art. 18 eine Zimmereinrichtung nur bei Dienstwohnungen dritter Ordnung beansprucht werden kann, so nach Art. 19 ein Hausgarten nur bei Dienstwohnungen erster und zweiter Ordnung.

7. Der Hausgarten (Gemüse-, Blumen- oder Obstgarten) ist zur persönlichen Nutzung des Volksschullehrers bestimmt. Daß sich der Hausgarten unmittelbar bei der Dienstwohnung befindet, ist nicht unbedingt notwendig. Er kann auch getrennt liegen.

Im Gegensatz zum Hausgarten dient der Schulgarten unterrichtlichen Zwecken, sei es Förderung der Pflanzenkunde bei den Schulkindern, sei es Unterweisung im Gartenbau. Hiervon auseinanderzuhalten sind die sog. Schulgrundstücke, die feldmäßig bestellt werden, früher meist zum Stelleneinkommen des Volksschullehrers gehört haben, und gegebenen Falles im Rahmen des Art. 26 mit 61 des SchBG. zum gemeindlichen Schulvermögen zählen. Wieder anderen Zwecken dienen die zum allgemeinen Schulsachbedarf gehörigen Turn- und Spielplätze für die Schulkinder nach Maßgabe des § 18 der Bek. vom 15. April 1913 (KMBl. S. 115, Anhang Nr. 13).

„Wo beim Schulhaus etwa ein besonders großer Garten vorhanden ist, würde nichts dagegen zu erinnern sein, daß ein Teil davon als Hausgärten im Sinne des gegenwärtigen Art. 28 (im Gesetz Art. 19) bestimmt und das übrige als Pachtgrundstück gemäß Art. 42 (im Gesetz 26) behandelt wird." („Begründung" a. a. O. S. 289.) „Hierzu ist die Genehmigung der vorgesetzten Behörde erforderlich" (ME. vom 31. Dezember

1919, die Schulgrundstücke betr., Ziff. 6b — KMBl. 1920 S. 22, Anhang Nr. 24).

8. Die Verpflichtung der Gemeinde besteht nur der Regierung gegenüber. Zwangsweise Durchführung ist möglich auf dem Wege des Staatsaufsichtsverfahrens (Art. 60 GemO.). Gegen die Anordnung der Regierung ist Oberaufsichtsbeschwerde zum Staatsmin. f. Unt. u. Kultus zulässig. Die Gemeinden genießen aber auch verwaltungsrechtlichen Schutz gem. Art. 10 Ziff. 19 VGG., außerdem bei staatsaufsichtlichem Einschreiten nach Art. 60 Abs. VI der GemO. Anderseits kann auch der Volksschullehrer dienstaufsichtlich angehalten werden, die nach Art. 19 Abs. III des SchBG. festgesetzte Entschädigung an die Gemeinde- oder Schulkasse zu bezahlen.

9. S. Art. 7 SchBG.

10. S. Bek. sämtl. Min. vom 29. Juli 1924 über die Pachtentschädigungen für die den Beamten vom Staate überlassenen Gärten und sonstigen Grundstücke (GVBl. S. 189, Anh. Nr. 63), Ziff. 8 Abs. I. S. auch ME. vom 9. Juni 1925 Nr. IV 36 275. (Der Wert der Gartennutzung darf nicht in den Wohnungsmietpreis — BBesG. vom 20. April 1928 Art. 49, GVBl. S. 205 — eingerechnet, sondern muß gesondert festgesetzt werden. Auch für das Leitungswasser für den Hausgarten hat der Volksschullehrer an die Gemeinde gem. Bek. vom 6. Juni 1921 Ziff. 2 Abs. II (KMBl. S. 147, Anh. Nr. 39 — s. auch Anm. 13 B c zu Art. 14 oben) eine angemessene Entschädigung zu entrichten, die „mangels einer gütlichen Vereinbarung" von der Bezirksverwaltungsbehörde festgesetzt wird. (Bei der Entschädigung für die Gartenbenützung nach Art. 19 Abs. III des SchBG. ersetzt eine freie Vereinbarung zwischen Volksschullehrer und Gemeinde die Festsetzung durch die vorgesetzte Behörde nicht.)

11. Staatsministerium für Unterricht und Kultus.

12. Bis jetzt ist dies abgesehen von der allg. MinBek. vom 29. Juli 1924 (s. Anm. 10 oben) und der Anordnung unter Ziff. 4b der ME. vom 8. Februar 1921, betr. Dienstwohnungen der Volksschullehrer (KMBl. S. 40, Anhang Nr. 35) nicht geschehen.

13. Soweit die Regelung nicht im SchBG. erfolgt ist und einschlägige Vollzugsvorschriften nicht erlassen sind (s. Anm. 12 oben), bestimmen sich die gesamten Verhältnisse bezüglich der Benützung der Hausgärten nach den Vorschriften des BGB. über die Pacht (§§ 581 ff.; s. insbes. § 592), wenn es sich auch um ein öffentlich-rechtliches Rechtsverhältnis handelt (s. Osthelder Anm. 3 zu Art. 19 S. 161 einerseits und Meinzolt § 94 S. 93 anderseits; Osthelder nimmt Bezug auf VGHE. Bd. 18 S. 284, Meinzolt nimmt anscheinend ein bürgerlich-rechtliches Verhältnis an).

Art. 20. I Die Bezüge der Volksschullehrer[1]) und ihrer Hinterbliebenen werden vom Rentamt[2]) ausbezahlt, soweit nicht dieses Gesetz etwas anderes bestimmt[3]).

II Bezüge, die nach den Vorschriften des Gesetzes von der Gemeinde auszuzahlen sind, werden bei zusammengesetzten Schulsprengeln von der Schulsitzgemeinde[4]), im Falle des Art. 2 Abs. III von der besonders bestimmten Gemeinde ausbezahlt.

1. Auch der Volksschulfachlehrer s. Art. 24a.

2. Bisher „Finanzamt" (s. Gesetz über die Reichsfinanzverwaltung vom 10. September 1919 (RGBl. S. 159) und Verordnung zur Einführung der Reichsfinanzverwaltung vom 27. September 1919 (RGBl. S. 1766) § 1, FinMBek. vom 3. Oktober 1919 (FinMBl. S. 260). „Die amtliche Bezeichnung der Rentämter lautet fortan „Finanzamt““ (Bek. der Präsidenten der Landesfinanzämter München, Nürnberg, Würzburg vom 6. November 1920 betreffend die künftige Amtsbezeichnung der Rentämter, Bay. Staatsanz. Nr. 263 vom 11. November 1920).

Ab 1. November 1930 sind in ganz Bayern für die einschlägigen Staatsfinanz-Geschäfte des Landes an die Stelle der Finanzämter die Kreiskassen getreten (E. d. Bay. Staatsmin. der Finanzen vom 17. September 1930 Nr. I 40 160: „Das Landesfinanzamt München wird mit Wirkung vom 1. November 1930 nach dem Vorgang der Landesfinanzämter Nürnberg und Würzburg das Zahlungswesen für Rechnung des Landes von den Finanzämtern auf die Kreiskassen übertragen. Aus der beiliegenden Uebersicht ist zu entnehmen, welche Arten von Einnahmen und Ausgaben für Rechnung des Landes hierfür in Betracht kommen ...“ — In der Uebersicht sind „Volksschullehrer, Handarbeits- und Hauswirtschaftslehrerinnen“, „Schulamtsbewerber“ und „die klösterlichen Volksschullehrerinnen und hauptamtlichen klösterlichen Handarbeitslehrerinnen“ mitgenannt, ferner „Ausgaben für kirchliche Zwecke“). S. auch E. d. Staatsmin. f. Unt. u. K. Nr. IV 41 292 vom 14. November 1930.

3. Z. B. Art. 62, 62a, 63. — Art. 20 Abs. I findet auch auf christl. Bekenntnissonderschulen (Art. 33 Abs. III), Schulen von Stiftungen und gemeinnützigen Unternehmungen (Art. 35) und auf israelitische Volksschulen (Art. 37) Anwendung.

4. S. Anm. 6 zu Art. 2 oben.

Art. 21. (Aufgehoben.) *

Art. 22. (Gestrichen.) **

---

* Art. 21 wurde durch Art. 63 Ziff. 1 des Beamtenbesoldungsgesetzes in der Fass. vom 2. Juni 1920 (GVBl. S. 275) aufgehoben.

Art. 21 SchBG. vom 14. August 1919 lautete:

I Die Wohnungsentschädigungen werden von der Gemeinde vierteljährlich im voraus an das Rentamt gezahlt.

II Dies gilt auch

1. solange eine Lehrstelle vorübergehend erledigt oder das Diensteinkommen des Volksschullehrers nach Art. 18 Abs. III oder Art. 31 Abs. I Satz 2 oder Abs. II Satz 2 des Volksschullehrergesetzes ganz oder teilweise eingezogen ist,
2. soweit die Wohnungsentschädigung als Teil des Sterbegehalts zu zahlen ist.“

Durch den Wegfall der Wohnungsentschädigungen als Diensteinkommen der Volksschullehrer (s. Fußnote zu Art. 13 oben) sind auch die Bestimmungen des Art. 21 SchBG. gegenstandslos geworden.

** Art. 22 ist gestrichen.

Der Wortlaut des Art. 22 in der Fass. vom 14. August 1919 war folgender:

„I Die Amtszulagen nach Art. 33 Abs. II des Volksschullehrergesetzes und die Versorgungszulagen nach den Art. 62 Abs. II und 84 Abs. II des gleichen Gesetzes werden von der Gemeinde aufgebracht und ausbezahlt. Sie sind durch eine Satzung zu regeln. Hierfür gelten die Vorschriften im Art. 16 Abs. III und IV.

Art. 23[1]. [I] Für Schulamtsbewerber[2]) und sonstige Personen[3]), die mit der Stellvertretung oder Beihilfeleistung für erkrankte, beurlaubte oder aus anderen Gründen verhinderte Volksschullehrer oder mit der vorübergehenden Führung einer erledigten Lehrstelle beauftragt werden (Aushilfslehrer)[4]), ist nach Anordnung der Regierung, Kammer des Innern[5]), von der Gemeinde[6]) ein eingerichtetes Wohnzimmer[7]) mit Beheizung und Beleuchtung[8]) zur Verfügung zu stellen. Der Aushilfslehrer hat hierfür[9]) an die Gemeinde eine angemessene Entschädigung zu zahlen, die von der vorgesetzten Behörde[10]) festgesetzt wird[11]).

[II] Diese Vorschriften gelten entsprechend, wenn mit der Stellvertretung oder Beihilfeleistung ein Volksschullehrer beauftragt ist[12]).

[III] Das zuständige Staatsministerium[13]) kann nähere Vorschriften zum Vollzuge der Abs. I und II erlassen[14]).

1. Abgeändert durch Art. 2 Ziff. VI des Gesetzes vom 1. August 1923 zur Aenderung von Vorschriften über das Volksschulwesen (GVBl. S. 337).

Ursprünglich (in der Fass. des Ges. vom 14. August 1919) lautete Art. 23:

„[I] Schulamtsbewerber und andere Personen, die mit der Stellvertretung oder Beihilfeleistung für erkrankte, beurlaubte oder aus anderen

---

[II] Für die Gewährung der Versorgungszulagen darf die Gemeinde keine Beiträge von den Volksschullehrern erheben. Sie kann die Versorgungszulagen beim Bayerischen Versorgungsverbande versichern. Die beteiligten Staatsministerien können hierüber nähere Vorschriften erlassen."

Art. 63 des BBesG. in der Fass. vom 2. Juni 1920 (GVBl. S. 275) brachte eine Aenderung dieses Wortlautes durch seine Ziff. 6, wo es hieß:

„Art. 22 wird geändert wie folgt:

a) Abs. I Satz 3 wird gestrichen;

b) als Abs. II werden folgende Vorschriften eingefügt:

„[II] Die Satzung wird von der Gemeindeverwaltung, bei zusammengesetztem Schulsprengel von der verstärkten Gemeindeverwaltung nach Einvernahme der beteiligten Volksschullehrer erlassen. Sie bedarf der Genehmigung der Regierung, Kammer des Innern. Das zuständige Ministerium kann nähere Anordnungen erlassen. Die gleichen Vorschriften gelten auch für die Aenderung der Satzung;"

c) der bisherige Abs. II wird Abs. III."

Diese Abänderung und Erweiterung des Wortlautes war dadurch veranlaßt, daß in Abs. I durch Satz 3 auf Art. 16, Abs. II und III zur gleichmäßigen Anwendung verwiesen, der von den „Wohnungsentschädigungen" handelnde Art. 16 aber durch Art. 63 Ziff. 1 des BBesG. in der Fass. vom 2. Juni 1920 aufgehoben worden war (s. Fußnote zu Art. 13 u. 16 oben).

Durch Art. 2, V des Gesetzes vom 1. August 1923 zur Aenderung von Vorschriften über das Volksschulwesen (GVBl. S. 337) wurde Art. 22 in Fassung nach Art. 63 Ziff. 6 des Beamtenbesoldungsgesetzes vom 2. Juni 1920 gänzlich gestrichen. Hierzu war in der „Begründung" zum Gesetzentwurf (Verh. d. Bay. Landt. 1922/23, BeilBd. XI, Beil. 3663, S. 911) zu Art. 1 unter Ziff. IV folgendes ausgeführt:

Gründen verhinderte Volksschullehrer oder mit der vorübergehenden Führung einer erledigten Lehrstelle beauftragt werden, erhalten nach Anordnung der Regierung, Kammer des Innern, eine angemessene Vergütung.

II Die Vergütung wird von der Regierung, Kammer des Innern, festgesetzt und vom Rentamt ausbezahlt.

III Wo es nach den örtlichen Verhältnissen geboten ist, hat die Gemeinde dem im Abs. I bezeichneten Aushilfslehrer nach Anordnung der Regierung, Kammer des Innern, ein eingerichtetes Wohnzimmer mit Beheizung und Beleuchtung zur Verfügung zu stellen. Der Aushilfslehrer hat hierfür an die Gemeinde eine angemessene Entschädigung zu zahlen, die im Streitfalle von der vorgesetzten Behörde unter Ausschluß des Rechtsweges festgesetzt wird.

IV Abs. III gilt entsprechend, wenn mit der Stellvertretung oder Beihilfeleistung ein Volksschullehrer beauftragt ist."

Die „Begründung" zu Art. 2 Ziff. VI des Entwurfes zum Ges. vom 1. August 1923 gibt in BeilBd. XI der LandtVerh. von 1922/23 Beil. 3663, S. 914 folgendes als Anlaß zu der Aenderung an:

„Die Vorschriften in Art. 23 Abs. I und II des Schulbedarfgesetzes über die Vergütungen für Aushilfsleistung an den öffentlichen Volksschulen haben mit der grundsätzlichen Uebernahme des gesamten persönlichen Schulbedarfs auf den Staat ihre Bedeutung verloren. Sie würden weiterhin eine unnötige und unzweckmäßige gesetzliche Bindung bedeuten. Die Bezüge der Aushilfslehrer sind nunmehr ebenso wie die Bezüge für Dienstaushilfen im sonstigen Staatsdienste durch Bestimmungen der beteiligten Staatsministerien geregelt. Die Abs. I und II des Art. 23 werden daher zu streichen sein.

„Nach § 33 Abs. II des Volksschullehrergesetzes mit Art. 22 des Schulbedarfgesetzes können die sogenannten Hilfsschullehrer, d. i. die ständigen Volksschullehrer in Sonderabteilungen der öffentlichen Volksschule für schwachbefähigte Kinder (Hilfsschulklassen) besondere Amtszulagen aus gemeindlichen Mitteln erhalten; gemäß Art. 62 Abs. II und Art. 84 Abs. II des Volksschullehrergesetzes können die Amtszulagen auch für versorgungsfähig erklärt werden. Diese Zulagen, die eine rein freiwillige Leistung der Gemeinden darstellen, werden indessen von manchen Gemeinden überhaupt nicht oder nur in unzulänglichen Beträgen gewährt, so daß sich eine sachlich nicht gerechtfertigte ungleiche Behandlung der Lehrkräfte an den Hilfsschulen ergeben hat. Zudem erscheinen die Amtszulagen als eine Besonderheit für die Volksschullehrer, die in der Gehaltsregelung des Volksschullehrergesetzes (in dessen ursprünglicher Fassung) ihre Berechtigung hatte, die aber mit den heutigen Besoldungsgrundsätzen kaum mehr vereinbar ist. Seitdem die Volksschullehrer durch das Beamtenbesoldungsgesetz in die allgemeine Besoldungsordnung eingereiht sind, kann bei ihnen ebenso wie bei anderen Staatsbeamten eine schwierigere Dienstleistung durch Beförderung in höhere Besoldungsgruppen — gegebenenfalls durch bevorzugte Beförderung — abgegolten werden. Von dieser Möglichkeit soll künftig auch zugunsten der Hilfsschullehrer Gebrauch gemacht werden. Für die Gewährung besonderer Amtszulagen ist daneben kein Raum mehr. Demgemäß sollen die Art. 33 Abs. II, 62 Abs. II und 84 Abs. II des Volksschullehrergesetzes und im Zusammenhange damit auch Art. 22 des Schulbedarfgesetzes gestrichen werden (s. auch Art. 2 Ziff. V des gegenwärtigen Gesetzentwurfes)."

Durch Art. 9 des Ges. vom 1. August 1923 wurden für die Uebergangszeit Ausnahmen geschaffen.

Die übrigen Bestimmungen des Art. 23 sind — abgesehen von der durch die Streichung der Abs. I und II notwendig gewordenen Neufassung — insoferne geändert worden, als die vom Aushilfslehrer zu entrichtende Mietentschädigung künftig nicht nur „im Streitfalle", sondern von vornherein von der vorgesetzten Behörde festgesetzt werden soll. Dies entspricht den Grundsätzen des Art. 19 des Beamtenbesoldungsgesetzes über die Mietentschädigung der Beamten. Die Worte „unter Ausschluß des Rechtsweges im bisherigen Abs. III (jetzt Abs. I) Satz 2 wurden, weil selbstverständlich, weggelassen"

2. Schulamtsbewerber: S. Art. 21 des VLG. und die in den Schulanzeigern veröffentlichte E. des Staatsministeriums für Unterricht und Kultus vom 21. Juli 1925 Nr. IV 11 189, Anhang Nr. 72; Anwärter für Volksschulfachunterricht s. Art. 144 VLG.

3. „Zu den im Abs. I des Art. 29 (des E. I, Art. 23 des Ges.) bezeichneten anderen Personen, die weder Schuldienstanwärter noch Volksschullehrer sind, können beispielsweise weibliche Lehrkräfte gehören, die wegen Verheiratung aus dem öffentlichen Volksschuldienst ausgeschieden sind und bei besonderem Bedarf aushilfsweise verwendet werden, wie dies während der Kriegszeit da und dort der Fall ist, oder Volksschullehrer im Ruhestande, die sich beim Mangel an ordentlichen Lehrkräften zur Aushilfeleistung erbieten" („Begründung" zu E. I S. 289).

4. S. MinE. vom 2. April 1920, Beurlaubung des Volksschullehrerpersonals während des Schuljahres (KMBl. S. 129); MinE. vom 2. Januar 1921, Erkrankung von Volksschullehrern betr.; Vollzugsvorschriften vom 16. August 1923 (KMBl. S. 91) zum Schulaufsichtsgesetze vom 1. August 1922 (GVBl. S. 385) und zwar Ziff. 48 der VV. (zu § 26 des Ges.), Abs. VIII: „Als besondere Angelegenheiten des Bezirksschulrats gelten insbesondere: ... d) die Sorge für die ununterbrochene Durchführung des Schulunterrichts bei Verhinderung einzelner Lehrpersonen durch vorläufige Anordnung einer Aushilfe unter gleichzeitiger Anzeige an die Regierung."

Auf Aushilfs-Fachlehrer sind gem. Art. 144 VLG die Vorschriften für die Volksschullehrer entsprechend anzuwenden.

5. Verpflichtung der Gemeinde der Regierung gegenüber. — Oberaufsichtsbeschwerde zum Staatsmin. f. Unt. u. Kultus. Verwaltungsrechtl. Schutz gem. Art. 10 Ziff. 19 des VGG.; staatsaufsichtlicher Zwang gem. Art. 60 GemO., Beschwerdemöglichkeit nach Art. 60 Abs. VI GemO.

Dem Aushilfslehrer selbst steht kein Rechtsanspruch auf die Bereitstellung des Zimmers durch die Gemeinde zu.

6. Polit. Gemeinde im Sinne des Art. 1 der Gemeindeordnung vom 17. Oktober 1927 (GVBl. S. 293), s. auch Anm. 4 zu Art. 1 SchBG.

Bei Schulen von geistlichen Gesellschaften oder religiösen Vereinen im Sinne des Art. 24 SchBG. treten diese (s. a. a. O. Abs. IV), bei christlichen Bekenntnissonderschulen und Schulen von Stiftungen und gemeinnützigen Unternehmungen (Art. 33 Abs. III u. Art. 35) die Unternehmer, bei israelitischen Volksschulen (Art. 37) die israelitischen Glaubensgemeinden an die Stelle der polit. Gemeinden.

7. Das Wohnzimmer muß auch zum Nächtigen mit einem Bett eingerichtet sein; die Vorschriften für die Zimmereinrichtung einer Dienstwohnung dritter Ordnung sind auch hier richtunggebend (s. Anm. 3 a zu Art. 18 oben).

8. Anders als bei der Dienstwohnung dritter Ordnung (s. Anm. 3 b zu Art. 8) hat dem Aushilfslehrer die Gemeinde auch Beheizung und Beleuchtung seines Zimmers zu besorgen.

9. Also für das eingerichtete Zimmer samt Beheizung und Beleuchtung. Hier ist nicht zwischen Mietentschädigung für das Zimmer und Entschädigung für die Benützung der Zimmereinrichtung zu unterscheiden, wie bei der Dienstwohnung dritter Ordnung (vgl. Anm. 4 zu Art. 18 oben).

10. Art. 7 SchBG.

11. a) Wie sich aus einem Vergleich des Wortlautes von Art. 23 Abs. I nach der Fass. vom 1. August 1923 mit dem Wortlaut nach der Fass. vom 14. August 1919 (Art. 23 Abs. III) ergibt, sollte die Entschädigung in jedem Falle (nicht nur im Streitfalle) von vorneherein durch die vorgesetzte Behörde (Bezirksamt oder Kreisregierung) festgesetzt werden. Das kann ohne Schwierigkeit da geschehen, wo eine Gemeinde einen besonderen Raum für Aushilfskräfte bereithält. In der Zeit der Wohnungsnot ist dies aber selten der Fall. Die Regierungen werden zur Vermeidung von Härten dies auch nicht verlangen. Häufig überläßt es die Gemeinde dem Aushilfslehrer, sich ein Zimmer selbst zu suchen. Nach Ziff. 38 Abs. IV der Bek. über die unständigen Volksschullehrer und die als Aushilfslehrer verwendeten Schulamtsbewerber vom 13. Dezember 1921 (KMBl. S. 309) ist die Beschaffung einer Wohngelegenheit auch zunächst Sache des Aushilfslehrers.

Gelingt es ihm, ein Zimmer zu angemessenem Preise zu mieten, dann kann die Angelegenheit auf sich beruhen. Ist ihm der Preis zu hoch, dann kann auf seinen Antrag die vorgesetzte Verwaltungsbehörde die Entschädigung festsetzen, die ihr angemessen erscheint. Wenn in solchen Fällen, wie es meist geschieht, die Gemeinde ohne weiteres dem Aushilfslehrer den Mehrbetrag vergütet, den er über die festgesetzte Entschädigung hinaus an den Vermieter des Zimmers zu bezahlen hat — das Verhältnis zwischen dem Aushilfslehrer und dem Vermieter seines Zimmers ist gegebenenfalls ein rein bürgerlich-rechtliches, das sich nach den Vorschriften des Bürgerlichen Gesetzbuches (§§ 535 ff.) bemißt —, so ist dagegen nichts zu erinnern. Von staatsaufsichtswegen gezwungen werden aber könnte eine Gemeinde zu solcher Zahlung nicht, denn die erzwingbare gesetzliche Verpflichtung der Gemeinde (s. Anm. 5 oben) lautet nur auf die Bereitstellung eines entsprechenden Zimmers für die Aushilfskraft.

b) Auch dann, wenn eine Gemeinde dem Aushilfslehrer einen ihr gehörigen Raum zur Verfügung stellt, ist das Rechtsverhältnis zwischen Aushilfslehrer und Gemeinde bezüglich des Zimmers als bürgerlich-rechtliches Mietverhältnis im Sinne der §§ 535 ff. BGB. zu beurteilen, soweit nicht das Schulbedarfgesetz selbst (Art. 23) und die Vollzugsvorschriften hierzu anderes bestimmen. So ist in diesem Falle die Festsetzung des Mietzinses der freien Vereinbarung zwischen Gemeinde und Aushilfslehrer entrückt. Die vorgesetzte Behörde setzt vielmehr die Entschädigung mit Ausschluß des Rechtsweges fest (s. Anm. 1 oben). Anderseits greifen bezüglich der Bezahlung nicht die Vorschriften des BBesG. über Dienstwohnungen (Art. 19) Platz, sondern der Aushilfslehrer hat die Entschädigung nach Art. 23 I SchBG. unmittelbar an die Gemeinde zu zahlen. Eine solche Entschädigung ist an die Gemeinde vom Aushilfslehrer auch dann zu bezahlen, wenn sich das Zimmer im Schulhause oder Lehrerwohngebäude befindet (s. ME. vom 25. Juli 1924 Nr. IV 22 407, in der auf Ziff. 38 Abs. IV der Bek. vom 13. Dezember 1921, KMBl. S. 309, verwiesen ist).

c) Gegen den Festsetzungsbeschluß der vorgesetzten Behörde steht dem Beteiligten (Aushilfslehrer und Gemeinde) lediglich die allgemeine Oberaufsichtsbeschwerde zu.

12. Auch beim Volksschullehrer kommt, wenn er als Aushilfslehrer verwendet wird, nicht eine Dienstwohnung, sondern nur ein Zimmer im Sinne des Art. 23 in Betracht.

13. Staatsmin. f. Unt. u. Kultus.

14. Bisher sind solche Vorschriften noch nicht erlassen worden.

Art. 24 [1]). I Geistlichen Gesellschaften oder religiösen Vereinen [2]) kann [3]) der Volksschulunterricht [4]) nur mit Zustimmung [5]) der Gemeindeverwaltung oder der verstärkten Gemeindeverwaltung [6]) übertragen [7]) werden. Dem Beschlusse der verstärkten Gemeindeverwaltung müssen außerdem drei Viertel [8]) der am Schulsprengel beteiligten Gemeinden [9]), darunter die Schulsitzgemeinde [10]) zustimmen [11]).

II Geistlichen Gesellschaften oder religiösen Vereinen [2]), denen beim Inkrafttreten des Gesetzes [12]) der Volksschulunterricht [4]) übertragen war, kann die Genehmigung nur entzogen werden, wenn dies von der Mehrheit der beteiligten Eltern oder deren Stellvertretern beantragt wird [13]).

III Die Gesellschaften oder Vereine [14]) erhalten eine Vergütung, die für jede von der Regierung, Kammer des Innern, als ständig erklärte [15]) Lehrkraft dem Anfangsgrundgehalte [16]) der ständigen Volksschullehrerinnen (Lehrerinnen, Hauptlehrerinnen, Oberlehrerinnen [17]) samt der Hälfte des Ortszuschlags [16]) und des Teuerungszuschlags [16]) entspricht [18]); der Teuerungszuschlag [16]) kann aus besonderen Gründen in der vollen Höhe gewährt werden. Die Vergütung für andere Lehrkräfte [19]) wird von der Regierung festgesetzt. Die Vergütungen werden vom Rentamt [20]) ausbezahlt. Art. 14 und 15 Abs. II und III dieses Gesetzes, sowie die Art. 19 und 55 des Beamtenbesoldungsgesetzes finden sinngemäße Anwendung [21]).

IV Im Falle der Erkrankung einer Lehrkraft gelten Art. 23 dieses Gesetzes und Art. 31 Abs. II des Volksschullehrergesetzes entsprechend [22]) [23]).

1. Art. 24 ist schon mehrfach abgeändert worden.

Der Wortlaut in der Fass. des Ges. vom 14. August 1919 lautete:

„I Geistlichen Gesellschaften oder religiösen Vereinen kann der Volksschulunterricht nur mit Zustimmung der Gemeindeverwaltung oder der verstärkten Gemeindeverwaltung übertragen werden. Dem Beschlusse der verstärkten Gemeindeverwaltung müssen außerdem drei Viertel der am Schulsprengel beteiligten Gemeinden, darunter die Schulsitzgemeinde, zustimmen.

II Geistlichen Gesellschaften oder religiösen Vereinen, denen beim Inkrafttreten des Gesetzes der Volksschulunterricht übertragen war, kann die Genehmigung nur entzogen werden, wenn dies von der Mehrheit der beteiligten Eltern oder deren Stellvertretern beantragt wird.

III Die Gesellschaften oder Vereine erhalten eine Vergütung, die für jede von der Regierung, Kammer des Innern, als ständig erklärte Lehrkraft dem Grundgehalte der ständigen Volksschullehrerinnen (Art. 23 des Volksschullehrergesetzes) entspricht. Die Vergütung für andere Lehrkräfte wird von der Regierung festgesetzt. Die Vergütungen werden vom Rentamt ausbezahlt."

Durch Art. VIII Ziff. 2 des Gesetzes vom 24. März 1920 über die Aenderung des Volksschullehrergesetzes und des Schulbedarfgesetzes vom 14. August 1919 (GVBl. 1920 S. 103) wurde dem Art. 24 des Schulbedarfgesetzes folgender Absatz IV angefügt:

„Im Falle der Erkrankung einer Lehrkraft gelten Art. 23 dieses Gesetzes und Art. 31 Abs. II des Volksschullehrergesetzes entsprechend."

Durch diese Bestimmung wurde eine Lücke im Gesetze ausgefüllt. Die folgenden Abänderungen und Erweiterungen der Bestimmungen des Art. 24 waren in der Hauptsache durch das Beamtenbesoldungsgesetz und seine Abänderungen veranlaßt. Die Lehrkräfte der geistlichen Gesellschaften und religiösen Vereine sind zwar keine Volksschullehrer und Staatsbeamte (s. Art. 21 und 143 des Volksschullehrergesetzes), sie leisten aber dem Staate Dienste wie solche, weshalb hierfür den geistlichen Gesellschaften und religiösen Vereinen vom Staate Vergütungen in Anlehnung an die Gehaltssätze und Bezüge der staatlichen Volksschullehrer gewährt werden.

Art. 63 Ziff. 7 des BBesG. vom 2. Januar 1920 (GVBl. S. 275) bestimmte:

„Art. 24 Abs. III (des SchBG. vom 14. August 1919) erhält folgende Fassung:

„III Die Gesellschaften oder Vereine erhalten eine Vergütung, die für jede von der Regierung, Kammer des Innern, als ständig erklärte Lehrkraft dem Anfangsgrundgehalte der ständigen Volksschullehrerinnen samt der Hälfte des Teuerungszuschlags hieraus entspricht; der Teuerungszuschlag kann aus besonderen Gründen in der vollen Höhe gewährt werden. Die Vergütung für andere Lehrkräfte wird von der Regierung festgesetzt. Die Vergütungen werden vom Rentamt ausbezahlt."

Die „Begründung" zum BBesG. (Landtagsverh. 1919/20, BeilBd. IV, Beilage 1530, S. 594 führte hierzu aus:

„Die neue Fassung des Art. 24 Abs. III des Schulbedarfgesetzes (Ziff. 7 des gegenwärtigen Art. 62 — Art. 62 des Entwurfes zum BBesG. wurde im Gesetze Art. 63 —), der die Vergütungen für die klösterlichen Lehrkräfte an den Volksschulen regelt, entspricht den bisherigen Grundsätzen des Art. 24 Abs. III sowie dem Beschlusse des Landtags, daß die klösterlichen Lehrkräfte die Hälfte der für die weltlichen Lehrkräfte genehmigten Teuerungszulagen erhalten sollen (Verhandl. des Landtags 1920, Stenogr. Bericht Nr. 54 S. 682). Der zweite Halbsatz des ersten Satzes soll ermöglichen, entsprechend dem angeführten Landtagsbeschlusse, den klösterlichen Lehrerinnen in der Pfalz den Teuerungszuschlag aus dem Anfangsgrundgehalte mit dem vollen Hundertsatze zu gewähren, der gemäß Art. 22 Abs. I des vorliegenden Gesetzes festgesetzt ist."

Im Gesetz vom 25. November 1921 zur Aenderung des BBesG. vom 2. Juni 1920 (GVBl. 1921 S. 551) lautete Art. 1 Ziff. XII:

„1. Art. 63 Ziff. 7 wird geändert wie folgt:

a) Im Absatz III Satz 1 des Art. 24 des Schulbedarfgesetzes werden die Worte „samt der Hälfte des Teuerungszuschlags hieraus" ersetzt durch die Worte „samt der Hälfte des Ortszuschlags und des Teuerungszuschlags";

b) als Satz 4 wird angefügt:

„Art. 14 und Art. 15 Abs. II und III dieses Gesetzes sowie die Art. 19 und 55 des Beamtenbesoldungsgesetzes finden sinngemäße Anwendung“;

2. diese Bestimmung tritt mit Wirkung vom 1. April 1921 an in Kraft.“

Endlich verfügte Art. 4 des Gesetzes vom 16. Dezember 1921 zur Abänderung des BBesG. (GVBl. 1923 S. 1) nachstehendes:

„Art. 24 Abs. III Satz 1 des Schulbedarfgesetzes vom 14. August 1919 in der Fassung des Art. 63 Ziff. 7 des Beamtenbesoldungsgesetzes vom 2. Juni 1920 und des Art. 1 Ziff. XII des Gesetzes vom 25. November 1921 erhält folgende Fassung:

„Die Gesellschaften oder Vereine erhalten eine Vergütung, die für jede von der Regierung, Kammer des Innern, als ständig erklärte Lehrkraft dem Anfangsgrundgehalte der ständigen Volksschullehrerinnen (Lehrerinnen, Hauptlehrerinnen, Oberlehrerinnen) samt der Hälfte des Ortszuschlags und des Teuerungszuschlags entspricht; der Teuerungszuschlag kann aus besonderen Gründen in der vollen Höhe gewährt werden.“

2. Geistliche Gesellschaften oder religiöse Vereine: Darunter sind Vereinigungen zu verstehen, die sich innerhalb der „Religionsgesellschaften“ (s. Anm. 2 zu Art. 29 unten) bilden. „Religiöse Vereine“ im Sinne des Art. 26 entstehen durch Zusammenschluß von Glaubensgenossen zu einem bestimmten religiösen Zweck. (Im weiteren Sinne sind auch die Religionsgesellschaften selbst „religiöse Vereine“). Unterwerfen sich „religiöse Vereine“ bestimmten kirchlichen Regeln, dann stellen sie „geistliche Gesellschaften“ dar. Vgl. hierzu: Reichsverf. Art. 137 u. 138, Anh. Nr. 20, BayVerfassUrk. § 18, Konkordat Art. 9 § 2, Ev.-luth. Vertr. Art. 13 Abs. II, Pfälz. prot. Vertr. Art. 8 (Anh. Nr. 66) und v. d. Pfordten in d. Bl. f. adm. Praxis, Bd. 48 S. 394 und 397.

Für die Volksschule kommen in Bayern derzeit nur katholische Orden und Kongregationen und evangelische Diakonissenanstalten und zwar nur weibliche Körperschaften in Betracht (vgl. Seiler Anm. 1 b zu Art. 6, S. 198 und Meinzolt S. 107).

3. Kann: nicht „muß“. Auch beim Vorliegen der im Art. 24 Abs. I geforderten Voraussetzungen kann ein bezüglicher Antrag abgelehnt werden. Hierbei sind u. a. die Belange der Gemeinden, aber auch die der weibl. weltl. Lehrkräfte zu berücksichtigen. Die letzten statistischen Erhebungen wiesen auf, daß in Bayern von 5997 weibl. Lehrstellen 1487 mit klösterlichen Lehrerinnen besetzt waren. Zur Zeit geht die Uebung dahin, bereits bestehende Schulstellen nicht in klösterliche umzuwandeln, so daß die Anwendung des Art. 24 Abs. I nur bei einer notwendigen Neuerrichtung von Schulen oder Lehrstellen in Frage käme.

4. Volksschulunterricht: Der Volksschulunterricht erstreckt sich auf die Volkshaupt- und die Volksfortbildungsschule (s. V. vom 22. Dezember 1913 über die Schulpflicht (GVBl. S. 957, KMBl. S. 351, § 1, Anhang Nr. 16). Der Volksschulunterricht kann der betreffenden Körperschaft auch an der Volkshauptschule allein oder — was seltener vorkommen wird — an der Volksfortbildungsschule allein übertragen werden.

5. Mit Zustimmung: Einfacher Mehrheitsbeschluß des Gemeinderates bei Gemeindeschulen, des verstärkten Gemeinderates bei Sprengelschulen, genügt. Nur bei den letzteren tritt das Erfordernis des folgenden Satzes (Art. 24 Abs. I Satz 2) hinzu.

6. S. Art. 2 Abs. I.

7. Die Uebertragung, der ein Vertrag der Gemeinde mit dem betreffenden Orden oder Vereine vorauszugehen pflegt, erfolgt durch die Kreisregierung als Anstellungsbehörde (s. Art. 1 des VLG. vom 14. August 1919, Anh. Nr. 22, ferner: V. vom 17. Dezember 1825, die Formation, den Wirkungskreis und den Geschäftsgang der obersten Verwaltungsstellen in den Kreisen betr. (RegBl. S. 1049, Weber Bd. 2 S. 279, Anh. Nr. 1) § 46 und V. vom 29. Juli 1920, betr. die Aufsicht über das Volksschulwesen an den Kreisregierungen (GVBl. S. 397), § 1. Dabei ist nicht nur zu prüfen, ob die Voraussetzungen des Art. 24 Abs. I erfüllt sind, sondern auch, ob — durch den Vertrag der Gemeinde mit dem Orden oder Vereine — der Schulsachbedarf und die Bereitstellung der Dienstwohnungen gesichert ist.

Auch der Widerruf liegt im Ermessen der Regierung. Er kann durch Gemeinderatsbeschlüsse und Elternschaftsanträge weder zwingend veranlaßt noch verhindert werden.

Der Fortbestand von bis zum 1. Januar 1920 zugelassenen und an diesem Tage noch bestehenden klösterlichen (oder von Diakonissinnen betriebenen) Volksschulen ist durch die Bestimmung in Abs. II (s. Anm. 10 unten) geschützt. In der Regel erfolgt eine Uebertragung nur hinsichtlich einer Gesamtschule. Es ist aber nach Art. 24 auch die Aufstellung einzelner klösterlicher Lehrerinnen an einer, sonst mit weltlichen Lehrkräften besetzten Schule möglich. Gegen die Entscheidungen der Regierungen ist Oberaufsichtsbeschwerde zum Staatsmin. f. Unt. u. K., nicht aber zum VGH., möglich.

8. Drei Viertel: Die Dreiviertelmehrheit muß voll erreicht sein. Bei zwei und drei beteiligten Gemeinden müssen deshalb alle zustimmen, bei vier drei, bei fünf vier, bei sechs fünf, bei sieben sechs, bei acht sechs, bei neun sieben usf. (vgl. Seiler Anm. 6 zu Art. 6 S. 202, Meinzolt S. 107, Verh. d. Kammer d. Abg. d. bay. Landt. 1901/02, Stenogr. Berichte, II. Bd. S. 711/712). Die Schulsitzgemeinde muß sich unter den zustimmenden befinden.

9. Am Schulsprengel beteiligt, nämlich ganz oder mit Teilen: s. Anm. 8 zu Art. 2 oben.

10. Schulsitzgemeinde: S. Anm. 6 zu Art. 2 oben. Hier kommt es stets auf die wirkliche Schulsitzgemeinde an. Die Bestimmung des Art. 2 Abs. III greift hier nicht Platz. Wenn die Sprengelschule gar nicht im Schulsprengel liegt, also ausnahmsweise die wirkliche Schulsitzgemeinde nicht zum Schulsprengel gehört, wird gleichwohl ihre Zustimmung zu erholen sein, weil der Zweck der Bestimmung der ist, den klösterlichen Lehrerinnen an ihrem Wirkungsort eine entsprechende Aufnahme zu sichern (Seiler, Anm. 7 zu Art. 6 S. 202).

11. Art. 24 Abs. I entspricht im wesentlichen den Bestimmungen des Art. 6 des SchBG. von 1902.

Der Entwurf vom 27. Juli 1918 behandelte den Gegenstand im Art. 32. In der „Begründung" zu Art. 32 SchBG. des E. I S. 291 ist auf die Begründung zum Art. 22 des Entwurfes eines Volksschullehrergesetzes (unter Nr. 2 a) Bezug genommen. Von den dortigen Ausführungen Beil. 2581 S. 76/77, Verh. d. K. d. Landtg. 1917/18 BeilBd. XIX ist folgendes von Belang:

„2. Einer besonderen Erörterung bedürfen die Verhältnisse der Lehrkräfte geistlichen Standes.

Was zunächst die klösterlichen Lehrkräfte, d. h. die zur Erteilung des Volksschulunterrichts verwendeten Mitglieder geistlicher Gesellschaften und religiöser Vereine betrifft, so ist schon in der Begründung zum Art. 1 (unter V 1 a) hervorgehoben, daß sie nicht zu den Volksschullehrern im Sinne des Gesetzes gehören können, weil sie nicht von der Anstellungsbehörde unmittelbar ernannt werden.

Nach Art. 6 des SchBG. vom 28. Juli 1902 kann die Uebertragung des Volksschulunterrichtes an Mitglieder geistlicher Gesellschaften oder religiöser Vereine nur mit gemeindlicher Zustimmung erfolgen. Diese Vorschrift ist im Art. 32 des Entwurfes eines neuen Schulbedarfgesetzes dahin gefaßt, daß von der Uebertragung des Unterrichtes an die geistliche Gesellschaft oder den religiösen Verein selbst gesprochen ist. Schon die Vorschrift des bisherigen Schulbedarfgesetzes ist nämlich nicht in dem Sinne zu verstehen, daß der Auftrag von der staatlichen Behörde unmittelbar an die einzelnen Ordensmitglieder ergehen würde. Vielmehr wird hier die Erteilung des Unterrichtes an einer Volksschule oder an einzelnen Schulklassen der geistlichen Gesellschaft oder dem religiösen Verein als solchen übertragen. Die Oberin oder die Vorstandschaft erhält die Befugnis, nach ihrem freien Ermessen vorschriftsmäßig geprüfte und qualifizierte Mitglieder der Gesellschaft oder des Vereins zur Uebernahme der Lehrstellen abzuordnen und beliebig wieder abzuberufen. Der Anstellungsbehörde, der von der Aufstellung Anzeige zu erstatten ist, bleibt vorbehalten zu prüfen, ob die im einzelnen Falle ausgewählte Lehrkraft die Voraussetzungen für die Verwendung im Volksschuldienst erfüllt und je nach den Umständen die Genehmigung zur Aufstellung zu erteilen oder zu versagen (Ministerialentschließung vom 3. März 1874, KMBl. S. 121)".

Auch in der Entfernung einer klösterlichen Lehrkraft vom Schuldienste, die sich durch ihr Verhalten als ungeeignet erweisen sollte, ist die Regierung eingeengt. Die klösterlichen Lehrerinnen werden zwar in ihrer Schultätigkeit wie die israelitischen Lehrkräfte durch die staatlichen Schulaufsichtsbehörden überwacht und dienstlich bewertet, aber eine Dienststrafe kann über sie nicht verhängt, eine Strafentlassung nicht ausgesprochen werden. Würde sich die Notwendigkeit einer solchen Maßregel ergeben, so müßte sich die Regierung zu diesem Zwecke an die Oberin oder Vorsteherin, gegebenen Falles an die kirchliche Oberbehörde wenden.

Aehnlich steht es mit dem Ausscheiden aus dem Dienste wegen Alters oder Dienstunfähigkeit infolge Krankheit. Darüber besagt die ME. vom 7. März 1927 Nr. IV 7912:

„Auf klösterliche Lehrkräfte an den Volksschulen finden Art. 38 Abs. I des VLG. in der Fassung nach Art. 2 Ziff. III der Verordnung vom 29. März 1924 (GVBl. S. 128) keine Anwendung, da sie nicht zu den Volksschullehrern im Sinne des Art. 1 des VLG. zählen (vgl. Art. 21 des VLG.).

Die Berufung und Abberufung der klösterlichen Lehrkräfte steht der Ordensleitung zu. Ihre Abberufung wegen vorgerückten Alters käme nur dann in Frage, wenn im Einzelfalle die Voraussetzungen des Art. 39 Ziff. 1 VLG. in der Fass. nach Art. 2 Ziff. 1 IV der V. vom 29. März 1924 (GVBl. S. 130) gegeben wären. In solchen Fällen hätte die Regierung, Kammer des Innern, wegen der Abberufung an die Ordensleitung heranzutreten. Die Erholung einer amtsärztlichen Aeußerung wird nur in Zweifelsfällen veranlaßt sein."

12. D. i. am 1. Januar 1920 (Art. 80 Abs. I SchBG.).

13. Abs. II wurde dem Artikel 24 erst im Laufe der Landtagsverhandlungen auf Antrag des Abgeordneten Dr. Wohlmuth eingefügt (s. Verh. d. bay. Landt. 1919, BeilBd. I, Beil. 294, S. 496).

Mehrheit: d. h. die einfache Mehrheit.

Eltern oder deren Stellvertreter: Darunter sind die Erziehungsberechtigten im Sinne des § 3a des Schulaufsichtsgesetzes vom 1. August 1922 (GVBl. S. 385) zu verstehen. Stimmberechtigt sind Vater und Mutter, Pflegevater und Pflegemutter usw. nebeneinander. Die Eltern usw. haben sohin je zwei Stimmen (s. Braun, Schulaufsichtsgesetz, Anm. 3 zu § 3).

Beteiligt sind Eltern und Stellvertreter von solchen, die wenigstens ein Kind in dem Augenblicke der Abstimmung an der betreffenden Volksschule (Volkshaupt- oder Volksfortbildungsschule, s. Anm. 4 oben) haben. Mehrere Kinder von den gleichen Eltern gewähren kein mehrfaches Stimmrecht. Ist für das Kind ein Vormund oder Pfleger bestellt, so ist § 3 des Ges. vom 15. Juli 1921 über die religiöse Kindererziehung (RGBl. S. 939, Anhang Nr. 40) sinngemäß anzuwenden.

14. Die Gesellschaften oder Vereine, nicht die einzelnen als Lehrkräfte verwendeten Mitglieder derselben — s. auch Anm. 11 oben).

15. Als ständig erklärt: Ständige Volksschullehrer sind nach Art. 1 Abs. 2 des Volksschullehrergesetzes vom 14. August 1919 in der Fass. des Ges. vom 1. August 1923, Art. 1, I (GVBl. S. 337) die in den Formen des Art. 2 (VLG.) ernannten Volksschullehrer, die einer in der Besoldungsordnung für die bayerischen Staatsbeamten aufgeführten Gruppe angehören.

Für die Besoldungsordnung ist zur Zeit maßgebend die Fassung der Anlage 1 zum Beamtenbesoldungsgesetz vom 20. April 1928 (GVBl. S. 205, Anhang Nr. 81). Hiernach sind ständige (oder etatmäßige — s. Art. 48 BBesG.) Volksschullehrer die in Besoldungsordnung A, Besoldungsgruppe 4b eingereihten „Hauptlehrer" und „Lehrer der Volksschulen" und die der Besoldungsgruppe 4a angehörenden „Oberlehrer".

Hilfslehrer sind keine ständigen, sondern unständige oder nicht etatmäßige Volksschullehrer, weil sie in die Besoldungsordnung nicht aufgenommen sind. Ihre Besoldung richtet sich nach Art. 48 BBesG. und Anlage 4a (Grundvergütungen für die nicht etatmäßigen Beamten) zum Beamtenbesoldungsgesetz (vgl. auch Bek. d. Staatsmin. f. Unt. u. K. vom 13. Dezember 1921 über die unständigen Volksschullehrer und die als Aushilfslehrer verwendeten Schulamtsbewerber — KMBl. S. 309).

Die Mitglieder der geistlichen Gesellschaften und religiösen Vereine, denen der Volksschulunterricht übertragen ist, sind keine Volksschullehrer im Sinne des Volksschullehrergesetzes (s. Art. 21 VLG.). Sie zerfallen deshalb auch nicht ohne weiteres in „ständige" und „unständige" Volksschullehrer, sondern müssen als ständige — bezw. unständige — Lehrkraft erklärt werden. Dies geschieht durch die Regierung nach Maßgabe der allgemeinen ministeriellen Weisungen (s. Entschl. d. Staatsmin. f. Unt. u. Kultus Nr. 55 295 vom 5. Januar 1922, betr. Vergütungen für klösterliche Aushilfslehrkräfte, Ziff. I, 4 Abs. 2 (Verleihung der Eigenschaft einer ständigen klösterlichen Lehrerin). Eine klösterliche Schulamtsbewerberin kann hiernach als unständige klösterliche Lehrerin (Hilfslehrerin) verwendet werden, wenn sie a) das 20. Lebensjahr vollendet, b) einen einjährigen Vorbereitungskurs abgeleistet hat und c) von der Regierung, K. d. J., zur Verwendung als unständige klösterliche Lehrerin für befähigt erklärt worden ist (ME. vom 5. Januar 1922 Nr. 55 295 Ziff. 1). Die Verleihung der Eigenschaft einer ständigen klösterlichen Lehrerin und die Anweisung der entsprechenden höheren Vergütungen ist von der erfolgreichen Ablegung der Volksschuldienstprüfung abhängig und regelmäßig zu dem Zeitpunkt zu verfügen, in dem weltliche unständige Volksschullehrerinnen des gleichen Jahrgangs der Volksschuldienstprüfung und mit gleicher Benotung zu ständigen Volksschullehrerinnen (Lehrerinnen) ernannt werden (a. a. O., Ziff. 4). Das bei den klösterlichen Lehrkräften in der Regel mit dem „Beförderungsdienstalter" zusammenfallende „Besoldungsdienstalter" für die Besoldungsgruppe VII (nun A 4 b) ist in sinngemäßer Anwendung des Art. 161 Abs. III des BLG. und nach der ME. vom 17. Mai 1922 Nr. 20 594 festzusetzen. Die Zahl der Beförderungsstellen in den einzelnen Regierungsbezirken wird den Regierungen jeweils vom Staatsmin. f. Unt. u. K. mitgeteilt. Auch für die klösterlichen Lehrkräfte dürfen Vergütungen nach der Besoldungsgruppe IX (nun A 4 a) als „Oberlehrerinnen" nur zugewiesen werden, wenn die entsprechende Qualifikation gegeben ist. Das gleiche gilt für die Vergünstigungen, die Schulleiterinnen und Lehrerinnen an achten Volksschulklassen erfahren (ME. vom 18. Juni 1923 Nr. 18 543). Einschlägige Anträge sind von den Leitungen der klösterlichen Gesellschaften an die Regierungen, K. d. J. — nicht unmittelbar an das Staatsmin. f. Unt. u. K. —, zu richten (ME. vom 16. August 1923 Nr. 34 131). „Die Amtsbezeichnung „Hauptlehrerin" darf den klösterlichen Lehrerinnen an den Volksschulen nach Maßgabe des Dienstalters zu der Zeit verliehen werden, zu der weltliche Lehrkräfte an den Volksschulen zu Hauptlehrern ernannt werden (vgl. Ziff. 3 der ME. vom 9. Juli 1928 Nr. IV 28 506). Eine Erhöhung des Vergütungssatzes ist mit der Verleihung der Amtsbezeichnung „Hauptlehrerin" selbstverständlich nicht verbunden. Das gleiche gilt entsprechend für hauptamtliche klösterliche Handarbeitslehrerinnen an den Volksschulen; die in der ME. vom 30. April 1927 Nr. IV 10 134 enthaltene Einschränkung bleibt aufrecht erhalten" (ME. vom 28. August 1928 Nr. IV 35 780).

Ueber die Führung der Amtsbezeichnung „Hilfslehrerin" seitens unständiger klösterlicher Lehrkräfte und der Amtsbezeichnung „Lehrerin" seitens ständiger Ordenslehrerinnen und die Verleihung der Amtsbezeichnung „Hauptlehrerin" und „Oberlehrerin" an dienstältere klösterliche Lehrkräfte s. ferner die E. des Staatsmin. f. Unt. u. Kultus vom 20. Januar 1922 Nr. 1478.

16. Nach Art. 1 des BBesG. vom 2. Juni 1920 (GVBl. S. 275) Art. 1 bestand das Diensteinkommen der Staatsbeamten aus dem Grundgehalt, dem Ortszuschlag und den allenfallsigen (Kinderzuschlägen und) Teuerungszuschlägen.

Nach Art. 1 des BBesG. in der Fassung vom 20. April 1928 (GVBl. S. 205) erhalten die etatsmäßigen Beamten als Diensteinkommen einen Grundgehalt und einen Wohnungsgeldzuschuß. Ein Teuerungszuschlag wird nicht mehr gewährt. An die Stelle des Ortszuschlages ist der Wohnungsgeldzuschuß getreten.

17. Die Oberlehrer (Oberlehrerinnen) sind in die Besoldungsordnung A, Besoldungsgruppe 4 a, die Hauptlehrer (Hauptlehrerinnen) und Lehrer (Lehrerinnen) sind ohne Unterschied in den Bezügen in die Besoldungsordnung A, Besoldungsgruppe 4 b eingereiht.

18. Die sich nach den maßgebenden Bestimmungen des BBesG. ergebende Vergütung ist nunmehr unter Aufhebung der ME. vom 24. Dezember 1923 (Staatsanz. Nr. 299) in der E. des Staatsmin. f. Unt. u. K. vom 3. April 1928 Nr. IV 13 346 über die Vergütungen für die klösterlichen Lehrkräfte in den Volksschulen (KMBl. S. 225, Anhang Nr. 77), Ziff. 1 A festgelegt und zwar unter a) für unständige Lehrkräfte, unter b) für Lehrerinnen und Hauptlehrerinnen, c) für Oberlehrerinnen. Diese Vergütungen werden gem. V. des Reichspräsidenten zur Sicherung von Wirtschaft und Finanzen vom 1. Dezember 1930 (RGBl. I S. 517) und gem. § 1, e und § 13 der V. über die Gehaltskürzung und die Ausgleichsabgabe vom 31. Dezember 1930 (abgekürzt: GKVO.) — GVBl. S. 411 — vom 1. Februar 1931 bis 31. Januar 1934 um 6 vom Hundert gekürzt.

19. Gemeint sind hier die nichtständigen (oder unständigen) klösterlichen Lehrkräfte (s. Erklärung des Regierungskommissars bei den Landtagsverhandlungen 1919, BeilBd. 1, Beil. 320, S. 770 unten).

Nunmehrige Regelung in der ME. vom 3. April 1928 (KMBl. S. 225, Anh. Nr. 77), Ziff. 1 A, a.

20. Nun: Finanzamt, künftig „Kreiskasse": s. Anm. 2 zu Art. 20 oben.

21. D. h. es kommen die Vorschriften über die „Dienstwohnungen" und „Mietentschädigungen" — nicht aber die Vorschriften in Art. 19 über die „Hausgärten" — entsprechend in Betracht. Da es auch in dieser Beziehung Gemeinde und Regierung nicht mit den einzelnen klösterlichen Lehrkräften unmittelbar, sondern mit der Körperschaft zu tun haben, der der Volksschulunterricht eingeräumt ist, werden bei der „Dienstwohnung" die Bedürfnisse der Gesamtheit der klösterlichen Lehrkräfte in Betracht zu ziehen und darnach die Mietentschädigungen festzusetzen sein. (So auch Meinzolt S. 109: „Für die Bemessung der Mietentschädigungen kommen nur solche Räume in Frage, die für die betreffenden Lehrkräfte selbst und für das zur Wirtschaftsführung vorhandene Personal bestimmt sind. Die von der Gemeinde mit der betreffenden religiösen Körperschaft zu treffende Vereinbarung wird hier das Nötige zu regeln haben.") Wegen der „Mietentschädigungen" s. auch die ME. vom 9. Dezember 1921 Nr. 49 523, vom 10. März 1922 Nr. 11 662 und vom 16. November 1922 Nr. 44 601.

22. Durch diese Bestimmung ist festgelegt, daß auch für klösterliche Lehrkräfte im Falle der Erkrankung auf die Dauer von mindestens 26 Wochen (Art. 31 Abs. 2 VLG.) die Vergütung unverkürzt weiter bezahlt wird, die Vergütung für die allenfalls nötige Aushilfe vom Staate übernommen, d. h. die Aushilfslehrkraft bezahlt wird, und daß für diese Aushilfskraft von der Gemeinde (nach Art. 23 SchBG.) eine entsprechende Unterkunft besorgt werden muß. Ueber diesen Zeitpunkt hinaus kann eine Fortbezahlung nicht zugestanden werden (ME. vom 30. April 1920 Nr. 15 008 Ziff. 1), wohl aber darf, wenn der Eintritt der Dienstfähigkeit in naher Zeit zu erwarten ist, der Bezug der Aushilfslehrerin weiterbezahlt werden (ME. vom 2. Januar 1926 Nr. IV 5524).

Die Aushilfslehrkraft kann eine klösterliche oder eine weltliche sein. Zur Zeit sind die Vergütungen für klösterliche Aushilfslehrkräfte in der Ent. des Staatsmin. f. Unt. u. Kultus vom 24. November 1928 Nr. IV 41 782 geregelt. Dazu kommt für klösterliche Schulamtsbewerberinnen, die den Schulleiterinnen an klösterlichen Volksschulen als Beihilfen beigegeben sind, die E. des Bay. Staatsmin. f. Unt. u. Kultus vom 19. Februar 1929 Nr. VI 4957. Wenn klösterliche Hilfslehrerinnen, die die Volksschuldienstprüfung bereits abgelegt haben, von der Verwendung als selbständige Klaßlehrerinnen abberufen und anderwärts vorübergehend zur Unterrichtsaushilfe verwendet werden, darf ihnen die bisherige Vergütung weitergewährt werden (ME. vom 28. Oktober 1924 Nr. IV 35 987 Ziff. 2).

Die weltliche Aushilfskraft erhält in solchem Falle die gleichen Vergütungen („Leistungsvergütungen" und allenfalls Beschäftigungstagegeld und

Ersatz der Reiseauslagen) wie bei einer Aushilfe für eine weltliche Lehrperson. Maßgebend sind die Bestimmungen in der Bek. des Gesamtmin. vom 5. Oktober 1928 über die Unterhaltszuschüsse und Leistungsvergütungen der im staatlichen Vorbereitungsdienste stehenden Personen (GVBl. S. 413), B. „Leistungsvergütungen". Hierzu die VollzB. des Staatsmin. f. Unt. u. Kultus vom 23. November 1928 Nr. IV 41 781, betr. Unterhaltszuschüsse der Schulamtsbewerber und Leistungsvergütungen bei Unterrichtsaushilfen.

Erhält eine solche weltliche Aushilfskraft im Kloster Wohnung und Verpflegung, so richten sich die Rechtsverhältnisse bezüglich der Wohnung nach Art. 23 SchBG., die Rechtsverhältnisse bezüglich der Verpflegung nach den Vorschriften des Bürgerlichen Gesetzbuches, d. h. es ist nach Vereinbarung eine angemessene Entschädigung zu leisten. Die Aushilfsbezüge erhalten die Aushilfskräfte unmittelbar, nicht — wie die Bezüge des klösterlichen Lehrpersonals (s. Anm. 1 oben) — das Kloster (vgl. ME. vom 5. Januar 1922 Nr. 55 295 Ziff. II und Meinzolt S. 109).

23. a) Die Bestimmungen des Art. 24 gelten auch für hauptamtliche, an allgemeinen Volksschulen (nicht an Schulen von Stiftungen und gemeinnützigen Unternehmungen s. Art. 33 III u. 35 SchBG.) verwendete klösterliche Handarbeitslehrerinnen s. ME. vom 9. Januar 1925 Nr. 40 022 Ziff. I und IV und ME. vom 3. April 1928, KMBl. S. 225, Anh. Nr. 77, Ziff. 1 B.

b) Bezüglich der an Schulen von Stiftungen und gemeinnützigen Unternehmungen verwendeten klösterlichen Volksschullehrerinnen s. ME. vom 3. April 1928 (KMBl. S. 225, Anh. Nr. 77), Ziff. 2 (s. Meinzolt S. 103 u. 108 unten). Auch für diese klösterlichen Lehrkräfte, für die an sich Art. 24 nicht ohne weiteres anwendbar wäre, werden aus Billigkeitsgründen Vergütungen entsprechend den Bestimmungen des Art. 24 gegeben, jedoch unter Abzug der in Art. 35 mit 33 vorgesehenen 20 vom Hundert.

Art. 24a[1]**. Die Vorschriften dieses Abschnittes gelten für die Volksschulfachlehrer**[2]**) entsprechend**[3]**)**[4]**)**[5]**).**

1. Art. 24a wurde dem Gesetze durch Art. 1 Ziff. VII des Gesetzes vom 1. August 1923 (GVBl. S. 337) eingefügt.

Die „Begründung" zu dem Gesetzentwurfe vom 9. Juli 1923 lautete (Verh. d. Bay. Landtags 1922/23, BeilBd. XI, Beil. 3663, S. 914):

„VII Da die Volksschulfachlehrer künftig den Volksschullehrern dienst- und besoldungsrechtlich gleichgestellt sein sollen, ist es geboten, hinsichtlich dieser Lehrkräfte auch die einschlägigen Vorschriften des Schulbedarfgesetzes für entsprechend anwendbar zu erklären. Die zu diesem Zwecke eingefügte Bestimmung des neuen Art. 24a soll auch die Anwendung des Art. 24 des Schulbedarfgesetzes auf den fachlichen Unterricht ermöglichen und damit der Staatsregierung die grundsätzliche Ermächtigung geben, die dort vorgesehenen Vergütungen auch den klösterlichen Fachlehrkräften zu gewähren, wie dies dem vorhandenen Bedürfnis entspricht."

2. Es handelt sich um die hauptamtlichen Volksschulfachlehrer und Volksschulfachlehrerinnen im Sinne des Art. 144 des Volksschullehrergesetzes (d. h. Lehrkräfte, die für ein bestimmtes Fach wie Handarbeit, Zeichnen, Singen usf. in ständiger oder unständiger Diensteseigenschaft aufgestellt sind), im Gegensatz zu den nur nebenamtlichen Fachlehrkräften (z. B. nebenamtlichen Handarbeitslehrerinnen) an den öffentlichen Volksschulen.

Diese hauptamtlichen Volksschulfachlehrer im Sinne des Art. 144 des VLG. zerfallen in zwei Hauptgruppen, a) in solche, die in der Besoldungsordnung aufgeführt sind, das sind die in der Besoldungsordnung A, Besoldungsgruppe 5 c genannten Handarbeits- und Hauswirtschaftslehrerinnen und die Handarbeits- und Hauswirtschaftshauptlehrerinnen — nur auf sie trifft Art. 24 a zu —, b) in solche, die nicht zu den in der Besoldungsordnung für die bayerischen Staatsbeamten aufgeführten Gruppen gehören, wie z. B. hauptamtliche Zeichenlehrer und Zeichenlehrerinnen, Sprachlehrerinnen, Gewerbelehrer. Für diese unter b) aufgeführten Fachlehrer gilt die Bestimmung des Art. 62 a SchBG., wonach ihr Gehalt von der Gemeinde aufzubringen ist im Gegensatze zu den vom Staate bezahlten Handarbeitslehrerinnen usw. in der Gruppe a. Staatsbeamte sind aber beide Gruppen (vgl. Legat, BBesG. Anm. 2 zu Art. 52). Uebrigens muß auch der Aufwand, der dem Staate durch die Besoldung der zur Gruppe a gehörigen Volksschulfachlehrer erwächst, von der Gemeinde insoferne getragen werden, als dieser Betrag bei der Verteilung der Reichseinkommen- und Körperschaftsteuer als Ausgleich zu Lasten der Gemeinden verrechnet wird (s. Ges. vom 1. August 1923 zur Aenderung von Vorschriften über das Volksschulwesen, GVBl. S. 337), Art. 8 und Bek. d. Staatsministeriums d. Inn., für Unt. u. Kultus u. d. Fin. vom 20. April 1927 über den Aufwand für die Volksschulfachlehrer (GVBl. S. 128).

Zu beachten ist auch, daß es sich bei beiden Gruppen nur um Fachlehrer handelt, die an öffentlichen Volksschulen (Volkshaupt- und Volksfortbildungsschulen) verwendet werden, nicht aber um Fachlehrer an gemeindlichen und privaten Schulen, wie an den Berufsschulen, Mädchen-Mittelschulen, Frauenarbeitsschulen, Handelsschulen usw.

Religionslehrer, d. h. Lehrkräfte, die hauptamtlich an Volksschulen für Religion als Unterrichtsfach angestellt sind, gehören nicht zu den Volksschulfachlehrern im Sinne des Art. 144 VLG. und 24 a d. SchBG., wenn sie von den Religionsgesellschaften (also nicht von der „Anstellungsbehörde") aufgestellt sind. Die Aufbringung des Bedarfs für sie regelt sich nach Art. 29 SchBG. Eine Ausnahme bilden die auf Grund besonderer Rechtsverhältnisse angestellten, unter Art. 62 a einzureihenden protestantischen Religionslehrer in Nürnberg.

3. Für die Volksschulfachlehrer gelten (mit Ausnahme der Bestimmungen über die Dienstwohnungen) die sämtlichen Vorschriften des Abschnittes III d. SchBG., deshalb auch die Bestimmung des Art. 24. Diese sind es, wie schon der „Begründung" (Anm. 1 oben) zu entnehmen ist, ganz besonders, die in Betracht kommen. Die Bestimmungen über die Dienstwohnungen finden schon deshalb nicht Anwendung, da solche einerseits in größeren Orten selten vorkommen (s. Art. 14), während anderseits hauptamtliche Volksschulfachlehrer nur an größeren Orten verwendet zu werden pflegen. Hauptamtliche Fachlehrer können nämlich naturgemäß nur an solchen Orten in Frage kommen, an denen so viele Unterrichtsstunden dieses Faches anfallen, daß wenigstens eine Lehrperson mit diesen Stunden voll beschäftigt werden kann. Die Bestimmungen über die Dienstwohnungen lassen sich aber auch deshalb nicht auf hauptamtliche Handarbeitslehrerinnen anwenden, weil deren Stellen nicht als Lehrstellen im Sinne des Art. 17 erachtet werden können (Osthelder S. 171, Anm. 2 zu Art. 24 a; s. auch Anm. 6 c am Ende zu Art. 14 oben).

4. Ob und wie viele hauptamtliche Handarbeitslehrerinnen an einer Volksschule anzustellen sind — über Hauswirtschaftslehrerinnen an achten Mädchenschulklassen s. ME. vom 9. März 1924 Nr. IV 8236 Ziff. II —, hängt davon ab, ob und wie viele volle Arbeitskräfte der lehrplanmäßige Handarbeitsunterricht beansprucht. Dabei ist ein Durchschnittsmaß von 28 Wochenstunden zugrunde zu legen. Bis zu 30 Wochenstunden muß eine hauptamtliche Handarbeitslehrerin die Ueberstunden auch ohne besondere Vergütung auf sich nehmen. Darüber hinaus kann ihr die Vergütung gewährt werden, die für nebenamtlichen Handarbeitsunterricht festgesetzt ist. Bei weniger als 24 Wochenstunden kommt nur nebenamtlicher Handarbeitsunterricht in Betracht (s. ME. vom 19. August 1927 Nr. IV 35 439 mit ME. vom 3. Dezember 1920 Nr. 37 476; vgl. auch ME. vom 9. Januar 1925 Nr. IV 40 022 Ziff. 4 (klösterl. Handarb.) und über die nötige Vorbildung zur Lehrerin für weibliche Handarbeiten an Volksschulen und Berufsschulen im Hauptamte die MinBek. vom 31. Mai 1920, die Schul- und Lehrordnung für die Handarbeitslehrerinnen-Seminare betreffend, KMBl. S. 179, Ziff. 1 u. 2). Klösterliche hauptamtliche Handarbeitslehrerinnen können nur an Volksschulen in Frage kommen, an denen auch sonst der Unterricht klösterlichen Lehrkräften übertragen ist.

Bezüglich der Vergütung für hauptamtliche klösterliche Handarbeitslehrerinnen nach Art. 24 a mit 24 SchBG. s. ME. vom 9. Januar 1925 Nr. IV 40 022 und vom 3. April 1928 (KMBl. S. 225, Anh. Nr. 77) Ziff. 1 B.

Was die Vergütung der nebenamtlichen (weltlichen wie klösterlichen) Handarbeitslehrerinnen (s. die MinBek. vom 31. Mai 1920, KMBl. S. 179 Ziff. 3) anlangt, so trägt diese als persönlichen Schulbedarf mangels gesetzlicher Regelung gem. Art. 11 SchBG. der Staat. Die Auszahlung betätigt die Kreiskasse in sinngemäßer Anwendung des Art. 20 Abs. I SchBG.

Von der Kürzung der Vergütungen gem. Art. 24 a SchBG. gilt das gleiche wie das zu Art. 24, Anm. 18 am Ende, Bemerkte.

Grundlegend ist die E. d. Staatsmin. f. Unt. u. Kult. vom 2. Februar 1920 Nr. 48 618. Hiernach muß daran festgehalten werden, „daß der lehrplanmäßige Handarbeitsunterricht an den Volksschulen grundsätzlich vom ordentlichen Lehrpersonal im Rahmen seiner eigentlichen Dienstesaufgaben zu erteilen ist; eine besondere Vergütung hierfür kann nur unter den Voraussetzungen des Art. 33 Abs. I des Volksschullehrergesetzes und nur aus staatlichen Mitteln gewährt werden (vgl. Ziff. 3 Abs. V der Ministerialentschließung vom 30. November 1919 betr. die vermögensrechtliche Verwaltung der öffentlichen Volksschulen, KMBl. S. 265, Anhang Nr. 23). Nur da, wo Volksschullehrerinnen (im Sinne des VLG.) nicht vorhanden sind, oder wo diese zur Erteilung des Handarbeitsunterrichtes nicht befähigt sind oder ihn z. B. mit Rücksicht auf seinen Umfang nicht zu übernehmen vermögen, kommt die Verwendung besonderer im Nebenberufe tätiger Lehrkräfte in Betracht ... Ob zur Verwendung nebenberuflicher Handarbeitslehrerinnen im einzelnen Falle Anlaß besteht, entscheidet die Regierung, Kammer des Innern, der auch die Aufstellung solcher Lehrkräfte ausschließlich zukommt" (s. auch die MinBek. vom 31. Mai 1920, KMBl. S. 179, Ziff. 4).

Die erforderlichen Dienstverträge mit den nebenberuflichen Fachlehrkräften haben nach der bez. ME. gleichfalls die Regierungen abzuschließen, wobei sie sich bezüglich der Höhe der Vergütungen an die jeweils vom Staatsminist. f. Unt. u. Kultus angesetzten Beträge zu halten haben. Die letzte Festsetzung erfolgte mit E. d. Staatsmin. f. Unt. u. Kultus vom 14. April 1928 Nr. IV 12 193 im Staatsanz. Nr. 86 vom 14. April 1928 und zwar ausgeschieden für vorgebildete und nicht vorgebildete Lehrkräfte. Erstere erhalten jährlich 80 RM, letztere jährlich 64 RM je für die Wochenstunde (= 2 RM bezw. 1,60 RM für die Einzelstunde). Eine Kürzung der Sätze gem. § 3 der V. vom 31. Dezember 1930 (GVBl. S. 411) steht bevor. Wenn nur das Winterhalbjahr in Frage kommt, ist für jeden Monat der tatsächlichen Unterrichtsdauer ein Zehntel der Jahressätze auszuzahlen. Als vorgebildet gelten gemäß E. des Staatsmin. f. Unt. u. Kultus vom 4. Juni 1920 Nr. 12 988 die Lehrkräfte, die eine Prüfung für Handarbeitslehrerinnen abgelegt haben oder das Reifezeugnis einer Lehrerinnenbildungsanstalt besitzen.

Personen, die nur an den im Regierungsbezirke abgehaltenen Lehrgängen für nebenberufliche Handarbeitslehrerinnen an Landschulen teilgenommen haben, gelten nicht als „vorgebildet" (E. des Staatsmin. f. Unt. u. Kultus vom 23. Oktober 1928 Nr. IV 41 161). Es ist immerhin zu begrüßen, wenn sich nebenberufliche Handarbeitslehrerinnen oder Personen, die nebenberuflichen Handarbeitsunterricht übernehmen wollen, sich solchen Lehrkursen unterziehen. Bei der Aufstellung nebenberuflicher Handarbeitslehrerinnen verdienen sie vor solchen, die einen derartigen Kurs nicht mitgemacht haben, den Vorzug. Ob wegen der Angestellten-, Invaliden- oder Krankenversicherung für nebenberufliche Handarbeitslehrerinnen Versicherungsbeiträge zu entrichten sind, hängt jeweils von der Lage des Falles ab. Richtlinien hierzu enthält die E. des Staatsmin. f. soziale Fürsorge vom 27. Juli 1921 Nr. 1115 i. 6.

Sehr weit geht in der Annahme versicherungspflichtiger Verhältnisse im Sinne des Angestelltenversicherungsgesetzes bei nebenberuflichen Handarbeitslehrerinnen eine Entscheidung des Reichsversicherungsamtes, Abteilung für Angestellten-, Knappschafts- und Arbeitslosenversicherung, in Berlin vom 19. März 1930, in der eine Beschwerde gegen eine Entscheidung des Versicherungsamtes Nürnberg mit folgender Begründung zurückgewiesen wurde:

„Das Oberversicherungsamt hat die Streitsache dem Reichsversicherungsamt zur grundsätzlichen Entscheidung darüber vorgelegt, welche Grundsätze für die Auslegung des Begriffs „geringfügiges Entgelt" im Sinne des § 1 Nr. 1 b der Verordnung vom 9. Februar 1923 RGBl. I S. 109) zu gelten haben. Eine feste Grenze, innerhalb der ein Entgelt als geringfügig anzusehen ist, läßt sich jedoch mangels gesetzlicher Vorschriften hierüber nicht bestimmen. Wie in der Entscheidung 1917 (A.N. des Reichsversicherungsamts 1914 S. 766) ausgesprochen ist, läßt sich die Frage nach der Geringfügigkeit des Entgelts nur im Einzelfalle unter Vergleichung mit den übrigen Einkünften des Beschäftigten und unter Berücksichtigung seiner Lebenshaltung entscheiden. Dabei kommt es im vorliegenden Falle, wie das Versicherungsamt zutreffend angenommen hat, nur auf die Einkünfte des Beschäftigten selbst, nicht etwa auch der seiner Familienmitglieder an. Im allgemeinen wird es jedoch für das Gebiet der Angestelltenversicherung nicht darauf ankommen können, ob die Grenze des Drittels des ortsüblichen Tagelohnes (Ortslohnes) überschritten wird oder nicht, da bei den Lebens- und Beschäftigungsverhältnissen der der Angestelltenversicherung unterworfenen Personen in der Regel ein anderer Maßstab anzulegen ist als bei den der Invalidenversicherung unterstehenden. Je nach den Verhältnissen des Falles kann aber auch für die Beurteilung in der Angestelltenversicherung ein Betrag, der noch unter dem Drittel des Ortslohnes liegt, als wesentlich für den Lebensunterhalt angesehen werden.

Im vorliegenden Falle kommt es, wie in dem Abgabebeschluß des Oberversicherungsamts zutreffend hervorgehoben ist, nur darauf an, ob die der M. H. für die Unterrichtstätigkeit gewährten Bezüge seit dem 1. Januar 1924 noch als wesentlich für den Lebensunterhalt in dem Zeitraum, für den sie gewährt werden, anzusehen sind. In dieser Beziehung kann den Ausführungen des Versicherungsamts nur beigetreten werden. Es handelt sich hier um eine Beschäftigung in einfachen ländlichen Verhältnissen, in denen schon geringe Einnahmen an barem Gelde eine große Rolle spielen. Da die H. in ihrer sonstigen Beschäftigung im Haushalt und in der Gastwirtschaft ihrer Eltern wohl überhaupt keine Bareinnahmen hat, sondern nur Naturalbezüge empfängt, so können die aus ihrer Unterrichtstätigkeit empfangenen Barbezüge von monatlich 12 beziehungsweise 18 und 24 *RM* insbesondere unter Berücksichtigung ihrer Lebenshaltung nicht als geringfügig im Sinne des § 1 Nr. 1b der Verordnung vom 9. Februar 1923 angesehen werden."

Fahrtkosten von nebenberufl. Handarbeitslehrerinnen an auswärtigen Volksschulen werden, wenn sie unvermeidlich sind, aus der Staatskasse ersetzt (E. des Staatsmin. f. Unt. u. Kultus vom 9. August 1921 Nr. 29 733).

Bei Schulabteilungen oder Schulklassen mit mehr als 40 Schülerinnen wird im Hinblicke auf die Eigenart des Handarbeitsunterrichtes zweckmäßig eine Teilung vorgenommen. Eine solche Teilung ist ebenso wie die Vereinigung mehrerer Schulklassen mit geringerer Schülerinnenzahl in das Ermessen der Regierungen gestellt (ME. vom 4. Juni 1920 Nr. 12 988 Ziff. II, 5 mit ME. vom 19. August 1927 Nr. IV 35 439 Ziff. 1b).

Besonders zu erwähnen sind noch die klösterlichen Handarbeitslehrerinnen, soweit es sich nicht um hauptamtlich aufgestellte handelt. Es ist nämlich nicht selten auch an kleineren Orten, wo die Aufstellung einer hauptamtlichen Handarbeitslehrerin durch den Staat nicht in Frage kommen kann, üblich, den Handarbeitsunterricht an Klosterschulen durch eigene klösterliche Handarbeitslehrerinnen erteilen zu lassen. Träfe dieser Unterricht an sich die klösterlichen Volksschullehrerinnen dieser Schule — sie sind wie die weltlichen Lehrerinnen an sich zur Erteilung dieses Handarbeitsunterrichtes verpflichtet —, dann hätte für die besonderen Handarbeits-Lehrschwestern der Orden selbst oder — wenn ein gemeindlicher Vertrag vorläge — die Gemeinde aufzukommen. Bei letzterer würde es sich um eine freiwillige Mehrleistung handeln. Nur wenn ausnahmsweise Gründe vorhanden wären, den klösterlichen Volksschullehrerinnen dieser Schule den Handarbeitsunterricht abzunehmen und die Notwendigkeit bestünde, für den Handarbeitsunterricht eine besondere Ordenslehrkraft aufzustellen, müßte auch für diese gem. Art. 11 SchBG. der Bedarf vom Staate übernommen werden. Das wäre aber dann keine „ständige Lehrkraft" im Sinne des Art. 24 Abs. III SchBG., sie wäre vielmehr als nebenberufliche Handarbeitslehrerin nach den Sätzen, die für die weltlichen gelten, zu entlohnen (s. ME. vom 4. Juni 1920 Nr. 12 988, Ziff. II, 4).

Wenn Gemeinden oder Klöster eigene Handarbeitsschulen errichten, an denen die Lehrschwestern nicht nur Volksschulunterricht, sondern auch darüber hinausgehenden Unterricht erteilen, dann kommen hierfür, soweit es sich nicht um lehrplanmäßigen Unterricht an Volksschülerinnen handelt, die Vorschriften der V. vom 10. Mai 1905, die Gründung, Leitung und Beaufsichtigung von Erziehungsanstalten und Unterrichtsanstalten betr. (GVBl. S. 471, KMBl. S. 179, Anhang Nr. 7) in Frage (§ 2 Ziff. 2b).

5. Für klösterliche Handarbeitslehrerinnen an Schulen von Stiftungen und gemeinnützigen Unternehmungen werden Vergütungen aus Staatsmitteln nicht gewährt (s. ME. vom 9. Januar 1925 Nr. IV 40022 Ziff. IV mit ME. vom 9. Mai 1924 Nr. 14837 und ME. vom 3. April 1928 (KMBl. S. 225, Anh. Nr. 77) Ziff. 2 (wo nur auf Ziff. 1 A, nicht auf Ziff. 1 B hingewiesen ist).

Abschnitt V.

Besondere Mittel zur Deckung des Schulbedarfs.

Vorbemerkung.

Die Gemeinden haben im allgemeinen die Kosten des Schulbedarfs mit den Mitteln zu decken, die ihnen auch sonst zur Befriedigung ihrer Bedürfnisse zu Gebote stehen, wenn die besonderen Erträgnisse aus einem etwaigen Schulvermögen oder sonstige besondere Einnahmen für die Schule nicht ausreichen. Einige besondere Quellen zur Deckung des Schulbedarfs, die zum Teil erst dann fließen, wenn eine Gemeinde auf regelmäßige Weise den nötigen Schulbedarf nicht aufzubringen vermag, zeigt Abschnitt V des Schulbedarfgesetzes. Nachdem Art. 25, der von Sonderumlagen für die Schule handelte, durch Gesetz vom 30. Juni 1921 (GVBl. S. 361) aufgehoben worden ist, sind an solchen besonderen Quellen noch die Pachterträgnisse für etwaige Schulgrundstücke (Art. 26) und Kreiszuschüsse (Art. 27) vorhanden, für welch letztere durch Staatszuschüsse an die Kreise (Art. 28) ein gewisser Ausgleich geschaffen ist.

Eine Aenderung des Wortlautes hat Abschnitt V außer der Streichung des Art. 25 nur insoferne erfahren, als durch Gesetz vom 24. März 1920 (GVBl. S. 103) dem Art. 26 ein neuer Absatz IV angefügt worden ist.

Art. 25. (Gestrichen.) *

---

* Art. 25 wurde durch Art. 45 Ziff. 2 des Gesetzes vom 30. Juni 1921 zum Vollzuge des Landessteuergesetzes vom 30. März 1920 (RGBl. S. 402) — GVBl. 1921 S. 361 — gestrichen.

Art. 25 in der Fass. des Ges. vom 14. August 1919 lautete:

„I Für öffentliche Volksschulen verschiedener Bekenntnisse können Sonderumlagen erhoben werden, wenn sie beim Inkrafttreten dieses Gesetzes in der Gemeinde ordnungsmäßig eingeführt sind.

II Jeder Gemeindeumlagenpflichtige schuldet Sonderumlagen nur für die Volksschule seines eigenen Bekenntnisses oder, wenn eine solche nicht besteht, für die Volksschule, die er benützt oder benützen müßte. Dabei werden die Steuerbeträge zugrunde gelegt, die nach den Art. 24 und 25 des Umlagengesetzes für seine Gemeindeumlagen anzusetzen sind.

III Wenn bei einem Umlagenpflichtigen Abs. II Satz 1 nicht zutrifft, schuldet er Sonderumlagen nur nach dem Verhältnis, in dem die einzelnen Bekenntnisse an der Gesamtsteuersumme beteiligt sind, die in der Gemeinde nach den Art. 24 und 25 des Umlagengesetzes für die Gemeindeumlagen anzusetzen ist.

IV Juristische Personen und nichtrechtsfähige Vereine mit Bekenntnisgepräge schulden Sonderumlagen nur für die Volksschule des entsprechenden Bekenntnisses. Abs. II Satz 2 gilt entsprechend. Art. 22 Nr. 4 Satz 2 der Kirchengemeindeordnung ist anzuwenden.“

Art. 26. I Grundstücke[1]), deren Nutzungen[2]) bis zum Inkrafttreten dieses Gesetzes[3]) zum Einkommen einer Schulstelle gehört haben[4]), sind zugunsten der Gemeinde oder der am Schulsprengel beteiligten Gemeinden zu verpachten[5]). Die vorgesetzte Behörde[6]) kann Ausnahmen zulassen[7]).

II Auf Antrag des Volksschullehrers[8]) kann die vorgesetzte Behörde[6]) die Gemeinde verpflichten, die Grundstücke ganz oder zum Teil an den Volksschullehrer längstens auf die Dauer seiner Dienstleistung in der Gemeinde[10]) zur eigenen Bewirtschaftung zu verpachten[11]). Art. 19 Abs. IV gilt entsprechend[12]).

III Im Falle des Abs. II kann das Pachtverhältnis vor dem Ablaufe der Pachtzeit gegenüber dem Volksschullehrer nur mit Zustimmung der vorgesetzten Behörde[6]) gekündigt werden[13]). Der Pachtzins, den der Volksschullehrer zu entrichten hat, wird im Streitfalle von der vorgesetzten Behörde[6]) unter Ausschluß des Rechtsweges festgesetzt[14])[15])[16])[17]).

IV Art. 75a bleibt vorbehalten[18]).

1. Grundstücke: Es handelt sich hier um sog. Schulgrundstücke, d. h. um Grundstücke, die zum Schulvermögen gehören und landwirtschaftlich oder zu feldmäßigem Obst- und Gemüsebau verwendet werden. Im Gegensatz zu den Schulgrundstücken stehen die Hausgärten, die dem persönlichen Bedarfe der Volksschullehrer (Art. 19 SchBG.), die Schulgärten, die unterrichtlichen Zwecken dienen (ME. vom 31. Dezember 1919, KMBl. 1920 S. 22, Anhang Nr. 24, Ziff. 6), und

---

Mit der durch das Landessteuergesetz vom 30. März 1920 (RGBl. S. 402) geschaffenen neuen Rechtslage waren Sonderumlagen im Sinne des Art. 25 SchBG. nicht mehr vereinbar. Zwar wurde den Gemeinden durch das Gesetz vom 13. Juni 1921 zum Vollzuge des Landessteuergesetzes vom 30. März 1920 (RGBl. S. 402) — GVBl. 1921 S. 361 — das Recht Umlagen zu erheben belassen (s. Art. 9 a. a. O.), allein dieses Recht war im Vergleiche zu früher in ganz erheblichem Maße eingeschränkt. So konnte Art. 25 SchBG. nicht aufrechterhalten werden, ganz abgesehen davon, daß auch das Umlagengesetz vom 14. August 1910 in der Fassung vom 17. August 1918 (GVBl. 1910 S. 581, 1918 S. 425), auf dem Art. 25 SchBG. fußte, durch Art. 48 Abs. II des Ges. vom 30. Juni 1921 aufgehoben wurde.

Die „Begründung" zu dem Entwurfe eines Gesetzes zum Vollzuge des Landessteuergesetzes vom 30. März 1920 (RGBl. S. 402) vom 1. April 1921 sagte zu Art. 45 und 46 dieses Gesetzes zusammenfassend kurz:

„Die in diesen beiden Artikeln vorgesehenen Aenderungen des Schulbedarfgesetzes* und des Verwaltungsgerichtsgesetzes ergeben sich als notwendige Folge des gegenwärtigen Gesetzentwurfes" (Verf. d. Bay. Landt. 1920/21, BeilBd. IV, Beil. 1173, S. 207).

* Es wurde außer Art. 25 auch 34 gestrichen, Art. 12, 37 und Art. 58 Abs. II Satz 2 geändert.

die Spiel- und Turnplätze für die Schuljugend (s. auch Anm. 7 zu Art. 19).

Von den Schulgrundstücken gibt es zwei Arten: Die eine Art Schulgrundstücke sind jene gemeindlichen Grundstücke, die lediglich zu dem Zwecke von dem übrigen Gemeindevermögen ausgesondert sind, um als Bestandteil des Schulvermögens mit ihren Erträgnissen einfach zur Deckung des Schulbedarfs ohne Ausscheidung zwischen persönlichem und sächlichem Schulbedarf verwertet zu werden.

Zur Stärkung des Schulvermögens durch solche Grundstücke war in Art. 27 Abs. V der BayGemOrdn. für die Landesteile rechts des Rheins vom 20. April 1869 (Art. 20 Abs. V der pfälz. GemO.) die Bestimmung getroffen, daß bei jeder Gemeindegrundteilung ein besonderer Anteil für den Volksschulfonds derjenigen Gemeinde, in welcher die Verteilung stattfand, auszuscheiden hatte. Bei zusammengesetztem Schulsprengel fiel das Nutzungsrecht an solchen Grundstücken dem Schulsprengel zu, so daß die verstärkte Gemeindeverwaltung über sie zu verfügen hatte, während das Eigentum an dem Anteil nicht etwa der Schulsitzgemeinde zukam, sondern der Gemeinde verblieb, die die Verteilung vorgenommen hatte (s. Rösch, rechtsrh. GemO. 1923, Anm. 10 zu Art. 27).

In die neue GemO. vom 17. Oktober 1927 (GVBl. S. 293) ist diese Bestimmung des Art. 27 bezw. 20, Abs. V der alten Gemeindeordnungen nicht übernommen worden.

Die zweite Art von Schulgrundstücken stellen jene dar, deren Erträgnisse bis zum 1. Januar 1920 zum Schulstelleneinkommen gehörten, d. h. in irgendeiner Form ein Bestandteil der Besoldung des Volksschullehrers waren. Nur diese zweite Art von Schulgrundstücken kommt für die Bestimmungen des Art. 26 SchBG. in Frage.

Für die erstere Art bedurfte es keiner besonderen gesetzlichen Regelung, da die Nutzungen dieser Grundstücke ohne weiteres gem. Art. 11 und 12 Abs. II zur Deckung des Schulbedarfs zu verwenden sind.

Weder unter die eine noch unter die andere Art fallen Grundstücke, die zuweilen zwar auch als „Schulgrundstücke" bezeichnet werden, aber nicht gemeindliches Schulvermögen sind, sondern zu einer zu Schulzwecken errichteten, mit Rechtsfähigkeit ausgestatteten besonderen Stiftung (man spricht hier von „Schulstiftungsvermögen") gehören (s. Meinzolt S. 120). Dieses Schulstiftungsvermögen unterliegt den allgemeinen Rechtsregeln für Stiftungen (BGB. §§ 80 ff., § 89, AusfG. zum BGB. Art. 5 u. 6; GemO. von 1927 (GVBl. S. 293) Art. 127—132; BGG. Art. 8 Ziff. 35).

Zu beachten ist ferner, daß Art. 26 (wie auch Art. 61; vgl. auch Art. 58) nur solche Grundstücke behandelt, die zum Schuldiensteinkommen gehörten, nicht etwa auch solche, deren Nutzungen einen Teil des Kirchendiensteinkommens bildeten, was bei der seitherigen Verbindung von Schul- und Kirchendienst recht wohl der Fall sein konnte („Mesnergrundstücke"; ME. vom 31. Dezember 1919, KMBl. 1920 S. 22, Anh. Nr. 24, Ziff. 6 Schlußabs.).

Ob Grundstücke zum „Schul"- oder Mesner"-Einkommen gehörten, ist in der Regel aus den Schulfassionen ersichtlich. Bei Zweifeln und Streitigkeiten wäre nach Art. 39 und 40 zu verfahren.

Die Grundstücke, um die es sich bei Art. 26 handelt, stehen in der Regel in gemeindlichem Eigentum (vgl. Anm. 7 unten). Sie können aber auch Eigentum von Dritten sein. In diesem Falle unterliegen die Nutzungen der Ueberweisung an die Gemeinde der Umwandlung und Ablösung nach Art. 57 bis 60. Von der Umwandlung an hat die Gemeinde nur mehr ein

Recht auf Geldbezug und die Nutzung des Grundstückes selbst gebührt nunmehr dem Grundstückseigentümer. Es können deshalb auch die Bestimmungen des Art. 26 nur bis zum Augenblick der Umwandlung Platz greifen (ME. vom 31. Dezember 1919, KMBl. 1920 S. 22, Anh. Nr. 24, Ziff. 5).

Art. 61 betrifft ferner nur Grundstücke, deren Nutzungen dem Volksschullehrer fassionsmäßig als Bestandteile des Schuldiensteinkommens zugewiesen waren. Dagegen gilt Art. 26 auch dann, wenn der Geldertrag der Schulgründe bisher unmittelbar in die Gemeinde- oder Schulkasse geflossen war und nur mittelbar dem Volksschullehrer als Stelleninhaber zugute kam (ME. vom 31. Dezember 1919, KMBl. 1920 S. 22 Ziff. 6 Abs. I).

2. „Nutzungen sind die Früchte einer Sache oder eines Rechtes sowie die Vorteile, welche der Gebrauch der Sache oder des Rechtes gewährt" (BGB. § 100).

„Früchte einer Sache sind die Erzeugnisse der Sache und die sonstige Ausbeute, welche aus der Sache ihrer Bestimmung gemäß gewonnen wird" (BGB. § 99 Abs. I).

3. D. i. bis zum 1. Januar 1920 (Art. 80 Abs. I).

4. Sei es, daß diese Grundstücke dem Volksschullehrer zur eigenen Bewirtschaftung übertragen waren, sei es, daß die Gemeinde die Grundstücke von anderen bewirtschaften ließ und nur die Reinerträgnisse an den Schulstelleninhaber abgab, sei es, daß dieser die ihm überlassenen Grundstücke zwar nicht selbst bewirtschaftete, aber ohne Vermittlung der Gemeinde durch Verpachtung zu seinen Gunsten verwertete.

5. a) Die Bestimmung, daß die Grundstücke zu verpachten seien, ergreift zunächst alle ehedem zum Stelleneinkommen gehörigen Schulgrundstücke ohne Unterschied, wie sie bisher (s. Anm. 3 oben) verwertet wurden; s. aber Satz 2 des Art. 26 Abs. I.

b) Für die Verpachtung sind die Bestimmungen des bürgerlichen Rechtes, insbes. §§ 581 ff. des BGB. maßgebend, soweit nicht Abs. II und III des Art. 26 anderes besagt.

Vor allem ist gem. §§ 581 mit 566 ein schriftlicher Vertrag notwendig, wenn die Pachtdauer länger als ein Jahr währen soll.

Außerdem ist hier auch auf die Pachtschutzordnung des Reiches vom 23. Juli 1925 (RGBl. I S. 152) und die Bayerische Pachtschutzordnung vom 19. September 1925 (GVBl. S. 250) und die Vollzugsvorschriften hierzu vom 19. September 1925 (GVBl. S. 255) zur Beachtung hinzuweisen.

c) Die Nutzungen, um die es sich hier handelt (s. Anm. 2 oben), konnten vom Inkrafttreten des Volksschullehrergesetzes, d. i. vom 1. Januar 1920 an zufolge Art. 34 Abs. I dieses Gesetzes kein Bestandteil des Schulstelleneinkommens mehr sein. Die Eigentumsverhältnisse an den betreffenden Schulgrundstücken berührte diese Bestimmung nicht. Dagegen mußte für die künftige Regelung ihrer Nutzerträgnisse Vorsorge getroffen werden. Art. 58 Abs. I SchBG. wies die Nutzungen den Gemeinden zu, Art. 26 regelt die Art und Weise, wie künftig die Nutzungen gewonnen und verwendet werden sollen.

d) Wozu die Pachteinnahmen verwendet werden sollen, ist in Art. 26 nicht ausdrücklich gesagt. Der Natur der Sache nach kann aber nur ausschließliche Verwendung für Schulzwecke in Frage kommen. Die Pachteinkünfte sind deshalb in der Schulkasse zu vereinnahmen (s. auch Meinzolt S. 121; BGHE. von 1925, mitgeteilt in den BayVerwBl. Jahrg. 73, S. 56: „Die Erträgnisse aus Grundstücken, deren Nutzungen bis zum Inkrafttreten des Schulbedarfgesetzes von 1919 zum Einkommen einer Schuldienststelle gehört haben, müssen auch fernerhin für Schulzwecke verwendet werden."

6. Art. 7 SchBG.

7. Ausnahmen von der Verpachtung: Das Bezirksamt — falls eine unmittelbare Stadt in Betracht käme, die Regierung — kann sohin z. B. gestatten, daß die Gemeinde diese Schulgrundstücke selbst bewirtschaftet. Auch die Veräußerung — die nach § 581 Abs. II mit 571 BGB. das Pachtverhältnis nicht aufheben, sondern nur den Erwerber an die Stelle der Gemeinde setzen würde — könnte schulaufsichtlich bewilligt werden, wobei aber die Bestimmungen der GemO. von 1927, Art. 30 Abs. II und Art. 61 Ziff. 5, zu beachten wären (s. dagegen die Fälle der Ziff. 3 Abs. 2 der ME. vom 31. Dezember 1919, KMBl. 1920 S. 22, Anhang Nr. 24).

In der „Begründung" zum E. I ist zu Art. 42 Abs. I (Art. 26 Abs. I des Ges.) folgendes ausgeführt (BeilBd. XIX, S. 301):

„Die Fälle, daß Volksschullehrer die zur Schulstelle gehörigen Grundstücke selbst bewirtschaften, sind im Laufe der Zeit seltener geworden. Es ist die Regel, daß diese Grundstücke an Dritte verpachtet sind, sei es, daß die Gemeinde den Pachtvertrag unmittelbar abgeschlossen hat und der Pachtzins in die Gemeinde- oder Schulkasse fließt, sei es, daß der Volksschullehrer zwar als der Nutznießer der Schulgrundstücke erscheint, diese aber an dritte Personen in Pacht gegeben hat.

Auch für die Schulgrundstücke gilt zunächst die Vorschrift des Art. 40 Abs. II (nun Art. 58 Abs. I). Soweit daher die Nutzungen an diesen Grundstücken bisher dem Volksschullehrer unmittelbar zugeflossen sind, sollen sie künftig an die Gemeinde oder an die am Schulsprengel beteiligten Gemeinden gehen. Unberührt bleiben dabei selbstverständlich die Eigentumsverhältnisse an den Schulgrundstücken. In der Regel wird gemeindliches Eigentum in Frage stehen — doch können auch Liegenschaften im Eigentum von Stiftungen in Betracht kommen; für diesen Fall ist hinsichtlich der Rechtsfrage auf die Begründung zum Art. 40 Abs. II zu verweisen (s. Anmerk. 6 zu Art. 58 unten).

Die Schulgrundstücke werden in der Regel am zweckmäßigsten durch Verpachtung verwertet werden. Art. 42 Abs. I (des Entwurfes; 26 I des Ges.) schreibt diese Art der Verwendung als die gesetzliche Regel vor. Die Vorschrift gilt ohne Rücksicht auf die bisherige Art der Benutzung, also auch ohne Rücksicht darauf, ob die Nutzungen bisher dem Volksschullehrer unmittelbar zugegangen sind oder nicht. Ausnahmen sollen gemäß Abs. VI (des Entwurfes; Abs. I Satz 2 des Ges.) von der vorgesetzten Behörde (Art. 7) zugelassen werden können. Es soll demnach beispielsweise gestattet werden können, daß die Gemeinde die Grundstücke in eigene Bewirtschaftung nimmt, soweit dies nach Lage der Verhältnisse besonders zweckentsprechend erscheinen würde" (s. nunmehr ME. vom 31. Dezember 1919 — KMBl. 1920 S. 22, Anhang Nr. 24 — Ziff. 1).

8. Ein Eingreifen der Behörde kommt erst recht in Frage, wenn Volksschullehrer und Gemeinde sich über die Verpachtung an ersteren nicht einig werden (ME. vom 31. Dezember 1919, KMBl. 1920, S. 22, Anh. Nr. 24, Ziff. 2).

9. Kann: Ein Anspruch des Volksschullehrers, wie ihn der Entwurf des SchBG. (Art. 42 Abs. II) vorgesehen hatte, besteht also nicht.

10. Längstens auf die Dauer der Dienstleistung: Die Gemeinde kann also verpflichtet werden, die Grundstücke an den betreffenden Volksschullehrer „auf die Dauer seiner Dienstleistung in der Gemeinde“ zu verpachten, es kann aber als Pachtdauer auch eine bestimmte — voraussichtlich kürzere — Zeit gewählt werden. Wäre die Gemeinde mit letzterem, nicht aber mit der Verpachtung „auf Dienstdauer“ einverstanden, so könnte sie zu letzterer von der Behörde auf Antrag des Volksschullehrers dazu verpflichtet werden, wenn diesem daran gelegen wäre und sein Wunsch begründet erschiene (anderer Meinung Meinzolt S. 122).

11. Die „Begr. zu E. I“ (BeilBd. XIX, S. 301) sagt hierzu:

„Wenn auch die Bewirtschaftung der Schulgrundstücke durch den Stelleninhaber selbst heute zur Ausnahme geworden ist, so wird doch auch jetzt noch bei manchem Volksschullehrer der Wunsch und das Bedürfnis nach persönlicher Bebauung und Nutzung der Schulgrundstücke bestehen. Es kommt auch vor, daß der Volksschullehrer auf einem Schulgrundstücke beispielsweise eine größere Obstpflanzung angelegt hat; für Fälle dieser Art wird Vorsorge zu treffen sein, daß ihm die Weiterbewirtschaftung nicht ohne zwingenden Grund entzogen werden kann. Auch im übrigen wird den Volksschullehrern die Möglichkeit, sich in dieser Weise auch fernerhin zu betätigen, in gewissen Grenzen zu sichern sein. Abs. II des Art. 42 soll daher dem Volksschullehrer das Recht einräumen (zur Schaffung eines Rechtsanspruches des Volksschullehrers ist es nicht gekommen. Der Volksschullehrer kann durch seinen Antrag nur anregen, daß die Gemeinde entsprechend verpflichtet wird; s. Anm. 9 oben), zu verlangen, daß ihm die zur Schulstelle gehörigen Grundstücke längstens auf die Dauer seiner Dienstleistung in der Gemeinde verpachtet werden, vorausgesetzt, daß er sie selbst bewirtschaften, also nicht etwa einem Dritten in Unterpacht geben will“ (s. nunmehr ME. vom 31. Dezember 1919, KMBl. 1920, S. 22, Anh. Nr. 24, Ziff. 2).

12. Art. 19 Abs. IV SchBG. lautet:

„Das zuständige Staatsministerium kann nähere Vorschriften erlassen. Es kann die Gemeinden verpflichten, dem Volksschullehrer bei der Beendigung seines Dienstverhältnisses in der Gemeinde die Kosten für Anlagen und Anpflanzungen auf dem Grundstücke ganz oder teilweise zu erstatten.“

Nähere Vorschriften zum Vollzuge des Art. 26 — und gleichzeitig des Art. 61 — des SchBG. überhaupt sind ergangen: s. E. d. Staatsmin. f. Unt. u. Kultus vom 31. Dezember 1919, betr. Schulgrundstücke, KMBl. 1920 S. 22, Anh. Nr. 24. Besondere Anordnungen zum Vollzuge der Art. 19 Abs. IV, 26 Abs. II Satz 2 blieben vorbehalten (s. a. a. O. Ziff. 2, Schlußabsatz); bis jetzt sind solche nicht getroffen worden.

13. a) „Das Verpachtungsrecht des Volksschullehrers nach Abs. II Satz 1 würde des Schutzes entbehren, wenn der Pachtvertrag gegenüber dem Volksschullehrer wie gegenüber jedem anderen Pächter gekündigt werden könnte. Dies soll durch die Vorschrift des Abs. IV ausgeschlossen werden. Ausnahmsweise soll aber gemäß Abs. VI (die Bestimmung des Art. IV und VI des Art. 42 des Entwurfes wurden in Abs. III Satz 1 des Gesetzes zusammengezogen) die Kündigung gegenüber dem Volksschullehrer mit Genehmigung der vorgesetzten Behörde schon vor dem Ablaufe der Pachtzeit zulässig sein, also vor der Beendigung der Dienstleistung des Volksschullehrers in der Gemeinde oder dem Ablaufe der vereinbarungsgemäß auf einen kürzeren Zeitraum bemessenen Vertragsdauer. Veranlassung dazu wäre nicht nur dann gegeben, wenn der Volksschullehrer seine Pflichten als Pächter verletzen würde, sondern beispielsweise auch dann, wenn etwa

die Bewirtschaftung der Grundstücke durch die Gemeinde selbst nach Lage der Verhältnisse eine wirtschaftlich besonders günstige Ausnutzung zulassen würde" („Begründung" zu E. I S. 301).

Die Zustimmung zur Kündigung soll in der Regel nicht erteilt werden, wenn der Volksschullehrer größere Aufwendungen für die Grundstücke gemacht hat (ME. vom 31. Dezember 1919, KMB. 1920 S. 22, Anh. Nr. 24, Ziff. 4 Abs. 1).

b) das Kündigungsrecht des Volksschullehrers richtet sich nach den Bestimmungen des Pachtvertrages und den Vorschriften des BGB. §§ 595, 596. Die Rechtsansprüche des Volksschullehrers gegen die Gemeinde wegen Ersatzleistungen für Aufwendungen für das Pachtgrundstück (§§ 581 Abs. II mit 547 BGB.) bleiben ebenso wie das Recht allenfalls Einpflanzungen wegzunehmen bestehen, wenn auch zur vorzeitigen Kündigung der Gemeinde die Zustimmung der vorgesetzten Behörde erteilt wird.

c) Eine Befugnis der vorgesetzten Behörde den Pachtvertrag der Gemeinde mit einem Dritten vorzeitig zur Kündigung zu bringen, weil während der Pachtdauer der Volksschullehrer Antrag nach Art. 26 Abs. II stellt, ist im Gesetze nicht festgelegt.

Die im Gesetzentwurfe vorgesehene Einschränkung in der Verpachtung an Dritte („An Dritte dürfen die Grundstücke in der Regel höchstens auf fünf Jahre verpachtet werden") ist nicht Gesetz geworden.

14. „Der Volksschullehrer hat wie jeder andere Pächter für die Nutzung der Grundstücke einen Pachtzins zu entrichten (vgl. auch Art. 37 Abs. VII des Beamtengesetzes). Dessen Fortsetzung ist zunächst der freien Vereinbarung überlassen. Kommt eine solche unter den Beteiligten nicht zustande, so wäre der Abschluß des Pachtvertrages und damit die Verwirklichung des Anspruches (= Durchführung der Bestimmung in Art. 26 Abs. II; vgl. Anm. 8 oben) gehindert, weil die Abrede über den Pachtzins zu den wesentlichen Bestandteilen des Pachtvertrages gehört (§ 581 Abs. I Satz 2 des BGB.). Gemäß Abs. III des gegenwärtigen Artikels soll daher der Pachtzins im Streitfalle von der vorgesetzten Behörde (Art. 7) bindend und unter Ausschluß des Rechtsweges festgesetzt werden" („Begründung" zu E. I, S. 301).

15. Für die Uebergangszeit bestimmte Art. 61 SchBG., daß Schulgrundstücke, deren Erträgnisse zum Stelleneinkommen gehörten und die am 1. Januar 1920 in der Selbstbewirtschaftung des Stelleninhabers standen, auf die Dauer seiner Dienstleistung in der betreffenden Gemeinde als kraft Gesetzes an ihn verpachtet gelten und im übrigen die Bestimmungen des Art. 26 auf dieses Pachtverhältnis Anwendung finden sollen.

Beim Vergleich von Art. 26 und 61 ist zu beachten, daß es in Art. 26 heißt: „Grundstücke, deren Nutzungen bis zum Inkrafttreten dieses Gesetzes zum Einkommen einer Schulstelle gehört haben ...", was auch dann der Fall war, wenn die Erträgnisse zunächst in der Schul- oder Gemeindekasse vereinnahmt wurden, während Art. 61 besagt: „Soweit der Volksschullehrer Grundstücke, deren Nutzungen ihm bisher als Bestandteile des Schuldiensteinkommens zugewiesen waren ...", nämlich durch Eintragung in die Schulstellenbeschreibung (Schulfassion). Der Kreis der Grundstücke, die nach Art. 61 in Betracht kommen können, ist sohin ein engerer, als der der Grundstücke, für die Art. 26 gilt.

Ueber die Fälle, in denen der Volksschullehrer zur Zeit des Inkrafttretens des Ges. (1. Januar 1920) Schulgrundstücke, die zu seinem

Diensteinkommen gehörten, an Dritte verpachtet hatte, s. ME. vom 31. Dezember 1919, KME. 1920 S. 22, Anh. Nr. 24, Ziff. 3 Abs. 2.

16. „Die Zulässigkeit besonderer landesrechtlicher Vorschriften über die Rechte des Volksschullehrers hinsichtlich der Pachtung der Schulgrundstücke wird im Hinblick auf Art. 80 des Einführungsgesetzes zum Bürgerlichen Gesetzbuch außer Zweifel stehen. Aehnliche Bestimmungen wie Art. 42 des Entwurfes (26 des Ges.) enthält auch Art. 8 Abs. II des württembergischen Lehrerbesoldungsgesetzes vom 14. August 1911 (Württ. RegBl. 1911 S. 502). Soweit Art. 42 (jetzt 26) nicht besondere Bestimmungen trifft, gelten auch für den mit dem Volksschullehrer abzuschließenden Pachtvertrag die Vorschriften der §§ 581 ff. des Bürgerlichen Gesetzbuches.

Sowohl Art. 42 (jetzt 26) als auch Art. 66 (jetzt 61) haben nur Geltung für die Grundstücke, deren Nutzungen zum Einkommen aus dem Schuldienste gehören, nicht aber auch für solche, die mit dem weltlichen Kirchendienste verbunden sind („Begründung" zu E. I S. 302).

17. Gegen die Entscheidung der Bezirksverwaltungsbehörde hinsichtlich der Pachtzinsfestsetzung ist Aufsichtsbeschwerde zur Regierung, K. d. J., und gegen deren Entscheidung Oberaufsichtsbeschwerde zum Staatsmin. f. Unt. u. K. möglich, nicht aber Anrufung der bürgerl. Gerichte oder des VGH. statthaft. Dagegen entscheiden die bürgerlichen Gerichte über sonstige Streitigkeiten aus dem Pachtverhältnisse, soweit nicht Art. 26 selbst Bestimmungen trifft.

18. Abs. IV wurde dem Art. 26 SchBG. durch Art. VIII Ziff. 3 des Gesetzes vom 24. März 1920 über die Aenderung des Volksschullehrergesetzes und des Schulbedarfgesetzes vom 14. August 1919 (GVBl. 1920 S. 103) angefügt.

Die gleiche Erweiterung erfuhr durch Art. VIII Ziff. 4 des Gesetzes vom 24. März 1920 der Art. 57, dem die Worte „Art. 75 a bleibt vorbehalten" als Satz 2 angefügt wurden. Art. 75 a selbst („die besonderen rechtlichen Verpflichtungen des Staates und der kirchlichen Vermögensträger zu Leistungen für den persönlichen Schulbedarf werden aufgehoben") wurde durch Art. VIII Ziff. 5 des gleichen Gesetzes vom 24. März 1920 nach Art. 75 des Schulbedarfgesetzes eingefügt.

Diese Bestimmungen, die dem Gesetzentwurfe vom 23. Dezember 1919 (Landtagsverh. 1919/20, BeilBd. III, Beil. 781, S. 171) erst im Laufe der Verhandlungen im Landtage angegliedert wurden, waren durch die Erwägung veranlaßt, daß sowohl dem Staate wie den kirchlichen Vermögensträgern (Kirchengemeinde, Kirchenstiftung, Pfründestiftung) durch die Uebernahme des hauptsächlichsten persönlichen Schulbedarfes auf den Staat und durch die Trennung des weltlichen Kirchendienstes vom Schuldienste im Schulbedarfgesetze vom 14. August 1919 und durch das Abänderungsgesetz vom 24. März 1920 Lasten auferlegt worden wären, die aus Billigkeitsgründen einen Ausgleich erheischten. Der Wegfall der besonderen rechtlichen Verpflichtungen des Staates und der kirchlichen Vermögensträger zu Leistungen für den persönlichen (nicht auch für den sächlichen) Schulbedarf brachte es mit sich, daß — falls Grundstücke in Frage kommen sollten — auch die Anwendung des Art. 26 auf diese Fälle ausgeschlossen werden mußte.

Art. 27[1]). [I] Die Kreise[2]) sind verpflichtet[3]), **bedürftigen**[4]) Gemeinden[5]) zur Aufbringung des Schulbedarfs[6]) **die notwendigen** Zuschüsse[7]) zu gewähren.

II Als bedürftig gelten Gemeinden, die ihre gesetzlichen Verpflichtungen [8]) zur Aufbringung des Bedarfs für die öffentlichen Volksschulen ohne Ueberbürdung auch durch Erhebung von Umlagen [9]) nicht zu erfüllen vermögen.

III Die beteiligten Staatsministerien können nähere Vorschriften über die Beurteilung der Leistungsfähigkeit der Gemeinden und über das Verfahren bei der Gewährung von Zuschüssen erlassen [10]) [11]).

1. Im E. I sind Art. 27 und 28 des Ges. als Art. 44 und 45 aufgeführt. Die „Begründung" zu diesen Artikeln des Entwurfes bemerkt (S. 302) u. a. folgendes:

„In der Begründung zum Art. 11 ist bereits ausgeführt, daß die Kreisgemeinden auch nach dem neuen Rechte zu unmittelbaren Leistungen für den persönlichen und sächlichen Schulbedarf im allgemeinen nicht herangezogen werden sollen. Ihnen obliegt wie bisher die Leistung von Zuschüssen an überbürdete Gemeinden zur Aufbringung des Schulbedarfs (Art. 44). In der Erfüllung dieser Verpflichtung sollen sie auch künftig nach Bedürfnis durch Zuschüsse vom Staate unterstützt werden (Art. 45). Es bleibt demnach im wesentlichen bei den Grundsätzen der Art. 16 und 17 des Schulbedarfgesetzes vom 28. Juli 1902.

Art. 44. Die Bestimmungen im Abs. I und II dieses Artikels entsprechen dem bisherigen Art. 16 Abs. I Satz 1; im Abs. III ist die Vorschrift des bisherigen Art. 17 Abs. I übernommen."

2. S. Art. 1 der Kreisordnung vom 17. Oktober 1927 (GVBl. S. 335).

3. Den politischen Gemeinden (s. Art. 11) gegenüber handelt es sich zur Aufbringung des Schulbedarfs um eine gesetzliche Pflicht der Kreise. Dagegen wäre die Zuschußgewährung zum Schulbedarf anderer Schulen (christl. Bekenntnissonderschulen (Art. 33 SchBG.) und Schulen von Stiftungen und gemeinnützigen Unternehmungen (Art. 35 SchBG.) und auch die in Art. 38 SchBG. ausdrücklich vorgesehene Unterstützung israelitischer Schulen) durch die Kreise eine freiwillige Leistung.

Die „Begründung" (a. a. O. S. 302) besagt:

„Die Aufbringung der nach Art. 44 (jetzt 27) erforderlichen Zuschüsse bildet eine gesetzliche Kreislast; die notwendigen Zuschüsse an überbürdete Gemeinden — ohne Unterschied der Einwohnerzahl — müssen von der Kreisregierung in den Kreishaushalt eingestellt und vom Landrat anerkannt werden; demgemäß muß gegebenenfalls auch die Erhebung der hierfür erforderlichen Kreisumlagen vorgesehen werden (Art. 15 Buchst. a und Art. 18 Abs. II des Landratsgesetzes vom 28. Mai 1852, GVBl. S. 269; Art. I Nr. 7 des Kreislastenausscheidungsgesetzes vom 23. Mai 1846, GVBl. S. 45)."

Landrats- und Kreislastenausscheidungsgesetz sind aufgehoben (s. Kreisordnung vom 17. Oktober 1927, Art. 45 Abs. I), die angeführten Grundsätze sind jedoch geblieben und stützen sich nunmehr auf die Kreisordnung und das Gesetz zum Vollzuge des Finanzausgleichgesetzes vom 29. Juli 1927 in der Fass. der Bek. d. Staatsmin. d. Innern u. d. Finanzen vom 5. September 1927 (GVBl. S. 283) im Zusammenhalte mit dem Finanzausgleichgesetze in der Fass. der Bek. vom 27. April 1926 (RGBl. I S. 203) und des Gesetzes vom 9. April 1927 (RGBl. I S. 91).

Der Geschäftsgang ist hierbei folgender:

Die Regierung setzt den ihr für die Kreiszuschüsse nach Art. 27 erforderlichen Gesamtbetrag in den Jahresvoranschlag (Art. 6 mit 33 d. KrO.) ein, der Kreistag setzt gem. Art. 24 Abs. I Ziff. 1 a. a. O. diesen Gesamtbetrag im Voranschlag fest. Die Verteilung des Gesamtbetrages oder die Genehmigung der einzelnen Zuschüsse erfolgt abermals nach den Anträgen der Regierung (Art. 6 a. a. O.) durch Kreistags- oder Kreisausschuß-Beschluß (Art. 19 u. 24).

Die Erfüllung der dem Kreise nach Art. 27 obliegenden Pflicht könnte erforderlichen Falles nach Maßgabe des Art. 35 der KrO. (s. insbes. Art. 35 Abs. I) staatsaufsichtlich erzwungen werden, und zwar sowohl die Pflicht im Voranschlag (Art. 24 Ziff. 1 d. KrO.) für Zuschüsse nach Art. 27 SchBG., überhaupt den voraussichtlich nötigen Bedarf einzusetzen als auch die Pflicht im einzelnen Falle einer Gemeinde den benötigten Zuschuß zu gewähren, wenn die gesetzlichen Voraussetzungen vorliegen. Die Kreisregierung hat gegebenen Falles gem. Art. 5 Abs. V a. a. O. die Verhandlungen auf dem Wege über das Staatsministerium für Unterricht und Kultus, dem Staatsministerium des Innern als Staatsaufsichtsbehörde (Art. 34 a. a. O.) vorzulegen, wobei dem Staatsministerium für Unt. u. Kultus die Prüfung der Notwendigkeit des Kreiszuschusses vom Standpunkt des Schulbedarfs aus, dem Staatsministerium des Innern die Prüfung der Bedürftigkeit der Gemeinde obliegt. Das weitere Verfahren richtet sich nach den Bestimmungen des Art. 35 a. a. O., von denen noch hervorzuheben ist, daß gem. Abs. VI gegen den Beschluß der Staatsaufsichtsbehörde binnen vier Wochen Beschwerde zum Verwaltungsgerichtshof zulässig ist, wenn der Kreis behauptet, daß der Beschluß sein gesetzliches Selbstverwaltungsrecht verletze oder ihn mit einer gesetzlich nicht begründeten Leistung belaste.

Den nicht berücksichtigten Gemeinden steht gegen den ablehnenden Beschluß des Kreistages oder Kreisausschusses kein unmittelbares Beschwerderecht zu, doch wäre es ihnen unbenommen, ein Vorgehen der Kreisregierung anzuregen (s. aber auch Anm. 5 unten).

4. Bedürftig: S. Art. 27 Abs. II.

5. S. Anm. 4 zu Art. 1 oben. Die Verpflichtung des Kreises besteht grundsätzlich allen Gemeinden gegenüber, gleichgültig ob es sich um große oder kleine Gemeinden, Landgemeinden, Märkte, mittelbare Städte oder kreisunmittelbare Städte handelt (s. auch Anm. 3 oben). Wenn es sich um Sprengelschulen handelt, so sind die Kreiszuschüsse auch hier nicht dem „Schulsprengel" (vgl. Anm. 2 zu Art. 2 oben), sondern den am Sprengel beteiligten Gemeinden (Art. 12 Abs. I) zu gewähren. Die Zuweisung des gewährten Zuschusses aber kann an die Kasse der Sprengelschule zur Abminderung des ungedeckten Betrages erfolgen, der auf die Gemeinden zu verteilen ist (Art. 12 Abs. II mit Art. 3 Abs. II Ziff. 3) und zwar je nach der Bedürftigkeit zugunsten aller oder einzelner der beteiligten Gemeinden. Hierbei kann es zu einem Verwaltungsstreitverfahren nach Art. 10 Ziff. 20 des VGG. kommen. Die Zuschüsse können aber auch den einzelnen am Sprengel beteiligten Gemeinden unmittelbar zugewiesen werden (vgl. Seiler S. 297) und VGHE. Samml. Bd. 6, S. 32).

6. D. h. des nach Art. 11 d. SchBG. den Gemeinden obliegenden sächlichen und — soweit das Gesetz es bestimmt — auch des persönlichen Schulbedarfes (über den Begriff „Schulbedarf" s. Vorbemerkung zu Abschnitt I, über den Begriff „sächlichen" und „persönlichen" Schulbedarf s. Anm. 2 u. 5 zu Art. 11 oben).

Auch zwischen laufendem und einmaligem Bedarf für die Schule oder zwischen einzelnen Arten des Schulbedarfs (Schulhausbauten und Umbauten einerseits, Innenausstattung mit Schulbänken usw. anderseits) unterscheidet das Gesetz hier nicht. Naturgemäß wird aber meist nur die Unterstützung bei größeren Auslagen für Schulhausneu- und -umbauten oder -Erweiterungsbauten oder für Lehrerdienstwohnungen in Betracht kommen, da bei kleineren Auslagen nicht leicht der Nachweis der Unterstützungsbedürftigkeit der Gemeinde vorliegen wird.

Die Höhe der Zuschüsse hat sich nach der Höhe des benötigten Schulbedarfes einerseits und nach dem Grade der Bedürftigkeit der Gemeinde anderseits zu richten.

7. Ob der nötige Zuschuß auf einmal oder in entsprechenden Jahresbeträgen gewährt werden will, steht im Belieben der Kreise. Auch sonst bestehen über die Art und Form der Zuschüsse im Gesetze keine Vorschriften. In der Regel werden Barzuwendungen gegeben werden müssen, für die keine Rückerstattungspflicht besteht. Ausgeschlossen wäre aber, solange das zuständige Staatsministerium keine entgegenstehenden Vollzugsvorschriften erläßt (s. Abs. III des Art. 27), auch die Gewährung von unverzinslichen oder gering verzinslichen Darlehen nicht, falls mit solchen die Bedürftigkeit der Gemeinde ausreichend behoben werden könnte.

8. „Diese Rechtspflicht (der Kreise s. auch Art. 2 Ziff. 4 der KrO.) besteht aber wie schon bisher nur soweit, als die Gemeinden zur Erfüllung ihrer gesetzlichen Verpflichtungen der Unterstützung bedürfen (Abs. II Art. 44); Zuschüsse zur Deckung eines Aufwands, der von den Gemeinden freiwillig übernommen wird, brauchen grundsätzlich nicht gewährt zu werden. Selbstverständlich steht es aber den Kreisgemeinden wie bisher frei, auch über ihre gesetzliche Pflicht hinaus Mittel für Zuschüsse an Gemeinden zur Aufbringung des Schulbedarfs bereitzustellen" („Begr." zu E. I a. a. O., S. 302).

9. Zur Deckung des Schulbedarfs haben zunächst die Erträgnisse eines allenfallsigen besonderen Schulvermögens und die etwaigen sonstigen besonderen Einnahmen für die Schule (z. B. aus einem Schulstiftungsvermögen) zu dienen. Bei Unzulänglichkeit oder beim Nichtvorhandensein solcher Quellen hat die Gemeinde den Schulbedarf mit ihren allgemeinen Einnahmen und, soweit auch diese nicht ausreichen, nach Möglichkeit gemäß Art. 43 d. GemO. mit Umlagen zu bestreiten.

10. Solche nähere Vorschriften zum Vollzuge des Art. 27 des SchBG. vom 14. August 1919 sind noch nicht erlassen. Da sich die Bestimmungen des Art. 27 zum Teil an die der Art. 16 u. 17 des SchBG. von 1902 anlehnen, können auch die zum Vollzuge dieser Art. ergangenen Vorschriften zum Teil mit Nutzen angewendet werden, so die KME. vom 2. November 1902, Vollzug des Schulbedarfgesetzes vom 28. Juli 1902, hier die Art. 16 und 17 desselben betreffend (KMBl. S. 457) und der mit ME. vom 28. Juli 1902 Nr. 9832 als Formular IV empfohlene „Uebersichtliche Nachweis" der um Kreiszuschüsse nachsuchenden Gemeinden (abgedruckt bei Seiler S. 529).

Der gegenwärtigen Rechtslage entsprechend dürfte dieser „Nachweis" folgendermaßen zu gestalten sein, wobei die einzelnen Verhältnisse je nach Lage des Falles bei einer Gemeindeschule für die betreffende Gemeinde und bei einer Sprengelschule für die ganz oder mit Teilen am Schulsprengel beteiligten Gemeinden, wenn möglich und nötig außerdem für den Schulsprengel als solchen, und rechnerische Beträge im Durchschnitt der drei letzten Jahre anzugeben wären.

a) Name der Gemeinde oder der am Schulsprengel beteiligten Gemeinden.
b) Einwohnerzahl (nötigenfalls ausgeschieden nach Bekenntnissen) und Gesamtgrundfläche des Gemeindebezirkes mit Angabe der Bodenbeschaffenheit.
c) Das den Umlagen zugrunde liegende Steuersoll, ausgeschieden nach Steuerarten (Grundsteuer, Haussteuer, Gewerbsteuer, Hausiersteuer).
d) Zahl der Steuerpflichtigen.
e) Hundertsatz der Gemeinde-, Bezirks- und anderen Umlagen; Höhe des Zuschusses von der Gemeinde- zur Schulkasse.
f) Gesamtbetrag der zur Erhebung gelangenden Verbrauchssteuern und örtlichen Abgaben, dann der vom Finanzamt überwiesenen Rechnungsanteile (Isteinnahmen) an der Umsatz-, Einkommen- und Körperschaftsteuer.
g) Angabe, ob Gemeinde-(Hand- und Spann-)dienste ohne Entschädigung geleistet oder die vorkommenden Gemeindearbeiten gegen Vergütung, allenfalls durch Lohnarbeiter, hergestellt werden.
h) Höhe der die Gemeinde(n) treffenden Fürsorgelasten.
i) Größe und Beschaffenheit des gemeindlichen Grundbesitzes, ausgeschieden nach Wäldern, Aeckern und Wiesen, bei einem Gemeindewalde mit ausdrücklicher Angabe der schlagbaren Fläche.
k) Rentierendes Vermögen und dessen und sonstige jährliche Erträgnisse aus Kapitalvermögen, Liegenschaften und Rechten.
l) Höhe des allenfalls in die Gemeindekasse fließenden Jagdpachtschillings, der Schafweidevergütung usw.
m) Zahl der Gemeinde-Nutzungs-Berechtigten und durchschnittlicher Anteil eines einzelnen Nutzungsberechtigten.
n) Schuldenstand und zwar Gesamtbetrag der ungetilgten Schulden, Angabe wieviel hiervon auf Schulzwecke, insbesondere Schulhausbauten trifft und wann (Jahrzahl) diese letzteren Schulden getilgt sein werden, endlich jährlicher Aufwand für Verzinsung und Tilgung der Gesamtschulden.
o) Eigentums- und Baupflichtverhältnisse am Schulgebäude; Bezeichnung und Umfang etwaiger Zuschüsse zum Schulbedarf aus allgemeinen oder örtlichen Stiftungen oder von dritten Verpflichteten.

Angabe, ob eine erhebliche Belastung der Gemeinde(n) dadurch entstand, daß auf Grund der Vorschrift des Art. 76 Abs. II des SchBG. die Baupflicht des früheren Präsentationsberechtigten gegenüber dem Schulgebäude erlosch.

p) Etwaige allgemeine Bemerkungen über die wirtschaftlichen Verhältnisse der Gemeinde(n) und deren Bewohner, die berufliche Schichtung der letzteren durch Angabe, zu welchen Teilen die Bevölkerung der Landwirtschaft, der Industrie und dem Gewerbe angehört, ferner allenfallsige sonstige sachdienliche Behelfe zur Prüfung der Leistungsfähigkeit.
q) Zweck, für den ein Zuschuß erbeten wird, unter Angabe der Höhe der bis jetzt zu dem gleichen Zweck bereits erhaltenen Kreiszuschüsse und des neu erbetenen Betrages.
r) Begründung des Gesuches unter Darlegung des gesamten erforderlichen Kostenaufwandes und der beabsichtigten und voraussichtlichen Kostendeckung.

Aus der „Instruktion“ für die Beurteilung der Leistungsfähigkeit der Gemeinden, die laut KME. vom 2. November 1902 (KMBl. S. 457) auf den Verhandlungen der Kammer der Abgeordneten vom Jahre 1902 beruht, ist folgendes hervorzuheben:

„Als günstige Momente für die Leistungsfähigkeit einer Gemeinde sind insbesondere in Betracht zu ziehen:

Umlagenfreiheit oder geringe Umlagenhöhe; großes Gemeindevermögen, insbesondere, wenn dadurch die Gewährung von Nutzungen ermöglicht wird; bedeutendere Einnahmen an Verbrauchssteuern und anderen örtlichen Abgaben, z. B. an Besitzveränderungsgebühren; Schuldenfreiheit oder geringe Schuldenbelastung der Gemeinde; mäßige Belastung der Gemeinde für Armenunterstützungen und andere gemeindliche Zwecke, insbesondere für das Hoch- und Straßenbauwesen; Freiheit von der Baupflicht zu dem Kultus- oder Schulgebäude; hohe Jagdpachtschillinge; gute wirtschaftliche Verhältnisse der Gemeindeangehörigen, z. B. infolge schwunghafter Industrie, guter Bodenbeschaffenheit, günstiger Verkehrs- und Absatzgelegenheit; erleichterte Aufbringung des Schulbedarfs durch die Beihilfe leistungsfähiger Kirchen- und Unterrichtsstiftungen ... usw.

Dagegen werden als ungünstige, für die geringere Leistungsfähigkeit oder die Leistungsunfähigkeit der Gemeinde sprechende Kennzeichen hauptsächlich in Frage kommen:

Große Umlagenbelastung bei einem geringen Steuersoll der Gesamtheit der Umlagenpflichtigen und einer geringen durchschnittlichen Steuerkraft der einzelnen; hohe Schulden der Gemeinde, namentlich für Schulhausbauten, erhebliche Belastung eines großen Teiles der Gemeindeangehörigen mit Hand- und Spanndiensten; geringes Gemeindevermögen; Erschöpfung der gemeindlichen Einnahmequellen durch Einführung aller zulässigen Verbrauchssteuern und Abgaben; Verschuldung eines großen Teiles der Bewohner einer Gemeinde; starke Belastung derselben mit Bodenzinsen*; sonstige ungünstige wirtschaftliche Zustände, wie geringe Bodenbeschaffenheit, schlechte Verkehrs- und Absatzgelegenheit; Unglücksfälle, welche die Gemeinde getroffen haben und deren wirtschaftliche Folgen noch nicht ausgeglichen sind, u. a.

In zusammengesetzten Schulsprengeln sind bei der Prüfung der Leistungsfähigkeit die vorerwähnten Grundsätze auf jede der ganz oder mit Teilen zum Schulsprengel vereinigten Gemeinden in Anwendung zu bringen.“

11. S. auch die Vorschrift in Art. 76 Abs. IV d. SchBG., wonach beim Vollzuge der Art. 27 und 28 besonders Rücksicht zu nehmen ist, wenn eine Gemeinde dadurch erheblich belastet ist, daß auf Grund der Vorschrift des Art. 76 Abs. II eine bisher gegenüber dem Schulgebäude bestehende Baupflicht des Präsentationsberechtigten erlosch.

---

* Die Bodenzinse zur Staatskasse wurden durch Landtagsbeschluß vom 21. Mai 1920 aufgehoben. Privatverpflichtungen Dritter wurden dadurch nicht berührt (s. Verh. d. Landtags 1920/21, Sten. Ber. 2 S. 88/89 bei Hofmann, das Recht der Religionsgesellschaften in Bayern 1928, S. 23). Zu einem Vollzuge des Beschlusses kam es nur insoferne, als die Bodenzinse infolge der damals einsetzenden Geldentwertung („Inflation“) nicht mehr erhoben wurden. Sie sind dann auch bei der Stabilisierung der Währung zu Ende des Jahres 1923 nicht mehr aufgelebt.

Art. 28 [1]. Die Kreise [2]) erhalten zur Unterstützung der Gemeinden [3]) in der Aufbringung des Bedarfs für die öffentlichen Volksschulen [3]) Zuschüsse vom Staate nach Maßgabe der im Staatshaushalte hierfür bereitgestellten Mittel [4]).

1. Art. 28 d. SchBG. von 1919 entspricht dem Art. 16 Abs. II und III des SchBG. von 1902, aber nur insoferne, als dort wie hier die Unterstützung der Kreise durch den Staat vorgesehen ist, damit die Kreise ihrerseits den Gemeinden bei der Tragung der Schullasten behilflich sein können. Bestimmungen über den Umfang dieser Staatszuschüsse sind nicht getroffen. Es sei hier verwiesen auf Anm. 1 zu Art. 27; außerdem führt die „Begründung" zu E. I S. 303 noch aus:

„Art. 45. Eine gesetzliche Festlegung des Umfanges der staatlichen Zuschüsse an die Kreisgemeinden erscheint weder notwendig noch zweckmäßig. Die Höhe der Staatszuschüsse wird nach dem Bedürfnisse zu bemessen und der Bestimmung durch das jeweilige Finanzgesetz zu überlassen sein. Demgemäß kann auch von der Uebernahme der Einzelvorschriften im Art. 16 Abs. II und III des geltenden Schulbedarfgesetzes abgesehen werden."

2. Die Kreise, nicht die Gemeinden. Die Staatszuschüsse erscheinen deshalb bei den Einnahmen des Voranschlags für den Kreishaushaltsplan gesondert, nicht aber ohne weiteres auch bei den Ausgaben des Kreises, wo die Zuschüsse an bedürftige Gemeinden zur Aufbringung des Schulbedarfs nach Art. 27 SchBG. vorgesehen sind (s. aber Anm. 4 unten am Ende). Die Gemeinden ihrerseits können für ihre Schulhausbauten und sonstigen einschlägigen Schulbedarf nur um Kreis-, nicht auch um Staats-Zuschüsse nachsuchen.

Nicht zu verwechseln mit solchen Staatszuschüssen sind staatliche Baudarlehen und Arbeitgeberdarlehen, die zur Behebung der derzeitigen Wohnungsnot gewährt werden und auch Gemeinden zugute kommen können, die an den Neubau von Schulhäusern mit Lehrerdienstwohnungen oder von gesonderten Lehrer-Dienstwohngebäuden (nicht zu Schulsaalbauten oder Schulhausbauten ohne Wohnungen) herantreten.

Gesuche um derartige Darlehen haben sich nach den für die Darlehen erlassenen besonderen Bestimmungen zu richten (s. Bek. d. Staatsmin. f. Landw. u. Arbeit (Abt. Arbeit) und der Finanzen vom 26. Februar 1930 Nr. 1762 a 40 über die Gewährung staatl. Baudarlehen für Wohnungsbauten im Rechnungsjahre 1930 (Wohnungsbau 1930) im Bay. Staatsanz. Nr. 51 vom 2./3. März 1930 und bezüglich der Gewährung von Arbeitgeberdarlehen die E. des Min. für Soziale Fürsorge vom 29. März 1922 Nr. 1656 a betr. Beamtenwohnungsbau, im Bay. Staatsanz. Nr. 78 vom 3. April 1922 mit den Grundsätzen für die Gewährung von Arbeitgeberzuschüssen für Beamtenwohnungen). S. auch Anm. 6 b zu Artikel 14 oben.

3. „Zur Unterstützung der Gemeinden" und „für die öffentlichen Volksschulen" — d. h. es kommen nur die polit. Gemeinden und nicht auch die Unternehmer von christlichen Bekenntnissonderschulen, von Schulen von Stiftungen und gemeinnützigen Unternehmungen und von israelitischen Schulen und auch die polit. Gemeinden nur insoweit in Betracht, als sie Kreiszuschüsse zur Erfüllung ihrer gesetzlichen Verpflichtungen — nicht soweit sie von den Kreisen freiwillige Leistungen — erhalten.

4. Während die Unterstützung der bedürftigen Gemeinden nach Art. 27 eine gesetzliche Pflicht ist, die ihre Beschränkung nur in der Höhe des notwendigen Aufwandes für den Schulbedarf und in der Leistungsfähigkeit der Gemeinden findet, ist der Staat durch Art. 28 bei der Unterstützung der Kreise nach keiner Richtung gebunden. Die innere Berechtigung für diese Günstigerstellung des Staates liegt darin, daß er im Vergleich zum früheren Rechtszustande durch die Uebernahme fast des gesamten persönlichen Schulbedarfs sich weit mehr an der Aufbringung des Schulbedarfs überhaupt beteiligt als früher und dadurch den Gemeinden und mit ihnen den Kreisen große Lasten abgenommen hat.

Es ist selbstverständlich, daß sich die Höhe der Staatszuschüsse an die Kreise und des Gesamtbetrages der im Staatshaushalte hierfür bereitgestellten Mittel jeweils nach der Finanzlage des Staates einerseits und nach den Pflichtaufwendungen der einzelnen Kreise und nach ihrer Leistungsfähigkeit anderseits richten wird (vgl. auch ME. vom 24. Mai 1921 Nr. 22 417).

Zu beachten ist auch die Vorschrift in Art. 76 Abs. IV des SchBG., wonach beim Vollzuge des Art. 27 u. 28 besonders Rücksicht zu nehmen ist, wenn ein Kreis Gemeinden zu unterstützen hatte, die durch das Erlöschen der Baupflicht eines Präsentationsberechtigten gegenüber dem Schulgebäude gem. Art. 76 Abs. II erheblich belastet wurden.

Weisungen und ein Formblatt für die Anträge der Regierungen enthält die ME. vom 24. September 1924 Nr. IV 33 567.

Bei der Zuteilung der Staatszuschüsse wurde wiederholt die Erwartung ausgesprochen, daß diese Staatszuschüsse mit Rücksicht auf das dringliche Bedürfnis zu Schulhausneu- und -Umbauten und sonstigen Verbesserungen an Schulhäusern neben dem im Kreishaushalt an sich vorgesehenen Betrag voll zur Unterstützung der Gemeinden, also zur Erhöhung des Gesamtbetrages nicht zu seiner leichteren Tragung verwendet werden.

Abschnitt VI.

Die Aufbringung des Bedarfs für die Religionslehrer an öffentlichen Volksschulen

Art. 29[1]). I Die von den Religionsgesellschaften[2]) besonders aufgestellten zur Erteilung des lehrplanmäßigen[3]) Religionsunterrichts an den öffentlichen Volksschulen[4]) erforderlichen[5]) Lehrkräfte[6]) erhalten Bezüge aus Staatsmitteln[7]) nach Maßgabe des Abs. II.

II Die Bezüge der dem geistlichen[8]) Stande angehörigen, mit der Erteilung des Religionsunterrichts an der Volksschule vollbeschäftigten[9]) Lehrkräfte werden nach den für die Ergänzung des Einkommens der Seelsorggeistlichen geltenden Bestimmungen[10]) und zwar nach den Sätzen für die Hilfsgeistlichen[11]) bemessen. Der Ortszuschlag[12]) kann nach den für die Staatsbeamten geltenden Sätzen im vollen Betrage[13]) gewährt werden. Die Bezüge für andere Religionslehrer[14]) werden von den beteiligten Staatsministerien festgesetzt[15]).

III Diese Vorschriften gelten für die von einer Vereinigung im Sinne des Art. 137 Abs. VII der Verfassung des deutschen Reiches aufgestellten Lehrkräfte entsprechend, wenn der Vereinigung die Rechte einer Körperschaft des öffentlichen Rechtes zukommen [16]).

1. Art. 29 hatte nach der Fassung vom 14. August 1919 folgenden Wortlaut:

„I Die Staatsregierung ist verpflichtet, jeweils im Staatshaushalte die Mittel vorzusehen und an die Religionsgesellschaften zu überweisen, die von ihnen als erforderlich bezeichnet werden zur Erteilung des Religionsunterrichts an öffentlichen Volksschulen durch die von ihnen bestellten Lehrkräfte. Diese Mittel werden gemäß § 17 Abs. IV der Verfassungsurkunde aufgebracht.

II Das gleiche gilt von Vereinigungen gemäß Art. 137 Abs. VII der Verfassung des Deutschen Reiches."

Einen Vorgang in den früheren Schulbedarfgesetzen hatten diese Bestimmungen nicht. Auch die Entwürfe zu dem neuen Schulbedarfgesetze enthielten sie nicht. Erst durch die Verhandlungen im Landtage wurden sie als Art. 28 a (= 29) dem Gesetze eingefügt (s. Verh. d. Bay. Landt. 1919, BeilBd. II, Beil. 384 S. 513).

Die nunmehrige Fassung erhielt Art. 29 durch Art. 2 Ziff. VIII des Gesetzes vom 1. August 1923 zur Aenderung von Vorschriften über das Volksschulwesen (GVBl. S. 337).

Die Aenderung war erstens veranlaßt durch die Bezugnahme auf § 17 Abs. IV der bay. VerfassUrk. in der bisherigen Fassung. In der „Begründung" zum Entwurfe eines Gesetzes zur Aenderung von Vorschriften über das Volksschulwesen vom 9. Juli 1923 war hierzu in BeilBd. XI der Verh. d. Bay. Landt. 1922/23 Beil. 3663, S. 910 bei Ziff. II u. a. ausgeführt:

„§ 17 Abs. IV der bayerischen Verfassungsurkunde bestimmt, daß neue freiwillige Leistungen des Staates usw. an eine Religionsgesellschaft durch Zuschläge zu den Staatssteuern der Angehörigen dieser Religionsgesellschaft aufgebracht werden.

Demzufolge erscheinen nach der gegenwärtigen Rechtslage die staatlichen Leistungen nach Art. 29 des Schulbedarfgesetzes lediglich als Vorschüsse an die Religionsgesellschaften, die von deren Angehörigen auf dem Wege einer staatlichen Sonderbesteuerung wieder an die Staatskasse zurückzuerstatten wären.

Die Vorschrift des § 17 Abs. IV der Verfassungsurkunde ist jedoch bei dem gegenwärtigen Stande der Steuergesetzgebung unvollziehbar; denn nach dem Landessteuergesetze des Reiches sind staatliche Zuschläge zu den Personalsteuern nicht mehr statthaft."

Noch ein zweiter Grund gab Anlaß zu der Aenderung: Die „Begründung" fährt fort:

„Abgesehen davon haben sich aber auch Bedenken ergeben, ob die dargestellte Regelung mit den Grundsätzen des Reichsverfassungsrechts im Einklang stehe. Bei den Landtagsberatungen über den Entwurf eines Gesetzes zur Abänderung des Gesetzes vom 9. August 1921 über die Ergänzung des Einkommens der Seelsorgegeistlichen ist vom Berichterstatter darauf hingewiesen worden, daß nach der Reichsverfassung (Art. 149 Abs. I Satz 1) der Religionsunterricht ordentliches Lehrfach der Schule sei; daraus regle sich, auch nach der Auffassung der Kommentatoren der Reichsverfassung, daß der Staat für die Erteilung des Religionsunterrichts aufkommen müsse. Der Staatsminister für Unterricht und Kultus hat dieser Auffassung grundsätzlich beigestimmt und sie dahin näher umschrieben, daß die Erteilung des Religionsunterrichtes unter den in Bayern geltenden Grundsatz falle, daß der gesamte Personalbedarf in der Volksschule vom Staate aufzubringen sei."

2. Unter Religionsgesellschaften sind die grundsätzlich auf alle ihre Bekenner wenigstens innerhalb besonderer Gebiete sich erstreckenden Vereinigungen von Anhängern eines bestimmten Glaubensbekenntnisses zum Zwecke der Ausübung der diesem Glaubensbekenntnisse entsprechenden „Religion" zu verstehen. Ihre Stellung im Reich und Staate stützt sich auf Art. 135 ff. der Verfassung des Deutschen Reiches vom 11. August 1919 (RGBl. S. 1383, Anhang Nr. 20) und § 17 ff. der Verfassungsurkunde des Freistaates Bayern vom 14. August 1919 (GVBl. S. 531, Anhang Nr. 21).

Für Art. 29 d. SchBG. kommen nur diejenigen Religionsgesellschaften in Betracht, die schon bisher, d. h. beim Inkrafttreten der Verfassung des Deutschen Reiches (14. August 1919), s. Art. 181 RGBl. S. 1383 — die einschlägige Nummer 152/1919 d. RGBl. wurde zu Berlin ausgegeben am 14. August 1919 — die Rechtsstellung von Körperschaften des öffentlichen Rechtes besaßen (Reichsverf. Art. 137 Abs. 5 und BayVerfUrk. § 18 Abs. II), weil in Bayern derzeit nur Volksschulen dieses Gepräges vorhanden sind und nur Religionsunterricht dieser Bekenntnisse im Lehrplan der Schulen vorgesehen ist. Diese Religionsgesellschaften sind: Die Katholische Kirche, die Evang.-lutherische Kirche in Bayern rechts d. Rheins, die Reformierte Kirche, die Vereinigte Prot.-evang. Kirche der Pfalz und die Israelitischen Kultusgemeinden (Hofmann S. 10 oben).

3. Der Religionsunterricht ist unbeschadet des Rechtes der Erziehungsberechtigten nach Art. 149 Abs. II Kinder von der Teilnahme am Religionsunterricht abzumelden und unbeschadet der aus dem Gesetz vom 15. Juli 1921 über die religiöse Kindererziehung (RGBl. S. 939) sich ergebenden Rechte gemäß Art. 149 Abs. I der Reichsverfassung ordentliches Lehrfach der Schulen mit Ausnahme der bekenntnisfreien (weltlichen) Schulen. Bekenntnisfreie öffentliche Volksschulen sind in Bayern nicht eingeführt. Nur für Religionsunterricht, der innerhalb des Rahmens der Lehrplanordnung erteilt wird — der Religionsunterricht steht grundsätzlich wie der übrige Volksschulunterricht unter staatlicher Schulaufsicht, wenn auch die Bestimmung des Lehrinhalts und der Methode der Erteilung des Religionsunterrichts Sache der Religionsgesellschaften ist und auch diesen gewisse Aufsichtsbefugnisse eingeräumt sind (§ 28 d. SchAG. vom 1. August 1922, GVBl. S. 385) —, kann Vergütung gewährt werden, nicht auch für solchen, der dieses Maß übersteigt.

Landesrechtlich wurde der Religionsunterricht als ordentliches Lehrfach an den Volksschulen auch eingeräumt in den Kirchenverträgen vom 15. Januar 1925 (GVBl. S. 53, Anhang Nr. 66) — Konkordat Art. 7 § 1 Abs. I, Vertr. m. d. Ev.-luth. Kirche in Bayern rechts d. Rh. Art. 10 Abs. I und Vertr. m. d. pfälz. Landeskirche Art. 8. S. ferner die Lehrordnung f. d. bayer. Volksschulen vom 15. Dezember 1926 (KMBl. S. 137).

4. und an den die öffentlichen Volksschulen ersetzenden christlichen Bekenntnissonderschulen (Art. 33 SchBG.) und an den israelitischen Volksschulen (Art. 36 a. a. O.); auf Religionslehrer an den Schulen von Stiftungen und gemeinnützigen Unternehmungen (Art. 35 a. a. O.) ist Art. 29 nicht unmittelbar anwendbar, s. aber Anm. 4 b zu Art. 35.

5. D. h. für die Verwendung der von der Religionsgesellschaft aufgestellten besonderen Lehrkräfte muß ein wirkliches Bedürfnis bestehen.

6. In Betracht kommen zunächst nur solche Lehrkräfte, die für den Religionsunterricht besonders aufgestellt werden, aber unter dieser Voraussetzung sowohl hauptamtliche, wie nebenamtliche, geistliche wie weltliche.

Die „Begründung" (zu E. I S. 914) sagte hierzu:

„Nach den in Bayern geltenden Grundsätzen ist die Bereitstellung von Lehrkräften für den Religionsunterricht an den öffentlichen Volksschulen in erster Linie Sache der Religionsgesellschaften. Die Erteilung dieses Unterrichts obliegt im allgemeinen den Seelsorgegeistlichen im Rahmen ihrer eigentlichen Dienstesaufgaben; sie erhalten hierfür keine besondere Vergütung. Da der Religionsunterricht ordentliches Lehrfach der Volksschulen ist, sind die Volksschullehrer zur Mitwirkung hieran im Rahmen der geltenden Schul- und Lehrordnungen verpflichtet, unbeschadet des verfassungsmäßigen Rechtes jedes einzelnen Volksschullehrers die Erteilung dieses Unterrichts abzulehnen." Ueber das Ablehnungsrecht der Volksschullehrer s. Art. 149 Abs. II der Reichsverf. vom 11. August 1919 (RGBl. S. 1383), die VollzBek. hierzu vom 5. Oktober 1922 (KMBl. S. 160), vom 24. Februar 1923 (KMBl. S. 21) und vom 6. Mai 1923 (KMBl. S. 66), ferner die Erklärung der Staatsregierung vom 14. Januar 1925 in den Kirchenverträgen — GVBl. S. 68).

I. Die Notwendigkeit der Aufstellung besonderer Religionslehrkräfte kann sich ergeben, wenn am betreffenden Orte ein Geistlicher des betreffenden Religionsbekenntnisses nicht vorhanden ist oder die Zahl der Geistlichen an einem Orte nicht ausreicht, um die Seelsorge genügend auszuüben und den lehrplanmäßigen Religionsunterricht zu erteilen.

Wie die Aufstellung so obliegt auch die Abberufung der „von den Religionsgesellschaften besonders aufgestellten" Religionslehrer den kirchlichen Oberbehörden oder den von diesen etwa ermächtigten sonstigen geistlichen Behörden, doch könnten ungeeignete Lehrkräfte von den Regierungen (Staatsmin. f. Unterr. u. Kultus) kraft der staatlichen Schulhoheit abgelehnt werden. Auch die Beurteilung eines solchen besonders aufgestellten Religionslehrers erfolgt durch seine vorgesetzte kirchliche Behörde. Aus der staatlichen Schulaufsicht, zu der die Ueberwachung der äußeren Schulordnung gehört (s. § 28 d. SchAG. vom 1. August 1922 — GVBl. S. 385), ergibt sich, daß von jeder Berufung und Abberufung, Beurteilung und Dienstbehinderung eines Religionslehrers und von der Regelung der Stellvertretung die staatlichen Schulaufsichtsbehörden durch die zuständigen kirchlichen Behörden rechtzeitig zu verständigen sind. (Im Falle der Verhinderung durch dringende Seelsorgegeschäfte haben sich die Religionslehrer mit dem Klaßlehrer über einen Stundentausch zu benehmen — vgl. ME. vom 3. Januar 1923 Nr. 44 780.)

Zur Entscheidung darüber, ob die Voraussetzungen für eine staatliche Vergütung nach Art. 29 gegeben sind, d. h. ob nur lehrplanmäßiger Religionsunterricht in Frage kommt und ob die Aufstellung eines besonderen — hauptamtlichen oder nebenamtlichen — Religionslehrers nach Sachlage erforderlich ist), sind die Regierungen, Kammern des Innern, zuständig (ME. vom 30. November 1923 Nr. 48 383, Ziff. 6). Sie haben den Bedarf für neue Stellen jeweils bei der Aufstellung des Staatshaushaltplanes anzumelden (ME. vom 28. Juni Nr. IV 23 161).

Eine Vergütung von Seelsorgegeistlichen (also nicht besonders für den Religionsunterricht aufgestellten Geistlichen) und die von

Volksschullehrern für lehrplanmäßig erteilten Religionsunterricht kann nur ausnahmsweise und nur dann in Frage kommen, wenn beim Geistlichen dieser Religionsunterricht das gewöhnliche Maß der seelsorglichen Inanspruchnahme überschreitet, oder beim Volksschullehrer, wenn er über das Regelmaß seiner Dienstesaufgaben hinaus in Anspruch genommen wird. Bei einem Geistlichen wird zufolge der Min.-Entschließungen vom 7. Mai 1924 Nr. IV 9239, vom 9. August 1924 Nr. IV 28 385, 14. August 1924 Nr. IV 21 532, vom 6. März 1925 Nr. IV 2695 und vom 5. August 1926 Nr. IV 33 557 als Regelstundenmaß angenommen:

a) bei den kath. Seelsorgegeistlichen:
für Pfarrer 6 Wochenstunden,
für Prediger 8 Wochenstunden,
für Kapläne (Kooperatoren, Kuratbenefiziaten, Kaplaneibenefiziaten) 12 Wochenstunden,
für Benefiziaten, die als Aushilfspriester anerkannt sind (sogen. Katechetenbenefiziaten) und Inkuratbenefiziaten 18 Wochenstunden,
für Katechetenkapläne 24 Wochenstunden;

b) bei den evang. Seelsorgegeistlichen:
für 1. Pfarrer (Pfarramtführer) 6 Wochenstunden,
für die übrigen Pfarrer 6 Wochenstunden,
für die Hilfsgeistlichen 12 Wochenstunden.

Eine Vergütung setzt erst dann ein, wenn und soweit das Regelstundenmaß in den größeren Städten um mehr als 2 Wochenstunden, in kleineren Städten und auf dem Lande um mehr als 4 Wochenstunden überschritten wird (ME. vom 5. August 1926 Nr. IV 3355).

Dies gilt für Geistliche, die an der staatlichen Einkommensaufbesserung teilnehmen.

Geistliche, die nicht an der staatlichen Einkommensaufbesserung teilnahmen, erhalten die volle Zahl der von ihnen nebenamtlich erteilten Unterrichtsstunden vergütet; ebenso Lehrkräfte weltlichen Standes, wenn sie ausnahmsweise nebenamtlich zur Erteilung des Religionsunterrichtes an Volksschulen aufgestellt werden.

Bei Geistlichen ist die Vergütung von Ueberstunden weitere Voraussetzung, daß auch auf dem eigentlichen Gebiete der Seelsorge ihre Inanspruchnahme das Durchschnittsmaß übersteigt. Bei Seelsorgegeistlichen größerer Städte darf dies ohne weiteres angenommen werden.

Wenn ein Religionslehrer für mehrere Schulorte aufgestellt ist, so darf die für die Zurücklegung des Weges an den Schulorten notwendige Zeit in das Unterrichtsstundenmaß eingerechnet werden (ME. vom 7. Mai 1924 Nr. IV 9239, Ziff. 4 Abs. IV). Von Ausnahmen abgesehen findet aber diese Bestimmung grundsätzlich nur für besonders aufgestellte Religionslehrer Anwendung, nicht auch für Seelsorgegeistliche, bei denen angenommen werden kann, daß der Gang zur Erteilung des Religionsunterrichts an einem Filialort regelmäßig mit der Wahrnehmung sonstiger seelsorgerlicher oder gottesdienstlicher Verrichtungen verbunden wird (ME. vom 2 August 1924 Nr. IV 22 126).

Darauf, daß einzelne Seelsorgegeistliche auch an anderen Unterrichtsanstalten Religionsunterricht zu erteilen haben, darf keine Rücksicht genommen werden, es sei denn, daß die Erteilung des Religionsunterrichts an einer bestimmten Anstalt stiftungsgemäß (organisatorisch) oder zufolge Auftrags der kirchlichen Oberbehörde zur ordentlichen Dienstesaufgabe eines Pfründe- oder Stelleninhabers gehört und das Einkommen aus solcher

Unterrichtserteilung in die Fassion eingerechnet ist (vgl. Abschn. II B, Vorbemerkung der ME. vom 23. August 1922, GVBl. S. 473).

Wenn Seelsorgegeistliche auch durch Erteilung von Religionsunterricht an höheren Unterrichtsanstalten oder an der Berufsschule erheblicher in Anspruch genommen sind, ist dies nach Maßgabe der ME. vom 9. August 1924 Nr. IV 28 385 zu berücksichtigen, jedoch so, daß für die erhöhten Kosten, die dem Staate dadurch erwachsen, ein Ausgleich geschaffen wird (s. auch ME. vom 5. April 1926 Nr. II 6859, zu Ziff. 3).

Bei den hauptamtlichen Religionslehrern an den Volksschulen ist von einer Mindeststundenzahl von 24 Wochenstunden auszugehen. Eine besondere Vergütung für die über 24 Wochenstunden hinausgehenden Unterrichtsstunden kann grundsätzlich nicht gewährt werden, also nur in Ausnahmefällen (ME. vom 7. Mai 1924 Ziff. 2).

Dagegen kann hauptamtlichen kath. oder prot. Katecheten, die ausschließlich an Hör- oder Hilfsschulen tätig sind, das Stundenmaß auf 20 und in Hilfsschulklassen auf 22 Wochenstunden ermäßigt werden. Bei Katecheten, die sowohl an Hör- als auch an Hilfsschulen Religionsstunden geben, kann die Ermäßigung nur dann auf 20 Wochenstunden festgesetzt werden, wenn mehr als die Hälfte der Religionsstunden auf die Hörschulklassen entfällt (ME. vom 6. Februar 1927 Nr. IV 20 601).

Beim Volksschullehrer, bei dem die etwaigen Religionsstunden und die übrigen von ihm lehrplanmäßig erteilten weltlichen Unterrichtsstunden zusammengezählt werden müssen, kann eine in außergewöhnlichem Maße über die regelmäßigen Anforderungen hinausgehende Dienstleistung; dann angenommen und nach Art. 25 Abs. I und II des BBesG. vom 20. April 1928 (GVBl. S. 205) (= Art. 3 Abs. III des BBesG. vom 2. Juni 1920, GVBl. S. 275) besonders vergütet werden, wenn das Regelmaß von wöchentlich 28 Unterrichtsstunden längere Zeit, d. h. mehr als 3 Wochen, um mehr als 2 Wochenstunden, also eine Gesamtstundenzahl von 30 Wochenstunden überschritten wird. Die bloßen Anwesenheitsstunden (Präsenzstunden) dürfen dabei nicht eingerechnet werden. Voraussetzung für eine Vergütung ist ferner, daß der Volksschullehrer nicht nur mehr als 30 Wochenstunden Unterricht erteilt, sondern auch mit Rücksicht auf die Art der Mehrleistung außergewöhnlich in Anspruch genommen ist, z. B. Abteilungsunterricht zu geben oder die Schulklasse eines wegen Krankheit, Beurlaubung oder sonst verhinderten Volksschullehrers mitzuführen hat (ME. vom 3. Dezember 1920 Nr. 37 476, betr. besondere Vergütungen für Volksschullehrer nach Art. 3 Abs. III des BBesG.). Die etwaige Mehrleistung im Winterhalbjahr darf auch nicht etwa durch eine geringere dienstliche Inanspruchnahme im Sommerhalbjahr wieder ausgeglichen sein (ME. vom 4. Mai 1929, Nr. IV 38 495).

II. Bezüglich des Religionsunterrichtes der jüdischen Jugend und der Aufstellung der israelitischen Religionslehrer enthält die ME. vom 16. April 1920 Nr. 7662 Grundsätzliches. Dort ist angeführt: „Der Vorschrift in Art. 137 Abs. III der Reichsverfassung vom 11. August 1919 kommt gemäß § 18 Abs. III der bayerischen Verfassungsurkunde vom 14. August 1919 die Bedeutung eines unmittelbar wirkenden Rechtssatzes zu. Nach Art. 137 Abs. III Satz 2 verleiht jede Religionsgesellschaft ihre Aemter ohne Mitwirkung des Staates oder der bürgerlichen Gemeinde. Zu den Aemtern im Sinne dieser Vorschrift gehört auch das Amt des von der Religionsgesellschaft aufgestellten Religionslehrers, gleichviel ob er an öffentlichen oder an privaten Schulen Unterricht erteilen soll.

Hiernach ist die Regelung der rechtlichen Beziehungen zwischen der Religionsgesellschaft und dem Religionslehrer der unmittelbaren Einwirkung des Staates entzogen. Die Anstellung und Entlassung des Religionslehrers ... ist grundsätzlich der Vereinbarung zwischen dem Lehrer und der Religionsgesellschaft (bezw. der israelitischen Kultusgemeinde) überlassen (vgl. Art. 29 des Schulbedarfgesetzes vom 14. August 1919 ...). Dagegen ist eine staatliche Regelung und Einwirkung nach wie vor möglich, soweit es sich um die Zulassung des Religionslehrers zur Unterrichtserteilung an staatlichen oder der staatlichen Aufsicht unterstehenden Schulen handelt... Vorschriften darüber, welche Voraussetzungen die Religionslehrer an öffentlichen Volksschulen hinsichtlich ihrer Vorbildung usw. zu erfüllen haben, sind hinsichtlich der christlichen Bekenntnisse nicht erlassen; zweifellos könnte aber die Zulassung zur Unterrichtserteilung von der Erfüllung solcher Voraussetzungen abhängig gemacht werden. Ebenso könnte der Staat auch die Abberufung eines Religionslehrers verlangen, der bestimmten Anforderungen nicht entspricht. Wenn daher die Ministerialentschließung vom 28. Januar 1828, den Religionsunterricht der jüdischen Jugend betreffend (Weber Bd. 2 S. 396), die Zulassung israelitischer Religionslehrer zur Unterrichtserteilung an öffentlichen Schulen davon abhängig macht, daß der Lehrer bestimmte Eigenschaften (Staatsangehörigkeit, einwandfreien Leumund, Vorbildung) aufzuweisen vermag und der Kreisregierung die Entscheidung darüber zuweist, ob diese Eigenschaften gegeben sind, so sind diese Bestimmungen nach wie vor in Kraft geblieben.

Die Aufstellung der für die Lehrtätigkeit an der öffentlichen Volksschule bestimmten Religionslehrer steht dagegen grundsätzlich der Religionsgesellschaft (Kultusgemeinde) selbst zu, ebenso wie diese auch von Aufsichtsorganen nicht gehindert werden kann, den Religionslehrer jederzeit abzuberufen. Die Bestimmung in Ziff. VI der Ministerialentschließung vom 28. Januar 1828 „Die Bestätigten dürfen ohne Bewilligung der Kreisregierung nicht entlassen werden" entbehrt daher nunmehr der Rechtsgrundlage.

Auch auf die Erteilung des Religionsunterrichtes an reinen Privatschulen steht dem Staate ein Einfluß zu (Art. 144 und 147 der Reichsverfassung § 21 Abs. I der bayer. Verfassungsurkunde). Demnach kann der Staat auch die Zulassung von Religionslehrern zur Lehrtätigkeit an Privatschulen von bestimmten Bedingungen abhängig machen. Aber weder Art. 147 Abs. I Satz 3 der Reichsverfassung noch § 8 der Verordnung vom 10. Mai 1905 (GVBl. S. 471, Anh. Nr. 7) mit der Verordnung v. 8. April 1919 (GVBl. S. 160) haben die Bedeutung, daß dem Staat eine unmittelbare Einwirkung auf das Verhältnis der Religionsgesellschaft (Kultusgemeinde) als Dienstherrin und den Religionslehrer zustände; der Staat kann lediglich die Genehmigung zum Betriebe der Schule versagen, wenn die von ihm vorgeschriebenen Anforderungen nicht erfüllt sind.

Die Ministerialentschließung vom 28. Januar 1928 ist hiernach noch rechtswirksam, soweit sie Vorschriften über die Zulassung isaelitischer Religionslehrer zur Unterrichtserteilung an öffentlichen oder privaten Schulen enthält. Sie kann aber nicht mehr aufrecht erhalten werden, soweit sie die Erteilung und Beaufsichtigung des Religionsunterrichts durch die Religionsgesellschaften und ihre Organe regelt und soweit sie in die rechtlichen Beziehungen zwischen der Religionsgesellschaft und den Religionslehrer eingreift."

Die Vorschrift über die Aufsichtsbefugnisse der Distriktsrabbiner in Ziff. 5 der ME. vom 29. Juni 1863 (KMBl. 1865 S. 218, Weber Bd. 6 S. 186) ist durch § 28 des SchAG. vom 1. August 1922 (GVBl. S. 385) ersetzt (ME. vom 17. Juli 1924 Nr. IV 23 847).

Grundsätzliches über die Beteiligung des Staates an der Deckung des Bedarfes für den israelitischen Religionsunterricht enthält ferner die ME. vom 20. August 1920 Nr. 15 542, auf die in einer ME. vom 27. Oktober 1920 Nr. 37 647 zur besonderen Beachtung in jedem Falle hingewiesen ist. Es heißt dort:

„Hervorgehoben möchte werden, daß Art. 29 des Schulbedarfgesetzes nur mit folgenden Einschränkungen anwendbar ist:

1. Staatliche Mittel können nur für die Erteilung des Religionsunterrichtes an öffentlichen Volksschulen, also nicht auch an israelitischen Religionsschulen oder an gemeindlichen Unterrichtsanstalten zur Verfügung gestellt werden;

2. Voraussetzung ist ferner, daß es sich um besonders angestellte (haupt- oder nebenamtliche) Religionslehrkräfte handelt; Vergütungen für den Religionsunterricht, der von den Rabbinern im Rahmen ihrer hauptamtlichen Dienstesaufgaben oder von israelitischen Volksschullehrern erteilt wird, könnten nach der Vorschrift des Art. 29 des Schulbedarfgesetzes nicht geleistet werden;

3. soweit besondere Lehrkräfte aufgestellt sind, die nebenher auch zu anderen Dienstverrichtungen wie z. B. für den Schächterdienst verwendet werden, könnte nach der Vorschrift des Art. 29 nur der Teil ihrer Gesamtbesoldung geleistet werden, die nachweislich für ihre Tätigkeit als Religionslehrer bestimmt ist.“

Die Dienstbezüge der israelitischen Religionslehrer auf Grund des Art. 29 des SchBG. sind grundlegend in der ME. vom 13. März 1923 Nr. 2179, betr. Aufbringung des Bedarfs für die Erteilung des israelitischen Religionsunterrichtes an den öffentlichen Volksschulen, geregelt.

Mittel in der Höhe des vollen Diensteinkommens für hauptamtliche israelitische Religionslehrer dürfen nur angewiesen werden, wenn im einzelnen Falle der israelitische Religionslehrer mit der Erteilung von Religionsunterricht zu öffentlichen Volksschulen voll beschäftigt ist und wenn diese Vollbeschäftigung in der Zahl der den israelitischen Religionsunterricht besuchenden Kinder ihre Begründung findet. In der Regel wird Vollbeschäftigung nur bei einem Stundenmaß von 20 oder mehr Religionsstunden anzunehmen sein, wobei Unterrichtsstunden an anderen Unterrichtsanstalten (höheren Lehranstalten, Berufsschulen) nicht angerechnet werden dürfen (a. a. O. Ziff. 1).

Die Zahl der israelitischen Religionsunterrichtsstunden soll, soweit staatliche Vergütung in Frage kommt und Vollbeschäftigung nicht gegeben ist, über das Maß dessen nicht hinausgehen, was nach dem Lehrplan der Volksschulen bei den christlichen Bekenntnissen vorgeschrieben ist. Die Regierungen haben bei der Festsetzung der zu vergütenden Wochenstunden davon auszugehen, daß bei kleinerer Schülerzahl für den israelitischen Religionsunterricht in der Unterstufe (Klassen 1—3) zwei Wochenstunden, in der Mittel- und Oberstufe drei Wochenstunden, und wenn in allen Stufen zusammen nicht mehr als 10 Schüler vorhanden sind, insgesamt fünf Wochenstunden genügen. Grundsätzlich soll jedoch die Zahl der Wochenstunden, die vergütet werden, nicht größer sein als die Zahl der beteiligten Schüler.

Bei ganz kleiner Schülerzahl wäre zu würdigen, ob die Schüler nicht an dem Religionsunterricht einer benachbarten israelitischen Kultusgemeinde teilnehmen könnten (a. a. O. Ziff. 2 Abs. 3 und ME. vom 30. November 1923 Nr. 48 383 Ziff. 5).

Auch beim israelitischen Volksschullehrer gehört die Erteilung des Religionsunterrichtes an der eigenen Schule zur ordentlichen Dienstesaufgabe, für die weder von der Kultusgemeinde im Hinblick auf Art. 34 des VLG. eine besondere Vergütung gewährt werden darf, noch eine staatliche Vergütung nach Art. 29 SchBG. in Frage kommen kann (ME. vom 5. Mai 1923, Nr. 18 579). Bei außergewöhnlicher dienstlicher Inanspruchnahme kämen die gleichen Grundsätze in Anwendung, wie oben für die Volksschullehrer christlichen Bekenntnisses angeführt. S. auch Anm. 14 unten.

III. Volksschullehrer, die an einer anderen als der eigenen Klasse Religionsunterricht erteilen, oder Schulamtsbewerber, die diesen Unterricht an Klassen geben, denen sie nicht zum Vorbereitungsdienste zugeteilt sind, gelten deswegen nicht als besonders aufgestellte Religionslehrer im Sinne des Art. 29 und erhalten deshalb auch keine besondere Vergütung.

Schulamtsbewerber sind immer dann heranzuziehen, wenn die Verteilung des Religionsunterrichtes Schwierigkeiten begegnet. Die erteilten Religionsstunden können auf das Regelstundenmaß des Vorbereitungsdienstes angerechnet werden.

Eine besondere Vergütung können Schulamtbewerber — wie auch Volksschullehrer — regelmäßig dann erhalten, wenn sie an der Volksschule einer anderen Gemeinde für die Schüler der Bekenntnisminderheit Religionsunterricht erteilen (ME. vom 7. Mai 1924 Ziff. IV).

IV. Ob bei den von den Religionsgesellschaften aufgestellten Religionslehrern Versicherungspflicht besteht, ist von Fall zu Fall zu entscheiden. Bejahenden Falles obliegt die Versicherungspflicht der Kirche, nicht dem Staate. Auch eine Ersatzpflicht des Staates für Beitragsaufwendungen kann aus Art. 29 nicht gefolgert werden (ME. vom 23. Oktober 1927 Nr. IV 43 464 und vom 9. Januar 1929 Nr. IV 50 355).

7. Die Vergütung aus Staatsmitteln entspricht der grundsätzlichen Regelung in Art. 11 d. SchBG., wonach der persönliche Schulbedarf vom Staate aufgebracht wird.

8. Im Gegensatz zu den weltlichen und den nicht vollbeschäftigten Religionslehrern, von denen Satz 2 des Absatzes handelt.

9. Vollbeschäftigt: (= hauptamtlich) s. Anm. 6 Ziff. I vorletzter Absatz oben.

10. S. das Gesetz vom 7. April 1925 über die Ergänzung des Einkommens der Seelsorgegeistlichen (GVBl. S. 137) in der Fassung der V. vom 3. Mai 1928 (GVBl. S. 323).

11. Sätze für die Hilfsgeistlichen: S. Art. 2 Abs. I Ziff. 3 mit Ziff. 2 und Abs. IV, ferner Art. 7 des Ges. über die Ergänzung des Einkommens der Seelsorgegeistlichen (GVBl. 1925 S. 137 und 1928 S. 323). Die Sätze in der nunmehr gültigen Höhe sind in der E. des Staatsmin. f. Unt. u. K. vom 23. Mai 1928 Nr. IV 21 961 betr. Vollzug des Art. 29 des SchBG. unter Ziff. II mit einer Uebersicht im Anhang zusammengestellt. Die Uebersicht enthält I. die Sätze für Hilfsgeistliche mit eigenem Haushalt, gegliedert nach Dienstjahren, den Wohnungsgeldzuschuß und die Kinderzuschläge und unter Ziff. II die Sätze für Hilfsgeistliche mit Verpflegung beim Pfarrer, gegliedert nach Dienstjahren, und den Wohnungsgeldzuschuß.

Hierzu ist aus der ME. zu bemerken, daß die Besoldung der dem geistlichen Stande angehörigen hauptamtlichen Religionslehrer an den öffentlichen Volksschulen sich im 1. mit 4. Dienstjahre nach den Sätzen bemißt, die für die Hilfsgeistlichen mit Verpflegung beim Pfarrer nach den Bestimmungen über die Ergänzung des Einkommens der Seelsorgegeistlichen festgesetzt sind, daß sie vom Beginn des 5. Dienstjahres an die Bezüge wie die Hilfsgeistlichen mit eigenem Haushalte erhalten, und daß endlich die als hauptamtliche Religionslehrer aufgestellten Ordensgeistlichen — die Bestimmungen des Art. 29 erstrecken sich gleichmäßig auf Ordensgeistliche wie auf Weltgeistliche, nur daß die Vergütungen nicht an sie persönlich, sondern an den Orden ausbezahlt werden — wie bisher den Grundbezug für Hilfsgeistliche mit Verpflegung beim Pfarrer und den halben Wohnungsgeldzuschuß erhalten.

12. An Stelle des Ortszuschlages ist ein Wohnungsgeldzuschuß getreten, s. Art. 1 und Art. 13 ff. d. BBesG. vom 20. April 1928 (GBBl. S. 205). Die Umwandlung fand schon im Jahre 1924 auf dem Verordnungswege statt (Legat, BBesG. Anm. 2 zu Art. 13).

13. Die hauptamtlichen geistlichen Religionslehrer können (vgl. Anm. 11 und 12 oben) den Wohnungsgeldzuschuß im vollen Betrage erhalten. Dies entspricht im allgemeinen der Bestimmung in Art. 14 Abs. II d. BBesG., wonach die in Art. 14 Abs. I für ledige Beamte bis zum vollendeten fünfundvierzigsten Lebensjahr vorgesehene Kürzung des Wohnungsgeldzuschusses auf Geistliche, d. h. solche Beamte, die die Priesterweihe empfangen haben oder denen die Ordination erteilt worden ist, keine Anwendung findet (s. Legat, Anm. 8 zu Art. 14).

14. Für andere Religionslehrer, d. h. für nicht vollbeschäftigte und für alle weltlichen Religionslehrer.

Vom Evangelisch-lutherischen Landeskirchenrat in München sind seit 1. Oktober 1922 bezw. 1. September 1923 in einigen Städten (München, Nürnberg, Hof, Würzburg und Augsburg) weltliche hauptamtliche Religionslehrerinnen aufgestellt; in einem Falle ist ein Diakon als Religionslehrer bestellt. Sie erhalten die Besoldungsbezüge nach Besoldungsgruppe VI (nun A 5 c) — ME. vom 7. Mai 1924 Nr. IV 9239, Ziff. III.

Die Vergütung für den nach Stunden bezahlten Religionsunterricht an den Volksschulen beträgt gem. ME. vom 23. Mai 1928 Nr. IV 21 961 Ziff. I zur Zeit 108 *RM* für die Jahreswochenstunde, gleichgültig ob es sich um nebenamtliche Stunden oder Ueberstunden von Seelsorgegeistlichen oder Volksschullehrern oder um ausnahmsweise Bezahlung von Schulamtsbewerbern handelt.

Unter Vergütung für eine Jahreswochenstunde ist der Jahresbetrag für die Unterrichtsstunde zu verstehen, die wöchentlich das ganze Schuljahr hindurch erteilt wird.

Wenn Seelsorgegeistliche Religionsunterricht an Volksschulen und an höheren Unterrichtsanstalten oder an Berufsschulen erteilen, kann eine entsprechende Kürzung der staatlichen Einkommensergänzung erfolgen (s. ME. vom 9. August 1924 Nr. IV 28 385 betr. Vollz. des Art. 29 des Schulbedarfgesetzes und vom 5. April 1926 Nr. II 6859, betr. Einkommensabrechnungen 1925 zu Ziff. 3.

Die Bezüge der hauptamtlichen israelitischen Religionslehrer wie auch die Beträge für nebenamtlich und in Ueberstunden erteilten israelitischen Religionsunterricht ist grundlegend in der ME. vom 13. März 1923

Nr. 2179 betr. Aufbringung des Bedarfs für die Erteilung des israelitischen Religionsunterrichts an den öffentlichen Volksschulen, geregelt.

Für den israelitischen Religionsunterricht sind zur Zeit einige weltliche Lehrkräfte aufgestellt, die als hauptamtlich anzusehen sind. Sie erhalten mit Rücksicht darauf, daß sie die Vorbildung der Volksschullehrer besitzen, Bezüge bis zur Höhe der Besoldungssätze nach Gruppe VII und bei höherem Dienstalter nach Gruppe VIII der staatlichen Besoldungsordnung (nunmehr Besoldungsordnung A, Besoldungsgruppe 4 b. — „Begründung" in d. Verh. d. Bay. Landt. 1922/23, BeilBd. XI, Beilage 3663, S. 915). Darüber hinaus dürfen für hauptamtliche israelitische Religionslehrer überhaupt staatliche Mittel nicht angewiesen werden.

Ueber die Verleihung des Titels „Hauptlehrer" und „Oberlehrer" an Religionslehrer durch die Kultusgemeinden s. ME. vom 16. Mai 1924 Nr. IV 15 016.

Eine Entschl. d. Staatsmin. f. Unt. u. Kultus vom 17. September 1930 Nr. IV 23 088 besagt jedoch:

In teilweiser Abänderung der ME. vom 16. Mai 1924 Nr. IV 15 016 will keine Erinnerung dagegen erhoben werden, daß die Amtsbezeichnungen „Hauptlehrer" und „Oberlehrer" auch an solche israelitische Religionslehrer verliehen werden, die mit der Erteilung des Religionsunterrichtes an öffentlichen Volksschulen oder an privaten israelitischen Volksschulen nicht voll beschäftigt sind und denen hierfür nur eine staatliche Vergütung für nebenamtlichen Unterricht zugewiesen ist, wenn sie durch die Erteilung sonstigen Unterrichtes an öffentlichen Unterrichtsanstalten oder an solche ersetzenden privaten Unterrichtsanstalten das Maß der Vollbeschäftigung erreichen."

Zu beachten ist aber hierbei auch der Nachsatz:

„Die Verleihung der Amtsbezeichnung „Oberlehrer" an ... käme jedoch nach seinem Dienstalter noch keinesfalls in Betracht, weil es nicht angängig erscheint, israelitischen Religionslehrern die Amtsbezeichnungen „Hauptlehrer" und „Oberlehrer" zu einem früheren Zeitpunkte zu verleihen, als die gleichalterigen Lehrkräfte im öffentlichen Volksschuldienste zu Hauptlehrern ernannt und zu Oberlehrern befördert werden.

Wegen der Voraussetzungen für die Verleihung der Amtsbezeichnung „Oberlehrer" wird im übrigen auf den anruhenden Entschließungsabdruck verwiesen."

In dieser weiteren ME. vom gleichen Tage und mit der gleichen Nummer ist ausgeführt:

„Gegen die Verleihung der Amtsbezeichnung „Oberlehrer" an Hauptlehrer ... durch die israelitische Kultusgemeinde ... zu dem Zeitpunkte, zu dem die Lehrkräfte der öffentlichen Volksschulen des Anstellungsprüfungsjahrganges ... zum Oberlehrer an der Reihe sind, besteht im Hinblick auf die ME. vom 16. Mai 1924 Nr. IV 15 016 sowie Art. 2 des Gesetzes vom 25. November 1921 (GVBl. S. 551) keine Erinnerung. Dabei muß jedoch, da im Hinblick auf das Urteil des Staatsgerichtshofes für das Deutsche Reich vom 9. Dezember 1929 auch an Lehrkräfte der öffentlichen Volksschulen der Titel „Oberlehrer" nicht mehr verliehen wird, ohne daß sie zum Beamten der Besoldungsgruppe A 4 a befördert werden, vorausgesetzt werden, daß ... durch die Kultusgemeinde das Diensteinkommen eines Beamten dieser Besoldungsgruppe durch Zusatz zu den Staatsleistungen bereitgestellt oder gesichert ist.

Bei der Bemessung der in Betracht kommenden Dienstzeit darf ... die Zeit angerechnet werden, während der er als Gemeindesekretär der israelitischen Kultusgemeinde tätig war."

Die Vergütung ist im übrigen der Vergütung der katholischen und protestantischen Religionslehrer angeglichen. Für die Jahreswochenstunde beträgt sie zur Zeit auch beim israelitischen Religionslehrer 108 *RM* (ME. vom 23. Mai 1928 Nr. IV 21 961).

Die Beträge, die seit 1. November 1930 von der Kreiskasse (an Stelle der Finanzämter) ausbezahlt werden (s. E. des Staatsmin. f. Unt. u. K. vom 14. November 1930 Nr. IV 41 292 und Anm. 2 zu Art. 20 oben), werden gem. V. des Reichspräs. zur Sicherung von Wirtschaft und Finanzen vom 1. Dezember 1930 (RGBl. I S. 517) und V. über die Gehaltskürzung und die Ausgleichsabgabe vom 31. Dezember 1930 (GVBl. S. 411) ab 1. Februar 1931 auf drei Jahre um 6 vom Hundert gekürzt (E. des Staatsmin. f. Unt. u. K. vom 19. Dezember 1930 Nr. IV 47 397).

15. Die Festsetzung erfolgt durch das Staatsministerium für Unterricht und Kultus im Benehmen mit dem Finanzministerium, die Zahlungsanweisungen in den einzelnen Fällen werden durch die Regierungen, Kammer des Innern, betätigt (ME. vom 13. März 1923 Nr. 2179 bezüglich der israelitischen Religionslehrer, vom 7. Mai 1924 Nr. IV 9239 bezüglich der katholischen und evangelischen Religionslehrer).

Die Vergütungen werden seit der Neufassung des Art. 29 nicht mehr an die Religionsgesellschaften, sondern den Religionslehrern unmittelbar ausbezahlt, auch an die vollbeschäftigten israelitischen Religionslehrer. „Soweit es sich um Wochendienststundenvergütungen (an israelitische Religionslehrer) handelt (Ziff. 2 der ME. vom 13. März 1923) kann die unmittelbare Auszahlung an den Religionslehrer auf Antrag der Vorstandschaft der israelitischen Kultusgemeinde von den Regierungen, Kammer des Innern, verfügt werden" (ME. vom 30. November 1923 Nr. 48 383, Ziff. 5). Erfolgt ein solcher Antrag nicht, so hat die Auszahlung der festgesetzten Beträge an den Vorstand der israelitischen Kultusgemeinde in vierteljährlichen Beträgen im voraus zu erfolgen (ME. vom 13. März 1923 Nr. 2179 Ziff. 3).

Jeweils bei Beginn des Schuljahres ist von den kirchlichen Oberbehörden für jeden der in Frage kommenden Schulorte eine Nachweisung über die Zahl der erforderlichen Religionsunterrichtsstunden an den Volkshaupt- und Volksfortbildungsschulen und über die vorzunehmende Stundenverteilung der Regierung zu übermitteln (ME. vom 7. Mai 1924 Nr. IV 9239 Ziff. II, 3; s. auch das der ME. beigegebene Muster).

Bezüglich des israelitischen Religionsunterrichtes sind die Vorstände der israelitischen Kultusgemeinden anzuweisen, Aenderungen in der Erteilung (Zahl der Wochenstunden, auch Aenderungen in der Schülerzahl, die von Einfluß auf die Zahl der Wochenstunden sein können) der Regierung, Kammer des Innern, anzuzeigen, damit Einzug oder weitere Zuweisung von Mitteln erfolgen kann. Solche Aenderungsanzeigen sind insbesondere bei Beginn eines Schuljahres zu erstatten (ME. vom 13. März 1923 Nr. 2179, Ziff. 3).

16. Art. 137 Abs. VII der Verfassung des Deutschen Reiches lautet:

„Den Religionsgesellschaften werden die Vereinigungen gleichgestellt, die sich die gemeinschaftliche Pflege einer Weltanschauung zur Aufgabe machen."

„Diese Bestimmung ist im neuen Abs. III mit der Maßgabe übernommen, daß die in Frage stehende Vereinigung die Rechte einer Körperschaft des öffentlichen Rechtes besitzen muß. Nach Art. 137 Abs. 5 Satz 2 mit Abs. 7 der Reichsverfassung sind diese Körperschaftsrechte solchen Vereinigungen zu gewähren, die durch ihre Verfassung und die Zahl ihrer Mitglieder die Gewähr der Dauer bieten. Trifft diese Voraussetzung nicht zu, handelt es sich also nur um mehr oder minder vorübergehende Gebilde, so wird kein Anlaß bestehen für die von solchen Vereinigungen etwa aufgestellten Lehrkräfte staatliche Mittel aufzuwenden" („Begründung" a. a. O. Beil. 3663 S. 915).

Es müssen aber auch in diesem Falle die sonstigen Voraussetzungen des Art. 29 gegeben sein, d. h. es muß sich um besonders aufgestellte Lehrkräfte und um einen lehrplanmäßigen, nach Lage der Verhältnisse erforderlichen Unterricht an öffentlichen Volksschulen handeln. „Bisher kam die Einführung eines lehrplanmäßigen Weltanschauungsunterrichts (Sittenunterrichts u. dgl.) an den Volksschulen in Bayern nicht in Betracht. Ob hierin künftig eine Aenderung eintreten soll, wird insbesondere von der Entwicklung der Schulgesetzgebung des Reiches abhängen. Zu bemerken ist, daß für solchen Unterricht die Vorschrift des Art. 149 Abs. 1 Satz 1 der Reichsverfassung (s. oben unter Ziff. II der allgemeinen Begründung bezw. Anm. 1 zu Art. 29 oben) nicht Geltung haben kann. Diese Verfassungsbestimmung könnte also an sich nicht Anlaß bieten, auch den Aufwand für die Erteilung eines weltanschaulichen Unterrichts an den Volksschulen als Pflichtleistung an den Staat zu übernehmen.

Zurzeit sind staatliche Vergütungen nach Art. 29 des Schulbedarfsgesetzes nur für katholische, protestantische und israelitische Religionslehrer angewiesen" („Begründung" a. a. O. Beil. 3663, S. 915).

Der gegenwärtig von freireligiösen Gemeinden an Volksschüler, die vom Besuche des Religionsunterrichtes ihrer Schule befreit sind, erteilte Sittenunterricht ist weder Religionsunterricht, noch eine Einrichtung der öffentlichen Volksschule (s. Anm. 7 zu Art. 10 oben). Eine Anwendung des Art. 29 auf diesen Sittenunterricht kommt deshalb nicht in Frage.

Abschnitt VII. (Gestrichen.)*

Der Bedarf der Volksschulfachlehrer. (Gestrichen.)*

Art. 30. (Gestrichen.)*

Art. 31. (Gestrichen.)*

Art. 32. (Gestrichen.)*

---

* Die Art. 30—32 — Art. 31 in der Fassung nach Art. 63 Ziff. 8 des Beamtenbesoldungsgesetzes vom 2. Juni 1920 — sowie die Ueberschriftsworte „Abschnitt VII. Der Bedarf für die Volksschulfachlehrer" wurden durch das Gesetz vom 1. August 1923 zur Aenderung von Vorschriften über das Volksschulwesen (GVBl. S. 337) gestrichen.

Der Wortlaut der Art. 30—32 in der Fassung des Gesetzes vom 14. August 1919 war folgender:

Art. 30.

An öffentlichen Volksschulen können auf Antrag der Gemeinde Volksschulfachlehrer angestellt werden, wenn die Mittel zur Aufbringung der Bezüge der Volksschulfachlehrer und ihrer Hinterbliebenen von der Gemeinde dauernd bereitgestellt sind.

Abschnitt VIII.

Der Bedarf für die Volksschullehrer an christlichen Bekenntnissonderschulen und an Schulen von Stiftungen und gemeinnützigen Unternehmungen.

Vorbemerkung.

Bei den christlichen Bekenntnissonderschulen und Schulen von Stiftungen und gemeinnützigen Unternehmungen handelt es sich nicht um

---

Art. 31.

I Das Diensteinkommen der Volksschulfachlehrer ist durch eine Satzung zu regeln. Die Vorschriften im Art. 16 Abs. III und IV gelten entsprechend.

II Die Bezüge der Volksschulfachlehrer und ihrer Hinterbliebenen werden von der Gemeinde ausbezahlt.

Art. 32.

I Die Gemeinden können die Ruhegehalte der Volksschulfachlehrer und die Bezüge ihrer Hinterbliebenen beim Bayerischen Versorgungsverbande versichern. Die beteiligten Staatsministerien können hierüber nähere Vorschriften erlassen.

II Für die Gewährung der Ruhegehalte und Hinterbliebenenbezüge dürfen die Gemeinden keine Beiträge von den Volksschulfachlehrern erheben."

Im Art. 31 Abs. I Satz 2 wurden durch Art. 63 Ziff. 8 des BBesG. vom 2. Juni 1920 (GVBl. S. 275) die Worte „Art. 16 Abs. III und IV" ersetzt durch die Worte: „Art. 22 Abs. II." Diese Aenderung war notwendig geworden, weil das BBesG. „Wohnungsentschädigungen" von Beamten (und Art. 16 handelte von solchen) beseitigte.

Zur Aufhebung des Abschnittes VII sagt die „Begründung" zu dem Entwurf eines Gesetzes zur Aenderung von Vorschriften über das Volksschulwesen vom 9. Juli 1923 (LandtVerh. 1922/23, BeilBd. XI, Beil. 3663, S. 915, Ziff. IX folgendes:

„Die Streichung der bisherigen Sonderbestimmungen der Art. 30 bis 32 des Schulbedarfgesetzes hat im Hinblick auf Art. 11 dieses Gesetzes zur Folge, daß künftig der persönliche Bedarf für die Volksschulfachlehrer nicht mehr von den Gemeinden, sondern vom Staate zu tragen ist, soweit nicht in dem neu einzufügenden Art. 62 a ... etwas anderes bestimmt ist ... Demgemäß soll der Staat künftig für die überwiegende Mehrzahl der Volksschulfachlehrkräfte, nämlich für die hauptamtlichen Handarbeitslehrerinnen und Hauswirtschaftslehrerinnen (einschließlich der unständigen Lehrkräfte) die Bezahlung sowohl der Gehalte als auch der Ruhegehalte und der etwaigen Hinterbliebenenbezüge sowie der sonstigen persönlichen Aufwendungen übernehmen.

Was im besonderen den Bedarf für die Ruhegehalte und die Hinterbliebenenbezüge betrifft, so ... soll nach der Absicht des vorliegenden Gesetzentwurfes der Aufwand für die Versorgungsbezüge der Handarbeits- und Hauswirtschaftslehrerinnen und ihrer etwaigen Hinterbliebenen insoweit auf den Staat übernommen werden, als es sich um Lehrkräfte handelt, die seit dem 1. April 1923 aus dem Dienste geschieden sind oder künftig ausscheiden."

S. außerdem Art. 24 a und 62 a und die Anmerkungen zu diesen Artikeln.

öffentliche Volksschulen im Sinne des Volksschullehrergesetzes und des Schulbedarfgesetzes — „öffentliche Volksschulen" im engeren Sinne oder öffentliche staatliche Volksschulen —, aber auch nicht um reine Privatschulen, oder Privatschulen der regelmäßigen Art, so daß sich die Bestimmungen des Volksschullehrergesetzes und des Schulbedarfgesetzes mehr oder minder doch auch auf sie erstrecken. Das gleiche gilt von den im folgenden Abschnitt (Art. 36 mit 38) behandelten israelitischen Volksschulen. Aber während die christlichen Bekenntnissonderschulen und die israelitischen Volksschulen in ihrem Wesen so nahe bei den öffentlichen Volksschulen des VLG. und SchBG. stehen, daß ihnen die Eigenschaft öffentlicher „Unterrichtsanstalten" zuerkannt wird und sie geradezu als „öffentliche Volksschulen" im weiteren Sinne bezeichnet werden könnten, bleiben die Schulen von Stiftungen und gemeinnützigen Unternehmungen trotz der teilweisen Ausdehnung der Regeln des VLG. und SchBG. auf sie, Privatschulen, wenn auch solche besonderer Art (anderer Mein. Meinzolt S. 139). Der Unterschied im Wesen dieser drei Gruppen von Schulen — christlichen Bekenntnisschulen und israelitischen Volksschulen einerseits und Schulen von Stiftungen und gemeinnützigen Unternehmungen anderseits — geht deutlich schon daraus hervor, daß die ersteren — christliche Bekenntnisschulen und israelitische Volksschulen — auch schon im SchBG. von 1902 (Art. 3 Abs. II) eine Regelung fanden, die Schulen von Stiftungen und gemeinnützigen Unternehmungen aber nicht. Die Behandlung der letzteren im SchBG. ist neu.

Das verschiedene Wesen der Schulgruppen zeigt sich auch darin, daß die Vorschriften des Schulaufsichtsgesetzes, das zunächst nur die Schulpflege, Schulleitung und Schulaufsicht an den öffentlichen Volksschulen im engeren Sinne regelt (VB. z. SchBG. vom 16. August 1923 — KMBl. S. 91 — Ziff. 1 Abs. I), grundsätzlich auch für die christlichen Bekenntnissonderschulen und die israelitischen Volksschulen gelten (a. a. O. Ziff. 1 Abs. II), während auf die Schulen von Stiftungen und gemeinnützigen Unternehmungen die Vorschriften über Schulpflege und Schulleitung nicht anwendbar sind und die Vorschriften über die Schulaufsicht für sie nur entsprechend gelten (a. a. O. Ziff. 1 Abs. III). Durch die Bek. vom 25. Januar 1929 über den Vollzug des Schulaufsichtsgesetzes vom 1. August 1922 (KMBl. 1929 S. 17, Anhang Nr. 85) hat dieser Gegensatz allerdings eine ziemlich weitgehende Abschwächung erfahren.

Gemeinsam ist allen Gruppen, daß der Staat, soweit er die Anstellung von Lehrkräften an diesen Schulen übernimmt (Art. 147, 148 und 149 d. VLG.) bis auf einen bestimmten Teilbetrag für das Diensteinkommen dieser Lehrpersonen wie bei den öffentlichen Volksschulen (im engeren Sinne) aufkommt. Die bezeichneten Schulgruppen unterscheiden sich gemeinsam und wesentlich von den öffentlichen Volksschulen (im engeren Sinne) dadurch, daß bei ihnen hinsichtlich der Tragung des übrigen Schulbedarfs der Unternehmer der Schule im bestimmten Umfange an die Stelle der Gemeinde tritt.

Gemeinsam ist den bezeichneten besonderen Schulen ferner, daß ihr Besuch vom Pflichtbesuch der sonst zuständigen öffentlichen Volksschule (im engeren Sinne) befreit (§ 17 Ziff. 3 der V. vom 22. Dezember 1913 über die Schulpflicht (GVBl. S. 957, KMBl. S. 351, Anh. Nr. 16), daß aber anderseits ihr Besuch ein freiwilliger ist und mangels ausdrücklicher gesetzlicher Vorschriften nicht zur Pflicht gemacht werden kann (bezüglich der christlichen Bekenntnissonderschulen teilweise abweichend: Seiler S. 142 ff. Anm. 15 zu Art. 3).

Die an solchen Schulen vom Staate angestellten Lehrkräfte haben die gleiche Rechtsstellung wie die Volksschullehrer an den öffentlichen Volksschulen (VLG. Art. 1). Den Unternehmern ist es unbenommen neben ihnen auch noch Lehrkräfte anzustellen, deren persönlichen Bedarf die Unternehmer im vollen Umfange selbst aufbringen.

Die Errichtung und Erhaltung der Schulen im Sinne des Art. 33 mit 35 und 36 mit 38 SchBG. ist freiwillig. Der Staat kann auf die Errichtung und Forterhaltung keinen Zwang ausüben. Wenn der Kreis bedürftigen Unternehmern Zuschüsse gewähren will, kann er dies tun, doch genügt er hierbei nicht einer gesetzlichen Pflicht wie nach Art. 27 bedürftigen politischen Gemeinden gegenüber, sondern er betätigt eine freiwillige Leistung (Ueber die christlichen Bekenntnissonderschulen und über die israelitischen Volksschulen s. auch die Denkschrift über die Neuregelung der Dienst- und Gehaltsverhältnisse des Volksschullehrerpersonals in Bayern vom 12. Juni 1914 — Verh. d. K. d. Abg. d. bay. Landt. von 1913/14, Beil.-Bd. VI, Beil. 939, S. 817). —

Durch das Beamtenbesoldungsgesetz vom 2. Juni 1920 (GVBl. S. 275) erhielten die Art. 33 und 35 eine erste Aenderung, durch das Gesetz vom 30. Juni 1921 zum Vollzuge des Landessteuergesetzes vom 30. März 1920 (RGBl. S. 402) — GVBl. 1921 S. 361 — wurde Art. 34 gestrichen, durch das Gesetz vom 1. August 1923 zur Aenderung von Vorschriften über das Volksschulwesen (GVBl. S. 337) bekamen die Art. 33 und 35 ihre jetzige Fassung.

Art. 33 [1]). I Zur Aufbringung des Diensteinkommens der Volksschullehrer [2]) an Schulen, die von Angehörigen eines christlichen Bekenntnisses aus eigenen Mitteln freiwillig unterhalten werden und die öffentliche Volksschule ersetzen (christliche Bekenntnissonderschulen [3]), leisten die Unternehmer der Schule jährlich einen festen Betrag für jede Lehrstelle in Höhe von zwanzig vom Hundert des jeweiligen Diensteinkommens des Stelleninhabers und des Teuerungszuschlages hieraus [4]). Die beteiligten Staatsministerien können in einzelnen Fällen aus besonderen Gründen Ausnahmen zulassen [5]).

II Der Betrag ist vierteljährlich im voraus [6]) an das Rentamt [7]) zu zahlen. Dies gilt auch, solange eine Lehrstelle vorübergehend erledigt oder das Diensteinkommen des Volksschullehrers nach Art. 18 Abs. III oder Art. 31 Abs. I Satz 2 oder Abs. II Satz 2 des Volksschullehrergesetzes ganz oder teilweise eingezogen ist [8]).

III Im übrigen gelten für die christlichen Bekenntnissonderschulen [3]) und für die Bezüge der Volksschullehrer an diesen Schulen und ihrer Hinterbliebenen die Art. 11, 14 Abs. I Satz 1 und Abs. II bis IV, 15, 17 bis 19, 20 Abs. I und 23 entsprechend. An die Stelle der Gemeinde oder der Gemeindeverwaltung treten dabei die Unternehmer der Schule [9]) [10]).

IV Für die Anwendung der Vorschriften des Art. 14 Abs. I Satz 1 und Abs. II bis IV ist die Einwohnerzahl [11] der Gemeinde des Schulsitzes [12]) maßgebend.

1. Die Fassung des Art. 33 wurde wiederholt — 1920 und 1923 — geändert.

Die ursprüngliche Fassung von 1919 (GVBl. S. 489) lautete:

„I Zur Aufbringung der Gehalte der Volksschullehrer an Schulen, die von Angehörigen eines christlichen Bekenntnisses aus eigenen Mitteln freiwillig unterhalten werden und die öffentliche Volksschule ersetzen (christliche Bekenntnissonderschulen), leisten die Unternehmer der Schule jährlich einen festen Betrag von 1400 Mk. für jede Lehrstelle.

II Der Betrag ist vierteljährlich im voraus an das Rentamt zu zahlen. Art. 21 Abs. II gilt entsprechend.

III Im übrigen gelten für die christlichen Bekenntnissonderschulen und für die Bezüge der Volksschullehrer an diesen Schulen und ihrer Hinterbliebenen die Art. 11, 13, 14 Abs. I, II und IV, 15—19, 20 Abs. I und 21—23 entsprechend. An die Stelle der Gemeinde oder der Gemeindeverwaltung treten dabei die Unternehmer der Schule.

IV Für die Anwendung der Vorschriften des Art. 14 Abs. I, II und IV ist die Einwohnerzahl der Gemeinde des Schulsitzes maßgebend."

Durch Art. 63 Ziff. 9 des Beamtenbesoldungsgesetzes vom 2. Juni 1920 (GVBl. S. 275) erhielt Art. 33 folgende Fassung:

„I Zur Aufbringung des Diensteinkommens der Volksschullehrer an Schulen, die von Angehörigen eines christlichen Bekenntnisses aus eigenen Mitteln freiwillig unterhalten werden und die öffentliche Volksschule ersetzen (christliche Bekenntnissonderschulen), leisten die Unternehmer der Schule jährlich einen festen Betrag von 2000 Mk. für jede Lehrstelle.

II Der Betrag ist vierteljährlich im Voraus an das Rentamt zu zahlen. Dies gilt auch, solange eine Lehrstelle vorübergehend erledigt oder das Diensteinkommen des Volksschullehrers nach Art. 18 Abs. III oder Art. 31 Abs. I Satz 2 oder Abs. II Satz 2 des Volksschullehrergesetzes ganz oder teilweise eingezogen ist.

III Im übrigen gelten für die christlichen Bekenntnissonderschulen und für die Bezüge der Volksschullehrer an diesen Schulen und ihrer Hinterbliebenen die Art. 11, 13, 14 Abs. I Satz 1 und Abs. II bis IV, 15, 17 bis 19, 20 Abs. I, 22 und 23 entsprechend. An die Stelle der Gemeinde oder der Gemeindeverwaltung treten dabei die Unternehmer der Schule.

IV Für die Anwendung der Vorschriften des Art. 14 Abs. I Satz 1 und Abs. II bis IV ist die Einwohnerzahl der Gemeinde des Schulsitzes maßgebend."

Veranlaßt wurde diese Aenderung hauptsächlich durch die Einreihung der Volksschullehrer in die Beamtenbesoldungsordnung und durch den Wegfall der freien Dienstwohnungen und Wohnungsentschädigungen, der mit dieser Einreihung verbunden war. Außerdem schien es geboten, den Jahresbeitrag der Unternehmer für die einzelnen Lehrstellen von 1400 auf 2000 Mk. zu erhöhen. „Die Erhöhung ist nicht nur deswegen gerechtfertigt, weil der Staat künftig für die Besoldung und Versorgung der Lehrkräfte an diesen Schulen wesentlich höhere Beträge aufzubringen hat als bisher, sondern auch deswegen, weil für die Unternehmer der Schulen die Verpflichtung zur unentgeltlichen Bereitstellung einer Dienstwohnung oder zur

Gewährung einer Wohnungsentschädigung künftig wegfällt." („Begründung" zum Entw. eines BesG. vom 31. Mai 1920, Verh. d. Bay. Landt. 1919/20, BeilBd. IV, Beil. 1530, S. 593 u. 595).

Die nunmehrige Fassung des Artikels brachte Art. 2 Ziff. X des Gesetzes vom 1. August 1923 zur Aenderung von Vorschriften über das Volksschulwesen (GVBl. S. 337). Der Jahresbeitrag der Unternehmer sollte den tatsächlichen Verhältnissen entsprechend erhöht und ermäßigt oder ganz erlassen werden können. Die Aenderung des Abs. III war infolge der Streichung der Art. 13 und 22 geboten („Begründung" vom 9. Juli 1923, Verh. d. Bay. Landt. 1922/23, BeilBd. XI, Beil. 3663, S. 916).

2. S. Art. 147 d. VLG. vom 14. August 1919 (GVBl. S. 437) in d. Fass. vom 1. August 1923 (GVBl. S. 337). Er lautet: „Die Personen, die von der Anstellungsbehörde zur Erteilung des allgemeinen Volksschulunterrichts an christlichen Bekenntnissonderschulen hauptamtlich angestellt sind, sind Volksschullehrer im Sinne dieses Gesetzes."

Für klösterliche Lehrkräfte sind die Bestimmungen der Art. 24 und 24a nicht ohne weiteres anwendbar, da sie in Art. 33 nicht angezogen sind. Die Anwendung der in Art. 24 Abs. III und IV getroffenen Bestimmungen aus Billigkeitsgründen ist bis jetzt nur für solche klösterliche Lehrkräfte zugestanden, die an Schulen von Stiftungen und gemeinnützigen Unternehmungen — nicht auch an christlichen Bekenntnissonderschulen — tätig sind (ME. vom 5. Juni 1921 Nr. 21 222).

An den christlichen Bekenntnissonderschulen können nach Maßgabe des Art. 33 „ständige" und „unständige" Lehrkräfte verwendet werden (s. dagegen Art. 35, wo bei den Schulen von Stiftungen und gemeinnützigen Unternehmungen nur von „ständigen" Volksschullehrern die Rede ist).

3. a) Christliche Bekenntnissonderschulen: Zu beachten ist vor allem, daß es sich um „Sonderschulen", nicht um „Sonderbekenntnisse" handelt. In der Begr. zu E. I (S. 303) ist ausgeführt:

„... Die auf Grund des § 11 Abs. I Satz 4 und Abs. II der Verordnung vom 26. August 1883 (GVBl. S. 407) von Angehörigen eines christlichen Bekenntnisses gegründeten Sonderschulen gehören nicht zu den „öffentlichen Volksschulen" im Sinne des gegenwärtigen Gesetzentwurfes und des Entwurfes eines Volksschullehrergesetzes (vgl. die Begründung zum Art. 1 des letzteren Entwurfes unter V 1 b). Sie sind aber auch nicht bloße Privatschulen, gehören vielmehr zu den öffentlichen Unterrichtsanstalten, weil sie dem öffentlichen Unterrichtswesen unmittelbar eingegliedert sind. Sie werden von der staatlichen Behörde auf Antrag der beteiligten Bekenntnisangehörigen errichtet und unterstehen den staatlichen Schulaufsichtsbehörden wie die öffentlichen Volksschulen; die Lehrkräfte an diesen Schulen haben schon nach dem bisherigen Recht die gleiche Rechtsstellung wie die Lehrkräfte an den öffentlichen Volksschulen. In § 11 Abs. II der Verordnung vom 26. August 1883 sind die rechtlichen Verhältnisse dieser Schulen durch die Bestimmung festgelegt, daß sie „in bezug auf Dotation, Organisation, Besetzung und Leitung wie die öffentlichen Volksschulen zu behandeln" sind."

In Betracht kommen nur Katholiken und Protestanten, da nur diese (abgesehen von den Angehörigen der jüdischen Religion, für die noch § 33 des Judenediktes vom 10. Juni 1813 — Weber Bd. 1 S. 417 gilt) Anspruch auf Errichtung von öffentlichen Schulen nach § 11 Abs. 1 Satz 4 der V. vom 26. August 1883 haben (Seiler, Anm. 16 zu Art. 3 Abs. II). Wie die allgemeinen christlichen Bekenntnisschulen in Bayern überhaupt nur katholische oder protestantische sind, so können auch die christlichen Bekenntnissonderschulen im Sinne von Art. 33 SchBG. nur katholische oder protestantische sein (vgl. Seiler Anm. 9 zu Art. 5 und Anm. 7 zu Art. 10 oben).

Die „Denkschrift" vom 12. Juni 1914 (Verh. d. K. d. Abg. d. Bay. Landt. 1913/14, BeilBd. VI, Beil. 939, S. 817) führt aus:

„Nach § 11 Abs. I Satz 4 der K. Verordnung vom 26. August 1883 bleibt es den beteiligten Eltern unbenommen, eine Schule ihrer Konfession für sich allein oder in Verbindung mit Konfessionsverwandten benachbarter Orte aus eigenen Mitteln zu gründen. Die Schulen dieser Art sind nach § 11 Abs. II a. a. O. „in bezug auf Dotation, Organisation, Besetzung und Leitung wie die öffentlichen Volksschulen zu behandeln."

Diese Bestimmungen haben zwar durch die Vorschrift des Art. 5 Abs. III des Schulbedarfgesetzes* an Bedeutung verloren, da dort, wo die Voraussetzungen dieses Artikels 5 gegeben sind, in der Regel von den beteiligten Gemeinden selbst die Mittel zur Errichtung einer öffentlichen Volksschule für die konfessionelle Minderheit bereitzustellen sein werden. Immerhin dürfte auch für die Zukunft an der Zulässigkeit der Errichtung konfessioneller Sonderschulen im Sinne des § 11 der K. Verordnung vom 26. August 1883 festzuhalten sein. Gegenwärtig bestehen im ganzen 11 solcher Volksschulen, und zwar 1 katholische und 10 protestantische. Unternehmer sind fast durchweg die Kirchengemeinden, vereinzelt ein Schulverein."

Als „beteiligte" Eltern sind in § 11 Abs. I Satz 4 der V. vom 26. August 1883 solche Eltern zu verstehen, für deren Kinder die an sich zuständige Volksschule eine Simultanschule oder eine Bekenntnisschule des anderen Bekenntnisses wäre.

Als die Begründung zum Entwurf eines Schulbedarfgesetzes an den Landtag gebracht wurde (2. August 1918), waren 13 Bekenntnissonderschulen vorhanden, 2 katholische und 11 protestantische (BeilBd. XIX, Beil. 2621, S. 304). Während der Inflationszeit ist die Zahl dieser Schulen erheblich zurückgegangen (Meinzolt S. 102).

Eine christliche Bekenntnissonderschule im Sinne des Art. 33 kann nur dadurch entstehen, daß sich ein bestimmter Kreis von Bekenntnisgenossen dem Staate gegenüber verpflichtet, eine solche Schule unter der Voraussetzung zu unterhalten, daß die Lehrkräfte vom Staate angestellt und in der Hauptsache bezahlt werden. Zuständig zur Genehmigung sind die Kreisregierungen (§ 44 Abs. II und § 46 Abs. I d. FormV.), doch hat die Regierung derzeit — da es sich gegebenen Falles um die Errichtung neuer Lehrstellen handelt — das Einverständnis des Staatsministeriums für Unterricht u. Kultus zu erholen (s. Anm. 11 zu Art. 8 oben). Die Genehmigung der Schule wird einesteils davon abhängen, ob im Staatshaushaltplan die Mittel hierzu bereitgestellt werden wollen und andernteils davon, ob eine genügende Schülerzahl in Betracht kommt (nach der ME. vom 6. April 1924 Nr. IV 10899 mit den Richtlinien für den Vollzug der Personalverminderung auf dem Gebiete des Volksschulwesens sollten es wenigstens 10 Schüler sein) und eine Gewähr dafür besteht, daß der Unternehmer die Mittel für den ihn nach Art. 33 Abs. III treffenden Bedarf aufbringt. Ein Rechtsanspruch gegen den Staat auf Genehmigung der Errichtung oder des Weiterbetriebes der Schule besteht so wenig wie umgekehrt eine Verpflichtung des Unternehmers, die Schule, wenn sie genehmigt ist, weiterhin zu erhalten. Gegen

* von 1902, nunmehr Art. 10 des SchBG. von 1919.

den ablehnenden Bescheid der Regierung könnte selbstverständlich Beschwerde zum Staatsministerium für Unterricht und Kultus eingelegt werden.

Nach Seiler (Anm. 15 b zu Art. 3, S. 144 unten) würden auf die christlichen Bekenntnissonderschulen im Sinne des Art. 3 Abs. II d. SchBG. von 1902 (Art. 33 des nunmehrigen Gesetzes) die Bestimmungen des Art. 10 Ziff. 17 mit 19 des VSG. (die weiter genannten Ziff. 21 mit 25 sind aufgehoben) Anwendung finden. Es wird dies aus dem Umstande gefolgert, daß die christlichen Bekenntnissonderschulen öffentliche Unterrichtsanstalten sind. Da es aber an Bestimmungen fehlt, für solche Schulen einen Sprengel mit Pflicht zum Besuch der Schule zu schaffen, fehlt auch für eine Anwendung der Ziffern 17 u. 19 des VSG. (die Ziffer 18 bezieht sich schon nach dem Wortlaute nur auf die allgemeinen öffentlichen Volksschulen) der Boden. Aehnlich Osthelder (Vorbem. b zu Art. 33, S. 195 und Anm. 1 d, S. 197), der außerdem auf den Einfluß hinweist, den die neueste Rechtsentwicklung dem Elternwillen in der Wahl der Schule einräumt, und auf den Umstand, daß auch für diese Kinder regelmäßig eine zuständige öffentliche Volksschule vorhanden ist.

Dagegen kann ein Streit nach Art. 10 Ziff. 13 des VSG. zu entscheiden sein, wenn eine Kirchengemeinde Unternehmerin der Bekenntnissonderschule ist. Haben sich aber kirchlich nicht organisierte Anhänger zu einem bürgerlich-rechtlichen Verein im Sinne der §§ 21 ff. d. BGB. zusammengeschlossen und hat d i e s e r gegenüber der staatlichen Unterrichtsverwaltung die Verpflichtung zur Unterhaltung der Schule übernommen, so geschieht die Aufbringung des Bedarfs i n n e r h a l b d e s V e r e i n s nach bürgerlich-rechtlichen Grundsätzen (Seiler S. 145 oben).

b) Wenn die Genehmigung zur Errichtung einer christlichen Bekenntnissonderschule im Sinne des Art. 33 SchBG. nicht erteilt wird, sei es, daß die Voraussetzungen für eine solche Schule nicht gegeben erscheinen, sei es, daß eine Schule im Sinne des Art. 33 überhaupt nicht angestrebt wird, so könnte gleichwohl eine Sonderschule für einen bestimmten Kreis von Personen errichtet werden, jedoch nicht als eine in den Rahmen des Schulbedarfgesetzes sich fügende, als „öffentlich" zu wertende Schule, sondern als reine P r i v a t s c h u l e. Dieser Weg steht auch christl. Bekenntnisgenossen offen, die nicht der katholischen oder einer protestantischen Kirche angehören.

Die Errichtung einer Privat-Volksschule ist, solange noch kein Reichsschulgesetz im Sinne des Art. 146 Abs. II der Reichsverfassung (RGBl. 1919, S. 1393, Anh. Nr. 20) erlassen ist, nicht an die Voraussetzungen des Art. 147 Abs. I und II der Reichsverfassung gebunden. Nach Art. 174 der Reichsverf. bleibt es vielmehr hinsichtlich der Errichtung von Privat-Volksschulen bis zum Erlasse eines Reichsschulgesetzes bei der bestehenden Rechtslage.

Meinzolt vertritt (S. 140) die Meinung, daß die Bestimmung in Art. 147 Abs. I der Reichsverfassung im Gegensatz zu Art. 147 Abs. II schon jetzt auch in Bayern unmittelbar Geltung und deshalb auch eine Prüfung der Bedürfnisfrage auszuscheiden habe, da nur Art. 147 Abs. II auf Art. 146 Abs. II Bezug nehme und sohin vor Erlaß des in Art. 146 Abs. II vorgesehenen Reichs-Schulgesetzes nicht zu vollziehen sei.

Demgegenüber führt eine Entschließung des Staatsmin. f. Unt. und Kultus vom 7. Juli 1927 Nr. IV 25 116 u. a. zutreffend folgendes aus:

„Nach Abschnitt II des Vorlageberichtes hat die Regierung, Kammer des Innern, der Schulunternehmerin ... die Genehmigung zur Errichtung einer privaten Volksschule mit Beginn des Schuljahres 1927/28 neu erteilt.

Die Genehmigung ist damit begründet, daß im Hinblick auf Art. 147 Abs. I der RV. keine Möglichkeit bestanden habe, der Errichtung entgegenzutreten.

Diese Begründung ist nicht zutreffend. Art. 147 Abs. I RV. gilt zwar, wie sich aus den stenogr. Berichten zu den Verhandlungen der Nationalversammlung (S. 1675 ff. bes. S. 1681, 1684) ergibt, auch für private Volksschulen. Für diese ist jedoch eine weitere Bestimmung in Art. 147 Abs. II RV. getroffen. Das Staatsministerium für Unterricht und Kultus hat bereits in der MinEntschl. vom 30. Januar 1925 Nr. 47 768 ... darauf hingewiesen, daß Art. 147 Abs. II RV., der ausschließlich von den privaten Volksschulen handelt, bis zum Erlaß eines Gesetzes zum Vollzuge des Art. 146 Abs. II RV. (Reichsschulgesetz) noch nicht vollziehbar sei.

Art. 147 Abs. II RV. verfolgt die unverkennbare Absicht, in Uebereinstimmung mit dem Grundsatze des Art. 146 Abs. I Satz 2 RV. über die für alle gemeinsame Grundschule das private Volksschulwesen möglichst einzudämmen. Er enthält insoweit eine Einschränkung des Art. 147 Abs. I RV. Damit würde es aber im Widerspruch stehen, wenn anderseits die Reichsverfassung zunächst, so lange der Art. 147 Abs. II noch nicht vollziehbar ist, die Errichtung privater Volksschulen durch Art. 147 Abs. I geradezu erleichtern würde, da hiernach die Genehmigung zur Errichtung solcher Schulen unter bestimmten Voraussetzungen (Art. 147 Abs. I Satz 2) erteilt werden müßte. Es kann nicht die Absicht der Reichsverfassung gewesen sein, das Entstehen solcher Schulen bis zum Zeitpunkte des Erlasses des Reichsschulgesetzes zu erleichtern, nach diesem Zeitpunkt aber zu erschweren. Die Vorschriften der Reichsverfassung über das private Volksschulwesen können vielmehr nur im Zusammenhang und demgemäß nur dahin ausgelegt werden, daß sie in vollem Umfange unvollziehbar sind, solange nicht ein Reichsgesetz zum Vollzuge des Art. 147 Abs. II RV. ergangen ist. Da Art. 147 Abs. II RV. zur Zeit noch nicht vollziehbar ist, entfällt auch die Anwendung des Art. 147 Abs. I RV. auf private Volksschulen.

Die maßgebende Rechtsgrundlage für die Gründung privater Volksschulen bilden vielmehr ... zur Zeit noch Art. 59 PolStGB. und die Verordnung vom 10. Mai 1905 (GVBl. S. 571). Diese Bestimmungen des Landesrechtes kennen keinen Rechtsanspruch auf Genehmigung einer privaten Unterrichtsanstalt."

In einer weiteren E. vom 24. November 1927 Nr. IV 37 068 ist gesagt:

„Die Verhandlungen über die Genehmigung der Wiedereröffnung der privaten Volksschule ... lassen ersehen, daß die vier Klassen dieses Unterrichtsunternehmens in bezug auf Schulaufnahme, Lehrgegenstände, Lehrpläne, Lehrmittel, Stundenzahl, Unterrichtszeit, Schuljahrseinteilung, Ferienordnung, Schulüberweisung, Führung der Schultagebücher, Zensur- und Versäumnisliste usw. den für die öffentlichen Volksschulen zu geltenden Bestimmungen unterworfen und auch ausdrücklich als Ersatz für die vier unteren Klassen der Volkshauptschule anerkannt worden sind. Es handelt sich daher bei diesem Unterrichtsunternehmen nicht um eine private Vorschule, deren Errichtung nach Art. 147 Abs. III RV. schlechthin unzulässig gewesen wäre, sondern um eine private Volksschule."

Die Zuständigkeit und das Verfahren bei der Errichtung von Privat-Volksschulen und ihre Beaufsichtigung richtet sich sohin nach den Vorschriften der V. vom 10. Mai 1905, die Gründung, Leitung und Beaufsichtigung von Erziehungsanstalten und Unterrichtsanstalten betr. (GVBl. S. 471, KMBl. S. 179 mit Ergänzung des § 8 vom 8. April 1919, GVBl. S. 160, Anhang Nr. 7) im Gegensatz zu den christlichen Bekenntnissonderschulen im Sinne von

Art. 33 SchBG., auf die die Bestimmungen der V. von 1905 wenigstens nicht unmittelbar Anwendung finden (s. auch Art. 59 PolStGB. und die MinBek. vom 13. Januar 1907), allgemeine Bestimmungen über Einrichtung und Betrieb der nach Art. 59 des Polizeistrafgesetzbuches genehmigungspflichtigen Erziehungsanstalten und Unterrichtsanstalten, insbesondere in bezug auf Gesundheitspflege betr. (KMBl. S. 33).

Nach § 2 der V. sind: „Zuständig zur Erteilung der gemäß § 1 erforderlichen Genehmigung ..., 2. die Kreisregierungen, Kammern des Innern, ... c) bei Unterrichtsanstalten mit dem Lehrziele des Elementarunterrichts, welche Kindern im volksschulpflichtigen Alter einen Ersatz für den Besuch der öffentlichen Volksschulen bieten wollen".

Nach § 7 ist zu prüfen, ob ein Bedürfnis für die angestrebte Schule besteht (letzteres ist auch in der ME. vom 24. November 1927 Nr. IV 37 068 ausdrücklich ausgesprochen).

Ein Zwang zum Besuche solcher Privat-Volksschulen kann nicht stattfinden, dagegen sind Schüler und Schülerinnen solcher anerkannter Privatvolksschulen gemäß § 17 Ziff. 3 der V. vom 22. Dezember 1913 über die Schulpflicht (GVBl. S. 957, KMBl. S. 351, Anhang Nr. 16) von der Verpflichtung zum Besuche der Volksschule befreit.

Für private Schulen, die nicht als Ersatz für öffentliche Schulen dienen, verbleibt es nach Art. 147 Abs. IV der Reichsverf. ohne weiteres bei dem geltenden Recht, d. h. in Bayern uneingeschränkt bei den Bestimmungen der V. vom 10. Mai 1905.

Zu unterscheiden von der Privatschule — Privatkurse kommen für Volksschulunterricht nicht wohl in Betracht — ist der Privatunterricht, mit dem Volksschulbesuch ersetzt werden will. Von „Privatunterricht" spricht man bei Unterrichtserteilung an einzelne Kinder. Wenn Privatunterricht von der Verpflichtung zum Besuche der Volksschule befreien soll, bedarf der Unterricht einer ausdrücklichen Genehmigung durch die örtlich zuständige Bezirks- oder Stadtschulbehörde für jedes einzelne Kind (§ 17 Ziff. 4 der V. vom 13. Dezember 1922 a. a. O.).

Die Grenzen zwischen Privatunterricht und Privatschule (Privatkursen) für den Fall, daß gleichzeitig an mehrere Kinder Unterricht erteilt wird, sind in den einschlägigen Vorschriften nicht scharf gezogen, doch gewähren die MinBek. vom 19. Januar 1915, Gewerbliche Unterrichtskurse betr. (KMBl. S. 27), und vom 12. Oktober 1917, den privaten gewerblichen und kaufmännischen Fachunterricht betr. (KMBl. S. 187) Anhaltspunkte.

Als eine Unterrichtsanstalt (= Privatschule) im Sinne der V. vom 10. Mai 1905 (s. § 1 Abs. IV, wonach Anstalten des Staates und der Kreisgemeinden und Anstalten, die von Gemeinden zum Zweck der Erfüllung einer gesetzlichen Verpflichtung errichtet werden, nicht unter diese Verordnung fallen) gilt nach der Bek. vom 19. Januar 1915 jede Unterrichtsunternehmung, die nach ihrer Einrichtung und Ausgestaltung darauf berechnet ist, zum Zwecke der Erreichung eines bestimmten Lehrzieles den Unterricht in einem schulmäßigen oder schulähnlichen Betriebe zu erteilen, gleichviel ob die Unternehmung für den Besuch von öffentlichen Unterrichtsanstalten einen Ersatz bieten will oder nicht. „Wesentlich für den Begriff der Schule*) wird sein, daß von dem Lehrer derselbe

---

* d. h. für die Annahme eines schulmäßigen oder schulähnlichen Betriebes.

Lehrstoff gleichzeitig einer mehr oder minder großen Anzahl von Schülern vorgetragen, daß der Lehrstoff, die Unterrichtsstunden, sowie die sonstigen Bedingungen für die Teilnahme an dem Unterricht von dem Lehrer oder der Schulleitung beim Beginn des Unterrichts für dessen ganze Dauer festgelegt werden" (Bek. vom 19. Januar 1915).

Nach der MinBek. vom 12. Oktober 1917 Ziff. 3 u. 4 zu § 1 der Bundesratsbek. vom 2. August 1917 (RGBl. S. 683 ff.) — KMBl. 1917 S. 187 — ist als Privatunterricht im Unterschiede von einer Privatschule und einem Privatkurs der Einzelunterricht anzusehen, mag er in der Familie oder in der Wohnung des Schülers oder in eigenen oder gemieteten Räumen des Lehrers erteilt werden. Privatunterricht ist jedenfalls dann nicht anzunehmen, wenn in zu einem Hause gehörigen Räumen mehr als drei*) Schüler oder Schülerinnen gleichzeitig unterrichtet oder ... unter Aufsicht des Privatlehrers gleichzeitig beschäftigt werden. Die Bezeichnung „Schule" darf nur Unterrichtsanstalten beigelegt werden, die die Unterrichtsdauer auf mindestens zwei Schuljahre erstrecken; Unterrichtsanstalten mit kürzerer Unterrichtsdauer haben die Bezeichnung „Kurs" zu führen.

4. Nach Ziff. I der ME. vom 24. Dezember 1923 Nr. 49 028 waren die Beiträge aus dem jeweiligen Diensteinkommen — d. i. aus Grundgehalt und Ortszuschlag (Art. 1 Abs. I BBesG.) — und dem Teuerungszuschlag hieraus einschließlich des etwaigen örtlichen Sonderzuschlages zu berechnen. Dagegen blieben die Kinderzuschläge, der Frauenzuschlag und die Teuerungszuschläge hieraus außer Berücksichtigung. Nach Art. 1 d. BBesG. vom 20. April 1928 (GVBl. S. 205) besteht nunmehr das Diensteinkommen (aus dem der Beitrag zu berechnen ist) aus Grundgehalt und Wohnungsgeldzuschuß. Ruhegehalt und Hinterbliebenenbezüge trägt nach Art. 33 Abs. III mit Art. 11 der Staat im vollen Umfange. Ebenso Aushilfekosten (ME. vom 7. Februar 1925 Nr. IV 40 034).

5. D. h. den Betrag ganz erlassen oder mindern. Gesuche von Schulunternehmern um Gewährung dieser Vergünstigung sind eingehend zu begründen, durch die Bezirksverwaltungsbehörden den Regierungen, Kammern des Innern, und von diesen mit gutachtlicher Aeußerung dem Staatsministerium für Unterricht und Kultus vorzulegen. Dieses entscheidet (ME. vom 24. Dezember 1923 Nr. 49 028 Ziff. II).

6. S. ME. vom 24. Dezember 1923 Nr. 49 028. — Nach Ziff. 2 der ME. vom 4. März 1924 Nr. 5848 sind die Finanzämter (nun Kreiskassen) ermächtigt, in begründet erscheinenden Fällen Stundung der Beiträge je nach Erfordernis, keinesfalls jedoch über den Schluß des Rechnungsjahres hinaus zu gewähren.

7. S. Anm. 2 zu Art. 20 oben.

8. VLG. vom 14. August 1919 (GVBl. S. 437):

Art. 18 Abs. III: „Wenn ein Volksschullehrer ohne Urlaub schuldhaft vom Amte fernbleibt oder den Urlaub ohne ausreichenden Grund überschreitet, wird abgesehen vom dienststrafrechtlichen Einschreiten für die Zeit des unerlaubten Fernbleibens sein Diensteinkommen eingezogen. Gegen die Verfügung kann der Volksschullehrer binnen vierzehn Tagen nach der Er-Eröffnung Beschwerde zum zuständigen Staatsministerium erheben."

---

* Wenn es sich um Kinder ein und derselben Familie handelt, dürfte auch bei einer Anzahl von mehr als drei Schülern unbedenklich noch Privatunterricht angenommen werden können.

Art. 31: [I] Für die Zeit der Schulferien und für die Zeit der Abwesenheit, für die der Volksschullehrer keines Urlaubs bedarf oder für die der Urlaub nicht verweigert werden kann, tritt kein Abzug am Diensteinkommen ein. (Satz 2:) „Wird in anderen Fällen ein besonderer Urlaub außerhalb der Schulferien erteilt, so entscheidet die Anstellungsbehörde, ob und wie weit das Diensteinkommen einzuziehen ist."

[II] Im Falle der Erkrankung wird das Diensteinkommen, so lange sich der Volksschullehrer im Dienste befindet, bis zur Dauer von sechsundzwanzig Wochen unverkürzt weitergewährt. (Satz 2:) „Dauert die Dienstbehinderung infolge der Krankheit ununterbrochen länger als sechsundzwanzig Wochen, so bedarf die Weitergewährung des vollen Diensteinkommens der Genehmigung des zuständigen Staatsministeriums oder der von ihm ermächtigten Behörde."

S. auch ME. vom 2. April 1920, Beurlaubung des Volksschullehrerpersonals während des Schuljahres betr. (KMBl. S. 129) und ME. vom 2. Januar 1921, Erkrankung von Volksschullehrern betr. (KMBl. S. 7, nun E. vom 15. Dezember 1930, KMBl. 1931 S. 1, Anh. Nr. 98).

9. D. h. den sächlichen Schulbedarf und teilweise, soweit es im Schulbedarfgesetze zu Lasten der Gemeinde vorgesehen ist, auch den persönlichen, haben die Unternehmer der christl. Bekenntnisschulen aufzubringen (Art. 11). Nach Maßgabe der Art. 14, 15 und 17 haben die Unternehmer auch für Lehrerdienstwohnungen, bei Dienstwohnungen dritter Ordnung auch für die notwendige Zimmereinrichtung (Art. 18) zu sorgen und gem. Art. 19 unter Umständen einen Hausgarten bereitzustellen. Endlich ist durch die Anführung des Art. 20 Abs. I festgelegt, daß die Lehrer der christl. Bekenntnisschulen, wenn sie staatlich angestellt sind, ihre Bezüge wie die Volksschullehrer an den öffentlichen Volksschulen vom Finanzamte (nun: von der Kreiskasse) ausbezahlt erhalten, und durch Art. 23, daß für die Unterkunft benötigter Aushilfslehrer Sorge getroffen werden muß.

Art. 27 ist insoferne auf die christlichen Bekenntnisschulen nicht anwendbar, als es keine gesetzliche Pflicht der Kreise ist, solchen Schulen im Bedürftigkeitsfalle Zuschüsse zu gewähren, dagegen ist es den Kreisen nicht versagt, ihnen durch freiwillige Leistungen zu helfen (s. d. Landtagsverh. 1919, BeilBd. I, Beil. 294, S. 582).

10. Uebergangsvorschriften s. Art. 73 unten.

11. S. Anm. 3 zu Art. 14 oben.

12. Vgl. Anm. 6 zu Art. 2 oben.

Art. 34. (Gestrichen.)*

---

* Art. 34 wurde durch Art. 45 Ziff. 2 des Gesetzes vom 30. Juni 1921 zum Vollzuge des Landessteuergesetzes vom 30. März 1920 (RGBl. S. 402) — GVBl. 1921 S. 361 — gleichzeitig mit Art. 25 d. SchBG. gestrichen.

In der Fassung des Gesetzes vom 14. August 1919 lautete Art. 34:

„[I] Die Unternehmer einer Bekenntnisschule haben aus den Steuerbeträgen, die im Sprengel dieser Schule für ihre Gemeindeumlagen nach den Art. 24 und 25 des Umlagengesetzes anzusetzen sind, für Zwecke öffentlicher Volksschulen keine Umlagen zu entrichten.

[II] Dies gilt nicht, wenn die Gemeinde die Unternehmer der Schule durch entsprechende Zuschüsse zum Bedarf für die Bekenntnisschule oder durch verhältnismäßige Minderung ihrer Gesamtumlagenpflicht abfindet.

Art. 35[1]). **Für die Bezüge der ständigen Volksschullehrer**[2]) **an Schulen von Stiftungen und gemeinnützigen Unternehmungen**[3]) **(Art. 148 des Volksschullehrergesetzes) und für die Bezüge ihrer Hinterbliebenen gelten die Art. 11, 14 Abs. I Satz 1 und Abs. II bis IV, 15, 18, 19, 20 Abs. I, 23 und 33, Abs. I, II, III Satz 2 und IV entsprechend**[4])[5]).

1. Die Fassung des Art. 35 ist mit der des Art. 33 wiederholt geändert worden. Der ursprüngliche Wortlaut vom 14. August 1919 war folgender:

„Für die Bezüge der ständigen Volksschullehrer an den Schulen von Stiftungen und gemeinnützigen Unternehmungen (Art. 148 des Volksschullehrergesetzes) und für die Bezüge ihrer Hinterbliebenen gelten die Art. 11, 14 Abs. I, II und IV, 15, 16, 18, 19, 20 Abs. I, 21 bis 23 und 33 Abs. I, II, III Satz 2 und IV entsprechend."

Durch Art. 63 Ziff. 10 des BBesG. vom 2. Juni 1920 (GVBl. S. 275) erhielt Art. 35 des SchBG. folgende Fassung:

„Für die Bezüge der ständigen Volksschullehrer an Stiftungen und gemeinnützigen Unternehmungen (Art. 148 des Volksschullehrergesetzes) und für die Bezüge ihrer Hinterbliebenen gelten die Art. 11, 14 Abs. I, Satz 1 und Abs. II bis IV, 15, 18, 19, 20 Abs. I, 22, 23 und 33 Abs. I, II, III Satz 2 und IV entsprechend."

Die Aenderung bestand in der Angleichung an die gleichfalls abgeänderte Fassung des Art. 14 und in der Auslassung der aufgehobenen Art. 16 und 21 und war veranlaßt durch den Wegfall der freien Dienstwohnung oder einer Wohnungsentschädigung, wie sie seither für den Volksschullehrer vorgesehen waren (s. auch Anm. 1 zu Art. 33 und Fußnote zu Art. 13).

Die geltende Fassung des Art. 35 entstand durch die Bestimmung in Art. 2 Ziff. XI des Ges. vom 1. August 1923 zur Aenderung von Vorschriften über das Volksschulwesen (GVBl. S. 337): „Im Art. 35 in der Fassung nach Art. 63 Ziff. 10 des Beamtenbesoldungsgesetzes wird die Zahl 22 gestrichen" — (s. Anm. 1 zu Art. 33 und die Fußnote zu Art. 22 oben).

2. a) Zu beachten ist, daß in Art. 35 anders als in Art. 33 nur von ständigen Volksschullehrern die Rede ist. Der zunächst einschlägige Art. 148 des Volksschullehrergesetzes vom 14. August 1919 (GVBl. S. 437) lautet in der Fass. des Ges. vom 1. August 1923 (GVBl. S. 337):

„Die Anstellungsbehörde kann den Personen, die von ihr zur Erteilung des allgemeinen Volksschulunterrichts an Schulen von Stiftungen und gemeinnützigen Unternehmungen in ständiger Diensteseigenschaft haupt-

---

Ob die Abfindung angemessen ist, entscheidet im Streitfalle die vorgesetzte Behörde. Gegen ihre Entscheidung ist Beschwerde zur nächsthöheren Verwaltungsbehörde zulässig, die hierüber endgültig entscheidet. Beschwerde zum Verwaltungsgerichtshof ist nicht zulässig."

Die Bestimmungen des Art. 34 sind durch die von dem Landessteuergesetz vom 30. März 1920 (RGBl. S. 402) ausgehende Aenderung in der Finanzgesetzgebung des Reiches und der Länder und durch die Aufhebung des Umlagengesetzes vom 14. August 1910 in der Fass. vom 17. August 1918 (GVBl. 1910 S. 581; 1918 S. 425) — s. Art. 48 Abs. II des Ges. vom 30. Juni 1921 — gegenstandslos geworden. S. auch Fußnote zu Art. 25 oben.

amtlich angestellt sind, die Rechte ständiger Volksschullehrer im Sinne des Gesetzes verleihen."

Art. 1 des Volksschullehrergesetzes besagt in der durch Art. 62 des BBesG. vom 2. Juni 1920 (GVBl. S. 275) und Art. 1 Ziff. I des Ges. vom 1. August 1923 (GVBl. S. 337) herbeigeführten Fassung:

„I Volksschullehrer im Sinne dieses Gesetzes sind die Personen, die von der zuständigen Behörde (Anstellungsbehörde) zur Erteilung des allgemeinen Volksschulunterrichts an einer öffentlichen Volksschule in ständiger oder unständiger Dienstseigenschaft hauptamtlich aufgestellt sind.

II Ständige Volksschullehrer sind die in den Formen des Art. 2 ernannten Volksschullehrer, die einer in der Besoldungsordnung für die bayerischen Staatsbeamten aufgeführten Gruppe angehören.

III Die „Volksschullehrer sind Beamte des Staates".

Art. 2 d. VLG. in d. Fass. d. BBesG. vom 18. Juni 1920 lautet:

„I Die Ernennung zum ständigen Volksschullehrer wird durch die Aushändigung der Ernennungsurkunde oder durch die amtliche Ausschreibung vollzogen.

II In der Urkunde oder in der amtlichen Ausschreibung ist anzugeben, wann die Ernennung wirksam wird.

III Diese Vorschriften gelten entsprechend für die Versetzung, Wiederanstellung und Beförderung der ständigen Volksschullehrer."

In der Besoldungsordnung A (Anlage 1 zum BBesG. vom 20. April 1928 (GVBl. S. 205) sind bei Besoldungsgruppe 4a „Oberlehrer" und bei Besoldungsgruppe 4b „Hauptlehrer" und „Lehrer der Volksschulen" angegeben, nicht aber sind die „Hilfslehrer" in die Besoldungsordnung eingereiht. Hilfslehrer und Hilfslehrerinnen sind deshalb unständige Volksschullehrer, als was sie im VLG. Art. 1 Abs. II in der Fassung des BBesG. vom 2. Juni 1920, Art. 62 Ziff. 1 auch ausdrücklich bezeichnet wurden. An sich könnten deshalb hier nur Lehrpersonen mit einem etwas höheren Dienstalter in Betracht kommen, denn naturgemäß dürfen auch an Stiftungs- usw. Schulen nur solchen Lehrpersonen die Rechte ständiger Volksschullehrer verliehen werden, die auch im öffentlichen Volksschuldienste nach Dienstalter und Bewährung diese Rechte erlangt hätten. Die Verwendung von Hilfslehrern (Hilfslehrerinnen) wäre ausgeschlossen. Es kann aber das Bedürfnis bestehen, an solchen Schulen Hilfslehrer einzustellen, sei es, daß eben jüngere, unverheiratete Lehrkräfte benötigt werden, die z. B. auch bereit sind, in der Anstalt sich als Aufsichtskraft verwenden zu lassen, sei es, daß ältere Lehrpersonen sich für die Stellen nicht melden. Um einem solchen Bedürfnis entgegenkommen zu können, hat im Einverständnis mit dem Finanzministerium das Staatsministerium für Unterricht und Kultus durch eine Entschl. vom 9. November 1920 Nr. 43 054 (Ziff. 4) mit ME. vom 26. April 1923 Nr. 17 769 die Regierungen ermächtigt, nach Maßgabe des Bedürfnisses Hilfslehrer oder Hilfslehrerinnen unter Beurlaubung vom Dienste an der öffentlichen Volksschule und unter Fortgewährung des vollen Diensteinkommens an Schulen von Stiftungen oder gemeinnützigen Unternehmungen unter der Voraussetzung zu berufen, daß die Anstalten sich verpflichten, auch für diese Lehrkräfte den in Art. 35 mit 33 I vorgesehenen Beitrag zu leisten. Solche Hilfslehrkräfte haben sich in dem Zeitpunkte, in dem sie nach ihrem Dienstalter und ihrer Dienstbewertung an der öffentlichen Volksschule zu ständigen Volksschullehrern (Lehrern oder Lehrerinnen) befördert werden könnten, zu entscheiden, ob sie an die Volksschule zurücktreten oder im

Dienste der Anstalt verbleiben und die Rechte ständiger Volksschullehrer nach Art. 148 VLG. eingeräumt erhalten wollen. Im letzteren Falle hätte die Regierung über den Antrag nach Einvernahme der Anstalsleitung zu entscheiden.

Auch dienstältere Lehrkräfte sind nicht dadurch, daß sie an einer Stiftungs- usw. Schule hauptamtlich beschäftigt sind, ohne weiteres Volksschullehrer im Sinne des Art. 148 VLG. und des Art. 35 SchBG. Diese Eigenschaft muß ihnen von der Regierung, K. d. Innern, ausdrücklich verliehen werden (ME. vom 9. November 1920, Ziff. 2). Ein Vorschlagsrecht haben die Anstalten den Regierungen gegenüber nicht, was nicht ausschließt, daß nach Möglichkeit ihre Wünsche berücksichtigt werden. Gegen seinen Willen kann ein Volksschullehrer nicht an eine Anstaltsschule berufen werden, weil die Volksschullehrer grundsätzlich nur zur Unterrichtserteilung an öffentlichen Volksschulen verpflichtet sind (a. a. O. Ziff. 3). Die Vorschrift des Art. 14 VLG. in der Fass. der V. vom 29. März 1924 (GVBl. S. 128), wonach der Volksschullehrer zur Uebernahme von Nebenämtern oder Nebengeschäften im öffentlichen Dienst auch ohne besondere Vergütung verpflichtet ist, wenn sie seiner Berufsausbildung entsprechen, kann gleichfalls nicht in Betracht kommen, weil der Dienst an solcher Anstalt kein „öffentlicher Dienst" wäre.

Nach dem Wortlaut des Gesetzes wäre die Staatsregierung auch nicht ohne weiteres befugt, den an Anstaltsschulen tätigen klösterlichen Lehrkräften eine Besoldung aus Staatsmitteln zu gewähren, weil auf sie weder Art. 148 VLG. noch Art. 24 SchBG. unmittelbar angewendet werden kann (ME. vom 9. November 1920, Ziff. 5). Da hierin eine gewisse Härte liegt, hat der Landtag auf Antrag der Staatsregierung mit Beschluß vom 13. Mai 1920 die erforderlichen Mittel bereitgestellt, um geistlichen Gesellschaften und religiösen Vereinen die im Art. 24 Abs. III und IV des SchBG. vorgesehenen Vergütungen mit Wirkung vom 1. Januar 1921 an auch für solche klösterliche Lehrkräfte gewähren zu können, die an Schulen von Stiftungen und gemeinnützigen Unternehmungen tätig sind (ME. vom 5. Juni 1921 Nr. 21 222).

Ueber die Auszahlung an den Kreiskassen s. Anm. 2 zu Art. 20 oben, über die 6%ige Gehaltskürzung die V. vom 31. Dezember 1930 (GVBl. S. 411).

Auch männliche Ordenslehrkräfte nehmen an solchen Vergütungen teil, wenn sie die Voraussetzungen für die Anstellung im Volksschuldienste erfüllt haben (a. a. O. Ziff. 2 Abs. 3). Die Anstaltsschule muß einem Bedürfnisse entsprechen (a. a. O. Ziff. 1). Auch die Zahl der Lehrkräfte, die berücksichtigt werden können, richtet sich nach dem Bedürfnisse (a. a. O. Ziff. 2 Abs. 4). Der in Art. 35 mit 33 Abs. 1 SchBG. vorgesehene Beitrag der Unternehmer ist auch für klösterliches Lehrpersonal zu entrichten (a. a. O. Ziff. 3). Darüber, welche Anstalten an der Vergünstigung teilnehmen dürfen, entscheidet das Staatsministerium für Unterricht und Kultus (a. a. O. Ziff. 1 Abs. I u. Abs. IV). Nur Lehrkräfte, die hauptamtlich Volksschulunterricht erteilen, kommen in Betracht. Ob hauptamtliche Verwendung gegeben ist, entscheidet in Zweifelsfällen die Regierung (a. a. O. Ziff. 2 Abs. I).

b) „Die Vergütungen der klösterlichen Volksschullehrerinnen an Schulen von Stiftungen und gemeinnützigen Unternehmungen bemessen sich nach Ziff. 1 A a—c; jedoch sind die errechneten Vergütungen in entsprechender Anwendung der Art. 35 mit 33 SchBG. um 20 v. H. zu kürzen" (ME. vom 3. April 1928 — KMBl. S. 225, Anhang Nr. 77).

Die gleichen Sätze gelten für männliche Ordenskräfte.

In Krankheitsfällen sind die gleichen Grundsätze anzuwenden wie bei den klösterlichen Lehrkräften an den öffentlichen Volksschulen (vgl. Anm. 11 u. 22 zu Art. 24 oben). Ebenso die Bestimmungen für klösterliche und weltliche Aushilfskräfte (ME. vom 5. Januar 1922 Nr. 55 295 Ziff. III). Weltlichen Schulamtsbewerbern und -bewerberinnen, die an Schulen von Stiftungen oder gemeinnützigen Unternehmungen (Art. 35 des SchBG.) verwendet sind, kann der Unterhaltszuschuß nach der Bekanntmachung vom 23. März 1921 (GVBl. S. 102) und der Ministerialentschließung vom 29. April 1921 Nr. 17 565 nur gewährt werden, wenn und solange sie die Stelle eines ständigen Volksschullehrers im Sinne des Art. 148 des Volksschullehrergesetzes oder eines gemäß Ziff. 4 der Ministerialentschließung betr. Schüler und Lehrer in Erziehungsanstalten vom 9. November 1920 Nr. 43 054 an die Schule berufenen unständigen Volksschullehrers aushilfsweise zu versehen haben. Wird zur Unterrichtsaushilfe in den vorbezeichneten Fällen ein Schulamtsbewerber berufen, dem nach Ziff. 33 bis 39 der Bekanntmachung vom 13. Dezember 1921 (KMBl. S. 309) die Bezüge eines unständigen Volksschullehrers zukommen, so dürfen auch diese Bezüge auf die Staatskasse übernommen werden" (ME. vom 5. Januar 1922 Nr. 55 296). — Für klösterliche Handarbeitslehrerinnen an Schulen von Stiftungen und gemeinnützigen Unternehmungen können staatliche Vergütungen nicht gewährt werden. Desgleichen nicht für weltliche Fachlehrkräfte an Anstaltsschulen (ME. vom 9. Mai 1924 Nr. IV 14 837 und vom 9. Januar 1925 Nr. IV 40 022 Ziff. IV. So auch ME. vom 3. April 1928 Ziff. 2 (KMBl. S. 225, Anhang Nr. 77), wo nur auf Ziff. 1 A, nicht auch auf B Bezug genommen ist.

c) „Art. 148 des VLG. kann von den Regierungen, Kammern des Innern, nur insoweit angewendet werden, als ihnen haushaltmäßige Stellen zur Verfügung stehen — regelmäßig also nur bei Wiederbesetzung von Stellen, für die staatliche Mittel schon bisher bereitgestellt waren —, weil die Aufwendungen des Staates freiwillige Leistungen sind. Wenn daher an neu errichteten Anstaltsschulen Volksschullehrer unter Anwendung der bezeichneten Gesetzesbestimmung angestellt werden sollen oder wenn für bestehende Schulen eine Vermehrung der Lehrkräfte unter Inanspruchnahme staatlicher Mittel beantragt wird, ist in allen Fällen die Genehmigung des Staatsministeriums für Unterricht und Kultus vorher einzuholen" (ME. vom 9. März 1927 Nr. IV 8001).

3. a) Im Schulbedarfgesetze von 1902 hatten die Schulen von Stiftungen und gemeinnützigen Unternehmungen noch keinen Platz gefunden. Dazu kam es erst im Schulbedarfgesetze vom 14. August 1919 im Zusammenhange mit dem Volksschullehrergesetze vom gleichen Tage.

Die „Begründung" zu Art. 51 des E. I (nun Art. 35 des Ges.) — BeilBd. XIX, S. 305 — verweist auf die „Begründung" zu Art. 170 des Entwurfes eines Volksschullehrergesetzes (nun Art. 148) — a. a. O. S. 113. Dort ist ausgeführt:

„Lehrkräfte aus dem Volksschullehrerstande werden auch an Schulen von Stiftungen und gemeinnützigen Unternehmungen (Erziehungsanstalten, Rettungsanstalten, Waisenhäusern u. dgl.) hauptberuflich verwendet. Nach dem Ergebnisse der amtlichen Erhebungen kommen hier zur Zeit 22 männliche und 5 weibliche Lehrkräfte aller Dienststufen an 19 solcher Schulen in Betracht.

Diese Lehrkräfte nehmen schon nach den derzeit geltenden Grundsätzen in verschiedener Hinsicht eine ähnliche Rechtsstellung ein wie die

Lehrkräfte an den christlichen Bekenntnissonderschulen. Ihre Anstellung wird in der Regel durch die zuständige Kreisregierung, Kammer des Innern, verfügt, zum Teile auf Vorschlag der Stiftungs- oder Anstaltsverwaltung. Durch Gesamtbeschluß der beiden Kammern des Landtags vom 14. August 1908 (s. Verh. d. K. d. Abg. 1908, BeilBd. 4 S. 476) ist die Staatsregierung ermächtigt, den „seminaristisch gebildeten Lehrpersonen an den Elementarschulen der Rettungs- und Wohltätigkeitsanstalten" sowohl den Bezug staatlicher Dienstalterszulagen einzuräumen als auch die Teilnahme an den Kreispensionsanstalten durch Bewilligung der Staatszuschüsse zu ermöglichen. Die Einweisung dieses Lehrpersonals in die staatlichen Dienstalterszulagen ist in Nr. 1 der Ministerialentschließung vom 9. Dezember 1908 (KMBl. S. 519) verfügt. Nach § 4 der Verordnung vom 2. Januar 1904 (KMBl. S. 1) können „Kategorien seminaristisch gebildeter Lehrpersonen, welche an ... Schulen von Stiftungs- und Wohltätigkeitsanstalten und anderen gemeinnützigen Unternehmungen als Lehrer oder Lehrerinnen wirken", zur Teilnahme an den Kreisanstalten für dienstunfähige Lehrpersonen zugelassen werden. Gemäß § 3 Abs. 1 des Musterstatuts für die Kreisvereine zur Unterstützung der Hinterbliebenen der Volksschullehrer (Bekanntmachung vom 8. März 1906, KMBl. S. 121) sind solche Lehrkräfte auch zur Begründung und Fortsetzung der Mitgliedschaft bei diesen Vereinen berechtigt.

Es wird sonach den Grundsätzen des geltenden Rechts entsprechen, wenn auch für die Zukunft die Möglichkeit eröffnet wird, Lehrkräften an Schulen der bezeichneten Art unter bestimmten Voraussetzungen die Rechtsstellung der Volksschullehrer im Sinne des Gesetzentwurfes einzuräumen. ... Selbstverständlich muß auch den Vorschriften des Schulbedarfgesetzes, die eine notwendige Ergänzung des Volksschullehrergesetzes bilden, Rechnung getragen sein (s. Art. 51 des Entwurfes eines Schulbedarfgesetzes)".

b) Nach Meinzolt (S. 102 u. 139) wären auch die Schulen von Stiftungen und gemeinnützigen Unternehmungen dann „ö f f e n t l i c h e" Volksschulen, wenn an ihnen gem. Art. 35 SchBG. und Art. 148 VLG. die Lehrkräfte von der staatlichen Anstellungsbehörde angestellt sind, während Stiftungs- usw. Schulen mit von den Schulunternehmern angestellten Lehrkräften p r i v a t e Volksschulen wären. Auf die ersteren fände die V. vom 10. Mai 1905, die Gründung, Leitung und Beaufsichtigung von Erziehungsanstalten und Unterrichtsanstalten betr. (GVBl. S. 471, KMBl. S. 179, Anh. Nr. 7) k e i n e unmittelbare Anwendung. Abgesehen davon, daß es Schulen von Stiftungen und gemeinnützigen Unternehmungen gibt, an denen sowohl vom Staate wie von den Unternehmern angestellte Lehrkräfte wirken (vgl. ME. vom 26. Januar 1925 Nr. IV 38 678) kann im Gegensatz zu den christlichen Bekenntnisschulen und zu den israelitischen Volksschulen, Stiftungs- usw. Schulen nur deswegen, weil sie als Schulen im Sinne von Art. 35 SchBG. anerkannt sind, die Eigenschaft von „öffentlichen" Schulen nicht zugestanden werden (s. Vorbemerkung zu Abschnitt VIII).

Es ergibt sich dies auch aus der ME. vom 2. November 1920 Nr. 43 054, betr. Schulen und Lehrer in Erziehungsanstalten, wo es unter Ziff. 1 heißt:

„Die Verordnung über Schulpflege, Schulleitung und Schulaufsicht für die öffentlichen Volksschulen * gilt grundsätzlich nur für die öffentlichen

---

* Nun Schulaufsichtsgesetz vom 1. August 1922 (GVBl. S. 385) mit VollzV. vom 16. August 1923 (KMBl. S. 91).

Volksschulen (Volkshauptschulen und Volksfortbildungsschulen). Außerdem findet sie auch auf die christlichen Bekenntnissonderschulen im Sinne des Art. 33 und auf die israelitischen Volksschulen im Sinne des Art. 36 des Schulbedarfgesetzes Anwendung, weil es sich bei diesen, wenn auch nicht um öffentliche Volksschulen im Sinne des Art. 1 des Volksschullehrergesetzes und der Art. 1 und 11 des Schulbedarfgesetzes, so doch um öffentliche Unterrichtsanstalten handelt, die in bezug auf äußere Einrichtung, Besetzung und Leitung vollständig den öffentlichen Volksschulen gleichstehen (s. die Vollzugsbekanntmachung vom 30. Oktober 1919, KMBl. S. 209).

Dagegen fallen die Schulen von Stiftungen und gemeinnützigen Unternehmungen im Sinne des Art. 35 des Schulbedarfgesetzes, die hier ausschließlich in Frage stehen, nicht unter die Verordnung. Abgesehen davon, daß sie zum großen Teil private Anstalten sind*, wären bei den besonderen äußeren und inneren Verhältnissen dieser Schulen namentlich die Vorschriften über Schulpflege und Schulleitung schon nach der Natur der Sache nicht anwendbar**.

Der Erlaß besonderer Bestimmungen über diese Anstaltsschulen ist nicht erforderlich, weil hier die einschlägigen Verhältnisse schon durch die Verordnung vom 10. Mai 1905 (GVBl. S. 471 — mit Ergänzung des § 8 vom 8. April 1919, GVBl. S. 160 —) erschöpfend geregelt sind; s. insbesondere §§ 4, 8, 10, 11 mit 2 Abs. I Ziff. 2 Buchst. c und d, 16, ferner § 1 Abs. IV dieser Verordnung. Aus den angeführten Bestimmungen ergibt sich auch, daß die in Frage stehenden Schulen der unmittelbaren Aufsicht der Regierung, Kammer des Innern, unterstellt sind."

Auf Schulen, die von anderen Rechtspersönlichkeiten als Stiftungen oder gemeinnützige Unternehmungen errichtet und unterhalten werden, beziehen sich die Bestimmungen des Art. 148 VLG. und des Art. 35 des SchBG. nicht (s. a. a. O. Ziff. 2; vgl. auch § 1 Abs. IV der V. vom 10. Mai 1905).

Dagegen sind Lehrkräfte an Blinden- oder Taubstummenanstalten von Stiftungen oder gemeinnützigen Unternehmungen vom Bezuge der Vergütungen nicht ausgeschlossen, soferne sie den allgemeinen Volksschulunterricht (Elementarunterricht), wenn auch mit den für die Zöglinge dieser Anstalten gebotenen Besonderheiten erteilen (ME. vom 5. Juni 1921 Nr. 21 222 Ziff. 2 Abs. 2).

c) Da es sich bei Schulen von Stiftungen und gemeinnützigen Unternehmungen mit dem Lehrziele des Elementarunterrichts immer um Privatschulen handelt, ob nun gemäß Art. 148 VLG. u. Art. 35 SchBG. an denselben staatlich angestellte Lehrkräfte verwendet werden sollen oder nicht, gilt für die Errichtung solcher Anstalten das in der Anm. 3 b zu Art. 33 oben von Privat-Volksschulen Gesagte. Es folgert ferner daraus, daß auf die Errichtung und Erhaltung solcher Schulen kein Zwang ausgeübt werden kann; ebensowenig auf ihren Besuch, es sei denn, daß es

* Sie sind es alle, soweit ihnen nicht die Eigenschaft einer Persönlichkeit des öffentlichen Rechts durch einen besonderen Akt vom Staate verliehen wurde. Die Zubilligung von staatlich angestellten Lehrkräften gem. Art. 35 SchBG. u. Art. 148 VLG. ist nicht als solcher Akt anzusehen.

** S. nunmehr VollzVorschr. z. SchAG. Ziff. 1 Abs. III (KMBl. 1923 S. 91), aber auch Bek. vom 25. Januar 1929 (KMBl. S. 17, Anh. Nr. 86).

sich um Einweisung von Fürsorgezöglingen in hierzu bestimmte Anstalten nach Maßgabe der Jugendwohlfahrtsgesetze handelt.

d) Ob und wieviele Lehrkräfte an Stiftungs- usw. Schulen nach Art. 148 BLG. angestellt und verwendet werden sollen, liegt im Ermessen der Kreisregierungen. Ebenso der Widerruf der Genehmigungen, wenn die Anstalt ihren Verpflichtungen nicht nachkommen sollte. Es haben hier die gleichen Erwägungen Platz zu greifen wie bei den christlichen Bekenntnissonderschulen (s. Anm. 3 a zu Art. 33 oben). Die Schülerzahl wird meistens schon deshalb geringer sein dürfen, als Art. 8 angibt, weil hier häufig hilfsschulähnliche Anstalten in Frage kommen. Schon nach dem Wortlaute des Art. 148 BLG. kann nur solchen Personen in Stiftungs- usw. Schulen die Rechte ständiger Volksschullehrer verliehen werden, die dort allgemeinen Volksschulunterricht erteilen, nicht auch solchen, die in diesen Anstalten ausschließlich oder fast ausschließlich mit Verwaltungsgeschäften vertraut sind. Naturgemäß müssen sie auch die Vorbildung und Eignung zu Volksschullehrern besitzen.

4. a) Die Rechtsstellung der an Schulen von Stiftungen und gemeinnützigen Unternehmungen gem. Art. 35 verwendeten staatlichen Lehrkräfte ist abgesehen von den in Anm. 2 oben erörterten Verhältnissen im wesentlichen die gleiche wie die der nach Art. 33 an christlichen Bekenntnissonderschulen angestellten staatlichen Lehrpersonen. Es kann deshalb auch auf Anm. 9 zu Art. 33 Bezug genommen werden. Von den in Art. 33 angeführten Artikeln des SchBG. fehlt bei Art. 35 nur der Art. 17, d. h. die Bestimmung, nach welchen Grundsätzen sich die Verpflichtung der Gemeinden zur Bereitstellung dieser oder jener Art von Dienstwohnungen bemißt, ist weggelassen. Einschlägig ist hier die Bemerkung in der „Begründung“ zu Art. 51 des E. I (nun Art. 35), BeilBd. XIX S. 305:

„Nicht für anwendbar erklärt sind die Art. 13 bis 16 des Entwurfs; es besteht kein Anlaß vorzuschreiben, welche Arten von Schulstellen an den hier in Frage stehenden Anstalten zu bestehen haben.“ (Soweit Bestimmungen der Art. 13 bis 16 dieses Gesetzentwurfes Gesetz geworden sind und noch gelten, sind sie in Art. 17 SchBG. enthalten.)

Art. 33 ist seinem ganzen Umfange nach für entsprechend anwendbar erklärt mit Ausnahme von Abs. III Satz 1. Dieser Satz — die Angabe der Artikel, des Schulbedarfgesetzes, die für die Sonderschulen entsprechend gelten sollen — ist bis auf den weggelassenen Art. 17 in den Wortlaut des Art. 35 aufgenommen worden.

b) Die Bestimmungen über die Bezüge der Religionslehrer nach Art. 29 gelten nur für öffentliche Volksschulen. Auf Religionslehrer an Schulen von Stiftungen und gemeinnützigen Unternehmungen sind sie nicht für anwendbar erklärt.

5. Befreiung von der Beitragsleistung nach Art. 35 mit Art. 33 Abs. I kann bei der schwierigen Finanzlage des Staates nur ganz ausnahmsweise gewährt werden (ME. vom 12. Januar 1924 Nr. 54 030).

Abschnitt IX.

Der Bedarf für die israelitischen Volksschullehrer.

Vorbemerkung.

Die auf Grund des § 33 des Judenedikts vom 10. Juni 1813 (Regierungsblatt Nr. 921, Weber Bd. 1 S. 417) von den israelitischen Glaubensgemeinden errichteten und aus eigenen Mitteln unterhaltenen Volksschulen * nahmen schon bisher eine eigene Stellung im Volksschulwesen insoferne ein, als sie zwar nicht zu den „öffentlichen Volksschulen" zählten, aber diesen doch gleich geachtet wurden (s. hierüber ME. vom 28. November 1862 — Weber Bd. 6 S. 123 — und VGHE. vom 8. August 1888, Samml. Bd. 10 S. 160). Im Schulbedarfgesetze vom Jahre 1902 fanden sie insoferne Berücksichtigung, als sie in der gleichen Weise wie auf die christlichen Bekenntnissonderschulen die Bestimmung in Art. 3 Abs. II abzielte (s. Seiler Anm. 15 zu Art. 3).

Die Denkschrift über die Neuregelung der Dienst- und Gehaltsverhältnisse des Volksschullehrerpersonals in Bayern vom 12. Juni 1914 (Verh. d. K. d. Abg. d. Bay. Landt. 1913/14, BeilBd. VI, Beil. 939, S. 818) führte über die israelitischen Volksschulen und die Lehrer an denselben u. a. folgenden aus:

„Nach § 33 des Edikts vom 10. Juni 1813 über die Verhältnisse der jüdischen Glaubensgenossen im Königreich Bayern ist den Juden bewilligt, eigene Schulen zu errichten, wenn sie vorschriftsmäßig gebildete und geprüfte Schullehrer aufstellen, die königliche Untertanen sind.

Bisher ist diese Bestimmung in dem Sinne vollzogen worden, daß die Regierungen, Kammer des Innern, die israelitischen Volksschulen auf Antrag der Kultusgemeinden errichtet haben, wenn die erforderlichen Mittel für den Unterhalt der Schule bereitgestellt waren. Die Lehrer der israelitischen Volksschulen wurden in bezug auf den Gehalt und die Gewährung der staatlichen Dienstalterszulagen sowie die Teilnahme an der Ruhestands- und Hinterbliebenenfürsorge gleich dem Lehrpersonale der öffentlichen Volksschulen behandelt. Die Zahl der israelitischen Volksschulen beträgt 79, von denen 5 unbesetzt sind, die der Lehrer 74. Den Kultusgemeinden werden in der Regel auch freiwillige Zuschüsse aus Kreismitteln zur Aufbringung des Schulbedarfs gegeben. Nur wenn die Zahl der Schüler einer israelitischen Volksschule dauernd allzusehr zurückging, haben die Landräte bisweilen die Fortgewährung solcher Zuschüsse abgelehnt.

Ein bedeutsamer Unterschied gegenüber den Verhältnissen der christlichen Sonderschulen liegt nun aber darin, daß nicht die Regierung das freie Ernennungsrecht der Lehrer an den israelitischen Volksschulen besitzt, sondern daß den Kultusgemeinden das Recht zusteht, bei Besetzung von Lehrerstellen an diesen von ihnen unterhaltenen Elementarschulen den Stelleninhaber auszuwählen und der zuständigen Regierung zur Bestätigung und Anstellung zu benennen (vgl. Entschl. d. Verwaltungsgerichtshofs vom 10. Januar 1913, Sammlung Bd. 34 S. 113).

Die Lehrer der israelitischen Volksschulen sind hiernach Beamte der Kultusgemeinden; ihre staatsrechtliche Stellung ist eine wesentlich andere als die der Lehrer an den öffentlichen Volksschulen und den christlichen Sonderschulen. Der Staat hat über sie nicht die volle und unmittelbare Dienstgewalt.

---

* Edikt vom 10. Juni 1813 über die Verhältnisse der jüdischen Glaubensgenossen im Königreich Bayern: „§ 33. Den Juden ist bewilliget, eigene Schulen zu errichten, wenn sie vorschriftsmäßig gebildete und geprüfte Schullehrer aufstellen, welche königliche Untertanen sind, und denen ein Gehalt von wenigstens 300 fl. gesichert ist. Dieselben sind an den allgemeinen Lehrplan gebunden. Die Aufnahme von Hauslehrern richtet sich nach den allgemeinen Bestimmungen."

Aber auch in tatsächlicher Beziehung ist das Verhältnis des Staates zu den israelitischen Volksschullehrern von dem zu den Lehrern der christlichen Sonderschulen in einem wichtigen Punkte verschieden. Während es bei den christlichen Sonderschulen in der Regel keine Schwierigkeiten bieten wird, den Lehrer beim Aufhören seiner Tätigkeit an der Sonderschule an eine öffentliche Volksschule zurückberufen, ist es in der Regel nicht möglich, einen israelitischen Elementarlehrer, der an einer israelitischen Volksschule nicht belassen werden kann, irgendwie anderweitig zu verwenden. Denn die Berufung an eine öffentliche Volksschule ist ausgeschlossen, da an den öffentlichen Volksschulen nur christliche Lehrer tätig sein dürfen; einer Versetzung an einer anderen israelitischen Volksschule wird aber, abgesehen von der geringen Zahl dieser Schulen, meist der Umstand entgegenstehen, daß die Regierung durch das Wahlrecht der beteiligten Kultusgemeinden gebunden ist, für deren Entscheidung vor allem die Frage der Glaubensrichtung des Schulstellenanwärters ausschlaggebend ist.

Die Schwierigkeit anderweitiger Verwendung israelitischer Volksschullehrer fällt um so stärker ins Gewicht, als die Regierungen, Kammern des Innern, die Errichtung einer israelitischen Volksschule nicht ablehnen können, wenn sie von einer israelitischen Kultusgemeinde beantragt wird und die Voraussetzungen des § 33 des Judenedikts erfüllt sind. Auf diese Weise kann es bei dem fortschreitenden Rückgange vieler israelitischer Kultusgemeinden auf dem Lande leicht dahin kommen, daß israelitische Volksschulen fortgeführt und aus staatlichen Mitteln unterstützt werden müssen, deren Schülerzahl dauernd so gering ist, daß eine öffentliche Volksschule in gleichem Falle wohl längst aufgehoben sein würde. Ueber 20 Schüler haben nur 8, über 15 nur 12 israelitische Volksschulen; die Mehrzahl bleibt unter 10 Schülern...

Diese Umstände lassen es untunlich erscheinen, auch die israelitischen Volksschullehrer in das künftige Lehrergesetz einzubeziehen...

Vielmehr wird es sich empfehlen, die Neuregelung der Rechtsverhältnisse der Lehrer an israelitischen Volksschulen dem künftigen israelitischen Kultusgemeinde- und Kultussteuergesetze zu überlassen."

In letzterer Beziehung nahm jedoch die Gesetzgebung den Gedankengang der Denkschrift **nicht** auf.

Die Entwürfe des Volksschullehrergesetzes und Schulbedarfgesetzes vom 27. Juli 1918 sehen vielmehr die Regelung der israelitischen Volksschulen und ihrer Lehrkräfte in den Art. 171 und 172, bezw. 52—54 (nun Art. 149 und 150) VLG. und Art. 36—38 SchBG. vor.

Die „Begründung" zum Volksschullehrergesetz sagt hierüber (Verh. d. K. d. Abg. d. Bay. Landt. 1917/18, BeilBd. XIX, Beil. 2581, S. 114):

„Nach den Vorschlägen der Denkschrift sollte die Neuregelung der Rechtsverhältnisse der Lehrer an den israelitischen Volksschulen dem künftigen israelitischen Kultusgemeinde- und Kultussteuergesetz überlassen werden; hierbei sollte davon ausgegangen werden, daß diesen Lehrkräften die Eigenschaft von Beamten der Kultusgemeinden zukommt.

Bei der heutigen Sachlage kann jedoch nicht mehr angenommen werden, daß dieser Weg zu einem befriedigenden Ergebnisse führen würde... Es wird nicht angehen, die Neugestaltung der Rechtsverhältnisse der israelitischen Volksschullehrer, die nicht minder dringend ist als die Regelung der Verhältnisse des christlichen Volksschullehrerpersonals, einem Gesetzeswerke zu überlassen, von denen heute noch nicht vorausgesetzt werden kann, wann es zum Abschlusse kommen wird. Unter den gegebenen Umständen wird es vielmehr naheliegen, auch die Dienst- und Besoldungsverhältnisse der Lehrer an den israelitischen Volksschulen im Volksschullehrergesetze der Neuregelung zuzuführen.

Aus den gleichen Erwägungen wird auch davon abgesehen werden müssen, diese Neuordnung darauf aufzubauen, daß die israelitischen Volksschullehrer künftig Beamte der Glaubensgemeinden sein sollen. Abgesehen von den sonstigen Mängeln in der Verfassung der israelitischen Glaubensgemeinden entbehren diese zur Zeit in ihrer Mehrzahl der sicheren wirtschaftlichen Grundlage ...

Der Gesetzentwurf sucht daher die Lösung auf dem Wege, daß er die Lehrkräfte an den israelitischen Schulen im wesentlichen nach den gleichen Grundsätzen behandelt wie die Volksschullehrer an den christlichen Bekenntnissonderschulen nach Art. 169 des Entwurfs. Auch die israelitischen Volksschullehrer sollen demnach sowohl dienstrechtlich als auch besoldungsrechtlich den gleichen Vorschriften wie das Lehrpersonal der öffentlichen Volksschulen unterstellt werden, auch bei ihnen ergeben sich lediglich insoferne Besonderheiten, als die gesetzlichen Befugnisse und Verpflichtungen der bürgerlichen Gemeinde hier den Unternehmern der Schule, nämlich der israelitischen Glaubensgemeinde zukommen ...

Die grundsätzliche Gleichstellung der Lehrkräfte an den israelitischen Schulen mit den Volksschullehrern im Sinne des Gesetzentwurfs rechtfertigt sich auch aus der bisherigen Stellung dieser Lehrkräfte. Sie können ihre Vorbildung nicht nur an den bestehenden besonderen Bildungsanstalten, sondern auch an den staatlichen Lehrerbildungsanstalten erhalten ...

Auch die israelitischen Volksschulen nehmen im öffentlichen Schulwesen eine andere Stellung ein als etwa bloße Privatschulen, ebenso wie der Gemeinschaft der israelitischen Glaubensgenossen namentlich in bezug auf die Gemeindebildung gegenüber den übrigen Privatkirchengesellschaften eine Sonderstellung zukommt."

Die israelitischen Volksschulen, deren Zahl nach den Erhebungen im Jahre 1918 75 betrug — 19 von ihnen hatten nicht mehr als 5 Schüler, 26 nur 6 bis 10 Schüler —, haben ihre rechtl. Grundlage auch jetzt noch im § 33 des Judenedikts. Das Judenedikt ist noch in Geltung, allerdings nur soweit es mit der Reichs- und Landesverfassung und mit den übrigen Reichs- und Staatsgesetzen nicht im Widerspruch steht. So könnte ein Vorschlagsrecht der israelitischen Kultusgemeinden bei der Anstellung eines israelitischen Volksschullehrers für eine israelitische Volksschule nach Art. 36 SchBG. mit Art. 149 VLG. aus dem Judenedikt schon um deswillen nicht abgeleitet werden, weil durch Art. 76 SchBG. a l l e Präsentations- und Vorschlagsrechte in bezug auf die Besetzung von Schulstellen durch den Staat aufgehoben sind. Ebensowenig kann entgegen der Bestimmung des Art. 36 SchBG. von einer israelitischen Kultusgemeinde unter Berufung auf das Judenedikt mit Recht die Anstellung eines israelitischen Volksschullehrers durch den Staat an israelitischen Volksschulen auch dann gefordert werden, wenn die Zahl der hauptschulpflichtigen Schüler nach dem Durchschnitte der letzten 5 Jahre weniger als 10 beträgt. Zu beachten ist jedoch hierbei, daß diese Bindungen nur bestehen, wenn Anspruch auf einen s t a a t l i c h besoldeten Volksschullehrer im Sinne des Art. 149 VLG. erhoben wird. Aus eigenen Mitteln eine Lehrkraft aufzustellen ist den israelitischen Kultusgemeinden nicht verwehrt, ob sich nun an der betreffenden israelitischen Volksschule noch ein weiterer staatlich angestellter Volksschullehrer befindet oder nicht. —

Die Artikel des Abschnittes IX (36—38) sind bisher unverändert geblieben bis auf Art. 37, der im Wortlaute durch das Gesetz vom 30. Juni 1921 (GVBl. S. 361) eine kleine Abänderung erfahren hat.

Art. 36. An Schulen, die von israelitischen Glaubensgemeinden[1]) aus eigenen Mitteln freiwillig unterhalten werden und die öffentliche Volksschule[2]) ersetzen (israelitische Volksschulen[3]), können[4]) Volksschullehrer (israelitische Volksschullehrer[5])) angestellt werden, wenn die Leistungen für den Schulbedarf, die der Glaubensgemeinde obliegen[6]), sichergestellt sind, die Zahl der hauptschulpflichtigen[7]) Schüler nach dem Durchschnitte der letzten fünf Jahre nicht weniger als zehn[8]) beträgt und die Einrichtung und Verwaltung der Schule den billigen Anforderungen an eine öffentliche Volksschule[2]) entspricht[9]).

1. Den israelitischen Kultusgemeinden (Glaubensgemeinden) waren durch § 24 mit 25 des Judenedikts vom 10. Juni 1813 (Weber Bd. 1 S. 417), § 9 der VerfUrk. vom 26. Mai 1818 (Weber Bd. 1 S. 578), und Religionsedikt (2. VerfBeil.) vom 26. Mai 1818, § 24 ff., s. auch ME. vom 29. Juni 1863 (Weber Bd. 6 S. 186) die Rechte von Körperschaften des öffentlichen Rechts verliehen. Gem. Art. 137 Abs. V der Verfassung des Deutschen Reichs vom 11. August 1919 (RGBl. S. 1383) und § 18 Abs. II der VerfUrk. des Freistaates Bayern vom 14. August 1919 (GVBl. S. 531) sind die israelitischen Kultusgemeinden (Glaubensgemeinden) auch Körperschaften des öffentlichen Rechts geblieben (s. Hofmann S. 10 oben und S. 37; s. aber auch Anm. 4 b unten).

2. Die öffentliche Volksschule ist die vom Staate zur Durchführung der Schulpflichtverordnung errichtete Schule, s. § 1 des Schulaufsichtsgesetzes vom 1. August 1922 (GVBl. S. 385) und Ziff. 1 der Vollz.-Vorschr. z. SchAG. vom 16. August 1923 (KMBl. S. 91) im Zusammenhalte mit Art. 1 des VLG. und Art. 8 mit 10 a des SchBG. vom 14. August 1919 (GVBl. S. 437, Anh. Nr. 22, bezw. 489) und § 2 der V. vom 22. Dezember 1913 über die Schulpflicht (GVBl. S. 957, KMBl. S. 351, Anh. Nr. 16) mit § 1 der V. vom 26. August 1883, die Errichtung der Volksschulen und die Bildung der Schulsprengel betr. (GVBl. S. 407, KMBl. S. 247, Anh. Nr. 6).

3. S. Vorbemerkung zu Abschn. IX oben.

4. a) „Können", nicht „müssen".

„Die Entscheidung darüber, ob die Voraussetzungen nach Abs. I (nun Art. 36) im einzelnen Falle erfüllt sind, ist dem schulaufsichtlichen Ermessen der Anstellungsbehörde überlassen.* Gegen ihre Entscheidung steht der Glaubensgemeinde die Oberaufsichtsbeschwerde zum Staatsministerium des Innern für Kirchen- und Schulangelegenheiten (jetzt: „Staatsministerium für Unterricht und Kultus") offen. Die Beschreitung des Verwaltungsrechtsweges kann um so weniger in Frage kommen, als selbst beim Vorliegen der

---

* Anders bei der Errichtung von israelitischen Volksschulen nach § 33 des Judenedikts, die nicht unter Art. 36 SchBG. fallen sollen. Die Errichtung solcher Schulen darf die Regierung bei Erfüllung ihrer Vorbedingungen nicht verweigern (s. ME. vom 6. November 1909 Nr. 27 212).

Voraussetzungen des Abs. I (nun Art. 36) für die Anstellungsbehörde an sich kein rechtlicher Zwang zur Ernennung eines israelitischen Volksschullehrers an der Schule bestünde.

Bei der Neuerrichtung einer israelitischen Volksschule wird die Frage nach der Mindestschülerzahl danach zu beantworten sein, ob die Zahl der zur Glaubensgemeinde gehörigen hauptschulpflichtigen Kinder nach dem Durchschnitte der letzten 5 Jahre eine Besucherzahl von 20 (s. Entwurf! Im Gesetz „zehn") gewährleistet hätte." („Begründung" zu E. I S. 306.)

„Anstellungsbehörde" ist gemäß § 46 Formationsverordnung vom 17. Dezember 1825 (Weber Bd. 2 S. 279) und § 1 der V. vom 29. Juli 1920, betr. die Aufsicht über das Volksschulwesen an den Kreisregierungen (GVBl. S. 397) die Regierung, Kammer des Innern. Wenn es sich aber im Falle der Aufstellung eines israelitischen Volksschullehrers mit Staatsmitteln gem. Art. 36 SchBG. um „Neuerrichtung von Lehrstellen" handelt, ist zur Zeit mit Rücksicht auf die schwierige Finanzlage des Staates von der Regierung jeweils die oberaufsichtliche Genehmigung zu erholen (s. Anm. 11 zu Art. 8 oben).

b) Die Errichtung israelitischer Volksschulen im Sinne des § 33 des Judenedikts erfolgt in den Formen der V. vom 10. Mai 1905 (GVBl. S. 471), wobei die Zuständigkeit der Regierung nach § 2 Ziff. 2 Buchst. c ebenda gegeben ist. Eine solche Schule hätte aber noch nicht ohne weiteres auch die Eigenschaft einer israelitischen Volksschule im Sinne der Art. 36 mit 38 des SchBG. Wenn die Schule eine israelitische Volksschule im im Sinne des SchBG. sein soll, dann müssen auch die weiteren Voraussetzungen dieses Gesetzes in Art. 36, das ist vor allem bezüglich der Schülerzahl, erfüllt sein. Möglich ist auch die Errichtung einer Schule im Sinne des Art. 36, wenn die Unternehmerin nicht eine eigentliche Kultusgemeinde, wohl aber eine israelitische Religionsgemeinde, also eine Vereinigung mit ausgesprochenem Bekenntnisgepräge ist (s. Osthelder, Anm. 1 zu Art. 36 S. 206). Nicht möglich ist die Errichtung einer Schule im Sinne des Art. 36, wenn eine rein private, nichtkirchliche Vereinigung von Israeliten die Unternehmerin wäre. Wenn sich Bekenntnisgenossen zusammenschließen, um eine Erziehung nach besonderen religiösen Grundsätzen zu ermöglichen, so wird das Unternehmen dadurch auch noch zu keinem gemeinnützigen im Sinne des Art. 148 VU. und Art. 35 SchBG., selbst beim Fehlen einer Gewinnabsicht (s. Osthelder a. a. O. S. 206). In solchen Fällen handelt es sich um reine Privatschulen (s. Anm. 3 b zu Art. 33 oben).

Die Bildung eines Schulsprengels mit Besuchspflicht ist bei israelitischen Volksschulen ebensowenig möglich wie bei christlichen Bekenntnissonderschulen (s. Anm. 3 a zu Art. 33), trotzdem sie, wenn es sich um Schulen im Sinne des Art. 36 handelt, als öffentliche Unterrichtsanstalten zu gelten haben (s. Vorbemerkung zu Abschnitt VIII oben). Israelitische Schulkinder haben das Recht, und wenn sie nicht in zulässiger Weise von der Verpflichtung befreit sind (§ 17 d. Schulpflichts-V. vom 22. Dezember 1913 — GVBl. S. 957), auch die Pflicht, die öffentliche Volksschule zu besuchen (s. Osthelder Anm. c zu Art. 36, S. 208 u. ME. vom 17. Juli 1921 Nr. 29 331; anders VGHE. Bd. 14 S. 126).

5. a) S. Art. 149 u. 150 des VU. Die „Begründung" zu Art. 52 des Entw. z. SchBG. (Art. 36 des SchBG.) — a. a. O. Beil. 2621 S. 305 — bemerkt:

„Art. 52 Abs. I dieses Artikels umschreibt die Voraussetzungen, unter denen israelitische Volksschullehrer im Sinne des Entwurfes eines Volksschullehrergesetzes (Art. 171*) Abs. I an den israelitischen Volksschulen angestellt werden können. Andere Lehrkräfte als israelitische Volksschullehrer im Sinne des Gesetzes, also Lehrkräfte, für deren Besoldung und Versorgung der Staat keine Verpflichtungen übernimmt, können an diesen Schulen selbstverständlich auch aufgestellt werden, wenn die bezeichneten Voraussetzungen nicht zutreffen. Denn der Zweck der Vorschrift ist lediglich zu verhindern, daß dem Staate Aufwendungen erwachsen für Schulen, deren Verhältnisse die Verwendung öffentlicher Mittel nicht rechtfertigen."

Bei Uebernahme bereits errichteter Lehrstellen auf den Staat ist die Anstellungsbehörde nicht gehalten, den bisherigen Stelleninhaber als staatlichen Volksschullehrer anzustellen, wird dies aber aus Billigkeitsgründen tun, wenn er die Voraussetzungen für eine Anstellung im öffentlichen Volksschuldienste erfüllt hat.

b) Nur auf Volksschulunterricht bezieht sich Art. 36. Die Aufstellung von Kultusdienern ist Sache der israelitischen Glaubensgemeinden. Sollte den israelitischen nach Maßgabe des Art. 149 Abs. I VLG. an israelitischen Volksschulen hauptamtlich angestellten Volksschullehrern der Schächterdienst als Nebenamt übertragen werden, so wären die Bestimmungen des Art. 13 VLG. anzuwenden (Art. 149 Abs. II VLG.: s. auch ME. vom 20. April 1925 Nr. IV 53 220).

6. D. i. für den sächlichen Schulbedarf überhaupt und für den persönlichen nach Maßgabe des Art. 37 mit 33 SchBG.

7. Die Hauptschulpflicht umfaßt die ersten sieben oder acht Schulpflichtjahre (s. §§ 1 u. 4 mit 7 der V. vom 22. Dezember 1913 über die Schulpflicht (GVBl. S. 957, KMBl. S. 351, Anh. Nr. 16).

8. Die Entwürfe zum Schulbedarfgesetz sahen die Schülerzahl „zwanzig" vor. Erst durch den Landtagsbeschluß vom 14. August 1919, BeilBd. II, Beil. 384 S. 513) wurde die Zahl „zwanzig" durch „zehn" ersetzt.

Nach Art. 38 Abs. II SchBG. kann eine israelitische Volksschule im Sinne des Art. 36 aber auch bestehen bleiben, wenn die Schülerzahl im Durchschnitt der letzten fünf Jahre unter „zehn" herabsinkt. Auch bei den israelitischen Volksschulen wird zweckmäßig nicht nur die Schülerzahl der letzten fünf Jahre, sondern auch die voraussichtliche der kommenden fünf Jahre ins Auge zu fassen sein (vgl. Anm. 4 zu Art. 8 oben).

9. Die ME. vom 16. April 1920 Nr. 15 605 betr. die israelitischen Volksschullehrer führt aus:

„Nach Art. 150 des Volksschullehrergesetzes ist der israelitische Volksschullehrer in den Ruhestand zu versetzen, wenn die im Art. 36 des Schulbedarfgesetzes bezeichneten Voraussetzungen weggefallen sind und nicht eine Ausnahme nach Art. 38 Abs. II des gleichen Gesetzes zugelassen ist, es sei denn, daß der Volksschullehrer an einer anderen israelitischen Schule verwendet werden kann. Unter den gleichen Voraussetzungen kann auch der widerrufliche israelitische Volksschullehrer in den Ruhestand versetzt werden.

... Als besonderen Grund im Sinne des Art. 38 Abs. II des Schulbedarfgesetzes kann allgemein der Umstand gelten, daß die Versetzung in

* Nun Art. 149 VLG.

den Ruhestand und die damit verbundene Verringerung der dienstlichen Bezüge unter den gegenwärtigen Zeitverhältnissen eine ganz besonders empfindliche Erschwerung der Lebenshaltung zur Folge hat.

Es ist auch zu berücksichtigen, daß die gesetzlichen Leistungen des Staates zum Diensteinkommen des israelitischen Volksschullehrers vielfach geringer sind, als jene zum Ruhegehalt, weil der letztere ausschließlich aus staatlichen Mitteln aufzubringen ist, während zum Gehalt des israelitischen Volksschullehrers auch die Glaubensgemeinde einen jährlichen Betrag von 1400 Mk. (jetzt zwanzig vom Hundert des jeweiligen Diensteinkommens des Stelleninhabers) zu leisten hat.

... Die Neuanstellung israelitischer Volksschullehrer an Schulen, die den Anforderungen des Art. 36 des Schulbedarfgesetzes nicht entsprechen, ist nach den gesetzlichen Vorschriften nicht zulässig. Bemerkt wird jedoch, daß die förmliche Aufhebung solcher Schulen in keinem Falle veranlaßt ist, daß es vielmehr grundsätzlich der Glaubensgemeinde überlassen bleibt, ob sie die Schule ohne Zuschuß aus Staats- und Kreismitteln, sei es als Volksschule, sei es als Religionsschule, weiterführen will."

Die israelitischen Religionsschulen sind Privatschulen (s. Anm. 3 b zu Art. 33 oben). Da der hier erteilte Religionsunterricht aber anders als der „Sittenunterricht" freireligiöser Gemeinden (s. Anm. 16 zu Art. 29 oben) ein ordentliches Lehrfach der Volksschule ist und die Religionsschule der Ergänzung der öffentlichen Volksschule dient, ist der Besuch, soferne nicht Abmeldung vom Religionsunterricht in den vorgeschriebenen Formen erfolgt ist, Pflicht und die Versäumnis kann nach den Vorschriften über die Schulversäumnisse bestraft werden — s. Osthelder S. 208 Anm. 2 d zu Art. 36 und das dort angeführte Urteil des OLG. München vom 18. Juli 1895).

Kommt die Ruhestandsversetzung nach Art. 150 VLG. in Frage, so sind die nach der ME. vom 19. Februar 1920 (KMBl. S. 73) gepflogenen Verhandlungen mit gutachtlicher Stellungnahme dem Staatsmin. f. Unt. u. Kultus vorzulegen (ME. vom 16. April 1920 Nr. 15 605 Ziff. 2).

„Bei der Wiederbesetzung erledigter israelitischer Lehrstellen und bei der Besetzung von Lehrstellen, die unter Anwendung des VLG. Art. 149 mit SchBG. Art. 36 neu errichtet werden, müssen in erster Linie die auf Grund des VLG. Art. 150 in den Ruhestand versetzten israelitischen Volksschullehrer berücksichtigt werden. Die Wiederanstellung erfolgt in der Regel nach Maßgabe des Dienstalters. Die Regierung von Unterfranken, K. d. J., hat künftig ein Verzeichnis der in sämtlichen Regierungsbezirken vorhandenen, nach VLG. Art. 150 in den Ruhestand versetzten israelitischen Volksschullehrer, die für die Wiederanstellung in Betracht kommen, zu führen. Wegen der Besetzungen haben die anderen Regierungen mit dieser ins Benehmen zu treten. Die Regierung von Unterfranken, K. d. J., hat ferner ein Verzeichnis der israelitischen Schulamtsbewerber und Schulamtsbewerberinnen für das ganze Land zu führen (in Unterfranken bestehen auch die einzigen bayerischen israelitischen Lehrerbildungsanstalten, nämlich in Würzburg und Höchberg bei Würzburg). Damit ist jedoch keine Anwartschaft verbunden, die Aufnahme in das Verzeichnis hat lediglich die Bedeutung einer Vormerkung. Bis auf weiteres kann in jedem dritten Besetzungsfalle ein israelitischer Schulamtsbewerber berufen werden. Vor der Anstellung ist regelmäßig amtsärztliche Untersuchung zu veranlassen" (ME. vom 19. Februar 1923 Nr. 55 927; s. auch ME. vom 25. März 1921 Nr. 52 222).

Ueber die Anrechnung der Vorbereitungsdienstzeit der Schulamtsbewerber — auch bei gleichzeitiger Dienstleistung als israelitischer Religionslehrer — auf die ruhegehaltsfähige Dienstzeit s. ME. vom 18. Juni 1923 Nr. 21 355. — Ueber Unterrichtsaushilfen s. ME. vom 19. Februar 1923 Nr. 55 927.

Israelitische Religionslehrer sind keine Staatsbeamte. Die ME. vom 16. Mai 1924 Nr. IV 15 016 besagt: Verleihung des Titels Hauptlehrer oder Oberlehrer an israelitische Religionslehrer durch den Staat ist nicht angängig, weil diese nicht Beamte des Staates, sondern der Kultusgemeinde sind. Das Staatsmin. ist jedoch bereit, in geeigneten Fällen zu genehmigen, daß dem Religionslehrer der Titel „Hauptlehrer" oder gegebenenfalls „Oberlehrer" von der Kultusgemeinde verliehen wird, wenn es sich um Lehrkräfte handelt, die mit der Erteilung des Religionsunterrichtes an öffentlichen Volksschulen voll beschäftigt sind und denen mit Rücksicht hierauf eine staatliche Vergütung in Höhe des vollen Diensteinkommens für hauptamtliche israelitische Religionslehrer angewiesen ist (s. auch Anm. 6 zu Art. 37 unten).

In teilweiser Abänderung der ME. vom 16. Mai 1924 Nr. IV 15 016 hat die ME. vom 17. September 1930 Nr. IV 23 088 erklärt, es wolle keine Erinnerung dagegen erhoben werden, „daß die Amtsbezeichnungen „Hauptlehrer" und „Oberlehrer" auch an solche israelitische Religionslehrer verliehen werden, die mit der Erteilung des Religionsunterrichtes an öffentlichen Volksschulen oder an privaten israelitischen Volksschulen nicht voll beschäftigt sind und denen hierfür nur eine staatliche Vergütung für nebenamtlichen Unterricht zugewiesen ist, wenn sie durch die Erteilung sonstigen Unterrichts an öffentlichen Unterrichtsanstalten oder an solche ersetzenden privaten Unterrichtsanstalten das Maß der Vollbeschäftigung erreichen".

Gem. ME. vom 17. September 1930 Nr. IV 23 088 sowie Art. 2 des Gesetzes vom 25. November 1921 (GVBl. S. 551) ist bei der Verleihung des Titels „Oberlehrer" Voraussetzung, daß dem Religionslehrer durch die Kultusgemeinde das Diensteinkommen eines Beamten dieser Besoldungsgruppe durch Zusatz zu den Staatsleistungen bereitgestellt oder gesichert ist, da im Hinblick auf das Urteil des Staatsgerichtshofes für das Deutsche Reich vom 9. Dezember 1929 auch an Lehrkräfte der öffentlichen Volksschulen der Titel „Oberlehrer" nicht mehr verliehen wird, ohne daß sie zum Beamten der Besoldungsgruppe A 4 a befördert werden.

Art. 37[1]**.** Für die israelitischen Volksschulen[2]) und für die Bezüge der israelitischen Volksschullehrer[3]) und ihre Hinterbliebenen gilt Art. 33 entsprechend[4])[5])[6])[7]).

1. Art. 37 lautete in der Fassung des Gesetzes vom 14. August 1919: „Für die israelitischen Volksschulen" und für die Bezüge der israelitischen Volksschullehrer und ihrer Hinterbliebenen gelten die Art. 33 und 34 entsprechend."

Art. 45 Ziff. 3 des Gesetzes vom 30. Juni 1921 zum Vollzuge des Landessteuergesetzes vom 30. März 1920 (RGBl. S. 402) — GVBl. 1921 S. 361 — bestimmte:

Im Art. 37 werden die Worte „gelten die Art. 33 und 34 entsprechend" ersetzt durch die Worte: „gilt Art. 33 entsprechend".

Die Aenderung war durch die Streichung des Art. 34 SchBG. (Art. 45 Ziff. 2) und diese durch die Aenderung in der Finanzgesetzgebung des Reiches und der Länder und durch die Aufhebung des Umlagengesetzes (s. die Fußnoten zu Art. 34 und 25 oben) veranlaßt worden.

2. Im Sinne des Art. 36 SchBG.

3. Im Sinne der Art. 149 und 150 BLG.

4. Aus Art. 37 ergibt sich die übereinstimmende Rechtsstellung vom Staate angestellter israelitischer Volksschullehrer mit den an christlichen Bekenntnissonderschulen staatlich angestellten Lehrkräften (s. Vorbemerkung zu Abschnitt IX).

Wie lange der in den Ruhestand versetzte Volksschullehrer noch in der Dienstwohnung bleiben darf, bestimmt nach Art. 19 Abs. III Satz 3 mit Art. 51 d. BBesG. ausschließlich die Regierung, K. d. J., nicht die Kultusgemeinde (ME. vom 19. Februar 1923 Nr. 55 927).

5. Uebergangsvorschriften s. Art. 73 unten.

6. Ueber die Vergütungen für Erteilung des israelitischen Religionsunterrichtes an den allgemeinen Volksschulen, soweit solche von israelitischen Schülern besucht werden, s. Art. 29 und die Anm. 6 Ziff. II, 14 und 15 hierzu.

Diese Vorschriften beziehen sich nicht auf den Religionsunterricht an den israelitischen Volksschulen im Sinne des Art. 36 SchBG. Eine Ausdehnung auf diese Schulen wäre auch nicht veranlaßt, weil bei der durchgängig geringen Schülerzahl der israelitischen Volksschulen und bei der Verpflichtung auch der israelitischen Volksschullehrer (unbeschadet ihres Ablehnungsrechtes nach Art. 149 Abs. II der Verfassung des Deutschen Reiches) den lehrplanmäßigen Religionsunterricht zu erteilen (vgl. Anm. 6 zu Art. 29 oben) ein Bedürfnis zu besonderen Vergütungen des Religionsunterrichtes an diesen israelitischen Volksschulen nicht besteht.

Die ME. vom 13. März 1923 Nr. 2179 handelt deshalb nur von der Aufbringung des Bedarfs für die Erteilung des israelitischen Religionsunterrichts an den öffentlichen (= allgemeinen) Volksschulen (s. auch Anm. 9 am Schlusse zu Art. 36 oben).

7. Bei Streitigkeiten wegen der Aufbringung des Schulbedarfs zu israelitischen Volksschulen gilt im wesentlichen das gleiche wie bei christlichen Bekenntnissonderschulen (vgl. Anm. 3a zu Art. 33 oben). Weder Art. 10 Ziff. 17 u. 18 noch Ziff. 19 des BGG. bezieht sich auf israelitische Volksschulen, auch auf solche nicht, die unter Art. 36 d. SchBG. fallen. Wenn nicht Art. 8 Ziff. 36 d. BGG. („Ansprüche und Reichnisse aus dem israelitischen Kultusverbande") einschlägig ist, sind die bürgerlichen Gerichte zuständig. Aehnlich Osthelder Anm. 6 zu Art. 36 S. 210; a. M. der BGH. in der E. Bd. 14 S. 125).

Art. 38. I Den israelitischen Glaubensgemeinden[1]) können[2]) zur Aufbringung des Bedarfs für das Diensteinkommen[3]) der israelitischen Volksschullehrer Zuschüsse aus Mitteln der Kreise gewährt werden, solange die im Art. 36 bezeichneten Voraussetzungen gegeben sind.

II Wenn nach dem Ermessen der Regierung, Kammer des Innern, besondere Gründe vorliegen, können die Zuschüsse[4]) ausnahmsweise auch nach dem Wegfalle dieser Voraussetzungen, jedoch für die einzelne Lehrstelle nicht über den Zeitpunkt ihrer nächsten Erledigung hinaus fortgewährt werden [4]). Das gleiche gilt für die gesetzlichen Leistungen des Staates zum Diensteinkommen der israelitischen Volksschullehrer [5]).

1. Den israelitischen Glaubensgemeinden als den Unternehmern und Trägern der israelitischen Volksschulen im Sinne des Art. 36 SchBG., s. auch Anm. 1 zu Art. 36 oben.

2. „Können", nicht „müssen". Es handelt sich sohin um freiwillige Leistungen der Kreise, die nicht wie die Pflichtleistungen nach Art. 27 SchBG. (s. oben Anm. 3 zu Art. 27) staatsaufsichtlich erzwungen werden können.

Eingeschränkt ist die Zulässigkeit der Gewährung freiwilliger Leistungen durch den zweiten Halbsatz des Art. 38 Abs. I „solange die im Art. 36 bezeichneten Voraussetzungen gegeben sind". Die Einschränkung fällt jedoch im Rahmen der Bestimmungen des Art. 38 Abs. II weg. Soweit die Einschränkung gesetzlich festgelegt ist, hat sie die Bedeutung, daß der Gewährung freiwilliger Kreiszuschüsse staatsaufsichtlich entgegengetreten werden könnte (Art. 35 mit 34 der Kreisordnung vom 17. Oktober 1927, GVBl. S. 335). Zu beachten ist ferner, daß die Einschränkung nur besteht, soweit es sich um Zuschüsse „zur Aufbringung des Bedarfs für das Diensteinkommen der israelitischen Volksschullehrer" handelt. Uneingeschränkt wie bei den christlichen Bekenntnissonderschulen überhaupt ist die Befugnis der Kreise, für israelitische Volksschulen zur Bestreitung ihres sonstigen Bedarfs freiwillig beizusteuern, z. B. zur Herstellung einer Dienstwohnung für den Volksschullehrer (vgl. Anm. 9 Abs. 2 zu Art. 33 oben).

S. dagegen die Uebergangsbestimmungen in Art. 74 und Anm. 1 hierzu unten.

3. Das Diensteinkommen des israelitischen Volksschullehrers, soferne er nach Art. 36 vom Staate angestellt ist, besteht gem. Art. 1 des BBesG. vom 20. April 1928 (GVBl. S. 205) aus Grundgehalt und Wohnungsgeldzuschuß; neben diesem Diensteinkommen erhält der Volksschullehrer gegebenen Falles auch Kinderzuschläge. Alle diese Bezüge werden gem. Art. 149 BLG. vom Staate bestritten. Zu einer freiwilligen Kreisbeihilfe an die israelitischen Glaubensgemeinden zur Aufbringung des Bedarfs für das Diensteinkommen der israelitischen Volksschullehrer ist deshalb nur Raum, soweit die Glaubensgemeinden nach Maßgabe des Art. 37 mit 33 Abs. I und II für Lehrstellen feste Beträge in Höhe eines Hundertsatzes der Diensteinkommen zu leisten haben.

4. Der Kreise.

5. a) Vgl. hierzu auch Anm. 4 zu Art. 36 oben.

Der Fall des Art. 38 Abs. II ist z. B. gegeben, wenn die Durchschnittsschülerzahl auf „neun" oder noch tiefer herabsinkt. Das Diensteinkommen soll vom Staate weitergewährt werden können, jedoch nur noch so lange, als kein Grund vorliegt, den bisherigen Volksschullehrer seines Dienstes zu entheben oder ihn zu versetzen oder als er imstande ist, seine Stelle weiter zu versehen. (S. auch Art. 150 BLG.).

b) Vgl. auch die Ausführungen in der ME. vom 16. April 1920 Nr. 15 605 (Anm. 9 zu Art. 36 oben).

Abschnitt X.

Uebergangsvorschriften.

A. Vorschriften über die Trennung des weltlichen Kirchendienstes vom Schuldienste.

Vorbemerkung.

Das Volksschullehrergesetz vom 14. August 1919 enthält im Art. 15 folgende Bestimmung:

„I Der weltliche Kirchendienst kann vom Volksschullehrer nur im Nebenamte versehen werden.

II Die Uebernahme des Mesnerdienstes ist dem Volksschullehrer untersagt."

Art. 159 des VLG. in der Fassung vom 14. August 1919 lautete:

„I Wenn beim Inkrafttreten dieses Gesetzes mit einer Schulstelle der weltliche Kirchendienst notwendig verbunden ist, hat die Anstellungsbehörde unverzüglich, spätestens aber binnen zwei Jahren nach dem Inkrafttreten des Gesetzes, nach Einvernahme der Beteiligten und der kirchlichen Oberbehörde die Trennung des Kirchendienstes vom Schuldienste zu verfügen.

II Bis zur Trennung bleiben für die Schulstelle in bezug auf die Verbindung des weltlichen Kirchendienstes mit dem Schuldienste die bisherigen Vorschriften und Rechtsverhältnisse aufrecht erhalten. Die Einrechnung des Einkommens aus dem Kirchendienst in das Diensteinkommen des Volksschullehrers ist ausgeschlossen. Art. 42 des Schulbedarfgesetzes bleibt vorbehalten."

Ferner bestimmte Art. 160 Abs. I des VLG.:

„Wenn beim Inkrafttreten dieses Gesetzes mit einer Schulstelle der weltliche Kirchendienst notwendig verbunden und die Dienstwohnung des Kirchendieners mit der des Volksschullehrers vereinigt ist, hat der Volksschullehrer den Kirchendienst auch nach der Trennung vom Schuldienste weiterzuführen oder zu übernehmen. Die Verpflichtung endigt, wenn die Auseinandersetzung oder eine Vereinbarung nach Art. 47 Abs. I des Schulbedarfgesetzes zustande gekommen ist, spätestens jedoch mit dem Ablaufe von zwei Jahren nach dem Inkrafttreten des Gesetzes."

Der Wortlaut der angezogenen Art. 42 und 47 Abs. I des Schulbedarfgesetzes in der Fassung vom 14. August 1919 war folgender:

„Art. 42. Wird eine Schulstelle, mit der der weltliche Kirchendienst notwendig verbunden ist, vor der Trennung des Kirchendienstes vom Schuldienst erledigt, so werden die Einkünfte aus dem Kirchendienste während der Zeit der Erledigung wie die Einkünfte aus einem selbständigen Kirchendienst verwendet."

„Art. 47. I Die Gemeinde ist verpflichtet, die Dienstwohnung nach der Trennung des Kirchendienstes vom Schuldienste bis zur Auseinandersetzung gegen Zahlung einer Entschädigung zum alleinigen Gebrauche zu übernehmen, wenn die Kirchenstiftung einwilligt und die von ihr geforderte Entschädigung angemessen ist."

Zu diesen Bestimmungen gibt nachstehender Auszug aus der „Vorbemerkung" zur Begründung des Art. 15 VLG. (Verh. d. K. d. Abg. d. bay. Landt. 1917/18, BeilBd. XIX, Beil. 2581, S. 70 eine wertvolle Erläuterung:

„[I] Nach dem geltenden Rechte ist mit einer großen Anzahl von Schulstellen der weltliche Kirchendienst organisch verbunden. Die rechtliche Bedeutung dieser organischen Verbindung besteht darin, daß

1. der Volksschullehrer als Inhaber der Schulstelle kraft seines Amtes auch Inhaber des Kirchendienstes ist, daß also mit der Uebertragung der Schulstelle ohne weiteres auch alle Rechte und Pflichten mit Bezug auf das Kirchenamt auf ihn übergehen,
2. der weltliche Kirchendienst nicht Nebenamt, sondern ein Teil der hauptamtlichen Obliegenheiten des Volksschullehrers ist, und
3. das fassionsmäßige (oder ortsstatutarische) Einkommen der Schulstelle die rechtlich einheitliche Besoldung sowohl für den Schuldienst als auch für den Kirchendienst bildet, das Einkommen aus dem Kirchendienste demnach als ein Teil des Gesamtstelleneinkommens erscheint.

Die Verbindung bezieht sich entweder auf den Dienst als Mesner (Küster, Kirchner) oder auf den Chordienst oder auf diese beiden Arten des weltlichen Kirchendienstes gleichzeitig; es kommt aber auch vor, daß nur ein Teil des Chordienstes mit der Schulstelle verbunden ist, sei es der Dienst des Organisten, des Kantors oder Chorregenten.

Am häufigsten findet sich die organische Verbindung auf dem Lande, also bei den sogenannten Fassionsschulstellen, und hier wiederum vorwiegend bei den Stellen der „Volksschullehrer" bisheriger Ordnung; seltener bestehen solche Verhältnisse in den Städten, dann bei den Stellen der Schulverweser und des weiblichen Lehrpersonals. Eine eingehende Darstellung hierüber gibt — nach dem Stande vom Ende des Jahres 1912 — die Denkschrift vom 12. Juni 1914 auf S. 803 bezw. 141/142 und in den Beilagen 5 und 6...

[II] Auf die Entstehung der engen Verbindung von Schuldienst und Kirchendienst ist in der Denkschrift an der gleichen Stelle hingewiesen*...

Das Schulbedarfgesetz vom 10. November 1861 setzte die Verbindung von Schul- und Kirchendienst als etwas Bestehendes voraus, ...

... Schon frühzeitig machte sich indessen der Wunsch nach Abtrennung des Kirchendienstes, insbesondere des Mesnerdienstes, vom Schuldienste geltend. Der „Entwurf eines Gesetzes über das Volksschulwesen im Königreiche Bayern" vom Jahre 1867 ... erklärte die „vollständige prinzipielle Trennung des Mesnerdienstes vom Schuldienste" zwar für wünschenswert, scheute aber vor den entgegenstehenden Schwierigkeiten zurück ...

Auch die Ministerialentschließung vom 24. November 1876, die Besorgung des Kirchendienstes durch das Lehrpersonal der Volksschulen betr. (Weber, Gesetz- und Verordnungsversammlung, Bd. 11, S. 672), erkennt an, daß die Besorgung des Mesner- oder Küsterdienstes durch das Lehrpersonal der Volksschulen „manchfache Unzukömmlichkeiten für die Berufstätigkeit und die Berufsstellung der Lehrer" im Gefolge habe und daß

* Die Verbindung war nach der Denkschrift in der geschichtlichen Entwicklung des bayerischen Volksschulwesens begründet. Zweck der Verbindung war ursprünglich in erster Linie die Verbesserung des unzureichenden Lehrereinkommens. Ferner war der Lehrer, namentlich auf dem Lande, vielfach die einzige Persönlichkeit, die für die Versorgung des weltlichen Kirchendienstes, insbesondere des Chordienstes, nach Vorbildung und Befähigung in Betracht kam.

die Beseitigung dieses Verhältnisses im Interesse der Schule wie des Lehrerstandes höchst wünschenswert erscheine. Mit Rücksicht auf die entgegenstehenden Bedenken ist jedoch die allgemeine Trennung des Mesnerdienstes vom Schuldienste nicht als tunlich und ausführbar erachtet und nur eine Trennung von Fall zu Fall unter bestimmten Voraussetzungen als entsprechend erklärt. Die Verbindung von Schule und Chordienst solle bestehen bleiben, ...

III Auch das ... Schulbedarfgesetz vom 28. Juli 1902 läßt den Bestand der organischen Verbindung von Schuldienst und weltlichem Kirchendienst grundsätzlich unberührt ...

Wenn der Grund für die Verbindung von Schul- und Kirchendienst lediglich die Aufbesserung des unzureichenden Lehrereinkommens gewesen wäre, so hätte dies für sich allein wohl nicht hingereicht, um die Beibehaltung dieser Verbindung bis auf den heutigen Tag zu rechtfertigen. Sie findet aber eine wesentliche Begründung auch noch darin, daß besonders auf dem Lande außer dem Volksschullehrer in der Regel niemand verfügbar ist, der für die Versorgung des weltlichen Kirchendienstes, namentlich des Chordienstes, in Betracht käme. Es ist auch kein Zweifel, daß gerade die Ausübung des letzteren Amtes dem Volksschullehrer vielfach Gelegenheit zu ersprießlicher und verdienstvoller Tätigkeit gibt.

Ebensowenig ist aber zu verkennen, daß die organische Verbindung, vermöge deren jeder Inhaber der Schulstelle den weltlichen Kirchendienst übernehmen muß, schwerwiegende Nachteile zur Folge hat ...

Nicht nur der Volksschullehrer selbst, sondern auch die kirchlichen Beteiligten und die Schulaufsichtsbehörden sind in zweifellos unzweckmäßiger Weise gebunden."

Aus diesen Erwägungen heraus kam es nicht ohne einige Abweichung von den Gesetzentwürfen zu den oben angeführten Vorschriften im neuen Volksschullehrer- und Schulbedarfgesetz. Es zeigte sich aber, daß diese Bestimmungen, die die Trennung des weltlichen Kirchendienstes vom Schuldienste nicht mit sofortiger Wirksamkeit kraft Gesetzes, sondern durch besondere Verfügungen der Regierungen, Kammern des Innern, von Fall zu Fall vorsahen und hierfür noch einen Spielraum von zwei Jahren, vom 1. Januar 1920 an gerechnet, gewährten, mit der Bestimmung im Art. 136 Abs. IV der Verfassung des Deutschen Reiches vom 11. August 1919 (RGBl. S. 1383): „Niemand darf zu einer kirchlichen Handlung oder Feierlichkeit oder zur Teilnahme an religiösen Uebungen oder zur Benutzung einer religiösen Eidesform gezwungen werden", und im Art. 149 Abs. II: „die Erteilung religiösen Unterrichts und die Vornahme kirchlicher Verrichtungen bleibt der Willenserklärung der Lehrer, die Teilnahme an religiösen Unterrichtsfächern und an kirchlichen Feiern und Handlungen der Willenserklärung desjenigen überlassen, der über die religiöse Erziehung des Kindes zu bestimmen hat", nicht in Einklang zu bringen waren (vgl. die „Begründung" zu dem Entwurf eines Gesetzes über die Aenderung des Volksschullehrergesetzes vom 14. August 1919, der am 23. Dezember 1919 dem Landtage zugeleitet wurde — Verh. d. Landt. 1919/20, BeilBd. III, Beilage 781, S. 171 ff.).

Das Gesetz vom 24. März 1920 (GVBl. S. 103) brachte die Aufhebung der Art. 159/160 des Volksschullehrergesetzes und die Anfügung folgender Vorschrift als Abs. II zu Art. 181:

„II Die Verbindung des weltlichen Kirchendienstes mit dem Schuldienst ist aufgehoben."

Außerdem gab das Gesetz den Artikeln 39, 40, 43, 48, 49, 50 und 51 des Schulbedarfgesetzes die nunmehrige Fassung und verfügte die Aufhebung der Artikel 42 und 47 und die Einschaltung 50a und 50b.

Zu beachten ist jedoch, daß nur die organische Verbindung zwischen Schuldienst und weltlichen Kirchendienst nunmehr aufgehoben und nur die Trennung der bisher organisch verbundenen Dienste durch Uebergangsbestimmungen im Schulbedarfgesetze verfügt ist; als Nebenamt darf der Volksschullehrer den weltlichen Kirchendienst — mit Ausnahme des Mesnerdienstes — auch jetzt noch übernehmen (Art. 15 Abs. I u. II d. VLG.), bedarf hierzu aber, wenn mit dem Nebenamte eine Entlohnung verbunden ist, gem. Art. 13 Abs. III Ziff. 2 des VLG. der Erlaubnis der Anstellungsbehörde, d. h. der Regierung, Kammer des Innern. S. auch ME. vom 13. März 1920, Nebenämter und Nebengeschäfte der Volksschullehrer betr. (KMBl. S. 105, Anhang Nr. 26).

Die Uebergangsbestimmungen bezwecken eine Vereinfachung und Beschleunigung des Verfahrens in Streitfällen.

In der „Begründung" zum E. I (Vorbemerkungen zu Art. 55 — nun 39 —, BeilBd. XIX S. 307) ist ausgeführt:

„Würde die Austragung dieser Streitfragen in allen Fällen, in denen die Beteiligten nicht aus freien Stücken zu einer Einigung zu kommen vermögen, ausschließlich auf den Weg des Verwaltungsstreitverfahrens oder der gerichtlichen Entscheidung verwiesen bleiben, so würde die Ablösung des Kirchendienstes vom Schuldienste dadurch außerordentlich erschwert und verzögert ... Nach Abs. I und II des Art. 55 (nun 39) soll daher zur Schlichtung streitiger Fälle ein Vermittlungsverfahren eingeleitet werden. Dies gilt nach dem Gesetzentwurfe nicht nur für die im Art. 55 selbst behandelten Streitigkeiten über die Ausscheidung der verschiedenen Bestandteile des Schulstelleneinkommens sowie der mit dem Stelleneinkommen verbundenen Lasten, sondern gemäß Art. 61 Abs. I bis III (nun 48) auch für die Regelung des Schul- und Mesnerhausverhältnisses. Art. 55 (nun 39) Abs. I und Art. 61 (jetzt 48) Abs. I und II, verpflichtet demgemäß die Beteiligten, die streitige Angelegenheit zum Zwecke der Vermittlung an die vorgesetzte Behörde (Art. 7) zu bringen, wenn sie sich nicht gütlich zu einigen vermögen. Die vorgesetzte Behörde hat ... nach Ermittlung des Sachverhalts durch unmittelbare Verhandlung mit den Beteiligten auf eine gütliche Vereinbarung hinzuwirken. Lassen sich trotz der vermittelnden Tätigkeit der vorgesetzten Behörde verwaltungsrechtliche Streitigkeiten schlechthin nicht vermeiden, so soll doch ihre baldige Austragung gewährleistet werden. Zu diesem Zwecke soll nach den Bestimmungen des Art. 55 Abs. III und IV (nun 40) (und des Art. 61 — nun 48 — Abs. IV) an die Stelle des Verwaltungsstreitverfahrens über die ... bezeichneten Angelegenheiten schiedsrichterliche Entscheidung treten ... Daß die Regelung der in Frage stehenden Rechtsverhältnisse, auch soweit es sich um kirchliche Vermögen handelt, der staatlichen Gesetzgebung zukommt, steht im Hinblick auf §§ 64 Buchst. b und 65 der II. Verfassungsbeilage (vom 26. Mai 1818) außer Zweifel."

Art. 39 [1]). [I] **Wenn bei Schulstellen, mit denen beim Inkrafttreten dieses Gesetzes [2]) der weltliche Kirchendienst [3]) notwendig verbunden war [4]), Zweifel bestehen [5]), ob einzelne Bestandteile des Schulstelleneinkommen [6]) zum Einkommen aus dem Schuldienst**

oder zum Einkommen aus dem Kirchendienste gehören[7]), ist[8]) die Angelegenheit zum Zwecke der Vermittlung an die vorgesetzte Behörde[9]) zu bringen, soferne sich die Beteiligten[10]) nicht gütlich zu einigen vermögen[11]).

II Die vorgesetzte Behörde[9]) hat nach Ermittlung des Sachverhalts[12]) durch unmittelbare Verhandlung mit den Beteiligten[10]) auf eine gütliche Vereinbarung[11]) hinzuwirken. Vor Abschluß der Vereinbarung[13]) sind die Verhandlungen der kirchlichen Oberbehörde[14]) zur Einsichtnahme und Aeußerung vorzulegen. Das zuständige Staatsministerium kann nähere Vorschriften über das Vermittlungsverfahren erlassen[12]).

III Bei Gefahr auf Verzug[15]) kann die vorgesetzte Behörde[9]) vor dem Abschluß einer Vereinbarung[13]) vorläufige Anordnungen[16]) erlassen. Beschwerden[17]) hiergegen haben keine aufschiebende Wirkung[18]).

1. Art. 39 erhielt seine jetzige Fassung durch das Gesetz vom 24. März 1920 über die Aenderung des Volksschullehrergesetzes und des Schulbedarfgesetzes vom 14. August 1919 (GVBl. 1920 S. 103).

In der Fassung vom 14. August 1919 hieß es im Abs. I des Art. 39: „notwendig verbunden i s t“ (statt „w a r“).

Abs. II, der in Wegfall gekommen ist, lautete:

„Das gleiche gilt, wenn in den Fällen der Art. 159 Abs. II oder 160 des Volksschullehrergesetzes Zweifel bestehen, ob einzelne Bestandteile des Kirchendiensteinkommens zum Einkommen aus dem Chordienst oder zum Einkommen aus dem Mesnerdienst gehören.“

Der nunmehrige Abs. II war in der Fassung vom 14. August 1919 Abs. III und der nunmehrige Absatz III ist dem Art. 39 neu hinzugefügt.

Ueber den Anlaß der Aenderung s. Vorbemerkung zu Abschnitt X. Absatz II des Art. 39 in der Fass. vom 14. August 1919 ist durch die Aufhebung der Art. 159 und 160 d. VLG. gegenstandslos geworden.

2. 1. Januar 1920 (Art. 80 Abs. I SchBG.).

3. d e r w e l t l i c h e K i r c h e n d i e n s t, d. h. der Dienst eines M e s n e r s (Küsters, Kirchners) oder der C h o r d i e n s t. Beide Arten können auch verbunden gewesen sein, vom Chordienste konnte auch nur ein T e i l, nämlich der O r g a n i s t e n d i e n s t, der K a n t o r d i e n s t oder der Dienst des C h o r r e g e n t e n, in Frage gekommen sein. Außerdem kommt als weltlicher Kirchendienst auch noch „L e s e g o t t e s d i e n s t“ in Betracht.

Wenn Zweifel bestehen, wie weit die Bezüge aus dem Kirchendienste solche aus dem M e s n e r- oder aus dem C h o r d i e n s t e waren, sind infolge der Aufhebung des Absatzes II des Art. 39 in d. Fass. vom 14. August 1919 (s. Anm. 1 oben) die Bestimmungen des Art. 39 nicht mehr einschlägig. Zweifel hierüber wären von dem Träger des kirchlichen Rechtes (Kirchenverwaltung) mit den übrigen Beteiligten selbst auszutragen.

4. „n o t w e n d i g v e r b u n d e n w a r“ — Für diese organische Verbindung muß eine rechtsförmliche Verfügung der zuständigen Behörde n a c h g e w i e s e n sein. Beim Fehlen eines solchen Nachweises tritt aber eine rechtsförmliche V e r m u t u n g für die seinerzeitige Verbindung dann ein, wenn die Verbindung seit Menschengedenken unverändert bestand und der Beginn der Uebung sich nicht feststellen läßt (s. VGHE. Bd. 43 S. 57).

5. Solche Zweifel können trotz Eintrages in Schulfassionen und Ortsstatuten bestehen und trotzdem durch die ME. vom 11. April 1899, die Neuherstellung von Fassionen der Schuldienste und der Schul- und Kirchendienste betr. (KMBl. S. 123) nachdrücklich auf die Klärung dieser Rechtsverhältnisse hingewirkt worden war.

6. Bestandteile des Schulstelleneinkommens im Sinne des Art. 39 können Bezüge und Nutzungen aller Art sein, also Geldbezüge und Naturalreichnisse, Nutzungen aus Dienstgründen und sonstigen Grundstücken und Ansprüchen auf eine Dienstwohnung. Zu beachten ist hierbei, daß es sich bei Grundstücken nur um die Nutzungen handelt, die Eigentumsverhältnisse aber unberührt bleiben. In Frage kommen ohne Unterschied in der Person des Leistungspflichtigen besondere Leistungen Dritter, also des Staates, der Gemeinden, kirchlicher Vermögensträger und sonstiger natürlicher oder juristischer Personen, aber auch Erträgnisse von Stiftungen oder Nutzungen von Schulgrundstücken (vgl. Meinzolt S. 156 u. Anm. 3 zu Art. 57 unten).

Auch Zweifel darüber, ob Nebengebäude, wie Städel, Stallungen, Holzlegen, Waschküchen usw. zum Schul- oder Kirchendiensteinkommen gehören, sind auf dem Wege des Art. 39 (und 40) zu beheben (ME. vom 8. Februar 1921, KMBl. S. 40, Anh. Nr. 35, Ziff. 5).

7. Nur bei Zweifeln über die Zugehörigkeit des Einkommenbestandteiles zum Schul- oder Kirchendienst ist Art. 39 und 40 anzuwenden. Wenn die Leistungspflicht für den Einkommenbestandteil selbst bestritten ist, so ist der Streit je nach dem Entstehungsgrunde der Leistung im Verwaltungsrechtswege oder von den bürgerlichen Gerichten zu entscheiden. Ein öffentlich-rechtliches Streitverhältnis ist gegeben, wenn die Leistung auf dem Gemeinde- oder Kirchenverbande beruht. Solche Streitigkeiten fallen unter die Art. 8 Ziff. 11 oder 38 oder Art. 10 Ziff. 13 oder Ziff. 19. Wenn aber die Leistungen Komplexlasten sind (s. Anm. 4 zu Art. 57, vgl. auch Anm. 2 zu Art. 51 unten), sind zufolge des bürgerlich-rechtlichen Entstehungsgrundes die bürgerlichen Gerichte zuständig (s. VGHE. Bd. 29 S. 81; Bd. 43 S. 61 und Braunwart in den Bayer. VerwaltBl. Jahrg. 73 S. 33 ff.; s. ferner die VGHE. vom 20. März 1930 Nr. 10 I 29 in den BayVerwBl., 78. Jahrg. S. 296: „Die sog. Komplexlasten des Staates sind, wenn sie auch ihren Entstehungsgrund regelmäßig in Verhältnissen des öffentlichen Rechts hatten, doch im Lauf der Zeit nach allgemeiner Rechtsanschauung zu Leistungen privatrechtlichen Charakters geworden.").

8. „ist", d. h. wenn sich die Beteiligten nicht gütlich zu einigen vermögen, müssen sie sich an die vorgesetzte Behörde zum Zwecke der Vermittlung wenden. Es kann nicht mehr verwaltungsrechtliche Entscheidung nach Art. 10 Ziff. 22 des VGG. herbeigeführt werden. Art. 10 Ziff. 22 d. VGG. ist durch Art. 78 Abs. 2 Ziff. 1 d. SchBG. in d. Fass. vom 24. März 1920 (GVBl. S. 103) ausdrücklich aufgehoben. Die Beteiligten können staats- oder dienstaufsichtlich gezwungen werden, nach Art. 39 vorzugehen. Die vorgesetzte Behörde kann aber auch ihrerseits von Amts wegen mit der Sachbehandlung nach Art. 39 beginnen.

9. S. Art. 7 oben.

10. Die „Beteiligten" ergeben sich aus folgenden Ausführungen des VGH.:

„Ausscheidungsstreitigkeiten dieser Art* können sich, da die Volksschullehrer ihr Diensteinkommen für ihre hauptamtliche Dienstleistung nunmehr ausschließlich aus der Staatskasse beziehen (Art. 59 und 1 VBesG. vom 2. Juni 1920, Art. 11 SchBG. und Art. 34 VSchLG.), nur zwischen der Kirchenstiftung oder der Kirchengemeinde oder dem Inhaber des Kirchendienstes einerseits und der Gemeinde, bei zusammengesetztem Schulsprengel den am Schulsprengel beteiligten Gemeinden anderseits ergeben. Denn durch Art. 58 SchBG. sind besondere Leistungen und Nutzungen, die bis zum Inkrafttreten dieses Gesetzes zum Einkommen einer Schulstelle gehört haben und dem Volksschullehrer als Bestandteile des Schuldiensteinkommens unmittelbar zugeflossen sind, der Gemeinde oder den am Schulsprengel beteiligten Gemeinden zugewiesen worden. (Vgl. auch Bek. des Staatsministeriums für Unterricht und Kultus vom 20. November 1919, Ziff. III, 2, KMBl. S. 253, Art. 40 Abs. I und II des 1. Entwurfs eines SchBG. vom 27. Juli 1918 samt Begründung vom 2. August 1918 (Verh. d. K. d. Abg. 1917/18, BeilBd. 19 Beil. 2582 und 2621), und Begründung zum Entwurf eines Gesetzes über die Aenderung des VLG. und des SchBG. vom 14. August 1919 (Gesetz vom 24. März 1920) Beil. 781 zu den Landtagsverhandlungen 1919/20 BeilBd. 3 S. 177) — VGHE. vom 12. Mai 1922, SammlBd. 43 S. 61.)

Der die betreffende Schulstelle innehabende Volksschullehrer kommt sohin als „Beteiligter" nicht in Frage. Ueber den Schuldner der Leistungen als „Beteiligten" s. Anm. 11 unten.

11. Die Beteiligten haben den Versuch der gütlichen Einigung zu machen, bevor sie sich an die vorgesetzte Behörde wenden. Aber auch diese hat, sobald sie angerufen wird, in erster Linie wieder zu versuchen, daß sich die Beteiligten gütlich einigen. Zu diesen „Beteiligten" zählt an sich der Schuldner der Leistungen nicht. Wenn jedoch der Staat der Schuldner ist, wird von ihm beansprucht, in das Verfahren nach Art. 39 Abs. II einbezogen zu werden. Eine gütliche Vereinbarung bedarf nun seiner Zustimmung. „Es erscheint nicht angängig, daß Gemeinde und Kirchenstiftung einseitig über Leistungen verfügen, die der Staat zu einem bestimmten Zwecke gibt" (FinME. vom 8. März 1920 Nr. 11 037). Bis zum Austrag der Sache ist die Leistung einstweilen einzustellen (ME. vom 11. Mai 1920 Nr. 17 128; s. Anm. 4 zu Art. 75 a unten).

12. Das einzuschlagende Verfahren ist in der ME. vom 20. November 1919, die Trennung des weltlichen Kirchendienstes vom Schuldienste betr. (KMBl. S. 245), berichtigt durch die MinBek. vom 27. November 1919 (Staatsanz. Nr. 290 vom 30. November 1919), näher geregelt, wobei aber auf die durch Art. III und IV des Ges. vom 24. März 1920 (GVBl. S. 103) herbeigeführte Aenderung der einschlägigen Bestimmungen im Volksschullehrergesetze und Volksschulbedarfgesetze (s. Vorbemerkung z. Abschn. X) zu achten ist.

Solange eine Pfarrei unbesetzt ist, sollen die Verhandlungen in der Regel nicht aufgenommen werden (ME. vom 20. November 19, B III a 2, KMBl. S. 255 oben).

Bei der Ermittlung des Sachverhalts hat sich die vorgesetzte Behörde aller zu Gebote stehenden Mittel, Urkunden, wie Schulfassionen, Akten und Archivalien, einerseits und der Aussagen von Zeugen und Sachverständigen anderseits zu bedienen.

---

* Nämlich nach Art. 39 Abs. I u. II des SchBG.

13 Vor Abschluß der Vereinbarung: d. h. bevor die zustande gekommene gütliche Einigung festgelegt wird oder wegen Aussichtslosigkeit die Verhandlungen abgebrochen werden und in das für diesen Fall vorgesehene schiedsrichterliche Verfahren nach Art. 40 SchBG. eingetreten wird.

14. Kirchliche Oberbehörde: Die Bischöflichen und Erzbischöfbischöflichen Ordinariate für die katholische Kirche, der „Evangelisch-lutherische Landeskirchenrat" in München und der „Landeskirchenrat der Pfälzischen Landeskirche" in Speyer für die protestantischen Landeskirchen (s. ME. vom 7. Januar 1921, die Verfassung der Evangelisch-lutherischen Kirche in Bayern r. d. Rhs. und der Pfälzischen Landeskirche, KMBl. S. 20. Die Anschrift des Ev.-luth. Landeskirchenrates in München lautet nicht mehr „Elisenstraße 2", sondern „Arcisstraße 13").

Ueber die Aufstellung eines kirchlichen Kommissars des Landeskirchenrates s. ME. vom 11. Januar 1921 (KMBl. S. 21), vom 23. Oktober 1922 (KMBl. S. 164) und vom 23. Dezember 1922 Nr. 54 484 (Bayer. Staatsanz. Nr. 301), ferner d. Bek. d. Staatsmin. f. Unt. u. K. vom 1. April 1930 (KMBl. S. 111) nach der statt der „Zweigstelle Ansbach des Ev.-luth. Landeskirchenrates in München (ME. vom 7. Januar 1921, KMBl. S. 20) seit 1. April 1930 die „Ev.-luth. Landeskirchenstelle in Ansbach" (Theresienstraße 16) errichtet ist.

Der Landeskirchenstelle in Ansbach wurde durch eine vom Ev.-luth. Landeskirchenrat mit Zustimmung des Landessynodeausschusses erlassene kirchliche V. vom 15. März 1930 der Vollzug der Kirchengemeindeordnung nach der vermögensrechtlichen Seite mit Ausnahme der Aufsicht über die Gesamtkirchengemeinden und der Kirchenstiftungen an diesen Orten übertragen, insoweit nicht die Kirchengemeindeordnung dem Landeskirchenrat und dieser sich selbst nach Maßgabe der Ausführungsbestimmungen die Zuständigkeit vorbehält."

Die Einzelheiten der Zuständigkeiten von Landeskirchenrat und Landeskirchenstelle sind dem „Amtsblatt für die Ev.-luth. Kirche in Bayern r. d. Rh." vom 18. März 1930 Nr. 5 S. 19 ff. zu entnehmen.

Bei israelitischen Volksschulen dürfte eine organische Verbindung des als „Kirchendienst" für den israelitischen Volksschullehrer in Betracht kommenden Vorsänger-, Vorbeter- oder Schächterdienstes mit dem Schuldienste nicht vorkommen (s. ME. vom 20. November 1919, B IV Ziff. 3 Abs. 2 (KMBl. 245). Wäre es gleichwohl der Fall, so wären Art. 39 ff. sinngemäß anzuwenden. Als „kirchliche Oberbehörde" wäre der Distriktsrabbiner zu hören.

15. Gefahr auf Verzug: d. h. wenn z. B. wegen des Zweifels, wem die Nutzungen zufallen werden, die Bewirtschaftung (Bestellung, Aberntung) eines Grundstückes unterbliebe.

16. Vorläufige Anordnungen = einstweilige Verfügungen im Sinne der §§ 935 ff. der Reichszivilprozeßordnung in der Fass. der Bek. vom 13. Mai 1924 (RGBl. I S. 437). S. aber auch Anm. 11, Schlußsatz oben.

17. Beschwerden gegen die vorläufigen Anordnungen der vorgesetzten Behörde im Sinne des Art. 7 SchBG. gehen an die nächsthöhere Verwaltungsstelle (Regierung, Kammer des Innern, oder Staatsministerium für Unterricht und Kultus). Der Verwaltungsgerichtshof ist hier gem. Art. 13 Ziff. 2 VGG. nicht zuständig.

18. Keine aufschiebende Wirkung, d. h. die vorläufigen Anordnungen müssen unbeschadet der eingelegten Beschwerde vollzogen werden. Sollte die Beschwerde Erfolg haben, so wären die vorläufigen Anordnungen wieder rückgängig zu machen.

Art. 40 [1]. I Kann eine gütliche Vereinbarung nicht erreicht werden, so unterliegen die im Art. 39 Abs. I bezeichneten Angelegenheiten der schiedsrichterlichen Entscheidung [2].

II Die schiedsrichterliche Entscheidung steht im ersten Rechtszuge der vorgesetzten Behörde [3]) im zweiten und letzten Rechtszuge dem Verwaltungsgerichtshof zu. Die Vorschriften im Art. 45 Abs. I bis III des Verwaltungsgerichtsgesetzes sind entsprechend anzuwenden [4]. Vor dem Erlaß einer Entscheidung wird die kirchliche Oberbehörde [5] gehört [6] [7].

1. Die derzeitige Fassung erhielt Art. 40 durch Art. IV Ziff. 2 d. Ges. vom 24. März 1920 über die Aenderung des Volksschullehrergesetzes und des Schulbedarfgesetzes vom 14. August 1919 (GVBl. 1920 S. 103). Ueber den Anlaß der Aenderung s. Vorbemerkung zu Abschn. X oben.

In der Fassung vom 14. August 1919 hatte Art. 40 folgenden Wortlaut:

„I Kann in den Fällen des Art. 39 eine gütliche Vereinbarung nicht erreicht werden, so tritt an die Stelle des Verwaltungsstreitverfahrens über die im Art. 39 Abs. I und II bezeichneten Angelegenheiten schiedsrichterliche Entscheidung.

II Als Schiedsgericht entscheidet die vorgesetzte Behörde endgültig, wenn der Wert des Streitgegenstandes nicht mehr als fünfzig Mark beträgt.

III Beträgt er mehr, so kann gegen die Entscheidung der vorgesetzten Behörde Beschwerde zum Verwaltungsgerichtshof erhoben werden, der als Schiedsgericht im zweiten und letzten Rechtszug entscheidet.

IV Die Vorschriften im Art. 45 Abs. I bis III des Verwaltungsgerichtsgesetzes sind entsprechend anzuwenden. Der Wert des Streitgegenstandes wird nach den Vorschriften der Reichs-Zivilprozeßordnung bestimmt.

V Vor dem Erlaß einer Entscheidung wird die kirchliche Oberbehörde gehört."

2. Parteien in diesem schiedsgerichtlichen Verfahren können nur die „Beteiligten" im Sinne des Art. 39 SchBG., also Kirchenstiftung, Kirchengemeinde oder Inhaber des Kirchendienstes einerseits und die Gemeinde oder die Gemeinden eines zusammengesetzten Schulsprengels (nicht der Schulstelleninhaber, der Volksschullehrer) anderseits sein (s. Art. 58 SchBG. u. Anm. 10 zu Art. 39 oben). Auch der reichnispflichtige Dritte kann nicht Partei sein (s. dagegen Anm. 11 zu Art. 39). Ueber die Unzulässigkeit der Verbindung des schiedsgerichtlichen mit dem Verwaltungsstreitverfahren s. die in den BayVerwBl. Jahrgang 73 S. 187 veröffentl. VGHE.

Gegenstand des Verfahrens kann nur die Entscheidung sein, welche von den Parteien zum Bezuge dieses oder jenes Teiles des Stelleneinkommens berechtigt ist, nicht aber darüber, wer etwa verpflichtet ist, diese oder jene Stelleneinkommensteile zu entrichten.

3. Zuständig im ersten Rechtszuge ist die vorgesetzte Behörde im Sinne des Art. 7 SchBG., sohin das Bezirksamt, wenn es sich um eine Schulstelle in einer Land- oder Marktgemeinde oder in einer mittelbaren Stadt, die Regierung, Kammern des Innern, wenn es sich um eine Schulstelle in einer kreisunmittelbaren Stadt handelt.

Voraussetzung für eine schiedsrichterliche Entscheidung nach Art. 39, 40 SchBG. ist ferner, daß nur die Bezugsberechtigung hinsichtlich einzelner Bestandteile des Schulstelleneinkommens zwischen den erwähnten Beteiligten streitig ist. Dagegen kann im schiedsrichterlichen Verfahren nicht über die bestrittene Verpflichtung zur Leistung von Reichnissen entschieden werden, sondern derartige Streitigkeiten sind je nach dem Entstehungsgrunde der Reichnisse auf dem öffentlichen oder bürgerlichen Rechtswege in dem hierfür vorgeschriebenen Instanzenzug auszutragen" (VGHE. vom 12. Mai 1922, Bd. 43 S. 61 u. die in den BayVerwBl. Jahrg. 73 S. 12 veröffentl. VGHE.). Vgl. hierher Art. 48 Abs. IV SchBG., der die Anwendung des Art. 40, d. h. schiedsgerichtliche Entscheidung, auf die Fälle des Art. 48 Abs. II ausdrücklich dann ausschließt, wenn die Entscheidung den bürgerlichen Gerichten zusteht (vgl. auch VGHE. vom 26. März 1908 in der Sache, Besoldungsholz des Inhabers der Schulstelle K. — Samml. Bd. 29 S. 81).

4. a) Die Beschwerdefrist beträgt sohin vierzehn Tage, ist unerstrecklich (Ausschlußfrist) und beginnt mit dem Tage, der dem Tage folgt, an dem die erstinstanzielle Entscheidung der sich beschwert fühlenden Partei schriftlich oder mündlich eröffnet worden ist. Sie ist bei der Behörde einzulegen, die den Beschluß erlassen hat (Bezirksamt oder Kreisregierung) — Art. 45 Abs. II VGG., Art. 22 Abs. VI d. VGG., § 222 Abs. I der ZPrO., § 187 Abs. I u. 188 Abs. I BGB. Fällt der Schluß der Frist auf einen Sonn- oder Feiertag, so gilt der nächste Werktag als Schlußtag (§ 222 Abs. II d. ZPrO.).

In der „Begründung" zum E. I BeilBd. XIX, S. 309 ist ausgeführt:

„Hier handelt es sich um Verhältnisse, deren Entstehung und rechtliche Begründung in vielen Fällen schwer nachweisbar ist; häufig beruhen sie lediglich auf dem Herkommen. Die von den Beteiligten oder von Amtswegen beigebrachten Beweismittel werden daher vielfach nicht genügen, um der erkennenden Behörde eine tatsächliche Feststellung zu ermöglichen. Unter diesen Umständen wäre damit zu rechnen, daß die Durchführung des Verwaltungsstreitverfahrens eine durchaus unerwünschte Verzögerung der Entscheidung ... zur Folge hätte. Art. 55 Abs. III (des Entw., nun 40) schlägt daher vor, in den Angelegenheiten des Abs. I an die Stelle des Verwaltungsstreitverfahrens schiedsrichterliche Entscheidung treten zu lassen ... Die schiedsrichterliche Entscheidung soll im ersten Rechtszuge der vorgesetzten Behörde (Art. 7), im zweiten und letzten Rechtszuge dem Verwaltungsgerichtshofe zustehen. Die Ausschaltung der Mittelinstanz wird gleichfalls zur Beschleunigung des Verfahrens beitragen. Vorbilder für die vorgeschlagene Regelung enthalten Art. 11 des Verwaltungsgerichtsgesetzes und Art. 10 der Kirchengemeindeordnung.

Als Schiedsgericht soll die Behörde nach den Grundsätzen der Billigkeit unter freier Würdigung der Sach- und Rechtslage über das streitige Verhältnis entscheiden. Die Ermächtigung zur schiedsrichterlichen Entscheidung entbindet aber die erkennende Behörde selbstverständlich nicht, den Sachverhalt von Amtswegen so eingehend als möglich festzustellen. Auch für die schiedsrichterliche Entscheidung sind demgemäß nicht nur die von den Beteiligten selbst beigebrachten Beweismittel zu würdigen, sondern von Amtswegen alle sonst noch erforderlich erscheinenden Beweise zu erheben. Die Behörde wird daher auch das bei den Aemtern und Archiven befindliche, den Beteiligten nicht ohne weiteres zugängliche Material von sich aus zu erholen haben."

b) Zu den wichtigsten Beweismitteln zählen vor allem die Schulfassionen, die erstmals gem. ME. vom 12. Oktober 1832 (Weber Bd. 2 S. 623) hergestellt, wiederholt berichtigt und schließlich auf Grund der ME. vom 11. April 1899 (KMBl. S. 123) vollständig erneuert und durch die mit ME. vom 7. Januar 1918 Nr. 505 angeordneten Erhebungen (s. ME. vom 20. November 1919, BI. — KMBl. S. 245) ergänzt wurden. Als rechtsbegründende Urkunden wurden die Schulfassionen vom VGH. in seinen Entscheidungen nicht anerkannt, wohl aber als beweiskräftige, solange nicht jeweils das Gegenteil nachgewiesen ist (vgl. Braunwart in den BayVerwBl. Jahrg. 73 S. 33 und die dort aufgeführten VGHE. Bd. 7 S. 92, 8 S. 139, 13 S. 9 u. 105), ferner die in den BayVerwBl. Jahrg. 73 S. 18 veröffentlichten VGHE.

Weitere wichtige Beweisbehelfe stellen die Grund- und Rustikalsteuerkataster dar. „Die Grundsteuerkataster, namentlich aber die bis in den Anfang des 19. Jahrhunderts zurückreichenden Rustikalsteuerkataster nebst den zugehörigen Steuerliquidationsprotokollen sind ... für die Beurteilung dieser Verhältnisse, soweit der Nutzgenuß von Grundstücken in Betracht kommt, von Bedeutung, da sie die Rechtsanschauung der Beteiligten zur Zeit der Steuerveranlagung beurkunden. Diese zum Zwecke der Besteuerung gemachten Katastereinträge begründen aber keinen Rechtstitel, sondern können nur als wertvolle Beweisbehelfe anerkannt werden. Vgl. VGHE. Bd. 9 S. 62 u. 13 S. 200" (Braunwart a. a. O. S. 35).

Dagegen begründen die Einträge in den Grundbüchern, falls solche beantragt wurden (Buchungszwang besteht für solche Grundstücke nicht — s. GrundbuchO. vom 24. März 1897 § 90, RGBl. S. 139 in der Fass. vom 20. Mai 1898 (RGBl. S. 754); Ges. vom 18. Juni 1898 Art. 2, GVBl. S. 367 u. V. vom 1. Juli 1898, GVBl. S. 377 —, die Antragstellung wurde aber mit ME. vom 3. Juli 1899 Nr. 10 959 empfohlen) eine Rechtsvermutung für die eingetragenen Rechte solange, als nicht die Unrichtigkeit der Einträge nachgewiesen wird.

5. S. Anm. 14 zu Art. 39 oben.

6. „Abs. IV Satz 3" (des Entw.; Abs. II Satz 3 des nunmehrigen Art. 40), „der die vorherige Einvernahme der kirchlichen Oberbehörde vorschreibt, entspricht dem Art. 10 Abs. IV der Kirchengemeindeordnung. Der kirchlichen Oberbehörde wird auch ein Abdruck der Entscheidung zuzustellen sein" („Begründung" a. a. O. S. 309).

7. a) Vielfach wird die Vermutung dahin gehen, daß Einkommensbestandteile, deren Zugehörigkeit zweifelhaft sind, kirchlichen Ursprung haben. Die erkennende Behörde ist nicht gehindert, eine solche Vermutung ihrer Entscheidung zugrunde zu legen, wenn auch eine solche Vermutung im Gesetze nicht festgelegt worden ist (vgl. „Begründung" a. a. O. S. 309 und die in den BayVerwBl. Jahrg. 73 S. 187 veröffentl. VGHE. „die Schulen als piae causae"). S. ferner die in den BayVerwBl. Jahrg. 74 S. 42 veröffentl. VGHE.: „Für die Entscheidung der öffentlich-rechtlichen

Frage, wem der Ertrag der Liegenschaften zuzuweisen sei, ist die Eigentumsfrage nicht entscheidend, wenn auch aus den tatsächlichen Besitzverhältnissen Schlüsse auf die Bezugsberechtigung hinsichtlich des Ertrages gezogen werden können und müssen."

b) Sobald die Entscheidung rechtskräftig ist, ist sie für die Beteiligten bindend und wirkt auch für und gegen Dritte. Die Beteiligten können aber auch nach der rechtskräftigen Entscheidung sich gütlich in anderer Weise einigen. Dann tritt diese freie Vereinbarung an die Stelle der Entscheidung (so auch Meinzolt S. 159).

c) Die schiedsrichterlichen Entscheidungen unterliegen der Gebührenpflicht nach Art. 142 mit 144 und 175 des Kostenges. vom $\frac{\text{16. Februar 1921}}{\text{18. März 1922}}$ in der Fass. der MinBek. vom 4. Januar 1924 (GVBl. S. 7). Zu diesen Gebühren tritt nach Maßgabe des Ges. vom 24. Juni 1930 und der Min.-Bek. vom 28. Juni 1930 (GVBl. S. 203) ein Zuschlag von 20 vom Hundert.

Art. 41. Die Art. 39 und 40 gelten entsprechend, wenn über die Ausscheidung der mit dem Schulstelleneinkommen verbundenen Lasten Zweifel bestehen[1]).

1. D. h. darüber, ob die Lasten auf dem Einkommen aus dem Schuldienst oder aus dem Kirchendienste ruhen.

Art. 42. (Aufgehoben.) *

Art. 43[1]). Ist bei einer Schulstelle, mit der beim Inkrafttreten dieses Gesetzes der weltliche Kirchendienst notwendig verbunden war[1]), die Dienstwohnung des Kirchendieners mit der des Volksschullehrers vereinigt[2]), so ist auf die Auseinandersetzung dieses Verhältnisses hinzuwirken[3]). Hierfür gelten die Vorschriften der Art. 44 bis 54[4])[5])[6])[7])[8]).

1. Die derzeitige Fassung des Artikels stimmt mit der vom 14. August 1919 überein, nur daß es damals hieß:

„notwendig verbunden ist"; während es jetzt heißt: „notwendig verbunden war".

Ueber den Anlaß der durch Art. IV Ziff. 4 des Ges. vom 24. März 1920 (GVBl. S. 103) herbeigeführten Neufassung s. die „Vorbemerkung" zu Abschnitt X oben.

---

* Art. 42 in der Fass. des Ges. vom 14. August 1919 lautete:

„Wird eine Schulstelle, mit der der weltliche Kirchendienst notwendig verbunden ist, vor der Trennung des Kirchendienstes vom Schuldienst erledigt, so werden die Einkünfte aus dem Kirchendienste während der Zeit der Erledigung wie die Einkünfte aus einem selbständigen Kirchendienste verwendet."

Die Aufhebung des Art. 42 SchBG. wurde durch Art. IV Ziff. 3 des Ges. vom 24. März 1920 (GVBl. S. 103) verfügt. Durch die Bestimmung im Art. 181 Abs. II des VLG. nach der Fass. vom 24. März 1920: „Die Verbindung des weltlichen Kirchendienstes mit dem Schuldienst ist aufgehoben", war die Bestimmung des Art. 42, mit der die sog. „Interkalarfälle" geregelt worden waren, gegenstandslos geworden. S. auch Vorbem. zum Abschnitt X oben.

2. Die Art. 43 bis 54 behandeln die Verhältnisse der sog. Schul- und Mesnerhäuser. „Der Hauptfall ist der, daß das Schulgebäude zugleich das Mesnerwohnhaus ist, d. h. daß dem Inhaber des Mesnerdienstes eine Wohnung im Schulgebäude angewiesen ist. Außerdem kommen aber auch Fälle in Betracht, in denen dem Volksschullehrer in seiner Eigenschaft als Inhaber des Mesnerdienstes eine Wohnung außerhalb des Schulhauses angewiesen ist.

Die gleichen Verhältnisse finden sich, allerdings weit seltener, bei organischer Verbindung von Schul- und Chordienst. Auch hier kommt es vor, daß die Dienstwohnung des Volksschullehrers zugleich auch als Wohnung für den Inhaber des Chordienstes bestimmt ist, sei es, daß sie sich im Schulhaus oder in einem anderen Gebäude befindet. Hier wird in der Regel von Organistenhäusern oder Kantoratshäusern gesprochen" („Begründung" zum E. I BeilBd. XIX, S. 310).

Als „Dienstwohnung des Volksschullehrers" im Sinne des Art. 43 hat eine Dienstwohnung auch in Gemeinden mit mehr als 2500 Einwohnern zu gelten, wenn sie es bisher auf Grund des SchBG. von 1902 war. Die Gemeinde kann sich in einem solchen Falle nicht einfach durch Verzicht auf die Lehrerdienstwohnung der Verpflichtung entledigen, auch fernerhin eine solche Lehrerdienstwohnung bereitzustellen (vgl. Anm. 3 und 10 zu Art. 14 oben).

Gleichgültig ist es, welcher Zweckbestimmung das Gebäude dient, in dem sich die Dienstwohnung befindet, gleichgültig, welcher kirchliche Rechtsträger über die Kirchendienerwohnung zu verfügen hat (Kirchenstiftung oder Kirchengemeinde, Pfarrpfründestiftung oder sonstige ortskirchliche Stiftung oder Vermögensbestand (s. Art. 53 und Meinzolt S. 161); gleichgültig ist es aber auch — abgesehen von den Bestimmungen des Art. 44 —, in wessen Eigentum das Gebäude steht (s. auch Osthelder, Anm. 3 a zu Art. 43, S. 229, a. M. Meinzolt S. 161, Abs. 2 von oben).

3. „Auseinandersetzung" bedeutet hier die Beseitigung des Rechtszustandes, vermöge dessen die Dienstwohnung des Volksschullehrers und die Dienstwohnung des Kirchendieners (des Mesners, = Küsters oder Kirchners oder des Chorregenten, Organisten, Kantors) eins sind. Die Voraussetzungen, die für die Anwendbarkeit der Art. 43 bis 54 einschließlich gegeben sein müssen, sind:

1. „Es muß eine organische Verbindung des Kirchendienstes mit dem Schuldienste bestehen", d. h. es muß bis zum Inkrafttreten des SchBG. eine dauernde, jeden Inhaber der Schulstelle bindende Verpflichtung zur Verrichtung des Kirchendienstes bestanden haben (vgl. Anm. 4 zu Art. 39 oben). Nicht hierher gehört der Fall, wenn der Volksschullehrer, der auf Grund freier Vereinbarung mit der kirchlichen Behörde den Kirchendienst im Nebenamte versieht, als Volksschullehrer und Kirchendiener die gleiche Wohnung inne hätte.

2. „Ausschlaggebend ist nicht gerade die Verbindung von Schulhaus und Kirchendienerwohnung, sondern die Vereinigung von Lehrerdienstwohnung und Kirchendienerwohnung", d. h. es ist gleichgültig, „ob sich diese Wohnung im Schulgebäude oder in einem anderen Gebäude befindet".

„Ohne Belang wären demnach Fälle, wo sowohl die Dienstwohnung des Volksschullehrers als auch die des Kirchendieners sich im Schulhause befinden, aber unter sich verschiedene Wohnungen sind, desgleichen Fälle, wo dem Kirchendiener eine Wohnung im Schulhause angewiesen ist, während sich die Dienstwohnung für den Volksschullehrer in einem anderen Gebäude befindet.

3. Als weitere wesentliche Voraussetzung ergibt sich ferner, wie im Wortlaute des Art. 57 (des Entw., 43 des Ges.) gleichfalls zum Ausdrucke kommt, daß dem Kirchendiener als solchen eine Dienstwohnung förmlich angewiesen sein muß, m. a. W. daß die in Frage stehende Wohnung ausdrücklich als Dienstwohnung für den Kirchendiener bestimmt ist. Es genügt also nicht, daß mit dem Schuldienste der Kirchendienst organisch verbunden ist; denn diese Verbindung hat nicht schon von selbst zur Folge, daß die Wohnung des Volksschullehrers zugleich auch die Dienstwohnung für den Kirchendiener ist. Es muß als Bestandteil des kirchendienstlichen Einkommens eine Dienstwohnung angewiesen sein, sei es, daß die Schulfassion (oder das Ortsstatut) hierüber einen ausdrücklichen Vermerk enthält, oder daß die Eigenschaft der Wohnung als Kirchendienerwohnung sonst nachweisbar, insbesondere durch einen besonderen Beschluß der zuständigen Vertretungskörper festgelegt ist (vgl. auch Entscheidung des Verwaltungsgerichtshofes vom 15. Juni 1904, Samml. Bd. 25 S. 373).

Die unter 3 bezeichnete Voraussetzung wird in der Regel auch dann gegeben sein, wenn die Wohnung, die der Volksschullehrer inne hat, in der Schulfassion lediglich als Dienstwohnung für den Kirchendiener, nicht aber auch als Dienstwohnung für den Volksschullehrer als solchen vermerkt ist (vgl. § 26 Abs. II der Ministerialentschließung vom 11. April 1899, KMBl. S. 123 mit Art. 23 Abs. II Satz 2 des SchBG. vom 28. Juli 1902). Denn in diesem Falle kommt die Wohnung trotz des Fehlens einer besonderen Vormerkung in der Fassion notwendigerweise auch die Eigenschaft als Lehrerwohnung zu, weil der Volksschullehrer auf einer Fassionsschulstelle nach gesetzlicher Vorschrift — wenigstens in den Gemeinden unter 2500 Einwohnern — stets im Genuß einer Dienstwohnung sein muß, wenn nicht ausnahmsweise die Gewährung einer Mietentschädigung besonders zugelassen ist" („Begründung" a. a. O. Beil. 2621 S. 310, 311). Vgl. auch die ME. vom 8. Januar 1923 Nr. 118 und vom 29. September 1926 Nr. IV 27 198. Ueber einschlägige Beweismittel s. die E. des VGH. Bd. 43 S. 57 und die in der BayGemVZ. Jahrg. 1925 S. 619 veröffentlichte VGHE.

4. Die Art. 44 bis 49 behandeln die endgültige Auseinandersetzung, die Art. 50 bis 50 b eine allenfalls notwendig werdende vorläufige Regelung vor der Auseinandersetzung, Art. 51 enthält besondere Bestimmungen über die Baulast (Baupflicht), Art. 52 bis 54 enthalten Bestimmungen, die sich sowohl auf die endgültige Auseinandersetzung als auch auf die vorläufige Regelung beziehen.

Die Lösung des seitherigen Verhältnisses kann auf verschiedenem Wege erfolgen.

„Die regelmäßige Art der Auseinandersetzung wird die sein, daß die in Frage stehende Wohnung als Dienstwohnung für den Volksschullehrer beibehalten und die Wohnungsfrage für den Kirchendiener anderweitig geregelt wird. Diese Fälle treffen die Art. 44 und 45. Die Verhältnisse können aber unter Umständen auch so gelagert sein, daß es sich als zweckmäßig erweist, die Wohnung als Kirchendienerwohnung beizubehalten und für den Volksschullehrer Ersatz zu beschaffen" („Begründung" a. a. O. Beil. 2621 S. 311).

Dieser und weiteren Lösungsmöglichkeiten — sei es, daß es sich empfiehlt, unbeschadet der gesetzlichen Trennung von Schul- und Kirchendienst die Gemeinsamkeit der rechtlichen Beziehungen der Gemeinde und der Kirchenstiftung gegenüber dem Schul- und Kirchendienerhaus aufrecht zu erhalten, sei es, daß unter Teilung des Erlöses zwischen Gemeinde und Kirchenstiftung oder Kirchengemeinde usw. das fragliche Gebäude verkauft und anderen Zwecken zugewendet und dem Volksschullehrer wie dem Kirchendiener eine andere Dienstwohnung zugewiesen werden will — trägt Art. 46 Rechnung.

5. Sollten an der Dienstwohnung anläßlich der Auseinandersetzung Aenderungen vorgenommen werden, so bedarf es hierzu gem. ME. vom 8. Februar 1921 (KMBl. S. 40, Anh. Nr. 35), Ziff. 3, der Genehmigung der Bezirksverwaltungsbehörde (s. auch Anm. 9 zu Art. 15 oben).

6. Rechtliche Beziehungen dritter Personen gegenüber dem Gebäude, seien es Rechte (Eigentum oder sonstige dingliche oder persönliche Rechte) oder Verpflichtungen (insbesondere die Baupflicht) bleiben bei der Auseinandersetzung zwischen Gemeinde und Kirchenstiftung grundsätzlich unberührt. Eine Ausnahme wird sich ergeben, wenn die Verpflichtungen solcher Personen ausschließlich in der Eigenschaft des Gebäudes als Mesner-, Organisten- oder Kantorhaus begründet sind. Wenn das Gebäude auf Grund der neuen Vorschriften diese Eigenschaft verliert, können auch die hierauf beruhenden Verbindlichkeiten Dritter nicht unverändert bleiben (s. „Begründung" a. a. O. Beil. 2621 S. 312).

7. Auf die Möglichkeit der Genehmigung staatlicher Zuschüsse nach Art. 54 SchBG. ist bei den Auseinandersetzungsverhandlungen ausdrücklich hinzuweisen (s. Anm. 5 zu Art. 54 unten).

Art. 44. Steht der Kirchenstiftung [1]) an dem Gebäude, das die Dienstwohnung des Volksschullehrers und Kirchendieners [2]) enthält, das Eigentum oder Miteigentum [3]) zu, so ist die Gemeinde [4]) verpflichtet [5]), binnen fünf Jahren nach dem Inkrafttreten dieses Gesetzes [6]) das Eigentum oder den Eigentumsanteil der Kirchenstiftung an dem Gebäude zu erwerben [7]), wenn die Kirchenstiftung einwilligt und der von ihr geforderte Kaufpreis angemessen ist [8]) [9]) [10]) [11]).

1. a) Was in den Art. 44 bis 52 mit Bezug auf die Kirchenstiftung bestimmt ist, gilt nach Art. 53 SchBG. auch für sonstige ortskirchliche Stiftungen und Vermögensbestände sowie für die Kirchengemeinde. — Ortskirchliche Stiftungen und Vermögensbestandteile im Sinne des Art. 53 sind die in Art. 5 Abs. II Ziff. 2 u. 3 der Kirchengemeindeordnung vom 24. September 1912 (GVBl. S. 911) aufgeführten Stiftungen und Vermögensbestände.

b) Nur wenn einer Kirchenstiftung oder einem sonstigen kirchlichen Rechtsträger nach Maßgabe des Art. 53 SchBG. neben der Gemeinde das Eigentums- und Verfügungsrecht über das Gebäude zusteht, das die Dienstwohnung enthält, nicht aber wenn ein Dritter, sei es eine juristische oder Einzeln-Person, Eigentümer ist, besteht für die Gemeinde die Verpflichtung zur Auseinandersetzung nach Art. 44. Dies gilt auch in Beziehung auf den Eigentumsanteil des Dritten, wenn ein Dritter neben der Kirchenstiftung oder einem sonstigen kirchlichen Rechtsträger Miteigentümer an dem Gebäude ist. Abgesehen von dem Sonderfall des Art. 76

Abs. III SchBG. stehen der Gemeinde und Dritten Auseinandersetzungen über solche Gebäude frei. Die Lösung derartiger Gemeinschaftsverhältnisse kann nur nach den einschlägigen Bestimmungen des bürgerlichen Rechtes z. B. durch freien Eigentumserwerb, Begründung eines Mietverhältnisses usw. erfolgen.

Der Staat ist an der Auseinandersetzung nach Art. 44 auch dann nicht beteiligt, wenn er verpflichtet ist, die Lehrer-Mesnerwohnung zur Verfügung zu stellen und zu unterhalten. Anderseits haben in solchen Fällen Kirche und Staat keinen Anspruch darauf, daß die Gemeinde zugunsten des künftigen Mesners in eine Teilung der bisherigen Lehrer-Mesnerwohnung einwilligt oder für den Mesner besondere Räume zur Verfügung stellt (FinMinE. vom 21. August 1923 Nr. 31 352, angef. bei Osthelder, Anm. 9 zu Art. 44, S. 235).

2. In Frage kommt der Kirchendienst eines Mesners (= Küsters oder Kirchners) oder eines Chorregenten, Organisten oder Kantors.

3. „Eigentum oder Miteigentum" im Sinne der Bestimmungen des bürgerlichen Gesetzbuches (s. insbes. §§ 903 ff., 1008 ff.).

Ist das Eigentumsrecht bestritten, so haben die Beteiligten entweder nach Art. 48 vorzugehen oder es muß die Eigentumsfrage vor den bürgerlichen Gerichten ausgetragen werden.

4. „Handelt es sich um eine Sprengelschule, so obliegt die Verpflichtung, die Art. 58 (nun 44) der Gemeinde auferlegt, gemäß Art. 12 des Entwurfes (und des Ges.) den am Schulsprengel beteiligten Gemeinden. Hier entsteht die Frage, ob das Gebäude in das gemeinschaftliche Eigentum der am Schulsprengel beteiligten Gemeinden oder aber in das Alleineigentum der Schulsitzgemeinde oder einer anderen beteiligten Gemeinde übergehen soll. Von einer bindenden Vorschrift wird hier abzusehen sein; welche Regelung im einzelnen Falle zweckmäßig ist, wird sich nach den örtlichen Verhältnissen richten, wobei u. a. auch die bisherigen Eigentumsverhältnisse in Betracht kommen können" („Begründung" a. a. O. S. 313).

5. Verpflichtet, d. h. die Gemeinde kann nach Art. 60 der Gemeindeordnung vom 17. Oktober 1927 (GVBl. S. 293) staatsaufsichtlich gezwungen werden (vgl. Anm. 12 zu Art. 1 oben). Gegen den staatsaufsichtlichen Zwang steht der Gemeinde die Beschwerde zum Verwaltungsgerichtshofe nach Art. 60 Abs. V der GemO. zu. Eine Einschränkung dieses Rechtes enthält Art. 49.

Gemeinden mit über 2500 Einwohnern sind nicht ohne weiteres berechtigt, allenfallsigen gemeinschaftlichen Lehrer- und Kirchendienerwohnungen diese Eigenschaft dadurch zu nehmen, daß sie auf ihr Mitbenützungsrecht verzichten, haben vielmehr in eine Auseinandersetzung nach Art. 44 ff. einzutreten (ME. vom 25. August 1925 Nr. IV 19 272). Dagegen besteht die Möglichkeit einer Befreiung der Gemeinde von ihrer Verpflichtung nach Art. 44 oder 45 durch die Bestimmung des Art. 46.

6. Der Ablauf dieser Frist (1. Januar 1925 im Hinblick auf das Inkrafttreten des Gesetzes am 1. Januar 1920 — Art. 80 Abs. I SchBG. —) entkräftet die Verpflichtung der Gemeinde nicht, d. h. Art. 44 ist in den Fällen, in denen die Kirchenstiftung usw. in die Abtretung ihrer Eigentumsrechte einwilligt und einen angemessenen Kaufpreis fordert, auch nach dem 1. Januar 1925 noch verpflichtet, das Eigentum oder den Eigentumsanteil der Kirchenstiftung usw. an dem Gebäude zu erwerben.

Die Frist von fünf Jahren hatte nur die Bedeutung, daß vor ihrem Ablauf gegen die Gemeinde nicht mit staatsaufsichtlichem Zwang hätte vorgegangen werden können (s. ME. vom 9. September 1924 Nr. IV 31164).

7. Auf diese Art wird die Verbindung wohl am einfachsten und für die Gemeinde in der Regel am besten gelöst. Für die Belange der Kirche kann dabei durch Bestellung einer Grunddienstbarkeit (§§ 1018 ff. BGB.) Sorge getroffen werden. Vgl. Anm. 11a zu Art. 1 oben, am Ende.

Bei der Eigentumsübertragung ist nicht nur die für die Uebertragung des Eigentums an Grundstücken vorgeschriebene Form zu wahren (§§ 313, 873 ff., 925 ff. BGB.), sondern auch die Vorschrift des Art. 52 SchBG. zu erfüllen. Zu beachten ist, daß gem. § 90 der Grundbuchordnung vom 24. März 1897 (RGBl. S. 139) in der Fass. vom 20. Mai 1898 (RGBl. S. 754) in Verb. mit § 1 der V. vom 1. Juli 1898 (GVBl. S. 377, JMBl. S. 255) Grundstücke der politischen und Kirchengemeinden und der öffentlichen Stiftungen nur auf Antrag ein Grundbuchblatt erhalten, sohin vom Buchungszwange befreit sind. Nach Art. 83 d. bayer. AusfGes. zum BGB. (GVBl. Beil. zu Nr. 28 S. 1) ist die Einigung des Veräußerers und des Erwerbers darüber, daß das Eigentum übergehen soll und die öffentliche Beurkundung der Erklärungen der beiden Teile erforderlich und genügend. Es besteht auch kein Notariatszwang. Die Niederschrift der Erklärungen der Beteiligten in der vorgeschriebenen Form ist ausreichend, weil diese schriftlichen Erklärungen öffentliche Urkunden darstellen. Anders jedoch, wenn das Grundstück als Eigentum der Kirchenstiftung usw. im Grundbuch eingetragen war. In diesem Falle muß auch der Eigentumsübergang auf die Gemeinde in das Grundbuch eingetragen werden. Ein solcher Eintrag ist auch dann erforderlich, wenn ein buchungsfreies Grundstück mit Hypotheken, Grundschulden, Rentenschulden, Reallasten und Vorkaufsrechten belastet werden soll. Dagegen genügt zur Begründung einer Dienstbarkeit an einem solchen Grundstücke, ohne daß die Eintragung in das Grundbuch ausgeschlossen wäre, nach erfolgter Einigung der Beteiligten die Erklärung des Bestellers in öffentlich beglaubigter Form (Art. 84 AusfG. z. BGB.).

Andere Lösungen als durch Eigentumsübertragung sind durch eine vorläufige Regelung nach Art. 50 oder durch eine vorübergehende oder dauernde Lösung nach Art. 46 möglich.

8. Die Kirchenstiftung usw. ist nicht gesetzlich verpflichtet, ihr Eigentums- oder Miteigentumsrecht abzutreten. Es kann keine zwangsweise Enteignung stattfinden. Die Kirchenstiftung usw. wird sich aber um so leichter zur Abtretung ihres Eigentums verstehen, als die vorgesetzte Behörde gem. Art. 50 SchBG. wenigstens als vorläufige Regelung die Wohnung dem Volksschullehrer auch gegen den Willen der Kirchenstiftung usw. zuweisen kann und auf die Dauer der Ueberlassung der Wohnung an den Volksschullehrer die Baupflicht der Kirchenstiftung usw. an dem Gebäude nach Art. 51 ruht.

9. Wenn die Kirchenstiftung usw. in die Abtretung ihrer Eigentums- oder Mieteigentumsrechte nicht einwilligt oder einen unangemessen hohen Kaufpreis fordert, kann auf die Gemeinde kein staatsaufsichtlicher Zwang zur Erwerbung des Gebäudes ausgeübt werden.

10. Eine abweichende Regelung in Ausnahmefällen gestattet Art. 46. Für den Fall, daß bis auf die Frage der Angemessenheit des Kaufpreises eine gütliche Vereinbarung zustande kommt, s. Art. 49.

11. Wurde der Kaufpreis in der Inflationszeit (die Inflation endigte im November 1923) bezahlt, so richtet sich ein allenfallsiger Aufwertungsanspruch nach den allgemeinen Grundsätzen über Treu und Glauben im Verkehr, nicht nach dem Aufwertungsgesetze vom 16. Juli 1925 (RGBl. I S. 117). S. §§ 62 und 63 Abs. 2 Ziff. 1 dieses Ges. Ein allenfallsiger Streit über die Aufwertung wäre von den Gerichten, nicht von der Aufwertungsstelle, zu entscheiden (vgl. Meinzolt S. 163).

Art. 45. I Ist die Kirchenstiftung[1]) berechtigt, die für den Volksschullehrer bestimmte Dienstwohnung als Wohnung für den weltlichen Kirchendiener zu benützen, ohne daß ihr das Eigentum oder Miteigentum an dem Gebäude zusteht[2]), so hat die Gemeinde[3]) dieses Recht binnen fünf Jahren nach dem Inkrafttreten dieses Gesetzes[4]) abzulösen[5]), wenn die Kirchenstiftung einwilligt und der von ihr geforderte Ablösungsbetrag angemessen ist[6]).

II Das gleiche gilt, wenn die Kirchenstiftung berechtigt ist, das Gebäude, das die Dienstwohnung des Volksschullehrers und Kirchendieners enthält, oder seine Zugehörungen[7]) noch in anderer Weise[8]) zu benützen[9]).

1. S. Anm. 1 d zu Art. 44.

2. Es handelt sich um die Fälle, in denen die Kirchenstiftung usw. ohne Eigentümerin oder Miteigentümerin an dem Schulhause oder Lehrerwohnhause zu sein, ein besonderes Recht auf Benützung der Lehrerwohnung zugunsten des Kirchendieners besitzt. Ein solcher Anspruch kann auf einem Rechtsgrunde des bürgerlichen oder des öffentlichen Rechtes beruhen, er kann gem. § 1093 BGB. als beschränkte persönliche Dienstbarkeit bestellt sein, er kann auch in einer lange Zeit dauernden ununterbrochenen Uebung seine Rechtsgrundlage haben (BGHE. vom 7. April 1922, Bd. 43 S. 60; s. auch Anm. 3 unten).

3. Vgl. Anm. 4 zu Art. 44.

Ohne Belang ist es, „ob der Gemeinde das Eigentum (oder Miteigentum) an dem Gebäude zusteht oder ob etwa ein Dritter der Eigentümer ist; maßgebend ist, daß die gleiche Wohnung, die dem Volksschullehrer als Dienstwohnung zusteht, auch von der Kirchenstiftung auf Grund besonderen Rechtes als Kirchendienerwohnung in Anspruch genommen werden kann. ... Dagegen muß hier besonders darauf hingewiesen werden, daß die Kirchenstiftung nicht schon deswegen ein Recht besitzt, die Dienstwohnung des Volksschullehrers zugleich als Dienstwohnung für den weltlichen Kirchendiener in Anspruch zu nehmen, weil eine organische Verbindung von Schul- und Kirchendienst besteht und vielleicht von jeher bestanden hat, weil also der Volksschullehrer bisher notwendigerweise auch weltlicher Kirchendiener war. Vielmehr kann von einem solchen Rechte nur dann gesprochen werden, wenn der Kirchenstiftung ein besonderer Rechtstitel zur Seite steht. Dies ist namentlich in den zahlreichen Fällen zu beachten, in denen das Schulgebäude (oder Lehrerwohnhaus) unbestritten im Alleineigentum der Gemeinde oder im Eigentum der am Schulsprengel beteiligten Gemeinden steht" („Begründung" a. a. O. S. 313).

4. Das in Anm. 6 zu Art. 44 Gesagte gilt auch hier entsprechend.

5. Ebenso wie im Falle des Art. 58 (nun 44) die Enteignung außer Betracht bleibt, soll auch hier von der Entwährung des besonderen Rechtes der Kirchenstiftung abgesehen werden und vorerst eine Regelung durch gütliches Uebereinkommen unter den Beteiligten vorbehalten bleiben.

Der Ablösungsbetrag, den die Gemeinde an die Kirchenstiftung zur Entschädigung für die Abtretung ihres Rechtes zu leisten hat, kann in der Form einer einmaligen Abfindung oder einer wiederkehrenden Rente entrichtet werden. Für die Entscheidung der Frage, welcher Betrag als angemessen zu erachten ist, kommt insbesondere Art. 62 (nun 49) in Betracht („Begründung" a. a. O. Beil. 2621 S. 313).

Andere Lösungsmöglichkeiten bestehen darin, daß sich die Gemeinde z. B. verpflichtet, der Kirchenstiftung usw. jeweils den Mietbetrag zur Verfügung zu stellen, den diese benötigt, um dem Kirchendiener eine andere Wohnung zu beschaffen, oder im Tauschwege als Kirchendienerwohnung eine andere Wohnung in einem gemeindeeigenen Gebäude abgibt (vgl. Meinzolt S. 164).

6. S. die Anm. 8 bis 11 einschl. zu Art. 44, die entsprechend auch auf die Fälle des Art. 45 anzuwenden sind.

7. Bewegliche und unbewegliche Gegenstände, die wirtschaftlich mit dem Dienstwohngebäude zusammenhängen, nicht nur „Zubehör" (bewegliche Sachen) in dem engen Sinne des § 97 BGB.

8. Hierher gehört z. B. Verwendung des Dienstwohngebäudes zu gottesdienstlichen oder karitativen Zwecken oder die Verwendung von Zugehörungen, wie Holzlege, Waschküche, Schulhof und Schulgarten für den Pfründeinhaber oder einen Hilfsgeistlichen (vgl. Meinzolt S. 164).

„Solche besondere Gebrauchsrechte der Kirchenstiftung wird die Gemeinde indessen nur dann abzulösen haben, wenn sie mit der Eigenschaft des Gebäudes als Wohnhaus für den Kirchendiener zusammenhängen. Wo dies nicht zutrifft, stehen solche Rechte der Trennung von Schul- und Kirchendienst nicht im Wege. In Zweifelsfällen könnte die vorgesetzte Behörde eine ausdrückliche Verfügung im Sinne des Art. 60 (jetzt 46) treffen" („Begründung" a. a. O. S. 313).

Art. 46. Die vorgesetzte Behörde[1]) kann[2]) die Gemeinde dauernd oder vorübergehend[3]) von der Verpflichtung nach Art. 44 oder 45 befreien, wenn die Auseinandersetzung zweckmäßiger auf andere Weise[4]) vollzogen werden kann und die Erfüllung der im Art. 14 festgesetzten Verpflichtung der Gemeinde gesichert ist[5]).

1. S. Art. 7 SchBG.

2. Die Befreiung ist in das Ermessen der vorgesetzten Behörde gestellt. „Die Genehmigung der Behörde ist demnach hier auch dann erforderlich, wenn etwa nach den allgemeinen Vorschriften staatsaufsichtliche Genehmigung nicht vorgesehen wäre. Damit ist die Möglichkeit gegeben, in jedem Falle zu prüfen, ob nicht nur die Interessen der Gemeinde und der Kirchenstiftung, sondern auch die der Schule und des Volksschullehrers gewahrt sind" („Begründung" zum E. I S. 314).

3. Die vorübergehende Befreiung bedeutet eine Verlängerung der Fünfjahrfristen der Art. 44 und 45.

4. Die Lösungsarten können je nach den bestehenden Verhältnissen sehr verschieden sein (s. Anm. 4 zu Art. 43 oben).

So besteht auch die Möglichkeit, trotz der gesetzlichen Trennung von Schul- und Kirchendienst die Gemeinschaftlichkeit einer Dienstwohnung für

Volksschullehrer und Kirchendiener aufrecht zu erhalten, wenn es sich um eine Chorregenten- usw. (nicht um eine Mesner-) Wohnung handelt und der Volksschullehrer die Wohnung nur solange als Kirchendiener-Dienstwohnung innebehalten soll, als er freiwillig mit Genehmigung der Regierung gem. Art. 13 Ziff. 2 VLG. den Chorregenten- usw. Dienst als Nebenamt versieht. Eine solche Regelung wäre jedoch nicht zu empfehlen, weil mindestens bei jedem Wechsel in der Besetzung der Schulstelle aufs neue die Unsicherheit entstünde, ob das bisherige Verhältnis fortdauern und die Dienstwohnung dem Volksschullehrer zur Verfügung stehen wird.

5. Von dem Erfordernisse, daß die Gemeinde gem. Art. 14 Abs. I SchBG. für den Volksschullehrer eine anderweitige entsprechende Dienstwohnung zur Verfügung stellt, kann die vorgesetzte Behörde absehen, wenn die Regierung die Gemeinde nach Maßgabe des Art. 14 Abs. II von ihrer Verpflichtung befreit.

Art. 47. (Aufgehoben.) *

Art. 48 [1]. I Wenn sich die Beteiligten [2]) über die Regelung der Eigentumsverhältnisse, den Kaufpreis, die Ablösung oder die Höhe des Ablösungsbetrages [3]) nicht gütlich zu einigen vermögen [4]), ist die Angelegenheit zum Zwecke der Vermittlung [5]) an die vorgesetzte Behörde [6]) zu bringen. —

II Das gleiche gilt, wenn über das Eigentum an dem Gebäude, das die Dienstwohnung des Volksschullehrers und Kirchendieners enthält, über besondere Rechte der Kirchenstiftung oder der Gemeinde auf Mitbenützung des Gebäudes oder über die Baupflicht [3]) Zweifel bestehen und die Beteiligten sich nicht gütlich zu einigen vermögen.

III Art. 39 Abs. II ist anzuwenden [7]). Für die Regelung der Baupflicht gilt auch Art. 39 Abs. III [8]).

---

* Art. 47 wurde durch Art. IV Ziff. 5 des Ges. vom 24. März 1920 (GVBl. S. 103) aufgehoben. Näheres über den Anlaß dieses Gesetzes s. in der „Vorbemerkung“ zu Abschnitt X.

Der Wortlaut des Art. 47 in der Fass. vom 14. August 1919 lautete:

„I Die Gemeinde ist verpflichtet, die Dienstwohnung nach der Trennung des Kirchendienstes vom Schuldienste bis zur Auseinandersetzung gegen Zahlung einer Entschädigung zum alleinigen Gebrauch zu übernehmen, wenn die Kirchenstiftung einwilligt und die von ihr geforderte Entschädigung angemessen ist.

II Die vorgesetzte Behörde kann Ausnahmen zulassen, wenn dadurch die Befreiung des Volksschullehrers vom Kirchendienste nicht verzögert wird.“

Abs. II des Art. 47 SchBG. war durch die Bestimmung in dem neuen Abs. II des Art. 181 des VLG. („Die Verbindung des weltlichen Kirchendienstes mit dem Schuldienst ist aufgehoben“) gegenstandslos, die Bestimmung im Abs. I des Art. 47 durch die Neufassung des Art. 50 entbehrlich geworden.

IV In den Fällen des Abs. II gelten auch die Vorschriften des Art. 40 entsprechend, soweit die Entscheidung nicht den bürgerlichen Gerichten zusteht [3]).

1. Das Ges. vom 24. März 1920 (GVBl. S. 103) brachte durch Art. IV Ziff. 6 (Näheres s. in der „Vorbemerkung" zu Abschnitt X oben) auch eine Aenderung in der Fassung des Art. 48 des SchBG.

Der Wortlaut des Art. 48 in der Fass. vom 14. August 1919 war folgender:

„I Wenn sich die Beteiligten über die Regelung der Eigentumsverhältnisse, den Kaufpreis, die Ablösung oder die Höhe des Ablösungsbetrages oder über eine Regelung im Sinne des Art. 47 nicht gütlich zu einigen vermögen, ist die Angelegenheit zum Zwecke der Vermittlung an die vorgesetzte Behörde zu bringen.

II Das gleiche gilt, wenn über das Eigentum an dem Gebäude, das die Dienstwohnung des Volksschullehrers und Kirchendieners enthält, über besondere Rechte der Kirchenstiftung oder der Gemeinde auf Mitbenützung des Gebäudes oder über die Baupflicht Zweifel bestehen und die Beteiligten sich nicht gütlich zu einigen vermögen.

III Art. 39 Abs. III ist anzuwenden.

IV Soweit in den Fällen des Abs. II die Entscheidung den Verwaltungsbehörden oder Verwaltungsgerichten zusteht, gilt auch Art. 40 entsprechend."

Die „Begründung" zum „Entwurf eines Gesetzes über die Aenderung des Volksschullehrergesetzes und des Schulbedarfgesetzes vom 14. August 1919" vom 23. Dezember 1919 (Verh. d. bay. Landt. 1919/20, BeilBd. III, Beil. 781 S. 177) sagt hierzu:

„Im Abs. I des Art. 48 ist der Streichung des Art. 47 Rechnung getragen.

Abs. III ist dadurch ergänzt, daß die neuen Vorschriften des Art. 39 Abs. III über den Erlaß vorläufiger Anordnungen auch auf die Regelung der **Baupflicht** am Schul- und Kirchendienerhaus erstreckt sind. Die Gründe hierfür sind die gleichen wie für die Bestimmungen des nunmehrigen Art. 39 Abs. III. In den sonstigen Angelegenheiten des Art. 48 Abs. II sind vorläufige Anordnungen im Hinblick auf die Bestimmungen des Art. 50 entbehrlich.

Die neue Fassung des Art. 48 Abs. IV trägt dem Umstande Rechnung, daß über die im Abs. II bezeichneten Angelegenheiten künftig nur entweder von den bürgerlichen Gerichten oder im schiedsrichterlichen Verfahren nach Art. 40 entschieden werden kann."

2. **Beteiligten**: s. Anm. 10 zu Art. 39 oben.

3. Abs. 1 betrifft die **Regelung** der Eigentumsverhältnisse, den Kaufpreis, die Ablösung oder die Höhe des Ablösungsbetrages, d. h. er kommt zur Anwendung, wenn sich die Beteiligten über die Regelung der **künftigen** Verhältnisse nicht einig werden, während Abs. II von den Fällen handelt, in denen unter den Beteiligten über Eigentum, Mitbenützungsrechte und Baupflicht, also über die seither **bestehenden** Verhältnisse keine Einigung zu erreichen ist (s. Meinzolt S. 166). Die Unterscheidung ist wegen der Bestimmung in Abs. IV von Bedeutung. Da die Anwendung der Bestimmungen des Art. 40 — schiedsrichterliche Entscheidung für den Fall, daß eine gütliche Einigung nicht zustande kommt — in

Art. 48 Abs. IV nur für die Fälle des Abs. II, nicht auch für die des Abs. I, vorgesehen ist, hat es in den Fällen des Abs. I, d. h. bei Streitigkeiten über die künftige Regelung des Verhältnisses, mit der Fortdauer der beiderseitigen Rechte sein Bewenden, wenn sich die Beteiligten darüber nicht einigen können. Die Behörde hat, abgesehen von den Bestimmungen des Art. 46, hier keine weitere Befugnis zum Eingreifen mehr (s. VGHE. vom 7. April 1922, Bd. 43 S. 60).

Eine Ausnahme bildet nur der Fall, daß lediglich hinsichtlich der Höhe der Kauf- oder Ablösungssumme eine Einigung nicht herbeigeführt werden kann. In diesem Falle ist durch Art. 49 Entscheidung der Verwaltungsbehörden vorgesehen.

4. Wie bei der Sichtung der Bestandteile von Schul- und Kirchendiensteinkommen nach Art. 39 SchBG., so muß auch bei der Auseinandersetzung über gemeinschaftliche Dienstwohnungen in Schul- und Mesnerhäusern oder Schul- und Chorregentenhäusern zunächst eine gütliche Einigung unter den Beteiligten versucht werden.

5. Das Vermittlungsverfahren ist durch die Vorschrift in Abs. III den Bestimmungen des Art. 39 Abs. II angeglichen.

6. S. Art. 7 oben.

7. Die Anwendung des Art. 39 Abs. II ist sowohl für die Fälle des Art. 48 Abs. I (Regelung der künftigen Verhältnisse) wie für die des Abs. II (Regelung der bestehenden Verhältnisse) vorgeschrieben. Die zur Vermittlung angerufene Behörde hat sohin in jedem Falle zunächst eine gütliche Einigung unter den Beteiligten zu versuchen und vor Abschluß der Vereinbarung den kirchlichen Oberbehörden die Verhandlungen zur Einsichtnahme und allenfallsigen Aeußerung zu übermitteln.

Was die Fälle des Abs. I (Regelung der künftigen Verhältnisse) anbelangt, so gilt die Vorschrift, daß die vorgesetzte Behörde ein Vermittlungsverfahren einzuleiten hat, nicht nur für den Regelfall, daß das Eigentum oder Gebrauchsrecht der Kirchenstiftung auf die Gemeinde übertragen werden soll (Art. 58 und 59, jetzt 44 und 45), sondern auch dann, wenn nach Lage der Verhältnisse die Uebertragung des gemeindlichen Eigentums oder Benützungsrechtes auf die Kirchenstiftung in Betracht kommt (s. ... Art. 60, nun 46), sei es, daß die Gemeinde oder das kirchliche Vertretungsorgan dieser Auffassung ist oder daß die Aufsichtsbehörde eine solche Regelung für zweckmäßig erachtet" (Begr. zum E. I S. 314).

8. Die Befugnis, bei Gefahr im Verzuge vor dem Abschluß einer Vereinbarung vorläufige Anordnungen zu erlassen, hat die Behörde nur, wenn es sich darum handelt, die Baupflicht zu regeln, nicht in den übrigen Fällen des Art. 48 Abs. I und II. Anlaß zu solchem Eingreifen kann z. B. Einsturzgefahr oder gesundheitsschädliche Feuchtigkeit des Dienstwohngebäudes bilden.

9. Zu beachten ist, daß die Vorschriften des Art. 40 nur für die Fälle des Art. 48 Abs. II, d. h. dann gelten, wenn über die bestehenden Verhältnisse (Eigentum, Mitbenützungsrechte, Baupflicht) Streit besteht und die strittigen Verhältnisse nicht auf bürgerlichen Rechtsvorschriften beruhen. Mit anderen Worten: Wenn sich die Beteiligten trotz Vermittlung der vorgesetzten Behörde darüber nicht einig werden, wie weit Eigentums- oder Benützungsrechte oder die Baulast an dem gemeinsamen Dienstwohngebäude der Gemeinde oder der Kirchenstiftung usw. zustehen, so ist der Streit — anders in den Fällen des Abs. I (Regelung der künftigen Verhältnisse),

s. Anm. 3 oben — nach Maßgabe des Art. 40 Abs. II schiedsrichterlich zu entscheiden. Eine Ausnahme bilden solche Fälle, in denen die Zuständigkeit der bürgerlichen Gerichte gegeben ist. Zu letzteren werden außer Eigentumsstreitigkeiten auch die meisten Fälle gehören, die ein besonderes Gebrauchsrecht der Kirchenstiftung usw. oder der Gemeinde betreffen, ferner Baupflichtstreitigkeiten dann, wenn die Baupflicht in einem bürgerlichen Rechtsverhältnisse wurzelt. „Für solche (bürgerliche Rechtsstreite) kommt die Bestimmung des Art. 74 Abs. X der Kirchengemeindeordnung (vom 24. September 1912 GVBl. S. 911) in Betracht." („Begründung" zu E. I Beil.-Bd. XIX S. 315.)

Das Schiedsgerichtsverfahren greift sohin nur soweit Platz, als die im Abs. II bezeichneten Fragen nach dem geltenden Rechte dem Verwaltungsstreitverfahren überwiesen sind, wie dies besonders für die öffentlich-rechtliche Baupflicht zutrifft (s. Art. 15 Abs. V der Kirchengemeindeordnung). — „Begründung" a. a. O. S. 315).

Ob sich die Baupflicht auf bürgerlich-rechtliche oder öffentlich-rechtliche Verhältnisse gründet, ist nicht immer leicht zu erkennen. (Vgl. hierüber Meinzolt S. 166 und die Bemerkungen zu Art. 10 Ziff. 19 VGH. bei Dyroff, ferner die VGH.-Entscheidung Bd. 43 S. 57 und die in den Jahrgängen 74 S. 42 (s. auch Bayer. GemVerwZ. 1925 S. 619) und 75 S. 298 d. Bayer. VerwBl. veröff. VGHE.

Art. 49 [1]). I Wenn in den Fällen der Art. 44 und 45 nach der Beendigung des Vermittlungsverfahrens [2]) unter den Beteiligten [3]) nur noch darüber Streit besteht, ob der von der Kirchenstiftung [4]) geforderte Kaufpreis [5]) oder Ablösungsbetrag [6]) angemessen ist, entscheidet hierüber die vorgesetzte Behörde [7]) nach billigem Ermessen [8]). Vor der Entscheidung wird die kirchliche Oberbehörde [9]) gehört.

II Gegen die Entscheidung kann binnen vierzehn Tagen [10]) Beschwerde zur nächsthöheren Verwaltungsbehörde erhoben werden, die endgültig entscheidet [11]).

1. Abs. I des Art. 49 wurde durch Art. IV Ziff. 7 des Ges. vom 24. März 1920 (GVBl. S. 103) abgeändert.

In der Fass. vom 14. August 1919 lautete Abs. I des Art. 49 wie folgt:

„Wenn in den Fällen der Art. 44, 45 und 47 Abs. I nach der Beendigung des Vermittlungsverfahrens unter den Beteiligten nur noch darüber Streit besteht, ob der von der Kirchenstiftung geforderte Kaufpreis, Ablösungs- oder Entschädigungsbetrag angemessen ist, entscheidet hierüber die vorgesetzte Behörde nach billigem Ermessen. Vor der Entscheidung wird die kirchliche Oberbehörde gehört."

Die Neufassung des Art. 49 Abs. I war ebenso wie die des Art. 48 Abs. I durch die Streichung des Art. 47 notwendig geworden.

2. d. h. des Verfahrens nach Art. 48 SchVG., das auch dann in Betracht kommt, wenn sich die Beteiligten von vornherein über alle Punkte bis auf den Kaufpreis oder Ablösungsbetrag einig sind. Zunächst ist auch hier die vorgesetzte Behörde als Vermittlungsstelle anzurufen.

3. Beteiligten: Kirchenstiftung, sonstige ortskirchliche Stiftungen und Vermögensbestände, Kirchengemeinde oder Inhaber des Kirchendienstes einerseits und Gemeinde oder die an einem zusammengesetzten Schulsprengel beteiligten Gemeinden anderseits (s. Art. 53 SchBG. und Anm. 10 zu Art. 39 oben).

4. Von der Kirchenstiftung oder sonstigen ortskirchlichen Stiftungen und Vermögensbeständen oder von der Kirchengemeinde s. Art. 53 SchBG.

5. Bezieht sich auf die Fälle des Art. 44.

6. Bezieht sich auf die Fälle des Art. 45.

7. S. Art. 7.

8. „Für die Beurteilung der Angemessenheit des Ablösungsbetrages im Sinne des Art. 59 Abs. I (jetzt 45) wird der jährliche Nutzungswert der in Frage stehenden Dienstwohnung eine besondere Rolle spielen. Die Verwaltungsbehörde wird bei der Bemessung des Nutzungswertes nicht ausschließlich an den Nutzanschlag der Wohnung in der Schulfassion oder gegebenenfalls im Ortsstatut gebunden sein, zumal da über die Angemessenheit dieses Anschlags nicht selten Meinungsverschiedenheiten unter den Beteiligten bestehen." („Begründung" a. a. O. Beil. 2621 S. 315.)

9. S. Anm. 14 zu Art. 39 oben.

10. Binnen 14 Tagen ausschließender Frist vom Tage nach der Zustellung der Entscheidung an gerechnet. Berechnung s. §§ 186 ff. BGB. Vgl. Anm. 4 a zu Art. 40. Mangels gegenteiliger Bestimmung (vgl. Art. 50 Abs. II) hat die Beschwerde aufschiebende Wirkung (s. auch Meinzolt S. 167).

11. „Ist die Angemessenheit der Kaufpreisforderung oder der Ablösungssumme durch eine rechtskräftige Entscheidung der vorgesetzten Behörde oder der nach Abs. II zuständigen Beschwerdeinstanz bejaht worden, so ist damit auch über die Verpflichtung der Gemeinde zum Erwerbe des Rechtes der Kirchenstiftung gem. Art. 58 oder 59 (nun 44 oder 45) endgültig entschieden. Selbstverständlich begründet die Entscheidung nicht auch eine Verpflichtung der Kirchenstiftung zur Uebertragung ihres Eigentums oder ihres sonstigen Rechtes auf die Gemeinde, es sei denn, daß etwa eine besondere Vereinbarung nach § 313 des BGB. vorliegen würde. Der Wortlaut des Art. 62 (nun 49 des Ges.) wird keinen Zweifel darüber lassen, daß die vorgesetzte Behörde lediglich auszusprechen hat, ob der von der Kirchenstiftung geforderte Betrag angemessen ist oder nicht, daß sie aber die Entschädigung nicht mit Wirkung gegen die Kirchenstiftung anderweitig festsetzen kann. Auch gilt Art. 62 (nun 49), wie ausdrücklich hervorgehoben ist, nur für die Fälle der Art. 58 und 59 (jetzt 44 und 45), also wenn die Gemeinde das Eigentum oder das Gebrauchsrecht der Kirchenstiftung abzulösen hat, nicht aber auch dann, wenn umgekehrt die Uebertragung des Eigentums oder Gebrauchsrechts der Gemeinde auf die Kirchenstiftung in Frage kommt.

Ueber die Angemessenheit des geforderten Betrages entscheiden die zuständigen Verwaltungsbehörden nach pflichtmäßigem Ermessen, ihre Entscheidung kann daher nach dieser Richtung nicht vom Verwaltungsgerichtshofe nachgeprüft werden (Art. 13 Abs. I Nr. 3 des VGG.)." — „Begründung" zu E. I S. 315.

Nach rechtskräftiger Entscheidung kann nötigenfalls die Gemeinde staatsaufsichtlich gezwungen werden, die Auseinandersetzung nach Art. 44 oder 45 durchzuführen.

Art. 50 [1]). I Wenn vor der Auseinandersetzung [2]) eine vorläufige [3]) Regelung des Verhältnisses notwendig wird, kann die vorgesetzte Behörde [4]) mit Zustimmung der kirchlichen Oberbehörde [5]) die Kirchenstiftung [6]) verpflichten [7]), der Gemeinde [8]) die Dienstwohnung bis zur Auseinandersetzung gegen angemessene Entschädigung zum alleinigen Gebrauche zu überlassen. Beschwerde ist nicht zulässig [9]).

II Die vorgesetzte Behörde [4]) kann ferner die Gemeinde [10]) verpflichten, die Dienstwohnung bis zur Auseinandersetzung zum Alleingebrauch zu übernehmen und eine angemessene Entschädigung zu zahlen. Beschwerden [11]) hiergegen haben keine aufschiebende Wirkung [12]).

1. Abgeändert durch Art. IV Ziff. 8 d. Ges. vom 24. März 1920 (GVBl. S. 103).

Art. 50 in der Fass. d. Ges. vom 14. August 1919, an dessen Stelle die nunmehrigen Art. 50, 50 a und 50 b getreten sind, lautete:

„Wenn binnen zwei Jahren nach dem Inkrafttreten dieses Gesetzes weder die Auseinandersetzung noch eine Regelung nach Art. 47 durch gütliche Vereinbarung zustande kommt, ist die Kirchenstiftung nach Ablauf der Frist verpflichtet, der Gemeinde die Dienstwohnung bis zur Auseinandersetzung gegen angemessene Entschädigung zum alleinigen Gebrauche zu überlassen. Art. 49 gilt entsprechend.

Eine Aenderung dieser Vorschrift war notwendig, weil nach der neuen Rechtsgestaltung die Verpflichtung des Volksschullehrers zur Ausübung des weltlichen Kirchendienstes grundsätzlich schon mit dem Zeitpunkt endigen sollte, in dem der Entwurf vom 23. Dezember 1919 „eines Gesetzes über die Aenderung des Volksschullehrergesetzes und des Schulbedarfgesetzes vom 14. August 1919" Gesetz würde und nicht mehr erst nach Ablauf von längstens zwei Jahren (s. „Begründung" im BeilBd. III der Verh. d. Bayer. Landt. 1919/20, Beil. 781 S. 177 und Vorbemerkung zu Abschn. X oben). Art. 50 erhielt abweichend vom Entwurfe vom 23. Dezember 1919 seine nunmehrige Fassung und Ergänzung durch die Bestimmungen im Art. 50 a und 50 b erst durch die Verhandlungen im Landtag.

2. Vor der Auseinandersetzung, d. h. vor der endgültigen Auseinandersetzung: S. Anm. 3 u. 4 zu Art. 43 oben. Art. 50 bezieht sich, wie die Art. 43 bis 54 überhaupt, nur auf die Fälle der sogenannten Schul- und Mesnerhäuser (Schul- und Kantorhäuser). — „Begründung" a. a. O. Beil. 781 S. 177.

3. Nur um eine vorläufige Regelung handelt es sich in den Fällen des Art. 50 mit 50 a und 50 b. Sie kann notwendig werden, wenn sich die Auseinandersetzung verzögert, ein Bedürfnis aber für eine rasche Lösung der Wohnungsfrage gegeben ist.

4. S. Art. 7 SchBG.

5. S. Anm. 14 zu Art. 39 oben.

6. S. Art. 53 unten und Anm. 1 a und 1 b zu Art. 44 oben.

7. „verpflichten" — im Gegensatz zu Art. 44 u. 45, wo eine Verpflichtung des kirchlichen Vermögensträgers durch die Staatsbehörde nicht vorgesehen ist.

8. S. Anm. 4 zu Art. 44 oben.

9. Ein Einschreiten der Verwaltungsbehörde nach Art. 50 Abs. I ist nötig, wenn die Gemeinde, nicht aber die Kirchenstiftung usw. zur Auseinandersetzung bereit ist. Das Einschreiten ist aber auch erforderlich, wenn sowohl die Gemeinde als auch die Kirchenstiftung usw. sich zur Auseinandersetzung nicht herbeilassen wollen oder sich nicht einigen können. Der Weg zum Einschreiten gegen die Kirchenstiftung usw. ist im Art. 50 Abs. I, der Weg zum Einschreiten gegen die Gemeinde in Art. 50 Abs. II vorgezeichnet. Der Unterschied in beiden Maßnahmen besteht darin, daß die Verwaltungsbehörde bei ihrem Vorgehen gegen die Kirchenstiftung usw. die Zustimmung der kirchlichen Oberbehörde braucht, sohin das Einverständnis der kirchlichen Oberbehörde zu erholen, nicht etwa diese nur zu hören hat, während eine solche Einschränkung beim Vorgehen gegen die Gemeinde nach Abs. II nicht besteht, und daß im ersten Falle — gegen die Verpflichtungserklärung der Kirchenstiftung durch die Verwaltungsbehörde — eine Beschwerde nicht zulässig ist, während im zweiten Falle — Verpflichtungserklärung der Gemeinde durch die Verwaltungsbehörde — das Recht, eine Beschwerde einzulegen, eingeräumt ist, allerdings nicht eine solche mit aufschiebender Wirkung.

Für den Fall, daß sich die kirchliche Oberbehörde weigert, ihre Zustimmung zu geben, ist die Angelegenheit von der Verwaltungsbehörde nach Maßgabe des Art. 50a vor ein Schiedsgericht zu bringen.

Würde es die Verwaltungsbehörde bei ihrer Verpflichtungserklärung gegen die Kirchenstiftung usw. unterlassen, die kirchliche Oberbehörde überhaupt um ihre Zustimmung anzugehen, so würde wegen dieses Mangels im Verfahren sowohl der beschwerten Kirchenstiftung usw. wie der übergangenen kirchlichen Oberbehörde trotz des Satzes 2 im Art. 50 Abs. I die fristlose Aufsichtsbeschwerde an die nächsthöhere Verwaltungsstelle zustehen.

Wenn sich die Kirchenstiftung oder der sonstige kirchliche Vermögensträger trotz der Bestimmung des Art. 51 (s. Anm. 8 zu Art. 44 oben) auch nach der gemäß Art. 50 Abs. I erklärten Verpflichtung noch weigern würde, der Gemeinde die Dienstwohnung bis zur Auseinandersetzung gegen angemessene Entschädigung zum alleinigen Gebrauche zu überlassen, so hätte die Staatsaufsichtsbehörde im Sinne der KGO., die regelmäßig die gleiche Behörde ist wie die vorgesetzte Behörde im Sinne des SchBG. (KGO. Art. 73), an Stelle der ortskirchlichen Vertretungskörper die zum Vollzuge nötigen Verfügungen zu treffen (KGO. Art. 74 Abs. VIII mit VII — Osthelder, Anm. 2 zu Art. 50 S. 247).

10. S. Anm. 4 zu Art. 44 oben — Art. 50 Abs. II kommt in Betracht, wenn die Gemeinde zur sofortigen Auseinandersetzung nicht bereit ist, sei es, daß der Grund in der Haltung der Kirchenstiftung usw. liegt oder nicht (vgl. auch Anm. 8 oben).

11. Die Beschwerden gehen an die nächsthöhere Verwaltungsbehörde. An eine Frist sind sie nicht gebunden (anderer Meinung Meinzolt S. 168 und Osthelder — Anm. 4 zu Art. 50 S. 248). Da es sich um kein endgültiges Verfahren wie im Art. 49 handelt und der Beschwerde aufschiebende Wirkung versagt ist, ist eine Frist für die Beschwerde hier auch ohne Belang. Nötigenfalls kann gegen die Gemeinde sofort — ohne Rücksicht auf eine etwa eingelegte Beschwerde — mit staatsaufsichtlichem Zwang nach Art. 60 GemO. vorgegangen werden.

12. Die endgültige Auseinandersetzung — Art. 44 mit 49 SchBG. — wird durch die vorläufige Regelung nicht berührt, auch dann nicht, wenn die vorläufige Regelung auf staatsaufsichtlichem Wege erzwungen wird.

Art. 50a [1]). I Verweigert die kirchliche Oberbehörde im Falle des Art. 50 Abs. I die Zustimmung, so entscheidet über die dort bezeichnete Verpflichtung der Kirchenstiftung auf Anrufen der vorgesetzten Behörde ein Schiedsgericht [2]).

II Das Schiedsgericht besteht aus dem Präsidenten der zuständigen Regierung oder einem von ihm bestimmten Beamten der Regierung als Vorsitzenden, einem Vertreter der beteiligten Gemeinde und einem Vertreter der Kirche. Der Vertreter der Gemeinde wird vom Stadt- oder Gemeinderat, der Vertreter der Kirche von der kirchlichen Oberbehörde für den einzelnen Fall ernannt.

III Die Vertreter haben Anspruch auf Ersatz ihrer baren Auslagen aus der Staatskasse. Im Verfahren vor dem Schiedsgerichte werden Gebühren und Auslagen nicht erhoben.

IV Der Schiedsspruch wird den Beteiligten vom Vorsitzenden schriftlich eröffnet. Beschwerde gegen den Schiedsspruch ist nicht zulässig.

V Das zuständige Staatsministerium kann nähere Vorschriften über das Verfahren vor dem Schiedsgerichte erlassen [3]).

VI Die vorgesetzte Behörde [4]) kann bis zum Eintritt der Rechtskraft des Schiedsspruches das Verhältnis durch vorläufige Anordnungen regeln [5]). Beschwerden hiergegen haben keine aufschiebende Wirkung [6]).

1. Art. 50a wurde durch Art. IV Ziff. 8 des Ges. vom 24. März 1920 (GVBl. S. 103) eingefügt (s. Anm. 1 zu Art. 50).

2. Aufgabe des Schiedsgerichts ist lediglich die Prüfung, ob die kirchliche Oberbehörde, wenn sie im Falle des Art. 50 Abs. I ihre Zustimmung nicht hergibt, diese Zustimmung mit Recht verweigert oder nicht. Wenn der Schiedsspruch den ablehnenden Standpunkt der kirchlichen Oberbehörde billigt, hat die vorläufige Regelung zu unterbleiben. Pflichtet das Schiedsgericht der kirchlichen Oberbehörde nicht bei, dann tritt der Schiedsspruch an die Stelle der Zustimmung der kirchlichen Oberbehörde, und die Kirchenstiftung usw. hat sich dem Schiedsspruch zu fügen; die weitere vorläufige Regelung erfolgt nach den Anordnungen der vorgesetzten Behörde. Eine Beschwerdemöglichkeit ist nicht vorgesehen (s. Abs. IV des Art. 50a). Gegen eine auch nach dem Schiedsspruche sich weigernde Kirchenstiftung kann die Staatsbehörde auf dem in Anm. 9 zu Art. 50 angegebenen Wege vorgehen.

Der endgültigen Auseinandersetzung wird durch den Schiedsspruch so wenig vorgegriffen wie durch die vorläufige Regelung nach Art. 50. Die endgültige Auseinandersetzung nach Art. 44 mit 49 SchBG. nimmt ohne Rücksicht auf Schiedsspruchverfahren und vorläufige Regelung ihren Weg.

3. Vorschriften über das Verfahren vor dem Schiedsgerichte hat das zuständige Staatsministerium für Unterricht und Kultus (s. Anm. 10a zu Art. 1 oben) nicht erlassen.

4. S. Art. 7.

5. Ohne diese Bestimmung hätte es die ablehnende kirchliche Oberbehörde in der Hand durch Nichtaufstellen eines Vertreters der Kirche das Schiedsspruchverfahren zu vereiteln, ganz abgesehen davon, daß auch durch sonstige Verhältnisse die Durchführung des Schiedsspruchverfahrens und damit die unter Umständen sehr vordringliche vorläufige Regelung verzögert werden könnte.

6. Fristlose Aufsichtsbeschwerden zur nächsthöheren Verwaltungsstelle. Das in der Anm. 10 zu Art. 50 Gesagte gilt entsprechend auch hier.

Art. 50b[1]). I Wenn sich in den Fällen des Art. 50 die Beteiligten[2]) über die Höhe der Entschädigung nicht gütlich zu einigen vermögen, wird diese von der vorgesetzten Behörde[3]) mit Zustimmung der kirchlichen Oberbehörde[4]) festgesetzt. Beschwerde ist nicht zulässig[5]).

II Verweigert die kirchliche Oberbehörde die Zustimmung, so wird die Entschädigung durch Schiedsspruch festgesetzt[6]). Hierfür gelten die Vorschriften des Art. 50a Abs. II bis V.

1. Art. 50b wurde durch Art. IV Ziff. 8 des Ges. vom 24. März 1920 (GVBl. S. 103) mit Art. 50a eingefügt. — S. Anm. 1 zu Art. 50.

2. Beteiligten: S. Anm. 10 zu Art. 39 oben.

3. S. Art. 7.

4. Mit Zustimmung der kirchl. Oberbehörde. Sie bloß zu hören wie im Falle des Art. 49 Abs. I genügt nicht.

5. Das in der Anm. 9 zu Art. 50 (Schlußabsatz) Gesagte gilt jedoch auch hier.

6. Im Falle des Art. 50b Abs. II ist der Gegenstand des schiedsgerichtlichen Verfahrens die ziffermäßige Festsetzung der Entschädigung, die von der Kirchenstiftung usw. an die Gemeinde zu entrichten ist. Diese Festsetzung kann mit Beschwerden nicht angegriffen werden (Art. 50a Abs. IV). Die Angelegenheit ist mit dem Schiedsspruch vorläufig geregelt, die endgültige Auseinandersetzung nach Art. 44 mit 49 SchBG. wird aber durch diesen Schiedsspruch und diese vorläufige Regelung wie in den Fällen des Art. 50 und 50a nicht berührt.

Art. 51[1]). I Die Baulast[2]) der Kirchenstiftung an dem Gebäude, das die Dienstwohnung des Volksschullehrers und Kirchendieners enthält, ruht[3]) solange die Kirchenstiftung verpflichtet ist[4]), die Dienstwohnung der Gemeinde zum alleinigen Gebrauche zu überlassen. Sie ruht[3]) ferner, wenn sich die Kirchenstiftung durch Vertrag mit der Gemeinde verpflichtet, in die Auseinandersetzung nach Art. 44 oder 45 einzuwilligen[4]).

II Abs. I gilt nicht, wenn die Baupflicht auch nach der Auseinandersetzung fortbestehen würde[5]).

III Im übrigen bleiben die Vorschriften über die Kirchen- und Schulbaulast unberührt[6])[7]).

1. Abgeändert durch Art. IV Ziff. 9 des Ges. vom 24. März 1920 (GVBl. S. 103).

Die ursprüngliche Fassung vom 14. August 1919 lautete:

„I Die Baulast der Kirchenstiftung an dem Gebäude, das die Dienstwohnung des Volksschullehrers und Kirchendieners enthält, ruht, wenn sich die Kirchenstiftung durch Vertrag mit der Gemeinde verpflichtet, in die Auseinandersetzung nach Art. 44 und 45 einzuwilligen. Dies gilt nicht, wenn die Baupflicht auch nach der Auseinandersetzung fortbestehen würde.

II Im übrigen bleiben die Vorschriften über die Kirchen- und Schulbaulast unberührt."

Die „Begründung" zum Gesetzentwurf vom 23. Dezember 1919 (Verh. d. Bay. Landt. 1919/20, BeilBd. III, Beil. 781 gibt als das Wesentliche und den Anlaß der Aenderung folgendes an:

„Art. 51 des Schulbedarfgesetzes soll dahin erweitert werden, daß die Kirchenstiftung von der Baupflicht am Schul- und Mesnerhaus (Schul- und Kantorhaus) auch entbunden ist, wenn und solange ihr Benützungsrecht an dem Gebäude gemäß Art. 50 aufgehoben ist. Diese Regelung dürfte der Billigkeit entsprechen."

2. Baulast = Baupflicht. Unter Baupflicht an einem Gebäude versteht man die Pflicht zur Herstellung dieses Gebäudes und zu seiner Erhaltung (Objektsbaupflicht), oder die Erhaltungspflicht allein (Dotationspflicht). Im letzteren Falle (bei der Dotationspflicht) erlischt die Baupflicht, wenn das Gebäude untergeht oder seine Zweckbestimmung, die der Baupflicht zugrunde liegt, verliert. Im ersteren (bei der Objektsbaupflicht) aber muß der Baupflichtige für ein anderes Zweckgebäude sorgen, wenn das bisherige seiner Bestimmung nicht mehr dienen kann, sei es aus tatsächlichen oder rechtlichen Gründen. Die subsidiäre Baupflicht des Staates bei Unvermögen der Kirchenstiftung ist in der Regel Dotationsbaupflicht; für eine Objektsbaupflicht müßte ein besonderer Rechtstitel vorliegen.

Die Baupflicht (Objekts- und Dotationsbaupflicht) kann sowohl auf einen öffentlichen wie auf einen bürgerlichen Rechtsgrund zurückgehen. Streitigkeiten über die Baupflicht sind deshalb je nach dem Grunde, auf dem sie beruht, von den Verwaltungs- oder von den bürgerlichen Gerichten zu entscheiden. Bei Streitigkeiten der ersteren Art ist im letzten Rechtszuge gem. Art. 10 Ziff. 19 des VGG. der Verwaltungsgerichtshof zuständig. Von den bei Dyroff, VGG. Anm. 5 zu Art. 10 Ziff. 19 angegebenen Entscheidungen des Verwaltungsgerichtshofes (s. auch Dyroff, Anm. 7 zu Art. 10 Ziff. 13 d. VGG. u. Bl. f. adm. Praxis Jahrg. 72 S. 161) ist außer einer neueren vom 8. Februar 1926 — veröffentlicht in den BayVerwBl. Bd. 75 S. 299 — die Entscheidung vom 2. Dezember 1896 (Samml. Bd. 18 S. 85) von besonderer Bedeutung.

Der VGH. sprach damals aus:

„Die Verpflichtung der Kirchenstiftungen zur baulichen Unterhaltung ihrer Kultusgebäude ist öffentlich-rechtlicher Natur.

Streitigkeiten zwischen einer Kirchenstiftung und einer politischen Gemeinde über die Verpflichtung der ersteren zur Teilnahme an den Baukosten eines Schulhauses, das zugleich Mesnerhaus ist, gehören daher regelmäßig dem Gebiete des öffentlichen Rechtes an.

Solche Streitigkeiten sind in erster Instanz von derjenigen Behörde zu entscheiden, deren Kuratel oder Staatsaufsicht das Bauobjekt unterstellt ist."

Ist sohin die Baupflicht einer Kirchenstiftung an einem Schul- oder Mesnerhaus darin begründet, daß das Haus als Kirchendienerwohnung kultischen Zwecken diente, so ist das Verhältnis öffentlich-rechtlicher Natur. In allen anderen Fällen — wenn die Baupflicht auf Vertrag, Vergleich, Anerkenntnis, Verjährung usw. beruht (auch Baupflicht als „Komplexlast", d. h. als eine mit einem Grundstück verbundene Leistung, gehört hierher) — ist ein bürgerlich-rechtliches Verhältnis anzunehmen, gleichviel wer der Träger der Baulast ist.

Ueber Baupflichtverhältnisse an Schul- oder Mesnerhäusern im Gebiete des preußischen Landrechtes s. Bl. f. adm. Pr. Jahrg. 70 S. 1 ff., über solche Baupflichtverhältnisse in altbayerischen Gebietsteilen s. BGHE. Bd. 25 S. 373.

Baupflicht in diesem Sinne unterscheidet sich von der Verpflichtung eines Gebäude-Besitzers (nicht Eigentümers) nach § 836 des BGB., einem Dritten den Schaden zu ersetzen, der durch Einsturz des Gebäudes oder durch die Ablösung von Teilen des Gebäudes entsteht. Besitzer in diesem Sinne ist der Eigenbesitzer (§ 836 Abs. III a. a. O.). Eigenbesitzer ist, wer eine Sache als ihm gehörend — das trifft beim Dienstwohnungsinhaber regelmäßig nicht zu — besitzt (§ 872 a. a. O.). S. auch § 367 Ziff. 13 des Reichsstrafgesetzbuches.

3. Es wäre unbillig, die Baupflicht fortbestehen zu lassen, trotzdem und solange die Kirchenstiftung das bisher mit der Baupflicht verknüpfte Recht auf Benützung der Dienstwohnung nicht ausüben kann; außerdem besteht im Wegfall der vielleicht drückenden Baulast auch ein Anreiz für die Kirchenstiftung, in die Auseinandersetzung mit der Gemeinde nach Art. 44 und 45 einzuwilligen (s. Anm. 8 zu Art. 44 oben).

Wen die Baulast trifft, solange die Baupflicht der Kirchenstiftung nach Art. 51 Abs. I ruht, ist im Gesetze nicht gesagt. Aus Art. 51 Abs. III, wonach im übrigen die Vorschriften über die Kirchen- und Schulbaulast unberührt bleiben, folgert, daß hier derjenige Verpflichtete einzuspringen hat, dem auch sonst im gegebenen Falle die Baupflicht in zweiter Linie (die „subsidiäre" Baulast) zusteht. Ist ein solcher Verpflichteter nicht vorhanden oder nicht zu ermitteln, so hat die Gemeinde die Baulast zu tragen, zu deren Gunsten die vorläufige Regelung der Dienstwohnungsfrage erfolgt. Die ME. vom 13. Mai 1921 Nr. 5273 führt aus: „Ist eine vorläufige Regelung nach Art. 50 des Schulbedarfgesetzes getroffen, so entfällt gemäß Art. 51 die Baulast der Kirchenstiftung (Kirchengemeinde), spätestens mit diesem Zeitpunkt aber auch eine etwaige Baulast des Staates, die dieser auf Grund der Eigenschaft des Gebäudes als Schul- und Kirchendienerhaus oder als Lehrer- und Mesnerwohnhaus primär oder subsidiär an Stelle der Kirchenstiftung hatte. In diesen Fällen tritt also die gesetzliche Baupflicht der Gemeinde nach Art. 11 des Schulbedarfgesetzes ein."

Je nach der Regelung der Baupflicht — auch nach der vorübergehenden des Art. 51 SchBG. — richtet sich die Einhebung und Ueberweisung der vom Volksschullehrer für seine Dienstwohnung zu entrichtenden Mietentschädigung gem. Art. 49 des BBesG. vom 20. April 1928 (GVBl. S. 205). S. auch die noch in Kraft stehenden Bestimmungen in § 26 der MinBek. vom 13. Juli 1920 (KMBl. S. 286, Anh. Nr. 31) und die sonstigen Ausführungen in d. Anm. 6 c zu Art. 14 oben. Auch die Bestimmungen über den Höchstbetrag der Mietentschädigung sind einschlägig. Die Verjährung von Rückerstattungsansprüchen wegen zu viel bezahlter Mietentschädigungen erfolgt, weil es sich um ein öffentlich-rechtliches Verhältnis handelt, nach Art. 125 AG. zum BGB. in drei Jahren (BayGemVZ. 1930 S. 147).

In einer E. des Staatsmin. f. Unt. u. K. vom 3. Februar 1927 Nr. IV 3823 ist ausgeführt:

„... Der Volksschullehrer hat nunmehr wie jeder Staatsbeamte für den Genuß einer Dienstwohnung eine Mietentschädigung zu entrichten, die durch Abzug bei der Auszahlung des Diensteinkommens eingehoben wird (Art. 19 Abs. I Satz 1, Art. 55 Abs. I des BBesG. vom 2. Juni 1920, GVBl. S. 275 — nun Art. 19 u. 49 des BBesG. vom 20. April 1928, GVBl. S. 205) ... Völlig verschieden von dieser im öffentlichen (Beamten-)Rechte wurzelnden Mietentschädigung, die die Volksschullehrer für den Nutzgenuß von Dienstwohnungen zu entrichten haben, ist das Entgelt, das die Gemeinde oder die am Schulsprengel beteiligten Gemeinden gegebenenfalls dem Eigentümer des Dienstwohngebäudes dafür zu zahlen haben, daß dieser ihnen das Dienstwohngebäude ganz oder teilweise überläßt, um ihnen die Erfüllung ihrer Verpflichtung zur Bereitstellung von Lehrerdienstwohnungen gem. Art. 14 SchBG. zu ermöglichen. Dieses Entgelt ist entsprechend der Rechtsnatur des Vertragsverhältnisses zwischen dem Eigentümer des Dienstwohngebäudes und der Gemeinde ein „Mietzins" im Sinne des bürgerlichen Rechtes. Hieran vermag auch der Umstand nichts zu ändern, daß der äußere Anlaß für den Mietvertrag zwischen dem Eigentümer und der Gemeinde, nämlich die Verpflichtung der Gemeinde dem Staate gegenüber zur Bereitstellung von Lehrerdienstwohnungen, im öffentlichen Rechte begründet ist.

Zwischen dieser Verpflichtung einer Gemeinde zur Bezahlung eines Mietzinses nach bürgerlichem Rechte und jener Verpflichtung der Volksschullehrer (als Inhaber von Dienstwohnungen) zur Entrichtung einer Mietentschädigung nach öffentlichem Besoldungsrechte besteht im Hinblick auf die Verschiedenartigkeit der bezüglichen rechtlichen Beziehungen kein irgendwie gearteter Zusammenhang; Zahlungsverpflichtung und Bezugsberechtigung ist vielmehr in jedem Falle gesondert, je nach der Sachlage, zu beurteilen" (s. auch Anm. 6c zu Art. 14 oben).

Die freiwillige Uebernahme von Baufallwendungen gibt einer Gemeinde keinen Rechtsanspruch auf die vom Gehalte einbezogene „Mietentschädigung". S. hierüber die ME. vom 4. Oktober 1928 Nr. IV 31 644, wo es heißt:

„... Die Regierung, Kammer des Innern, eröffnete darauf ... der Gemeindeverwaltung, daß von dem bisher eingenommenen Standpunkt auch dann nicht abgegangen werden könne, wenn die Gemeinde die sämtlichen Baufälle seit 1918 restlos gewendet haben sollte. § 26 Abs. I Ziff. 3 der KME. vom 13. Juli 1920 (KMBl. S. 286) bestimme, daß der Gemeinde die Mietentschädigung in dem gleichen Verhältnisse überwiesen werde, in welchem ihr die Baupflicht an dem Dienstgebäude obliege. Nach dem eindeutigen Wortlaut dieser Bestimmung seien die jeweils hinsichtlich der Baupflicht bestehenden rechtlichen Verhältnisse entscheidend, nicht aber eine von der Gemeinde über den Rahmen ihrer rechtlichen Verpflichtung hinaus betätigte freiwillige Bauunterhaltung.

... Die Absicht, die der Gesetzgeber mit dieser Neuregelung (nämlich mit der Ueberweisung der Mietentschädigungen der Volksschullehrer für ihre Dienstwohnungen an die Gemeinden, die sie bereitzustellen haben) war die, die Gemeinden hinsichtlich der Aufbringung des Schulbedarfs zu entlasten. Eine derartige Entlastung der Gemeinden erschien aber dann nicht angezeigt, wenn die Gemeinde nach den bestehenden Rechtsverhältnissen den Schulbedarf nicht selbst aufzubringen hat, sondern für ihre Leistungen Ersatz von dritter Seite erhalten kann ... Hieraus ergibt sich, daß für die Frage, ob eine Gemeinde gegenüber dem Staat einen Anspruch auf Ueberweisung der Mietentschädigung für die Lehrerdienstwohnung hat, ausschließlich die rechtlichen, nicht die tatsächlichen Verhältnisse maßgebend sind. Die Auslegung, die das Wort „obliegt" in § 26 Abs. I Ziff. 3 der MinBek. vom 13. Juli 1920 durch die Regierung, Kammer des Innern, gefunden hat, muß somit als zutreffend bezeichnet werden.

... Der Anspruch der Gemeinde ... auf Ueberweisung der einbehaltenen Hälfte der Mietentschädigung für die zurückliegende Zeit kann auch nicht auf die Vorschriften über die ungerechtfertigte Bereicherung gestützt werden. Denn der Staat ist nicht zu Unrecht bereichert; wenn überhaupt jemand bereichert worden ist, so ist es äußerstenfalls die Kirchenstiftung ..., der die ihr bis zum Jahre 1927 obliegende hälftige Baupflicht am Lehrerdienstwohngebäude von der Gemeinde ... freiwillig abgenommen worden ist."

4. Der Unterschied zwischen den Fällen von Satz 1 und Satz 2 des Abs. I beruht lediglich darin, daß das Ruhen der Baulast der Kirchenstiftung in den ersteren Fällen dann eintritt, wenn — objektiv betrachtet — die Kirchenstiftung verpflichtet ist, die Dienstwohnung an die Gemeinde zu überlassen, während in den letzteren Fällen die Kirchenstiftung dieses Ruhen dadurch herbeiführt, daß sie in bindender Weise die Ueberlassung verspricht. In den ersteren wie den letzteren Fällen kommt es aber für den Beginn des Ruhens der Baulast der Kirchenstiftung darauf an, daß die Verpflichtung zur Ueberlassung besteht, nicht aber auf die vollzogene Tatsache der Ueberlassung selbst.

Welcher Zeitpunkt dies ist, richtet sich nach den Vorschriften des bürgerlichen Rechts. Auf den obligatorischen (§ 313 BGB.), nicht auf den dinglichen (§ 873 BGB.) Vertrag kommt es an.

5. „Wenn die Baupflicht der Kirchenstiftung auf dem allgemeinen öffentlich-rechtlichen Grundsatze beruht, daß die Kirche für die von ihr benötigten Kultusgebäude zu sorgen hat, dann entfällt ihre Baupflicht naturgemäß in dem Augenblicke, in dem durch die Auseinandersetzung die Kirchendienerwohnung aufhört, eine solche zu sein und damit kultischen Zwecken zu dienen. Es ist aber möglich, daß die Baupflicht der Kirche auf irgendwelchem anderen Rechtsgrunde beruht, z. B. auf einem besonderen Vertrage zwischen Kirchenstiftung und Gemeinde, auf einem Urteil, einem Anerkenntnis, auf uraltem Herkommen usw. Diese Fälle sind ... außerordentlich selten. In einem solchen Falle erlischt ... die Baupflicht der Kirchenstiftung gegenüber dem Gebäude auch dann nicht, wenn ... das Schulhaus künftig nicht mehr zugleich Mesnerwohnhaus ist ... Die Verhältnisse liegen hier ähnlich, wie ... bei Schulgrundstücken, die im Eigentum der Kirche stehen. Hier erscheint die Kirchenstiftung als Dritter, wie jeder andere Dritte auch. Es kann auch einem Gutsherrn oder einer Ortsgemeinde auf Grund eines besonderen Rechtstitels die Baulast am Schulhaus obliegen; auch hier käme ein Wegfall der Baulast infolge des Wegfalls der kirchlichen Eigenschaft des Gebäudes nicht in Frage" (Regierungskommissär in den Landtagsverh. 1919, BeilBd. I, Beil. 320 S. 794).

Nun besteht aber kein Anlaß die Baulast während der vorübergehenden Regelung ruhen zu lassen, wenn sich die Beteiligten in Kenntnis der Verhältnisse darüber einig sind, daß auch die endgültige

Auseinandersetzung eine Aenderung in den Baupflichtverhältnissen zugunsten der Kirchenstiftung nicht bringen wird.

6. In Art. 51 wollte nur aus Billigkeitsgründen und zur Erleichterung der vorübergehenden Regelung der Wohnungsverhältnisse in gemeinsamen Schul- und Mesnerhäusern (Schul- und Kantorhäusern) bis zur endgültigen Auseinandersetzung das Ruhen der der Kirchenstiftung usw. obliegenden Baupflicht ausgesprochen werden. Zu einem weiteren sachlichen Eingreifen in das verwickelte, teils dem öffentlichen, teils dem bürgerlichen Rechtsgebiete angehörende, im Schrifttum wie in der Rechtsprechung viel umstrittene Baupflichtrecht auf dem Boden des Schulbedarfgesetzes war kein Anlaß gegeben.

Die „Begründung" zu Art. 63 Abs. II des E. I (nun 51 Abs. III) führt hierüber aus BeilBd. XIX, S. 315):

„Es ist nicht zu verkennen, daß die geltenden Vorschriften über die Baupflicht an Schul- und Mesnerhäusern* zum großen Teile auf Verhältnissen beruhen, die einer vergangenen Zeit angehören und für die namentlich bei dem heutigen Stande des Volksschulwesens vielfach die Voraussetzungen nicht mehr gegeben sind. Zudem entbehren sie in mancher Hinsicht der Klarheit und insbesondere der Einheitlichkeit; langwierige Rechtsstreitigkeiten bilden gerade auf diesem Gebiete keine Seltenheit.

Eine Neuregelung der einschlägigen Vorschriften und Rechtsverhältnisse würde indessen die Aufgaben, die im Rahmen des vorliegenden Gesetzentwurfes zu lösen sind, weit überschreiten. Hierzu wäre ohne Zweifel eine besondere gesetzgeberische Maßnahme erforderlich, die nach verschiedenen Richtungen Vorbereitungen von außerordentlichem Umfange voraussetzen würde; weder an die Bewältigung dieser Vorarbeiten noch insbesondere an die Durchführung eines derartigen Gesetzes kann unter den heutigen Zeitverhältnissen gedacht werden. Es muß vor allem berücksichtigt werden, daß eine Aenderung der Vorschriften über die Baulast an den Schul- und Mesnerhäusern in weitem Umfange auch eine Aenderung der Vorschriften über die kirchliche Baulast überhaupt bedingen würde. Hat schon die Kirchengemeindeordnung davon abgesehen, hier eine durchgreifende Neuordnung eintreten zu lassen (s. Art. 112 Abs. III der Kirchengemeindeordnung), so kann eine solche um so weniger im Zusammenhange mit der Regelung der Dienst- und Besoldungsverhältnisse der Volksschullehrer in Betracht kommen.

Der Gesetzentwurf geht daher von dem Grundsatz aus, daß die bestehenden Vorschriften über die Kirchen- und Schulbaulast unberührt bleiben sollen. Die Auseinandersetzung hinsichtlich der Schul- und Mesnerhäuser soll sich unabhängig von der Frage der Baupflicht und ihrer künftigen Gestaltung vollziehen.

Zusammenfassende Darstellungen der Rechtssätze über die Baulast an den Schul- und Mesnerhäusern finden sich u. a. bei Geiger, Pfarramtsverwaltung, Bd. 2 S. 643 ff.; Krick, pfarramtliche Geschäftsführung, Bd. III S. 70 ff.; Stingl, Verwaltung des katholischen Pfarramts, S. 1096 ff.; Englmann-Stingl, Handbuch des bayerischen Volksschulrechts, S. 792 ff.

* Im folgenden ist der Einfachheit wegen in der Regel nur von Schul- und Mesnerhäusern gesprochen. Die Ausführungen gelten indessen allgemein für die Fälle, in denen die Dienstwohnung des Kirchendieners mit der des Volksschullehrers vereinigt ist (Art. 57 — jetzt 43 —).

Die Kirchengemeindeordnung hat in dieser Hinsicht das geltende Recht dem Grundsatze nach unberührt gelassen: Art. 112 Abs. III. Im übrigen kommen namentlich auch die Art. 12 Abs. I Nr. 1, Abs. III und V, 15 Abs. V, 26 ff. und 106 Abs. II der Kirchengemeindeordnung in Betracht.

Gemäß Abs. II des gegenwärtigen Artikels soll nicht nur das materielle Baupflichtrecht hinsichtlich der Schulhäuser oder Lehrerwohnhäuser, die zugleich dem weltlichen Kirchendiener als Wohnhaus dienen, unverändert fortbestehen; auch die Grundsätze für die Zuständigkeit bei Streitigkeiten über die Baupflicht bleiben unberührt (vgl. Art. 10 Nr. 19 des VGG., Art. 15 Abs. V der KirchenGemO. und die Begründung hierzu; dann namentlich Dyroff, Verwaltungsgerichtsgesetz S. 461 ff.). Vorbehalten bleiben ferner die geltenden Vorschriften über die Ablösung der Baulast (s. Art. 34 des Grundlastenablösungsgesetzes vom 4. Juni 1848, GVBl. S. 97, Weber Bd. 3 S. 697, Gesetz vom 28. Mai 1852, die Sicherung, Fixierung und Ablösung der auf dem Zehentrechte lastenden kirchlichen Baupflicht betr., GVBl. S. 701 (Weber Bd. 4 S. 467) mit Art. 151 des bayer. Ausführungsgesetzes zum Bürgerlichen Gesetzbuch; Art. 8 Nr. 11 des Verwaltungsgerichtsgesetzes).

Der im Art. 63 Abs. II (jetzt 51 III) ausgesprochene Grundsatz soll und kann aber nur für die bestehenden Vorschriften über die Baupflicht gelten. Die im einzelnen Falle zur Zeit bestehenden Rechtsverhältnisse hinsichtlich der Baupflicht an dem Schul- und Kirchendienerhause müssen bei der im Art. 57 (43 des Ges.) vorgeschriebenen Auseinandersetzung notwendigerweise Aenderungen erfahren.

Hierüber wird im allgemeinen zu sagen sein:

Die Baupflicht an dem Schul- und Mesnerhause kann der Gemeinde, der Kirchenstiftung (Kirchengemeinde) oder Dritten (natürlichen oder juristischen) Personen obliegen. Maßgebend sind hierfür neben den Vorschriften des Schulbedarfgesetzes und der Kirchengemeindeordnung die in den verschiedenen Landesteilen geltenden Sonderrechte und die im einzelnen Falle etwa bestehenden besonderen Rechtsverhältnisse.

1. Soweit von einer Baupflicht der Gemeinde gesprochen werden kann, wird dies in der Regel nur in dem Sinne in Betracht kommen, daß die Gemeinde als Eigentümerin oder Miteigentümerin des Gebäudes oder wegen eines etwaigen sonstigen Rechtes, das Gebäude zu Schulzwecken zu benützen, für die Unterhaltungskosten aufzukommen oder zu diesen Kosten beizutragen hat. Hierin kann eine Aenderung regelmäßig nur eintreten, wenn die Gemeinde ihr Eigentum oder ihren Eigentumsanteil oder ihr sonstiges Gebrauchsrecht an dem Gebäude aufgibt. Vollzieht sich daher die Auseinandersetzung — wie es ausnahmsweise vorkommen wird ... — in der Weise, daß das Eigentum an dem bisherigen Schul- und Mesnerhaus auf die Kirchenstiftung oder aber auf einen Dritten übergeht oder daß das besondere Gebrauchsrecht der Gemeinde an dem Gebäude abgelöst wird, so wird im allgemeinen auch eine Baupflicht der Gemeinde nicht mehr in Frage kommen.

2. Eine Baupflicht der Kirchenstiftung (Kirchengemeinde) wird sich in der Regel auf die Eigenschaft des Gebäudes als Wohnhaus des Kirchendieners, also auf die Mitbestimmung des Gebäudes zu kirchlichen Zwecken gründen. Diese Verbindlichkeit erlischt ihrem Wesen und ihrem Inhalte nach von selbst, wenn die ihr zugrunde liegende rechtliche Voraussetzung hierfür entfällt, wenn also das Gebäude seine Eigenschaft als Kirchen-

dienerwohnhaus und damit seine kirchliche Zweckbestimmung verliert. Wird daher die Auseinandersetzung nach den Vorschriften der Art. 58 und 59 (nun 44 und 45), also durch Uebertragung des kirchlichen Eigentums oder Gebrauchsrechtes auf die Gemeinde durchgeführt, wie es als die Regel anzusehen ist, so besteht kein Rechtsgrund mehr für eine Verpflichtung der Kirchenstiftung (Kirchengemeinde), zu den Bau- und Unterhaltungskosten für das Gebäude beizutragen.

Würde die Kirchenstiftung oder Kirchengemeinde ausnahmsweise auf Grund besonderer Rechtsverhältnisse (Vertrag, Vergleich usw.) eine Baupflicht gegenüber dem Schulhaus oder Lehrerwohnhaus als solchen obliegen, so würde an dieser Verpflichtung selbstverständlich durch die Abtrennung der Kirchendienerwohnung von dem Gebäude nichts geändert.

3. Das zuletzt Gesagte gilt auch für solche Bauverbindlichkeiten Dritter, die gegenüber dem Schulhaus oder Lehrerwohnhaus als solchen bestehen. Solche Verbindlichkeiten würden gleichfalls unverändert bleiben, auch wenn das Gebäude künftig nicht mehr Wohnhaus des Kirchendieners wäre.

Allein auch bei der Baupflicht Dritter — insbesondere des Patrons oder Zehntherrn, dann des Staatsärars — wird es sich in zahlreichen Fällen um eine Verpflichtung gegenüber dem Schul- und Kirchendienerhause handeln, also um eine Baupflicht, die sich auf die kirchliche Zweckbestimmung des Gebäudes gründet und die entweder primär an Stelle der Kirchenstiftung oder — was in der überwiegenden Mehrzahl der Fälle gilt — nur subsidiär bei Leistungsunfähigkeit der Kirchenstiftung zu betätigen ist. Diese Baupflicht ist ihrer Entstehung, ihrem Wesen, Inhalt und Umfange nach nicht anders zu beurteilen als die auf die kirchliche Zweckbestimmung des Gebäudes gegründete Baupflicht der Kirchenstiftung (Kirchengemeinde) am Schul- und Kirchendienerhause selbst. Gleich der letzteren Baupflicht würde sie daher ihrem Wesen und Inhalte nach von selbst erlöschen, wenn die kirchliche Zweckbestimmung des Gebäudes wegfällt. Eine andere Frage wäre es, ob diese Baupflicht von der Kirchenstiftung für ein neues, besonderes Mesnerhaus beansprucht werden könnte, das sich die Kirchenstiftung anläßlich der Abtrennung der Mesnerwohnung von der bisherigen Lehrer-Mesnerwohnung beschafft; die Entscheidung hierüber würde sich im einzelnen Fall nach den bestehenden sondergesetzlichen und vertraglichen Bestimmungen bemessen.

Nicht selten werden die Baupflichtverhältnisse verwickelt, zweifelhaft oder unzweckmäßig sein und auch nach Beseitigung der bisherigen Doppeleigenschaft des Gebäudes als Schulhaus (oder Lehrerwohnhaus) und Kirchendienerhaus keine befriedigende Gestaltung erfahren. Bei der übergroßen Mannigfaltigkeit, Schwierigkeit und Unübersichtlichkeit der einschlägigen Verhältnisse kann durch gesetzgeberische Maßnahmen hier nicht abgeholfen werden. Aufgabe der vorgesetzten Behörde wird es sein, hier auf entsprechende Vereinbarungen zwischen den Beteiligten hinzuwirken, insbesondere dann, wenn die Baupflichtverhältnisse der Auseinandersetzung im Sinne des Art. 57 (jetzt 43) hinderlich sein würden. Soweit der Staat Baulastträger ist und im Einzelfalle Berechtigten seitherige Vorteile etwa dadurch entgehen, daß die staatliche Baupflicht am Schul- und Kirchendienerhause wegfällt, ohne sofort oder später für ein neues besonderes Kirchendienerhaus beansprucht werden zu können, wäre durch Art. 65 (jetzt 54) die Möglichkeit gegeben, einen angemessenen Ausgleich zu schaffen. Voraussetzung für die Schaffung eines solchen Ausgleichs wäre aber im

Interesse aller Beteiligten, daß gleichzeitig die einschlägigen Baupflichtverhältnisse derart geregelt werden, daß nicht nachträglich trotz staatlicher Zuschußleistung neuerdings Zweifel und Streitigkeiten auftauchen können."

7. S. auch Art. 59 Abs. IV, wonach Baulasten nicht der „Umwandlung" unterliegen, und Art. 76 Abs. II des SchBG., durch den anderseits auch die Baupflichten aufgehoben sind, die einem Präsentationsberechtigten als solchem obliegen.

Art. 52. Soweit beim Vollzuge der vorstehenden Vorschriften[1]) eine vertragsmäßige Verfügung über Rechte oder Vermögensgegenstände oder die freiwillige Uebernahme von Lasten in Betracht kommt, bleiben die Vorschriften über die Zuständigkeit der ortskirchlichen Vertretungskörper[2]), über die staatsaufsichtliche Genehmigung[3]) und über die Einvernahme[4]) oder Zustimmung[5]) der kirchlichen Oberbehörden[6]) vorbehalten.

1. Nämlich der Vorschriften in den Art. 43 ff.; die „Begründung" zu Art. 63 Abs. I des E. I (BeilBd. XIX S. 315) — Art. 63 Abs. I des Entw. stimmt im wesentlichen mit dem Art. 52 des Ges. überein — sagt:

„Die Vorschriften der Art. 57 ff. (jetzt 43) gehen von dem Grundsatz aus, daß für die Regelung der hier in Frage stehenden Verhältnisse in erster Linie freiwillige Vereinbarungen und Vergleiche unter den Beteiligten maßgebend sein sollen. Wenn die Parteien nicht aus freien Stücken zu einer gütlichen Regelung zu gelangen vermögen, soll die vorgesetzte Behörde hierauf hinwirken. Einzelne Vorschriften wiederum setzen freiwillige Verfügungen über kirchliches Eigentum oder andere Rechte der ortskirchlichen Vermögensträger voraus und verpflichten für diesen Fall die Gemeinden zu Vertragsschlüssen.

Vertragsmäßige Verfügungen über Rechte und sonstige Vermögensbestandteile der Gemeinden, der ortskirchlichen Stiftungen und der Kirchengemeinden (s. Art. 64, jetzt 53) spielen demnach hier eine bedeutende Rolle. Die Vorschrift des Art. 63 Abs. I (jetzt 52) soll klarstellen, daß auch da, wo das Gesetz auf solche Verfügungen hinweist oder sie vorschreibt, die Erfordernisse erfüllt sein müssen, die für die Rechtswirksamkeit dieser Verfügungen im gegenwärtigen Gesetz oder in anderen Gesetzen — Gemeindeordnungen, Kirchengemeindeordnung — besonders vorgeschrieben sind.

Auch für andere Rechtshandlungen als für vertragsmäßige Verfügungen sollen die im Art. 63 Abs. I (jetzt 52) bezeichneten Vorschriften selbstverständlich vorbehalten bleiben; vgl. hierher z. B. Art. 74 Abs. X der Kirchengemeindeordnung."

2. Ortskirchliche Vertretungskörper: Als solche kommen, sowohl bei der katholischen wie bei der evangelischen Kirche, die Kirchenverwaltungen (s. KGO. Art. 6, 36 ff.), ausnahmsweise auch die Kirchengemeindeversammlungen und Kirchengemeindebevollmächtigten in Betracht (Art. 23 Abs. II Ziff. 2, 3; Art. 65 ff., 68 ff. a. a. O.). Die Erklärungen sind beschlußmäßig abzugeben.

3. Staatsaufsichtliche Genehmigung kommt nach Art. 75 Abs. I Ziff. 1 d. KGO. in den Fällen der Auseinandersetzung nach Art. 44, 45 und 46 SchBG. sowohl beim Erwerb wie bei der Veräußerung oder Belastung von Gebäuden und Wohnrechten der Kirchenstiftung in Frage (unter

Umständen auch Genehmigung der Regierung nach Art. 76 KGO.). Nicht erforderlich ist staatsaufsichtliche Genehmigung bei vorläufigen Regelungen durch freiwillige Vereinbarung oder nach Art. 50, 50 a und 50 b, weil hier nicht Rechte aufgegeben, sondern nur vorübergehende Zustände geschaffen werden. Auch nach Art. 61 Ziff. 4 und 5 der GemO. kann staatsaufsichtliche Genehmigung erforderlich sein. Zuständig zur Erteilung der staatsaufsichtlichen Genehmigung sind in unmittelbaren Städten die Regierungen, Kammern des Innern, in den übrigen Gemeinden die Bezirksämter (Art. 73 Abs. II KGO.; Art. 59 d. GemO.).

4. Einvernahme der kirchlichen Oberbehörden: Vorgeschrieben ist sie erstens im Schulbedarfgesetze selbst: Art. 48 Abs. III mit Art. 39 Abs. II und Art. 49 Abs. I, dann in der Kirchengemeindeordnung: Art. 74 Abs. VI (s. auch Art. 11 Abs. I). „Wo nach der Kirchengemeindeordnung die Einvernahme der kirchlichen Oberbehörde vorgeschrieben ist, sollen die Staatsbehörden, soweit sie nicht die richterliche Gewalt ausüben, das Einverständnis anstreben, etwaige Erinnerungen sorgfältig zu würdigen und nach Möglichkeit berücksichtigen.“ Nach dieser Anweisung ist auch vorzugehen, wenn die Einvernahme der kirchlichen Oberbehörde im Schulbedarfgesetze verlangt ist.

5. Zustimmung der kirchlichen Oberbehörden ist erforderlich in den Fällen des Art. 50 Abs. I und 50 b Abs. I d. SchBG., außerdem nach Art. 75 Abs. III der KGO. in den Fällen der Auseinandersetzung nach Art. 44, 45 und 46 SchBG., in denen auch staatsaufsichtliche Genehmigung erforderlich ist (s. Anm. 3 oben). Hierbei ist auch Art. 11 Abs. V der KGO. zu beachten.

6. S. Anm. 14 zu Art. 39 oben.

Art. 53. Was in den Art. 44 bis 52 mit bezug auf die Kirchenstiftung bestimmt ist, gilt auch für sonstige ortskirchliche Stiftungen [1]) und Vermögensbestände [1]) sowie für die Kirchengemeinde [2]).

1. Die „Begründung“ zum E. I (BeilBd. XIX, S. 317) sagt:

„Art. 64 (jetzt 53) erstreckt die Vorschriften der Art. 58 bis 63 (d. Entw., 44 bis 51 d. Ges.) auf die Fälle, in denen andere kirchliche Vermögensträger als die Kirchenstiftung beteiligt sind. Was unter sonstigen ortskirchlichen Stiftungen und Vermögensbeständen zu verstehen ist, ergibt Art. 5 Abs. II Nr. 2 und 3 der Kirchengemeindeordnung.“

Art. 5 Abs. II der Kirchengemeindeordnung vom 28. September 1912 (GVBl. S. 911) lautet: „Zum ortskirchlichen Stiftungsvermögen gehören mit Ausschluß der Pfründe- und Hofkultusstiftungen:

1. Das Kirchenstiftungsvermögen (Fabrikgut), auch soweit es den Geistlichen oder weltlichen Kirchendienern zu Gebrauch oder Nutzung zugewiesen ist, einschließlich der bei der Kirchenstiftung bestehenden Fonds;

2. sonstige örtliche Kultusstiftungen und -fonds;

3. das Vermögen der Bruderschaften und ähnlichen Vereinigungen im Kirchengemeindebezirk, soweit es als örtliches Stiftungsvermögen erscheint oder seither ihm gleichgeachtet worden ist. Unberührt bleibt eine für solches Vermögen ordnungsmäßig bestehende besondere Verwaltung.“

2. Kirchengemeinde: S. Art. 1 der KGO.

Art. 54. Gemeinden[1]) sowie Kirchenstiftungen und Kirchengemeinden[2]) können im Falle der Bedürftigkeit oder aus anderen wichtigen Gründen zur Durchführung der Auseinandersetzung[3]) Zuschüsse vom Staate[4]) nach Maßgabe der im Staatshaushalte hierfür bereit gestellten Mittel erhalten[5]).

1. Gemeinden: Gemeint sind wohl die Gemeinden, die bei Gemeindeschulen in Betracht kommen, wie die Gemeinden, die an Sprengelschulen beteiligt sind.

2. „Die Gewährung von Beihilfen auch auf andere kirchliche Vermögensträger als Kirchenstiftungen und Kirchengemeinden auszudehnen, erscheint nicht veranlaßt; Art. 64 (jetzt 53) soll also hier nicht etwa sinngemäß angewendet werden" (Begr. zu E. I a. a. O. S. 317).

3. „Im allgemeinen werden Zuschüsse in Betracht kommen zur Aufbringung des Kaufpreises oder des Ablösungsbetrages, dann gegebenenfalls zur Beschaffung einer anderweitigen Dienstwohnung für den Volksschullehrer oder den Kirchendiener, soweit dies nach Lage der Verhältnisse erforderlich ist und nicht bereits der Kaufpreis oder die Ablösungssumme ein Entgelt für solche Aufwendungen darstellt; schließlich noch besonders zum Zwecke der entsprechenden Regelung der Baulastverhältnisse (vgl. auch die Begründung zum Art. 63 — nun 51 — am Schlusse)" — Begr. zu E. I S. 317; s. auch Anm. 6 zu Art. 51 oben und Anm. 5 unten (Schlußsatz).

4. „Die Gewährung staatlicher Zuschüsse an ortskirchliche Vermögensträger erscheint dadurch gerechtfertigt, daß es sich hier um die Durchführung einer vom öffentlichen Interesse erforderten Maßnahme, nämlich der Neuordnung der Dienst- und Besoldungsverhältnisse der Volksschullehrer handelt; die Beihilfe wird zur Erfüllung staatlicher Aufgaben, zur Durchführung notwendiger Verbesserungen auf dem Gebiete des Volksschulwesens geleistet" (Begr. a. a. O., S. 317).

5. Wenn auch trotz Ablaufes der fünfjährigen Frist im Art. 44 u. 45 noch nicht überall die Auseinandersetzung erfolgt oder beendet ist — s. Anm. 6 zu Art. 44 oben —, so dürfte doch der Umfluß so geraumer Zeit seit dem Inkrafttreten des Gesetzes (1. Januar 1920) im Zusammenhalte mit der bedrängten Finanzlage des Staates bewirken, daß in der Zukunft Mittel für solche Zuschüsse im Staatshaushalte nicht mehr oder doch nicht mehr im bisherigen Umfange bereitgestellt werden.

Gegebenen Falles sind auch jetzt noch die Ministerialentschließungen betr. „Trennung des weltlichen Kirchendienstes vom Schuldienste, hier Zuschüsse nach Art. 54 des Schulbedarfgesetzes vom 25. Mai 1921 Nr. 22 664 (Formblatt, vierteljährige Vorlagen), vom 19. August 1922 Nr. 39 390 (die beteiligten Gemeinden und Kirchenstiftungen sind auf die Möglichkeit staatlicher Zuschüsse aufmerksam zu machen), vom 24. Januar 1923 Nr. 755 (der vorgeschriebene „übersichtliche Nachweis" ist nicht von den Gemeinden, sondern von den Regierungen, Kammern d. Innern, oder doch von den Bezirksämtern herzustellen), zu beachten.

Die ME. vom 25. Mai 1921 Nr. 22 664 enthält folgenden Schlußabsatz:

„Hervorzuheben ist, daß Zuschüsse nach Art. 54 des SchBG. nur zur Durchführung der endgültigen Auseinandersetzung nach den Art. 44—46, nicht aber auch für eine vorläufige Regelung nach Art. 50 (mit 50 a und 50 b) des SchBG. gewährt werden können."

In der ME. vom 3. März 1926 Nr. IV 8876 ist der an die Bezirksverwaltungsbehörden gerichtete Auftrag, bei der Durchführung von Auseinandersetzungsverhandlungen nach Art. 43 ff. die Beteiligten auf die Möglichkeit der Gewährung von Zuschüssen hinzuweisen, wiederholt. Es ist aber auch bemerkt, daß die Gewährung solcher Zuschüsse auf wirklich berücksichtigenswerte Fälle beschränkt bleiben müsse.

B. Sonstige Uebergangsvorschriften.

Vorbemerkung.

Die in den Art. 55 bis 74 einschließlich zusammengefaßten Bestimmungen enthalten Uebergangsvorschriften des Schulbedarfgesetzes von verschiedener Art. Hervorzuheben sind die Art. 57 mit 60, die von den besonderen rechtlichen Verpflichtungen zur Bestreitung des Bedarfs für die öffentlichen Volksschulen (Komplexlasten, Reichnissen usw.) handeln und die von den Bestimmungen im Art. 51 Abs. III des Abschnittes X A und in den Art. 75 a und Art. 76 Abs. II des folgenden Abschnittes XI wesentlich ergänzt werden. Die Trennung des weltlichen Kirchendienstes vom Schuldienste kraft Gesetzes (s. „Einleitung" oben), das Beamtenbesoldungsgesetz, das Pensionsergänzungsgesetz, das Gesetz zum Vollzuge des Landessteuergesetz vom 30. März 1920 (RGBl. S. 402) und die Neuregelung der Verhältnisse der Volksschulfachlehrer brachten auch eine teilweise Aenderung der Bestimmungen des Abschn. X B. Die Fassung der Art. 57, 63, 69 und 70 wurde durch das Gesetz vom 24. März 1920 (GVBl. S. 103), die Fassung der Art. 59 und 68 durch das Beamtenbesoldungsgesetz vom 2. Juni 1920 (GVBl. S. 275), die Fassung der Art. 65 und 66 durch das Pensionsergänzungsgesetz vom 23. März 1921 (GVBl. S. 117) und die Fassung des Art. 58 durch das Gesetz vom 30. Juni 1921 (GVBl. S. 361) abgeändert. Art. 63 erhielt durch das Gesetz vom 1. August 1923 (GVBl. S. 337) eine weitere Aenderung. Außerdem wurde Art. 62 a durch das Gesetz vom 1. August 1923 (GVBl. S. 337) eingeschaltet, anderseits Art. 56 durch das BBesG. vom 2. Juni 1920 (GVBl. S. 275) aufgehoben; Art. 55 (die Schülerhöchstzahlen für die ersten fünf und die folgenden fünf Jahre nach dem Inkrafttreten des Gesetzes) ist durch den Zeitablauf gegenstandslos geworden.

Art. 55. An Stelle der im Art. 8 Abs. I und II festgesetzten Schülerhöchstzahlen fünfzig und sechzig gelten für die ersten fünf Jahre nach dem Inkrafttreten dieses Gesetzes [1]) die Höchstzahlen achtzig und hundert, für die folgenden fünf Jahre die Höchstzahlen sechzig und fünfundsiebzig [2]).

1. D. h. nach dem 1. Januar 1920 (s. Art. 80 Abs. I SchBG.).

2. Art. 55, dessen Bestimmungen den Gemeinden den Uebergang zu den strengeren Anforderungen des Art. 8 erleichtern sollten — je niedriger die gesetzlichen Schülerhöchstzahlen sind, desto größer sind die Verpflichtungen der Gemeinden hinsichtlich des Schulbedarfs, den sie zu decken haben, vor allem wegen der erforderlichen Schulräume (Art. 11) und wegen der allenfalls nötigen Dienstwohnungen (Art. 14 mit 11) —, ist seit 1. Januar 1930 durch den Zeitablauf im vollen Umfange außer

Wirksamkeit getreten. Maßgebend zur Berechnung des Durchschnittes der Schülerhöchstzahlen in den letzten fünf Jahren sind nur mehr die Zahlen des Art. 8, auch für die Jahre, die vor dem 1. Januar 1930 liegen. S. im übrigen die Anm. 4 und 5 zu Art. 8 oben.

Art. 56. (Aufgehoben.)*

Art. 57 [1]. Für die besonderen [2]) rechtlichen Verpflichtungen zur Bestreitung des Bedarfs für die öffentlichen Volksschulen gelten die Vorschriften der Art. 58 bis 60 [3]) [4]) [5]). Art. 75a bleibt vorbehalten [6]).

1. Den Zusatz „Art. 75a bleibt vorbehalten" erhielt Art. 57 durch Art. VIII Ziff. 4 des Ges. vom 24. März 1920 über die Aenderung des Volksschullehrergesetzes und des Schulbedarfgesetzes vom 14. August 1919 (GVBl. 1920 S. 103). Durch das gleiche Gesetz vom 24. März 1920 (Art. VIII Ziff. 5) wurde dem Schulbedarfgesetz auch die Vorschrift des Art. 75a eingefügt.

2. Unter „besonderen rechtlichen Verpflichtungen zur Bestreitung des Bedarfs für die öffentlichen Volksschulen" sind Leistungen zu verstehen, die ausdrücklich und ausschließlich für Schulzwecke bestimmt sind, im Gegensatze zu der allgemeinen Verpflichtung der Gemeinden und des Staates für den Schulbedarf aufzukommen (Art. 11 d. SchBG.). Sie zählen zu den besonderen Deckungsmitteln für den Schulbedarf (s. Anm. 8 B zu Art. 11 oben).

3. Durch Art. 57 sind die „besonderen rechtlichen Verpflichtungen zur Bestreitung des Bedarfs für die öffentlichen Volksschulen" grundsätzlich in Geltung geblieben. Dies ergibt sich mittelbar daraus, daß auf die im Gesetze getroffenen Einschränkungen des Grundsatzes hingewiesen ist. Die Aufrechterhaltung der „besonderen rechtlichen Verpflichtungen" ist sohin nur stillschweigend verfügt.

Anders in E. I, BeilBd. XIX, S. 133). Dort hieß es im Art. 40 Abs. I ausdrücklich:

„Besondere rechtliche Verpflichtungen zur Bestreitung des Bedarfs für die öffentlichen Volksschulen bleiben aufrecht erhalten, soweit sich nicht aus den Vorschriften dieses Gesetzes etwas anderes ergibt."

---

* Art. 56, der durch Art. 63 Ziff. 1 des BBesG. vom 2. Juni 1920 (GVBl. S. 275) aufgehoben wurde, lautete:

„I Bestehende Dienstwohnungen dritter Ordnung können vorerst unverändert bleiben. Dagegen muß bei Neu- oder Umbauten die Bestimmung des Art. 15 Abs. I Nr. 3 durchgeführt werden.

II Wohnungsentschädigungen dritter Ordnung werden bis zum 1. Januar 1925 nach den örtlichen Mietpreisen für ein geräumiges heizbares Wohnzimmer, von da an für zwei Zimmer bemessen."

Diese Bestimmungen waren durch die Neufassung des Art. 15 Abs. I Nr. 3 des SchBG. und durch den Wegfall der Wohnungsentschädigungen für Staatsbeamte, den das Beamtenbesoldungsgesetz gebracht hatte, gegenstandslos geworden. S. Anm. 7a zu Art. 15 und die Fußnote zu Art. 13 oben.

Da dieser Grundsatz trotz des veränderten Wortlautes des Gesetzes auch jetzt noch gilt, ist auch die „Begründung" zu Art. 40 Abs. I des Entwurfes (a. a. O. Beil. 2621 S. 297) noch von Belang:

„Neben der allgemeinen und grundsätzlichen Verpflichtung der Gemeinde zur Aufbringung des persönlichen und sächlichen Schulaufwandes (Art. 11 des Entwurfes) sollen besondere Verpflichtungen zur Bestreitung des Bedarfs für die öffentlichen Volksschulen auch fernerhin aufrecht erhalten bleiben. Der gleiche Rechtssatz war schon im Art. 1 des SchBG. vom 10. November 1861 enthalten und ist auch im Art. 1 Abs. I des SchBG. vom 28. Juli 1902 ausgesprochen.

Die besonderen Verpflichtungen, die hiernach gemäß Art. 40 Abs. 1 (jetzt Art. 57) vorbehalten bleiben sollen, können bürgerlich-rechtlicher oder öffentlich-rechtlicher Natur sein. In der Regel handelt es sich um Verpflichtungen Dritter, sei es natürlicher oder juristischer Personen; unter den letzteren erscheinen mehrfach auch das Staatsärar, dann Kirchenstiftungen usw. als Verpflichtete. Doch können auch besondere Vorausleistungen einzelner von mehreren am Schulsprengel beteiligten Gemeinden in Frage kommen; in diesem Sinne ist auch die Bestimmung des Art. 1 Abs. I des geltenden SchBG. (d. h. vom Jahre 1902) ausgelegt worden (vgl. Verh. d. K. d. Abg. 1901/02, StenBer. Bd. 8 S. 345, 346). Die Leistungen können in Geld oder in Naturalreichnissen oder auch in Dienstleistungen bestehen. Es begründet keinen Unterschied, ob sie für den persönlichen oder für den sächlichen Schulbedarf bestimmt sind, desgleichen ob sie bisher in die Gemeinde entrichtet wurden oder dem Volksschullehrer unmittelbar zugeflossen sind; für den letzteren Fall gilt indessen künftig noch die Vorschrift des Abs. II (des Art. 40, jetzt 58 Abs. I).

Wenn die hier in Frage stehenden Rechtsverhältnisse auch künftig grundsätzlich aufrecht erhalten bleiben sollen, so können sie doch unter dem neuen Besoldungssystem nicht durchwegs unverändert bleiben. Im 2. Halbsatz des Absatzes I (von Art. 40 des Entwurfes dem im wesentlichen Art. 57 Satz 1 des Gesetzes entspricht) sind daher abändernde Vorschriften vorbehalten. Solche Vorschriften enthält der Gesetzentwurf namentlich in Abs. II des gegenwärtigen Artikels (jetzt Art. 58 Abs. I), dann in den Art. 41 (jetzt Art. 58 Abs. II) und 42 (jetzt im wesentlichen Art. 26). Auch durch die Trennung des Kirchendienstes vom Schuldienste können sich Einwirkungen auf solche Verhältnisse, so namentlich auf den Bestand der Baupflicht, ergeben . . ."

4. Die besonderen zur Deckung des Schulbedarfs dienenden Verpflichtungen sind teils bürgerlich-rechtlicher, teils öffentlich-rechtlicher Natur (s. Anm. 3 oben).

a) Zu den Verpflichtungen bürgerlich-rechtlicher Natur, deren Träger wiederum Private, wie Körperschaften des öffentlichen Rechtes, so der Staat selbst als „Fiskus", z. B. als Rechtsnachfolger eines privaten Verpflichteten, sein können, gehören:

1. Die sogen. Komplexlasten, d. h. Reallasten im Sinne der §§ 1105 ff. des BGB. Sie stammen aus der Zeit der Guts- und Grundherrschaft und aus ähnlichen Abhängigkeitsverhältnissen, ruhen auf bestimmten Grundstücken und dienen öffentlichen Zwecken, insbesondere Kultus- und Unterrichtszwecken, also zur Befriedigung von Bedürfnissen auf dem Gebiete der Kirche und der Schule. Näheres hierüber in der Zuschrift des K. Staatsministeriums des Innern für Kirchen- und Schulangelegenheiten

vom 27. April 1902 an das Präsidium der Kammer der Reichsräte (Bl. f. admin. Praxis, Bd. 52 S. 257 ff.). Der Entstehungsgrund war regelmäßig ein öffentlich-rechtlicher, z. B. Inkorporation oder Vereinigung einer Kirche oder eines geistlichen Amtes samt dem dazugehörigen Vermögen mit einem Stifte oder Kloster und Inkammerierung oder Einziehung von Kirchengütern zum Zwecke der Vereinigung mit dem Staatsgute bei Aufhebung von Stiften und Klöstern. Die Erwerber solcher Güter übernahmen bei der Inkorporation und Inkammerierung mehrfach Lasten in bezug auf Besoldung von Geistlichen und niederen Kirchendienern, sowie in bezug auf die bauliche Unterhaltung von Kultusgebäuden. Diese Leistungen haben im Laufe der Zeit bürgerlich-rechtliche Eigenschaft angenommen und werden wie die Grundstücke, auf denen sie lasten, als bürgerlich-rechtliche Leistungen behandelt. (S. auch VGHE. vom 20. März 1930 Nr. 10[I] 29 in d. Bayer. VerwBl. 78. Jahrg. S. 296.)

Hierher gehören auch die mit dem Patronate (Präsentationsrechte) zusammenhängenden Lasten, die nicht im Patronate (Präsentationsrechte) als einer öffentlich-rechtlichen Einrichtung, sondern im Grundbesitz der Patrone ihren Rechtsgrund haben. Sie sind Komplexlasten und bürgerlich-rechtlicher Natur (s. Bl. f. admin. Pr. Bd. 52 S. 278 ff.) im Gegensatze zu den Leistungen, die auf dem Patronate als solchem ruhen und mit ihm die öffentlich-rechtliche Natur teilen.

2. Die auf abgelösten Grundrenten ruhenden Lasten (s. Art. 34 des Ges. vom 4. Juni 1848 über die Aufhebung der standes- und gutsherrlichen Gerichtsbarkeit, dann die Aufhebung, Fixierung und Ablösung von Grundlasten — Weber Bd. 3 S. 697) und die auf Zehentrechten lastende Baupflicht (s. Art. 1 des Ges. vom 28. Mai 1852, die Sicherung, Fixierung und Ablösung der auf dem Zehentrechte lastenden kirchlichen Baupflicht betr. — Weber Bd. 4 S. 467).

3. Grunddienstbarkeiten im Sinne der §§ 1018 ff. BGB., die in der Regel als Forst-, Streu- oder Weiderecht bestehen (Positive Leistungen der Verpflichteten zählen zu den Reallasten nach §§ 1105 ff. BGB.; s. oben Ziff. 1 „Komplexlasten". Abgabe von Besoldungsholz ist keine Grunddienstbarkeit, sondern eine Reallast — vgl. Bl. f. admin. Pr. Bd. 52 S. 270).

4. Leistungen von Privatpersonen (Reichnisse) zur Bestreitung des Schulbedarfs, wenn diese Leistungen aus einem besonderen bürgerlich-rechtlichen Grunde nicht wegen der Zugehörigkeit zu dem betreffenden Gemeinde- oder Schulverband gegeben werden (s. VGHE. vom 5. Mai 1897, Bd. 18 S. 282).

Die Verpflichtungen können

b) öffentlich-rechtlicher Natur sein. Hierher gehören:

1. Die auf dem Gemeinde- oder Schulverband beruhenden Verpflichtungen, ob sie nun Gegenleistungen für Gemeindenutzungen darstellen — Streitigkeiten hierüber fallen unter Art. 8 Ziff. 28 VGG. — oder sonstige, lediglich auf der Zugehörigkeit zur Gemeinde oder zum Schulverbande fußende Natural- oder Geldleistungen sind, wie z. B. Läutgarben, Neujahrssinggeld, das von der Gemeinde übernommen wurde und dadurch den Charakter einer auf dem Kirchenverband beruhenden Leistung verlor, Quartalgeld, Schulkorn usw. (Hier sind auch allenfallsige Vorausleistungen von Gemeinden einzureihen, die an zusammengesetzten Schul-

sprengeln beteiligt sind.) Streitigkeiten dieser Art sind nach Art. 8 Ziff. 38 VGG. Verwaltungsrechtsachen.

2. Nicht auf Schul- oder Gemeindeverband, sondern auf anderweitigem besonderen öffentlich-rechtlichen Verpflichtungsgrund beruhende Leistungen für den Schulbedarf, die im Streitfall nach Art. 10 Ziff. 19 des VGG. zu behandeln sind. Hiezu zählen u. a. die auf dem Patronatsverhältnis (Präsentationsrecht) als solchem beruhenden Verpflichtungen, d. h. Verpflichtungen, die bestehen, weil ein Patronat (Präsentationsrecht) vorhanden ist, oder wenn der Zusammenhang sonst ein innerlicher ist. (S. Art. 76 Abs. II SchBG.; vgl. anderseits Buchst. a Ziff. 1 Schlußabsatz oben.)

Zu beachten ist, daß nach dem nunmehrigen SchBG. „besondere rechtliche Verpflichtungen zur Bestreitung des Bedarfes für die öffentlichen Volksschulen" nur mehr dann in Betracht kommen, wenn sie sich auf eine Schulstelle, nicht aber wenn sie sich auf eine Kirchendienerstelle beziehen, auch wenn diese bis zum Inkrafttreten des SchBG. vom 14. August 1919 mit einer Schulstelle organisch verbunden war. (Vgl. zu a) und b) die Zusammenstellung bei Seiler Anm. 11 zu Art. 1 und Meinzolt S. 110 ff.)

5. Ersichtlich sind besondere rechtliche Verpflichtungen für die Volksschulen vor allem aus den Schulfassionen, Grund- und Rustikalsteuerkatastern und Grundbucheinträgen (vgl. Anm. 4b zu Art. 40). Ein Behelf sind auch die durch ME. vom 24. November 1919 Nr. 43 504 veranlaßten Verzeichnisse der pflichtmäßigen Reichnisse des Staates für die Volksschulen.

6. Die Bestimmung in Art. 75 a bildet eine Ausnahme von den Vorschriften der Art. 58—60 insoferne als diese nicht eine Aufhebung, sondern Umwandlung und Ablösung der „Verbindlichkeiten" vorschreiben. Die im Art. 75 a genannten Verbindlichkeiten (Verbindlichkeiten des Staates und der Kirche zu Leistungen für den persönlichen Schulbedarf) werden ohne weiteres aufgehoben. Der gleiche Vorbehalt wie für Art. 75 a gilt für Art. 76 Abs. II („Die mit Präsentationsrechten zusammenhängenden besonderen Verpflichtungen der Präsentationsberechtigten zu Leistungen für den Schulbedarf") auf den im Art. 57 mittelbar durch den Hinweis auf Art. 58 bis 60 und damit auch auf Art. 59 Abs. IV Bezug genommen ist. Die Bestimmung im Art. 51 Abs. III, die im Art. 59 Abs. IV weiter vorbehalten ist, bedeutet eine Ausnahme nach der anderen Seite. Die dort erwähnten Baulasten bestehen unverändert weiter.

Aus Art. 57 ergibt sich, daß nach dem SchBG. vom 14. August 1919 die bisher geltenden „besonderen rechtlichen Verpflichtungen zur Bestreitung des Bedarfs für die öffentlichen Volksschulen" in drei Gruppen zerfallen, nämlich

1. in solche, die unverändert fortbestehen, wie Baulasten, die von der Auseinandersetzung nicht berührt werden (vgl. Art. 51 Abs. II und III) und die in Art. 60 Abs. II genannten Erträgnisse eines besonderen Stiftungsvermögens;

2. in solche, die durch das Inkrafttreten des Gesetzes nicht untergegangen sind, aber soferne es nicht ohnehin schon feste jährliche Geldverbindlichkeiten sind, in solche umgewandelt und in jedem Falle abgelöst werden müssen (s. Art. 58 mit 60);

3. in solche, die mit dem Inkrafttreten des Gesetzes ohne weiteres aufgehoben wurden (s. Art. 75 a, 76 Abs. II).

Art. 58 [1]. I Besondere [2]) Leistungen und Nutzungen, die bis zum Inkrafttreten dieses Gesetzes [3]) zum Einkommen einer Schulstelle [4]) gehört haben und dem Volksschullehrer als Bestandteile des Schuldiensteinkommens unmittelbar zugeflossen sind [5]), werden der Gemeinde, bei zusammengesetztem Schulsprengel den am Schulsprengel beteiligten Gemeinden überwiesen [6]) [7]).

II Die Vorschriften im Art. 85 Abs. II und III [8]) der Kirchengemeindeordnung gelten entsprechend. Angehörige eines fremden Bekenntnisses sind außer den Fällen des Art. 85 Abs. II Satz 1 und Abs. III der Kirchengemeindeordnung [8]) unter den sonstigen Voraussetzungen auch dann reichnispflichtig, wenn sie bei fortdauernder Gültigkeit der bisherigen Vorschriften im gegebenen Falle Umlagen für die Schule zu entrichten hätten [9]).

III Die Gemeinde hat die Erträgnisse aus den besonderen Leistungen und Nutzungen, die bisher zum Einkommen der Schulstelle gehört haben, zur Erfüllung der Verpflichtungen zu verwenden, die ihr nach den Vorschriften dieses Gesetzes obliegen [10]). Das zuständige Staatsministerium kann hierüber sowie über die Verwendung von Ueberschüssen nähere Vorschriften erlassen [11]).

IV Die mit dem Einkommen der Schulstelle verbundenen Lasten, die bisher der Volksschullehrer zu tragen hatte, gehen auf die Gemeinde oder die am Schulsprengel beteiligten Gemeinden über [12]).

1. Art. 58 hat gegenüber der ursprünglichen Fassung insoferne eine Aenderung erfahren, als durch Art. 45 Ziff. 4 des Gesetzes vom 30. Juni 1921 zum Vollzuge des Landessteuergesetzes vom 30. März 1920 (RGBl. S. 402) — GVBl. 1921 S. 361 die Worte „wenn sie im gegebenen Falle Umlagen für die Schule zu entrichten haben" durch die Worte ersetzt wurden: „wenn sie bei fortdauernder Gültigkeit der bisherigen Vorschriften im gegebenen Falle Umlagen für die Schule zu entrichten hätten."

Diese Neuformung war die notwendige Folge der Aenderungen auf dem Gebiete der Gemeindeumlagen durch die neue Finanzgesetzgebung, insbesondere die Folge der Streichung des Art. 25 SchBG. („Sonderumlagen") durch die Art. 45 Ziff. 2 des Ges. vom 13. Juni 1921. (S. auch Fußnote zu Art. 25 oben!)

2. Besondere Leistungen und Nutzungen: S. die Anmerkungen 2, 3 und 4 zu Art. 57 oben!

3. 1. Januar 1920 (Art. 80 Abs. I SchBG.).

4. Schulstelle: Also nicht der etwa mit ihr organisch verbundenen Kirchendienerstelle.

5. Der Zusatz „und dem Volksschullehrer als Bestandteile des Schuldiensteinkommens unmittelbar zugeflossen sind" engt die Fälle des Art. 58 Abs. I und II, je mit IV gegenüber den Fällen des Art. 58 Abs. III besonders ein. Daß auch bei Art. 58 Abs. II wie bei Abs. I nur Verbindlichkeiten gemeint sind, die einen Bestandteil des Schuldiensteinkommens bil-

beten, ergibt sich aus dem Wortlaut des Art. 85 Abs. II der Kirchengemeindeordnung, an den sich die für den Volksschullehrer und den Schuldienst entsprechend geltenden Bestimmungen in Art. 85 Abs. II und III anlehnen. Dort (im Art. 85 Abs. I der KG.) heißt es: „Die Verpflichtung zur Leistung besonderer Reichnisse in Geld oder Naturalien an Geistliche oder weltliche Kirchendiener..." Ebenso kann es sich im Art. 58 Abs. IV SchBG. nur um Fälle handeln, in denen dem Volksschullehrer besondere Leistungen und Nutzungen als Bestandteile des Schuldiensteinkommens unmittelbar zuflossen, weil nur in solchem Falle Lasten für ihn in Betracht kommen konnten, die mit dem Schulstelleneinkommen verbunden waren. Diese Einschränkung (des unmittelbaren Zufließens an den Volksschullehrer) ist bei Art. 58 Abs. III nicht gegeben, wohl aber handelt auch Art. 58 nur von Leistungen und Nutzungen zum Einkommen einer Schulstelle, während Art. 59 und 60 nur von „Verbindlichkeiten" überhaupt, sohin auch von solchen sprechen, die überhaupt besondere Deckungsmittel des Schulbedarfes, ohne Unterschied zwischen persönlichem und sächlichem Schulbedarf darstellen und alle derartige Verbindlichkeiten umfassen, soweit sie nicht ausdrücklich aufrechterhalten oder aufgehoben sind (s. Art. 59 IV mit 51 III einerseits und Art. 75 a und 76 II anderseits). Der Kreis des Art. 58 ist also ein engerer als der der Art. 59 und 60, wird aber vom letztern umschlossen, wie sich aus Art. 60 Abs. I deutlich ergibt.

6. „Ueberwiesen": Sie werden sohin nicht aufgehoben, sondern wechseln bloß die Person des Empfangsberechtigten. Gleichgültig ist der Ursprung der Leistungen, ob sie bürgerlich-rechtlicher oder öffentlich-rechtlicher Natur sind. Gleichgültig ist die Person des Leistungspflichtigen. Die „Begründung" zu Art. 40 Abs. II des E. I (jetzt Art. 58 Abs. I — BeilBd. XIX, S. 298) führt aus:

„Eine der wichtigsten Aenderungen und Verbesserungen, die das neue Recht in der Gestaltung der Besoldungsverhältnisse der Volksschullehrer bringen soll, besteht in der Beseitigung des sogenannten Fassionssystems und dem Uebergange zum Grundsatze der reinen Geldbesoldung ...

Zur vollen Klarstellung ist im Art. 39 Abs. 1, nun 34, des Volksschullehrergesetzes noch hervorgehoben, daß dem Volksschullehrer außer den gesetzlichen Leistungen sonstige Geldbezüge, Reichnisse oder Nutzungen mit Bezug auf seine hauptamtliche Dienstleistung nicht gewährt werden dürfen. Anderseits sollen aber besondere Leistungen und Nutzungen, die bisher zum Einkommen der Schulstellen gehört haben, nicht etwa mit dem Inkrafttreten der Neuordnung aufgehoben werden; sie sollen vielmehr gemäß Abs. I des gegenwärtigen Artikels auch künftig in ihrem Rechtsbestande grundsätzlich aufrecht erhalten und dem Schulzwecke gewidmet bleiben. Abs. II des Art. 40 (jetzt Art. 58 Abs. I) schreibt demgemäß vor, daß besondere Leistungen und Nutzungen, die zum Einkommen einer Schulstelle gehören und bisher dem Volksschullehrer als Bestandteile des Schuldiensteinkommens unmittelbar zugeflossen sind, der Gemeinde, bei zusammengesetztem den am Schulsprengel beteiligten Gemeinden überwiesen werden sollen. Die Gemeinden haben diese Einkünfte zur Erfüllung ihrer Verpflichtungen hinsichtlich der Aufbringung des Schulbedarfs zu verwenden (s. Art. 43, jetzt 58 Abs. III).

Die Uebertragung auf die Gemeinde hat zur Folge, daß der Anspruch auf die Leistungen und Nutzungen nicht mehr vom Volksschullehrer, sondern nur von der Gemeinde geltend gemacht werden kann. In Betracht kommen hierbei die Art. 8 Nr. 38 und 10 Nr. 19 des Verwaltungsgerichtsgesetzes.

Keiner besonderen Vorschrift bedarf es darüber, daß auch die Naturalleistungen und Nutzungen, die bisher die Gemeinde dem Volksschullehrer auf Grund ihrer öffentlich-rechtlichen Verpflichtung zur Aufbringung des Diensteinkommens nach Maßgabe der Schulfassion (oder des Ortsstatuts) gewährt hat, künftig an die Gemeinde heimfallen. Das gleiche gilt für etwaige feste oder veränderliche Geldbezüge, die dem Volksschullehrer an Stelle von Naturalreichnissen zugehen. Aus den Bestimmungen der Art. 23 bis 26 und 39 Abs. I des Volksschullehrergesetzes (die Art. 23 mit 26 sind aufgehoben, Art. 39 Abs. I des Entw. entspricht dem Art. 34 des Ges.) ergibt sich ohne weiteres, daß vom Inkrafttreten des neuen Gesetzes an nicht nur der Volksschullehrer solche Leistungen nicht mehr beanspruchen kann, sondern daß sie ihm als Entlohnung für seine hauptamtliche Dienstleistung auch nicht mehr gewährt werden dürfen. Vorbehalten bleiben selbstverständlich die Bestimmungen der Art. 27, 28 und 42 des gegenwärtigen Entwurfes (d. i. 18, 19 und 26 des SchBG.).

... Bei Schulstellen an Sprengelschulen sollen die im Art. 40 Abs. II (jetzt 58 Abs. I) bezeichneten besonderen Leistungen und Nutzungen auf die am Schulsprengel beteiligten Gemeinden übergehen. Sie gehören daher künftig zu den im Art. 12 Abs. II aufgeführten besonderen Einkünften; für ihre wirtschaftliche Verwendung ist besonders auch die Vorschrift des Art. 43 (nun 58 Abs. III) maßgebend. Rechtlich werden hier diese Leistungen und Nutzungen, wenn die Grundstücke über die Gesellschaft des bürgerlichen Rechtes sinnentsprechend angewendet werden (vgl. die Begründung zum Art. 3 Nr. 4 — s. Anm. 10 zu Art. 3 oben), gemäß § 718 des Bürgerlichen Gesetzbuches in das gemeinschaftliche Vermögen der Gesellschaft, d. h. der am Schulsprengel beteiligten Gemeinden, übergehen mit der im § 719 Abs. I des Bürgerlichen Gesetzbuches bezeichneten Folge.

Art. 40 Abs. II (jetzt 58 Abs. I) gilt nur für die Leistungen und Nutzungen, die dem Volksschullehrer bisher als Bestandteile des Schuldiensteinkommens zugewiesen waren, nicht aber auch für solche, die zum Einkommen aus dem weltlichen Kirchendienste gehören. Die letzteren zählen künftig auf Grund der Art. 15 Abs. I ... und 181 Abs. II ... des Volksschullehrergesetzes nicht mehr zum Einkommen der Schulstelle ... Sie gehen auch in Zukunft — vorbehaltlich der Vorschriften der Art. 86, 87 und 89 der Kirchengemeindeordnung — nach wie vor an den Inhaber des weltlichen Kirchendienstes, sei es, daß dieser Dienst vom Volksschullehrer weiter versehen oder auf eine andere Person übertragen wird.

Nach Lage der Verhältnisse betrifft die Vorschrift des Art. 40 Abs. II (jetzt 58 Abs. I) in erster Reihe die Schulstellen in den bisherigen Gemeinden ohne Ortsstatuten, also die sogenannten Fassionsschulstellen. Vereinzelt kommt es indessen auch noch in Gemeinden mit Ortsstatuten vor, daß der Volksschullehrer besondere Naturalnutzungen, z. B. Holznutzungen, bezieht, die auf das statutarische Diensteinkommen angerechnet werden. Auch für solche Fälle gilt Art. 40 Abs. II (jetzt 58 Abs. I).

Zu den besonderen Einkünften der Schulstellen im Sinne des Art. 40 Abs. II (jetzt 58 Abs. I) können auch solche gehören, die aus Stiftungen herrühren. Hier entsteht die Frage, ob die Vorschrift des Entwurfes, daß an die Stelle des Volksschullehrers als Empfangsberechtigten künftig die Gemeinde treten soll, einerseits mit den reichsrechtlichen Vorschriften, also denen des bürgerlichen Gesetzbuches, und anderseits mit den verfassungsmäßigen Vorschriften des Landesrechts über die Stiftungen im Einklange steht. Die Frage wird nach beiden Richtungen zu bejahen sein. ...

Zu berücksichtigen wird übrigens sein, daß es sich in den erörterten Fällen wohl vielfach nicht um eigentliche Stiftungen im Rechtssinne, also um selbständige Rechtspersönlichkeiten, sondern um bloße Vermehrungen bereits vorhandenen Schulvermögens handeln wird."

Für den Fall, daß Stiftungen in Frage kommen, verwies hier die „Begründung" (a. a. O. S. 299) auf die Vorschriften in den §§ 81 bis 89 des BGB., insbesondere auf § 87, auf Art. 67/51 der beiden Gemeindeordnungen in der Fassung nach Art. 158 und 159 des AusfGes. vom 9. Juni 1899 zum Bürgerl. Gesetzbuch auf Staudinger, Kommentar zum Bürgerl. GesetzbuchAnm. 1 zu § 85 und Anm. I und II Nr. 5 zu § 87, und Dyroff, Kirchengemeindeordnung, Anm. 4 d zu Art. 7 S. 311/312, /auf Art. 4 des preuß. AusfGes. zum BGB., Preuß. Ges.-Samml. 1899 S. 177, auf Tit. IV § 10 mit Tit. IV § 9 Abs. IV der Verfassungsurkunde und § 47 der II. Beilage hierzu, endlich auf den Umstand, daß nicht das Stiftungsvermögen „in der Substanz" zu einem anderen Zwecke verwendet werden soll, wie die Verfassungsbestimmung es voraussetzt, sondern daß Art. 40 Abs. II (nun 58 Abs. I) lediglich die Verwendung der Erträgnisse der Stiftung betrifft, die Zweckbestimmung der Stiftung selbst aber — s. Art. 43, jetzt 58 Abs. III — hierbei voll aufrecht erhalten bleibt.

Die örtlichen Stiftungen behandelt nunmehr die Gemeindeordnung vom 17. Oktober 1927 (GVBl. S. 293) in den Artikeln 127 bis 132 einschließlich. Hier ist Art. 132 hervorzuheben, der die Anwendung der Vorschriften des § 87 BGB. auch auf Stiftungen des öffentlichen Rechtes vorschreibt.

Nach § 25 I der Verfassungsurkunde des Freistaates Bayern vom 14. August 1919 (GVBl. S. 531) untersteht das gesamte Vermögen der öffentlichen Stiftungen und die stiftungsmäßige Verwendung seiner Erträgnisse dem besonderen Schutze des Staates.

Das in Abs. II des § 25 vorbehaltene besondere Gesetz über das Stiftungswesen ist noch nicht erlassen.

7. Die Ueberweisung erfolgt kraft Gesetzes, hat aber zur Voraussetzung, daß es sich um unbestrittene Verhältnisse handelt. Wird die Verpflichtung zur Leistung bestritten, so ist darüber zunächst auf dem öffentlichen (s. Art. 10 Ziff. 19, auch Art. 10 Ziff. 13 VGG., wenn bestrittene Verbindlichkeiten Dritter, Art. 8 Ziff. 38 VGG., wenn Streitigkeiten zwischen Gemeinden und einzelnen Gemeindeangehörigen über die Verbindlichkeit zur Teilnahme an den Gemeindelasten für Schulzwecke vorliegen) * oder auf dem bürgerlichen Rechtswege je nach dem Rechtsgrunde der Reichnisse zu entscheiden. Ist die Bezugsberechtigung hinsichtlich einzelner Bestandteile des Schulstelleneinkommens strittig, so ist nach Art. 39 u. 40 SchBG. zu verfahren (s. Anm. 7 zu Art. 39 und Anm. 3 zu Art. 40 oben).

---

* Der Volksschullehrer scheidet bei diesen Streitigkeiten als „Beteiligter" aus. Erhebt der Volksschullehrer jedoch Rechtsansprüche auf sein Diensteinkommen oder Bestandteile desselben für seine Person, dann steht ihm für diese „vermögensrechtlichen Ansprüche gemäß Art. 129 Abs. I der Reichsverf., § 67 Abs. II der BayVerfUrk., Art. 135 des BLG. und Art. 176 Abs. I des BBesG. vom 16. August 1908 der „Rechtsweg" offen, d. h. er hat sich an die bürgerlichen Gerichte zu wenden.

8. Art. 85 Abs. II und III der Kirchengemeindeordnung vom 14. September 1912 (GVBl. S. 911) lautet:

„II Bei öffentlich-rechtlichen Reichnissen, die aus gewissen Anwesen zu entrichten sind, ist jeder Eigentümer des Anwesens leistungspflichtig, soferne er Bekenntnisgenosse oder juristische Person ist oder der Ehegatte oder wirtschaftlich unselbständige Kinder von ihm Bekenntnisgenossen sind und in Hausgemeinschaft mit ihm leben. Vorbehaltlich der Bestimmung des Abs. III tritt eine Leistungspflicht nicht ein für juristische Personen mit Bekenntnisgepräge (Art. 22 Ziff. 4) gegenüber einem fremden Bekenntnisse, ferner für juristische Personen, die in ausschließlicher Beziehung zu einer Privatkirchengesellschaft stehen oder an denen ausschließlich oder überwiegend Angehörige einer Privatkirchengesellschaft oder bekenntnislose Personen beteiligt sind (Art. 21 Abs. V).

III Angehörige eines fremden Bekenntnisses sind nur dann reichnispflichtig, wenn sich dies aus einem besonderen Rechtsverhältnis ergibt oder wenn das Reichnis die Gegenleistung für eine Verrichtung ist, bezüglich deren ein gemeinschaftlicher Genuß besteht."

Art. 22 Ziff. 4 der KGO. lautet:

„4. Die Steuern der Bauumlagenpflichtigen mit Bekenntnisgepräge werden für die Kirchengemeinde des entsprechenden Bekenntnisses mit den vollen Ansätzen herangezogen. Als Pflichtige mit Bekenntnisgepräge gelten auch solche juristische Personen oder nichtrechtsfähige Vereine, an denen nachweisbar ausschließlich Angehörige der gleichen öffentlichen Kirchengesellschaft beteiligt sind."

Art. 21 Abs. V der KGO.:

„V Kraft Gesetzes sind ferner befreit juristische Personen und nichtrechtsfähige Vereine, die in ausschließlicher Beziehung zu einer Privatkirchengesellschaft stehen oder an denen ausschließlich oder überwiegend Angehörige einer Privatkirchengesellschaft oder bekenntnislose Personen beteiligt sind."

Bezüglich des letzten Halbsatzes im Art. 58 Abs. II s. Anm. 1 zu Art. 58 oben! Durch diese Vorschrift sind trotz der Aufhebung der Sonderumlagen für Bekenntnisschulen *bezüglich der Reichnispflicht* die für jene Sonderumlagen maßgebenden Bestimmungen aufrecht erhalten geblieben.

9. a) Art. 58 Abs. II des SchBG. gibt den Inhalt des Art. 88 Abs. I der Kirchengemeindeordnung, soweit er noch in Betracht kommt, in entsprechend geänderter Form wieder. Art. 88 der KGO. wurde deshalb entbehrlich und ist durch Art. 79 des SchBG. ausdrücklich aufgehoben worden (s. den Wortlaut des Art. 88 KGO. in der Anm. 1 zu Art. 79 unten).

Die Bestimmung des Art. 88 Abs. II der KGO. (Mitwirkung der kirchlichen Oberbehörde) ist im Art. 39 Abs. II des SchBG. vorgesehen.

Art. 8 Ziff. 11 des VGG. wurde entsprechend geändert (s. Art. 78 Abs. I Ziff. 1 des SchBG.).

b) In Art. 41 Abs. I des E. I hieß es noch ausdrücklich: „Für *öffentlich-rechtliche* Reichnisse zum Einkommen der *Schulstellen* gelten die Vorschriften der Art. 85 Abs. II und III usw." Hierunter sind vor allem die Reichnisse aus dem Kirchen- und Schulverband zu verstehen. Die Bestimmungen in Art. 58 Abs. II des Ges. (der Art. 41 Abs. I u. II d. Entw. umfaßt) beziehen sich also *nicht* auf Reichnisse zum *Kirchen*diensteinkommen, auch wenn diesen Kirchendienst ein Volksschullehrer innehaben sollte.

Für solche Reichnisse ist ausschließlich die Kirchengemeindeordnung maßgebend. Art. 58 Abs. II bezieht sich auch nicht auf bürgerlich-rechtliche Reichnisse (im Gegensatz zu Art. 58 Abs. I, der öffentlich-rechtliche und bürgerlich-rechtliche Verhältnisse umfaßt). Bei bürgerlich-rechtlichen Reichnissen ist die Bekenntniszugehörigkeit des Pflichtigen und seiner Familie ohne Belang. Die Fälle des Art. 58 Abs. II betragen sohin nur einen Teil der Fälle des Art. 58 Abs. I und zwar den, der bisher in der Kirchengemeindeordnung — Art. 88 — seine Regelung fand. In der Begr. zu E. I (BeilBd. XIX S. 300) hieß es:

„Die Kirchengemeindeordnung enthält in den Art. 85 ff. nähere Vorschriften über Reichnisse an Geistliche und an weltliche Kirchendiener. Insbesondere ist dort auch die Umwandlung öffentlich-rechtlicher Naturalreichnisse in feste Geldreichnisse und die Ablösung öffentlich-rechtlicher Natural- oder Geldreichnisse (Art. 86) sowie die Uebernahme der Reichnispflicht auf die Kirchengemeinde (Art. 87) eröffnet. Die Gründe für diese Maßnahmen sind in der Begründung zum Gesetzentwurfe vom 27. September 1907 (Verh. d. K. d. Abg. 1907/08, Beil.-Bd. I Beil. 5) eingehend dargelegt. In der Vorbemerkung zum 1. Titel des 5. Abschnitts ist dort u. a. ausgeführt: Es werde darüber geklagt, daß der Wert dieser Reichnisse häufig unter den in den Fassionen hierfür angesetzten Beträgen zurückbleibe, daß sie, weil in ihrem Umfange nicht genau bestimmt, nicht selten zu Differenzen Anlaß gäben, ferner daß die Reichnisse oft auch ungerecht verteilt seien, indem sie nur von den Besitzern einer bestimmten Anzahl von älteren Anwesen, nicht aber auch von denjenigen Personen geleistet werden müßten, welche sich in der Gemeinde neu angesiedelt hätten. Es erschien demnach veranlaßt, „für eine anderweitige Regelung der einschlägigen Verhältnisse den zunächst Beteiligten die Bahn tunlichst frei zu machen".

Die Kirchengemeindeordnung hat nicht verkannt, daß bei den Reichnissen an Volksschullehrer ganz die gleichen Verhältnisse vorliegen und daß demgemäß hier im gleichen Maße das Bedürfnis besteht, eine zweckmäßige Regelung zu ermöglichen. Sie hat diesem Bedürfnisse Rechnung getragen, indem sie, über ihren eigentlichen Rahmen bewußt hinausgehend (denn es handelte sich hier nicht um Kirchendienst), im Art. 88 die vorhergehenden Vorschriften der Art. 85 bis 87 auch auf Reichnisse an Volksschullehrer für entsprechend anwendbar erklärt und dazu noch einzelne besondere Bestimmungen trifft. Wenn es nun auch künftig unmittelbare Reichnisse an Volksschullehrer nicht mehr geben wird, weil diese Leistungen gemäß Art. 40 Abs. II des gegenwärtigen Entwurfes (nun Art. 58 Abs. I des Gesetzes) an die Gemeinde gehen sollen, so bleiben doch die Unzuträglichkeiten, die mit diesen Verhältnissen verbunden sind, und damit das Bedürfnis nach einer zweckmäßigen anderweitigen Regelung auch künftig unverändert bestehen. Der Art. 88 der Kirchengemeindeordnung wird daher beizubehalten sein."

Nach Art. 85 Abs. II KGO. ist das Eigentum — auch Miteigentum — am Anwesen, nicht Wohnsitz im Schulsprengel maßgebend. Was unter „Bekenntnisgenosse" im Sinne des Art. 85 zu verstehen ist, ergibt sich aus Art. 4 der KGO. und der VollzBek. vom 19. Oktober 1912 § 1 (GVBl. S. 1071). Die Eigenschaft eines „Bekenntnisgenossen" hört auf mit seinem Austritt aus der betreffenden Religionsgesellschaft (BayerVerfUrk. § 17 Abs. III mit Bek. vom 16. Januar 1922 — GVBl. S. 15).

Art. 85 Abs. III handelt von öffentlich-rechtlichen Reichnissen, die nicht an bestimmte Anwesen gebunden sind, sondern auf einem anderen Grunde, z. B. Zugehörigkeit zum Schulsprengel, beruhen. Auch hier sind nur Bekenntnisgenossen reichnispflichtig, es sei denn, daß die bezeichneten Voraussetzungen für eine Ausnahme vorliegen.

10. a) Art. 58 Abs. III des SchBG. enthält im wesentlichen die Bestimmungen des Art. 43 des Gesetzentwurfes vom 27. Juli 1918. Aus der „Begründung" zu diesem Entwurfe ist anzuführen (BeilBd. XIX, S. 303):

„Die besonderen Einkünfte der Schulstellen sollen von den übrigen Einnahmen der Gemeinde gesondert bleiben und in allen Fällen ausschließlich für Schulzwecke Verwendung finden ... Ergeben sich ... Erübrigungen, so wird die Bildung eines Grundstockvermögens für Schulzwecke (Schulfonds) in Betracht kommen ...

... Auf die Bedeutung der Vorschrift ist schon in der Begründung zum Art. 40 Abs. II (jetzt 58 Abs. I — s. Anm. 6 oben) hingewiesen. Sie tritt besonders hervor bei der Verwendung der Erträgnisse aus Stiftungen, wie ebenfalls in der Begründung zum Art. 40 Abs. II näher ausgeführt ist, dann für den Vollzug des Art. 40 Abs. II in zusammengesetzten Schulsprengeln (vgl. auch Art. 12 Abs. I und II).

Zu bemerken ist im übrigen, daß die Bestimmungen des Art. 43 (jetzt 58 Abs. III) nicht bloß für die Einkünfte gelten sollen, die den Gemeinden auf Grund des Art. 40 Abs. II (jetzt 58 Abs. I) künftig neu zugehen werden, sondern auch für solche, die ihnen schon bisher unmittelbar zugeflossen sind. Zum geordneten Vollzuge wird die Führung gesonderter Schulkassen und Schulkassenrechnungen erforderlich sein, wie es der bisherigen Uebung entspricht" (über die Führung von Schulkassen und Schulkassenrechnungen s. ME. vom 30. November 1919 Ziff. 2 b, a — KMBl. S. 265, Anh. Nr. 23). Im übrigen fallen die in Art. 58 Abs. II angeführten Reichnisse ebenso unter die Umwandlungs- und Ablösungspflicht der Art. 59 und 60 wie die in Art. 58 Abs. I bezeichneten.

b) Die hier ausgesprochene Verpflichtung der „Gemeinde" trifft auch die an einem zusammengesetzten Schulsprengel beteiligten Gemeinden (s. VGHE. in den BayVerwBl. Jahrg. 73 S. 90).

11. „Nähere Vorschriften des Staatsministeriums des Innern für Kirchen- und Schulangelegenheiten sind durch Abs. II des gegenwärtigen Artikels (nun Art. 58 Abs. III Satz 2) vorbehalten. Sie werden u. a. auch über die Verwertung der den Gemeinden zufließenden Naturalreichnisse und -nutzungen Bestimmung zu treffen haben" („Begründung" a. a. O. Beil. 2621 S. 302).

Das Staatsministerium für Unterricht und Kultus hat bis jetzt einschlägige Vorschriften nicht erlassen.

12. Ebenso wie die Einkünfte der Schulstellen sollen auch die Lasten, die auf dem Schuldiensteinkommen ruhen und die bisher etwa der Volksschullehrer zu tragen hatte, auf die Gemeinde übergehen. In Betracht kommen hier insbesondere Grundgefälle, die auf den Schulgrundstücken lasten, und Aufwendungen für den Bezug der zum Stelleneinkommen gehörigen Reichnisse und Nutzungen, wie beispielsweise Entschädigungen für die Beifuhr des Besoldungsholzes oder für das Einsammeln von Reichnissen.

Die Bestimmung, daß bei zusammengesetztem Schulsprengel solche Lasten von den sämtlichen am Schulsprengel beteiligten Gemeinden zu tragen sind, entspricht dem Grundsatze des Art. 12 Abs. I.

Abs. III bezieht sich selbstverständlich nicht auf Lasten, die mit dem Kirchendiensteinkommen verbunden sind" („Begründung" zu Art. 40 Abs. III des E. I, nun 58 Abs. IV, a. a. O. Beil. 2621 S. 300).

Nach Meinzolt (S. 115) kommen jedoch hier gleichwohl vielfach Verpflichtungen in Betracht, die dem Volksschullehrer gegenüber kirchlichen Rechtsträgern oblagen. Es kann sich aber nicht um persönliche Dienstverpflichtungen handeln, denn diese sind auf Grund der Trennung des weltlichen Kirchendienstes vom Schuldienste nach Art. 181 Abs. II VLG. aufgehoben, sondern nur um Sachleistungen.

Art. 59 [1]. I Besondere Verbindlichkeiten zu Sachleistungen, Dienstleistungen oder veränderlichen Geldleistungen [2]) sind innerhalb eines Jahres nach dem Inkrafttreten dieses Gesetzes [3]) in feste jährliche Geldverbindlichkeiten in der Höhe des Jahreswertes der bisherigen Leistung umzuwandeln. Als Jahreswert der bisherigen Leistung gilt dabei der Durchschnitt der letzten zehn Jahre vor dem Inkrafttreten des Gesetzes [4]).

II Wenn über den Jahreswert unter den Beteiligten [5]) Streit besteht, entscheidet hierüber die vorgesetzte Behörde [6]) nach billigem Ermessen. Gegen die Entscheidung kann binnen vierzehn Tagen Beschwerde zur nächsthöheren Verwaltungsbehörde erhoben werden, die endgültig entscheidet [7]).

III Ist innerhalb der im Abs. I Satz 1 bezeichneten Frist unter den Beteiligten keine Vereinbarung über die Umwandlung zustande gekommen, so wird die Umwandlung von der vorgesetzten Behörde [6]) verfügt. Abs. II Satz 2 ist anwendbar [7]).

IV Der Art. 51 Abs. III [8]) und 76 Abs. II [9]) bleiben vorbehalten.

1. Im Art. 59 Abs. IV wurden durch Art. 63 Ziff. 11 des BBesG. vom 2. Juni 1920 (GVBl. S. 275) die Worte „Art. 51 Abs. II" durch die Worte „Art. 51 Abs. III" ersetzt. Diese Aenderung der ursprünglichen Fassung des Gesetzes vom 14. August 1919 war infolge der Neufassung des Art. 51 durch Art. IV Ziff. 9 des Ges. vom 24. März 1920 (GVBl. S. 103) nötig geworden. Durch dieses Gesetz war aus dem Abs. II des Art. 51 der Abs. III des Art. 51 geworden. Die gleichzeitige Abänderung des Art. 59 Abs. IV war versehentlich unterblieben.

2. Gemeint sind hier alle nicht an sich schon feste, jährlich gleiche Geldleistungen darstellenden Verbindlichkeiten Dritter als besondere Deckungsmittel für den Schulbedarf ohne Unterschied zwischen sächlichen und persönlichen Schulbedarf, ohne Unterschied zwischen öffentlich- und bürgerlich-rechtlicher Herkunft und ohne Unterschied, ob der Nutzen bisher dem Inhaber einer Schulstelle unmittelbar oder der Gemeinde zu Schulzwecken zugute kam (s. Art. 109 EinfG. zum BGB. und die Anmerkungen zu Art. 57, sowie Anm. 5 zu Art. 58 oben).

Ausgenommen sind von der Umwandlungspflicht lediglich die kraft Gesetzes aufgehobenen (s. Art. 75 a — Leistungen von Staat und Kirche für den persönlichen Schulbedarf — und Art. 76 Abs. II — die mit Präsentationsrechten zusammenhängenden besonderen Verpflichtungen der Präsentationsberechtigten; s. Anm. 4 b Ziff. 2 zu Art. 57 oben) und diejenigen, die zufolge ausdrücklicher Gesetzesvorschrift unverändert fortbestehen sollen (s. Art. 59 Abs. IV mit Art. 51 Abs. III — die Baupflicht in bestimmten Fällen und zufolge Art. 60 Abs. II SchBG. auch die Erträgnisse eines besonderen Stiftungsvermögens; s. Anm. 8 unten).

Die Verbindlichkeiten des Staates und der kirchlichen Vermögensträger zum sächlichen Schulbedarf (z. B. Holz zur Beheizung der Schulräume) fallen unter die Umwandlungspflicht des Art. 59.

Wie im Falle des Art. 58 muß auch hier die Verbindlichkeit als solche unbestritten feststehen, um die Umwandlung nach Art. 59 vornehmen zu können, und muß gegebenen Falles zunächst Klärung auf dem in der Anmerk. 7 zu Art. 58 oben angegebenem Wege erfolgen (vgl. auch Meinzolt S. 118 und Seyschab in der BayGemVZ. Jahrg. 39 S. 433).

Nicht hierher — weil keine Verbindlichkeit Dritter — gehören die Erträgnisse aus dem besonderen Anteil für den Volksschulfond bei Gemeindegrundteilungen nach Art. 27 (20) Abs. V, VI der GemO. vom 29. April 1869. Diese Verhältnisse bleiben unverändert bestehen, unberührt auch von den Bestimmungen der neuen Gemeindeordnung vom 17. Oktober 1927 (GVBl. S. 293), wenn auch diese eine solche Berücksichtigung des Volksschulfondes bei künftigen Gemeindegrundteilungen nicht mehr kennt (siehe Art. 30 a. a. O.).

Desgleichen fallen Nutzungen, die mit einem Schulgebäude oder Schulgrundstücke verbunden sind (z. B. Forstrechte) dann nicht unter die Bestimmungen des Schulbedarfgesetzes, wenn diese Rechte etwa am Gebäude oder Grundstücke schon hafteten, als es noch nicht Schulzwecken diente, sondern in privatem Besitze stand (Osthelder Anm. 1 a zu Art. 59 S. 269).

3. a) „Innerhalb eines Jahres nach dem Inkrafttreten dieses Gesetzes" wäre zufolge Art. 80 Abs. I in der Zeit vom 1. Januar 1920 bis 1. Januar 1921 gewesen. Die einsetzende Inflation und sonstige Schwierigkeiten vereitelten vielfach die Einhaltung dieser Frist. Sie hatte jedoch nur die Bedeutung, daß vor ihrem Umfluß der in Abs. III mit Abs. II Satz 2 vorgesehene behördliche Zwang nicht einsetzen konnte. Die Umwandlung kann und muß nachgeholt werden, falls sie noch immer nicht betätigt sein sollte.

b) „Sind — umzuwandeln": Die Vorschrift ist sohin zwingend. Der Staat hat demnach auch gehandelt. Vom Jahre 1920 an wurde die Abgabe staatlicher Holzbezüge in natura allgemein eingestellt (FinMinE. vom 17. Dezember 1919 Nr. 61 407). Nach Osthelder (Anm. 1 d zu Art. 59, S. 270) wären andere Personen jedoch nicht gehindert, die unveränderte Weiterleistung in natura zu vereinbaren, da solche Rechte auch neu begründet werden könnten.

4. Die „letzten zehn Jahre vor der Inkrafttreten des Gesetzes" sind zufolge Art. 80 Abs. I die Jahre 1910 mit 1919.

5. Die „Beteiligten" sind die Leistungspflichtigen einerseits und die Gemeinden anderseits. Volksschullehrer als Inhaber von Schulstellen können zufolge Art. 58 Abs. I und IV als „Beteiligte" nicht mehr in Betracht kommen.

6. Art. 7 SchBG.

7. Nach Abs. II werden Streitigkeiten über den Jahreswert, nach Abs. III Streitigkeiten über die Umwandlungspflicht (nicht zu verwechseln mit Streit über Bestand, Umfang oder Inhalt der Verpflichtung an sich — s. Anm. 2 oben) überhaupt ausschließlich von den Verwaltungsbehörden entschieden, die in gleicher Weise (s. Abs. III) zu befinden haben, wenn die Beteiligten übereinstimmend an die Umwandlung nicht herantreten wollen. Für die „Umwandlungspflicht" des Art. 59 Abs. II und III ist wie für die „Ablösungspflicht" des Art. 60 Abs. I die Zuständigkeit des Verwaltungsgerichtshofes, die sonst nach Art. 8 Ziff. 11 und Art. 10 Ziff. 19 des VGG. gegeben wäre, ausgeschlossen. Ebenso die Zuständigkeit bürgerlicher Gerichte gem. Art. 109 EG. zum BGB. S. auch VGHE. in den BayVerwBl. Jahrg. 75 S. 299. S. aber auch Anm. 2 oben, wonach die Leistungspflicht selbst unbestritten feststehen oder nach durchgeführten Streitverfahren rechtskräftig festgesetzt sein muß.

Die allenfallsige Oberaufsichtsbeschwerde gegen Entscheidungen der Regierungen, Kammern des Innern, in Fällen des Art. 59 Abs. II und III SchBG. geht an das Staatsministerium für Unterricht und Kultus.

8. Soweit eine Baupflicht gem. Art. 51 Abs. III SchBG. fortbesteht, unterliegt sie auch nicht der Umwandlungspflicht des Art. 59. Die Vorschriften des Gesetzes vom 28. Mai 1852, die Sicherung, Fixierung und Ablösung der auf dem Zehentrechte lastenden kirchlichen Baupflicht (Weber Bd. 4 S. 467) gelten deshalb weiter (s. Meinzolt S. 119). — Auch die Erträgnisse eines besonderen Stiftungsvermögens werden zufolge Art. 60 Abs. II mit Abs. I nicht nur von der Ablösungspflicht, sondern auch von der Umwandlungspflicht des Art. 59 nicht erfaßt (so auch Seyschab a. a. O. S. 437).

9. Für die aufgehobenen Verbindlichkeiten, von denen Art. 76 Abs. II handelt, kann eine Umwandlungspflicht ebensowenig Platz greifen, wie für die durch Art. 75 a aufgehobenen.

Art. 60. I Die in den Art. 57 bis 59 bezeichneten Verbindlichkeiten [1]) sind binnen fünf Jahren nach dem Inkrafttreten dieses Gesetzes [2]) durch Zahlung des fünfundzwanzigfachen Betrages des reinen Jahreswertes [3]) abzulösen [4]). Die Vorschriften im Art. 59 Abs. II und IV gelten entsprechend [5]).

II Abs. I gilt nicht für die Erträgnisse eines besonderen Stiftungsvermögens [6]).

1. D. h. alle zur besonderen Deckung des Schulbedarfs bestimmten festen jährlichen Geldverbindlichkeiten ohne Unterschied, ob sie bisher schon als solche bestanden oder erst nach Maßgabe des Art. 59 Abs. I mit III in solche umgewandelt wurden ,wobei nur die Fälle des Art. 51 Abs. III, 60 Abs. II, 75 a und 76 Abs. II eine Ausnahme bilden (s. Anm. 6 zu Art. 57 und Anm. 2 zu Art. 59 oben).

Die Art. 58, 59 und 60 stehen in einem inneren Zusammenhange. In der Hauptsache und abgesehen von den bezeichneten Einschränkungen und Ausnahmen ist verfügt: in Art. 58, daß Reichnisse, die bisher dem Volksschullehrer zuflossen, künftig an die Gemeinde fallen, in Art. 59, daß alle Reichnisse für Schulzwecke — die in Art. 59 genannten und sonstige —, soweit sie Naturalreichnisse sind, in jährliche Geldleistungen umgewandelt werden müssen, und in Art. 60, daß alle jährlichen Geldreichnisse für die Schule, die umgewandelten wie die ursprünglichen, abzulösen sind. Das Schulbedarfgesetz folgt hier dem Beispiel der Kirchengemeindeordnung — vgl. Anm. 9 b zu Art. 58.

2. Die fünfjährige Frist wäre zufolge Art. 80 Abs. I am 1. Januar 1925 abgelaufen gewesen. Der Fristablauf hatte aber wie im Falle des Art. 59 Abs. I (s. Anm. 3 zu Art. 59 oben) nur die Bedeutung, daß vor ihrem Ablauf kein Zwang einsetzen konnte. Ein solcher Zwang kann nicht auf dem Wege des Art. 59 Abs. III, d. h. durch einfache behördliche Verfügung der Ablösung betätigt werden, wie es bei der Umwandlung der Fall ist, weil bei der Ablösung nur Art. 59 Abs. II und IV entsprechend gelten (Art. 60 Abs. I Satz 2 des SchBG.). Aber staatsaufsichtlicher Zwang nach Maßgabe der Art. 59/60 der GemO. vom 17. Oktober 1927 (GVBl. S. 293) kann gegen eine Gemeinde ausgeübt werden, die innerhalb der bezeichneten Frist von fünf Jahren ihrer Ablösungspflicht nach Art. 60 Abs. I des SchBG. nicht nachgekommen ist. Die Gemeinde kann auf diese Weise genötigt werden, einen Ablösungsantrag zu stellen, der, wenn der Leistungspflichtige nicht darauf eingeht, gemäß Art. 60 Abs. I mit 59 Abs. II SchBG. von der vorgesetzten Behörde (Art. 7) verbeschieden wird. Wird der Ablösungsantrag vom Leistungspflichtigen gestellt, so kann im Falle der Weigerung der Gemeinde gegen sie ohne weiteres auf dem Wege des Art. 60 Abs. I mit Art. 59 Abs. II des SchBG. entschieden werden.

3. Unter „reinem Jahreswert" ist hier der Jahreswert zu verstehen, wie er sich nach Art. 59 Abs. I Satz 2 des SchBG. errechnet.

4. Die Ablösungsbeträge unterliegen, trotzdem die bei ihrer Berechnung maßgebenden Jahre in die Inflationszeit nach dem Kriege fallen, nicht der Aufwertungspflicht. Staatlicherseits aber wurde freiwillig eine Aufwertung gewährt und auch den privaten Leistungspflichtigen nahegelegt, sich dem Beispiele des Staates anzuschließen. In der Entschl. des Staatsmin. f. Unt. u. Kultus vom 7. Juli 1924 Nr. IV 25 154 betr. Vollzug des Schulbedarfgesetzes, hier die Reichnisse für Schulzwecke, ist diesbezüglich ausgeführt:

„Der nach dem Wortlaut der Art. 59, 60 SchBG. sich berechnende Nennwert der Ablösungssumme ist nach dem durchschnittlichen Stande der Goldmark zur Zeit des Erlasses und des Inkrafttretens des Schulbedarfgesetzes in den Jahren 1919 und 1920 in Goldmark umzurechnen. Die sich hieraus ergebende Goldmarksumme bildet den endgültigen Ablösungsbetrag. Der durchschnittliche Wert der Goldmark für die angegebenen Zeitpunkte ist bei dieser Umrechnung zu 8,20 Prozent Papiermark anzunehmen. ...

... Vielfach tritt bei den Gemeinden die Ansicht zutage, daß für den Staat eine Rechtspflicht zur Aufwertung der Ablösungsbeträge bestehe. Diese Ansicht ist irrig. Es muß darauf hingewiesen werden, daß es sich für den Staat auch bei der jetzt vorgesehenen Regelung um eine durchaus freiwillige, auf Erwägungen der Billigkeit gegründete Maßnahme handelt....

... Soweit als reichnispflichtig nicht der Staat, sondern andere Verpflichtete in Betracht kommen, sind die Bezirksverwaltungsbehörden anzuweisen, auf einen entsprechenden Härteausgleich zwischen Berechtigten und Verpflichteten unter sinngemäßer Anwendung der vorstehend aufgestellten Grundsätze im Vermittlungswege hinzuwirken."

Die Aufwertung, die der Staat hierbei bot, kam ziffernmäßig der in der 3. Steuernotverordnung vom 14. Februar 1924 (RGBl. Teil I S. 74) vorgesehenen Aufwertung gleich, war aber für die Berechtigten insoferne günstiger, als die Beträge sofort ausbezahlt wurden, während die 3. Steuernotverordnung bestimmte, daß die aufgewerteten Beträge bei sehr mäßiger Verzinsung erst am 1. Januar 1932 zur Auszahlung fällig würden.

Auch das nachmalige Gesetz über die Aufwertung von Hypotheken und anderen Ansprüchen (Aufwertungsgesetz) vom 16. Juli 1925 (RGBl. Teil I, S. 117) brachte für die Ablösungsbeträge keine Aufwertungspflicht. In der Entschl. des Staatsmin. f. Unt. u. K. vom 14. März 1928 Nr. IV 1838 ist ausdrücklich vermerkt: „Nach Benehmen mit dem Staatsministerium der Finanzen kann eine von der MinEntschl. vom 7. Juli 1924 Nr. IV 25 154 abweichende Regelung der Ablösungsfrage nicht in Aussicht genommen werden."

5. D. h. Streitigkeiten, die sich bei der Durchführung des Ablösungsverfahrens, z. B. über die Höhe der Ablösungssumme, ergeben, aber auch Streitigkeiten über die Ablösungspflicht selbst werden von der vorgesetzten Behörde (Art. 7 SchBG.) und Beschwerden gegen diese Entscheidungen von der nächsthöheren Verwaltungsbehörde unter Ausschluß des Verwaltungsgerichtshofes und der bürgerlichen Gerichte entschieden. Vorausgesetzt ist, daß die Leistungspflicht als solche feststeht. Diese Feststellung muß aber schon der Umwandlung nach Art. 59 SchBG. vorausgegangen sein (s. Anmerk. 2 zu Art. 59 und Anm. 7 zu Art. 58 oben).

Wenn feste jährliche Geldverbindlichkeiten in Frage kommen, die nicht erst umgewandelt werden mußten (s. Anm. 1 oben), und diese von dem in Anspruch genommenen Leistungspflichtigen ganz oder teilweise bestritten werden, so ist über diese Verpflichtung zur Leistung wie in den Fällen des Art. 58 und 59 je nach dem Rechtsgrunde zunächst auf dem Verwaltungsrechtswege oder von den bürgerlichen Gerichten zu entscheiden (vgl. Anm. 7 zu Art. 58 oben).

6. Erträgnisse eines besonderen Stiftungsvermögens waren wegen des besonderen Rechtscharakters der Stiftungen von der Umwandlungs- und Ablösungspflicht des SchBG. auszunehmen (s. § 25 der VerfUrk. vom 14. August 1919 — GVBl. S. 531 — und Anm. 6 zu Art. 57, Anm. 6 zu Art. 58 am Ende und Anm. 8 zu Art. 59).

Soweit Baupflichtverhältnisse unverändert fortbestehen und deshalb nicht umgewandelt werden müssen (Art. 59 Abs. IV mit 51 Abs. III) unterliegen sie auch der Ablösungspflicht des Art. 60 nicht (vgl. Anm. 8 zu Art. 59 oben).

Art. 61. Soweit der Volksschullehrer Grundstücke, deren Nutzungen ihm bisher als Bestandteile des Schuldiensteinkommens zugewiesen waren, beim Inkrafttreten dieses Gesetzes selbst bewirtschaftet, gelten sie vom Inkrafttreten des Gesetzes an als an ihn auf die Dauer seiner Dienstleistung in der Gemeinde verpachtet [1]). Im übrigen [2]) gilt Art. 26 entsprechend [3]).

1. „Die Vorschrift ... soll ein Pachtverhältnis kraft Gesetzes begründen unter der zweifachen Voraussetzung, daß es sich um Schulgrundstücke handelt, deren Nutzungen schon bisher nicht der Gemeindekasse, sondern dem Volksschullehrer unmittelbar als Bestandteile des Schuldiensteinkommens zugegangen sind, und daß der Volksschullehrer die Grundstücke im Zeitpunkt des Inkrafttretens des Gesetzes selbst bewirtschaftet, also nicht etwa einem Dritten in Pacht gegeben hat" („Begründung" zu Art. 66 E. I, BeilBd. XIX S. 317; Art. 66 des Entw. anspr. dem Art. 61 des Gesetzes).

2. „Im übrigen“, d. h. soweit nicht durch Art. 61 Abs. I Satz 1 dem Volksschullehrer ein gesetzlicher Anspruch zugestanden ist, gelten die Bestimmungen des Art. 26. Eine gegen die gesetzliche Regelung des Art. 61 Abs. I Satz 1 verstoßende Ausnahme kann die vorgesetzte Behörde auch gem. Art. 26 Abs. I Satz 2 nicht bestimmen.

3. Vgl. die Anmerkungen zu Art. 26 oben, insbes. Anm. 15 und 16 und die Entschl. des Staatsmin. f. Unt. u. Kultus vom 31. Dezember 1919 (KMBl. 1920 S. 22, Anh. Nr. 24), betr. Schulgrundstücke, die im Einverständnisse mit dem Staatsministerium für Landwirtschaft zum Vollzuge der Art. 26 und 61 SchBG. erlassen wurde. Von Art. 61 handeln ausdrücklich Ziff. 3, 4 und 6. Zu beachten ist aber auch für die Fälle des Art. 61 die Ziff. 5, wo besagt ist, daß für Schulgrundstücke, die nicht im Eigentum der Gemeinde, sondern einer dritten (natürlichen oder juristischen) Person stehen, zunächst die Vorschriften der Art. 57 bis 60 des SchBG. gelten, soweit es sich um die bisherige Verpflichtung des Dritten handelt, die Grundstücksnutzung dem Volksschullehrer oder der Gemeinde zu überlassen. Die Vorschrift des Art. 26 Abs. I — und damit auch die des Art. 61 — ist nur bis zur Umwandlung maßgebend. Die Eigentumsverhältnisse an solchen Grundstücken bleiben unberührt.

Art. 62. I Die persönliche Gehaltszulage nach den Art. 162 und 163 des Volksschullehrergesetzes wird von der Gemeinde aufgebracht und ausbezahlt [1]). Dies gilt auch, soweit die Gehaltszulage als Teil des Sterbegehalts zu zahlen ist.

II Wird der Gehalt nach Art. 18 Abs. III oder Art. 31 Abs. I Satz 2 oder Abs. II Satz 2 des Volksschullehrergesetzes eingezogen, so ist die persönliche Gehaltszulage mit dem übrigen Gehalt im gleichen Verhältnisse zu kürzen [2]).

1. Die „Begründung“ zu Art. 67 Abs. I des E. I (BeilBd. XIX, S. 317) — jetzt Art. 62 Abs. I — führt aus:

„Die persönliche Gehaltszulage nach den Art. 184 und 185 des Entwurfes eines Volksschullehrergesetzes (jetzt Art. 162 und 163 VLG.) soll einen Ausgleich in den Fällen bieten, in denen die dienstlichen Bezüge des Volksschullehrers nach den bisherigen Besoldungsgrundsätzen einen höheren Betrag ergeben würden als das Diensteinkommen nach den Vorschriften des Volksschullehrergesetzes. Da die künftigen gesetzlichen Grundgehalte und Gehaltsvorrückungen durchwegs die gegenwärtigen Mindestgehalte und staatlichen Dienstalterszulagen übersteigen, ist ein höherer Betrag des bisherigen Diensteinkommens stets darauf zurückzuführen, daß dem Volksschullehrer höhere Einkommenbezüge aus gemeindlichen Mitteln angewiesen sind (vgl. die Begründung zum Art. 184 des Entwurfs eines Volksschullehrergesetzes). Demgemäß soll auch die neue persönliche Gehaltszulage grundsätzlich von der Gemeinde geleistet werden.“

Die Absicht dieser Bestimmungen wurde durch die Inflation der Nachkriegszeit vereitelt, da nach den geltenden Rechtsgrundsätzen, wie die von einzelnen Münchener Volksschullehrern geführten Zivilprozesse ergeben, die früheren Bezüge ausschließlich als Papiermarkbeträge betrachtet werden mußten. Um den Betroffenen wenigstens dort entgegenzukommen, wo die

Gemeinden bereit waren, freiwillig beizuspringen, verfügte eine Entschl. des Staatsmin. f. Unt. u. Kultus vom 19. Mai 1928 Nr. IV 20 208, betr. Härteausgleich für die Volksschullehrer der größeren Städte, u. a. folgendes:

„Nach Benehmen mit dem Staatsministerium der Finanzen können für einen Ausgleich der noch bestehenden Härten Leistungen aus Staatsmitteln unter keinen Umständen in Betracht kommen. Dagegen soll den beteiligten Gemeinden gestattet sein, in den nachbezeichneten Grenzen einen solchen Härteausgleich vorzunehmen:

a) In den Gemeinden, in denen das Diensteinkommen der Volksschullehrer nach der am 31. Dezember 1919 gültigen gemeindlichen Satzung im Endgehalt über den Betrag von 4800 Mk. hinausging, dürfen den Volksschullehrern, die am 31. Dezember 1919 die Eigenschaft eines Volksschullehrers im Sinne des Art. 7 des SchBG. von 1902 erlangt hatten und seitdem ununterbrochen im Volksschuldienste der betreffenden Gemeinde gestanden sind, persönliche Zulagen aus Gemeindemitteln gewährt werden, die jedoch über den Unterschiedsbetrag zwischen 4800 Mk. und dem satzungsmäßigen Endgehalte keinesfalls hinausgehen dürfen. Es bleibt dem Ermessen der Gemeinden anheimgegeben, diese Zulagen je nach dem Dienstalter, der Dienstzeit in der Gemeinde und unter Berücksichtigung des finanziellen Vorteils, den die Verbesserung des Besoldungsdienstalters nach Maßgabe der Min.-Entschließungen vom 30. April 1923 Nr. 9426 und vom 28. September 1923 Nr. 32 513 den beteiligten Lehrkräften zur Zeit noch gewährt, oder auch nach sonstigen Gesichtspunkten abzustufen. Gemeindliche Regelungen, die erst während des Krieges getroffen worden sind, müssen unberücksichtigt bleiben.

Die Zulagen der früheren Amtsoberlehrer dürfen bei diesem Ausgleiche besonders berücksichtigt werden."

(Buchst. b der ME. vom 19. Mai 1928 s. Anm. 5 c zu Art. 69 unten.)

2. Art. 18 Abs. III BLG. betrifft die Fälle des unerlaubten Fernbleibens vom Dienste ohne Urlaub oder mit Urlaubsüberschreitung, Art. 31 Abs. I Satz 2 die Fälle des besonderen Urlaubs mit ausdrücklicher Einziehung des Diensteinkommens, Art. 31 Abs. II Satz 2 die Fälle der Dienstbehinderung infolge länger als sechsundzwanzig Wochen andauernder Krankheit, wenn nicht ausdrücklich das volle Diensteinkommen weitergewährt wurde.

Für die Zeit, in der in diesen Fällen der Gehalt eingezogen wird, hat auch die Auszahlung der freiwillig gewährten gemeindlichen Gehaltszulage (s. Anm. 1 oben) zu unterbleiben.

Art. 62a[1]. I Werden in einer Gemeinde Volksschulfachlehrer (Art. 144 des Volksschullehrergesetzes) verwendet, die nicht zu den in der Besoldungsordnung für die bayerischen Staatsbeamten aufgeführten Gruppen gehören[2], so ist der persönliche Bedarf für diese Volksschulfachlehrer und für ihre Hinterbliebenen von der Gemeinde[3]) aufzubringen und auszuzahlen.

II Die Besoldung dieser Volksschulfachlehrer ist durch eine Satzung zu regeln. Die Satzung wird von der Gemeindeverwaltung, bei zusammengesetztem Schulsprengel von der verstärkten Gemeindeverwaltung erlassen. Sie bedarf der Genehmigung der Regierung,

Kammer des Innern[4]). Das zuständige Staatsministerium kann nähere Anordnungen erlassen[5]). Die gleichen Vorschriften gelten auch für die Aenderung der Satzung.

III Die Gemeinden können die Versorgungsbezüge, die sie nach Abs. I aufzubringen haben, beim bayerischen Versorgungsverbande[6]) versichern. Die beteiligten Staatsministerien können hierüber nähere Vorschriften erlassen.

1. Art. 62a wurde durch Art. 2 Ziff. XII des Ges. vom 1. August 1923 zur Aenderung von Vorschriften über das Volksschulwesen — gleichzeitig mit Art. 24a (s. Art. 2 Ziff. VII des Ges. vom 1. August 1923) — (GVBl. S. 337) eingefügt.

2. a) Es handelt sich hier ausschließlich um hauptamtliche Volksschulfachlehrer und Volksschulfachlehrerinnen, die zwar gemäß Art. 144 d. BLG. Staatsbeamte wie die in Art. 24a SchBG. genannten Volksschulfachlehrer sind, aber nicht wie diese vom Staate, sondern von der Gemeinde bezahlt werden (s. Anm. 2 zu Art. 24a oben).

b) „Außer den Handarbeitslehrerinnen und den Hauswirtschaftslehrerinnen standen am 1. April 1923 noch folgende hauptamtliche Fachlehrkräfte an öffentlichen Volksschulen in Verwendung:

32 Zeichenlehrerinnen (in München),
5 Zeichenlehrer (in München und Augsburg),
30 Gewerbelehrer (in München),
6 evangelisch-lutherische Religionslehrer (in Nürnberg),
8 Sprachlehrerinnen (in München).

Was die Verwendung besonderer Fachlehrkräfte für den Zeichenunterricht betrifft, so ist zuzugeben, daß hierdurch dieser Unterricht nicht unwesentlich gefördert werden kann. Ein unabweisbares Bedürfnis für die Heranziehung solcher Lehrkräfte kann jedoch nicht als gegeben erachtet werden. Insbesondere bestünde kein Grund, hauptamtliche Zeichenlehrkräfte an den Mädchenschulen in weiterem Umfange zu verwenden als an den Knabenschulen. Der Gesichtspunkt der äußersten Sparsamkeit im Staatshaushalte darf auch hier nicht außer acht gelassen werden. Die Volksschullehrer und Volksschullehrerinnen sind an den Lehrerbildungsanstalten auch im Zeichenunterrichte soweit ausgebildet, daß sie ihn im allgemeinen in einer für die Bedürfnisse der Volksschule genügenden Weise zu erteilen vermögen. Ob in dieser Hinsicht etwa im Falle der Ueberweisung der Lehrerbildung an die allgemeinen höheren Schulen besondere Bedürfnisse zutage treten würden, kann vorerst dahingestellt bleiben.

Auch die Gewerbelehrer, die zur Erteilung des Handfertigkeitsunterrichts an den Münchener Knabenschulen verwendet werden, können künftig entbehrt werden. Das gleiche gilt von den an den achten Volksschulklassen in München noch verwendeten Sprachlehrerinnen, um so mehr als der Lehrplan der Volksschule den Unterricht in Fremdsprachen nicht kennt.

Die protestantischen Religionslehrer in Nürnberg wurden seinerzeit auf Grund besonderer Rechtsverhältnisse angestellt. Die Neuanstellung solcher Lehrkräfte in der Eigenschaft als Volksschulfachlehrer im Sinne des BLG. und SchBG. kommt nicht mehr in Frage.

Gemeinsam für alle unter Ziff. 2 (d. h. voranstehend) aufgeführten Arten von Fachlehrkräften gilt, daß es sich hier um Einrichtungen handelt, die auch der Sache nach auf rein freiwilligen gemeindlichen Leistungen beruhen. Es dürfte nicht veranlaßt sein, den Gemeinden die hierfür entsprechenden Aufwendungen abzunehmen. Hinsichtlich dieser Lehrkräfte werden daher die bisherigen gesetzlichen Bestimmungen grundsätzlich aufrecht zu erhalten sein; sie sind im neuen Art. 62a des SchBG. und im neuen Art. 61 Abs. II des BBesG. (Art. 3 des Entwurfes) zusammengefaßt.

Mit der Neuanstellung solcher aus Gemeindemitteln zu besoldenden Volksschulfachlehrer wird künftig nicht mehr gerechnet werden können. Die Rechtsstellung der bereits im Dienste befindlichen Lehrkräfte ist durch die angeführten Vorschriften im Zusammenhalt mit Art. 144 und 178 des BLG. ... nach jeder Richtung gesichert." („Begründung" — A. Im Allgemeinen, Ziff. I, 2 — zum Entwurf e. Ges. zur Aenderung von Vorschriften über das Volksschulwesen vom 9. Juli 1923, Verh. d. Bayer. Landt. III. Tagung 1922/23, BeilBd. XI, Beil. 3663 S. 909).

3. „In der allgemeinen Begründung ist unter Ziff. I, 2 (s. Anm. 2b oben) bereits ausgeführt, daß die Aufbringung des Bedarfs für andere Volksschulfachlehrkräfte als die Handarbeitslehrerinnen und die Hauswirtschaftslehrerinnen auch künftig den Gemeinden obliegen soll. Hinsichtlich dieser Lehrkräfte werden darnach die Bestimmungen der bisherigen Art. 30 bis 32 des SchBG. dem Inhalte nach aufrecht zu erhalten sein. Sie sind, da es sich um eine Uebergangsregelung handelt, in dem neueinzufügenden Art. 62a zusammengefaßt. Dabei entspricht Art. 62a Abs. I dem bisherigen Art. 30 mit Art. 31 Abs. II, Art. 62a Abs. II dem Art. 31 Abs. I mit Art. 22 Abs. II, Art. 62a Abs. III dem Art. 32 Abs. I. Die Bestimmung des bisherigen Art. 32 Abs. II, die seinerzeit im wesentlichen aus Gründen der geschichtlichen Entwicklung angenommen wurde, wird künftig als selbstverständlich entbehrt werden können." (S. „Begründung" a. a. O. Beil. 3663 S. 916 und die Fußnoten zu Art. 30 mit 32 oben.)

4. Dadurch ist eine den Verhältnissen der übrigen Volksschulfachlehrkräfte entsprechende Besoldungsregelung gewährleistet. S. auch Anm. 5 unten.

5. Die Bek. d. Staatsmin. f. Unterricht u. Kultus über die Besoldung der Volksschulfachlehrer vom 21. Januar 1922 (KMBl. S. 30) gibt Anhaltspunkte. Weitere Anordnungen sind nicht erlassen worden. S. auch Ges. vom 1. August 1923 (GVBl. S. 337) Art. 3 und BBesG. vom 20. April 1928 Art. 52.

6. S. Art. 24 des Gemeindebeamtengesetzes vom 15. Juli 1916 (GVBl. S. 113) in der Fass. d. Ges. vom 23. Juli 1918 (GVBl. S. 374) und des Ges. vom 18. August 1922 (GVBl. S. 421).

Art. 63[1]. [I] Die Bezüge der in den Art. 165 und 171 des Volksschullehrergesetzes bezeichneten Volksschullehrer und Hinterbliebenen von Volksschullehrern[2]) sind vom Inkrafttreten dieses Gesetzes[3]) an von den Kreisen zu leisten, soweit sie bisher von den Kreisanstalten zur Unterstützung dienstunfähiger Lehrpersonen und den Kreisvereinen zur Unterstützung der Hinterbliebenen der Volksschullehrer ausbezahlt worden sind[4]). Im übrigen sind sie von den Gemeinden[5]) nach den bisherigen Grundsätzen zu leisten.

[II] Soweit die in den Art. 166 und 172 des Volksschullehrergesetzes bezeichneten Volksschullehrer und Hinterbliebenen von Volksschullehrern unter Anwendung der neuen Vorschriften höhere Versorgungsbezüge erhalten als nach den bisherigen Vorschriften, ist auch der Mehrbetrag vom Kreise zu leisten. Richteten sich Versorgungsansprüche der Hinterbliebenen nach den bisherigen Vorschriften gegen einen anderen Kreisverein als den nach dem letzten Dienstorte des Volksschullehrers zuständigen, so ist der Mehrbetrag von dem Kreise aufzubringen, in dem der Volksschullehrer vor dem Ausscheiden aus dem Dienste zuletzt angestellt war [6]).

III Die Sterbegehalte und Unterhaltsbeiträge nach Art. 171 Abs. I Satz 2 des Volksschullehrergesetzes werden von der Gemeinde aufgebracht und ausbezahlt, soweit der Ruhegehalt des verstorbenen Volksschullehrers oder die Versorgungsbezüge der Witwe von der Gemeinde geleistet wurden. Im übrigen sind auch diese Sterbegehalte und Unterhaltsbeiträge vom Kreise zu leisten [7]) [8]).

IV Die Abfindungen nach Art. 180 Abs. I des Volksschullehrergesetzes werden von der Gemeinde aufgebracht und ausbezahlt, soweit der Ruhegehalt der Volksschullehrerin von der Gemeinde geleistet wurde oder geleistet worden wäre, wenn die Volksschullehrerin im Zeitpunkte des Ausscheidens aus dem Dienste in den Ruhestand versetzt worden wäre. Im übrigen werden diese Abfindungen vom Kreise geleistet. Ist die Gemeinde auf Grund einer Satzung zur Rückerstattung von Beträgen verpflichtet, die die Volksschullehrerin zu einer gemeindlichen Versorgungseinrichtung gezahlt hat, so kann sie den Betrag der zu vergütenden Beiträge auf die Leistungen nach Satz 1 anrechnen [9]).

V Die Abfindungen nach Art. 180 Abs. II des Volksschullehrergesetzes werden von der Gemeinde aufgebracht. Abs. IV Satz 3 gilt entsprechend [9]).

1. Art. 63 hat bis jetzt eine doppelte Aenderung erfahren:

Durch Art. 2 Ziff. XIII des Ges. vom 1. August 1923 zur Aenderung von Vorschriften über das Volksschulwesen (GVBl. S. 337) wurde aus Billigkeitsgründen (s. „Begründung" zum Entw. e. Ges. zur Aenderung von Vorschriften usw. vom 9. Juli 1923, Verh. d. Bayer. Landt. III. Tagung 1922/23, BeilBd. XI, Beil. 3663 S. 916) dem Abs. II der Satz angefügt: „Richteten sich Versorgungsansprüche der Hinterbliebenen nach den bisherigen Vorschriften usw."

Die weitere Aenderung war schon vorher dadurch erfolgt, daß durch Art. II Ziff. 1 des Ges. vom 24. März 1920 über die Aenderung des VLG. und des SchBG. vom 14. August 1919 (GVBl. 1920 S. 103) der seitherige Abs. IV „die Kreise haben auch die Abfindungen nach Art. 180 des VLG. aufzubringen" die nunmehrige Fassung erhalten hatte und durch Art. II Ziff. 2 dem Art. 63 der obige Abs. V angefügt worden war.

2. D. h. die Bezüge der vor oder mit dem Inkrafttreten des VLG. (1. Januar 1920) in den Ruhestand versetzten Volksschullehrer (Art. 165 VLG.) und der Hinterbliebenen von Volksschullehrern, die vor dem Inkrafttreten des VLG. gestorben waren oder sich beim Inkrafttreten im Ruhestand befanden (Art. 171 VLG.). Die Bezeichnung „Volksschullehrer" ist in den Art. 63 ff. im neuen Sinne verwendet; sie umfaßt also die Lehrkräfte aller Dienstesstufen.

3. D. h. vom 1. Januar 1920 (Art. 80 Abs. I SchBG.) an.

4. a) Die „Begründung" zu Art. 68 (des Entw., 63 des Ges.) führt aus (BeilBd. XIX, S. 318):

„Zu den wichtigsten Maßnahmen (für die künftige Neugestaltung der Ruhestands- und Hinterbliebenenfürsorge für die Volksschullehrer, soweit das Schulvermögensrecht in Betracht kommt) gehört die Beseitigung aller Beträge und Abgaben, die der Volksschullehrer bisher zu den Kreispensionsanstalten und Kreishinterbliebenenvereinen zu entrichten hatte, und im notwendigen Zusammenhange damit die Auflösung dieser Anstalten und Vereine selbst, deren Vermögen und Verpflichtungen auf die Kreisgemeinden übergehen sollen. Die Gründe, die zu dieser Regelung führen, sind in der Denkschrift vom 12. Juni 1914 (S. 814/815 bezw. 161—164; ferner S. 759—762 bezw. 60—66) des näheren erörtert."

b) durch das Gesetz über Notmaßnahmen für die Kreisgemeinden vom 28. März 1924 (GVBl. S. 116) ist an die Stelle der Kreise der Staat getreten.

Art. 3 Abs. I des Ges. vom 28. März 1924 lautet:

„Vom 1. April 1924 an übernimmt der Staat den gesamten Aufwand für die Versorgungsbezüge der vor dem 1. Januar 1920 aus dem Dienste geschiedenen Volksschullehrer und ihrer Hinterbliebenen sowie für die Versorgungsbezüge der vor dem 1. April 1920 aus dem Dienste geschiedenen Kreisschulaufsichtsbeamten und ihrer Hinterbliebenen, soweit dieser Aufwand bisher von den Kreisen zu leisten war."

Art. 4 (Satz 1): „Der Aufwand, der dem Staat durch die Uebernahme der Lasten nach dem vorstehenden Art. 2 und 3 erwächst, ist durch Aenderung der Verteilung der Reichseinkommensteuer und Körperschaftssteuer zu Lasten der Kreise zum Ausdruck zu bringen."

Der Vollzug (Auszahlung durch die Finanzämter an Stelle der Kreiskassen) wurde durch die ME. vom 13. und 23. März 1924 Nr. IV 8802 und 10 554 verfügt. Weitere Vollzugsmaßnahmen enthielt die ME. vom 23. Juni 1924 Nr. IV 18 806.

5. Diese Verpflichtung der Gemeinden ist durch Art. 5 Ziff. VI Nr. 1 des Ges. zur neunten Abänderung des BBesG. und sonstiger Vorschriften des BBesG. und sonstiger Vorschriften des Beamten-, Besoldungs- und Versorgungsrechts vom 29. Februar 1924 (GVBl. S. 117) rückwirkend vom 1. April 1923 auf Kreis und Staat und durch Art. 3 des Ges. vom 28. März 1924 vom 1. April 1924 im vollen Umfang auf den Staat übergegangen.

Art. 5 Ziff. VI Nr. 1 des Ges. vom 29. Februar 1924 lautete:

„Art. 24 (des Pensionsergänzungsgesetzes vom 23. März 1921 (GVBl. S. 117) in der Fassung des Art. 4 Ziff. III des Gesetzes vom 1. August 1923 zur Aenderung von Vorschriften über das Volksschulwesen (GVBl. S. 337) wird mit Wirkung vom 1. April 1923 wie folgt geändert:

1. Abs. I erhält folgende Fassung:

„Die neuen Ruhegehälter, Witwen- und Waisengelder der in Art. 22 bezeichneten Volksschullehrer und Hinterbliebenen von Volksschullehrern sind von den Kreisen, die Zuschläge vom Staate zu tragen. Art. 63 Abs. II Satz 2 des SchBG. gilt entsprechend."

„Hienach kommen vom 1. April 1923 an die Anteile des Staates, die bisher auf Grund des Art. 66 des SchBG. zu leisten waren, und die Anteile der Gemeinden nach Art. 63 Abs. I Satz 2 a. a. O. in Wegfall." (ME. vom 23. Juni 1924 Nr. IV 18 806 Ziff. I, 1 Abs. 3.)

6. Bezüglich der Einschaltung des Satzes 2 in Abs. II s. Anm. 1 oben.

7. „Mit dem Wegfall der gemeindlichen Leistungen nach Art. 63 Abs. I des SchBG. kommen auch Leistungen nach Art. 63 Abs. III a. a. O. nicht mehr in Betracht." (ME. vom 23. Juni 1924 Nr. IV 18 806 Ziff. I, 1, b Abs. 3).

8. Nach Art. 10 des Ges. vom 29. Februar 1924 werden Versorgungsbezüge, die nicht auf Grund der Vorschriften des Pensionsergänzungsgesetzes in ähnlicher Weise wie die Bezüge der Beamten im Dienste erhöht werden, nicht mehr gezahlt.

Die Versorgungsbezüge der Altruhestandslehrer und Altlehrerhinterbliebenen werden sohin auch nicht mehr anteilsweise von den Kreisen und Gemeinden, sondern ausschließlich vom Staate getragen. Sie bemessen sich nach Art. 22 des Abs. II des Pensionsergänzungsgesetzes vom 23. März 1921 (GVBl. S. 117) in der Fass. des Ges. vom 1. August 1923 (GVBl. S. 357):

Art. 22 PEG. lautet:

„I Die Vorschriften dieses Gesetzes gelten entsprechend für die vor dem 1. Januar 1920 aus dem Dienste geschiedenen Volksschullehrer und Volksschullehrerinnen früherer Ordnung (ständigen Volksschullehrer) und ihre Hinterbliebenen. An die Stelle der Vorschriften des Beamtengesetzes vom 16. August 1908 treten hierbei die entsprechenden Vorschriften des Volksschullehrergesetzes vom 14. August 1919.

II Die in Abs. I bezeichneten Volksschullehrer und Volksschullehrerinnen sind in die Gruppe VII der Besoldungsordnung überzuleiten. Soweit die Voraussetzungen der Art. 166 und 172 des Volksschullehrergesetzes zutreffen und der Volksschullehrer (die Volksschullehrerin) nach den Vorschriften des Art. 161 Abs. II und III des gleichen Gesetzes eine Besoldungsdienstzeit von mehr als 25 Jahren zurückgelegt hatte, wird angenommen, daß der Volksschullehrer (die Volksschullehrerin) beim Ausscheiden aus dem Dienste unter Anwendung der Vorschriften des Beamtenbesoldungsgesetzes in die Gruppe VIII der Besoldungsordnung übergeführt worden wäre.

III Auf die vor dem 1. Januar 1920 aus dem Dienste geschiedenen Hilfslehrer, Hilfslehrerinnen, Schulverweser und Schulverweserinnen sind die Art. 3 und 8 entsprechend anwendbar."

Bez. „Kinderzuschläge" s. Art. 4 Abs. I PEG. Zum Vollzuge des PEG. Art. 22 s. ferner: Entschl. des Staatsmin. f. Unt. u. K. vom 27. Mai 1923 Nr. 13 051.

Nunmehr berechnen sich die Versorgungsbezüge dieser Lehrer-Altpensionisten und ihrer Hinterbliebenen nach Art. 44, 45 und 47 des BBesG. vom 20. April 1923 (GVBl. S. 205).

Die Bestimmungen der E. d. Staatsmin. f. Unt. u. K. vom 18. Dezember 1919 (KMBl. S. 297), betr. die Neuregelung der Ruhestands- und Hinterbliebenenfürsorge für die Volksschullehrer, sind durch diese Entwicklung überholt.

9. Art. 63 Abs. IV und V SchBG. betrifft Volksschullehrerinnen (Art. 180 Abs. I VLG.) und hauptberufliche Volksschulfachlehrerinnen (Art. 180 Abs. II VLG.), die in der Zeit vom 1. September 1919 bis zum 1. Janur 1920 (Art. 185 VLG.) infolge Verheiratung aus dem öffentlichen Volksschuldienst ausgeschieden sind oder im Ruhestande geheiratet haben.

Art. 63 Abs. IV und V erhielten ihre derzeitige Fassung, bezw. wurden angefügt durch Art. II Ziff. 1 des Ges. vom 24. März 1920 (GVBl. S. 103). Der Grund der Aenderung (Gemeinde und Kreis als Zahlungspflichtige an Stelle des Kreises allein) war der, daß es auch sonst in den Uebergangsvorschriften des SchBG. dem Grundsatze entsprach, die besonderen Bezüge, die den Volksschullehrern während der Uebergangszeit aus dem Gesichtspunkte der Wahrung erworbener Rechte zu gewähren sind, von der Gemeinde aufgebracht werden, soweit sie in bisherigen gemeindlichen Leistungen ihren Ursprung haben („Begründung" zum „Entwurf eines Gesetzes über die Aenderung des Volksschullehrergesetzes und des Schulbedarfgesetzes vom 14. August 1919" vom 23. Dezember 1919 (Verh. d. Bay. Landt. 1919/20, BeilBd. III, Beil. 781 S. 175).

Die Uebergangsvorschrift entsprach der Bestimmung im Art. 151 des VLG. in der Fass. vom 14. August 1919, wonach das Dienstverhältnis der Volksschullehrerin mit der Eheschließung erlosch, die Volksschullehrerin aber in diesem Falle auf Antrag eine einmalige Abfindung erhielt. Durch die Neufassung des Art. 151 VLG. vom 1. August 1923 (GVBl. S. 337) sind diese Bestimmungen aufgehoben. Für die Volksschullehrerinnen, die Volksschulfachlehrerinnen und die israelitischen Volksschullehrerinnen gelten nunmehr außer den Vorschriften des Volksschullehrergesetzes die besonderen Vorschriften des Beamtengesetzes über die weiblichen Beamten entsprechend. Die derzeitige Rechtslage ergibt sich aus folgenden Ausführungen der Entschließung des Staatsmin. f. Unterricht und Kult. vom 4. Juni 1929 Nr. IV 22 558) betr. Dienstverhältnis der verh. Volksschullehrerinnen:

„Die Bestimmungen im Art. 206 Abs. 1 Ziff. 1 und Abs. 4 des BG. in der Fassung des Art. 1 Ziff. X des Ges. vom 10. Juli 1927 (GVBl. S. 227) sind nach Art. 7 Abs. 4 Satz 1 dieses Gesetzes mit dem 1. April 1929 außer Wirksamkeit getreten. Nach Satz 2 des Art. 7 Abs. 4 bleibt jedoch für weibliche Beamte, deren Dienstverhältnis vor diesem Zeitpunkte wegen Verehelichung gelöst wurde, Art. 206 Abs. 4 BG. in Geltung.

Die Rechtslage ist hiernach nunmehr wieder so, daß unwiderrufliche Lehrerinnen (Volksschullehrerinnen und Volksschulfachlehrerinnen), die sich verehelichen, im Dienste zu belassen sind, wenn sie nicht selbst nach Art. 7 des VLG. um ihre Entlassung aus dem öffentlichen Volksschuldienste nachsuchen. Dagegen kann das Dienstverhältnis widerruflicher Lehrerinnen, die sich verehelichen, nach wie vor auf Grund des Art. 5 Abs. II des VLG. gelöst werden."

Eine „Abfindung" für weibliche Beamte, die wegen Verehelichung aus dem Dienste ausscheiden, ist derzeit nicht vorgesehen.

Art. 64. I Die Kreisanstalten zur Unterstützung dienstunfähiger Lehrpersonen und die Kreisvereine zur Unterstützung der Hinterbliebenen der Volksschullehrer werden aufgelöst. Ihre Vermögen werden den Kreisen übertragen [1]).

II Die Volksschullehrer im Ruhestande haben Beiträge und Abgaben zur Aufbringung des Bedarfs für ihre Ruhegehalte und die Versorgung ihrer Hinterbliebenen nicht mehr zu entrichten [2]) [3]).

1. S. Anm. 4a zu Art. 63 oben und die dort angegebenen Belegstellen der Denkschrift vom 12. Juni 1914.

Die „Begründung" zu Art. 69 E. I (nun 64) führt hierzu (a. a. O. Beil. 2621 S. 318) weiter aus:

„Während die bestehenden Einrichtungen zur Aufbringung der Ruhegehalte der Volksschullehrer als Anstalten errichtet sind (Art. 18 des Schulbedarfgesetzes vom 28. Juli 1902), kommt den Trägern der Hinterbliebenenfürsorge die Eigenschaft von Vereinen zu (Art. 19 des geltenden Schulbedarfgesetzes). Es war die Frage zu prüfen, ob die Auflösung dieser Vereine durch landesgesetzliche Bestimmung nicht etwa mit reichsrechtlichen Vorschriften im Widerspruche steht. Die Frage wird ohne Bedenken zu verneinen sein. ..."

2. „Begründung" zu Art. 69 (jetzt 64) Abs. II (a. a. O. Beil. 2631 S. 319):

„... Die Vorschrift des Art. 69 Abs. II soll nicht nur für die beim Inkrafttreten des Gesetzes noch im Dienste befindlichen und die künftig neu anzustellenden Volksschullehrer gelten, deren Versorgungsansprüche sich nach den Bestimmungen des Volksschullehrergesetzes richten sollen, sondern auch für die Lehrkräfte, die beim Inkrafttreten des Gesetzes schon in den Ruhestand versetzt sind und für die demnach im übrigen die bisherigen Bestimmungen über die Ruhestands- und Hinterbliebenenversorgung aufrecht erhalten bleiben sollen."

S. ferner die Vorschrift des Art. 71 Abs. I SchBG., die auch die Erhebung von Beiträgen für gemeindliche Versorgungsleistungen ausschließt.

3. Ueber die Verwendung der noch vorhandenen Vermögen s. Art. 65.

Art. 65. I Die Kreise können zur Erfüllung ihrer Verpflichtungen nach Art. 63 die Vermögen der Kreisanstalten und der Kreisvereine verwenden.

II Ein Teil der Vermögen ist zur Gewährung von Unterstützungen an bedürftige Volksschullehrer und Hinterbliebene von Volksschullehrern zu verwenden [1] [2].

III Die beteiligten Staatsministerien erlassen die näheren Vorschriften [3] [4].

1. Die Worte „zur Genehmigung von Unterstützungen an bedürftige Volksschullehrer und Hinterbliebenen von Volksschullehrern" sind (wie in Art. 66 Abs. II des SchBG.) zufolge Art. 26 des Pensionsergänzungsgesetzes vom 23. März 1921 (GVBl. S. 117) an die Stelle der Worte „zur Verbesserung der Bezüge nach Art. 63 Abs. I" getreten.

Die „Begründung" (Verh. d. Bay. Landt. 1920/21, BeilBd. IV, Beil. 1098 S. 127) sagt hierzu:

„... Ein Teil der Vermögen soll nach näherer Bestimmung des Staatsministeriums erhalten und zur Verbesserung der Versorgungsbezüge alten Rechts verwendet werden. Die näheren Bestimmungen hierüber sind durch Ministerialentschließung vom 18. Dezember 1919 (KMBl. S. 297) getroffen worden. Wenn nunmehr die Versorgungsbezüge alten Rechts vollständig den neuen gesetzlichen Bezügen gleichgestellt werden, besteht kein Anlaß mehr, eine weitere Verbesserung ausdrücklich vorzuschreiben. Anderseits werden aber Billigkeitsgründe dafür sprechen, daß die noch vorhandenen Vermögen der früheren Kreispensionsanstalten und Kreishinterbliebenenvereine, die zu einem beträchtlichen Teile durch Beitragsleistungen der Volksschullehrer entstanden sind, nach wie vor teilweise erhalten und zugunsten der Volksschullehrer verwendet werden. Nach dem Vorschlage des Entwurfes sollen daher aus den Erträgnissen dieser erhalten gebliebenen Vermögensteile Unterstützungen an bedürftige Volksschullehrer (im Dienste oder im Ruhestande) und Hinterbliebenen von Volksschullehrern gewährt werden.

Die gleiche Regelung soll durch entsprechende Aenderung des Art. 66 Abs. II des Schulbedarfgesetzes hinsichtlich der „Versorgungszuschußkasse" getroffen werden, die seinerzeit auf Grund des Art. 20 Abs. I Buchst. b des Schulbedarfgesetzes vom 28. Juli 1902 errichtet worden ist."

2. Die Bek. vom 12. Juli 1920, die Dienstaufsicht und das Dienststrafrecht für die Volksschullehrer betr. (KMBl. S. 282), verfügte über die Verwendung der Zwangs- und Geldstrafen folgendes:

„§ 3. Die Zwangs- und Geldstrafen (Art. 103, 106, 107, 123 des Volksschullehrergesetzes) fließen in den Fond der von den Kreisen nach Art. 65 Abs. II des Schulbedarfgesetzes und Abs. A Abschnitt III Ziff. 1 der Bekanntmachung vom 18. Dezember 1919 (Amtsblatt des Staatsministeriums für Unterricht und Kultus S. 299 ff.) zu bilden ist.

Diesem Fond ist auch der nicht verbrauchte Teil des bei der vorläufigen Dienstenthebung eines Volksschullehrers einbehaltenen Gehalts (Art. 134 des Volksschullehrergesetzes) zu überweisen."

Nachdem eine Aenderung dieser Bestimmung schon durch die E. des Staatsmin. f. Unt. u. K. vom 23. Dezember 1929 Nr. IV 33 409, betr. die Vermögen der ehemaligen Kreispensionsanstalten für dienstunfähige Volksschullehrer und der ehemaligen Kreisvereine zur Unterstützung der Hinterbliebenen der Volksschullehrer, Ziff. 4 angeregt worden war, ist § 3 der MinBek. vom 12. Juli 1920 durch die MinBek. vom 20. November 1930 (KMBl. S. 182; Anh. Nr. 30, Bem.) aufgehoben worden. Die Zwangs- und Geldstrafen usw. fließen nunmehr in die Krankenkasse für Staatsbeamte (s. MinBek. vom 3. Oktober 1930 GVBl. S. 357, Anh. Nr. 96 und E. des Staatsmin. f. Unt. u. K. vom 20. November 1930 Nr. IV 43 190).

3. Außer der durch die Entwicklung der Rechtsverhältnisse überholten ME. vom 18. Dezember 1919 (KMBl. S. 297) sind Vollzugsvorschriften noch nicht erlassen worden. Es ist aber eine Aenderung der Bestimmungen des Schulbedarfgesetzes in den Art. 63 bis 73 überhaupt im Gange.

In der oben (Anm. 2) genannten ME. vom 23. Dezember 1929 Nr. IV 33 409 ist ausgeführt:

„Durch Art. 64 Abs. I des SchBG. vom 14. August 1919 wurden die Kreisanstalten zur Unterstützung dienstunfähiger Lehrpersonen (Kreispensionsanstalten) und die Kreisvereine zur Unterstützung der Hinterbliebenen der Volksschullehrer aufgelöst und ihre Vermögen den Kreisen übertragen. Nach der Absicht des Gesetzes (Art. 65) sollten sie den Kreisen zur Verfügung stehen, behufs Aufbringung der Leistungen, die ihnen durch Art. 63 (und 68) des SchBG. auferlegt wurden. Ein Teil dieser Vermögen war gemäß Art. 65 Abs. II nach der ursprünglichen Fassung zur Verbesserung der Bezüge nach Art. 63 Abs. I zu verwenden; nach der durch Art. 26 des Pensionsergänzungsgesetzes vom 23. März 1921 (GVBl. S. 127) vorgenommenen Aenderung jener Gesetzesstelle ist als Zweckbestimmung nunmehr die „Gewährung von Unterstützungen an bedürftige Volksschullehrer und Hinterbliebene von Volksschullehrern" festgelegt.

Durch Art. 3 des Gesetzes vom 28. März 1924 über Notmaßnahmen für die Kreisgemeinden übernahm der Staat vom 1. April 1924 an den gesamten Aufwand für die Versorgungsbezüge der vor dem 1. Januar 1920 aus dem Dienste geschiedenen Volksschullehrer und ihrer Hinterbliebenen, soweit dieser Aufwand bisher von den Kreisen zu leisten war; er hat also den Kreisen die Verpflichtung nach Art. 63 des SchBG. abgenommen. Diese Aenderung in der Lastenverteilung wurde nach Art. 4 des angeführten Gesetzes durch Abminderung des Anteiles der Kreise an der Reichseinkommen- und Körperschaftssteuer zum Ausgleiche gebracht. Ueber die Vermögensbestände der ehemaligen Kreispensionsanstalten und Kreishinterbliebenenvereine ist bei diesem Anlasse nichts bestimmt worden.

Im Einverständnisse mit den Staatsministerien der Finanzen wird keine Erinnerung dagegen erhoben, daß über jene Vermögensbestände nach wie vor durch die Kreise Verfügung getroffen wird. Die durch ME. vom 3. Juni 1927 Nr. IV 22 807 ergangene Weisung, die anfallenden Zinsen aus den Aufwertungskapitalien vorerst vorübergehend verzinslich anzulegen, wird hiermit aufgehoben.

Im einzelnen wird hierzu noch folgendes bemerkt:

1. In Abschnitt A Ziff. III 1 a der ME. vom 18. Dezember 1919 (KMBl. S. 297) sind auf Grund vorausgegangener Erhebungen die Vermögensteile ziffernmäßig festgesetzt, die nach Art. 65 Abs. II des Schulbedarfgesetzes in der oben angeführten Fassung zur Gewährung von Unterstützungen zu verwenden sind. Soweit im Vollzuge der ME. vom 18. Dezember 1919 bestimmte Kapitalbeträge aus der Gesamtvermögensmasse schon damals ausgeschieden und als gesonderter Fonds verwaltet worden sind, begegnet es keiner Erinnerung, wenn mit der Gewährung von Unterstützungen aus den nach durchgeführter Aufwertung verfügbaren Zinsen sofort begonnen wird.

Hat eine solche Ausscheidung beim Inkrafttreten des Schulbedarfgesetzes nicht stattgefunden, so wäre die Ausscheidung der aufgewerteten Vermögensbestände jetzt vorzunehmen. Falls dies nach dem Stande der Aufwertung noch nicht möglich sein sollte, könnte einstweilen auch ein entsprechender Betrag aus den anfallenden Zinsen für Unterstützungszwecke ausgeschieden werden.

2. Der Bayerische Lehrerverein hat in einer Eingabe vom 1. März 1929 die Bitte gestellt, aus den Resten dieser Vermögen — gemeint ist wohl der Gesamtbetrag der aufgewerteten Vermögensbestände — eine Kreisunterstützungskasse zugunsten der Volksschullehrer und ihrer Hinterbliebenen zu bilden, die unter der Verwaltung der Regierung, des Kreistages und eines aus der Lehrerschaft zu bildenden Ausschusses stehen soll.

Die Entscheidung über diesen Antrag steht den einzelnen Kreistagen zu. Der Kreistagsverband hat in einer Eingabe vom 22. Juli 1929 bemerkt, daß er den Kreisen empfehle, die durch die Zweckbestimmung des Art. 65 Abs. II des Schulbedarfgesetzes nicht belasteten Vermögensbestände vorerst gesondert zu verwalten und nicht wesentlich über die Zinsenverwendung hinauszugehen „im Hinblick auf die noch ungelöste Frage der Anwartschaften gemäß Art. 68 SchBG.". Es darf wohl angenommen werden, daß dabei eine Zinsenverwendung im Sinne der Anträge des Bayer. Lehrervereins gemeint ist.

Gegen die Verwendung der Zinserträgnisse des Gesamtvermögens, also nicht nur des nach Art. 65 Abs. II des Schulbedarfgesetzes ausgeschiedenen Vermögensteiles, zu Unterstützungszwecken bestünde keine Erinnerung. Eine gleichmäßige Regelung in allen Regierungsbezirken wäre der

Natur der Sache nach erwünscht. ... Zuwendungen in anderer Form als auf dem Wege der Unterstützungen dürften nicht in Betracht kommen.

Es ist Sache des Kreistages, die Zuständigkeit zur Bewilligung der Unterstützungen zu regeln. Die Regierungen, K. d. J., die schon in weitgehender Weise mit der Verfügung über die staatlichen Unterstützungsmittel betraut sind, kennen die Verhältnisse der Lehrerschaft und sind in der Lage, die Unterstützungsbedürftigkeit und Würdigkeit der Gesuchsteller in einwandfreier Weise festzustellen. Es wird sich daher empfehlen, die Verteilung der Unterstützungsmittel nach den vom Kreistag aufgestellten Richtlinien der Regierung, K. d. J., zu übertragen. ...

Sollten einzelne Kreistage der Verwendung der vollen Zinserträgnisse für Unterstützungen nicht zustimmen, so darf doch der Erwartung Ausdruck gegeben werden, daß wenigstens eine Zinsenverwendung für andere Volksschulzwecke beschlossen wird. Diese Erwartung wird um so mehr gehegt, als auch der Staat durch seine Zuschußleistungen zur Bildung der Vermögensbestände der Kreispensionsanstalten beigetragen hat. Es wird in dieser Beziehung namentlich auch auf die durch Art. 20 Abs. I a des Schulbedarfgesetzes vom 28. Juli 1902 erfolgte Zuwendung einer Million Mark hingewiesen."

4. Die Kapitalbeträge, die den Kreisvereinen auf Grund letztwilliger Verfügung oder Schenkung unter Lebenden zugeflossen sind und deren Renten nach dem Willen der Stifter schon bisher nicht für allgemeine Versorgungsbezüge, sondern nach bestimmten Grundsätzen zu verwenden waren, können auch zu einer vom Kreis neu zu errichtenden einheitlichen Stiftung unter Wahrung der von den Stiftern seinerzeit verordneten Stiftungszwecke zusammengefaßt werden (ME. vom 14. Januar 1920 Nr. 48431 bei Osthelder, Anm. 2 zu Art. 65 S. 282).

Art. 66. I Die fortlaufenden Leistungen aus staatlichen Mitteln, die bisher auf Grund gesetzlicher Vorschrift zur Ergänzung der Versorgungsbezüge aus den Kreisanstalten und Kreisvereinen gewährt worden sind [1]), werden bis auf weiteres den Kreisen zur Erfüllung ihrer Verpflichtungen nach Art. 63 überwiesen [2]).

II Die Erträgnisse des Vermögens der nach Art. 20 Abs. I Buchst. b des Schulbedarfgesetzes vom 28. Juli 1902 errichteten Zuschußkasse werden bis auf weiteres zur Gewährnng von Unterstützungen an bedürftige Volksschullehrer und Hinterbliebene von Volksschullehrern verwendet [3]). Die beteiligten Staatsministerien erlassen die näheren Vorschriften [4]).

1. Welcher Art diese Leistungen waren, erhellt aus der „Begründung" zu Art. 71 (des Entwurfes zum SchBG., jetzt 66), BeilBd. XIX, S. 319:

„In den Art. 18 Abs. V und VI und 19 Abs. VIII des Schulbedarfgesetzes vom 28. Juli 1902 sind Verpflichtungen des Staates zu fortlaufenden Leistungen festgelegt, die zur Ergänzung der von den Kreispensionsanstalten und Kreishinterbliebenenvereinen zu zahlenden Versorgungsbezüge gewährt werden sollen. Aufschluß über Art und Höhe dieser Leistungen geben die Darlegungen auf S. 754 ff. bezw. S. 49 ff. der Denkschrift und die Beilagen hierzu.

Diese Zuschüsse sind schon bisher nicht dem Volksschullehrer oder den Hinterbliebenen unmittelbar, sondern den Kreispensionsanstalten und Kreishinterbliebenenvereinen nach Anfall überwiesen und von diesen an die Empfänger ausbezahlt worden."

2. Dadurch, daß der Staat den Kreisen ihre Verpflichtungen nach Art. 63 des SchBG. durch Art. 3 des Gesetzes vom 28. März 1924 über Notmaßnahmen für die Kreisgemeinden (GVBl. S. 116; s. auch Anm. 4 b zu Art. 63 und Anm. 3 zu Art. 65 oben) vom 1. April 1924 an abgenommen hat, sind auch seine Verpflichtungen nach Art. 66 Abs. I des SchBG. (vgl. auch Art. 5 Ziff. VI Nr. 1 des Ges. vom 29. Februar 1924 — GVBl. S. 116 — und Anm. 5 zu Art. 63 oben) hinfällig geworden.

3. Die Worte „zur Gewährung von Unterstützungen an bedürftige Volksschullehrer und Hinterbliebene von Volksschullehrern" sind (wie im Art. 65 Abs. II des SchBG.) durch Art. 26 des Pensionsergänzungsgesetzes vom 23. März 1921 (GVBl. S. 117) an die Stelle der Worte „zur Verbesserung der Bezüge nach Art. 63 Abs. I" getreten.

Ueber den Grund dieser Fassungsänderung s. Anm. 1 zu Art. 65 oben).

4. Solche sind bis jetzt nicht ergangen.

Art. 67. I Die Vorschrift des Art. 63 Abs. I gilt nicht, soweit die Bezüge der Hinterbliebenen von Volksschullehrern bisher vom Witwen- und Waisenunterstützungsvereine der Volksschullehrer in München geleistet worden sind [1]).

II Der Verein erhält einen Zuschuß vom Staate im Betrage seiner jährlichen Einnahmen an Unterstützungsfondsabgaben nach dem Durchschnitte der Jahre 1905 mit 1914. Dieser Zuschuß mindert sich jährlich in dem Verhältnis, in dem die Leistungen abnehmen, die dem Vereine nach Abs. I obliegen. Er entfällt, wenn diese Leistungen aufhören.

III Die satzungsmäßigen Beiträge und Abgaben der Vereinsmitglieder, die sich beim Inkrafttreten dieses Gesetzes im Ruhestande befinden und nicht zugleich dem Kreisvereine für den Regierungsbezirk Oberbayern angehören, werden aus Staatsmitteln geleistet, soweit sie den Betrag der Mitgliederbeiträge und Verehelichungsgebühren nicht übersteigen, die vor dem Inkrafttreten des Gesetzes an den Kreisverein für den Regierungsbezirk Oberbayern zu entrichten waren [2]).

1. Diese Sonderstellung ergab sich aus folgendem („Begründung" zu Art. 72 des E. I (67 des Ges.) im BeilBd. XIX S. 320):

„Die Volksschullehrer in München sind von der Mitgliedschaft beim oberbayerischen Kreishinterbliebenenvereine befreit, wenn sie dem „Witwen- und Waisenunterstützungsvereine der Volksschullehrer in München", einem privaten Verein, als Mitglieder angehören (Art. 19 Abs. III des Schulbedarfgesetzes von 1902, § 2 Abs. II des Musterstatuts für Kreisvereine, Bekanntmachung vom 8. März 1906, KMBl. S. 121). In der Mehrzahl haben sich die Volksschullehrer in München dem Münchener Privatverein allein angeschlossen, während ein Teil dem oberbayerischen Kreisverein angehört und eine geringere Zahl die Mitgliedschaft bei beiden Vereinen besitzt (s. S. 792 bezw. 120 der Denkschrift).

Die Volksschullehrer in München, die ausschließlich dem Witwen- und Waisenunterstützungsverein angehören, nehmen an den Leistungen des Kreisvereins nicht teil, ebenso wie sie zu diesem auch keine Beiträge entrichten. Für sie vertritt der Münchener Privatverein die Stelle des gesetzlichen Kreisvereins."

2. Da die Versorgungsbezüge der Altruhestandslehrer und ihrer Hinterbliebenen ausnahmslos — also auch die der Münchener — durch das Gesetz vom 29. Februar 1924 (GVBl. S. 117), Art. 5 Ziff. VI Nr. 1 mit Wirkung vom 1. April 1923 an auf Kreis und Staat und durch das Gesetz vom 28. März 1924 (GVBl. S. 116) vom 1. April 1924 auf den Staat allein übernommen worden sind, ist der Münchener Verein von seinen unter Art. 67 fallenden Leistungen befreit worden. In der Folge entfiel auch für den Staat Grund und Pflicht, die in Art. 67 Abs. II und III festgelegten Zuschüsse an den Verein weiter zu leisten. Die Bestimmungen des Art. 67 sind sohin gegenstandslos geworden.

Art. 68. I Die Verpflichtungen der Kreisanstalten und Kreisvereine gegenüber Personen, die nicht zu den Volksschullehrern oder den israelitischen Volksschullehrern im Sinne des Volksschullehrergesetzes gehören [1]), und gegenüber den Hinterbliebenen dieser Personen sind von den Kreisen im gleichen Umfange zu erfüllen, in dem sie bei fortdauernder Gültigkeit der bisherigen Vorschriften von den Kreisanstalten und Kreisvereinen zu erfüllen gewesen wären [2]).

II Die im Abs. I bezeichneten Personen haben an die Kreise die Beiträge und Abgaben weiterzuleisten, die sie bei fortdauernder Gültigkeit der bisherigen Vorschriften an die Kreisanstalten und Kreisvereine zu entrichten gehabt hätten [2]). Sie können jedoch binnen sechs Monaten nach dem Inkrafttreten dieses Gesetzes unter Verzicht auf die Ansprüche nach Abs. I verlangen, daß ihnen der Kreis sämtliche Beiträge und Abgaben zurückerstattet, die sie bis dahin entrichtet haben.

III Aus Mehrungen des Diensteinkommens, die infolge einer allgemeinen Besoldungsneuregelung eintreten, dürfen Abgaben nach Abs. II Satz 1 nicht erhoben werden [3]).

IV Bestrittene Ansprüche und Verbindlichkeiten nach Abs. I bis III sind Verwaltungsrechtssachen im Sinne des Art. 8 des Verwaltungsgerichtsgesetzes. Im ersten Rechtszuge entscheidet die zuständige Regierung, Kammer des Innern. Gegen ihre Entscheidung ist Beschwerde zum Verwaltungsgerichtshofe zulässig. Für das Verfahren gelten die Vorschriften des Verwaltungsgerichtsgesetzes über das Verfahren in Verwaltungsrechtssachen.

1. Die „Begründung" zu Art. 73 des Entw. (68 des Ges.) führt hierzu aus (BeilBd. XIX, S. 320):

„Die Vorschriften der Art. 68 ff. (jetzt 63 ff.) beziehen sich zunächst nur auf die Volksschullehrer an den öffentlichen Volksschulen. Außerdem sollen sie gemäß Art. 78 (jetzt 73) auch für die Volksschullehrer an den christlichen Bekenntnissonderschulen und für die israelitischen Volksschullehrer gelten.

Sowohl den Kreispensionsanstalten als auch den Kreishinterbliebenenvereinen gehören aber auch Personen als Mitglieder an, die nicht zu den Volksschullehrern im neuen Sinne oder den israelitischen Volksschullehrern gehören, sei es, daß die Mitgliedschaft eine gesetzlich notwendige oder eine freiwillige ist. Welche Personen hier in Betracht kommen, ergibt sich aus dem § 2 Abs. I Nr. 2 und den §§ 3, 4 und 5 der Verordnung vom 2. Januar 1904 (KMBl. S. 1), dann aus dem § 2 Abs. I Satz 1 Nr. 2 und 3 und Satz 2 und den §§ 3 Abs. I und II, 4 und 36 des Musterstatuts für die Kreishinterbliebenenvereine (Bek. vom 8. März 1906, KMBl. S. 121). Hauptsächlich sind hier zu nennen die nicht etatsmäßig angestellten Lehrkräfte an den staatlichen Lehrerbildungsanstalten, die aus dem Volksschullehrerstande hervorgegangenen nicht etatsmäßigen Lehrpersonen für Elementarfächern an staatlichen und Kreisanstalten, seminaristisch gebildete Lehrkräfte an gemeindlichen Mittelschulen, die bisherigen Lehrkräfte an den Schulen von Stiftungs- und Wohltätigkeitsanstalten und anderen gemeinnützigen Unternehmungen, dann für die Kreishinterbliebenenvereine auch solche Mitglieder, die in etatsmäßige lehramtliche Stellen eingerückt sind. Ferner ist die Bestimmung des § 17 der Verordnung vom 2. Januar 1904 anzuführen, die den zuletzt genannten Personen auch gegenüber den Kreispensionsanstalten gegebenenfalls einen Teilanspruch vorbehält, selbst wenn sie die Mitgliedschaft verloren haben."

2. In der E. des Staatsmin. f. Unt. u. K. vom 23. Juni 1924 Nr. IV 18 806, betr. die Versorgungsbezüge der Volksschullehrer und ihrer Hinterbliebenen, ist unter Ziff. IV folgendes bemerkt:

„1. Nach Art. 10 Abs. I Satz 1 des Gesetzes vom 29. Februar 1924 (zur neunten Abänderung des Beamtenbesoldungsgesetzes und sonstiger Vorschriften des Beamtenbesoldungs- und Versorgungsrechts — GVBl. S. 117) werden Versorgungsbezüge, die nicht auf Grund der Vorschriften des PEG. in ähnlicher Weise wie die Bezüge der Beamten im Dienste erhöht werden, nicht mehr gezahlt.

Unter diese Bestimmung fallen bei den Volksschullehrern alle Bezüge, die sich noch aus früheren Vorschriften herleiten, insbesondere auch Bezüge nach Art. 68 Abs. I des SchBG. Da diese Bezüge nicht aufgewertet werden können, sind sie bedeutungslos geworden. Sie konnten schon seit geraumer Zeit wegen ihrer Geringfügigkeit nicht mehr ausbezahlt werden und sind nunmehr förmlich einzuziehen.

2. ... 3. Die vormaligen Volksschullehrer, die beim Ausscheiden aus dem Volksschuldienste die Mitgliedschaft bei den Kreispensionsanstalten für dienstunfähige Lehrpersonen oder bei dem Kreishinterbliebenenverein fortgesetzt und seither nach Art. 68 Abs. II des SchBG. zur Wahrung ihrer Ansprüche Beiträge an den Kreis geleistet haben, sind über die aus dem Art. 10 Abs. I Satz 1 des Gesetzes vom 29. Februar 1924 sich ergebenden Folgen entsprechend aufzuklären. Da sie eine Leistung des Kreises nach

Art. 68 Abs. I a. a. O. nicht mehr zu erwarten haben, kommt auch die fernere Beitragszahlung nach Abs. II dieser Gesetzesstelle in Wegfall."

Dagegen vermerkt die E. des Staatsmin. f. Unt. u. K. vom 23. Dezember 1929 Nr. IV 33 409, betr. die Vermögen der ehemaligen Kreispensionsanstalten für dienstunfähige Volksschullehrer und der ehemaligen Kreisvereine zur Unterstützung der Hinterbliebenen der Volksschullehrer, unter Ziff. 3 unter Bezugnahme auf die Frage der Anwartschaften nach Art. 68 des SchBG.:

„Die bezeichnete Gesetzesbestimmung besteht noch zu Recht; die Ansprüche der Beteiligten sind aber nur als Papiermarkansprüche zu behandeln. Durch Abschn. IV Ziff. 1 der ME. vom 23. Juni 1924 Nr. IV 18 806 wurde darauf hingewiesen, daß die Leistungen nach Art. 68 Abs. I des SchBG. unter Art. 10 Abs. I Satz 1 des Gesetzes vom 29. Februar 1924 (GVBl. S. 117) fallen und daher einzuziehen seien. Durch Abschn. IV Ziff. 3 dieser Entschließung wurde auch die im Art. 68 Abs. II a. a. O. vorgesehene Beitragserhebung von den Beteiligten als nicht mehr durchführbar eingestellt.

Inzwischen haben einzelne Berechtigte . . . sich gegen die ME. vom 23. Juni 1924 gewendet und um Anerkennung ihrer Ansprüche gebeten. . . . Nach Lage der Verhältnisse wird über eine gewisse Aufwertung der Ansprüche des Art. 68 Abs. I des SchBG. nach den Grundsätzen von Treu und Glauben nicht hinwegzukommen sein. Für die aus dem Volksschullehrerstand ausgeschiedenen früheren Mitglieder der Kreispensionsanstalten und Kreishinterbliebenenvereine hatte die Fortsetzung der Mitgliedschaft die Bedeutung einer Rentenversicherung. In ähnlicher Weise, wie die Ansprüche aus solchen Versicherungen aufgewertet wurden, dürfte auch hier an eine Aufwertung zu denken sein. Auch in dieser Beziehung erscheint eine gleichmäßige Regelung in den acht Kreisen angezeigt. . . .

Eine befriedigende Regelung dieser Frage durch bindende Beschlüsse der Kreistage wäre besonders auch im Hinblick auf eine künftige, nicht allzulange mehr aufzuschiebende Aenderung der hier in Betracht kommenden Bestimmungen des Schulbedarfgesetzes (Art. 63—73) erwünscht. Würde eine solche Regelung vorliegen, so könnte Art. 68 voraussichtlich aufgehoben werden, während eine Aufrechterhaltung der Ansprüche aus dieser Gesetzesbestimmung, die doch nur in aufgewerteter Form stattfinden könnte, vom Standpunkt der Gesetzgebung aus nicht zu unterschätzenden Schwierigkeiten begegnen würde."

3. Durch Art. 63 Ziff. 12 des Beamtenbesoldungsgesetzes vom 2. Juni 1920 (GVBl. S. 275) wurden im Art. 68 des SchBG. Abs. III eingeschaltet, der bisherige Abs. III zum Abs. IV gemacht und im Abs. IV Satz 1 die Worte „nach Abs. I bis III" an die Stelle der Worte „nach Abs. I und II" gesetzt.

Die „Begründung" (Verh. d. Bay. Landt. 1919/20, BeilBd. IV Beil. 1530 S. 595) lautete:

„Ziff. 12 soll klarstellen, daß die im Art. 68 des Schulbedarfgesetzes bezeichneten früheren Mitglieder der Kreispensionsanstalten und Kreishinterbliebenenvereine aus der Diensteinkommensmehrung, die infolge der gegenwärtigen und etwaiger künftiger Besoldungsneuregelungen eintritt, keine Unterstützungsfondsabgaben zu entrichten haben. Nicht berührt wird dadurch selbstverständlich die Verpflichtung, solche Abgaben aus den Dienstalterszulagen zu entrichten, die später zu den neu eingewiesenen Gehältern hinzutreten."

Art. 69. I Die Ruhegehaltszulagen nach Art. 168 und die Witwen- und Waisengeldzulagen nach Art. 173 des Volksschullehrergesetzes [1]) werden vom Staate aufgebracht und vom Rentamt [2]) ausbezahlt, soweit der Ruhegehalt oder das Witwen- und Waisengeld nach den bisherigen Vorschriften ohne gemeindliche Leistungen höher ist als nach den Vorschriften des Volksschullehrergesetzes.

II Im übrigen werden diese Zulagen von der Gemeinde aufgebracht und ausbezahlt [3]).

III Diese Vorschriften gelten auch, soweit sich aus den Zulagen der Sterbegehalt, eine Abfindung oder ein Unterhaltsbeitrag nach Art. 77 Abs. II des Volksschullehrergesetzes berechnet [4]).

IV Beiträge, die der Volksschullehrer zu einer gemeindlichen Versorgungseinrichtung gezahlt hat, sind ihm von der Gemeinde bei der Ruhestandsversetzung mindestens nach dem Verhältnis des Betrages zurückzuerstatten, um den der gemeindliche Anteil an der Ruhegehaltszulage (Abs. II) hinter dem Ruhegehalte zurückbleibt, den die Gemeinde dem Volksschullehrer bei fortdauernder Gültigkeit der bisherigen Gemeindesatzung hätte gewähren müssen. Stirbt der Volksschullehrer im Dienste, so sind die Beiträge den Hinterbliebenen mindestens nach dem Verhältnis des Betrages zurückzuerstatten, um den der gemeindliche Anteil an den Witwen- und Waisengeldzulagen (Abs. II) hinter den Hinterbliebenenbezügen zurückbleibt, die die Gemeinde bei fortdauernder Gültigkeit der bisherigen Gemeindesatzung hätte gewähren müssen. Hat die Gemeinde eine Ruhegehaltszulage oder wenn der Volksschullehrer im Dienste stirbt, eine Witwen- oder Waisengeldzulage nach Abs. II nicht zu gewähren, so werden die vollen Beiträge zurückerstattet; die Rückerstattung kann in dem Zeitpunkte verlangt werden in dem die Voraussetzungen der Art. 168 Satz 2 und 173 Abs. I Satz 2 des Volksschullehrergesetzes weggefallen sind. Die einfachen Zinsen sind mit vier vom Hundert zu vergüten [5]).

1. a) Die „Begründung" zu Art. 74 und 75 des E. I (nun 69 und 70) bemerkte (BeilBd. XIX S. 321):

„Während die Art. 68 ff. (jetzt 63 ff.) die künftigen Versorgungsverhältnisse der Lehrkräfte betreffen, die sich beim Inkrafttreten des Gesetzes nicht mehr im Dienste befinden, gelten die Art. 74 bis 77 (jetzt 69 bis 73) für Volksschullehrer, die nach dem Inkrafttreten der Neuordnung noch Dienst leisten und daher zunächst den neuen Vorschriften über die Ruhestands- und Hinterbliebenenversorgung unterstehen, denen aber auf Grund der Bestimmungen des Abschnittes XVI des Volksschullehrergesetzes während der Uebergangszeit besondere Versorgungsbezüge zukommen sollen."

b) Art. 168 VLG. handelt ausschließlich von unwiderruflichen Volksschullehrern (bezügl. Unwiderruflichkeit der Volksschullehrer s. Art. 4

und 158 mit 157 VLG.); Art. 173 betrifft ausschließlich die Versorgungsbezüge der Hinterbliebenen von ständigen Volksschullehrern (s. Art. 1 Abs. II und 157 VLG.).

c) Zum Vollzuge der Art. 38 bis 35, 168 bis 170 und 173 bis 175 des VLG. ist die ME. vom 19. Februar 1920, die Versetzung der Volksschullehrer in den Ruhestand und die Versorgung ihrer Hinterbliebenen betr. (KMBl. S. 73) ergangen.

2. Bisher „Finanzamt", nunmehr „Kreiskasse", s. Anm. 2 zu Art. 29 oben.

3. Die Bestimmung im Art. 10 Abs. I Satz 1 des Gesetzes vom 29. Februar 1924 (GVBl. S. 117) und die Entwertung der bisherigen Bezüge durch die Inflation haben auch die Regelung in Art. 69 Abs. I mit III des SchBG. gegenstandslos gemacht. Vgl. Anm. 2 zu Art. 68 oben und die Entschl. d. Bay. Oberst. Landesgerichts vom 9. Mai 1925 Reg. I 146/24 (BayVerwBl. Bd. 73 S. 299).

Dort ist ausgeführt:

„Der Kläger kann sich nicht auf den verfassungsmäßigen Grundsatz (RV. Art. 129 Abs. 1 Satz 3) berufen, daß die wohlerworbenen Rechte der Beamten unverletzlich sind. Denn auf die Aufwertung hat der Beamte zwar ein Recht, aber kein wohlerworbenes Recht.

Das wohlerworbene Recht des Klägers auf eine der Gemeindebeamtensatzung entsprechende Pension ist gewahrt, wenn die sich nach dem neuen Recht dem VLG. und dem BBesG. und ihren Abänderungen berechnenden Pensionsbezüge hinter den ihm nach der Gemeindesatzung zukommenden nicht zurückbleiben. Bei der Vergleichung der beiden Bezüge muß aber der aus der Gemeindesatzung sich ergebende Ruhegehalt mit seinem Papiermarkbetrag angesetzt werden. Es kann deshalb keinem Zweifel unterliegen, daß der dem Kläger im Fall seiner Pensionierung nach den neuen Bestimmungen zustehende Ruhegehalt den ihm nach der Gemeindesatzung zukommenden weit übersteigt. Wäre das nicht der Fall, so würde dem Kläger nach Maßgabe des VLG. Art. 168 eine Zuschußpension zukommen. Denn Art. 168 ist durch das BBesG. und seine Abänderungen nicht aufgehoben worden, auch nicht durch das Ges. über Aenderungen von Vorschriften über das Volksschulwesen vom 1. August 1923."

4. Art. 69 Abs. III SchBG. lautete in der Fass. vom 14. Aug. 1919: „Diese Vorschriften gelten auch, soweit die Ruhegehaltszulagen als Teil des Sterbegehaltes zu zahlen sind."

Die nunmehrige Fassung erhielt Abs. III durch Art. II Ziff. 3 des Ges. vom 24. März 1920 über die Aenderung des Volksschullehrergesetzes und des Schulbedarfgesetzes vom 14. August 1919 (GVBl. 1920 S. 103).

„Zur Vermeidung von Zweifeln soll Art. 69 Abs. III des Schulbedarfgesetzes noch insoferne ergänzt werden, als die gleichen Grundsätze auch auf den Fall für anwendbar erklärt sind, daß sich aus einer Witwengeldzulage nach Art. 173 des Volksschullehrergesetzes ein Unterhaltsbeitrag gemäß Art. 77 Abs. II des gleichen Gesetzes berechnet. Die entsprechenden Aenderungen werden auch beim Art. 70 Abs. IV des Schulbedarfgesetzes vorzunehmen sein" („Begründung" in den Verh. d. Bay. Landt. 1919/1920 BeilBd. III Beil. 781 S. 175).

5. a) Abs. IV wurde dem Art. 69 d. SchBG. durch Art. II Ziff. 4 des Ges. vom 24. März 1920 (GVBl. S. 103) angefügt und zwar infolge der Verhandlungen im Landtag (s. LandtVerh. 1919/20 BeilBd. III Beil. 1189 S. 644).

b) Zu Art. 69 Abs. IV des SchBG. mit Art. 8 Ziff. 31 BGG. Art. 40 Abs. I der rechtsrh. GemO. vom 29. April 1869, Art. 129 Abs. I Verfass. d. Deutsch. R. vom 11. August 1919, §§ 67 Abs. II und 72 der VerfUrk. des Freist. Bayern vom 14. August 1919, und Art. 168 und 62 des VLG. s. die BGHE. vom 3. März 1922 (Samml. Bd. 43 S. 29):

„Ein unwiderruflicher Volksschullehrer, der vor dem Inkrafttreten des Volksschullehrergesetzes angestellt worden ist und nach dem Inkrafttreten in den Ruhestand versetzt wird, hat keinen Rechtsanspruch darauf, daß ihm neben den nach Abschnitt IV dieses Gesetzes berechneten Versorgungsbezügen auch der satzungsmäßige Ruhegehalt aus einer gemeindlichen Pensionsanstalt gewährt wird."

c) S. auch ME. vom 19. Mai 1928 Nr. IV 20 208, betr. Härteausgleich für die Volksschullehrer der größeren Städte:

„b) (Buchst. a dieser ME. s. Anm. 1 zu Art. 62 oben):

Den Volksschullehrern im Ruhestande sowie den Hinterbliebenen von Volksschullehrern, deren Versorgungsbezüge nach dem vor dem 1. Januar 1920 geltenden Vorschriften unter Einrechnung satzungsgemäß zu leistender gemeindlicher Versorgungsbezüge höher waren oder wären als die Versorgungsbezüge nach den Vorschriften des VLG., dürfen persönliche Zulagen aus Gemeindemitteln nach den Grundsätzen der Art. 168 und 173 des VLG. gewährt werden. Ausdrücklich wird anerkannt, daß diese Zulagen nicht unter Art. 62 Satz 1 des VLG. fallen.

... Der Umstand, daß in einer Gemeinde auf Grund des Art. 69 Abs. IV des SchBG. (in der Fassung nach Art. II Nr. 4 des Ges. vom 24. März 1920) den Volksschullehrern die zu einer gemeindlichen Versorgungskasse gezahlten Beiträge zurückerstattet worden sind, soll die Gewährung von Ausgleichszulagen nicht hindern, zumal da der Rückersatz meist in entwertetem oder alsbald der Entwertung anheimgefallenem Gelde erfolgt ist. Wie weit dieser Rückersatz etwa auf die Höhe der Ausgleichszulagen von Einfluß sein soll, wird dem Ermessen der Stadträte anheimgestellt."

d) Zum Vollzuge des Art. 69 Abs. IV des SchBG. sind mehrere Min.-Entschließungen ergangen:

1. ME. vom 4. Dezember 1920, betr. Ansprüche der Volksschullehrer gegen gemeindliche Versorgungseinrichtungen (KMBl. S. 417).

2. ME. vom 23. Mai 1921 Nr. 17 452 gleichen Betreffs.

Dort ist u. a. ausgeführt:

„4. Wie schon in der Ministerialentschließung vom 4. Dezember 1920 (KMBl. S. 417) bemerkt ist, werden die Voraussetzungen der Art. 168 und 173 des Volksschullehrergesetzes durchwegs spätestens mit dem Inkrafttreten des Beamtenbesoldungsgesetzes vom 2. Juli 1920 weggefallen sein, weil die Versorgungsbezüge, die sich auf Grund dieses Gesetzes für die Volksschullehrer und ihre Hinterbliebenen ergeben, wohl in allen Fällen die Bezüge aus den früheren Kreispensionsanstalten und Kreishinterbliebenenvereinen einschließlich gemeindlicher Versorgungsbezüge übersteigen. Spätestens seit dem 1. April 1920 kommen daher gemeindliche Verpflichtungen zur Gewährung von Versorgungszulagen an Volksschullehrer, die sich am 1. Januar 1920 noch im Dienste befanden, und an Hinterbliebene solcher Volksschullehrer nicht mehr in Frage."

3. ME. vom 1. Juli 1921 Nr. 27 644 (im Nachgang zur ME. vom 23. Mai 1921 Nr. 17 452, „Das Gesetz schreibt die Rückerstattung der vom

Volksschullehrer einbezahlten Beträge schlechthin vor, ohne zwischen laufenden und einmaligen Beiträgen zu unterscheiden").

4. ME. vom 15. September 1922 Nr. 29758 gleichen Betreffs („Die Rechtslage wird hier verschieden sein, je nachdem es sich um Volksschullehrer handelt, die aus dem Volksschuldienst entlassen oder in eine andere Gemeinde versetzt worden oder in den Ruhestand getreten oder im Dienste gestorben sind").

Art. 70. I Die Ruhegehalte widerruflicher Volksschullehrer nach Art. 169 Abs. I und die Versorgungsbezüge der Hinterbliebenen eines Hilfslehrers nach Art. 174 des Volksschullehrergesetzes [1]) werden von der Gemeinde aufgebracht und ausbezahlt, soweit sie nach den bisherigen Vorschriften von der Gemeinde zu leisten waren.

II Im übrigen werden sie vom Staate geleistet und vom Rentamt [2]) ausbezahlt.

III Wird der Ruhegehalt eines widerruflichen ständigen Volksschullehrers nach Art. 169 Abs. II des Volksschullehrergesetzes erhöht, so wird der Mehrbetrag vom Staate aufgebracht und vom Rentamt [2]) ausbezahlt, soweit der Ruhegehalt nach den Vorschriften des Volksschullehrergesetzes höher ist, als er nach den bisherigen Vorschriften ohne gemeindliche Leistungen war. Im übrigen wird der Mehrbetrag von der Gemeinde aufgebracht und ausbezahlt.

IV Diese Vorschriften gelten auch, soweit die im Abs. I bezeichneten Bezüge als Sterbegehalt, als Abfindung oder als Unterhaltsbeitrag nach Art. 77 Abs. II des Volksschullehrergesetzes gewährt werden [3]) [4]).

1. a) S. Anm. 1a zu Art. 69 oben.

b) Im Gegensatz zu Art. 69 handelt es sich im Art. 70 um widerrufliche Volksschullehrer, die vor dem 1. Januar 1920 angestellt wurden und erst nach diesem Tage als widerrufliche Volksschullehrer in den Ruhestand versetzt werden (Art. 169 I VLG), und um die Hinterbliebenen eines Hilfslehrers, der vor dem 1. Januar 1920 angestellt worden war und nach diesem Tage als Hilfslehrer noch im Dienste stand und als solcher starb (Art. 174 VLG.).

Den vor dem 1. Januar 1920 aus dem Dienste geschiedenen Schulverwesern und Hilfslehrern konnte nach Art. 22 Abs. III mit Art. 3 und 8 des PEG. vom 23. März 1921 (GVBl. S. 117) ohne Rechtsverpflichtung eine Erhöhung ihrer Versorgungsbezüge gewährt werden. Eine solche wurde mit ME. vom 23. Dezember 1921 Nr. 55817 auch verfügt.

2. Bisher „Finanzamt", nunmehr „Kreiskasse", s. Anm. 2 zu Art. 20 oben.

3. Abs. IV wurde dem Art. 70 SchBG. durch Art. II Ziff. 5 des Gesetzes vom 24. März 1920 über die Aenderung des Volksschullehrergesetzes und des Schulbedarfgesetzes vom 14. August 1919 (GVBl. 1920 S. 103) angefügt. S. Anm. 4 zu Art. 69 oben.

4. Für die gemeindlichen Leistungen nach Art. 70 SchBG. gilt das oben zu Art. 63 (Anm. 5, 7 u. 8), Art. 67 (Anm. 2) und Art. 69 (Anm. 3) Gesagte gleichfalls. Sie sind infolge der Inflation in Wegfall gekommen.

Art. 71. I Die Gemeinden dürfen zur Aufbringung der Leistungen, die ihnen nach Art. 69 und 70 obliegen, keine Beiträge von den Volksschullehrern erheben.

II Sie können diese Leistungen beim Bayerischen Versorgungsverbande[1]) versichern. Die beteiligten Staatsministerien können hierüber nähere Vorschriften erlassen[2]).

1. S. Anm. 6 zu Art. 62a oben.

2. Da gemeindliche Leistungen nach Art. 69 und 70 nicht mehr in Betracht kommen (s. Anm. 3 zu Art. 69 und Anm. 4 zu Art. 70 oben), ist Art. 71 gegenstandslos geworden.

Die in der ME. vom 19. Mai 1928 Nr. IV 20 208 erwähnten gemeindlichen Zulagen (s. Anm. 5c zu Art. 69 oben) sind freiwillige Leistungen und keine Obliegenheiten der Gemeinden. Sie werden deshalb weder von den Bestimmungen des Art. 69 noch von denen des Art. 71 erfaßt.

Art. 72. Sind aus persönlichen Gehaltszulagen nach den Art. 162 und 163 des Volksschullehrergesetzes Versorgungsbezüge nach den Vorschriften über die Unfallfürsorge zu gewähren, so werden sie vom Staate geleistet und vom Rentamt[1]) ausbezahlt[2]).

1. Jetzt „Finanzamt", s. Anm. 2 zu Art. 20 oben.

2. Die „Begründung" zu Art. 76 des E. I (nun 72) führt aus (Beil.-Bd. XIX S. 321):

„Die persönlichen Gehaltszulagen nach den Art. 184 und 185 des Entwurfes eines Volksschullehrergesetzes (jetzt Art. 162 und 163) bilden zwar einen Bestandteil des Diensteinkommens des Volksschullehrers, gehören aber nicht zum versorgungsfähigen Diensteinkommen im Sinne des Art. 48 des bezeichneten Entwurfes (jetzt 44), das der Berechnung des Ruhegehalts sowie des Witwen- und Waisengeldes zugrunde zu legen ist. Demzufolge sind Versorgungsbezüge nach den Vorschriften der Abschnitte IV und V des Volksschullehrergesetzes aus den persönlichen Gehaltszulagen nicht zu gewähren.

Anders liegt der Fall, wenn dem Volksschullehrer oder seinen Hinterbliebenen Ruhegehalt oder Hinterbliebenenrente nach den Vorschriften über die Unfallfürsorge (Abschnitt VI des Entwurfes eines Volksschullehrergesetzes) zustehen. Diese Versorgungsbezüge sind gemäß Art. 94 (jetzt 89) des Volksschullehrergesetzes nicht aus dem versorgungsfähigen Diensteinkommen, sondern aus dem tatsächlichen letzten Diensteinkommen des Volksschullehrers zu berechnen. Stand daher der Volksschullehrer im Genuß einer persönlichen Gehaltszulage, so ist der Ruhegehalt nach Art. 91 (jetzt 86) und die Hinterbliebenenrente nach Art. 92 (jetzt 87) des Volksschullehrergesetzes auch aus dieser Zulage zu berechnen."

3. Art. 72 ist gegenstandslos geworden, da die Bestimmungen der Art. 162 und 163 des VLG. durch die Neuregelung der Beamtenbesoldung

(s. Art. 1, 2 und 13 des Beamtenbesoldungsgesetzes vom 20. April 1928, GVBl. S. 203) überholt sind. Grundgehalt und Wohnungsgeldzuschuß der Volksschullehrer nach jetzigem Rechte sind in allen Fällen höher als das Diensteinkommen nach dem früheren Rechte. Persönliche Gehaltszulagen nach den Art. 162 und 163 VLG. kommen deshalb nicht mehr in Frage.

Freiwillige Leistungen der Gemeinden im Sinne der ME. vom 19. Mai 1928 Nr. IV 20 208 (s. Anm. 1 zu Art. 62 oben) begründen keine Zahlungspflicht des Staates im Sinne des Art. 72 SchBG.

Art. 73. I Für die Bezüge, die den Volksschullehrern an christlichen Bekenntnissonderschulen [1]) und den israelitischen Volksschullehrern [2]) sowie ihren Hinterbliebenen nach Art. 179 des Volksschullehrergesetzes während der Uebergangszeit zu gewähren sind, gelten die Art. 62, 63, 64 Abs. II und 69 bis 72 entsprechend. An die Stelle der Gemeinde treten dabei die Unternehmer der Schule oder die israelitische Glaubensgemeinde [3]).

1. S. Art. 33 ff. (insbes. Anm. 3 zu Art. 33) oben.

2. S. Art. 36 ff. und Vorbem. zu Abschn. IX oben.

3. Da in den genannten Fällen des Art. 62, 63 und 69 bis 72 die früheren Verpflichtungen der Gemeinden entfallen sind, bestehen auch für die Unternehmer von christlichen Bekenntnissonderschulen und für die israelitischen Glaubensgemeinden keine solchen Verpflichtungen mehr. Auch an die Stelle dieser Unternehmer und der israelitischen Glaubensgemeinden ist wie bei den Gemeinden der Staat getreten.

Art. 74. I Die Kreise sind verpflichtet [1]), bedürftigen [2]) israelitischen Glaubensgemeinden zur Aufbringung des Bedarfs für das Diensteinkommen der israelitischen Volksschullehrer [3]), die vor dem Inkrafttreten des Volksschullehrergesetzes angestellt worden sind und beim Inkrafttreten im Dienste stehen, die notwendigen Zuschüsse zu gewähren.

II Ob und wieweit hierfür ein Bedürfnis besteht, entscheidet im Zweifel das zuständige Staatsministerium [4]).

III Art. 28 ist entsprechend anwendbar [5]).

1. Verpflichtet im Gegensatz zu „können" im Art. 38 Abs. I d. SchBG. (s. Anm. 2 zu Art. 38 oben).

In der „Vorbemerkung" zu Abschn. XIV des E. I (BeilBd. XIX S. 116) ist ausgeführt:

Nach Art. 79 des Entwurfs eines Schulbedarfgesetzes (74 d. Ges.) sollen die Kreisgemeinden ... verpflichtet sein, bedürftigen Glaubensgemeinden zur Aufbringung des Bedarfs für die schon im Dienste befindlichen israelitischen Volksschullehrer und ihre Hinterbliebenen die notwendigen Zuschüsse zu gewähren. Dadurch soll vermieden werden, daß mit einem Male einer größeren Anzahl von israelitischen Schulen die Unterstützung aus öffentlichen Mitteln entzogen wird, was für sie wohl in der Regel die Aufhebung zur Folge hätte."

2. Bedürftigkeit der betr. israelit. Glaubensgemeinde ist Voraussetzung für die Verpflichtung der Kreise nach Art. 74 (so auch ME. vom 16. April 1920 Nr. 15 605, betr. die israelitischen Volksschullehrer).

3. „Für das Diensteinkommen der israelitischen Volksschullehrer", also für den persönlichen Schulbedarf. Auf den sachlichen Schulbedarf erstreckt sich die Verpflichtung der Kreise nicht (so auch die ME. vom 16. April 1920 Nr. 15 605).

4. „Zur Herbeiführung eines gleichmäßigen Vollzuges werden die Regierungen bis auf weiteres in allen Fällen, in denen die Ruhestandsversetzung eines israelitischen Volksschullehrers nach Art. 150 des Volksschullehrergesetzes in Frage kommt, die auf Grund der Ministerialentschließung vom 19. Februar 1920 (KMBl. S. 73) gepflogenen Verhandlungen unter gutachtlicher Stellungnahme dem Staatsministerium vorlegen, das über die Ruhestandsversetzung Entscheidung treffen wird" (ME. vom 16. April 1920 Nr. 15 605).

5. „Abs. III des Art. 79 (jetzt 74) soll klarstellen, daß die Zuschüsse, die die Kreise ihrerseits auf Grund des Art. 45 (jetzt 28) vom Staate erhalten, zur Erfüllung der durch Art. 79 (nun 74) begründeten Verpflichtungen herangezogen werden können" („Begründung" zu Art. 79 d. E. I — BeilBd. XIX S. 322).

Abschnitt XI.

Aufhebung und Aenderung bestehender Vorschriften und Rechtsverhältnisse.

Art. 75. I Alle Gesetze, Verordnungen und sonstigen Vorschriften, die den Vorschriften dieses Gesetzes entgegenstehen oder durch sie ersetzt werden, treten außer Kraft [1]).

II Aufgehoben wird insbesondere das Schulbedarfgesetz vom 28. Juli 1902, soweit nicht im Abschnitt XVI des Volksschullehrergesetzes etwas anderes bestimmt ist [2]).

1. Dies bezieht sich nur auf landesrechtliche Bestimmungen. So ist z. B. Art. 9 an die Stelle von § 3 Abs. III der V. vom 26. August 1883 (GVBl. S. 407) getreten (s. Anm. 9 zu Art. 9 oben). Die Bestimmungen der Verfassung des Deutschen Reiches vom 11. August 1919 (RGBl. S. 1383) gehen denen des Schulbedarfgesetzes vom 14. August 1919 vor. (S. aber auch „Einleitung" Ziff. I, Abs. 1 oben.)

2. Abschnitt XVI des Volksschullehrergesetzes vom 14. August 1919 (GVBl. S. 437) enthält „Uebergangsvorschriften". Der Vorbehalt hat durch die Auswirkungen der Inflation seine Bedeutung verloren.

Das Schulbedarfgesetz vom 28. Juli 1902 gilt aber noch soweit, als durch Art. 174 Satz 1 der Reichsverf. bestimmt ist, daß es bis zum Erlaß des in Art. 146 Abs. 2 vorgesehenen Reichsgesetzes bei der bestehenden Rechtslage verbleibe. Zum Erlaß eines solchen Reichsgesetzes (eines „Reichsschulgesetzes") ist es bis jetzt noch nicht gekommen. Art. 146 Abs. 2 der RV. handelt von den Rechten und Pflichten zur Errichtung von Volksschulen, die dem Bekenntnisse oder der Weltanschauung der Erziehungsberechtigten entsprechen. In dieser Hinsicht sind deshalb auch jetzt noch nicht die einschlägigen Bestimmungen des Art. 10 des SchBG. vom 14. August 1919, sondern die des Art. 5 Abs. III des SchBG. vom 28. Juli 1902 maßgebend, soweit sich die beiderseitigen Gesetzesbestimmungen nicht decken.

In Kraft sind auch noch die Vollzugsvorschriften zum SchBG. vom 28. Juli 1902 (z. B. die MinBek. vom 25. Mai 1906, Vollzug des Artikels 8 des Schulbedarfgesetzes betr., KMBl. S. 313, Anh. Nr. 8), soweit sie nicht dem Schulbedarfgesetze vom 14. August 1919 entgegenstehen oder durch neue Vorschriften ersetzt sind.

Art. 75 a [1]). Die besonderen rechtlichen Verpflichtungen des Staates und der kirchlichen Vermögensträger [2]) zu Leistungen für den persönlichen Schulbedarf werden aufgehoben [3]) [4]).

1. Art. 75 a wurde durch Art. VIII Ziff. 5 des Gesetzes vom 24. März 1920 über die Aenderung des Volksschullehrergesetzes vom 14. August 1919 (GVBl. 1920 S. 103) geschaffen.

Der Artikel war nicht von Anfang an in dem Entwurfe zu dem nachmaligen Gesetze vom 24. März 1920 vorgesehen, sondern wurde demselben erst im Laufe der Landtagsverhandlungen eingefügt.

Die Gründe für die Bestimmung des Art. 75 a — zunächst zugunsten des Staates — ergeben sich aus folgenden Ausführungen des Regierungskommissärs (Verh. d. Bay. Landt. 1919/20, BeilBd. III, Beil. 1176 S. 596):

„Bis zum 1. Januar 1920 waren die Gemeinden verpflichtet, den gesamten Schulbedarf, sowohl den persönlichen als auch den sächlichen, grundsätzlich aus eigenen Mitteln aufzubringen. Sie wurden darin durch Staats- und Kreiszuschüsse vielfach wesentlich unterstützt. Neben dieser grundsätzlichen Verpflichtung der politischen Gemeinden bestanden vielfach noch besondere Verpflichtungen dritter Personen auf Grund besonderer Rechtsverhältnisse. So waren namentlich Grundherren oder bestimmte Kreise von Anwesensbesitzern usw. verpflichtet, zum Schulbedarf durch bestimmte Geld- oder Sachleistungen beizutragen. Diese Verpflichtungen gingen zurück zum Teil auf besondere Verträge, auf Anerkenntnis, auf Stiftungen, zum großen Teil aber beruhten sie lediglich auf Herkommen. Auch der Staat hatte und hat in zahlreichen Fällen als Dritter derartige besondere Verpflichtungen gegenüber einzelnen Gemeinden.

Nach Art. 11 des neuen Schulbedarfgesetzes verbleibt der Gemeinde grundsätzlich nur noch die Verpflichtung zur Aufbringung des sächlichen Bedarfs. Zum persönlichen Bedarf hat sie lediglich noch durch Bereitstellung der Dienstwohnung ... beizutragen; im übrigen übernimmt den persönlichen Bedarf im vollen Umfange der Staat.

Die besonderen rechtlichen Verpflichtungen Dritter, die neben den gesetzlichen Verpflichtungen des Art. 11 bestehen, sollen nach dem neuen Schulbedarfgesetz nicht grundsätzlich aufgehoben werden. Vielmehr sollen nach Art. 58 diese besonderen Leistungen, soweit sie bisher an den Lehrer unmittelbar gingen, künftig an die Gemeinde gehen. Soweit es sich nicht um Geldleistungen handelt, sollen sie nach Art. 59 in solche umgewandelt werden. Insbesondere aber sollen diese besonderen rechtlichen Verpflichtungen Dritter gemäß Art. 60 binnen fünf Jahren abgelöst werden, und zwar durch Erlegung des 25 fachen Jahresbetrags.

Die Bestimmungen der Art. 58 bis 60 des Schulbedarfgesetzes ... würden auch auf die besonderen Verpflichtungen des Staates gegenüber einzelnen Gemeinden zutreffen. Daraus würden sich unhaltbare Folgerungen ergeben. Der Staat würde nicht nur — wozu er gesetzlich verpflichtet ist — den Gemeinden den gesamten persönlichen Bedarf abnehmen, sondern er müßte darüber hinaus noch einzelnen Gemeinden besondere Leistungen zum persönlichen Bedarf gewähren.

... Wir sind daher der Auffassung, daß solche besondere Leistungen des Staates aufgehoben werden sollen, soweit sie den Besoldungsbedarf betreffen. Obliegt dem Staat eine Leistung zum sächlichen Bedarf, ist er also z. B. baupflichtig, so soll darin grundsätzlich keine Aenderung eintreten, weil ja die Gemeinden den sächlichen Bedarf auch künftig aufzubringen haben, eine staatliche Zuschußleistung also angebracht ist."

Der gleiche Gedanke wurde hierauf bezüglich der kirchlichen Leistungen geltend gemacht. Abg. Dr. Wohlmuth erklärte: „... Soweit besondere Leistungen der Kirche in Betracht kommen, hebt Art. 58 den Stiftungszweck auf. Die Kirche hat früher, um die Lasten der Gemeinde zu erleichtern, durch besondere Leistungen zum persönlichen Unterhalt des Lehrers beigetragen. Wenn nun dieser Zweck wegfällt, wenn die Gemeinde nunmehr den Lehrer nicht mehr zu unterhalten hat, sondern der Staat, so hat die Fortdauer besonderer Zuwendungen der Kirche gar keinen Sinn mehr ..."

Hierzu äußerte sich der Regierungskommissär: „... Die Fälle, um die es sich handelt, sind nicht häufig; denn in der Regel sind die Leistungen aus kirchlichen Mitteln, die hier in Frage stehen, nicht dem Lehrer als solchem, sondern in seiner Eigenschaft als Mesner oder Organist zugeflossen. Leistungen solcher Art sollen selbstverständlich nicht ohne weiteres wegfallen, sondern zunächst dem Kirchendiener verbleiben vorbehaltlich der weiteren Verfügung der kirchlichen Stelle.

Besonders muß betont werden, daß der Antrag nur Leistungen betreffen kann, die die Kirche zum persönlichen Schulbedarf zu machen hatte. Leistungen zum sächlichen Bedarf sollen daher nach wie vor der Gemeinde zufließen, auch wenn sie aus kirchlichen Mitteln stammen."

2. Unter den „kirchlichen Vermögensträgern" sind die Kirchenstiftungen und sonstigen im Art. 53 des SchBG. genannten Körperschaften zu verstehen (ortskirchliche Stiftungen und Vermögensbestände, sowie die Kirchengemeinden); s. auch Anm. 1 zu Art. 53 oben.

3. Die Aufhebung erfolgte rückwirkend mit Wirkung vom 1. Januar 1920 an (Art. IX Abs. II des Ges. vom 24. März 1920; GVBl. S. 103).

4. Ueber Streitigkeiten, die sich bei der Anwendung des Art. 75a ergeben können, ist zu bemerken:

„Bestehen Zweifel darüber, ob ein Reichnis des Staates zum Einkommen aus dem Schuldienst oder zum Einkommen aus dem Kirchendienst gehört, so ist nach Art. 39 zu verfahren. Bis zum Austrage der Sache ist die Leistung einstweilen einzustellen. Gleiches hat zu geschehen, wenn zweifelhaft ist, ob eine Leistung für den persönlichen Schulbedarf oder für den Sachbedarf der Schule bestimmt ist. Die Beteiligten sind in diesen Fällen davon in Kenntnis zu setzen, daß die Einstellung der Leistung nur eine vorläufige ist. Die Bestimmung in Art. 39 Abs. III des SchBG. in der Fassung nach Art. IV Nr. 1 des Gesetzes vom 24. März 1920 wird hierdurch nicht berührt ... Bei den Verhandlungen ist stets Benehmen mit den Landesfinanzamtszweigstellen und gegebenenfalls den Kammern der Forsten geboten" (ME. vom 11. Mai 1920 Nr. 17128 betr. pflichtmäßige Reichnisse des Staates für die Volksschulen, hier Vollzug des Art. 75a des SchBG.).

Wenn ein solches Reichnis zum Schulbedarf schlechthin, ohne Unterscheidung zwischen persönlichem und sächlichem Schulbedarf gegeben wurde, entspricht es der Billigkeit, es nur zur Hälfte als für den persönlichen Schulbedarf gegeben zu erachten und die Leistung nur zur Hälfte gemäß Art. 75a einzustellen. Die andere Hälfte unterliegt der Umwandlungs- und Ablösungspflicht nach Art. 59 und 60 des SchBG.

Ist nicht die Bezugs**berechtigung** hinsichtlich einzelner Bestandteile des Schulstelleneinkommens zwischen den Beteiligten, sondern die **Verpflichtung** zur Reichnisleistung streitig, so ist ein derartiger Streit je nach dem Entstehungsgrunde der Reichnisse auf dem öffentlichen Rechtswege (nach Maßgabe des Art. 10 Ziff. 13 und 19 des VGG.) oder auf dem bürgerlichen Rechtswege im vorgeschriebenen Instanzenzuge auszutragen (vgl. Anm. 3 zu Art. 40 oben). In der dort bezeichneten VGHE. vom 12. Mai 1922 (Samml. Bd. 43 S. 61) ist ausgeführt:

„Im vorliegenden Fall besteht ... ein Streit zwischen der Kirchenstiftung und dem reichnispflichtigen Staatsärar, als dessen Vertreter das Landesfinanzamt, Abt. I Zweigstelle ..., den Standpunkt vertritt, daß ein Drittel des Reichnisses für den Staat einzubehalten sei, da es dem Lehrer von alters her in seiner dreifachen Eigenschaft als Mesner, Organist und Lehrer gewährt worden sei. Das Staatsärar will also der Kirchenstiftung für den niederen weltlichen Kirchendienst nur mehr zwei Drittel der bisherigen Reichnisse gewähren und bestreitet seine Verpflichtung zur Leistung des letzten Drittels an die Kirchenstiftung. Ob diese Weigerung nach dem — durch Gesetz vom 24. März 1920 dem SchBG. nachträglich eingefügten — Art. 75a (vgl. hiezu Landtagsverhandlungen 1919/20 BeilBd. 3 S. 596 (s. Anm. 1 oben)) begründet ist oder nicht, kann nicht im schiedsrichterlichen Verfahren, sondern nur ... je nach dem Entstehungsgrund des Reichnisses auf dem bürgerlichen Rechtsweg oder im Verwaltungsstreitverfahren entschieden werden (s. die in einem ähnlich gelagerten Fall ergangene VGHE. SammlBd. 29 S. 81)." S. auch Braunwart, die Trennung von Schul- und Kirchendienst, in den Bayer. VerwBl. 73. Jahrg. 1925 S. 33 ff., ferner die VGHE. vom 20. März 1930 Nr. 10 I 29 in den Bayer. VerwBl. 78. Jahrg. S. 296.

Dem Vollzuge des Art. 75a dient auch die ME. vom 29. April 1924 Nr. IV 10767, betr. die pflichtmäßigen Reichnisse des Staates für Volksschulen mit der Bemerkung: „Wenn ein Reichnis in den früheren rentamtlichen Spezialetats als ein solches für den persönlichen Schulbedarf gekennzeichnet ist und wenn dieses Reichnis in der Schulfassion unbestritten als ein Einkommenbestandteil für den Schuldienst vorgetragen war, wird ... ohne weiteres davon auszugehen sein, daß das Reichnis nach Art. 75a SchBG. weggefallen ist."

Art. 76. I Alle Präsentations- und Vorschlagsrechte [1]) in bezug auf die Besetzung von Schulstellen [2]) werden aufgehoben.

II Aufgehoben werden ferner die mit Präsentationsrechten zusammenhängenden besonderen Verpflichtungen [3]) der Präsentationsberechtigten zu Leistungen für den Schulbedarf [4]).

III Ist in den Fällen der Abs. I und II der Präsentationsberechtigte Eigentümer des Schulgebäudes, so ist er auf Antrag der Gemeinde verpflichtet, das Gebäude mit den Zugehörungen der Gemeinde gegen angemessene Entschädigung zur Benützung für Schulzwecke zu überlassen oder das Eigentum an dem Gebäude und den Zugehörungen gegen angemessene Entschädigung auf die Gemeinde zu übertragen, wenn dies im öffentlichen Interesse erforderlich ist. Die Vorschriften des Zwangsenteignungsgesetzes gelten entsprechend [3]).

IV Wird eine Gemeinde dadurch erheblich belastet, daß auf Grund der Vorschrift des Abs. II die Baupflicht des Präsentationsberechtigten gegenüber dem Schulgebäude erlischt, so ist hierauf beim Vollzuge der Art. 27 und 28 besonders Rücksicht zu nehmen.

1. Diese Fassung des Abs. I mit Beifügung des Abs. II erhielt das Gesetz erst durch den Entwurf vom 1. Juni 1919 (Art. 77 des E. II). Im Entwurf vom 27. Juli 1918 (Art. 81 des E. I) wollte das Präsentations- und Vorschlagsrecht lediglich beschränkt werden. Abs. III und IV kamen erst im Laufe der Landtagsverhandlungen hinzu.

„Ein Präsentationsrecht liegt vor, wenn eine — natürliche oder juristische — Person oder eine Mehrheit von Personen befugt ist, der Kreisregierung als künftigen Inhaber der Schulstelle einen Bewerber zu bezeichnen, welchem die Regierung die Schulstelle durch Bestätigung der Präsentation verleihen muß, falls der Präsentierte für den betreffenden Schuldienst nach Maßgabe der jeweils bestehenden Vorschrift tauglich ist. Ist letzteres nicht der Fall, so kann die Regierung in Wahrung der landesherrlichen Rechte in bezug auf solche Präsentationen dem Präsentationsberechtigten unter Festsetzung einer angemessenen Frist und Bezeichnung eines Präjudizes auftragen, einen tauglichen Bewerber zu stellen (§ 21 der VI. VerfBeil., § 46 Abs. 2 FormV., ME. vom 29. März 1835, Weber III S. 20)." — Seiler S. 341, Vorbem. zu Art. 21 und 22 SchBG. von 1902.

„Ein bloßes Vorschlagsrecht bezüglich der Besetzung von Lehrstellen ist gegeben, wenn der Berechtigte zu einem Vorschlage berufen ist, auf welchen zwar die ernennende Kreisregierung dem Sinne der Eintragung gemäß vorzüglich Rücksicht nehmen soll, aber auch bei vorliegender Tauglichkeit des Bewerbers nicht Rücksicht nehmen muß; eine Aufforderung zu einem neuen Vorschlage ist daher im Falle der Ablehnung des Vorgeschlagenen nicht erforderlich (vgl. auch Krais, Komm. zum Gesetz über die Errichtung eines VerwGerichtshofes E. S. 111)." — Seiler a. a. O. S. 344.

Die erste Hauptgruppe der Präsentationsrechte (man spricht hier auch nicht selten von einem Schulpatronate, ohne Rücksicht darauf, ob das Präsentationsrecht auf Patronatsrecht in eigentlichem Sinne (= Kirchenpatronat) oder auf einem sonstigen Rechtstitel beruht — Seiler S. 342) bildeten jene der Gutsherren, die zweite die gemeindlichen Präsentationsrechte. Daneben hatten manchmal Pfarrer, Kirchengemeinden, Klöster ein Patronatsrecht. — Alle diese Präsentations- und Vorschlagsrechte, ohne Unterschied ihrer Art und Abstammung, sind nunmehr aufgehoben. Das ausschließliche, uneingeschränkte Besetzungsrecht hinsichtlich der Schulstellen, die neu errichtet werden oder sich erledigen, hat nunmehr der Staat.

2. Art. 76 SchBG. bezieht sich in seinem vollen Umfange nur auf Schulstellen. Präsentations- und Vorschlagsrechte auf Kirchendienst-

stellen, z. B. auf den Mesner, auch wo bisher Schul- und Mesnerdienst verbunden war, werden durch Art. 76 nicht berührt. Beruht die Baulast gegenüber einem gemeinsamen Schul- und Mesnerhaus auf dem Schuldienst, so hört diese Verpflichtung gemäß Art. 56 Abs. II erst mit der Auseinandersetzung nach Art. 43 ff. auf. Sie besteht auch dann noch weiter, wenn sie sich auf den Mesnerdienst bezieht.

3. Aufgehoben werden nur diejenigen besonderen Verpflichtungen der Präsentationsberechtigten, die mit dem Präsentationsrechte in dem Sinne zusammenhängen, daß sie auf dem Patronatsverhältnisse als öffentlich-rechtliche Verpflichtungen des Patrons beruhen (s. Anm. 4, Buchst. b Ziff. 2 zu Art. 57 oben) Lasten, die zwar mit dem Patronate zusammenhängen, aber nicht auf ihm, sondern auf dem Grundbesitze beruhen (s. Anm. 4, Buchst. a, Ziff. 1 zu Art. 57 oben) fallen nicht unter Art. 76 Abs. II.

Der Regierungskommissär führte bei den Landtagsverhandlungen 1919 BeilBd. I, Beil. 294 S. 566) aus:

„Ich habe vorhin auf die Statistik hingewiesen, die die Fälle aufführt, in denen einem Dritten die Baulast zusteht. Hier handelt es sich — ich möchte darauf aufmerksam machen, daß kein Mißverständnis entsteht — um Baulasten, die mit der Verbindung von Schul- und Kirchendienst zusammenhängen. Die Fälle, die Art. 77 (jetzt 76) im Auge hat, soweit Baulasten in Betracht kommen, sind rechtlich anders zu beurteilen. Hier handelt es sich um Verpflichtungen, die auf Präsentationsrechten beruhen. Es muß daran festgehalten werden, daß nach Art. 77 Abs. II (jetzt 76 Abs. II) nur solche Verpflichtungen, namentlich auch nur solche Baulasten wegfallen, die auf einem Präsentationsrecht als solchen beruhen. Gründet sich dagegen die Baulast oder eine sonstige Verpflichtung auf einen anderen Rechtstitel, z. B. auf die Verbindung von Schul- und Kirchendienst oder auf einen besonderen Vertrag, auf Anerkenntnis, Urteil usw., dann tritt Art. 77 Abs. II (jetzt 76 Abs. II) überhaupt nicht in Wirksamkeit." (S. auch VGHE. vom 22. Juni 1923 i. d. Bayer. Gem.- u. VerwZtg. XXXIII. Jahrg. 1923 S. 739 und Urt. d. Bayer. Oberst. Landesgerichts vom 14. Oktober 1927 in d. Bayer. VerwBl. 76. Jahrg. 1928 S. 24, das sich hier auch gegen die Behauptung ausgesprochen hat, Art. 76 Abs. II verstoße gegen Art. 153 der Reichsverf.)

Besteht Streit darüber, ob eine Verpflichtung gem. Art. 76 Abs. II wegfällt, dann ist die Sache gem. Art. 10 Ziff. 19 des VGG. auf dem Verwaltungsrechtsweg auszutragen oder vor die bürgerlichen Gerichte zu bringen, je nachdem ein öffentlich-rechtliches oder bürgerlich-rechtliches Verhältnis (s. oben) vorliegt. Die Zuständigkeit richtet sich hierbei nach der Natur des behaupteten Verhältnisses.

4. Mit dem Präsentationsrechte auch die Verpflichtungen aufzuheben, die infolge der Berechtigung entstanden waren, entsprach einem Gebote der Billigkeit.

5. Der Regierungskommissär führte bei den Landtagsverh. 1919 (Beil.-Bd. I Beil. 320 S. 798) aus:

„Der zweite Satz des neuen Abs. III (Abs. III und IV wurden dem Art. 73, früher 77 — jetzt 76 — erst im Laufe der Landtagsverhandlungen angefügt) soll lauten: „Die Vorschriften des Zwangsenteignungsgesetzes gelten entsprechend." Damit würde unter anderem namentlich ausgesprochen sein, daß der Verwaltungsrechtsweg vorbehalten ist für die Entscheidung der Frage, ob ein öffentliches Interesse gegeben ist, daß ferner der Zivilrechtsweg vorbehalten ist, wenn über die Höhe der Entschädigung Streit besteht. In Betracht käme ferner, daß der Präsentationsberechtigte, von dem verlangt wird, daß er das Gebäude lediglich zur Benützung überlassen soll, verlangen könnte, daß die Gemeinde das Gebäude zu Eigentum nimmt."

Ob die mietweise Ueberlassung oder Eigentumsabtretung gewählt wird, ist zunächst Sache der freien Vereinbarung der Beteiligten. Scheitert eine solche am Widerstande der Gemeinde, so kann, wenn die Schulzwecke es erfordern, von den Schulaufsichts- bezw. Staatsaufsichtsbehörden auf dem Wege der Art. 59 und 60 der Gemeindeordnung staatsaufsichtlich gegen die Gemeinde vorgegangen werden.

„Weigert sich der Präsentationsberechtigte, der Gemeinde das Eigentum am Schulgebäude abzutreten, so kann das Zwangsabtretungsverfahren nach dem Gesetz vom 17. November 1837, die Zwangsabtretung von Grundeigentum zu öffentlichen Zwecken betr. (GBl. S. 109, Weber Bd. 3 S. 210 — in der Fassung des Ges. vom 9. Mai 1918, GVBl. S. 289), gegen ihn eingeleitet werden. Ueber die Einleitung des Verfahrens entscheidet die Kreisregierung, K. d. J., nach Einholung der Weisung des Staatsministeriums des Innern (Art. XIV des G.). Voraussetzung ist „öffentliches Interesse" an der Abtretung. Gegen die diesbezügliche Entscheidung der Regierung ist Beschwerde an den Verwaltungsgerichtshof zulässig (Art. 8 Ziff. 10 VGG.). Die Feststellung der Entschädigung trifft die Bezirksverwaltungsbehörde (Art. 17 des G. zur Ausführung der Reichszivilprozeßordnung und Konkursordnung in der Fass. vom 26. Juni 1899, GVBl. S. 406). Gegen diese Feststellung steht der Rechtsweg offen (Art. 21 a. a. O.). Der Präsentationsberechtigte kann in sinngemäßer Anwendung von Art. III a des Zwangsabtretungsgesetzes verlangen, daß die Gemeinde das Gebäude statt mietweise zu Eigentum übernimmt.

Verschieden von den Fällen, in denen dem Präsentationsberechtigten das Eigentum am Schulgebäude zusteht, sind die Fälle, in denen ihm nur die Baupflicht obliegt. Hierfür ist Art. 76 Abs. II, IV SchBG. einschlägig." (Meinzolt S. 113.)

Art. 77. Für die Benützung der öffentlichen Volksschule [1]) darf Schulgeld [2]) nicht mehr erhoben werden [3]) [4]).

1. a) D. h. der öffentlichen-staatlichen Volksschule. Nicht unter das Verbot fallen deshalb die privaten Volksschulen, die christlichen Bekenntnissonderschulen im Sinne des Art. 33 d. SchBG., die Schulen von Stiftungen und gemeinnützigen Unternehmungen im Sinne des Art. 35 des SchBG., die israelitischen Volksschulen i. S. des Art. 36 d. BG., die Berufsschulen i. S. d. V. vom 22. Dezember 1913 (GVBl. S. 966, KMBl. S. 363, Anh. Nr. 17) und die Seminarübungsschulen.

b) In einer E. d. Staatsmin. für Unterr. u. Kultus vom 18. Februar 1930 Nr. III 931, betr. Erhebung von Schulgeld an den Berufsschulen, ist in Erledigung einer Beschwerde wegen verweigerter Rückerstattung von angeblich zu Unrecht eingehobenem Schulgelde für den Besuch einer Berufsschule ausgeführt:

„Eine landesrechtliche Vorschrift, die die Erhebung von Schulgeld an den Berufsschulen durch die Gemeinden als Träger dieser Schulen ausschließt, besteht nicht. Insbesondere ist die Bestimmung in Art. 77 des

SchLG., nach der für die Benützung der öffentlichen Volksschule Schulgeld nicht mehr erhoben werden darf, wie der gesamte Inhalt des Schulbedarfsgesetzes auf die Berufsschulen nicht anwendbar.

Aber auch Art. 145 Satz 3 der Reichsverfassung („Der Unterricht und die Lernmittel in den Volksschulen und Fortbildungsschulen sind unentgeltlich") steht der Erhebung von Schulgeld an den Berufsschulen nicht entgegen. Diese Bestimmung gehört zur Grundsatzgesetzgebung des Reiches, die für sich keine unmittelbare Wirkung auf das Recht der Länder hat, vielmehr erst dann verbindlich ist, wenn ihr der ausführende Rechtssatz zur Seite steht. Diese Auffassung ist nicht nur überwiegend im Schrifttum vertreten (Anschütz, Komm. zur RV. 10. Auflage 1929, Anm. 6 zu Art. 145; Laforet, Komm. zur bayer. GO. Anm. 3 zu Art. 44), sondern beherrscht auch die Gesetzgebung der Länder wie von Preußen (§ 16 des Gewerbe- und Handelslehrerbesoldungsgesetzes vom 16. April 1928, Gesetzessammlung S. 89), von Württemberg (Art. 1 des Schulgeldges. vom 8. August 1929, RegBl. S. 437), Baden (Gesetz vom 13. August 1904/6. März 1924, den gewerblichen und kaufmännischen Unterricht betreffend), von Sachsen (§ 5 Abs. 2 des Uebergangsgesetzes für das Volksschulwesen vom 22. Juli 1919, GVOBl. S. 171) und fand Bestätigung in der Rechtsprechung der Verwaltungsgerichte (Erkenntnis des Pr. Oberverwaltungsgerichtes vom 13. April 1927 — VIII. C. 20, 26; Entscheidung des Badischen Verwaltungsgerichtshofes vom 2. Mai 1928, abgedruckt in der Zeitschrift für badische Verwaltung und Verwaltungsrechtspflege, Jahrg. 1929, Heft Nr. 1 S. 7 ff.).

Die Berechtigung der bayerischen Gemeinden, Schulgeld an den Berufsschulen als gemeindlichen Anstalten zu erheben, stützt sich auf Art. 44 der GemO., der den Gemeinden allgemein das Recht gibt, soweit nicht Gesetze oder Staatsverträge entgegenstehen, durch Satzung die Benützung ihres Eigentums, ihrer Anstalten, Unternehmungen und Einrichtungen zu ordnen und Gebühren für die Benützung festzusetzen.

... Für das Staatsministerium für Unterricht und Kultus besteht auf Grund der dargestellten Rechtslage kein Anlaß schulaufsichtlich die Erhebung von Schulgeld an der Berufsschule ... zu beanstanden.

Durch diese Stellungnahme will jedoch einer Entscheidung der vorliegenden Streitsache in dem dafür vorgeschriebenen Verfahren nicht vorgegriffen werden. In letzterer Hinsicht wird folgendes bemerkt:

Der mit dem Hinweise auf Art. 145 Satz 3 RV. geltend gemachte Anspruch des ... auf Rückerstattung der angeblich zu Unrecht erhobenen Schulgeldbeträge teilt die öffentlich-rechtliche Natur des Anspruches auf die Zahlung von Schulgeld als einer Gebühr im Sinne des Art. 44 Abs. I GemO. und ist sonach (falls ... seinen Anspruch aufrecht erhält) im verwaltungs-Schulorts — Art. 143 Abs. II GemO.) und im zweiten und letzten Rechtszuge vom Bezirksamte ... als der Staatsaufsichtsbehörde der Gemeinde (des Schulorts — Art. 143 Abs. II GemO.) und im zweiten und letzten Rechtszuge vom Bayerischen Verwaltungsgerichtshofe zu verbescheiden (Laforet, Komm. zur GemO., Anm. 26 und 27 zu Art. 44)."

2. Unter „Schulgeld" ist eine pflichtmäßige Sondergebühr für den Besuch einer Schule zu verstehen.

3. In der „Begründung" zu Art. 82 des E. I (BeilBd. XIX, S. 322 — jetzt Art. 77) ist ausgeführt:

„Die Staatsregierung erachtet die Aufhebung des Schulgeldes als ein Gebot sozialen Fortschritts.

Das Schulgeld bildet eine Sonderbelastung der Familien, die für den Unterhalt von Kindern aufzukommen haben. Dieser Umstand fällt um so mehr ins Gewicht, als die durchschnittliche Kinderzahl in den minderbemittelten Bevölkerungskreisen eine größere ist als in den Kreisen der wirtschaftlich günstiger Gestellten. Eine Ungleichheit liegt auch darin, daß Schulgeld nur in einem Teile der Gemeinden eingeführt ist und auch hier die Sätze verschieden sind.

... Eine Entschädigung der Gemeinden für den Ausfall an Schulgeld wird grundsätzlich nicht in Frage kommen. Denn durch diesen Ausfall erwächst der einzelnen Gemeinde der Sache nach keine vermehrte Belastung. Vielmehr hat die Bestimmung des Art. 82 (jetzt 77) lediglich zur Folge, daß die Art der Bedarfsdeckung eine Aenderung erfahren muß: an die Stelle der Erhebung besonderer Gebühren von den Familien mit schulpflichtigen Kindern tritt die gleichheitliche Verteilung des Bedarfs auf als Umlagenpflichtigen in der Gemeinde nach Maßgabe ihrer steuerlichen Leistungsfähigkeit.

Es wäre selbstverständlich eine unzulässige Umgehung des Gesetzes, wenn eine Gemeinde etwa statt des Schulgeldes in anderer Form oder unter anderem Namen besondere Gebühren für die Benützung der öffentlichen Volksschule erheben würde."

4. Art. 77 gilt für a l l e Schüler, die eine öffentliche Volksschule besuchen ohne Rücksicht auf Gemeinde- und Staatszugehörigkeit, deshalb auch für sog. „Gastschüler", d. h. Schüler, die mit Genehmigung der Bezirks- oder Stadtschulbehörde (s. Anm. 4 zu Art. 10) eine an sich örtlich nicht zuständige Schule besuchen.

Ebenso gilt — Art. 77 kennt keine Ausnahmen — das Verbot Schulgeld zu erheben für die Kinder von A u s l ä n d e r n, die in Bayern die öffentliche Volksschule besuchen.

Hinsichtlich der „Gastschüler" hat sich das Staatsmin. f. Unt. u. K. schon wiederholt in diesem Sinne ausgesprochen. So a) in der E. vom 25. März 1924 Nr. 9451, betr. Gebühr für den Besuch der Volksschule F. durch auswärtige Schüler:

„Nach Art. 77 des Schulbedarfgesetzes darf für die Benützung der öffentlichen Volksschule Schulgeld nicht mehr erhoben werden. Demzufolge ist die Erhebung von Gebühren für die Benützung der öffentlichen Volksschulen in keiner Form zulässig, wobei auch der Gemeindezugehörigkeit der die Schule besuchenden Kinder keinerlei Bedeutung zukommt (vgl. Begr. zu Art. 82 des Entw. eines SchBG., Verh. d. K. d. Abg. 1917/18, Beil. 2621 — Anm. 3 oben). Die Erhebung einer Gebühr für den Besuch der achten Klassen durch auswärtige Schüler, wie sie vom Stadtrat F. beschlossen wurde, widerspricht daher dem Gesetz."

b) in der E. vom 4. April 1925 Nr. IV 12 956 betr. Aufnahme auswärtiger Schüler in die 8. Klasse der katholischen Knabenschule in D.:

„Im Interesse der Hebung der Volksbildung ist es zu begrüßen, wenn Gemeinden, die das 8. Schuljahr eingeführt haben, dessen Besuch auch nicht zum Schulsprengel gehörenden Schülern gestatten, soweit dies ohne Beeinträchtigung der Belange des Unterrichts geschehen kann.

Wie bereits in der ME. vom 25. März 1924 Nr. 9451 bemerkt ist, würde die Erhebung einer Gebühr für den Besuch der 8. Klasse in solchen Fällen der Bestimmung in Art. 77 SchBG. widersprechen. Dies schließt jedoch nicht aus, daß die beteiligten G e m e i n d e v e r w a l t u n g e n, namentlich wenn eine größere Zahl von Schülern aus einer Nachbargemeinde regelmäßig das 8. Schuljahr besuchte, sich gütlich über eine Beteiligung an dem Aufwand für den sächlichen Schulbedarf, der durch die Durchführung des 8. Schuljahrs entsteht, einigen. Dabei müßte aber jedenfalls dafür Sorge getragen werden, daß dieser Aufwand nicht auf die beteiligten Erziehungsberechtigten abgewälzt würde."

c) in der E. vom 8. August 1929 Nr. IV 27 926, betr. Gastweiser Schulbesuch:

„Gemäß § 2 der Verordnung vom 22. Dezember 1913 (GVBl. S. 957, KMBl. S. 351) im Zusammenhalte mit den Vorschriften der Verordnung vom 26. August 1883 über die Errichtung der Volksschulen und die Bildung der Schulsprengel (GVBl. S. 407) ist die Schulpflicht durch den Besuch der nach der Schulsprengeleinteilung zuständigen öffentlichen Volksschule (Volkshauptschule und Volksfortbildungsschule) zu erfüllen. Der Besuch einer anderen als der zuständigen öffentlichen Volksschule durch Schulpflichtige bedarf, soferne hierdurch der Schulpflicht genügt sein soll, nach § 22 des Schulaufsichtsgesetzes und Ziff. 48 Abs. VI Buchst. c der Vollzugsvorschriften hierzu vom 16. August 1923 (KMBl. S. 91) der Genehmigung durch die Bezirks-(Stadt-)schulbehörde; dieser gastweise Schulbesuch setzt außerdem die Zustimmung der vermögensrechtlichen Verwaltung der Schule voraus, in die die Aufnahme nachgesucht wird (Art. 1 des Schulbedarfgesetzes).

Die Erhebung von Gebühren für den gastweisen Schulbesuch ist, wie schon in der ME. vom 25. März 1924 Nr. 9451 ausgesprochen worden ist, in keiner Form zulässig; auch nicht in der Form sogen. „Anerkennungsgebühren". Denn der in Art. 77 des Schulbedarfgesetzes aufgestellte Grundsatz, daß für die Benützung der öffentlichen Volksschule Schulgeld nicht mehr erhoben werden darf, gilt allgemein ohne Rücksicht auf die Gemeindezugehörigkeit der die Schule besuchenden Kinder. Dies schließt jedoch die Zulässigkeit von Vereinbarungen der beteiligten Gemeinden oder Ortschaften über die Zahlung bestimmter Entschädigungen aus der Gemeinde-(Orts-)kasse für den gastweisen Schulbesuch nicht aus. Ebenso wären auch Vereinbarungen zwischen den Erziehungsberechtigten der Gastschüler und den Gemeinden des gastweisen Schulbesuches über die Zahlung einer Entschädigung durch die Erziehungsberechtigten als zulässig zu erachten. Bei Vereinbarungen zwischen den Verwaltungen der beteiligten Gemeinden (Ortschaften) wäre jedoch die Umlegung der aus der Gemeinde- oder Ortskasse an die Gastschulgemeinde zu entrichtenden Entschädigung auf die Erziehungsberechtigten der Gastschüler unzulässig.

Die gleichen Grundsätze gelten auch für die Fälle, in denen Gemeinden, die das achte Schuljahr eingeführt haben, dessen Besuch auch nicht zum Schulsprengel gehörenden Schülern gestatten." — S. auch Anm. 4 zu Art. 10 oben.

Art. 78 [1]). I Art. 8 des Verwaltungsgerichtsgesetzes (Gesetz vom 8. August 1878, betreffend die Errichtung eines Verwaltungsgerichtshofes und das Verfahren in Verwaltungssachen) wird geändert wie folgt:

1. In Nr. 11 werden die Worte „an Geistliche, weltliche Kirchendiener und Volksschullehrer" ersetzt durch die Worte: „an Geistliche, an weltliche Kirchendiener und zum Einkommen der Schulstellen" [2]).
2. Nr. 39 erhält die Fassung: „Ansprüche hinsichtlich der Besetzung von weltlichen Kirchendiensten" [3]).

II Art. 10 des gleichen Gesetzes wird geändert wie folgt:

1. Die Nr. 21 bis 25 werden aufgehoben [4]).
2. In Nr. 18 werden die Worte „des Art. 5 des Schulbedarfgesetzes vom 28. Juli 1902" ersetzt durch die Worte: „der Art. 8 bis 10 des Schulbedarfgesetzes" [5]).
3. Nr. 19 erhält die Fassung: „Verbindlichkeiten zu Leistungen für den persönlichen und sächlichen Schulbedarf, insbesondere für die Bau- und Unterhaltungskosten der Schulhäuser und der Gebäude, die zugleich Schul- und Mesnerhäuser sind, sowie für die Einrichtung und Beheizung der Schulräume" [6]) [7]).

1. Art. V des Gesetzes vom 24. März 1920 über die Aenderung des Volksschullehrergesetzes und des Schulbedarfgesetzes vom 14. August 1919 (GVBl. 1920 S. 103) verfügte folgende Aenderung des Art. 78 Abs. II:

Nr. 1 erhält folgende Fassung:

„1. Die Nr. 21 bis 25 werden aufgehoben."
2. Die Nr. 4 und 5 werden aufgehoben.

Hierzu ist zu bemerken:

Art. 78 Abs. II Nr. 1 des SchBG. in der Fassung vom 14. August 1919 lautete:

„1. Die Nr. 21, 24 und 25 werden aufgehoben."

Art. 78 Abs. II Nr. 4 des SchBG. lautete in der Fass. vom 14. August 1919:

„4. Nr. 22 erhält die Fassung:

„Zugehörigkeit eines Bestandteils des Schulstelleneinkommens zum Schuldienst oder zum weltlichen Kirchendienst; Zugehörigkeit eines Bestandteils des Kircheneinkommens zum Chordienst oder zum Mesnerdienst in den Fällen der Art. 159 Abs. II und 160 des Volksschullehrergesetzes."

Art. 78 Abs. II Nr. 5 des SchBG. in der Fass. vom 14. August 1919 lautete:

„5. Nr. 23 erhält die Fassung:

„Umfang der Dienstesobliegenheiten der weltlichen Kirchendiener in den Fällen der Art. 159 Abs. II und 160 des Volksschullehrergesetzes."

Die „Begründung" zum Art. V Nr. 2 und zum Art. VI des Entwurfes zum nachmal. Ges. vom 24. März 1920 führte aus (Verh. d. Bay. Landt. 1919/20, BeilBd. III, Beil. 781 S. 177):

Zum Art. V:

„2. Nach Art. 40 des Schulbedarfgesetzes sollen Streitigkeiten über die Ausscheidung des Schul- und Kirchendiensteinkommens mangels einer gütlichen Vereinbarung unter den Beteiligten endgültig durch schiedsrichterliche

Entscheidung geregelt werden. Die Vorschrift des Art. 10 Nr. 22 des Verwaltungsgerichtsgesetzes vom 8. August 1878, wonach über solche Angelegenheiten im Verwaltungsstreitverfahren zu entscheiden ist, wird dadurch gegenstandslos. Sie kann daher aufgehoben werden, wie es im Art. VI des gegenwärtigen Entwurfs vorgesehen ist. Mit Rücksicht darauf ist die Fassung des Art. 40 Abs. I in der Weise geändert, daß der Hinweis auf das Verwaltungsstreitverfahren beseitigt ist."

Zum Art. VI:

„Durch den Art. VI des Entwurfes werden im Art. 10 des Verwaltungsgerichtsgesetzes vom 8. August 1878 die Nr. 22 und 23 aufgehoben. Wegen der Streichung der Nr. 22 kann auf die Ausführungen zum Art. V Nr. 2 Bezug genommen werden. Die Nr. 23 wird mit dem Wegfall der Art. 159 und 160 des Volksschullehrergesetzes gegenstandslos."

2. Die Aenderung war im Hinblicke darauf notwendig, daß auf Grund des Art. 58 Abs. I des SchBG. Reichnisse „an Volksschullehrer" künftig ausgeschlossen sein sollen.

3. „Ansprüche hinsichtlich der Besetzung von Lehrstellen an Volksschulen", wie es bisher in Art. 8 Nr. 39 des VGG. lautete, können infolge der Aufhebung aller Präsentations- und Vorschlagsrechte in bezug auf die Besetzung von Schulstellen (Art. 76 Abs. I SchBG.) nicht mehr geltend gemacht werden.

4. Art. 10 Nr. 21 ist durch das Verbot der Schulgelderhebung (Art. 77 SchBG.) gegenstandslos geworden, Nr. 22 ist durch das in Art. 40 des SchBG. vorgesehene schiedsrichterliche Verfahren hinfällig geworden (s. Anm. 1 oben). Nr. 23 wurde durch die in Art. 181 Abs. II des Volksschullehrergesetzes ausgesprochene Aufhebung der Verbindung des weltlichen Kirchendienstes mit dem Schuldienst und durch den Wegfall der Art. 159 und 160 VLG. (Anm. 1 oben) gegenstandslos, Nr. 24, die von der „Verteilung der Dienstbezüge und Lasten bei Erledigung von Schuldiensten unter die Beteiligten", also von den sog. Interkalargefällen, handelte, ist durch die d a u e r n d e Zuweisung der besonderen Einkünfte der Schulstellen an die Gemeinden — also auch während der Zeit der Stellenerledigung — durch Art. 58 Abs. I des SchBG. (s. „Begründung" zu Art. 40 Abs. II des E. I, BeilBd. XIX, S. 298) entbehrlich geworden, die Streichung der Nr. 25 endlich war die Folge der Aufhebung der Kreispensionsanstalten und Kreishinterbliebenenvereine durch Art. 64 Abs. I des SchBG. („Begründung" a. a. O. S. 323).

5. „Die Aenderung der (von Verbindlichkeiten zur Errichtung neuer Schulen und Lehrstellen handelnden) Nr. 18 des Art. 10 betrifft lediglich die Fassung; sie ergibt sich aus der im Abschnitte II des gegenwärtigen Entwurfes (also der Art. 8, 9 und 10, n i c h t 10 a) vorgesehenen Neufassung der Vorschriften des bisherigen Art. 5" (des SchBG. von 1902 — „Begründung" a. a. O. S. 323).

6. Art. 10 Nr. 19 des VGG. in der nunmehrigen Fassung ist in der Hauptsache nur mehr im Hinblick auf den s ä c h l i c h e n Schulbedarf von Bedeutung, da nach Art. 11 der p e r s ö n l i c h e Schulbedarf (d. i. vor allem das Diensteinkommen der Lehrpersonen) vom Staate aufgebracht wird. Es können sich aber auch hinsichtlich des persönlichen Schulbedarfes noch Streitigkeiten entwickeln aus der Verpflichtung der Gemeinden zur Bereitstellung von Dienstwohnungen nach Art. 17 und aus sonstigen gem. Art. 11 vorbehaltenen Ausnahmen, ferner im Vollzuge des Art. 58 SchBG.

7. In unveränderter Fassung — also außer den in Art. 78 SchBG. genannten — sind von den Bestimmungen des VSG. (abgesehen von seinen allgemeinen Vorschriften) für den Vollzug des Schulbedarfgesetzes von Belang:
Art. 8 Nr. 35 und 38.
Art. 10, 17 und 20.
Art. 11 und 12.

Art. 79. Art. 88 der Kirchengemeindeordnung wird aufgehoben [1]).

1. Art. 88 der Kirchengemeindeordnung vom 24. September 1912 (GVBl. S. 911) lautete:

„I Die vorstehenden Bestimmungen finden auf Reichnisse an Volksschullehrer in der Weise entsprechende Anwendung, daß auch die zu der Schule gegebenenfalls umlagepflichtigen Angehörigen eines fremden Bekenntnisses unter den sonstigen Voraussetzungen reichnispflichtig sind und in den Fällen der Art. 85 Abs. IV und 87 an die Stelle der Kirchengemeinde die bürgerliche Gemeinde oder der Schulsprengel nach Maßgabe der für diese geltenden gesetzlichen Vorschriften tritt.

II Eine Mitwirkung der kirchlichen Oberbehörde findet dabei nur dann statt, wenn es in einem einzelnen Falle ungewiß ist, ob das Reichnis dem Berechtigten als Kirchendiener oder als Lehrer zusteht."

Die Vorschriften des Art. 88 Abs. I der KGO. sind nunmehr, soweit sie überhaupt noch Bedeutung haben können, im Art. 58 Abs. II des Schulbedarfgesetzes enthalten. Der Bestimmung des Art. 88 Abs. II der KGO. ist in Art. 39 Abs. II des Schulbedarfgesetzes Rechnung getragen (s. auch Anm. 9 zu Art. 58 oben).

Abschnitt XII.

Inkrafttreten und Vollzug.

Art. 80 [1]). I Dieses Gesetz tritt am 1. Januar 1920 in Kraft.
II Maßnahmen, die zur Durchführung erforderlich sind, können nach den Vorschriften des Gesetzes schon vorher getroffen werden.

1. Die nunmehrige Fassung hat Art. 80 des SchBG. durch Art. VI des Ges. vom 24. März 1920 über die Aenderung des Volksschullehrergesetzes und des Schulbedarfgesetzes vom 14. August 1919 (GVBl. 1920 S. 103) erhalten.

Ursprünglich lautete Art. 80 Abs. I und II folgendermaßen:

„I Die Art. 39 bis 41, 48 Abs. II bis IV und 78 Abs. II Nr. 4 treten mit der Verkündigung dieses Gesetzes in Kraft.

II Im übrigen tritt dieses Gesetz am 1. Januar 1920 in Kraft."

Abs. III der ursprünglichen Fassung hatte den gleichen Wortlaut wie nunmehr Abs. II.

In der „Begründung" ist „zum Art. VII" des nachmaligen Gesetzes vom 24. März 1920 ausgeführt (Verh. d. Bay. Landt. 1919/20, BeilBd. III, Beil. 781, S. 178):

„Damit an die Regelung von Ausscheidungs- und Auseinandersetzungsverhandlungen ohne Verzug herangetreten werden kann, sollen nach Art. 80

Abs. I des Schulbedarfgesetzes bisheriger Fassung die Art. 39 bis 41, Abs. II bis IV und 78 Abs. II Nr. 4 schon mit der Verkündigung des Gesetzes in Kraft treten. Sie sind daher mit dem 2. September 1919 in Wirksamkeit getreten und sollen selbstverständlich auch bis zum Inkrafttreten der neuen Bestimmungen des vorliegenden Gesetzentwurfes unverändert in Geltung bleiben. Von da an ist Art. 80 Abs. I gegenstandslos. Er ist zu streichen, weil er sich auf Bestimmungen bezieht, die teils geändert, teils aufgehoben werden sollen."

Es handelte sich bei diesen Bestimmungen um die Trennung des weltlichen Kirchendienstes vom Schuldienste, die nach dem neuen Abs. II, den das Ges. vom 24. März 1920 dem Art. 181 des VLG. anfügte, im Gegensatz zu der ursprünglichen Fassung des VLG. und SchBG. mit dem Inkrafttreten der Gesetze am 1. Januar 1920 wirksam wurde (s. Vorbemerkung zu Abschnitt X oben).

Art. 81. Das zuständige Staatsministerium [1]) erläßt die Vorschriften zum Vollzuge dieses Gesetzes.

1. D. h. das Staatsministerium für Unterricht und Kultus (s. Anm. 10a zu Art. 1 oben) entweder allein oder im Benehmen mit den weiter beteiligten Ministerien. Bei Beteiligung mehrerer Ministerien könnten die Vollzugsvorschriften aber auch in Form gemeinsamer Erlasse ergehen. Umfassende Vollzugsvorschriften sind zum neuen Schulbedarfgesetze noch nicht ergangen. Soweit Vorschriften erlassen wurden, betrafen sie bis jetzt nur einzelne Gebiete (vgl. auch Anm. 2 — am Schlusse — zu Art. 75 oben).

Art. 82. Die Staatsregierung [1]) ist ermächtigt, die Abschnitte und Artikel dieses Gesetzes und des Volksschullehrergesetzes mit fortlaufenden Nummern zu versehen und, soweit es hiernach erforderlich ist, die Fassung der Gesetze endgültig festzustellen [2]).

1. D. h. das Gesamtministerium.

2. Von dieser durch den Landtagsbeschluß vom 14. August 1919 (Verh. d. Bay. Landt. 1919, BeilBd. II, Beil. 384, S. 514) geschaffenen Ermächtigung hat die Staatsregierung bis jetzt nur bei der Veröffentlichung des Gesetzes in der Nr. 55 des GVBl. vom 2. September 1919 (S. 489) Gebrauch gemacht.

Bamberg, am 14. August 1919.

Hoffmann. Dr. Ernst Müller. Endres. Speck. Frauendorfer. Segitz. Freyberg. Hamm. Schneppenhorst.

III. Anhang.*

1. VO., die Formation, den Wirkungskreis und den Geschäftsgang der obersten Verwaltungsstellen in den Kreisen betr.

vom 17. Dezember 1825 (RBl. S. 1049, Weber 2 S. 279).

Auszug.

A. Wirkungskreis der Kammern des Innern ... Tit. IV.
Erziehung, Bildung, Unterricht und öffentliche Sitten ...

§ 42. Die Erhaltung und Ergänzung der zum Unterrichte dienenden Requisiten und Vervollkommnung der Attribute steht in der Regel den Unterbehörden zu; die Kreisregierung hat jedoch bei Revision und Superrevision der Rechnungen auf ordentliche Führung der Inventarien zu bestehen, diese bei gelegenheitlichen Visitationen mit der Einrichtung der verschiedenen Institute vergleichen zu lassen, und sodann auf Abstellung der Gebrechen und auf Ersatz des allenfalls entstandenen Schadens zu dringen.

§ 43. Die Ausmittlung zweckmäßiger Schulgebäude unter genauer Beobachtung der deswegen bestehenden Verordnungen; in Bezug auf Unterhaltung dieser Gebäude haben die Regierungen an die Competenzbestimmungen der Curatelverhältnisse sich zu halten, und in der Regel auf Abwendung des den Gemeinden und Stiftungen drohenden Nachteils sich zu beschränken.

§ 44. Einschreitung gegen säumige Unterbehörden zur Unterdrückung der Winkelschulen und zur Beförderung des ordentlichen Schulbesuchs. Die in letzterer Beziehung bisher vorgeschriebenen Detailtabellen über die wegen vernachlässigten Schulbesuchs verhängten Strafen sind den Schulinspektionen zu erlassen, wogegen Wir erwarten, daß diese in ihrem rühmlichen Eifer zur Beförderung des Volksschulwesens fortfahren, und wie bisher unmittelbar einwirken werden.

Errichtung neuer, Aufhebung oder Zusammenschmelzung bestehender Volksschulen, Bildung und Berichtigung der Schulsprengel; Erhaltung und Vermehrung der Studien-Vorbereitungsschulen auf dem Lande; Herstellung genauer Schulbeschreibungen.

§ 45. Die Erlaubnis zur Erteilung von Privatunterricht und zur Unternehmung von Privat-Erziehungs- und Unterrichts-Anstalten ist den Unterbehörden zu überlassen; diese sind jedoch verantwortlich, dieselbe nur solchen Individuen zu erteilen, wenn genügende von den konstituierten Prüfungskommissionen ausgefertigte Zeugnisse besitzen; die Regierungen

* Von den mit * bezeichneten Gesetzen, Verordnungen und Ministerialerlassen ist zur Sparung von Raum nicht der Wortlaut in den Anhang aufgenommen, sondern mit etwa veranlaßten Bemerkungen auf den Abdruck bei „Braun, Schulaufsichtsgesetz" hingewiesen.

werden in dieser Beziehung erst einschreiten, wenn die Unterbehörden ihre Pflichten verabsäumen, oder die beteiligten Individuen reklamieren sollten. Den Unterbehörden steht die unmittelbare, den Kreisregierungen die obere Aufsicht über solche Privatunterrichtanstalten zu.

Prüfung aller Individuen, die sich dem Lehramte für die Volksschulen oder die niederen und höheren Vorbereitungsschulen und Anstalten widmen wollen.

In jedem Kreise ist wenigstens alle Jahre eine solche Prüfung für die verschiedenen Lehrfächer anzuordnen und vier bis sechs Wochen vorher durch die Kreis-Intelligenzblätter anzukündigen.

Aufnahme der fähigen Competenten in die Schullehrer-Seminarien, Entlassung daraus und Obsorge zur Handhabung der inneren Ordnung.

§ 46. Anstellung aller Lehrer an den Volks- und Bürgerschulen, an den Feiertags-, Arbeits- und Industrieschulen, sowie an den Studien-Vorbereitungsschulen, insoferne nicht das Präsentationsrecht [1]) einer Gemeinde, Körperschaft oder einem Privaten zusteht; dann der subalternen Diener an den Studienanstalten.

Versetzung, Quieszierung, Entlassung dieses Personals, Unterstützung und Belohnung desselben, Sorge für dessen bedürftige Hinterlassene; Bestätigung der präsentierten Lehrer, und Wahrung der landesherrlichen Rechte in Bezug auf solche Präsentationen.

Anordnung augenblicklicher provisorischer Vorsorge bei erledigten höheren Stellen im Schul- und Studienwesen.

§ 47. Aufsicht auf das Betragen und den Fleiß des gesamten Lehr- und Erziehungspersonals; Aufsicht auf die Schulkonferenzen; Visitation der Unterrichts- und Erziehungsanstalten, Handhabung der Disziplin gegen Schulen und Studierende. In dieser Beziehung haben die Regierungen die unmittelbare Leitung den Rektoraten, den Distrikts- und Lokal-Inspektionen zu überlassen, und erst dann selbst einzuschreiten, wenn sie mittelst der periodischen Visitationen oder auf andere Weise von obwaltenden Mißbräuchen Kenntnis erhalten.

§ 50. In zweiter Instanz die Entscheidung der Streitigkeiten zwischen Schullehrern und Pfarrern oder Gemeinden in Bezug auf die Verhältnisse der Schule und die Schulordnung; ferner über Anstände wegen der Schulgebäude und ihrer Baulast, über Schulgründe, über die wechselseitigen Schulsprengel und über verordnungsmäßige oder hergebrachte Reichnisse, insoferne diese nicht auf Privatrechtstiteln ruhen, in welchem Falle bei Ermanglung einer gütlichen Ausgleichung die Streitigkeiten vor das Forum der ordentlichen Gerichte sich eignen.

---

2. ME., die Errichtung neuer Schulen und Umbildung von Schulsprengeln betr., vom 18. September 1867. (AMBl. S. 187, Weber 7 S. 88 [2]).

Das unterfertigte k. Staatsministerium hat aus einer Mehrzahl im Beschwerdewege zur Vorlage gelangter Verhandlungen über die Errichtung neuer Schulen und die Umbildung von Schulsprengeln ersehen, daß die In-

[1]) S. aber nunmehr Art. 76 SchBG.

[2]) Die ME. ist in den Grundzügen noch in Geltung; s. darüber die Vorbemerkung zu Abschnitt II gegen Ende.

struktion solcher Verhandlungen vielfach nicht mit erschöpfender Vollständigkeit gepflogen wird.

Bereits in den ME. vom 10. April 1862 und 27. Juni 1865 (MinBl. pro 1865 S. 157 und 159)[1]) wurde angeordnet, daß vor jeder Erweiterung oder Hauptreparatur, dann vor jedem Neubau eines Schulhauses die Frage in Erwägung gezogen werden solle, ob der bisherige Schulsprengel zweckmäßig gestaltet sei, oder ob nicht eine Ausschulung einzelner Bestandteile und deren Zuteilung an benachbarte, besser gelegene Schulen, bezw. die Bildung eines neuen Schulsprengels Platz zu greifen habe.

Gleiche Prüfung hat auch dann einzutreten, wenn mit Rücksicht auf die in einer Schule vorhandene große Schülerzahl [gemäß Art. 2 Abs. 3 des Gesetzes vom 10. November 1861 „die Aufbringung des Bedarfs für die deutschen Schulen betr."][2]) die Aufstellung eines weiteren Lehrers in Frage kommt.

Ehe in solchen oder ähnlichen Fällen die definitive Beschlußfassung der Kreisregierung über die Errichtung einer neuen Schule auf Grund des § 44 der Allerhöchsten Formationsverordnung vom 17. Dezember 1825[3]) erfolgen kann, erscheinen nachstehende aktenmäßige Erhebungen erforderlich:

1. Nachdem der neuzuwählende Schulsitz in Aussicht genommen ist, sind die Lokalschulinspektionen der umliegenden Schulen zum Gutachten darüber aufzufordern, welche der zu ihren Schulen bisher gehörigen Ortschaften zweckmäßig dem neuen Schulsprengel zuzuteilen wären. Zugleich haben dieselben sowohl über die Gesamtzahl der an diesen Schulen befindlichen Werk- und Feiertagsschüler, als über die Kinder aus den auszuschulenden Ortschaften eine fünfjährige Durchschnittsberechnung zu fertigen.

2. Zu den Akten ist sodann eine genaue Planskizze unter Einzeichnung aller zum neuen Schulsitze in Aussicht genommenen Orte und deren bisherigen Schulen zu bringen, was am zweckmäßigsten durch einen Abdruck des betr. Blattes des großen topographischen Atlasses von Bayern geschehen kann.

3. Hienach sind die bei der Einschulung in den neuen Schulsprengel beteiligten Ortseinwohner mit ihren etwaigen Erinnerungen gegen die Einschulung, die Vertretung derjenigen Schulsprengel, aus denen eine Ausschulung stattfinden soll, und die betreffenden Lehrer aber über die vorhabliche Ausschulung einzuvernehmen.

4. Je nach den Erklärungen der Beteiligten sind hierauf die erforderlichen Erhebungen über die Wegeentfernungs- und Gangbarkeitsverhältnisse, am zweckmäßigsten durch Einvernahme ortskundiger unbeteiligter Personen (Postboten, Gendarmerie rc.) zu pflegen, auf Grund deren eine Wegeentfernungstabelle der sämtlichen beteiligten Ortschaften unter Angabe ihrer Entfernung vom bisherigen und dem neuen Schulsitze und kurzer Andeutung der Beschaffenheit der nach beiden führenden Wege anzufertigen ist.

Soferne je nach den örtlichen Verhältnissen oder den Behauptungen noch weitere Erhebungen, wie z. B. über die Möglichkeit der Vereinigung des Mesnerdienstes am neuen Schulsitze mit dem Schuldienste oder über die Schulversäumnisse der auszuschulenden Kinder in ihren bisherigen Schulen notwendig erscheinen, oder ein amtlicher Offizialaugenschein zur gründlichen Informierung veranlaßt ist, sind diese vorzunehmen.

---

[1]) Weber 5 S. 613, 6 S. 466.

[2]) Jetzt Art. 8 des Schulbedarfgesetzes.

[3]) S. oben Ziff. 1.

5. Die Akten sind hienach der einschlägigen Distriktsschulinspektion zur gutachtlichen Aeußerung mitzuteilen und sodann von dem k. Bezirksamte der Kreisregierung zur Beschlußfassung mit gutachtlichem Berichte in Vorlage zu bringen.

Diese hat hiebei ebenso dem Interesse eines fruchtbringenden Schulunterrichtes, als den berechtigten Wünschen der Eltern um Zuteilung ihrer Kinder an die nächstgelegene, auf gangbaren Wegen erreichbare Schule und den Vermögenskräften der Beteiligten nach Tunlichkeit Rechnung zu tragen.

[Gegen die Beschlüsse der Kreisregierungen steht den sämtlichen Beteiligten einschlüssig der Schulsprengelvertretung und der Lehrer, die Berufung an das unterfertigte k. Staatsministerium binnen 30 tägiger Ausschlußfrist frei.] [1])

Soferne in den Rekursschriften neue bisher nicht erhobene Tatsachen behauptet sind, haben zur Vermeidung weiterer Verzögerungen sofort die geeigneten Erhebungen vor der Akteneinsendung zu geschehen. Nachdem die Errichtung einer neuen Schule rechtskräftig beschlossen ist, ist die Schulsprengelvertretung zu bilden, Bauprogramm, Plan und Kostenvoranschlag für Adaptirung eines bereits vorhandenen oder den Neubau eines Schulhauses anzufertigen und über die Aufbringung der Baukosten und des Lehrergehaltes Beschluß zu fassen.

Die in Vorstehendem für die Instruktion der Verhandlungen über Bildung neuer Schulsprengel gegebenen Normen haben auch bei Ausschulungen und Umbildungen bestehender Schulsprengel unter Berücksichtigung der obwaltenden besonderen Verhältnisse, insbesondere der nachhaltigen Zulänglichkeit der Lokalitäten jener Schule, in welche eine Einschulung stattfinden soll und der etwa notwendig werdenden Aufstellung weiterer Lehrer, in analoge Anwendung zu kommen.

---

3. Gewerbeordnung für den Norddeutschen Bund vom 21. Juni 1869, mit RG. vom 12. Juni 1872 (RGBl. S. 170, Bayer. GBl. 71/72, Beil. V S. 49) in Bayern eingeführt.

Auszug.

§ 120. I Die Gewerbeunternehmer sind verpflichtet, ihren Arbeitern unter achtzehn Jahren, welche eine von der Gemeindebehörde oder vom Staate als Fortbildungsschule anerkannte Unterrichtsanstalt besuchen, hierzu die erforderlichen Falles von der zuständigen Behörde festzusetzende Zeit zu gewähren. Am Sonntage darf der Unterricht nur stattfinden, wenn die Unterrichtsstunden so gelegt werden, daß die Schüler nicht gehindert werden, den Hauptgottesdienst oder einen mit Genehmigung der kirchlichen Behörden für sie eingerichteten besonderen Gottesdienst ihrer Konfession zu besuchen. Ausnahmen von dieser Bestimmung kann die Zentralbehörde für bestehende Fortbildungsschulen, zu deren Besuche keine Verpflichtung besteht, bis zum 1. Oktober 1894 gestatten.

II Als Fortbildungsschulen im Sinne dieser Bestimmung gelten auch Anstalten, in welchen Unterricht in weiblichen Hand- und Hausarbeiten erteilt wird.

---

[1]) Ueber das Beschwerderecht s. jetzt V. vom 26. August 1883, § 14.

III Die Pflicht zum Besuche einer Fortbildungsschule kann, soweit sie nicht nach Landesgesetz besteht, durch statuarische Bestimmung einer Gemeinde oder eines weiteren Kommunalverbandes (§ 142) für die im Abs. 1 bezeichneten Arbeiter eingeführt werden. Diese Pflicht besteht dann auch für die Zeit ihrer Arbeitslosigkeit. Auf demselben Wege können die zur Durchführung dieser Verpflichtung erforderlichen Bestimmungen getroffen werden. Insbesondere können durch statuarische Bestimmung die zur Sicherung eines regelmäßigen Schulbesuchs den Schulpflichtigen, sowie deren Eltern, Vormündern und Arbeitgebern obliegenden Verpflichtungen bestimmt und diejenigen Vorschriften erlassen werden, durch welche die Ordnung in der Fortbildungsschule und ein gebührliches Verhalten der Schüler gesichert wird. Von der durch statuarische Bestimmung begründeten Verpflichtung zum Besuche einer Fortbildungsschule sind diejenigen befreit, welche eine Innungs- oder andere Fortbildungs- oder Fachschule besuchen, sofern der Unterricht dieser Schule von der höheren Verwaltungsbehörde als ein ausreichender Ersatz des allgemeinen Fortbildungsunterrichts anerkannt wird.

IV Die in Abs. 3 Satz 1 ausgesprochene Pflicht kann für eine Gemeinde oder einen weiteren Kommunalverband durch Anordnung der höheren Verwaltungsbehörde eingeführt werden, wenn ungeachtet einer von ihr auf Antrag beteiligter Arbeitgeber oder Arbeiter an die Gemeinde oder den weiteren Kommunalverband erlassenen Aufforderung innerhalb der gesetzten Frist das Statut nicht erlassen worden ist. Die im Abs. 3 vorgesehenen Bestimmungen werden in diesem Falle von der höheren Verwaltungsbehörde getroffen. Gegen die Aufforderung und die Anordnungen der höheren Verwaltungsbehörde ist Beschwerde an die Landeszentralbehörde zulässig.

V Die Unterrichtszeiten werden von der hierfür nach Landesrecht zuständigen Behörde festgesetzt und bekanntgemacht.

(In der Fass. der Nov. vom 1. Juni 1891; Abs. 3 abgeändert durch Art. 9 der Nov. vom 30. Juni 1900 u. Art. 1 Ziff. III der Nov. vom 27. Dezember 1911, Abs. 4 u. 5 durch letztere Nov. eingeschaltet.)

§ 139 i. I Die durch § 76 Abs. 4 des Handelsgesetzbuchs [1]) sowie durch § 120 Abs. I begründete Verpflichtung des Geschäftsinhabers findet an Orten, wo eine vom Staate oder der Gemeindebehörde anerkannte Fachschule besteht, hinsichtlich des Besuchs dieser Schule entsprechende Anwendung.

II Der Geschäftsinhaber hat die Gehilfen und Lehrlinge unter achtzehn Jahren zum Besuche der Fortbildungs- und Fachschule anzuhalten und den Schulbesuch zu überwachen.

(Eingeschaltet durch Art. 14 Ziff. I der Novelle vom 30. Juni 1900.)

§ 142. I Statutarische Bestimmungen einer Gemeinde oder eines weiteren Kommunalverbandes können die ihnen durch das Gesetz überwiesenen gewerblichen Gegenstände mit verbindlicher Kraft ordnen. Dieselben werden nach Anhörung beteiligter Gewerbetreibender und Arbeiter abgefaßt, bedürfen der Genehmigung der höheren Verwaltungsbehörde und sind in der für Bekanntmachungen der Gemeinde oder des weiteren Kommunalverbandes vorgeschriebenen oder üblichen Form zu veröffentlichen.

---

[1]) § 76 Abs. 4 HGB. lautet:
In Betreff der Verpflichtung des Lehrherrn, dem Lehrlinge die zum Besuche einer Fortbildungsschule erforderliche Zeit zu gewähren, bewendet es bei den Vorschriften des § 120 der Gewerbeordnung.

II Die Zentralbehörde ist befugt, statutarische Bestimmungen, welche mit den Gesetzen oder den statutarischen Bestimmungen des weiteren Kommunalverbandes in Widerspruch stehen, außer Kraft zu setzen.

(In der Fassung der Nov. vom 1. Juli 1891.)

§ 150. I Mit Geldstrafe bis zu zwanzig Mark und im Unvermögensfalle mit Haft bis zu drei Tagen für jeden Fall der Verletzung des Gesetzes wird bestraft: ...

4. wer den Bestimmungen des § 120 Abs. 1, des § 139 i oder einer auf Grund des § 120 Abs. 3 erlassenen statuarischen Bestimmung zuwiderhandelt [1]. ...

II Landesgesetzliche Vorschriften gegen die Verletzung der Schulpflicht, nach welchen eine höhere Strafe eintritt, werden durch die Bestimmung unter Ziff. 4 nicht berührt [2].

---

4. Polizeistrafgesetzbuch für Bayern vom 26. Dezember 1871 (GBl. 1871/72 S. 9, Weber 9 S. 192).

Auszug.

Art. 56. Eltern, Pflege-Eltern, Vormünder, Dienst- und Lehrherren, welche ihren schulpflichtigen Kindern, Pflege-Kindern, Mündeln, Dienstboten oder Lehrlingen den Besuch von Wirtshäusern ohne gehörige Aufsicht oder den Besuch öffentlicher Tanzunterhaltungen gestatten, werden an Geld bis zu dreißig Mark oder mit Haft bis zu acht Tagen gestraft.

Mit Haft bis zu sechs Tagen sind Sonntagsschulpflichtige zu bestrafen, welche öffentlichen Tanzunterhaltungen anwohnen oder ohne Erlaubnis der Eltern, Pflege-Eltern, Vormünder, Dienst- oder Lehrherren, Wirtshäuser besuchen.

Art. 58 [3]. I Umfang und Dauer der Schulpflicht werden durch Verordnung bestimmt.

II An Geld bis zu 150 *RM* oder mit Haft werden auf Antrag der zuständigen Schulbehörde bestraft:

1. Erziehungsberechtigte, die es ohne genügenden Grund unterlassen, die ihrer Erziehungsgewalt unterstellten schulpflichtigen Kinder zum Besuche des Unterrichts anzuhalten; den Erziehungsberechtigten stehen die Personen gleich, denen die Erziehung schulpflichtiger Kinder übertragen ist, insbesondere die Vorstände von Erziehungsanstalten und die Dienst- und Lehrherren;
2. Schulpflichtige, die aus eigenem Verschulden den Besuch des Unterrichtes der Fortbildungsschule versäumen.

---

[1]) Ziff. 4 eingefügt durch Nov. vom 1. Juni 1891, wurde durch Art. 15 Nov. vom 30. Juni 1900 abgeändert.

[2]) Abs. 2 ist eingefügt durch die Nov. vom 1. Juni 1891. Vgl. hierher Art. 58 PStrGB., der eine höhere Strafandrohung enthält und daher, wenn der bezügl. Tatbestand gegeben ist, an Stelle von § 150 Abs. 1 Ziff. 4 RGewO. zur Anwendung kommt (Reger-Stößel 1929 S. 595 mit 597).

[3]) Art. 58 des PStGB. in der Fassung nach § 33 d. SchAG. vom 1. August 1922 (GVBl. S. 385) hat durch § 1 des Ges. vom 8. April 1930 (GVBl. S. 109, Anh. Nr. 89) wesentliche Aenderungen erfahren. Der nunmehr gültige oben angegebene Wortlaut ist der Bek. des Staatsmin. f. Unterr. und Kultus vom 20. Juni 1930 Nr. IV 20 697 über die Behandlung der Schulversäumnisse (KMBl. S. 135) entnommen.

III Ob und wieweit dem Strafantrage der Schulbehörde ein Verwaltungsstrafverfahren vor den Schulpflegschaften oder den Schulbehörden vorauszugehen hat, wird durch Verordnung bestimmt. Im Verwaltungsstrafverfahren kann nach näherer Bestimmung der Verordnung für jedes Versäumnis die Strafe des Verweises oder Geldstrafe von 1 bis 100 *RM* gegen Erziehungsberechtigte, von 1 bis 50 *RM* gegen Schulpflichtige festgesetzt werden. Die Strafverfolgung im Verwaltungsstrafverfahren verjährt in 3 Monaten.

IV Die Erziehungsberechtigten (Abs. II Ziff. 1) haften mit den Schulpflichtigen samtverbindlich für die Zahlung der Geldstrafen, die gegen die ihrer Erziehungsgewalt unterstellten Schulpflichtigen im gerichtlichen Strafverfahren oder im Verwaltungsstrafverfahren verhängt werden, es sei denn, daß sie außerstande waren, die Uebertretung zu verhindern. Die Haftung ist im gerichtl. Strafverfahren oder im Verwaltungsstrafverfahren auszusprechen.

Art. 58 a [1]). I An Geld bis zu 150 *RM* oder mit Haft wird bestraft, wer vorsätzlich

1. Schulpflichtige gegen die Schule oder die Lehrer aufreizt oder
2. die Achtung Schulpflichtiger vor der Schule oder den Lehrern untergräbt oder
3. in sonstiger Weise gegenüber Schulpflichtigen der Erziehungsarbeit der Schule entgegenarbeitet.

II Die Strafverfolgung tritt nur auf Antrag der zuständigen Schulbehörde ein. Die Zurücknahme des Antrags ist zulässig.

Art. 59 [2]). I An Geld bis zu 150 *RM* und mit Haft oder mit einer dieser Strafen wird bestraft,

1. wer ohne die nach Verordnung erforderliche Genehmigung oder Anzeige oder entgegen einem auf Grund einer Verordnung ergangenen Verbot oder Gebote der zuständigen Behörde eine Erziehungsanstalt, eine Unterrichtsanstalt oder ein gewerbsmäßiges sonstiges Unterrichtsunternehmen gründet, betreibt oder leitet, oder
2. wer ohne die nach Verordnung erforderliche Anzeige oder entgegen einem auf Grund einer Verordnung ergangenen Verbot oder Gebote der zuständigen Behörde anderweitig gewerbsmäßig Unterricht erteilt.

II Im Strafurteil ist die Zulässigkeit der Schließung der Anstalt oder des sonstigen Unterrichtsunternehmens auszusprechen.

Art. 118. An Geld bis zu fünfzehn Mark wird gestraft, wer ... zur Hut schulpflichtige Kinder mit Versäumung ihrer Schulpflicht verwendet.

---

5. Gesetz über die Errichtung eines Verwaltungsgerichtshofes und das Verfahren in Verwaltungsrechtssachen vom 8. August 1878 (GVBl. S. 369, Weber 12 S. 424).

Auszug.

Art. 8. Verwaltungsrechtssachen im Sinne dieses Gesetzes sind alle bestrittenen Rechtsansprüche und Verbindlichkeiten in nachbenannten Angelegenheiten:

---

[1] Art. 58 a ist durch § 2 des Ges. vom 8. April zur Aenderung und Ergänzung einiger Bestimmungen des Polizeistrafgesetzbuches eingeschaltet worden. S. auch die VollzBek. vom 2. Juli 1930 (KMBl. S. 141) und die VollzE. vom gleichen Tage (KMBl. S. 141).

[2]) Fassung nach § 3 des Ges. vom 8. April 1930.

11 [1]. Fixierung, Sicherung, Veränderung und Ablösung von Grundlasten, Forstberechtigungen, Eheschaftsreichnissen und der auf dem Zehentrechte lastenden kirchlichen Baupflicht, Fixierung, Umwandlung und Ablösung von Reichnissen an Geistliche, an weltliche Kirchendiener und zum Einkommen der Schulstellen sowie von Stolgebühren und verwandten Abgaben.

35. Rechtsansprüche auf den Genuß oder Mitgenuß von Stiftungen; Rechte im Betreff der Stiftungsverwaltung und der Verleihung des Stiftungsgenusses.

38. Verbindlichkeit zur Teilnahme an den Gemeindelasten, Diensten, Umlagen und anderen Leistungen für Schulzwecke.

Art. 10. Der Verwaltungsgerichtshof ist, abgesehen von Art. 8, zur Bescheidung von Beschwerden gegen Beschlüsse oder Verfügungen der Kreisregierungen, Kammer des Innern, ... in folgenden Angelegenheiten zuständig:

17. Zugehörigkeit zu einem Schulverbande; Schulsprengelgrenzen.

18 [2]. Verbindlichkeiten zur Errichtung neuer Schulen und Lehrstellen auf Grund des Art. 8 bis 10 des Schulbedarfgesetzes.

19 [3]. Verbindlichkeiten zu Leistungen für den persönlichen und sächlichen Schulbedarf, insbesondere für die Bau- und Unterhaltungskosten der Gstulhäuser und der Gebäude, die zugleich Schul- und Mesnerhäuser sind, sowie für die Einrichtung und Beheizung der Schulräume.

20. Verteilung und Aufbringung des Schulbedarfs in Schulsprengeln, die aus mehreren Gemeinden oder Bestandteilen von solchen bestehen.

Art. 11 [4]. I Wenn Aenderungen im Bestande von Gemeinden, Gesamtarmenverbänden (jetzt Gesamtfürsorgeverbänden), Distrikten (jetzt Bezirken), Kreisen oder Schulverbänden eintreten und sich die Beteiligten über die Teilung oder Auseinandersetzung des Gemeinde-, Verbands-, Distrikts- (Bezirks-), Kreis- oder Schulvermögens, oder über die Rechte und Pflichten in Bezug auf bestehende Anstalten nicht gutlich zu einigen vermögen, so tritt in letzterer Beziehung schiedsrichterliche Entscheidung ein.

II Diese steht zu:

1. einer vom Staatsministerium des Innern delegierten Kreisregierung, Kammer des Innern, in denjenigen Fällen, in denen eine Gemeinde, welche einer Kreisregierung unmittelbar untergeordnet ist, eine Distrikts- oder Kreisgemeinde beteiligt erscheint;
2. einem von der vorgesetzten Kreisregierung delegierten Bezirksamte in allen übrigen Fällen.

III Gegen die Entscheidung der Kreisregierung, bezw. — in den Fällen der Ziff. 2 — des Bezirksamtes findet Berufung an den Verwaltungsgerichtshof statt, welcher in letzter Instanz entscheidet

IV Wird in dem Schiedsspruch ein einer Gemeinde, einer Ortschaft, einer abgesonderten Markung oder einem Schulverband gehörendes Grundstück auf eine andere Gemeinde, Ortschaft oder abgesonderte Markung oder

---

[1] Fassung nach Art. 96 Buchst. a KGO. vom 24. September 1912 (GVBl. S. 911) und Art. 78 Abs. 1 Ziff. 1 SchBG. vom 14. August 1919.

[2] Fassung nach Art. 78 Abs. 2 Ziff. 2 SchBG.

[3] Fassung nach Art. 78 Abs. 2 Ziff. 3 SchBG.

[4] Abs. IV ist durch Art. 30 Abs. 2 des Selbstverwaltungsgesetzes vom 22. Mai 1919 (GVBl. S. 239) hinzugefügt.

einem anderen Schulverband übertragen, so tritt die Eigentumsänderung mit der Rechtskraft des Schiedsspruches ein. Im Schiedsspruch kann ein anderer Zeitpunkt bestimmt werden.

Art. 12. Was in Art. 8, 10 und 11 bezüglich der Gemeinden bestimmt ist, gilt auch von den zu einer Gemeinde vereinigten Ortschaften in ihren Verhältnissen unter sich, zur Gemeinde und zu den Ortsangehörigen.

---

6. VO., die Errichtung der Volksschulen und die Bildung der Schulsprengel betr. vom 26. August 1883 (GVBl. S. 407, KMBl. S. 247, Weber 16 S. 372)[1].

Wir finden Uns bewogen, unter teilweiser Abänderung Unserer Verordnung vom 29. August 1873 über die Errichtung der Volksschulen und die Bildung der Schulsprengel zu bestimmen, wie folgt:

§ 1. Jede Gemeinde soll wenigstens e i n e Volksschule besitzen und mit ihrer Markung einen Schulsprengel bilden.

§ 2. Aus erheblichen Gründen, namentlich bei geringer Schülerzahl und geringer Leistungsfähigkeit einzelner Gemeinden, kann gestattet werden, daß für mehrere Gemeinden eine Volksschule gemeinsam gehalten und aus den Markungen derselben ein Schulsprengel gebildet werde.

§ 3. Mit Rücksicht auf die Entfernung oder Beschwerlichkeit des Weges zur Gemeindeschule kann die Zuweisung von Bestandteilen einer Gemeindemarkung zum Schulsprengel einer Nachbargemeinde verfügt, oder wenn sich dieses nicht ermöglichen läßt, für dieselben in Verbindung mit einer anderen Gemeinde oder Bestandteilen einer Gemeindemarkung, welche hiefür passend gelegen sind, die Errichtung einer neuen Schule und die Bildung eines neuen Schulsprengels angeordnet werden.

Bei Bildung neuer Schulsprengel ist neben den räumlichen Verhältnissen in erster Linie die Konfession der Schulpflichtigen entscheidend[2].

§ 4. In größeren Gemeinden sind nach Maßgabe des Bedürfnisses mehrere Volksschulen zu errichten und ist der Schulsprengel in eine der Anzahl der Schulen entsprechende Zahl von Schulbezirken räumlich abzuteilen.

§ 5. Der Sprengel, beziehentlich Bezirk einer Volksschule erstreckt sich auf alle innerhalb der Grenzen desselben wohnenden Familien ohne Unterschied des Glaubensbekenntnisses.

§ 6. Wenn jedoch in Gemeinden mit konfessionell gemischter Bevölkerung für die Angehörigen der verschiedenen Kirchengesellschaften gesonderte Volksschulen bestehen, erstrecken sich die Bezirke der einzelnen Schulen nur auf die innerhalb derselben wohnenden Familien derjenigen Kirchengesellschaft, für welche die betreffende Schule errichtet ist.

§ 7. Die Volksschulen sind regelmäßig konfessionelle Schulen; ausnahmsweise können jedoch in außerordentlichen, durch zwingende Verhältnisse bedingten Fällen konfessionell getrennte christliche Volksschulen einer

---

[1]) S. auch die ME. vom 18. September 1867 (Anhang Nr. 2).

[2]) An die Stelle des nachfolgenden Abs. 3 ist Art. 9 SchBG. getreten; s. Art. 75 Abs. I SchBG.

Gemeinde auf Antrag der Gemeindebehörde in konfessionell gemischte Schulen umgewandelt werden [1]).

Ein solcher Antrag erfordert in Gemeinden mit städtischer Verfassung die Zustimmung des Kollegiums der Gemeindebevollmächtigten, in Gemeinden mit Landgemeindeverfassung und in den Gemeinden der Pfalz die Zustimmung der Gemeindeversammlung in einem ordnungsmäßig gefaßten Beschlusse.

Diese Zustimmung muß jedoch in Gemeinden unter 20 000 Seelen mit einer Mehrheit von zwei Dritteilen der abgegebenen Stimmen erfolgen.

In Gemeinden mit einer größeren Einwohnerzahl ist eine Mehrheit von zwei Dritteilen der abgegebenen Stimmen erforderlich, wenn sich die Umwandlung auf nicht mehr als die Hälfte der bestehenden Konfessionsschulen, eine Mehrheit von drei Vierteilen aber, wenn sich die Umwandlung auf mehr als die Hälfte dieser Schulen erstrecken soll.

Vor der Umwandlung konfessioneller Schulen in konfessionell gemischte Schulen ist jedesmal das Gutachten der kirchlichen Oberbehörden darüber zu erholen, ob der Erteilung zureichenden Religionsunterrichtes kein Hindernis im Wege steht; wo ein solches konstatiert ist, ist die Genehmigung zu versagen.

Die Umwandlung bleibt unter allen Umständen ausgeschlossen, wenn bei der einen oder der anderen konfessionellen Schule stiftungsmäßige Bestimmungen in Mitte liegen, welche im Sinne des § 9 Abs. 4 und des § 10 Titel IV der Verfassungsurkunde [2]) und der §§ 46 und 47 der Beilage II der Verfassungsurkunde [2]) hindernd entgegenstehen.

§ 8. Unter denselben Voraussetzungen, unter welchen die Umwandlung von konfessionellen Volksschulen in konfessionell gemischte Schulen zulässig ist, kann auch die Umwandlung von gemischten Schulen in konfessionelle Schulen gestattet werden [1]).

§ 9. Wenn eine Gemeinde mit konfessionell gemischter Bevölkerung eine neue Schule aus Gemeindemitteln errichtet, ohne daß ihr hierzu eine rechtliche Verpflichtung obliegt, so kann diese Schule auf den Antrag der Gemeindebehörde als gemischte Schule erklärt werden.

§ 10. Wo für die Angehörigen der verschiedenen Konfessionen nur eine oder mehrere gemeinsame Volksschulen bestehen, ist Vorsorge zu treffen, daß die Schulkinder den vorgeschriebenen Unterricht ihrer Religion, bezüglich dessen die verfassungsmäßigen Rechte und Zuständigkeiten der kirchlichen Behörden ausdrücklich gewahrt bleiben, gesondert erhalten.

§ 11. Ein Zwang zum Besuch einer konfessionell gemischten Schule darf insolange nicht eintreten, als der Besuch einer konfessionellen Schule möglich gemacht werden kann. Den Mitgliedern der einen oder anderen Konfession, welche Bedenken tragen, ihre schulpflichtigen Kinder in die betreffende allgemeine Volksschule zu schicken, muß deshalb, insoferne nicht eine förmliche Umschulung ausführbar und vorzuziehen ist, unbeschadet der gesetzlichen Umlagenpflicht der Besuch einer benachbarten Volksschule ihrer Konfession dann gestattet werden, wenn die gesetzliche Vertretung dieser be-

---

[1]) Die nachfolgenden Absätze II mit IV sind durch die neue Gemeindegesetzgebung (vgl. nunmehr Gemeindeordnung vom 17. Oktober 1927 — GVBl. S. 293) überholt, s. aber auch Anm. 13 zu Art. 10 SchBG. oben.

[2]) S. nunmehr § 25 der Verfassungsurkunde vom 14. August 1919 (GVBl. S. 531).

nachbarten Volksschule zustimmt und die Schulraumverhältnisse nicht absolut hindernd im Wege stehen. Ebenso darf, falls in einer Gemeinde eine Mehrzahl von Schulen sich befindet, ein Zwang für die Eltern, ihre Kinder einer konfessionell gemischten Schule zuzuweisen, nicht geübt werden. Auch bleibt es den beteiligten Eltern unbenommen, eine Schule ihrer Konfession für sich allein oder in Verbindung mit Konfessionsverwandten benachbarter Orte aus eigenen Mitteln zu gründen.

Die Schulen der letzteren Art sind in Bezug auf Dotation, Organisation, Besetzung und Leitung wie die öffentlichen Volksschulen zu behandeln.

§ 12. An Volksschulen für eine bestimmte Konfession dürfen nur Lehrer derselben Konfession angestellt werden.

An konfessionell gemischten Volksschulen mit nur e i n e r Lehrstelle richtet sich die Konfession des anzustellenden Lehrers, wenn nichts anderes hergebracht ist, nach der Konfession der nach dem Durchschnitte der letzten zehn Jahre zu berechnenden Mehrheit der schulpflichtigen Kinder.

An konfessionell gemischten Schulen mit mehreren Lehrstellen ist darauf Rücksicht zu nehmen, daß von jeder beteiligten Konfession Lehrer in entsprechender Zahl zur Anstellung gelangen.

§ 13 [1]. ...

§ 14. Die Beschlußfassung über die Errichtung neuer, die Aufhebung bestehender Volksschulen, die Bildung und Abänderung der Schulsprengel und Schulbezirke sowie über alle hiebei zu ordnenden Verhältnisse steht der einschlägigen Kreisregierung, Kammer des Innern, zu. Gegen die Entscheidung der Regierung ist den Beteiligten, dann den kirchlichen Oberbehörden, insoweit ihr bei Errichtung konfessionell gemischter Schulen eingeholtes Gutachten unberücksichtigt geblieben ist, die Beschwerdeführung an das Staatsministerium des Innern für Kirchen- und Schulangelegenheiten als zweite und letzte Instanz innerhalb einer unerstrecklichen Frist von vierzehn Tagen gestattet.

Bei Würdigung und Bescheidung der Anträge auf Umwandlung der konfessionellen Schulen in konfessionell gemischte Schulen ist übrigens mit der größten Umsicht zu verfahren und insbesondere ins Auge zu fassen, ob die Umwandlung im Hinblick auf die lokalen Verhältnisse wirklich als sachgemäß zu erachten ist und ob hiedurch das Unterrichts-Interesse gefördert wird.

§ 15. Gegenwärtige für alle Landesteile geltende Verordnung tritt mit dem Tage ihrer Verkündung in Wirksamkeit.

Gleichzeitig erlöschen alle mit derselben in Widerspruch stehenden früheren Vorschriften.

---

7. V., die Gründung, Leitung und Beaufsichtigung von Erziehungsanstalten und Unterrichtsanstalten betr., vom 10. Mai 1905 (GVBl. S. 471, KMBl. S. 179, Weber 33 S. 732).

Wir finden Uns bewogen, auf Grund des Artikels 59 des Polizeistrafgesetzbuches vom 26. Dezember 1871 bezüglich der Gründung, Leitung

[1] Die Bestimmungen des § 13 über die Lokal- und Stadtbezirks-Schulinspektionen für gemischte Schulen sind durch die Vorschriften des SchBG. vom 1. August 1922 ersetzt und außer Kraft getreten (s. § 32 ebenda).

und Beaufsichtigung von Erziehungsanstalten und Unterrichtsanstalten zu verordnen, was folgt:

§ 1. Wer eine Erziehungsanstalt oder Unterrichtsanstalt gründen oder leiten will, bedarf hiezu der Genehmigung.

Als eine Unterrichtsanstalt im Sinne dieser Verordnung gilt jede Unterrichtsunternehmung, die nach ihrer Einrichtung und Ausgestaltung darauf berechnet ist, zum Zwecke der Erreichung eines bestimmten Lehrzieles den Unterricht in einem schulmäßigen oder schulähnlichen Betriebe zu erteilen, gleichviel ob die Unternehmung für den Besuch von öffentlichen Unterrichtsanstalten einen Ersatz bieten will oder nicht.

Die Beschränkung des Besuches einer Anstalt auf die Mitglieder eines Vereins oder deren Angehörige oder auf sonstige bestimmte Gruppen von Personen befreit die Unternehmung nicht von der Genehmigungspflicht.

Erziehungsanstalten und Unterrichtsanstalten des Staates und der Kreisgemeinden, dann Anstalten, die von Gemeinden zum Zweck der Erfüllung einer gesetzlichen Verpflichtung errichtet werden, fallen nicht unter diese Verordnung.

Erziehungsanstalten und Unterrichtsanstalten, die auf Grund der Bestimmungen des Titels VI der Gewerbeordnung errichtet werden, unterliegen nicht der durch diese Verordnung festgesetzten Genehmigungspflicht. Die aufsichtlichen Befugnisse der obersten Unterrichtsverwaltung gegenüber solchen Anstalten bleiben unberührt.

§ 2. Zuständig zur Erteilung der gemäß § 1 erforderlichen Genehmigung sind

1. das Staatsministerium des Innern für Kirchen- und Schulangelegenheiten
   a) bei Unterrichtsanstalten, welche einen Ersatz bieten wollen für den Besuch der staatlichen Hochschulen und Fachschulen mit Hochschulcharakter, der Gymnasien (humanistische und Realgymnasien), Progymnasien und Lateinschulen, der Industrieschulen und Realschulen, der den Realschulen gleichgestellten Landwirtschaftsschulen, der Kunstgewerbeschulen und der Hebammenschulen,
   b) bei Anstalten, welche die Heranbildung zum geistlichen Stande oder zum Volksschullehrer- und Volksschullehrerinnenberufe bezwecken;
2. die Kreisregierungen, Kammern des Innern,
   a) bei Musik- und Kunstschulen, bei kunstgewerblichen, landwirtschaftlichen, technischen und sonstigen Fachschulen [1]), bei Handelsschulen, Baugewerkschulen, gewerblichen und kaufmännischen Fortbildungsschulen, soweit nicht Ziffer 1 einschlägt,
   b) bei Unterrichtsanstalten für Frauen und Mädchen mit einem über die Aufgabe des Elementarunterrichts hinausgehenden Lehrziele, soweit nicht Ziffer 1 einschlägt,
   c) bei Unterrichtsanstalten mit dem Lehrziele des Elementarunterrichtes, welche Kindern im volksschulpflichtigen Alter einen Ersatz für den Besuch der öffentlichen Volksschulen bieten wollen [2]),
   d) bei Anstalten für körperlich oder geistig nicht normale oder in der Entwicklung zurückgebliebene Kinder;

---

[1]) Z. B. Arbeits-, Handarbeits-, Nähschulen (s. auch Fußnote 1 auf S. 290).

[2]) S. auch Bek. vom 25. Januar 1929 (KMBl. S. 17, Anh. Nr. 85) Ziff. III.

3. die Distriktsverwaltungsbehörden bei allen übrigen Erziehungsanstalten und Unterrichtsanstalten [1]).

Die Zuständigkeit der Distriktsverwaltungsbehörden geht an die Kreisregierungen, Kammern des Innern, über, wenn genehmigungspflichtige Anstalten der unter Ziffer 3 fallenden Art durch Städte errichtet werden, die einer Kreisregierung unmittelbar untergeordnet sind.

§ 3. Ergeben sich hinsichtlich der Zuständigkeit zur Erteilung der Genehmigung bei einer einzelnen Anstalt Zweifel, so entscheidet die Stelle, welcher die höhere Zuständigkeit zukommt. Das Staatsministerium des Innern für Kirchen- und Schulangelegenheiten entscheidet in jedem Falle, wenn solche Zweifel bei einer Gattung von Anstalten entstehen.

Das Staatsministerium des Innern für Kirchen- und Schulangelegenheiten ist befugt, erforderlich werdende Ergänzungen der Zuständigkeitsausscheidung des § 2 durch Ministerialentschließung anzuordnen.

§ 4. Auf Wohltätigkeitsanstalten, die zugleich Erziehungsanstalten oder Unterrichtsanstalten sind (Waisenhäuser, Rettungshäuser, Kinderbewahranstalten u. dgl.), findet die gegenwärtige Verordnung gleichfalls Anwendung [2]).

[Die erforderliche besondere Genehmigung bleibt vorbehalten, wenn mit der Gründung oder Uebernahme von Erziehungsanstalten oder Unterrichtsanstalten die Errichtung von Klöstern oder geistlichen Genossenschaften oder von Zweigniederlassungen derselben verbunden werden soll.]

§ 5. Mit dem Gesuche um die Genehmigung zur Errichtung einer Erziehungsanstalt oder Unterrichtsanstalt sind diejenigen Nachweise, Belege und Erläuterungen (Gebäudepläne, Satzungen, dann eventuell Lehrpläne, Haus- und Disziplinarordnungen, Lehrerverzeichnisse und Lehrmittelnachweisungen usw.), welche nach Art und Umfang der Anstalt zur vollständigen Würdigung des Gesuches notwendig sind, vorzulegen, sowie alle sonst von der zuständigen Behörde noch für erforderlich erachteten Aufschlüsse zu geben.

§ 6. Der Bescheidung der Gesuche um die Genehmigung zur Errichtung einer Erziehungsanstalt oder Unterrichtsanstalt hat eine erschöpfende Instruktion durch die zuständige Behörde voranzugehen, wobei auch die nach Lage der Sache beteiligten anderen Behörden, dann die einschlägigen sachverständigen Organe einzuvernehmen sind.

§ 7. Die Genehmigung kann versagt werden, wenn dem Bedürfnisse innerhalb eines hierbei in Betracht kommenden Umkreises durch eine oder mehrere bestehende Anstalten der betreffenden Art bereits genügt und eine weitere Mehrung dieser Anstalten im allgemeinen Interesse nicht wünschenswert ist.

§ 8. Begründer und Inhaber, dann Leiter, Lehrer, Aufsichtsorgane und Bedienstete einer Erziehungsanstalt oder Unterrichtsanstalt können nur Personen sein, deren vollkommene sittliche und bürgerliche Unbescholtenheit keinen gerechtfertigten Bedenken unterliegt.

Außerdem haben nachzuweisen die Begründer und Uebernehmer den Besitz der erforderlichen Mittel, die Leiter eine der Aufgabe und dem Um-

---

1) Z. B. Kindergärten (s. auch Fußnote 1 auf S. 290).

2) Der nachfolgende Absatz 2 ist durch Art. 124 RV. gegenstandslos geworden. Zur Errichtung von Klöstern oder geistlichen Genossenschaften als solchen oder von Zweigniederlassungen derselben ist eine staatliche Genehmigung nicht mehr erforderlich.

fange der Anstalt entsprechende theoretische und praktische Berufsbildung, die Lehrer für solche Unterrichtsfächer, für welche vom Staate Prüfungen eingerichtet sind, das Bestehen der einschlägigen Prüfungen, die übrigen Lehrer eine für ihre Aufgabe angemessene Lehrbefähigung.

Der Entscheidung des Staatsministeriums des Innern für Kirchen- und Schulangelegenheiten bleibt vorbehalten, ob und wie lange für einzelne Gattungen von Anstalten, für einzelne Lehrfächer oder für einzelne Lehrkräfte der nach Absatz 2 erforderliche Nachweis des Bestehens einer staatlichen Prüfung erlassen werden kann.

Die Inhaber und Leiter der Erziehungsanstalten und Unterrichtsanstalten sind für das Verhalten der Lehrer, Aufsichtspersonen und Bediensteten der Anstalten der Aufsichtsbehörde gegenüber verantwortlich.

Die Besoldungen oder Dienstbezüge, ferner die Beschäftigungsdauer der Lehrer, Aufsichtspersonen und Bediensteten an den Erziehungsanstalten und Unterrichtsanstalten müssen angemessen sein. Ob die Besoldungen oder die Dienstbezüge und die Beschäftigungsdauer angemessen sind, entscheidet die Aufsichtsbehörde. Die Aufsichtsbehörde ist befugt, an die Inhaber der Erziehungsanstalten und Unterrichtsanstalten über die Besoldungen oder Dienstbezüge und über die Beschäftigungsdauer der Lehrer, Aufsichtspersonen und Bediensteten Weisungen zu erlassen [1]).

§ 9. Bei Genehmigung einer Erziehungsanstalt oder Unterrichtsanstalt ist auch der Name festzustellen, den sie zu führen hat.

Der Name jeder Erziehungsanstalt oder Unterrichtsanstalt hat ihrem Zweck, Charakter und Umfang zu entsprechen. Bezeichnungen und Beisätze, welche zu einer Irreführung Anlaß geben können, sind unzulässig.

Die Inhaber und Leiter der Erziehungsanstalten und Unterrichtsanstalten haben in ihren Ausschreibungen, Einladungen, Programmen, Zeugnissen usw. alles fernzuhalten, was auf Irreführung abzielt oder solche zu bewirken geeignet ist.

§ 10. Wesentliche Aenderungen der Organisation einer genehmigten Erziehungsanstalt oder Unterrichtsanstalt, dann der Anstaltsgebäude und ihrer Raumeinteilung, ferner Aenderungen des Namens der Anstalt, der Satzungen, der Haus- und Disziplinarordnungen und der Lehrpläne, endlich ein Wechsel in der Person der Anstaltsinhaber oder bei dem Lehr- und Aufsichtspersonale bedürfen der Genehmigung der gemäß § 2 zuständigen Behörde.

Leiter, Lehrer, Aufsichtspersonen und Bedienstete, welche die für ihre Verwendung erforderlichen Eigenschaften nicht mehr besitzen, dürfen nicht im Verbande einer Erziehungsanstalt oder Unterrichtsanstalt belassen werden.

Tritt der Verlust der für die Zulassung erforderlichen Eigenschaften bei dem Inhaber einer Erziehungsanstalt oder Unterrichtsanstalt ein, so kann, wenn nicht ein Wechsel seiner Person erfolgt, von der gemäß § 2 zuständigen Behörde die Zurücknahme der erteilten Genehmigung der Anstalt ausgesprochen werden.

§ 11. Alle Erziehungsanstalten und Unterrichtsanstalten unterstehen der Oberaufsicht des Staates. Die unmittelbare Aufsicht wird durch die gemäß § 2 zur Erteilung der Genehmigung zuständigen Behörden ausgeübt. Das Staatsministerium des Innern für Kirchen- und Schulangelegenheiten

[1]) Der letzte Absatz ist durch die V. vom 8. April 1919 (GVBl. S. 160) angefügt.

und die Kreisregierungen, Kammern des Innern, können hierbei in angemessenem Umfange die Mitwirkung der ihnen unterstellten Behörden in Anspruch nehmen. Das Staatsministerium des Innern für Kirchen- und Schulangelegenheiten erläßt die für einzelne Anstalten oder Gattungen von solchen hinsichtlich der Aufsicht etwa erforderlichen besonderen Anordnungen[1].

§ 12. Die Aufsichtsbehörden haben die Erziehungsanstalten und Unterrichtsanstalten tunlichst wenigstens einmal im Jahre einer eingehenden Besichtigung zu unterstellen. Hierbei ist nach Erfordernis auf die Beiziehung von Schulmännern, dann von ärztlichen und technischen Sachverständigen Bedacht zu nehmen.

Ueber das Ergebnis der Besichtigung ist den Inhabern und Leitern der Erziehungsanstalten und Unterrichtsanstalten Bescheid zu erteilen.

Die Leiter der Erziehungsanstalten und Unterrichtsanstalten haben den Aufsichtsbehörden Jahresberichte einzureichen, welche diesen die erforderlichen Aufschlüsse über den Gesamtzustand der Anstalt geben und von ihnen zu bescheiden sind.

§ 13. Die Inhaber und Leiter der Erziehungsanstalten und Unterrichtsanstalten haben den Weisungen der Aufsichtsbehörden, welche, insbesondere anläßlich der Genehmigung der Anstalten, der Anzeige beabsichtigter Aenderungen (§ 10), der Vornahme der Besichtigungen und der Vorlage der Jahresberichte, an sie ergehen, vorbehaltlich des in § 15 geregelten Rechtes der Beschwerdeführung, Folge zu leisten.

Bleiben diese Weisungen trotz Mahnungen unbeachtet oder erleiden sonst die Voraussetzungen, unter denen die betreffenden Anstalten genehmigt wurden, eine die Interessen der Sittlichkeit, der Gesundheit oder des Unterrichts gefährdende, auf anderem Wege innerhalb angemessener Frist nicht zu behebende Aenderung, so kann die Aufsichtsbehörde die Zurücknahme der Genehmigung aussprechen und erforderlichen Falles die sofortige Schließung der Anstalten anordnen.

§ 14. Werden einzelnen Erziehungsanstalten oder Unterrichtsanstalten oder Gattungen von solchen besondere Berechtigungen verliehen oder Beiträge aus Staats- oder Kreismitteln bewilligt, so können ihnen hiefür auch besondere Verpflichtungen auferlegt werden.

§ 15. Gegen die Verfügungen und Beschlüsse der Distriktsverwaltungsbehörden und der Kreisregierungen, Kammern des Innern, kann innerhalb einer vierzehntägigen Frist, von der Zustellung an gerechnet, Beschwerde an die vorgesetzte Stelle eingelegt werden. Der Beschwerde kann die aufschiebende Wirkung versagt werden, wenn die Rücksicht auf Sittlichkeit, Gesundheit oder Unterricht dies erfordert. Die in zweiter Instanz ergehenden Bescheide der Kreisregierungen können mit einer weiteren Beschwerde nicht angefochten werden.

---

[1] S. die Bek. vom 13. Januar 1907 „Allgemeine Bestimmungen über Einrichtung und Betrieb der nach Art. 59 des Polizeistrafgesetzbuchs genehmigungspflichtigen Erziehungsanstalten und Unterrichtsanstalten, insbesondere in Bezug auf Gesundheitspflege betreffend (KMBl. S. 33) und die Bek. vom 17. Dezember 1910, Allgemeine Bestimmungen über Einrichtung und Betrieb von Kinderbewahranstalten betr. (KMBl. S. 727), ferner bezüglich Handarbeitsschulen, Haushaltungsschulen usw. die Bek. vom 31. Mai 1920, die Schul- und Lehrordnung für die Handarbeitslehrerinnen-Seminare betr., Ziff. 1 u. 2 (KMBl. S. 179); endlich die MinBek. vom 25. Januar 1929 (KMBl. S. 17, Anh. Nr. 85) Ziff. III.

§ 16. Das Staatsministerium des Innern für Kirchen- und Schulangelegenheiten erläßt die besonderen Anordnungen, die hinsichtlich der Beschaffenheit und Einrichtung der Anstaltsgebäude und Anstaltsräume, dann hinsichtlich der Gestaltung des Unterrichts und der zulässigen Lehrmittel sowie der Behandlung und Verpflegung der Schüler und Zöglinge allgemein oder für einzelne Gattungen von Anstalten geboten sind [1]).

§ 17. Diese Verordnung, die auch für die schon bestehenden Anstalten Geltung hat, tritt mit dem 1. Juni 1905 in Kraft. Vom gleichen Tage an ist die Verordnung vom 18. April 1873, betreffend die Errichtung und Leitung von Erziehungs- und Unterrichtsanstalten, aufgehoben.

---

8. Bek., Vollzug des Artikels 8 des Schulbedarfgesetzes [2]) betr., vom 25. Mai 1906 (KMBl. S. 313, Weber 34 S. 355).

Im Hinblicke auf Art. 8 Abs. 1 des Schulbedarfgesetzes vom 28. Juli 1902 werden über Umfang und Beschaffenheit der dem Lehrpersonal an den Volksschulen gebührenden

Dienstwohnungen

nachstehende Vorschriften erlassen.

1 Hinsichtlich des Umfangs der Dienstwohnungen von Volksschullehrern in Gemeinden unter 2500 Seelen wird bei der Neuanlage von Schulhäusern zu beachten sein, daß eine solche Wohnung unter Umständen auch einem dienstälteren Lehrer mit großer Familie Raum zu bieten hat. Eine derartige Familiendienstwohnung wird deshalb in der Regel zu umfassen haben:

4 heizbare [3]) Zimmer mit einem Flächenraum von zusammen 75—85 qm (darunter ein Wohnzimmer von ca. 25 qm Flächenraum),
1 mit Dunstabzugskamin versehene Küche von 12—16 qm,
1 Kammer für einen Dienstboten von 8—10 qm,
1 Speisekammer von 5—7 qm,
1 Abort,
Keller- und Speicherraum, sowie ein Raum zum Lagern der Brennmaterialien und eine Waschküche von 20—25 qm.

Hierzu wird folgendes bemerkt:

1. Dienstwohnungen in den Schulgebäuden müssen von den eigentlichen Schulräumen möglichst abgesondert werden.

2. Die Wohn- und Schlafzimmer, die Küche und der Abort einer Lehrerwohnung sind womöglich so anzulegen, daß sie innerhalb eines Wohnungsverschlusses gelegen und von einem Vorplatze (Flur) aus direkt zugänglich sind.

---

[1]) S. Note 1 auf S. 290.

[2]) Vom 28. Juli 1902. Die Bek. enthält Vorschriften über Umfang und Beschaffenheit der Dienstwohnungen der Volksschullehrer, die im allgemeinen auch neben den Bestimmungen über die Dienstwohnungen im Schulbedarfgesetz vom 14. August 1919 (Art. 14 ff.) noch maßgebend sind. S. aber auch ME. vom 19. August 1924 (MABl. S. 125), abgedruckt unten unter Nr. 64.

[3]) D. h. mit Heizvorrichtung versehene ... (s. BayGemVZ. 40. Jahrg. [1930] S. 70).

3. Der Abort darf weder mit der Küche noch mit Wohnräumen in unmittelbarer Türverbindung stehen; eine solche ist auch zwischen Küche und Wohnräumen, wenn irgend tunlich, zu vermeiden.

4. Die lichte Höhe der Wohn- und Schlafzimmer kann besonders in Gegenden mit rauhem Klima zur leichteren Erwärmung bis auf 2,50 m ermäßigt werden. Als Wohn- oder Schlafräume zu benützende Zimmer und Kammern im Dachraum mit abgeschrägten Zimmerdecken sollen über der Hälfte ihrer Bodenfläche eine lichte Höhe von 2,50 m, keinesfalls aber unter 2,30 m haben, müssen vollkommen feuersichere Zugänge, allseitig selbständige und gegen extreme Temperaturen entsprechend geschützte Wände erhalten.

5. Wenn in demselben Gebäude mehrere Dienstwohnungen angelegt werden, sind die Keller- und Speicherteile, sowie die Anteile zur Lagerung der Brennmaterialien der einzelnen Nutznießer verschließbar einzurichten. Die Benützung der gemeinschaftlichen Waschküche und des gemeinschaftlichen Hofraums ist durch eine Instruktion zu regeln.

6. In Gemeinden, welche mit öffentlichen Hauswasserleitungen versehen sind, ist ein Strang, wenn irgend tunlich, auch in die Küche und Waschküche der Dienstwohnungen einzuleiten; andernfalls muß, wo immer die Terrainverhältnisse es gestatten, bei der Neuanlage für einen leichten Wasserbezug aus der Nähe des die Dienstwohnung umgebenden Geländes gesorgt werden.

7. Wo Dienstgebäude vorhanden sind, deren Bewirtschaftung mit Viehhaltung bisher durch den Inhaber des Dienstes stattfand, oder wo von der Verpachtung der Grundstücke zur Selbstbewirtschaftung und Viehhaltung aus dringenden in örtlichen Verhältnissen begründeten Ursachen übergegangen werden muß, sind dem Lehrpersonale die erforderlichen, nach der Größe der Dienstgründe zu bemessenden Wirtschaftsräume in gegendüblichem Umfange zur Verfügung zu stellen. Wo es die örtlichen Verhältnisse bedingen, kann auch die Herstellung eines Backofens und einer Räucherkammer als erforderlich erklärt werden.

8. Waschküchen sind in der Regel in besonderen Gebäuden einzurichten, können indes bei günstigen Terrainverhältnissen auch im Keller der Dienstwohngebäude angebracht werden, wenn sie von außen zugänglich gemacht, gewölbt, gegen die übrigen Kellerräume vollständig abgeschlossen und mit einem besonderen Dunstkamine versehen werden und wenn eine entsprechende Wasserableitung möglich ist.

9. Wo die klimatischen oder sonstigen Verhältnisse es erfordern, kann die Anbringung von Winterfenstern und von Fensterläden angeordnet werden.

II Dienstwohnungen von Volksschullehrerinnen, dann im Falle des Art. 4 Abs. 1 des angeführten Gesetzes von Schulverwesern müssen die Führung eines selbständigen Haushalts ermöglichen.

Eine derartige Wohnung wird bei der Neuanlage von Schulhäusern in Gemeinden unter 2500 Seelen in folgendem Umfange anzulegen sein:

2 heizbare Zimmer mit einem Flächenraume von zusammen 30 bis 36 qm,

1 Küche von 8—10 qm oder ein weiteres Zimmer von 10—15 qm mit einem Kochofen,

1 Kammer von 10—12 qm wenn irgend tunlich,

1 Abort,

Keller- und Speicherraum, sowie ein Raum zum Lagern der Brennmaterialien und eine Waschgelegenheit.

Die oben in Abschnitt I Ziff. 1—4, 6 und 9 gegebenen Vorschriften sind auch hieher bezüglich.

III Dienstwohnzimmer der übrigen Lehrpersonen (ständige Schulverweser, Schulverweserinnen, Hilfslehrer und Hilfslehrerinnen) müssen bei Neuanlage von Schulhäusern einen Umfang von 25 qm enthalten und heizbar sein. Wenn die Dienstwohnungen dieser Lehrpersonen im Dachgeschoß untergebracht werden müssen, sind die Bestimmungen in Abschnitt I Ziff. 4 entsprechend zu beachten. Außerdem ist diesem Lehrpersonal ein eigener Abortanteil, ein eigener Raum zum Lagern des Brennmaterials und zur Aufbewahrung von Packmaterialien (Kisten und Koffern) einzuräumen. Statt eines großen Zimmers können den Lehrpersonen dieser Kategorie zwei kleinere benachbarte Zimmer zugewiesen werden. Für die Wohnzimmer der einzelnstehenden Lehrpersonen, insbesondere der Schulverweserinnen und Hilfslehrerinnen, empfiehlt sich die Aufstellung eines Ofens mit Kochvorrichtung bester Konstruktion. Die Dienstwohnzimmer dieser Kategorie müssen von den übrigen Wohnungen genügend abgesondert sein und eine hygienisch einwandfreie Lage im Gebäude erhalten.

IV Die in Abschnitt I—III gegebenen Vorschriften sind auch zur Anwendung zu bringen, wenn Gemeinden über 2500 Seelen ausnahmsweise die Bereitstellung einer Dienstwohnung von der Kreisregierung auferlegt wird.

V Bestehende Dienstwohnungen, welche den in Abschnitt I—III für die Neuanlage gegebenen Vorschriften nicht entsprechen, sind, unbeschadet der zur Beseitigung von Mißständen ergehenden aufsichtlichen oder polizeilichen Anordnungen, nur allmählich mit diesen Vorschriften in Uebereinstimmung zu bringen. Dies hat namentlich zu erfolgen, wenn in bestehenden Schul- und Dienstwohngebäuden Erweiterungs- und Umbauten vorzunehmen sind. Hierbei ist auf die Leistungsfähigkeit und Belastung der beteiligten Gemeinden gebührende Rücksicht zu nehmen. Leistungsschwachen Gemeinden sind die notwendigen Verbesserungen mit tunlichster Schonung, die hygienisch vordringlichen zuerst aufzuerlegen. Bei der Besetzung von Schulstellen in leistungsschwachen Gemeinden mit nicht ganz entsprechenden Dienstwohnungen ist Rücksicht auf den Familienstand der Bewerber zu nehmen, falls die (K.) Regierungen nicht in der Lage sein sollten, durch ergiebige Staats- und Kreissonderzuschüsse die Wohnungsverhältnisse zu verbessern.

VI [1])

---

9. **Beamtengesetz** vom 16. August 1908 (GVBl. S. 581, Weber 36 S. 252).

Auszug.

Einstweilige Versetzung in den Ruhestand mit Wartegeld.

Art. 38. Der unwiderrufliche Beamte kann unter Bewilligung des gesetzlichen Wartegeldes einstweilen in den Ruhestand versetzt werden, wenn zu seiner Verwendung im Staatsdienst infolge einer Aenderung in der Organisation der Behörden oder ihrer Bezirke keine Gelegenheit mehr gegeben ist oder wenn ohne sein Verschulden Umstände vorliegen, durch die seine amtliche Wirksamkeit auch auf einer anderen Stelle nicht bloß vorübergehend gestört wäre.

---

[1]) Nunmehr durch den Wegfall der Wohnungsentschädigungen (s. die Fußnoten zu Art. 13 und 16 SchBG. oben) gegenstandslos.

1. Das Wartegelt beträgt achtzig vom Hundert des pensionsfähigen Diensteinkommens. Hat der Beamte zur Zeit der einstweiligen Versetzung in den Ruhestand eine pensionsfähige Dienstzeit von 22 Jahren noch nicht zurückgelegt, so wird das Wartegeld für jedes volle oder angefangene Jahr, das dem Beamten an der Dienstzeit von 22 Jahren fehlt, um je zwei vom Hundert des pensionsfähigen Diensteinkommens gekürzt. Das Wartegeld beträgt jedoch mindestens fünfzig[1]) vom Hundert dieses Diensteinkommens. Es darf achtzig vom Hundert des pensionsfähigen Diensteinkommens eines Beamten der letzten Dienstaltersstufe der Besoldungsgruppe A 1 a der Anlage 1 zum Beamtenbesoldungsgesetze vom 20. April 1928 nicht übersteigen, es sei denn, daß sich im Zeitpunkt der einstweiligen Versetzung in den Ruhestand ein höherer Ruhegehalt berechnen würde[2]).

2. Zum pensionsfähigen Diensteinkommen zählen der Grundgehalt, der pensionsfähige Satz des Ortszuschlags und der als pensionsfähig erklärte Teil des Nebeneinkommens. In den Fällen des Art. 28 des Beamtenbesoldungsgesetzes wird der pensionsfähige Satz des Ortszuschlags im gleichen Verhältnisse gekürzt wie der Ortszuschlag[3]).

3. Einem Beamten, der seinen dienstlichen Wohnsitz außerhalb des Königreichs (nun Freistaates) hat, sind bei seiner einstweiligen Versetzung in den Ruhestand die Kosten des Umzugs an den von ihm innerhalb des Königreichs (nun Freistaates) gewählten Wohnort nach der für die Vergütung der Umzugskosten an die Staatsbeamten maßgebenden Verordnung zu ersetzen.

4. Bezieht ein Wartegeldempfänger auf Grund der Unfallversicherungsgesetze eine Rente aus der Staatskasse, so wird das Wartegeld um den Betrag der Unfallrente gekürzt.

Art. 40. Der Anspruch auf das Wartegeld beginnt mit dem Ablauf des Vierteljahres, das auf den Monat folgt, in dem die einstweilige Versetzung in den Ruhestand dem Beamten bekanntgegeben wurde[4]). Bis dahin bezieht er noch seinen bisherigen Gehalt. Ist in der Verfügung ein späterer

---

[1]) SG. vom 10. Juli 1927 Art. 1, II (GVBl. S. 227).

[2]) Fassung n. Art. 1 Ziff. III d. V. vom 29. März 1924 (GVBl. S. 128, vgl. auch Art. 5 ebenda) und § 1 d. V. vom 13. September 1928 (GVBl. S. 405).

[3]) Neufassung nach Art. 45 Ziff. 1 des BBesG. in der Fassung vom 24. März 1923 (GVBl. S. 109), s. jedoch nunmehr Art. 54 Abs. I des neuen BBesG. vom 20. April 1928 (GVBl. S. 205), wonach unter dem Ausdruck „Gehalt" oder „Diensteinkommen" im Beamtengesetz künftig das Diensteinkommen im Sinne des Art. 1 BBesG. vom 20. April 1928 zu verstehen ist, soweit nicht ausdrücklich anders bestimmt ist (hier nicht zutreffend). Nach Art. 1 BBesG. erhalten die etatmäßigen Beamten als Diensteinkommen nunmehr einen Grundgehalt und einen Wohnungsgeldzuschuß (nicht mehr einen Ortszuschlag). Neben diesem Diensteinkommen erhalten die Beamten auch Kinderzuschläge. Zulagen und sonstige Bezüge werden nur in besonderen wenigen, im Gesetz eigens bestimmten oder zugelassenen Fällen gewährt.

Dem Art. 28 des BBesG. in d. Fass. vom 24. März 1923 entspricht nunmehr Art. 15 Abs. II des BBesG. vom 20. April 1928.

[4]) Fassung nach V. vom 29. März 1924 Art. 1 Ziff. IV (GVBl. S. 128) und G. vom 10. Juli 1927 Art. 1 Ziff. III (GVBl. S. 227).

Zeitpunkt für die Wirksamkeit der einstweiligen Versetzung in den Ruhestand bestimmt, so beginnt der Anspruch auf das Wartegeld mit diesem Zeitpunkte.

Art. 41. 1. Das Wartegeld wird monatlich vorausgezahlt.

2. Das Staatsministerium der Finanzen kann die mehrmonatliche Vorauszahlung im Rahmen der jeweils für die Reichsbeamten geltenden Regelung verfügen [1]).

Art. 42. Der einstweilen in den Ruhestand versetzte Beamte kann unter den gleichen Voraussetzungen wieder zur Dienstleistung berufen werden, unter denen nach Art. 9 Abs. 1 einem unwiderruflichen Beamten eine andere Amtsstelle übertragen werden kann.

Art. 43. Der Anspruch auf Wartegeld erlischt:

1. wenn der Beamte nach Maßgabe des Art. 42 im Staatsdienste wieder angestellt wird;

2. wenn er zeitlich oder dauernd in den Ruhestand versetzt wird;

3. wenn er des Dienstes entlassen oder kraft des Gesetzes seines Amtes verlustig wird;

4. mit Ablauf des Monats, in dem er stirbt.

Art. 44. Der Anspruch auf das Wartegeld ruht:

1. wenn der Beamte die deutsche Reichsangehörigkeit verliert, bis zu ihrer Wiedererlangung;

2. wenn er ohne Erlaubnis der zuständigen Behörden seinen Wohnsitz außerhalb des Deutschen Reichs nimmt, bis zur Rückverlegung des Wohnsitzes oder bis zur nachträglichen Genehmigung der Verlegung;

3. solange der Beamte aus der Verwendung im Staats- oder in einem sonstigen öffentlichen Dienste ein Diensteinkommen bezieht, soweit als dieses unter Hinzurechnung des Wartegeldes das von ihm im Zeitpunkte des Ausscheidens aus dem Dienste bezogene Diensteinkommen übersteigt [2]). Erdient der Beamte in der neuen Verwendung eine Versorgung (Wartegeld, Ruhegehalt oder einen ähnlichen Bezug), so findet daneben der Bezug des ursprünglichen Wartegeldes nur bis zur Erreichung des Betrages statt, der sich nach Maßgabe der gesamten Dienstzeit (Art. 53 bis 58) aus dem der Festsetzung des ursprünglichen Wartegeldes zugrunde gelegten pensionsfähigen Diensteinkommen berechnet; Abs. 3 gilt entsprechend [3]).

Als Verwendung im Staats- oder in einem sonstigen öffentlichen Dienste im Sinne dieser Vorschrift gilt ohne Rücksicht auf die Art der Beschäftigung jede Tätigkeit, für die eine Vergütung gewährt wird, die ganz oder zum Teil unmittelbar oder mittelbar aus öffentlichen Mitteln fließt. Als Verwendung im sonstigen öffentlichen Dienst ist auch die Beschäftigung bei der Reichsbank zu erachten [2]).

Bei Berechnung des früheren und des neuen Diensteinkommens bleiben die Entschädigungen für den Dienstaufwand, die jederzeit widerruflichen Zulagen für eine Tätigkeit bei bestimmten Behörden und die Auslandszulagen außer Betracht. Dagegen sind sowohl dem früheren und dem neuen Diensteinkommen als auch dem Wartegeld die neben diesen dem Beamten jeweils zustehenden Zuschläge hinzuzurechnen, und zwar nach dem Familienstand und nach den Sätzen zur Zeit der Verwendung. Nach Ortsklassen

---

[1]) Fassung nach G. vom 23. Juli 1926 Art. 2 (GVBl. S. 381).
[2]) Fassung nach G. vom 29. August 1923 Art. 2, II (GVBl. S. 309).
[3]) Nach d. V. vom 29. März 1924 Art. 1, V (GVBl. S. 128).

abgestufte Diensteinkommenteile sind in den früheren Diensteinkommen mit den für den Ort der Verwendung maßgebenden Sätzen zu berücksichtigen [1]).

Art. 45. 1. Die Einziehung oder Kürzung des Wartegeldes tritt mit dem Schluß des Monats ein, in dem das die Einziehung oder Kürzung bedingende Ereignis sich vollzogen hat. Vollzieht sich dieses Ereignis am ersten Tage eines Monats, so tritt, abgesehen von dem Falle des Art. 43 Ziff. 4, die Einziehung oder Kürzung mit dem Beginne dieses Monats ein.

2. Die Wiedergewährung des Wartegeldes tritt mit dem Beginne des Monats ein, in dem das die Wiedergewährung bedingende Ereignis sich vollzogen hat.

3. Hat der einstweilen in den Ruhestand versetzte Beamte das Wartegeld über den in Abs. 1 bezeichneten Zeitpunkt hinausbezogen, so hat er den zuviel bezogenen Betrag zurückzuerstatten oder sich auf anderweitige Bezüge aus der Staatskasse anrechnen zu lassen.

Art. 46. Die Vorschriften der Art. 38 bis 45 können auch auf widerrufliche etatsmäßige Beamte entsprechende Anwendung finden.

Disziplinarverfahren.

Art. 119. 1. Die Disziplinargerichte sind:

1. in erster Instanz die Disziplinarkammern;
2. in zweiter Instanz der Disziplinarhof.

2. Die Disziplinarkammern führen die Bezeichnung „Disziplinarkammer für nichtrichterliche Beamte", der Disziplinarhof die Bezeichnung „Disziplinarhof für nichtrichterliche Beamte".

Art. 120 [2]). 1. Am Sitze jedes Oberlandesgerichtes wird eine Disziplinarkammer errichtet.

2. Die Disziplinarkammer besteht aus einem Präsidenten, den Mitgliedern und stellvertretenden Mitgliedern der bei demselben Oberlandesgerichte gebildeten Disziplinarkammer für richterliche Beamte, ferner nach näherer Anordnung der Staatsregierung aus je zwei bis sechszehn unwiderruflichen Beamten aus dem Geschäftskreise jedes Ministeriums und sechs unwiderruflichen Volksschullehrern sowie der erforderlichen Anzahl von Stellvertretern.

3. Diese unwiderruflichen Beamten und Volksschullehrer und ihre Stellvertreter werden von den amtlichen Berufsvertretungen der Beamten und Volksschullehrer auf Grund einer Wahl vorgeschlagen und von den zuständigen Staatsministerien auf die Dauer der Wahlzeiten der Berufsvertretungen ernannt. Die Staatsregierung läßt die näheren Vorschriften über die Zahl der Vorzuschlagenden, über das Wahlverfahren und über die Aufwandsentschädigung der Beisitzer.

4. Präsident der Disziplinarkammer ist der Präsident des Oberlandesgerichts. Im Behinderungsfalle wird dieser durch den Senatspräsidenten und, wenn mehrere Senatspräsidenten vorhanden sind, durch den dienstältesten, bei gleichem Dienstalter durch den der Geburt nach ältesten Senatspräsidenten des Oberlandesgerichts vertreten.

Art. 121. 1. Die Disziplinarkammer entscheidet mit Einschluß des Präsidenten in der Besetzung von fünf Mitgliedern.

---

[1]) Fassung nach G. vom 29. August 1923 Art. 2, II (GVBl. S. 309).
[2]) Fassung nach Art. 183 BLG. vom 14. August 1919 (GVBl. S. 437).

2. Bei der Entscheidung müssen außer dem Präsidenten zwei Mitglieder oder stellvertretende Mitglieder der Disziplinarkammer für richterliche Beamte mitwirken; die beiden anderen Mitglieder werden dem Geschäftskreise des Ministeriums entnommen, dem der beschuldigte Beamte untersteht, und, wenn sich das Verfahren gegen Beamte aus dem Geschäftskreise mehrerer Ministerien richtet, dem Geschäftskreise dieser Ministerien.

3. Die Zusammensetzung der Disziplinarkammer erfolgt durch den Präsidenten.

Art. 122. 1. Zuständig im einzelnen Falle ist die Disziplinarkammer, in deren Bezirk der Beschuldigte zur Zeit der Einleitung des Disziplinarverfahrens seinen Amtssitz hat, und, wenn dieser außerhalb Bayerns sich befindet, die Disziplinarkammer in München.

2. Meinungsverschiedenheit über die Zuständigkeit verschiedener Disziplinarkammern entscheidet der Disziplinarhof.

Art. 123. Der Disziplinarhof kann auf Antrag des Staatsanwalts oder des Beschuldigten die Verweisung der Sache an eine andere Disziplinarkammer beschließen, wenn Gründe vorliegen, welche die Unbefangenheit der zuständigen Disziplinarkammer zweifelhaft machen.

Art. 124 [1]). 1. Der Disziplinarhof hat seinen Sitz in München.

2. Er besteht aus einem Präsidenten, den Mitgliedern und stellvertretenden Mitgliedern des Disziplinarhofs für richterliche Beamte, ferner nach näherer Anordnung der Staatsregierung aus je drei bis sechzehn unwiderruflichen Beamten aus dem Geschäftskreise jedes Ministeriums und sechs unwiderruflichen Volksschullehrern sowie der erforderlichen Anzahl von Stellvertretern. Art. 120 Abs. 3 gilt entsprechend.

3. Präsident des Disziplinarhofs ist der Präsident des Obersten Landesgerichts. Im Verhinderungsfalle wird dieser durch den dienstältesten Senatspräsidenten und bei gleichem Dienstalter durch den der Geburt nach ältesten Senatspräsidenten des Obersten Landgerichts vertreten.

Art. 125. Der Disziplinarhof entscheidet mit Einschluß des Präsidenten in der Besetzung von sieben Mitgliedern.

2. Bei jeder Entscheidung müssen außer dem Präsidenten drei Mitglieder oder stellvertretende Mitglieder des Disziplinarhofs für richterliche Beamte mitwirken; die drei anderen Mitglieder werden dem Geschäftskreise des Ministeriums entnommen, dem der beschuldigte Beamte untersteht, und, wenn das Verfahren sich gegen Beamte aus dem Geschäftskreise mehrerer Minnisterien richtet, dem Geschäftskreise dieser Ministerien.

3. Die Zusammensetzung des Disziplinarhofs erfolgt durch den Präsidenten.

Art. 126. 1. Die Verrichtungen der Staatsanwaltschaft bei der Disziplinarkammer obliegen dem Oberstaatsanwalt [2]) bei dem Oberlandesgerichte.

2. Bei dem Disziplinarhofe besorgt der Generalstaatsanwalt bei dem Obersten Landesgerichte die Geschäfte der Staatsanwaltschaft.

3. Den Dienst des Gerichtsschreibers bei den Disziplinargerichten versehen die Gerichtsschreiber der betreffenden Gerichtshöfe.

4. Der Oberstaatsanwalt [2]) und der Generalstaatsanwalt haben den Weisungen des Ministeriums und den Anregungen der Stelle, welche die Einleitung des Verfahrens veranlaßt haben, Rechnung zu tragen.

---

[1]) Fassung nach Art. 183 Ziff. 3 BLG. vom 14. August 1919 (GVBl. S. 437).

[2]) Nun: Generalstaatsanwalt (auch bei dem Oberlandesgerichte) — Bek. vom 20. Februar 1930 (GVBl. S. 27).

Art. 127. Eine besondere Verpflichtung der Mitglieder der Disziplinarkammern und des Disziplinarhofs auf die Erfüllung ihrer Obliegenheiten findet nicht statt.

Art. 128. 1. Hinsichtlich der Ausschließung und Ablehnung von Mitgliedern der Disziplinarkammern und des Disziplinarhofs finden die Vorschriften der Reichs-Strafprozeßordnung über die Ausschließung und Ablehnung von Gerichtspersonen mit Ausnahme des § 23 Abs. 3 dieses Gesetzes entsprechende Anwendung.

2. Ueber die Ausschließung oder Ablehnung entscheidet das Disziplinargericht, dem das Mitglied angehört.

3. Wird die Disziplinarkammer durch Ausscheiden der abgelehnten Mitglieder beschlußunfähig, so entscheidet der Disziplinarhof und verweist erforderlichenfalls die Aburteilung der Sache an eine andere Disziplinarkammer.

4. Ablehnungsversuche wegen Besorgnis der Befangenheit sind bei Vermeidung des Ausschlusses spätestens vor Beginn der Hauptverhandlung bei dem Disziplinargericht anzubringen, dem die abzulehnenden Mitglieder angehören.

5. Gegen den auf ein Ablehnungsgesuch erlassenen Beschluß des Disziplinargerichts findet ein Rechtsmittel nicht statt.

Art. 129. 1. Das Disziplinarverfahren ist auf Antrag des zuständigen Ministeriums oder der von diesem ermächtigten Stelle durch Verfügung des Präsidenten der Disziplinarkammer einzuleiten.

2. Ist Gefahr auf Verzug, so können auch vor der Einleitung des Disziplinarverfahrens von den dem Beschuldigten vorgesetzten Behörden und Beamten Untersuchungshandlungen zur Sicherung des Beweises vorgenommen werden. Zu diesen Untersuchungshandlungen ist ein beeidigter Protokollführer beizuziehen. In dringenden Fällen kann der Beamte eine andere geeignete Persönlichkeit als Protokollführer beiziehen und beeidigen.

Art. 130. Die Vorschriften der Reichs-Strafprozeßordnung über den Fristenlauf und über die Wiedereinsetzung in den vorigen Stand gegen Ablauf von Fristen (§§ 42 bis 47) finden auf das Disziplinarverfahren entsprechende Anwendung.

Art. 131. 1. Zeugen und Sachverständige werden, soweit nicht durch die in Abs. 2 bezeichneten Vorschriften Ausnahmen begründet sind, eidlich vernommen.

2. Die Vorschriften der Reichs-Strafprozeßordnung über die Verpflichtung, vor Gericht zu erscheinen und sich als Zeuge oder Sachverständiger vernehmen zu lassen, über die Folgen des Nichterscheinens und der Verweigerung des Zeugnisses oder der Eidesleistung sowie über die Zulässigkeit der Beeidigung und der Berufung auf einen früher geleisteten Eid, ferner die Vorschriften der Reichs-Strafprozeßordnung und des Gesetzes zu ihrer Ausführung vom 18. August 1879 über die Form der Eidesleistung und über den Gebrauch gewisser Beteuerungsformeln an Stelle des Eides gelten auch für das Disziplinarverfahren.

Art. 132. 1. Die im Disziplinarverfahren an den Beschuldigten ergehenden schriftlichen Mitteilungen sollen unter Umschlag, der mit dem Dienstsiegel zu versehen ist, zugestellt werden.

2. Die Zustellung ist als gültig erfolgt anzusehen, wenn sie an die Person, an welche die Mitteilung gerichtet ist, nachweislich bewirkt wurde.

3. Wird der Beschuldigte nicht angetroffen, so kann die Zustellung in seiner Wohnung an einen zu der Familie gehörigen erwachsenen Hausgenossen oder an eine in der Familie dienende erwachsene Person oder, wenn solche Personen nicht angetroffen werden, an den in demselben Hause wohnenden Hauswirt oder Vermieter erfolgen, sofern diese zur Annahme des Schriftstücks bereit sind.

4. Ist die Zustellung nach diesen Bestimmungen nicht ausführbar, so kann sie an den Bürgermeister oder seinen Stellvertreter geschehen.

5. Ist der Aufenthalt des Beschuldigten unbekannt oder hält er sich außerhalb seines Amtssitzes im Ausland auf, so kann die Zustellung an seinem letzten Amtssitze bewirkt werden. Eine öffentliche Ladung ist unzulässig.

6. Hinsichtlich der Zustellungen an den Staatsanwalt finden die Vorschriften des § 41 der Reichs-Strafprozeßordnung Anwendung.

7. Die Staatsregierung ist ermächtigt, im übrigen die Formen der Zustellung durch Vollzugsvorschriften zu regeln.

Art. 133. Alle im Disziplinarverfahren ergehenden Entscheidungen sind mit Gründen zu versehen.

Art. 134. 1. Nach der Einleitung des Disziplinarverfahrens hat eine Voruntersuchung stattzufinden.

2. Der Beamte, durch den die Voruntersuchung zu führen ist, wird durch den Präsidenten bestimmt. Mit der Führung der Voruntersuchung ist ein Beamter aus dem Geschäftskreise des Ministeriums zu beauftragen, dem der Beschuldigte untersteht. Ueber die Wahl des Beamten hat sich der Präsident mit dem zuständigen Ministerium oder mit der Stelle, welche die Einleitung des Verfahrens beantragt hat, zu benehmen.

3. Die Voruntersuchung hat den Zweck, den Sachverhalt zu ermitteln und die erforderlichen Beweise zu erheben.

4. Der Beschuldigte wird unter Mitteilung der Anschuldigungspunkte vorgeladen und, wenn er erscheint, in Abwesenheit des Staatsanwalts mit seinen Erklärungen und Anträgen gehört. Die Verhaftung, vorläufige Festnahme oder Vorführung des Beschuldigten ist unzulässig.

5. Den Vernehmungen der Zeugen oder Sachverständigen darf weder der Staatsanwalt noch der Beschuldigte beiwohnen. Ausnahmsweise ist ihnen die Anwesenheit zu gestatten, wenn ein Zeuge oder Sachverständiger vernommen wird, der voraussichtlich am Erscheinen in der Hauptverhandlung verhindert oder dessen Erscheinen wegen großer Entfernung besonders erschwert sein wird.

6. Ist zu befürchten, daß der Zeuge in Gegenwart des Beschuldigten die Wahrheit nicht sagen werde, so kann der Beschuldigte von der Anwesenheit bei der Verhandlung ausgeschlossen werden.

7. Ist die Vernehmung eines Zeugen oder Sachverständigen wegen großer Entfernung erschwert, so kann der die Voruntersuchung führende Beamte das Amtsgericht, in dessen Bezirk der Zeuge oder Sachverständige sich aufhält, oder mit Zustimmung des Vorsitzenden der Disziplinarkammer auch einen anderen Beamten um die Vernehmung ersuchen.

Art. 135. Ueber jede Untersuchungshandlung ist ein Protokoll unter Beobachtung der im § 186 der Reichs-Strafprozeßordnung enthaltenen Vorschriften aufzunehmen. Hierzu ist ein beeidigter Protokollführer beizuziehen. In dringenden Fällen kann der die Voruntersuchung führende Beamte eine andere geeignete Persönlichkeit als Protokollführer beiziehen und beeidigen.

Art. 136. 1. Der Staatsanwalt kann stets, ohne daß dadurch das Verfahren aufgehalten werden darf, von dem Stande der Voruntersuchung durch Einsicht der Akten Kenntnis nehmen und Anträge stellen.

2. Vor dem Schlusse der Voruntersuchung ist dem Beschuldigten das Ergebnis mitzuteilen und ihm nochmals Gelegenheit zu seiner Verteidigung zu geben.

3. Auch im Laufe der Voruntersuchung soll dem Beschuldigten, soweit es ohne Gefährdung des Untersuchungszwecks geschehen kann, im Interesse seiner Verteidigung von wichtigen oder neuen Beweisergebnissen Mitteilung gemacht werden.

Art. 137. 1. Erachtet der die Voruntersuchung führende Beamte die Untersuchung für geschlossen, so übermittelt er die Akten dem Staatsanwalte.

2. Beantragt der Staatsanwalt eine Ergänzung der Voruntersuchung, so hat der die Voruntersuchung führende Beamte, wenn er dem Antrage nicht stattgeben will, die Entscheidung des Präsidenten der Disziplinarkammer einzuholen.

3. Auf Grund des Ergebnisses der Voruntersuchung stellt der Staatsanwalt seine Anträge an die Disziplinarkammer.

4. Beantragt der Staatsanwalt die Verweisung der Sache zur Hauptverhandlung, so hat er eine Anschuldigungsschrift zu fertigen, in welche die wesentlichen Ergebnisse der Ermittlungen aufzunehmen sind. Diese Anschuldigungsschrift ist dem Beschuldigten zur Erklärung binnen einer von dem Präsidenten zu bestimmenden Frist mitzuteilen.

5. Die Disziplinarkammer kann eine Ergänzung der Voruntersuchung anordnen.

Art. 138. 1. Liegt nach dem Ergebnisse der Voruntersuchung ein Dienstvergehen nicht vor, so hat die Disziplinarkammer den Beschuldigten außer Verfolgung zu setzen.

2. Liegt ein Dienstvergehen vor, ist aber die Verurteilung zur Strafversetzung oder Dienstentlassung nicht zu erwarten, so hat, unbeschadet der Vorschrift des Art. 118 Satz 2, die Disziplinarkammer das Verfahren einzustellen. In diesem Falle kann die zuständige Behörde eine Ordnungsstrafe verhängen.

3. Steht dem weiteren Verfahren der Umstand entgegen, daß der Beschuldigte nach der Tat in Geisteskrankheit verfallen ist, so kann die vorläufige Einstellung des Verfahrens beschlossen werden.

4. In den Fällen der Abs. 1, 2 ist dem Beschuldigten eine Ausfertigung des Beschlusses der Disziplinarkammer zu erteilen.

Art. 139. 1. Ist der Beschuldigte nach dem Ergebnisse der Voruntersuchung eines Dienstvergehens hinreichend verdächtig, das die Strafversetzung oder Dienstentlassung begründet, so verweist die Disziplinarkammer die Sache zur Hauptverhandlung.

2. Auf die Abfassung des Beschlusses findet § 205 Abs. 1 der Reichs-Strafprozeßordnung entsprechende Anwendung.

Art. 140. Gegen die Beschlüsse nach Art. 138 Abs. 1, 2 steht dem Staatsanwalte die Beschwerde an den Disziplinarhof zu.

Art. 141. 1. In den Fällen des Art. 138 Abs. 1, 2 kann das Disziplinarverfahren nur auf Grund neuer Tatsachen oder Beweismittel wieder aufgenommen werden. Die Wiederaufnahme erfolgt auf Antrag des zuständigen Ministeriums oder der von diesem ermächtigten Stelle durch Beschluß der Disziplinarkammer.

2. Wurde im Falle des Art. 138 Abs. 2 eine Ordnungsstrafe verhängt, so ist die Wiederaufnahme des eingestellten Verfahrens ausgeschlossen.

Art. 142. 1. Beschließt die Disziplinarkammer die Verweisung der Sache zur Hauptverhandlung, so hat der Präsident Termin anzuberaumen und die erforderlichen Ladungen und sonst nötigen Vorbereitungen zu bewirken.

2. Der Beschuldigte ist unter abschriftlicher Mitteilung des Beschlusses über die Verweisung der Sache zur Hauptverhandlung (des Verweisungsbeschlusses) mit der Warnung zu laden, daß die Verhandlung im Falle seines Ausbleibens gleichwohl stattfinden werde.

3. Zwischen der Zustellung der Ladung und dem Tage der Hauptverhandlung muß eine Frist von mindestens einer Woche liegen. Ist diese Frist nicht eingehalten worden, so kann der Beschuldigte die Aussetzung der Verhandlung verlangen, solange nicht in der Sitzung mit der Verlesung des Verweisungsbeschlusses begonnen ist.

4. Die Zeugen oder Sachverständigen werden von Amts wegen geladen, soweit der Präsident der Disziplinarkammer diese Ladung nach dem Ergebnisse der Voruntersuchung für nötig erachtet. Anträge des Staatsanwalts und des Beschuldigten auf Vorladung von Zeugen oder Sachverständigen werden, unbeschadet der etwaigen Erneuerung bei der Hauptverhandlung, von dem Präsidenten beschieden.

5. Die ergehenden Verfügungen sind den Beteiligten bekannt zu geben.

6. Lehnt der Präsident den Antrag auf Ladung einer Person ab, so kann sie der Beschuldigte unmittelbar laden lassen. Der Beschuldigte hat dies dem Präsidenten gleichzeitig anzuzeigen. Eine unmittelbar geladene Person ist nur dann zum Erscheinen verpflichtet, wenn ihr bei der Ladung die gesetzliche Entschädigung für Reisekosten und Zeitversäumnis bar dargeboten oder ihre Hinterlegung bei dem Gerichtsschreiber nachgewiesen wird.

7. Der Beschuldigte kann sich des Beistandes eines Rechtsanwalts als Verteidiger bedienen. Diesem ist die Einsicht der Akten zu gestatten.

Art. 143. 1. Die Hauptverhandlung findet statt, auch wenn der Beschuldigte nicht erschienen ist.

2. Er kann sich durch einen Rechtsanwalt vertreten lassen. Der Disziplinarkammer steht es jedoch frei, das persönliche Erscheinen des Beschuldigten unter der Warnung anzuordnen, daß bei seinem Ausbleiben ein Verteidiger zu seiner Vertretung nicht würde zugelassen werden.

3. Die Verhandlung ist nicht öffentlich. Das Ministerium oder die von ihm ermächtigte Stelle ist befugt, einen Beamten in die Verhandlung abzuordnen. Auf Antrag des Beschuldigten können einzelne Personen nach dem Ermessen des Vorsitzenden als Zuhörer zugelassen werden.

4. Hinsichtlich der Handhabung der Sitzungspolizei finden die Vorschriften des Reichs-Gerichtsverfassungsgesetzes entsprechende Anwendung.

Art. 144. 1. Bei der Hauptverhandlung wird der Verweisungsbeschluß verlesen.

2. Hierauf wird der Beschuldigte vernommen. Gesteht er die den Gegenstand der Anschuldigung bildenden Tatsachen ein und walten gegen die Glaubwürdigkeit seines Geständnisses keine Bedenken ob, so beschließt die Disziplinarkammer, daß eine Beweiserhebung nicht stattfinde.

3. Andernfalls gibt ein von dem Präsidenten der Disziplinarkammer aus der Zahl ihrer Mitglieder ernannter Berichterstatter auf Grund der bisherigen Erhebungen eine Darstellung der Beweisaufnahme, soweit sie sich

auf die in dem Verweisungsbeschlusse enthaltenen Anschuldigungspunkte bezieht und nicht durch unmittelbare Beweiserhebung in der Sitzung (Art. 145, 146) ersetzt wird.

4. Urkunden und andere als Beweismittel dienenden Schriftstücke sind zu verlesen, ebenso die Protokolle über die Aussagen der vernommenen Zeugen und die Gutachten der Sachverständigen, sofern diese Personen nicht bei der Hauptverhandlung vernommen werden. Die Verlesung der Aussage eines vor der Hauptverhandlung vernommenen Zeugen, der erst in der Hauptverhandlung von seinem Rechte, das Zeugnis zu verweigern, Gebrauch macht, hat zu unterbleiben.

5. Zum Schlusse wird der Staatsanwalt mit seinem Antrag und der Beschuldigte mit seiner Verteidigung gehört. Dem Beschuldigten gebührt das letzte Wort.

Art. 145. Erachtet die Disziplinarkammer im Laufe der Hauptverhandlung auf Antrag des Beschuldigten, des Staatsanwalts oder von Amts wegen die Vernehmung von Zeugen oder Sachverständigen, sei es vor der Disziplinarkammer oder durch einen beauftragten Beamten, oder die Herbeischaffung anderer Beweismittel für angemessen, so erläßt sie den erforderlichen Beschluß und verlegt nötigenfalls die Fortsetzung der Verhandlung auf einen anderen Tag, der bekanntzugeben ist.

Art. 146. Die Zeugen und Sachverständigen müssen auf Antrag des Staatsanwalts oder des Beschuldigten in der Hauptverhandlung vernommen werden, wenn die Tatsachen erheblich sind, über die sie vernommen werden sollen, und die Disziplinarkammer diese Vernehmung zur näheren Aufklärung der Sache für erforderlich erachtet.

Art. 147. 1. Stehen dem Erscheinen eines Zeugen oder Sachverständigen Krankheit oder andere unabweisbare Hindernisse entgegen oder ist ihr Erscheinen wegen großer Entfernung besonders erschwert, so ist von der Disziplinarkammer diese Vernehmung durch einen beauftragten oder ersuchten Beamten anzuordnen.

2. Von dem zum Zwecke dieser Vernehmung anberaumten Termine sind der Staatsanwalt, der Beschuldigte und sein Verteidiger vorher zu benachrichtigen; ihrer Anwesenheit bei der Vernehmung bedarf es nicht.

Art. 148. 1. Auf Grund des Ergebnisses der Beweisaufnahme entscheidet die Disziplinarkammer nach ihrer freien, aus dem Inbegriffe der Verhandlung geschöpften Ueberzeugung und erkennt auf Freisprechung oder Verurteilung.

2. Findet die Disziplinarkammer auf Grund des Ergebnisses der Beweisaufnahme, daß nur eine Ordnungsstrafe zu verhängen sei, so hat sie sofort selbst auf die Ordnungsstrafe zu erkennen.

3. Die Verurteilung des Beschuldigten in eine Dienststrafe kann nur wegen der Tat erfolgen, die in dem Verweisungsbeschlusse bezeichnet ist.

4. Zu jeder dem Beschuldigten nachteiligen Entscheidung, welche die Schuldfrage oder die Verurteilung zur Strafe der Dienstentlassung betrifft, ist eine Mehrheit von zwei Dritteilen der Stimmen erforderlich.

5. Die Verkündung des Urteils erfolgt am Schlusse der Verhandlung oder spätestens innerhalb der darauffolgenden vierzehn Tage durch Verlesung der Urteilsformel und Eröffnung der Urteilsgründe. Die Eröffnung der Urteilsgründe geschieht durch Verlesung oder durch mündliche Mitteilung ihres wesentlichen Inhalts. War die Verkündung des Urteils ausgesetzt, so sind die Urteilsgründe vor derselben schriftlich festzusetzen. Dem Beschuldigten ist eine Ausfertigung des Urteils zu erteilen.

6. Im übrigen finden hinsichtlich der Beratung und Abstimmung die Vorschriften der §§ 194 bis 199 des Reichs-Gerichtsverfassungsgesetzes und hinsichtlich der Beurkundung der Urteile und der Erteilung von Ausfertigungen und Auszügen die Vorschriften des § 275 Abs. 2 bis 4 der Reichs-Strafprozeßordnung entsprechende Anwendung. Die Reihenfolge bei der Abstimmung richtet sich nach dem Lebensalter [1]).

Art. 149. 1. Ueber die Hauptverhandlung wird ein Protokoll aufgenommen, das den Ort und den Tag der Verhandlung, die Namen der mitwirkenden Mitglieder des Disziplinargerichts, des Staatsanwalts und des Gerichtsschreibers, dann des Beschuldigten und seines Verteidigers sowie das Wesentliche über den Gang und über das Ergebnis der Verhandlung enthalten und die verlesenen Schriftstücke bezeichnen muß.

2. In das Protokoll sind ferner die im Laufe der Verhandlung gestellten Anträge, die ergangenen Entscheidungen und die Urteilsformel aufzunehmen.

3. Kommt es auf die Feststellung eines Vorganges in der Hauptverhandlung oder des Wortlauts einer Aussage oder Aeußerung an, so hat der Präsident die vollständige Niederschreibung und Verlesung anzuordnen. In dem Protokoll ist zu bemerken, daß die Verlesung geschehen und die Genehmigung erfolgt ist oder welche Einwendungen erhoben wurden.

4. Das Protokoll ist von dem Präsidenten und dem Gerichtsschreiber zu unterzeichnen. Ist der Präsident verhindert, so unterzeichnet für ihn das älteste beisitzende Mitglied.

Art. 150. Ist weder der Beschuldigte noch ein Vertreter bei der Hauptverhandlung erschienen, so kann der Beschuldigte gegen das Urteil binnen einer Woche nach der Zustellung die Wiedereinsetzung in den vorigen Stand unter den gleichen Voraussetzungen wie gegen die Versäumung einer Frist nachsuchen.

Art. 151. Der Antrag des Ministeriums oder der von diesem ermächtigten Stelle (Art. 129) kann bis zur Verkündung des Urteils der Disziplinarkammer zurückgenommen werden. Nach dem Erlasse des Verweisungsbeschlusses ist eine Zurücknahme nur mit Zustimmung des Beschuldigten zulässig. Wird der Antrag zurückgenommen, so ist das Verfahren einzustellen.

Art. 152. 1. Gegen das Urteil der Disziplinarkammer steht sowohl dem Staatsanwalt als dem Beschuldigten die Berufung an den Disziplinarhof offen.

2. Neue Tatsachen, welche die Grundlage einer anderen Beschuldigung bilden, dürfen in der Berufungsinstanz nicht vorgebracht werden.

3. Jede von dem Staatsanwalt eingelegte Berufung hat die Wirkung, daß das angefochtene Urteil auch zugunsten des Beschuldigten abgeändert oder aufgehoben werden kann.

4. War das Urteil nur von dem Beschuldigten oder zu seinen Gunsten von dem Staatsanwalt angefochten worden, so darf es nicht zum Nachteile des Beschuldigten abgeändert werden.

5. Die Zurücknahme einer zugunsten des Beschuldigten eingelegten Berufung ist nur mit seiner Zustimmung statthaft.

---

[1]) Fass. des Abs. VI Satz 2 nach Art. 183 Ziff. 4 BLG. vom 14. August 1919 (GVBl. S. 437).

Art. 153. 1. Die Berufung muß bei der Disziplinarkammer, die das anzufechtende Urteil erlassen hat, schriftlich oder zu Protokoll des Gerichtsschreibers angemeldet werden. Für den Beschuldigten kann die Berufung auch durch einen mit schriftlicher Vollmacht versehenen Bevollmächtigten angemeldet werden.

2. Die Anmeldungsfrist beträgt zwei Wochen. Sie beginnt für den Staatsanwalt mit der Verkündung des Urteils, für den Beschuldigten mit dem Tage, an dem ihm die Ausfertigung des Urteils zugestellt worden ist.

3. Die Bestimmung des § 356 der Reichs-Strafprozeßordnung findet, falls ein Gesuch um Wiedereinsetzung in den vorigen Stand gestellt wird, entsprechende Anwendung.

Art. 154. Durch rechtliche Einlegung der Berufung wird die Rechtskraft des Urteils, soweit es angefochten ist, gehemmt.

Art. 155. 1. Zur schriftlichen Rechtfertigung der Berufung steht demjenigen, der sie rechtzeitig angemeldet hat, eine Frist von zwei Wochen, vom Ablaufe der Anmeldungsfrist gerechnet, offen.

2. Die Berufung kann auf bestimmte Beschwerdepunkte beschränkt werden. Ist dies nicht geschehen oder ist eine Rechtfertigung überhaupt nicht erfolgt, so gilt der ganze Inhalt des Urteils als angefochten.

Art. 156. 1. Die Anmeldung der Berufung und die etwa ergangene Rechtfertigungsschrift werden dem Gegner, und zwar dem Beschuldigten in Abschrift, dem Staatsanwalte nach Maßgabe des Art. 132 Abs. 6 dieses Gesetzes zugestellt.

2. Innerhalb zwei Wochen nach erfolgter Zustellung kann der Gegner eine Verantwortungsschrift einreichen.

Art. 157. Die Fristen zur Rechtfertigung und Beantwortung der Berufung können auf Antrag von dem Präsidenten der Disziplinarkammer verlängert werden.

Art. 158. 1. Nach Ablauf der in den vorstehenden Artikeln bestimmten Fristen werden die Akten an den Disziplinarhof eingesendet.

2. Der Präsident des Disziplinarhofs kann die zur Aufklärung der Sache etwa erforderlichen Verfügungen erlassen. Sodann bestimmt er eine Sitzung zur Hauptverhandlung, zu welcher der Beschuldigte unter der in dem Art. 142 Abs. 2 erwähnten Warnung vorzuladen und der Staatsanwalt zuzuziehen ist.

3. Hinsichtlich der Zustellung der Ladung an den Beschuldigten findet die Bestimmung des Art. 142 Abs. 3 mit der Maßgabe Anwendung, daß der dort erwähnte Antrag auf Aussetzung der Verhandlung vor Beginn der im nachfolgenden Absatze bezeichneten Berichterstattung gestellt werden muß.

4. Bei der Hauptverhandlung gibt zunächst der von dem Präsidenten des Disziplinarhofs aus der Zahl seiner Mitglieder ernannte Berichterstatter eine Darstellung der bis dahin stattgefundenen auf die Anschuldigungspunkte bezüglichen Verhandlungen.

5. Zum Schlusse werden der Staatsanwalt und der Beschuldigte mit ihren Ausführungen und Anträgen, und zwar der Beschwerdeführer zuerst, gehört. Dem Beschuldigten gebührt das letzte Wort.

6. Der Prüfung des Disziplinarhofs unterliegt das Urteil nur, soweit es angefochten ist. Im übrigen wird nach Maßgabe der in dem Art. 142 Abs. 4 bis 6, dem Art. 143, dem Art. 144 Abs. 2 bis 4, den Art. 145 bis 150 enthaltenen Vorschriften verfahren.

[Für die Reihenfolge bei der Abstimmung bemißt sich das Dienstalter nach der Zeit der Ernennung zum Mitgliede des Disziplinarhofs.][1])

Art. 159. Auf die Wiederaufnahme eines durch rechtskräftiges Urteil geschlossenen Verfahrens sind die Vorschriften des vierten Buches der Reichs-Strafprozeßordnung über die Wiederaufnahme des Verfahrens in der vor den Schöffengerichten verhandelten Sachen mit Ausnahme der Vorschriften des § 403, § 411 Abs. 4 entsprechend anzuwenden. Wird eine Beweisaufnahme angeordnet (§ 409), so ist sie nach den für die Voruntersuchung in Disziplinarsachen geltenden Vorschriften durchzuführen. Wird die Erneuerung der Hauptverhandlung angeordnet (§ 410 Abs. 2), so bemißt sich das weitere Verfahren nach den Vorschriften der Art. 142 ff. des gegenwärtigen Gesetzes.

Art. 160. 1. Ein verurteilter Beamter, dessen Unschuld im Wiederaufnahmeverfahren festgestellt wird, kann Ersatz des ihm durch die Strafvollstreckung erwachsenen Vermögensschadens aus der Staatskasse beanspruchen.

2. Wird ein verurteilter Beamter im Wiederaufnahmeverfahren mit einer geringeren Strafe belegt, so kann das Disziplinargericht aussprechen, daß ihm der durch die Strafvollstreckung erwachsene Vermögensschaden ganz oder teilweise aus der Staatskasse ersetzt wird.

3. Im übrigen finden die Vorschriften des § 1 Abs. 2 bis 4, § 2 Abs. 2, § 3 Abs. 2, §§ 4, 5 des Reichsgesetzes vom 20. Mai 1898, betreffend die Entschädigung der im Wiederaufnahmeverfahren freigesprochenen Personen, entsprechende Anwendung. Der Antrag nach § 5 des Reichsgesetzes ist bei der von der Staatsregierung zu bestimmenden Behörde einzureichen. Ueber ihn entscheidet das zuständige Ministerium oder die von diesem ermächtigte Stelle.

Art. 161. Auf diese in diesem Gesetze gegen Entscheidungen der Disziplinargerichte zugelassenen Beschwerden finden die Vorschriften der Reichs-Strafprozeßordnung über die sofortige Beschwerde entsprechende Anwendung.

10*. ME., die Handhabung des Züchtigungsrechtes an den Volksschulen betr., vom 20. Februar 1910 (KMBl. S. 123, Weber 38 S. 116).

(Abgedruckt in Braun, SchAG. S. 138.)

Bemerkung: Zu den einschlägigen Vorschriften, die hiernach noch Geltung haben, gehört vor allem die ME. vom 20. Mai 1815, Schulstrafen betr. (Döll. 9 S. 1459, Weber 1 S. 473), abgedruckt in Braun, SchAG. S. 137.

„Die körperliche Züchtigung ist zwar in ME. vom 20. Mai 1815 Z. 1 und 3 Abs. 2 als eine solche Schulstrafe bezeichnet, welche nicht von den Lehrern, sondern nur von dem Lokalschulinspektor oder Lokalschulkommissär verhängt werden kann und in seiner Gegenwart durch den Schulpedell zu vollziehen ist, allein durch ME. vom 9. Februar 1883 (KMBl.

[1]) Der letzte Satz (Abs. 6 Satz 3) wurde durch Art. 183 BLG. vom 14. August 1919 (GVBl. S. 437) in der Fass. des Art. VII des Ges. vom 24. März 1920 (GVBl. S. 103) gestrichen.

S. 58, Weber Bd. 16 S. 116) ist auf Grund der Justiz-ME. vom 28. Mai 1863 (JMBl. S. 6 u. KMBl. 1866 S. 17) und KultME. vom 9. Februar 1866 (KMBl. S. 16) ausgesprochen, daß den Schullehrern als Ausfluß ihres Erziehungsrechtes die Befugnis zusteht, gegenüber ihren Schulkindern die körperliche Züchtigung in selbständiger Weise zur Anwendung zu bringen. Dabei werden übrigens die Schulaufsichtsbehörden beauftragt, darüber zu wachen, daß von der körperlichen Züchtigung nur in besonderen, den in Ziff. 3 Abs. 1 der oben genannten ME. vom 20. Mai 1815 bezeichneten Ausnahmefällen Gebrauch gemacht werde" (Englmann-Stingl S. 688).

„Die körperliche Züchtigung muß in den gehörigen Grenzen bleiben, mit aller Vorsicht, mit Ruhe und Mäßigung angewendet und jedes Uebermaß dabei vermieden werden. Zur Vollziehung derselben ist eine Rute oder ein Stäbchen vorgeschrieben (ME. vom 20. Mai 1815 Z. 3). Alle sonstigen Züchtigungen der Schüler durch Ohrfeigen oder Schlagen und Stoßen auf den Kopf und in das Gesicht, Schütteln bei den Haaren, Ziehen bei den Ohren, Niederstoßen, Zusammenstoßen der Köpfe zweier Kinder usw. sind verbotene Strafarten und müssen um so mehr unterlassen werden, als sie nicht selten bleibende Nachteile für die Gesundheit, z. B. Schwerhörigkeit im Gefolge haben (ME. vom 3. Oktober 1855)" — Englmann-Stingl S. 689. Wenn sie überhaupt nicht zu umgehen ist, sollte sich die körperliche Züchtigung auch bei Knaben — bei Mädchen verbietet sich eine andere Art der körperlichen Züchtigung von selbst — auf mäßige Streiche auf die inneren Handflächen (sog. „Tatzen") beschränken. Mehr als drei Schläge auf jede Handfläche (zusammen sechs Schläge) müßten als Ueberschreitung des Züchtigungsrechtes erachtet werden.

11*. Auszug aus der Bek., die Bekämpfung übertragbarer Krankheiten betr., vom 9. Mai 1911 (GVBl. S. 426, KMBl. S. 405, Weber 39 S. 453).

Schließung von Unterrichts- und Erziehungsanstalten einschließlich der Anstalten für Kinder im vorschulpflichtigen Alter. Aussperrung von Schülern und Zöglingen.

(Abgedruckt in Braun, SchAG. S. 226.)

---

12. Bek. des Staatsmin. des Innern über den bezirksärztlichen Dienst vom 23. Januar 1912 (MABl. S. 153, KMBl. S. 128, Weber 40 S. 443).

Dienstanweisung B. IV. Unterrichts- und Erziehungsanstalten.

Errichtung neuer Anstalten.

§ 26. I Vor Errichtung neuer, der staatlichen Genehmigung und Aufsicht unterstehender Unterrichts- oder Erziehungsanstalten (Volks-, Fortbildungs-, Fach-, Mittelschulen, Erziehungsinstitute, Seminarien, Kleinkinderbewahranstalten, Kindergärten, Waisenhäuser usw.) hat der Bezirksarzt auf Ersuchen der zuständigen Behörde zunächst den in Aussicht genommenen Bauplatz zu untersuchen und festzustellen, ob er nach seiner Größe, Lage, den Untergrundverhältnissen sowie in bezug auf die Wasserzufuhr und Beseitigung der Abfallstoffe geeignet ist.

II Der Bezirksarzt hat ferner auf Ansuchen die mitgeteilten Baupläne darauf zu prüfen, ob die Lehrsäle, Schlaf- und Wohnräume in bezug auf Lage, räumliche Ausmaße, Belichtung, Beheizung, Lufterneuerung, ob die Wasserversorgung, die Abortanlagen usw. den bestehenden Vorschriften und, so weit solche nicht in Betracht kommen, den allgemeinen Anforderungen der Gesundheitslehre entsprechen und ob Gärten oder Spielplätze vorgesehen sind.

III Nach Vollendung eines Neubaues hat der Bezirksarzt sich davon zu überzeugen, ob das Gebäude ohne Nachteil für die Gesundheit bezogen und bewohnt werden kann.

Beaufsichtigung.

§ 27. I Der Bezirksarzt hat über sämtliche in seinem Bezirke vorhandenen, der staatlichen Aufsicht unterstehenden öffentlichen und privaten Unterrichts- und Erziehungsanstalten ein Verzeichnis zu führen und bei ihrer Ueberwachung in gesundheitlicher Beziehung mitzuwirken.

II Er hat die humanistischen und technischen Mittelschulen, sowie die Lehrer- und Lehrerinnenbildungsanstalten jährlich einmal, alle übrigen in Abs. 1 genannten Anstalten mindestens alle 3 Jahre — bei vorgefundenen erheblichen Mißständen in kürzeren Zwischenräumen — unvermutet während der Betriebszeit zu besichtigen. Zu den Besichtigungen sind die Leiter der Anstalten einzuladen. Die Besichtigungen sollen auch im Winter vorgenommen werden, damit die Heizung und Beleuchtung der Anstaltsräume geprüft werden kann.

III Die Besichtigung ist auf das ganze Anstaltsgebäude mit den Nebenanlagen auszudehnen. Gleichzeitig ist auch dem allgemeinen Ernährungs- und Gesundheitszustand der Schüler (Zöglinge) Augenmerk zuzuwenden. Eine ärztliche Untersuchung kommt nur dann in Betracht, wenn nach dem Ergebnis der allgemeinen Prüfung oder den Angaben des Lehrers (Erziehers) ein besonderer Anlaß (körperliches oder geistiges Gebrechen, Verdacht auf Tuberkulose, auch Lupus u. dgl.) vorliegt. Die Prüfung des Gesundheitszustandes der Schüler entfällt bei öffentlichen Schulen, wenn ein eigener Schularzt aufgestellt ist (Anlage 2).

IV Das Ergebnis der Besichtigung ist dem Leiter der Anstalt mitzuteilen und in eine kurze Niederschrift aufzunehmen; die Niederschrift ist sofort mit den etwa veranlaßten Anträgen der für die Anstalt zuständigen Aufsichtsbehörde zu übersenden.

Förderung gemeinnütziger Bestrebungen.

§ 28. Der Bezirksarzt hat gemeinnützige Bestrebungen auf dem Gebiete der Schulgesundheitspflege (Ferienkolonien, Kinderhorte, Kinderspeisungen, Schülerwanderungen, Schülerturnen, Zahnpflege bei Schulkindern usw.) anzuregen und zu unterstützen.

Anlage 2 zur Bek. über den bezirksärztlichen Dienst vom 23. Januar 1912.

Plan für die Besichtigung von Unterrichts- und Erziehungsanstalten.

A. Anstalt mit Einrichtung:

1. Lage, Umgebung, baulicher Zustand des Gebäudes (der Dachung, der Treppe, Gänge);

2. Zahl und Größe der Lehrzimmer, Lern-, Schlaf-, Speise- und Erholungsräume, der Krankenzimmer im Verhältnis zur Zahl der Schüler (Zöglinge), Lage, Belichtung, künstliche Beleuchtung, Heizung (Stellung des Ofens, Thermometer), Lüftung, Reinlichkeit der Räume, Beschaffenheit und Aufstellung der Bänke, Betten und sonstigen Einrichtungsgegenständen (Verbandkästchen);
3. baulicher Zustand der Wohnräume für die Lehrer (Erzieher);
4. Beschaffenheit der Nebenräume (Wirtschaftsräume, Aufbewahrungsräume für Kleider, Wäsche, Schuhe usw.);
5. Abortanlagen (Zahl, Zustand, Lüftung, Beleuchtung); Beseitigung des Abortinhalts;
6. Trinkwasser (Menge, Güte), Lage der Wasserversorgungsstelle und der Zuleitung (Schutz gegen Verunreinigung);
7. Waschgelegenheit, Badeeinrichtungen;
8. Turnsaal, Gärten, Spiel- und Turnplätze.

B. Schüler, Zöglinge:

9. Allgemeiner Ernährungs- und Gesundheitszustand; Verpflegung, Kleidung der Zöglinge;
10. Schülerzahl — Zahl der wegen Krankheit fehlenden Kinder;
11. Untersuchung von Schülern (Zöglingen), die an besonderen Gebrechen (Sehstörungen, Schwerhörigkeit, Schwachsinn) leiden oder bei denen Verdacht auf Tuberkulose, Lupus usw. besteht.

---

13. Bek., Bauliche Anlage und Einrichtung der Schulhäuser und Gesundheitspflege in den Volksschulen betr., v. 15. April 1913 (KMBl. S. 115, Weber 41 S. 378)[1].

Ueber die Erbauung und Einrichtung der Schulhäuser für die Volksschulen und über die Gesundheitspflege in den Volksschulen bestehen in mehreren Regierungsbezirken schon seit Jahren Vorschriften, die zum Teil erheblich weitergehende Anforderungen stellen als die durch wichtige Neuerungen und Fortschritte auf den Gebieten des Bauwesens und der Gesundheitspflege überholte Ministerialentschließung vom 16. Januar 1867.

Die Vorschriften der Regierungen weichen in zahlreichen Einzelheiten voneinander ab; auch haben viele Gemeinden mit anerkennenswertem Opfersinn gewetteifert, das Volksschulwesen in baulicher und gesundheitlicher Beziehung über die bestehenden Vorschriften hinaus zu fördern. Aus diesen Verhältnissen heraus hat sich eine zunehmende Unsicherheit hinsichtlich des Umfanges jener Anforderungen entwickelt, die auf dem Gebiete des Bauwesens und der Gesundheitspflege bei den Volksschulen regelmäßig eingehalten werden sollen und unter allen Umständen erfüllt werden müssen. Infolgedessen bestehen Klagen einerseits darüber, daß die Schulaufsichtsbehörden durch zu weit gehende Anforderungen das gemeindliche Selbstverwaltungsrecht unnötigerweise beschränken und die Gemeinden überlasten, anderseits darüber, daß die gesundheitlichen und schultechnischen Bedürfnisse durch die Aufsichtsbehörden und die Gemeinden nicht immer genügend

---

[1]) Bis auf weiteres können zufolge ME. vom 19. August 1924 Buchstabe B (MABl. S. 125, Anhang Nr. 64) Erleichterungen gewährt werden.

wahrgenommen werden. Es fehlt auch nicht an Klagen darüber, daß der Wetteifer der Gemeindeverwaltungen schon öfter zur Ueberschätzung des Bedürfnisses und zur Hintansetzung der gebotenen Rücksichtnahme auf die gemeindliche Leistungsfähigkeit geführt habe, ohne daß aufsichtlich auf angemessene Einschränkung hingewirkt worden sei. Um in den gedachten Richtungen mehr Sicherheit und Gleichmäßigkeit anzubahnen, werden unter Aufhebung aller entgegenstehenden Vorschriften die nachfolgenden Bestimmungen erlassen:

Erster Abschnitt.

Allgemeine Bestimmungen über die Erbauung, bauliche Aenderung und Einrichtung der Schulhäuser für Volksschulen.

Lage des Bauplatzes.

§ 1. I Für Schulhausbauten eignen sich am besten leicht zugängliche, sonnige, allseitig freigelegene, etwas erhöhte, ebene Plätze. Läßt sich die Lage an einem Abhange nicht vermeiden, so ist der Bauplatz in entsprechender Ausdehnung einzuebnen, so daß für das Schulhaus und seine nächste Umgebung eine ebene Fläche verfügbar wird und der Abhang die Belichtung des Schulhauses nicht beeinträchtigt.

II Die Nähe von verkehrsreichen, geräuschvollen Plätzen und Straßen, von belästigenden oder gesundheitsgefährdenden Betrieben, von Sümpfen und stehenden Gewässern ist tunlichst zu vermeiden.

III Bei der Wahl des Bauplatzes muß auf die Versorgung des Schulhauses mit einwandfreiem Wasser und auf Gelegenheit zur Ableitung der Abwässer Bedacht genommen werden.

IV Weiter ist auf Reinheit, Trockenheit und technisch günstige Beschaffenheit des Baugrundes zu achten. Wenn die erforderlichen Aufschlüsse nicht auf andere Weise (in der Nähe aufgeführte Bauten, Brunnenanlagen, Kiesgruben u. dgl.) gewonnen werden können, sind Schürfgruben anzulegen.

V In einem Ueberschwemmungsgebiete darf nur dann gebaut werden, wenn ein hochwasserfreier Platz im Schulort oder in dessen Umgebung nicht zur Verfügung steht. Auch Plätze mit einem der Oberfläche bis auf 2 Meter nahekommenden Grundwasserstand oder andere feuchte Grundstücke dürfen nur ausnahmsweise dann gewählt werden, wenn ein einwandfreier Bauplatz in angemessenem Umkreise nicht vorhanden ist. In solchen Fällen muß das Erdgeschoß hochgelegt und der Bauplatz durch besondere Maßnahmen (Ziehen von Gräben, Einlegung von Röhren, Ersatz der oberen Bodenschichten durch reines Material) möglichst verbessert werden.

VI Der Bauplatz soll eine solche Aufstellung des Schulhauses ermöglichen, daß für die Fenster an der Längsseite der Schulzimmer in der Höhe der Fensterbrüstung ein Lichteinfallswinkel von höchstens 35° zur Waagrechten gemessen dauernd gesichert ist.

Erhöhung des Bauplatzes.

§ 2. I Der Bauplatz muß hinreichend Raum für das Schulhaus und etwaige Nebengebäude, ferner für einen Turnplatz bieten. Auf dem Lande soll der Bauplatz womöglich so bemessen werden, daß auch ein Garten angelegt werden kann. Von Anlegung eines Turnplatzes kann abgesehen werden, wenn in nicht allzu weiter Entfernung vom Schulhaus ein geeigneter Platz zur Verfügung steht.

II Der Bauplatz soll endlich für allenfallsige spätere Erweiterung des Schulhauses Raum bieten.

Bauart der Schulhäuser.

§ 3. I Die Schulhäuser sollen im Aeußern einfach aber würdig gehalten sein und sich gut in das Orts- und Straßenbild einfügen. Im übrigen richtet sich die Bauart der Schulhäuser in erster Linie nach den allgemein geltenden Bauvorschriften. Auf Dauerhaftigkeit und Feuersicherheit der Gebäude ist besonders Bedacht zu nehmen.

II Auch dann, wenn die Bestimmungen des § 1 Abs. V nicht Platz greifen, sind geeignete Vorkehrungen zu treffen, um das Eindringen von Feuchtigkeit mit Sicherheit zu vermeiden. Die Umfassungs- und Zwischenmauern müssen unterhalb der Kellerdecken und mindestens 0,30 m über dem anschließenden Gelände durch waagrechte, wasserundurchlässige Einlagen gegen aufsteigende Bodenfeuchtigkeit geschützt werden. Das ganze Schulhaus ist zu unterkellern, soweit dies nicht durch felsige Beschaffenheit des Baugrundes erschwert ist; in letzterem Falle sind die nicht unterkellerten Fußböden durch wasserundurchlässige Einlagen, die mit denen der Mauern wasserdicht zusammenhängen, zu schützen. Der Fußboden des Erdgeschosses ist mindestens 0,60 m hoch über das an die Umfassungsmauern anschließende Gelände zu legen. Zur Auffüllung unter dem Fußboden darf nur trockenes und reines, von verwesbaren Stoffen freies Material (z. B. Sand, Kies, Schotter) verwendet werden. Zur Ableitung des Niederschlagwassers soll längs der äußeren Grundmauern ein Traufpflaster mit Gefäll nach außen angebracht werden. Im Traufpflaster dürfen Oeffnungen für Wandobstbaumzucht ausgespart werden.

III Alle Schulhausneubauten sind mit Blitzableitern zu versehen. (S. Entschließung des K. St.-M. des Innern vom 6. Juli 1912, MABl. S. 767.)

Form und Größe der Schulzimmer.

§ 4. I Die Schulzimmer sollen rechteckig sein; ihre Länge soll sich zur Tiefe ungefähr wie 3 : 2 verhalten. Geringfügige Abweichung von der rechtwinkligen Anlage ist zulässig, zumal wenn sie durch die Gestalt des Bauplatzes oder die Baulinienführung bedingt ist.

II Zur Feststellung der Größe neuer oder bei einem Umbau zu vergrößernden Schulzimmer ist die voraussichtliche durchschnittliche Belegung zu ermitteln. Hiebei ist in Gemeinden und Schulsprengeln, in denen während der letzten zehn Jahre keine oder nur geringe Zunahme der Bevölkerung stattgefunden hat, der Durchschnitt der werktagsschulpflichtigen Kinder aus den letzten zehn Schuljahren, bei stärkerer Bevölkerungszunahme der Durchschnitt aus den letzten 5—3 Jahren zugrunde zu legen. Daneben sind alle Verhältnisse zu berücksichtigen, die voraussichtlich eine wesentliche Zu- oder Abnahme der Schülerzahl zur Folge haben werden.

III Beträgt die so ermittelte durchschnittliche Schülerzahl 60—70, so muß die Bodenfläche des Schulzimmers mindestens 70 qm betragen. Bei geringerer durchschnittlicher Belegung darf die Bodenfläche um so viele Quadratmeter verkleinert werden, als die Kinderzahl unter 60 zurückbleibt. Uebersteigt die durchschnittliche Schülerzahl 70, so muß die Bodenfläche um so viele Quadratmeter vergrößert werden, als die Schülerzahl 70 übersteigt. In keinem Fall darf jedoch die Länge eines Schulzimmers mehr als 11 m und die Tiefe mehr als 7,20 m betragen.

IV Die lichte Höhe der Schulzimmer muß mindestens 3,50 m und wenn das Schulzimmer für 80 oder mehr Kinder bestimmt ist, 4 m betragen. In freistehenden Schulhäusern kann auf 3,20 m heruntergegangen werden, wenn die voraussichtliche Schülerzahl nicht mehr als 50 beträgt.

Lage der Schulzimmer.

§ 5. Die Lage nach Südost, Süd, Südwest ist im allgemeinen wegen der größeren Helligkeit und des keimtötenden Einflusses des Sonnenlichtes vorzuziehen. Die Nordlage empfiehlt sich nur für Räume, in denen ausschließlich Zeichenunterricht erteilt wird.

Belichtung und Beleuchtung der Schulzimmer.

§ 6. I Die Fenster der Schulzimmer sind so anzubringen, daß die Schulkinder das Tageslicht hauptsächlich von der linken Seite aus erhalten. Lichteinfall von vorn und von rechts ist unzulässig.

II Die Glasfläche der linksseitigen Fenster muß mindestens ein Neuntel der Fußbodenfläche betragen; dementsprechend müssen die lichten Maueröffnungen dieser Fenster zusammen mindestens ein Sechstel der Fußbodenfläche ausmachen. Die Fenster sollen möglichst nahe an die Decke reichen. Ihr oberer Rand soll nicht mehr als 0,30 m unter der Decke, die Brüstung nicht weniger als 1,20 m über dem Fußboden liegen.

III Die Mauerpfeiler zwischen den Fenstern an der Hauptfensterwand sind möglichst schmal zu halten und nach innen abzuschrägen; sie dürfen an der inneren Wandfläche gemessen die Breite von 1 m nicht überschreiten.

IV Für sämtliche Fenster der Schulzimmer müssen von innen anzubringende Winterfenster vorhanden sein.

V Die Fensterscheiben müssen farblos und durchsichtig sein. Undurchsichtige Fensterscheiben dürfen nur im unteren Teil der Fensterflügel und nur dann angebracht werden, wenn es aus besonderen Gründen geboten ist.

VI Zur Abhaltung des unmittelbaren Sonnenlichtes sind an jedem Fenster der Ost-, Südost-, Süd-, Südwest- und Westseite helle, dichte, nicht gemusterte Zugvorhänge anzubringen, die geschlossen seitlich über die Fensternische hinausreichen und geöffnet den Lichteinfall nicht beeinträchtigen.

VII Findet in einer Schule Abendunterricht statt, so sind die Schulzimmer mit ausreichender künstlicher Beleuchtung zu versehen; auch die Zugänge zu den Schulzimmern und die Aborte sind zu beleuchten.

Lüftung der Schulzimmer.

§ 7. Zur Lufterneuerung in den Schulzimmern genügt im allgemeinen die Lüftung durch die Fenster und Türen. Alle Fenster und Winterfenster müssen so hergestellt sein, daß sie leicht vollständig geöffnet werden können; zum Feststellen der geöffneten Fenster müssen geeignete Vorrichtungen angebracht sein. In jedem Schulzimmer müssen mindestens zwei Fenster im oberen Teile Klappflügel erhalten, die um waagrechte Achsen drehbar sind. Die Klappflügel der Fenster und Winterfenster müssen durch eine Stellvorrichtung so miteinander verbunden sein, daß sie gleichzeitig geöffnet und geschlossen werden können. Die Stellvorrichtung muß von unten aus mühelos zu bedienen sein.

Heizung der Schulzimmer.

§ 8. I Die künstliche Erwärmung der Schulzimmer kann durch Zentralheizung oder durch Oefen geschehen.

II Die Zentralheizung kann nur für größere Schulhäuser und nur da empfohlen werden, wo das Heizmaterial nicht zu teuer kommt und für die Bedienung und Behebung etwaiger Schäden der Anlage geschultes Personal zur Verfügung steht. Für die Zentralheizung dürfen nur bewährte Systeme und glatte Heizkörper ohne Verkleidung gewählt werden; der Entwurf und die Ausführung der Anlage ist Sachverständigen zu übertragen, die in diesem Fache besondere Erfahrung besitzen.

III Bei Einzelheizung ist darauf zu achten, daß die Oefen nicht zu klein gewählt werden; unter Umständen werden an Stelle eines großen Ofens besser zwei kleinere verwendet. Die Oefen werden am besten an der Längswand aufgestellt, die der Hauptfensterwand gegenüber liegt. Die Beheizung soll vom Schulzimmer aus erfolgen, da hierdurch die Lufterneuerung befördert wird. Eiserne Oefen müssen mit einem Mantel versehen sein.

Decken, Wände, Fußböden und Türen der Schulzimmer.

§ 9. I Die Decken der Schulzimmer müssen möglichst schalldicht hergestellt, verputzt und weiß getüncht werden.

II Die Innenwände der Schulzimmer müssen, um das Eindringen des Schalles tunlichst zu verhüten, mindestens ein Stein stark sein. Die Wände der Schulzimmer müssen glatt sein und getüncht werden. Die Tünchung muß einfarbig, licht, matt, giftfrei und haltbar sein; bis zu einer Höhe von ungefähr 1,50 m vom Boden herauf ist ein dunklerer Farbton zu wählen; an die Stelle der Tünchung kann hier ein abwaschbarer (Oel-, Emailfarben-) Anstrich treten.

III Die Fußböden müssen eben, möglichst dicht, warmhaltend, dauerhaft und leicht zu reinigen sein. Diese Bedingungen erfüllt am besten ein Riemenboden aus hartem Holz. Böden aus steinähnlicher Masse sind nur als Unterlage für Linoleum gestattet. Es empfiehlt sich die Holzböden mit Oel einzulassen.

IV Die Eingangstüre für die Schulkinder wird zweckmäßig in der vorderen Hälfte der inneren Längswand des Schulzimmers angebracht. Die Türen der Schulzimmer müssen sich nach außen öffnen.

Hauseingang, Gänge und Treppen.

§ 10. I Vor den Haustüren der Schulhäuser oder den Aufgangstreppen zu den Haustüren sind, wenn es die Verhältnisse zulassen, leicht zu reinigende (gepflasterte) Zugänge herzustellen. Vor den Haustüren sind leicht zu reinigende und genügend große Vorrichtungen zum Abstreifen des Schmutzes von der Fußbekleidung anzubringen.

II Die Haustüren müssen sich nach außen öffnen; sie sind genügend breit anzulegen.

III Die Gänge und Treppen müssen durch ins Freie gehende Fenster genügend belichtet und lüftbar sein.

IV Die Hauptgänge müssen mindestens 2 m Breite haben.

V Die Treppen können aus Stein oder Holz hergestellt werden; am besten bewähren sich auch in bezug auf Feuersicherheit Treppen aus Eichenholz. Holztreppen müssen an der Unterseite verputzt werden.

VI Die Höhe der Treppenstufen soll nicht über 0,16 m, die Stufenbreite nicht unter 0,29 betragen. Die Treppen sind an beiden Seiten mit Geländern versehen; letztere sollen so ausgeführt werden, daß das Hinabrutschen über das Geländer unmöglich ist.

VII Treppen, die zu Schulzimmern führen, dürfen nicht unter 1,50 m, solche, die von mehr als 250 Schülern benützt werden, nicht unter 2 m breit sein. Die Stockwerkstreppen müssen durch Absätze unterbrochen sein, Wendeltreppen und gewendelte Stufen sind unzulässig.

VIII Soferne nicht gesonderte Kleiderräume vorgesehen werden können, sind auf den Gängen der Schülerzahl entsprechende Vorrichtungen zum Aufhängen der Ueberkleider und Kopfbedeckungen sowie zur Aufbewahrung von Ueberschuhen, Holzschuhen usw. anzubringen.

IX Die Wände und Decken der Gänge, Treppen und Kleiderräume sind weiß zu tünchen. Bis zu einer Höhe von ungefähr 1,30 m vom Boden herauf ist dunklerer Farbton zu wählen; an Stelle der Tünchung wird hier zweckmäßig ein abwaschbarer Anstrich verwendet.

Aborte.

§ 11. I Die Aborte sind womöglich gegen Norden oder Osten anzulegen. Sie dürfen innerhalb der Umfassungsmauern des Schulhauses nur dann angebracht werden, wenn entweder ausgiebige Wasserspülung eingerichtet oder auf andere Weise das Eindringen lästiger Gase in die übrigen Räume des Schulhauses wirksam aufgeschlossen wird. In allen anderen Fällen sind die Abortanlagen in einem massiven Anbau unterzubringen, der vom Schulhause unmittelbar oder über einen geschützten Gang betreten wird.

II Für Knaben und Mädchen müssen getrennte Aborte mit je einem Vorraum vorgesehen werden. In jedem Aborte für Knaben muß ein Pißraum vorhanden sein. Auf je 40 Knaben und auf je 30 Mädchen muß mindestens ein Sitzabteil treffen.

III Werden die Aborte für Knaben und Mädchen nebeneinander eingerichtet, so sind sie durch eine bis zur Decke reichende Mauer, die zugehörigen Vorräume durch eine mindestens 2,40 m hohe Mauer zu trennen. Zwischen den einzelnen Sitzabteilungen sind mindestens 2,40 m hohe Scheidewände anzubringen. Hölzerne Scheidewände sollen wie die Türen der Aborte unten etwa 15 cm vom Boden abstehen und müssen leicht abwaschbar sein.

IV Die Aborte müssen hell und durch ins Freie gehende Fenster mit Klappflügeln lüftbar sein. Die Klappflügel müssen durch eine Stellvorrichtung von unten leicht zu öffnen und zu schließen sein. Auch jeder Vorraum soll ,wenn irgend tunlich, ein solches Fenster erhalten. Die Türen der Sitzabteile müssen von innen mit Riegeln verschließbar gemacht werden. Es empfiehlt sich den Riegelverschluß so einzurichten, daß die von innen verriegelte Türe im Notfalle durch einen Schlüssel von außen geöffnet werden kann.

V Die Breite der einzelnen Sitzabteilungen muß mindestens 0,80 m, die Länge mindestens 1,50 m betragen.

VI Der Pißraum soll bei entsprechender Länge mindestens eine Breite von 1,50 m erhalten. Pißwände und Pißrinnen müssen vollkommen wasserdicht hergestellt werden.

VII Die Fußböden der Aborte sind wasserdicht und bei Pißräumen derart herzustellen, daß gegen einen Ablauf ein Gefälle vorhanden ist. In mehrgeschossigen Abortanlagen darf zu den Zwischendecken Holz nicht verwendet werden.

VIII Wo Wasserleitung vorhanden ist, soll in den Vorräumen eine Waschvorrichtung angebracht werden.

IX Die Einrichtung der Wasserspülung ist nur da zu empfehlen, wo ausreichend Wasser zur Verfügung steht und die Abfälle und Abwässer einwandfrei abgeleitet werden können; weitere Voraussetzung ist, daß die Anlage frostsicher ausgeführt werden kann.

X Wo Wasserspülung nicht eingerichtet werden kann, müssen die Abfallstoffe in Gruben gesammelt werden. Die Gruben werden am besten an der Nordseite angelegt. Sie müssen stets außerhalb des Schulgebäudes liegen; sie sind vollständig unabhängig von der nächsten Umfassungsmauer und mindestens 0,20 m davon entfernt anzulegen. Die Gruben müssen aus Backsteinmauerwerk in Zementmörtel oder aus Beton hergestellt und wasser-

und luftdicht eingedeckt werden. Sie sind allseitig mit einem mindestens 0,20 m starken Lettenschlag und wo dies nicht möglich ist, mit einem anderen gleichwertigen Isoliermittel (z. B. Asphalt) zu umgeben. Ihre Innenflächen müssen mit einem dauerhaften, glatten, wasserdichten Zementverputz versehen werden. Die Entleerungsöffnungen sind mit doppelten eisernen Deckeln zu verschließen. Die Abortgruben sind mit den Aborten im Innern der Schulhäuser durch genügend weite, von den Gebäudemauern allseits isolierte Grubenhälse mit ausreichendem Gefälle zu verbinden. Für die Ausführung der Grubenhälse gelten die gleichen Bestimmungen wie für die Ausführung der Gruben. Die Sohle der Grubenhälse ist mit schwachem Gefälle zur Sohle der Abortgruben zu führen, so daß die Flüssigkeit in die Grubenhälse hineinspült.

XI Die Gruben sind so groß anzulegen, daß sie nicht zu häufig geräumt werden müssen.

XII Die Fallrohre der Aborte müssen wasserdicht und glatt sein und, wenn nicht Spülung eingerichtet ist, wenigstens 0,25 m lichte Weite haben. Sie sind mit der gleichen Weite als Entlüftungsrohre mindestens 1 m hoch über das Dach hinauszuführen und mit einem Regendach abzudecken. Bei Wasserspülung sind eiserne Fallrohre mit einer lichten Weite von ungefähr 0,12 m zu verwenden. Die Einfallrohre der Sitzaborte müssen in möglichst spitzem Winkel in das Hauptrohr münden. Besondere Sorgfalt ist auf dichten Anschluß des Fallrohrs an den Grubenhals zu verwenden.

XIII Polizeivorschriften, die hinsichtlich der Herstellung der Aborte strengere Anforderungen stellen, bleiben durch die vorstehenden Bestimmungen unberührt.

Beseitigung der Hausabfälle und Niederschlagswässer.

§ 12. I Für Kehricht, Asche und sonstige trockene Hausabfälle sind besondere, abgedeckte Gruben anzulegen, soferne nicht regelmäßige Abfuhr der in Tonnen gesammelten Abfälle eingeführt ist.

II Die Hausabwässer müssen innerhalb des Schulhauses in eisernen, über Dach entlüfteten Röhren geführt werden. Sie sind auch außerhalb des Schulhauses bis zur Einleitung in einen Kanal oder bis zur sonstigen unschädlichen Ableitung in geschlossenen Röhren zu leiten. Wo die Hausabwässer nicht in dieser Weise beseitigt werden können, sind für sie besondere, genügend große, undurchlässige und luftdicht abgeschlossene Gruben herzustellen. Die Ausgüsse innerhalb des Hauses müssen von den Abfallrohren geruchlos abgeschlossen werden (Syphons).

III Das Dachwasser ist durch Dachrinnen und Abfallrohre zu sammeln und, wenn es nicht einer Entwässerungsanlage zugeführt werden kann, von der nächsten Umgebung des Schulhauses abzuleiten.

Wasserversorgung.

§ 13. I Jedes Schulhaus muß mit Wasser von genügender Menge und einwandfreier Beschaffenheit versehen sein. Wenn das erforderliche Wasser nicht einer als einwandfrei bekannten Wasserleitung entnommen werden kann, ist es von einer Untersuchungsanstalt für Nahrungs- und Genußmittel auf seine Brauchbarkeit zu untersuchen und vom Bezirksarzte zu begutachten.

II Wo eine Wasserleitung nicht mitbenützt werden kann, empfiehlt sich die Anlage einer eigenen Wasserleitung für das Schulhaus. Die Leitung muß so ausgeführt werden, daß jede Verunreinigung des Wassers sowohl am Ursprung als während der Zuleitung ausgeschlossen ist.

III Wird das Schulhaus mit einer Wasserleitung versehen, so soll in jedem Stockwerk ein Auslauf mit Ausguß vorgesehen werden.

IV In dritter Linie kommt die Anlage eines Brunnen in Betracht. Hierbei ist darauf zu achten, daß jede Verunnreinigung des Brunnens und seiner Umgebung unmöglich gemacht wird. Insbesondere ist die Nähe von Abort- und Abwässergruben, Dunggruben und Jauchekanälen zu vermeiden. Die Bodenoberfläche rings um den Brunnen muß Gefälle vom Brunnen weg erhalten. Bei jedem Brunnen ist eine Brunnenschale anzubringen. Das Abwasser ist vom Schulhausgrundstück in geschlossenen Röhren abzuleiten.

Waschgelegenheit, Bäder.

§ 14. I In oder bei jedem Schulhause muß für die Kinder Gelegenheit zum Händewaschen vorhanden sein. Wo keine Wasserleitung vorhanden ist, muß wenigstens in jedem Schulzimmer eine unzerbrechliche Waschschüssel und eine Kanne mit Wasser bereitgestellt werden.

II Für größere Schulhäuser ist die Einrichtung von Brausebädern zu empfehlen. Die Baderäume müssen heizbar sein und ins Freie führende Fenster erhalten.

Schulbänke (Tische).

§ 15. I Die Bänke müssen in ausreichender Zahl vorhanden und der Größe der Kinder angepaßt sein. Eine Schulbank ist im allgemeinen für die Körpergröße eines Kindes als passend zu erachten, wenn bei waagrecht auf der Sitzbank aufliegendem Oberschenkel die ganze Fußsohle auf dem Fußrost ruht.

II Die Bänke müssen so beschaffen sein, daß eine ungünstige Körperhaltung vermieden wird. Die Tischplatte muß gegen den Körper des Schülers geneigt sein. Die Bänke müssen mit Rückenlehne und Fußrosten versehen sein. Der Anteil jedes Schülers an der Banklänge (die Sitzbreite) soll nicht unter 0,50 m betragen.

III Bei Neuanschaffung von Schulbänken dürfen nur solche mit höchstens 4 Sitzen gewählt werden. Das Sitzbrett der Schulbank muß unter die Tischplatte hineinreichen oder senkrecht mit dem Innenrand der Tischplatte abschneiden. Bei Bänken mit mehr als zwei Sitzen müssen entweder die Tischplatten oder die Sitze beweglich (zum Klappen eingerichtet) sein. Die Bänke sollen leicht zu reinigen sein; dieser Anforderung entsprechen am besten Bänke, die auf Schienen laufen oder umgelegt werden können.

IV Die (K.) Regierungen, Kammern des Innern, können bestimmen, welche Arten von Schulbänken zulässig sind, die Gemeinden dürfen jedoch hinsichtlich des Bezuges der Bänke nicht auf bestimmte Geschäfte beschränkt werden.

V Die Aufstellung der Bänke soll so erfolgen, daß zwischen den einzelnen Bankreihen, an der Fensterwand und an der Rückwand ein mindestens 0,50 m breiter Gang bleibt; die dem Ofen zunächst stehenden Bänke sollen mindestens 1 m von dem Ofen entfernt sein. Die Bänke sind so aufzustellen, daß die Kinder das durch das Fenster einfallende Tageslicht von der linken Seite her erhalten.

Wohnräume für das Lehrpersonal, Gemeindezimmer.

§ 16. I Bezüglich der für das Lehrpersonal vorzusehenden Dienstwohnräume usw. gelten die Bestimmungen des Schulbedarfgesetzes vom 28. Juli 1902 Artikel 8 [1]) und der Ministerialbekanntmachung vom 25. Mai

[1]) Nunmehr „des SchBG. vom 14. August 1919 Art. 14 und 15".

1906 (KMBl. S. 313, Anh. Nr. 8). Wenn Dienstwohnungen in Schulgebäuden untergebracht werden, so müssen sie von den Schulräumen abgesondert werden und einen vom Zugang für die Schüler getrennten Zugang erhalten.

II Gemeindliche Geschäftszimmer, die in Schulhäusern eingerichtet werden, müssen außerhalb der Lehrerwohnungen liegen. Für solche gemeindliche Diensträume ist jedenfalls dann ein eigener Zugang von außen anzulegen, wenn in ihnen während der Schulzeit regelmäßiger amtlicher Geschäftsverkehr stattfindet. In diesem Falle ist auch ein eigener von den Schulaborten getrennter Abort anzulegen.

Nebengebäude, Anlagen.

§ 17. Waschküchen werden zweckmäßig in Nebengebäuden untergebracht. Für den Einbau von Waschküchen in Schulhäuser ist Abschnitt I Ziff. 8 der Ministerialentschließung vom 25. Mai 1906 (KMBl. S. 315) zu beachten. Wenn genügende Sicherheit gegen das Eindringen von Feuchtigkeit in das Gebäude gegeben ist, können Waschküchen auch in das Dachgeschoß eingebaut werden. Räume, die zu einem landwirtschaftlichen Betriebe dienen sollen, dürfen innerhalb der Umfassungsmauern des Schulgebäudes nicht untergebracht werden.

Turn- und Spielplatz.

§ 18. I Der Turnplatz muß mindestens in solcher Größe angelegt werden, daß auf jedes der ihn gleichmäßig benützenden Kinder eine Fläche von 3 qm trifft. Entsprechend große Höfe können als Turnplatz benützt werden. Sehr zu empfehlen ist die Bereitstellung erheblich größerer freier Plätze, die zum Turnen und für Bewegungsspiele verwendet werden können.

II Der Boden des Turn- und Spielplatzes soll leichtes Gefäll aufweisen, trocken, eben und fest sein; lästige Staubbildung soll tunlichst verhindert werden. Die Anpflanzung von Bäumen an den Rändern größerer Turn- und Spielplätze ist wünschenswert.

Zweiter Abschnitt.

Anordnungen und Winke für die Gesundheitspflege in den Volksschulen.

Reinhaltung des Schulhauses.

§ 19. I Im ganzen Schulhause muß stets die größte Reinlichkeit herrschen. Zu diesem Zwecke ist zunächst das Einschleppen von Schmutz dadurch auf ein möglichst geringes Maß zurückzuführen, daß die Zugänge zum Schulhause von der Straße aus möglichst rein gehalten und daß die Schulkinder zur Benützung der Abstreifvorrichtungen streng angehalten werden.

II Es ist darauf zu dringen, daß die Kinder möglichst reinlich gekleidet zur Schule kommen. Kleidungsstücke, die abgelegt werden, dürfen nicht in den Schulzimmern selbst, sondern müssen auf den Gängen oder in besonderen Räumen aufbewahrt werden.

III In den Schulzimmern und Gängen sind mit Wasser gefüllte Spucknäpfe und in den Schulzimmern auch Behälter für Abfälle aufzustellen. Ihre Benützung ist den Kindern zur Pflicht zu machen. Das Ausspucken auf den Boden ist strengstens zu untersagen.

IV Die Decken und Wände der Schulzimmer, Gänge und Treppen und der Kleiderräume müssen mindestens alle 3 Jahre getüncht werden. Der dunkler gehaltene untere Teil der Tünchung (§ 9 Abs. II, § 10 Abs. IX) ist mindestens alle 2 Jahre zu erneuern; abwaschbare Anstriche sind jedenfalls dann auszubessern oder zu erneuern, wenn sie schadhaft geworden sind.

V Fußbodenteile, die rissig oder uneben geworden sind oder deren Holz Fäulniserscheinungen aufweisen, müssen erneuert werden; kleinere Fugen im Boden sind auszuspähnen oder auszukitten; wo sich diese Maßnahme nicht mehr als wirksam erweist, muß der ganze Fußboden umgelegt oder erneuert werden.

VI Die Fußböden der Schulzimmer und Gänge und die Treppen sind wöchentlich mindestens 2 mal feucht aufzuwischen; zur besseren Bindung des Staubes können feuchte Sägspäne verwendet werden. Gleichzeitig sind auch die Bänke (Tischplatten, Sitze, Fußtritte) und die Fensterbretter feucht abzuwischen und die Spucknäpfe zu entleeren. Besondere Sorgfalt ist der Reinigung der Aborte zuzuwenden. Die Sitze und Fußböden sind mindestens 2 mal wöchentlich, außerdem so oft sie beschmutzt werden, feucht zu reinigen. Türen, Fenster, Wände der Aborte müssen nach Bedarf gereinigt, die Pißrinnen stets freigehalten werden; wo keine Wasserspülung vorhanden ist, empfiehlt es sich, die Pißrinnen und, soweit sie benetzt werden, die Pißwände nach Bedarf mit Steinöl zu bestreichen.

VII Mindestens 3 mal im Jahre (in den Weihnachts-, Oster- und Sommerferien) hat eine Hauptreinigung des Schulhauses zu erfolgen. Dabei sind die Wände und Decken unter Schonung des Anstriches abzukehren, die Einrichtungsgegenstände, die Türen, Fenster, die abwaschbaren Wandanstriche und schließlich die Fußböden und Treppen gründlich zu reinigen. Geölte Fußböden sind nach der Reinigung und Trocknung nachzuölen. Hierbei ist darauf zu achten, daß einerseits auf den nicht abgenützten Stellen kein Oel stehen bleibt, andererseits die abgetretenen Stellen vollständig mit Oel gesättigt werden.

VIII In den Hofräumen, auf den Turn- und Spielplätzen ist jede Verunreinigung und das Umherstreuen von Papier, Speiseabfällen untersagt.

IX Die Mittel für die Besorgung der vorgeschriebenen Reinigungsarbeiten und zur Beschaffung der erforderlichen Geräte usw. sind gemäß Art. 1 des Schulbedarfgesetzes [1]) von den Gemeinden zu beschaffen. Die Gemeindeverwaltungen haben zur pünktlichen und sorgfältigen Ausführung der vorgeschriebenen Reinigungsarbeiten im Vertragswege verlässige, erwachsene Personen aufzustellen. Auf Grund der Schulpflicht dürfen Schulpflichtige weder von den Schulaufsichtsbehörden noch von dem Lehrpersonal oder von den Gemeindeverwaltungen zu Reinigungsarbeiten im Schulhause herangezogen werden. Die Beteiligung Schulpflichtiger an der Reinigung des Schulhauses ist mithin nur insoweit nicht zu beanstanden, als erwachsene Personen, welche die Reinigung übernommen haben, sich hierbei der Mithilfe der eigenen Kinder oder von sonntagsschulpflichtigen Dienstboten oder sonstiger Lohnarbeiter bedienen. Dem Lehrpersonal ist es aber nicht verwehrt, Schulkinder zu nicht anstrengenden Ordnungsarbeiten (z. B. Abwischen der Schultafel, Aufheben auf dem Boden liegender Gegenstände u. dgl.) heranzuziehen, zumal wenn solche Verrichtungen für den Schulbetrieb erforderlich sind oder aus erzieherischen Gründen angeordnet werden. Die örtlichen Schulaufsichtsbehörden und das Lehrpersonal haben bei der Gemeindeverwaltung und erforderlichen Falles bei der vorgesetzten Verwaltungsbehörde Abhilfe anzuregen, wenn die Reinigungsarbeiten nicht ordentlich vorgenommen werden.

---

[1]) vom Jahre 1902, nunmehr Art. 11 des SchBG. vom 14. Aug. 1919.

Heizung.

§ 20. I Die Heizanlagen müssen so bedient werden, daß die Schulzimmer schon zu Beginn der Schulzeit genügend erwärmt sind und während der Schulstunden auf einer Temperatur von 16—18 ° C erhalten werden. Eine Temperatur von 20 ° C darf auf keinen Fall überschritten werden. Zur Prüfung des Temperatur muß in jedem Schulzimmer an einer Innenwand und zwar mindestens 3 m vom Ofen entfernt in einer Höhe von ungefähr 1,60 m über dem Fußboden ein Thermometer aufgehängt sein.

II Soferne es der Raumverhältnisse wegen nicht zu vermeiden ist, daß Schulkinder in der Nähe des Ofens sitzen, muß vor dem geheizten Ofen ein ungefähr 1,50 m hoher und den Ofen der Breite nach vollständig deckender Ofenschirm aufgestellt werden.

III Solange geheizt wird, soll regelmäßig (etwa wöchentlich) eine Versetzung der Schüler, die in der Nähe des Ofens, an den Fenstern oder an der Türe sitzen, vorgenommen werden.

Lüftung.

§ 21. I In den Schulzimmern sind während des Unterrichtes bei genügender Außenwärme einzelne Fenster im ganzen, bei geringerer Außenwärme nach Bedarf die oberen Klappflügel offen zu halten; Zugluft ist zu vermeiden.

II Während der Pausen, in denen die Schüler das Schulzimmer verlassen, sind ohne Rücksicht auf die Außenwärme einige Fenster für kurze Zeit ganz zu öffnen. Bei kalter Außenluft ist jedoch darauf zu achten, daß die Räume nicht zu stark abgekühlt werden; bei großem Wärmeunterschiede zwischen Innen- und Außenluft genügen wenige Minuten zur Lufterneuerung. Nach Beendigung des Unterrichts sind die Schulzimmer täglich ausgiebig zu lüften. Das gleiche hat auch zwischen Vormittags- und Nachmittagsunterricht zu geschehen, wenn nicht auswärts wohnende Schulkinder während der Mittagspause mangels anderer Unterkunft im Schulzimmer bleiben müssen.

III Auch die Gänge und die Kleiderräume sind entsprechend (an warmen Tagen während des Unterrichts, an kalten Tagen wenigstens nach Schluß des Unterrichts) zu lüften.

IV Besonders ausgiebig sind die Aborte zu lüften.

Körperhaltung der Schüler.

§ 22. I Der Oberkörper soll aufrecht gehalten werden. Ein Anpressen der Brust gegen die Tischkante ist zu vermeiden. Die Schultern sollen gleich hoch stehen. Beim Schreiben und Lesen soll der Kopf nur wenig gegen die Pultfläche geneigt werden. Schreibhefte und Schreibtafeln sollen nicht seitlich, sondern vor die Mitte der Brust gelegt werden.

II Die richtige Körperhaltung kann nicht ununterbrochen eingehalten werden; der Unterricht ist deshalb so einzurichten, daß die Körperhaltung öfters wechseln kann; auch sollen ab und zu kurze gemeinsame Freiübungen eingeschaltet werden.

Kleidung der Schüler.

§ 23. Der Lehrer hat dafür zu sorgen, daß die Schüler bei Betreten des Schulzimmers die gegen Kälte, Wind und Nässe schützenden Ueberkleider (Mäntel, Halstücher, Ueberschuhe, Holzschuhe) ablegen; bei Durchnässung und großer Kälte empfiehlt sich ein Wechsel der (Strümpfe und) Schuhe; es ist dahin zu trachten, daß wenigstens jene Schulkinder, die einen weiteren Schulweg zurückzulegen haben, Hausschuhe und Strümpfe im Schulhause hinterlegen; für ärmere Kinder sollten Strümpfe und Hausschuhe unentgeltlich zur Verfügung gestellt werden.

Ernährung der Schüler.

§ 24. Wenn Schulkinder wegen der Entfernung ihrer Wohnung vom Schulorte während der Mittagspause nicht nach Hause gehen können, so soll möglichst Vorsorge getroffen werden, daß ihnen eine warme Mittagskost (Suppe) verabreicht wird. Wenigstens soll sich das Lehrpersonal öfters überzeugen, ob solche Kinder mit Nahrungsmitteln versehen sind und, wenn sich in dieser Hinsicht wiederholt Mängel ergeben, der Aufsichtsbehörde Mitteilung machen.

Hautpflege der Kinder.

§ 25. I Das Lehrpersonal soll darauf dringen, daß die Kinder reinlich zur Schule kommen, daß insbesondere das Gesicht, die Ohren und Hände regelmäßig gewaschen, die Nägel gereinigt und die Haare gekämmt werden.

II Wenn sich ein Schulkind erheblich beschmutzt hat, so ist auf sofortige Reinigung zu dringen. Wo Brausebäder zur Verfügung stehen, ist auf möglichst allgemeine Benützung zu sehen.

Schonung der Augen, Bekämpfung der Kurzsichtigkeit, Sorge für Schwerhörige.

§ 26. I Die Schultafeln für den Massenunterricht sind so anzubringen, daß sie gut belichtet sind und von allen Plätzen aus gut übersehen werden können. Sie müssen rein und schwarz und dürfen nicht glänzend sein; der Anstrich ist bei Abnützung alsbald zu erneuern. Die übrigen dem Massenunterricht dienenden Gegenstände (Wandkarten, Erdkugeln, Anschauungsbilder usw.) sollen genügende Größe, kräftige Farben und weithin deutlich erkennbare Zeichnung aufweisen.

II An Schulbüchern, Heften, Schreibtafeln dürfen nur die vorgeschriebenen Muster benützt werden.

III Grelles Sonnenlicht ist während des Unterrichts durch Schließen der Vorhänge abzudämpfen. Bei ungenügender Belichtung ist das Lesen und Schreiben auszusetzen und hat die Anfertigung feiner Handarbeiten zu unterbleiben. Kindern, bei denen sich Neigung zu Kurzsichtigkeit kundgibt, ist die Anfertigung feiner Handarbeiten überhaupt zu verbieten.

IV Der Unterricht ist so einzurichten, daß die Augen abwechselnd für die Nähe und die Ferne eingestellt werden müssen; beim Lesen und Schreiben (Handarbeiten) ist darauf zu sehen, daß die Augen in gehörigem Abstand von den Büchern, Heften (Handarbeitsgegenständen) bleiben.

V Das Tragen von Brillen ist nur auf ärztliches Zeugnis hin zu gestatten; andererseits ist bei Kindern, denen das Tragen einer Brille von ärztlicher Seite angeraten ist, darauf zu sehen, daß sie die Brille während des Unterrichts benützen.

VI Schwachsinnigen oder kurzsichtigen Schülern sind möglichst Plätze in den vorderen Bänken und in der Nähe der Fenster anzuweisen.

VII Schwerhörige Kinder sollen ihren Platz möglichst in der Nähe des Lehrers erhalten.

Erkrankungen von Schülern.

§ 27. I Wenn sich bei einem Schüler während des Unterrichtes bedenkliche Krankheitserscheinungen zeigen, so ist der Schüler auf geeignete Weise heimzubefördern.

II Bei dem Auftreten von übertragbaren Krankheiten unter den Schulkindern, in der Umgebung der Schulkinder oder im Schulhause sind bezüglich der Fernhaltung der Schulkinder vom Schulbesuch und des Fernbleibens des Lehrers vom Unterrichte die Vorschriften über die Bekämpfung übertragbarer Krankheiten genau zu beachten (MinBek. vom 9. Mai 1911 — GVBl. S. 426). Insbesondere darf die Wiederzulassung erkrankter oder ansteckungsverdächtiger Schulkinder zum Unterricht erst erfolgen, wenn entweder die vorgeschriebene Frist abgelaufen ist oder das vorgeschriebene ärztliche (amtsärztliche) Zeugnis beigebracht wird [1]).

III Für eine behördlich angeordnete Desinfektion von Schulräumen und Lehrerwohnungen hat die Gemeinde zu sorgen.

IV Schülern, die mit Ungeziefer (Läusen) oder einem Ausschlag am Kopf, im Gesicht, an den Händen behaftet sind, müssen tunlichst von den übrigen Kindern getrennte Plätze angewiesen werden. Das Lehrpersonal hat erforderlichen Falles der örtlichen Schulaufsichtsbehörde Anzeige zu erstatten, damit die Erziehungsberechtigten auf die Notwendigkeit einer Behandlung aufmerksam gemacht werden. Wird von den Erziehungsberechtigten nicht abgeholfen, so ist behufs weiteren Einschreitens Anzeige an die Distriktspolizeibehörde zu erstatten.

V Wenn sich bei Schulkindern Zeichen von Schwachsinnigkeit, Kurzsichtigkeit, Schwerhörigkeit, Wirbelsäuleverkrümmung, von Fallsucht, Schwachsinn, Geistesstörung, überhaupt von Gebrechen bemerkbar machen, welche die Teilnahme am Unterricht erschweren oder eine dauernde Schädigung des Körper- oder Geisteszustandes befürchten lassen, so hat der Lehrer den Bezirksarzt (Schularzt) bei der nächsten dienstlichen Besichtigung der Schule auf die Kinder aufmerksam zu machen. Besteht Bedenken gegen längeres Zuwarten, so ist den Erziehungsberechtigten nahezulegen, daß sie eine anderweitige ärztliche Untersuchung veranlassen. Im übrigen wird auf Ziffer 5 Buchstabe e Absatz II der Vollzugsvorschriften zur Verordnung vom 4. Juni 1903 über die Schulpflicht [2]) verwiesen.

Belehrung der Schulkinder über Gesundheitspflege.

§ 28. I Die Lehrer sollen die Schulkinder bei sich bietender Gelegenheit über die wichtigsten gesundheitlichen Maßnahmen belehren. Hierher gehören vor allem die regelmäßige Reinigung der Zähne und der Mundhöhle, die ausgiebigen Körperwaschungen, das Baden, die Meidung alkoholhaltiger Getränke und des Rauchens.

II Schulkinder der oberen Klassen sind gelegentlich auch auf die Gefahren der Verunreinigung von Wunden und auf die Behandlung frischer Wunden aufmerksam zu machen; dabei soll die Anlegung einfacher Verbände gelehrt werden. In jeder Schule soll ein Verbandkästchen allen Lehrern zugänglich sein. Das Kästchen darf nur kleine Einzelverbände von verschiedener Größe in besonderer Packung enthalten. Die Päckchen dürfen nur zu Notverbänden und zu Uebungszwecken, nicht aber zur fortlaufenden Behandlung Verletzter verwendet werden. Verbandstoffe, die zu Uebungszwecken gebraucht wurden, dürfen zur Wundbehandlung nicht mehr benützt werden.

---

[1]) „Es beruht auf keinem Versehen, daß in der Bek. vom 9. Mai 1911 für ansteckungsverdächtige Geschwister von an Masern erkrankten Schülern kein Fernbleiben von der Schule vorgesehen ist. Die Geschwister solcher Schüler dürfen und müssen also die Schule besuchen" (ME. vom 18. Juni 1930 Nr. II 24 245).

[2]) Bek. vom 7. März 1906 (KMBl. S. 143).

Dritter Abschnitt.

Bauliche und gesundheitliche Ueberwachung der Schulgebäude und der Volksschulen.

Ueberwachung durch die Gemeindeverwaltungen, das Lehrpersonal und die Schulaufsichtsbeamten.

§ 29. I Die den Gemeinden nach Art. 1 des Schulbedarfgesetzes [1]) obliegende Sorge für die Bereitstellung des Schulbedarfs schließt auch die Verpflichtung zur baulichen Instandhaltung der Schulhäuser und zur Erhaltung und Ergänzung der notwendigen Schuleinrichtung in sich. Hieraus ergibt sich für die Gemeindeverwaltungen auch die Pflicht zur fortlaufenden Ueberwachung der Schulhäuser und ihrer Einrichtung.

In der Regel werden einschlägige Mängel und Bedürfnisse früher als von gemeindlichen Beauftragten vom Volksschullehrerpersonal und von den örtlichen Schulaufsichtsbeamten wahrgenommen werden. Letzteren steht es zu, bei der Gemeindeverwaltung Abhilfe anzuregen und erforderlichen Falles amtliche Untersuchung und Anordnung durch die vorgesetzten Verwaltungsbehörden herbeizuführen.

II Die den Beamten der Distriktsverwaltungsbehörden und den Bezirksärzten obliegenden Besichtigungen der Schulhäuser geben den örtlichen Schulaufsichtsbeamten und dem Lehrpersonal Gelegenheit zur Erörterung der baulichen und gesundheitlichen Verhältnisse der Schulhäuser sowie des Gesundheitszustandes der Schulkinder. Die bei den Distriktsverwaltungsbehörden aufgestellten bautechnischen Beamten können beauftragt werden, in ihrem Dienstbezirke die Schulhäuser von Zeit zu Zeit zu besichtigen.

III Auch den Distriktsschulinspektoren und den Stadtschulreferenten [2]) sowie den von den Kreisregierungen abgeordneten Schulaufsichtsbeamten kommt es zu, die Abstellung der bei ihren Schulbesuchen wahrgenommenen baulichen und gesundheitlichen Mängel anzuregen.

Schulärzte.

§ 30. I An vielen Orten sind auf Kosten von Gemeinden oder Distrikten mit schulaufsichtlicher Genehmigung für die Untersuchung der Schulkinder eigene Schulärzte (Fachärzte) aufgestellt. Der Wert dieser freiwilligen Wohlfahrtseinrichtung kommt namentlich dann zur Geltung, wenn die Schulärzte sich nicht auf die Feststellung gesundheitlicher Mängel beschränken, sondern mit den Schulaufsichtsbehörden und dem Lehrpersonal, den Eltern oder sonstigen Erziehungsberechtigten der Schulpflichtigen und den Amtsärzten in Fühlung treten. Wo ein solches Zusammenwirken zu erwarten ist und geeignete Aerzte zur Vornahme der Untersuchungen bereit sind, soll die Aufstellung von Schulärzten weiter gefördert werden.

II Bei der Verschiedenheit der örtlichen Verhältnisse und da es sich um eine freiwillige Einrichtung handelt, wird von einer allgemeinen gleichmäßigen Regelung der Aufstellung von Schulärzten und ihrer Tätigkeit abgesehen; aus schulaufsichtlichen Erwägungen werden aber folgende Richtpunkte allgemein verbindlich vorgeschrieben:

1. Durch die Aufstellung von Schulärzten kann und darf die Zuständigkeit der Schulaufsichtsbehörden und der Amtsärzte nicht ausgeschaltet und nicht gekürzt werden.

---

[1]) vom Jahre 1902, nunmehr Art. 11 des SchBG. vom 14. Aug. 1919.

[2]) Nunmehr den Bezirksschulräten und Stadtschulräten.

2. Die Untersuchungen der Schulkinder sind den Eltern oder sonstigen Erziehungsberechtigten rechtzeitig vorher bekannt zu geben und müssen unterbleiben, wenn es die Erziehungsberechtigten ausdrücklich verlangen. Nur wenn die Untersuchung zur Verhütung der Verbreitung einer übertragbaren Krankheit geboten erscheint, kann sie auch gegen den Willen der Erziehungsberechtigten angeordnet werden.

3. Bei den körperlichen Untersuchungen ist das Zart- und Schamgefühl der Kinder sorglichst zu schonen. Knaben und Mädchen sind stets getrennt zu untersuchen.

4. Den Eltern oder sonstigen Erziehungsberechtigten ist die Anwesenheit bei der Untersuchung ihrer Kinder zu gestatten; dadurch wird auch Gelegenheit zu Aufklärungen über die Notwendigkeit ärztlicher Behandlung, über Körperpflege, Ernährung, Berufswahl und ähnliche Fragen gegeben.

5. Mit den schulärztlichen Untersuchungen darf, Notfälle ausgenommen, eine ärztliche Behandlung der Schulkinder nicht verbunden werden. Die Schulärzte und die Schulaufsichtsbehörden haben sich jeder Beeinflussung der Erziehungsberechtigten hinsichtlich der Wahl der Aerzte für die Behandlung der Kinder zu enthalten.

6. Die Schulärzte und die Lehrer sind verpflichtet, die Ergebnisse der Untersuchung Unberufenen gegenüber geheim zu halten. Schriftliche Aufzeichnungen über die Ergebnisse der Untersuchungen sind als amtliche Schriftstücke zu behandeln und sorgfältig zu verwahren.

7. Dienstanweisungen für Schulärzte bedürfen der schulaufsichtlichen Genehmigung durch die Regierung, Kammer des Innern, auf Grund vorheriger gutachtlicher Einvernahme der äußeren Schulbehörden.

III Die durch die schulärztlichen Untersuchungen bedingten Störungen oder Unterbrechungen des Unterrichts sind schulaufsichtlich nicht zu beanstanden, aber auf das unentbehrliche Maß zu beschränken.

---

14. Entschl., Bauliche Anlage und Einrichtung der Schulhäuser und Gesundheitspflege in den Volksschulen betr., vom 15. April 1913 (KMBl. S. 139, Weber 41 S. 392).

Für den Vollzug der vorstehenden Bekanntmachung werden folgende Erläuterungen und Anweisungen gegeben:

I Die im ersten Abschnitte der Bekanntmachung enthaltenen Mindestforderungen sind allgemeinverbindlich für die schulaufsichtliche Würdigung und Genehmigung von Schulhausneubauten und von solchen umfangreicheren baulichen Aenderungen von Schulhäusern, bei denen den neuen Bestimmungen nach örtlichen Verhältnissen Rechnung getragen werden kann. Das Staatsministerium des Innern für Kirchen- und Schulangelegenheiten behält sich vor, aus besonders dringenden Gründen Ausnahmen zuzulassen, die sich nach den örtlichen Verhältnissen mit der gebotenen Rücksicht auf die Gesundheit der Schulkinder und der Lehrer sowie mit den Anforderungen des Schulbetriebs vereinbaren lassen.

II Die Durchführung der neuen Bestimmungen wird gegenüber den Zuständen in zahlreichen älteren Schulhäusern wesentliche Besserungen in gesundheitlicher und schultechnischer Beziehung zur Folge haben, gleichwohl aber nicht zu einer merklichen Erhöhung jenes Bauaufwandes führen, der schon seit mehreren Jahren bei Schulhausneubauten in der Regel üblich war; denn den neuen Bestimmungen sind hinsichtlich der Ausmaße und der Ausstattung der Schulhausbauten im allgemeinen jene Anforderungen zugrunde gelegt, die schon seit mehreren Jahren auch unter einfacheren Verhältnissen eingehalten wurden und sich bewährt haben.

III Aus wohl erwogenen Gründen wurde soviel als möglich davon abgesehen, die Anwendung bestimmter, wenn auch bewährter Neuerungen auf dem Gebiete der Baustoff-Erzeugung und der Bauausführung vorzuschreiben oder nur zu empfehlen. Auch bei der schulaufsichtlichen Würdigung und Genehmigung der Bauverhandlungen sind Anordnungen tunlichst zu vermeiden, die als Bevorzugung bestimmter Geschäftsunternehmer aufgefaßt werden oder wirken könnten. Die Gemeinden sollen aber aufsichtlich nicht gehindert werden, sich erprobte Neuerungen auf Grund zuverlässiger sachverständiger Beratung zunutze zu machen.

IV Bei der schulaufsichtlichen Würdigung der Bauverhandlungen und bei der dazu gehörigen oberärztlichen und obertechnischen Prüfung der gemeindlichen Vorlagen ist im Auge zu behalten, daß auch bei Schulhausbauten das gemeindliche Selbstverwaltungsrecht nicht ausgeschaltet, sondern nur insoweit beschränkt ist, als es die schulaufsichtlich wahrzunehmenden gesundheitlichen und schultechnischen Rücksichten und die baupolizeilichen Vorschriften gebieten. Soweit es die Vorschriften über die staatsaufsichtliche Ueberwachung der gemeindlichen Vermögensverwaltung zulassen, ist auch bei Schulhausbauten ein zu weit gehender Aufwand zu beanstanden, zumal wenn er mit der Leistungsfähigkeit der Gemeinden nicht zu vereinbaren ist.

V Besonderes Gewicht ist darauf zu legen, daß die Schulhausbauten sorgfältigst und unter Verwendung durchaus einwandfreier Baustoffe ausgeführt werden. Zu diesem Zweck ist allenthalben auf genügende Ueberwachung der Bauausführung durch zuverlässige Sachverständige zu bringen. Dies ist um so mehr geboten, als die Erfahrung zeigt, daß selbst solche Gemeinden, die bei der Feststellung der Bauprojekte über das Bedürfnis hinauszugehen geneigt waren, bei der Bauausführung in unangebrachter Weise zu sparen suchten. Eigenmächtiges Abweichen von den genehmigten Bauplänen und Kostenanschlägen, Verwendung minderwertiger Baustoffe, Wahl unzuverlässiger oder nicht genügend leistungsfähiger Baumeister und Lieferanten haben schon häufig dazu geführt, daß Gemeinden zwar anfänglich Einsparungen zu erzielen glaubten, später aber zu teueren Nacharbeiten und fortgesetzten Ausbesserungen gezwungen waren; es ist hier namentlich an die höchst mißlichen Schädigungen der Schulhäuser durch Feuchtigkeit und Auftreten des Hausschwammes zu erinnern.

VI Durch die neuen Vorschriften soll die Erbauung neuer Schulhäuser verhindert werden, die in gesundheitlicher und schultechnischer Beziehung zu wünschen übrig lassen. Die Gemeinden, namentlich die weniger leistungsfähigen, sollen aber nicht gedrängt werden, ältere Schulhäuser, die ihrem Zwecke bisher anstandslos gedient haben, und die nach ihrem allgemeinen Zustande billigen Anforderungen noch für längere Zeit genügen können, nur aus dem Grunde durch Neubauten zu ersetzen oder eingreifend abzuändern, weil diese Schulhäuser den neuen Bestimmungen nicht voll entsprechen. Hierbei kommt auch die Erwägung in Betracht, daß beim Umbau älterer Gebäude die Kosten nicht immer in befriedigendem Verhältnisse zur erreichbaren Verbesserung stehen.

VII In Schulsälen, die dem § 4 der neuen Vorschriften entsprechen, wird auf das einzelne Schulkind erheblich mehr Luftraum und Bodenfläche treffen als nach Abschnitt I Buchst. d der Ministerialentschließung vom

16. Januar 1867 zu fordern war. Hiermit will für Neubauten und Umbauten eine günstigere Belegung gesichert, nicht aber angeordnet werden, daß überall da, wo ältere Schulzimmer enger belegt sind, ohne weiteres auf Teilung der treffenden Schulen oder Schulabteilungen oder auf Vergrößerung oder Ersatz der vorhandenen Schulzimmer zu bringen ist.

VIII Die Anordnungen und Winke im zweiten Abschnitt der neuen Vorschriften, namentlich die Bestimmungen über die Reinhaltung der Schulräume, sind auch in den älteren Schulhäusern durchzuführen, soweit es die örtlichen Verhältnisse irgend zulassen.

15. Entschl., Schülerbüchereien für Volksschulen betr., vom 19. Mai 1913 (KMBl. S. 174, Weber 41 S. 428).

Um die Errichtung, den Ausbau und die fruchtbringende Benützung von Schülerbüchereien an den Volksschulen weiter zu fördern, werden die nachstehenden Bestimmungen samt einem Verzeichnisse der für Volksschulbüchereien amtlich empfohlenen Jugendschriften bekanntgegeben:

1. Für jede Volksschule soll eine Schülerbücherei vorhanden sein. Da geeignete Jugendschriften zu billigen Preisen zu haben sind und vielfach Zuschüsse aus Kreis- und Distriktsmitteln gewährt werden, wird die allmähliche Gründung genügender Schülerbüchereien auch weniger leistungsfähigen Gemeinden nicht zu schwer fallen. Das Bedürfnis nach Errichtung einer eigenen Volksschulbücherei kann da zurücktreten, wo der schulpflichtigen Jugend andere geeignete Büchereien zugänglich sind und den Schulaufsichtsbehörden genügender Einfluß auf die Auswahl der für die schulpflichtige Jugend bestimmten Bücher zugestanden ist.

2. An geteilten Schulen empfiehlt sich die Einrichtung je einer eigenen Schülerbücherei für jede Schulabteilung. Wo genügende Mittel zur Verfügung stehen, werden gerne gelesene Bücher in mehreren Stücken bereitzustellen sein.

3. Den Ortsschulbehörden kommt zunächst die Aufgabe zu, bei den Gemeindeverwaltungen und gegebenenfalls auch anderweitig die Gewährung von Mitteln zur Gründung von Schülerbüchereien und zu ihrer Erhaltung und Ergänzung anzuregen. Sie haben ferner die Verwaltung der Schülerbüchereien zu überwachen und besonders dafür zu sorgen, daß in die Büchereien nicht ungeeignete Bücher aufgenommen werden.

4. Die Verwaltung der Schülerbüchereien einschließlich der Führung der Bücherverzeichnisse und der Ausleiheverzeichnisse ist Dienstaufgabe des Volksschullehrerpersonals.

5. Bei der Gründung und bei der Ergänzung der Schülerbüchereien sind die anzuschaffenden Werke aus dem nachstehend abgedruckten Verzeichnis [1]) und aus den später erscheinenden Nachträgen auszuwählen. Die bei Veröffentlichung dieser Bestimmungen in Schülerbüchereien vorhandenen, im neuen Verzeichnis aber nicht aufgeführten Bücher dürfen unbeschadet der Befugnis und Verpflichtung der Schulaufsichtsbehörden zur Ausschaltung ungeeigneter Bücher weiter benützt werden [2]).

---

[1]) Von dem Abdrucke des Verzeichnisses wurde abgesehen.

[2]) An die Stelle der Bestimmungen in Ziff. 6, 7 und 8 ist Ziff. 5 der MinBek. vom 28. Juli 1925 (MABl. S. 137, Anhang Nr. 73) mit Ziff. 2 der Bek. vom 15. Dezember 1928 (KMBl. S. 324) und Bek. vom 16. Januar 1930 (KMBl. S. 17) getreten.

16. VO. über die Schulpflicht vom 22. Dezember 1913 (GVBl. S. 957, KMBl. S. 351, Weber 42 S. 111).

Wir finden Uns bewogen zu verordnen, was folgt:

§ 1. I Die Schulpflicht beginnt für Knaben und Mädchen mit der Vollendung des sechsten Lebensjahres und dauert regelmäßig zehn Schuljahre.

II Hiervon treffen regelmäßig sieben Schuljahre auf die Hauptschulpflicht und drei Schuljahre auf die Fortbildungsschulpflicht.

§ 2. Die Schulpflicht ist durch den Besuch der öffentlichen Volksschule (Volkshauptschule und Volksfortbildungsschule) zu erfüllen, soweit sich nicht aus dieser Verordnung ein anderes ergibt.

§ 3. I Die Aufnahme in die Hauptschule erfolgt am Beginne des Schuljahrs. Aufgenommen werden alle Kinder, die am Tage des Schuljahrbeginns das sechste Lebensjahr vollendet haben und körperlich und geistig genügend entwickelt sind.

II Bei genügender körperlicher und geistiger Entwicklung können auch Kinder aufgenommen werden, die spätestens am 31. Juli das sechste Lebensjahr vollenden. Diese Aenderung tritt in den Regierungsbezirken Oberbayern, Niederbayern, sowie Oberpfalz und Regensburg mit Beginn des Schuljahres 1928/29, in den übrigen Regierungsbezirken sofort in Kraft [1]).

§ 4. I Die Entlassung aus der Hauptschule erfolgt regelmäßig am Schlusse des Schuljahrs derjenigen Volksschule, der die Schulpflichtigen während ihres siebten Schuljahrs zuletzt angehört haben.

II Hauptschulpflichtige, die sich bei der Schlußprüfung nicht als hinreichend unterrichtet erweisen, können durch Verfügung des [Distriktsschulinspektors, Stadtschulreferenten oder Stadtschulkommissärs] [2]) zum weiteren Besuch der Hauptschule auf eine im voraus zu bestimmende Zeit, längstens aber auf die Dauer eines Schuljahrs angehalten werden. Diese Zeit kann nachträglich abgekürzt oder bis zum Schlusse des Schuljahrs verlängert werden. Sie wird auf die Dauer der Fortbildungsschulpflicht regelmäßig nicht angerechnet.

III Bei außerordentlichen Umständen kann die Entlassung aus der Hauptschule auf Antrag der Erziehungsberechtigten vorbehaltlich des Bestehens einer besonderen Schlußprüfung vor dem aus Abs. I sich ergebenden

---

[1]) § 3 Abs. II lautete ursprünglich:

„Die Regierungen, Kammern des Innern, können für ihren Regierungsbezirk oder Teile desselben nach Einvernahme der Kreisschulkommission und des Landrats gestatten, daß bei genügender körperlicher und geistiger Entwicklung auch solche Kinder aufgenommen werden dürfen, die das sechste Lebensjahr vor Ablauf des Kalenderjahres oder innerhalb eines kürzeren Zeitabschnittes vollenden."

Mit V. d. Gesamtmin. vom 10. April 1927 (GVBl. S. 116, KMBl. S. 139) wurde dieser § 3 Abs. II durch die obige Bestimmung ersetzt.

[2]) An die Stelle des „Distriktsschulinspektors, Stadtschulreferenten und Stadtschulkommissärs" ist gem. Buchst. A a, Ziff. 8 mit 3 Abs. I der Bek. vom 24. Januar 1925 über die Prüfungsordnungen für die öffentlichen Volksschulen und Berufsschulen (MABl. S. 10) der „Bezirksschulrat" getreten.

Zeitpunkte durch die Distriktsschulbehörden[3]), in unmittelbaren Städten die Stadtschulkommission[4]) ausnahmsweise bewilligt werden.

§ 5. I An öffentlichen Volksschulen können auf Antrag der Gemeindeverwaltung[5]) (verstärkten Gemeindeverwaltung)[5]) besondere Schulabteilungen für Kinder des achten Schuljahrs durch die Regierung, Kammer des Innern, errichtet werden, wenn die erforderlichen Mittel bereitgestellt sind.

II Der Eintritt in diese Schulabteilungen ist vorbehaltlich des § 6 freiwillig, begründet aber die Verpflichtung zu ihrem regelmäßigen Besuche bis zur ordnungsmäßigen Entlassung unter Fortdauer der Hauptschulpflicht für diese Zeit.

§ 6. I Wo besondere Schulabteilungen für Kinder des achten Schuljahrs bestehen oder errichtet werden, kann die Dauer der Hauptschulpflicht für alle in der Gemeinde oder dem Schulsprengel schulpflichtigen Kinder oder für einen Teil oder einzelne Gattungen auf acht Schuljahre ausgedehnt werden. Dies kann auch mit Wirkung für diejenigen geschehen, die in einer anderen Gemeinde nach § 4 aus der Hauptschule entlassen worden sind und sodann während des achten Jahres ihrer Schulpflicht in der Gemeinde oder dem Schulsprengel mit verlängerter Hauptschulpflicht schulpflichtig werden.

II Die Ausdehnung der Hauptschulpflicht auf acht Schuljahre wird auf Antrag der Gemeindeverwaltung (verstärkten Gemeindeverwaltung) von der Regierung, Kammer des Innern, verfügt ...[6]).

III Während des achten Hauptschulpflichtjahres sind in der Regel die besonderen Schulabteilungen für Kinder des achten Schuljahrs zu besuchen. Schulpflichtige, die hierfür nach dem Stande ihrer Kenntnisse nicht reif sind, werden für die Dauer des achten Hauptschulpflichtjahres durch Verfügung des Distriktsschulinspektors, Stadtschulreferenten oder Stadtschulkommissärs[2]) einer anderen ihrem Kenntnisstand entsprechenden Schulabteilung der Hauptschule zugewiesen.

IV Durch die Verlängerung der Hauptschulpflicht auf acht Schuljahre kann der Verpflichtung zum Besuche der Volksschule einer anderen Konfession oder einer konfessionell gemischten Volksschule nur soweit begründet werden, als diese Verpflichtung auch für den Besuch der übrigen Schulabteilungen dieser Volksschule besteht.

§ 7. I In den Fällen der §§ 5 Abs. II, 6 erfolgt die Entlassung aus der Hauptschule regelmäßig am Schlusse des Schuljahrs der Volksschule, der die Schulpflichtigen während ihres achten Schuljahres zuletzt angehört haben. Eine weitere Verlängerung der Hauptschulpflicht ist alsdann nicht mehr zulässig.

II Die Bestimmung des § 4 Abs. III findet im Falle des § 6 entsprechende Anwendung. Die besondere Schlußprüfung kann erlassen werden.

III Die Zeit des Besuchs der Hauptschule während des achten Schuljahrs wird auf die Dauer der Fortbildungsschulpflicht angerechnet.

---

3) Jetzt: „Bezirksschulbehörden".

4) Jetzt: „Stadtschulbehörde".

5) Nunmehr „des Gemeinderates (verstärkten Gemeinderates)".

6) Der ursprünglich folgende Satz: „Zu dem Antrage bedarf es in Gemeinden mit städtischer Verfassung der Zustimmung der Gemeindebevollmächtigten" ist durch die neue Gemeindegesetzgebung, die „Gemeindebevollmächtigte" nicht mehr kennt, beseitigt.

§ 8. Bei der Entlassung aus der Hauptschule ist den Schulpflichtigen oder den Erziehungsberechtigten ein Schlußzeugnis auszuhändigen.

§ 9. An die Entlassung aus der Volkshauptschule schließt sich unmittelbar die Pflicht zum Besuche der Volksfortbildungsschule.

§ 10. I Der Unterricht in der Fortbildungsschule umfaßt mindestens einhundertvierzig Unterrichtsstunden im Schuljahre [7]). Die Verteilung dieser Unterrichtsstunden auf die einzelnen Monate erfolgt nach Einvernahme der Gemeindeverwaltung (verstärkten Gemeindeverwaltung) durch die Distriktsschulbehörden (Stadtschulkommission). Soweit nicht durch das Staatsministerium des Innern für Kirchen- und Schulangelegenheiten für besondere Verhältnisse Ausnahmen zugelassen werden, dürfen auf keine Zeit des Schuljahrs weniger als zwei Unterrichtsstunden in der Woche festgesetzt werden. Unterrichtseinheiten von weniger als zweistündiger Dauer sollen in der Regel nicht zugelassen werden.

II Die Stundenzahl des Religionsunterrichts wird in die im Abs. I bezeichnete Stundenzahl nicht eingerechnet.

III Die Zahl der Unterrichtsstunden in der Volksfortbildungsschule kann auf Antrag der Gemeindeverwaltung (verstärkten Gemeindeverwaltung) durch Verfügung der Regierung, Kammer des Innern, für alle Schulpflichtigen oder für einen Teil oder einzelne Gattungen über die Mindestzahl von einhundertundvierzig im Schuljahr vermehrt werden. Die Vorschrift im § 6 Abs. II Satz 2 findet Anwendung.

§ 11. I Der Unterricht in der Volksfortbildungsschule soll tunlichst nur an Werktagen erteilt werden und sich nicht über sieben Uhr abends hinaus erstrecken. Wo es nach den örtlichen Verhältnissen nicht zu vermeiden ist, dürfen mit Genehmigung der Regierung, Kammer des Innern, außer dem Religionsunterrichte bis zu zwei Stunden Unterricht an den Vormittagen und auf dem Lande ausnahmsweise auch an den Nachmittagen der Sonntage bis drei Uhr gehalten werden.

II Die erforderliche Zeit zum Besuche des Hauptgottesdienstes oder eines besonders eingerichteten Schulgottesdienstes an den Sonntagen ist vom Unterrichte freizulassen.

§ 12. I Fortbildungsschulpflichtige sind für die Dauer ihrer allgemeinen Schulpflicht zum Besuche des allgemeinen, von den Kirchengesellschaften eingerichteten Religionsunterrichts ihres Bekenntnisses (Christenlehre usw.) oder eines besonderen Religionsunterrichts ihres Bekenntnisses (Abs. II) verpflichtet [8]).

---

[7]) Die durch Bek. v. 28. April 1922 (KMBl. S. 86) bis zum 30. April 1925 erstreckte Uebergangsvorschrift zu § 10 Abs. I — 120 Unterrichtsstunden ohne Religionsunterricht, Christenlehre und allenfallsigen Fachunterricht — und zu § 11 Abs. I wurde durch MinBek. vom 11. März 1925 (MABl. S. 45) bis zum 30. April 1928 und durch MinBek. vom 25. Januar 1928 (KMBl. S. 10) bis zum 30. April 1934 verlängert.

[8]) S. jedoch Anm. 3 zu Art. 29 SchBG. oben. — Zu beachten ist auch die ME. vom 26. September 1930 Nr. IV 31 558, in der ausgeführt ist:

„Nach den Bestimmungen in Ziff. 33 Abs. IV Buchst. f der Vollzugsvorschriften vom 16. August 1923 zum Schulaufsichtsgesetz — KMABl. S. 105 — (vgl. Ziff. 10 Abs. IV der MinBek. vom 23. Juni 1923 über die Behandlung der Schulversäumnisse — KMABl. S. 78 —) ist für die Befreiung vom Schulbesuch auf die Dauer von einem Halbtage bis zu vier Tagen

II Ein besonderer Religionsunterricht kann nach Bereitstellung der erforderlichen Mittel auf Antrag der zuständigen kirchlichen Behörde durch Verfügung der Regierung, Kammer des Innern, eingerichtet werden. Bei Volksfortbildungsschulen mit großer Schülerzahl soll dies tunlichst geschehen.

§ 13. I Nach Bereitstellung der erforderlichen Mittel kann an der Volksfortbildungsschule durch Verfügung der Regierung, Kammer des Innern, ein besonderer Fachunterricht (z. B. Fachzeichnen, Gewerbekunde, Hauswirtschaftslehre) eingerichtet werden. Die Unterrichtsstunden für den Fachunterricht dürfen in die Mindeststundenzahl der Volksfortbildungsschule (§ 10 Abs. 1) nicht eingerechnet werden.

II Wenn in einer Gemeinde oder einem zusammengesetzten Schulsprengel an der öffentlichen Volksschule des einen Konfessionsteils ein besonderer Fachunterricht eingerichtet wird, so ist der Besuch dieses Fachunterrichts und die Benützung der hierfür bestehenden Einrichtungen den innerhalb des gleichen Gebietes wohnenden Fortbildungsschulpflichtigen des anderen Konfessionsteils unter den gleichen Bedingungen auch dann zu gestatten, wenn diese Fortbildungsschulpflichtigen einer anderen öffentlichen Volksschule zugeteilt sind, es sei denn, daß ihnen der Besuch einer Berufsschule offensteht oder der gleiche Fachunterricht auch an der öffentlichen Volksschule ihres Bekenntnisses erteilt wird.

III Der Besuch des besonderen Fachunterrichts an einer Volksfortbildungsschule kann auf Antrag der Gemeindeverwaltung (verstärkten Gemeindeverwaltung) sämtlichen beteiligten Fortbildungsschulpflichtigen ohne Unterschied des Bekenntnisses (Abs. I, II) für die Dauer ihrer allgemeinen Schulpflicht durch Verfügung der Regierung, Kammer des Innern, zur Pflicht gemacht werden. Die Bestimmung im § 6 Abs. II Satz 2 findet Anwendung. Die rechtliche Natur der beteiligten Volksschulen bleibt unverändert.

§ 14. I Die Entlassung aus der Volksfortbildungsschule erfolgt vorbehaltlich der in dieser Verordnung zugelassenen Ausnahmen am Schlusse des Schuljahrs derjenigen Volksschule, der die Fortbildungsschulpflichtigen während des letzten Schuljahrs ihrer allgemeinen Schulpflicht zuletzt angehört haben.

II Fortbildungsschulpflichtige, die sich bei der Entlassungsprüfung nicht als hinreichend unterrichtet erweisen, können durch Verfügung des Distriktsschulinspektors, Stadtschulreferenten oder Stadtschulkommissärs [9]) zum weiteren Besuche der Volksfortbildungsschule auf eine im voraus zu bestimmende Zeit, längstens aber auf die Dauer eines Schuljahrs angehalten werden. Diese Zeit kann nachträglich abgekürzt oder bis zum Schlusse des Schuljahrs verlängert werden.

---

der Schulleiter, für die Dauer von einer oder mehreren Schulstunden während eines Halbtages der Klaßlehrer zuständig.

Diese Bestimmungen sind auf den von den Religionsgesellschaften für Volksfortbildungsschulen in Form der Christenlehre eingerichteten Religionsunterricht des Bekenntnisses gemäß § 12 Abs. I der Schulpflichtverordnung vom 22. Dezember 1913 nicht anzuwenden, sofern die Christenlehre in der Kirche stattfindet.

Die Befreiung der Fortbildungsschulpflichtigen vom Besuche dieses Religionsunterrichtes für einzelne Schulzeiten bleibt vielmehr dem Geistlichen, der den Unterricht erteilt, überlassen."

9) Nunmehr des Bezirksschulrates gem. Buchst. A b Ziff. 13 mit 3 Abs. I u. 8 der Bek. vom 24. Januar 1925 (KMBl. S. 10).

III Bei außerordentlichen Umständen kann die Entlassung aus der Volksfortbildungsschule auf Antrag der Erziehungsberechtigten vorbehaltlich des erfolgreichen Bestehens einer besonderen Entlassungsprüfung vor dem aus Abs. I sich ergebenden Zeitpunkte durch die Distriktsschulbehörden [3]), in unmittelbaren Städten die Stadtschulkommission [4]), ausnahmsweise bewilligt werden.

§ 15. Die Schulpflicht endigt vorbehaltlich des § 19 mit der Aushändigung des Entlassungszeugnisses an die Schulpflichtigen oder die Erziehungsberechtigten.

§ 16. I Wenn in einer Gemeinde mit Genehmigung der Regierung, Kammer des Innern, ein Wanderlehrkurs für Fortbildungsschulpflichtige veranstaltet wird, so können die Fortbildungsschulpflichtigen, für die der Wanderkurs bestimmt ist, ohne Unterschied des Bekenntnisses und ohne Rücksicht auf Gemeinde-, Schulsprengel- oder Schulbezirksgrenzen zum Besuche dieses Wanderlehrkurses durch Verfügung der Regierung, Kammer des Innern, verpflichtet werden.

II Die Verpflichtung zum Besuch eines Wanderlehrkurses soll in der Regel nicht auf länger als sechs Wochen im Schuljahr und nicht länger als vier Stunden an jedem Werktag ausgedehnt und tunlichst auf arbeitsstille Zeiten beschränkt werden. Fortbildungsschulpflichtige, die am Orte des Wanderlehrkurses nicht schulpflichtig sind, dürfen zu seinem Besuche nur angehalten werden, soweit sie nach den Entfernungs- und Verkehrsverhältnissen von ihrem Wohnort aus ohne unbilligen Aufwand an Zeit und Kraft für den Hin- und Rückweg an dem Kurse teilnehmen und jedesmal vor Eintritt der Nacht nach Hause zurückkehren können.

III Die Verfügung nach Abs. I darf nur erlassen werden, wenn für die Gemeinden (zusammengesetzten Schulsprengel), aus denen Fortbildungsschulpflichtige zum Besuche des Wanderlehrkurses verpflichtet werden sollen, die im § 6 Abs. II bezeichneten gemeindlichen Vertretungskörper zugestimmt haben.

IV Fortbildungsschulpflichtige, die einen mit Genehmigung der Regierung, Kammer des Innern, eingerichteten Wanderlehrkurs (Abs. I) freiwillig oder pflichtmäßig besuchen, sind für die Dauer des ordnungsmäßigen Besuchs von der Teilnahme am Unterrichte der Volksfortbildungsschule mit Ausnahme des Religionsunterrichts befreit. Die Regierung, Kammer des Innern, kann eine weitergehende Anrechnung der Zeit des Besuchs eines Wanderlehrkurses auf die Jahresstundenzahl der Volksfortbildungsschule zulassen.

§ 17. Von der Verpflichtung zum Besuch der Volksschule sind befreit:

1. Schüler und Schülerinnen einer Unterrichtsanstalt mit einem über die Volksschule wesentlich hinausgehenden Lehrziel und einer die Schüler und Schülerinnen voll beschäftigenden Unterrichtszeit,
2. Schüler und Schülerinnen einer Berufsschule im Sinne unserer Verordnung über die Berufsschulen,
3. Schüler und Schülerinnen einer sonstigen Unterrichts- oder Erziehungsanstalt, bezüglich deren von der Aufsichtsbehörde anerkannt ist, daß ihr Unterricht ausreichenden Ersatz für den Besuch der Volksschule bietet,
4. Schulpflichtige, die mit Genehmigung der Distriktsschulbehörden [3]), in unmittelbaren Städten der Stadtschulkommission [4]) anderweitig einen vollständigen Privatunterricht in den sämtlichen Lehrgegenständen der Volksschule erhalten.

§ 18. I Das Staatsministerium für Kirchen- und Schulangelegenheiten kann bestimmen, daß Schulpflichtige, die während des achten und neunten Schuljahrs ihrer allgemeinen Schulpflicht eine Unterrichtsanstalt der im § 17 Ziff. 1 bezeichneten Art mit Erfolg besucht haben und sodann austreten, vorbehaltlich des Abs. III vom weiteren Besuche der Volksschule befreit sind.

II Das Staatsministerium für Kirchen- und Schulangelegenheiten kann ferner bestimmen, daß Schulpflichtige, die eine landwirtschaftliche Winterschule von mindestens viereinhalbmonatiger Dauer und einer die Schüler voll beschäftigenden Unterrichtszeit regelmäßig und mit entsprechendem Fortgange besucht haben, vorbehaltlich des Abs. III während des folgenden Sommerhalbjahres vom Besuche der Volksschule befreit sind [10]).

III Schulpflichtige, die nach Abs. I oder II oder nach § 16 Abs. IV Satz 2 vom Besuche der Volksschule befreit sind, bleiben bis zur Beendigung ihrer Schulpflicht der Schulzucht unterworfen und, soferne nicht Befreiung gewährt wird, zum Besuche des Religionsunterrichts (§ 12) verpflichtet. Sie können bis zu Beendigung ihrer Schulpflicht auf Antrag der Ortsschulbehörde [11]) durch die Distriktsschulbehörden [3]), in unmittelbaren Städten durch die Stadtschulkommission [4]), wieder zum Besuche der Volksfortbildungsschule angehalten werden, wenn sie sich grober Verfehlungen gegen die Schulzucht schuldig gemacht oder den Besuch des Religionsunterrichts wiederholt schuldhaft versäumt haben.

§ 19 [12]). I In den Fällen der §§ 17 Ziff. 1 und 18 Abs. I, II endigt die Schulpflicht in dem Kalenderjahre, in dem die Schulpflichtigen ihre zehnjährige Gesamtschulzeit vollenden, und zwar mit demjenigen Tage, an dem am Wohnorte der Schulpflichtigen die ordnungsmäßige Entlassung der übrigen Fortbildungsschulen (§ 15) stattfindet.

II Für Schüler und Schülerinnen einer Berufsschule bemißt sich die Entlassung aus der Schulpflicht, nach den Bestimmungen der Verordnung über die Berufsschulen, in den Fällen des § 120 Abs. III und IV der Gewerbeordnung nach der statutarischen Bestimmung der Gemeinde oder des weiteren Kommunalverbandes oder nach der Anordnung der höheren Verwaltungsbehörde.

III Die statutarische Bestimmung einer Gemeinde oder eines weiteren Kommunalverbandes oder die Anordnung der höheren Verwaltungsbehörde nach § 120 Abs. III und IV der Gewerbeordnung bewirkt eine entsprechende Verlängerung der Schulpflicht.

§ 20. Wenn Schulpflichtige vor Beendigung ihrer Schulpflicht aus einer Berufsschule oder aus einer sonstigen Unterrichts- oder Erziehungsanstalt (§ 17 Ziff. 1, 3) ausscheiden, so hat der Leiter der bisher besuchten Berufsschule oder sonstigen Unterrichts- oder Erziehungsanstalt die Ortsschulbehörde [13]) des Wohnorts der Schulpflichtigen alsbald zu benachrichtigen.

---

[10]) Zu § 18 Abs. I u. II s. ME. vom 26. November 1917 (KMBl. S. 225).

[11]) Nun des Schulleiters (s. Ziff. 33 Abschn. III a BB. vom 16. August 1923 z. SchAG. (KMBl. S. 91).

[12]) Abs. II u. III in der Fass. d. B. vom 16. August 1926, Ziff. 1 und 2 (GBBl. S. 419, KMBl. S. 101); s. auch ME. vom 16. August 1926 (KMBl. S. 102).

[13]) Nunmehr geht die Nachricht bei Landschulen an die Schulleitung der betr. Schule, in unmittelbaren Städten an die Stadtschulbehörde (s. ME.

§ 21. ...[14])

§ 22. Die Vorschriften dieser Verordnung finden auf alle Einwohner des Königreichs ohne Rücksicht auf die Staatsangehörigkeit Anwendung, soweit nicht völkerrechtlich oder nach Staatsverträgen ein anderes gilt.

§ 23. I Beschwerden gegen Verfügungen der Schulbehörden zum Vollzuge dieser Verordnung werden regelmäßig im letzten Rechtszuge von der Regierung, Kammer des Innern, entschieden.

II In Fällen, in denen die Regierung, Kammer des Innern, an erster Stelle zu verfügen hat, steht die Beschwerde zum Staatsministerium des Innern für Kirchen- und Schulangelegenheiten offen.

§ 24. Das Staatsministerium des Innern für Kirchen- und Schulangelegenheiten ist ermächtigt, zum Vollzuge dieser Verordnung weitere Vorschriften zu erlassen und in einzelnen Fällen aus besonders wichtigen Gründen Ausnahmen zu gestatten.

§ 25. I Diese Verordnung tritt am 1. Januar 1914 in Kraft.

II Vom gleichen Tage an sind die Verordnungen vom 4. Juni 1903 und vom 20. Juni 1907, die Schulpflicht betreffend, aufgehoben. Befreiungen vom Besuch der Volksschule, die auf Grund des § 17 der Schulpflichtverordnung vom 4. Juni 1903 eingetreten oder bewilligt worden sind, bleiben für die beteiligten Schulpflichtigen in Kraft. Aenderungen im Schulbetriebe, die infolge der Vorschriften der §§ 10, 11 erforderlich werden, sind erst vom Beginne des nächsten Schuljahrs an durchzuführen.

III Die Distriktsschulbehörden[3]) können bis zur Dauer von drei Jahren nach dem Inkrafttreten der gegenwärtigen Verordnung auf Antrag der Gemeindeverwaltung[5]) (verstärkten Gemeindeverwaltung)[5]) nach Einvernahme der Ortsschulbehörde[15]) gestatten, daß der Unterricht in der Volksfortbildungsschule bis auf achtzig Unterrichtsstunden im Schuljahr ohne Einrechnung des Religionsunterrichts abgemindert wird. Bei unmittelbaren Städten ist die Regierung, Kammer des Innern, zur Erteilung dieser Genehmigung zuständig. Für die gleiche Zeitdauer kann die nach § 11 Abs. I Satz 2 erforderliche Genehmigung von den Distriktsschulbehörden[3]), in unmittelbaren Städten der Stadtschulkommission[4]), gegeben werden.

IV Wo der Durchführung der Vorschrift des § 10 Abs. I, II mit Rücksicht auf besondere örtliche Verhältnisse wichtige Gründe entgegenstehen, kann auch nach Ablauf der im Abs. III bezeichneten Frist die Regierung, Kammer des Innern, bis auf weiteres in bezug auf die Unterrichtsstundenzahl der Volksfortbildungsschule Erleichterungen bis zu der im Abs. III bestimmten Mindeststundenzahl zulassen. Die Erleichterungen können auch auf einzelne Gattungen von Fortbildungsschulpflichtigen beschränkt werden.

V In Gemeinden, in denen schon bisher Fortbildungsschulen bestanden haben, dürfen die Erleichterungen nach Abs. III, IV auf diejenigen Gattungen von Fortbildungsschulpflichtigen, die bisher zum Besuche der Fortbildungsschule verpflichtet waren, nicht erstreckt werden[16]).

---

vom 18. Februar 1929 über Ueberweisungen zwischen Volksfortbildungsschulen und Berufsschulen, KMBl. S. 101).

[14]) Aufgehoben durch V. vom 16. August 1926 Ziff. 3 (GVBl. S. 419, KMBl. S. 101); s. auch ME. vom 16. August 1926 (KMBl. S. 102).

[15]) Jetzt Schulpflegschaft (s. MinBek. vom 11. März 1925, MABl. S. 45).

[16]) S. auch Fußnote 7 oben.

17. VO. über die Berufsschulen vom 22. Dezember 1913 (GVBl. S. 966, KMBl. S. 363, Weber 42 S. 117).[1])

Wir finden Uns bewogen zu verordnen, was folgt:

§ 1. I Berufsschulen im Sinne dieser Verordnung sind Unterrichtsanstalten, in denen die Schüler, ohne daß der Unterricht sie voll in Anspruch nimmt, unter besonderer Berücksichtigung ihrer beruflichen Ausbildung nach Einzelberufen oder Berufsgruppen getrennt unterrichtet werden. Sie haben die Aufgabe mit den Mitteln der Schule dazu beizutragen, daß ihre Schüler religiös und vaterländisch gesinnte, körperlich, sittlich und beruflich tüchtige Menschen werden.

II Oeffentliche Berufsschulen im Sinne dieser Verordnung sind Berufsschulen, die von einer Gemeinde errichtet sind.

III Unter Schülern im Sinne dieser Verordnung sind auch Schülerinnen zu verstehen.

§ 2[2]). I Die Errichtung einer Berufsschule bedarf der Genehmigung der Regierung, Kammer des Innern.

II Mit dem Gesuch um Genehmigung sind die erforderlichen Nachweise, Belege und Erläuterungen vorzulegen sowie alle von der Regierung, Kammern des Innern, sonst noch gewünschten Aufschlüsse zu erteilen.

III Die Genehmigung zur Errichtung einer öffentlichen Berufsschule darf in der Regel nicht versagt werden, wenn die Berufsschule den Mindestanforderungen nach §§ 3, 4, 5, 6, 8 genügt und entsprechende Räume zur Verfügung stehen.

IV Die Genehmigung zur Errichtung einer nichtöffentlichen Berufsschule kann auch bei Erfüllung der Mindestanforderungen (Abs. III) und der sonstigen, insbesondere in bezug auf die Person des Unternehmers und die Unterrichtsräume zu stellenden Bedingungen versagt werden, wenn dem Bedürfnisse innerhalb eines hierbei in Betracht kommenden Umkreises durch eine öffentliche Berufsschule für die betreffenden Berufsarten bereits genügt ist und die Errichtung der nichtöffentlichen Berufsschule mit Rücksicht auf die öffentliche Berufsschule nicht wünschenswert wäre.

§ 3. I Der Unterricht in den Berufsschulen soll mindestens zweihundertvierzig Unterrichtsstunden im Schuljahr umfassen, die tunlichst gleichmäßig auf das ganze Schuljahr zu verteilen sind. Soweit nicht vom Staatsministerium des Innern für Kirchen- und Schulangelegenheiten für besondere Verhältnisse oder einzelne Arten von Berufsschulen Ausnahmen zugelassen

---

[1]) In der Ueberschrift und in sämtlichen Bestimmungen der Verordnung wird die Bezeichnung „Berufsfortbildungsschule" ersetzt durch die Bezeichnung „Berufsschule" (V. des Staatsmin. f. Unt. u. K. vom 26. August 1930 über die Aenderung der V. vom 22. Dezember 1913 über die Berufsfortbildungsschulen (GVBl. S. 303) Ziff. I, 1. S. auch Ziff. II ebenda:

„Ziff. I, 1, 2, 4—7 treten sofort, Ziff. I, 3 mit Beginn des Schuljahres 1931/32 in Kraft. Von der Durchführung der Vorschrift in Ziff. I, 3 Abs. I (d. h. § 5 Abs. I der V. in der neuen Fassung) können mit Genehmigung des Staatsministeriums für Unterricht und Kultus für eine Uebergangszeit von drei Jahren Ausnahmen zugelassen werden, wenn dem Schulträger die Erfüllung der Vorschrift zur Zeit nicht möglich ist").

[2]) Fass. nach Ziff. I, 2 der V. vom 26. August 1930 (GVBl. S. 303).

werden, dürfen auf keine Zeit des Schuljahrs weniger als zwei Unterrichtsstunden in der Woche festgesetzt werden. Unterrichtseinheiten von weniger als zweistündiger Dauer sollen in der Regel nicht zugelassen werden.

II Die Zahl der Unterrichtsstunden einer Berufsschule für Mädchen kann in Gemeinden, in denen für Mädchen die Pflicht zum Besuch einer besonderen Schulabteilung mit Haushaltungsunterricht für das achte Schuljahr eingeführt ist, mit Genehmigung der Regierung, Kammer des Innern, allgemein oder mit Beschränkung auf einzelne Gruppen bis auf einhundertsechzig im Schuljahr abgemindert werden.

III Die Stundenzahl des Religionsunterrichts wird auf die in Abs. I, II bezeichneten Stundenzahlen nicht angerechnet.

§ 4. I Der Unterricht in der Berufsschule soll sich nicht über sieben Uhr abends hinaus erstrecken und tunlichst nur an Werktagen erteilt werden. Wo es nach den örtlichen Verhältnissen nicht zu vermeiden ist, dürfen jedoch mit Genehmigung der Regierung, Kammer des Innern, außer dem allgemeinen von den Kirchengesellschaften eingerichteten Religionsunterrichte bis zu zwei Stunden Unterricht an den Vormittagen der Sonntage gehalten werden.

II Die erforderliche Zeit zum Besuche des Hauptgottesdienstes oder eines für Fortbildungsschulpflichtige eingerichteten Schulgottesdienstes an den Sonntagen ist vom Unterrichte freizulassen.

III Die Unterrichtszeiten werden bei den öffentlichen Berufsschulen durch die Schulvorstandschaft, soweit tunlich nach Anhörung von Angehörigen der beteiligten Berufskreise, festgesetzt und sind in der ortsüblichen Weise öffentlich bekannt zu machen. Der Leiter einer öffentlichen Berufsschule ist befugt, in besonderen Fällen einzelne Unterrichtsstunden zu verlegen. Für die nichtöffentlichen Berufsschulen sind in der Schulordnung die erforderlichen Bestimmungen vorzusehen.

IV Beginn und Dauer des Schuljahrs sowie der Ferien werden durch die Schulordnung bestimmt. Bei ihrer Festsetzung ist auf die Bedürfnisse der beteiligten Berufskreise und die für die Volksschulen geltende Ordnung Rücksicht zu nehmen.

§ 5[3]. I An den öffentlichen Berufsschulen ist für die der allgemeinen Schulpflicht unterliegenden Angehörigen der Religionsgesellschaften, die Körperschaften des öffentlichen Rechtes sind, im Benehmen mit der zuständigen kirchlichen Behörde ein besonderer Religionsunterricht von mindestens einer Stunde in der Woche einzurichten, wenn mindestens 12 Schüler des betreffenden Bekenntnisses in der Schule vorhanden sind, die am Religionsunterrichte teilnehmen. Bei geringerer Schülerzahl ist die Einrichtung eines besonderen Religionsunterrichtes in der gleichen Weise zulässig.

II Soweit ein besonderer Religionsunterricht nicht eingerichtet ist, sind die Schüler einer Berufsschule durch Verfügung der Regierung, Kammer des Innern, zum Besuche des Religionsunterrichts ihres Bekenntnisses an der Volksfortbildungsschule oder zum Besuche des allgemeinen, von den Religionsgesellschaften eingerichteten Religionsunterrichtes ihres Bekenntnisses zu verweisen. Schüler einer nichtöffentlichen Berufsschule können zum Besuche des Religionsunterrichtes auch an eine öffentliche Berufsschule verwiesen werden.

---

[3] Fass. nach Ziff. I, 3 der V. vom 26. August 1930 (GVBl. S. 303). S. auch Ziff. II der V., Fußnote 1 oben.

§ 6. I Für die Gliederung der Berufsschulen, den Unterricht, die Lehrfächer, die Lehrpläne und die Verteilung der Stunden werden vom Staatsministerium des Innern für Kirchen- und Schulangelegenheiten allgemeine Grundsätze aufgestellt, die unter Berücksichtigung der örtlichen Bedürfnisse und der Leistungsfähigkeit der Schulunternehmer für die Errichtung und Ausgestaltung von Berufsschulen als maßgebende Richtpunkte dienen sollen. Dabei können Mindestanforderungen festgestellt werden, die von jeder Berufsschule erfüllt werden müssen [4]).

II Das Staatsministerium des Innern für Kirchen- und Schulangelegenheiten kann auch Vorschriften darüber erlassen, welchen Mindestanforderungen in Bezug auf besondere Vorbildung und Lehrbefähigung Personen genügen müssen, die zum Unterricht an Berufsschulen hauptamtlich oder nebenamtlich verwendet werden sollen [5]).

§ 7. Für Schulabteilungen einer Berufsschule, deren Schüler der allgemeinen Schulpflicht nicht mehr unterliegen, können Abweichungen von den in §§ 3, 4, 6 enthaltenen Mindestanforderungen zugelassen werden.

§ 8. I Für jede Berufsschule ist eine Schulordnung aufzustellen, die der Genehmigung der Regierung, Kammer des Innern, bedarf.

II Die Schulordnung muß die wesentlichen Bestimmungen über die Einrichtung und den Unterrichtsbetrieb der Berufsschule und zwar insbesondere über die Gliederung, den Unterricht, die Lehrfächer, die Lehrpläne, die Verteilung der Stunden, das Schuljahr, die Ferien, den Eintritt und Austritt der Schüler, die Schulzucht, die Behandlung der Schulversäumnisse, die Organe und den Namen der Berufsschule enthalten.

§ 9. I Die öffentlichen Berufsschulen stehen unter der Verwaltung der Gemeinde, von der auch die Schulordnung aufgestellt wird.

II Für die öffentlichen Berufsschulen ist eine Schulvorstandschaft zu bestellen. In der Schulvorstandschaft haben außer der Gemeindebehörde die Geistlichen der beteiligten Konfessionen sowie die Berufskreise, für die die Berufsschulen bestimmt sind, ferner die Leiter und, soferne sie nicht bei der Bildung besonderer Organe nach Abs. III berücksichtigt werden, die Lehrer der Berufsschulen mit Einschluß der Religionslehrer angemessene Vertretung zu erhalten.

III Sind einer Schulvorstandschaft mehrere öffentliche Berufsschulen als selbständige Schulkörper unterstellt, so können für jede dieser Berufsschulen besondere Organe in Unterordnung unter die gemeinsame Schulvorstandschaft gebildet werden.

IV Für die Leitung der öffentlichen Berufsschulen, insbesondere in unterrichtlicher Beziehung, kann ein gemeinsamer, entsprechend vorgebildeter Leiter aufgestellt werden. Auch für jede einzelne öffentliche Berufsschule in einer Gemeinde und für selbständige Abteilungen einer solchen können Leiter bestellt werden.

V Die Zusammensetzung und die Zuständigkeit der Schulvorstandschaft und der besonderen Organe sowie die Rechte und Pflichten und der Amtstitel der Leiter werden durch Schulordnungen geregelt. Das Staatsministerium für Kirchen- und Schulangelegenheiten kann hierfür bindende Vorschriften erlassen.

---

[4]) Solche allgemeine Grundsätze sind bis jetzt noch nicht aufgestellt worden.

[5]) S. ME. vom 19. Juni 1929 (KMBl. S. 118).

VI Bei den nichtöffentlichen Berufsschulen sind die erforderlichen Bestimmungen durch die Schulordnung vorzusehen.

§ 10 [6]). I Die Berufsschulen stehen unmittelbar unter der Aufsicht der Regierung, Kammer des Innern.

II Die Regierung, Kammer des Innern, kann bei der Ausübung ihrer Aufsichtsrechte in angemessenem Umfange die Mitwirkung der ihr unterstellten Behörden, insbesondere der Bezirksämter in Anspruch nehmen. Sie kann auch besondere Aufsichtsorgane bestellen und bei den öffentlichen Berufsschulen einzelne Aufsichtsbefugnisse den Schulverwaltungsorganen (§ 9 Abs. II, III) sowie den Leitern der Berufsschulen widerruflich übertragen.

III Den kirchlichen Oberbehörden bleibt anheimgegeben, besondere kirchliche Kommissäre aufzustellen, um sich von dem Stande des Religionsunterrichts und des religiös-sittlichen Lebens in den Berufsschulen Kenntnis zu verschaffen. Die kirchlichen Kommissäre sind der Regierung, Kammer des Innern, zu bezeichnen.

§ 11. I Zu jeder Aenderung in der inneren und äußeren Organisation einer Berufsschule, insbesondere zu Aenderungen der Schulordnung, dann zur Aufstellung und zu jedem Wechsel der Leiter, Lehrkräfte und Aufsichtspersonen ist die Genehmigung der Regierung, Kammer des Innern, erforderlich.

II Leiter, Lehrkräfte, Aufsichtspersonen und Bedienstete, die die für ihre Verwendung an einer Berufsschule erforderlichen Eigenschaften nicht mehr besitzen, dürfen nicht im Verbande der Berufsschule belassen werden.

III Den Weisungen der Regierung, Kammer des Innern, oder der von ihr beauftragten Aufsichtsorgane, die in Ausübung des ihnen zustehenden Aufsichtsrechts ergehen, ist Folge zu leisten. Bleiben sie trotz Mahnung unbeachtet oder erleiden sonst die Voraussetzungen, unter denen die Errichtung einer Berufsschule genehmigt würde, eine den Unterricht oder die Erziehung gefährdende, auf anderem Wege in angemessener Frist nicht zu behebende Aenderung, so kann die Regierung, Kammer des Innern, die Zurücknahme der Genehmigung zum Betriebe der Berufsschule aussprechen und erforderlichen Falles die sofortige Schließung anordnen.

IV Werden für eine Berufsschule Beiträge aus Staats- oder Kreismitteln bewilligt oder besondere Berechtigungen verliehen, so können hierfür besondere Verpflichtungen auferlegt werden.

§ 12. I Der Eintritt in eine Berufsschule ist vorbehaltlich der §§ 13, 14 freiwillig.

II Durch den Eintritt in eine öffentliche Berufsschule wird die Verpflichtung begründet den Unterricht mit Einschluß des Religionsunterrichts [7]) (§ 5) bis zum ordnungsmäßigen Austritte regelmäßig zu besuchen.

III Der Austritt aus einer öffentlichen Berufsschule ist im allgemeinen nur am Schlusse eines Schuljahrs dieser Schule gestattet. Der Austritt während eines Schuljahrs kann von der Schulvorstandschaft genehmigt werden, wenn er durch wichtige Gründe gerechtfertigt ist. Gegen die Verfügung der Schulvorstandschaft steht die Beschwerde zur Regierung, Kammer des Innern, offen. Für die Austrittserklärung können durch die Schulordnung oder allgemein Formvorschriften erlassen werden.

IV Schüler, die eine öffentliche Berufsschule freiwillig besuchen, können, wenn sie dem Unterrichte nicht mit Nutzen zu folgen vermögen, durch Ver-

---

[6]) Fass. nach V. vom 26. August 1930 Ziff. I, 4 (GVBl. S. 303).

[7]) S. jedoch Anm. 3 zu Art. 29 SchBG. oben.

fügung der Schulvorstandschaft vom weiteren Besuche der Berufsschule ausgeschlossen werden. Gegen die Verfügung der Schulvorstandschaft steht die Beschwerde zur Regierung, Kammer des Innern, offen.

V Wo besondere Organe nach § 9 Abs. III gebildet sind, treten diese in den Fällen der Abs. III und IV an Stelle der Schulvorstandschaften [8]).

§ 13. I Auf Antrag der Gemeindebehörde kann der Besuch einer öffentlichen Berufsschule an Stelle der Volksfortbildungsschule allen Schulpflichtigen, für deren Ausbildung die Berufsschule nach ihrer Schulordnung bestimmt ist, bis zur Beendigung der allgemeinen Schulpflicht durch Verfügung der Regierung, Kammer des Innern, zur Pflicht gemacht werden. Zu dem Antrage der Gemeindebehörde ist in Gemeinden mit städtischer Verfassung die Zustimmung der Gemeindebevollmächtigten erforderlich [9]).

II Die Verpflichtung nach Abs. I kann auch auf diejenigen erstreckt werden, die, ohne am Schulsitze zu wohnen, in der Gemeinde des Schulsitzes beschäftigt sind.

III Auf Antrag der beteiligten Gemeindebehörden und mit Zustimmung der im Absatz I bezeichneten Vertretungskörper der Gemeinden [9]) kann die Verpflichtung nach Absatz I auf Schulpflichtige aus benachbarten Gemeinden ausgedehnt werden, soweit diese Schulpflichtigen nach den Entfernungs- und Verkehrsverhältnissen von ihrem Wohnort aus ohne unbilligen Aufwand an Zeit und Kraft für den Hin- und Rückweg an dem Unterrichte teilnehmen und jedesmal vor Eintritt der Nacht nach Hause zurückkehren können.

IV Der Besuch einer nichtöffentlichen Berufsschule an Stelle der Volksfortbildungsschule oder einer öffentlichen Berufsschule kann durch Verfügung der Regierung, Kammer des Innern, auf Antrag des Unternehmers und mit Zustimmung der im Abs. I bezeichneten gemeindlichen Vertretungskörper [10]) denjenigen Schulpflichtigen, für deren Ausbildung die Berufsschule nach ihrer Schulordnung bestimmt ist, zur Pflicht gemacht werden. Dabei wird vorausgesetzt, daß die nichtöffentliche Berufsschule den an eine öffentliche Berufsschule zu stellenden Anforderungen entspricht, daß eine nach den Einzelberufen der beteiligten Schulpflichtigen gegliederte öffentliche Berufsschule nicht zur Verfügung steht und daß den Schulpflichtigen oder ihren Erziehungsberechtigten keine höheren Kosten als durch den Besuch der öffentlichen Fortbildungsschule erwachsen.

V Für Personen unter achtzehn Jahren, die der allgemeinen Schulpflicht nicht mehr unterliegen, kann die Verpflichtung zum Besuch einer Berufsschule auf Grund des § 120 der Gewerbeordnung eingeführt werden.

§ 14 [11]). I Ist in einer Gemeinde die Zahl der von der Verpflichtung zum Besuch einer öffentlichen Berufsschule nicht betroffenen Schulpflichtungen desselben Geschlechts verhältnismäßig so gering, daß die Fort-

---

[8]) Der Abs. V des § 12 wurde durch Ziff. I, 5 der V. vom 26. August 1930 (GVBl. S. 303) eingeschaltet.

[9]) Die Zustimmung der Gemeindebevollmächtigten ist gegenstandslos geworden, da die neue Gemeindegesetzgebung „Gemeindebevollmächtigte" nicht mehr kennt.

[10]) Statt der Zustimmung der Gemeindebevollmächtigten (s. Fußnote 5 oben) ist hier die des Gemeinderates (Marktgemeinderates, Stadtrates) notwendig.

[11]) Fass. nach Ziff. I, 6 der V. vom 26. August 1930 (GVBl. S. 303).

führung der Volksfortbildungsschule unverhältnismäßig hohe Kosten verursachen oder aus sonstigen wichtigen Gründen unzweckmäßig sein würde, so darf die Volksfortbildungsschule für diese Schulpflichtigen auf Antrag der Gemeindebehörde durch Verfügung der Regierung, Kammer des Innern, aufgehoben werden. Die Vorschrift im § 13 Abs. I Satz 2 findet Anwendung [9]). Alsdann sind in Verbindung mit der öffentlichen Berufsschule eine oder mehrere allgemeine Abteilungen zu errichten, zu deren Besuch alle Fortbildungsschulpflichtigen des betreffenden Geschlechts, soweit sie nicht einer Fachabteilung angehören, verpflichtet sind.

II In der allgemeinen Abteilung kann eine Abminderung der Stundenzahl bis auf einhundertsechzig im Schuljahr ohne Einrechnung des Religionsunterrichts zugelassen werden.

§ 15. I Für alle Schüler, die im Zeitpunkte der Beendigung ihrer allgemeinen Schulpflicht eine Berufsschule besuchen, ist unter der Leitung eines von der Regierung, Kammer des Innern, zu bestimmenden Prüfungskommissärs eine Entlassungsprüfung abzuhalten [12]).

II Im Falle des § 13 Abs. V kann die Entlassungsprüfung unterbleiben, wenn oder soweit eine entsprechende Prüfung am Schlusse der verlängerten Schulbesuchspflicht stattfindet.

III Schüler einer nichtöffentlichen Berufsschule können zur Ablegung der Entlassungsprüfung an die Volksfortbildungsschule oder eine öffentliche Berufsschule verwiesen werden.

§ 16. I In den Fällen der §§ 13 Abs. I, II, III, IV und 14 erfolgt die Entlassung aus der Berufsschule regelmäßig am Schlusse des Schuljahrs, in dem die Schüler das letzte Jahr ihrer allgemeinen Schulpflicht vollenden. Bei außerordentlichen Umständen kann sie auf Antrag der Erziehungsberechtigten vorbehaltlich des Bestehens einer besonderen Entlassungsprüfung vor dem aus Satz 1 sich ergebenden Zeitpunkte durch Verfügung des Prüfungskommissärs ausnahmsweise bewilligt werden.

II Schulpflichtige, die sich bei der Entlassungsprüfung nicht als hinreichend unterrichtet erweisen, können durch Verfügung des Prüfungskommissärs zum weiteren Besuche der Berufsschule oder der Volksfortbildungsschule auf eine im voraus zu bestimmende Zeit, längstens aber auf die Dauer eines Schuljahres, angehalten werden. Diese Zeit kann nachträglich abgekürzt oder bis zum Schlusse des Schuljahrs verlängert werden.

§ 17 [13]). Die Dauer der Schulpflicht bemißt sich nach § 19 der Verordnung über die Schulpflicht vom 22. Dezember 1913 in der Fassung der Verordnung vom 16. August 1926 (GVBl. S. 419, Anh. Nr. 16). Die Schulpflicht endigt für Schüler einer Berufsschule mit der Aushändigung des Entlassungszeugnisses an sie oder die Erziehungsberechtigten.

§ 18. I Von der Verpflichtung zum Besuche einer Berufsschule (§§ 13, 14) sind befreit

1. Schüler und Schülerinnen einer Unterrichtsanstalt mit einer sie voll beschäftigenden Unterrichtszeit mit einem Lehrziele, das in den allgemein bildenden Fächern über jenes der Berufsschule wesentlich hinausgeht,
2. Schüler und Schülerinnen einer sonstigen Unterrichts- oder Erziehungsanstalt, bezüglich deren von der Aufsichtsbehörde anerkannt ist, daß ihr Unterricht ausreichenden Ersatz für den Besuch der Berufsschule bietet,

---

12) S. MinBek. vom 24. Januar 1925 (MABl. S. 10) Buchst. B.

13) Fass. nach Ziff. I, 7 der V. vom 26. August 1930 (GVBl. S. 303).

3. Schulpflichtige, die mit Genehmigung der Distriktsschulbehörden [3]), in unmittelbaren Städten der Stadtschulkommission [3]), anderweitig einen vollständigen, den Besuch der Berufsschule ausreichend ersetzenden Privatunterricht erhalten.

II Die Bestimmungen der §§ 16 Abs. IV, 18 der Schulpflichtverordnung finden entsprechend Anwendung [14]).

§ 19 [15]).

§ 20. Die näheren Vorschriften zum Vollzuge dieser Verordnung werden vom Staatsministerium des Innern für Kirchen- und Schulangelegenheiten erlassen.

§ 21. I Diese Verordnung tritt am 1. Januar 1914 in Kraft.

II Vom gleichen Tage an sind alle entgegenstehenden oder durch die gegenwärtige Verordnung ersetzten Vorschriften, insbesondere auch die §§ 29 bis 33 der organischen Bestimmungen für die Gewerbeschulen vom 1. Oktober 1870, aufgehoben.

III Die zur Zeit des Inkrafttretens dieser Verordnung bestehenden Fortbildungsschulen müssen, wenn sie nach dem Willen ihrer Unternehmer künftig als Berufsschulen gelten sollen, innerhalb eines Zeitraums von längstens drei Jahren den Anforderungen der gegenwärtigen Verordnung angepaßt werden. Das Staatsministerium des Innern für Kirchen- und Schulangelegenheiten ist ermächtigt, in besonders berücksichtigenswerten Fällen für eine weitere Uebergangszeit von höchstens zwei Jahren einzelne Erleichterungen und Abweichungen zuzulassen.

---

*18. ME., die Aufstellung von Schulärzten und die schulärztlichen Untersuchungen der Schulkinder betr., vom 7. Juni 1918 (KMBl. S. 153).

(Abgedruckt in Braun, SchAG. S. 202.)

19. VO. über den Besuch des Religionsunterrichts und die Teilnahme der Schüler und Schülerinnen an religiösen Uebungen vom 25. Januar 1919 (GVBl. S. 25, KMBl. S. 11).

I „Gegen den Willen der Erziehungsberechtigten darf ein Kind nicht zur Teilnahme an einem Religionsunterricht oder Gottesdienst angehalten werden." In Durchführung dieses Grundsatzes gelten für alle Schulen des Volksstaates Bayern die folgenden Bestimmungen:

1. . . . [1])

2. Ohne Rücksicht darauf, ob die Schüler und Schülerinnen vom Religionsunterricht entbunden sind oder nicht, können vom Standpunkte der Schule aus die Erziehungsberechtigten frei, d. h. ohne besondere Anzeige und Genehmigung darüber bestimmen, ob und in welchem Umfange die Kinder den Gottesdienst und Schulgottesdienst besuchen und die sonstigen religiösen Verpflichtungen erfüllen sollen.

---

[14]) S. auch die ME. vom 26. November 1917 (KMBl. S. 225).

[15]) Aufgehoben durch § 8 der V. vom 30. September 1922 über die Behandlung der Schulversäumnisse (GVBl. S. 618).

[1]) Aufgehoben und ersetzt durch die V. vom 6. Mai 1920 (KMBl. S. 172).

3. Die Schule darf — den lehrplanmäßigen Religionsunterricht ausgenommen — zur Erfüllung religiöser Auflagen keine disziplinären Zwangsmittel anwenden.

4. Schüler und Schülerinnen, die durch Willenserklärung des Erziehungsberechtigten vom Besuche des Religionsunterrichtes entbunden sind, werden in der Religionslehre nicht geprüft und nicht benotet.

II Die Lehrpersonen sind nicht verpflichtet, bei der Beaufsichtigung der Schüler und Schülerinnen während der Christenlehre, des Gottesdienstes und Schulgottesdienstes oder sonstiger religiöser Veranstaltungen mitzuwirken.

III Soweit die in den Schulordnungen oder sonstwo niedergelegten Vorschriften der vorstehenden Verordnung widersprechen, sind sie aufgehoben.

---

20. Die Verfassung des Deutschen Reichs vom 11. August 1919 (RGBl. S. 1383).

Auszug.

Erster Hauptteil.

Aufbau und Aufgaben des Reichs.

Erster Abschnitt.

Reich und Länder.

Art. 10. Das Reich kann im Wege der Gesetzgebung Grundsätze aufstellen für:
1. die Rechte und Pflichten der Religionsgesellschaften;
2. das Schulwesen einschließlich des Hochschulwesens und das wissenschaftliche Büchereiwesen;
3. das Recht der Beamten aller öffentlichen Körperschaften.

Art. 12. Solange und soweit das Reich von seinem Gesetzgebungsrechte keinen Gebrauch macht, behalten die Länder das Recht der Gesetzgebung. Dies gilt nicht für die ausschließliche Gesetzgebung des Reichs.

Art. 13. Reichsrecht bricht Landrecht.

Bestehen Zweifel oder Meinungsverschiedenheiten darüber, ob eine landesrechtliche Vorschrift mit dem Reichsrecht vereinbar ist, so kann die zuständige Reichs- oder Landeszentralbehörde nach näherer Vorschrift eines Reichsgesetzes die Entscheidung eines obersten Gerichtshofs des Reichs anrufen.

Art. 14. Die Reichsgesetze werden durch die Landesbehörden ausgeführt, soweit nicht die Reichsgesetze etwas anderes bestimmen.

Art. 15. Die Reichsregierung übt die Aufsicht in den Angelegenheiten aus, in denen dem Reiche das Recht der Gesetzgebung zusteht.

Soweit die Reichsgesetze von den Landesbehörden auszuführen sind, kann die Reichsregierung allgemeine Anweisungen erlassen. Sie ist ermächtigt, zur Ueberwachung der Ausführung der Reichsgesetze zu den Landeszentralbehörden und mit ihrer Zustimmung zu den unteren Behörden Beauftragte zu entsenden.

Die Landesregierungen sind verpflichtet, auf Ersuchen der Reichsregierung Mängel, die bei der Ausführung der Reichsgesetze hervorgetreten sind, zu beseitigen. Bei Meinungsverschiedenheiten kann sowohl die Reichsregierung als die Landesregierung die Entscheidung des Staatsgerichtshofs anrufen, falls nicht durch Reichsgesetz ein anderes Gericht bestimmt ist.

Art. 19. Ueber Verfassungsstreitigkeiten innerhalb eines Landes, in dem kein Gericht zu ihrer Erledigung besteht, sowie über Streitigkeiten nichtprivatrechtlicher Art zwischen verschiedenen Ländern oder zwischen dem Reiche und einem Lande entscheidet auf Antrag eines der streitenden Teile der Staatsgerichtshof für das Deutsche Reich, soweit nicht ein anderer Gerichtshof des Reichs zuständig ist.

Der Reichspräsident vollstreckt das Urteil des Staatsgerichtshofs.

Zweiter Hauptteil.

Grundrechte und Grundpflichten der Deutschen.

Zweiter Abschnitt.

Das Gemeinschaftsleben.

Art. 120. Die Erziehung des Nachwuchses zur leiblichen, seelischen und gesellschaftlichen Tüchtigkeit ist oberste Pflicht und natürliches Recht der Eltern, über deren Betätigung die staatliche Gemeinschaft wacht.

Art. 124. Alle Deutschen haben das Recht, zu Zwecken, die den Strafgesetzen nicht zuwiderlaufen, Vereine oder Gesellschaften zu bilden. Dies Recht kann nicht durch Vorbeugungsmaßregeln beschränkt werden. Für religiöse Vereine und Gesellschaften gelten dieselben Bestimmungen.

Der Erwerb der Rechtsfähigkeit steht jedem Verein gemäß den Vorschriften des bürgerlichen Rechtes frei. Er darf einem Vereine nicht aus dem Grunde versagt werden, daß er einen politischen, sozialpolitischen oder religiösen Zweck verfolgt.

Art. 127. Gemeinden und Gemeindeverbände haben das Recht der Selbstverwaltung innerhalb der Schranken der Gesetze.

Art. 128. Alle Staatsbürger ohne Unterschied sind nach Maßgabe der Gesetze und entsprechend ihrer Befähigung und ihren Leistungen zu den öffentlichen Aemtern zuzulassen.

Alle Ausnahmebestimmungen gegen weibliche Beamte werden beseitigt.

Die Grundlagen des Beamtenverhältnisses sind durch Reichsgesetz zu regeln.

Art. 129. Die Anstellung der Beamten erfolgt auf Lebenszeit, soweit nicht durch Gesetz etwas anderes bestimmt ist. Ruhegehalt und Hinterbliebenenversorgung werden gesetzlich geregelt. Die wohlerworbenen Rechte der Beamten sind unverletzlich. Für die vermögensrechtlichen Ansprüche der Beamten steht der Rechtsweg offen.

Die Beamten können nur unter den gesetzlich bestimmten Voraussetzungen und Formen vorläufig ihres Amtes enthoben, einstweilen oder endgültig in den Ruhestand oder in ein anderes Amt mit geringerem Gehalt versetzt werden.

Gegen jedes dienstliche Straferkenntnis muß ein Beschwerdeweg und die Möglichkeit eines Wiederaufnahmeverfahrens eröffnet sein. In die Nachweise über die Person des Beamten sind Eintragungen von ihm ungünstigen Tatsachen erst vorzunehmen, wenn dem Beamten Gelegenheit gegeben war, sich über sie zu äußern. Dem Beamten ist Einsicht in seine Personalnachweise zu gewähren.

Die Unverletzlichkeit der wohlerworbenen Rechte und die Offenhaltung des Rechtswegs für die vermögensrechtlichen Ansprüche werden besonders auch den Berufssoldaten gewährleistet. Im übrigen wird ihre Stellung durch Reichsgesetz geregelt.

Art. 130. Die Beamten sind Diener der Gesamtheit, nicht einer Partei.

Allen Beamten wird die Freiheit ihrer politischen Gesinnung und die Vereinigungsfreiheit gewährleistet.

Die Beamten erhalten nach näherer reichsgesetzlicher Bestimmung besondere Beamtenvertretungen.

Art. 131. Verletzt ein Beamter in Ausübung der ihm anvertrauten öffentlichen Gewalt die ihm einem Dritten gegenüber obliegende Amtspflicht, so trifft die Verantwortlichkeit grundsätzlich den Staat oder die Körperschaft, in deren Dienste der Beamte steht. Der Rückgriff gegen den Beamten bleibt vorbehalten. Der ordentliche Rechtsweg darf nicht ausgeschlossen werden.

Die nähere Regelung liegt der zuständigen Gesetzgebung ob.

Art. 132. Jeder Deutsche hat nach Maßgabe der Gesetze die Pflicht zur Uebernahme ehrenamtlicher Tätigkeiten.

Dritter Abschnitt.

Religion und Religionsgesellschaften.

Art. 135. Alle Bewohner des Reichs genießen volle Glaubens- und Gewissensfreiheit. Die ungestörte Religionsübung wird durch die Verfassung gewährleistet und steht unter staatlichem Schutz. Die allgemeinen Staatsgesetze bleiben hiervon unberührt.

Art. 136. Die bürgerlichen und staatsbürgerlichen Rechte und Pflichten werden durch die Ausübung der Religionsfreiheit weder bedingt noch beschränkt.

Der Genuß bürgerlicher und staatsbürgerlicher Rechte sowie die Zulassung zu öffentlichen Aemtern sind unabhängig von dem religiösen Bekenntnis.

Niemand ist verpflichtet, seine religiöse Ueberzeugung zu offenbaren. Die Behörden haben nur soweit das Recht, nach der Zugehörigkeit zu einer Religionsgesellschaft zu fragen, als davon Rechte und Pflichten abhängen oder eine gesetzlich angeordnete statistische Erhebung dies erfordert.

Niemand darf zu einer kirchlichen Handlung oder Feierlichkeit oder zur Teilnahme an religiösen Uebungen oder zur Benutzung einer religiösen Eidesform gezwungen werden.

Art. 137. Es besteht keine Staatskirche.

Die Freiheit der Vereinigung zu Religionsgesellschaften wird gewährleistet. Der Zusammenschluß von Religionsgesellschaften innerhalb des Reichsgebiets unterliegt keinen Beschränkungen.

Jede Religionsgesellschaft ordnet und verwaltet ihre Angelegenheiten selbständig innerhalb der Schranken des für alle geltenden Gesetzes. Sie verleiht ihre Aemter ohne Mitwirkung des Staates oder der bürgerlichen Gemeinde.

Religionsgesellschaften erwerben die Rechtsfähigkeit nach den allgemeinen Vorschriften des bürgerlichen Rechtes.

Die Religionsgesellschaften bleiben Körperschaften des öffentlichen Rechtes, soweit sie solche bisher waren. Anderen Religionsgesellschaften sind auf ihren Antrag gleiche Rechte zu gewähren, wenn sie durch ihre Verfassung und die Zahl ihrer Mitglieder die Gewähr der Dauer bieten. Schließen sich mehrere derartige öffentlich-rechtliche Religionsgesellschaften zu einem Verbande zusammen, so ist auch dieser Verband eine öffentlich-rechtliche Körperschaft.

Die Religionsgesellschaften, welche Körperschaften des öffentlichen Rechtes sind, sind berechtigt, auf Grund der bürgerlichen Steuerlisten nach Maßgabe der landesrechtlichen Bestimmungen Steuern zu erheben.

Den Religionsgesellschaften werden Vereinigungen gleichgestellt, die sich die gemeinschaftliche Pflege einer Weltanschauung zur Aufgabe machen.

Soweit die Durchführung dieser Bestimmungen eine weitere Regelung erfordert, liegt diese der Landesgesetzgebung ob.

Art. 138. Die auf Gesetz, Vertrag oder besonderen Rechtstiteln beruhenden Staatsleistungen an die Religionsgesellschaften werden durch die Landesgesetzgebung abgelöst. Die Grundsätze hierfür stellt das Reich auf.

Das Eigentum und andere Rechte der Religionsgesellschaften und religiösen Vereine an ihren für Kultus-, Unterrichts- und Wohltätigkeitszwecke bestimmten Anstalten, Stiftungen und sonstigen Vermögen werden gewährleistet.

Art. 139. Der Sonntag und die staatlich anerkannten Feiertage bleiben als Tage der Arbeitsruhe und der seelischen Erhebung gesetzlich geschützt.

Vierter Abschnitt.

Bildung und Schule.

Art. 142. Die Kunst, die Wissenschaft und ihre Lehre sind frei. Der Staat gewährt ihnen Schutz und nimmt an ihrer Pflege teil.

Art. 143. Für die Bildung der Jugend ist durch öffentliche Anstalten zu sorgen. Bei ihrer Einrichtung wirken Reich, Länder und Gemeinden zusammen.

Die Lehrerbildung ist nach den Grundsätzen, die für die höhere Bildung allgemein gelten, für das Reich einheitlich zu regeln.

Die Lehrer an öffentlichen Schulen haben die Rechte und Pflichten der Staatsbeamten.

Art. 144. Das gesamte Schulwesen steht unter der Aufsicht des Staates; er kann die Gemeinden daran beteiligen. Die Schulaufsicht wird durch hauptamtlich tätige, fachmännisch vorgebildete Beamte ausgeübt.

Art. 145. Es besteht allgemeine Schulpflicht. Ihrer Erfüllung dient grundsätzlich die Volksschule mit mindestens acht Schuljahren und die anschließende Fortbildungsschule bis zum vollendeten achtzehnten Lebensjahre. Der Unterricht und die Lehrmittel in den Volksschulen und Fortbildungsschulen sind unentgeltlich.

Art. 146. Das öffentliche Schulwesen ist organisch auszugestalten. Auf einer für alle gemeinsamen Grundschule baut sich das mittlere und höhere Schulwesen auf. Für diesen Aufbau ist die Mannigfaltigkeit der Lebensberufe, für die Aufnahme eines Kindes in eine bestimmte Schule sind seine Anlagen und Neigung, nicht die wirtschaftliche und gesellschaftliche Stellung oder das Religionsbekenntnis seiner Eltern maßgebend.

Innerhalb der Gemeinden sind indes auf Antrag der Erziehungsberechtigten Volksschulen ihres Bekenntnisses oder ihrer Weltanschauung einzurichten, soweit hierdurch ein geordneter Schulbetrieb, auch im Sinne des Abs. 1, nicht beeinträchtigt wird. Der Wille der Erziehungsberechtigten ist möglichst zu berücksichtigen. Das Nähere bestimmt die Landesgesetzgebung nach den Grundsätzen eines Reichsgesetzes.

Für den Zugang Minderbemittelter zu den mittleren und höheren Schulen sind durch Reich, Länder und Gemeinden öffentliche Mittel bereitzustellen, insbesondere Erziehungsbeihilfen für die Eltern von Kindern, die zur Ausbildung auf mittleren und höheren Schulen für geeignet erachtet werden, bis zur Beendigung der Ausbildung.

Art. 147. Private Schulen als Ersatz für öffentliche Schulen bedürfen der Genehmigung des Staates und unterstehen den Landesgesetzen. Die Genehmigung ist zu erteilen, wenn die Privatschulen in ihren Lehrzielen und Einrichtungen sowie in der wissenschaftlichen Ausbildung ihrer Lehrkräfte nicht hinter den öffentlichen Schulen zurückstehen und eine Sonderung der Schüler nach den Besitzverhältnissen der Eltern nicht gefördert wird. Die Genehmigung ist zu versagen, wenn die wirtschaftliche und rechtliche Stellung der Lehrkräfte nicht genügend gesichert ist.

Private Volksschulen sind nur zuzulassen, wenn für eine Minderheit von Erziehungsberechtigten, deren Willen nach Art. 146 Abs. 2 zu berücksichtigen ist, eine öffentliche Volksschule ihres Bekenntnisses oder ihrer Weltanschauung in der Gemeinde nicht besteht oder die Unterrichtsverwaltung ein besonderes pädagogisches Interesse anerkennt.

Private Vorschulen sind aufzuheben.

Für private Schulen, die nicht als Ersatz für öffentliche Schulen dienen, verbleibt es bei dem geltenden Recht.

Art. 148. In allen Schulen ist sittliche Bildung, staatsbürgerliche Gesinnung, persönliche und berufliche Tüchtigkeit im Geiste des deutschen Volkstums und der Völkerversöhnung zu erstreben.

Beim Unterricht in öffentlichen Schulen ist Bedacht zu nehmen, daß die Empfindungen Andersdenkender nicht verletzt werden.

Staatsbürgerkunde und Arbeitsunterricht sind Lehrfächer der Schulen. Jeder Schüler erhält bei Beendigung der Schulpflicht einen Abdruck der Verfassung.

Das Volksbildungswesen, einschließlich der Volkshochschulen, soll von Reich, Ländern und Gemeinden gefördert werden.

Art. 149. Der Religionsunterricht ist ordentliches Lehrfach der Schulen mit Ausnahme der bekenntnisfreien (weltlichen) Schulen. Seine Erteilung wird im Rahmen der Schulgesetzgebung geregelt. Der Religionsunterricht wird in Uebereinstimmung mit den Grundsätzen der betreffenden Religionsgesellschaft unbeschadet des Aufsichtsrechts des Staates erteilt.

Die Erteilung religiösen Unterrichts und die Vornahme kirchlicher Verrichtungen bleibt der Willenserklärung der Lehrer, die Teilnahme an religiösen Unterrichtsfächern und an kirchlichen Feiern und Handlungen der Willenserklärung desjenigen überlassen, der über die religiöse Erziehung des Kindes zu bestimmen hat.

Die theologischen Fakultäten an den Hochschulen bleiben erhalten.

Uebergangs- und Schlußbestimmungen.

Art. 174. Bis zum Erlaß des in Artikel 146 Abs. 2 vorgesehenen Reichsgesetzes bleibt es bei der bestehenden Rechtslage. Das Gesetz hat Gebiete des Reichs, in denen eine nach Bekenntnissen nicht getrennte Schule gesetzlich besteht, besonders zu berücksichtigen.

21. Verfassungsurkunde des Freistaates Bayern vom 14. August 1919 (GVBl. S. 531).

Auszug.

Vierter Abschnitt.

Gewissensfreiheit, Religionsgesellschaften, Schule.

Zu den Vorschriften der Verfassung des Deutschen Reiches im Zweiten Hauptteile, Dritten Abschnitt, Artikeln 135 bis 141 wird bestimmt:

§ 17. I Jedermann ist volle Glaubens- und Gewissensfreiheit gewährleistet.

II Die Entscheidung über die Zugehörigkeit der Kinder zu einer Religionsgesellschaft steht bis zu deren vollendeten sechzehnten Lebensjahr den Erziehungsberechtigten zu. Bis zu diesem Zeitpunkte können die Eltern die Zugehörigkeit ihrer Kinder zu einer Religionsgesellschaft auch durch Vertrag regeln. Ein solcher Vertrag bedarf der gerichtlichen oder notariellen Beurkundung; er wird durch den Tod der Eltern nicht berührt. Ist ein Kind mit Zustimmung der Erziehungsberechtigten vor Vollendung des sechzehnten Lebensjahres durch einen Kultusakt einer Religionsgesellschaft endgültig in diese aufgenommen worden, so kann hieran durch die Erziehungsberechtigten nichts mehr geändert werden. Von diesem Alter an hat das Kind selbst die Freiheit der Entschließung über sein Verbleiben in der Religionsgesellschaft.

III Der Austritt aus einer Religionsgesellschaft kann mündlich oder schriftlich bei dem Standesamte des Wohnsitzes oder ständigen Aufenthaltsortes erklärt werden. Die schriftliche Erklärung bedarf der Beglaubigung durch eine öffentliche Behörde. Abs. II findet entsprechende Anwendung. Nichtigkeit und Anfechtbarkeit der Austrittserklärung sind nach den Vorschriften des bürgerlichen Rechtes zu beurteilen.

IV Neue freiwillige Leistungen des Staates, der bürgerlichen Gemeinden und Gemeindeverbände an eine Religionsgesellschaft werden durch Zuschläge zu den Staatssteuern und Umlagen der Angehörigen dieser Religionsgesellschaft aufgebracht.

§ 18. I Die Vereinigung von Religionsgenossen zu gemeinsamer Hausandacht oder zu öffentlichen Kultushandlungen, zu Religionsgesellschaften, Religionsgemeinden oder geistlichen Gesellschaften ist innerhalb der Schranken des Gesetzes freigegeben.

II Bestehende Religionsgesellschaften, Religionsgemeinden oder geistlichen Gesellschaften, dann ihre Anstalten, Stiftungen oder sonstigen Einrichtungen bleiben rechtsfähig, soweit sie es bisher waren, neue können die Rechtsfähigkeit nach Maßgabe des geltenden Rechtes erwerben. Ihr Eigentum und ihre anderen Rechte sowie ihr Bekenntnisgepräge werden gewährleistet.

III Religionsgesellschaften, Religionsgemeinden und geistlichen Gesellschaften wird die selbständige Ordnung und Verwaltung ihrer Angelegenheiten, den Religionsgesellschaften und Religionsgemeinden, welche die Rechtsstellung von Körperschaften des öffentlichen Rechtes besitzen, auch die Besteuerung ihrer Mitglieder auf Grund der bürgerlichen Steuerlisten innerhalb der Schranken des Gesetzes gewährleistet.

IV Bis zur Ablösung der Staatsleistungen gemäß Art. 138 der Verfassung des Deutschen Reiches bleiben die auf Gesetz, Vertrag oder besonderem Rechtstitel beruhenden Staatsleistungen an die Religionsgesellschaften aufrechterhalten.

V Bis zu dem gleichen Zeitpunkte dürfen Gebäude und Grundstücke des Staates, die derzeit irgendwelchen Kultuszwecken dienen, diesen gegen den Willen der Beteiligten nicht entzogen werden.

Zu den Vorschriften der Verfassung des Deutschen Reiches im Zweiten Hauptteile, Vierten Abschnitt, Artikeln 142 bis 149 wird bestimmt:

§ 20. Die Freiheit der Kunst, der Wissenschaft und ihre Lehre wird gewährleistet und kann nur durch Gesetz und nur zur Wahrung der öffentlichen Ordnung, Sicherheit, Gesundheit oder Sittlichkeit beschränkt werden.

§ 21. I Die Regelung und Förderung des öffentlichen Erziehungs-, Unterrichts- und Bildungswesens sowie die Genehmigung und Beaufsichtigung der privaten Unterrichts- und Erziehungsanstalten sind Angelegenheiten des Staates. Die öffentlichen Volksschulen sind grundsätzlich Staatsanstalten.

II Die Erziehungsberechtigten und die Personen, denen Schulpflichtige durch besonderen Auftrag anvertraut sind, sind verpflichtet, diese während der Dauer der gesetzlichen Schulpflicht zum Schulbesuch anzuhalten.

5. Abschnitt.

Selbstverwaltung, Stiftungen.

§ 22. I Den bürgerlichen Gemeinden und den Gemeindeverbänden wird das Selbstverwaltungsrecht gewährleistet. Sie verwalten nach Maßgabe der Gesetze ihre eigenen und die ihnen vom Staat übertragenen Angelegenheiten. Sie haben das Recht, ihren Bedarf durch öffentliche Abgaben im Rahmen der Gesetze zu decken. Neue Aufgaben und Lasten können ihnen nur auf Grund Gesetzes zugewiesen werden.

II Der Staat überwacht die Erfüllung ihrer Pflichten und die Gesetzmäßigkeit ihrer Verwaltung.

III Der Staat schützt die Behörden der Gemeinden und Gemeindeverbände bei Durchführung ihrer Aufgaben.

IV Gegen Ueberschreitung der Grenzen, die den Aufsichtsbehörden durch das Gesetz gezogen sind, haben die Gemeinden und Gemeindeverbände Anspruch auf verwaltungsgerichtlichen Schutz.

V Das Vermögen der Gemeinden und Gemeindeverbände kann unter keinem Vorwande zum Staatsvermögen gezogen werden.

§ 23. I Das gesamte Vermögen der öffentlichen Stiftungen und die stiftungsmäßige Verwendung seiner Erträgnisse unterstehen dem besonderen Schutze des Staates. Stiftungsvermögen darf unter keinem Vorwande dem Staatsvermögen einverleibt werden. Verwaltung und Ausrichtung der öffentlichen Stiftungen werden staatlich beaufsichtigt.

II Ein besonderes Gesetz über das Stiftungswesen bleibt vorbehalten.

22. Volksschullehrergesetz vom 14. August 1919 (GVBl. S. 437).

(Abgeändert oder gestrichen wurden bis jetzt:

1. Durch das Gesetz vom 24. März 1920 über die Aenderung des Volksschullehrergesetzes und des Schulbedarfgesetzes vom 14. August 1919 (GVBl. 1920 S. 103):
die Artikel 159, 160, 180, 181 und 183.

2. Durch das Beamtenbesoldungsgesetz vom 2. Juni 1920, Art. 62 (GVBl. S. 275):
die Artikel 1, 2, 5, 6, 22 mit 30, 33, 34, 44, 52, 58, 65, 72, 89, 106, 108, 109, 123, 133, 134, 136, 139, 144 und 145.

3. Durch das Gesetz vom 10. August 1921 zur Abänderung des Ausführungsgesetzes zur Reichsversicherungsordnung vom 2. November 1912 (GVBl. S. 1135 ff.) — GVBl. 1921 S. 397: der Art. 184.

4. Durch das Gesetz vom 23. März 1921 über die Versorgungsbezüge der Staatsbeamten und ihrer Hinterbliebenen (Pensionsergänzungsgesetz = PEG.) Art. 25 (GVBl. S. 117):
die Art. 79, 87, 89 und 90.

5. Durch das Gesetz vom 16. Dezember 1921 zur Aenderung des Beamtenbesoldungsgesetzes, Art. 3 (GVBl. 1923 S. 1):
die Art. 72 und 79.

6. Durch das Schulaufsichtsgesetz vom 1. August 1922, § 34 (GVBl. S. 385):
der Art. 100.

7. Durch das Gesetz vom 9. Januar 1923 zur siebenten Abänderung des Beamtenbesoldungsgesetzes, Art. 3 (GVBl. S. 7):
die Art. 44, 53, 69, 72, 79, 87 und 89.

8. Mit Bek. vom 24. März 1923 über die Fassung des Beamtenbesoldungsgesetzes (GVBl. S. 109) wurde das Beamtenbesoldungsgesetz vom 2. Juni 1920 in der vom 1. Oktober 1922 ab gültigen Fassung BBesG. n. F.) bekanntgegeben.
In Art. 62 sind die Aenderungen des Volksschullehrergesetzes vom 14. August 1919 zusammengefaßt.

9. Durch das Gesetz vom 1. August 1923 zur Aenderung von Vorschriften über das Volksschulwesen, Art. 1 (GVBl. S. 337):
die Artikel 1, 21, 28, 33, 62, 84, 109, 135 mit 139, 144, 146, 147, 148, 149, 151 mit 156, 165, 171 und 182.

10. Durch das Gesetz vom 29. August 1923 zur achten Abänderung des Beamtenbesoldungsgesetzes, Art. 3 (GVBl. S. 309):
die Artikel 43, 45, 58, 69, 72, 79, 87 und 150.

11. Durch das Gesetz vom 29. Februar 1924 zur neunten Abänderung des Beamtenbesoldungsgesetzes und sonstiger Vorschriften des Beamten-, Besoldungs- und Versorgungsrechts, Art. 4 (GVBl. S. 117):
der Artikel 87.

12. Durch die Verordnung vom 29. März 1924 zur Aenderung beamtenrechtlicher Vorschriften, Art. 2 (GVBl. S. 128):
die Art. 6, 14, 38, 39, 42, 45, 55, 61 und 150.

13. Durch das Gesetz vom 19. Juli 1926 über die Zahlung des Diensteinkommens und der Versorgungsbezüge, Art. 4 (GVBl. S. 381):
der Artikel 53.

14. Durch das Gesetz vom 10. Juli 1927 über die Aenderung beamtenrechtlicher Vorschriften, Art. 2 (GVBl. S. 227):
die Artikel 5, 6, 36, 39, 45, 48, 50, 54, 55, 56, 61, 77, 79 und 150.
15. Durch § 3 der V. vom 13. September 1928 zum Vollzuge des Art. 57 des BBesG. (GVBl. S. 405):
der Artikel 72 Abs. II.)

Der Landtag des Freistaates Bayern hat folgendes Gesetz beschlossen:

Abschnitt I.

Dienstverhältnis der Volksschullehrer.

Art. 1 [1]). I Volksschullehrer im Sinne dieses Gesetzes sind die Personen, die von der zuständigen Behörde (Anstellungsbehörde) zur Erteilung des allgemeinen Volksschulunterrichts an einer öffentlichen Volksschule in ständiger oder unständiger Dienstes-eigenschaft hauptamtlich angestellt sind.

II Ständige Volksschullehrer sind die in den Formen des Art. 2 ernannten Volksschullehrer, die einer in der Besoldungsordnung für die bayerischen Staatsbeamten aufgeführten Gruppe angehören.

III Die Volksschullehrer sind Beamte des Staates.

Art. 2 [2]). I Die Ernennung zum ständigen Volksschullehrer wird durch die Aushändigung der Ernennungsurkunde oder durch die amtliche Ausschreibung vollzogen.

II In der Urkunde oder in der amtlichen Ausschreibung ist anzugeben, wann die Ernennung wirksam wird.

III Diese Vorschriften gelten entsprechend für die Versetzung, Wiederanstellung und Beförderung der ständigen Volksschullehrer.

Art. 3. Die erweiterte Mitwirkung der Erziehungsberechtigten an der Schulverwaltung wird im Schulgesetze geregelt.

Art. 4. I Das Dienstverhältnis des Volksschullehrers ist nach zehnjähriger Dienstzeit von der Ernennung zum ständigen Volksschullehrer an unwiderruflich.

II Aus besonderen Gründen kann das zuständige Staatsministerium das Dienstverhältnis eines ständigen Volksschullehrers schon vorher für unwiderruflich erklären.

Art. 5 [3]). I Dem widerruflichen Volksschullehrer kann jederzeit eine andere seiner Berufsausbildung entsprechende Lehrstelle übertragen werden.

II Das Dienstverhältnis des widerruflichen Volksschullehrers kann von der Anstellungsbehörde jederzeit gelöst werden.

III Mit der Lösung des Dienstverhältnisses verliert der Volksschullehrer den Anspruch auf das Diensteinkommen und auf die Standesbezeichnung sowie die Aussicht auf Ruhestands- und Hinterbliebenenversorgung.

IV Wird das Dienstverhältnis des widerruflichen Volksschullehrers gelöst, ohne daß ihm eine Verletzung seiner Pflichten zur Last fällt, so wird ihm das Diensteinkommen noch für die Dauer der Dienstleistung weiter gewährt, mindestens aber für drei Monate von der Mitteilung der Entschließung an, die das Dienstverhältnis löst.

---

[1]) Fass. n. G. vom 1. August 1923 Art. 1 Ziff. I (GVBl. S. 337) mit BBesG. vom 2. Juni 1920 (GVBl. S. 275).
[2]) Abs. III n. BBesG. vom 2. Juni 1920 Art. 62 Nr. 3 (GVBl. S. 275).
[3]) Fass. n. G. vom 10. Juli 1927 Art. 2 Ziff. I (GVBl. S. 227).

Art. 6 [4]. I Dem unwiderruflichen Volksschullehrer kann ohne sein Ansuchen, abgesehen von dem Falle der Strafversetzung, eine andere Lehrstelle nur übertragen werden, wenn sie ihm in ständiger Weise übertragen wird, seiner Berufsausbildung entspricht und damit eine Schmälerung seines Grundgehaltes nicht verknüpft ist.

II Der unwiderrufliche Volksschullehrer kann ohne seine Zustimmung nur im Amtsstrafverfahren aus dem öffentlichen Volksschuldienst entlassen werden.

III Das Dienstverhältnis erlischt mit den in Art. 7 Abs. IV ausgesprochenen Folgen beim Eintritt in den unmittelbaren oder mittelbaren Dienst eines anderen Landes oder einer anderen Regierung, soferne nicht das zuständige Staatsministerium die Genehmigung hierzu erteilt.

Art. 7. I Der Volksschullehrer kann jederzeit ohne Angabe eines Grundes die Entlassung aus dem öffentlichen Volksschuldienste verlangen.

II Sie kann ihm nur verweigert werden, solange dies wegen der weiteren Wahrnehmung seiner Dienstgeschäfte notwendig ist oder solange er sich aus eigenem Verschulden mit der Erledigung von Dienstgeschäften im Rückstande befindet. Der Volksschullehrer kann jedoch aus diesen Gründen nicht länger als drei Monate im Dienste zurückgehalten werden.

III Die Entlassung wird von der Anstellungsbehörde bewilligt.

IV Der Volksschullehrer verliert mit der Entlassung den Anspruch auf das Diensteinkommen und auf die Standesbezeichnung sowie den Anspruch oder die Aussicht auf Ruhestands- und Hinterbliebenenversorgung. Die Anstellungsbehörde kann ihm die Weiterführung der Standesbezeichnung widerruflich gestatten.

Abschnitt II.

Pflichten der Volksschullehrer.

Art. 8. Der Volksschullehrer hat alle Obliegenheiten seines Amtes nach den Gesetzen, Verordnungen und Dienstvorschriften gewissenhaft wahrzunehmen und sich durch sein Verhalten in und außer dem Amte der Achtung, die sein Beruf erfordert, würdig zu erweisen.

Art. 9. Der Volksschullehrer hat den dienstlichen Anordnungen seiner Vorgesetzten Folge zu leisten. Soweit er im Vollzug einer dienstlichen Anordnung handelt, trifft die dienstliche Verantwortung den Vorgesetzten, der die Anordnung erlassen hat.

Art. 10. I Verletzt ein Volksschullehrer vorsätzlich oder fahrlässig seine Amtspflicht, so haftet er für den Schaden, der dem Staate daraus entsteht.

II Die §§ 827, 830, 840, Abs. I, 852 Abs. II und 853 des BGB. gelten entsprechend.

III Der Anspruch des Staates auf Schadenersatz verjährt in drei Jahren von dem Zeitpunkte an, in dem eine zur Erhebung des Anspruchs zuständige Behörde von dem Schaden und der Person des ersatzpflichtigen Volksschullehrers Kenntnis erhalten hat, spätestens aber in dreißig Jahren von der Begehung der Handlung an. Wenn der Staat einem Dritten für den durch die Amtspflichtverletzung verursachten Schaden Ersatz leisten

[4]) Fass. n. G. vom 10. Juli 1927 Art. 2 Ziff. II (GVBl. S. 227) mit V. vom 29. März 1924 Art. 2 (GVBl. S. 128).

muß, beginnt die dreijährige Verjährungsfrist mit dem Zeitpunkt, in dem die Ersatzpflicht des Staates gegenüber dem Beschädigten anerkannt oder rechtskräftig festgestellt ist.

Art. 11. Der Volksschullehrer hat über die ihm vermöge seines Amtes bekannt gewordenen Angelegenheiten, die ihrer Natur nach oder zufolge dienstlicher Anordnung geheim zu halten sind, Verschwiegenheit zu beobachten. Dies gilt auch nach der Lösung des Dienstverhältnisses.

Art. 12. Beabsichtigt der Volksschullehrer zu heiraten, so hat er dies rechtzeitig der vorgesetzten Dienstbehörde anzuzeigen.

Art. 13. I Der Volksschullehrer darf ein Nebenamt oder ein Nebengeschäft nur übernehmen, soweit dies mit der gewissenhaften Erfüllung seiner Pflichten und mit der Achtung, die sein Beruf erfordert, vereinbar ist.

II Uebernimmt der Volksschullehrer

1. ein nicht entlohntes Nebenamt in einem anderen Zweige des staatlichen Dienstes, im Dienste des Reiches oder eines anderen Staates,
2. eine ehrenamtliche Stellung in der Verwaltung einer Gemeinde, Anstalt, Stiftung, Kasse, Religions- oder Kirchengesellschaft, Erwerbsgesellschaft oder Genossenschaft oder
3. das Amt eines Schiedsrichters, Testamentsvollstreckers, Vormunds, Pflegers, Beistands oder eine andere Verwaltung fremder Angelegenheiten,

so hat er dies der zuständigen Dienstbehörde anzuzeigen.

III Die Erlaubnis der Anstellungsbehörde oder der von ihr ermächtigten Behörde ist erforderlich:

1. zum Betriebe eines Gewerbes im Sinne der Reichsgewerbeordnung, und zwar auch dann, wenn es von der Ehefrau oder von einer anderen dem Hausstande des Volksschullehrers angehörenden Person betrieben wird,
2. zur Uebernahme eines Nebenamtes oder Nebengeschäftes, mit dem eine Entlohnung verbunden ist,
3. zur Beteiligung an der Errichtung einer auf Gewinn gerichteten Gesellschaft als Gründer oder zum Eintritt in den Vorstand, Aufsichtsrat oder Verwaltungsrat einer solchen Gesellschaft. Als eine auf Gewinn gerichtete Gesellschaft gilt eine Genossenschaft nicht, deren Tätigkeit auf den Kreis ihrer Mitglieder beschränkt ist.

IV Die Erlaubnis der Anstellungsbehörde kann jederzeit zurückgenommen werden. In den Fällen des Abs. III Nr. 3 darf die Erlaubnis nur erteilt werden, wenn mit der Tätigkeit weder unmittelbar noch mittelbar ein Gewinn oder eine Entlohnung verbunden ist.

Art. 14 [5]). Der Volksschullehrer ist zur Uebernahme von Nebenämtern oder Nebengeschäften im öffentlichen Dienst auch ohne besondere Vergütung verpflichtet, wenn sie seiner Berufsausbildung entsprechen.

Art. 15. I Der weltliche Kirchendienst kann vom Volksschullehrer nur im Nebenamte versehen werden.

II Die Uebernahme des Mesnerdienstes ist dem Volksschullehrer untersagt.

Art. 16. Der Volksschullehrer darf Titel, Ehrenzeichen, Gehälter, Belohnungen und Geschenke von auswärtigen Regierungen oder Regenten

---

[5]) Nach d. V. vom 29. März 1924 Art. 2 Nr. 1 Ziff. II (GVBl. S. 128).

nur mit Erlaubnis des zuständigen Staatsministeriums, sonstige Belohnungen oder Geschenke, die ihm mit Bezug auf sein Amt zugedacht sind, nur mit Erlaubnis der Anstellungsbehörde annehmen.

Art. 17. I Der Volksschullehrer hat seinen Wohnsitz so zu nehmen, daß dadurch die Erfüllung seiner dienstlichen Obliegenheiten nicht beeinträchtigt ist.

II Ob der Wohnsitz diesen Anforderungen entspricht, entscheidet im Zweifel die zuständige Dienstbehörde.

Art. 18. I Die Vorschriften über den Urlaub und die Sonntagsruhe der Volksschullehrer erläßt das zuständige Staatsministerium.

II Der Feriengenuß ersetzt den regelmäßigen Urlaub.

III Wenn ein Volksschullehrer ohne Urlaub schuldhaft vom Amte fernbleibt oder den Urlaub ohne ausreichenden Grund überschreitet, wird, abgesehen vom dienststrafrechtlichen Einschreiten für die Zeit des unerlaubten Fernbleibens, sein Diensteinkommen eingezogen. Gegen die Verfügung kann der Volksschullehrer binnen vierzehn Tagen nach der Eröffnung Beschwerde zum zuständigen Staatsministerium erheben.

Art. 19. I Der Volksschullehrer wird vor dem Dienstantritt auf die getreue Erfüllung seiner Obliegenheiten eidlich verpflichtet.

II Der Eid verpflichtet auch für alle Aemter, die dem Volksschullehrer später im öffentlichen Volksschuldienst übertragen werden.

III Ist die eidliche Verpflichtung unterblieben, so hat dies auf die Gültigkeit der Amtshandlungen und auf die Verantwortlichkeit für Pflichtverletzungen keinen Einfluß.

Art. 20. Die Vorschriften des Art. 8 über das Verhalten außer dem Amte und die Vorschriften des Art. 11 und 16 gelten auch für die Volksschullehrer im Ruhestande. Für Volksschullehrer im zeitlichen Ruhestande gilt außerdem auch Art. 12.

Art. 21 [6]. I Die Art. 8 bis 12, 13 Abs. I und 16 bis 19 gelten entsprechend auch für die Schulamtsbewerber und für Personen, die mit der Erteilung des Unterrichts an öffentlichen Volksschulen dauernd oder vorübergehend betraut sind, ohne selbst Volksschullehrer im Sinne dieses Gesetzes zu sein.

II Ist der Volksschulunterricht einer geistlichen Gesellschaft oder einem religiösen Verein übertragen, so haftet die Gesellschaft oder der Verein dem Staate für den Schaden, den ihm ein Mitglied durch vorsätzliche oder fahrlässige Verletzung der Amtspflicht verursacht.

Abschnitt III.

Diensteinkommen der Volksschullehrer.

Art. 22 [7]. Das Einkommen aus dem weltlichen Kirchendienst und aus anderen Nebenämtern oder Nebengeschäften darf in das Diensteinkommen des Volksschullehrers nicht eingerechnet werden.

Art. 23 mit **27** [8].

---

[6] Fass. nach Ges. vom 1. August 1923 Art. 1 Ziff. II (GVBl. S. 337).

[7] Fass. nach Art. 62 Nr. 1 des BBesG. vom 2. Juni 1920 (GVBl. S. 275).

[8] Aufgehoben durch Art. 62 Nr. 1 des BBesG. vom 2. Juni 1920 (GVBl. S. 275).

Art. 28 [9]). Hat sich die Ernennung zum ständigen Volksschullehrer dadurch verzögert, daß der Volksschullehrer seiner aktiven Militärpflicht genügt hat oder wegen zeitiger Untauglichkeit von der Ausübung zurückgestellt oder als überzählig vorerst nicht eingestellt wurde, oder wegen des Krieges, so kann ihm bei der Ernennung zum zuständigen Volksschullehrer die Zeit der Verzögerung für die Gewährung der Gehaltsvorrückungen angerechnet werden.

Art. 29 und **30** [8]).

Art. 31. Für die Zeit der Schulferien und für die Zeit der Abwesenheit, für die der Volksschullehrer keines Urlaubs bedarf oder für die der Urlaub nicht verweigert werden kann, tritt kein Abzug am Diensteinkommen ein. Wird in anderen Fällen ein besonderer Urlaub außerhalb der Schulferien erteilt, so entscheidet die Anstellungsbehörde, ob und wie weit das Diensteinkommen einzuziehen ist.

II Im Falle der Erkrankung wird das Diensteinkommen, solange sich der Volksschullehrer im Dienste befindet, bis zur Dauer von sechsundzwanzig Wochen unverkürzt weitergewährt. Dauert die Dienstbehinderung infolge der Krankheit ununterbrochen länger als sechsundzwanzig Wochen, so bedarf die Weitergewährung des vollen Diensteinkommens der Genehmigung des zuständigen Staatsministeriums oder der von ihm ermächtigten Behörde.

Art. 32. Die Anstellungsbehörde weist dem Volksschullehrer das Diensteinkommen zu. Sie entscheidet über die Gewährung der Gehaltsvorrückungen und verfügt die Einziehung und Wiedergewährung des Diensteinkommens.

Art. 33 [10]).

Art. 34 [11]). Außer den gesetzlichen Leistungen dürfen dem Volksschullehrer sonstige Geldbezüge, Reichnisse und Nutzungen mit Bezug auf seine hauptamtliche Dienstleistung nicht gewährt werden.

Art. 35. Die beteiligten Staatsministerien erlassen die Vorschriften über die Entschädigungen für den Dienstaufwand der Volksschullehrer.

Art. 36 [12]). I Der unwiderrufliche Volksschullehrer hat bei der Uebertragung einer anderen Lehrstelle nach Art. 6 Abs. I Anspruch auf Erstattung von Umzugskosten.

II Den gleichen Anspruch hat der widerrufliche Volksschullehrer, dem ohne sein Ansuchen eine andere Lehrstelle übertragen wird, wenn er die Aenderung seiner dienstlichen Stellung nicht durch sein Verhalten verschuldet hat.

III Die beteiligten Staatsministerien erlassen die näheren Vorschriften über die Erstattung von Umzugskosten.

Art. 37. Die Gehalte der Volksschullehrer werden jeweils mit den Gehalten der Staatsbeamten entsprechend neu geregelt.

---

[9]) Fass. nach Ges. vom 1. August 1923 Art. 1 Ziff. III (GVBl. S. 337) mit BBesG. vom 2. Juni 1920 Art. 62 Nr. 1 (GVBl. S. 275).

[10]) Abs. I aufgehoben durch BBesG. vom 2. Juni 1920 Art. 62 Nr. 1 (GVBl. S. 275), Abs. II durch Ges. vom 1. August 1923 Art. 1 Ziff. IV (GVBl. S. 337).

[11]) Fass. nach BBesG. vom 2. Juni 1920 Art. 62 Nr. 1 (GVBl. S. 275).

[12]) Fass. nach Ges. vom 10. Juli 1927 Art. 2 Ziff. III (GVBl. S. 227).

Abschnitt IV.

Versetzung der ständigen Volksschullehrer in den Ruhestand.

Art. 38 [13]).* I Der unwiderrufliche Volksschullehrer tritt mit dem Ablauf des Monats in den dauernden Ruhestand, der auf den Monat folgt, in dem er das fünfundsechzigste Lebensjahr vollendet hat. Wenn dringende dienstliche Rücksichten das Verbleiben des Volksschullehrers im Amte fordert, so kann das zuständige Staatsministerium im Einverständnisse mit dem Staatsministerium der Finanzen die Versetzung in den Ruhestand hinausschieben.

II Der unwiderrufliche Volksschullehrer kann die Versetzung in den Ruhestand beanspruchen, wenn er infolge eines körperlichen Gebrechens oder wegen Schwäche seiner körperlichen und geistigen Kräfte zur Erfüllung seiner Amtspflichten unfähig ist.

Art. 39 [14])*). Der unwiderrufliche Volksschullehrer kann ohne sein Ansuchen in den Ruhestand versetzt werden,

1. wenn er infolge eines körperlichen Gebrechens oder wegen Schwäche seiner körperlichen oder geistigen Kräfte zur Erfüllung seiner Amtspflichten unfähig ist,
2. wenn durch sein Verschulden Umstände vorliegen, durch die seine amtliche Wirksamkeit auch auf einer anderen Lehrstelle nicht bloß vorüber-

---

[13]) Nach der V. vom 29. März 1924 Art. 2 Nr. 1 Ziff. III (GVBl. S. 128).

[14]) Fass. nach Ges. vom 10. Juli 1927 Art. 2 Ziff. IV (GVBl. S. 227) mit V. vom 29. März 1924 Art. 2 Nr. 1 Ziff. IV (GVBl. S. 128).

*) Im Frühjahr 1930 ist dem Landtage folgender Gesetzentwurf zugegangen:

„Das Volksschullehrergesetz wird wie folgt geändert:

a) Art. 38 erhält folgende Fassung:

Der unwiderrufliche Volksschullehrer tritt mit dem Ablauf des Monats in den dauernden Ruhestand, der auf den Monat folgt, in dem er das achtundsechzigste Lebensjahr vollendet hat.

b) Nach Art. 38 wird folgende Vorschrift eingeschaltet:

Art. 38 a.

Der unwiderrufliche Volksschullehrer kann die Versetzung in den Ruhestand beanspruchen, wenn er

1. das fünfundsechzigste Lebensjahr vollendet hat oder
2. infolge eines körperlichen Gebrechens oder Schwäche seiner körperlichen oder geistigen Kräfte zur Erfüllung seiner Amtspflichten unfähig ist.

c) Art. 39: Der unwiderrufliche Volksschullehrer kann ohne sein Ansuchen in den Ruhestand versetzt werden,

1. wenn er das fünfundsechzigste Lebensjahr vollendet hat ...

d) Das Gesetz ist bringend; es tritt mit Wirkung vom 1. Oktober 1930 an in Kraft."

Der Entwurf ist bis jetzt nicht Gesetz geworden. Das Schicksal der Gesetzesvorlage ist von der allgemeinen Regelung der Verhältnisse der Beamten im Reiche und in den Ländern abhängig. Die Regelung war als Sparmaßnahme beabsichtigt, ist aber durch die Reichstagsauflösung unterbrochen worden.

gehend gestört wäre, ein Amtsstrafverfahren aber wegen Verjährung ausgeschlossen ist.

Art. 40. Wird ein Volksschullehrer infolge eines körperlichen Gebrechens oder wegen Schwäche seiner körperlichen oder geistigen Kräfte zur Erfüllung seiner Amtspflichten unfähig, ist aber der Wiedereintritt der Dienstfähigkeit nicht ausgeschlossen, so wird er zunächst nur auf die voraussichtliche Dauer der Dienstunfähigkeit in den Ruhestand versetzt.

Art. 41. Die beteiligten Staatsministerien erlassen die näheren Vorschriften über den Nachweis der Dienstunfähigkeit.

Art. 42[15]). I Wenn ein Volksschullehrer, bei dem die Versetzung in den Ruhestand nach Art. 39 für begründet erachtet wird, nicht selbst darum nachsucht, wird ihm oder seinem gesetzlichen Vertreter unter Angabe der Gründe schriftlich eröffnet, daß seine Versetzung in den Ruhestand beabsichtigt sei.

II Ist eine Verständigung mit dem Volksschullehrer nicht möglich und ein gesetzlicher Vertreter nicht vorhanden, so hat ihm die zuständige Dienstbehörde einen Vertreter zu bestellen und die Eröffnung nach Abs. I an diesen zu richten.

III Erhebt der Volksschullehrer binnen zwei Wochen nach der Eröffnung keine Einwendungen, so wird in derselben Weise verfügt, wie wenn er um seine Versetzung in den Ruhestand selbst nachgesucht hätte.

IV Erhebt der Volksschullehrer innerhalb der Frist Einwendungen gegen die Versetzung in den Ruhestand, so entscheidet die Anstellungsbehörde, ob das Verfahren fortzusetzen ist. Verfügt sie die Fortsetzung des Verfahrens, so wird ein Beamter beauftragt, die bestrittenen Tatsachen zu untersuchen. Hierbei können Zeugen und Sachverständige eidlich vernommen werden. Der Volksschullehrer, der in den Ruhestand versetzt werden soll, darf den Vernehmungen beiwohnen. Er darf mit einem Beistand erscheinen oder einen Vertreter schicken. Zum Ergebnisse der Ermittlungen kann er Erklärungen abgeben und Anträge stellen. Auch hierzu darf er mit einem Beistand erscheinen. Ungeeignete Vertreter oder Beistände können zurückgewiesen werden.

V Erhebt der gesetzliche oder bestellte Vertreter binnen zwei Wochen nach der Eröffnung Einwendungen gegen die Versetzung in den Ruhestand, so gilt Abs. IV entsprechend. Erhebt er innerhalb der Frist keine Einwendungen, so kann nach Abs. III verfügt werden. Die Anstellungsbehörde kann aber in diesem Falle auch eine weitere Untersuchung nach Abs. IV anordnen.

VI Nach dem Abschlusse der Verhandlungen entscheidet die Anstellungsbehörde über die Versetzung in den Ruhestand.

VII Die baren Auslagen, die durch unbegründete Einwendungen des Volksschullehrers oder seines Vertreters entstanden sind, fallen dem Volksschullehrer zur Last, wenn ihm oder dem Vertreter bekannt oder infolge grober Fahrlässigkeit unbekannt war, daß die Einwendungen unbegründet sind.

Art. 43[16]). I Der unwiderrufliche Volksschullehrer hat im Falle der Versetzung in den Ruhestand Anspruch auf Ruhegehalt.

II Der Ruhegehalt beträgt für die ersten zehn Dienstjahre fünfunddreißig vom Hundert des versorgungsfähigen Diensteinkommens. Er steigt

---

15) Nach V. vom 29. März 1924 Art. 2 Nr. 1 Ziff. V (GVBl. S. 128).

16) Nach Ges. vom 29. August 1923 Art. 3 Ziff. I (GVBl. S. 309).

mit dem Antritt jedes weiteren Dienstjahres bis zum Eintritt in das fünfundzwanzigste Dienstjahr jährlich um zwei vom Hundert und vom Eintritt in das sechsundzwanzigste Dienstjahr an um eins vom Hundert des versorgungsfähigen Diensteinkommens.

III Der Ruhegehalt darf achtzig vom Hundert des versorgungsfähigen Diensteinkommens nicht übersteigen.

Art. 44 [17]. Zum versorgungsfähigen Diensteinkommen gehören der Grundgehalt und der versorgungsfähige Satz des Ortszuschlags [18].

Art. 45 [19].

Art. 46. Für die Berechnung des Ruhegehalts wird die Dienstzeit vom Tage der ersten eidlichen Verpflichtung als Volksschullehrer, wenn jedoch die Eigenschaft als Volksschullehrer früher gegeben war, von diesem Zeitpunkt an gerechnet.

Art. 47. Bei der Feststellung der Dienstzeit für die Berechnung des Ruhegehalts wird auch die Zeit gerechnet, die der Volksschullehrer mit der Ableistung des Vorbereitungsdienstes als Schulamtsbewerber zugebracht hat.

Art. 48 [20]. I Angerechnet wird ferner die Zeit des aktiven Militärdienstes im deutschen Heere, in der deutschen Marine oder bei den deutschen Schutztruppen sowie die Zeit eines früheren aktiven Militärdienstes in einem deutschen Bundesstaate.

II Für jeden Krieg, an dem ein Volksschullehrer im deutschen Heere, in der deutschen Marine oder bei den deutschen Schutztruppen oder in der bewaffneten Macht eines Bundesstaates teilgenommen hat, wird zur wirklichen Dauer der Dienstzeit ein Jahr (Kriegsjahr) hinzugerechnet. Für mehrere in ein Kalenderjahr fallende Kriege kann nur ein Kriegsjahr angerechnet werden.

III Wer als Teilnehmer an einem Kriege anzusehen ist, unter welchen Voraussetzungen bei Kriegen von längerer Dauer mehrere Kriegsjahre anzurechnen sind, welche militärischen Unternehmungen als ein Krieg im Sinne dieser Vorschriften anzusehen sind und welche Zeit als Kriegszeit zu rechnen ist, wenn keine Mobilmachung oder Demobilmachung stattgefunden hat, ist nach den für die staatlichen Beamten geltenden Grundsätzen zu bestimmen.

IV Wie weit die Zeit einer während des aktiven Militärdienstes erlittenen Freiheitsstrafe oder einer Kriegsgefangenschaft angerechnet werden kann, ist nach den Vorschriften über die Versorgung der Militärpersonen zu bestimmen.

V Art. 56a des Beamtengesetzes gilt entsprechend.

Art. 49. I Bei der Feststellung der Dienstzeit für die Berechnung des Ruhegehalts kann ganz oder teilweise auch die Zeit gerechnet werden, während der der Volksschullehrer

1. in einem anderen Zweige des staatlichen Dienstes,
2. im Dienste des Reichs,
3. im Dienste eines anderen Bundesstaates oder eines außerdeutschen Staates oder
4. im sonstigen öffentlichen Dienste verwendet oder

---

17) Nach Ges. vom 9. Januar 1923 Art. 3 Ziff. I (GVBl. S. 7).

18) Nunmehr „des Wohnungsgeldzuschusses“ (s. Art. 1 BBesG. vom 20. April 1928 (GVBl. S. 205).

19) Aufgehoben durch Ges. vom 10. Juli 1927 Art. 2 Ziff. V (GVBl. S. 227).

20) Nach Ges. vom 10. Juli 1927 Art. 2 Ziff. VI (GVBl. S. 227).

5. außerhalb des öffentlichen Dienstes tätig war, soferne diese Tätigkeit für die berufliche Ausbildung förderlich war.

II Die Anrechnung kann dem Volksschullehrer bei der Ernennung ganz oder zum Teile zugesichert werden.

Art. 50 [21]). I Wird ein Volksschullehrer, dessen Dienstverhältnis nach Art. 5 Abs. II oder Art. 7 gelöst war, wieder als ständiger Volksschullehrer angestellt, so kann ihm bei der Feststellung der Dienstzeit für die Berechnung des Ruhegehalts die vor der Lösung des Dienstverhältnisses zurückgelegte Dienstzeit ganz oder teilweise angerechnet werden, soferne das Dienstverhältnis nicht wegen einer Pflichtverletzung gelöst worden war. Im Falle des Art. 7 kann dem Volksschullehrer die Anrechnung bei der Bewilligung der Entlassung zugesichert werden.

II Art. 57 Abs. 3 des Beamtengesetzes gilt entsprechend.

Art. 51. I Die Zeit vor der Vollendung des einundzwanzigsten Lebensjahres kann bei der Feststellung der Dienstzeit für die Berechnung des Ruhegehalts nicht angerechnet werden.

II Im Kriegsfalle wird jedoch die Militärdienstzeit vom Beginne des Krieges, beim Eintritt in den Militärdienst während des Krieges vom Tage des Eintritts an nach der Vorschrift des Art. 48 ohne Rücksicht auf das Lebensalter angerechnet.

Art. 52 [22]). I Der Anspruch auf den Ruhegehalt beginnt mit dem Zeitpunkt, in dem die Versetzung in den Ruhestand wirksam wird. Endigt die Dienstleistung in einem späteren Zeitpunkte, so beginnt der Anspruch mit diesem Zeitpunkte.

II Wenn der Zeitpunkt, in dem die Versetzung in den Ruhestand wirksam wird oder die Dienstleistung endigt, nicht auf den Ersten eines Monats fällt, so wird der Ruhegehalt vom Ersten des nächsten Monats an gezahlt. Bis dahin wird dem Volksschullehrer noch das Diensteinkommen gewährt, auch wenn er bereits seiner Dienstleistung enthoben ist.

III Hat der Volksschullehrer das bare Diensteinkommen über diesen Zeitpunkt hinaus bezogen, so hat er den zuviel erhaltenen Betrag zurückzuerstatten oder sich auf den Ruhegehalt anrechnen zu lassen.

Art. 53 [23]). I Der Ruhegehalt wird monatlich vorausbezahlt.

II Das Staatsministerium der Finanzen kann die mehrmonatliche Vorauszahlung im Rahmen der jeweils für die Reichsbeamten geltenden Regelung verfügen.

Art. 54 [24]). I Der Volksschullehrer, der infolge eines körperlichen Gebrechens oder wegen Schwäche seiner körperlichen oder geistigen Kräfte zeitlich oder dauernd in den Ruhestand versetzt worden ist, kann unter den gleichen Voraussetzungen, unter denen nach Art. 6 Abs. I einem unwiderruflichen Volksschullehrer eine andere Lehrstelle übertragen werden kann, wieder angestellt werden, wenn er wieder dienstfähig geworden ist und das fünfundsechzigste Lebensjahr noch nicht überschritten hat. Art. 36 Abs. I gilt entsprechend.

II) Wenn ein nach Art. 40 in den Ruhestand versetzter Volksschullehrer wieder dienstfähig geworden ist, aber nicht sofort auf einer geeigneten Dienstesstelle wieder angestellt werden kann, wird er unter Fort-

---

21) Nach Ges. vom 10. Juli 1927 Art. 2 Ziff. VII (GVBl. S. 227).

22) Fass. nach BBesG. vom 2. Juni 1920 Art. 62 Nr. 1 (GVBl. S. 275).

23) Nach Ges. vom 19. Juli 1926 Art. 4 (GVBl. S. 381).

24) Nach Ges. vom 10. Juli 1927 Art. 2 Ziff. VIII (GVBl. S. 227).

gewährung des Ruhegehalts solange im Ruhestand belassen, bis die Wiederanstellung möglich ist.

Art. 55 [25]).

Art. 56 [26]). Der Anspruch auf den Ruhegehalt erlischt,

1. wenn der Volksschullehrer nach Art. 54 Abs. I im staatlichen Dienst wieder angestellt wird,
2. wenn er rechtskräftig zu einer Strafe verurteilt ist, die kraft des Gesetzes den Verlust des Amtes zur Folge hätte, wenn er beim Eintritt der Rechtskraft noch im Dienste wäre,
3. wenn ihm der Anspruch auf den Ruhegehalt im Amtsstrafverfahren rechtskräftig aberkannt wird,
4. mit dem Ablauf des Monats, in dem er stirbt.

Art. 57. Der Anspruch auf den Ruhegehalt ruht, solange der Volksschullehrer der deutschen Reichsangehörigkeit verlustig ist.

Art. 58 [27]). I Solange der in den Ruhestand versetzte Volksschullehrer aus einer Verwendung im Staats- oder in einem sonstigen öffentlichen Dienste ein Diensteinkommen bezieht, wird der Ruhegehalt so weit gekürzt, als dieses zusammen mit dem Ruhegehalt das von dem Volksschullehrer im Zeitpunkte des Ausscheidens aus dem Dienste bezogene Diensteinkommen übersteigt.

II Hat der in den Ruhestand versetzte Volksschullehrer aus einer anderweitigen Verwendung im Sinne des Abs. I einen Anspruch auf einen Versorgungsbezug, so wird der Ruhegehalt so weit gekürzt, als er zusammen mit dem Versorgungsbezuge den Betrag übersteigt, der sich ergibt, wenn der Ruhegehalt nach der gesamten Dienstzeit unter Hinzurechnung der Zeit der anderweitigen Verwendung berechnet wird.

III Die Kürzung des Ruhegehalts nach Abs. II wird auch dann vorgenommen, wenn der Volksschullehrer nach der Versetzung in den Ruhestand Anspruch auf einen Versorgungsbezug aus einer anderweitigen Verwendung im Sinne des Abs. I erwirbt. Dies gilt nicht, wenn der neue Versorgungsbezug nach Art. 59 des Beamtengesetzes oder einer gleichbedeutenden Vorschrift in der Satzung einer Gemeinde oder einer anderen öffentlichen Körperschaft gekürzt wird.

IV Im übrigen gilt Art. 44 Ziff. 3 Abs. II, III des Beamtengesetzes entsprechend.

Art. 59. I Wenn die Voraussetzungen für die Einbeziehung oder Kürzung des Ruhegehalts am ersten Tag eines Monats eintreten, wird der Ruhegehalt, abgesehen von dem Falle des Art. 56 Nr. 4, vom Anfange dieses Monats an eingezogen oder gekürzt. Wenn die Voraussetzungen im Laufe des Monats eintreten, wird der Ruhegehalt vom Anfange des nächsten Monats an eingezogen oder gekürzt.

II Der Ruhegehalt wird vom Anfange des Monats an wieder gewährt, in dem die Voraussetzungen hierfür eingetreten sind.

III Hat der Volksschullehrer den Ruhegehalt über den im Abs. 1 bezeichneten Zeitpunkt hinaus bezogen, so hat er den zuviel erhaltenen Betrag zurückzuerstatten oder sich auf andere Bezüge anrechnen zu lassen.

---

[25]) Aufgehoben durch Art. 2 Ziff. IX des Ges. vom 10. Juli 1927 (GVBl. S. 227).

[26]) Nach Ges. vom 10. Juli 1927 Art. 2 Ziff. X (GVBl. S. 227).

[27]) Fass. nach Ges. vom 29. August 1923 Art. 3 Ziff. III (GVBl. S. 309) mit Art. 62 Nr. 1 und 6 des BBesG. vom 2. Juni 1920 (GVBl. S. 275).

Art. 60. Der Jahresbetrag des Ruhegehalts wird, wenn nötig, auf den nächsten durch drei teilbaren Markbetrag aufgerundet.

Art. 61 [28]). Der widerrufliche ständige Volksschullehrer kann wegen Dienstunfähigkeit in den Ruhestand versetzt werden. In diesem Falle kann ihm ein Ruhegehalt bis zu dem Betrage, der sich nach den vorstehenden Vorschriften ergibt, widerruflich bewilligt werden.

Art. 62 [29]). I Außer den gesetzlichen Versorgungsansprüchen dürfen dem Volksschullehrer mit Bezug auf seine hauptamtliche Dienstleistung Ansprüche auf sonstige Ruhegehalte oder Ruhegehaltszulagen, Wartegelder oder ähnliche Versorgungsbezüge nicht gewährt werden. Die Einräumung von Versorgungsansprüchen aus Nebenbezügen bedarf der Genehmigung des zuständigen Staatsministeriums.

Art. 63. I Die Anstellungsbehörde verfügt die Versetzung in den Ruhestand.

II Sie setzt den Ruhegehalt fest und verfügt die Einziehung, Kürzung und Wiedergewährung des Ruhegehalts.

Art. 64. I Der in den Ruhestand versetzte Volksschullehrer ist befugt, die bisherige Standesbezeichnung mit dem Beisatz „außer Dienst“ weiterzuführen.

II Diese Befugnis kann dem widerruflichen Volksschullehrer jederzeit entzogen werden. Dem unwiderruflichen Volksschullehrer kann sie nur im Amtsstrafverfahren entzogen werden.

III Die Befugnis des Volksschullehrers zur Führung eines anderen ihm verliehenen Titels bleibt unberührt.

Abschnitt V.
Fürsorge für die Hinterbliebenen der ständigen Volksschullehrer.
A. Sterbegehalt.

Art. 65 [30]). I Stirbt der zuständige Volksschullehrer im Dienste, so erhalten die Witwe und die ehelichen oder legitimierten Kinder für das auf den Sterbemonat folgende Vierteljahr noch das volle Diensteinkommen des Volksschullehrers als Sterbegeld. Der schon zu Lebzeiten des Volksschullehrers erhobene Barbetrag wird abgezogen.

II Stirbt der Volksschullehrer im Ruhestande, so erhalten die Witwe und die ehelichen oder legitimierten Kinder für das auf den Sterbemonat folgende Vierteljahr noch den vollen Ruhegehalt des Volksschullehrers als Sterbegehalt. Abs. 1 Satz 2 gilt entsprechend.

Art. 66. I Wenn der Volksschullehrer weder eine Witwe noch eheliche oder legitimierte Kinder hinterlassen hat, kann der Sterbegehalt nach Art. 65 ganz oder teilweise auch bedürftigen Eltern, Großeltern, Geschwistern, Geschwisterkindern, Enkeln, Stief- oder Pflegekindern oder an Kindes Statt angenommenen Kindern gewährt werden, die der Verstorbene ganz oder überwiegend unterhalten hat.

II Der Sterbegehalt kann, wenn weder eine Witwe noch eheliche oder legitimierte Kinder vorhanden sind, ganz oder teilweise auch dann gewährt werden, wenn der Nachlaß nicht ausreicht, um die Kosten der letzten Krankheit und der Beerdigung zu decken.

---

28) Nach Ges. vom 10. Juli 1927 Art. 2 Ziff. XI (GVBl. S. 227).

29) Fass. nach Ges. vom 1. August 1923 Art. 1 Ziff. IV (GVBl. S. 337).

30) Fass. nach Art. 62 Nr. 1 des BBesG. vom 2. Juni 1920 (GVBl. S. 275).

Art. 67. Die Anstellungsbehörde setzt den Sterbegehalt fest. An wen der Sterbegehalt rechtswirksam zu zahlen und wie er unter mehrere Beteiligte zu verteilen ist, wird durch nähere Vorschriften des zuständigen Staatsministeriums bestimmt. Der Sterbegehalt kann weder abgetretem noch verpfändet werden.

B. Witwen- und Waisengeld.

Art. 68. Die Witwe und die ehelichen oder legitimierten Kinder des unwiderruflichen Volksschullehrers, der zur Zeit seines Todes einen Ruhegehalt bezog oder dazu berechtigt gewesen wäre, haben Anspruch auf Witwen- und Waisengeld.

Art. 69 [31]). I Das Witwengeld beträgt jährlich sechzig vom Hundert des Ruhegehalts, zu dessen Bezug der verstorbene Volksschullehrer berechtigt gewesen ist oder berechtigt gewesen wäre, wenn er am Todestag in den Ruhestand versetzt worden wäre. Der Berechnung des Witwengeldes darf jedoch in keinem Falle ein höherer Betrag als achtzig vom Hundert des versorgungsfähigen Diensteinkommens des Volksschullehrers zugrunde gelegt werden.

Art. 70. Das Waisengeld beträgt jährlich:

1. für jedes Kind, dessen Mutter noch lebt und zur Zeit des Todes des Volksschullehrer zum Bezuge von Witwengeld berechtigt war, ein Fünftel des Witwengeldes;
2. für jedes Kind, dessen Mutter nicht mehr lebt oder zur Zeit des Todes des Volksschullehrers zum Bezug von Witwengeld nicht berechtigt war, ein Drittel des Witwengeldes.

Art. 71. I Witwen- und Waisengeld dürfen zusammen den Betrag des Ruhegehalts nicht übersteigen, zu dessen Bezug der verstorbene Volksschullehrer berechtigt gewesen ist oder berechtigt gewesen wäre, wenn er am Todestag in den Ruhestand versetzt worden wäre. Art. 69 Satz 2 gilt entsprechend.

II Ergibt sich an Witwen- und Waisengeld zusammen ein höherer Betrag, so werden die einzelnen Beträge im gleichen Verhältnisse gekürzt.

III Nach dem Ausscheiden eines Berechtigten erhöht sich das Witwen- oder Waisengeld der verbleibenden Berechtigten vom Beginne des folgenden Monats an bis zu dem vollen Betrage, der ihnen nach den Art. 69, 70 und 71 Abs. I gebührt. Das gleiche gilt im Falle des Art. 78, solange ein Berechtigter vorübergehend ausscheidet.

Art. 72 [32]). I War die Witwe um mehr als fünfzehn Jahre jünger als der verstorbene Volksschullehrer, so wird das nach Art. 69 und 71 Abs. I und II berechnete Witwengeld für jedes angefangene Jahr des Altersunterschiedes von mehr als fünfzehn bis zu fünfundzwanzig Jahren einschließlich um ein Zwanzigstel gekürzt. Bruchteile von Jahren werden für volle Jahre gerechnet. Nach fünfjähriger Dauer der Ehe wird für jedes angefangene Jahr ihrer weiteren Dauer dem verkürzten Betrag ein Zehntel des nach Art. 69 und 71 Abs. I und II berechneten Witwengeldes solange hinzugesetzt, bis der volle Betrag wieder erreicht ist.

---

[31]) Fass. nach Ges. vom 29. August 1923 Art. 3 Ziff. IV (GVBl. S. 309) mit Ges. vom 9. Januar 1923 Art. 3 Ziff. III (GVBl. S. 7).

[32]) Fass. nach § 3 der V. vom 13. September 1928 (GVBl. S. 405) mit Ges. vom 29. August 1923 Art. 3 Ziff. V (GVBl. S. 309).

II Die Kürzung unterbleibt, soweit dadurch das Witwengeld unter ein Drittel des niedrigsten versorgungsfähigen Diensteinkommens der Besoldungsgruppe A 12 (Anlage zum Besoldungsgesetze) herabsinken würde.

III Auf die Berechnung des Waisengeldes nach Art. 70 ist diese Kürzung des Witwengeldes ohne Einfluß.

Art. 73. Liegen die Voraussetzungen einer Kürzung sowohl nach Art. 71 als auch nach Art. 72 vor, so wird zunächst das Witwen- und Waisengeld nach Art. 71 und erst dann das Witwengeld nach Art. 72 gekürzt, sodann aber der nach Art. 72 am Witwengeld gekürzte Betrag dem nach Art. 71 gekürzten Waisengelde hinzugesetzt, bis sein voller Betrag wieder erreicht ist.

Art. 74. Die Witwe und die Waisen eines Volksschullehrers aus einer Ehe, die erst nach der Versetzung des Volksschullehrers in den dauernden Ruhestand geschlossen worden ist, haben keinen Anspruch auf Witwen- und Waisengeld.

Art. 75. I Der Anspruch auf Witwen- und Waisengeld beginnt mit dem Ablaufe der Zeit, für die der Sterbegehalt gewährt wurde, für Waisen, die erst nach dem Ablaufe dieser Zeit geboren wurden, mit dem Beginne des Monats der Geburt.

II Ist ein Volksschullehrer verschollen, so kann die Anstellungsbehörde seinen Hinterbliebenen das Witwen- und Waisengeld, das ihnen im Falle seines Todes auf Grund dieses Gesetzes zustehen würde, bereits vor der Todeserklärung widerruflich gewähren, wenn mit hoher Wahrscheinlichkeit anzunehmen ist, daß der verschollene Volksschullehrer gestorben ist. Die Anstellungsbehörde bestimmt den Tag, an dem die Zahlung des Witwen- und Waisengeldes in diesem Falle beginnt.

Art. 76. Das Witwen- und Waisengeld wird monatlich vorausbezahlt.

Art. 77 [33]). I Der Anspruch auf Witwen- und Waisengeld erlischt:

1. für jeden Berechtigten mit dem Ablaufe des Monats, in dem er sich verheiratet oder stirbt, außerdem
2. für jede Waise mit dem Ablaufe des Monats, in dem sie das einundzwanzigste Lebensjahr vollendet.

Art. 78. Der Anspruch auf Witwen- und Waisengeld ruht, solange der Berechtigte der deutschen Reichsangehörigkeit verlustig ist.

Art. 79 [34]). I Wenn einem Berechtigten aus einer anderweitigen Verwendung des verstorbenen Volksschullehrers im Sinne des Art. 58 Abs. I ein Versorgungsbezug zusteht, wird das Witwen- und Waisengeld so weit gekürzt, als es zusammen mit dem Versorgungsbezuge den Betrag übersteigt, der sich für den Berechtigten nach den Vorschriften des Gesetzes ergibt, wenn der Ruhegehalt des verstorbenen Volksschullehrers nach der gesamten Dienstzeit unter Hinzurechnung der Zeit der anderweitigen Verwendung berechnet wird. Art. 44 Ziff. 3 Abs. 3 des Beamtengesetzes gilt entsprechend.

---

[33]) Fass. nach Art. 2 Ziff. XII des Ges. vom 10. Juli 1927 (GVBl. S. 227).

[34]) Fass. nach Art. 2 Ziff. XIII des Ges. vom 10. Juli 1927 (GVBl. S. 227) mit PEG. vom 23. März 1921 Art. 25 (GVBl. S. 117), Ges. vom 16. Dezember 1921 Art. 3 (GVBl. 1923 S. 1), Ges. vom 9. Januar 1923 Art. 3 (GVBl. S. 7) und Art. 3 Ziff. VI des Ges. vom 29. August 1923 (GVBl. S. 309).

II Wenn ein Berechtigter im Staats- oder in einem sonstigen öffentlichen Dienste verwendet ist, wird

a) das Witwengeld, soweit es unter Hinzurechnung des Diensteinkommens das Diensteinkommen übersteigt, das der Verstorbene im Zeitpunkte des Ausscheidens aus dem Dienste bezogen hat,

b) das Waisengeld, soweit es unter Hinzurechnung des Diensteinkommens die Hälfte des Diensteinkommens (a) übersteigt,

gekürzt. Erdient die Witwe aus einer solchen Verwendung eine Versorgung (Wartegeld, Ruhegehalt oder einen ähnlichen Bezug), so wird das nach diesem Gesetze berechnete Witwengeld so weit gekürzt, als diese unter Hinzurechnung des Witwengeldes neunzig vom Hundert des Diensteinkommens (Satz 1 Buchst. a) übersteigt.

Art. 44 Ziff. 3 Abs. 2, 3 des Beamtengesetzes gilt entsprechend.

Art. 80. Für die Einziehung, Kürzung und Wiedergewährung des Witwen- und Waisengeldes gilt Art. 59 entsprechend.

Art. 81. Der Jahresbetrag des Witwen- und Waisengeldes wird, wenn nötig, auf den nächsten durch drei teilbaren Markbetrag aufgerundet. Wenn das Witwen- und Waisengeld nach Art. 71 oder 72 oder nach beiden Vorschriften zu kürzen ist, wird erst nach der Kürzung aufgerundet.

Art. 82. I Die Witwe und die ehelichen oder legitimierten Kinder des widerruflichen ständigen Volksschullehrers erhalten Witwen- und Waisengeld nach den Vorschriften der Art. 69 bis 81, wenn der verstorbene Volksschullehrer im Zeitpunkte seines Todes auf Grund des Art. 61 einen Ruhegehalt bezogen hat oder wenn ihm nach Art. 61 ein Ruhegehalt hätte gewährt werden können, falls er im Zeitpunkte seines Todes in den Ruhestand versetzt worden wäre.

II Das Witwen- und Waisengeld wird nach dem vollen Betrage des Ruhegehalts bemessen, der sich für den verstorbenen Volksschullehrer nach den Vorschriften der Art. 43, 44, 46 bis 51 ergeben hätte, auch wenn dem verstorbenen Volksschullehrer selbst auf Grund des Art. 61 ein geringerer Ruhegehalt angewiesen war.

Art. 83. Unter den Voraussetzungen der Art. 68 und 82 kann die Anstellungsbehörde mit Genehmigung des zuständigen Staatsministeriums erwerbsunfähigen ledigen Waisen eines ständigen Volksschullehrers, die das einundzwanzigste Lebensjahr vollendet haben und der Unterstützung bedürfen, fortlaufende Unterhaltsbeiträge bis zur Höhe des Waisengeldes gewähren, das sich nach den Vorschriften dieses Gesetzes berechnet.

Art. 84 [29]). I Außer den gesetzlichen Versorgungsansprüchen dürfen den Hinterbliebenen des Volksschullehrers Ansprüche auf sonstige Versorgungsbezüge mit Bezug auf die hauptamtliche Dienstleistung des Volksschullehrers nicht gewährt werden.

Art. 85. Die Anstellungsbehörde setzt das Witwen- und Waisengeld fest und bestimmt, an wen es zu zahlen ist. Sie verfügt die Einziehung, Kürzung und Wiedergewährung.

Abschnitt VI.

Unfallfürsorge.

Art. 86. I Der Volksschullehrer, der durch einen in Ausübung des Dienstes erlittenen Unfall (Dienstunfall) dauernd dienstunfähig geworden ist, erhält als Ruhegehalt zwei Drittel seines jährlichen Diensteinkommens (Art. 89).

II Ist er infolge des Dienstunfalls nicht dauernd dienstunfähig, aber in seiner Erwerbsfähigkeit beeinträchtigt, so erhält er bei der Entlassung aus dem Dienste als Ruhegehalt:
1. solange er völlig erwerbsunfähig ist, den im Abs. I bezeichneten Betrag,
2. solange er teilweise erwerbsunfähig ist, den der Einbuße an Erwerbsfähigkeit entsprechenden Teil dieses Betrags.

III Solange er infolge des Dienstunfalls nicht nur völlig dienst- oder erwerbsunfähig, sondern auch so hilflos ist, daß er nicht ohne fremde Wartung und Pflege bestehen kann, ist der Ruhegehalt bis zum vollen Betrage des Diensteinkommens zu erhöhen.

IV Solange er infolge des Dienstunfalls tatsächlich und unverschuldet erwerbslos ist, kann der Ruhegehalt im Falle des Abs. II Nr. 2 vorübergehend bis zum vollen Betrage nach Abs. I erhöht werden.

V Wenn dem Verletzten nach den Vorschriften der Abschnitte IV oder XVI ein höherer Versorgungsbezug zusteht, erhält er diesen.

VI Dem Verletzten werden außerdem die Kosten der Krankenbehandlung nach § 558 Nr. 1 der Reichsversicherungsordnung ersetzt.

Art. 87[35]. I Ist der Volksschullehrer infolge eines Dienstunfalls gestorben, so erhalten die im Abs. III bezeichneten Hinterbliebenen Sterbegehalt und Hinterbliebenenrente.

II Als Sterbegehalt wird, wenn nicht Art. 65 zutrifft, ein Monatsbetrag des Diensteinkommens (Art. 89) oder des Ruhegehalts des verstorbenen Volksschullehrers gewährt. Die Vorschriften der Art. 65 Abs. I Satz 2 und 67 gelten entsprechend.

III Die Hinterbliebenenrente beträgt jährlich:
1. für die Witwe und für jedes Kind ein Fünftel des monatlichen Diensteinkommens des Verstorbenen, jedoch für die Witwe nicht unter 216 Reichsmark und nicht mehr als 2160 Reichsmark und für jedes Kind nicht unter 126 Reichsmark und nicht mehr als 540 Reichsmark;
2. für bedürftige Verwandte der aufsteigenden Linie, die der verstorbene Volksschullehrer ganz oder überwiegend unterhalten hat, insgesamt ein Fünftel des jährlichen Diensteinkommens, jedoch nicht unter 126 Reichsmark und nicht mehr als 540 Reichsmark; sind mehrere Berechtigte dieser Art vorhanden, so wird die Rente den Eltern vor den Großeltern gewährt;
3. für bedürftige elternlose Enkel, die der verstorbene Volksschullehrer ganz oder überwiegend unterhalten hat, insgesamt ein Fünftel des monatlichen Diensteinkommens, jedoch nicht unter 126 Reichsmark und nicht mehr als 540 Reichsmark.

IV Die Renten dürfen insgesamt drei Fünftel des Diensteinkommens nicht übersteigen. Ergibt sich ein höherer Betrag, so haben die Verwandten der aufsteigenden Linie nur soweit einen Anspruch, als die Renten der Witwe und der Kinder den Höchstbetrag nicht erreichen, die Enkel nur soweit, als die Renten der Witwe, der Kinder und der Verwandten der aufsteigenden Linie den Höchstbetrag nicht erreichen. Soweit die Renten der Witwe und der Kinder den zulässigen Höchstbetrag überschreiten,

---

[35]) Fass. nach Ges. vom 29. Februar 1924 Art. 4 (GVBl. S. 117) mit PEG. vom 23. März 1921 Art. 25 (GVBl. S. 117), Ges. vom 9. Januar 1923 Art. 3 Ziff. VI (GVBl. S. 7) und Ges. vom 29. August 1923 Art. 3 Ziff. VII (GVBl. S. 309); wegen Umstellung auf Reichsmark s. V. vom 25. November 1925 (GVBl. S. 265).

werden die einzelnen Renten im gleichen Verhältnis gekürzt. Beim Ausscheiden eines Berechtigten erhöht sich die Rente der übrigen vom nächstfolgenden Monat an bis zum vollen Betrage, der ihnen nach den vorstehenden Vorschriften gebührt.

V Wenn der Witwe oder den Kindern nach den Vorschriften der Abschnitte V oder XVI höhere Versorgungsbezüge zustehen, erhalten sie diese.

VI Die Witwe hat keinen Anspruch, wenn die Ehe erst nach dem Dienstunfalle geschlossen worden ist. Bei besonderen Verhältnissen kann jedoch auch in diesem Falle eine Rente gewährt werden.

Art. 88. Als Dienstunfall gilt auch ein Unfall bei Ausübung eines Dienstes, den der Volksschullehrer neben der hauptberuflichen Beschäftigung auf Grund der Vorschriften dieses Gesetzes oder auf Anordnung eines Vorgesetzten zu verrichten hat.

Art. 89 [36]. I Als Diensteinkommen nach den Vorschriften dieses Abschnittes gilt beim ständigen Volksschullehrer das gesamte dienstliche Einkommen, das er zuletzt bezogen hat.

II Bei unständigen Volksschullehrern wird das geringste Diensteinkommen eines ständigen Volksschullehrers der Berechnung zugrunde gelegt, soweit nicht die Art. 90 oder 98 Nr. 1 zutreffen.

III Bei der Feststellung des Diensteinkommens werden wiederkehrende Nebenbezüge aus dem Hauptamt angerechnet. Der Ortszuschlag wird mit dem versorgungsfähigen Satze angerechnet.

Art. 90 [37]. Erreicht das jährliche Diensteinkommen nach Art. 89 nicht den dreihundertfachen Betrag des für den Beschäftigungsort festgelegten Ortslohnes Erwachsener nach den §§ 149 bis 152 der Reichsversicherungsordnung, so wird dieser Betrag zugrunde gelegt. Die Bestimmungen der Reichsversicherungsordnung, wonach bei Bemessung der Unfallrente der Jahresarbeitsverdienst nur zu einem Teil angerechnet wird, finden entsprechende Bedeutung.

Art. 91. Ist das für die Berechnung der Hinterbliebenenrente maßgebende Diensteinkommen infolge eines Unfalls, den der verstorbene Volksschullehrer früher erlitten und für den er nach den reichsgesetzlichen Vorschriften über Unfallversicherung oder nach den Vorschriften über Unfallfürsorge eine Entschädigung bezogen hatte, geringer als das Diensteinkommen oder Arbeitsentgelt vor diesem Unfalle, so wird die Entschädigung, die der Volksschullehrer wegen des früheren Unfalls bei Lebzeiten bezogen hatte, bis zur Höhe des ihrer Berechnung zugrunde gelegten Diensteinkommens oder Jahresarbeitsverdienstes dem Diensteinkommen hinzugerechnet.

Art. 92. I Der Anspruch auf den Ruhegehalt nach Art. 86 beginnt mit dem Wegfalle des Diensteinkommens, der Anspruch auf Hinterbliebenenrente mit dem Ablaufe der Zeit, für die der Sterbegehalt nach Art. 65 oder nach Art. 87 bezogen worden ist.

II Der Anspruch auf den Ruhegehalt nach Art. 86 erlischt mit dem Ablaufe des Monats, in dem der Volksschullehrer stirbt oder die Voraussetzungen für die Bewilligungen des Ruhegehalts wegfallen.

---

[36] Fass. nach Ges. vom 9. Januar 1923 Art. 3 Ziff. VII (GVBl. S. 7) mit BBesG. vom 2. Juni 1920 Art. 62 (GVBl. S. 275) und PEG. vom 23. März 1921 Art. 25 (GVBl. S. 117).

[37] Nach Ges. vom 23. März 1921 Art. 25 Abs. I Ziff. 4 (GVBl. S. 117).

III Der Anspruch auf Hinterbliebenenrente erlischt:
1. für jeden Berechtigten mit dem Ablaufe des Monats, in dem er sich verheiratet oder stirbt, außerdem
2. für jedes Kind mit dem Ablaufe des Monats, in dem es das einundzwanzigste Lebensjahr vollendet,
3. für die Verwandten der aufsteigenden Linie und für die elternlosen Enkel mit dem Ablaufe des Monats, in dem die Bedürftigkeit wegfällt,
4. für die elternlosen Enkel mit dem Ablaufe des Monats, in dem sie das achtzehnte Lebensjahr vollenden.

IV Die Anstellungsbehörde kann der Witwe bei der Wiederverheiratung auf Ansuchen einen einmaligen Unterhaltsbeitrag bis zum fünffachen Jahresbetrage der Witwenrente nach Art. 87 Abs. III Nr. 1 gewähren.

Art. 93. I Ein Anspruch auf Unfallfürsorge besteht nicht, wenn der Volksschullehrer den Unfall vorsätzlich oder durch ein Verschulden herbeigeführt hat, wegen dessen auf Dienstentlassung oder auf den Verlust der Standesbezeichnung und des Ruhegehaltsanspruches erkannt oder dem Volksschullehrer die Fähigkeit zur Beschäftigung in einem öffentlichen Dienstzweig aberkannt worden ist. Auf Dienstentlassung und auf den Verlust der Standesbezeichnung und des Ruhegehaltsanspruches mit der Folge, daß der Anspruch auf Unfallfürsorge erlischt, kann auch gegen widerrufliche Volksschullehrer nur im Amtsstrafverfahren erkannt werden.

II Die Unfallfürsorge kann auch dann ganz oder teilweise versagt werden, wenn eine Entscheidung nach Abs. I nicht ergangen ist, weil das Verfahren wegen des Todes oder der Abwesenheit des Volksschullehrers oder aus einem anderen in seiner Person liegenden Grunde nicht durchgeführt werden kann.

Art. 94. I Der Anspruch auf Unfallfürsorge nach Art. 86 bis 88 muß, soweit er nicht von Amts wegen festgestellt wird, bei Vermeidung des Ausschlusses binnen zwei Jahren nach dem Unfalle bei der zuständigen Dienstbehörde angemeldet werden.

II Die Frist ist auch gewahrt, wenn der Anspruch rechtzeitig bei der für den Wohnort des Entschädigungsberechtigten zuständigen Gemeindebehörde angemeldet wird. Die Anmeldung ist in diesem Falle unverzüglich an die zuständige Dienstbehörde abzugeben; der Beteiligte ist zu benachrichtigen.

III Nach Ablauf der Frist kann der Anspruch noch geltend gemacht werden, wenn
1. eine neue Folge des Unfalls, die einen Entschädigungsanspruch begründet, erst später, oder eine innerhalb der Frist eingetretene Folge erst nach Ablauf der Frist in wesentlich höherem Maße, wenn auch in allmählicher gleichmäßiger Entwicklung des Leidens, bemerkbar geworden ist, oder wenn
2. der Berechtigte an der Anmeldung durch Verhältnisse verhindert worden ist, die außerhalb seines Willens liegen.

IV In den Fällen des Abs. III muß der Anspruch bei Vermeidung des Ausschlusses binnen drei Monaten angemeldet werden, nachdem die neue Unfallfolge oder die wesentliche Verschlimmerung bemerkbar geworden oder das Hindernis weggefallen ist.

V Jeder Unfall, der von Amts wegen oder durch die Anmeldung der Beteiligten einer vorgesetzten Dienstbehörde bekannt wird, ist sofort zu untersuchen. Den Beteiligten ist Gelegenheit zu geben, persönlich oder durch Vertreter ihre Rechte bei der Untersuchung zu wahren.

Art. 95. I Soweit in diesem Abschnitte nichts anderes bestimmt ist, gelten für die Versorgungsbezüge nach den Art. 86 und 87 die allgemeinen Vorschriften dieses Gesetzes über den Ruhegehalt der Volksschullehrer und die Versorgungsbezüge ihrer Hinterbliebenen. Für die Renten der Verwandten der aufsteigenden Linie und der Enkel gelten diese Vorschriften entsprechend.

II Die Versorgungsbezüge nach den Art. 86 und 87 treten an die Stelle der Versorgungsbezüge nach den Vorschriften der Abschnitte IV, V und XVI. Die Art. 86 Abs. V und Art. 87 Abs. V bleiben vorbehalten.

Art. 96. I Der Volksschullehrer und seine Hinterbliebenen (Art. 87) haben wegen eines Dienstunfalls keine weiteren Ansprüche gegen den bayerischen Staat, als dieses Gesetz bestimmt, auch wenn ihnen kein Anspruch auf Ruhegehalt oder Hinterbliebenenrente zusteht.

II Die Vorschriften des Reichshaftpflichtgesetzes vom 7. Juni 1871 bleiben vorbehalten.

Art. 97. Ansprüche auf Ersatz des Unfallschadens, die dem Volksschullehrer oder seinen Hinterbliebenen auf Grund gesetzlicher Vorschrift gegen Dritte zustehen, gehen bis zur Höhe der Leistungen, die ihnen nach diesem Gesetze zukommen, auf den Staat über.

Art. 98. Ist ein Volksschullehrer in einem Betriebe beschäftigt, der reichsgesetzlich der Unfallversicherung unterliegt, so gelten außer den Vorschriften dieses Abschnittes und des § 14 Satz 1 des Reichs-Unfallfürsorgegesetzes vom 18. Juni 1901 noch folgende besondere Vorschriften:

1. Wenn im Falle des Art. 90 der dreihundertfache Betrag des Ortslohnes Erwachsener geringer ist als der Jahresarbeitsverdienst, den während des letzten Jahres vor dem Unfalle Personen bezogen haben, die mit Arbeiten derselben Art in demselben Betrieb oder in benachbarten gleichartigen Betrieben beschäftigt waren, so wird dieser Jahresarbeitsverdienst zugrunde gelegt. Art. 90 Satz 2 gilt entsprechend.
2. Der Volksschullehrer und seine Hinterbliebenen (Art. 87) haben wegen eines im Dienste erlittenen Betriebsunfalls einen Anspruch auf Schadenersatz aus bayerischen Landesgesetzen gegen die im § 10 des Reichsunfallfürsorgegesetzes bezeichneten Personen nur nach den Vorschriften der §§ 10 und 11 dieses Reichsgesetzes, auch wenn ihnen kein Anspruch auf Ruhegehalt oder Hinterbliebenenrente zusteht.
3. Art. 96 Abs. II gilt nur soweit, als § 14 des Reichsunfallfürsorgegesetzes nicht entgegensteht.

Abschnitt VII.

Fürsorge für vormalige unwiderrufliche Volksschullehrer, ihre Familien und Hinterbliebenen.

Art. 99. I Das zuständige Staatsministerium kann vormaligen unwiderruflichen Volksschullehrern, die den Anspruch auf Ruhegehalt durch freiwilliges Ausscheiden aus dem Dienste oder infolge strafgerichtlichen Urteils verloren haben, sowie ihren Familien oder Hinterbliebenen bei nachgewiesener Bedürftigkeit widerrufliche Unterhaltsbeiträge gewähren.

II Der Unterhaltsbeitrag für den Volksschullehrer oder seine Familie soll in der Regel die Hälfte des Betrages nicht übersteigen, den der Volksschullehrer als Ruhegehalt erhalten würde, wenn er im Zeitpunkte des Ausscheidens aus dem Dienste in den Ruhestand versetzt worden wäre. Der Unterhaltsbeitrag für die Hinterbliebenen soll in der Regel die Hälfte der Beträge nicht übersteigen, die sie als Witwen- und Waisengeld erhalten würden, wenn der Volksschullehrer im Zeitpunkte des Ausscheidens aus dem Dienste gestorben wäre.

Abschnitt VIII.

Dienstaufsicht und Dienststrafrecht.

Art. 100 [38]).

Art. 101. I Das zuständige Staatsministerium erläßt die Vorschriften über die dienstliche Beurteilung der Volksschullehrer.

II Der Volksschullehrer kann verlangen, daß ihm die Einträge in seinem Beurteilungsbogen bekanntgegeben werden. Er kann gegen die Einträge Beschwerde zur nächsthöheren Dienstbehörde erheben.

Art. 102. Jeder Vorgesetzte kann dem Volksschullehrer mündlich oder schriftlich Ermahnungen oder Warnungen erteilen.

Art. 103. I Die zuständige Dienstbehörde kann einem Volksschullehrer für den Fall, daß er ein Amtsgeschäft nicht binnen bestimmter Frist erledigt, die Absendung eines Wartboten auf seine Kosten oder Zwangsstrafen androhen. Läßt er die Frist verstreichen, so kann die Androhung ohne weiteres verwirklicht werden.

II Die Zwangsstrafen dürfen für den gleichen Anlaß insgesamt fünfzig Reichsmark [39]) nicht übersteigen.

III Die zuständige Dienstbehörde kann einem säumigen Volksschullehrer auf seine Kosten zur Erledigung rückständiger Amtsgeschäfte eine Dienstaushilfe beigeben.

IV Das zuständige Staatsministerium erläßt die Vorschriften über die Zuständigkeit für die Maßnahmen nach Abs. I und III, über die Beitreibung der Kosten für Wartboten und Dienstaushilfen sowie über die Vollstreckung der Zwangsstrafen.

V Die Strafgelder werden nach näherer Anordnung des zuständigen Staatsministeriums den Wohlfahrtseinrichtungen für die Volksschullehrer oder ihre Hinterbliebenen überwiesen.

B. Dienststrafrecht für unwiderrufliche Volksschullehrer im Dienste.

1. Dienstvergehen und Dienststrafen.

Art. 104. Der Volksschullehrer, der seine Pflichten schuldhaft verletzt, macht sich eines Dienstvergehens schuldig.

Art. 105. Die Strafen für Dienstvergehen sind Ordnungsstrafen oder Amtsstrafen.

Art. 106 [40]). I Die Ordnungsstrafen sind:

1. Verweis,
2. Geldstrafe bis zum Monatsbetrage des Grundgehalts.

---

[38]) Aufgehoben durch § 34 d. SchAG. vom 1. August 1922 (GVBl. S. 385).

[39]) S. Ges. vom 29. Februar 1924 Art. 6 (GVBl. S. 117) und V. über die Durchführung des Reichsmünzgesetzes vom 25. November 1925 (GVBl. S. 265) § 1.

[40]) Fass. nach Art. 62 Nr. 9 d. BBesG. vom 2. Juni 1920 (GVBl. S. 275).

II Die Geldstrafe darf auch beim rechtlichen Zusammentreffen mehrerer Dienstvergehen den Höchstbetrag nicht überschreiten.

III Art. 103 Abs. V ist anzuwenden.

Art. 107. Die Amtsstrafen sind:

1. Aberkennung eines Gehaltsteiles,
2. Strafversetzung,
3. Dienstentlassung.

Art. 108[41]). I Die Aberkennung eines Gehaltsteiles besteht darin, daß der Grundgehalt und der Ortszuschlag samt den Teuerungszuschlägen hieraus dauernd oder auf bestimmte Zeit bis zu höchstens einem Fünftel eingezogen wird.

II Die aberkannten Gehaltsbeträge werden nach näherer Anordnung des zuständigen Staatsministeriums den Wohlfahrtseinrichtungen für die Volksschullehrer oder ihre Hinterbliebenen überwiesen.

Art. 109[42]). I Mit der Strafversetzung kann die Einreihung in eine niedrigere Besoldungsgruppe verbunden werden. Dabei darf sich der Grundgehalt nicht um mehr als ein Fünftel vermindern.

II Befindet sich der Volksschullehrer in einer Beförderungsstelle, so kann bei der Strafversetzung auch die Amtsbezeichnung der Beförderungsstelle aberkannt werden.

III Wird nicht nach Abs. I Satz 1 verfahren, so kann mit der Strafversetzung eine Geldstrafe verbunden werden, die den dritten Teil des zuletzt bezogenen jährlichen Grundgehalts nicht übersteigen darf.

IV Der Volksschullehrer hat bei der Strafversetzung keinen Anspruch auf Umzugskosten.

Art. 110. I Mit der Dienstentlassung verliert der Volksschullehrer den Anspruch auf das Diensteinkommen und auf die Standesbezeichnung sowie den Anspruch auf Ruhestands- und Hinterbliebenenversorgung.

II Ist das Dienstvergehen aus besonderen Gründen milder zu beurteilen, so kann dem Volksschullehrer im Urteile des Disziplinargerichts auf Lebenszeit oder auf bestimmte Zeit der Ruhegehalt ganz oder teilweise zugesprochen werden, der ihm gebühren würde, wenn er im Zeitpunkte der Dienstentlassung in den Ruhestand versetzt würde. Unter den gleichen Voraussetzungen kann im Urteile seinen Hinterbliebenen der Anspruch auf Versorgung beschränkt oder unbeschränkt vorbehalten werden.

III Liegen berücksichtigenswerte Verhältnisse vor, so kann das zuständige Staatsministerium dem Volksschullehrer oder seiner Familie ausnahmsweise sofort oder später einen widerruflichen Unterhaltsbeitrag gewähren oder den nach Abs. II Satz 1 zugesprochenen Ruhegehalt widerruflich erhöhen. Unter den gleichen Voraussetzungen kann das zuständige Staatsministerium den Hinterbliebenen des Volksschullehrers ausnahmsweise einen widerruflichen Unterhaltsbeitrag gewähren oder die nach Abs. II Satz 2 zugesprochenen Versorgungsbezüge erhöhen. Art. 99 Abs. II gilt entsprechend.

---

[41]) Fass. nach Art. 62 Nr. 10 d. BBesG. vom 2. Juni 1920 (GVBl. S. 275); s. nunmehr aber Art. 1 und 62 Abs. 2 d. BBesG. vom 20. April 1928 (GVBl. S. 205), wonach an die Stelle von „Grundgehalt", „Ortszuschlag" und „Teuerungszuschlägen" als Diensteinkommen „Grundgehalt und ein Wohnungsgeldzuschuß" getreten sind.

[42]) Fass. nach Art. 62 Nr. 11 des BBesG. vom 2. Juni 1920 (GVBl. S. 275) und Art. 1 Ziff. V des Ges. vom 1. August 1923 (GVBl. S. 337).

Art. 111. Für die Wahl der Strafe (Art. 105 bis 110) ist die Schwere des Dienstvergehens maßgebend. Dabei ist auf die gesamte Führung des Beschuldigten besondere Rücksicht zu nehmen.

Art. 112. I Hat der Volksschullehrer während eines früheren Dienstverhältnisses als öffentlicher Beamter ein Dienstvergehen begangen, so unterliegt er auch hierwegen den Vorschriften dieses Gesetzes.

II Eine Handlung, die der Volksschullehrer vor dem Eintritt in den öffentlichen Dienst zu einer Zeit begangen hat, in der er weder Volksschullehrer noch öffentlicher Beamter war, kann im Dienststrafverfahren nur verfolgt werden, wenn sie eine Amtsstrafe begründet.

Art. 113. I Die Verfolgung der Dienstvergehen verjährt in fünf Jahren.

II Verstößt die Tat auch gegen ein Strafgesetz, so verjährt die Verfolgung des Dienstvergehens nicht früher als die der Straftat.

III Jede Handlung des Strafrichters, des im Amtsstrafverfahren zuständigen Richters, des mit der Führung der Voruntersuchung beauftragten Beamten oder des von ihm ersuchten Gerichts oder Beamten, die wegen der Tat gegen den Täter gerichtet ist, unterbricht die Verjährung. Nach der Unterbrechung beginnt eine neue Verjährung.

Art. 114. Das Dienststrafverfahren wird eingestellt, wenn der Beschuldigte unter Verzicht auf das Diensteinkommen und die Standesbezeichnung sowie auf Ruhestands- und Hinterbliebenenversorgung um die Entlassung aus dem öffentlichen Volksschuldienste nachsucht, vorausgesetzt, daß er nicht mit Dienstgeschäften schuldhaft im Rückstand ist.

Art. 115. I Hat der Staatsanwalt in einem Strafverfahren die öffentliche Klage erhoben oder ist in einem militärgerichtlichen Verfahren die Anklage verfügt worden, so darf vor Beendigung dieses Verfahrens gegen den Beschuldigten wegen der nämlichen Tatsachen ein Dienststrafverfahren weder eingeleitet noch fortgesetzt werden.

II Ist wegen Abwesenheit des Beschuldigten die vorläufige Einstellung des Strafverfahrens beschlossen, so kann das Dienststrafverfahren von der Einstellung an eingeleitet und fortgesetzt werden.

Art. 116. I Ist der Volksschullehrer von den Strafgerichten freigesprochen, so ist wegen der Tatsachen, die im strafrechtlichen Verfahren abgeurteilt wurden, ein Dienststrafverfahren nur noch statthaft, wenn diese Tatsachen an sich und ohne Beziehung zum gesetzlichen Tatbestande der strafbaren Handlung, auf die sich das Strafverfahren erstreckte, ein Dienstvergehen enthalten.

II Die Freisprechung wegen Verjährung im strafrechtlichen Verfahren schließt die Einleitung oder Fortsetzung eines Dienststrafverfahrens nicht aus, solange nicht die Verfolgung des Dienstvergehens nach Art. 113 verjährt ist.

III Ist der Volksschullehrer von den Strafgerichten verurteilt worden, so kann von da an das Dienststrafverfahren eingeleitet oder fortgesetzt werden, wenn die Verurteilung nicht den Verlust des Amtes zur Folge hatte.

Art. 117. Vermerke über Dienststrafen sind nach einer angemessenen Bewährungsfrist zu löschen. Das zuständige Staatsministerium erläßt die näheren Vorschriften.

2. Ordnungsstrafverfahren.

Art. 118. I Ordnungsstrafen werden von den vorgesetzten Behörden und Beamten durch Zustellung einer schriftlichen Verfügung oder mündlich unter Aufnahme einer Verhandlungsschrift verhängt.

II Bevor über den Volksschullehrer eine Ordnungsstrafe verhängt wird, ist ihm Gelegenheit zu geben, sich über die Anschuldigung zu äußern, es sei denn, daß die Ordnungsstrafe schon für den Fall einer bestimmten Verfehlung angedroht war.

III Das zuständige Staatsministerium erläßt die Vorschriften über die Zuständigkeit für Ordnungsstrafen, über das Beschwerdeverfahren und über die Vollstreckung.

IV Uneinbringliche Geldstrafen können nicht in Freiheitsstrafen umgewandelt werden.

3. Amtsstrafverfahren.

Art. 119. I Amtsstrafen werden von den Disziplinargerichten nach den Art. 119, 120 und 124 des Beamtengesetzes verhängt.

II Die Art. 121 bis 123 und 125 bis 161 des Beamtengesetzes gelten entsprechend.

III Bei der Hauptverhandlung über Amtsstrafsachen gegen Volksschullehrer muß in den Disziplinargerichten ein Mitglied aus dem Volksschullehrerstande mitwirken.

Art. 120. Art. 119 gilt entsprechend, wenn über den Volksschullehrer wegen der Zugehörigkeit zu einem Vereine, die mit seiner dienstlichen Stellung nicht vereinbar ist, eine Ordnungsstrafe verhängt werden soll.

Art. 121. Die Anstellungsbehörde vollstreckt die rechtskräftigen Urteile der Disziplinargerichte. Das zuständige Staatsministerium erläßt die näheren Vorschriften über die Vollstreckung.

4. Kosten des Verfahrens.

Art. 122. I Für das Dienststrafverfahren werden nur bare Auslagen angerechnet.

II Wird der Beschuldigte verurteilt oder hat er ein Rechtsmittel ohne Erfolg eingelegt, so hat er die baren Auslagen für das Verfahren ganz oder teilweise zu erstatten.

III Der Beschuldigte trägt die Kosten des nach Art. 114 eingestellten Verfahrens. Hat der Verurteilte ein Rechtsmittel zurückgenommen, so trägt er die Kosten hierfür.

IV In allen übrigen Fällen trägt die Staatskasse die Kosten.

V Wird der Beschuldigte außer Verfolgung gesetzt oder freigesprochen oder wird das Verfahren nach Art. 151 des Beamtengesetzes eingestellt, so können die notwendigen Auslagen des Beschuldigten der Staatskasse auferlegt werden. Zu den notwendigen Auslagen gehören auch die Kosten der Verteidigung.

VI Ueber die Verpflichtung zur Tragung der Kosten ist gleichzeitig mit der Entscheidung in der Hauptsache zu erkennen.

C. Dienststrafrecht für andere Volksschullehrer.

Art. 123 [43]). I Für die widerruflichen Volksschullehrer im Dienste gelten abgesehen von Art. 93 Abs. I Satz 2 die Vorschriften über Ordnungsstrafen in den Art. 104 bis 106, 111 bis 118 und 122 entsprechend. Bei unständigen Volksschullehrern darf jedoch die Geldstrafe einhundert Reichsmark [39]) nicht überschreiten.

---

[43]) Fass. nach Art. 62 Nr. 12 des BBesG. vom 2. Juni 1920 (GVBl. S. 275).

II Als Ordnungsstrafe kann auch die Aberkennung eines Gehaltsteiles nach Art. 108 verhängt werden.

III Wird der widerrufliche Volksschullehrer strafweise versetzt, so kann die Anstellungsbehörde nach Art. 109 Abs. III verfahren.

Art. 124. I Für die im Art. 21 bezeichneten Personen gelten die Vorschriften über Ordnungsstrafen in den Art. 104 bis 106, 111 bis 118, 122 und 123 Abs. I Satz 2 entsprechend.

II Ueber Mitglieder geistlicher Gesellschaften oder religiöser Vereine können Geldstrafen nicht verhängt werden.

Art. 125. Für die Volksschullehrer im Ruhestande, die unwiderruflich waren, gelten die Art. 104 bis 122 entsprechend, jedoch mit folgenden Einschränkungen:

1. Ordnungsstrafen können nur wegen Verletzung der Pflicht zur Amtsverschwiegenheit verhängt werden. Geldstrafe ist bis zum Monatsbetrage des Ruhegehalts zulässig.
2. Ein Amtsstrafverfahren kann nur eingeleitet werden, wenn der Volksschullehrer im Dienste oder im Ruhestande seine Pflichten durch eine Handlung verletzt hat, die seine Dienstentlassung begründen würde, wenn er noch im Dienste stünde. An Stelle der Dienstentlassung ist auf Verlust der Standesbezeichnung und des Anspruchs auf Ruhestands- und Hinterbliebenenversorgung zu erkennen. Die Vorschriften des Art. 110 Abs. II und III gelten entsprechend.

Art. 126. Für die Volksschullehrer im Ruhestande, die widerruflich waren, gelten abgesehen von Art. 93 Abs. I Satz 2 die Vorschriften über Ordnungsstrafen in den Art. 104 bis 106, 111 bis 118, 122 und 125 Nr. 1 entsprechend.

Art. 127. I Der Volksschullehrer, dessen Dienstverhältnis auf Ansuchen oder ohne Ansuchen gelöst wurde, kann wegen Verletzung der Pflicht zur Amtsverschwiegenheit auch nach der Lösung des Dienstverhältnisses im Amtsstrafverfahren zu einer Geldstrafe bis zu 600 Reichsmark [39]) verurteilt werden, wenn nicht eine andere Strafe verwirkt ist. Die Art. 103 Abs. V, 106 Abs. II und 118 Abs. IV sind anzuwenden.

II Das gleiche gilt für die im Art. 21 Abs. I bezeichneten Personen.

Art. 128. In einem Amtsstrafverfahren nach den Art. 125 bis 127 entscheidet im ersten Rechtszuge die Disziplinarkammer, in deren Bezirk der Beschuldigte seinen letzten Dienstsitz hatte.

Abschnitt IX.

Vorläufige Dienstenthebung.

Art. 129. Die Anstellungsbehörde kann den unwiderruflichen Volksschullehrer jederzeit unter Wahrung seiner Rechte als Volksschullehrer vorläufig vom Dienste entheben.

Art. 130. Der Volksschullehrer ist kraft Gesetzes vorläufig vom Dienste enthoben:

1. wenn ein richterlicher Haftbefehl gegen ihn ergangen ist,
2. wenn gegen ihn wegen eines Verbrechens oder wegen eines Vergehens, das den Verlust des Amtes zur Folge haben kann, das Hauptverfahren eröffnet oder im militärgerichtlichen Verfahren die Anklage verfügt ist,
3. wenn er im Amtsstrafverfahren zur Dienstentlassung verurteilt, das Urteil aber noch nicht rechtskräftig ist,
4. wenn eine Gefängnisstrafe an ihm vollstreckt wird.

Art. 131. I Die Anstellungsbehörde kann den Volksschullehrer vorläufig vom Dienste entheben, solange gegen ihn ein strafgerichtliches Verfahren eingeleitet ist oder eine andere Freiheitsstrafe als eine Gefängnisstrafe an ihm vollstreckt wird. Das gleiche gilt, solange gegen den unwiderruflichen Volksschullehrer ein Amtsstrafverfahren eingeleitet oder gegen den widerruflichen Volksschullehrer eine Untersuchung wegen eines Dienstvergehens anhängig ist, das zur Versetzung oder Entlassung führen kann.

II Der Volksschullehrer kann gegen die Verfügung Beschwerde zum zuständigen Staatsministerium erheben.

Art. 132. I Die vorläufige Dienstenthebung endigt:

1. in den Fällen des Art. 130 Nr. 1 und 4 mit dem Ablaufe des zehnten Tages nach Beendigung der Freiheitsentziehung, im Falle des Art. 130 Nr. 1 jedoch mit der Aufhebung des Haftbefehls, wenn dieser nicht vollzogen worden ist;

2. im Falle des Art. 130 Nr. 2 mit dem Eintritte der Rechtskraft eines Urteils, das den Verlust des Amtes nicht zur Folge hat, jedoch erst mit dem Ablaufe des zehnten Tages nach der Verbüßung der Strafe, wenn das Urteil auf Freiheitsstrafe lautet;

3. im Falle des Art. 130 Nr. 3 mit dem Eintritt der Rechtskraft eines Urteils, das nicht auf Dienstentlassung lautet.

II Im Falle des Art. 130 Nr. 2 kann die Anstellungsbehörde den Volksschullehrer noch vor dem Erlasse des Urteils wieder in den Dienst einsetzen, wenn er wegen eines Vergehens angeklagt ist, das nach dem Ermessen der Anstellungsbehörde milder beurteilt werden kann. Die Verfügung ist widerruflich.

Art. 133[44]. I Während der vorläufigen Dienstenthebung nach Art. 130 oder 131 wird dem Volksschullehrer vom Ablaufe des Monats an, in dem er vom Dienste enthoben wird, der dritte Teil des Grundgehalts und des Ortszuschlags samt den Teuerungszuschlägen hieraus einbehalten.

II Ist das Diensteinkommen vorausbezahlt, so wird der zuviel gezahlte Betrag bei der nächsten Zahlung abgezogen.

III Ist der Volksschullehrer oder seine Familie in Not, so kann die Anstellungsbehörde einen geringeren als den in Abs. I bezeichneten Betrag einbehalten.

IV Solange die Vollstreckung einer Freiheitsstrafe ohne die Schuld des Verurteilten verzögert oder unterbrochen ist, wird das Diensteinkommen nicht gekürzt. Es wird auch während der zehn Tage nach Art. 132 Abs. I Nr. 1 und 2 nicht gekürzt, wenn nicht die Anstellungsbehörde vor dem Ablaufe dieser Zeit die vorläufige Dienstenthebung nach Art. 131 verfügt.

Art. 134[45]. I Von dem einbehaltenen Teile des Diensteinkommens werden gedeckt:

1. die Kosten des Amtsstrafverfahrens, soweit sie den Volksschullehrer treffen, sodann
2. die Stellvertretungskosten, wenn das Verfahren zur Strafversetzung oder zum Verluste des Amtes führt, dann soweit sie wegen der Vollstreckung einer Freiheitsstrafe (Art. 130 Nr. 4, 131, 132 Abs. I Nr. 1 und 2) entstanden sind.

---

[44]) Fass. nach Art. 62 Nr. 13 des BBesG. vom 2. Juni 1920 (GVBl. S. 275).

[45]) Fass. nach Art. 62 Nr. 14 des BBesG. vom 2. Juni 1920 (GVBl. S. 275).

II Stellvertretungskosten, die von dem einbehaltenen Teile des Diensteinkommens nicht gedeckt werden können, fallen dem Volksschullehrer nicht zur Last.

III Der nicht verbrauchte Teil des Diensteinkommens wird nach näherer Anordnung des zuständigen Staatsministeriums den Wohlfahrtseinrichtungen für die Volksschullehrer oder ihre Hinterbliebenen überwiesen, wenn das Verfahren zum Verluste des Amtes führt oder der Volksschullehrer nach Art. 114 aus dem öffentlichen Volksschuldienst entlassen wird. Sonst wird er dem Volksschullehrer nachgezahlt.

Abschnitt X.

Verfolgung vermögensrechtlicher Ansprüche der Volksschullehrer und ihrer Hinterbliebenen.

Art. 135[46]. Für die Verfolgung vermögensrechtlicher Ansprüche der Volksschullehrer und ihrer Hinterbliebenen gelten die Art. 176 mit 178 des Beamtengesetzes vom 16. August 1908 mit den späteren Aenderungen entsprechend.

Art. 136—139[47].

Abschnitt XI.

Feststellungen von Haftungen der Volksschullehrer.

Art. 140. I Hat ein Volksschullehrer durch vorsätzliche oder fahrlässige Verletzung seiner Amtspflicht dem Staate einen Schaden zugefügt, so kann die Anstellungsbehörde beschließen, daß der Volksschullehrer für den Schaden haftbar ist und in welcher Höhe er dem Staate Ersatz zu leisten hat.

II Der Beschluß wird mit Gründen versehen und dem Volksschullehrer unter Belehrung über sein Beschwerderecht eröffnet. Auf Verlangen erhält er eine Abschrift.

III Gegen den Beschluß kann der Volksschullehrer binnen vierzehn Tagen nach der Eröffnung Beschwerde zum zuständigen Staatsministerium erheben.

Art. 141. I Der Beschluß wird mit dem Ablaufe der Beschwerdefrist oder mit der Eröffnung der Entscheidung des zuständigen Staatsministeriums nach den Vorschriften über das Vollstreckungsrecht der Verwaltungsbehörden vollstreckbar.

II Er kann schon vorher für vorläufig vollstreckbar erklärt werden, wenn zu befürchten ist, daß der Volksschullehrer sein Vermögen der Verwendung zum Ersatze des Schadens entziehen werde oder wenn sonst dem Staate durch den Aufschub der Vollstreckung ein schwer ersetzbarer Nachteil entstehen würde. Der Volksschullehrer kann in diesem Falle durch Sicherheitsleistung oder durch Hinterlegung die Vollstreckung abwenden.

Art. 142. I Der Volksschullehrer kann gegen den vollstreckbaren Beschluß, der ihn zum Schadenersatze gegenüber dem Staat verpflichtet, Klage vor den bürgerlichen Gerichten erheben. Er kann dabei die Ersatzverbindlichkeit nach Bestand und Höhe bestreiten.

---

46) Fass. nach Art. 1 Ziff. VI des Ges. vom 1. August 1923 (GVBl. S. 337).

47) Art. 136 bis 139 einschl. wurden durch Art. 1 Ziff. VI des Ges. vom 1. August 1923 (GVBl. S. 337) gestrichen.

II Die Klage muß binnen einer Ausschlußfrist von einem Jahre erhoben werden. Die Frist beginnt mit dem Tage, an dem der Beschluß vollstreckbar geworden ist. Für sie gelten die §§ 203, 206 und 207 des Bürgerlichen Gesetzbuches entsprechend.

III Art. 2 des Ausführungsgesetzes zur Reichszivilprozeßordnung und Konkursordnung ist nicht anwendbar.

Art. 143. Die Vorschriften dieses Abschnittes gelten auch für die im Art. 21 bezeichneten Personen. Im Falle des Art. 21 Abs. II tritt bei der Anwendung der Vorschriften dieses Abschnitts die Gesellschaft oder der Verein an die Stelle des Mitglieds.

Abschnitt XII.

Volksschulfachlehrer.

Art. 144 [48]). I Volksschulfachlehrer im Sinne dieses Gesetzes sind die Personen, die von der Anstellungsbehörde zur Erteilung des Unterrichts in bestimmten Lehrgegenständen an öffentlichen Volksschulen in ständiger oder unständiger Diensteseigenschaft hauptamtlich angestellt sind.

II Für den Volksschulfachlehrer gelten die Vorschriften der Abschnitte I bis XI entsprechend.

Art. 145 [49]).

Art. 146 [50]).

Abschnitt XIII.

Volksschullehrer an christlichen Bekenntnissonderschulen und an Schulen von Stiftungen und gemeinnützigen Unternehmungen.

Art. 147 [51]). I Die Personen, die von der Anstellungsbehörde zur Erteilung des allgemeinen Volksschulunterrichts an christlichen Bekenntnissonderschulen hauptamtlich angestellt sind, sind Volksschullehrer im Sinne dieses Gesetzes.

Art. 148 [52]). I Die Anstellungsbehörde kann den Personen, die von ihr zur Erteilung des allgemeinen Volksschulunterrichts an Schulen von Stiftungen und gemeinnützigen Unternehmungen in ständiger Diensteseigenschaft hauptamtlich angestellt sind, die Rechte ständiger Volksschullehrer im Sinne dieses Gesetzes verleihen.

Abschnitt XIV.

Israelitische Volksschullehrer.

Art. 149 [53]). I Israelitische Volksschullehrer im Sinne dieses Gesetzes sind die Personen israelitischen Glaubens, die von der Anstellungs-

---

[48]) Fass. nach Art. 62 Nr. 16 des BBesG. vom 2. Juni 1920 (GVBl. S. 275) und Art. 1 Ziff. VII d. Ges. vom 1. August 1923 (GVBl. S. 337).

[49]) Aufgehoben durch Art. 62 Nr. 1 des BBesG. vom 2. Juni 1920 (GVBl. S. 275).

[50]) Gestrichen durch Art. 1 Ziff. VIII des Ges. vom 1. August 1923 (GVBl. S. 337).

[51]) Fass. nach Art. 1 Ziff. IX des Ges. vom 1. August 1923 (GVBl. S. 337).

[52]) Fass. nach Art. 1 Ziff. X des Ges. vom 1. August 1923 (GVBl. S. 337).

[53]) Fass. nach Art. 1 Ziff. XI des Ges. vom 1. August 1923 (GVBl. S. 337).

behörde zur Erteilung des allgemeinen Volksschulunterrichts an israelitischen Volksschulen hauptamtlich angestellt sind.

II Für die israelitischen Volksschullehrer gelten die Vorschriften dieses Gesetzes entsprechend.

Art. 150 [54]). Wenn die im Art. 36 des Schulbedarfgesetzes bezeichneten Voraussetzungen weggefallen sind und nicht eine Ausnahme nach Art. 38 Abs. II des gleichen Gesetzes zugelassen ist, wird der unwiderrufliche israelitische Volksschullehrer unter Bewilligung des gesetzlichen Wartegeldes in den einstweiligen Ruhestand nach den Vorschriften des Beamtengesetzes versetzt, wenn und solange er nicht an einer anderen israelitischen Volksschule verwendet werden kann.

Abs. I kann auf widerrufliche ständige israelitische Volksschullehrer entsprechend angewendet werden.

Abschnitt XV.

Besondere Vorschriften für die Volksschullehrerinnen.

Art. 151 [55]). Für die Volksschullehrerinnen, die Volksschulfachlehrerinnen und die israelitischen Volksschullehrerinnen gelten außer den Vorschriften dieses Gesetzes die besonderen Vorschriften des Beamtengesetzes über die weiblichen Beamten entsprechend.

Art. 152—156 [56]).

Abschnitt XVI.

Uebergangsvorschriften.

Art. 157. Die Personen, die vor dem Inkrafttreten dieses Gesetzes zur Erteilung des allgemeinen Volksschulunterrichts an öffentlichen Volksschulen angestellt worden sind und beim Inkrafttreten des Gesetzes als Schulverweser, Schulverweserinnen, Volksschullehrer oder Volksschullehrerinnen im Dienste stehen, sind von diesem Zeitpunkt an Lehrer oder Lehrerinnen im Sinne dieses Gesetzes.

Art. 158. I Für den Eintritt der Unwiderruflichkeit des Dienstverhältnisses wird den im Art. 157 bezeichneten Volksschullehrern die Dienstzeit angerechnet, die sie seit dem 1. Januar des zweiten Jahres nach dem Jahre der Anstellungsprüfung im öffentlichen Volksschuldienste zurückgelegt haben. Ist die Ernennung zum Schulverweser, zur Schulverweserin, zum Volksschullehrer oder zur Volksschullehrerin vor dem bezeichneten Zeitpunkt eingetreten, so wird die Dienstzeit von dieser Ernennung an berechnet.

II Für Hilfslehrer und Hilfslehrerinnen, die vor dem Inkrafttreten dieses Gesetzes angestellt worden sind und innerhalb eines Jahres nach dem Inkrafttreten des Gesetzes zu Lehrern oder Lehrerinnen ernannt werden, gilt Abs. I Satz 1 entsprechend.

Art. 159 [57]), **160** [57]).

---

[54]) Fass. nach Art. 2 Ziff. XIV des Ges. vom 10. Juli 1927 (GVBl. S. 227).

[55]) Fass. nach Art. 1 Ziff. XII des Ges. vom 1. August 1923 (GVBl. S. 337).

[56]) Die Art. 152 mit 156 wurden durch Art. 1 Ziff. XII des Ges. vom 1. August 1923 (GVBl. S. 337) gestrichen.

[57]) Die Art. 159 und 160 wurden durch Art. III Ziff. 1 des Ges. vom 24. März 1920 (GVBl. S. 103) aufgehoben.

Art. 161. I Für die im Art. 157 bezeichneten Volksschullehrer, die beim Inkrafttreten dieses Gesetzes als Schulverweser oder Schulverweserinnen im Dienste stehen, gilt in bezug auf die Bemessung des Gehalts der Tag des Inkrafttretens des Gesetzes als Tag der Ernennung zum ständigen Volksschullehrer.

II Der Gehalt der im Art. 157 bezeichneten Volksschullehrer, die beim Inkrafttreten dieses Gesetzes als Volksschullehrer oder Volksschullehrerinnen bisheriger Ordnung im Dienste stehen, wird vom Inkrafttreten des Gesetzes an so bemessen, wie wenn die Vorschriften des Abschnitts III über den Gehalt der ständigen Volksschullehrer für die seit ihrer Ernennung zum Volksschullehrer (wirklichen Schullehrer) oder zur Volksschullehrerin (wirklichen Lehrerin) bisheriger Ordnung gegolten hätten.

III Für die Gewährung der Gehaltsvorrückungen wird den in Abs. I und II bezeichneten Volksschullehrern auch die Dienstzeit angerechnet, die sie seit dem 1. Januar des zweiten Jahres nach dem Jahre der Anstellungsprüfung im öffentlichen Volksschuldienste zurückgelegt haben.

IV Für die Hilfslehrer und Hilfslehrerinnen, die vor dem Inkrafttreten dieses Gesetzes angestellt worden sind und innerhalb eines Jahres nach dem Inkrafttreten des Gesetzes zu Lehrern oder Lehrerinnen ernannt werden, gilt Abs. III entsprechend.

Art. 162. I Die dienstlichen Bezüge eines Volksschullehrers, der vor dem Inkrafttreten dieses Gesetzes angestellt worden ist und beim Inkrafttreten im Dienste steht, dürfen in keinem Zeitpunkte geringer sein als das Einkommen, das er bei fortdauernder Gültigkeit der bisherigen Vorschriften erhalten hätte, wenn er in der Dienstesstellung verblieben wäre, die er vor dem Inkrafttreten dieses Gesetzes zuletzt inne hatte. Solange das Diensteinkommen nach den Vorschriften dieses Gesetzes hinter jenem Einkommen zurückbleibt, erhält der Volksschullehrer das Fehlende als persönliche Gehaltszulage.

II Als Einkommen in der bisherigen Dienstesstellung im Sinne dieser Vorschrift gilt:

1. das Reineinkommen aus dem Hauptamte nach dem für die Dienstesstelle des Volksschullehrers vor dem Inkrafttreten dieses Gesetzes zuletzt maßgebenden Fassionsabschluß oder Ortsstatut einschließlich der bisherigen Wohnungsentschädigung,
2. der Betrag der vor dem Inkrafttreten des Gesetzes zuletzt angewiesenen staatlichen Dienstalterszulagen,
3. eine besondere örtliche Zulage, die der Volksschullehrer beim Inkrafttreten des Gesetzes bezogen hat.

III Der Nutzanschlag der Dienstwohnung wird weder für das bisherige noch für das künftige Diensteinkommen angerechnet. Wird dem Volksschullehrer mit dem Inkrafttreten dieses Gesetzes oder später an Stelle der bisherigen Dienstwohnung eine Wohnungsentschädigung angewiesen oder umgekehrt, so wird auch die Wohnungsentschädigung nicht angerechnet.

IV Zum Einkommen in der bisherigen Dienstesstellung zählen nicht:

1. das Einkommen aus einem mit dem Schuldienste verbundenen Kirchendienste, soweit es beim Inkrafttreten des Gesetzes nicht in dem Mindestgehalt eingerechnet war,
2. die außerordentliche Zulage nach der Ministerialbekanntmachung vom 11. Mai 1916, die Aufbesserungszulagen aus Mitteln der Kreise sowie die Teuerungsbezüge.

V Soweit das Einkommen in der bisherigen Dienstesstellung infolge einer anderen nur widerruflich gewährten örtlichen Zulage höher ist als das Diensteinkommen nach den Vorschriften dieses Gesetzes, kann die persönliche Gehaltszulage nach Abs. I in der gleichen Weise wie die bisherige örtliche Zulage widerrufen werden. Der Widerruf wird erst am Ende des Kalenderjahres wirksam. Er muß der Anstellungsbehörde spätestens ein Vierteljahr vorher angezeigt werden.

VI Die persönliche Gehaltszulage entfällt, wenn der Volksschullehrer in eine andere Gemeinde versetzt wird.

Art. 163. I Für die persönliche Gehaltszulage nach Art. 162 gelten die allgemeinen Vorschriften dieses Gesetzes über das Diensteinkommen der Volksschullehrer.

II Der Jahresbetrag der persönlichen Gehaltszulage wird, wenn nötig, auf den nächsten durch drei teilbaren Markbetrag aufgerundet.

Art. 164. I Wenn sich bei der Ueberleitung in die Gehaltsvorschriften dieses Gesetzes für einzelne Volksschullehrer Härten oder Unbilligkeiten ergeben würden, können die beteiligten Staatsministerien das Diensteinkommen dieser Volksschullehrer besonders festsetzen.

Art. 165 [58]). I Für die Volksschullehrer, die vor oder mit dem Inkrafttreten dieses Gesetzes in den Ruhestand versetzt worden sind, bleiben die bisherigen Vorschriften über die Ruhestandsversorgung in Kraft, soweit nicht im Art. 166 und in den Art. 63 bis 67 des Schulbedarfgesetzes etwas anderes bestimmt ist.

Art. 166. I Für die Volksschullehrer, die in der Zeit vom 1. Januar 1909 bis zum Inkrafttreten dieses Gesetzes in den Ruhestand versetzt worden sind, wird der Ruhegehalt vom Inkrafttreten des Gesetzes an nach den neuen Vorschriften berechnet, wenn diese günstiger sind.

II Das versorgungsfähige Diensteinkommen wird dabei so bemessen, wie wenn dieses Gesetz am 31. Dezember 1908 in Kraft getreten wäre.

III Hatte der Volksschullehrer im Zeitpunkte der Ruhestandsversetzung noch nicht volle zehn Dienstjahre im Sinne des Art. 158 zurückgelegt, so kann ihm Ruhegehalt nach Abs. I und II widerruflich bewilligt werden.

IV Die Vorschriften dieses Gesetzes über die Unfallfürsorge sind nicht anwendbar.

Art. 167. I Ist ein Volksschullehrer vor dem Inkrafttreten dieses Gesetzes infolge eines körperlichen Gebrechens oder wegen Schwäche seiner körperlichen oder geistigen Kräfte zeitlich oder dauernd in den Ruhestand versetzt worden, so gilt für ihn Art. 54 entsprechend. Dabei wird als Gehalt der letzten Dienstesstelle der Betrag zugrunde gelegt, den der Volksschullehrer erhalten hätte, wenn die Vorschriften des Art. 161 im Zeitpunkte seiner Ruhestandsversetzung gegolten hätten.

II Art. 158 ist anzuwenden.

Art. 168. Die Versorgungsbezüge eines unwiderruflichen Volksschullehrers, der vor dem Inkrafttreten dieses Gesetzes angestellt worden ist und nach dem Inkrafttreten in den Ruhestand versetzt wird, dürfen nicht geringer sein als der Betrag, den er bei fortdauernder Gültigkeit der bisherigen Vorschriften über die Ruhestandsversorgung erhalten hätte, wenn er bis zur Versetzung in den Ruhestand in der Dienstesstellung verblieben wäre,

---

[58]) Fass. nach Art. 1 Ziff. XIII des Ges. vom 1. August 1923 (GVBl. S. 337).

die er vor dem Inkrafttreten dieses Gesetzes zuletzt inne hatte. Bleibt der Ruhegehalt nach den Vorschriften dieses Gesetzes hinter jenem Betrage zurück, so erhält der Volksschullehrer das Fehlende als Ruhegehaltszulage.

Art. 169. I Ein widerruflicher Volksschullehrer, der vor dem Inkrafttreten dieses Gesetzes angestellt worden ist und nach dem Inkrafttreten wegen unverschuldeter Dienstunfähigkeit aus dem öffentlichen Volksschuldienst ausscheidet, hat Anspruch auf Ruhegehalt in dem Betrage, den er bei fortdauernder Gültigkeit der bisherigen Vorschriften über die Ruhestandsversorgung erhalten hätte, wenn er bis zu seinem Ausscheiden in der Dienstesstellung verblieben wäre, die er vor dem Inkrafttreten dieses Gesetzes zuletzt inne hatte.

II Berechnet sich für einen widerruflichen ständigen Volksschullehrer nach Art. 61 Satz 2 ein höherer Betrag, so kann der Ruhegehalt bis zu diesem Betrage widerruflich erhöht werden.

Art. 170. I Für die Ruhegehaltszulage nach Art. 168 und für den Ruhegehalt nach Art. 169 Abs. I gelten entsprechend die Art. 52, 53, 54 Abs. II, 56, 57, 59, 60, 63 Abs. II, 65 Abs. III, 66 und 67 sowie die sonstigen allgemeinen Vorschriften dieses Gesetzes über den Ruhegehalt der Volksschullehrer.

II Der nach Art. 169 Abs. I angewiesene Ruhegehalt kann nur im Amtsstrafverfahren nach den Vorschriften der Art. 125 Nr. 2 und 128 entzogen werden.

Art. 171[58]). I Für die Hinterbliebenen der Volksschullehrer, die vor dem Inkrafttreten dieses Gesetzes gestorben sind oder sich beim Inkrafttreten im Ruhestand befinden, bleiben die bisherigen Vorschriften über die Hinterbliebenenversorgung in Kraft, soweit nicht im Art. 172 und in den Art. 63 bis 67 des Schulbedarfgesetzes etwas anderes bestimmt ist. Jedoch sind die Art. 65 Abs. III, 66, 67 und 77 Abs. II entsprechend anwendbar.

Art. 172. I Für die Hinterbliebenen der Volksschullehrer, die in der Zeit vom 1. Januar 1909 bis zum Inkrafttreten dieses Gesetzes in den Ruhestand versetzt worden sind, wird das Witwen- und Waisengeld nach den neuen Vorschriften berechnet, wenn diese günstiger sind. Das gleiche gilt für die Hinterbliebenen der Volksschullehrer, die in der Zeit vom 1. Januar 1909 bis zum Inkrafttreten des Gesetzes im Dienste gestorben sind. Art. 83 gilt entsprechend.

II Die Vorschriften des Art. 166 Abs. II und IV sind anzuwenden.

III Wenn für einen Teil der Hinterbliebenen die bisherigen Vorschriften, für einen anderen Teil die Vorschriften dieses Gesetzes günstiger sind, werden die Versorgungsbezüge für jeden Teil nach den für ihn günstigeren Vorschriften berechnet.

Art. 173. I Die Versorgungsbezüge der Hinterbliebenen eines ständigen Volksschullehrers, der vor dem Inkrafttreten dieses Gesetzes angestellt worden und nach dem Inkrafttreten im Dienste gestanden ist, dürfen nicht geringer sein als der Betrag, den die Hinterbliebenen bei fortdauernder Gültigkeit der bisherigen Vorschriften über die Hinterbliebenenversorgung erhalten hätten, wenn der Volksschullehrer bis zur Versetzung in den Ruhestand oder, wenn er im Dienste gestorben ist, bis zu seinem Tode in der Dienstesstellung verblieben wäre, die er vor dem Inkrafttreten dieses Gesetzes zuletzt inne hatte. Bleibt das Witwen- oder Waisengeld nach den Vorschriften dieses Gesetzes hinter jenem Betrage zurück, so erhalten die Hinterbliebenen das Fehlende als Witwen- oder Waisengeldzulage.

II Die Hinterbliebenen eines Volksschullehrers, der Mitglied des Witwen- und Waisenunterstützungsvereins der Volksschullehrer in München war, haben Anspruch auf Witwen- und Waisengeldzulage in dem Betrage, den sie nach der Vorschrift des Abs. I erhalten würden, wenn der Volksschullehrer Mitglied des Kreisvereins zur Unterstützung der Hinterbliebenen der Volksschullehrer für den Regierungsbezirk Oberbayern gewesen wäre. Hat der Volksschullehrer zugleich dem Kreisverein für den Regierungsbezirk Oberbayern angehört, so werden als bisherige Versorgungsbezüge nur die Beträge angerechnet, die bisher vom Kreisverein ausbezahlt worden sind.

Art. 174. I Die Hinterbliebenen eines Hilfslehrers, der vor dem Inkrafttreten dieses Gesetzes angestellt worden und nach dem Inkrafttreten im Dienste gestanden ist, haben Anspruch auf Witwen- und Waisengeld in dem Betrage, den sie erhalten würden, wenn beim Tode des Hilfslehrers noch die bisherigen Vorschriften über die Hinterbliebenenversorgung gelten würden.

II War der Hilfslehrer Mitglied des Witwen- und Waisenunterstützungsvereins der Volksschullehrer in München, so gilt Art. 173 Abs. 2 entsprechend.

Art. 175. Für die Witwen- und Waisengeldzulage nach Art. 173 und für das Witwen- und Waisengeld nach Art. 174 gelten entsprechend die Art. 75 bis 78, 80, 81 Satz 1 und 85 sowie die sonstigen allgemeinen Vorschriften dieses Gesetzes über die Versorgungsbezüge der Hinterbliebenen der Volksschullehrer.

Art. 176. I Dienststrafsachen, die beim Inkrafttreten dieses Gesetzes anhängig sind, werden nach den bisherigen Vorschriften über das Verfahren erledigt.

II Ist eine Pflichtverletzung vor dem Inkrafttreten dieses Gesetzes begangen worden, so wird die Strafe nach den Vorschriften dieses Gesetzes bestimmt, wenn sie milder sind.

Art. 177. Streitigkeiten über vermögensrechtliche Ansprüche der Volksschullehrer und ihrer Hinterbliebenen, die beim Inkrafttreten dieses Gesetzes anhängig sind, werden nach den bisherigen Vorschriften über das Verfahren erledigt.

Art. 178. I Die Personen, die vor dem Inkrafttreten dieses Gesetzes zur Erteilung des Unterrichts in bestimmten Lehrgegenständen an öffentlichen Volksschulen hauptberuflich mit Anspruch oder Aussicht auf Ruhestands- und Hinterbliebenenversorgung angestellt worden sind und beim Inkrafttreten dieses Gesetzes im Dienste stehen, sind von diesem Zeitpunkt an Volksschulfachlehrer im Sinne dieses Gesetzes.

II Für den Eintritt der Unwiderruflichkeit des Dienstverhältnisses wird den im Abs. I bezeichneten Volksschulfachlehrern die Dienstzeit, die sie vor dem Inkrafttreten dieses Gesetzes in ständiger Diensteseigenschaft zurückgelegt haben, nach den Vorschriften dieses Gesetzes angerechnet. Der Zeitpunkt der ersten Anstellung in ständiger Diensteseigenschaft wird von der Anstellungsbehörde in jedem Falle nach Einvernahme der Gemeindeverwaltung oder der verstärkten Gemeindeverwaltung besonders festgesetzt.

III Wenn das Diensteinkommen oder der Ruhegehalt der Volksschulfachlehrer oder die Bezüge ihrer Hinterbliebenen mit dem Inkrafttreten dieses Gesetzes oder später neu geregelt werden, gelten die Vorschriften der Art. 162 Abs. I Satz 1, 168 Satz 1, 169 Abs. I, 173 Abs. I Satz 1 und 174 Abs. I entsprechend.

Art. 179. Für die Volksschullehrer an christlichen Bekenntnissonderschulen und für die israelitischen Volksschullehrer gelten die Art. 157 bis 177 entsprechend.

Art. 180 [59]. I Volksschullehrerinnen, die in der Zeit vom 1. September 1919 bis zum Inkrafttreten dieses Gesetzes infolge Verheiratung aus dem öffentlichen Volksschuldienst ausgeschieden sind oder im Ruhestande geheiratet haben, erhalten auf Antrag eine Abfindung in dem Betrage, den sie erhalten hätten, wenn das Gesetz am 1. September 1919 in Kraft getreten wäre.

II Diese Vorschrift gilt auch für Fachlehrerinnen, die mit Anspruch oder Aussicht auf Ruhestandsversorgung an öffentlichen Volksschulen hauptberuflich angestellt waren.

Abschnitt XVII.

Aufhebung und Aenderung bestehender Vorschriften.

Art. 181 [60]. I Alle Gesetze, Verordnungen und sonstigen Vorschriften, die den Vorschriften dieses Gesetzes entgegenstehen oder durch sie ersetzt werden, treten außer Kraft, soweit nicht im Abschnitt XVI etwas anderes bestimmt ist.

II Die Verbindung des weltlichen Kirchendienstes mit dem Schuldienst ist aufgehoben.

Art. 182 [61]. Art. 122 des Ausführungsgesetzes vom 18. August 1879 zur Reichsstrafprozeßordnung gilt nicht für die Volksschullehrer, die Volksschulfachlehrer, die israelitischen Volksschullehrer und die in dem Art. 21 des gegenwärtigen Gesetzes bezeichneten Personen.

Art. 183. Das Beamtengesetz vom 16. August 1908 wird geändert wie folgt:

1. Artikel 61 wird aufgehoben,
2. Artikel 120 erhält folgende Fassung:

„Artikel 120. Am Sitze jedes Oberlandesgerichts wird eine Disziplinarkammer errichtet.

Die Disziplinarkammer besteht aus einem Präsidenten, den Mitgliedern und stellvertretenden Mitgliedern der bei demselben Oberlandesgerichte gebildeten Disziplinarkammer für richterliche Beamte, ferner nach näherer Anordnung der Staatsregierung aus je zwei bis sechzehn unwiderruflichen Beamten aus dem Geschäftskreise jedes Ministeriums und sechs unwiderruflichen Volksschullehrern sowie der erforderlichen Anzahl von Stellvertretern.

Diese unwiderruflichen Beamten und Volksschullehrer und ihre Stellvertreter werden von den amtlichen Berufsvertretungen der Beamten und Volksschullehrer auf Grund einer Wahl vorgeschlagen und von den zuständigen Staatsministerien auf die Dauer der Wahlzeiten der Berufsvertretungen ernannt. Die Staatsregierung erläßt die näheren Vorschriften über die Zahl der Vorzuschlagenden, über das Wahlverfahren und über die Aufwandsentschädigung für die Beisitzer.

---

[59]) Fass. nach Art. I des Ges. vom 24. März 1920 (GVBl. S. 103).

[60]) Fass. nach Art. III Ziff. 2 des Ges. vom 24. März 1920 (GVBl. S. 103).

[61]) Fass. nach Art. 1 Ziff. XIV des Ges. vom 1. August 1923 (GVBl. S. 337).

Präsident der Disziplinarkammer ist der Präsident des Oberlandesgerichts. Im Verhinderungsfalle wird dieser durch den Senatspräsidenten und, wenn mehrere Senatspräsidenten vorhanden sind, durch den dienstältesten, bei gleichem Dienstalter durch den der Geburt nach ältesten Senatspräsidenten des Oberlandesgerichts vertreten."

3. Artikel 124 erhält folgende Fassung:

„Artikel 124. Der Disziplinarhof hat seinen Sitz in München. Er besteht aus einem Präsidenten, den Mitgliedern und stellvertretenden Mitgliedern des Disziplinarhofs für richterliche Beamte, ferner nach näherer Anordnung der Staatsregierung aus je drei bis sechzehn unwiderruflichen Beamten aus dem Geschäftskreise jedes Ministeriums und sechs unwiderruflichen Volksschullehrern sowie der erforderlichen Anzahl von Stellvertretern. Art. 120 Abs. III gilt entsprechend.

Präsident des Disziplinarhofs ist der Präsident des Obersten Landesgerichts. Im Verhinderungsfalle wird dieser durch den dienstältesten Senatspräsidenten und bei gleichem Dienstalter durch den der Geburt nach ältesten Senatspräsidenten des Obersten Landesgerichtes vertreten."

4. Im Artikel 148 wird Abs. VI Satz 2 durch folgende Vorschrift ersetzt:

„Die Reihenfolge bei der Abstimmung richtet sich nach dem Lebensalter."

5. Im Artikel 158 wird Abs. VI Satz 3 gestrichen.

Art. 184. Das Ausführungsgesetz vom 2. November 1912 zur Reichsversicherungsordnung wird geändert wie folgt:

1. Art. 50. Aufgehoben [62]).
2. An die Stelle des Art. 52 Satz 2 tritt folgende Vorschrift:

„Für die Verfolgung der Ansprüche nach den Art. 50 und 51 Abs. II gelten die Art. 135 bis 139 des Volksschullehrergesetzes [62])."

Abschnitt XVIII.

Inkrafttreten und Vollzug.

Art. 185. Dieses Gesetz tritt am 1. Januar 1920 in Kraft.

Art. 186. Das zuständige Staatsministerium erläßt die Vorschriften zum Vollzuge dieses Gesetzes.

---

[62]) Art. 184 wurde zunächst durch folgende Bestimmungen in Art. I Ziff. 11 und 12 des Ges. vom 10. August 1921 zur Abänderung des Ausführungsgesetzes zur Reichsversicherungsordnung vom 2. November 1912 (GVBl. S. 1135 ff.) — GVBl. 1921 S. 397 — abgeändert:

11. „Art. 50 in der Fass. d. Art. 184 des Volksschullehrergesetzes vom 14. August 1919 (GVBl. S. 437) sowie Art. 51 Abs. II werden aufgehoben.

12. An Stelle des Art. 52 Satz 2 in der Fassung des Art. 184 des Volksschullehrergesetzes vom 14. August 1919 (GVBl. S. 437) tritt folgende Vorschrift:

Soweit Volksschullehrer oder Volksschulfachlehrer Ansprüche nach Art. 49 oder 51 erheben, gelten die Art. 135 bis 139 des Volksschullehrergesetzes vom 14. August 1919 (GVBl. S. 437) in der Fassung nach Art. 62 des Beamtenbesoldungsgesetzes vom 2. Juni 1920 (GVBl. S. 275)."

An die Stelle der Art. 135 bis 139 d. VLG. in der bez. Fass. ist jedoch unter Wegfall der Art. 136 mit 139 Art. 135 in d. Fass. nach Art. VI des Ges. vom 1. August 1923 (GVBl. S. 337) getreten.

23. ME., die vermögensrechtliche Verwaltung der öffentlichen Volksschulen betr., vom 30. November 1919 (KMBl. S. 265).

Die vermögensrechtliche Verwaltung der öffentlichen Volksschulen obliegt auch nach dem Schulbedarfgesetz vom 14. August 1919 (GVBl. S. 489) wie bisher den Gemeinden, bei zusammengesetztem Schulsprengel der verstärkten Gemeindeverwaltung (Art. 1 bis 6 des SchBG.).

Ueber die Einnahmen und Ausgaben für Zwecke der Volksschulen wurden bisher bei den Gemeinden im Hinblick auf Ziff. 5 der Ministerialentschließung über das Etats- und Rechnungswesen der Gemeinden und örtlichen Stiftungen in den Gemeinden der Landesteile diesseits des Rheins vom 10. Oktober 1869 in der Regel besondere Schulkassenrechnungen geführt. An dieser Einrichtung wird auch für die Folge festzuhalten sein, soweit es der Sache nach geboten erscheint. Hierzu wird folgendes verfügt:

1. Für Sprengelschulen ist künftig in allen Fällen eine besondere Schulkasserechnung zu führen, da hier die Aufstellung eines besonderen Voranschlages nicht entbehrt werden kann.

2. Für andere Schulen ist eine besondere Schulkasserechnung jedenfalls dann zu führen,

a) wenn ein besonderes Schulvermögen vorhanden ist, ferner

b) wenn und solange der Gemeinde besondere Leistungen und Nutzungen für den persönlichen oder sächlichen Bedarf der Schulstellen zufließen (Art. 57 bis 60 des SchBG.). In letzterer Hinsicht ist besonders auf Art. 58 des SchBG. hinzuweisen. Nach dieser Gesetzesbestimmung werden die besonderen Leistungen und Nutzungen, die bis zum Inkrafttreten des Gesetzes zum Einkommen einer Schulstelle gehört haben und den Volksschullehrern als Bestandteile des Schuldiensteinkommens unmittelbar zugeflossen sind, vom 1. Januar 1920 an der Gemeinde, bei zusammengesetztem Schulsprengel den am Schulsprengel beteiligten Gemeinden überwiesen. Die Erträgnisse aus diesen Leistungen und Nutzungen sind zur Erfüllung der Verpflichtungen zu verwenden, die den Gemeinden in bezug auf die Aufbringung des Schulbedarfs obliegen. Auch die mit dem Einkommen der Schulstelle verbundenen Lasten, die bisher der Volksschullehrer zu tragen hatte, gehen auf die Gemeinde, bei zusammengesetztem Schulsprengel auf die am Schulsprengel beteiligten Gemeinden über.

Nur wenn besondere Schulvermögen nicht vorhanden sind und Einnahmen aus Leistungen und Nutzungen im Sinne der Art. 57 ff. des SchBG. nicht anfallen, wenn also der Aufwand für die Schule, der nach gesetzlicher Vorschrift Gemeindelast ist, rein aus der Gemeindekasse bestritten wird, kann dieser Aufwand unmittelbar in der Gemeinderechnung ausgewiesen werden.

3. Die Gestaltung der Schulkasserechnungen (und Voranschläge) ist den geänderten Verhältnissen anzupassen. In dieser Beziehung wird folgendes bemerkt:

Bei den Einnahmen ist der bisherige Vortrag „Geldanschlag der Dienstgründe" durch die Ausweisung des Pachtertrages der Schulgrundstücke zu ersetzen (Art. 26 und 61 des SchBG.). Für die Erträgnisse aus den nach Art. 58 den Gemeinden zufließenden Leistungen und Nutzungen sind gegebenenfalls besondere Unterabteilungen zu eröffnen. Zuschüsse des Kreises zum persönlichen Schulbedarf werden im allgemeinen nicht mehr in

Frage kommen. Der Vortrag „Schulgeld" kommt in Wegfall, weil nach Art. 77 des SchBG. Schulgeld nicht mehr erhoben werden darf.

Hinsichtlich der Ausgaben ist zu beachten, daß die Gehalte der Volksschullehrer (Art. 23 und 24 des VLG.) vom 1. Januar 1920 an ausschließlich aus der Staatskasse bestritten werden, weshalb Mittel hierfür in den Voranschlägen der Schulkassen nicht mehr vorzusehen sind. An gemeindlichen Aufwendungen für die Besoldung der Volksschullehrer kommen künftig nur noch folgende in Betracht:

a) ...

b) etwaige persönliche Gehaltszulagen während der Uebergangszeit (Art. 162 und 163 des VLG., Art. 62 des SchBG.),

c) etwaige Amtszulagen für Volksschullehrer an besonderen Schulabteilungen für schwachbefähigte Kinder (Art. 33 Abs. II, 62 Abs. II und 84 Abs. II des VLG., Art. 22 Abs. I des SchBG.),

d) die Besoldungen der etwa vorhandenen Volksschulfachlehrer Art. 144 bis 146 des VLG., Art. 30 und 31 des SchBG.

Diese Leistungen werden in der Regel nur für größere Gemeinden in Frage kamen.

Irgendwelche sonstige Bezüge aus gemeindlichen Mitteln dürfen den Volksschullehrern mit Bezug auf ihre hauptamtliche Dienstleistung künftig gemäß Art. 34 Abs. I des VLG. nicht mehr gewährt werden. Demnach hätten beispielsweise auch besondere Vergütungen für den Unterricht an der Volksfortbildungsschule oder für die Erteilung des lehrplanmäßigen Handarbeitsunterrichts in Wegfall zu kommen.

Welche gemeindliche Leistungen für die Ruhestands- und Hinterbliebenenversorgung der Volksschullehrer künftig noch in Betracht kommen, ergibt sich aus den Art. 63 und 69 bis 72 des SchBG. Auch hiervon werden nur größere Gemeinden berührt sein.

4. Im übrigen sind die Voranschläge und Rechnungen der Schulkassen wie jene der Gemeinden zu behandeln.

Den Regierungen, Kammer des Innern, bleibt es anheimgestellt, nähere Anordnungen zu erlassen.

---

24. ME., Schulgrundstücke betr., vom 31. Dezember 1919 (KMBl. 1920 S 22).

Zum Vollzuge der Art. 26 und 61 des SchBG. vom 14. August 1919 (GVBl. S. 489) wird im Einverständnis mit dem Staatsministerium für Landwirtschaft bestimmt:

1. Nach Art. 26 Abs. I des Schulbedarfgesetzes sind Grundstücke, deren Nutzungen bis zum Inkrafttreten des Gesetzes zum Einkommen einer Schulstelle gehört haben, zugunsten der Gemeinde oder — bei zusammengesetztem Schulsprengel — der am Schulsprengel beteiligten Gemeinden zu verpachten. Die vorgesetzte Behörde kann Ausnahmen zulassen. Diese Bestimmungen treten am 1. Januar 1920 in Kraft.

Die bezeichneten Grundstücke (Schulgrundstücke) werden in der Regel im Eigentum der Gemeinde stehen. Die in Art. 26 Abs. I ausgesprochene Verpflichtung trifft daher in erster Linie die Gemeinden. Sind die Schulgrundstücke schon bisher von der Gemeinde in Pacht gegeben worden, so ist der Abschluß neuer Verträge selbstverständlich nicht erforderlich.

Jede andere Verwendung der Grundstücke als die Verpachtung bedarf der Genehmigung der vorgesetzten Behörde. Dies gilt auch für die Veräußerung der Grundstücke oder eines Teiles davon. Für diesen Fall ist im übrigen auch die Vorschrift im Art. 15 Abs. III des Gesetzes über die Selbstverwaltung vom 22. Mai 1919 (GVBl. S. 239) zu beachten [1]).

Der Begriff der „vorgesetzten Behörde" im Sinne des Schulbedarfgesetzes ist im Art. 7 dieses Gesetzes festgelegt. Demnach ist gegenüber allen mittelbaren Gemeinden das Bezirksamt, gegenüber unmittelbaren Städten die Regierung vorgesetzte Behörde. Im übrigen wird auf die Ministerialentschließung vom 20. November 1919 Nr. 36 974 (KMBl. S. 245), Abschnitt B Ziff. II Abs. III Bezug genommen.

2. Gemäß Art. 26 Abs. II kann die vorgesetzte Behörde auf Antrag des Volksschullehrers die Gemeinde verpflichten, die Grundstücke ganz oder zum Teil an den Volksschullehrer längstens auf die Dauer seiner Dienstleistung in der Gemeinde zur eigenen Bewirtschaftung zu verpachten.

Der Volksschullehrer hat hiernach nicht schon auf Grund des Gesetzes ein Vorpachtrecht an den Schulgründen, wie es in den Gesetzentwürfen vom 27. Juli 1918 und vom 1. Juni 1919 vorgesehen war. Wünscht er die Grundstücke oder einen Teil davon zur eigenen Bewirtschaftung in Pacht zu nehmen, so wird er (abgesehen von dem Falle des Art. 61 des SchBG.; s. unter Ziff. 3) zunächst mit der Gemeinde ins Benehmen zu treten haben, um den Abschluß eines Pachtvertrages in freier Vereinbarung herbeizuführen. Kommt ein solcher Vertrag nicht zustande, so steht es ihm frei, bei der vorgesetzten Behörde den Erlaß einer Verfügung nach Art. 26 Abs. II zu beantragen.

Die Entscheidung hierüber ist dem aufsichtlichen Ermessen der vorgesetzten Behörde überlassen. Der Volksschullehrer hat daher keinen vor den Gerichten oder den Verwaltungsgerichten verfolgbaren Rechtsanspruch.

Die Gemeinde kann zur pachtweisen Ueberlassung der Schulgründe an den Volksschullehrer nur verpflichtet werden, wenn und soweit der Volksschullehrer die Grundstücke *selbst bewirtschaften will*. Vorausgesetzt ist demnach, daß sich der Volksschullehrer selbst landwirtschaftlich oder auf dem Gebiete des feldmäßigen Obst- oder Gemüsebaues usw. betätigt. Art. 26 Abs. II ist daher nicht anwendbar, wenn der Volksschullehrer die Grundstücke an einen Dritten weiterverpachten oder sie zwar zur unmittelbaren Nutzung behalten, aber die Bewirtschaftung dritten Personen übertragen will.

Dem Antrag des Volksschullehrers nach Art. 26 Abs. II soll insbesondere dann stattgegeben werden, wenn ein öffentliches Interesse dafür besteht, daß der Volksschullehrer die Schulgrundstücke in eigene Bewirtschaftung nimmt, wenn er also beispielsweise durch Anlage eines Musterobstgartens, einer Baumschule u. dgl. vorbildlich und zum Nutzen der Allgemeinheit wirken kann. Im übrigen sollen die Grundstücke dem Volksschullehrer in der Regel nur soweit zugesprochen werden, als er sie zur Erzeugung seines eigenen häuslichen Bedarfs benötigt. Dagegen ist von der Uebertragung an den Volksschullehrer regelmäßig abzusehen, wenn die Verpachtung an andere Personen oder eine anderweitige Verwendung aus wirtschaftlichen oder sozialen Gründen zweckmäßiger erscheint. Diese Grundsätze entsprechen

---

[1]) Das Ges. über die Selbstverwaltung ist durch Art. 164 Ziff. 3 der GemO. vom 17. Oktober 1927 (GVBl. S. 293) aufgehoben. S. nunmehr Art. 61 Abs. I Ziff. 5 der GemO.).

den Anschauungen, die bei den Verhandlungen des Landtags über den Art. 26 des Schulbedarfgesetzes zum Ausdruck gekommen sind.

Bei der Verpachtung der Grundstücke an andere Personen als an den Volksschullehrer soll vor allem auf die wirtschaftlichen Bedürfnisse der minderbemittelten Bevölkerung Rücksicht genommen werden. Bewerber aus den Kreisen der kleinbäuerlichen Bevölkerung und der landwirtschaftlichen Arbeiter, dann auch der gewerblichen Arbeiter und der Festangestellten mit geringerem Einkommen sollen in allen Fällen den Vorzug haben vor größeren Grundbesitzern. Auf die Förderung des Kleinsiedlungswesens, insbesondere der Ansiedlung von Kriegsbeschädigten, ist nach Möglichkeit Bedacht zu nehmen. Hinter diesen sozialen Rücksichten muß das Streben nach Erzielung möglichst hoher Einnahmen zurücktreten.

Zum Vollzuge der Art. 19 Abs. IV, 26 Abs. II Satz 2 bleiben besondere Anordnungen vorbehalten.

3. Eine Ausnahme von der Vorschrift des Art. 26 Abs. II enthält Art. 61 des Schulbedarfgesetzes. Nach dieser Bestimmung gelten Schulgrundstücke, deren Nutzungen bisher dem Volksschullehrer als Bestandteile des Schuldiensteinkommens zugewiesen waren, vom 1. Januar 1920 an als an den Volksschullehrer verpachtet, soweit er sie bisher selbst bewirtschaftet hat (s. oben Ziff. 2 Abs. IV). In diesem Falle ist daher weder der Abschluß eines neuen Pachtvertrages zwischen dem Volksschullehrer und der Gemeinde erforderlich, noch kommt die Anwendung des Art. 26 Abs. II in Frage. Vielmehr entsteht hier kraft des Gesetzes ein Pachtverhältnis zwischen dem Volksschullehrer und der Gemeinde.

Art. 61 des Schulbedarfgesetzes wird jedoch nur verhältnismäßig selten zur Anwendung kommen, weil die Volksschullehrer, die bisher Inhaber von Schuldienstgründen waren, diese in der Regel nicht selbst bewirtschaftet, sondern an dritte Personen verpachtet haben. Hier tritt die Bestimmung des Art. 26 Abs. I ohne weiteres in Wirksamkeit; die Grundstücke sind also zugunsten der Gemeinde zu verpachten. Hieraus ergibt sich, daß der bisherige Pachtvertrag zwischen dem Volksschullehrer und dem Dritten nicht weiter bestehen kann, auch nicht in dem Sinne, daß die Gemeinde an Stelle des Volksschullehrers als Verpächterin in den Vertrag einzutreten hätte. Sie ist selbstverständlich nicht gehindert — soweit nicht nach Art. 26 Abs. II verfahren wird —, auf Grund freier Vereinbarung mit dem Dritten in den bisherigen Vertrag einzutreten. Geschieht dies nicht, so ist ein neuer Pachtvertrag abzuschließen.

4. Sind die Schulgrundstücke auf Grund des Art. 26 Abs. II oder des Art. 61 ganz oder zum Teil an den Volksschullehrer selbst verpachtet, so ist eine Kündigung des Pachtvertrages gegenüber dem Volksschullehrer nur mit Zustimmung der vorgesetzten Behörde zulässig (Art. 26 Abs. III Satz 1). Dagegen steht dem Volksschullehrer die Kündigung des Pachtvertrages nach den Vorschriften des bürgerlichen Rechtes frei. Die nach Art. 26 Abs. III Satz 1 erforderliche Zustimmung soll in der Regel nicht erteilt werden, wenn der Volksschullehrer größere Aufwendungen für die Grundstücke gemacht hat.

Der Volksschullehrer hat in den Fällen der Art. 26 Abs. II und 61 wie jeder andere Pächter einen Pachtzins zu entrichten. Die Festsetzung dieses Pachtzinses ist zunächst der freien Vereinbarung überlassen. Kommt eine solche Vereinbarung nicht zustande, so wird der Pachtzins von der vorgesetzten Behörde unter Zugrundelegung des wirklichen örtlichen Pachtwertes der Grundstücke nach billigem Ermessen festgesetzt (Art. 26 Abs. III

Satz 2). Gegen die Entscheidung der vorgesetzten Behörde kann Beschwerde zur nächsthöheren Verwaltungsbehörde erhoben werden. Die Anfechtung auf dem Rechtsweg oder dem Verwaltungsrechtsweg ist ausgeschlossen.

5. Für Schulgrundstücke, die nicht im Eigentum der Gemeinde, sondern einer dritten (natürlichen oder juristischen) Person stehen, gelten zunächst die Vorschriften der Art. 57 bis 60 des Schulbedarfgesetzes, soweit es sich um die bisherige Verpflichtung des Dritten handelt, die Grundstücksnutzung dem Volksschullehrer oder der Gemeinde zu überlassen. Diese Verpflichtung besteht demnach vom 1. Januar 1920 an in allen Fällen nicht mehr gegenüber dem Volksschullehrer, sondern ausschließlich gegenüber der Gemeinde (Art. 58). Die Verbindlichkeit ist bis spätestens 31. Dezember 1920 in eine feste jährliche Geldleistung umzuwandeln (Art. 59) und bis spätestens 31. Dezember 1924 abzulösen (Art. 60). Mit dem Vollzug der Umwandlung fällt die Grundstücksnutzung an den Eigentümer heim; damit hört das Grundstück auf, Schulgrundstück zu sein. Bis zur Umwandlung ist die Vorschrift des Art. 26 Abs. I maßgebend. Die Eigentumsverhältnisse an solchen Grundstücken bleiben vollständig unberührt [2]).

6. Art. 61 des Schulbedarfgesetzes betrifft nur Grundstücke, deren Nutzungen bisher auf Grund der Schulfassion dem Volksschullehrer als Bestandteile des Schuldiensteinkommens zugewiesen waren. Dagegen gilt Art. 26 auch dann, wenn der Geldbetrag der Schulgründe bisher unmittelbar in die Gemeinde- oder Schulkasse geflossen ist.

Die Art. 26 und 61 gelten n i c h t

a) für S c h u l g ä r t e n oder sonstige Grundstücke im gemeindlichen Eigentum, die für unterrichtliche Zwecke bestimmt sind;

b) für die auf Grund des Art. 19 des Schulbedarfgesetzes den Volksschullehrern anzuweisenden H a u s g ä r t e n. Wo beim Schulhaus etwa ein besonders großer Garten vorhanden ist, bestünde keine Erinnerung dagegen, daß künftig ein entsprechender Teil abgetrennt und als Pachtgrundstück im Sinne des Art. 26 verwendet wird. Hierzu ist die Genehmigung der vorgesetzten Behörde erforderlich.

Die Art. 26 und 61 gelten ferner nicht für Dienstgründe, deren Nutzungen Bestandteil des K i r c h e n d i e n s teinkommens sind, gleichviel in wessen Eigentum sie stehen. Hinsichtlich der Nutzung solcher Grundstücke tritt grundsätzlich solange keine Aenderung ein, als die bisherige organische Verbindung des Kirchendienstes mit dem Schuldienste fortbesteht (s. Abschnitt A Ziff. 1 der oben erwähnten Ministerialentschließung vom 20. November 1919 Nr. 36 974); auf Art. 7 Abs. IV Satz 3 des Schulbedarfgesetzes vom 28. Juli 1902 mit Art. 159 Abs. II Satz 1 des Volksschullehrergesetzes vom 14. August 1919 wird hingewiesen. Bleibt der Volksschullehrer nach der Lösung der organischen Verbindung nicht mehr Inhaber des Kirchendienstes, so wird die Kirche in der Verfügung über das Grundstück frei, soweit nicht stiftungsmäßige Bestimmungen maßgebend sind. Führt der Volksschullehrer den Kirchendienst nach der Trennung freiwillig weiter, so ist es grundsätzlich Sache der freien Vereinbarung zwischen ihm und der Kirche, ob und wie weit die Grundstücksnutzung auch künftig noch ein Bestandteil des Kirchendiensteinkommens bilden soll [3]).

---

[2]) Der frühere Abs. II der Ziff. 5 ist durch Art. 75a SchBG. gegenstandslos geworden.

[3]) Die bisherige Ziff. 7 der ME. ist durch Zeitablauf gegenstandslos geworden. Ebenso ist bei Ziff. 6 Schlußabsatz, Satz 2 zu beachten, daß durch

25. ME., Beheizung der Dienstwohnungen der Volksschullehrer betr., vom 31. Dezember 1919 (KMBl. 1920 S. 29).

An vielen Orten haben die Volksschullehrer bisher als Teil ihrer Besoldung oder neben dieser Holz zur Beheizung ihrer Dienstwohnungen erhalten oder das Recht gehabt, ihre Dienstwohnungen von den für die Schule bereitgestellten Vorräten an Brennstoffen mit zu beheizen. Zum Teil haben die Lehrer als Gegenleistung für diese Befugnis die Beheizung der Schulräume besorgt oder besorgen lassen.

Aus Lehrerkreisen wird darüber geklagt, daß Gemeinden unter Berufung auf Artikel 34 des Volksschullehrergesetzes, nach dem den Lehrern außer den gesetzlichen Leistungen (Bargehalt und Dienstwohnung) sonstige Bezüge, Reichnisse oder Nutzungen mit Bezug auf ihre hauptamtliche Dienstleistung vom Inkrafttreten des Gesetzes an nicht mehr gewährt werden dürfen, den Lehrern vom 1. Januar 1920 ab Brennstoffe für die Beheizung ihrer Dienstwohnungen nicht mehr liefern und auch die Verwendung oder Mitbenützung der vorhandenen Holz- und sonstigen Brennstoffvorräte nicht mehr gestatten wollen. Dadurch gerieten die betroffenen Lehrer und ihre Familien unverschuldet in ernste Schwierigkeiten, ja geradezu in Notlage, zumal da die sofortige oder alsbaldige Beschaffung der benötigten Brennstoffe unter den gegenwärtigen Verhältnissen sehr erschwert oder geradezu unmöglich sei.

Zur Behebung dieser Schwierigkeiten und nach Umständen wohl berechtigten Klagen wird eröffnet:

Soweit den Lehrern bisher Brennstoffe für die Beheizung ihrer Dienstwohnungen als Teil ihres Diensteinkommens oder als freiwillige Leistung gewährt worden sind, hat zwar die weitere *unentgeltliche* Lieferung von Brennstoffen für den bezeichneten Zweck gemäß Art. 34 Abs. 1 des Volksschullehrergesetzes vom 1. Januar 1920 ab aufzuhören, der angeführten Vorschrift steht aber nicht entgegen, daß den Lehrern die benötigten Brennstoffe gegen Vergütung ihres Wertes aus den vorhandenen Vorräten überlassen oder geliefert werden.

Die Verweigerung der weiteren Gewährung wäre zumal in jenen Fällen höchst unbillig, in denen den beteiligten Lehrern die entsprechende anderweitige Versorgung für die laufende Heizperiode besonders erschwert oder gar unmöglich wäre.

Soweit die Gewährung von Brennstoffen an Lehrer oder die Mitbenützung der für die Beheizung der Schulräume vorhandenen oder zu liefernden Vorräte durch den Lehrer die Vergütung dafür darstellt, daß der Lehrer die Beheizung der Schulräume zufolge Vertrags oder nach Herkommen besorgt oder besorgen läßt, handelt es sich um ein vom Lehrer übernommenes Nebengeschäft im Sinne des Art. 13 Abs. 3 Ziff. 2 des Volksschullehrergesetzes, dessen Beibehaltung und weiterer Entlohnung durch Ueberlassung von Beheizungsstoffen die Bestimmung in Artikel 34 Absatz 1 des Gesetzes überhaupt nicht entgegensteht.

Unbeschadet der künftigen Erlassung näherer Ausführungsvorschriften zu Artikel 13 des Volksschullehrergesetzes wird den Gemeinden dringend

---

das Gef. vom 24. März 1920 (GVBl. S. 103) die *organische* Verbindung des weltlichen Kirchendienstes mit dem Schuldienste *sofort* gelöst (s. die nunmehrige Fass. des Art. 181 Abs. II des VLG.) und Art. 159 des VLG. aufgehoben wurde.

nahegelegt, im Hinblick auf die oben dargelegten Verhältnisse von einer Kündigung der einschlägigen, auf Vertrag oder Herkommen beruhenden bisherigen Regelung jedenfalls während der laufenden Heizperiode abzusehen.

Die Bezirksämter werden veranlaßt, zur Behebung bestehender oder eintretender Schwierigkeiten, gegebenenfalls auch zur Erzielung entsprechender Vereinbarung über die von den Lehrern zu leistenden Vergütungen für die Beheizung ihrer Dienstwohnungen benötigten Brennstoffe, auf Anruf der Gemeinden oder der beteiligten Lehrer mitzuwirken.

---

26. ME., Nebenämter und Nebengeschäfte der Volksschullehrer betr., vom 13. März 1920 (KMBl. S. 105).

Zum Vollzuge der Art. 13, 14 und 62 Abs. I Satz 2 des Volksschullehrergesetzes wird verfügt:

A. Zum Art. 13.

I.

Die Bekanntmachung vom 4. April 1912, die Ausübung von Nebenämtern und Nebengeschäften durch Beamte betreffend (GVBl. S. 343), gilt für die Volksschullehrer entsprechend.

Die Bekanntmachung ist in der Anlage zur gegenwärtigen Entschließung abgedruckt, soweit sie der Sache nach für die Volksschullehrer maßgebend ist[1]).

II.

Im besonderen wird für die Volksschullehrer folgendes bestimmt:

1.

Die im Art. 13 Abs. II des Volksschullehrergesetzes (Ziff. 3 der Bekanntmachung vom 4. April 1912) vorgeschriebene Anzeige ist an die vorgesetzte Bezirks- oder Stadtschulbehörde zu Händen des Bezirksschulrates zu erstatten. Die Bezirks- oder Stadtschulbehörde übermittelt sie der Regierung, Kammer des Innern. Dabei äußert sie sich gutachtlich darüber, ob die Führung des Nebenamtes mit der gewissenhaften Erfüllung der Pflichten des Volksschullehrers und mit der Achtung, die sein Beruf erfordert, vereinbar ist. Die Aeußerung ist von den Mitgliedern der Bezirks- oder Stadtschulbehörde gemeinsam abzugeben.

Die Entscheidung nach Ziff. 3 Abs. 5 der Bekanntmachung trifft die Regierung, Kammer des Innern.

Zur Anzeige sind auch Volksschullehrer verpflichtet, die ein Nebenamt oder Nebengeschäft im Sinne des Art. 13 Abs. II schon vor dem 1. Januar 1920 übernommen haben, ohne hierüber der früheren vorgesetzten Orts- oder Bezirksschulbehörde Anzeige erstattet zu haben.

---

[1]) S. aber auch die MinBek. vom 3. März 1927 über die Ausübung von Nebenämtern und Nebengeschäften durch Beamte, insbesondere über die Mitgliedschaft von Beamten in Vorständen, Aufrichtsräten und Verwaltungsräten von Erwerbsgesellschaften (GVBl. S. 99), ferner die ME. vom 25. September 1928 über Nebenämter und Nebengeschäfte der Volksschullehrer (KMBl. S. 301, Anh. Nr. 82) und die ME. vom 25. April 1924 zum Vollzuge des Art. 14 des Volksschullehrergesetzes (MABl. S. 90, Anh. Nr. 59).

Zu Ziff. 3 Abs. 1 Buchst. a der Bekanntmachung ist zu bemerken, daß Art. 13 Abs. II Nr. 1 des Volksschullehrergesetzes über die Vorschrift des Art. 18 Abs. 2 Nr. 1 des Beamtengesetzes hinausgeht. Der Volksschullehrer hat hiernach bei Uebernahme eines nicht entlohnten Nebenamtes „in einem anderen Zweige des staatlichen Dienstes, im Dienste des Reiches oder eines anderen Staates" Anzeige zu erstatten.

2.

Gesuche um die Erteilung der Erlaubnis nach Art. 13 Abs. III des Volksschullehrergesetzes (Ziff. 4 bis 7 der Bekanntmachung vom 4. April 1912) sind gleichfalls bei der vorgesetzten Bezirks- oder Stadtschulbehörde einzureichen, die sie der Regierung, Kammer des Innern, vorlegt.

Die Entscheidung über die Erteilung oder Versagung der Erlaubnis, dann über die Zurücknahme einer bereits erteilten Erlaubnis trifft die Regierung. Von der Ermächtigung, diese Zuständigkeit auf eine andere Behörde zu übertragen, ist bis auf weiteres kein Gebrauch zu machen.

Mit allem Nachdruck muß künftig auf die Einschränkung der nebenberuflichen Tätigkeit der Volksschullehrer hingewirkt werden. Durchgreifende Abhilfe nach dieser Richtung war bisher deswegen nicht möglich, weil namentlich die Landlehrer infolge der Unzulänglichkeit ihrer Besoldung vielfach genötigt waren, sich Nebenverdienst zu verschaffen. Dies trifft künftig nicht mehr zu; der Volksschullehrer steht in bezug auf die Bemessung des Diensteinkommens jedenfalls hinter dem Beamten nicht mehr zurück.

Wo immer ein kleineres Amt, das bisher von einem Volksschullehrer oder Beamten nebenher versehen wurde, für die Unterbringung eines Stellenlosen, insbesondere eines Kriegsbeschädigten oder eines Angehörigen der freien Berufe, geeignet ist, muß es für diesen Zweck freigegeben werden. Dies gilt für die Stellen im Dienste der Gemeinden, Bezirke, Stiftungen und sonstigen Körperschaften ebenso wie für Post- oder Versicherungsagenturen, Rechnerstellen bei Genossenschaften u. dgl. Auf die Bekanntmachungen sämtlicher Ministerien über die Ausübung von Nebenämtern oder Nebengeschäften durch Beamte vom 12. Oktober 1914 (KMBl. S. 630) und vom 13. Oktober 1919 (Staatsanzeiger Nr. 252), dann auf die Ministerialentschließungen betreffend die Anstellung von Kriegsbeschädigten vom 1. April und 28. November 1919 (Staatsanzeiger Nr. 89 und 296) wird hingewiesen.

Insbesondere muß aber um der Sache selbst willen die Loslösung des Volksschullehrers von Nebenbeschäftigungen angestrebt werden. Die Arbeitskraft des Volksschullehrers darf nicht durch berufsfremde Beschäftigungen zersplittert, sie muß seinem Lehrer- und Erzieherberuf ungeteilt gewidmet sein.

Daß die Führung von besoldeten Nebenämtern künftig auch bei den Volksschullehrern die Ausnahme bilden muß, ist auch bei der Beratung des Volksschullehrergesetzes im Landtag von den Vertretern aller Parteien einhellig zum Ausdruck gebracht worden. Der Landeslehrerrat und die Berufsvereinigungen der Volksschullehrer vertreten die gleiche Auffassung.

Die Regierungen werden daher die Erlaubnis zur Uebernahme von Nebenämtern oder Nebengeschäften nur noch ausnahmsweise und unter folgenden Voraussetzungen erteilen:

a) Die Erfüllung der hauptamtlichen Obliegenheiten des Volksschullehrers darf durch die Nebenbeschäftigung nicht beeinträchtigt oder gefährdet werden. Unter allen Umständen ist daher die Erlaubnis zur Uebernahme von Nebenämtern oder Nebengeschäften größeren Umfanges (größere Gemeindeschreibereien, umfangreichere Kirchendienste, ausgedehnter Privatunterricht oder Nebenunterricht an höheren Lehranstalten usw.) zu versagen. Ebenso ist die gleichzeitige Führung mehrerer Nebenämter grundsätzlich unstatthaft. Auch im übrigen ist der bezeichnete Grundsatz streng durchzuführen.

b) Die Nebenbeschäftigung darf nicht derart sein, daß sie dem Ansehen des Lehrerstandes widerstreitet.

c) Die Erlaubnis ist nur dann zu erteilen, wenn andere geeignete Persönlichkeiten, denen die Stelle übertragen werden könnte — insbesondere Kriegsbeschädigte oder Angehörige freier Berufe — nicht vorhanden sind, wenn also ein gewisses öffentliches Interesse dafür gegeben ist, daß der Volksschullehrer die Stelle übernimmt. Hierbei ist zu beachten, daß sich vielfach durch die Vereinigung mehrerer Aemter kleineren Umfanges eine ausreichende Verdienstmöglichkeit für nichtbeamtete Personen schaffen lassen wird.

Die Bezirks- oder Stadtschulbehörde äußert sich bei der Vorlage des Gesuches an die Regierung darüber, ob die Voraussetzungen unter a bis c gegeben sind und auch sonst Bedenken gegen die Erteilung der Erlaubnis nicht vorliegen.

Wird die Erlaubnis erteilt, so ist ausdrücklich zu bemerken, daß sie stets widerruflich ist.

Die Erlaubnis ist zurückzunehmen, wenn Umstände eintreten, die nach den Grundsätzen unter a bis c die Versagung der Erlaubnis erfordern.

3.

Volksschullehrer, die schon vor dem Inkrafttreten des Volksschullehrergesetzes mit Genehmigung einer vorgesetzten Behörde ein besoldetes Nebenamt oder Nebengeschäft ausgeübt haben, bedürfen zur Weiterführung keiner neuen Erlaubnis.

Die Bezirksschulräte werden indessen ungesäumt in jedem einzelnen Falle nachprüfen, ob nicht nach den in vorstehender Ziffer 2 angeführten Grundsätzen Veranlassung besteht, die Erlaubnis zu widerrufen. Auch hierbei ist strenge Beurteilung geboten.

Ergibt sich hiernach eine Beanstandung, so berichtet die Bezirks- oder Stadtschulbehörde an die Regierung, die gegebenenfalls die Zurücknahme der Erlaubnis verfügen wird.

4.

Bei der Bemessung der Zahl der Unterrichtsstunden, die der Volksschullehrer in der Volkshauptschule und Volksfortbildungsschule zu übernehmen hat, kann auf die Inanspruchnahme des Volksschullehrers durch ein Nebenamt oder Nebengeschäft in keinem Falle Rücksicht genommen werden.

Die Ausübung von Nebenbeschäftigungen während der für den Schulunterricht vorgesehenen Zeit ist grundsätzlich nicht zulässig. Ist in einzelnen Fällen eine Ausnahme hiervon aus besonderen Gründen unvermeidlich, so sind die ausgefallenen Unterrichtsstunden nachzuholen. Wenn es nach Lage der Verhältnisse nicht möglich ist, hierfür besondere Stunden anzusetzen, kann die Nachholung dadurch erreicht werden, daß die regelmäßige Unterrichtszeit an mehreren Tagen, z. B. um je eine Viertelstunde, verlängert wird. Nicht statthaft ist es, daß die Schulklasse oder Schulabteilung während der Verhinderung des Volksschullehrers durch einen anderen Volksschullehrer mitversehen wird oder daß die Schulkinder während dieser Zeit still beschäftigt werden.

5.

Die Vorschriften des Art. 13 des Volksschullehrergesetzes und demgemäß auch die vorstehenden Anordnungen gelten sowohl für die ständigen Volksschullehrer (Lehrer und Lehrerinnen) als auch für die unständigen Volksschullehrer (Hilfslehrer und Hilfslehrerinnen).

Für die Schulamtsbewerber gelten dagegen nur die Vorschriften im Abs. I des Art. 13 und in Ziff. 1 der Bekanntmachung vom 4. April 1912. Hat ein Schulamtsbewerber ein Nebenamt oder Nebengeschäft übernommen, bezüglich dessen nach Art. 13 Abs. II oder III die Anzeige oder die Einholung der Erlaubnis vorgeschrieben ist, so hat er nach der Anstellung als Volksschullehrer Anzeige zu erstatten oder um die Erlaubnis nachzusuchen.

B. Zum Art. 14.

1.

Art. 14 [Abs. I] des Volksschullehrergesetzes bestimmt, daß der Volksschullehrer die Uebernahme von Nebenämtern oder Nebengeschäften im öffentlichen Volksschuldienst oder im sonstigen staatlichen Dienste nicht verweigern kann, wenn sie seiner Berufsbildung und dienstlichen Stellung entsprechen[2]). Die Vorschrift ist dem Art. 19 des Beamtengesetzes entnommen.

Ein Nebenamt oder Nebengeschäft im Sinne des Art. 14 [Abs. I] kann dem Volksschullehrer nur von der Regierung, Kammer des Innern, übertragen werden, die auch die Entscheidung darüber trifft, ob das Nebenamt oder Nebengeschäft der Berufsbildung und dienstlichen Stellung des Volksschullehrers entspricht. Selbstverständliche Voraussetzung für die Uebertragung ist, daß der Volksschullehrer durch die besondere Dienstesleistung neben seiner hauptberuflichen Tätigkeit nicht unbillig in Anspruch genommen wird.

Für ein Nebenamt oder Nebengeschäft im Sinne des Art. 14 [Abs. I] kann dem Volksschullehrer eine besondere Vergütung nur unter den Voraussetzungen des Art. 34 Abs. II des Gesetzes bewilligt werden, also nur

---

[2]) Art. 14 Abs. I und II des VLG. vom 14. August 1919 (GVBl. S. 437) hat durch Art. 2 Ziff. II des Ges. vom 29. März 1924 (GVBl. S. 128) einen neuen, nur mehr einen Absatz umfassenden Wortlaut erhalten. Der nunmehrige Art. 14 entspricht im wesentlichen dem bisherigen Art. 14 Abs. I. Art. 14 Abs. II ist als durch den nunmehrigen Wortlaut des einen Absatzes bereits gedeckt in Wegfall gekommen.

In der Folge ist Ziff. 2 des Buchst. B der E. vom 13. Februar 1920 gegenstandslos geworden. S. nunmehr E. vom 25. April 1924 (MABl. S. 90, Anh. Nr. 59), ferner die MinBek. vom 18. Juli 1922 über die Entschädigung der Volksschullehrer bei auswärtigen Dienstgeschäften (KMBl. S. 132, Anh. Nr. 45), die ME. vom 2. April 1925 über besondere Vergütungen für Volksschullehrer (MABl. S. 55, Anh. Nr. 69), die ME. vom 13. April 1928 über die Vergütungen für den nach Stunden bezahlten Unterricht an den staatlichen höheren Unterrichtsanstalten (KMBl. S. 241, Anh. Nr. 78) und die ME. vom 25. September 1928 über Nebenämter und Nebengeschäfte der Volksschullehrer (KMBl. S. 301, Anh. Nr. 82).

dann, wenn es mit dem Hauptamte nicht in unmittelbarem Zusammenhange steht oder den Volksschullehrer in außergewöhnlichem Maße in Anspruch nimmt. Vergütungen nach Art. 34 Abs. II können nur aus der Staatskasse gewährt werden. Ueber die Bewilligung entscheidet auf den Bericht der Regierung das Staatsministerium für Unterricht und Kultus im Benehmen mit dem Staatsministerium der Finanzen und den etwa sonst beteiligten Staatsministerien.

Vorbehalten bleiben besondere Vorschriften über bestimmte Arten von Nebenämtern oder Nebengeschäften im öffentlichen Volksschuldienst oder im sonstigen staatlichen Dienste [3]).

2.

....

3.

Die Vorschriften des Art. 14 [4]) gelten sowohl für die ständigen als auch für die unständigen Volksschullehrer, nicht aber für die Schulamtsbewerber (Art. 21 Abs. I des Gesetzes).

C. Zum Art. 62 Abs. I Satz 2.

Die Einräumung von Versorgungsansprüchen aus Nebenbezügen eines Volksschullehrers bedarf nach Art. 62 Abs. I Satz 2 des Volksschullehrergesetzes der Genehmigung des Staatsministeriums für Unterricht und Kultus. Diese Vorschrift betrifft sowohl Ansprüche auf Ruhegehalte als auch Ansprüche auf Hinterbliebenenbezüge aus Nebenämtern.

Bisher war hierfür lediglich die Bestimmung im § 6 Abs. II Satz 2 der Satzung des Bayerischen Versorgungsverbandes vom 26. Mai 1917 (MABl. S. 149) maßgebend. Darnach ist die Genehmigung der vorgesetzten Dienstbehörde notwendig, wenn Nebenbezüge als versorgungsfähig beim Bayerischen Versorgungsverband angemeldet werden sollen. Nach Art. 62 Abs. I Satz 2 des Volksschullehrergesetzes bedarf nicht erst die Anmeldung solcher Bezüge beim Versorgungsverbande, sondern schon die Einräumung des Versorgungsanspruches selbst der Genehmigung. Demnach kann der Beschluß einer Gemeinde, Kirchenverwaltung, Genossenschaft usw., der dem Volksschullehrer in seiner Eigenschaft als Gemeindeschreiber, Organist, Genossenschaftsrechner Ansprüche auf Ruhestands- oder Hinterbliebenenbezüge einräumt, erst mit der Genehmigung des Staatsministeriums rechtliche Wirksamkeit erlangen.

In der Bekanntmachung sämtlicher Staatsministerien über das Nebeneinkommen von Staatsbeamten und Lehrern vom 29. Oktober 1917 (KMBl. S. 219) ist ausgesprochen, daß für Staatsbeamte und Lehrer, die nach § 6 Abs. II Satz 2 der Satzung des Versorgungsverbandes erforderliche Zustimmung in der Regel nicht erteilt werden kann. Die Gründe für diese Stellungnahme bestehen unverändert fort. Demgemäß wird das Staatsministerium für Unterricht und Kultus auch die nach Art. 62 Abs. I Satz 2 des Volksschullehrergesetzes erforderliche Genehmigung nur in besonderen Ausnahmefällen erteilen.

Ausdrücklich wird bemerkt, daß die Erteilung der Genehmigung zur Einräumung von Versorgungsansprüchen nicht verhindern kann, daß die Er-

---

[3]) Der folgende Halbsatz, wie auch Ziff. 2 — s. Fußnote 2 oben —, ist durch die Rechtsentwicklung gegenstandslos geworden.

[4]) „Art. 14" statt „Art. 14 Abs. I und II" — s. Fußnote 2 oben.

laubnis zur Ausübung des Nebenamtes oder Nebengeschäftes von der Regierung, Kammer des Innern, gemäß Art. 13 Abs. IV des Gesetzes zurückgenommen wird, wenn hierzu unter den in Abschnitt A Ziff. II angefügten Voraussetzungen Veranlassung besteht.

D. Sonstige Bestimmungen.

1.

Die besonderen Vorschriften des Volksschullehrergesetzes über die Trennung des weltlichen Kirchendienstes vom Schuldienst und die Vollzugsbestimmungen hierzu, dann die außerhalb des Volksschullehrergesetzes bestehenden Bestimmungen über den weltlichen Kirchendienst bleiben unberührt.

Mit der Trennung des Kirchendienstes vom Schuldienste treten die Vorschriften des Art. 15 des Volksschullehrergesetzes in Wirksamkeit. Die Uebernahme oder Weiterführung des Mesnerdienstes ist daher dem Volksschullehrer vom Zeitpunkte der Trennung an untersagt (Art. 15 Abs. II). Den sonstigen weltlichen Kirchendienst (Organisten-, Chorregenten-, Kantordienst, Lesegottesdienst) kann der Volksschullehrer nach der Aufhebung der organischen Verbindung als Nebenamt übernehmen oder weiterführen (Art. 15 Abs. I); hierfür gelten demnach die Bestimmungen des Art. 13, die Bekanntmachung vom 4. April 1912 und die Anordnungen in Abschnitt A und C der gegenwärtigen Entschließung. Auf Abschnitt B Ziff. IV 1 der Ministerialentschließung vom 20. November 1919 (KMBl. S. 245) wird Bezug genommen[5]).

2.

Unberührt bleiben ferner besondere außerhalb des Volksschullehrergesetzes bestehende Vorschriften über bestimmte Arten von Nebenämtern oder Nebengeschäften. Insbesondere wird hingewiesen auf die Art. 166 Abs. II, 167 Abs. III und 168 der rechtsrheinischen und die Art. 96 Abs. II, 97 Abs. III und 98 der pfälzischen Gemeindeordnung (in der Fassung nach Art. 11, 12, 19 und 20 des Gemeindebeamtengesetzes vom 15. Juli 1916, GVBl. S. 113), dann auf Art. 174 Abs. II der rechtsrheinischen Gemeindeordnung[6]) und Art. 45 Nr. 5 der Kirchengemeindeordnung.

Die Art. 173 bezw. 103 der beiden Gemeindeordnungen sind durch Art. 2 des Gesetzes über die Selbstverwaltung vom 22. Mai 1919 aufgehoben worden[7]). Dem Volksschullehrer ist es daher nicht mehr verboten, die Wahl zum Bürgermeister, Stadt- oder Gemeinderat anzunehmen. Auch hierfür gelten die Bestimmungen im Abs. II und, soweit es sich um die Annahme einer Entlohnung handelt, im Abs. III des Art. 13 des Volksschullehrergesetzes. Die zur Ausübung eines Wahlamtes der Gemeinde, der Ortschaft,

---

[5]) Diese Uebergangsbestimmung ist nunmehr gegenstandslos.

[6]) Die Bestimmungen des Art. 166 Abs. II der rechtsrh. GemO. und des Art. 96 Abs. II der pfälz. GemO. von 1869 sind nunmehr enthalten in Art. 117 der GemO. vom 17. Oktober 1927 (GVBl. S. 293), die des Art. 167 Abs. III und 168 der rechtsrh. und des Art. 97 Abs. III und 98 der pfälz. GemO. in den Art. 101—109 der GemO. von 1927, die des Art. 174 Abs. II der rechtsrh. GemO. in Art. 73 der GemO. von 1927.

[7]) Die durch Art. 2 SVG. aufgehobenen Art. 173 bezw. 103 der beiden GemO. von 1869 sind auch in die GemO. von 1927 nicht mehr aufgenommen worden.

des Bezirkes [8]) oder des Kreises [9]) erforderliche Dienstbefreiung muß dem Volksschullehrer gemäß Art. 4 Abs. III des Gesetzes über die Selbstverwaltung [10]) gewährt werden. Nähere Vollzugsvorschriften hierzu bleiben vorbehalten [11]).

---

26 a. Bek. sämtlicher Staatsministerien, die Ausübung von Nebenämtern oder Nebengeschäften durch Beamte betr. [1]).

Zum Vollzuge des Artikel 18 des Beamtengesetzes [2]) wird Nachstehendes verfügt:

1.

1. Nach dem Artikel 18 Abs. 1 des Beamtengesetzes darf der Beamte ein Nebenamt oder Nebengeschäft nur übernehmen, soweit dies mit

---

[8]) S. Bezirksordnung vom 17. Oktober 1927 (GVBl. S. 325), insbes. Art. 15 Abs. II.

[9]) S. Kreisordnung vom 17. Oktober 1927 (GVBl. S. 335), insbes. Art. 16 Abs. II.

[10]) Nunmehr Art. 114 Abs. II der GemO. von 1927.

[11]) a) Ausdrücklich für Volksschullehrer sind solche bis jetzt nicht ergangen. Einschlägig ist jedoch die Bek. sämtl. Staatsmin. über die Wahl von Staatsbeamten und Staatsarbeitern zu Aemtern der Gemeinden, Bezirke und Kreise vom 21. Juli 1920 (Staatsanz. 1920 Nr. 172).

Von Belang ist folgende Ziff. I:

Staatsbeamte haben die Wahl nach Art. 18 Abs. 2 Ziff. 2 des Beamtengesetzes der vorgesetzten Dienstbehörde anzuzeigen. Staatsbeamte, die zu ehrenamtlichen Bürgermeistern gewählt werden, haben außerdem dafür zu sorgen, daß sie von der Gemeinde einen angemessenen Funktionsbezug, also neben der Aufwandsentschädigung noch eine Entlohnung für ihre Dienstleistung erhalten. Nach Art. 18 Abs. 3 Ziff. 2 des Beamtengesetzes haben sie dann die Genehmigung der vorgesetzten Dienstbehörde zur Annahme dieser Entlohnung einzuholen. Die Genehmigung ist nur unter der Voraussetzung zu erteilen, daß der Beamte für die Angemessenheit des Bezuges und für dessen entsprechende Ausscheidung in Aufwandsentschädigung und Entlohnung für die Dienstleistung gesorgt hat und den letzteren Teil, wenn und soweit Stellvertretungskosten für ihn entstehen, an die Staatskasse abführt." (Dem Art. 18 Abs. 2 Ziff. 2 und Abs. 3 Ziff. 2 des Beamtenges. entspricht Art. 13 Abs. 2 Ziff. 2 und Abs. 3 Ziff. 2 des VLG.)

b) Als Mitglieder des Reichstages oder des Landtages bedürfen die Volksschullehrer gem. Art. 39 Abs. 1 der Reichsverf. vom 11. August 1919 (RGBl. S. 1383) und gem. § 35 Abs. 2 Satz 1 der bayer. VerfUrk. vom 14. August 1919 (GVBl. S. 531) keines Urlaubs. Zur Bewerbung um einen Sitz in diesen Körperschaften ist ihnen der erforderliche Urlaub zu gewähren (Art. 39 Abs. 2 der Reichsverf., § 35 Abs. 2 Satz 2 der bayer. VerfUrk., s. auch MinBek. vom 31. Juli 1921, KMBl. S. 176, Anh. Nr. 41, und Anm. 3 zu Art. 39 Reichsverf. v. Anschütz, sowie Anm. 6 zu § 35 der bayer. VerfUrk. v. Kratzer).

[1]) In der Fass. der MinBek. vom 3. März 1927 (GVBl. S. 99).

[2]) Dem Art. 18 des Beamtengesetzes entspricht Art. 13 des Volksschullehrergesetzes.

der gewissenhaften Erfüllung seiner Pflichten und mit der Achtung, die sein Beruf erfordert, vereinbar ist.

2. Damit ist dem Beamten grundsätzlich die Ausübung jedes Nebenamts oder Nebengeschäfts untersagt, durch das die entsprechende Erfüllung seiner Dienstesaufgabe oder sein Ansehen beeinträchtigt wird, gleichviel ob mit dem Nebenamt oder Nebengeschäft eine Entlohnung verbunden ist oder nicht. Gegebenenfalls ist dem Beamten von Aufsichts wegen die Ausübung des Nebenamts oder Nebengeschäfts zu untersagen. Es ist nicht notwendig, daß das Verbot sofort bei der Uebernahme des Nebenamts oder Nebengeschäfts ausgesprochen wird; das Verbot kann auch in jedem späteren Zeitpunkt erfolgen, wenn die nachteiligen Rückwirkungen auf die entsprechende Erfüllung der Dienstesaufgabe oder auf das Ansehen des Beamten erst nachträglich sich zeigen.

2.

Um der vorgesetzten Dienstbehörde die erforderliche Kontrolle zu ermöglichen, ist in dem Artikel 18 Abs. 2, 3 des Beamtengesetzes den Beamten für gewisse Nebenämter oder Nebengeschäfte teils eine Anzeigepflicht, teils die Einholung der Erlaubnis auferlegt.

3.

1. Die Anzeige an die vorgesetzte Dienstbehörde ist durch den Abs. 2 des Artikel 18 vorgeschrieben, wenn ein Beamter
   a) ein nicht mit einer Entlohnung verbundenes Nebenamt im Dienste des Reichs oder eines andern Bundesstaates oder
   b) eine ehrenamtliche Stellung in den Verwaltungsorganen einer Gemeinde, Anstalt, Stiftung, Kasse, Religions- oder Kirchengesellschaft, Erwerbsgesellschaft oder Genossenschaft oder
   c) das Amt eines Schiedsrichters, Testamentvollstreckers, Vormundes, Pflegers, Beistandes oder eine andere Verwaltung fremder Angelegenheiten übernimmt.

2. Die Anzeige genügt in allen diesen Fällen nur dann, wenn mit der Ausübung der Tätigkeit keine Entlohnung verbunden ist. Wird hierfür irgendeine Vergütung gewährt, so bedarf die Uebernahme der Tätigkeit nach dem Artikel 18 Abs. 3 Ziffer 2 des Beamtengesetzes der Erlaubnis.

3. ...

4. Die Anzeige ist, soweit dies nach Lage der Verhältnisse möglich ist, vor der Uebernahme des Nebenamts oder Nebengeschäfts zu erstatten.

5. Die zuständige Dienstbehörde hat auf Grund der Anzeige zu prüfen, ob gegen die Uebernahme oder Fortführung des Nebenamts oder Nebengeschäfts ein Bedenken im Sinne des Artikel 18 Abs. 1 des Beamtengesetzes obwaltet oder nicht. Verneinendenfalls bedarf es keiner weiteren Verfügung. Besteht ein Bedenken, so ist dieses dem Beamten schriftlich mitzuteilen und ihm die Uebernahme oder Fortführung des Nebenamts oder Nebengeschäfts zu untersagen.

4.

1. Die Erlaubnis der zuständigen Dienstbehörde ist nach dem Artikel 18 Abs. 3 des Beamtengesetzes erforderlich:
   a) zum Betrieb eines Gewerbes im Sinne der Reichsgewerbeordnung, und zwar auch dann, wenn es von der Ehefrau oder von einer anderen, dem Hausstande des Beamten angehörenden Person betrieben wird;

b) zur Uebernahme eines Nebenamts oder Nebengeschäfts, womit eine Entlohnung verbunden ist;

c) zur Beteiligung an der Errichtung einer auf Gewinn gerichteten Gesellschaft als Gründer oder zum Eintritt in den Vorstand, Aufsichtsrat oder Verwaltungsrat einer solchen Gesellschaft. Als eine auf Gewinn gerichtete Gesellschaft gilt eine Genossenschaft nicht, deren Tätigkeit auf den Kreis ihrer Mitglieder beschränkt ist.

Die Erlaubnis kann jederzeit zurückgenommen werden.

2. In den Fällen der Ziff. 4 Abs. 1, c darf nach dem Abs. 4 des Artikel 18 des Beamtengesetzes die Erlaubnis nur erteilt werden, wenn mit der Tätigkeit weder unmittelbar noch mittelbar ein Gewinn oder eine Entlohnung verbunden ist.

3. Die Zuständigkeit zur Erteilung der Erlaubnis bemißt sich in den Fällen des Art. 18 Abs. 3 Ziff. 1 und 2 des BG. mit Ausnahme der mit Entlohnung verbundenen Tätigkeit als Schiedsrichter und Gutachter, nach Ziff. 3 Abs. 3 dieser Bekanntmachung; soweit die Erlaubnis von einer nachgeordneten Stelle erteilt wird, ist dem zuständigen Ministerium durch Uebermittlung eines Entschließungsabdruckes Kenntnis zu geben. In den Fällen des Art. 18 Abs. 3 Ziff. 2, soweit sie sich auf die Tätigkeit als Schiedsrichter und Gutachter beziehen, und Ziff. 3 des Beamtengesetzes ist zur Erteilung der Erlaubnis das Ministerium zuständig, in dessen Bereich der Beamte verwendet ist[3]).

4. Um die Erlaubnis hat der Beamte vor der Uebernahme des Nebenamts oder Nebengeschäfts nachzusuchen.

5. Die zuständige Dienstbehörde hat zu würdigen, ob gegen die Erteilung der Erlaubnis ein Bedenken besteht, und die Erlaubnis durch schriftliche Verfügung zu erteilen oder zu versagen. Im Falle der Versagung der Erlaubnis sind in der schriftlichen Eröffnung die Gründe kurz anzugeben.

6. Die Erlaubnis ist zurückzunehmen, wenn sich nachträglich herausstellt, daß die Ausübung des Nebenamts oder Nebengeschäfts den dienstlichen Interessen oder dem Ansehen des Beamten widerstreitet.

5.

1. Nach dem Artikel 18 Abs. 3 Ziff. 1 des Beamtengesetzes ist die Erlaubnis zum Betrieb eines Gewerbes nur notwendig, soweit die Ausübung eines Gewerbes im Sinne der Reichsgewerbeordnung in Frage kommt. In diesem Falle ist jedoch die Erlaubnis auch dann notwendig, wenn das Gewerbe von der Ehefrau oder von einer anderen, dem Hausstande des Beamten angehörenden Person betrieben wird.

2. Leitender Grundsatz für die Erteilung der Erlaubnis muß im Hinblick auf den Artikel 18 Abs. 1 des Beamtengesetzes sein, daß durch die Ausübung des Gewerbes weder die gewissenhafte Erfüllung der dienstlichen Pflichten des Beamten und die Achtung, die der Beruf erfordert, beeinträchtigt, noch den berufsmäßigen Gewerbetreibenden eine unbillige Benachteiligung in ihrem Erwerbe, namentlich nicht durch eine etwaige Preisunterbietung oder ähnlichen unbilligen Wettbewerb zugefügt wird.

3. Soweit eine auf Erwerb gerichtete Tätigkeit in Frage kommt, die den Beamten selbst regelmäßig während der für die Erfüllung seiner

---

[3]) Ziff. 4 Abs. 3 nach der Fass. der Bek. vom 3. März 1927 Ziff. 1 (GVBl. S. 99).

Dienstaufgabe bestimmten Zeit in Anspruch nehmen würde, ist die Erlaubnis grundsätzlich zu versagen.

4. Soweit nur vereinzelte Erwerbsakte eines Beamten in Frage kommen, ist im einzelnen Falle zu würdigen, ob und wieweit dem Beamten die Erlaubnis erteilt werden kann. Die Erlaubnis ist auch in diesem Falle regelmäßig zu versagen, wenn die dienstlichen Pflichten oder das Ansehen des Beamten geschädigt würden oder den berufsmäßigen Gewerbetreibenden eine unbillige Benachteiligung in ihrem Erwerbe zugefügt würde. Die Frage, ob eine derartige Benachteiligung zu befürchten ist, ist unter Berücksichtigung der örtlichen Verhältnisse zu würdigen. Im übrigen ist bei der Würdigung der Gesuche auf die Einkommens- und Familienverhältnisse — starke Familie, ungünstige, wirtschaftliche Lage infolge von Krankheit u. dgl. — und auf sonstige besondere Verhältnisse des Beamten Rücksicht zu nehmen.

5. Wird das Gewerbe von der Ehefrau eines Beamten oder von einer anderen, dem Hausstande des Beamten angehörenden Person betrieben, so ist eine weniger strenge Auffassung zulässig; jedoch ist auch hier in jedem einzelnen Falle zu würdigen, ob die Ausübung eines Gewerbebetriebs mit der dienstlichen Stellung des Beamten und mit der Achtung, die sein Beruf erfordert, sich verträgt, und ob hierdurch nach den örtlichen Verhältnissen nicht den berufsmäßigen Gewerbetreibenden eine unbillige Benachteiligung in ihrem Erwerbe zugefügt wird.

6. Für die Erteilung der Erlaubnis zur gewerbsmäßigen Ausübung der Musik durch Beamte sind außer den vorstehend angeführten Gesichtspunkten nachstehende besondere Bestimmungen zu beachten:

a) Die Erlaubnis zur Mitwirkung bei musikalischen Veranstaltungen gegen Bezahlung darf nur erteilt werden, wenn der Beamte sich nicht regelmäßig, sondern nur aushilfsweise und vorübergehend hieran beteiligt und wenn glaubhaft gemacht ist, daß die Musikkapelle, bei der der Beamte mitwirken soll, ihren Bedarf an den erforderlichen geeigneten Kräften nicht anderwärts decken kann. Außerdem ist auf die Art der Veranstaltung besonders zu achten.

b) Die Mitwirkung darf nur in der dienstfreien Zeit stattfinden und nie in einer Weise ausgedehnt werden, daß dadurch die entsprechende Erfüllung der dienstlichen Obliegenheiten beeinträchtigt wird. Dienstbefreiung zum Zwecke dieser Mitwirkung ist grundsätzlich ausgeschlossen.

c) ...

d) Die unmittelbaren Dienstvorgesetzten haben darüber zu wachen, daß die Erlaubnis nicht mißbraucht wird. Bei Zuwiderhandlungen kann dem Beamten die Erlaubnis zur Mitwirkung bei musikalischen Veranstaltungen gegen Bezahlung dauernd entzogen werden.

6.

1. Nach dem Art. 18 Abs. 3 Ziff. 2 des Beamtengesetzes ist ferner die Erlaubnis zur Uebernahme jedes Nebenamtes oder Nebengeschäfts erforderlich, womit eine Entlohnung verbunden ist.

2. Als Entlohnung in diesem Sinne gelten nicht bloß fortlaufende oder in bestimmten Zeiträumen sich wiederholende, sondern auch einmalige oder in unregelmäßigen Zwischenräumen wiederkehrende Vergütungen. Für den Begriff der Entlohnung in diesem Sinne ist es auch gleichgültig, ob sie in barem Gelde oder in anderen, geldwerten Leistungen besteht.

7.

1. Der Begriff der „Gesellschaft" im Sinne des Art. 18 Abs. 3 Ziff. 3 des Beamtengesetzes (vergl. Ziff. 4 Abs. 1, c dieser Bekanntmachung) ist ebenso wie der Begriff der „Erwerbsgesellschaft" im Sinne des Art. 18 Abs. 2 Ziff. 2 des Beamtengesetzes im weitesten Sinne aufzufassen. Es fallen daher hierunter alle Gesellschaften, deren Tätigkeit auf Erwerb oder Gewinn gerichtet ist, gleichviel ob dies der alleinige Zweck oder nur ein Nebenzweck ist. Die Vorschrift gilt ebensowohl für Gesellschaften im Sinne des Bürgerlichen Gesetzbuches wie für alle Arten von Gesellschaften im Sinne des Handelsgesetzbuches (offene Handelsgesellschaften, Kommanditgesellschaften, Aktiengesellschaften, Kommanditgesellschaften auf Aktien, stille Gesellschaften), nicht minder aber auch für die Gesellschaften mit beschränkter Haftung, die Versicherungsvereine auf Gegenseitigkeit usw. und schließlich auch für Genossenschaften, deren Tätigkeit sich **nicht** auf den Kreis ihrer Mitglieder beschränkt.

2. In allen diesen Fällen darf die Erlaubnis nur erteilt werden, wenn der Beamte keinen von den Betriebsergebnissen unabhängigen besonderen Gewinn als Gründer, keinen sogenannten Gründerlohn, erhält und wenn auch mit der Tätigkeit als Vorstand, Aufsichtsrat oder Verwaltungsrat weder unmittelbar noch mittelbar ein Gewinn oder eine Entlohnung verbunden ist. Ein Gewinn oder eine Entlohnung in diesem Amte liegt nicht vor, wenn der Beamte lediglich infolge seiner Kapitalsbeteiligung an der Gesellschaft — z. B. als Aktionär durch seinen Dividendenbezug — einen Vermögensvorteil genießt; in diesem Falle darf daher die Erlaubnis zur Beteiligung als Gründer oder zum Eintritt in den Vorstand, Aufsichtsrat oder Verwaltungsrat erteilt werden, wenn im übrigen die Voraussetzungen des Art. 18 Abs. 1 des Beamtengesetzes erfüllt sind.

3. Die Erlaubnis soll nur ausnahmsweise erteilt werden, wenn ganz besondere Gründe die Erteilung der Erlaubnis rechtfertigen. Der Umstand, daß Familienangehörige des Beamten an der Gesellschaft beteiligt sind, rechtfertigt für sich allein die Erteilung der Erlaubnis nicht. Die Erlaubnis ist nur unter der Voraussetzung zu erteilen, daß durch die Tätigkeit bei der Gesellschaft keine Behinderung in der Ausübung des Dienstes entsteht, und daß, soweit ausnahmsweise eine solche Dienstbehinderung (z. B. wegen Teilnahme an einer Aufsichtsratssitzung) sich nicht vermeiden läßt und die ausgefallene Dienstleistung nicht nachgeholt werden kann, die Zeit der Dienstbehinderung auf den Erholungsurlaub angerechnet wird.

4. Zur Beteiligung an einer Genossenschaft, deren Tätigkeit auf den Kreis ihrer Mitglieder sich beschränkt, bedarf es einer Erlaubnis nicht. Es ist lediglich die in dem Art. 18 Abs. 2 Ziff. 2 des Beamtengesetzes vorgeschriebene Anzeige zu erstatten.

5. Einer Erlaubnis bedarf der Beamte nicht, wenn er in den Vorstand, Aufsichtsrat oder Verwaltungsrat der Gesellschaft von dem Staate zur Wahrnehmung staatlicher Belange abgeordnet wird; der Anordnung steht gleich, wenn der Beamte auf Vorschlag der zuständigen Dienststelle von den Organen der Gesellschaft gewählt wird oder, sofern nach den Gesellschaftssatzungen eine Abordnung oder ein Vorschlag nicht zulässig ist, die Wahl zur Ermöglichung der Wahrnehmung staatlicher Belange im Einverständnisse mit der zuständigen Dienststelle erfolgt. In diesen Fällen handelt es sich nicht um ein Nebenamt oder Nebengeschäft im Sinne des Art. 18 Abs. 3 Ziff. 3 des Beamtengesetzes, sondern um ein Nebenamt im staatlichen Dienste,

zu dessen Uebernahme der Beamte nach Art. 19 des Beamtengesetzes verpflichtet ist, wenn es seiner Berufsbildung und dienstlichen Stellung entspricht. Dagegen liegt ein Nebenamt oder Nebengeschäft nach Art. 18 Abs. 3 Ziff. 3 des Beamtengesetzes vor, wenn der Beamte zwar auf Grund seiner dienstlichen Stellung, etwa um seine besonderen, sich aus dieser Stellung ergebenden Sachkenntnisse oder Beziehungen der Gesellschaft nutzbar zu machen — nicht aber auf Grund Auftrags seiner vorgesetzten Dienstbehörde zur Wahrung der Belange des Staates —, in den Vorstand, Aufsichtsrat oder Verwaltungsrat einer Gesellschaft eintritt.

6. Tritt der Beamte auf Grund Auftrags seiner vorgesetzten Dienstbehörde in den Vorstand, Aufsichtsrat oder Verwaltungsrat einer Gesellschaft ein, so ist er verpflichtet, alle Bezüge, die er von der Gesellschaft, gleichviel in welcher Form und unter welcher Bezeichnung (feste Vergütungen, Tantiemen, Sitzungsgelder, Aufwandsentschädigungen, Sachbezüge, Gratisaktien, Verwaltungsaktien, Beteiligung an einem Konsortium zur Uebernahme junger Aktien der Gesellschaft usw.) erhält, seiner vorgesetzten Dienstbehörde anzuzeigen und an die Staatskasse abzuliefern. Lediglich Beträge, die in Erstattung eines Aufwandes nach seinem tatsächlichen Anfall gewährt werden, braucht der Beamte nicht abzuliefern. Der Beamte ist ferner verpflichtet, gegenüber der Gesellschaft darauf hinzuwirken, daß den vom Staate abgeordneten Mitgliedern der Gesellschaftsorgane die gleichen Bezüge gewährt werden, wie sonstigen Mitgliedern der Gesellschaftsorgane. Andererseits ist dem Beamten ein ihm erwachsender Aufwand nach den für Dienstgeschäfte bestehenden Bestimmungen zu vergüten, soweit nicht ein Ersatz des tatsächlichen Aufwandes seitens der Gesellschaft erfolgt. Ferner kann ihm nach Maßgabe des Art. 4 des Beamtenbesoldungsgesetzes eine besondere Vergütung für die Führung des Nebenamtes bewilligt werden.

7. Tritt der Beamte auf Grund Auftrags seiner vorgesetzten Dienstbehörde in den Vorstand, Aufsichts- oder Verwaltungsrat einer Gesellschaft ein, so wird die vermögensrechtliche Haftung, die ihm in Ausübung seiner Tätigkeit als Organ der Gesellschaft entsteht, vom Staate übernommen und auf die Geltendmachung von Ersatzansprüchen nach Art. 13 des Beamtengesetzes verzichtet, soweit der Beamte die Schäden nicht vorsätzlich oder durch grobe Fahrlässigkeit verursacht hat [4]).

8. ...

9.

1. Für die Uebernahme einer ehrenamtlichen Stellung in geselligen, wohltätigen, künstlerischen, wissenschaftlichen, beruflichen oder politischen Vereinen bedarf es weder einer Erlaubnis noch einer Anzeige.

2. Ebenso fallen wissenschaftliche oder künstlerische Nebenbeschäftigungen, wie z. B. die literarische Betätigung; ...... weder unter die Vorschrift des Abs. 2 noch des Abs. 3 des Art. 18 des Beamtengesetzes, so daß hierfür gleichfalls weder die Erholung einer Erlaubnis noch eine Anzeige erforderlich ist.

---

[4]) Abs. 3, 5, 6 und 7 nach der Bek. vom 3. März 1927 (GVBl. S. 99). Ziff. 5 dieser Bekanntmachung lautete:

„5. Diese Bekanntmachung tritt mit sofortiger Wirksamkeit in Kraft. Ziff. 7 Abs. 6 und 7 der Bekanntmachung vom 4. April 1912 in der Fassung der Ziff. 4 dieser Bekanntmachung finden Anwendung auf jede Tätigkeit als Mitglied des Vorstandes, Aufsichtsrats oder Verwaltungsrats einer Gesellschaft, die nach dem 1. Januar 1923 stattgefunden hat."

10.

1.—3. . . .

4. Für die im einstweiligen, zeitlichen oder dauernden Ruhestande befindlichen Beamten gelten die Vorschriften des Art. 18 des Beamtengesetzes und infolgedessen auch die Bestimmungen dieser Bekanntmachung nicht, weil für sie der Grund zu einer Beschränkung der freien Erwerbstätigkeit entfällt.

11. und **12.** . . .[5])

---

*27. ME., Beurlaubung des Volksschullehrerpersonals während des Schuljahrs betr., vom 2. April 1920 (KMBl. S. 129).

(Abgedruckt in Braun SchAG. S. 174.)

S. ferner zu Ziff. I, 4 u. 7 der ME. vom 2. April 1920 Ziff. 33, III Buchst. g d. VollzB. z. SchAG. (KMBl. 1923 S. 91, Braun, SchAG. S. 48) und Fußnote 11 b) zur ME. vom 13. März 1920 (Anh. Nr. 26) oben. An die Stelle des „Vorsitzenden des Lehrerrates" (Ziff. I, 7 d. ME. vom 2. April 1920) ist der „Schulleiter" (§ 19 d. SchAG.) getreten.

---

*28. VO., Besuch des Religionsunterrichts betr., vom 6. Mai 1920 (GVBl. S. 260, KMBl. S. 172).

(Abgedruckt in Braun SchAG. S. 228.)

*29. Bek., die Fortbildung der Volksschullehrer betr., vom 11. Juni 1920 (KMBl. S. 260).

(Abgedruckt in Braun SchAG. S. 235.)

---

*30. Bek., die Dienstaufsicht und das Dienststrafrecht für die Volksschullehrer betr., vom 12. Juli 1920 (KMBl. S. 282).

(Abgedruckt in Braun SchAG. S. 172.)

Bem.: Die Bek. des Staatsmin. für Unt. und Kult. vom 20. November 1930 über die Dienstaufsicht und das Dienststrafrecht für die Volksschullehrer (KMBl. S. 182) hat nachstehendes verfügt:

„Der § 3 der MinBek. vom 12. Juli 1920, die Dienstaufsicht und das Dienststrafrecht für die Volksschullehrer betreffend (KMBl. S. 282) wird im Hinblick auf die Bekanntmachung sämtlicher Staatsministerien über die Dienstaufsicht und das Dienststrafrecht für Beamte vom 3. Oktober 1930 (GVBl. S. 357) aufgehoben. Die Ueberschriftsworte vor diesem Paragraphen „II. Verwendung der Zwangs- und Geldstrafen" werden gestrichen."

Auch für die Zwangs- und Geldstrafen, die gem. Art. 103, 106, 107 und 123 BLG. gegenüber Volksschullehrern verhängt werden, sowie für den nichtverbrauchten Teil des bei vorläufiger Dienstenthebung eines Volksschullehrers einbehaltenen Gehaltes (Art. 134 BLG.) ist nunmehr die MinBek.

---

[5]) Gem. ME. vom 25. September 1928 Nr. I 9241 (KMBl. S. 301, Anh. Nr. 82) haben die Regierungen, K. d. J., von jeder Erlaubnis, die sie nach Art. 13 Abs. III BLG. erteilen — mit Ausnahme der Fälle des Gemeindeschreiber- und Chordienstes —, dem Staatsmin. f. Unt. u. K. durch Uebermittlung eines Entschließungsabdruckes Kenntnis zu geben.

vom 3. Oktober 1930 (GVBl. S. 357, Anh. Nr. 96) maßgebend, derzufolge diese Beträge an die Krankenkasse für Staatsbeamte (Versicherungskammer, München 22) fließen (E. d. Staatsmin. für Unt. und Kult. vom 20. November 1930 Nr. IV 43 190).

---

31. Bek. über die Neuregelung der Besoldung der Volksschullehrer nach dem Beamtenbesoldungsgesetz vom 13. Juli 1920 (KMBl. S. 286).

Auszug.

Besondere Bestimmungen über den Nutzgenuß von Dienstwohnungen[1]).

§ 19. Nach Art. 25 VLG. erhielt der Volksschullehrer außer dem Gehalte freie Dienstwohnung oder an deren Stelle eine Wohnungsentschädigung. Der Aufwand für die Dienstwohnung oder Wohnungsentschädigung war gem. Art. 14 des Schulbedarfgesetzes (SchBG.) von der Gemeinde zu tragen.

Vom Inkrafttreten des BBesG. an ist die Besoldung des Volksschullehrers auch der Art nach vollständig der des Beamten angeglichen. Sie besteht also wie die des Beamten ausschließlich aus den im Art. 1 BBesG. angeführten Bezügen. Freie Dienstwohnung oder eine Wohnungsentschädigung neben dem Gehalte kann daher dem Volksschullehrer nicht mehr gewährt werden.

Nach wie vor sollen jedoch mit den Schulstellen in kleineren Gemeinden Dienstwohnungen verbunden sein (s. unten § 24). Ist dem Volksschullehrer eine Dienstwohnung angewiesen, so hat er gemäß Art. 19 Abs. I Satz 1 wie der Beamte eine Mietentschädigung zu entrichten. Ein Rechtsanspruch auf die Gewährung einer Dienstwohnung steht ihm ebensowenig mehr zu wie dem Beamten.

Die Mietentschädigung, die der Volksschullehrer für den Genuß einer Dienstwohnung zu entrichten hat, wird nach Art. 55[2]) Abs. I BBesG. vom Rentamt[3]) durch Abzug bei der Auszahlung des Diensteinkommens eingehoben.

§ 20. Zuständige Behörde im Sinne des Art. 19 Abs. I Satz 2 ist hinsichtlich der Mietentschädigungen der Volksschullehrer die Bezirksverwaltungsbehörde (Bezirksamt, in unmittelbaren Städten der Stadtrat). Das Bezirksamt hat vor der Festsetzung der Mietentschädigung die beteiligte Gemeindeverwaltung, bei zusammengesetztem Schulsprengel die verstärkte Gemeindeverwaltung einzuvernehmen. Gegen den Beschluß der Bezirksverwaltungsbehörde kann binnen 4 Wochen Beschwerde an die Regierung, Kammer des Innern, erhoben werden, die endgültig entscheidet.

Nach der Vorschrift des Art. 19 Abs. I Satz 2 ist bei der Festsetzung der Mietentschädigung auch der Wert zu berücksichtigen, den die Wohnung für den Volksschullehrer hat. Ist daher einem ledigen Volks-

---

[1]) Von diesen Bestimmungen wurden durch die MinBek. vom 25. September 1923 über die Mietentschädigungen für Dienstwohnungen und Dienstzimmer (GVBl. S. 342, Anh. Nr. 57 unten, Ziff. V, 20 Buchst. f) § 19 Abs. IV S. 2, § 20 Abs. I, § 21 und 22 Abs. II aufgehoben. Diese Abänderungen sind im Abdruck berücksichtigt.

[2]) Nunmehr Art. 49 BBesG. vom 20. April 1928 (GVBl. S. 205).

[3]) Später Finanzamt, nunmehr „Kreiskasse".

schullehrer eine Dienstwohnung erster Ordnung (Familienwohnung) angewiesen, so wird die Mietentschädigung in der Regel mit einem entsprechend geringeren Betrage zu bemessen sein, der wiederum verschieden sein kann, je nachdem der Volksschullehrer einen eigenen Haushalt führt oder nicht. In gleicher Weise wird die Mietentschädigung für eine Dienstwohnung zweiter Ordnung grundsätzlich zu ermäßigen sein, wenn die Lehrkraft, der sie zugewiesen ist, keinen eigenen Haushalt führt und deshalb die Wohnung nicht in vollem Umfange benützt.

Nach einem Beschluß des Landtags zum Art. 54 BBesG. [4]) sollen bei der Festsetzung der Mietentschädigungen der Volksschullehrer die Kosten für die Herstellung der Wohnung mitberücksichtigt werden. Dieser Beschluß kann selbstverständlich nicht die Bedeutung haben, daß die Volksschullehrer in bezug auf die Bemessung der Mietentschädigung ungünstiger oder günstiger behandelt werden sollen als die Beamten, weil dies dem Gesetze widersprechen würde. Die Herstellungskosten für die Lehrerwohnung sind demnach soweit zu berücksichtigen, wie dies bei der Festsetzung der von den übrigen Staatsbeamten zu entrichtenden Mietentschädigungen nach der Vorschrift des Art. 19 Abs. I Satz 2 BBesG. und den hierzu erlassenen Vollzugsanweisungen geschieht.

Den Bezirksverwaltungsbehörden wird anheimgegeben, bei der Festsetzung der Mietentschädigungen für Volksschullehrer an Orten, an denen sich auch Dienstwohnungen für Beamte befinden, zur Herbeiführung eines gleichmäßigen Vollzuges mit dem Finanzamt (Rentamt) [3]) ins Benehmen zu treten.

§ 21 (gestrichen).

§ 22. Die Mietentschädigungen sollen von den Bezirksverwaltungsbehörden mit möglichster Beschleunigung festgesetzt werden. Die Regierungen können, wenn erforderlich, nähere Anordnungen über die geschäftliche Behandlung treffen.

Die Bezirksverwaltungsbehörde gibt den Betrag der vorläufig oder endgültig festgesetzten Mietentschädigung dem Rentamte [3]) bekannt, dem die Auszahlung des Diensteinkommens des Volksschullehrers obliegt.

§ 23. Die Vorschriften im Art. 19 Abs. II—IV BBesG. sind ohne weiteres auch für die Volksschullehrer maßgebend.

An die Stelle des Art. 19 Abs. V tritt für die Volksschullehrer die Bestimmung im Art. 14 Abs. IV SchBG. in der Fassung nach Art. 63 Nr. 2 BBesG.

§ 24. Eine Verpflichtung der Gemeinden zur Gewährung von Wohnungsentschädigungen besteht künftig in keinem Fall mehr. Die bisherigen Art. 13 Abs. II, 14 Abs. II, 16 und 21 SchBG. sind daher durch Art. 63 BBesG. aufgehoben. Dagegen haben die Gemeinden unter 2500 Einwohnern auf Grund des Art. 14 SchBG. in der Fassung nach Art. 63 Nr. 2 BBesG. nach wie vor für die Volksschullehrer Dienstwohnungen zur Verfügung zu stellen. Wie bisher ist die Regierung ermächtigt, aus besonderen Gründen eine Gemeinde von dieser Verpflichtung zu befreien oder eine Gemeinde mit 2500 oder mehr Einwohnern zur Bereitstellung von Dienstwohnungen zu verpflichten.

Art. 14 SchBG. neuer Fassung begründet eine rechtliche Verpflichtung der Gemeinde nicht mehr gegenüber dem Volksschullehrer unmittelbar, sondern lediglich gegenüber der Staatsaufsichtsbehörde.

---

[4]) BBesG. vom 2. Juni 1920 (GVBl. S. 275).

Ueber die Art und Beschaffenheit der Dienstwohnungen, welche die beteiligten Gemeinden bereitzustellen haben, enthalten die Art. 15 und 17 SchBG. in der Fassung nach Art. 63 Nr. 3 und 4 BBesG. die näheren Vorschriften. Auf die Aenderung des Art. 15 Abs. I Nr. 3 SchBG. wird besonders hingewiesen; darnach hat die Dienstwohnung dritter Ordnung, wie dies dem früheren Rechte entspricht, lediglich aus einem heizbaren Wohnzimmer zu bestehen.

§ 25. Die im Art. 14 Abs. I und II SchBG. (neuer Fassung) bezeichneten Gemeinden haben die Dienstwohnungen nicht mehr unentgeltlich bereitzustellen. Sie erhalten hierfür vielmehr die vom Volksschullehrer nach Art. 19 Abs. I mit Art. 55 [2]) Abs. I BBesG. zu entrichtende Mietentschädigung.

Demgemäß bestimmt Art. 55 [2]) Abs. II BBesG., daß die vom Diensteinkommen des Volksschullehrers abzuziehende Mietentschädigung vom Rentamt [3]) am Schluß des Rechnungsjahres an die Gemeinde zu überweisen ist. Bei zusammengesetztem Schulsprengel, also wenn am Schulsprengel mehrere Gemeinden beteiligt sind, ist die Mietentschädigung an die Verwaltung derjenigen Gemeinde zu überweisen, der nach Art. 2 Abs. I oder III SchBG. die vermögensrechtliche Verwaltung und Vertretung der Sprengelschule obliegt. Welche Gemeindeverwaltung hiernach in zusammengesetzten Schulsprengeln empfangsberechtigt ist, wird dem Rentamt [3]) von der Bezirksverwaltungsbehörde bekanntgegeben. Auf Ziff. 1 der Ministerialentschließung vom 30. November 1919 betr. die vermögensrechtliche Verwaltung der öffentlichen Volksschulen (KMBl. S. 265, Anh. Nr. 23) wird hingewiesen.

Die Gemeinden sind nicht berechtigt, die Mietentschädigung vom Volksschullehrer unmittelbar zu fordern oder in Empfang zu nehmen.

Für die Verwendung der den Gemeinden zufließenden Mietentschädigungsbeträge sind die Bestimmungen des Art. 58 Abs. III SchBG. maßgebend (Art. 55 [2]) Abs. II Satz 2 BBesG.). Diese Beträge sind hiernach, zur Erfüllung der Verpflichtungen zu verwenden, die den Gemeinden hinsichtlich der Aufbringung des Schulbedarfs nach dem Schulbedarfgesetz obliegen. Ueberschüsse, die nach Erfüllung dieser Verpflichtungen verbleiben, sind als Grundstockvermögen für Schulhausbauzwecke (Schulhausbaufond) verzinslich anzulegen. Die Regierung, Kammer des Innern, kann genehmigen, daß das Grundstockvermögen ganz oder teilweise für andere mit den Aufgaben der Volksschule zusammenhängende Zwecke verwendet wird.

§ 26. Die Ueberweisung der Mietentschädigung an die Gemeinde kann in den Fällen des Art. 55 [2]) Abs. II Satz 3 BBesG. ausgeschlossen werden. Hierzu wird bis auf weiteres bestimmt:

1. Wenn der Gemeinde die Baupflicht an dem Dienstwohngebäude (Schulhaus oder Lehrerwohnhaus) auch nicht zum Teil obliegt, unterbleibt die Ueberweisung der Mietentschädigung an die Gemeinde, gleichviel in wessen Eigentum das Gebäude steht; in diesen Fällen verbleibt die Mietentschädigung endgültig der Staatskasse.

2. Wenn der Gemeinde die volle Baupflicht am Dienstwohngebäude obliegt, gebührt ihr die volle Mietentschädigung, auch wenn das Gebäude ganz oder teilweise im Eigentum des Staates oder eines Dritten steht.

3. Wenn der Gemeinde die Baupflicht am Dienstwohngebäude nur zum Teil obliegt, wird ihr die Mietentschädigung im entsprechenden Verhältnis überwiesen, gleichviel in wessen Eigentum das Gebäude steht.

4. Wenn über das Eigentum oder die Baupflicht an dem Dienstwohngebäude Streit besteht, hat die Ueberweisung der Mietentschädigung an die

Gemeinde vorläufig zu unterbleiben vorbehaltlich der endgültigen Regelung nach rechtskräftiger Entscheidung oder gütlicher Beilegung des Streites über das Eigentum und die Baupflicht.

Die Regierung, Kammer des Innern, gibt im Einvernehmen mit der fiskalischen Vertretung dem Rentamte [3]) bekannt, in welchen Fällen die Voraussetzungen der vorstehenden Ziffer 1 bis 4 gegeben sind.

Die Mietentschädigungen die hiernach in der Staatskasse vereinnahmt werden, sind auf den Staatshaushalt, „Uebrige Betriebe des Staates und sonstige Nutzungen des Staatsgutes", Kap. 5, zu verrechnen [6]).

§ 27. Das BBesG. hat rückwirkende Geltung vom 1. April 1920 an. Ebenso wie daher dem Volksschullehrer die neuen Bezüge (Art. 1 BBesG.) schon vom 1. April 1920 an zukommen, ist auch die Mietentschädigung, die der Volksschullehrer für den Genuß einer Dienstwohnung zu entrichten hat, schon von diesem Zeitpunkt an abzuziehen und (vorbehaltlich der Bestimmungen im § 26) an die Gemeinde abzuführen.

Da ferner auch die Vorschrift des bisherigen Art. 14 Abs. II SchBG. mit Wirkung vom 1. April 1920 aufgehoben und damit die Verpflichtung der beteiligten Gemeinden zur Gewährung von Wohnungsentschädigungen schon mit Wirkung von diesem Zeitpunkt an in Wegfall gekommen ist, haben die Rentämter den Gemeinden, die gemäß Art. 21 SchBG. für das zweite Vierteljahr 1920 Wohnungsentschädigungen eingezahlt haben, den Betrag dieser Wohnungsentschädigungen zurückzuerstatten.

Ziff. 2 der Ministerialentschließung vom 15. Dezember 1919 über die Zahlung und Verrechnung der Dienstbezüge für die Volksschullehrer (KMBl. S. 314) wird mit Wirkung vom 1. April 1920 an aufgehoben.

*32. VO., die Aufsicht über das Volksschulwesen an den Kreisregierungen betr., vom 29. Juli 1920 (GVBl. S. 397).

(Abgedruckt in Braun, SchAG. S. 105.)

Bem. zu § 4: Die „Kreisschulräte" der Besoldungsgruppe X sind nunmehr in der Besoldungsordnung A (Anlage 1 zum BBesG. vom 20. April 1928 — GVBl. S. 205) unter Besoldungsgruppe 2 g, die „Regierungsschulräte" der Besoldungsgruppe XI in der Besoldungsordnung A unter Besoldungsgruppe 2 d eingereiht.

*33. ME., Erkrankung von Volksschullehrern betr., vom 2. Januar 1921 (KMBl. S. 7).

(Abgedruckt in Braun, SchAG. S. 176.)

Bem.: Die ME. vom 2. Januar 1921 ist durch die ME. vom 15. Dezember 1930 (KMBl. 1931 S. 1) aufgehoben und ersetzt — s. Anhang Nr. 98.

*34. ME., Befreiung der israelitischen Kinder und der Adventistenkinder vom Schulbesuch betr., vom 7. Januar 1921 (KMBl. S. 13).

(Abgedruckt in Braun, SchAG. S. 124.)

[6]) Zu § 26 s. auch Anm. 6 c zu Art. 14 und Anm. 3 (am Schlusse) zu Art. 51 SchBG. oben.

35. ME., Dienstwohnungen der Volksschullehrer betr., vom 8. Februar 1921 (KMBl. S. 40).

Es ist bekannt geworden, daß es in der letzten Zeit Gemeinden unternommen haben, an dem Bestande der Lehrerdienstwohnungen und der dazu gehörigen Nebenräume Aenderungen vorzunehmen. Auch scheinen sich anläßlich des Ueberganges der Gemeindeschreiberei oder des Kirchendienstes auf eine andere Persönlichkeit oder der anderweitigen Verpachtung der Schulgrundstücke da und dort Zweifel oder Schwierigkeiten hinsichtlich der Benützung der im Schulhause befindlichen Räumlichkeiten und der zum Schulhause gehörigen Nebengebäude ergeben zu haben.

Auf Grund der Art. 14 Abs. IV, 15 Abs. II, 19 Abs. IV Satz 1, 26 Abs. II Satz 2 und 81 des Schulbedarfgesetzes (in der Fassung nach Art. 63 des Beamtenbesoldungsgesetzes) wird daher folgendes bestimmt:

1. Für den Bestand der einzelnen Dienstwohnung ist zunächst die „Statistische Nachweisung zur Fassion der Schulstelle" maßgebend, die nach den Bestimmungen der Ministerialentschließung betr. die Neuherstellung von Fassionen der Schuldienste und der Schul- und Kirchendienste vom 11. April 1899 (KMBl. S. 123) der Schulfassion als Beleg 1 beizufügen war. Auf die nachstehende Ministerialentschließung betr. Schulstellenbeschreibungen (Schulfassionen) vom 8. Februar 1921 wird Bezug genommen.

Nach den Einträgen unter Ziff. 7 der Nachweisung bestimmt sich daher grundsätzlich, welche Wohnräume und Wirtschaftsräume (einschließlich jener in Nebengebäuden) zur Dienstwohnung gehören.

2. Bestehen im einzelnen Falle Zweifel darüber, welche Räumlichkeiten zur Dienstwohnung gehören, sei es, daß die Beschreibung der Wohnung in der Statistischen Nachweisung nicht durchgeführt worden ist oder die Richtigkeit der Einträge bestritten wird, so entscheidet hierüber nach Anhörung der Gemeindeverwaltung und des Schulstelleninhabers die Bezirksverwaltungsbehörde. Gegen ihre Entscheidung kann Beschwerde zur Regierung, Kammer des Innern, erhoben werden, die endgültig entscheidet.

3. Jede Aenderung an dem Bestande der Dienstwohnungen einschließlich der Nebenräume bedarf der Genehmigung der Bezirksverwaltungsbehörde. Dies gilt selbstverständlich auch dann, wenn etwa zwischen der Gemeinde und dem Inhaber der Schulstelle eine Vereinbarung über die Aenderung getroffen worden wäre. Vor der Entscheidung sind die Gemeindeverwaltung und der Schulstelleninhaber zu hören.

Auch Aenderungen, die etwa schon bisher ohne behördliche Genehmigung vorgenommen wurden, erlangen erst durch nachträgliche Genehmigung Wirksamkeit.

Soferne hierzu aus besonderen Gründen Veranlassung besteht, kann die Bezirksverwaltungsbehörde Aenderungen im Bestande der Dienstwohnungen nach Anhörung der Gemeindeverwaltung und des Stelleninhabers von Amts wegen verfügen.

Auf Beschwerden entscheidet endgültig die Regierung, Kammer des Innern.

4. Bestehen Zweifel darüber, ob die Benützung von Nebengebäuden, wie z. B. von Schulstädeln, auch fernerhin dem Volksschullehrer zustehen soll, so wird die Entscheidung zunächst davon abhängen, ob das Nebengebäude

a) als ein Bestandteil (Nebenraum) der Dienstwohnung zu gelten hat, also für hauswirtschaftliche Zwecke bestimmt ist, oder

b) der Bewirtschaftung des Hausgartens (Art. 19 des Schulbedarfgesetzes) oder eines für unterrichtliche Zwecke bestimmten Schulgartens dient, oder

c) als Zubehör eines Schulgrundstücks (Art. 26 und 61 des Schulbedarfgesetzes) zu erachten ist.

Ob der Fall a gegeben ist, entscheidet sich nach den Bestimmungen unter Ziff. 1 und 2 der gegenwärtigen Entschließung.

Ob die Voraussetzungen unter b oder c zutreffen, entscheidet im Streitfalle nach Anhörung der Gemeindeverwaltung, des Stelleninhabers und sonstiger Beteiligter die Bezirksverwaltungsbehörde, auf Beschwerde die Regierung, Kammer des Innern.

In den Fällen unter a und b wird die Benützung grundsätzlich dem Volksschullehrer zustehen, in den Fällen unter c grundsätzlich dem Pächter des Schulgrundstücks. Die Bezirksverwaltungsbehörde ist jedoch befugt, je nach der Lage der Verhältnisse und nach Maßgabe des tatsächlichen Bedürfnisses eine abweichende Regelung zu treffen, insbesondere die gemeinschaftliche Benützung des Wirtschaftsgebäudes oder, wenn deren mehrere vorhanden sind, eine entsprechende Verteilung anzuordnen.

5. Die Benützung von Nebengebäuden, die als Zubehör von Kirchendienstgründen zu erachten sind, wird dem zustehen, dem die Grundstücksnutzung gebührt. Auf Ziff. 6 Abs. III der Ministerialentschließung betr. Schulgrundstücke vom 31. Dezember 1919 (KMBl. 1920 S. 22, Anh. Nr. 24) wird hingewiesen. Besteht Streit darüber, ob die Nutzung des Grundstücks oder des Wirtschaftsgebäudes bisher Bestandteil des Schuldiensteinkommens oder des Kirchendiensteinkommens war, so hätte gegebenenfalls Entscheidung nach Art. 39 und 40 des Schulbedarfgesetzes (in der Fassung nach Art. IV Nr. 1 und 2 des Gesetzes vom 24. März 1920, GVBl. S. 103) vorauszugehen.

6. Nach Ziff. 1 und 2 der Bekanntmachung vom 25. Mai 1906 (KMBl. S. 313, Anh. Nr. 8) sind die Wohn- und Schlafzimmer, die Küche und der Abort einer Lehrerwohnung womöglich so anzulegen, daß sie innerhalb eines Wohnungsverschlusses gelegen und von einem Vorplatze (Flur) aus unmittelbar zugänglich sind. Im § 16 Abs. II der Bekanntmachung vom 15. April 1913 (KMBl. S. 115, Anh. Nr. 13) ist im besonderen noch vorgeschrieben, daß gemeindliche Geschäftszimmer, die in Schulhäusern eingerichtet werden, außerhalb der Lehrerwohnungen liegen müssen.

Diesen Vorschriften kommt erhöhte Bedeutung zu, wenn die Gemeindeschreiberei von einer anderen Person als dem Volksschullehrer ausgeübt wird, wie es künftig immer häufiger der Fall sein wird. Stehen der alsbaldigen Durchführung der angeführten Bestimmungen im einzelnen Falle unüberwindliche Hindernisse entgegen, so muß jedenfalls eine Regelung getroffen werden, daß keinerlei Verkehr zu den gemeindlichen Geschäftsräumen durch die eigentliche Dienstwohnung stattfindet und daß der Wohnungsinhaber jederzeit in der Lage ist, sämtliche Wohn- und Nebenräume vollständig abzuschließen.

Ausgeschlossen muß auch sein, daß durch die Mitbenützung des Schulgebäudes für Zwecke des gemeindlichen Verwaltungsdienstes der Schulbetrieb Störungen erleidet.

7. In den geltenden Schulordnungen [1]) ist bereits vorgeschrieben, daß die Benützung der Schulräume zu anderen als zu Unterrichtszwecken

---

[1]) S. nunmehr Art. 1 Abs. II des SchBG.

während der Schulzeit unbedingt verboten und außerhalb der Schulzeit nur ausnahmsweise in besonderen Fällen zulässig ist. Voraussetzung ist hierbei, daß durch eine solche Verwendung der Schulräume auch die Benützung der Dienstwohnung nicht beeinträchtigt wird.

8. Die besonderen, für die Dauer der gegenwärtigen Wohnungsschwierigkeiten erlassenen Vorschriften, wonach unbenützte oder zu große Wohnungen zur Unterbringung wohnungsuchender Personen in Anspruch genommen werden können, gelten grundsätzlich auch für die Dienstwohnungen, soweit hier nicht Sondervorschriften bestehen. In dieser Hinsicht ist auf § 8 der Bekanntmachung betr. Maßnahmen gegen Wohnungsmangel vom 10. August 1920 (MABl. S. 359, Staatsanzeiger Nr. 186) zu verweisen. Darnach dürfen Dienstwohnungen von Volksschullehrern ganz oder teilweise nur mit vorheriger Zustimmung des Staatsministeriums für Unterricht und Kultus in Anspruch genommen werden. Um die Zustimmung hätte die Gemeindebehörde auf dem Dienstwege nachzusuchen [2]).

9. Die Regierungen, Kammern des Innern, können zum Vollzuge der gegenwärtigen Entschließung nähere Anordnungen erlassen. Sie können sich die Entscheidungen vorbehalten, die im vorstehenden den Bezirksverwaltungsbehörden übertragen sind.

36. ME., Schulstellenbeschreibungen (Schulfassionen) betr., vom 8. Februar 1921 (KMBl. S. 45).

1. Durch die Vorschriften des Volksschullehrergesetzes und des Schulbedarfgesetzes vom 14. August 1919 sind die früheren Schulfassionen insoweit gegenstandslos geworden, als sich nach ihnen das Diensteinkommen der Volksschullehrer bestimmte. Dagegen sind sie für die Beurteilung der sonstigen Verhältnisse der Schulstellen nach wie vor noch in mancher Hinsicht von Bedeutung. Insbesondere werden sie vielfach auch fernerhin wichtige Belege und Beweisbehelfe bilden für besondere rechtliche Verpflichtungen Dritter zu Leistungen für den Schulbedarf, für Art und Umfang der mit der Schulstelle verbundenen Dienstwohnungen und Schulgrundstücke mit Zubehör sowie namentlich auch für das Einkommen aus dem Kirchendienste, wo dieser früher mit dem Schuldienste organisch verbunden war.

Die Schulfassionen sind daher als Schulstellenbeschreibungen bei den Behörden und Stellen, bei denen sie nach den bisherigen Vorschriften in Urschrift oder Abschrift zu hinterlegen waren, auch weiterhin sorgfältig aufzubewahren.

2. Besondere Bedeutung kommt auch künftig noch der „Statistischen Nachweisung zur Fassion der Schulstelle“ zu, die nach den Bestimmungen der Ministerialentschließung betr. die Neuherstellung von Fassionen der Schuldienste und der Schul- und Kirchendienste vom 11. April 1899 (KMBl. S. 123) der Schulfassion als Beleg 1 beizufügen war. Die Einträge in diese Nachweisung sind ständig auf dem laufenden zu erhalten. Gegenstandslos geworden sind jedoch die Ziff. 6 (Besetzungsrechte), 7 Buchst. e (Wohnungsentschädigung), 10 (Schulgeld) und 11 (Nebeneinnahmen) sowie unter Ziff. 9 der Vortrag: „Hat der Lehrer Anspruch auf den nicht zur Verwendung

---

[2]) S. nunmehr Anm. 9 Abs. 2 zu Art. 14 SchBG. oben.

gelangenden, nach Beendigung der Heizperiode erübrigten Rest? Gegen welche Gegenleistung?" Auch der Eintrag unter Ziff. 5 (Schulkassarechnung des Jahres 1898) bedarf nicht der ständigen Erneuerung.

Es wird künftig genügen, wenn für sämtliche Lehrstellen einer Schule eine statistische Nachweisung fortgeführt wird. Eine Ausnahme bildet die Beschreibung der Dienstwohnungen samt den Nebenräumen (Ziff. 7 Buchst. a bis d der Nachweisung), die für jede Schulstelle gesondert durchgeführt werden muß. Wo sie für einzelne Schulstellen noch nicht vorhanden sein sollte, ist sie ungesäumt neu anzulegen, wobei auch dem derzeitigen Stelleninhaber Gelegenheit zur Aeußerung zu geben wäre. Diese Beschreibung ist namentlich für die Beurteilung der gemeindlichen Verpflichtung nach Art. 15 des Schulbedarfgesetzes von besonderer Wichtigkeit. Auf die vorstehend veröffentlichte Ministerialentschließung betr. Dienstwohnungen der Volksschullehrer vom 8. Februar 1921 wird Bezug genommen.

Bei Dienstwohnungen dritter Ordnung ist an Stelle des bisherigen Vortrags unter Ziff. 7 Buchst. e eine Beschreibung der von der Gemeinde gemäß Art. 18 des Schulbedarfgesetzes zur Verfügung gestellten Zimmereinrichtung beizufügen. Ausführungsbestimmungen zum Art. 18 werden demnächst ergehen [1]).

Die Bezirksverwaltungsbehörden können soweit erforderlich anordnen, daß der Beschreibung der Wohnungen eine Planskizze auf Kosten der Gemeinde beigegeben wird.

3. Die Regierungen, Kammern des Innern, sind ermächtigt, zum Vollzuge dieser Entschließung nähere Anordnungen zu erlassen.

---

37. **VO., die Schuljahrordnung betr.,** vom 24. Februar 1921 (KMBl. S. 97).

Vom Schuljahr 1921/22 an wird an sämtlichen allgemein bildenden Schulen Bayerns einschließlich der Volksschulen und der Berufsschulen der Beginn des Schuljahrs auf den 1. Mai und der Schluß auf Ende April festgesetzt.

Das Schuljahr 1920/21 endigt am 27. April.

Die entgegenstehenden Bestimmungen der Schulordnungen werden aufgehoben.

Das Staatsministerium für Unterricht und Kultus wird ermächtigt, die zum Vollzuge dieser Verordnung erforderlichen Verfügungen zu treffen und insbesondere Zeit und Dauer der Ferien zu regeln, soweit nicht hierzu nachgeordnete Stellen zuständig sind.

---

38. **Bek., Mietentschädigungen für Dienstwohnungen der Volksschullehrer betr.,** vom 24. Mai 1921 (KMBl. S. 131).

Das Staatsministerium der Finanzen hat durch Entschließung an die Landesfinanzämter vom 7. Mai 1921 Nr. 15 452 genehmigt, daß die ge-

[1]) S. Bek. vom 11. November 1922 (KMBl. S. 186, Anh. Nr. 49 unten.

mäß Art. 55 des BBesG.[1]) von den Finanzämtern[2]) einzubehaltenden Mietentschädigungen, die die Volksschullehrer für den Genuß von Dienstwohnungen zu entrichten haben, an die Gemeinden auf deren Antrag am Schlusse eines jeden Vierteljahrs überwiesen werden[3]).

---

39. Bek. über die Dienstwohnungen der Volksschullehrer vom 6. Juni 1921 (KMBl. S. 147).

Auf Grund der Art. 14 Abs. IV und 15 Abs. II des Schulbedarfgesetzes vom 14. August 1919 (in der Fassung nach Art. 63 des Beamtenbesoldungsgesetzes vom 2. Juni 1920) wird im Einvernehmen mit dem Staatsministerium des Innern unter Vorbehalt endgültiger Vollzugsvorschriften folgendes bestimmt:

1. Die Erneuerung des Anstrichs der Decken, Wände, Fußböden usw. in den Dienstwohnungen der Volksschullehrer ist auf Kosten der zur Bereitstellung von Dienstwohnungen verpflichteten Gemeinden vorzunehmen.

Dies gilt nicht, soweit es sich um die Wiederherstellung des früheren Zustandes im Falle von Beschädigungen handelt, die durch Verschulden des Wohnungsinhabers, seiner Angehörigen, seines Gesindes oder von ihm beauftragter Personen verursacht worden sind.

Ob und wieweit die Erneuerung des Anstrichs erforderlich ist, ferner ob und wieweit gegebenenfalls eine schuldhafte Beschädigung vorliegt, entscheidet im Streitfalle die Bezirksverwaltungsbehörde. Gegen ihren Beschluß kann binnen vier Wochen Beschwerde an die Regierung, Kammer des Innern, erhoben werden, die endgültig entscheidet.

2. Die Kosten des für den Dienstwohnungsinhaber und seine Hausstandsangehörigen erforderlichen Verbrauchs an Leitungswasser (Wasserzins) einschließlich der Wassermessermiete sind von der Gemeinde zu tragen.

Wird Leitungswasser für den Hausgarten verbraucht, so hat der Volksschullehrer hierfür an die Gemeinde eine angemessene Entschädigung zu entrichten, die mangels einer gütlichen Vereinbarung von der Bezirksverwaltungsbehörde festgesetzt wird.

Bei Streitigkeiten über den zulässigen Umfang des Wasserverbrauchs entscheidet die Bezirksverwaltungsbehörde. Ziff. 1 Abs. III Satz 2 ist anwendbar.

3. Die auf besonderen Rechtsverhältnissen beruhenden Verpflichtungen Dritter zu Leistungen für den Schulbedarf (Baulastverbindlichkeiten) werden durch vorstehende Bestimmungen nicht berührt.

4. Diese Bestimmungen gelten mit Wirkung vom 1. Januar 1920 an.

---

40. RG. über die religiöse Kindererziehung vom 15. Juli 1921 (RGBl. S. 939).

§ 1. Ueber die religiöse Erziehung eines Kindes bestimmt die freie Einigung der Eltern, soweit ihnen das Recht und die Pflicht zusteht, für

---

[1]) Vom 2. Juni 1920, nunmehr Art. 49 des BBesG. vom 20. April 1928 (GVBl. S. 205).

[2]) Nun: Kreiskassen.

[3]) S. auch ME. vom 2. März 1928 (KMBl. S. 181).

die Person des Kindes zu sorgen. Die Einigung ist jederzeit widerruflich und wird durch den Tod eines Ehegatten gelöst.

§ 2. Besteht eine solche Einigung nicht oder nicht mehr, so gelten auch für die religiöse Erziehung die Vorschriften des Bürgerlichen Gesetzbuchs über das Recht und die Pflicht, für die Person des Kindes zu sorgen.

Es kann jedoch während bestehender Ehe von keinem Elternteil ohne die Zustimmung des anderen bestimmt werden, daß das Kind in einem anderen als dem zur Zeit der Eheschließung gemeinsamen Bekenntnis oder in einem anderen Bekenntnis als bisher erzogen, oder daß ein Kind vom Religionsunterricht abgemeldet werden soll.

Wird die Zustimmung nicht erteilt, so kann die Vermittlung oder Entscheidung des Vormundschaftsgerichts beantragt werden. Für die Entscheidung sind, auch soweit ein Mißbrauch im Sinne des § 1666 des Bürgerlichen Gesetzbuchs nicht vorliegt, die Zwecke der Erziehung maßgebend. Vor der Entscheidung sind die Ehegatten sowie erforderlichenfalls Verwandte, Verschwägerte und die Lehrer des Kindes zu hören, wenn es ohne erhebliche Verzögerung oder unverhältnismäßige Kosten geschehen kann. Der § 1847 Abs. 2 des Bürgerlichen Gesetzbuchs findet entsprechende Anwendung. Das Kind ist zu hören, wenn es das zehnte Jahr vollendet hat.

§ 3. Steht dem Vater oder der Mutter das Recht und die Pflicht, für die Person des Kindes zu sorgen, neben einem dem Kinde bestellten Vormund oder Pfleger zu, so geht bei einer Meinungsverschiedenheit über die Bestimmung des religiösen Bekenntnisses, in dem das Kind erzogen werden soll, die Meinung des Vaters oder der Mutter vor, es sei denn, daß dem Vater oder der Mutter das Recht der religiösen Erziehung auf Grund des § 1666 des Bürgerlichen Gesetzbuchs entzogen ist.

Steht die Sorge für die Person eines Kindes einem Vormund oder Pfleger allein zu, so hat dieser auch über die religiöse Erziehung des Kindes zu bestimmen. Er bedarf dazu der Genehmigung des Vormundschaftsgerichts. Vor der Genehmigung sind die Eltern sowie erforderlichenfalls Verwandte, Verschwägerte und die Lehrer des Kindes zu hören, wenn es ohne erhebliche Verzögerung oder unverhältnismäßige Kosten geschehen kann. Der § 1847 Abs. 2 des Bürgerlichen Gesetzbuchs findet entsprechende Anwendung. Auch ist das Kind zu hören, wenn es das zehnte Lebensjahr vollendet hat. Weder der Vormund noch der Pfleger können eine schon erfolgte Bestimmung über die religiöse Erziehung ändern.

§ 4. Verträge über religiöse Erziehung eines Kindes sind ohne bürgerliche Wirkung.

§ 5. Nach Vollendung des vierzehnten Lebensjahrs steht dem Kinde die Entscheidung darüber zu, zu welchem religiösen Bekenntnis es sich halten will. Hat das Kind das zwölfte Lebensjahr vollendet, so kann es nicht gegen seinen Willen in einem anderen Bekenntnis als bisher erzogen werden.

§ 6. Die vorstehenden Bestimmungen finden auf die Erziehung der Kinder in einer nicht bekenntnismäßigen Weltanschauung entsprechende Anwendung.

§ 7. Für Streitigkeiten aus diesem Gesetz ist das Vormundschaftsgericht zuständig. Ein Einschreiten von Amts wegen findet dabei nicht statt, es sei denn, daß die Voraussetzungen des § 1666 des Bürgerlichen Gesetzbuchs vorliegen.

§ 8. Alle diesem Gesetz entgegenstehenden Bestimmungen der Landesgesetze sowie Artikel 134 des Einführungsgesetzes zum Bürgerlichen Gesetzbuch werden aufgehoben.

§ 9. Verträge über religiöse Erziehung bleiben in Kraft, soweit sie vor der Verkündung dieses Gesetzes abgeschlossen sind. Auf Antrag der Eltern oder des überlebenden Elternteils wird ein bestehender Vertrag durch Beschluß des Vormundschaftsgerichts aufgehoben.

§ 10. Wenn beide Eltern vor dem Inkrafttreten dieses Gesetzes verstorben sind und über die religiöse Erziehung in einem bestimmten Bekenntnis nachweisbar einig waren, so kann der Vormund bestimmen, daß sein Mündel in diesem Bekenntnis erzogen wird. Er bedarf zu dieser Bestimmung der Genehmigung des Vormundschaftsgerichts.

§ 11. Das Gesetz tritt am 1. Januar 1922 in Kraft. Der Reichspräsident ist jedoch ermächtigt, das Gesetz für ein Land im Einvernehmen mit der Landesregierung zu einem früheren Zeitpunkt in Kraft zu setzen.

---

41. Bek. sämtl. Staatsmin., Ausübung des Abgeordnetenmandats durch Beamte, Angestellte und Arbeiter des Staates betr., vom 31. Juli 1921 (KMBl. S. 176).

Beamte, Angestellte und ständige Arbeiter des Staates, der bürgerlichen Gemeinden und der Gemeindeverbände bedürfen keines Urlaubs zur Teilnahme an den Landtagsverhandlungen (§ 35 Abs. II Satz 1 der bayerischen Verfassung), d. h. zunächst für die Zeit der Tagung und einer kurzfristigen Vertagung des Landtags (bis zu 4 Wochen). Bei längerer Dauer der Vertagung bedarf der Abgeordnete außerdem keines Urlaubs, wenn er sich einer Tätigkeit unterzieht, die mit seinem Mandat im engsten Zusammenhange steht, z. B. wenn er an den Sitzungen eines Landtagsausschusses im Sinne des § 30 Abs. III der Verfassung, dem er als Mitglied nicht angehört, teilnimmt oder als Mitglied eines solchen Ausschusses dessen Sitzungen vorzubereiten hat, ferner wenn er an Fraktionssitzungen teilnimmt oder an Wählerversammlungen, um dort Rechenschaft abzulegen, und ähnliches. Will der Abgeordnete eine solche Tätigkeit während einer langfristigen Vertagung ausüben, so hat er seinem Dienstvorgesetzten rechtzeitig hiervon Anzeige zu erstatten und hierbei darzutun, inwiefern eine Ausübung seiner Obliegenheiten als Abgeordneter vorliegt.

---

*42. Bek., Prüfungsordnung für den Volksschuldienst betr., vom 25. November 1921 (KMBl. S. 287).

(Abgedruckt in Braun, SchAG. S. 239.)

Bem.: § 13 hat zufolge Bek. vom 2. August 1926 (KMBl. S. 99) nunmehr folgenden Wortlaut: „Die Prüfung hat nicht bestanden, wer in der Schulführung oder in zweien der Prüfungsfächer Erziehungslehre, Unterrichtslehre, Geschichte der Pädagogik die Beurteilung „ungenügend" oder wer Hauptnote 5 erhalten hat."

---

43. Bek. über die Ferienordnung vom 22. Mai 1922 (KMBl. S. 101.)[1])

1. Die Gesamtdauer der Ferien während eines Schuljahrs beträgt an den bayerischen Volksschulen, Berufsschulen und höheren Unterrichtsanstalten (höhere Lehranstalten, Lehrer- und Lehrerinnenbildungsanstalten, höhere Mädchenschulen und Mädchenmittelschulen) 85 Tage.

Hiervon treffen auf die Weihnachtsferien 16 Tage, auf die Oster- oder Jahresschlußferien 20 Tage, auf die Sommerferien 47 Tage; dazu kommt noch der Pfingstsamstag und der Pfingstdienstag.

2. Die Weihnachtsferien beginnen am 23. Dezember morgens und endigen am 7. Januar abends.

3. Beginn und Schluß der Osterferien (Jahresschlußferien) wird alljährlich vom Ministerium eigens bekanntgegeben.

4. Die Sommerferien beginnen am 16. Juli morgens und endigen am 31. August abends.

5. Ist der erste Tag der Weihnachts- oder der Sommerferien ein Sonntag, so beginnen diese Ferien am vorausgehenden Samstag morgens, ohne daß der oben festgesetzte Schlußtag sich ändert.

Ist der Schlußtag dieser Ferien ein Sonntag, so endigen sie am darauffolgenden Montag abends.

6. Für Volksschulen an Orten, wo sich keine höheren Lehranstalten, Lehrer- oder Lehrerinnenbildungsanstalten befinden, sind folgende Abweichungen zulässig:

a) Die Weihnachtsferien oder die Osterferien können um sieben Tage verkürzt werden mit der Maßgabe, daß die ausfallenden Ferientage den Sommerferien zuzuschlagen sind. Ferner kann der Beginn der Sommerferien und allenfalls ihre Verteilung auf mehrere Abschnitte entsprechend den örtlichen Verhältnissen festgesetzt werden.

b) Soweit bisher ganze oder halbe Tage wegen kirchlicher Feste oder sonst nach örtlichem Herkommen schulfrei waren, sind sie bis zum Höchstmaß von sieben Tagen in die Gesamtzahl der 85 Ferientage einzurechnen und entweder an den Weihnachtsferien oder an den Osterferien abzuziehen

c) Die nach a) zulässige Sonderregelung und die nach b) erforderliche Festsetzung erfolgt durch Beschluß der Schulpflegschaft, die davon der Bezirksschulbehörde Anzeige zu erstatten hat.

7. Die nach Ziff. 6 getroffene Regelung der Ferien an den Volksschulen hat jeweils auch Maß zu geben für die an den betreffenden Orten bestehenden Berufsschulen.

---

*44. Bek., den Vollzug der Schulordnungen betr., vom 13. Juli 1922 (KMBl. S. 123, Schulähnliche Nebenveranstaltungen.)

(Abgedruckt in Braun, SchAG. S. 143.)

---

[1]) In der Fass. der MinBek. vom 5. Oktober 1926 (KMBl. S. 119) und vom 21. Mai 1928 (KMBl. S. 260).

45. Bek. über die Entschädigung der Volksschullehrer bei auswärtigen Dienstgeschäften vom 18. Juli 1922 (KMBl. S. 132).

Die Verordnung vom 20. Mai 1922 über die Entschädigung der Beamten bei auswärtigen Dienstgeschäften (GVBl. S. 297)[1]) gilt im vollen Umfange auch für die Volksschullehrer. Ebenso gelten für sie die bereits erlassenen und weiterhin ergehenden Vollzugsbestimmungen.

Unter Aufhebung der Ministerialbekanntmachung vom 9. März 1920 (KMBl. S. 124) und der Bekanntmachung vom 30. November 1920 (KMBl. S. 416) wird hierzu im Einverständnis mit dem Staatsministerium der Finanzen folgendes bemerkt:

1. Auswärtige Dienstgeschäfte sind im Bereich des Volksschuldienstes der Sache nach verhältnismäßig selten. Voraussetzung ist in jedem Falle ein besonderer Auftrag der vorgesetzten Behörde. Zuständig zur Erteilung eines solchen Auftrags sind bis auf weiteres nur die Regierungen, Kammern des Innern.

Die Aufrechnung einer Entschädigung für auswärtige Dienstgeschäfte ist insbesondere nicht zulässig für Reisen, die ein Volksschullehrer in Angelegenheiten unternimmt, die zwar mit seinem Dienste zusammenhängen, jedoch nur zur Erfüllung persönlicher Verpflichtungen unternommen werden, wie z. B. für Reisen zur Vorstellung beim Bezirksamt und Bezirksschulrat aus Anlaß des Antritts oder der Beendigung einer Dienstleistung, zur Teilnahme an Fortbildungstagen oder an den vom Bezirksschulrat abzuhaltenden Zusammenkünften zum Austausch von Anregungen und Erfahrungen, dann bei den aus Gründen der Fortbildung zu unternehmenden gegenseitigen freiwilligen Schulbesuchen, zur Ablegung einer Prüfung und dergleichen.

Besondere Reisen zur Vorstellung beim Antritt einer Dienstleistung sind, wenn es sich um größere Entfernungen handelt und Auslagen damit verbunden wären, bis zu einer sonstigen Gelegenheit aufzuschieben. In diesem Falle sowie bei der Beendigung einer Dienstleistung genügt die schriftliche An- oder Abmeldung.

Wieweit Schulamtsbewerbern bei der Abordnung zur Unterrichtsaushilfe Reisekosten vergütet werden, bemißt sich nach den hierfür bestehenden besonderen Bestimmungen.

2. ...[2]).

3. Die Ministerialbekanntmachung vom 20. Mai 1922 über die Entschädigung der Beamten bei Dienstreisen im Amtsbezirk und bei sonstigen regelmäßig in größerer Zahl vorzunehmenden Dienstreisen (GVBl. S. 323)[3]) wird für die Bezirksschulräte als anwendbar erklärt.

---

[1]) S. auch V. vom 31. Oktober 1923 (GVBl. 1923 S. 375), vom 29. Januar 1924 (GVBl. S. 19), Bek. vom 27. Dezember 1924 (GVBl. S. 249) und vom 4. Juli 1930 (GVBl. S. 206).

[2]) Ziff. 2 ist durch die Rechtsentwicklung gegenstandslos geworden.

[3]) S. nunmehr MinBek. vom 27. Dezember 1924 (GVBl. S. 250) und das Beamtenverzeichnis in der Anlage zu dieser Bekanntmachung (GVBl. S. 251). Unter „Staatsministerium für Unterricht und Kultus" sind dort angeführt: „Regierungsschulräte, Kreisschulräte, Bezirksschulräte".

4. Die Kostenaufrechnungen, die nach dem der Ministerialbekanntmachung vom 20. Mai 1922 (GVBl. S. 304) beigegebenen Formblatte zu erstellen sind oder doch alle dort geforderten Angaben zu enthalten haben, sind, soweit nicht in den Fällen der Ziff. 2 etwas anderes bestimmt ist, bei der Regierung, Kammer des Innern, einzureichen. Von dieser wird nach Prüfung durch die Landesfinanzamtszweigstelle die Entschädigung beim zuständigen Finanzamte (nun: Kreiskasse) zur Auszahlung angewiesen.

Die Entschädigungen werden auf die im Staatshaushalte beim Kapitel „Volksschulen" für Dienstreisen vorgesehenen Mittel verrechnet.

5. Auswärtige Geschäfte, die von den Volksschullehrern in Angelegenheiten der vermögensrechtlichen Verwaltung der Volksschule (z. B. wegen Anschaffung von Einrichtungsgegenständen oder Lehrmitteln) auf Ersuchen der Gemeindebehörde vorgenommen werden, zählen nicht zu den auswärtigen Dienstgeschäften im Sinne dieser Bekanntmachung. Die Entschädigung hierfür ist gegebenenfalls von der Gemeinde zu leisten, welche die Dienstreise veranlaßt hat.

---

*46. Gesetz über Schulpflege, Schulleitung und Schulaufsicht an den Volksschulen (Schulaufsichtsgesetz) vom 1. August 1922 (GVBl. S. 385).

(Abgedruckt in Braun, SchAG. S. 5.)

Bem. zu § 33:

Art. 58 des PolStGB. lautet nunmehr zufolge des Ges. vom 8. April 1930 zur Aenderung und Ergänzung einiger Bestimmungen des Polizeistrafgesetzbuches (GVBl. S. 109) in der Fass. der MinBek. vom 20. Juni 1930 (KMBl. S. 135):

I. Umfang und Dauer der Schulpflicht werden durch Verordnung bestimmt.

II. An Geld bis zu 150 RM oder mit Haft werden auf Antrag der zuständigen Schulbehörde bestraft

1. Erziehungsberechtigte, die es ohne genügenden Grund unterlassen, die ihrer Erziehungsgewalt unterstellten schulpflichtigen Kinder zum Besuche des Unterrichts anzuhalten; den Erziehungsberechtigten stehen die Personen gleich, denen die Erziehung schulpflichtiger Kinder übertragen ist, insbesondere die Vorstände von Erziehungsanstalten und die Dienst- und Lehrherren;
2. Schulpflichtige, die aus eigenem Verschulden den Besuch des Unterrichts der Fortbildungsschule versäumen.

III. Ob und wieweit dem Strafantrage der Schulbehörde ein Verwaltungsstrafverfahren vor den Schulpflegschaften oder den Schulbehörden vorauszugehen hat, wird durch Verordnung bestimmt. Im Verwaltungsstrafverfahren kann nach näherer Bestimmung der Verordnung für jedes Versäumnis die Strafe des Verweises oder Geldstrafe von 1 bis 100 RM gegen Erziehungsberechtigte, von 1 bis 50 RM gegen Schulpflichtige festgesetzt werden. Die Strafverfolgung im Verwaltungsstrafverfahren verjährt in 3 Monaten [1]).

---

[1]) S. hierzu Bek. vom 20. Juni 1930 (KMBl. S. 135, Anh. Nr. 90) Ziff. III.

IV. Die Erziehungsberechtigten (Abs. II Ziff. 1) haften mit den Schulpflichtigen samtverbindlich für die Zahlung der Geldstrafen, die gegen die ihrer Erziehungsgewalt unterstellten Schulpflichtigen im gerichtlichen Strafverfahren oder im Verwaltungsstrafverfahren verhängt werden, es sei denn, daß sie außer Stande waren, die Uebertretung zu verhindern. Die Haftung ist im gerichtlichen Strafverfahren oder im Verwaltungsstrafverfahren auszusprechen.

---

47. V. über die Behandlung der Schulversäumnisse vom 30. September 1922 (GVBl. S. 618).

Das Gesamtministerium erläßt zum Vollzuge des Art. 58 des Polizeistrafgesetzbuchs in der Fassung nach § 33 des Gesetzes über Schulpflege, Schulleitung und Schulaufsicht an den Volksschulen vom 1. August 1922 (GVBl. S. 385) folgende Verordnung:

§ 1. Dem Antrag der Schulbehörde auf gerichtliche Bestrafung nach Art. 58 Abs. II und III des Polizeistrafgesetzbuchs hat vorbehaltlich des § 4 Abs. I ein Verwaltungsstrafverfahren vor der Schulpflegschaft vorauszugehen.

§ 2. I Die Entscheidungen der Schulpflegschaften im Verwaltungsstrafverfahren ergehen auf Grund mündlicher Verhandlung nach Anhörung der Beschuldigten.

II Die Zustellungen an die Beschuldigten erfolgen entweder unmittelbar gegen Empfangsbestätigung durch die Gemeindebehörde oder gegen Zustellungsnachweis durch die Post.

III Die Kosten des Verfahrens fallen dem Beschuldigten zur Last, wenn er verurteilt wird.

IV Gegen Entscheidungen der Schulpflegschaften im Verwaltungsstrafverfahren ist Beschwerde an die Bezirksschulbehörde, in unmittelbaren Städten an die Stadtschulbehörde, zulässig. Die Beschwerde ist binnen einer unerstrecklichen Frist von 14 Tagen, von der Eröffnung des Bescheides an gerechnet, beim Bezirksamt, in unmittelbaren Städten beim Stadtrat, einzulegen. Die Entscheidung der Bezirksschulbehörde (Stadtschulbehörde) ist endgültig.

V Die weiteren Vorschriften über das Verfahren werden vom Staatsministerium für Unterricht und Kultus erlassen.

§ 3. I Von der Strafe des Verweises ist nur beim ersten Versäumnis in leichteren Fällen Gebrauch zu machen. In schwereren Fällen sowie bei wiederholtem Versäumnis während des gleichen Schuljahrs ist auf Geldstrafe bis zu 100 Mark zu erkennen[1]).

II Bei der Bemessung der Geldstrafe ist neben den Gesamtumständen des Falles insbesondere die Dauer der versäumten Schulzeit zu berücksichtigen.

§ 4. I Von der zuständigen Schulbehörde kann ohne vorgängiges Verwaltungsstrafverfahren Strafantrag gestellt werden:

1. wenn innerhalb des gleichen Schuljahres gegen den Schuldigen bereits eine Geldstrafe im Verwaltungsstrafverfahren verhängt worden ist;

---

[1]) S. auch Art. 58 Abs. III des PolStGB. in der Fass. der Bek. vom 20. Juni 1930 (KMBl. S. 135).

2. wenn die Schulpflegschaft es unterläßt, ein Verwaltungsstrafverfahren rechtzeitig und ordnungsgemäß durchzuführen, oder wenn die Durchführung sonstigen Schwierigkeiten begegnet;
3. in besonders schweren Fällen.

II Die Zulässigkeit der gerichtlichen Strafverfolgung hängt nicht vom Vorliegen der in Abs. I bezeichneten Voraussetzung ab.

§ 5. I Die Einhebung der im Verwaltungsstrafverfahren erkannten Geldstrafen und der im Verfahren vor den Schulpflegschaften erwachsenden Kosten sowie ihre zwangsweise Beitreibung erfolgt durch die Gemeindebehörde nach den Vorschriften über die Beitreibung rückständiger Gemeindeumlagen.

II Die Geldstrafen fließen in die Schulkasse, wo eine solche nicht besteht, in die Gemeindekasse.

§ 6. Die Regierung, Kammer des Innern, kann die Schulpflicht eines Schülers, der im Laufe eines Schuljahrs oder mehrerer Schuljahre ein bestimmtes Maß von unentschuldigten Schulversäumnissen aufweist, um ein Jahr, jedoch nicht über das vollendete 18. Lebensjahr hinaus, verlängern.

§ 7. Bei öffentlichen Berufsschulen treten beim Vollzuge der vorstehenden Verordnung an die Stelle der Schulpflegschaften die in § 9 Abs. II bis IV der Verordnung vom 22. Dezember 1913 über die Berufsschulen (GVBl. S. 966) bezeichneten Schulbehörden nach näherer Bestimmung der Schulordnungen.

§ 8. Die Verordnung vom 2. September 1886, die Behandlung der Versäumnisse des Besuches der Schule und des öffentlichen Religionsunterrichts betreffend (GVBl. S. 585), und der § 19 der Verordnung vom 22. Dezember 1913 über die Berufsschulen (GVBl. S. 966) werden aufgehoben.

§ 9. Diese Verordnung tritt am 1. Oktober 1922 in Kraft.

---

*48. Bek., Erteilung des Religionsunterrichts an den Volksschulen betr., vom 5. Oktober 1922 (KMBl. S. 160).

(Abgedruckt in Braun, SchAG. S. 229.)

---

49. Bek., Vollzug des Art. 18 des Schulbedarfgesetzes betr., vom 11. November 1922 (KMBl. S. 186).

Zum Vollzuge des Art. 18 des Schulbedarfgesetzes wurden folgende Vorschriften erlassen:

1. Die Gemeinden sind verpflichtet, die für jüngere Volksschullehrkräfte bereitzustellenden Dienstwohnungen dritter Ordnung mit folgenden Einrichtungsgegenständen auszustatten:
   a) einem gerichteten Bette mit einer doppelten Ausstattung von Bettwäsche,
   b) einem Tische mit Schublade,
   c) einem Waschtisch mit Waschgeschirr, Seifenablage, Wasserflasche und Trinkglas,
   d) einem Nachtkästchen mit Geschirr,
   e) einem verschließbaren Wäschekasten, wenn ein solcher nicht in den Waschtisch eingebaut ist,
   f) einem verschließbaren Kleiderschrank,
   g) einem Kleiderrahmen,

h) einem Spiegel,
i) zwei Stühlen,
k) einem Behälter für Brennstoffe,
l) einer Lampe,
m) einfachen Vorhängen an den Fenstern, nach Bedarf auch Sonnenvorhängen,
n) einer Bettvorlage.

2. Die Bezirksverwaltungsbehörde kann in stets widerruflicher Weise eine Gemeinde von der Verpflichtung zur Bereitstellung der Bettwäsche ganz oder teilweise befreien.

3. Die Einrichtungsgegenstände sind von der Gemeinde in brauchbarem Zustande zu erhalten.

Der Volksschullehrer haftet für die Einrichtungsgegenstände wie der Mieter einer beweglichen Sache.

4. Der Volksschullehrer hat für die Benützung der Zimmereinrichtung an die Gemeinde eine angemessene Entschädigung zu zahlen. Die Entschädigung wird von der Bezirksverwaltungsbehörde (Bezirksamt, Stadtrat) festgesetzt.

Die Entschädigung darf in keinem Falle höher sein als der nach den örtlichen Verhältnissen für die Miete eines eingerichteten Zimmers als angemessen zu erachtende Betrag abzüglich der vom Volksschullehrer zu entrichtenden Mietentschädigung. Vereinbarungen zwischen dem Volksschullehrer und der Gemeinde über die Höhe der Entschädigung haben keine bindende Wirkung.

Der festgesetzte Betrag ist in monatlichen Teilbeträgen am Schlusse jedes Monats an die Gemeindekasse zu bezahlen.

5. Streitigkeiten, die sich aus dem Vollzuge dieser Bekanntmachung ergeben, werden unbeschadet der Bestimmungen in Art. 10 Ziff. 2[1]) und 19 des Verwaltungsgerichtsgesetzes von der Bezirksverwaltungsbehörde entschieden. Gegen die Entscheidung der Bezirksverwaltungsbehörde kann binnen 4 Wochen nach Zustellung der Entscheidung Beschwerde bei der Regierung, Kammer des Innern, erhoben werden. Die Regierung entscheidet endgültig.

---

*50. Bek. über die politische Betätigung und das Tragen von Abzeichen in der Schule vom 14. Febr. 1923 (KMBl. S. 19).

(Abgedruckt in Braun, SchAG. S. 144.)

---

*51. Bek. über die Erteilung des Religionsunterrichtes an den Volksschulen vom 24. Februar 1923 (KMBl. S. 21).

(Abgedruckt in Braun, SchAG. S. 230.)

---

*52. Bek. über die Erteilung des Religionsunterrichts an den Volksschulen vom 6. Mai 1923 (KMBl. S. 66).

(Abgedruckt in Braun, SchAG. S. 230.)

---

[1]) Nunmehrt Art. 60 Abs. VI der GemO. vom 17. Oktober 1927 (GVBl. S. 293).

53. Entschl. über den Sachbedarf für die Volksschulen (vom 16. Mai 1923 (KMBl. S. 67, MABl. S. 44).

1. Nach Art. 11 des SchBG. vom 14. August 1919 (GVBl. S. 489) haben die Gemeinden wie schon früher gem. Art. 1 Abs. I des SchBG. vom 28. Juli 1902 (GVBl. S. 265) den sächlichen Bedarf für die öffentlichen Volksschulen aufzubringen. Diese Verpflichtung umfaßt wie schon bisher auch die Sorge für den Schreib- und sonstigen Unterrichtsbedarf der Volksschullehrer.

Hierzu wird folgendes bestimmt:

Als jährlicher Schulbedarf eines Volksschullehrers, der schriftliche Korrekturarbeiten zu erledigen hat, ist zu erachten: 1 Federhalter, 24 Federn, 1 Bleistift, 1 Rot- oder Blaustift, 1 Radiergummi, 5 Bogen weißes Schreibpapier, 1 Schülerheft, 3 Umschlagbogen, 2 Löschblätter und 1 Glas rote Tinte.

Zu dem sonstigen Unterrichtsbedarf gehört für den Fall, daß im Gesangunterricht eine Violine Verwendung findet, die Bereitstellung von jährlich einer G-, D- und A-Saite und von 2 E-Saiten.

2. Den Gemeinden steht es frei, den Volksschullehrern diesen Schulbedarf entweder in Natur zu liefern oder eine jährliche Bauschvergütung zu gewähren mit der Folge, daß die Volksschullehrer sich den Bedarf selbst zu besorgen haben. Für die Bemessung der Höhe dieser Bauschvergütung kann die ME. vom 10. Februar 1922 über den Schreibbedarf der Lehrer an höheren Unterrichtsanstalten (StAnz. Nr. 36) als Anhaltspunkt dienen, wobei den jeweiligen Aenderungen dieser Entschließung insbesondere hinsichtlich der Höhe der Bauschsätze entsprechend Rechnung zu tragen wäre (vgl. die MinBek. vom 30. April 1923, StAnz. Nr. 99)[1]).

3. Die mit ME. vom 10. Februar 1922 für die höheren Unterrichtsanstalten getroffene Regelung wird auch in den Fällen Maß geben können, in denen Volksschullehrer als Schulleiter einen über das Regelmaß eines Klaßlehrers hinausgehenden Bedarf an Schreibwaren haben.

4. Soweit in Städten bisher eine abweichende Regelung bestand, die beibehalten werden will, besteht hiegegen keine Erinnerung.

5. Den Gemeinden wird empfohlen, zur Beschaffung methodischer Fachliteratur für die Fortbildung der Volksschullehrer alljährlich einen bestimmten Betrag in den gemeindlichen Haushaltplan einzustellen, wie dies teilweise bereits wieder geschieht. Auf diesem Wege würde im Laufe der Zeit in allen Gemeinden eine kleine Handbücherei für die Volksschullehrer geschaffen, die der Schularbeit und damit der Erziehung der Jugend zugute käme.

---

54. Bek. über die Behandlung der Schulversäumnisse vom 23. Juni 1923 (KMBl. S. 75, MABl. S. 56)[2]).

Zum Vollzuge des Art. 58 des Polizeistrafgesetzbuches i. d. Fass. nach § 33 des Gesetzes über Schulpflege, Schulleitung und Schulaufsicht an den

---

[1]) Nunmehr jährlich 5 *RM* in vierteljährlichen Beträgen nach der Min.-Bek. vom 13. Mai 1924, Abs. 1 Buchst. a (StAnz. Nr. 113).

[2]) In der Fassung nach der Bek. vom 20. Juni 1930 (KMBl. S. 135). Von einem Abdruck der Anlagen wurde abgesehen. S. diese im KMBl. 1923, 85—87, MABl. S. 62/63 mit den in Ziff. II, 6 der MinBek. vom 20. Juni 1930 verfügten Abänderungen (KMBl. 1930 S. 138).

Volksschulen vom 1. August 1922 (GVBl. S. 385) sowie der Verordnung über die Behandlung der Schulversäumnisse vom 30. September 1922 (GVBl. S. 618) ergehen im Einverständnisse mit den Staatsministerien der Justiz und des Innern folgende Anordnungen und Erläuterungen:

I. Allgemeines.

1. Beim Vollzuge der neuen Vorschriften haben sich alle Beteiligten vor Augen zu halten, daß die Belange der Schule und der Volksbildung unbedingt die Eindämmung der in den letzten Jahren stark angewachsenen Schulversäumnisse erfordern und daß zu diesem Zwecke die rasche und entschiedene Anwendung der nunmehr gegebenen Handhabe zu einem nachdrücklicheren Einschreiten dringend geboten ist. Dies gilt insbesondere auch für Schulversäumnisse, die auf gemeinsamer Verabredung beruhen.

2. Die neuen Vorschriften gelten zunächst für alle an öffentlichen Volksschulen (Volkshauptschulen und Volksfortbildungsschulen) sowie an Berufsschulen (vgl. hierzu Abschn. V) seit dem 1. Oktober 1922 angefallenen Schulversäumnisse. Außerdem gelten sie grundsätzlich auch für die christlichen Bekenntnissonderschulen nach Art. 33 und die israelitischen Volksschulen nach Art. 36 des Schulbedarfgesetzes nach Maßgabe der für diese Schulen zum Vollzuge des Schulaufsichtsgesetzes ergangenen besonderen Anordnungen.

Die Vorschriften gelten auch für die Unterlassung der Anmeldung zum Eintritt in die Volkshauptschule, Volksfortbildungsschule oder Berufsschule, ferner für schuldbare Versäumnisse anläßlich des Uebertritts von einer Schule in eine andere.

Die Vorschriften gelten endlich auch in den Fällen der §§ 5 Abs. II, 6, 12, 13, 16 und 18 Abs. III der Verordnung über die Schulpflicht vom 22. Dezember 1913 (GVBl. S. 957).

3. Die Erziehungsberechtigten und ihre Stellvertreter sind verpflichtet, die ihrer häuslichen Gemeinschaft angehörenden Schulpflichtigen während der ganzen Dauer der Schulpflicht zum Besuch der Volkshauptschule und der Fortbildungsschule anzuhalten. Die gleiche Verpflichtung obliegt allen Personen, die Schulpflichtige auf Grund eines Dienst- oder Lehrvertrages oder eines sonstigen Vertragsverhältnisses zu beaufsichtigen haben, insbesondere den Vorständen von Erziehungsanstalten sowie den Dienstherren, Lehrherren und sonstigen Arbeitgebern. Diesen obliegt die Verpflichtung neben den Erziehungsberechtigten auch dann, wenn die Schulpflichtigen nicht in ihre häusliche Gemeinschaft aufgenommen sind.

4. Zur Verhütung von Schulversäumnissen ist die Vorführung säumiger Schulpflichtiger durch den Schuldiener auf Anordnung des Schulleiters oder durch Vermittlung der Ortspolizeibehörde zulässig. Der Antrag auf Vorführung durch Vermittlung der Ortspolizeibehörde ist vom Schulleiter zu stellen. Die Ortspolizeibehörde ist verpflichtet, dem Antrage ungesäumt zu entsprechen. Wenn sie dem Antrage nicht stattgibt, hat der Schulleiter der Bezirksschulbehörde zu berichten.

Die Beiziehung der Gendarmeriebeamten zur Vorführung säumiger Schulpflichtiger ist nur in Ausnahmefällen auf Anordnung des Bezirksamts oder auf Ansuchen der Ortspolizeibehörde oder der Beamten des ortspolizeilichen Dienstes zulässig, wenn das Vorgehen des Schuldieners oder der Ortspolizeibehörde erfolglos war oder für sich allein nach den gegebenen Verhältnissen von vornherein aussichtslos erscheint. (D. V. f. d. Gendarmerie vom 18. Juli 1922 § 40 Abs. I, II, aut. E. d. StMin. d. Inn. vom 4. März 1894 Nr. 3588.)

5. Gegen säumige Schulpflichtige ist ohne Rücksicht darauf, ob ein Verwaltungsstrafverfahren oder ein gerichtliches Strafverfahren durchgeführt wird, auch nachdrücklich mit den Mitteln der Schulzucht vorzugehen.

6. Unabhängig von der Strafverfolgung sind die Bezirksschulbehörden (Stadtschulbehörden) berechtigt und verpflichtet, in geeigneten Fällen die zuständige Jugendpflegerin oder das Vormundschaftsgericht behufs weiterer Maßnahmen zu verständigen oder Antrag auf Einleitung der Fürsorgeerziehung zu stellen. Die Schulleiter oder die Schulpflegschaften haben in den hierfür in Betracht kommenden Fällen entsprechenden Antrag an die Bezirksschulbehörde (Stadtschulbehörde) zu stellen.

7. Die Behandlung der Schulversäumnisse durch die Schulen und die Schulpflegschaften unterliegt der Aufsicht der vorgesetzten Schulaufsichtsbehörden. Die Regierungen, Kammer des Innern, sowie die Bezirks- oder Stadtschulbehörden werden sich insbesondere in der nächsten Zeit angelegen sein lassen, den neuen Vorschriften den entsprechenden Vollzug zu sichern.

8. Die dieser Bekanntmachung als Anlage beigefügten Musterformblätter sollen nur als Anhaltspunkt für den Gebrauch, insbesondere bei einfacheren Verhältnissen, dienen. Abweichungen von diesen Mustern, namentlich für Zwecke der Berufsschulen, und die Verwendung weiterer Formblätter sind nicht ausgeschlossen. Insbesondere kann für die Ladungsnachweise (Anlage 1 S. 1) ein eigenes Formblatt verwendet werden, soweit dies veranlaßt erscheint.

II. Verwaltungsstrafverfahren vor den Schulpflegschaften.

9. Jeder mit der verantwortlichen Führung einer Schulklasse an einer Volkshaupt- oder Volksfortbildungsschule betraute Lehrer hat spätestens am Schlusse des Unterrichts alle Versäumnisse als entschuldigt oder unentschuldigt in der Schülerliste vorzumerken. Jeder versäumte Halbtag oder Teil eines solchen gilt als Schulversäumnis. Die Einträge sind zu berichtigen, wenn nachträgliche Anzeigen oder Feststellungen das Versäumnis als genügend entschuldigt erscheinen lassen.

Am Schlusse des Monats werden die unentschuldigten und die nicht genügend entschuldigten oder nicht genügend aufgeklärten Versäumnisse des Schulbesuchs festgestellt und in einer je nach Bedarf entweder für jede Schulklasse oder für die ganze Schule gemeinsam herzustellenden Versäumnisliste (Anlage 1) vorgetragen. Tatsachen, die für die Beurteilung des Versäumnisses von Belang sind, insbesondere frühere Bestrafungen wegen Schulversäumnisses, sind besonders vorzumerken (Anlage 1 Spalte 5).

Die Fachlehrkräfte und die Religionslehrer haben die in ihrem Unterricht angefallenen Versäumnisse jeweils spätestens am Schlusse des Unterrichts vorzumerken und am Ende des Monats dem Klaßlehrer zur Aufnahme in die Versäumnisliste schriftlich mitzuteilen.

Die Prüfung der Entschuldbarkeit der Versäumnisse ist mit größter Genauigkeit und Gerechtigkeit vorzunehmen.

10. Als genügender Entschuldigungsgrund im Sinne des Art. 58 Abs. II des PolStGB. gelten insbesondere:

a) Krankheit der Schulpflichtigen oder gefährliche ansteckende Erkrankung von Wohnungsgenossen, Ungangbarkeit des Schulwegs (z. B. bei Hochwasser); außergewöhnlich ungünstige Witterung bei weiten Schulwegen u. dgl.,

b) Unentbehrlichkeit der Schulpflichtigen zu häuslichen oder landwirtschaftlichen Dienstleistungen in Notlagen, durch Sitte und Anstand gebotene Teilnahme der Schulpflichtigen an besonderen Familienereignissen (z. B. Beerdigungen, Hochzeits- oder Tauffeiern nächster Angehöriger) u. dgl.

In allen diesen Fällen gilt das Versäumte in der Regel nur dann als entschuldigt, wenn die nach Ziff. 3 für den Schulbesuch verantwortlichen Personen den Schulleiter oder den Klaßlehrer von dem Verhinderungsgrunde rechtzeitig in Kenntnis gesetzt haben. In den Fällen unter a ist der Hinderungsgrund baldmöglichst, in der Regel im Laufe des ersten Versäumnishalbtags, anzuzeigen, in den Fällen unter b ist vor der Abhaltung des Schulpflichtigen vom Unterricht um Befreiung vom Schulbesuch nachzusuchen. Nur in besonderen Fällen dürfen spätere Mitteilungen als genügende Entschuldigung angenommen werden. Veranlaßten Falles kann der Schulleiter die Beibringung geeigneter Nachweise über die Versäumnisursache (z. B. ärztlicher Zeugnisse) verlangen.

Wenn der vorgebrachte Entschuldigungsgrund nicht als ausreichend oder mangels Beibringung eines entsprechenden Nachweises nicht als erwiesen zu erachten ist, oder wenn in Fällen des Abs. I Buchst. b die Schule trotz Ablehnung der nachgesuchten Schulbefreiung versäumt worden ist, gelten die Versäumnisse als schuldhaft.

Zuständig zur Entscheidung über das Gesuch um Befreiung vom Schulbesuch (Buchst. b oben) ist für Schulbefreiungen bis zu 4 Tagen der Schulleiter, im übrigen der Bezirksschulrat. Der Schulleiter hat seine Entscheidung nach Einvernahme der beteiligten Lehrkräfte zu treffen und diese von der getroffenen Entscheidung zu benachrichtigen. Gegen die Entscheidung des Schulleiters ist Beschwerde zur Bezirksschulbehörde (Stadtschulbehörde), gegen die Entscheidung des Bezirksschulrats ist Beschwerde zur Regierung, Kammer des Innern, zulässig. Diese entscheidet endgültig. Beschwerden haben keine aufschiebende Wirkung.

11. Die Versäumnislisten sind am letzten jeden Monats oder, wenn die Schule vor dem Ende des Monats geschlossen wird, am letzten Schultag auf Grund der Einträge in der Schülerliste herzustellen und falls für einzelne Schulklassen gesonderte Versäumnislisten geführt werden, sofort dem Schulleiter zu übergeben. Dieser hat die Versäumnislisten alsbald zu überprüfen und die etwa notwendigen Ergänzungen zu veranlassen. Insbesondere hat er sein Augenmerk darauf zu richten, daß die Versäumnisse in den einzelnen Klassen gleichmäßig behandelt werden. Er kann auch schon beim Anfall der einzelnen Versäumnisse vom Lehrer zur Entscheidung beigezogen werden oder nach eigenem Ermessen eingreifen.

Der Schulleiter hat die Versäumnislisten spätestens am 3. Tage des folgenden Monats zur Kenntnis des Vorsitzenden der Schulpflegschaft oder seines Stellvertreters zu bringen und im Benehmen mit diesem die Durchführung des Verwaltungsstrafverfahrens zu veranlassen, soweit nicht nach Ziff. 30 zu verfahren ist [2]).

12. Das Verwaltungsstrafverfahren vor den Schulpflegschaften ist unbeschadet der erforderlichen Gründlichkeit in der Vorbereitung der Fälle mit tunlichster Einfachheit und Beschleunigung durchzuführen. Alle in der

---

[2]) S. auch Bek. vom 20. Juni 1930 (KMBl. S. 135, Anh. Nr. 90) Ziff. III.

Versäumnisliste aufgeführten Fälle sind im Laufe der ersten Hälfte des auf den Versäumnisfall folgenden Monats der Erledigung durch die Schulpflegschaft zuzuführen, soweit nicht gemäß Ziff. 30 bis 33 ohne Einleitung eines Verwaltungsstrafverfahrens Antrag auf gerichtliche Strafverfolgung gestellt wird [2]).

13. Die Sitzungstage der Schulpflegschaften für die Behandlung der Schulversäumnisse sind innerhalb der ersten Monatshälfte unter Berücksichtigung des Bedürfnisses und der örtlichen Verhältnisse festzusetzen. Den Vorsitzenden der Schulpflegschaften bleibt es unbenommen, zur rascheren Abwandlung einzelner Schulversäumnisse außerordentliche Schulsitzungen anzuberaumen. Sie können dazu auch von der Aufsichtsbehörde angewiesen werden.

14. Die Beschuldigten (PolStGB. Art. 58 Abs. II, vorstehende Ziff. 3) sind zu den Sitzungen der Schulpflegschaft durch den Vorsitzenden der Schulpflegschaft oder seinen Stellvertreter zu laden (B. vom 30. September 1922 § 2 Abs. II). In unmittelbaren Städten kann die Ladung durch die Stadtschulbehörde erfolgen.

Die Form der Ladung bleibt dem Ermessen der Schulpflegschaft oder der Stadtschulbehörde überlassen. Die unmittelbare Ladung gegen Empfangsbestätigung empfiehlt sich mehr für einfachere, insbesondere für ländliche Verhältnisse, die Ladung gegen Zustellungsnachweis durch die Post (Anlage 2) mehr für größere Orte sowie in Fällen, in denen anzunehmen ist, daß der unmittelbaren Ladung gegen Empfangsbestätigung Schwierigkeiten entgegenstehen.

Mit der Ladung kann die Androhung einer Ungehorsamstrafe nach Art. 21 PolStGB. in Verbindung mit Art. III und V des Geldstrafengesetzes vom 27. April 1923 (RGBl. I S. 254) für den Fall des Nichterscheinens verbunden werden.

15. In der Sitzung der Schulpflegschaft ist dem Beschuldigten der festgestellte Versäumnistatbestand zu eröffnen. Es ist ihm Gelegenheit zu geben, sich hierzu zu äußern.

Nach der Einvernahme des Beschuldigten erfolgt die Vernehmung etwaiger Auskunftspersonen (Ziff. 16) in Gegenwart des Beschuldigten. Dem Beschuldigten ist Gelegenheit zu geben, sich zu ihren Aussagen zu äußern.

16. Zu den Sitzungen der Schulpflegschaften können Lehrer, die nicht Mitglieder der Schulpflegschaften sind, insbesondere die beteiligten Klaßlehrer, als Auskunftspersonen beigezogen werden. Die Lehrkräfte sind zur Befolgung solcher Einladungen dienstlich verpflichtet. Im übrigen ist den beteiligten Lehrpersonen gestattet, an den Sitzungen mit beratender Stimme teilzunehmen, soferne dies ohne Ausfall von Unterricht möglich ist.

Sonstige Auskunftspersonen (Zeugen und Sachverständige) sind zu den Sitzungen der Schulpflegschaften nur dann beizuziehen, wenn bestimmt feststeht, daß dadurch keine besonderen Kosten erwachsen. Andernfalls hat der Vorsitzende der Schulpflegschaft, wenn er ihre Einvernahme für notwendig erachtet, das Bezirksamt oder den Stadtrat um Einvernahme durch Vermittlung der Polizeiorgane zu ersuchen.

17. Im übrigen gelten für das Verwaltungsstrafverfahren vor der Schulpflegschaft, insbesondere für die Beschlußfähigkeit der Schulpflegschaft, und das Abstimmungsverhältnis die allgemeinen Bestimmungen über das Verfahren der Schulpflegschaften. Bei den Abstimmungen dürfen die Be-

---

[2]) S. Note 2 vorhergehende Seite.

schuldigten, die Auskunftspersonen und die Lehrer, die nicht Mitglieder der Schulpflegschaft sind, nicht anwesend sein.

18. Für jedes schuldhafte Versäumnis (Ziff. 9 Abs. I Satz 2) kann die im Gesetze vorgesehene Strafe gesondert verhängt werden.

Der Höchstbetrag der Geldstrafe, der im Verwaltungsstrafverfahren für jedes Versäumnis festgesetzt werden kann, beträgt nach Art. 58 Abs. III des PolStGB. gegenüber Erziehungsberechtigten 100 *RM*, gegenüber Schulpflichtigen 50 *RM*.

19. Nach § 3 der V. vom 30. September 1922 ist von der Strafe des Verweises nur beim ersten Versäumnis in leichteren Fällen Gebrauch zu machen. In schwereren Fällen sowie bei wiederholtem Versäumnis während des gleichen Schuljahrs ist auf Geldstrafe (vgl. vorst. Ziff. 18 Abs. II) zu erkennen.

Schwerere Fälle im Sinne dieser Vorschrift sind insbesondere dann anzunehmen, wenn den Versäumnissen nicht sowohl Leichtsinn, als böswillige Absicht, namentlich Gewinnsucht, zugrunde liegt oder wenn die Dauer der versäumten Schulzeit mehr als einen Tag beträgt. Nachdem die Strafe des Verweises als Kriminalstrafe gegen Jugendliche wegen ihrer geringen Bedeutung durch das Jugendgerichtsgesetz vom 16. Februar 1923 beseitigt worden ist, werden die Schulpflegschaften im Verwaltungsstrafverfahren mit besonderer Sorgfalt zu prüfen haben, ob die Gesamtumstände des Falles diese Strafe als genügend erscheinen lassen.

Wenn innerhalb des gleichen Schuljahrs gegen den Schuldigen bereits eine Geldstrafe im Verwaltungsstrafverfahren verhängt worden ist (V. vom 30. September 1922 § 4 Abs. I Ziff. 1) oder wenn sonst besonders schwere Fälle im Sinne der Ziff. 33 dieser Bekanntmachung vorliegen, hat die Schulpflegschaft bei der zuständigen Schulbehörde (Ziff. 28) die Einleitung des gerichtlichen Strafverfahrens anzuregen.

20. Wenn der Beschuldigte verurteilt wird, sind ihm in dem Beschlusse der Schulpflegschaft die Kosten (insbesondere Drucksachen-, Porto- und Zustellungskosten) ausdrücklich aufzuerlegen (V. vom 30. September 1922 § 2 Abs. III). Wenn der Beschuldigte freigesprochen wird, fallen etwa erwachsene Kosten als Bestandteil des sächlichen Bedarfs der Volksschulen den Gemeinden zur Last (Art. 11 des Schulbedarfgesetzes).

21. Alle Beschlüsse der Schulpflegschaften sind in der hierfür vorgesehenen Spalte der Versäumnisliste zu vermerken. Soweit Anlaß besteht, sind die Erklärungen der Beschuldigten und die Aussagen etwa vernommener Auskunftspersonen in einer kurzen gesonderten Niederschrift aufzunehmen, die der Versäumnisliste als Beilage beizufügen ist. Die Eintragung der Beschlüsse der Schulpflegschaft und der sonst etwa veranlaßten Bemerkungen in die Versäumnisliste und die Führung der Niederschrift obliegt dem in der Schulsitzung anwesenden dienstjüngsten Lehrer, falls ein Lehrer nicht anwesend ist, einem vom Vorsitzenden bestimmten anderen Mitgliede der Schulpflegschaft. Die Versäumnisliste und eine etwa aufgenommene Niederschrift sind durch den Vorsitzenden und den Schriftführer zu unterzeichnen.

22. Ist der Beschuldigte erschienen, so ist ihm der Beschluß entweder mündlich gegen Unterschrift in der Versäumnisliste zu eröffnen oder schriftlich nach Maßgabe des § 2 Abs. II der V. vom 30. September 1922 zuzustellen (Anlage 3).

Ist der Beschuldigte nicht erschienen, so ist, sofern nicht von der Vorführung des säumigen Schulpflichtigen nach Ziff. 4 Gebrauch gemacht werden will, nach Lage der Sache zu erkennen. Der Beschluß ist dem Beschuldigten entweder gegen Unterschrift zu eröffnen oder durch die Post zuzustellen (V. vom 30. September 1922 § 2 Abs. II). Veranlaßten Falles (Ziff. 19 Abs. III) ist die Einleitung des gerichtlichen Strafverfahrens anzuregen.

In allen Fällen ist der Beschuldigte, wenn er verurteilt wird, über das Beschwerderecht nach § 2 Abs. IV der V. vom 30. September 1922 sowie über die Gebührenpflicht des Beschwerdeverfahrens zu belehren. Der Verurteilte kann sofort durch mündliche Erklärung vor der Schulpflegschaft auf Einlegung der Beschwerde verzichten. Für Schulpflichtige kann dieser Verzicht nur durch den gesetzlichen Vertreter erklärt werden. Durch den Verzicht wird der Beschluß der Schulpflegschaft sogleich rechtskräftig. Der Verzicht ist in der Versäumnisliste festzustellen.

23. Die Versäumnislisten mit den Beschlüssen der Schulpflegschaft und den zugehörigen Niederschriften sind vom Vorsitzenden der Schulpflegschaft dem Schulleiter zuzustellen. Dieser hat sie den beteiligten Klaßlehrern zur Kenntnisnahme und Vormerkung der verhängten Strafen, soweit sie rechtskräftig sind, in der Schülerliste mitzuteilen und sodann, falls Anregungen auf Einleitung des gerichtlichen Strafverfahrens (Ziff. 19 Absatz III, 22 Abs. II Satz 3) vorliegen, umgehend der Bezirksschulbehörde (und zwar zunächst dem Bezirksschulrate), in unmittelbaren Städten der Stadtschulbehörde vorzulegen. Die weitere Behandlung bemißt sich nach Ziff. 29.

24. Die Verwahrung der abgeschlossenen Versäumnislisten samt den etwa aufgenommenen Niederschriften obliegt dem Schulleiter.

25. Die Mitglieder der Bezirksschulbehörde (Stadtschulbehörde) haben sich gelegentlich der Vornahme von Gemeindebesichtigungen und Schulbesuchen durch stichprobeweise Einsichtnahme in die Versäumnislisten von dem Vollzuge der Vorschriften über die Behandlung der Schulversäumnisse zu überzeugen. Der Bezirksschulbehörde (Stadtschulbehörde) bleibt es überlassen, die allmonatliche Vorlage der Schulversäumnisverhandlungen anzuordnen.

Nimmt die Bezirksschulbehörde (Stadtschulbehörde) wahr, daß die Schulpflegschaft ihrer Pflicht zu entsprechender Behandlung der Schulversäumnisse nicht in geeigneter Weise nachkommt, so ist zunächst zu versuchen, im Wege aufsichtlicher Einwirkung auf die Schulpflegschaft Abhilfe zu schaffen. Führt dieser Weg nicht zum Ziele, so ist nach § 4 Abs. I Ziff. 2 der V. vom 30. September 1922 zu verfahren.

26. Die Entscheidungen der Bezirksschulbehörde (Stadtschulbehörde) im Beschwerdeverfahren ergehen regelmäßig nicht auf Grund mündlicher Verhandlung, sondern im Bureauwege. Der Bezirksschulbehörde (Stadtschulbehörde) bleibt es jedoch überlassen, eine mündliche Verhandlung anzuberaumen, falls sie dies für erforderlich hält.

Die Bezirksschulbehörde (Stadtschulbehörde) pflegt die etwa noch erforderlichen Erhebungen und führt die Beschwerde auf dem raschesten Wege der Erledigung zu. Sind in einer unmittelbaren Stadt Bezirksschulräte vorhanden, die nicht Mitglieder der Stadtschulbehörde sind, so hat die Stadtschulbehörde vor ihrer Entscheidung jeweils den zuständigen Bezirksschulrat zur Sache zu hören. Abdruck des ergehenden Bescheides ist dem Vorsitzenden der Schulpflegschaft zur Verständigung des Schulleiters und des Klaßlehrers und zur Beifügung zu den Akten der Schulpflegschaft zuzuleiten.

Die Bescheide der Bezirksschulbehörden (Stadtschulbehörden) im Beschwerdeverfahren sind gebührenpflichtig, soferne der Beschwerde nicht vollständig stattgegeben wird (KostenG. Art. 170 Ziff. 7, MinBek. vom 21. August 1920, KMBl. S. 369).

27. Zum Vollzuge des § 5 Abs. I der V. vom 30. September 1922 hat der Vorsitzende der Schulpflegschaft sofort nach Eintritt der Rechtskraft des Beschlusses der Schulpflegschaft — falls Beschwerde eingelegt wird, sofort nach Mitteilung des Beschlusses der Bezirksschulbehörde (Stadtschulbehörde) — die verhängte Geldstrafe und die im Verwaltungsstrafverfahren vor der Schulpflegschaft etwa erwachsenen Kosten der Gemeindebehörde zur Einhebung mitzuteilen. Wenn auch im Beschwerdeverfahren Kosten erwachsen sind, sind diese gleichzeitig einzuheben.

Die Bezirksverwaltungsbehörden können anordnen, daß die Gemeindebehörden ihnen über die Einhebung der verhängten Geldstrafen Nachweis zu erbringen haben.

28. Zum Vollzuge des Art. 58 Abs. IV des Polizeistrafgesetzbuches wird folgendes bemerkt und bestimmt:

a) Bei jedem Eintrag in die Versäumnisliste (Ziff. 9) ist ein Vermerk darüber aufzunehmen, ob im Falle eines Strafverfahrens gegen den Schulpflichtigen die Inanspruchnahme der Haftung des Erziehungsberechtigten nach Art. 58 Abs. IV des Polizeistrafgesetzbuches als veranlaßt erachtet wird. Diese Frage wird regelmäßig dann zu bejahen sein, wenn anzunehmen ist, daß eine schuldhafte Verletzung der den Erziehungsberechtigten nach Ziff. 3 obliegenden Pflichten vorliegt.

b) Ein Anspruch nach Art. 58 Abs. IV Satz 2 des Polizeistrafgesetzbuches ist nur zulässig, wenn der Erziehungsberechtigte zu der Sitzung der Schulpflegschaft geladen war. Die Ladung hat unter Beachtung der Vorschriften in Ziff. 14 zu erfolgen. Ergibt sich erst bei der mündlichen Verhandlung vor der Schulpflegschaft Anlaß, das Verfahren auf die Frage der Haftung des Erziehungsberechtigten auszudehnen, so ist die Verhandlung auszusetzen und neuer Verhandlungstermin anzuberaumen [2]).

c) Wenn der Erziehungsberechtigte in der Sitzung erschienen ist, ist ihm Gelegenheit zu geben, sich zur Frage seiner Mitverantwortlichkeit für das Schulversäumnis zu äußern (Ziff. 15). Soweit Anlaß besteht, sind seine Erklärungen nach Ziff. 21 Satz 2 zu behandeln.

d) Die Entscheidung über die Frage der Haftung des Erziehungsberechtigten ist in Spalte 6 der Versäumnisliste zu vermerken (Ziff. 21 Satz 1; siehe Anl. 1).

e) Die Eröffnung des Beschlusses an die Erziehungsberechtigten hat nach Maßgabe der Ziff. 22 zu erfolgen. Ist er nicht erschienen, so ist nach Lage der Sache zu erkennen; von einer Vorführung ist abzusehen. Da den als haftbar erklärten Erziehungsberechtigten ein selbständiges Beschwerderecht nach § 2 Abs. IV der V. vom 30. September 1922 (GVBl. S. 618) zusteht, ist Ziff. 22 Abs. III besonders zu beachten.

f) Wenn die Haftung der Erziehungsberechtigten nach Art. 58 Abs. IV des Polizeistrafgesetzbuches rechtskräftig ausgesprochen ist, steht es im Ermessen der Gemeindebehörde, die gegen den Schulpflichtigen verhängte Geldstrafe ganz oder zum Teile von diesem oder von

---

[2]) S. Note 2 S. 419.

dem Erziehungsberechtigten beizutreiben (V. vom 30. September 1922 § 5). Eine Haftung des Erziehungsberechtigten für die im Verwaltungsstrafverfahren gegen den Schulpflichtigen erwachsenen Kosten kommt nach dem Wortlaute des Gesetzes nicht in Frage.

g) Die Haftbarerklärung des Erziehungsberechtigten im Verwaltungsstrafverfahren gegen den Schulpflichtigen nach Art. 58 Abs. IV des Polizeistrafgesetzbuches schließt die Durchführung eines gesonderten Verwaltungsstrafverfahrens gegen den Erziehungsberechtigten nach Abs. II Ziff. 1 daselbst nicht aus. Da jedoch die neue Bestimmung in Art. 58 Abs. IV auch dem Zwecke dient, die Durchführung eines gesonderten Strafverfahrens gegen den Erziehungsberechtigten entbehrlich zu machen, wird von einem solchen im Falle der Haftbarerklärung in der Regel abzusehen sein, wenn nicht ganz besondere Umstände seine Durchführung geboten erscheinen lassen. Nach den gleichen Grundsätzen ist auch bei Stellung von Anträgen auf gerichtliche Strafverfolgung zu verfahren.

III. Gerichtliche Strafverfolgung.

29. Zuständig zur Stellung des Antrags auf Einleitung des gerichtlichen Strafverfahrens gemäß Art. 58 Abs. II, III PolStGB. ist für die Volkshaupt- und Volksfortbildungsschulen die Bezirksschulbehörde, in unmittelbaren Städten die Stadtschulbehörde, für die Berufsschulen entweder die Schulvorstandschaft oder das Bezirksamt (der Stadtrat) nach Maßgabe der Ziff. 38. Der Stadtrat hat vor Stellung des Antrags den Stadtschulrat, wo ein solcher aufgestellt ist, zu hören.

Soweit bis zur Veröffentlichung dieser Bekanntmachung Strafanträge von Schulpflegschaften oder Gemeindebehörden gestellt worden sind, haben sie als ordnungsmäßig gestellt zu gelten.

30. Die Bezirksschulbehörde (Stadtschulbehörde) hat nach Vorlage der Versäumnislisten gemäß Ziff. 23 Satz 2 ungesäumt zu prüfen, ob sie der Anregung der Schulpflegschaft (Ziff. 19 Abs. III, 22 Abs. II Satz 3) stattgeben will, und bejahenden Falles die Einleitung des gerichtlichen Strafverfahrens durch eine mit entsprechendem Strafantrag versehene Strafanzeige beim zuständigen Amtsanwalte herbeizuführen; sie hat sich dabei auch darüber zu äußern, ob sie die Inanspruchnahme der Haftung des Erziehungsberechtigten nach Art. 58 Abs. IV des Polizeistrafgesetzbuches als geboten erachtet (Anlage 4). Von der Hinausgabe der Versäumnislisten an den Amtsanwalt ist abzusehen. Erachtet die Bezirksschulbehörde (Stadtschulbehörde) die gerichtliche Strafverfolgung nicht für veranlaßt, so hat sie dies der Schulpflegschaft zu eröffnen und diese gegebenen Falles anzuweisen, das Verwaltungsstrafverfahren durchzuführen. Die Anweisung ist für die Schulpflegschaft bindend.

Bei Berufsschulen sind die besonderen Vorschriften in Ziff. 29 Abs. I und in Abschnitt V zu beachten.

31. Erachtet der Schulleiter die Voraussetzungen des § 4 Abs. I der V. vom 30. September 1922 für gegeben, so hat er im Benehmen mit dem Klaßlehrer sofort die Einleitung der gerichtlichen Strafverfolgung bei der Bezirksschulbehörde (Stadtschulbehörde) anzuregen, ohne daß die Sache vorher der Behandlung in der Schulpflegschaft zuzuführen ist. Erachtet die Bezirksschulbehörde (Stadtschulbehörde) die Voraussetzungen für die Einleitung der gerichtlichen Strafverfolgung nicht als gegeben, so teilt sie dies dem Schulleiter mit und veranlaßt gegebenen Falles die Einleitung des Verwaltungsstrafverfahrens. Andernfalls ist Strafantrag beim Amtsanwalte zu stellen.

32. Die Bezirksschulbehörde (Stadtschulbehörde) kann auch von sich aus die Einleitung der gerichtlichen Strafverfolgung in geeignet erscheinenden Fällen veranlassen.

33. Die Stadtschulbehörde hat bei Behandlung der Fälle nach Ziff. 30 bis 32 den zuständigen Bezirksschulrat zu hören, wenn dieser nicht Mitglied der Stadtschulbehörde ist.

34. Besonders schwere Fälle im Sinne des § 4 Abs. I Ziff. 3 der V. vom 30. September 1922 sind insbesondere anzunehmen

a) wenn die in Ziff. 19 Abs. II dieser Bekanntmachung aufgeführten Erschwerungsgründe in besonderem Maße gegeben sind,
b) bei Vereinbarungen zu gemeinsamem Schulversäumnis,
c) wenn dem Verwaltungsstrafverfahren vor der Schulpflegschaft von den Beteiligten hartnäckiger Widerstand entgegengesetzt wird.

35. Nach § 4 Abs. II der V. vom 30. September 1922 hängt die Zulässigkeit der gerichtlichen Strafverfolgung nicht von dem Vorliegen der in Abs. I daselbst bezeichneten Voraussetzungen ab. Damit entfallen alle rechtlichen Schwierigkeiten, die bisher vielfach der Durchführung des gerichtlichen Strafverfahrens entgegenstanden; jeder von der zuständigen Bezirks- oder Stadtschulbehörde gestellte Strafantrag ist von der Amtsanwaltschaft und dem Gericht ohne weitere Prüfung irgendwelcher auf dem Gebiete des Verwaltungsstrafverfahrens liegenden Voraussetzungen zu behandeln.

IV. Verlängerung der Schulpflicht.

36. Die Regierungen, Kammern des Innern, haben die Anwendung des § 6 der V. vom 30. September 1922 in Erwägung zu ziehen:

a) wenn ein Schulpflichtiger innerhalb eines Schuljahrs mehr als ein Achtel, innerhalb zweier aufeinanderfolgender Schuljahre mehr als ein Zehntel der Schultage unentschuldigt versäumt hat,
b) wenn ein Volkshauptschulpflichtiger 14 Schultage, ein Fortbildungsschulpflichtiger 4 Schultage im Zusammenhang unentschuldigt versäumt hat, und wenn sich dadurch erhebliche Mängel in der Schulausbildung ergeben haben.

Halbe Schultage sind als voll zu zählen.

37. Die Schulleiter haben die Versäumnisse am Ende des Schuljahres im Benehmen mit den Klaßlehrern auf das Vorliegen der in Ziff. 36 bezeichneten Voraussetzungen zu prüfen. Wo diese Voraussetzungen gegeben sind, haben sie unter Beifügung der erforderlichen Belege (Versäumnislisten, Schulbögen u. dgl.) an die Bezirksschulbehörde (Stadtschulbehörde), in unmittelbaren Städten mit mehreren Bezirksschulräten durch Vermittlung des zuständigen Bezirksschulrats, unter Beifügung einer Aeußerung über den Fortgang zu berichten. Für Schüler, die vor der Entlassung aus der Volkshauptschule oder der Fortbildungsschule stehen, ist dieser Bericht spätestens 4 Wochen vor Schluß des Schuljahres zu erstatten.

Die Bezirksschulbehörden (Stadtschulbehörden) haben die Berichte ungesäumt mit gutachtlicher Aeußerung den Regierungen, Kammern des Innern, vorzulegen und bei denjenigen Fortbildungsschülern, die zur Entlassung kommen sollen, gleichzeitig die Erziehungsberechtigten durch schriftliche Mitteilung darauf aufmerksam zu machen, daß sie mit der Möglichkeit der Verlängerung der Schulpflicht um ein Jahr zu rechnen haben. Die

Regierungen, Kammern des Innern, haben in diesem Falle die Entscheidung so zu beschleunigen, daß sie den Beteiligten tunlichst noch vor der Beendigung des Schuljahres eröffnet werden kann. Andernfalls ist das Entlassungszeugnis bis zur Entscheidung der Regierung zurückzubehalten.

Wenn die Entscheidung, durch die eine Verlängerung der Schulpflicht angeordnet worden ist, um mehr als 2 Jahre vor dem Zeitpunkte der ordnungsmäßigen Entlassung aus der Volkshauptschule oder der Fortbildungsschule zurückliegt, haben die Regierungen, Kammern des Innern, zu diesem Zeitpunkte von Amts wegen nachzuprüfen, ob Anlaß besteht, die Anordnung aufrecht zu erhalten. Die Anordnung kann aufgehoben werden, wenn sich der Schüler in den auf die Anordnung folgenden Schuljahren gut geführt hat.

V. Besondere Vorschriften für die Berufsschulen.

38. Beim Vollzuge der Abschnitte II—IV dieser Bekanntmachung treten bei den öffentlichen Berufsschulen, bei denen sowohl eine Schulvorstandschaft als auch besondere Organe bestehen (V. vom 22. Dezember 1913 § 9 Abs. II, III — GVBl. S. 966 —), an die Stelle der Schulpflegschaften die besonderen Organe, an die Stelle der Bezirksschulbehörde (Stadtschulbehörde) die Schulvorstandschaft. Wenn besondere Organe nicht gebildet sind, übt die Schulvorstandschaft die Zuständigkeit der Schulpflegschaft aus. Die Zuständigkeit der Bezirksschulbehörde (Stadtschulbehörde) ist in diesem Falle dem Bezirksamt, in unmittelbaren Städten dem Stadtrat übertragen. Dieser hat gegebenen Falles den Stadtschulrat zu hören.

Zur Entscheidung über Gesuche um Befreiung vom Schulbesuch (Ziff. 10 der Bek. vom 23. Juni 1923) ist an den Berufsschulen in allen Fällen der Schulleiter zuständig. Soweit für Beschwerden gegen seine Entscheidungen die Schulvorstandschaften zuständig sind, können diese die Sachbehandlung durch Beschluß allgemein ihrem Vorsitzenden gemeinsam mit einem weitern aus ihrer Mitte zu wählenden Mitgliede übertragen. Bei den Stadträten hat die Sachbehandlung durch den 1. Bürgermeister oder seinen Stellvertreter unter Beachtung der Vorschrift in Abs. I Satz 3 zu erfolgen[3]).

39. Für die Berufsschulen ist eine Zuständigkeit der Bezirksschulräte nicht gegeben. Daher entfällt hier ihre Mitwirkung in den Fällen der Ziff. 23, 27 und 33.

40. Zum Vollzuge der Ziff. 9 haben in Berufsschulen mit Fachlehrersystem alle Lehrkräfte die Pflicht, die fehlenden Schüler und, soweit es ihnen möglich ist, die Versäumnisursache vorzumerken. Dem Klaßlehrer obliegt die Aufgabe, die Einträge in die Schüler- und Versäumnisliste nach Maßgabe der Ziff. 9 vorzunehmen.

VI. Schlußbestimmungen.

41. Die ME. vom 23. Dezember 1918 über die Behandlung der Schulversäumnisse (KMBl. S. 348) sowie alle Anordnungen, die den Vorschriften der V. vom 30. September 1922 oder dieser Bekanntmachung entgegenstehen oder durch sie ersetzt sind, werden aufgehoben.

42. Die Regierungen, Kammern des Innern, können weitere Vollzugsbestimmungen erlassen.

---

[3]) Abs. II wurde durch die MinBek. vom 10. Mai 1925 (MABl. S. 81) angefügt.

55. Bek. über den Einbau von Schulküchen in Schulhäusern vom 16. Juli 1923 (KMBl. S. 88, MABl. S. 67).

Der Verein für wirtschaftliche Frauenschulen auf dem Lande hat gebeten darauf hinzuwirken, daß die Gemeinden bei Schulhausneubauten auf dem Lande auf die Bedeutung und Zweckmäßigkeiten des Einbaus einer Schulküche aufmerksam gemacht werden.

Diese Bitte erscheint begründet. Die Einrichtung von Schulküchen ist ein Bedürfnis. Es fehlt vor allem auf dem Lande, aber auch in den Städten, weiten Volkskreisen zum Nachteil des Familienlebens wie der gesamten Volkswirtschaft an der nötigen hauswirtschaftlichen Schulung. Da Schulküchen auch zugleich zum Waschen und Bügeln benützt werden können, lassen sie sich für verschiedene Gebiete des hauswirtschaftlichen Unterrichts auf dem Lande, vor allem auch für die Abhaltung landwirtschaftlicher Wanderhaushaltungskurse nutzbar machen.

Augenblicklich wird für die meisten Gemeinden die Hauptschwierigkeit in den sehr hohen Beschaffungskosten für die Kücheneinrichtung liegen. Diese vorübergehende Schwierigkeit kann aber um so weniger ein Hindernis bilden, der Anregung schon jetzt Rechnung zu tragen, als sich der Einbau einer Schulküche mit Vorratsraum und die Benützung eines Speicherabteils zum Trocknen von Wäsche bei der Errichtung von Schulhausneubauten in vielen Fällen ohne große Mehrkosten erreichen lassen wird, besonders dann, wenn die örtlichen Verhältnisse den Einbau der Küche im Kellergeschoß zulassen. Da die Räume nur vorübergehend benützt werden, können die Ansprüche an die natürliche Belichtung gegenüber den für die Schulsäle geltenden Bestimmungen wesentlich herabgesetzt werden. Der Erlaß besonderer Bauvorschriften kommt wegen der Verschiedenartigkeit der Verhältnisse nicht in Betracht; die Räume müssen unter allen Umständen trocken sein und unmittelbar ins Freie gehende Fenster besitzen.

Die Bezirks- und Stadtschulbehörden sowie die Regierungen, Kammern des Innern, werden angewiesen, bei der Aufstellung und Prüfung von Plänen für Schulhausneu- und Umbauten in geeigneten Fällen auf die Berücksichtigung der vorstehenden Anregungen hinzuwirken.

---

*56. Bek. zum Vollzuge des Gesetzes über Schulpflege, Schulleitung und Schulaufsicht an den Volksschulen vom 1. August 1922 (Schulaufsichtsgesetz) — „Vollzugsvorschriften zum Schulaufsichtsgesetze" vom 16. August 1922 (KMBl. 1923, S. 91).

(Abgedruckt in Braun, SchAG. S. 13 ff.)

Bemerkungen:

1. Zu Ziff. 1 Abschn. III vgl. die Bek. vom 25. Januar 1929 über den Vollzug des Schulaufsichtsgesetzes vom 1. August 1922 (KMBl. 1929 S. 17, Anh. Nr. 85), Ziff. I.

2. Ziff. 9 lautet nunmehr zufolge MinBek. vom 30. September 1929 (KMBl. S. 156):

„[I] Einer Schulpflegschaft kann nur je ein Pfarrvorstand jedes Bekenntnisses angehören, das bekenntnisangehörige Kinder nach schulaufsichtlicher Anordnung in die Schule schickt, für welche die Schulpflegschaft besteht. Dagegen kann ein Pfarrvorstand Mitglied mehrerer Schulpflegschaften sein, wenn in seinem Pfarrsprengel mehrere Schulpflegschaften gebildet sind.

II Wenn eine Bekenntnisschule mit bekenntnisgemischtem Schulsprengel zu Beginn des Kalenderjahres, in dem die neugewählten Lehrer- und Elternvertreter in die Schulpflegschaft dieser Schule eintreten, von Kindern einer Bekenntnisminderheit besucht wird, ist der für die Bekenntnisminderheit zuständige Pfarrvorstand, in dessen Pfarrei die Schule liegt, für die Dauer von drei Jahren Mitglied der Schulpflegschaft dieser Bekenntnisschule.

III Im Falle des § 4 Abs. II Satz 2 des SchAG. kann die kirchliche Oberbehörde ihre Anordnungen allgemein oder von Fall zu Fall treffen.

IV Wenn ein Pfarrvorstand wegen seiner Behinderung dauernd oder für einzelne Sitzungen einen anderen Geistlichen des Pfarrsprengels als Vertreter in die Schulpflegschaft abordnet, so hat er dies dem Vorsitzenden der Schulpflegschaft rechtzeitig schriftlich oder mündlich mitzuteilen. Eine Begründung für die Abordnung eines Stellvertreters ist nicht notwendig."

3. Zu Ziff. 20 Abschn. I:

An die Stelle der Bestimmungen in Art. 8 des Ges. über die Selbstverwaltung vom 22. Mai 1919 und des § 8 Abs. I der Vollzugsanw. hierzu vom 14. Juni 1919 sind die Vorschriften des Art. 18 der Gemeindeordnung vom 17. Oktober 1927 (GVBl. S. 293) getreten.

4. Ziff. 24 hat zufolge MinBek. vom 30. Juli 1926 (KMBl. S. 98) nunmehr folgenden Wortlaut:

„I Als Lehrervertreter ist zunächst ein Schulleiter und eine Ersatzperson von sämtlichen Schulleitern der Stadt aus ihrer Mitte abzuordnen. Außerdem sind die Lehrervertreter und ihre Ersatzpersonen je in der gleichen Zahl wie die Vertreter des Stadtrates, die neben dem ersten Bürgermeister der Stadtschulpflegschaft angehören, von der Berufsvertretung der Lehrerschaft aus den Volksschullehrern sowie aus den nach § 7 Abs. II des SchAG. mit vorstehender Ziff. 18 Abs. IV wahlberechtigten Fachlehrern und Religionslehrern der Stadt nach dem Grundsatze der Verhältniswahl zu bestimmen.

II Die Mitglieder der Lehrerräte der einzelnen Schulen bestimmen aus ihrer Mitte Vertrauenspersonen. In Städten mit weniger als sechs Schulen benennt der Lehrerrat jeder Schule zwei Vertrauenspersonen, in solchen mit sechs bis dreißig Schulen eine Vertrauensperson; in Städten mit mehr als dreißig Schulen bezeichnen die Mitglieder der Lehrerräte dreier benachbarter Schulen zusammen je eine Vertrauensperson. Die Vertrauenspersonen sämtlicher Schulen der Stadt bilden die Berufsvertretung der Lehrerschaft für die Abordnung der Lehrervertreter in die Stadtschulpflegschaft nach vorstehendem Absatz I Satz 2. Diese Berufsvertretung ist jeweils nach drei Jahren zu erneuern."

5. Ziff. 32 Abschn. VIII Satz 3 lautet nunmehr zufolge MinBek. vom 28. März 1930 (KMBl. S. 108):

„Für dienstliche Postsendungen verwenden die Schulleitungen die allgemeinen Postwertzeichen; der Aufwand für diese Freimarken ist als sächlicher Schulbedarf von den Gemeinden zu tragen."

6. Zu Ziff. 35, 40 und 48 s. auch die MinBek. vom 25. Januar 1929 (KMBl. S. 17, Anh. Nr. 85) Ziff. II und III.

7. Von Ziff. 53 ist Abs. II durch die MinBek. vom 30. Juli 1926 (KMBl. S. 98) gestrichen und in geänderter Form als Abs. II der Ziff. 24 beigefügt worden.

8. Zu Ziff. 9 der „Wahlordnung" ist zufolge der MinBek. vom 30. Juli 1926 (KMBl. S. 98) zu bemerken:

a) An die Stelle des „Stadtlehrerrates" ist die „Berufsvertretung der Lehrerschaft" im Sinne der Ziff. 24 Abs. II der VB. zum SchAG. getreten.

b) Abs. IV ist durch die Streichung der Ziff. 53 Abs. II der VB. zum SchAG. gegenstandslos geworden.

---

57. Bek. über die Mietentschädigungen für Dienstwohnungen und Dienstzimmer vom 25. September 1923 (GVBl. S. 342).

Zum Vollzuge des Art. 19 Abs. I, II, IV und V des Beamtenbesoldungsgesetzes vom 2. Juni 1920 (GVBl. S. 275) in der Fassung der Bekanntmachung vom 24. März 1923 (GVBl. S. 109)[1]) wird verfügt:

I. Begriff der Dienstwohnung.

1. Dienstwohnungen sind nur diejenigen Wohnungen, die den Beamten vom Staate im Interesse des Dienstes, d. h. zur Ermöglichung und Förderung der Erfüllung der dem Inhaber obliegenden Dienstesaufgaben zugewiesen sind, sei es, daß die Wohnungen dazu dienen, die Ueberwachung von Amts- oder Geschäftsräumen oder die rasche und leichte Erreichbarkeit des Beamten auch außerhalb der gewöhnlichen Geschäftsstunden zu sichern, sei es, daß die Einräumung der Wohnung dazu bestimmt ist, dem Beamten gewisse durch sein Amt bedingte Repräsentationspflichten zu erleichtern.

Sind diese Voraussetzungen erfüllt, so ist es für den Begriff der Dienstwohnung gleichgültig, ob die dem Beamten eingeräumte Wohnung sich in einem Staatsgebäude oder in einem vom Staate gemieteten Gebäude oder ihm entgeltlich oder unentgeltlich überlassenen Gebäude oder Gebäudeteile befindet.

Mit dem Grundsatze des Art. 19 BBesG. ist nicht vereinbar, daß einem Beamten mit Rücksicht auf seine dienstliche Stellung seitens eines Dritten (einer Gemeinde, eines Privaten usw.) unmittelbar eine Dienstwohnung eingeräumt wird. Die Ueberlassung kann vielmehr nur an den Staat erfolgen, der sie seinerseits dem Beamten als Dienstwohnung mit den aus dem Art. 19 BBesG. sich ergebenden Verpflichtungen überweist.

II. Grundsätze für die Ermittlung der Mietentschädigung.

2. Gemäß Art. 19 Abs. 1 Satz 1 und 2 BBesG. haben die etatmäßigen und nichtetatmäßigen Beamten für den Genuß einer Dienstwohnung eine Mietentschädigung zu entrichten; die unentgeltliche Einräumung einer Dienstwohnung ist unzulässig. Die Mietentschädigung ist unter angemessener Berücksichtigung einerseits des wirklichen Wertes der Wohnung nach ihrer Größe und Beschaffenheit sowie nach den am Wohnsitze des Beamten für Wohnungen derselben Art zu zahlenden Mietzinsen (allgemeiner Wert), andererseits des Wertes festzusetzen, den die Wohnung für den Beamten hat (persönlicher Wert).

3. a) Der allgemeine Wert ist in Höhe der ortsüblichen Miete für vergleichbare Wohnungen am gleichen Orte festzusetzen. Dies geschieht in der Weise, daß die Vorschriften des Reichsmietengesetzes vom 24. März

[1]) Nunmehr BBesG. vom 20. April 1928 Art. 19 (GVBl. S. 205).

1922 (RGBl. I S. 273)[2]) und die von den Staatsministerien (Bekanntmachung des Staatsministeriums für Soziale Fürsorge vom 14. Juni 1922 — Staatsanzeiger Nr. 137 —) und von den Gemeinden erlassenen Ausführungsbestimmungen sinngemäß auf die Dienstwohnungen angewendet werden. Als Mietentschädigung ist daher die gesetzliche Miete des Reichsmietengesetzes anzusehen. Sie setzt sich zusammen aus einer Grundmiete gemäß § 2 Abs. 1 und den veränderlichen Zuschlägen gemäß § 3 und § 7 Abs. 1 und 3 des Reichsmietengesetzes.

b) Die Grundlage für die Berechnung der gesetzlichen Miete bildet die Friedensmiete. Diese ist für jede Dienstwohnung durch Vergleich mit jenem Mietzins zu ermitteln, der für die mit dem 1. Juli 1914 beginnende Zeit in der Gemeinde für Wohnungen gleicher Art und Lage regelmäßig vereinbart war; an Orten, an denen vergleichbare Mietwohnungen nicht vorhanden waren, sind die Mietzinse für Wohnungen gleicher Art in benachbarten Orten oder die Durchschnittsmietzinse im Bereiche der zuständigen Bezirksverwaltungsbehörde maßgebend. Unzulässig ist es, die Friedensmiete auf Grund des Bauwertes oder der im Frieden tatsächlich bezahlten, im allgemeinen unter der ortsüblichen Friedensmiete gehaltenen Dienstwohnungsentschädigung oder auf Grund von Abschätzungen festzusetzen, welche auf die für gleichartige und gleichwertige Wohnungen vereinbarten Mieten keine Rücksicht nehmen. Für Dienstwohnungen, die in der Zeit nach dem 1. Juli 1918 fertiggestellt wurden (Neuwohnungen im Sinne des § 16 Abs. 1 Satz 1 des Reichsmietengesetzes), ist die Friedensmiete in gleicher Weise wie für Altwohnungen zu ermitteln.

c) . . .
d) . . . [3])
e) . . .

4. Der persönliche Wert der Dienstwohnung deckt sich in der Regel mit dem allgemeinen Werte. Eine Feststellung des persönlichen Wertes hat nur zu erfolgen, wenn die Zahl der Räume oder ihre Größe außer Verhältnis zu dem tatsächlichen Bedürfnis oder der tatsächlichen Benützung durch den betreffenden Beamten steht oder wenn der allgemeine Wert wegen der Lage in einer besonders teuren Wohngegend des Ortes die Summe übersteigt, die gleichartige Beamte an demselben Orte für eine Privatwohnung aufzuwenden pflegten. Der persönliche Wert wird in beiden Fällen bei der Festsetzung der Mietentschädigung in der Weise berücksichtigt, daß die Friedensmiete um einen angemessenen Hundertsatz gekürzt wird. Im ersten Falle ist der Hundertsatz bei jedem Wechsel des Dienstwohnungsinhabers neu festzusetzen, im zweiten Falle kann der Hundertsatz auch beim Wechsel bestehen bleiben.

5. Gehören zu Dienstwohnungen, deren Inhabern nach dem Haushaltungsplan oder sonstigen Bestimmungen eine Repräsentation obliegt, Repräsentationsräume, so bleiben diese bei der Berechnung der Mietentschädigung außer Betracht.

---

[2]) S. nunmehrige Fassung vom 20. Februar 1928 (RGBl. I S. 38).

[3]) Nunmehr wird aus der Friedensmiete nach Maßgabe der vom Staatsministerium für Landwirtschaft und Arbeit, Abt. Arbeit, für die gesetzliche Miete der Privatwohnungen festgesetzten Hundertsätze die gesetzliche Miete berechnet (Bek. des Staatsmin. der F. vom 4. Juni 1924, Staatsanz. Nr. 131).

6. Die Mietentschädigung darf bei den Beamten der Besoldungsgruppen I bis VIII 30 vom Hundert, bei den Beamten der Besoldungsgruppen IX bis XI 40 vom Hundert, im übrigen 50 vom Hundert des höchsten Ortszuschlags ihrer Besoldungsgruppe einschließlich des Teuerungszuschlages und örtlichen Sonderzuschlags nicht übersteigen (Höchstbetrag der Mietentschädigung)[4]).

7. Ziff. 1 bis 4 und 6 gelten auch für Dienstzimmer, welche Beamten als Wohnräume zugewiesen sind.

8. Ueberläßt oder vermietet ein Dienstwohnungsinhaber mit Erlaubnis der vorgesetzten Dienstbehörde Räume einem Dritten, so ist hierfür eine angemessene Vergütung an die Staatskasse zu entrichten. Diese ist bei der Erlaubniserteilung in der Weise festzusetzen, daß sich die Mietentschädigung um 10 bis 50 vom Hundert erhöht, wobei auf die Zahl der überlassenen Räume und auf das Verwandtschaftsverhältnis des Dritten zum Dienstwohnungsinhaber Rücksicht zu nehmen ist. Ziff. 6 findet hierbei keine Anwendung[5]).

III. Zuständigkeit und Verfahren.

9. Die Erklärung einer Wohnung als Dienstwohnung erfolgt durch das Staatsministerium, dessen Geschäftsbereich der Beamte angehört. Die Erklärung bedarf der Zustimmung des Staatsministeriums der Finanzen. Das gleiche gilt für die Aufhebung der Eigenschaft einer Wohnung als Dienstwohnung.

10. Mit der Ermittlung der Mietentschädigungen werden die Finanzämter und Landbauämter betraut, in deren Bezirk die einzuschätzenden Wohnungen und Zimmer liegen. Die Ermittlung erfolgt auf Grund gemeinschaftlicher Besichtigung und im gemeinsamen Benehmen und zwar unter Benützung des beigefügten Formblattes; soweit die Mietentschädigungen für die Dienstwohnungen der Beamten im Sinne des Art. 188 und 189 des Beamtengesetzes in kreiseigenen oder gemeindlichen Gebäuden den Kreisen oder Gemeinden zufließen, kann der Kreis bezw. die Gemeinde einen Vertreter abordnen; geschieht dies, so ist von der Einvernahme des Kreistages oder Kreisausschusses gemäß Ziff. 17 der Bekanntmachung vom 28. November 1921 (GVBl. S. 574) abzusehen. Eine wiederholte persönliche Besichtigung der Wohnungen und Zimmer kann unterbleiben, wenn ihre Beschaffenheit dem Finanzamt und dem Landbauamt auf Grund einer zeitlich nicht zu weit zurückliegenden Besichtigung bereits genau bekannt ist. Ergeben sich bei der Ermittlung Meinungsverschiedenheiten, so sind beide Gutachten sowie eine abweichende Meinung des Kreis- bezw. Gemeindevertreters unter entsprechender Erläuterung im Formblatt niederzulegen.

11. Die Festsetzung der Friedens- und Grundmiete obliegt den Zweigstellen der Landesfinanzämter. Hinsichtlich der Beamten der Universitäten haben sie sich, soweit Stiftungsgebäude in Betracht kommen, vorher mit den Verwaltungsausschüssen der Universitäten zu benehmen. Für

---

[4]) Ziff. 6 ist durch Ziff. 2 der FMB. vom 2. Januar 1924 (Staatsanz. Nr. 1) aufgehoben. Die Regelung ist nunmehr nach Ziff. 2 der FMB. vom 8. April 1924 (Staatsanz. Nr. 83) und vom 16. Februar 1925 (Staatsanz. Nr. 38) folgende: Die Mietentschädigung darf den dem Beamten zustehenden Wohnungsgeldzuschuß nicht übersteigen.

[5]) S. auch Anm. 13, II, B, c Abs. 5 zu Art. 14 SchBG. oben.

die Dienstwohnungen der Beamten im Sinne des Art. 188 und 189 des Beamtengesetzes erfolgt die Festsetzung durch die Regierungen, Kammern des Innern, im Benehmen mit den Zweigstellen der Landesfinanzämter.

Die festgesetzten Mietentschädigungen sind in den Formblättern mit roter Tinte einzutragen.

Die beteiligten Beamten sind von der erfolgten Festsetzung durch die mit der Auszahlung ihrer Dienstbezüge betrauten Kassen auf dem kürzesten Wege in Kenntnis zu setzen.

12. Bei Wechsel in der Person des Dienstwohnungsinhabers ist von dem zuständigen Finanzamte jeweils zu prüfen, ob eine Aenderung der Festsetzung der Friedens- und Grundmiete nach Ziff. 4 veranlaßt ist. Ebenso ist bei baulichen Veränderungen (Erweiterung, Verbesserung, Verkleinerung usw.) der Wohnungen nach Ziff. 3 b sowie im Falle der Ueberlassung von Dienstwohnungen oder Dienstwohnungsteilen an Dritte nach Ziff. 4 die Notwendigkeit einer Aenderung der Festsetzung der Friedens- und Grundmiete zu prüfen. Ueber das Ergebnis der Prüfung und der etwa veranlaßten Ermittlung der Mietentschädigung ist der zuständigen Zweigstelle des Landesfinanzamts zu berichten.

Die Festsetzung kann jederzeit abgeändert werden, wenn sich ergibt, daß sie auf unzutreffenden tatsächlichen Voraussetzungen beruhte oder in unrichtiger Anwendung der maßgebenden Bestimmungen erfolgte.

Die beteiligten Stellen haben dem zuständigen Finanzamte von Tatsachen, die eine Aenderung der Festsetzung begründen können, alsbald Mitteilung zu machen.

13. Die Festsetzung der Zuschläge für die Verteuerung des Hypothekenkredites (§ 3 Abs. 1 Ziff. 1 des Reichsmietengesetzes) und für die laufenden Instandsetzungsarbeiten einschließlich Schönheitsarbeiten (§ 3 Abs. 1 Ziff. 3 a. a. O.) sowie des Zuschlags für die großen Instandsetzungsarbeiten (§§ 7 ff. des Reichsmietengesetzes) erfolgt durch die Zweigstellen der Landesfinanzämter im Benehmen mit den Regierungen, Kammern des Innern, einheitlich für alle Dienstwohnungen des Regierungsbezirkes. Die Zweigstellen haben die festgesetzten Zuschläge jeweils dem Staatsministerium der Finanzen mitzuteilen.

Die Festsetzung der übrigen in den §§ 3 mit 5 des Reichsmietengesetzes genannten Zuschläge sowie des Zuschlags nach Ziff. 3 e dieser Bekanntmachung erfolgt durch die Finanzämter, erforderlichenfalls nach Benehmen mit den Mieteinigungsämtern. Die festgesetzten Zuschläge sind der zuständigen Zweigstelle des Landesfinanzamtes mitzuteilen, die für eine unter Berücksichtigung der jeweiligen Verhältnisse gleichmäßige Festsetzung innerhalb ihres Geschäftsbereichs zu sorgen hat.

14. Die Berechnung der Mietentschädigungen erfolgt durch die Finanzämter.

15. Die Festsetzung der Vergütungen nach Ziff. 8 erfolgt durch die Zweigstellen der Landesfinanzämter.

16. Gegen die Festsetzung der Mietentschädigungen steht den beteiligten Beamten das Recht der Beschwerde an das Staatsministerium der Finanzen zu; dieses entscheidet, soweit Beamte des Geschäftskreises anderer Ministerien in Frage kommen, im Benehmen mit den beteiligten Ministerien. Für die Beschwerden der Beamten im Sinne des Art. 188 und 189 des Beamtengesetzes ist das Staatsministerium, zu dessen Geschäftsbereiche der Beamte gehört, im Benehmen mit dem Staatsministerium der Finanzen zuständig.

Die Beamten haben in ihrer Beschwerde den Betrag, ausgeschieden nach Friedens- und Grundmiete und Zuschlägen, zu bezeichnen, den sie selbst als Mietentschädigung für angemessen erachten.

Die Beschwerde ist bei der zuständigen Zweigstelle des Landesfinanzamts, von den Beamten nach Art. 188 und 189 des Beamtengesetzes bei der Regierung, Kammer des Innern, einzureichen; erachten diese die Beschwerde für begründet, so haben sie ihr abzuhelfen; andernfalls ist die Beschwerde mit gutachtlicher Aeußerung dem zuständigen Staatsministerium vorzulegen.

Die Beschwerde hat hinsichtlich der Entrichtung der Mietentschädigung keine aufschiebende Wirkung.

IV. Einhebung und Verrechnung der Mietentschädigungen.

17. Die Verpflichtung zur Entrichtung der Mietentschädigung für den Genuß einer Dienstwohnung und eines Dienstzimmers beginnt nach Art. 19 Abs. II und IV BBesG. mit dem Zeitpunkte, von dem an die Uebertragung der Amtsstelle, mit welcher der Genuß der Dienstwohnung verbunden ist, wirksam wird, wenn die Dienstwohnung erst später beziehbar wird, mit diesem Zeitpunkte.

Die Verpflichtung zur Entrichtung der Mietentschädigung erlischt mit dem Zeitpunkte, in dem die Wohnung von dem Nutznießer oder dessen Rechtsnachfolger geräumt wird.

Wird die Uebertragung der Amtsstelle erst nach dem Ersten eines Monats wirksam oder die Dienstwohnung erst nach diesem Zeitpunkte beziehbar, so beginnt die Erhebung der Mietentschädigung mit dem Ersten des nächstfolgenden Monats. Wird die Wohnung ohne Verschulden des Nutznießers im Laufe eines Monats geräumt, so erlischt die Erhebung mit dem Ablaufe des vorhergehenden Monats.

Wird eine Dienstwohnung durch eine andere ersetzt (Art. 19 Abs. III Satz 2 BBesG.) oder wechselt der Beamte aus sonstigen Gründen (z. B. infolge Versetzung, Uebertragung einer anderen Amtsstelle) die Dienstwohnung, so beginnt die Erhebung der Mietentschädigung für die neue Wohnung mit dem Ersten des Monats, in dem sie dem Beamten überwiesen wird. Ist die Mietentschädigung für die neue Dienstwohnung höher als für die bisherige, so beginnt die Erhebung, soferne die Ueberweisung erst im Laufe des Monats erfolgt ist, mit dem Ersten des der Ueberweisung folgenden Monats. Die Mietentschädigung für die bisherige Wohnung ist bis zu dem Zeitpunkte fortzuentrichten, von dem ab die Mietentschädigung für die neue Wohnung zur Erhebung kommt.

18. Die Mietentschädigungen werden an den Dienstbezügen im voraus und jeweils für die gleichen Zeitabschnitte, für welche diese gewährt werden, abgezogen. Die Mietentschädigungen, welche die Hinterbliebenen für den Genuß der Wohnung zu entrichten haben, werden am Sterbegehalt und, soferne die Weiterbenützung der Wohnung über das Sterbevierteljahr hinaus zugestanden wird, an den Hinterbliebenenbezügen abgezogen. Eine besondere Bescheinigung über die Entrichtung der Mietentschädigungen wird den Beamten nicht erteilt; die Vormerkung des Abzugs gilt als Empfangsbestätigung.

19. Die Verrechnung der Mietentschädigungen erfolgt:

a) für die Beamten der Staatsforstverwaltung und

b) für die Beamten der Verwaltung der Berg-, Hütten- und Salzwerke auf den Haushalt dieser Verwaltungen,

c) für die Beamten der Münzanstalt auf den Haushalt dieser Anstalt,
d) für die Beamten der Staatsschuldenverwaltung auf den Haushalt der Staatsschuld,
e) für die Beamten der Universitäten hinsichtlich der Wohnungen, die ihnen in einem Stiftungsgebäude eingeräumt sind, auf den Haushalt der Universitäten,
f) für die Beamten im Sinne der Art. 188 und 189 des Beamtengesetzes nach Maßgabe der Kultusministerialentschließung vom 23. August 1909 Nr. 18 537,
g) für alle übrigen Beamten auf den Haushalt der übrigen Betriebe des Staates.

Soferne der mit der Auszahlung der Dienstbezüge und mit der Einhebung der Mietentschädigungen betrauten Kasse nicht zugleich die Verrechnung der Mietentschädigungen obliegt, sind letztere in den Zahlungslisten für die Besoldungen und in den Besoldungsnebenrechnungen vorzumerken und auf Grund dieses Vortrags die Gesamteinnahme an Mietentschädigungen von der mit der Prüfung der Besoldungsrechnungen betrauten Stelle zur Vereinnahmung auf den einschlägigen Rechtstitel einzuweisen oder der festgesetzte Gesamtbetrag der Mietentschädigungen der zuständigen Stelle zur Einweisung mitzuteilen.

V. Besondere Bestimmungen für die Volksschullehrer.

20. Die vorstehenden Bestimmungen finden auf die Volksschullehrer mit folgenden Abweichungen Anwendung:

a) Dienstwohnungen der Volksschullehrer sind die auf Grund des Art. 14 Schulbedarfgesetzes als solche bereitgestellten Wohnungen.
b) Die Zuständigkeit nach Ziff. 9 kommt den Regierungen, Kammern des Innern, zu.
c) An Stelle der Bestimmungen in den Ziffern 10, 11 und 16 gilt § 20 Abs. II und V der Bekanntmachung vom 13. Juli 1920 (KMBl. S. 286, Anh. Nr. 31) mit der Maßgabe, daß Beschwerden hinsichtlich der Entrichtung der Mietentschädigungen keine aufschiebende Wirkung haben. Für die Maßnahmen nach Ziff. 8 und 12 ist die Bezirksverwaltungsbehörde zuständig. Für die Festsetzung der Mietentschädigungen der Volksschullehrer ist das beigefügte Formblatt[6]) zu verwenden.
d) Ziff. 10 gilt nur insoweit, als die Mietentschädigungen der Staatskasse zufließen. Im übrigen gelten in dieser Beziehung die §§ 25 und 26 der Bekanntmachung vom 13. Juli 1920 (KMBl. S. 286, Anh. Nr. 31).
e) Ziff. 22 gilt nicht für die Dienstwohnungen der Volksschullehrer. An Stelle der in Ziff. 23 genannten Vorschriften sind hinsichtlich der Dienstwohnungen der Volksschullehrer bis auf weiteres die Bestimmungen in der Bekanntmachung vom 6. Juni 1921 (KMBl. S. 147, Anh. Nr. 39) anzuwenden. Auf die Ministerialentschließung vom 5. März 1923 Nr. 60 445, betr. die Beheizung und Beleuchtung der Dienstwohnungen der Volksschullehrer, wird hingewiesen.
f) Aufgehoben werden § 19 Abs. IV S. 2, § 20 Abs. I, § 21 und § 22 Abs. II der Bekanntmachung vom 13. Juli 1920 (KMBl. S. 286, Anh. Nr. 31).

---

[6]) Vom Abdruck des Formbl. (s. GVBl. 1923 S. 347/48) wurde abgesehen. — S. auch Anm. 13, II B c Abs. 5 zu Art. 14 SchBG. oben.

VI. Uebergangs- und Schlußbestimmungen.

21. Für Wohnungen, denen im Zeitpunkte des Inkrafttretens dieser Bekanntmachung bereits die Eigenschaft einer Dienstwohnung zukommt, bedarf es einer Erklärung nach Ziff. 9 nicht mehr.

22. Die bisherigen Schätzungstabellen und sonstigen Grundlagen sind dem zuständigen Finanzamt umgehend zu übermitteln.

23. Für die Vergütungen für Beheizung und Beleuchtung sowie für den Anschluß von Dienstwohnungen an die im Amtsgebäude eingerichtete Sammelheizung gelten die Bekanntmachungen vom 1. Juni 1922 (GVBl. S. 332, Staatsanz. Nr. 130), vom 28. November 1922 (GVBl. S. 651 und 653, Staatsanz. Nr. 278) und vom 14. Juli 1923 (GVBl. S. 235, Staatsanz. Nr. 163), für die Tragung des Aufwandes für Beleuchtungseinrichtungen Ziff. III und IV der Bekanntmachung vom 5. Februar 1905 (FMBl. S. 19 ff.). Die Benützung und Unterhaltung der Dienst- und Mietwohnungen in Staatsgebäuden wird demnächst neu geregelt werden.

24. Die Bekanntmachungen

vom 28. Juni 1909, die Mietentschädigungen und Mietzinse für die den Beamten eingeräumten Wohnungen und Zimmer und die Pachtentschädigungen für Gärten und sonstige Grundstücke betreffend (FMBl. S. 515 ff.),

vom 22. August 1913, die Mietentschädigungen für die Dienstwohnungen der Beamten betr. (FMBl. S. 412) und

vom 11. November 1920, die Mietentschädigungen und Mietzinse für die Beamten vom Staate eingeräumten Wohnungen betr. (Staatsanz. Nr. 265) werden aufgehoben.

25. Diese Bekanntmachung tritt mit Wirkung vom 1. Januar 1923 in Kraft.

---

58. Entschl. über die Verwendung von Schulräumen zu bestimmungsfremden Zwecken vom 19. Oktober 1923 (KMBl. S. 131, MABl. S. 73).

Zum Vollzuge des Art. 1 Abs. II des Schulbedarfgesetzes in der Fass. nach Art. 2 Ziff. I des Gesetzes vom 1. August 1923 (GVBl. S. 337) wird im Einverständnisse mit dem Staatsministerium des Innern bestimmt:

1. Zuständig zur Erteilung der Genehmigung für die Verwendung der den Zwecken der öffentlichen Volksschule gewidmeten Gebäude und Grundstücke zu Veranstaltungen und Einrichtungen, die mit den bestimmungsmäßigen Aufgaben der öffentlichen Volksschule nicht unmittelbar im Zusammenhange stehen, sind vorbehaltlich der Bestimmungen in Ziff. 2 und 3 die Bezirksschulbehörden, in unmittelbaren Städten die Stadtschulbehörden. Diese können die Genehmigung entweder allgemein (z. B. zur Abhaltung von Gemeinderatssitzungen, zur Vornahme öffentlicher Wahlen) oder von Fall zu Fall erteilen.

2. Zuständig zur Erteilung der Genehmigung für die Verwendung der den Zwecken der öffentlichen Volksschule gewidmeten Gebäude und Grundstücke zu politischen Veranstaltungen und Einrichtungen sind die Regierungen, Kammern des Innern. Denselben bleibt vorbehalten, in wichtigen Fällen und in Fällen von grundsätzlicher Bedeutung die Entscheidung des Staatsministeriums für Unterricht und Kultus einzuholen.

3. Das Staatsministerium für Unterricht und Kultus behält sich vor, für bestimmte Verwendungszwecke allgemein oder von Fall zu Fall durch besondere Anordnung die Zuständigkeit an sich zu ziehen.

---

59. Entschl. zum Vollzuge des Art. 14 des Volksschullehrergesetzes vom 25. April 1924 (MABl. S. 90).[1]

Art. 14 des Volksschullehrergesetzes vom 14. August 1919 hat durch Art. 2 Nr. 1 Ziff. II der Verordnung zur Aenderung beamtenrechtlicher Vorschriften vom 29. März 1924 (GVBl. S. 128) in Angleichung an die Vorschrift des Art. 19 des Beamtengesetzes folgende Fassung erhalten:

„Der Volksschullehrer ist zur Uebernahme von Nebenämtern oder Nebengeschäften im öffentlichen Dienst auch ohne besondere Vergütung verpflichtet, wenn sie seiner Berufsausbildung entsprechen."

Zum Vollzug dieser Vorschrift, die gemäß Art. 144 Abs. II des VLG. auch für die Volksschulfachlehrer gilt, wird folgendes bestimmt:

I. 1. Ueber die Heranziehung der Volksschullehrer (einschließlich der Volksschulfachlehrer) zur Unterrichtserteilung an höheren Unterrichtsanstalten des Staates, der Kreise oder der Gemeinden, an technischen gewerblichen oder landwirtschaftlichen öffentlichen Fachschulen sowie an öffentlichen Berufsschulen entscheiden die Regierungen, Kammern des Innern.

Die Vorstände der bezeichneten Anstalten haben daher etwaige Anträge auf Zuteilung von Volksschullehrern durch Vermittlung der Bezirks- oder Stadtschulbehörde an die zuständige Regierung, Kammer des Innern, zu richten. Eines besonderen Antrages bedarf es selbstverständlich dann nicht, wenn der Volksschullehrer sich zur Uebernahme (oder Weiterführung) des in Frage stehenden Nebenamtes freiwillig bereit erklärt hat und die dienstaufsichtliche Genehmigung hiezu nach Art. 13 des VLG. erteilt ist.

2. Voraussetzung für die Uebertragung eines Nebenamtes im Sinne der vorstehenden Ziffer 1 ist,

a) daß diese Maßnahme zur Weiterführung des lehrplanmäßigen Unterrichts an der höheren Unterrichtsanstalt, der Fachschule oder der Berufsschule notwendig ist,

b) daß der von dem Volksschullehrer nebenamtlich zu erteilende Unterricht seiner Berufsbildung entspricht und

c) daß die Erfüllung der hauptamtlichen Obliegenheiten des Volksschullehrers nicht beeinträchtigt und der Volksschullehrer durch das Nebenamt nicht unbillig belastet wird.

Die Voraussetzung, daß der nebenamtlich zu erteilende Unterricht der Berufsbildung des Volksschullehrers entsprechen muß (Buchst. B) ist grundsätzlich auch dann als gegeben zu erachten, wenn sich der Volksschullehrer die für das Unterrichtsfach erforderlichen Kenntnisse durch Teilnahme an einem besonderen Lehrgange erworben hat. Es ist jedoch in Aussicht genommen, für solche Fälle regelmäßig die Gewährung einer besonderen Vergütung vorzuschreiben (s. unten Ziff. 3).

Bei der Prüfung der Frage, ob der Volksschullehrer durch das Nebenamt nicht unbillig belastet wird (Buchst. c), ist zu berücksichtigen, daß auch

---

[1]) S. auch Anhang Nr. 26 oben und die Nummern 69, 78 und 82 unten.

das Dienststundenmaß der übrigen Beamten eine wesentliche Erhöhung erfahren hat. Soweit möglich und erforderlich ist zugunsten des beteiligten Volksschullehrers ein Ausgleich dadurch herbeizuführen, daß einzelne von ihm an der Volksschule (Volkshauptschule oder Volksfortbildungsschule) zu erteilende Unterrichtsstunden anderen Volksschullehrern übertragen werden.

Befinden sich an einem Orte mehrere Unterrichtsanstalten der in Ziffer 1 bezeichneten Art, für die eine Zuteilung von Volksschullehrern in Frage kommt, so haben staatliche Anstalten den Vorzug vor nichtstaatlichen.

3. Die Entscheidung darüber, ob und wie weit den Volksschullehrern für die Unterrichtserteilung an den in Ziffer 1 bezeichneten Anstalten eine besondere Vergütung zu gewähren ist, bleibt vorbehalten. Sie wird im Benehmen mit dem Staatsministerium der Finanzen mit tunlichster Beschleunigung herbeigeführt werden. Ebenso soll die Regelung der Vergütungen für die Zeit vom 1. Januar 1924 an (vgl. Ziff. 3 der E. vom 12. März 1924 Nr. 5140, StAnz. Nr. 64; dann die E. vom 25. März 1924 Nr. III, 8783, StAnz. Nr. 73), soweit sie noch ausständig ist, sobald als möglich getroffen werden.

Soweit die Unternehmer nichtstaatlicher Unterrichtsanstalten (Gemeinden usw.) den Volksschullehrern für nebenamtliche Unterrichtserteilung besondere Vergütungen gewähren, wird vorerst gegen deren Weiterleistung — vorbehaltlich der noch zu erlassenden endgültigen Bestimmungen — keine Erinnerung erhoben.

4. Zur Unterrichtserteilung an nichtstaatlichen Anstalten können Volksschullehrer nur unter der Bedingung zur Verfügung gestellt werden, daß sich der Unternehmer der Anstalt verpflichtet, gegebenenfalls nach Maßgabe der vom Staatsministerium für Unterricht und Kultus zu erlassenden Bestimmungen eine entsprechende Entschädigung zu leisten.

5. Die vorstehenden Grundsätze gelten für die Uebertragung besonderen Fachunterrichts an Volksfortbildungsschulen (§ 13 der Verordnung über die Schulpflicht vom 22. Dezember 1913, GVBl. S. 957) entsprechend.

II. Solle einem Volksschullehrer auf Grund des Art. 14 des VLG. außerhalb des öffentlichen Volksschuldienstes ein Nebenamt oder Nebengeschäft anderer als der in Ziff. I bezeichneten Art übertragen werden, so ist hierzu die Genehmigung des Staatsministeriums für Unterricht und Kultus erforderlich.

Entsprechende Anträge wären bei der zuständigen Bezirks- oder Stadtschulbehörde einzureichen und von dieser der Regierung, Kammer des Innern, vorzulegen. Die Regierungen können Anträge, die sich nach ihrem Ermessen nicht zur Berücksichtigung eignen, in eigener Zuständigkeit abweisen.

III. Zur Vermeidung von Zweifeln wird ausdrücklich bemerkt, daß über die Genehmigung zur freiwilligen Uebernahme von Nebenämtern und Nebengeschäften durch Volksschullehrer nach wie vor die Regierungen, Kammer des Innern, nach den Grundsätzen der ME. vom 13. März 1920 (KMBl. S. 105) entscheiden.

Im Hinblick auf Art. 136 Abs. 4 der Reichsverfassung ist es ausgeschlossen, einen Volksschullehrer gegen seinen Willen zur Ausübung des Kirchendienstes heranzuziehen.

60. Entschl. über die Dienstleistung der Schulamtsbewerber vom 14. Mai 1924 (MABl. S. 95).

Nach Art. 14 des Volksschullehrergesetzes in der Fass. nach Art. 2 Nr. 1 Ziff. II der Verordnung zur Aenderung beamtenrechtlicher Vorschriften vom 29. März 1924 (GVBl. S. 128) ist der Volksschullehrer zur Uebernahme von Nebenämtern oder Nebengeschäften im öffentlichen Dienst auch ohne besondere Vergütung verpflichtet, wenn sie seiner Berufsbildung entsprechen. Zum Vollzuge dieser Vorschrift wurden durch ME. vom 25. April 1924 Nr. IV, 15 165 (StAnz. Nr. 97, MABl. S. 90, Anh. Nr. 59) nähere Bestimmungen getroffen, die sich insbesondere auf die Dienstleistung von Volksschullehrern an höheren Unterrichtsanstalten, an Fachschulen und Berufsschulen beziehen.

Unter den gegebenen Verhältnissen besteht an manchen Orten Veranlassung, auch Schulamtsbewerber zur Erteilung von Nebenunterricht an den bezeichneten Anstalten heranzuziehen. Mit Rücksicht hierauf wird folgendes bestimmt:

1. Die Schulamtsbewerber sind nach Anordnung der zuständigen Regierung, K. d. J., verpflichtet, an höheren Unterrichtsanstalten des Staates, der Kreise oder der Gemeinden, an technischen, gewerblichen oder landwirtschaftlichen öffentlichen Fachschulen sowie an öffentlichen Berufsschulen Unterricht zu erteilen.

Für den Vollzug dieser Vorschrift gelten vorbehaltlich der nachfolgenden Anordnungen die Bestimmungen in Ziff. I, 1 bis 4 der angeführten ME. vom 25. April 1924 Nr. IV, 15 165 entsprechend.

2. Soferne sich die Verwendung von Lehrkräften des Volksschuldienstes zur Unterrichtserteilung an Anstalten der genannten Art als notwendig erweist, sind hierzu Schulamtsbewerber in der Regel nur insoweit heranzuziehen, als Volksschullehrer oder Volksschulfachlehrer dafür nicht zur Verfügung stehen.

Voraussetzung ist ferner, daß der Schulamtsbewerber durch die anderweitige Dienstleistung nicht gehindert wird, seiner Fortbildung zu obliegen.

Die Regierung, K. d. J., kann den Schulamtsbewerber mit Rücksicht auf seine Dienstleistung an einer anderen Anstalt in entsprechendem Maße von dem Vorbereitungsdienst an der Volksschule befreien. Eine völlige Befreiung von diesem Vorbereitungsdienste wäre nur in besonderen Fällen für einen kürzeren Zeitraum (z. B. Vertretung eines erkrankten hauptamtlichen Lehrers an einer Berufsschule) zulässig.

3. Die Entscheidung darüber, ob und wie weit den Schulamtsbewerbern für die Unterrichtserteilung an den in Ziff. 1 bezeichneten Anstalten eine besondere Vergütung zu gewähren ist, bleibt vorbehalten.

4. Die vorstehenden Grundsätze gelten für die Uebertragung besonderen Fachunterrichts an Volksfortbildungsschulen (§ 13 der Verordnung über die Schulpflicht vom 22. Dez. 1913, GVBl. S. 957, Anh. Nr. 16) entsprechend.

---

*61. Entschl. über die politische Betätigung der Schüler vom 3. Juli 1924 (MABl. S. 108).

(Abgedruckt in Braun, SchAG. S. 144.)

---

62. Bek. über die Erhebung von Zeugnisgebühren bei den öffentlichen Volksschulen vom 19. Juli 1924 (MABl. S. 113).

Auf Grund des Art. 180 in Verbindung mit Art. 170 Ziff. 20 des Kostengesetzes vom 16. Februar 1921 (GVBl. S. 134) wird für die öffentlichen Volksschulen (Volkshaupt- und Volksfortbildungsschulen) im Einverständnis mit dem Staatsmin. d. Fin. folgendes bestimmt:

1. Bei der Ausstellung von Schluß-, Uebertritts- und Entlassungszeugnissen der öffentlichen Volksschulen können nach Festsetzung des Gemeinderats oder Stadtrats für Zwecke dieser Schulen Gebühren erhoben werden.

Für jedes der in Abs. I bezeichneten Zeugnisse kann eine Gebühr bis zu 50 Goldpfennigen [1]) festgesetzt werden.

2. Für zweite Ausfertigungen und Zeugnisabschriften kann die nach Ziff. 1 festgesetzte Gebühr verdoppelt werden.

3. Von Schulkindern, die im letzten Schuljahre ganz oder teilweise Lernmittelfreiheit genossen oder die selbst oder deren unterhaltspflichtige Angehörige im letzten Kalenderjahre Unterstützung aus öffentlichen Mitteln empfangen haben, dürfen Zeugnisgebühren nicht erhoben werden.

Ueber die Befreiung von der Gebühr entscheidet in zweifelsfreien Fällen der Schulleiter, sonst die Schulpflegschaft.

4. Die gemeindlichen Beschlüsse wegen der Erhebung von Gebühren nach Ziff. 1—3 sind der Bezirksschulbehörde, bei unmittelbaren Städten der Regierung, Kammer des Innern, zur Kenntnisnahme vorzulegen.

5. Die Bekanntmachung vom 8. März 1923 (KMBl. S. 25) in d. F. der Bek. vom 24. November 1923 (KMBl. S. 159) wird durch gegenwärtige Bekanntmachung ersetzt.

---

63. Bek. über die Pachtentschädigungen für die den Beamten vom Staate überlassenen Gärten und sonstige Grundstücke vom 29. Juli 1924 (GVBl. S. 189).

Gemäß Art. 29 Abs. II BBesG. n. F. (GVBl. 1923 S. 109) [2]) hat der Beamte für die Benützung von Garten- und sonstigen Grundstücken eine dem Nutzwert und den Ortsverhältnissen entsprechende Pachtentschädigung zu entrichten.

In Ausführung dieser Vorschrift wird verfügt:

1. Die Pachtentschädigungen sind mit Wirkung vom 1. Januar 1924 ab neu festzusetzen und zwar in Goldmark [3]). Die Pachtentschädigung muß dem tatsächlichen Nutzwert, den der Garten oder das Grundstück für den Beamten hat, unter Berücksichtigung der örtlichen Verhältnisse entsprechen. Der Schätzung des Nutzwertes sind der Durchschnittsertrag mehrerer Jahre, und soweit ein Ertrag nicht vorhanden ist, die Vorteile zugrunde zu legen, die dem Besitzer aus der Benützung des Gartens oder der Grundstücke erwachsen. Bei der Festsetzung der hiernach zu bemessenden Pachtentschädigung kann geeignete Rücksicht darauf genommen werden, ob etwaige Ertragssteigerungen nachweisbar auf größere Aufwendungen des gegenwärtigen

---

[1]) Nun Reichspfennigen (s. Münzgesetz vom 30. August 1924 — RGBl. II, S. 254).

[2]) Nunmehr Art. 27 Abs. II BBesG. vom 20. April 1928 (GVBl. S. 245).

[3]) Nunmehr Reichsmark (s. Anh. Nr. 62, Fußnote).

Besitzers zurückzuführen sind; tritt ein Wechsel des Besitzers ein, so ist bei der Neufestsetzung der Pachtentschädigung die Ertragssteigerung zu berücksichtigen.

2. Soweit im Einzelfalle der Ertrag des Gartens oder Grundstücks oder die aus der Benützung des Gartens oder Grundstücks erwachsenden Vorteile sich nicht geändert haben und die vor dem Kriege entrichtete Pachtentschädigung dem Nutzwert und den Ortsverhältnissen entsprach, kann diese der Neufestsetzung zu Grunde gelegt werden.

3. Die Festsetzung eines Einheitssatzes der Pachtentschädigungen für alle im Bereiche einer Verwaltung oder eines Geschäftsbezirkes liegenden Gärten und Grundstücke sowie die unentgeltliche Ueberlassung derselben ist nicht zulässig.

4. Wird die Entrichtung der nach Ziff. 1 festgesetzten Pachtentschädigung verweigert, so ist die Lösung des Pachtverhältnisses in Aussicht zu stellen mit dem Hinweis darauf, daß der Beamte keinen Anspruch gegen den Staat auf Zuweisung eines Gartens oder sonstigen Grundstückes hat und der Staat in der freien Verfügung über die den Beamten überlassenen Gärten und sonstigen Grundstücke nicht beschränkt ist und daß bei weiterer Verweigerung der Zahlung der Pachtentschädigung eine anderweitige Verpachtung erfolgen wird. Vor einer anderweitigen Verpachtung ist, soweit es sich um Gärten oder Grundstücke handelt, die in räumlicher Beziehung zu Dienstgebäuden oder Dienstwohnungen stehen, die Genehmigung des zuständigen Staatsministeriums einzuholen.

5. Die Pachtentschädigungen werden von den zuständigen Finanzämtern im Benehmen mit den Landbauämtern ermittelt und von den Zweigstellen der Landesfinanzämter festgesetzt.

6. Die Pachtentschädigungen werden alljährlich im voraus zu Beginn des Rechnungsjahres erhoben. Auf Antrag kann Vorauszahlung in vierteljährlichen Raten gestattet werden.

7. Vorstehende Bestimmungen gelten auch für die Hausgärten der staatlichen Forstbeamten. Die entgegenstehenden Bestimmungen in § 31 der Ausführungsvorschriften vom 28. Februar 1885 (FMBl. S. 45) und in § 13 Abs. I des Regulativs über die Behandlung von Forstdienstwohnungen und -Dienstgründen (FMBl. S. 38) treten außer Kraft. Bezüglich der sonstigen Grundstücke der Forstverwaltung wird auf die Entschließung des Staatsministeriums der Finanzen, Ministerial-Forstabteilung, vom 2. Februar 1922 (FMBl. S. 7 ff.) hingewiesen.

8. Die Vorschriften dieser Bekanntmachung gelten auch für die Volksschullehrer, soweit ihnen vom Staate Gärten oder Grundstücke eingeräumt sind. Soweit ihnen solche von Seiten der Gemeinde überlassen sind, finden die Vorschriften im Hinblick auf Art. 19 des Schulbedarfgesetzes sinngemäß mit der Maßgabe Anwendung, daß die Pachtentschädigungen durch die Bezirksverwaltungsbehörden festzusetzen und an die Gemeindekasse (Schulkasse) zu entrichten sind.

Im Falle des Art. 26 des Schulbedarfgesetzes (Verpachtung von Grundstücken) ist die Festsetzung des Pachtzinses im Hinblick auf Abs. III S. 2 a. a. O. nur im Streitfalle veranlaßt [4]).

---

[4]) Zu Art. 26 SchBG. sind die Vollzugsbestimmungen vom 31. Dezember 1919 (KMBl. S. 22, Anh. Nr. 24) ergangen. Für Schulgärten oder sonstige Grundstücke im gemeindlichen Eigentum, die für unterrichtliche Zwecke bestimmt sind, gelten die Art. 26 und 61 SchBG. nicht (a. a. O. Ziff. 6).

64. Entschl. über die bauliche Anlage und Einrichtung der Schulhäuser und der Dienstwohnungen der Volksschullehrer vom 19. August 1924 (MABl. S. 125).[1]

Die verminderte Leistungsfähigkeit der Gemeinden läßt es angezeigt erscheinen, von den Mindestforderungen der MinBek. vom 25. Mai 1906 und vom 15. April 1913 (MABl. 1906 S. 313, 1913 S. 115) hinsichtlich des Umfangs und der Beschaffenheit der Dienstwohnungen der Volksschullehrer und hinsichtlich der baulichen Anlage und Einrichtung der Schulhäuser Ausnahmen zuzulassen. Für die Dauer der bestehenden Schwierigkeiten werden daher die Regierungen, K. d. J., ermächtigt, bei Neu- und Umbauten von Schulhäusern auf Antrag der Gemeindeverwaltungen Erleichterungen nach folgenden Richtungen gewähren:

A. Zur MinBek. vom 25. Mai 06:

Abschn. I Eingang: Der Gesamtflächenraum der 4 Zimmer einer Dienstwohnung erster Ordnung kann auf 70 bis 80 Quadratmeter, jener des Wohnzimmers auf 20 Quadratmeter, jener der Waschküche auf 15 bis 20 Quadratmeter beschränkt werden. Es genügt ferner, wenn von den 4 Zimmern 3 heizbar sind.

Abschn. I Ziff. 4: Die lichte Höhe der Wohn- und Schlafzimmer kann nach den Vorschriften der allgemeinen Bauordnung bemessen werden.

Abschn. II Abs. II: Dienstwohnungen zweiter Ordnung genügen, wenn sie nur ein heizbares Wohnzimmer von 20 bis 24 Quadratmeter und die übrigen Räume umfassen.

Abschn. III: Für das heizbare Dienstwohnzimmer einer Dienstwohnung dritter Ordnung kann ein Flächenausmaß von mindestens 20 Quadratmeter zugelassen werden.

B. Zur MinBek. vom 15. April 13:

§ 3 Abs. II: Die Unterkellerung kann auf die für den Schulbedarf und für die im Schulhaus etwa vorhandenen Dienstwohnungen benötigten Kellerräume beschränkt werden, wenn der Untergrund vollkommen trocken ist und zur Verhütung von Hausschwamm entsprechende bauliche Vorkehrungen getroffen werden. Bei vollständiger Unterkellerung genügt eine Höhenlage des Erdgeschoßfußbodens von 45 Zentimeter über dem höchsten umgebenden Gelände.

§ 4 Abs. IV: Die lichte Höhe der Schulzimmer von 4 bezw. 3,5 Meter kann auf 3,5 bezw. 3,2 Meter, jene von 3,2 auf 3 Meter vermindert werden, falls das Schulhaus eine allseits freie Lage besitzt.

§ 6 Abs. II: Bei Schulzimmern mit dauernd unbehindertem Lichteinfall kann die Glasfläche der linksseitigen Fenster auf ein Zehntel, der lichten Maueröffnungen dieser Fenster auf ein Siebentel der Fußbodenfläche vermindert werden. Die Höhe der Fensterbrüstungen kann auf 1 Meter ermäßigt werden.

§ 10 Abs. VII: Treppen, die zu Schulzimmern führen, können in einer Mindestbreite von 1,3 und 1,8 Meter (statt 1,5 und 2 Meter) ausgeführt werden.

§ 11 Abs. III: Für Scheidewände zwischen den einzelnen Sitzabteilen der Aborte genügt eine Höhe von 2,2 Meter.

---

[1]) S. auch Anh. Nr. 8, 13 und 14 oben.

§ 11 Abs. V: Sitzaborte für die Schulkinder sind mit 75 Zentimeter Breite und 1,3 Meter Länge ausreichend.

Allenfalls angestrebte weitergehende Erleichterungen in den Mindestanforderungen können nur auf Grund eingehender Darlegung der Verhältnisse nach Maßgabe des Vorbehalts in Ziff. I Satz 2 der ME. vom 15. April 1913 (MABl. S. 139) vom Staatsministerium für Unterricht und Kultus zugelassen werden.

*65. Entschl. über die Beteiligung von Schülern der Volksschulen und Berufsschulen an Vereinen vom 30. Okt. 1924 (MABl. S. 139).

(Abgedruckt in Braun, SchAG. S. 145.)

66. Gesetz zu dem Konkordate [1]) mit dem Heiligen Stuhle und den Verträgen mit den Evangelischen Kirchen [2]) vom 15. Januar 1925 (GVBl. S. 53).

Auszug.

A. Der Landtag des Freistaates Bayern hat folgendes Gesetz beschlossen:

I. Das Konkordat mit dem Heiligen Stuhle vom 29. März 1924 (Anlage 1) wird als Staatsvertrag genehmigt.

II. Das Konkordat vom 29. März 1924, sodann der Vertrag mit der Evangelisch-Lutherischen Kirche in Bayern rechts des Rheins vom 15. November 1924 (Anlage 2) sowie der Vertrag mit der Vereinigten protestantisch-evangelisch-christlichen Kirche der Pfalz vom 15. November 1924 (Anlage 3) werden im Hinblick auf die darin enthaltenen Rechtssätze als Ganzes in Gesetzform beschlossen.

III. Dieses Gesetz wird als dringend erklärt.

B. Auf die Anlage 4 wird verwiesen.

Anlage 1.

Konkordat zwischen Seiner Heiligkeit Papst Pius XI. und dem Staate Bayern.

Art. 5. § 1. Der Unterricht und die Erziehung der Kinder an den katholischen Volksschulen wird nur solchen Lehrkräften anvertraut werden, die geeignet und bereit sind, in verlässiger Weise in der katholischen Religionslehre zu unterrichten und im Geiste des katholischen Glaubens zu erziehen.

§ 2. Die Lehrer und Lehrerinnen, die an katholischen Volksschulen angestellt werden wollen, müssen vor ihrer Anstellung nachweisen, daß sie

---

[1]) Das Konkordat vom 29. März 1924 ist laut MinBek. vom 24. Januar 1925 (GVBl. S. 69) an diesem Tage ratifiziert worden.

[2]) Der Vertrag des Bayerischen Staates mit der Evangelisch-Lutherischen Kirche in Bayern rechts des Rheins vom 15. November 1924 hat laut MinBek. vom 13. Februar 1925 (GVBl. S. 76) am 27. Januar 1925, der Vertrag mit der Vereinigten protestantisch-evangelisch-christl. Kirche der Pfalz (Pfälzischen Landeskirche) vom 15. November 1924 am 29. Januar 1925 Wirksamkeit erlangt.

eine dem Charakter dieser Schule entsprechende Ausbildung erhalten haben. Diese Ausbildung muß sich beziehen sowohl auf den Religionsunterricht wie auch auf jene Fächer, die für den Glauben und die Sitten bedeutungsvoll sind. Die Erteilung des Religionsunterrichts setzt die Missio Canonica durch den Diözesanbischof voraus.

§ 3. Der Staat wird bei der Neuordnung der Lehrerbildung für Einrichtungen sorgen, die eine den obigen Grundsätzen entsprechende Ausbildung der für katholische Volksschulen bestimmten Lehrkräfte sichern.

§ 4. In den Prüfungskommissionen, die für die Erteilung der Lehrbefähigung an den katholischen Volksschulen zuständig sind, erhalten die kirchlichen Oberbehörden mindestens für die Prüfung aus der Religionslehre eine angemessene Vertretung.

§ 5. Soweit nach der Neuordnung des Lehrerbildungswesens Privatanstalten noch in der Lage sind, die Vorbildung oder die berufliche Ausbildung von Lehrern oder Lehrerinnen zu übernehmen, wird der Staat bei ihrer Zulassung auch bestehende Anstalten der Orden und Kongregationen entsprechend berücksichtigen.

§ 6. Die an solchen privaten Anstalten vorgebildeten Zöglinge werden, falls diese Anstalten die staatlich vorgeschriebenen wissenschaftlichen Bedingungen erfüllen, nach Maßgabe der allgemeinen Bestimmungen zu den staatlichen Prüfungen zugelassen.

§ 7. Die Erwerbung der Lehrbefähigung für Volksschulen, Mittelschulen und höhere Lehranstalten sowie die Uebertragung eines Lehramtes wird für die Angehörigen von Orden und religiösen Kongregationen an keine anderen Bedingungen geknüpft als für Laien.

Art. 6. In allen Gemeinden müssen auf Antrag der Eltern oder sonstigen Erziehungsberechtigten katholische Volksschulen errichtet werden, wenn bei einer entsprechenden Schülerzahl ein geordneter Schulbetrieb — selbst in der Form einer ungeteilten Schule — ermöglicht ist.

Art. 7. § 1. An allen Volksschulen — abgesehen von den in Abs. 2 erwähnten Fällen — bleibt der Religionsunterricht ordentliches Lehrfach. Der Umfang dieses Religionsunterrichts soll im Einvernehmen mit den kirchlichen Oberbehörden festgesetzt und gegenüber dem gegenwärtigen Stande nicht gekürzt werden.

Sollte der Bayerische Staat in etlichen Schulen rechtlich nicht in der Lage sein, dem Religionsunterrichte den Charakter eines ordentlichen Lehrfaches zu erteilen, so wird wenigstens die Erteilung eines privaten Religionsunterrichtes durch die Bereitstellung der Schulräume sowie durch deren Beheizung und Beleuchtung aus gemeindlichen oder staatlichen Mitteln sichergestellt.

§ 2. Den Schülern der Volksschulen, Mittelschulen und höheren Lehranstalten wird im Benehmen mit den kirchlichen Oberbehörden geeignete und ausreichende Gelegenheit zur Erfüllung ihrer religiösen Pflichten gegeben.

Art. 8. § 1. Die Beaufsichtigung und Leitung des Religionsunterrichtes an den Volksschulen, Mittelschulen und höheren Lehranstalten werden der Kirche gewährleistet.

§ 2. Dem Bischof und seinen Beauftragten steht das Recht zu, Mißstände im religiös-sittlichen Leben der katholischen Schüler wie auch ihre nachteiligen oder ungehörigen Beeinflussungen in der Schule, insbesondere etwaige Verletzungen ihrer Glaubensüberzeugung oder religiösen Empfindungen im Unterrichte bei der staatlichen Unterrichtsbehörde zu beanstanden, die für entsprechende Abhilfe Sorge tragen wird.

Art. 9. § 1. Orden und religiöse Kongregationen werden unter den allgemeinen gesetzlichen Bestimmungen zur Gründung und Führung von Privatschulen zugelassen. Die Zuerkennung von Berechtigungen an derartige Schulen erfolgt nach den für andere Privatschulen geltenden Grundsätzen.

§ 2. Von Orden und religiösen Kongregationen geleitete Schulen, die bisher den Charakter öffentlicher Schulen gehabt haben, behalten ihn, soferne sie die an gleichartige Schulen gestellten Anforderungen erfüllen. Unter den gleichen Vorbedingungen kann auch neuen Schulen von Orden und Kongregationen dieser Charakter durch die Staatsregierung verliehen werden.

Anlage 2.

Vertrag zwischen dem Bayerischen Staate und der Evangelisch-Lutherischen Kirche in Bayern rechts des Rheins.

Art. 5. Der Unterricht und die Erziehung der Kinder an den evangelischen Volksschulen wird nur solchen Lehrkräften anvertraut werden, die geeignet und bereit sind, in verlässiger Weise in der evangelischen Religionslehre zu unterrichten und im Geiste des evangelischen Glaubens zu erziehen.

Art. 6. I Die Lehrer und Lehrerinnen, die an Volksschulen Religionsunterricht erteilen wollen, müssen nachweisen, daß sie für die Erteilung des Religionsunterrichtes im Sinne der evangelisch-lutherischen Kirche eine entsprechende Ausbildung empfangen haben. Die Erteilung des Religionsunterrichtes setzt die Bevollmächtigung durch den Landeskirchenrat voraus.

II Der Staat wird bei der Neuordnung der Lehrerbildung für Einrichtungen sorgen, die eine den obigen Grundsätzen entsprechende Ausbildung derjenigen Lehrkräfte sichern, die für die Erteilung des evangelischen Religionsunterrichtes in Betracht kommen.

III In den Prüfungskommissionen, die für die Erteilung der Lehrbefähigung an den evangelischen Volksschulen zuständig sind, erhält die kirchliche Oberbehörde mindestens für die Prüfung aus der Religionslehre eine angemessene Vertretung.

Art. 7. I Soweit nach der Neuordnung des Lehrerbildungswesens Privatanstalten noch in der Lage sind, die Vorbildung oder die berufliche Ausbildung von Lehrern oder Lehrerinnen zu übernehmen, wird der Staat bei ihrer Zulassung auch bestehende Anstalten der kirchlich anerkannten Diakonen- und Diakonissenanstalten entsprechend berücksichtigen.

II Die an solchen privaten Anstalten vorgebildeten Zöglinge werden, falls diese Anstalten die staatlich vorgeschriebenen wissenschaftlichen Bedingungen erfüllen, nach Maßgabe der allgemeinen Bestimmungen zu den staatlichen Prüfungen zugelassen.

Art. 8. Die Erwerbung der Lehrbefähigung für Volksschulen, Mittelschulen und höhere Lehranstalten sowie die Uebertragung eines Lehramtes wird für die Angehörigen von kirchlich anerkannten Diakonen- und Diakonissenanstalten an keine anderen Bedingungen geknüpft als für Laien.

Art. 9. In allen Gemeinden müssen auf Antrag der Eltern oder sonstigen Erziehungsberechtigten evangelische Volksschulen errichtet werden, wenn bei einer entsprechenden Schülerzahl ein geordneter Schulbetrieb — selbst in der Form einer ungeteilten Schule — ermöglicht ist.

Art. 10. I An allen Volksschulen — abgesehen von den in Abs. II erwähnten Fällen — bleibt der Religionsunterricht ordentliches Lehrfach. Der Umfang dieses Religionsunterrichtes soll im Einvernehmen mit der kirchlichen Oberbehörde festgesetzt und gegenüber dem gegenwärtigen Stande nicht gekürzt werden.

II Sollte der Bayerische Staat in etlichen Schulen rechtlich nicht in der Lage sein, dem Religionsunterrichte den Charakter eines ordentlichen Lehrfaches zu erteilen, so wird wenigstens die Erteilung eines privaten Religionsunterrichtes durch die Bereitstellung der Schulräume sowie durch deren Beheizung und Beleuchtung aus gemeindlichen oder staatlichen Mitteln sichergestellt.

Art. 11. Den Schülern der Volksschulen, Mittelschulen und höheren Lehranstalten wird im Benehmen mit der kirchlichen Oberbehörde geeignete und ausreichende Gelegenheit zur Erfüllung ihrer religiösen Pflichten, insbesondere auch zum Besuche des Konfirmandenunterrichts, gegeben.

Art. 12. Die Beaufsichtigung und Leitung des Religionsunterrichtes an den Volksschulen, Mittelschulen und höheren Lehranstalten werden der Kirche gewährleistet.

Art. 13. I Kirchlich anerkannte Diakonen- und Diakonissenanstalten werden unter den allgemeinen gesetzlichen Bestimmungen zur Gründung und Führung von Privatschulen zugelassen. Die Zuerkennung von Berechtigungen an derartige Schulen erfolgt nach den für andere Privatschulen geltenden Grundsätzen.

II Von kirchlich anerkannten Diakonen- und Diakonissenanstalten geleitete Schulen, die bisher den Charakter öffentlicher Schulen gehabt haben, behalten ihn, soferne sie die an gleichartige Schulen gestellten Anforderungen erfüllen. Unter den gleichen Bedingungen kann auch neuen Schulen von kirchlich anerkannten Diakonen- und Diakonissenanstalten dieser Charakter durch die Staatsregierung verliehen werden.

Art. 14. Der Staat gewährleistet der Kirche die gleichen Rechte und Befugnisse, die in Art. 8 § 2 des Konkordates vom 29. März 1924 der katholischen Kirche eingeräumt sind, wenn und soweit die Kirche darauf anträgt. Beim Vollzuge der genannten Bestimmung wird der Eigenart und den besonderen Einrichtungen der Kirche tunlichst Rechnung getragen werden.

Anlage 3.

Vertrag zwischen dem Bayerischen Staate und der Vereinigten protestantisch-evangelisch-christlichen Kirche der Pfalz (Pfälzischen Landeskirche).

Art. 4. I Die Lehrer und Lehrerinnen, die an Volksschulen Religionsunterricht erteilen wollen, müssen nachweisen, daß sie für die Erteilung des Religionsunterrichtes im Sinne der Pfälzischen Landeskirche eine entsprechende Ausbildung empfangen haben. Die Erteilung des Religionsunterrichtes setzt die Bevollmächtigung durch den Landeskirchenrat voraus.

II Der Senat wird bei der Neuordnung der Lehrerbildung für Einrichtungen sorgen, die eine den obigen Grundsätzen entsprechende Ausbildung derjenigen Lehrkräfte sichern, die für die Erteilung des evangelischen Religionsunterrichtes in Betracht kommen.

Art. 5. Sollte der Bayerische Staat in etlichen Volksschulen rechtlich nicht in der Lage sein, dem Religionsunterrichte den Charakter eines ordentlichen Lehrfaches zu erteilen, so wird wenigstens die Erteilung eines privaten Religionsunterrichtes durch die Bereitstellung der Schulräume sowie durch deren Beheizung und Beleuchtung aus gemeindlichen oder staatlichen Mitteln sichergestellt.

Art. 6. Den Schülern der Volksschulen, Mittelschulen und höheren Lehranstalten wird im Benehmen mit der kirchlichen Oberbehörde geeignete und ausreichende Gelegenheit zur Erfüllung ihrer religiösen Pflichten, insbesondere auch zum Besuche des Konfirmandenunterrichtes gegeben.

Art. 7. Die Beaufsichtigung und Leitung des Religionsunterrichtes an den Volksschulen, Mittelschulen und höheren Lehranstalten werden der Kirche gewährleistet.

Art. 8. Der Staat gewährleistet der Kirche die gleichen Rechte und Befugnisse, die in Art. 5 §§ 1 und 4, Art. 6, Art. 7 § 1 Abs. I, Art. 8 § 2 des Konkordates vom 29. März 1924 der katholischen Kirche eingeräumt sind, wenn und soweit die Kirche darauf anträgt. Beim Vollzuge der genannten Bestimmungen wird der Eigenart und den besonderen Einrichtungen der Kirche tunlichst Rechnung getragen werden.

Anlage 4.

Regierungserklärung über den Vollzug des Gesetzes zu den Verträgen mit den drei christlichen Kirchen in Bayern vom 14. Januar 1925.

Konkordat mit dem Heil. Stuhl	Vertrag mit d. rechtsrhein. Ev.-luth. Kirche	Vertrag mit d. Pfälzischen Landeskirche	
Konkordat	—	—	Im Hinblick darauf, daß das Konkordat in Bayern auch Landesgesetz ist, ist für seine Auslegung der deutsche Text maßgebend.
Art. 1 § 2	Art. 1 Abs. II	Art. 1 Abs. II	Art. 137 Abs. III der Reichsverfassung wird durch die Bestimmungen des Art. 1 § 2 des Konkordats und des Art. 1 Abs. II der Verträge mit den beiden evangelischen Kirchen nicht berührt.
Art. 5 §§ 1 u. 2	Art. 5/6 Abs. I	Art. 8 u. 4 Abs. I	Der Freiheit des Gewissens und der Vereinigung der Lehrpersonen an Bekenntnisschulen sind andere Schranken als sie durch die besonderen Amts- und Standespflichten bedingt sind, nicht gezogen. Die Neuanstellung von Lehrpersonen an Bekenntnisschulen ist bedingt durch das Vorhandensein der Erfordernisse der nebenangeführten Vertragsbestimmungen.

Konkordat mit dem Heil. Stuhl	Vertrag mit d. rechtsrhein. Ev.-luth. Kirche	Vertrag mit d. Pfälzischen Landeskirche	
			Die Niederlegung des Religionsunterrichtes für sich allein ist nicht in jedem Falle ein genügender Beweis dafür, daß die betreffende Lehrperson den angeführten Vertragsbestimmungen nicht mehr entspricht.
Art. 8	Art. 12, 14	Art. 7, 8	Die staatliche Schulaufsicht wird aufrecht erhalten. Eine Wiedereinführung der früheren geistlichen Schulaufsicht steht nicht in Frage. An § 28 des Schulaufsichtsgesetzes vom 1. August 1922 wird festgehalten. Seine Bestimmungen kommen bezüglich des Religionsunterrichtes an den übrigen Lehranstalten zur entsprechenden Anwendung.
			Der kirchlichen Oberbehörde oder deren Beauftragten sind bei Ausübung des Rechtes zum Besuche des Religionsunterrichts und des Rechtes zu allenfallsigen Beanstandungen des Unterrichts in den weltlichen Fächern dienstaufsichtliche Befugnisse gegenüber dem Lehrpersonal nicht eingeräumt. Im Falle von Beanstandungen kommt die der Sach- und Rechtslage entsprechende Entscheidung nach Maßgabe staatlicher Bestimmungen dem Staate zu.

Gleichzeitig mit der Zustimmung zum Entwurf eines Gesetzes zum neuen Konkordat und zu den Verträgen mit den evangelischen Kirchen hat der Landtag beschlossen:

1. Der Landtag billigt die Regierungserklärung über den Vollzug des Gesetzes zu den Verträgen mit den drei christlichen Kirchen in Bayern und tritt ihr bei.

2. Diese Erklärung wird dem Mantelgesetz als Anlage beigegeben und zugleich mit dem Mantelgesetz im Gesetz- und Verordnungsblatt veröffentlicht.

*67. Bek. über die Prüfungsordnungen für die öffentlichen Volksschulen und Berufsschulen vom 24. Januar 1925 (MABl. S. 10).

(Abgedruckt in Braun, SchAG. S. 150.)

*68. Entschl. über Besuch des Religionsunterrichts vom 25. März 1925 (MABl. S. 55).

(Abgedruckt in Braun, SchAG. S. 228.)

---

69. Entschl. über besondere Vergütungen für Volksschullehrer vom 2. April 1925 (MABl. S. 55).

Zum Vollzuge des Art. 14 des Volksschullehrergesetzes (in der Fass. nach Art. 2 Nr. 1 Ziff. II der Verordnung zur Aenderung beamtenrechtlicher Vorschriften vom 29. März 1924, GVBl. S. 128) wird im Nachgange zur Ministerialentschließung vom 25. April 1924 Nr. IV, 15165 (MABl. S. 90)[1]) nach Benehmen mit dem Staatsministerium der Finanzen folgendes bestimmt:

1. Volksschullehrer, die außerhalb der öffentlichen Volksschuldienstes an staatlichen Anstalten oder an Anstalten, deren Bedarf zu einem wesentlichen Teile vom Staate aufgebracht wird, nebenamtlich Unterricht erteilen, erhalten hierfür in der Regel dann eine Vergütung, wenn dieser Unterricht nach Stoff und Methode erheblich höhere Anforderungen stellt als der Unterricht an der Volksschule.

Trifft diese Voraussetzung nicht zu, so wird eine Vergütung für den nebenamtlichen Unterricht regelmäßig gewährt, wenn und soweit der Volksschullehrer an der öffentlichen Volksschule und an anderen Unterrichtsanstalten der im vorstehenden Absatze bezeichneten Art zusammen mehr als 28, nach Vollendung des 50. Lebensjahres mehr als 26 Wochenstunden zu erteilen hat.

Die Vergütung wird vom Staatsministerium für Unterricht und Kultus festgesetzt. Der Antrag ist bei der zuständigen Regierung, Kammer des Innern, einzureichen. Es besteht kein Anspruch auf die Gewährung einer Vergütung.

2. Für nebenamtlichen Unterricht an anderen als den in Ziff. 1 Abs. I bezeichneten Anstalten, also insbesondere für Unterricht an öffentlichen Berufsschulen und an anderen gemeindlichen Unterrichtsanstalten, ist dem Volksschullehrer von dem Unternehmer der Anstalt in der Regel eine entsprechende Vergütung zu gewähren.

Die Vergütung darf in keinem Falle die Sätze übersteigen, die für den nach Stunden bezahlten Unterricht an staatlichen höheren Unterrichtsanstalten jeweils festgesetzt sind (z. Zt. ME. vom 27. Juni 1924 Nr. VIII 21 146, MABl. S. 107)[2]).

Sind diese Voraussetzungen nicht erfüllt, so kann in der Regel weder die nach Art. 13 Abs. III Nr. 2 des VLG. erforderliche Erlaubnis zur freiwilligen Uebernahme des nebenamtlichen Unterrichts erteilt noch eine Verpflichtung gemäß Art. 14 (n. F.) des VLG. zur Uebernahme solchen Unterrichts ausgesprochen werden.

Diese Anordnungen gelten für die Uebertragung besonderen Fachunterrichts an Volksfortbildungsschulen (§ 13 der V. über die Schulpflicht vom 22. Dezember 1913, GVBl. S. 957, Anh. Nr. 16) entsprechend.

3. Nach Ziff. I, 2 Abs. III Satz 2 der ME. vom 25. April 1924 soll soweit möglich und erforderlich zugunsten des Volksschullehrers, der neben-

---

[1]) Anhang Nr. 59 oben, s. ferner Nr. 26, 78 und 82.

[2]) Nunmehr ME. vom 13. April 1928 (KMBl. S. 241, Anh. Nr. 78).

amtlichen Unterricht zu erteilen hat, ein Ausgleich dadurch herbeigeführt werden, daß einzelne von ihm an der Volksschule (Volkshauptschule oder Volksfortbildungsschule) zu erteilende Unterrichtsstunden anderen Volksschullehrern übertragen werden. Hierzu besteht grundsätzlich dann keine Veranlassung, wenn der Volksschullehrer für den nebenamtlichen Unterricht eine besondere Vergütung erhält, es sei denn, daß sich ein Ausgleich zur Vermeidung einer übermäßigen Belastung als notwendig erweist. Die Ueberschreitung des Regelstundenmaßes gilt an sich noch nicht als übermäßige Belastung.

Wird dem Volksschullehrer eine Entlastung im Hauptamte bewilligt, so bleibt eine entsprechende Kürzung der aus staatlichen Mitteln gewährten Vergütung für das Nebenamt vorbehalten.

4. Die Vorschriften dieser Entschließung gelten auch für die Volksschulfachlehrer.

Sie gelten ferner für die Schulamtsbewerber entsprechend (vgl. ME. vom 14. Mai 1924 Nr. IV 17 856 über die Dienstleistung der Schulamtsbewerber, MABl. S. 95). Das Staatsministerium für Unterricht und Kultus behält sich vor, Schulamtsbewerbern, die an einer Anstalt der in Ziff. 1 Abs. I bezeichneten Art Unterricht erteilen und nicht etwa als Aushilfslehrer an der Volksschule die Bezüge eines unständigen Volksschullehrers erhalten, eine besondere Vergütung auch in anderen als den in Ziff. 1 Abs. I und II angeführten Fällen zu bewilligen.

5. Die vorstehenden Bestimmungen gelten mit Wirkung vom 1. Mai 1924 an.

Das Staatsministerium für Unterricht und Kultus behält sich vor, in einzelnen Fällen eine besondere, von den Vorschriften dieser Entschließung abweichende Regelung zu treffen.

*70. Bek. über das Wandern der Volksschüler vom 25. April 1925 (Bayer. Staatsanz. vom 28. 4. 25 Nr. 96)

(Abgedruckt in Braun, SchAG. S. 148.)

*71. Entschl. über die Schulzahnpflege vom 2. Mai 1925 (MABl. S. 67).

(Abgedruckt in Braun, SchAG. S. 204.)

72. Entschl., Vorbereitungsdienst der Schulamtsbewerber betr., vom 21. Juli 1925 Nr. IV 11189 (Schwäb. Schulanz. 1925 S. 200).

Vorschriften über den Vorbereitungsdienst der Schulamtsbewerber[1]).

§ 1. Der Vorbereitungsdienst soll die Schulamtsbewerber in die praktische Berufsarbeit des Volksschuldienstes einführen. Er hat wie die amtliche Vorbildung die Berufseinsicht zu fördern, die Berufsfreude zu pflegen und die Berufstüchtigkeit anzubahnen.

[1]) Die Bezeichnungen Schulamtsbewerber, Hilfslehrer, Klaßlehrer und Bezirksoberlehrer gelten auch für Schulamtsbewerberinnen, Hilfslehrerinnen, Klaßlehrerinnen und Bezirksoberlehrerinnen.

§ 2. I Zum Vorbereitungsdienste sind Schulamtsbewerber mit Anwartschaft auf Verwendung im öffentlichen Volksschuldienste vom Beginne des Schuljahres nach bestandener Schlußprüfung an der Lehrer- und Lehrerinnenbildungsanstalt bis zu ihrer Anstellung als Hilfslehrer verpflichtet. Sie haben sich zum Eintritt in den Vorbereitungsdienst bei der zuständigen Regierung, Kammer des Innern, unter Angabe ihres Wohnsitzes sowie des Schulortes und der Schule, an der sie den Vorbereitungsdienst ableisten wollen, zu melden.

II Abgangsschüler und Abgangsschülerinnen bayerischer Lehrer- und Lehrerinnenbildungsanstalten ohne Anwartschaft auf Anstellung im öffentlichen Volksschuldienste können mit Genehmigung der Regierung, Kammer des Innern, in außerbayerischen Anstalten vorgebildete Schulamtsbewerber mit Genehmigung des Staatsministeriums für Unterricht und Kultus zum Vorbereitungsdienst an bayerischen Volksschulen zugelassen werden. Mit dieser Zulassung ist jedoch die Verleihung einer Anwartschaft für die Verwendung im öffentlichen Volksschuldienste nicht verbunden.

III Der Vorbereitungsdienst ist in der Regel an einer öffentlichen Volksschule abzuleisten.

§ 3. I Die Zuteilung der Schulamtsbewerber zu den Schulen behufs Ableistung des Vorbereitungsdienstes erfolgt an Orten mit mehreren Schulen durch die Bezirks- und Stadtschulbehörden, die Einweisung in die Schulklassen durch die Schulleiter oder durch die Bezirksoberlehrer gemäß Ziff. 33 Abs. IV Buchst. 1 der Vollzugsvorschriften vom 16. August 1923 zum Schulaufsichtsgesetze. In der Regel sind Schulamtsbewerberinnen Mädchenklassen, Schulamtsbewerber Knabenklassen zuzuteilen. Begründete Wünsche hinsichtlich der Zuteilung zu den Schulen und der Einweisung in Schulklassen sollen, wenn tunlich, berücksichtigt werden.

II Zum Uebertritt in die Schule eines anderen Aufsichtsbezirkes ist die Genehmigung der Regierung, Kammer des Innern, zum Uebertritt in die Schule eines anderen Regierungsbezirkes die Zustimmung der beiden beteiligten Regierungen, Kammern des Innern, erforderlich.

§ 4. I Der Vorbereitungsdienst soll die gesamte praktische Berufsarbeit des Volksschuldienstes sowohl innerhalb als auch außerhalb der Schule umfassen. In seinem Mittelpunkte steht die Einführung in die Unterrichtspraxis der Volksschule. Sie geschieht in der Weise, daß die Schulamtsbewerber in den Schulklassen, denen sie zugewiesen sind, unter Führung erfahrener Volksschullehrer beobachtend und unterrichtend sich betätigen.

II Die beobachtende Betätigung stützt sich auf das Lehrbeispiel und die erziehliche Wirksamkeit des Klaßlehrers. Sie erfordert die denkende Mitarbeit des Schulamtsbewerbers. Dieser wird sich daher mit den während seiner Zuweisung zu einer Schulklasse vorgesehenen Lehraufgaben bekannt machen, einzelne hiervon stofflich und methodisch durcharbeiten, Unterrichtsvorbereitungen entwerfen und diese Entwürfe mit den Lehrdarbietungen des Klaßlehrers vergleichen, allenfalls auch über Unterrichts- und Erziehungsmaßnahmen sich Aufschlüsse beim Klaßlehrer erholen.

III Zur unterrichtlichen Betätigung soll der Schulamtsbewerber während des Vorbereitungsdienstes durch förderliche Mitarbeit bei Uebungen der Schüler, bei ihrer stillen Beschäftigung, bei Korrekturen usw. herangezogen werden. Daneben ist ihm die selbständige Durchführung einzelner Unterrichtsaufgaben zu übertragen. Bei Auswahl dieser Aufgaben wird der Klaßlehrer allenfallsigen Wünschen des Schulamtsbewerbers, soferne sie den zu zu verfolgenden Unterrichtszwecken nicht entgegenstehen, Rechnung tragen.

Die Aufgaben sind schriftlich auszuarbeiten und gegebenen Falles vor ihrer Abhaltung mit dem Klaßlehrer zu besprechen. Dieser wird die selbständigen Lehrdarbietungen des Schulamtsbewerbers regelmäßig einer fachgemäßen Besprechung unterziehen. Die für die Lehrproben notwendigen Vorarbeiten und die erforderlichen Nacharbeiten hat der Schulamtsbewerber selbständig vorzunehmen.

IV Der Schulamtsbewerber kann und soll während des Vorbereitungsdienstes unter Anleitung und Verantwortung des Klaßlehrers zur Führung des amtlichen Schriftwesens, zur Erledigung des aus der Klassenführung sich ergebenden sonstigen Schriftverkehrs und zu anderweitigen mit der Klassenführung zusammenhängenden Arbeiten herangezogen werden. Insbesondere erscheint es wünschenswert, daß er sich auch bei der Beschaffung von Anschauungs- und sonstigen Lehrmitteln, der Vorbereitung und Ausführung von Beobachtungsgängen und Wanderungen, bei Beobachtungsarbeiten über Heimatnatur und Heimatleben, bei Elternabenden und ähnlichen Veranstaltungen zur Förderung eines ersprießlichen Verhältnisses zwischen Schule und Elternhaus entsprechend betätigt.

V Der Schulamtsbewerber hat während des Vorbereitungsdienstes einen Lehrnachweis zu führen. In diesen sind die im Unterrichte behandelten Lehrstoffe einzutragen und die eigenen unterrichtlichen Betätigungen als solche kenntlich zu machen. Unterrichtsaufzeichnungen über Lehrbeispiele durch den Klaßlehrer, Unterrichtsvorbereitungen (Lehrproben und Lehrskizzen) durch den Schulamtsbewerber sowie sonstige wertvolle Erfahrungen und Beobachtungen aus dem Vorbereitungsdienste sind in einem besonderen Hefte zu sammeln. Der Schulamtsbewerber hat den Lehrnachweis und die Vorbereitungshefte dem Bezirksschulrat und dem Fortbildungsleiter auf Verlangen vorzulegen. Lehrnachweis und schriftliche Vorbereitungen sind jedoch nicht als Arbeitsnachweise aufzufassen; sie sollen vielmehr ihren Wert für den Verfasser selbst haben, in dem sie zu planmäßiger und gewissenhafter Berufsarbeit anleiten.

§ 5. I Während des ersten Vorbereitungsjahres hat der Schulamtsbewerber dem Unterrichte in sämtlichen Jahrgängen der Volkshauptschule beizuwohnen. Hierauf ist bei dem Ausmaße der Zeit, für die er einer Schulklasse zugewiesen wird, Rücksicht zu nehmen.

II Der Vorbereitungsdienst hat sich in diesem Jahre auf sämtliche Unterrichtsgegenstände der Schulklasse zu erstrecken. Die Beteiligung am bekenntnismäßigen Religionsunterrichte bleibt gemäß Art. 149 Abs. II der Verfassung des Deutschen Reiches vom 11. August 1919 (Anh. Nr. 20) der Willenserklärung des Schulamtsbewerbers überlassen. Ein Schulamtsbewerber, der die Teilnahme am bekenntnismäßigen Religionsunterricht ablehnt, ist während der Religionsstunden entweder einer anderen Klasse zur Unterrichtspraxis in einem weltlichen Lehrgegenstande zuzuweisen oder durch den Klaßlehrer auf andere Weise zweckentsprechend zu beschäftigen.

III Sind an einer Volksschule Volksschulfachlehrer für lehrplanmäßige Unterrichtsfächer angestellt, so hat der Schulamtsbewerber auch dem Unterrichte dieser Lehrkräfte in der Schulklasse, der er zugestellt ist, beizuwohnen. Dies gilt jedoch nicht für männliche Schulamtsbewerber in bezug auf den Handarbeitsunterricht für Mädchen und für weibliche Schulamtsbewerber in bezug auf den Werkunterricht für Knaben. Wird die Klasse beim Unterricht in einem lehrplanmäßigen Fache geteilt und eine

Abteilung nach der anderen unterrichtet, so hat der Schulamtsbewerber diesem Unterrichte nur in einer Abteilung anzuwohnen.

IV Der Vorbereitungsdienst erstreckt sich auch auf den Unterricht in der Volksfortbildungsschule. Führt der Klaßlehrer, dem der Schulamtsbewerber zur Ableistung des Vorbereitungsdienstes zugewiesen ist, eine Abteilung der Volksfortbildungsschule, so hat sich der Schulamtsbewerber auch an dem Unterrichte des Klaßlehrers an dieser Abteilung zu beteiligen. Im andern Fall ist er, wo dies möglich ist, einer Abteilung der Volksfortbildungsschule des Schulortes eigens zuzuweisen. Der Schulamtsbewerber ist gehalten, auch in der Volksfortbildungsschule Lehrproben zu erteilen und sich hierauf entsprechend vorzubereiten.

§ 6. I Vom zweiten Vorbereitungsdienstjahr an kann, soferne nicht dienstliche Bedenken entgegenstehen, den Wünschen des Schulamtsbewerbers bezüglich seiner Zuweisung zur Schule und zu Schulklassen sowie hinsichtlich des Ausmaßes der Zeit dieser Zuweisung Rechnung getragen werden. Doch soll auch im zweiten Vorbereitungsdienstjahre die Zeit der Zuteilung zu einer Klasse nicht unter einem Monat betragen und sich an sieben- oder achtteiligen Schulen in der Regel nicht über ein Vierteljahr erstrecken.

II Der Klaßlehrer wird den Schulamtsbewerbern vom zweiten Jahre des Vorbereitungsdienstes an allmählich zu ausgiebiger selbständiger Mitarbeit in der Klassenführung heranziehen. Es ist ihm in der Regel täglich wenigstens eine Unterrichtsaufgabe zur Behandlung zu übertragen. Auch kann ihm die Durchführung ganzer Lehreinheiten und die Unterrichtserteilung in einzelnen Lehrfächern für die Zeit seiner Zuteilung überlassen werden.

§ 7. I Vom dritten Jahr an kann der Vorbereitungsdienst auch an besonderen Schuleinrichtungen der öffentlichen Volksschule, wie Hilfsschulen, Hörklassen, Versuchsklassen abgeleistet werden. Auch ist es zulässig, daß der Schulamtsbewerber nunmehr nur an einzelnen Unterrichtsfächern einer Schulklasse teilnimmt und für eine bestimmte Zeit mehreren Klassen einer Schule zur Ableistung des Vorbereitungsdienstes zugeteilt, ferner daß er ausnahmsweise auch mit der Förderung einzelner schwachbefähigter Schüler betraut wird.

II Der Vorbereitungsdienst kann vom dritten Jahr an teilweise auch an einer Berufsschule oder an anderen Schulen, die sich nach ihrer Aufgabe und Einrichtung von der Volkshauptschule unterscheiden, abgeleistet werden. In solchen Fällen ist eine beschränkte Unterrichtspraxis an der Volkshauptschule von mindestens der Hälfte des üblichen Wochenstundenmaßes beizubehalten.

III Desgleichen kann vom dritten Jahr an auch eine angemessene Betätigung des Schulamtsbewerbers außerhalb der Schule auf dem Gebiete der Jugenderziehung und Jugendbildung sowie der Jugendfürsorge und Jugendpflege öffentlicher oder privater Art als Vorbereitungsdienst bis zur Hälfte des üblichen Wochenstundenmaßes angerechnet werden. Hierher gehören beispielsweise die Betätigung in Kindergärten, Schülerhorten, Jugend- und Schülerheimen, Waisenhäusern, Kindererholungsstätten, Fürsorgestellen für Kleinkinder, Volksbildungskursen, Volks- und Jugendbüchereien, Lesehallen, die Leitung von Turn- und Spielstunden u. a.

IV Zum Besuche von Vorlesungen an Hochschulen kann strebsamen und gutbenoteten Schulamtsbewerbern vom dritten Jahre des Vorbereitungsdienstes an eine Beschränkung der Unterrichtspraxis an der Volksschule bis zur Hälfte des Wochenstundenmaßes in solchen Fällen gewährt werden, in denen dieses Studium ausschließlich der Förderung der beruflichen Tätigkeit im Volksschuldienste dient. Schulamtsbewerber, die infolge ihres Studiums an Hochschulen nicht in der Lage sind, mindestens während der Hälfte des Wochenstundenmaßes Volksschulpraxis auszuüben, hätten um ihre Entlassung aus dem Vorbereitungsdienste nachzusuchen und wären nach Genehmigung ihres Gesuches aus der Anwärterliste zu streichen. Hinsichtlich der Wiederaufnahme in den Vorbereitungsdienst und in die Anwärterliste sowie hinsichtlich der Anrechnung der vor der Entlassung zurückgelegten Vorbereitungsdienstzeit gelten die bisherigen Grundsätze.

V In den Fällen des Abs. I und II ist die Genehmigung der Bezirks- und Stadtschulbehörden, in denen der Abs. III und IV die Genehmigung der Regierung, Kammer des Innern, erforderlich. Die fortbildungspflichtigen Schulamtsbewerber haben ihre Gesuche bei den zuständigen Bezirksoberlehrern, die nicht mehr fortbildungspflichtigen Schulamtsbewerber bei den zuständigen Bezirksschulräten einzureichen, die dazu gutachtlich Stellung nehmen. Schulamtsbewerber, die auf Grund der Abs. III und IV nur beschränkte Volksschulpraxis ausüben, haben über ihre anderweitige Betätigung Nachweis zu erbringen. Dieser ist in den Fällen des Abs. III jeweils nach einem Vierteljahr, in denen des Abs. IV im ersten Monat eines Hochschulsemesters auf dem Dienstwege der Regierung, Kammer des Innern, vorzulegen.

§ 8. I Während des ersten Vorbereitungsdienstjahres ist, von dringenden kurzen Aushilfeleistungen abgesehen, den Schulamtsbewerbern die selbständige Führung einer Schulklasse nicht zu übertragen. Vom zweiten Vorbereitungsdienstjahr an können sie, falls sie hierzu für befähigt erklärt worden sind, an der öffentlichen Volksschule zur Aushilfe und Beihilfe herangezogen und als Hilfslehrer angestellt werden.

II Die Regierung, Kammer des Innern, kann Schulamtsbewerbern, die ein Jahr Unterrichtspraxis an einer öffentlichen Volksschule mit Erfolg abgeleistet haben, in widerruflicher Weise gestatten,

a) eine Lehrstelle an Schulen von Stiftungen und gemeinnützigen Unternehmen gemäß Art. 35 des Schulbedarfgesetzes vom 14. August 1919, an privaten Volksschulen oder an sonstigen Erziehungs- und Unterrichtsanstalten oder

b) eine Stelle als Hauslehrer oder Hauslehrerin, Erzieher oder Erzieherin in einer Familie während des Vorbereitungsdienstes zu übernehmen.

III In den in Abs. II Buchst. b bezeichneten Fällen haben die Schulamtsbewerber eine beschränkte Unterrichtspraxis von wenigstens 6 Wochenstunden an einer öffentlichen Volksschule auch weiterhin auszuüben. Das gleiche gilt auch von den in Buchst. a berührten Fällen, wenn der Unterricht an einer solchen Schule sich entweder wesentlich vom Unterrichte der Volkshauptschule unterscheidet oder die unterrichtliche Betätigung des Schulamtsbewerbers an der betreffenden Schule auf einzelne vorwiegend technische Unterrichtsfächer beschränkt ist.

IV Bleibt die Zahl der Unterrichtsstunden, die ein Schulamtsbewerber an einer solchen Schule erteilt, hinter dem für die Volksschule oder die betreffende Schulart üblichen Wochenstundenmaße zurück, so hat er gleichfalls eine beschränkte Unterrichtspraxis an der Volkshauptschule bis zur Erreichung dieses Pflichtstundenmaßes auszuüben.

§ 9. I Die Mitwirkung der Volksschullehrer bei der Durchführung des Vorbereitungsdienstes der Schulamtsbewerber ist Dienstpflicht. Die

Klaßlehrer werden den Schulamtsbewerbern in allen Angelegenheiten des Vorbereitungsdienstes mit wohlwollendem Rat entgegenkommen und dienstfreundlichen Aufschluß erteilen. Die Schulamtsbewerber haben den Weisungen der Klaßlehrer, denen sie zugeteilt sind, soweit es sich um Durchführung des Vorbereitungsdienstes in den einzelnen Schulklassen handelt, Folge zu leisten.

II Zur Ableistung des Vorbereitungsdienstes sind Schulamtsbewerber vor allem solchen Volksschullehrern zuzuweisen, die der Bezirksschulrat hierfür als geeignet erachtet. In der Regel werden Schulamtsbewerberinnen weiblichen und Schulamtsbewerber männlichen Lehrpersonen zuzuteilen sein. Die Klaßlehrer werden in der Zuweisung von Schulamtsbewerbern zum Vorbereitungsdienst in ihrer Klasse weder eine lästige Mehrarbeit noch eine willkommene Arbeitshilfe erblicken. Sie werden vielmehr bestrebt sein, die zugeteilten Schulamtsbewerber möglichst vielseitig in die praktische Arbeit des Volksschuldienstes einzuführen, jedoch auch darauf Bedacht nehmen, daß die einheitliche Klassenführung und die Unterrichtserfolge durch die unterrichtliche Betätigung der Schulamtsbewerber nicht leiden. Es darf erwartet werden, daß sich die Volksschullehrer dieser Pflicht im Interesse der Heranbildung eines tüchtigen Lehrernachwuchses mit Ernst und Eifer unterziehen.

III Bei erheblicher Pflichtverletzung im Vorbereitungsdienst ist der Klaßlehrer verpflichtet, hiervon ungesäumt dem Bezirksoberlehrer, bei nicht mehr fortbildungspflichtigen Schulamtsbewerbern dem Bezirksschulrate schriftlich Mitteilung zu machen.

§ 10. I Vorstehende Bestimmungen gelten sinngemäß auch für den Vorbereitungsdienst der klösterlichen Schulpraktikantinnen.

II Die Bestimmungen über den Vorbereitungsdienst sind alljährlich auf dem Fortbildungstage den Schulamtsbewerbern bekanntzugeben. Die Bezirksschulräte haben für den sachgemäßen Vollzug dieser Bestimmungen durch die Schulleiter und Klaßlehrer Sorge zu tragen.

III Diese Vorschriften treten am 1. September 1925 in Wirksamkeit. Alle entgegenstehenden Bestimmungen sind aufgehoben.

---

73. Entschl. über Schülerbüchereien für Volksschulen vom 28. Juli 1925 (MABl. S. 137)[1].

1. Nachstehend[2] wird das dritte Verzeichnis[3] empfehlenswerter Jugendschriften für Volksschulbüchereien veröffentlicht. Bei Einrichtung und Ergänzung von Volksschulbüchereien dürfen künftig nur solche Werke aus-

---

[1]) S. auch Anhang Nr. 15.

[2]) S. MABl. 1925 S. 137 ff.

[3]) Das dritten Verzeichnis enthält auch die Bücher des ersten (KMBl. 1913 S. 177 ff. — berichtigt im KMBl. 1914 S. 167) und des zweiten Verzeichnisses (KMBl. 1915 S. 7 ff.). Nach der ME. vom 14. Januar 1915 (KMBl. S. 5) war beabsichtigt, nicht Nachträge, sondern jeweils ein vollständiges Verzeichnis mit den einschlägigen Zusätzen und Aenderungen neu herauszugeben. Künftig sollen jedoch zu dem dritten Verzeichnis Nachträge erscheinen (s. Ziff. 5 der ME. vom 28. Juli 1925). Der erste solche Nachtrag wurde mit ME. vom 15. Dezember 1928 (s. KMBl. S. 325) veröffentlicht.

gewählt werden, die in diesem Verzeichnis enthalten sind. Die in bereits bestehenden Büchereien vorhandenen Werke können beibehalten werden.

2. Zum gemeinsamen Lesen im Schulunterrichte des 4. und 5. sowie des 6., 7. und 8. Schuljahrgangs kommen nur die im nachstehenden Verzeichnis als Klassenlesestoff gekennzeichneten Bücher in Betracht.

3. Die Lehrerschaft und die Schulpflegschaften werden darauf hinwirken, daß in jeder Schule eine Schulbücherei eingerichtet und allmählich ausgebaut wird.

4. Die Verwaltung der Schülerbücherei einschließlich der Führung der Bücherverzeichnisse und der Ausleihverzeichnisse ist Dienstaufgabe der Volksschullehrer. Diese werden ihre Schüler zu verständigem und nutzbringendem Lesen anleiten, ihre Leselust anregen, jedoch der Lesewut vorbeugen und in ihnen allmählich Gefallen an guten und Mißfallen an schlechtem Lesestoff zu wecken suchen.

5. Zu dem dritten Verzeichnisse werden in gewissen Zeitabständen Nachträge veröffentlicht werden. Die Lehrerräte der Volksschulen und die Bezirks- und Stadtschulbehörden können hierzu Anträge stellen [4]). Jedem Antrag ist das befürwortete Buch beizugeben [5]). Anträge von Lehrerräten sind mit Begründung an die vorgesetzte Bezirks- oder Stadtschulbehörde zu leiten, die sie unter Anfügung ihrer Stellungnahme der Regierung, Kammer des Innern, übermittelt. Kommt die Regierung bei ihrer Würdigung zu dem Ergebnisse, daß das begutachtete Buch eine wertvolle Bereicherung des amtlichen Verzeichnisses bedeute, so legt sie die Verhandlungen hierüber mit ihrer Aeußerung dem Staatsministerium für Unterricht und Kultus vor [5]). Andernfalls gibt sie das Buch der Bezirks- oder Stadtschulbehörde oder durch sie dem Antragsteller als nicht geeignet zur Vorlage an das Staatsministerium zurück.

---

74. Bek. über die dienstliche Beurteilung der Volksschullehrer vom 28. Dezember 1925 (KMBl. 1926 S. 7) [1]).

1. I Die Bezirks- und Stadtschulbehörden haben alle zwei [2]) Jahre die Volksschullehrer * nach Maßgabe der nachstehenden Vorschriften dienstlich zu beurteilen. Für die Volksschullehrer, die als Fortbildungsleiter

---

[4]) Außerdem können gem. MinBek. vom 16. Januar 1930 (KMBl. S. 17) die Jugendschriften-Ausschüsse der Lehrer- und Lehrerinnenvereine Bayerns Anträge auf Aufnahme von Werken in das Verzeichnis empfehlenswerter Jugendschriften für Volksschulbüchereien stellen und zwar unmittelbar beim Staatsministerium für Unterricht und Kultus. Die Anträge sind entsprechend zu begründen. Jedem Antrage ist das empfohlene Werk in 2 Stücken beizulegen.

[5]) Gemäß MinBek. vom 15. Dezember 1928 (KMBl. S. 324) Ziff. 2 sind den Vorlagen der Regierungen an das Ministerium in Zukunft wenigstens je zwei Stücke der betreffenden Werke beizugeben.

[1]) Von einem Abdrucke der Formblätter (s. KMBl. 1926 S. 17 mit 37) wurde abgesehen.

[2]) Nunmehr: „drei“ Jahre — s. Bek. vom 27. Dezember 1927, KMBl. 1928 S. 1.

* Der Ausdruck Volksschullehrer ist im Sinne des Art. 1 VLG. zu verstehen. Das gleiche gilt für den Ausdruck Lehrperson.

tätig sind, wird die dienstliche Beurteilung jeweils im Zeitraume von vier Jahren vorgenommen.

II Die dienstliche Beurteilung wird ausgedrückt durch eine ziffermäßige Bewertung des Fleißes, der Lehrbefähigung, des Unterrichtserfolgs und der erziehlichen Wirksamkeit, außerdem durch eine wörtliche Feststellung des Verhaltens und der Gesundheit. Zur Vervollständigung können Bemerkungen über wichtige Charakter- und Berufseigenschaften, Verwendbarkeit zu besonderen Unterrichts- und Erziehungsaufgaben, über Verwaltungstätigkeit, gemeinnützige Wirksamkeit u. ä. beigefügt werden.

2. I Die dienstliche Beurteilung ist von dem Bezirksschulrate zu entwerfen. Die ziffermäßige Benotung des Fleißes, der Lehrbefähigung, des Unterrichtserfolges und der erziehlichen Wirksamkeit setzt der Bezirksschulrat allein auf Grund seiner Beobachtungen bei den Schulbesichtigungen und seiner sonstigen Erfahrungen im Schulaufsichtsdienste fest. Die übrige Beurteilung erfolgt auf Grund gemeinsamer Beratung der beiden Mitglieder der Bezirks- oder Stadtschulbehörde.

II In unmittelbaren Städten mit mehreren Bezirksschulräten haben die Bezirksschulräte, die der Stadtschulbehörde nicht angehören, bei der dienstlichen Beurteilung nach näherer Anordnung der Vollzugsbestimmungen mitzuwirken.

3. I Bei der ziffermäßigen Benotung sind folgende Wertungsgrade anzuwenden:

1 = hervorragend,
2 = lobenswert,
3 = entsprechend,
4 = mangelhaft,
5 = ungenügend.

II Das dienstliche und außerdienstliche Verhalten ist mit Worten wie tadellos, nicht tadelfrei, vorbildlich usw., der Gesundheitszustand mit Bezeichnungen wie gut, rüstig, kränklich, heiser u. ä. zu umschreiben. Die besonderen Bemerkungen sollen in bündige und bestimmte Form gefaßt werden.

4. I Bei der ziffermäßigen Beurteilung ist davon auszugehen, daß der Wertungsgrad „3 = entsprechend" pflichtmäßigen Eifer in der Berufsausübung, wie er von jedem Beamten erwartet werden muß, sowie unterrichtliche und erziehliche Wirksamkeit, die aus einer durchschnittlichen Begabung und Strebsamkeit hervorgeht, zu kennzeichnen bestimmt ist. Der Bewertungsgrad „3 = entsprechend" schließt weder eine Bemängelung oder einen Tadel noch eine Hervorhebung oder ein Lob in sich.

II Neben dieser Benotungsstufe stehen zur Kennzeichnung hervorzuhebender sowie besonders gewissenhafter und erfolgreicher Berufsausübung die Bewertungsgrade „2 = lobenswert" und „1 = hervorragend" und zur Feststellung teilweise oder vollständig unbefriedigender Dienstleistung die Bewertungsgrade „4 = mangelhaft" und „5 = ungenügend" zur Verfügung.

5. Aus der Summe der vier gleichzubewertenden Einzelheiten wird in folgender Weise die Hauptnote festgestellt:

Notensumme 4 mit 6 gibt Hauptnote I,
Notensumme 7 mit 10 gibt Hauptnote II,
Notensumme 11 mit 14 gibt Hauptnote III,
Notensumme 15 mit 18 gibt Hauptnote IV,
Notensumme 19 und 20 gibt Hauptnote V.

6. Jeder dienstlichen Beurteilung eines Volksschullehrers hat eine ordentliche Besichtigung der von ihm geführten Klasse der Volkshauptschule durch den Bezirksschulrat vorauszugehen. Sie kann bei älteren und bewährten Lehrpersonen von kürzerer Dauer sein als bei jüngeren. Der Bezirksschulrat hat während oder unmittelbar nach der ordentlichen Schulbesichtigung seine Beobachtungen und die ohne Rücksicht auf allenfallsige Folgen zu erteilende Bewertung des Fleißes, der Lehrbefähigung, des Unterrichtserfolges und der erziehlichen Wirksamkeit mit Begründung vorzumerken. Ueber jede ordentliche Schulbesichtigung ist der Lehrperson ein schriftlicher Bericht nach Vordruck 1 durch den Bezirksschulrat zuzustellen.

7. I Bei der dienstlichen Beurteilung einer Lehrperson, die neben einer Volksschulhauptklasse auch eine Klasse der Volksfortbildungsschule zu führen hat, soll, soweit tunlich, auch die berufliche Tätigkeit in der Volksfortbildungsschule mitgewürdigt werden. Der Bezirksschulrat hat sich zu diesem Zwecke durch Besuch des Unterrichts in der Volksfortbildungsschule auch hierüber ein Urteil zu verschaffen und der Lehrperson schriftlichen Bericht nach Vordruck 2 zu übermitteln.

II Bei Abgleichung der beruflichen Wirksamkeit in den beiden Schulgattungen kommt der in der Volkshauptschule das Uebergewicht zu.

8. Die Regierungen, Kammern des Innern, werden darüber wachen, daß bei sämtlichen ihnen unterstellten Volksschullehrern die dienstliche Beurteilung möglichst einheitlich durchgeführt wird. Sie haben deshalb die ihnen vorgelegten „Uebersichten über die dienstliche Beurteilung der Volksschullehrer" daraufhin zu prüfen, ob namentlich die ziffermäßige Beurteilung in allen Schulaufsichtsbezirken einheitlich durchgeführt wird und, falls Grund zu der Annahme vorhanden ist, daß einzelne Schulaufsichtsbeamte zu nachsichtig oder zu strenge verfahren, eine angemessene Abgleichung herbeizuführen.

9. Gemäß Art. 129 Abs. III Satz 2 der Reichsverfassung dürfen Tatsachen, die dem Volksschullehrer ungünstig sind, in den Beurteilungsbogen erst eingetragen werden, wenn dem Volksschullehrer Gelegenheit gegeben war, sich über sie zu äußern. Werturteile sind nicht als Tatsachen im Sinne dieser Bestimmung zu erachten.

10. Wegen der Einsichtnahme in den Beurteilungsbogen und wegen der Bekanntgabe von Einträgen in diesen Bogen wird auf Art. 129 Abs. III Satz 3 der Reichsverfassung und auf Art. 101 Abs. II des Volksschullehrergesetzes hingewiesen [3]).

11. Zur Herbeiführung eines einheitlichen Vollzuges dieser Bekanntmachung erläßt das Staatsministerium für Unterricht und Kultus die nachstehenden Vollzugsbestimmungen.

12. Die Bekanntmachung und die Vollzugsbestimmungen treten am 1. Januar 1926 in Kraft. Von diesem Tage an ist die Ministerialbekanntmachung vom 26. Oktober 1911 (MABl. S. 689) aufgehoben.

---

[3]) S. nunmehr auch die Bek. sämtl. Staatsministerien vom 19. März 1929 über die Personalnachweise der Beamten (GVBl. S. 42, Anh. Nr. 86). Unmittelbarer Dienstvorgesetzter im Sinne der Ziff. 5 dieser Bek. ist für die Volksschullehrer die Bezirks- oder Stadtschulbehörde (ME. vom 14. Januar 1930, KMBl. S. 17).

Vollzugsbestimmungen zur Bek. vom 28. Dezember 1925 Nr. IV 43979 über die dienstliche Beurteilung der Volksschullehrer.

1. Für die ziffermäßige dienstliche Beurteilung haben im einzelnen nachstehende Richtlinien Maß zu geben.

I Bei Kennzeichnung des Fleißes ist nach folgenden Gesichtspunkten zu verfahren:

a) Eine Lehrperson, die in ihrer Berufstätigkeit im allgemeinen die Vorschriften der Schulordnung und der Lehrordnung einhält, sich auf den Unterricht ausreichend vorbereitet, die Unterrichtszeit entsprechend ausnützt und die unterrichtliche und erzieherische Förderung ihrer Schüler anstrebt, zeigt entsprechenden Fleiß.

b) Wer darüber hinaus der Vorbereitung und Auswertung des Unterrichtes große Sorgfalt widmet, sich unter gewissenhafter Ausnützung der Unterrichtszeit die unterrichtliche und erziehliche Förderung aller Schüler in gesteigertem Grad angelegen sein läßt, somit als Beispiel gewissenhafter Pflichterfüllung gelten kann, verdient im Fleiße die Bezeichnung lobenswert.

c) Wer dagegen den Vorschriften der Schul- und Lehrordnung nur teilweise nachkommt, sich auf den Unterricht nur dürftig vorbereitet, die Unterrichtszeit nicht sorgfältig genug ausnützt, der unterrichtlichen und erziehlichen Förderung seiner Schüler ohne innere Anteilnahme gegenübersteht, zeigt mangelhaften Fleiß.

d) Eine Lehrpersönlichkeit, die sich unter gewissenhafter Beachtung der Vorschriften der Schul- und Lehrordnung mit größter Hingabe und Selbstlosigkeit als Lehrer und Erzieher betätigt und infolgedessen in Berufsauffassung und Berufsausübung als Vorbild gelten kann, zeigt hervorragenden Fleiß.

e) Eine Lehrperson, die in ihrer Berufsausübung die bestehenden Vorschriften gröblich vernachlässigt, sich auf den Unterricht nicht oder völlig ungenügend vorbereitet, die Unterrichtszeit nicht pflichtgemäß ausfüllt, der Entwicklung der Schüler gleichgültig gegenübersteht, ihrer Aufgabe als Lehrer und Erzieher also in keiner Weise gerecht wird, zeigt ungenügenden Fleiß.

II Für die Beurteilung der Lehrbefähigung ist vor allem bestimmend, ob und in welchem Grad eine Lehrperson über die Kraft kindertümlichen, anregenden, eindrucksvollen und zielsicheren Gestaltens der zweckmäßig ausgewählten Unterrichtsstoffe nach bewährten Unterrichtsverfahren verfügt. Außerdem fällt hiefür ins Gewicht, ob sie die Schule zu einer Stätte ernsten und doch frohen Lernens gestalten kann.

a) Wer diesen Anforderungen so nachkommt, wie das von jeder durchschnittlich begabten und entsprechend durchgebildeten Lehrperson erwartet werden kann, zeigt entsprechende Lehrbefähigung.

b) Wer sie in einem erheblich höheren Grade zu erfüllen vermag verfügt über lobenswerte Lehrbefähigung.

c) Wer einzelnen dieser Forderungen nicht nachzukommen vermag oder ihnen allgemein nur in beschränktem Maße gerecht wird, beweist mangelhafte Lehrbefähigung.

d) Vollkommene Erfüllung dieser Anforderungen ist als hervorragende Lehrbefähigung zu kennzeichnen.

e) Vollständiger Mangel an unterrichtlichem Können muß als ungenügende Lehrbefähigung bezeichnet werden.

III Der **Unterrichtserfolg** ist abhängig einerseits von dem Fleiß und der Lehrbefähigung der Lehrperson, anderseits von der geistigen Verfassung und Aufnahmefähigkeit der Schüler. Bei Beurteilung des Unterrichtserfolges ist zu würdigen, ob und wieweit durch richtig und anregend gestalteten Unterricht die geistigen Kräfte der Schüler entwickelt, die lehrordnungsmäßigen Bildungsstoffe soweit möglich erarbeitet und durch sorgfältige und zweckdienliche Schulung und Uebung befestigt worden sind.

a) Unterrichtliche Leistungen, die nicht durch bildenden Unterricht, sondern nur durch Zwang und Drill erzielt worden sind, können nicht entsprechen. Auch ein Unterricht, der sich mit dem bloßen Uebermitteln des Lehrstoffes begnügt, statt auf seine geistige Erfassung und Beherrschung durch die Schüler hinzuarbeiten, wird den Aufgaben der Volksschule nicht gerecht und kann nicht befriedigen. **Entsprechender** Unterrichtserfolg liegt vor, wenn die geistigen Anlagen der Schüler naturgemäß angeregt und die durch die Lehrordnung vorgesehenen Jahresziele im allgemeinen erreicht werden.

b) Erheblich stärkere Erfüllung dieser Bedingungen ergibt **lobenswerten** Unterrichtserfolg.

c) **Mangelhafter** Unterrichtserfolg liegt vor, wenn sich wesentliche Schwächen und Mängel in der geistigen Förderung und in dem Kenntnisstande der Schüler zeigen.

d) Bei vollständiger Erreichung der angeführten Unterrichtsziele ist der Lehrperson **hervorragender** Unterrichtserfolg zuzuerkennen.

e) Wenn dagegen eine Schulklasse geistig nicht angeregt ist, sich den Lehrstoff nicht oder in völlig ungenügendem Umfang angeeignet hat und auch nicht über die für die Altersstufe unentbehrlichen Kenntnisse und Fertigkeiten verfügt, muß **ungenügender** Unterrichtserfolg festgestellt werden.

IV Als äußerste Gegensätze in bezug auf **erziehliche Wirksamkeit** sind abzugrenzen: einerseits erfreuliche Zucht und stetig fortschreitende Gesittung möglichst aller Schüler auf Grund erziehenden Unterrichts und erziehlicher Beeinflussung und Führung, anderseits allgemeine äußere und innere Zuchtlosigkeit einer Schulklasse. Eine gute Schulerziehung umfaßt neben Gewöhnung an Pünktlichkeit, Reinlichkeit, Sorgfalt, gute Haltung, Fleiß, Gehorsam, Ausdauer, Höflichkeit u. a. vor allem die sittliche und religiöse Emporhebung der jugendlichen Menschen. Soweit möglich, ist auch die Einwirkung der Lehrperson auf das Verhalten der Schüler außerhalb der Schule mit in Betracht zu ziehen.

a) Wenn in einer Klasse angemessene Zucht herrscht, die je nach der Eigenart der Lehrperson mehr zur Straffheit und Ernst oder auch mehr zur Bewegungsfreiheit und Milde neigen kann, und erziehliche Beeinflussung wahrzunehmen ist, kann die erziehliche Wirksamkeit der Lehrperson als **entsprechend** bezeichnet werden.

b) Läßt die Klasse darüber hinaus äußere und innere Zucht erkennen, die den Unterrichtsverlauf und den Unterrichtserfolg sowie die Haltung und das Verhalten der Schüler günstig beeinflußt, so kann von **lobenswerter** erziehlicher Wirksamkeit gesprochen werden.

c) Wo das Verhalten der Schüler erheblich zu wünschen übrig läßt und wo von erziehlicher Beeinflussung nur wenig zu beobachten oder wo nur harte Zucht und Strenge oder nur schwächliche Nachgiebigkeit oder launenhafter Wechsel zwischen beiden wahrzunehmen ist, muß **mangelhafte** Schulerziehung festgestellt werden.

d) Vermag eine Lehrpersönlichkeit ihre Schulklasse zu williger Einfügung in die Schulordnung und zu natürlichem, dem Kindesalter angemessenem Verhalten zu erziehen, gilt ihre Hingabe und Sorge mit bestem Erfolge der fortschreitenden Gesittung der Schüler, so ist ihr hervorragende erziehliche Wirksamkeit zuzuerkennen.

e) In einer Klasse, in der vollständige Zuchtlosigkeit herrscht und jede sittliche Beeinflussung mangelt, muß ungenügende erziehliche Wirksamkeit festgestellt werden.

V Bei Beurteilung des Unterrichtserfolges und der erziehlichen Wirksamkeit sind die günstigen oder ungünstigen äußeren und inneren Verhältnisse einer Schulklasse sowie die fördernden oder hemmenden Einflüsse außerhalb der Schule angemessen mitzuwürdigen.

VI Die Bewertungsgruppen Fleiß und Lehrbefähigung stehen mit Unterrichtserfolg und erziehlicher Wirksamkeit in innerem Zusammenhang und in gegenseitiger Abhängigkeit. Ohne Fleiß und Lehrbefähigung kann ein günstiger Unterrichtserfolg nicht erzielt werden. Ein anregender und geistbildender Unterricht wird seine Wirkung auch auf die äußere und innere Zucht und die Lernlust ausüben und den Unterrichtserfolg erhöhen.

VII Aus den vorstehenden Richtlinien ergibt sich, daß die Bewertungsgrade hervorragend und ungenügend selten anzuwenden sein werden, der Bewertungsgrad entsprechend dagegen für die Mehrzahl der Lehrpersonen in Betracht kommen wird.

2. I Die dienstliche Beurteilung ist für etwa die Hälfte [4]) der Lehrpersonen eines Schulaufsichtsbezirks im Dezember des ersten und für die andere Hälfte [4]) im Dezember des zweiten [4]) Jahres festzustellen. Der Bezirksschulrat hat zu Anfang der zweijährigen [4]) Umlaufzeit einen Plan aufzustellen und seine ordentlichen Schulbesichtigungen im allgemeinen danach einzurichten.

II Die Regierung, Kammer des Innern, kann, wenn ein besonderer Grund vorliegt, verfügen, daß die dienstliche Beurteilung einer einzelnen Lehrperson auf Grund einer ordentlichen Schulbesichtigung in einem früheren Zeitpunkt, als planmäßig vorgesehen, vorzunehmen ist.

III Wenn ein Volksschullehrer, dessen Schulklasse im zweiten [4]) Jahre der zweijährigen [4]) Umlaufzeit besucht werden soll, in diesem Jahre versetzt wird, ist die Schulbesichtigung und die dienstliche Beurteilung tunlich noch vor dem Abgange von der bisher geführten Klasse vorzunehmen.

3. In unmittelbaren Städten, in denen mehrere hauptamtliche Bezirksschulräte aufgestellt sind, obliegt die Beurteilung der Volksschullehrer, soweit sie ziffermäßig auszudrücken ist, vorbehaltlich der Bestimmung in Ziff. 8 den für die einzelnen Aufsichtsbezirke aufgestellten Bezirksschul-

---

[4]) Nun „ein Drittel" usw. — Zufolge MinBek. vom 27. Dezember 1927 (KMBl. 1928 S. 1) hat die dienstliche Beurteilung der Volksschullehrer nicht mehr alle zwei, sondern alle drei Jahre zu erfolgen (s. Ziff. 1 Abs. I Satz 1 der Bek. vom 28. Dezember 1925 in der neuen Fassung — Fußnote 2 oben). „Hiernach ändert sich sinngemäß die Bestimmung in Ziff. 2 Abs. I der Vollzugsbestimmungen zur erwähnten Ministerialbekanntmachung" (Bek. vom 27. Dezember 1927, Abs. 2). Sie hat nunmehr folgendermaßen zu lauten:

„2. I Die dienstliche Beurteilung ist für etwa ein Drittel der Lehrpersonen eines Schulaufsichtsbezirks im Dezember des ersten und für die anderen beiden Drittel je im Dezember des zweiten und dritten Jahres räten. Die übrige Beurteilung geschieht auf Grund gemeinsamer Beratung der beiden Mitglieder der Stadtschulbehörde und des zuständigen Bezirksschulrats.

4. I Die Einträge in die Beurteilungsbogen sind vom Bezirksamtsvorstand und vom Bezirksschulrat, in unmittelbaren Städten vom ersten Bürgermeister oder seinem Stellvertreter und vom Bezirksschulrat, der Mitglied der Stadtschulbehörde ist, zu unterzeichnen. Im Falle der Ziff. 3 unterzeichnet sie außer den beiden Mitgliedern der Stadtschulbehörde auch der zuständige Bezirksschulrat.

II Wenn in einem für die gemeinsame Beurteilung vorgesehenen Punkte zwischen den Beurteilern eine Einigung nicht erzielt wird, ist hierüber unter Darlegung der beiderseitigen Auffassung die Entscheidung der Regierung, Kammer des Innern, einzuholen und im Beurteilungsbogen zu vermerken.

5. Für Lehrpersonen, für die eine dienstliche Beurteilung zufolge der Ministerialbekanntmachung vom 26. Oktober 1911 noch nicht erfolgt ist, sind die Beurteilungsbogen nach Vordruck 3 anzulegen. Bei Lehrpersonen, für die „Qualifikationslisten" schon vorliegen, ist für den Eintrag der dienstlichen Beurteilung die „Ergänzung zum Beurteilungsbogen" nach Vordruck 4 zu benützen. Im übrigen ist der Beurteilungsbogen nach dem Eintritt der Lehrperson in den Vorbereitungsdienst anzulegen.

6. I Die Bezirks- und Stadtschulbehörden legen die im Dezember jeden Jahres festgesetzten dienstlichen Beurteilungen im darauffolgenden Januar in einer „Uebersicht über die dienstliche Beurteilung der Volksschullehrer" nach Vordruck 5 der Regierung, Kammer des Innern, zur Durchsicht und zum Eintrag in die von ihr geführten Beurteilungsbogen vor.

II Wenn ein Volksschullehrer auf Grund einer ordentlichen Schulbesichtigung mit Hauptnote V beurteilt werden muß, hat dies der Bezirksschulrat umgehend der Regierung, Kammer des Innern, unter Beigabe einer Abschrift des Besichtigungsberichts zur Kenntnis zu bringen.

7. Es ist notwendig, eine möglichst einheitliche dienstliche Beurteilung aller Volksschullehrer auf der Grundlage der in Ziff. 3 und 4 der Bekanntmachung und in Ziff. 1 dieser Vollzugsbestimmungen dargelegten Richtlinien anzustreben. Die Regierungen, Kammern des Innern, werden diese Richtlinien für die Neuordnung der dienstlichen Beurteilung baldigst mit sämtlichen Bezirksschulräten besprechen.

8. In unmittelbaren Städten hat der Bezirksschulrat, der Mitglied der Stadtschulbehörde ist, darauf hinzuwirken, daß von sämtlichen Bezirksschulräten der Stadt der geforderte einheitliche Bewertungsmaßstab eingehalten wird. Er wird sich zu diesem Zwecke allenfalls durch Schulbesuche ein Urteil über die dienstliche Wirksamkeit einzelner Lehrpersonen und über den Bewertungsmaßstab des zuständigen Bezirksschulrats bilden und sodann, wenn veranlaßt, mit jedem beteiligten Bezirksschulrat

---

festzustellen. Der Bezirksschulrat hat zu Anfang der dreijährigen Umlaufzeit einen Plan aufzustellen und seine ordentlichen Schulbesichtigungen im allgemeinen darnach einzurichten.

II Die Regierung . . . usw.

III Wenn ein Volksschullehrer, dessen Schulklasse im zweiten oder dritten Jahre der dreijährigen Umlaufzeit besucht werden soll, in diesem Jahre versetzt wird, ist die Schulbesichtigung und die dienstliche Beurteilung tunlich noch vor dem Abgange von der bisher geführten Klasse vorzunehmen."

oder mit sämtlichen Bezirksschulräten Beratung pflegen. Wenn in besonderen Fällen eine Einigung nicht erzielt wird, ist die Angelegenheit der Regierung, Kammer des Innern, zur Entscheidung vorzulegen.

9. I Wenn die Regierung, Kammer des Innern, bei der Ueberprüfung der „Uebersichten über die dienstliche Beurteilung der Volksschullehrer" wahrnimmt, daß die ziffermäßige Beurteilung nicht in allen Schulaufsichtsbezirken in Stadt und Land nach einheitlichem Maßstabe durchgeführt wird, ist die Angelegenheit alsbald in einer Besprechung zwischen den fachmännisch vorgebildeten Schulaufsichtsbeamten der Regierung und den beteiligten Bezirksschulräten unter Leitung des juristischen Schulreferenten zu klären. Die Regierung ist auch befugt, ihren zuständigen Schulaufsichtsbeamten zu beauftragen, einigen ordentlichen Schulbesichtigungen durch den beteiligten Bezirksschulrat anzuwohnen und im Anschluß hieran durch Besprechungen mit ihm die richtige Anwendung der Bewertungsgrade zu erörtern und herbeizuführen.

II Bei zu nachsichtiger oder zu strenger ziffermäßiger Beurteilung der Lehrpersonen eines Schulaufsichtsbezirks kann die Regierung die Bezirks- oder Stadtschulbehörde beauftragen, die ziffermäßige Beurteilung nochmals zu würdigen und entsprechend zu ändern.

III Eine Abänderung der ziffermäßigen Benotung eines einzelnen Volksschullehrers durch Verfügung der Regierung, Kammer des Innern, ist nur zulässig, wenn sie sich auf Grund einer eingehenden Nachschau in der Schulklasse dieses Volksschullehrers durch einen Schulaufsichtsbeamten der Regierung als notwendig erweist.

IV Bei Beschwerde eines Volksschullehrers gegen seine ziffermäßige Beurteilung durch die Bezirks- oder Stadtschulbehörde wird die Regierung, wenn hierzu ausreichende Veranlassung besteht, ihren zuständigen Schulaufsichtsbeamten beauftragen, in der Schulklasse des Beschwerdeführers eine Schulbesichtigung vorzunehmen und ihr über das Ergebnis schriftlich zu berichten. Ergibt diese Nachschau die Notwendigkeit einer Aenderung der festgesetzten Benotung, so hat die Regierung die Bezirks- oder Stadtschulbehörde hiervon in Kenntnis zu setzen und sie zu beauftragen, die Aenderung im Beurteilungsbogen mit entsprechendem Vermerke vorzunehmen.

V Bei Beschwerde eines Volksschullehrers gegen seine wörtliche Beurteilung verbleibt es beim ordentlichen Beschwerdeverfahren.

10. I Die dienstliche Beurteilung der Volksschullehrer, die als Fortbildungsleiter tätig sind, erfolgt in der Weise, daß der für diese Volksschullehrer örtlich zuständige Schulaufsichtsbeamte der Regierung auf Grund einer Schulbesichtigung in der Klasse des Bezirksoberlehrers die Beurteilung des Fleißes, der Lehrbefähigung, des Unterrichtserfolges und der erziehlichen Wirksamkeit vornimmt, während die übrigen Einträge in den Beurteilungsbogen in gelegentlicher gemeinsamer Beratung dieses Schulaufsichtsbeamten mit dem Bezirksamtsvorstand, in unmittelbaren Städten mit dem ersten Bürgermeister oder seinem Stellvertreter festgesetzt werden. Die dienstliche Beurteilung ist in diesem Falle von dem Bezirksamtvorstand, in unmittelbaren Städten von dem ersten Bürgermeister oder seinem Stellvertreter und dem Regierungs- oder Kreisschulrat zu unterzeichnen.

II Die Bezirksverwaltungsbehörde legt sodann alsbald unter Benützung des Vordrucks 5 eine Abschrift der dienstlichen Beurteilung der mit der Fortbildungsleitung betrauten Volksschullehrer der Regierung, Kammer des Innern, vor.

III Ueber die Befähigung, Fleiß und Erfolg eines Bezirksoberlehrers in der Leitung der Fortbildung ist jeweils innerhalb eines Zeitraumes von vier Jahren von dem zuständigen Schulaufsichtsbeamten der Regierung auf Grund von Wahrnehmungen bei Fortbildungstagen sowie bei der Durchsicht von Fortbildungsarbeiten und -berichten kurze Vormerkung zu machen und sodann durch Verfügung der Regierung, Kammer des Innern, dem von ihr geführten Beurteilungsbogen beizulegen.

11. I Die Beurteilungsbogen der Volksschullehrer einschließlich der Fortbildungsleiter werden, in der Regel mit den Personalakten, in den Amtsräumen des Bezirksamts oder der Stadtschulbehörde verschlossen aufbewahrt.

II Wenn ein Bezirksschulrat seinen Dienstsitz nicht am Sitze des Bezirksamts hat, hält er die Beurteilungsbogen in seinem Dienstzimmer unter Verschluß.

III Bezirksschulräten in unmittelbaren Städten, die nicht Mitglied der Stadtschulbehörde sind, bleibt anheim gestellt, zu ihrem Handgebrauch Abschriften der Beurteilungsbogen für die unterstellten Lehrpersonen zu führen; sie sind gegebenenfalls dem Amtsnachfolger auszuhändigen. Für den amtlichen Verkehr ist der von der Stadtschulbehörde geführte Beurteilungsbogen maßgebend.

12. Soweit Anlaß besteht, auf Grund der Jahresberichte der Fortbildungsleiter bei einzelnen Fortbildungspflichtigen besonders erfolgreiches Fortbildungsstreben oder besonders nachlässige Fortbildungstätigkeit festzustellen, wird die Regierung, Kammer des Innern, hiervon den Bezirks- und Stadtschulbehörden zum Zwecke des Eintrags in die Beurteilungsbogen alljährlich Kenntnis geben.

13. Vermerke über Dienststrafen sind auf besondere Blätter zu schreiben, die sowohl zum Personalakt zu nehmen als auch dem Beurteilungsbogen beizulegen sind.

---

75. Rundschreiben der Versicherungskammer, Abteilung für Haftpflichtversicherung, betr. Haftpflichtversicherung des Bayerischen Versicherungsverbandes vom Januar 1926.

Auszug.

Ausdehnung der Haftpflichtversicherung auf Schülerunfälle.

Die Versicherungskammer hat ... bei allen Gemeinden, die beim Bayerischen Versicherungsverband gegen Haftpflicht versichert sind, in diese von Amts wegen eine Schülerunfallversicherung in der Weise eingeschlossen, daß ohne weiteres alle Schüler der Volkshauptschulen, Volksfortbildungsschulen und Berufsschulen versichert sind

1. gegen Unfälle auf dem Schulgrundstück, d. h. im Schulgebäude und auf dem Schulhof, beim Unterricht, Turnen, Spielen, jedoch gegen Unfälle im Werkstättenbetrieb einer Berufsschule nur nach Maßgabe besonderer Vereinbarung *,

---

* Aus der Verpflichtung der Gemeinde nach Art. 11 SchBG. für den sächlichen — und bestimmten persönlichen — Schulbedarf aufzukommen, ergibt sich auch ihre Verpflichtung dafür zu sorgen, daß die Schulgebäude, Schulgeräte usw. so beschaffen sind und erhalten bleiben, daß sich aus dem

2. gegen Unfälle außerhalb des Schulgrundstückes bei Veranstaltungen der Schule, z. B. bei gemeinsamen Ausflügen, Spaziergängen und Wanderungen, bei gemeinsamer Besichtigung von Ausstellungen, Museen usw.,
3. gegen Unfälle auf dem Weg von und zu der Schule, gleichgültig welche Beförderungsmittel benützt werden.

Mit Wirksamkeit vom 1. Januar 1926 an hat nun die Versicherungskammer, ohne die Beiträge zu erhöhen, die Leistungen nahezu verdoppelt in der Weise, daß sie vergütet:
1. für die Dauer des Heilverfahrens, höchstens 200 Tage vom Unfall an, die Kurkosten bis zum Betrag von 2 Mk. täglich, soweit dem Schüler nicht aus einer anderen Kranken- oder sonstigen Kasse bereits ein Anspruch auf Ersatz der Heilbehandlungskosten zusteht,
2. im Fall des Todes, wenn dieser innerhalb eines Jahres nach dem Unfall eintritt, die nachgewiesenen Begräbniskosten bis zum Betrage von 150 Mk.,
3. im Fall der dauernden Beeinträchtigung der Arbeitsfähigkeit:
   a) bis zum vollendeten 17. Lebensjahr die nachgewiesenen Kurkosten bis zum Betrage von 365 Mk. jährlich,
   b) nach Vollendung des 17. Lebensjahres bei gänzlicher Arbeitsunfähigkeit auf deren wirkliche Dauer (also unter Umständen auf Lebensdauer) eine Rente von jährlich 365 Mk. und bei einer nur teilweisen Arbeitsunfähigkeit einen entsprechend geringeren Betrag oder, wenn schon vor dem Unfall eine Arbeitsbeeinträchtigung bestand, einen entsprechend gekürzten Betrag.

Auf die Behandlung der Unfälle findet Ziffer 6 der allgemeinen Versicherungsbedingungen für die Haftpflichtversicherung (Staatsanzeiger 218 vom 19. September 1921) sinngemäß Anwendung. Hiernach ist ein Unfall sofort der Versicherungskammer mittels Postkarte anzumelden; im übrigen ist genau nach den Weisungen der Versicherungskammer zu verfahren, insbesondere auf Verlangen jeweils unentgeltlich ärztliches Zeugnis vorzulegen.

Außerdem besteht allgemein die Verpflichtung, spätestens am 4. Tage nach dem Unfall einen staatlich zugelassenen Arzt beizuziehen und die ärztliche Behandlung bis zum Abschluß des Heilverfahrens fortzusetzen. Zuwiderhandlungen berechtigen den Verband die Entschädigung zu verweigern.

75a. Entschl. über Turn- und Spielplätze für die Volksschulen vom 7. Juli 1927 (KMBl. S. 211).

Von verschiedenen Seiten wird darüber geklagt, daß die Gemeinden Turn- und Spielplätze für die Volksschulen nicht in ausreichendem Maße zur Verfügung stellen. Zur körperlichen Ertüchtigung der Jugend und zur

---

mangelhaften Zustande keine Unfälle ergeben können. Für allenfallsige, aus der Vernachlässigung dieser Pflicht entstehende Schäden würde die Gemeinde haften (s. auch § 29 der Bek. vom 15. April 1913 — KMBl. S. 115, Anh. Nr. 13).

Hebung der Volksgesundheit erscheint es dringend geboten, die in dieser Hinsicht erforderlichen Einrichtungen, die im Hinblick auf die neue Landeslehrordnung als Bestandteile des sächlichen Schulbedarfs im Sinne des Art. 11 des Schulbedarfgesetzes zu erachten sind, ungesäumt zu treffen. Augenblicklich werden viele Gemeinden bei ihrer mißlichen finanziellen Lage hohe Anlagekosten für Turn- und Spielplätze scheuen; bei der großen Bedeutung für die volksschulpflichtige Jugend dürfen jedoch diese Schwierigkeiten kein Hindernis bilden, den Forderungen nach bescheidenen, aber ausreichenden Turn- und Spielplätzen Rechnung zu tragen.

Wenn auch das Staatsministerium für Unterricht und Kultus von einer ausdrücklichen schulaufsichtlichen Anordnung zum Vollzuge des Art. 11 des Schulbedarfgesetzes zunächst absehen will, besteht doch Anlaß zur Anweisung an die Bezirks- und Stadtschulbehörden sowie an die Regierungen, Kammern des Innern, auf die Beachtung dieser Anregungen ihr besonderes Augenmerk zu richten und vor allem bei der Aufstellung und Prüfung von Plänen für Schulhausneu- und Umbauten in geeigneten Fällen auf die Anlage und entsprechende Ausgestaltung von Turnstätten und Spielplätzen hinzuwirken.

J. A. Dr. Korn.

---

76. Bek. über die Beurlaubung von Lehrkräften für den Dienst an deutschen Auslandsschulen v. 29. März 1928 (KMBl. S. 224).

Um den deutschen Auslandsschulen die Gewinnung tüchtiger Lehrkräfte zu erleichtern und um die Lehrer und Lehrerinnen, die sich dem Dienste dieser Schulen widmen, nach Möglichkeit vor Nachteilen zu schützen, wird im Einvernehmen mit dem Staatsministerium der Finanzen mit sofortiger Wirkung folgendes bestimmt:

1. Den etatmäßigen und nichtetatmäßigen Lehrern an höheren Lehranstalten sowie den ständigen und solchen unständigen Volksschullehrern, die die Anstellungsprüfung bereits abgelegt haben, wird zur Uebernahme von Lehrstellen an deutschen Auslandsschulen auf Ansuchen Urlaub unter Einzug des Diensteinkommens gewährt.

Dementsprechend wird die an der Auslandsschule zugebrachte Zeit auf das Besoldungsdienstalter und die ruhegehaltsfähige Dienstzeit in vollem Umfang angerechnet. Eine weitere Folge ist, daß während der Dauer der Beurlaubung von etatmäßigen Lehrern an höheren Lehranstalten oder von ständigen Volksschullehrern die gesetzliche Anwartschaft auf Ruhestands- und Hinterbliebenenversorgung gewahrt bleibt und dementsprechend auch dann wirksam wird, wenn der Fall der Dienstunfähigkeit oder des Todes während der Auslandstätigkeit eintritt.

Die bayerische Unterrichtsverwaltung behält sich vor, den beurlaubten Beamten aus dienstlichen Gründen auch vor Ablauf des Urlaubes wieder zur Dienstleistung zurückzuberufen.

2. Studienassessoren und Schulamtsbewerber, die zwar die vorgeschriebenen Lehramtsprüfungen bezw. die Anstellungsprüfung abgelegt haben, jedoch noch nicht als nichtetatmäßige Beamte oder als unständige Volksschullehrer angestellt sind, werden für den Dienst an Auslandsschulen zur Verfügung gestellt; dies hat zwar den Einzug eines etwa bisher gewährten Unterhaltszuschusses, nicht aber die Entlassung aus dem Vorbereitungsdienst oder die Streichung aus der Anwärterliste zur Folge. Die Dienstzeit an den Auslandsschulen wird ihnen bei etwaiger späterer Anstellung nach Rück-

kehr aus dem Ausland auf das Besoldungsdienstalter im nichtetatmäßigen Dienstverhältnis und auf die ruhegehaltsfähige Dienstzeit in vollem Umfang angerechnet.

3. Anwärter für das höhere Lehramt sowie Schulamtsbewerber und unständige Volksschullehrer, die die vorgeschriebenen Lehramtsprüfungen oder die Anstellungsprüfung noch nicht abgelegt haben, sollen für den Dienst an Auslandsschulen grundsätzlich nicht zur Verfügung gestellt werden. Das Staatsministerium für Unterricht und Kultus behält sich jedoch vor, in besonders berücksichtigenswerten Fällen Ausnahmen zuzulassen. Ob und wieweit diesen nach späterer Ablegung der Prüfung die frühere Auslandsdienstzeit angerechnet werden kann, wird das Ministerium im Einvernehmen mit dem Staatsministerium der Finanzen von Fall zu Fall entscheiden.

4. Umzugskosten werden den in den Dienst deutscher Auslandsschulen eintretenden oder aus diesem Dienste zurückkehrenden Lehrkräften aus der bayerischen Staatskasse nicht erstattet.

5. Diese Regelung gilt nur für die durch das Auswärtige Amt in Berlin vermittelten Stellen an deutschen Auslandsschulen.

6. Wiederanstellungsgesuche von Lehrern, die — entsprechend der bisherigen Regelung — zum Uebertritt an Auslandsschulen aus dem bayerischen Staatsdienst oder dem öffentlichen Volksschuldienst entlassen wurden, werden wohlwollend gewürdigt und unter entsprechender Anwendung vorstehender Grundsätze entschieden werden.

---

77. Entschl. über die Vergütungen für die klösterlichen Lehrkräfte an den Volksschulen vom 3. April 1928 (KMBl. S. 225).[1]

Im Hinblick auf die Bek. des Staatsmin. der Fin. vom 28. März 1928 Nr. 14 200 (Staatsanz. Nr. 73) wird hinsichtlich der Neuberechnung der Vergütungen für die klösterlichen Lehrkräfte an den Volksschulen nach Art. 24 SchBG. unter Aufhebung der ME. vom 24. Dezember 1923 (Staatsanz. Nr. 299) folgendes angeordnet:

1. Mit Wirkung vom 1. Oktober 1927 an sind folgende Vergütungen zu gewähren: (Siehe Tabelle nächste Seite.)

2. Die Vergütungen der klösterlichen Volksschullehrerinnen an Schulen von Stiftungen und gemeinnützigen Unternehmungen bemessen sich nach Ziff. 1 A a—c; jedoch sind die errechneten Vergütungen in entsprechender Anwendung der Art. 35 mit 33 SchBG. um 20 v. H. zu kürzen.

3. Hinsichtlich der Zahlung sind die jeweiligen Bestimmungen über die Zahlung der Besoldungen der Beamten und die ergangenen besonderen Anweisungen maßgebend. Für die Festsetzung und Abgleichung der Vergütungen ab 1. Oktober 1927 sind die Formblätter Anlage 1 und 2 zur Bek. vom 28. März 1928 entsprechend zu verwenden.

---

[1]) Auch auf diese Vergütungen für klösterliche Lehrkräfte finden die Bestimmungen der V. des Reichspräsidenten zur Sicherung von Wirtschaft und Finanzen vom 1. Dezember 1930 (RGBl. I S. 517) und der V. über die Gehaltskürzung und die Ausgleichsabgabe vom 31. Dezember 1930 (GVBl. S. 411) Anwendung (s. die Ausführungsvorschriften des Staatsmin. der Finanzen vom 15. Januar 1931 Nr. 2154 zur GKVO., II. Abschn. 3. Kap. Nr. 19, Bay. Staatsanz. Nr. 13 vom 17. Januar 1931, GVBl. S. 5, ferner E. des Staatsmin. f. Unt. u. K. vom 21. Januar 1931 Nr. IV 2350).

	Grund-ver-gütung RM	Wohnungsgeldzuschuß bis zum vollendeten 45. Lebensjahre	vom Beginne des 46. Lebensjahres an
A. Klösterliche Volksschullehrerinnen:			
a) Unständige Lehrkräfte	2.350	1/2 nach Tarifklasse VI	—
Die am 1. Oktober 1927 schon im Dienste gewesenen unständigen Lehrkräfte erhalten übergangsweise . .	2.500	"	—
b) Lehrerinnen und Hauptlehrerinnen	2.800	"	1/2 nach Tarifklasse V
Die am 1. Oktober 1927 im Bezuge der Vergütung nach BGr. VIII gewesenen Hauptlehrerinnen erhalten übergangsweise	3.300	1/2 nach Tarifklasse V	1/2 nach Tarifklasse IV
c) Oberlehrerinnen, deren Vergütung bisher nach Gr. IX bemessen war	4.100	"	"
B. Hauptamtliche klösterliche Handarbeitslehrerinnen:			
a) Unständige Lehrkräfte	1.950	1/2 nach Tarifklasse VI	—
Die am 1. Oktober 1927 schon im Dienste gewesenen unständigen Lehrkräfte erhalten Uebergangsweise . .	2.080	"	—
b) Handarbeitslehrerinnen und Handarbeitshauptlehrerinnen	2.350	"	1/2 nach Tarifklasse V
Die am 1. Oktober 1927 im Bezuge der Vergütung nach BGr. VII gewesenen Hauplehrerinnen erhalten übergangsweise	2.650	"	"

78. Entschl. über die Vergütungen für den nach Stunden bezahlten Unterricht an den staatlichen höheren Unterrichtsanstalten vom 13. April 1928 (KMBl. S. 241).

Mit Wirkung vom Beginne des Schuljahrs 1928/29 wird unter Aufhebung der MinBek. vom 27. Juni 1924 Nr. VIII 21 146 (MABl. der bayer. inn. Verw. S. 107, Staatsanz. Nr. 152) verfügt:

1. Die Vergütungen für den nach Stunden bezahlten Unterricht an den staatlichen höheren Unterrichtsanstalten bemessen sich nach folgenden Sätzen:

a) für Turnspielleitung und Schreibunterricht
108 Reichsmark für die Jahreswochenstunde,
2.70 Reichsmark für die Einzelstunde,

b) für den übrigen Unterricht
120 Reichsmark für die Jahreswochenstunde,
3 Reichsmark für die Einzelstunde.

2. In besonders gelagerten Fällen bleibt vorbehalten, im Einverständnisse mit dem Staatsministerium der Finanzen eine anderweitige Regelung des Vergütungssatzes zu treffen.

3. Ob und wieweit Lehrpersonen, die Beamte im Sinne des Beamten- und Beamtenbesoldungsgesetzes sowie des Volksschullehrergesetzes sind, besondere Vergütungen für Unterricht an staatlichen höheren Unterrichtsanstalten zu gewähren sind, bleibt jeweils gesonderter Entschließung vorbehalten.

4. Die Vergütungssätze der gegenwärtigen Entschließung sind auf Grund des Art. 188 Abs. 5 Nr. 3 des Beamtengesetzes auch an den in Abs. 1 dieser Gesetzesstelle genannten einschlägigen höheren Unterrichtsanstalten zu gewähren.

5. Die Vergütungen sind wie seither nach 12 Monatsteilbeträgen und zwar jeweils am Monatsschlusse für den abgelaufenen Monat zu zahlen. Bei vorübergehenden Unterrichtsaushilfen sind die Vergütungen auf die Dauer des tatsächlich erteilten Unterrichtes nach den für die Einzelstunde festgesetzten Sätzen ebenfalls jeweils am Monatsschlusse zu verabfolgen. Bei Beendigung der Unterrichtsaushilfe innerhalb eines Monats sind die Vergütungen bei Beendigung der Aushilfe für die im laufenden Monat erteilten Stunden zahlbar.

---

79. Entschl. über die Vergütungen für die nebenamtlichen Handarbeitslehrerinnen an den Volksschulen vom 14. April 1928 (KMBl. S. 242).

Im Einverständnisse mit dem Staatsministerium der Finanzen werden die Vergütungen für die nebenamtlichen Handarbeitslehrerinnen an den Volksschulen mit Wirkung vom Beginne des Schuljahres 1928/29 an wie folgt festgesetzt:

a) für vorgebildete Lehrkräfte jährlich 80 *RM*,

b) für nichtvorgebildete Lehrkräfte jährlich 64 *RM* je für die Wochenstunde (= 2 *RM* bezw. 1.60 *RM* für die Einzelstunde).

Wenn der Handarbeitsunterricht nur während des Winterhalbjahres erteilt wird, ist für jeden Monat der tatsächlichen Unterrichtsdauer $^1/_{10}$ obiger Jahressätze auszuzahlen. Wegen der Zahlung und Verrechnung verbleibt es bei den bisherigen Bestimmungen.

---

80. Beamtenbesoldungsgesetz (BBesG.) vom 20. April 1928 (GVBl. S. 205).

Auszug.

Art. 1. Die etatmäßigen Beamten (Art. 2 des Beamtengesetzes vom 16. August 1908) erhalten als Diensteinkommen einen Grundgehalt und einen Wohnungsgeldzuschuß. Neben diesem Diensteinkommen erhalten sie Kinderzuschläge. Zulagen und sonstige Bezüge werden nur gewährt, soweit es in diesem Gesetze bestimmt oder zugelassen ist.

Art. 19. I Für die Einräumung einer Dienstwohnung hat der Beamte eine Mietentschädigung zu entrichten. Diese Mietentschädigung ist von der zuständigen Behörde unter angemessener Berücksichtigung einerseits des wirklichen Wertes der Dienstwohnung nach ihrer Größe und ihrer Beschaffenheit sowie nach den am Wohnsitze des Beamten für Wohnungen derselben Art zu zahlende Mietzinsen, andererseits des Wertes festzusetzen, den die Dienstwohnung für den Beamten hat.

II Die Verpflichtung zur Entrichtung der Mietentschädigung beginnt mit dem Zeitpunkte, von dem an die Uebertragung der Amtsstelle, mit welcher der Genuß der Dienstwohnung verbunden ist, wirksam wird, wenn die Dienstwohnung jedoch erst später beziehbar wird, mit diesem Zeitpunkte.

III Der Beamte ist nicht berechtigt, die Annahme und Benützung der Dienstwohnung zu verweigern. Die Dienstwohnung kann jederzeit durch eine andere ersetzt oder dem Beamten unter Einhaltung einer von der zuständigen Behörde festzusetzenden angemessenen Kündigungsfrist entzogen werden. Scheidet der Beamte aus seiner Amtsstelle aus, so ist die Dienstwohnung innerhalb einer von der zuständigen Behörde zu bestimmenden angemessenen Frist zu räumen.

IV Die Vorschriften der Abs. I bis III gelten auch für den Fall, daß einem Beamten ein Dienstzimmer als Wohnung angewiesen wird.

V Im übrigen bemißt sich das Verhältnis zwischen dem Staate und den Beamten hinsichtlich der Dienstwohnungen, Dienstzimmer und Grundstücke nach den vom Gesamtministerium erlassenen Vorschriften.

VI Abs. I gilt nicht im Falle des Art. 13 Abs. III [1]).

VI. Sondervorschriften für Volksschullehrer.

Art. 48. I Die ständigen Volksschullehrer gelten als etatmäßige, die unständigen Volksschullehrer als nichtetatmäßige Staatsbeamte im Sinne dieses Gesetzes.

II Wieweit die Vorschriften dieses Gesetzes über die nichtetatmäßigen Beamten auch auf die im Volksschuldienste tatsächlich verwendeten Schulamtsbewerber und Schulamtsbewerberinnen anzuwenden sind, bestimmt das zuständige Staatsministerium.

III An die Stelle der in diesem Gesetz angeführten Vorschriften des Beamtengesetzes treten für die Volksschullehrer die entsprechenden Vorschriften des Volksschullehrergesetzes vom 14. August 1919.

Art. 49. I Die Mietentschädigung, die der Volksschullehrer für seine Dienstwohnung zu entrichten hat, wird von der Zahlstelle durch Abzug bei der Auszahlung des Diensteinkommens eingehoben.

II Den einbehaltenen Betrag überweist die Zahlstelle am Schlusse des Rechnungsjahres an die Gemeinde, bei zusammengesetztem Schulsprengel an die am Schulsprengel beteiligten Gemeinden. Art. 58 Abs. III des Schulbedarfgesetzes vom 14. August 1919 gilt entsprechend. Das zuständige Staatsministerium kann im Einvernehmen mit dem Staatsministerium der Finanzen abweichende Vorschriften für die Fälle erlassen, in denen dem Staate oder einem Dritten das Eigentum oder Miteigentum an dem Dienstgebäude zusteht oder die Baulast obliegt.

Art. 50. I Die im Art. 1 bezeichneten Bezüge gelten als Diensteinkommen im Sinne des Volksschullehrergesetzes und des Schulbedarfgesetzes, soweit nicht anderes bestimmt ist.

---

[1]) Art. 13 Abs. III bezieht sich ausschließlich auf unverheiratete Beamte der Bereitschaftspolizei.

II Die auf Grund dieses Gesetzes berechneten Ruhestands- und Hinterbliebenenbezüge gelten als Ruhegehalt oder als Witwen- oder Waisengeld im Sinne des Volksschullehrergesetzes und des Schulbedarfgesetzes.

Art. 51. Dieses Gesetz gilt auch für die israelitischen Volksschullehrer (Art. 149 des Volksschullehrergesetzes).

Art. 52. I Für die Volksschulfachlehrer (Art. 144 des Volksschullehrergesetzes) gelten die Vorschriften dieses Gesetzes entsprechend, soweit nicht im folgenden etwas anderes bestimmt ist.

II Die Grundgehälter und die Grundvergütungen der im Art. 62 a des Schulbedarfgesetzes bezeichneten Volksschulfachlehrer müssen angemessen sein. Das zuständige Staatsministerium kann Mindestbeträge festsetzen sowie Vorschriften über die Berechnung des Besoldungsdienstalters und die Zahl der Beförderungsstellen erlassen.

Art. 53. Die Ausführungsbestimmungen zu den Vorschriften dieses Abschnitts erläßt das Staatsministerium für Unterricht und Kultus, soweit erforderlich im Einvernehmen mit dem Staatsministerium der Finanzen.

Anlage 1.

Besoldungsordnung A.[1]

Aufsteigende Gehälter.

Besoldungsgruppe 2.

d) 5700 — 6100 — 6500 — 6900 — 7300 — 7700 — 8100 — 8400 RM jährlich.

Wohnungsgeldzuschuß: III.

Regierungsschulräte — Direktor der Landestaubstummenanstalt — Direktor der Landesblindenanstalt — Direktor der Landesanstalt für krüppelhafte Kinder —.

g) 4800 — 5200 — 5600 — 6000 — 6400 — 6800 — 7200 — 7500 — 7800 RM jährlich.

Wohnungsgeldzuschuß: IV in der ersten bis dritten Dienstaltersstufe,
III von der vierten Dienstaltersstufe an.

Kreisschulräte.

Besoldungsgruppe 3.

a) 4800 — 5200 — 5600 — 6000 — 6400 — 6700 — 7000 RM jährlich.

Wohnungsgeldzuschuß: IV in der ersten bis dritten Dienstaltersstufe,
III von der vierten Dienstaltersstufe an.

Oberlehrer bei den Strafanstalten, Arbeitshäusern und Staatserziehungsanstalten, soweit nicht in Besoldungsgruppe A 4 a — Bezirksschulräte — Oberlehrer bei der Landestaubstummenanstalt und bei der Landesblindenanstalt, soweit nicht in Besoldungsgruppe A 4 a —.

Besoldungsgruppe 4.

a) 4100 — 4400 — 4700 — 4950 — 5200 — 5500 — 5800 RM jährlich.

Wohnungsgeldzuschuß: IV.

---

[1]) Die Grundgehalte der Besoldungsordnung A steigen nach Art. 4 des BBesG. in Dienstaltersstufen von zwei zu zwei Jahren bis zur Erreichung des Endgrundgehalts.

Oberlehrer [1] [2] — Polizeioberlehrer [3].

b) 2800 — 3050 — 3300 — 3550 — 3800 — 4000 — 4200 — 4400 — 4600 — 4800 — 5000 RM jährlich.

Wohnungsgeldzuschuß: V in der ersten bis dritten Dienstaltersstufe, IV von der vierten Dienstaltersstufe an.

Hauptlehrer [4] [5] [6] — Lehrer der Volksschulen [4] [5] [6] — Fachlehrerinnen und Fachhauptlehrerinnen der weiblichen höheren Unterrichtsanstalten und an den Landesanstalten für taubstumme, blinde und krüppelhafte Kinder — Fachschulhauptlehrer der staatlichen Industrie- und Gewerbeschule Neustadt bei Coburg — Kammermusiker [6].

Besoldungsgruppe 5.

c) 2350 — 2500 — 2650 — 2800 — 2950 — 3100 — 3250 — 3400 — 3600 — 4000 — 4200 RM jährlich.

Wohnungsgeldzuschuß: V in der ersten bis siebenten Dienstaltersstufe, IV von der achten Dienstaltersstufe an.

Handarbeits- und Hauswirtschaftslehrerinnen [7] — Handarbeits- und Hauswirtschaftshauptlehrerinnen [7].

---

[1] Oberlehrer als Fortbildungsleiter erhalten auf die Dauer dieser Dienstesaufgabe eine widerrufliche nichtruhegehaltsfähige Zulage, und zwar bei Zuteilung von 1 mit 5 Fortbildungsschulpflichtigen im Betrage von 600 RM jährlich, bei Zuteilung von 6 mit 10 Fortbildungspflichtigen im Betrage von 900 RM jährlich, bei Zuteilung von mehr als 10 Fortbildungsschulpflichtigen im Betrage von 1200 RM jährlich.

Die Zulage wird nicht gewährt den Oberlehrern, die am 1. Oktober 1927 die Bezüge der alten Besoldungsgruppe A X hatten; sie erhalten für ihre Person die Bezüge der Besoldungsgruppe A 3 a.

[2] Oberlehrer als Leiter von Volksschulen mit 13 und mehr Schulklassen oder als Leiter von Hilfsschulen mit 3 und mehr Klassen erhalten auf die Dauer dieser Dienstesaufgabe eine widerrufliche nichtruhegehaltsfähige Zulage von 400 RM jährlich.

[3] Polizeioberlehrer als Schulleiter bei den Polizeischulen und in den Polizeistandorten München, Nürnberg und Augsburg erhalten auf die Dauer dieser Dienstesaufgabe eine widerrufliche nichtruhegehaltsfähige Zulage von 400 RM jährlich.

[4] Lehrer und Hauptlehrer als Fortbildungsleiter erhalten auf die Dauer dieser Dienstesaufgabe eine widerrufliche nichtruhegehaltsfähige Zulage, und zwar bei Zuteilung von 1 mit 5 Fortbildungspflichtigen im Betrage von 600 RM jährlich, bei Zuteilung von 6 mit 10 Fortbildungspflichtigen im Betrage von 900 RM jährlich, bei Zuteilung von mehr als 10 Fortbildungspflichtigen im Betrage von 1200 RM jährlich.

[5] Lehrer und Hauptlehrer als Leiter von Volksschulen mit 13 und mehr Schulklassen erhalten auf die Dauer dieser Dienstesaufgabe eine widerrufliche nichtruhegehaltsfähige Zulage von 400 RM jährlich.

[6] Bei der Ernennung zum Hauptlehrer der Strafanstalten, Arbeitshäuser, Staatserziehungsanstalten, Polizeischulen, dann der Landesanstalten für taubstumme, blinde und krüppelhafte Kinder sowie bei der erstmaligen Ernennung zum ständigen Lehrer an einer Hilfsschule und bei der Ernennung zum Kammermusiker wird das Besoldungsdienstalter um 4 Jahre verbessert. (Zum „Besoldungsdienstalter" s. Art. 6 ff. des BBesG.)

[7] Erhalten als Fachberaterinnen für die Dauer dieser Dienstesaufgabe eine widerrufliche nichtruhegehaltsfähige Zulage von 400 RM jährlich.

Anlage 3
zum BBesG. vom 20. April 1928.

Wohnungsgeldzuschuß. [1])

a) In Ortsklasse	Jahresbetrag in Reichsmark für Tarifklasse III	IV	V
Sonderklasse	1320	960	720
A	1140	840	612
B	900	660	504
C	720	540	396
D	540	396	288

b) In Ortsklassen	In Tarifklasse III	IV	V
S	1584	1152	864
A	1368	1008	732
B	1080	792	606
C	864	648	474
D	648	474	348

Anlage 4
zum BBesG. vom 20. April 1928.

Grundvergütungen

a) für die nichtetatmäßigen Beamten:

wenn sie beim regelmäßigen Verlauf ihrer Dienstlaufbahn erstmals etatmäßig angestellt werden in der Besoldungsgruppe	im 1. und 2. Dienstjahr Versorgungsanwärter im 4. Dienstjahr	im 3. und 4. Dienstjahr Versorgungsanwärter im 2. u. 3. Dienstjahr	im 5. Dienstjahr Versorgungsanwärter im 4. Dienstjahr	vom 6. Dienstjahr an Versorgungsanwärter vom 5. Dienstjahr an
	RM	RM	RM	RM
A 4 b	2350	2500	2650	2800
A 5 c oder A 7 a	1950	2080	2220	2350

[1]) Auf Grund des Art. 13 Abs. II des BBesG. hat das Staatsministerium der Finanzen mit Bek. vom 28. März 1928 Nr. 14 200 — Staatsanz. Nr. 272 — verfügt, daß der Wohnungsgeldzuschuß mit Wirkung vom 1. Oktober 1927 an entsprechend der allgemeinen Mietenregelung mit 120 v. H. der oben angegebenen Grundbeträge gezahlt wird. Demgemäß erhalten die Beamten ab 1. Oktober 1927 die unter b) angeführten Jahresbeträge als Wohnungsgeldzuschuß.

81. Bek. über die Einrichtung von Funkanlagen in oder an Schulhäusern vom 4. September 1928 (KMBl. S. 291).

Der Rundfunk gewinnt als Bildungs- und Unterhaltungsmittel insbesondere für die Bevölkerung außerhalb der großen Städte stetig zunehmende Bedeutung. Zur Regelung der Einrichtung von Antennenanlagen in oder an Schulhäusern und Lehrerdienstwohngebäuden werden daher auf Grund des Art. 14 Abs. IV SchBG. in der Fass. nach Art. 63 Ziff. 2 BBesG. vom 2. Juni 1920 (GVBl. S. 275) folgende Vorschriften erlassen:

1. Die Einrichtung von Funkanlagen in oder an Schulhäusern und Lehrerdienstwohngebäuden, die gemeindliches Eigentum sind, sowie in den zu einer Lehrerdienstwohnung der genannten Art gehörigen Räumen bedarf der Genehmigung der Gemeinde oder der Gemeinden, in deren Eigentum das betreffende Gebäude steht. Außerdem ist im Hinblick auf Art. 1 Abs. II SchBG. in der Fass. nach Art. 2 Ziff. I des Gesetzes vom 1. August 1923 (GVBl. S. 337) sowie die MinBek. vom 10. Oktober 1923 (KMBl. S. 131, Anh. Nr. 58) die Genehmigung durch die Bezirks- oder Stadtschulbehörde erforderlich, soweit es sich nicht um Anlagen handelt, die ausschließlich dem persönlichen Gebrauch des Inhabers der Dienstwohnung und seiner Familie dienen.

2. Auf das Verfahren zwecks Erteilung der Genehmigung durch die Gemeinden finden die Vorschriften der MinBek. vom 10. August 1925 (Staatsanz. Nr. 185) sinngemäße Anwendung. Den Gemeinden wird empfohlen, mit Rücksicht auf die Bedeutung des Rundfunks auch für die Schule die Einrichtung von Funkanlagen nicht zu erschweren und von der Erhebung einer Anerkennungsgebühr abzusehen.

---

82. Entschl. über Nebenämter und Nebengeschäfte der Volksschullehrer vom 25. September 1928 (KMBl. S. 301).

Im Hinblick auf die Bekanntmachung des Gesamtministeriums vom 3. März 1927 über die Ausübung von Nebenämtern und Nebengeschäften durch Beamte usw. (GVBl. S. 99, Anh. Nr. 26 a) wird im Nachgange zur ME. vom 13. März 1920 betr. Nebenämter und Nebengeschäfte der Volksschullehrer (KMBl. S. 105, Anh. Nr. 26) mit sofortiger Wirksamkeit folgendes verfügt:

1. Die Regierungen, Kammern des Innern, haben von jeder Erlaubnis, die sie nach Art. 13 Abs. III des Volksschullehrergesetzes erteilen — mit Ausnahme der Fälle des Gemeindeschreiber- und Chordienstes — dem Staatsministerium für Unterricht und Kultus durch Uebermittlung eines Entschließungsabdruckes Kenntnis zu geben.

2. Wenn zur Wahrnehmung staatlicher Belange ein Volksschullehrer auf Grund Auftrages der Regierung, Kammer des Innern, oder auf Vorschlag der zuständigen Dienstesstelle oder auf Grund einer sonstigen im Einverständnisse mit der zuständigen Dienststelle erfolgenden Wahl in den Vorstand, Aufsichtsrat oder Verwaltungsrat einer Gesellschaft eintritt, so gelten die Vorschriften der Ziff. 7 Abs. 5—7 der Bek. vom 4. April 1912, die Ausübung von Nebenämtern und Nebengeschäften durch Beamte betreffend (GVBl. S. 343) — eingefügt durch Ziff. 4 der angeführten Bek. vom 3. März 1927 — entsprechend.

Im übrigen wird hierzu auf Ziff. II der ME. vom 25. April 1924 zum Vollzuge des Art. 14 des Volksschullehrergesetzes (MABl. S. 90, Anh. Nr. 59) hingewiesen.

---

83. Bek. über die Zulassung von Lern- und Lehrmitteln für die Volksschulen und für die Berufsschulen vom 16. Oktober 1928 (KMBl. S. 316).

Unter Aufhebung der MinBek. vom 21. Oktober 1893 Nr. 8022 (KMBl. S. 363), vom 4. Juni 1899 Nr. 9787 (KMBl. S. 251), vom 19. Juli 1903 Nr. 6657 (KMBl. S. 303) und vom 14. August 1908 Nr. 7018 (KMBl. S. 393) wird über die Zulassung von Lern- und Lehrmitteln für die Volksschulen und für die Berufsschulen Nachstehendes bestimmt:

A. Volksschulen.

1. I An den Volksschulen dürfen nur solche Lernmittel (d. i. Hilfsbücher für die Schüler) und Lehrmittel (d. i. Hilfsmittel für den Klassenunterricht) verwendet werden, die zum Unterrichtsgebrauche zugelassen sind.

II Der Genehmigung durch das Staatsministerium für Unterricht und Kultus bedürfen die Lernmittel für die Schüler.

III Die Prüfung und Zulassung der Lehrmittel für den Klassenunterricht (z. B. der Wandkarten, Wandbilder, Rechenmaschinen, physikalischen Apparate) bleibt den Regierungen, Kammern des Innern, überlassen.

2. I Die genehmigten Lernmittel werden im Amtsblatte des Staatsministerium für Unterricht und Kultus bekannt gegeben.

II Die zugelassenen Lehrmittel sind von den Regierungen, Kammern des Innern, in den Schulanzeigern zu veröffentlichen.

III Die als Klassenlesestoffe zugelassenen Lesebogen, Heimatbücher und Jugendschriften werden in dem Verzeichnis empfehlenswerter Jugendschriften für Volksschulbüchereien aufgeführt.

3. Die Regierungen, Kammern des Innern, setzen sich gegenseitig über genehmigte und auch abgelehnte Lehrmittel in Kenntnis.

4. Lern- und Lehrmittel für den Religionsunterricht werden nur auf Antrag der kirchlichen Oberbehörden zum Unterrichtsgebrauche zugelassen.

5. I Die Regierungen, Kammern des Innern, wählen aus dem amtlichen Lernmittelverzeichnis die Lernmittel aus, die in den Volksschulen eines Regierungsbezirkes einzuführen sind. Es ist jeweils nur eines der einschlägigen Lernmittel zur Einführung zu bestimmen, insoferne nicht vom Staatsministerium für Unterricht und Kultus in besonderen Fällen Ausnahmen zugelassen werden.

II Die Auswahl unter den zugelassenen Lernmitteln für den Religionsunterricht trifft die zuständige kirchliche Oberbehörde.

III Die Auswahl der Klassenlesestoffe auf Grund des Verzeichnisses empfehlenswerter Jugendschriften für Volksschulbüchereien bleibt den Klaßlehrern überlassen.

IV Die Regierungen, Kammern des Innern, geben die Lernmittel, die sie auf Grund des Lernmittelverzeichnisses zur Einführung in den Volksschulen des Regierungsbezirkes bestimmt haben, jeweils in den Schulanzeigern bekannt.

V Die Schulaufsichtsbehörden haben darüber zu wachen, daß andere als zugelassene und eingeführte Lern- und Lehrmittel in den Volksschulen nicht gebraucht werden.

6. I Ein Wechsel in den einmal eingeführten Lernmittel darf in der Regel nicht vor Ablauf von fünf Jahren und nur zu Beginn des Schuljahres stattfinden. Bei Lernmitteln, die für mehrere Schuljahrgänge vorgesehen sind, soll der Wechsel stets erst vorgenommen werden, wenn mit

dem Vorrücken der Schüler in einen höheren Schülerjahrgang neue Lernmittel auf Grund der Lehrordnung notwendig sind.

II Die Regierung, Kammer des Innern, hat die Gewerbetreibenden, die sich mit der Herstellung und dem Vertriebe von Lern- und Lehrmitteln beschäftigen, von dem beabsichtigten Wechsel eines Lern- oder Lehrmittels rechtzeitig in Kenntnis zu setzen.

III Die Bestimmungen in Abs. I und II gelten auch für die Einführung solcher abgeänderter Neuauflagen, neben denen der Fortgebrauch älterer Auflagen nicht möglich ist.

IV Am Schlusse des Schuljahres sind in jeder Schulklasse unter Angabe der Ladenpreise die Lernmittel bekannt zu geben, die die Schüler der Klasse im neuen Schuljahre benötigen. Die Schulleiter haben den ortsansässigen Gewerbetreibenden, die sich mit dem Vertriebe von Lernmitteln beschäftigen, auf Ansuchen vor Beginn des Schuljahres mitzuteilen, welche Lernmittel im neuen Schuljahr in der Schule verwendet werden.

7. I Anträge auf Aufnahme eines Lernmittels in das amtliche Lernmittelverzeichnis sind, vorbehaltlich der Bestimmungen in Satz 2 und 3, bei einer Regierung, Kammer des Innern, zu stellen. Das Staatsministerium für Unterricht und Kultus behält sich vor, Anträge auf Aufnahme von Lernmitteln, die in mehreren oder allen Regierungsbezirken einzuführen sind, z. B. Lesebücher, unmittelbar entgegenzunehmen. Anträge der kirchlichen Oberbehörden auf Aufnahme eines Lernmittels für den Religionsunterricht in das amtliche Lernmittelverzeichnis gehen unmittelbar an das Staatsministerium für Unterricht und Kultus.

II Mit den Anträgen sind 15 Stücke des Lernmittels einzureichen. Die Lernmittel sind in vollständiger Ausstattung und fertiger Ausführung vorzulegen. Von der Prüfung handschriftlicher Vorlagen wird grundsätzlich abgesehen. Auf der Umschlag- oder Titelseite des Buches sind die Namen der Verfasser oder Herausgeber, die Bezeichnung der Auflagen (z. B. 1. Auflage, 2. unveränderte Auflage, 4. abgeänderte Auflage usw.) die Jahreszahl der Ausgabe sowie der Ladenpreis anzugeben.

III Für unveränderte oder nur unwesentlich geänderte Auflagen eines schon zugelassenen Lernmittels ist eine neue Genehmigung nicht erforderlich.

IV Bei Anträgen der kirchlichen Oberbehörden an das Staatsministerium für Unterricht und Kultus genügt die Vorlage von drei Stücken des betreffenden Lernmittels.

8. Die Vorbehandlung der Anträge auf Zulassung eines Lernmittels obliegt den Regierungen, Kammern des Innern. Sie können die nähere Prüfung des Lernmittels ablehnen, wenn von vorneherein feststeht, daß seine Einführung für die Schulen des Regierungsbezirkes nicht in Frage kommt. Will dem Antrage nähergetreten werden, so sind zunächst Gutachten von Sachverständigen einzuholen. Veranlaßtenfalls ist das Lernmittel auch der beteiligten kirchlichen Oberbehörde zur Einsichtnahme und etwaigen Erinnerung zuzuleiten. Gelangt die Regierung, Kammer des Innern, nach der Vorbehandlung des Antrages zu der Auffassung, daß sich das Lernmittel zur Aufnahme in das Lernmittelverzeichnis nicht eignet, so ist die Vorlage des Antrages an das Staatsministerium für Unterricht und Kultus abzulehnen und der Antragsteller hiervon in Kenntnis zu setzen. Die Ablehnung wird den übrigen Regierungen, Kammern des Innern, mitgeteilt. Hält dagegen die Regierung das Lernmittel zur Aufnahme in das amtliche Lernmittelverzeichnis für geeignet, so ist der Antrag nebst

allen Prüfungsstücken und den Gutachten der Sachverständigen dem Staatsministerium für Unterricht und Kultus mit Bericht vorzulegen. In dem Berichte wird die Regierung die Begutachtung des Lernmittels begründen, etwaige Verbesserungsvorschläge beifügen und sich darüber äußern, ob die Einführung des Lernmittels in den Schulen des Regierungsbezirkes im Falle seiner Aufnahme in das amtliche Lernmittelverzeichnis in Frage kommt.

B. Berufsschulen.

1. In Berufsschulen dürfen nur solche Lernmittel für den Religionsunterricht, für den Unterricht in der Gesundheitslehre sowie in der Wirtschafts- und Bürgerkunde, ferner nur solche Lesebücher, Lesebogen und Klassenlesestoffe verwendet werden, die durch das Staatsministerium für Unterricht und Kultus in das amtliche Lernmittelverzeichnis und in das Verzeichnis empfehlenswerter Jugendschriften für Volksschulbüchereien aufgenommen worden sind. Die Lernmittel für die übrigen Unterrichtsfächer sowie die Lehrmittel bedürfen keiner schulaufsichtlichen Genehmigung.

2. I Die Auswahl der an einer Berufsschule zu benützenden Lernmittel trifft, vorbehaltlich der Bestimmungen in Abs. II, die Vorstandschaft dieser Schule. Diese wählt auch die anzuschaffenden Lehrmittel aus.

II Die Auswahl der Lesebogen und der Klassenlesestoffe bleibt den Lehrern der Schule überlassen.

3. Lernmittel für den Religionsunterricht werden nur auf Antrag der kirchlichen Oberbehörden in das amtliche Lernmittelverzeichnis aufgenommen.

4. Die Bestimmungen in Abschnitt A Ziff. 6 Abs. I, III, IV, Ziff. 7 Abs. I bis IV und Ziff. 8 gelten entsprechend.

83a. Entschl. über die deutsche Lichtbildnachweisstelle in München vom 6. November 1928 (KMBl. S. 322).

Der deutsche Lichtbildnachweis in München, Blutenburgstraße 3, ein mit Unterstützung des Staatsministeriums für Unterricht und Kultus vom Zentralverbande Deutscher Photographenvereine und -Innungen und dem Verbande Deutscher Amateur-Photographenvereine gegründeter Verein, hat sich zur Aufgabe gesetzt, die bei den Herstellern in großer Menge ruhenden Lichtbildaufnahmen, soweit sie wissenschaftlichen oder künstlerischen Wert besitzen, zu erfassen und den Bedarfsstellen, insbesondere auch wissenschaftlichen Anstalten, staatlichen und städtischen Verwaltungsbehörden usw. zu vermitteln.

Die dem Staatsministerium für Unterricht und Kultus unterstellten Behörden, Anstalten und Schulen werden auf diese Einrichtung aufmerksam gemacht.

---

84. Bek. zum Vollzuge des Art. 12 des Schulbedarfgesetzes in der Fassung des Gesetzes vom 24. April 1928 vom 10. Dezember 1928 (GVBl. S. 429).

I. Allgemeines.

1. Der ungedeckte Bedarf ist auf die am Schulsprengel beteiligten Gemeinden zu verteilen. Er darf daher nicht den einzelnen am Schulsprengel beteiligten natürlichen und juristischen Personen oder den eingeschulten Gemeindeteilen (Ortschaften usw.) zur unmittelbaren Bestreitung überbürdet werden, sondern ist von den politischen Gemeinden zu tragen, die ganz oder mit Teilen zum Schulsprengel gehören. Der hiernach auf die beteiligten Gemeinden treffende Bedarfsanteil ist von diesen nach den gleichen Grundsätzen und Vorschriften aufzubringen wie sonstiger Gemeindebedarf.

Die Vorschriften der Art. 16 bis 25 der Gemeindeordnung finden für Beratung und Beschlußfassung der verstärkten Gemeindeverwaltung entsprechende Anwendung.

II. Der gesetzliche Verteilungsmaßstab.

2. Der vom Gesetze gewählte Verteilungsmaßstab berücksichtigt die tatsächliche Ausnützung der Schule durch die Gemeinden und Gemeindeteile und deren Leistungsfähigkeit. Hieraus ergibt sich, daß nicht die Schülerzahl und das Steuersoll eines vorhergehenden, sondern des laufenden Schul- und Haushaltjahres der endgültigen Verteilung des Schulbedarfs zugrunde zu legen sind.

3. Bei der Feststellung der für die Verteilung der einen Hälfte des ungedeckten Schulbedarfes maßgebenden Schülerzahl aus den einzelnen Gemeinden und Gemeindeteilen sind die Schüler der Volkshaupt- und der Volksfortbildungsschule zu berücksichtigen. Gastschüler bleiben außer Ansatz. Maßgebend ist die Schülerzahl am 1. Oktober des Haushaltjahres, für das die Verteilung des Schulbedarfes erfolgt.

4. Zur Gewinnung des Maßstabes für die Verteilung der anderen Hälfte des ungedeckten Schulbedarfes auf die einzelnen Gemeinden muß auf die steuerliche Leistungsfähigkeit der am Schulsprengel Beteiligten zurückgegriffen werden.

Unter den „Beteiligten" sind die natürlichen und juristischen Personen zu verstehen, die in der betreffenden Gemeinde oder in dem betreffenden Gemeindeteile (Ortschaft usw.) mit den in Art. 12 Abs. II des Schulbedarfgesetzes aufgeführten Steuern veranlagt sind. Bei Bekenntnisschulen mit nach Bekenntnissen getrennten Schulsprengeln kommen als Beteiligte die juristischen Personen stets, die natürlichen Personen gemäß § 6 der Verordnung vom 26. August 1883, die Errichtung der Volksschulen und die Bildung der Schulsprengel betreffend (GVBl. S. 407) nur dann in Betracht, wenn sie Bekenntnisgenossen sind.

5. Das Verhältnis der Steuerbeträge, mit denen die Beteiligten im Schulsprengel zu den in Art. 12 Abs. II des Schulbedarfgesetzes genannten Steuern veranlagt sind, ergibt sich aus dem Steuersoll, das auf die einzelnen Schulsprengelbestandteile (Gemeinden und Gemeindeteile) entfällt.

Maßgebend ist hierbei nicht das tatsächliche oder Istaufkommen, sondern das Sollaufkommen. Steuernachlässe und Niederschlagungen bleiben daher außer Betracht.

6. a) Bei der Einkommensteuer und Körperschaftssteuer ist maßgebend das Steuersoll für das im Haushaltjahre des Schulsprengels endende Kalenderjahr oder die in diesem Kalenderjahr endenden Wirtschaftsjahre im Sinne des § 10 des Einkommensteuergesetzes und des § 12 des Körperschaftssteuergesetzes vom 10. August 1925 (RGBl. Teil I, S. 189 und 208). Steuertechnisch betrachtet ist daher der Verteilung des Schulbedarfes zugrunde zu legen das Soll der in das Haushaltjahr fallenden Herbstveranlagung und der darauf folgenden Frühjahrsveranlagung. Zur Gewinnung der Unterlagen für die Verteilung des Schulbedarfes im Haushaltjahre 1927 muß also das Soll der Herbstveranlagung 1927 und der Frühjahrsveranlagung 1928 zusammengerechnet werden. Maßgebend ist hierbei der Stand des Solls nach Abschluß des Veranlagungsgeschäftes.

Bei den Lohnsteuerpflichtigen, deren Einkommen den Betrag von 8000 *RM* nicht übersteigt, gelten die nach den Vorschriften des Einkommensteuergesetzes vom Arbeitslohn einbehaltenen Steuerbeträge (Lohnsteuer) gemäß § 81 des Einkommensteuergesetzes als veranlagt; sie müssen daher bei der Feststellung des für die Verteilung des Schulbedarfes maßgebenden Einkommensteuersolls mitberücksichtigt werden.

b) Maßgebend für die Verteilung des Schulbedarfes ist das Steuersoll, das gemäß §§ 25 bis 32 des Finanzausgleichgesetzes — in der Fassung vom 27. April 1926 (RGBl. Teil I S. 203) und des Gesetzes vom 9. April 1927 (RGBl. Teil I S. 91) — auf die einzelnen Gemeinden und in entsprechender Anwendung dieser Bestimmungen auf einzelne Gemeindeteile entfällt.

c) Zur Ermittlung des auf eine ganze politische Gemeinde entfallenden Einkommensteuersolls und Körperschaftssteuersolls ist aus der beim Finanzamte geführten „Vereinigten Steuerliste" der Gemeinde die Gesamtsumme der Steuerbeträge der einzelnen Pflichtigen festzustellen.

d) Das auf einen Gemeindeteil (Ortschaft usw.) entfallende Steuersoll wird dadurch festgestellt, daß aus der vereinigten Steuerliste, die den genauen Wohnsitz der Steuerpflichtigen enthält, die Steuerbeträge der in der Ortschaft wohnenden Steuerpflichtigen festgestellt und zusammengerechnet werden.

e) Die Lohnsteuer ist bisher von den einzelnen Betrieben ohne Rücksicht auf die Gemeindezugehörigkeit des Arbeitnehmers eingehoben worden. Künftig wird wieder eine Ausscheidung der Steuerpflichtigen auf die Wohnsitzgemeinden erfolgen. Die Gemeindebehörden können daher an Hand einer Zusammenstellung der in der Gemeinde oder in dem Gemeindeteile wohnhaften Arbeitnehmer das auf die Gemeinde oder den Gemeindeteil treffende Steuersoll berechnen.

f) Besteht ein nach den Bekenntnissen gemischter Schulsprengel nur aus ganzen politischen Gemeinden, so kann das Verhältnis der Steuerbeträge, mit denen die Beteiligten im Schulsprengel zur Einkommensteuer und Körperschaftssteuer veranlagt sind, auf einfachere Art durch Gegenüberstellung der „Rechnungsanteile" der einzelnen Gemeinden im Sinne des § 24 des FAG. ermittelt werden. Maßgebend ist hierbei der Stand des Rechnungsanteiles am 1. Oktober des Haushaltjahres, für das der Schulbedarf verteilt wird.

7. a) Bei der Grundsteuer ist maßgebend das Steuersoll für das mit dem Haushaltjahre des Schulsprengels sich deckende Rechnungsjahr (vgl. Verordnung vom 5. Mai 1924 über die Entrichtung der Grundsteuer für das Rechnungsjahr 1924 — GVBl. S. 153).

b) Zur Ermittlung des Grundsteuersolls in einer ganzen Gemeinde ist aus dem beim Finanzamte geführten „summarischen Grundsteuerregister" für das treffende Rechnungsjahr die Gesamtsumme der Grundverhältniszahlen festzustellen. Von jeder Einheit der Steuerverhältniszahl wird ein

Betrag von 4 Pfg. als Jahressteuer erhoben (vgl. Abschnitt A der Verordnung vom 5. Mai 1924; für das Gebiet des ehemaligen Freistaates Coburg ist Abschnitt B dieser Verordnung zu beachten).

Der jeweils durch das Finanzgesetz festgesetzte Zuschlag zur Grundsteuer bleibt außer Betracht.

c) Das Grundsteuersoll in Gemeindeteilen kann an Hand des beim Finanzamt geführten Flächenregisters errechnet werden, da das Flächenregister bereits nach Gemeindeteilen (Ortschaften usw.) eingeteilt ist.

8. a) Bei der Haussteuer ist gleichfalls maßgebend das Steuersoll für das mit dem Haushaltjahre des Schulsprengels sich deckende Rechnungsjahr (vgl. die Verordnung vom 31. März 1924 über die Entrichtung der Haussteuer und einer Abgabe zum Ausgleiche der Geldentwertung bei bebauten Grundstücken für das Rechnungsjahr 1924 — GVBl. S. 133).

b) Zur Ermittlung des Haussteuersolls in einer ganzen Gemeinde ist aus dem beim Finanzamte geführten „summarischen Haussteuerregister" für das treffende Rechnungsjahr die Gesamtsumme der Haussteuerverhältniszahlen festzustellen. Von jeder Mark der Verhältniszahl wird — gleichgültig, ob es sich um Arealsteuer oder Mietsteuer handelt — ein Betrag von 2 Pfg. als Jahressteuer erhoben (vgl. Abschnitt A der Verordnung vom 31. März 1924; für das Gebiet des ehemaligen Freistaates Coburg ist Abschnitt B dieser Verordnung zu beachten).

Die in Abschnitt D und F der genannten Verordnung vorgesehenen Zuschläge zur Förderung des Wohnungsbaues und für Kulturzwecke sowie zum Ausgleich der Geldentwertung bleiben außer Betracht.

c) Zur Errechnung des Haussteuersolls in Gemeindeteilen sind für die in dem betreffenden Gemeindeteile (Ortschaft usw.) liegenden Gebäude und Gebäudeteile zunächst aus dem beim Finanzamte geführten „Haussteuerkataster" die Haussteuerverhältniszahlen und sodann die Steueransätze festzustellen.

9. a) Bei der Gewerbsteuer ist maßgebend das Steuersoll für den Zeitraum, der der Veranlagung des Steuerpflichtigen zur Einkommensteuer oder zur Körperschaftssteuer zugrunde gelegt wird (Art. 13 Abs. II des Gewerbsteuergesetzes in der Fassung der Bekanntmachung vom 10. August 1926 — GVBl. S. 388).

b) Zur Ermittlung des Gewerbsteuersolls in einer ganzen Gemeinde sind aus der beim Finanzamte geführten „Gewerbsteuerliste" (von 1928 ab aus der „vereinigten Steuerliste") der Gemeinde die Gesamtsummen der Betriebskapitalsanlagen und der Ertragsanlagen festzustellen.

Der gemäß Art. 7 Abs. IV des Gewerbsteuergesetzes bis auf weiteres zu entrichtende Zuschlag von 100 v. H. für die Staatskasse bleibt außer Betracht.

Hat ein Steuerpflichtiger Betriebsstätten in mehreren Gemeinden, so findet schon nach Art. 14 bis 16 des Vollzugsgesetzes zum Finanzausgleichgesetze in der Fassung vom 29. Juli 1927 (GVBl. S. 283) eine Ausscheidung der Gewerbsteuer zum Zwecke der Umlagenberechnung statt. Das Finanzamt zerlegt in diesem Falle die Betriebskapitalsanlage und Ertragsanlage dieses Gewerbetreibenden nach Maßgabe des Art. 15 des Vollzugsgesetzes zum Finanzausgleichgesetze (zu vgl. auch Bekanntmachung vom 9. Oktober 1926 — GVBl. S. 501 — über Ausscheidung der Gewerbsteuer zum Zwecke der Umlagenberechnung) auf die verschiedenen Gemeinden und trägt lediglich das Ergebnis dieser Ausscheidunng in der Steuerliste vor. Die Einträge in der Steuerliste können daher ohne weiteres von den Gemeinden verwendet werden.

c) Zur Errechnung des Gewerbsteuersolls für Gemeindeteile sind für die in dem Gemeindeteile (Ortschaft) vorhandenen Gewerbetreibenden aus der Steuerliste die Steueransätze festzustellen.

Hat ein Gewerbetreibender außer in dem Gemeindeteil auch noch in anderen Gemeinden Betriebsstätten, so ist nach Ziff. 9 b Abs. III zu verfahren. Hat jedoch der Gewerbetreibende Betriebsstätten in verschiedenen Teilen (Ortschaften usw.) der **gleichen** Gemeinde, so ist die Betriebskapitalsanlage und Ertragsanlage dieses Gewerbetreibenden in entsprechender Anwendung der Bestimmungen des Art. 15 des Vollzugsgesetzes zum Finanzausgleichgesetze und der Ministerialbekanntmachung vom 9. Oktober 1926 (GVBl. S. 501) auf die verschiedenen Gemeindeteile zu zerlegen. Die beim Finanzamte vorhandenen Bescheide über die Ausscheidung der Gewerbsteuer auf verschiedene Gemeinden bieten eine Anleitung zur Durchführung dieser Zerlegung.

10. a) Bei der **Steuer vom Gewerbebetrieb im Umherziehen** ist maßgebend das Steuersoll für das im Haushaltjahre des Schulsprengels endende Kalenderjahr (Art. 6 des Gesetzes über die Besteuerung des Gewerbebetriebes im Umherziehen in der Fassung der Bekanntmachung vom 6. August 1921 — GVBl. S. 439).

b) Zur Ermittlung des Hausiersteuersolls für eine ganze Gemeinde ist aus der beim Finanzamte für den Finanzamtsbezirk geführten Hausiersteuerliste die Gesamtsumme der Steueransätze für die Gewerbetreibenden zu ermitteln, die im Gemeindebezirk ihren Wohnsitz oder gewöhnlichen Aufenthalt haben.

c) Zur Ermittlung des Hausiersteuersolls für Gemeindeteile ist entsprechend zu verfahren. Irgendwelche Zerlegung oder Ausscheidung der Steueransätze kommt bei der Hausiersteuer nicht in Betracht.

11. Bei Bekenntnisschulen mit nach Bekenntnissen getrennten Schulsprengeln ist das für die Verteilung des Schulbedarfes maßgebende Steuersoll der Gemeinden oder Gemeindeteile nur aus den Steueransätzen der Bekenntnisgenossen zu errechnen. Art. 9 Ziff. 2—5 des religionsgesellschaftlichen Steuergesetzes in der Fassung der Bekanntmachung vom 18. August 1923 (GVBl. S. 351) ist hierbei entsprechend anzuwenden. Die Steueransätze von juristischen Personen und nicht rechtsfähigen Vereinen sind jedoch heranzuziehen, gleichgültig ob es sich um die Verteilung von Bauaufwand oder von sonstigem Schulbedarfe handelt.

12. Folgendes Beispiel soll die praktische Auswirkung der neuen Regelung zeigen:

Die katholische Sprengelschule A mit nach Bekenntnissen gemischtem Sprengel umfaßt die politische Gemeinde A und die Ortschaft C der politischen Gemeinde B. Der ungedeckte Bedarf der Sprengelschule für das Haushaltjahr 1927 beträgt 2000 *RM*.

Die Gemeinde A hat am 1. Oktober 1927 80, die Ortschaft C 20 Schulkinder aufzuweisen.

Die eine Hälfte des Schulbedarfes (1000 *RM*) ist daher zu $^4/_5$ von der politischen Gemeinde A und zu $^1/_5$ von der politischen Gemeinde B zu bestreiten.

Für die Gemeinde A beträgt das für die Verteilung des Schulbedarfes maßgebende

Einkommensteuersoll	8000 RM
Körperschaftsteuersoll	100 RM
Grundsteuersoll	180 RM
Haussteuersoll	300 RM
Gewerbsteuersoll	400 RM
Hausiersteuersoll	20 RM
Gesamtsumme:	9000 RM

Für die Ortschaft C der Gemeinde B beträgt das für die Verteilung des Schulbedarfes maßgebende

Einkommensteuersoll	1000 RM
Körperschaftsteuersoll	0 RM
Grundsteuersoll	100 RM
Haussteuersoll	200 RM
Gewerbsteuersoll	200 RM
Hausiersteuersoll	0 RM
Gesamtsumme:	1500 RM

Das Verhältnis der Steuerbeträge, mit denen die Beteiligten im Schulsprengel zur Einkommensteuer, Körperschaftsteuer, Grundsteuer, Haussteuer, Gewerbsteuer und Steuer vom Gewerbebetrieb im Umherziehen veranlagt wird, beträgt sonach 9000 : 1500. Die zweite Hälfte des Schulbedarfes (1000 RM) ist daher zu $^6/_7$ von der politischen Gemeinde A, zu $^1/_7$ von der politischen Gemeinde B zu bestreiten.

13. Ein während des Jahres auftretender außerordentlicher Bedarf ist in gleichem Maßstabe wie der ordentliche Bedarf zu verteilen.

14. Nachdem das Haushaltjahr 1927 inzwischen abgelaufen ist, können die genauen Unterlagen (Schülerzahl und Steuersoll) für die Verteilung des ungedeckten Schulbedarfes für dieses Haushaltjahr nunmehr bei den Schulleitungen und den Finanzämtern erholt werden. Der hieraus zu berechnende Verteilungsschlüssel ist für das folgende Haushaltjahr der Verteilung des ungedeckten Schulbedarfes als vorläufiger Maßstab zugrunde zu legen. Die endgültige Verteilung kann erst am Schlusse dieses Haushaltjahres nach Vorliegen der genauen Ziffern erfolgen. Durch übereinstimmende Beschlüsse der Verwaltungen der zum Schulsprengel gehörenden Gemeinden und der verstärkten Gemeindeverwaltung kann von einer nachträglichen Ausgleichung abgesehen und der für ein Haushaltjahr berechnete Verteilungsschlüssel jeweils der Verteilung des ungedeckten Schulbedarfes für mehrere Jahre zugrunde gelegt werden.

III. Der vereinbarte Verteilungsmaßstab.

15. Für jene wohl überwiegenden Fälle, in denen die am Schulsprengel beteiligten Gemeinden auch unter Anwendung eines einfacheren Verteilungsmaßstabes eine befriedigende Verteilung des Schulbedarfes herbeiführen können, wird ihnen durch den neueingefügten Art. 12 Abs. II Satz 2 des SchBG. die Möglichkeit dafür geschaffen. Den Gemeinden wird nachdrücklich empfohlen, von dieser Möglichkeit, soweit irgend tunlich, Gebrauch zu machen.

In der Wahl des Verteilungsmaßstabes, der an Stelle der gesetzlichen Regel treten soll, ist den beteiligten Gemeinden völlig freie Hand gelassen. In Betracht kommen wird in erster Linie die Verteilung des ungedeckten Bedarfes für die Sprengelschule entweder nach der Zahl der Schulkinder oder nach der Einwohnerzahl im Schulsprengel oder nach der Veranlagung zu den bayerischen Ertragssteuern oder je zum Teile nach einem dieser Maßstäbe oder auch nach einem frei vereinbarten andere Verhältnisse der von den beteiligten Gemeinden zu tragenden Hundertanteile.

16. Die Anwendung eines anderen als des gesetzlichen Verteilungsmaßstabes muß durch übereinstimmende Beschlüsse der Verwaltungen der zum Schulsprengel gehörenden Gemeinden und der verstärkten Gemeindeverwaltung vereinbart werden. Zweckmäßig wird dabei so vorgegangen, daß die verstärkte Gemeindeverwaltung nach Durchführung der erforderlichen Vorverhandlungen den Verteilungsmaßstab beschlußmäßig festlegt und daß hierauf die Verwaltungen der einzelnen Gemeinden diesem Maßstabe beschlußmäßig zustimmen. Diese Beschlüsse sind zu den Akten der verstärkten Gemeindeverwaltung zu nehmen.

17. Auch bei dem vereinbarten Verteilungsmaßstab entscheidet im Falle später entstehender Streitigkeiten über die Verteilung und Aufbringung des Schulbedarfes in dem zusammengesetzten Schulsprengel gemäß Art. 10 Ziff. 20 des Verwaltungsgerichtsgesetzes im letzten Rechtszuge der Verwaltungsgerichtshof. Die Vereinbarungen über den Verteilungsmaßstab sind daher sorgfältig vorzubereiten und auf das genaueste festzulegen.

IV. Aufhebung älterer Vorschriften.

18. Die Ministerialentschließung vom 12. Oktober 1902, den Vollzug des Schulbedarfgesetzes vom 28. Juli 1902 betr. (KMBl. S. 431) wird aufgehoben.

---

85. Bek. über den Vollzug des Schulaufsichtsgesetzes vom 1. August 1922 vom 25. Januar 1929 (KMBl. 1929 S. 17).

Ueber den Vollzug des Schulaufsichtsgesetzes vom 1. August 1922 in Schulen von Stiftungen und gemeinnützigen Unternehmungen gemäß Art. 35 des Schulbedarfgesetzes vom 14. August 1919 (GVBl. S. 489) in der Fassung des Gesetzes vom 1. August 1923 (GVBl. S. 337) und über die Durchführung der Vorschrift in Ziff. 1 Abs. III der Vollzugsvorschriften zum Schulaufsichtsgesetze vom 16. August 1923 (KMBl. S. 91) wird folgendes bestimmt:

I. Schulpflege.

a) Für die Schulen von Stiftungen und gemeinnützigen Unternehmungen kommt die Bildung von Schulpflegschaften nach den Bestimmungen in §§ 3 mit 9 des Schulaufsichtsgesetzes nicht in Frage. Die Schulpflege im Sinne von Ziff. 3 Abs. I der Vollzugsvorschriften zum Schulaufsichtsgesetz ist in diesen Schulen Aufgabe der mit der Leitung der Anstalten betrauten Personen.

b) Die Anstaltsleiter haben sich, soweit veranlaßt, bei der Wahrnehmung der Aufgaben der Schulpflegschaft mit den beteiligten Lehrpersonen zu benehmen.

II. Schulleitung.

a) Da die Aufgaben der Schulleitung in den Schulen von Stiftungen und gemeinnützigen Unternehmungen mit den Aufgaben der Anstaltsleitung entweder zusammenfallen oder sich wenigstens eng berühren, ist es zweckdienlich, daß beide Aufgaben in einer Person vereinigt sind. Die Regierung, Kammer des Innern, wird daher in der Regel dem Anstaltsleiter auch die Schulleitung im Sinne des Schulaufsichtsgesetzes und der Vollzugsvorschriften dazu übertragen. Die Schulleitung kann auch nebenamtlichen Anstaltsleitern übertragen werden. Wenn ausnahmsweise der Anstaltsleiter die für die Schulleitung erforderlichen pädagogischen oder sonstigen Eigenschaften nicht besitzt, ist die Schulleitung anderweitig zu regeln.

b) Die Aufstellung eines ständigen Stellvertreters für den Schulleiter an den Schulen von Stiftungen und gemeinnützigen Unternehmungen erfolgt in sinngemäßer Anwendung der Vorschrift in Ziff. 35 der Vollzugsvorschriften zum Schulaufsichtsgesetze. Dem ständigen Stellvertreter des Anstaltsleiters kann auch die Stellvertretung in der Schulleitung von der Regierung, Kammer des Innern, übertragen werden.

III. Schulaufsicht.

Im letzten Satze der Ziff. 1 Abs. III der Vollzugsvorschriften vom 16. August 1923 zum Schulaufsichtsgesetz ist angeordnet, daß die Bestimmungen über die Schulaufsicht auf die Schulen von Stiftungen und gemeinnützigen Unternehmungen entsprechende Anwendung finden. Damit ist die unmittelbare Aufsicht über diese Schulen im Sinne von Ziff. 40 Abs. I der Vollzugsvorschriften grundsätzlich den Bezirks- und Stadtschulbehörden übertragen. Die Blinden- und Taubstummenschulen werden von dieser Bestimmung nicht berührt. Im übrigen verbleibt die staatliche Schulaufsicht über die Schulen von Stiftungen und gemeinnützigen Unternehmungen gemäß § 11 mit § 2 Abs. I Ziff. 2 Buchst. c der Verordnung vom 10. Mai 1905 über die Gründung, Leitung und Beaufsichtigung von Erziehungsanstalten und Unterrichtsanstalten (GVBl. S. 471) den Regierungen, Kammern des Innern.

Für den Vollzug im Einzelnen wird in Anwendung der vorerwähnten Bestimmungen und des § 11 Satz 4 der Verordnung vom 10. Mai 1905 folgendes bemerkt und bestimmt:

a) Hinsichtlich der Aufgaben der Bezirks- und Stadtschulbehörden bei Wahrnehmung der Aufsicht über die Schulen von Stiftungen und gemeinnützigen Unternehmungen gelten die Bestimmungen in Ziff. 48 Abs. VI Satz 1 Buchst. c, d, e, f, g mit Satz 2, Abs. VII Satz 1 Buchst. e, f, g, h mit Satz 2 und 3, sowie Abs. VIII Buchst. a, b, c und k der Vollzugsvorschriften zum Schulaufsichtsgesetze entsprechend. Dabei sind die besonderen Verhältnisse und Einrichtungen dieser Schule tunlichst zu berücksichtigen. Die Anstaltsleiter sind von den schulaufsichtlichen Maßnahmen der Bezirks- und Stadtschulbehörden in Kenntnis zu setzen und, soweit veranlaßt, vor Erlaß solcher Maßnahmen gutachtlich zu hören.

Bei der Vornahme von Klassenbesichtigungen wird der Bezirksschulrat den Schulleiter von seiner Anwesenheit in Kenntnis setzen und ihm auf Wunsch die Teilnahme an der Besichtigung gestatten. Von dem Ergebnisse der Besichtigung ist der Schulleiter zu benachrichtigen.

b) Wenn auch für die Schulen von Stiftungen und gemeinnützigen Unternehmungen die Bestimmungen der Schulordnung und der Lehrordnung für die bayerischen Volksschulen im allgemeinen in gleicher Weise wie für die öffentlichen Volksschulen zu gelten haben, so werden für diese Schulen infolge ihrer besonderen Erziehungs- und Unterrichtsaufgaben doch nicht selten Abweichungen notwendig sein. Es ist daher zweckdienlich, daß unbeschadet der Befugnisse der Bezirks- und Stadtschulbehörden die Schulleiter an den schulaufsichtlichen Aufgaben mitbeteiligt werden, soweit die Pflege und Förderung des Unterrichtes im Hinblick auf die besonderen Erziehungs- und Unterrichtsaufgaben in Frage kommt. Sie können nach Benehmen mit den Lehrpersonen der Schule und mit Genehmigung der Regierung, Kammer des Innern, besondere von der Schulordnung für die öffentlichen Volksschulen abweichende Anordnungen treffen und die Bestimmungen der Lehrordnung ergänzen, soferne dies die Besonderheit ihrer Schulen bedingt. Zum Zwecke der gleichmäßigen Durchführung der für ihre Schulen geltenden Schul- und Lehrordnung können sie den Lehrpersonen entsprechende Weisung erteilen, Schulbesuche bei ihnen vornehmen und etwaige Wahrnehmungen über Führung und Leistungen der Lehrpersonen an die Regierung, Kammer des Innern, berichten. Die Berichte sind zu den Personalakten zu nehmen.

c) Die gemäß Ziff. 48 Abs. VIII Buchst. d, e, f, g, h und i der Vollzugsvorschriften zum Schulaufsichtsgesetze dem Bezirksschulrat obliegenden Aufgaben werden an den Schulen von Stiftungen und gemeinnützigen Unternehmungen durch den Schulleiter erledigt.

d) Der zwischen dem Schulleiter und der Regierung, Kammer des Innern, über die Angelegenheiten der Schulen von Stiftungen und gemeinnützigen Unternehmungen notwendige Schriftverkehr ist über die Bezirksschulbehörde zu leiten. Zu Anträgen des Schulleiters im Sinne des Abschn. III Buchst. b dieser Entschließung kann die Bezirksschulbehörde gutachtlich Stellung nehmen.

---

86. Bek. sämtl. Staatsmin. über die Personalnachweise der Beamten vom 19. März 1929 (GVBl. S. 42).

Zur Ausführung des Art. 129 Abs. III Satz 2 und 3 der Verfassung des Deutschen Reichs, des Art. 102 Abs. 2 des Beamtengesetzes und des Art. 101 Abs. II des Volksschullehrergesetzes wird bestimmt:

1. I Beamte im Sinne dieser Bekanntmachung sind die etatmäßigen und nichtetatmäßigen Beamten (Art. 1, 2 BG.) und die ständigen und unständigen Volksschullehrer (Art. 1 VLG.), nicht dagegen die Staatsdienstanwärter (Art. 25 BG.) und die Schulamtsbewerber (Art. 21 VLG.).

II Vorläufig des Dienstes enthobene, einstweilen in den Ruhestand versetzte und beurlaubte Beamte gehören zu den Beamten im Sinne dieser Bekanntmachung, nicht dagegen im zeitlichen oder dauernden Ruhestand befindliche, sowie aus dem Staatsdienst ausgeschiedene Beamte.

2. I Personalnachweise sind die Akten, welche bei dem Dienstvorgesetzten eines Beamten über seine persönlichen und dienstlichen Verhältnisse zum Zwecke der dienstlichen Beurteilung geführt werden; hierzu gehören auch die dienstlichen Beurteilungen.

II Nicht zu den Personalnachweisen gehören:

a) gerichtliche Akten und Dienststrafakten; die Einsichtnahme in diese Akten bemißt sich nach den hierfür geltenden besonderen Vorschriften (bezüglich der Dienststrafakten vgl. Art. 142 Abs. 7 Satz 2

BG.; Art. 43 Abs. 7 Satz 2 des Disziplinargesetzes für richterliche Beamte; Art. 119 Abs. II BLG.);

b) Prüfungsakten; jedoch sind Vermerke über das Ergebnis amtlicher Prüfungen sowie auf Antrag der Prüfungen einer Verwaltungsakademie zu den Personalnachweisen zu bringen;

c) Akten, die sich auf mehrere Beamte beziehen (Sammelakten) sowie Akten, die nicht die persönlichen und dienstlichen Verhältnisse von Beamten betreffen (Sachakten), auch wenn in diesen persönliche und dienstliche Verhältnisse von Beamten berührt sind; soweit solche Akten der dienstlichen Beurteilung eines Beamten zugrunde gelegt werden soll, sind jedoch Auszüge zu den Personalnachweisen zu nehmen.

3. I Dem Beamten ungünstige Tatsachen dürfen in die Personalnachweise erst eingetragen werden, wenn ihm Gelegenheit gegeben war, sich über sie zu äußern; unter „Tatsachen" sind nur Vorgänge rein tatsächlicher Art, nicht auch Werturteile zu verstehen; der Eintragung in die Personalnachweise steht das Einlegen von Schriftstücken oder Auszügen aus solchen in die Personalnachweise gleich. Werden trotz der Aeußerung des Beamten die ungünstigen Tatsachen in die Personalnachweise eingetragen, so ist dem Beamten hiervon Kenntnis zu geben und eine etwaige weitere Gegenäußerung des Beamten zu den Personalnachweisen zu nehmen. Wird der Beamte mündlich verständigt, so ist das in den Personalnachweisen zu vermerken.

II Aerztliche Gutachten über den Gesundheitszustand eines Beamten sind nur zu den Personalnachweisen zu nehmen, wenn der begutachtende Arzt oder ein Amtsarzt sie zur Einsichtnahme durch den Beamten für geeignet erklärt.

III Werden im zeitlichen oder dauernden Ruhestand befindliche Beamte wieder zum Dienst berufen, so sind die während des Ruhestands angefallenen Aktenvorgänge zu den Personalnachweisen zu nehmen.

IV Vermerke über Dienststrafen sind auf gesonderten Blättern zu den Personalnachweisen zu bringen, damit sie im Falle der Löschung ohne weiteres beseitigt werden können. Das gleiche gilt für die Erwähnung der Dienststrafen bei den allgemeinen dienstlichen Beurteilungen der Beamten.

4. I Personalnebenakten, Listen oder Aufzeichnungen über persönliche und dienstliche Verhältnisse der Beamten, die von der Einsicht ausgeschlossen werden, dürfen nur geführt werden, wenn sie lediglich Abschriften, Auszüge oder Zusammenstellungen aus den Personalnachweisen enthalten. Soweit es, um die Personalnachweise nicht unübersichtlich werden zu lassen, zweckmäßig erscheint, über einzelne Angelegenheiten Sonderakten anzulegen, ist in den Personalnachweisen durch einen Vermerk auf die Sonderakten hinzuweisen.

II Die Personalnachweise dürfen nicht mit geheimen Kennzeichen versehen werden.

5. I Dem Beamten ist auf Antrag Einsicht in seine Personalnachweise zu gewähren; dies gilt auch für die Sonderakten im Sinne der Ziff. 4 Abs. I Satz 2. In der Regel ist die Einsichtnahme nur in die bei dem unmittelbaren Dienstvorgesetzten geführten Personalnachweise zu gestatten, in die bei den höheren Dienstvorgesetzten geführten Personalnachweise nur, soweit diese einen anderen Inhalt haben, als die bei dem unmittelbaren Dienstvorgesetzten geführten Personalnachweise. Im zeitlichen

oder dauernden Ruhestand befindlichen und aus dem Dienst ausgeschiedenen Beamten kann die Einsicht in die Personalnachweise gestattet werden, wenn und soweit sie ein berechtigtes Interesse daran glaubhaft machen und dienstliche Bedenken nicht entgegenstehen.

II Der für die Führung der Personalnachweise zuständige Dienstvorgesetzte bestimmt auf den Antrag hin Ort, Zeit und die sonstigen Bedingungen für die Einsichtnahme nach Maßgabe der hierfür geltenden Bestimmungen (z. B. Kostenersatz, Aufsicht).

III Die Einsichtnahme hat durch den Beamten oder seinen gesetzlichen Vertreter persönlich zu erfolgen. Nur wenn der Beamte oder sein gesetzlicher Vertreter nachweislich durch zwingende Umstände (Krankheit und dgl.) an der persönlichen Einsichtnahme behindert ist und eine Hinausschiebung der Einsichtnahme bis zum Fortfall dieser Umstände berechtigte Interessen des Beamten gefährden würde, kann der zur Führung der Personalnachweise zuständige Dienstvorgesetzte die Einsichtnahme durch einen Bevollmächtigten gestatten; als Bevollmächtigte können nur Beamte des gleichen Dienstzweiges und der gleichen Dienstes laufbahn zugelassen werden. Die Einsichtnahme der Personalnachweise durch einen Rechtsanwalt als bevollmächtigten Vertreter des Beamten kann nur in besonderen Fällen durch das zuständige Staatsministerium gestattet werden.

IV Die Einsichtnahme geschieht bei der Behörde, welche die Personalnachweise führt; ausnahmsweise kann sie bei einer sonst zu bestimmenden Behörde gestattet werden, wenn keine dienstlichen Bedenken im Wege stehen und der Beamte die Kosten der Aktenversendung ersetzt. Die Einsichtnahme findet in der Regel während der Dienststunden der Behörde statt, bei der sie erfolgt; ausnahmsweise kann eine andere Zeit bestimmt werden; dies soll geschehen, wenn sonst eine Beeinträchtigung des Dienstes eintreten würde.

V Die Einsichtnahme hat in Gegenwart eines Beamten der Behörde zu erfolgen, bei der die Personalnachweise eingesehen werden. Der in seine Personalnachweise Einsicht nehmende Beamte ist berechtigt, Auszüge oder Abschriften von Schriftstücken zu fertigen. Ueber die Einsichtnahme hat der die Aufsicht führende Beamte einen mit Datum versehenen Vermerk zu den Personalnachweisen zu nehmen.

VI Der Beamte, sein gesetzlicher Vertreter und sein Bevollmächtigter dürfen von der Kenntnis, die sie durch die Einsicht in die Personalnachweise erlangt haben, nur insoweit Gebrauch machen, als es zur Wahrung der Interessen des Beamten notwendig ist. Die Vorschriften über die Amtsverschwiegenheit und über die Schweigepflicht der Rechtsanwälte bleiben unberührt.

VII Durch die Einsichtnahme dürfen der Behörde keine Kosten (Reisekosten, Versendungskosten usw.) erwachsen. Sie darf nicht zu einer Beeinträchtigung des Dienstbetriebs führen.

6. I Gegen die Einträge in die Qualifikationsliste (Beurteilungsbogen) steht nach Art. 102 Abs. 2 Satz 2 BG. und Art. 101 Abs. II Satz 2 BLG. die Beschwerde zu; unter Qualifikationsliste (Beurteilungsbogen) im Sinne dieser Bestimmungen sind alle dienstlichen Beurteilungen zu verstehen.

II Gegen die Eintragung ungünstiger Tatsachen (Ziff. 3 Abs. I) steht dem Beamten innerhalb 14 Tagen nach der Mitteilung über die Eintragung die Beschwerde zu, soweit nicht die Tatsachen in einem gerichtlichen Verfahren festgestellt sind.

III Die Beschwerden sind bei dem zur Führung der Personalnachweise zuständigen Dienstvorgesetzten einzulegen. Ueber sie entscheidet, soweit nichts anderes bestimmt ist, der nächsthöhere Dienstvorgesetzte. Weitere Beschwerde ist zulässig; im Falle des Abs. II ist sie an eine von der Mitteilung über die Beschwerdeentscheidung an laufende Frist von 14 Tagen gebunden.

IV Gegen dienstliche Beurteilungen und Eintragungen von ungünstigen Tatsachen, die von dem höchsten Dienstvorgesetzten ausgehen, kann der Beamte nur Gegenäußerungen abgeben.

7. I Vermerke über strafgerichtliche Verurteilungen in den Personalnachweisen sind zu löschen, sobald die Vermerke im Strafregister nach den gesetzlichen Vorschriften zu tilgen sind.

II Vermerke über Dienststrafen und dienstaufsichtliche Ermahnungen und Warnungen in den Personalnachweisen sind zu löschen, wenn

a) die Löschung durch Gnadenbeweis angeordnet ist,
b) im Wiederaufnahmeverfahren Freisprechung erfolgt ist,
c) im Wiederaufnahmeverfahren eine andere Dienststrafe verhängt worden ist,
d) der Beamte seit der Erteilung einer schriftlichen Ermahnung oder Warnung oder seit der Rechtskraft eines Verweises, einer in Papiermark ausgesprochenen Geldstrafe oder einer Geldstrafe bis zu 30 RM fünf Jahre, seit der Rechtskraft einer anderen Dienststrafe zehn Jahre lang seine Amtspflichten zufriedenstellend erfüllt und sich einwandfrei geführt hat.

Im Falle des Buchst. c ist statt der aufgehobenen die neuverhängte Dienststrafe einzutragen.

III Aktenstücke, die sich auf gelöschte Strafen beziehen, sind aus den Personalnachweisen zu entfernen und zu vernichten. Finden sich derartige Eintragungen in Aktenstücken, die zugleich andere Aufzeichnungen enthalten, so sind entweder aus den zu vernichtenden Aktenstücken Abschriften der letzteren Teile zu den Personalnachweisen zu nehmen oder die zu entfernenden Teile unleserlich zu machen.

IV Eintragungen, die sich auf ein strafrechtliches Verfahren oder Dienststrafverfahren beziehen, das nicht zu einer Bestrafung geführt hat, sind aus den Personalnachweisen zu entfernen und zu vernichten, wenn der Beamte seit dem Ende des Verfahrens fünf Jahre lang seine Amtspflichten zufriedenstellend erfüllt und sich einwandfrei geführt hat. Abs. III Satz 2 findet entsprechende Anwendung.

V Gelöschte Dienststrafen gelten als nicht verhängt. Sie dürfen insbesondere in dienstlichen Aeußerungen, Berichten und Auskünften nicht mehr erwähnt werden; das gleiche gilt für gelöschte Eintragungen, die sich auf strafrechtliche Verfahren oder Dienststrafverfahren beziehen.

VI Die Löschung von Strafen und von Eintragungen über strafrechtliche Verfahren und Dienststrafverfahren ist dem Beamten auf Verlangen bekanntzugeben.

VII Abweichungen nicht grundsätzlicher Art, welche für die Beamten der Bereitschaftspolizei erforderlich sind, werden vom Staatsministerium des Innern im Einvernehmen mit dem Staatsministerium der Finanzen festgelegt.

9. Ziff. II 1 der Bekanntmachung vom 21. Januar 1919, den Erlaß und die Löschung von Dienststrafen betreffend (GVBl. S. 21), wird aufgehoben.

---

87. Bek. über die Krankenfürsorge für Lehrkräfte im Auslandsschuldienste vom 27. Juni 1929 (KMBl. S. 123).

Im Nachgang zur MinBek. vom 29. März 1928 über die Beurlaubung von Lehrkräften für den Dienst an deutschen Auslandsschulen (KMBl. S. 224, Anh. Nr. 76) wird im Einverständnisse mit dem Staatsministerium der Finanzen folgendes bekanntgegeben: Bayerische Lehrkräfte, die zum Zwecke der Uebernahme von Lehrstellen an deutschen Auslandsschulen gemäß der MinBek. vom 29. März 1928 beurlaubt oder zur Verfügung gestellt sind, können der Krankenkasse für die bayerischen Staatsbeamten beitreten. Die Krankenkasse ist in vorerst widerruflicher Weise bereit, Anträgen solcher Lehrkräfte um Aufnahme unter nachstehenden Bedingungen zu entsprechen:

1. Für die Höhe der Beiträge ist § 31 der Satzung der Krankenkasse für die bayerischen Staatsbeamten maßgebend — Bek. des Staatsmin. der Fin. vom 6. November 1928 Nr. 50 163, Staatsanz. Nr. 258 und vom 28. September 1927 Nr. 44 425/I, Staatsanz. Nr. 223 —; hierbei richtet sich die Beitragsklasse nach der Besoldungsgruppe, der der Lehrer vor seiner Beurlaubung angehörte; Auslandslehrer, die noch Staatsdienstanwärter sind, haben die für Staatsdienstanwärter geltenden Beiträge zu entrichten.

2. Die Beiträge müssen vom Versicherten jeweils vierteljährlich vorausbezahlt werden; hierbei wird ausdrücklich darauf hingewiesen, daß nach § 15 der Satzung die Rechte des Versicherten ruhen, wenn er sich mit seinen Beiträgen über einen Monat schuldhaft im Rückstande befindet.

3. Der Kostenersatz für ärztliche Behandlung wird nach den Bestimmungen des § 16 der Satzung erstattet; die Rechnung des Arztes muß ausweisen, welche Leistungen er vorgenommen hat.

4. Der Berechnung der Vergütung für Arzneikosten wird die deutsche Arzneitaxe, für die Kosten der Hilfsmittel werden die deutschen Großhandelspreise zugrunde gelegt.

5. Der Auslandslehrer ist verpflichtet, auf Verlangen der Staatsbeamtenkrankenkasse einen in Bayern wohnenden, entsprechend bevollmächtigten Vertreter aufzustellen.

Unter den gleichen Bedingungen kann Lehrern, die bisher schon der Staatsbeamtenkrankenkasse angehörten, und die in den Auslandschuldienst beurlaubt werden, das Verbleiben in dieser Klasse zugestanden werden.

Soferne der Auslandslehrer von der Beitrittsberechtigung nicht rechtzeitig Gebrauch gemacht hat, kann im Hinblick auf die vorliegenden besonderen Verhältnisse und etwaige dem Lehrer bezüglich Fristversäumnis zur Seite stehende Entschuldigungsgründe in Anwendung des § 4 Abs. III der Satzung gleichwohl die Zulassung zur Staatsbeamtenkrankenkasse bewilligt werden.

Notstandsbeihilfen aus bayerischen Staatsmitteln können den Lehrern an deutschen Auslandsschulen nicht gewährt werden.

88. Entschl. über Lichtbildvorführungen in Schulen vom 12. September 1929 (KMBl. S. 150).

Unter Aufhebung aller einschlägigen früheren Bestimmungen[1]), insbesondere der Ministerialentschließungen vom 25. November 1921 Nr. 48 226

[1]) Hierunter fällt nicht die ME. vom 6. November 1928 über die Deutsche Lichtbildnachweisstelle in München (KMBl. S. 322, Anh. Nr. 83 a).

(KMBl. S. 340), vom 10. August 1923 Nr. 23 299 (Bayer. Staatsanz. Nr. 186) und vom 12. April 1928 Nr. VII 11 449 (KMBl. S. 237) wird verfügt:

1. Unter Lichtbildvorführungen in Schulen im Sinne dieser Bestimmungen sind alle von Schulen selbst oder in deren Auftrag veranstalteten Vorführungen von Steh- und Lauflichtbildern zu verstehen, gleichviel ob sie im Schulgebäude oder in einem anderen Raume während oder außerhalb der Unterrichtszeit stattfinden oder ob ihr Besuch den Schülern zur Pflicht gemacht ist oder nicht.

Den Lichtbildvorführungen in Schulen sind sonstige Vorführungen gleichzuachten, deren Besuch den Schülern zur Pflicht gemacht ist.

Zu diesen Vorführungen dürfen nur solche Steh- oder Lauflichtbilder zugelassen werden, die von der Bayerischen Lichtbildstelle in München geprüft und als geeignet zur Vorführung in Schulen befunden sind, ferner Lichtbilder, die von den beteiligten Lehrkräften selbst aufgenommen sind.

2. Die Schule darf den Schülern andere als die oben genannten Lichtbildvorführungen nur dann empfehlen oder bekanntgeben, wenn lediglich solche Steh- und Lauflichtbilder gezeigt werden, die nach Ziff. 1 Abs. 3 zugelassen sind.

3. Für die Vorführung von Werbelichtbildern (Steh- und Lauflichtbildern), die von der Bayer. Lichtbildstelle als geeignet für die Vorführung in Schulen befunden sind, wird bestimmt:

a) Für alle Schulen gilt, daß jede Mitwirkung der Schulleitung und des Lehrpersonals zu unterbleiben hat, wenn mit der Vorführung von Werbelichtbildern irgendwelche Werbemaßnahmen (wie die Abgabe von Gebrauchs- und Verbrauchs- bezw. Kostproben, von Bleistiften, Vorträge, die nicht nur der Erläuterung, sondern auch der Werbung dienen u. dgl.) verbunden werden; auch von einer Empfehlung oder Bekanntgabe der Vorführung ist solchen Falles abzusehen.

b) Für Volks- und Berufsschulen dürfen erdkundliche und naturkundliche Werbelichtbilder, sowie erdkundliche und naturkundliche Teile von Werbefilmen während und außerhalb der Unterrichtszeit, sonstige Werbelichtbilder nur außerhalb der Unterrichtszeit vorgeführt werden.

4. Die Eignung eines Steh- oder Laufbildes zur Vorführung in Schulen wird durch eine gestempelte Bescheinigung der Bayerischen Lichtbildstelle nachgewiesen. Auf der Bescheinigung muß vermerkt sein, unter welcher Nummer und Bezeichnung die Lichtbilder in die Liste der zugelassenen Anschauungsmittel eingetragen sind. Die Bescheinigung wird nach Möglichkeit einen Hinweis erhalten, für welche Gattungen von Schulen und für welche Altersstufen sich die Lichtbilder eignen und ob sie während oder außerhalb der Unterrichtszeit vorgeführt werden dürfen.

Anträge auf Prüfung und Begutachtung von Lichtbildern sind nicht an das Ministerium, sondern unmittelbar an die Bayerische Lichtbildstelle München, Sonnenstraße 15/IV, zu richten. Die Prüfung erfolgt nach den vom Ministerium festgelegten Richtlinien; das Ergebnis wird dem Antragsteller durch die Bayerische Lichtbildstelle bekanntgegeben.

Anstaltsvorstände, Schulaufsichtsbeamte, Schulleiter und sonstige Lehrkräfte dürfen für Lichtbilder, die nicht von der Bayerischen Lichtbildstelle geprüft und als geeignet befunden sind, keine Empfehlungen oder Bescheinigungen ausstellen. Wird einer Schule eine Empfehlung oder Bescheinigung vorgelegt, die entgegen diesen Bestimmungen ausgestellt ist, so hat die Schule die Bescheinigung womöglich einzuziehen; wird sie von dem Inhaber nicht herausgegeben, so sind der Name und die dienstliche Stellung des Ausstellers der vorgesetzten Dienstesstelle anzuzeigen. Diese hat bei der Bayerischen Lichtbildstelle zu ermitteln, ob die Lichtbilder tatsächlich nicht zugelassen sind, und zutreffendenfalls die Verhandlungen der dem Aussteller vorgesetzten Dienstesstelle zuzuleiten, die das weitere veranlassen wird.

5. Steh- und Lauflichtbilder ausschließlich technischen Inhaltes dürfen an den höheren technischen Lehranstalten ohne vorherige Prüfung durch die Bayerische Lichtbildstelle vorgeführt werden.

6. Wenn die erforderlichen Bescheinigungen der Bayerischen Lichtbildstelle vorgelegt werden, ist in jedem Falle die Beteiligung oder Mitwirkung der Schule an der Lichtbildvorführung in das pflichtmäßige Ermessen der Schulleitung gestellt.

Diese kann ferner den Besuch von Lichtbildvorführungen jeder Art verbieten, die sie als ungeeignet für die Schüler erachtet.

---

89. Gesetz zur Aenderung und Ergänzung einiger Bestimmungen des Polizeistrafgesetzbuches vom 8. April 1930 (GVBl. S. 109).

§ 1. Art. 58 des Polizeistrafgesetzbuches in der Fassung des § 33 des Gesetzes über Schulpflege, Schulleitung und Schulaufsicht an den Volksschulen vom 1. August 1922 (GVBl. S. 385) wird geändert und ergänzt wie folgt:

1. Abs. II und III erhalten als Abs. II folgende Fassung:

An Geld bis zu 150 RM [1]) oder mit Haft [2]) werden auf Antrag der zuständigen Schulbehörde bestraft

1. Erziehungsberechtigte, die es ohne genügenden Grund unterlassen, die ihrer Erziehungsgewalt unterstellten schulpflichtigen Kinder zum Besuche des Unterrichtes anzuhalten; den Erziehungsberechtigten stehen die Personen gleich, denen die Erziehung schulpflichtiger Kinder übertragen ist, insbesondere die Vorstände von Erziehungsanstalten und die Dienst- und Lehrherren;
2. Schulpflichtige [3]), die aus eigenem Verschulden den Besuch des Unterrichts der Fortbildungsschule versäumen.

2. Abs. IV wird künftig Abs. III und sein Satz 2 erhält folgende Fassung:

In Verwaltungsstrafverfahren [4]) kann nach näherer Bestimmung der Verordnung für jedes Versäumnis die Strafe des Verweises oder Geld-

---

[1]) Mindestbetrag 1 RM (§ 27 RStGB.).

[2]) Der Höchstbetrag der Haft ist nach § 18 RStGB. 6 Wochen, ihr Mindestbetrag 1 Tag.

[3]) Nach § 9 Abs. III des Jugendgerichtsges. vom 16. Februar 1923 (RGBl. I S. 135) kann bei Jugendlichen im Alter von 14 bis 18 Jahren (§ 1 JugGG.) die Höchststrafe des Einzelfalles nur die Hälfte, also 75 RM oder 3 Wochen Haft betragen, der Mindestbetrag ist 1 RM oder 1 Tag Haft. Bei mehrfach verwirkter Haftstrafe bildet eine Haftdauer von 3 Monaten die Grenze (§ 77 RStGB.). Ebenso ist bei Geldstrafen § 78 RStGB. anzuwenden.

[4]) Auf das Verwaltungsstrafverfahren findet die Bestimmung des § 9 Abs. III JugGG. keine Anwendung.

strafe von 1 bis 100 RM gegen Erziehungsberechtigte, von 1 bis 50 RM gegen Schulpflichtige festgesetzt werden.

Als Satz 3 wird diesem Absatz beigefügt:

Die Strafverfolgung im Verwaltungsstrafverfahren verjährt in drei Monaten.

3. Als neuer Abs. IV wird angefügt:

Die Erziehungsberechtigten (Abs. II Ziff. 1) haften mit den Schulpflichtigen samtverbindlich für die Zahlung der Geldstrafen, die gegen die ihrer Erziehungsgewalt unterstellten Schulpflichtigen im gerichtlichen Strafverfahren oder im Verwaltungsstrafverfahren verhängt werden, es sei denn, daß sie außer Stande waren, die Uebertretung zu verhindern. Die Haftung ist im gerichtlichen Strafverfahren oder im Verwaltungsstrafverfahren auszusprechen.

§ 2. Hinter Art. 58 wird als Art. 58a eingeschaltet:

I An Geld bis zu 150 RM [1]) oder mit Haft [2]) wird bestraft, wer vorsätzlich

1. Schulpflichtige gegen die Schule oder die Lehrer aufreizt oder
2. die Achtung Schulpflichtiger vor der Schule oder den Lehrern untergräbt oder
3. in sonstiger Weise gegenüber Schulpflichtigen der Erziehungsarbeit der Schule entgegenarbeitet.

II Die Strafverfolgung tritt nur auf Antrag der zuständigen Schulbehörde ein [5]).

Die Zurücknahme des Antrags ist zulässig.

§ 3. Art. 59 des Polizeistrafgesetzbuches vom 26. Dezember 1871 (GVBl. S. 9) erhält folgende Fassung:

An Geld bis zu 150 RM [1]) und mit Haft [2]) oder mit einer dieser Strafen wird bestraft,

1. wer ohne die nach Verordnung erforderliche Genehmigung oder Anzeige oder entgegen einem auf Grund einer Verordnung ergangenen Verbot oder Gebote der zuständigen Behörde eine Erziehungsanstalt, eine Unterrichtsanstalt oder ein gewerbmäßiges sonstiges Unterrichtsunternehmen gründet, betreibt oder leitet, oder
2. wer ohne die nach Verordnung erforderliche Anzeige oder entgegen einem auf Grund einer Verordnung ergangenen Verbot oder Gebote der zuständigen Behörde anderweitig gewerbsmäßig Unterricht erteilt.

II Im Strafurteil ist die Zulässigkeit der Schließung der Anstalt oder des sonstigen Unterrichtsunternehmens auszusprechen.

§ 4. Dieses Gesetz ist dringend. Es tritt mit dem Tage seiner Verkündung in Kraft [6]).

---

5) „Zuständig zur Stellung und Zurücknahme des Antrages auf Einleitung des gerichtlichen Strafverfahrens gemäß Art. 58a Abs. II PolStGB. ist für die Volksschulen (Volkshaupt- und Volksfortbildungsschulen) die Bezirksschulbehörde, in unmittelbaren Städten die Stadtschulbehörde, für die Berufsschulen das Bezirksamt, in unmittelbaren Städten die Schulvorstandschaft" (MinBek. vom 2. Juli 1930 — KMBl. S. 141).

6) Zum Vollzuge des Ges. vom 8. April 1930 und der Vollzugsbekanntmachung vom 2. Juli 1930 (KMBl. S. 141, vorstehende Fußnote 5) s. die MinEntschließung vom 2. Juli 1930 (KMBl. S. 141, Anh. Nr. 91).

90. Bek. über die Behandlung der Schulversäumnisse vom 20. Juni 1930 (KMBl. S. 135).

Auszug.

I (Nunmehr gültiger Wortlaut des Art. 58 des PolStGB. s. Anh. Nr. 4.)

II (Aenderung und Ergänzung der Bek. vom 23. Juni 1923 — KMBl. S. 75, MABl. S. 56 — s. Anh. Nr. 54.)

III.

In Art. 58 Abs. III Satz 3 des Polizeistrafgesetzbuches ist neu bestimmt worden, daß die Strafverfolgung im Verwaltungsstrafverfahren in 3 Monaten verjährt. Die Bestimmung erschien zur Herbeiführung der Rechtssicherheit veranlaßt, da bisher eine Verjährungsfrist für die Verfolgung der Schulversäumnisse im Verwaltungsstrafverfahren nicht bestand. Die Verjährungsfrist für die Strafverfolgung im Verwaltungsstrafverfahren wurde gleichwie bei den Uebertretungen nach dem Strafgesetzbuch auf 3 Monate festgesetzt. Die dreimonatliche Frist beginnt mit dem Tage, an dem das Schulversäumnis begangen ist. Der ordnungsmäßige Vollzug der Ziff. 11 und 12 der Ministerialbekanntmachung vom 23. Juni 1923 (KMBl. S. 75, Anh. Nr. 54) bietet die Möglichkeit, den Eintritt der Verjährung in allen Fällen auszuschließen, in denen ein schulisches Interesse an der Strafverfolgung besteht. In den Fällen der Ziff. 28 Buchst. b Satz 3 der Ministerialbekanntmachung vom 23. Juni 1923 in der Fassung nach vorstehender Ziff. II, 2 ist darauf Bedacht zu nehmen, daß die zweite Verhandlung innerhalb einer Frist von 3 Monaten nach der ersten, ausgesetzten Verhandlung liegt.

---

91. Entschl. zum Vollzuge des Art. 58a des Polizeistrafgesetzbuches vom 2. Juli 1930 (KMBl. S. 141)[1].

I.

Art. 58a des Polizeistrafgesetzbuches (§ 2 des Ges. vom 8. April 1930 zur Aenderung und Ergänzung einiger Bestimmungen des Polizeistrafgesetzbuches — GVBl. S. 109 —) bestimmt:

I An Geld bis zu 150 RM oder mit Haft wird bestraft, wer vorsätzlich

1. Schulpflichtige gegen die Schule oder die Lehrer aufreizt oder
2. die Achtung Schulpflichtiger vor der Schule oder den Lehrern untergräbt oder
3. in sonstiger Weise gegenüber Schulpflichtigen der Erziehungsarbeit der Schule entgegenarbeitet.

II Die Strafverfolgung tritt nur auf Antrag der zuständigen Schulbehörde ein. Die Zurücknahme des Antrages ist zulässig.

Durch die vorstehend abgedruckte Vollzugsbekanntmachung ist die Zuständigkeit zur Stellung und Zurücknahme des Antrages geregelt.

II.

Zum Vollzuge der neuen Gesetzesbestimmung und der Vollzugsbekanntmachung ergehen im Einverständnisse mit den Staatsministerien der Justiz und des Innern folgende Anordnungen und Hinweise:

---

[1]) Abdruck der Min Bekanntmachung vom gleichen Tage (KMBl. 1930 S. 141) s. Fußnote 5 auf S. 491.

1. Die Entwicklung der letzten Jahre hat in weit höherem Maße als früher Versuche Außenstehender zu einer Beeinflussung der Schulpflichtigen gegen die Schule, die Lehrer oder die Erziehungsarbeit der Schule mit sich gebracht. Die Schulbehörden waren diesem Treiben gegenüber bisher im wesentlichen darauf beschränkt, mit den Mitteln der Schulzucht gegen die der schulfeindlichen Einwirkung unterlegenen Schulpflichtigen vorzugehen. Gegen die schädliche Beeinflussung selbst konnte nur in solchen Fällen polizeilich und strafrechtlich eingeschritten werden, in denen eine Verletzung des allgemeinen Strafrechtes vorlag. Die neue Gesetzesbestimmung soll den Schulbehörden unbeschadet der schon bisher gegebenen Möglichkeiten strafgerichtlichen Einschreitens die Handhabe bieten, in weiterem Umfange als bisher einer schulfeindlichen Beeinflussung der Schulpflichtigen durch Anrufung der Strafgerichte unmittelbar entgegenzutreten.

2. Die gerichtliche Strafverfolgung ist deshalb von dem Antrage der zuständigen Schulbehörde abhängig gemacht worden, um zu verhindern, daß weniger wichtige und zweifelhafte Fälle schon durch eine bloße Anzeige Dritter der gerichtlichen Behandlung zugeführt werden können.

Grundsätzlich haben demgemäß auch die Schulbehörden davon auszugehen, daß in Fällen von geringerer Bedeutung, bei denen ein allgemeines öffentliches oder ein besonderes schulisches Interesse an der Strafverfolgung nicht besteht, ein Strafantrag unterbleiben soll.

Mit besonderer Vorsicht werden ferner die Fälle zu behandeln sein, in denen es sich um die Stellung von Strafanträgen gegen Erziehungsberechtigte und Familienangehörige von Schulpflichtigen handelt. Hier wird sorgfältigst zu prüfen sein, ob das Maß der Verfehlung und das an einer etwaigen Strafverfolgung bestehende allgemeine öffentliche oder besondere schulische Interesse hinreicht, um das in solchen Fällen unvermeidliche Eingreifen in den Familienverband zu rechtfertigen.

3. Durch die neue Strafbestimmung sollen Fälle *vorsätzlicher* Beeinflussung der Schulpflichtigen gegen die Schule, die Lehrer und die Erziehungsarbeit der Schule erfaßt werden. Von einer Strafantragstellung wird daher regelmäßig abzusehen sein bei bloßen unbedachten Aeußerungen der Kritik gegenüber einzelnen schulischen Maßnahmen oder einzelnen Lehrpersonen.

4. Zur Erfüllung eines strafbaren Tatbestandes ist nach allen drei Ziffern des Art. 58a PolStGB. eine Tätigkeit *gegenüber Schulpflichtigen* erforderlich.

a) Für die Anwendung der neuen Strafbestimmung scheiden daher aus alle Aeußerungen der Kritik an der Schule, den Lehrern und der Erziehungsarbeit der Schule, die nicht an Schulpflichtige gerichtet sind, auch wenn solche Aeußerungen vorbedacht, in schärfster Form und in der Oeffentlichkeit (Versammlungen oder Presse) gebraucht werden. In solchen Fällen kann strafgerichtlich nur dann eingeschritten werden, wenn eine Verletzung des allgemeinen Strafrechtes, also insbesondere der Bestimmungen des Reichsstrafgesetzbuches über den Schutz der Autorität des Staates oder über die Beleidigung vorliegt.

b) Die Tätigkeit gegenüber Schulpflichtigen wird andererseits nicht notwendig gegenüber bestimmten einzelnen Schulpflichtigen entfaltet werden müssen. Es wird vielmehr genügen, wenn zu schulfeindlichen Versammlungen, Umzügen oder sonstigen Veranstaltungen Schulpflichtige allgemein zugelassen werden, wenn Presseerzeugnisse schulfeindlichen Inhaltes allgemein für Schulpflichtige bestimmt sind, wie dies insbesondere bei den kommunistischen Schülerzeitungen („Die Trommel", „Der rote Pfeil") und den Schulbeilagen kommunistischer Zeitungen („Der Schulkamerad") der Fall ist.

5. Zu beachten ist, daß sich die Tatbestände der Ziff. 1 und 2 des Art. 58a PolStGB. nahe berühren, wobei jedoch Ziff. 1 mehr eine Aufforderung zu aktiver Auflehnung, Ziff. 2 mehr eine Herabwürdigung der Schule und der Lehrer in der Achtung der Kinder im Auge hat. Durch Ziff. 3 sollen die Fälle sonstiger Schädigung der Arbeit der Schule gegenüber Schulpflichtigen getroffen werden.

Unter Ziff. 1 und 2 werden darnach beispielsweise fallen können gegen die Schule aufreizende oder die Schule herabwürdigende mündliche Aeußerungen in Gesprächen, Reden, Vorträgen, schriftliche Aeußerungen solcher Art in Zeitungen, Zeitschriften, Plakaten und Flugblättern und die Verbreitung solcher Presseerzeugnisse unter den Schulpflichtigen, ferner die Veranstaltungen schulfeindlicher Theateraufführungen, Umzüge usw. unter Beiziehung von Schulpflichtigen.

Die Gestattung der Teilnahme Schulpflichtiger an schulfeindlichen Veranstaltungen, insbesondere Versammlungen durch die Erziehungsberechtigten, wird in der Regel den Tatbestand der Ziff. 3 der neuen Gesetzesbestimmung erfüllen. Unter Ziff. 3 werden ferner fallen die Gründung politischer Schulzellen, die Heranziehung oder Zulassung von Schulpflichtigen zu staatsfeindlichen oder klassenkämpferischen Versammlungen, Umzügen und ähnlichen Kundgebungen, die Veranstaltung von Gottlosen-Kundgebungen für Schüler, die Verbreitung revolutionärer Lieder unter den Schülern usw.

Die vorstehenden Unterscheidungen sollen lediglich Beispiele und Anhaltspunkte für die Würdigung der Frage bieten, ob die Stellung eines Antrages auf gerichtliche Strafverfolgung veranlaßt erscheint. In dem Antrage selbst braucht eine rechtliche Ausscheidung auf die einzelnen Ziffern des Art. 58a PolStGB. nicht vorgenommen werden. Unerläßlich ist dagegen eine möglichst genaue Darstellung der tatsächlichen Umstände, in denen das strafbare Verhalten gesehen wird.

6. Die Stellung eines Strafantrages ist auch veranlaßt gegen strafmündige Schulpflichtige (Vollendung des 14. Lebensjahres), die sich gegen die neue Gesetzesbestimmung verfehlen [2]). Im übrigen ist gegen jede schulfeindliche Betätigung von Schulpflichtigen (Veranstaltung kommunistischer Spiele, Verweigerung des Singens vaterländischer Lieder im Unterricht usw.) ohne Rücksicht darauf, ob ein gerichtliches Strafverfahren durchgeführt wird, unverzüglich und unnachsichtlich mit den Mitteln der Schulzucht einzuschreiten.

7. Ein wirksames Vorgehen nach Art. 58a PolStGB. wird in manchen Fällen eine Mitarbeit der Polizeibehörde nötig machen. Die Bezirks- und Stadtschulbehörden sowie die Schulvorstandschaften der Berufsschulen wollen die Schulleiter und die Lehrkräfte anweisen, die Polizeibehörde jeweils rechtzeitig, nötigenfalls fernmündlich zu verständigen.

8. Die zur Stellung und Zurücknahme des Strafantrages befugten Behörden werden in schwierigeren Fällen, besonders bei der Stellung von Strafanträgen wegen schulfeindlichen Inhaltes von Druckschriften, vorher die Entscheidung der Regierung, Kammer des Innern, einholen. Die Sachbehandlung ist in diesen Fällen tunlichst zu beschleunigen. Ueber jede Stellung und Zurücknahme eines Strafantrages, ferner über den Ausgang eines beantragten Strafverfahrens ist der Regierung, Kammer des Innern, kurz

---

[2]) Vgl. Fußnote 3 zu Anh. Nr. 89 S. 490.

zu berichten. Die Regierungen, Kammern des Innern, haben alljährlich bis zum 15. Januar über die im abgelaufenen Jahre behandelten Fälle kurzen zusammenfassenden Bericht an das Staatsministerium für Unterricht und Kultus zu erstatten. Ueber wichtigere oder besonders gelagerte Fälle und über grundsätzliche Entscheidungen der Strafgerichte ist jeweils sofort gesondert an das Ministerium zu berichten.

9. Art. 58a PolStGB. bietet bei richtiger Anwendung wirksame Handhaben zur strafgerichtlichen Ahndung einer schulfeindlichen Beeinflussung der Schulpflichtigen. Ebenso wichtig wie eine scharfe Abwehrtätigkeit erscheint der Unterrichtsverwaltung jedoch eine vorbeugende Festigung und Sicherung der Schulpflichtigen gegenüber ungünstigen Einflüssen der Außenwelt. Die sämtlichen Lehrkräfte der Volksschulen und der Berufsschulen müssen in der jetzigen Zeit politischer Zerrissenheit und wirtschaftlichen Druckes sich mit besonderer Hingabe der Aufgabe widmen, die Schulpflichtigen mit aufrichtiger Achtung vor der Schule, den Lehrern und der Erziehungsarbeit der Schule zu erfüllen. Dazu gehört auch, daß die Lehrkräfte sich Schulpflichtiger, die durch ungünstige Beeinflussung gefährdet erscheinen, mit besonderer Sorgfalt annehmen, daß ferner auch in Fällen, in denen nicht offensichtlich böser Wille vorliegt, eine ablehnende Einstellung Erziehungsberechtigter gegenüber der Schule im Wege verständnisvoller Aussprache beseitigt wird.

---

92. Entschl. über Lichtbildvorführungen in Schulen
vom 19. Juli 1930 (KMBl. S. 147).

Lichtspielvorführungen in Schulen fallen unter die Verordnung über die Sicherheit bei Lichtspielvorführungen vom 20. April 1926 (GVBl. S. 229 ff.); vgl. § 1 Ziff. 1 d der Verordnung. Die zuständige Polizeibehörde — das Bezirksamt, in unmittelbaren Städten der Stadtrat (§ 1 Ziffer 7 der Verordnung) — können nach § 75 der V. für Lichtspielvorführungen in Schulen Ausnahmen von den Bestimmungen der V. zulassen, aber nur dann, wenn die in § 77 der V. genannten Voraussetzungen durchweg erfüllt sind.

Verantwortlich für die Einhaltung der Bestimmungen der angeführten Verordnung ist der Vorstand oder Leiter der Schule (§ 1 Ziff. 3 der V.). Daneben obliegt aber auch sämtlichen beteiligten Lehrpersonen die Dienstpflicht, die Vorschriften peinlich zu befolgen und ihre Einhaltung sorgfältig zu überwachen.

Nach § 2 der V. darf mit der Vorführung von Filmen erst begonnen werden, wenn die Polizeibehörde eine Bestätigung erteilt hat, daß die Vorführung von Filmen zulässig ist. Die Vorstände oder Leiter von Schulen, an denen Filme vorgeführt werden, haben daher zu prüfen, ob die Vorführung von Filmen an ihren Schulen polizeilich genehmigt ist sowie für welche Räume und unter welchen Bedingungen dies geschehen ist. Die allgemeinen Bestimmungen der Verordnung, soweit die Polizeibehörde nicht von ihnen befreit hat, sowie die Bedingungen, unter denen die Befreiung erfolgte, sind bei allen Lichtspielvorführungen genauestens zu beachten. Hierbei wird besonders auf folgende Vorschriften, von denen in keinem Falle Befreiung gewährt werden kann, hingewiesen: Nach § 77 Buchst. b der V. dürfen sich im Umkreise von mindestens 2 Meter um den

Bildwerfer keine Zuschauer befinden, wenn der Bildwerfer im Zuschauerraum aufgestellt wird. Keinesfalls darf der Bildwerfer in der Nähe der Rückzugwege aufgestellt werden; er darf also nicht in der Nähe der Türen stehen. Neben ihm muß stets ein mit Wasser gefüllter Eimer und ein nasser Scheuerlappen oder eine schwer entflammbare Decke (Feuerschutzdecke) bereitgehalten werden (Buchst. c). Nach Buchst. f dürfen nur die gewöhnlich vorhandenen Sitzgelegenheiten besetzt werden. Das Stehen auf den Gängen und an den Ausgängen ist unter allen Umständen verboten. Nach § 77 g sind die Schüler ferner darüber zu belehren, daß sie im Falle eines Brandes den Raum ruhig und geordnet zu verlassen haben.

Bei Schulvorführungen ist ganz besonders darauf zu achten, daß neben den Gefahren, die sich aus der leichten Entflammbarkeit der Filme ergeben, auch die Verdunkelung des Raumes und die damit verbundene Möglichkeit der Verübung von Unfug eine Gefährdung der Zuschauer herbeiführen kann. Die Lehrkräfte haben sich daher, bevor der Raum verdunkelt wird, zu vergewissern, ob die Schüler in Räumen mit Sitzgelegenheiten ordnungsgemäß Platz genommen haben, sie müssen ferner den Schülern vor dem Beginne der Verdunkelung ein den möglichen Gefahren entsprechendes Verhalten einschärfen und insbesondere den eigenmächtigen Platzwechsel und die Verübung von Unfug unter Hinweis auf die von den Schülern im allgemeinen nicht bedachten Folgen ausdrücklich verbieten.

Schließlich wird noch auf die Min.-Entschließungen vom 27. Juli 1926 Nr. VII 31 469 und 14. Mai 1927 Nr. VII 9815 zur Beachtung hingewiesen.

Die Schulleitungen werden angewiesen, die Lehrer auf die Gefahren bei Lichtspielvorführungen in Schulen und auf die angeführten Vorschriften, insbesondere den § 77 der V. vom 20. April 1926, und die sonst ergangenen polizeilichen Vorschriften und Auflagen aufmerksam zu machen. Die Lehrpersonen, die Bildstreifen vorführen wollen, haben schriftlich zu bestätigen, daß sie auf diese Vorschriften und Auflagen hingewiesen worden sind und daß sie von ihrem gesamten Inhalte Kenntnis genommen haben.

---

93. Entschl. über die Benützung von Schulräumen für Werbe- und Verkaufszwecke vom 22. Juli 1930 (KMBl. S. 149).

1. Staatliche höhere Unterrichtsanstalten und staatliche Fachschulen dürfen Schulräume zum Zwecke von Musterausstellungen und Verkaufsveranstaltungen jeder Art oder sonst für Werbezwecke nur mit Genehmigung der zuständigen Schulaufsichtsbehörde zur Verfügung stellen.

Die Genehmigung darf in der Regel nicht erteilt werden, wenn die Veranstaltung ausschließlich oder überwiegend geschäftlichen Zwecken dient. Kommen dagegen Belange der Kunst, der Volksbildung usw. in Betracht, so wird Entgegenkommen gerechtfertigt sein.

2. Für die Volksschulen ist durch Art. 1 Abs. II des Schulbedarfgesetzes in der Fass. nach dem Gesetze vom 1. August 1923 (GVBl. S. 337) bestimmt, daß die Verwendung der den Zwecken der öffentlichen Volksschule gewidmeten Gebäude und Grundstücke zu Veranstaltungen und Einrichtungen, die mit den bestimmungsmäßigen Aufgaben der öffentlichen Volksschule nicht unmittelbar im Zusammenhang stehen, der Genehmigung der zuständigen Schulaufsichtsbehörde (s. ME. vom 19. Oktober 1923, KMBl. S. 131, Anh. Nr. 58) bedarf.

Wird die Ueberlassung von Schulräumen der Volksschulen zum Zwecke von Musterausstellungen oder Verkaufsveranstaltungen oder sonst für Werbezwecke erbeten, so haben die Schulaufsichtsbehörden vorstehende Ziff. 1 Abs. II zu beachten.

3. Den Unternehmern aller übrigen Schulen wird dringend empfohlen, gleichfalls nach den Grundsätzen der Ziff. 1 zu verfahren.

94. Bek. über das Verbot der Teilnahme von Schülern der Volksschulen und Berufsschulen an Veranstaltungen der „Arbeitsgemeinschaft der Kinderfreunde" vom 28. Juli 1930 (KMBl. S. 149).

Nach der ME. vom 30. Oktober 1924 über die Beteiligung von Schülern der Volksschulen und Berufsschulen an Vereinen (MABl. S. 139) ist die Teilnahme Schulpflichtiger an politischen Vereinen und an Vereinen, deren Bestrebungen mit den Erziehungszielen der Schule nicht in Einklang stehen, nicht gestattet.

Die „Arbeitsgemeinschaft der Kinderfreunde" befaßt sich durch die in ihren Satzungen vorgeschriebene, tatsächlich geübte und in enger Zusammenarbeit mit der Sozialdemokratischen Partei durchgeführte Beeinflussung der Schulpflichtigen im sozialistischen Geiste mit der Einwirkung auf politische Angelegenheiten. Sie ist demnach als politischer Verein im Sinne der eingangs erwähnten ME. zu betrachten.

Die Arbeit der „Kinderfreunde" an den Schulpflichtigen läuft ferner durch die Ausschaltung aller religiösen Werte, durch die Ablehnung der Autorität des Elternhauses, der Schule und der Kirche und durch die zu weit getriebene Gemeinschaftserziehung der Geschlechter den Erziehungszielen der bayerischen Volksschule zuwider.

Die Beteiligung bayerischer Schulpflichtiger an den Veranstaltungen der „Arbeitsgemeinschaft der Kinderfreunde" wird daher gemäß Ziffer 2 Abs. III der erwähnten ME. allgemein verboten. Die für einzelne Ortsgruppen der Arbeitsgemeinschaft früher erteilten Genehmigungen werden widerrufen. Das Verbot erstreckt sich auf alle Veranstaltungen und Einrichtungen der Arbeitsgemeinschaft für Schulpflichtige, besonders auch auf die Ferienzeltlager (sog. „Kinderrepubliken").

Die Lehrkräfte der Volksschulen und Berufsschulen werden den Schulpflichtigen dieses Verbot bekanntgeben mit dem Hinweise darauf, daß die verbotswidrige Teilnahme schuldisziplinäre Ahndung nach sich ziehen würde.

Gegen Personen, die Schulpflichtige entgegen dem ausdrücklichen schulaufsichtlichen Verbote der schulwidrigen Beeinflussung durch die „Kinderfreunde" zuführen sollten und dadurch der Erziehungsarbeit der Schule entgegenarbeiten würden, müßte nötigenfalls Strafantrag nach Art. 58 a Ziff. 3 PolStGB. gestellt werden. Auf die Bek. und Entschl. vom 2. Juli 1930 Nr. III 26 101 zum Vollzuge des Art. 58 a PolStGB. (KMBl. S. 141, Anh. Nr. 89 Fußnote 5 und Anh. Nr. 91) wird hingewiesen.

Die Schulaufsichtsbehörden haben über Wahrnehmungen über die weitere Beteiligung Schulpflichtiger an den Veranstaltungen der „Arbeitsgemeinschaft der Kinderfreunde" auf dem Dienstwege an das Staatsministerium für Unterricht und Kultus zu berichten.

95. Entschl. über die Vornahme von Sammlungen in den Schulen und über die Teilnahme von Schülern und Schülerinnen an Listen-, Haus- und Straßensammlungen vom 28. Juli 1930 (KMBl. S. 150).

A.

I Sammlungen in den Schulen, gleichviel für welche Zwecke sie veranstaltet werden, stehen mit den Aufgaben der Schule nicht im Einklange. Sie können weder aus allgemeinen Gesichtspunkten noch aus erziehlichen Gründen gebilligt werden.

Die Vornahme von Sammlungen jeder Art wird daher in allen staatlichen Schulen und in den staatlich verwalteten Erziehungsanstalten grundsätzlich untersagt. Ausnahmen können nur in besonders gelagerten Fällen bewilligt werden; dabei ist ein strenger Maßstab anzulegen.

Zuständig für die Bewilligung von Ausnahmen sind bei Sammlungen, die sich nur auf Schulen oder Anstalten innerhalb eines Bezirksverwaltungs- oder eines Regierungsbezirkes erstrecken sollen, die Regierungen, K. d. J.; bei Sammlungen, die auf Schulen oder Anstalten mehrerer Regierungsbezirke oder des ganzen Landes ausgedehnt werden sollen, ist die Genehmigung des Staatsministeriums für Unterricht und Kultus einzuholen.

Den privaten und städtischen Schulen und Erziehungsanstalten wird dringend nahegelegt, gegenüber Sammlungen größte Zurückhaltung zu üben.

II Nicht berührt wird durch obige Anordnung die den Anstaltsvorständen nach bestehenden oder künftigen Bestimmungen vorbehaltene Genehmigung von Geldsammlungen der Schüler ihrer Anstalten für eigene Zwecke (Ferienwanderungen, Abschiedsfeiern usw.); vgl. § 12 Ziff. 7 der Schülersatzung für die höheren Lehranstalten für die männliche Jugend vom 23. März 1928 (KMBl. S. 212), § 12 Abs. I der Schülersatzung für die höheren Lehranstalten vom 30. Mai 1914 (KMBl. S. 365) — noch gültig für die Lehrer- und Lehrerinnenbildungsanstalten —, § 6 Abs. IV der Satzung für die Schüler der Bayer. Bauschulen vom 17. Februar 1928 (KMBl. S. 107).

III Die ME. vom 3. September 1869 Nr. 8000 (KMBl. S. 232) wird aufgehoben.

B.

I Die Genehmigung zur Teilnahme von Schülern und Schülerinnen aller Schulgattungen an erlaubten Listen-, Haus- und Straßensammlungen, die sich nur auf einen Bezirksverwaltungs- oder Regierungsbezirk erstrecken sollen, kommt künftig den Regierungen, K. d. J., zu. Dabei sind folgende Richtlinien zu beachten:

1. Schüler dürfen sich nur in der unterrichtsfreien Zeit, an Sonntagen von vormittags nach Schluß des Schulgottesdienstes, und zwar längstens bis 6 Uhr abends an einer Sammlung beteiligen.
2. Ihre Teilnahme ist freiwillig.
3. Gast- und Schankwirtschaften, Kaffeehäuser und Konditoreien dürfen zum Zwecke der Sammlung nicht betreten werden.
4. Schülerinnen aller Schulgattungen ist die Beteiligung an Haus- und Straßensammlungen grundsätzlich zu versagen. Zur Durchführung von Listensammlungen dürfen die älteren Schülerinnen höherer Unterrichts-

anstalten herangezogen werden, an Orten aber, die keine höheren Unterrichtsanstalten besitzen, auch die Schülerinnen der Volks- und Fortbildungsschulen. Dabei wird allgemein vorausgesetzt, daß die Listensammlungen sich nur auf den engeren Bekanntenkreis der Schülerinnen erstrecken und keinesfalls in Sammlungen von Haus zu Haus ausgedehnt werden. Im übrigen gelten die vorstehenden Punkte unter Nr. 1 mit 3.

II Zur Teilnahme von Schülern und Schülerinnen an Sammlungen, die über die Grenzen eines Regierungsbezirkes hinaus ausgedehnt werden sollen, ist die Genehmigung des Staatsministeriums für Unterricht und Kultus zu erholen.

---

96. Bek. über die Dienstaufsicht und das Dienststrafrecht für Beamte vom 3. Oktober 1930 (GVBl. S. 357).

Unter Aufhebung des § 3 der Bekanntmachung vom 22. Oktober 1909 (GVBl. S. 737) wird bestimmt, daß die im dienstaufsichtlichen und Dienststrafverfahren verhängten Zwangs- und Geldstrafen sowie der nichtverbrauchte Teil des bei der vorläufigen Dienstenthebung einbehaltenen Gehalts der richterlichen und nichtrichterlichen Beamten mit Ausnahme der Polizeianwärter und der nichtetatmäßigen Schutzpolizeibeamten der Bereitschaftspolizei sowie der Beamten der Schutzmannschaft der Polizeidirektion München und der Kriminalbeamten im Außendienst der Polizeidirektion München in die Krankenkasse für Staatsbeamte fließen.

---

97. Entschl. über das Gaststättengesetz vom 5. Dezember 1930 (KMBl. S. 182).

Das am 1. Juli ds. Js. in Kraft getretene Gaststättengesetz vom 28. April 1930 (RGBl. S. 146) enthält einige Vorschriften, die sich mit dem Schutze der Jugend vor Alkoholgefahren befassen und deren Kenntnis für jeden Lehrer und Erzieher von Bedeutung ist.

Diese Bestimmungen werden nachstehend abgedruckt mit dem Auftrage, sie den Lehrkräften geeignet zur Kenntnis zu bringen.

§ 8. (2) Ein vorübergehendes Bedürfnis ist für den Ausschank geistiger Getränke bei Schul- und Jugendfesten sowie bei Sportfesten, an denen überwiegend Jugendliche beteiligt sind, nicht anzuerkennen.

§ 16. (1) Verboten ist:

1. An Personen, die das 18. Lebensjahr noch nicht vollendet haben, Branntwein oder überwiegend branntweinhaltige Genußmittel im Betrieb einer Gast- oder Schankwirtschaft oder im Kleinhandel zu eigenem Genusse zu verabreichen;

2. an Personen, die das 16. Lebensjahr noch nicht vollendet haben, in Abwesenheit des zu ihrer Erziehung Berechtigten oder seines Vertreters auch andere Getränke oder Tabakwaren im Betrieb einer Gast- oder Schankwirtschaft zu eigenem Genusse zu verabreichen;

4. Branntwein oder überwiegend branntweinhaltige Genußmittel durch Automaten feilzuhalten;

6. Branntwein oder überwiegend branntweinhaltige Genußmittel auf Turn-, Spiel-, Sportplätzen oder -hallen zu verabreichen.

---

98. Entschl. über Erkrankung von Volksschullehrern vom 15. Dezember 1930 (KMBl. 1931 S. 1).

Unter Aufhebung der Ministerialentschließung vom 2. Januar 1921 (KMBl. S. 7) wird folgendes bestimmt:

I. Verfahren bei Erkrankungen.

1. Ein Volksschullehrer, der am Dienste wegen Krankheit verhindert ist, bedarf keines förmlichen Urlaubes. Er ist jedoch verpflichtet, die Erkrankung unverzüglich dem Schulleiter anzuzeigen. Erkrankt der Schulleiter, so hat er davon seinen Stellvertreter zu verständigen. Ist an der Schule nur ein Volksschullehrer tätig, so ist die Erkrankung dem Vorsitzenden der Schulpflegschaft mitzuteilen.

Jede Dienstbehinderung infolge Erkrankung ist ohne Rücksicht auf deren Dauer durch den Schulleiter oder dessen Stellvertreter unverzüglich dem Bezirksschulrat anzuzeigen. Wenn an der Schule nur ein Lehrer tätig ist und dieser an der Anzeigeerstattung behindert ist, hat die Anzeige an den Bezirksschulrat durch den Vorsitzenden der Schulpflegschaft zu erfolgen.

In gleicher Weise ist das Ableben eines Volksschullehrers der Bezirks- oder Stadtschulbehörde anzuzeigen. (Vgl. zu diesem und den beiden vorhergehenden Absätzen Vollzugsvorschr. z. SchAG., Ziff. 33, Abs. III, Buchstabe b, KMBl. 1923 S. 91.)

2. Ausfall an Unterrichtszeit ist soweit irgend möglich zu vermeiden. Jeder Volksschullehrer ist daher verpflichtet, bei Erkrankung eines anderen Volksschullehrers nach Möglichkeit einzutreten, solange nicht eine Anordnung des Bezirksschulrates vorliegt. An Schulen mit mehr als zwei Lehrstellen hat der Schulleiter oder sein Stellvertreter bis zum Eintreffen der Weisung des Bezirksschulrates das Erforderliche vorläufig anzuordnen (Vollzugsvorschr. z. SchAG. a. a. O.).

3. Dauert die Dienstbehinderung infolge der Krankheit länger als vierzehn Tage, so hat der Volksschullehrer ein ärztliches Zeugnis beizubringen, das dem Bezirksschulrat auf dem in Ziff. 1, Abs. II angegebenen Wege zu übersenden ist. Das Zeugnis hat in allen Fällen eine gutachtliche Aeußerung über die voraussichtliche Dauer der Krankheit und der Dienstunfähigkeit zu enthalten. Es ist durch den Bezirksschulrat, in unmittelbaren Städten durch die Stadtschulbehörde der Regierung, Kammer des Innern, vorzulegen.

Der Bezirksschulrat (die Stadtschulbehörde) und die Regierung sind befugt, auch bei Erkrankungen von kürzerer Dauer die Vorlage eines ärztliches Zeugnisses zu verlangen. Sie sind ferner befugt, ein amtsärztliches Gutachten zu erholen.

Die Regierung, Kammer des Innern, regelt die Stellvertretung für die ihr nach dem ärztlichen Zeugnis oder dem amtsärztlichen Gutachten notwendig erscheinende Zeitdauer. Der erkrankte Volksschullehrer ist davon zu verständigen.

4. Nach Beendigung der Krankheit hat der Volksschullehrer seinen Dienst unverzüglich — gegebenenfalls also auch vor Ablauf der ursprünglich

angenommenen Zeit — wieder anzutreten und davon Anzeige zu erstatten; der Schulleiter hat die Anzeige dem Bezirksschulrate zu übermitteln.

Ist der Volksschullehrer im Falle der Ziff. 3 nach Ablauf der ursprünglich angenommenen Frist noch nicht dienstfähig, so hat er, soferne nicht nachstehende Ziffer 6 zutrifft, ein neues ärztliches Zeugnis über die voraussichtliche weitere Dauer der Krankheit vorzulegen. Das Zeugnis ist so rechtzeitig einzureichen, daß jedenfalls der Bezirksschulrat in der Lage ist, vorläufige Anordnungen zu treffen. Im übrigen gelten die Bestimmungen in Ziff. 3 entsprechend.

5. Im Falle der Erkrankung hat der Volksschullehrer gemäß Art. 31, Abs. II Satz 1 des Volksschullehrergesetzes Anspruch auf Weitergewährung des vollen Diensteinkommens auf die Dauer von 26 Wochen, soferne nicht schon vorher die Versetzung in den Ruhestand verfügt wird. Das Verfahren wegen Versetzung in den Ruhestand gegen den Willen des Volksschullehrers ist von den Regierungen, Kammern des Innern, besonders dann einzuleiten, wenn wiederholte Erkrankungen eingetreten sind und der Dienst jeweils nur auf kurze Zeit wieder aufgenommen werden konnte, nach dem Krankheitszustand aber, soferne nicht bereits dauernde Dienstunfähigkeit gegeben ist, nur neuerlich mit einer vorübergehenden kurzen Dienstfähigkeit gerechnet werden kann.

6. Dauert die Dienstbehinderung infolge der Krankheit ununterbrochen länger als 26 Wochen, so ist in allen Fällen ein amtsärztliches Zeugnis beizubringen und zwar noch rechtzeitig vor Ablauf der angegebenen Zeit. Das Zeugnis hat ein Gutachten über den Stand der Krankheit und den voraussichtlichen Zeitpunkt des Wiedereintrittes der Dienstfähigkeit zu enthalten. Wenn die Wiederaufnahme des Dienstes nicht in naher Zeit zu erwarten ist, hat der Volksschullehrer gleichzeitig um Versetzung in den Ruhestand nachzusuchen (Art. 38, Abs. II VLG.). Andernfalls steht es ihm frei, Antrag auf Belassung im Dienste und Weitergewährung des Diensteinkommens zu stellen.

Die Entscheidung darüber, ob der Volksschullehrer im Dienste belassen oder ob sein Diensteinkommen für die fernere Krankheitsdauer weitergewährt werden soll (Art. 31, Abs. II Satz 2 VLG., Art. 37, Abs. II BBesG.), wird den Regierungen, Kammern des Innern, übertragen, soweit es sich um eine geringfügige Ueberschreitung des Zeitraumes von 26 Wochen handelt. Im anderen Falle ist unter gutachtlicher Aeußerung Antrag an das Staatsministerium für Unterricht und Kultus zu stellen. Die Weitergewährung des vollen Diensteinkommens kann nur aus besonderen Gründen bewilligt werden.

Ein Volksschullehrer, der sein Gesuch um Weitergewährung des Diensteinkommens nicht so rechtzeitig vorlegt, daß gegebenenfalls das amtsärztliche Gutachten noch vor Ablauf der 26 Wochen erholt werden kann, hat keine Aussicht auf Belassung des vollen Diensteinkommens, es sei denn, daß die Vorlage nicht durch seine Schuld verzögert worden ist.

Ist der Wiedereintritt der vollen Dienstfähigkeit nach Ablauf der 26 Wochen nicht in naher Zeit zu erwarten und hat der Volksschullehrer nicht selbst um Versetzung in den Ruhestand nachgesucht, so ist rechtzeitig das Verfahren wegen seiner Versetzung in den Ruhestand einzuleiten und durchzuführen (Art. 39 Nr. 1, 40 bis 42 VLG.; Abschnitt A, Ziff. I und II, Nr. 3 der ME. vom 19. Februar 1920, KMBl. S. 73). Dabei wird in der

Regel zunächst zeitliche Ruhestandsversetzung in Frage kommen, wenn der Wiedereintritt der Dienstfähigkeit nicht von vorneherein ausgeschlossen ist [1]).

II. Beurlaubung aus gesundheitlichen Rücksichten.

7. Beabsichtigt der Volksschullehrer nach eingetretener Genesung zum Zwecke der vollständigen Erholung von der überstandenen Krankheit sich noch für einige Zeit vom Dienste fernzuhalten, so bedarf er dazu eines besonderen Urlaubes, um den er unter Vorlage eines ärztlichen Zeugnisses beim Bezirksschulrate nachzusuchen hat. Die Einholung eines amtsärztlichen Gutachtens kann angeordnet werden. Ueber die Bewilligung des Urlaubes entscheidet die Regierung, Kammer des Innern. Der Urlaub darf nur insoweit gewährt werden, als es zur Erlangung der vollen Dienstfähigkeit des Volksschullehrers, also auch aus dienstlichen Rücksichten, erforderlich ist. Würde durch einen solchen Urlaub die Frist von 26 Wochen überschritten werden, so gilt Ziff. 6 oben.

8. In den Fällen der vorstehenden Ziff. 7 kann gegebenenfalls an Stelle eines eigentlichen Urlaubes teilweise Befreiung vom Dienste bewilligt werden. In diesem Falle kann dem Volksschullehrer soweit erforderlich eine Beihilfe beigegeben werden; zur Beihilfeleistung kann ein Volksschullehrer oder ein Schulamtsbewerber verpflichtet werden. Im übrigen gelten die Bestimmungen der vorstehenden Ziff. 7 entsprechend.

III. Aufenthaltswechsel.

9. Bedarf ein Volksschullehrer im Falle der Erkrankung oder zur Erholung eines Aufenthaltswechsels, so hat er dafür stets um besondere Genehmigung nachzusuchen. Das Gesuch ist unter Beigabe eines ärztlichen Zeugnisses beim Bezirksschulrat einzureichen. Die Einholung eines amtsärztlichen Gutachtens kann angeordnet werden.

Soweit die Genehmigung zum Aufenthaltswechsel nicht schon mit der Verfügung nach Ziff. 3, Abs. III erteilt wird, entscheidet darüber die Bezirksschulbehörde (Stadtschulbehörde). Die Genehmigung ist jederzeit widerruflich. Soferne nicht Gefahr auf Verzug besteht, darf der Volksschullehrer seinen Amts- oder Wohnsitz erst nach dem Eintreffen der Genehmigung verlassen.

Der neue Aufenthaltsort und jeder weitere Aufenthaltswechsel sind dem Bezirksschulrate anzuzeigen.

IV. Sonstige Bestimmungen.

10. Die Vorschriften der gegenwärtigen Entschließung gelten auch für die Volksschulfachlehrer (Art. 144 VLG.) [2]).

---

[1]) Ausführungsbestimmungen zu Ziff. 6 enthält die aut. ME. vom 15. Dezember 1930 Nr. IV 37 606, in der auch auf Reindl, Kommentar zum Beamtengesetz, Anm. 3 zu Art. 35, S. 229, und auf § 19 der MinBek. vom 22. Oktober 1909 (GVBl. S. 781) hingewiesen ist.

[2]) Damit sind die Bestimmungen der ME. vom 15. Dezember 1930 auf die hauptamtlichen Volksschulfachlehrer ausgedehnt. Für nebenberufliche Handarbeitslehrerinnen an den Volksschulen bestimmt die E. des Staatsmin. f. Unt. u. K. vom 4. Juni 1920 Nr. 12 988 unter Ziff. I, 4 Abs. 3 folgendes:

11. Die Vorschriften in Ziff. 1 bis 4, 7 bis 9 gelten für die Schulamtsbewerber entsprechend. Wegen der Weitergewährung des Unterhaltszuschusses oder der Leistungsvergütung im Falle einer Krankheit sind die bestehenden besonderen Vorschriften maßgebend.

12. Die Regierungen, Kammern des Innern, können zum Vollzuge der gegenwärtigen Entschließung allgemein oder im einzelnen Falle weitere Anordnungen erlassen.

„Im Falle der Erkrankung einer Lehrkraft wird die Vergütung unverkürzt weitergewährt, wenn die Dienstbehinderung nicht länger als 4 Wochen dauert. Bei längerer Dauer der Erkrankung kann die Vergütung auf angemessene Zeit fortgewährt werden, wenn die Handarbeitslehrerin die Stellvertretungskosten bestreitet."

Diese Bestimmung (Weiterzahlung der Dienstvergütung für die Dauer von 4 Wochen) darf laut ME. vom 9. Februar 1929 Nr. IV 4185 bei verheirateten nebenamtlichen Handarbeitslehrerinnen an den Volksschulen aus Anlaß ihrer Entbindung sinngemäß angewendet werden.

Sachverzeichnis.

Die Zahlen bedeuten die Seiten.

A.

B.

C.

F.

G.

J.

L.

M.

N.

O.

Q.

R.

V.

W.

Z.

In **„Schweitzers braunen Handausgaben"** erschienen:

Angestellten-Versicherungsgesetz. Erläutert von Senatspräs. Meinel, München. 3. Aufl. (508 S.) 1926. geb. 16.50

Aufenthalts- und Freizügigkeitsgesetz. Mit Vollz.-Vorschr. und den einschläg. Gesetzen (z. B.: Zigeunergesetz.) Von MinRat Dr. Gg. Ziegler, München. 4. Aufl. (210 S.) 1930. geb. 7.70

Ausführungsgesetz, Bayer., zum Bürgerl. Gesetzbuch. Mit den einschläg. Verordnungen. Erläutert von Landg.-Dir. H. Steinert, Kempten. (216 S.) 1930. geb. 8.80

Beamtenbesoldungsgesetz, Bayer. 2. Aufl. bearb. von MinRat. A. Legat, München. (455 S.) 1928. geb. 9.—

Berggesetz, Bayer. 3. Auflage bearb. von ORR. L. Nothaas und RR. H. Miesbach. (988 S.) 1927. geb. 28.50

Ertragssteuergesetze, Die bayerischen.

Bd. I: Grund- und Haussteuergesetz. Mit den Vollzugsvorschriften. Erläutert von Regierungsrat Dr. H. Berolzheimer, Speyer. (110 S.) 1922. Mit Nachtrag 1931. geb. 4.—

Bd. II: Gewerbesteuergesetz. Mit Vollzugsvorschriften. 2. Aufl. Erläutert von RA. Dr. R. Wassermann, München. (285 S.) 1927. geb. 8.50

Bd. III: Hausiersteuergesetz. Mit den einschläg. Gesetzen und den Vollzugsvorschriften erläutert von Reg.-Rat L. Jacob, Pegnitz. 2. Aufl. (239 S.) 1923. geb. 4.60

Fischereigesetz, Das bayer., mit der Landesfischereiordnung und den sonstigen Vollzugsvorschriften. Erläutert von Minist.-Rat J. Bleyer, München. 2. durchgearbeitete und ergänzte Auflage. 8°. (310 S.) 1925. geb. 12.—

Flurbereinigungs-Gesetz, Bayer. Mit den Vollzugsvorschriften. Erläutert von Ministerialrat Dr. G. Seubelt im Bay. Staatsmin. für Landwirtschaft. (404 S.) 1923. Mit Nachtrag. kart. 6.40

Gemeinde-, Bezirks- und Kreisordnung, Bayer. Erläutert von Geh.-Rat Prof. Dr. W. Laforet, Würzburg, Staatsrat v. Jan, München, und RR. M. Schattenfroh, München. Lfg. 1—6. (763 S.) 1927/28. 23.90

— — Die wahlrechtlichen Bestimmungen der. Erläutert von Staatsrat H. v. Jan, München. 8°. (283 S.) kart. 4.40

Geschlechtskrankheiten, Gesetz zur Bekämpfung der. Erläutert von Dr. A. Hellwig, Landgerichts-Dir. in Potsdam. (500 S.) 1929. geb. 11.50

Gesetz über die Angelegenheiten der freiwilligen Gerichtsbarkeit. Erläutert von Fritz Keidel, Rat am Bayerischen Obersten Landesgericht. 3. Auflage. 8°. (V, 486 S.) 1925. geb. 18.50

J. Schweitzer Verlag (Arthur Sellier) München, Berlin, Leipzig.